諸子集成

（第八冊）

潛夫論
申鑒
抱朴子
世說新語
顏氏家訓

中華書局

潛　夫　論

王　符著

序

王符潛夫論。行於今者。有明程榮本。何鏜本。何本出於程。不爲異同。別有舊本。與白虎通德論風俗通義合刻。風俗通義卷首題云。大德新刊。三書出於同時。蓋元刻也。元刻文字視程本爲勝。邊議巫列相列夢列釋難諸篇。簡編脫亂。不如程本。其務本遏利愼微交際明忠本訓德化志氏姓諸篇。各本脫亂並同。以意屬讀。得其端緒。因復是正文字。疏證事辭。依採經書。爲之箋註。謹案王氏精習經術。而達於當世之務。其言用人行政諸大端。皆按切時勢。令今可行。不爲卓絕詭激之論。其學折中孔子。而復涉獵於申商刑名。韓子雜說。未爲醇儒。然符以邊隅一縫掖。閔俗陵替。發憤增歎。未能涉大廷。與論議以感動人主。又不得典司治民以效其能。獨蓄大道。託之空言。斯賈生所爲太息。次公以之略觀者已。是本以元刻爲据。其以別本及他書所引改補者。曰舊作某。据某本某書改。舊脫某。据某本某書補。其以己意改補者。止曰舊脫某。舊作某。采獲衆說。各稱名以別之。嘉慶十有九年歲在甲戌三月汪繼培序。

潛夫論目錄

讚學第一……一
務本第二……六
遏利第三……一〇
論榮第四……一三
賢難第五……一六
明闇第六……二三
考績第七……二五
思賢第八……三一
本政第九……三六
潛歎第十……四〇
忠貴第十一……四四
浮侈第十二……五〇
慎微第十三……五九
實貢第十四……六三
班祿第十五……六七
述赦第十六……七二
三式第十七……八二
愛日第十八……八八
斷訟第十九……九三
衰制第二十……九九
勸將第二十一……一〇二
救邊第二十二……一〇七
邊議第二十三……一一三
實邊第二十四……一一七
卜列第二十五……一二二
巫列第二十六……一二七
相列第二十七……一二九
夢列第二十八……一三三
釋難第二十九……一三六
交際第三十……一三九
明忠第三十一……一四九
本訓第三十二……一五四
德化第三十三……一五六
五德志第三十四……一六〇
志氏姓第三十五……一六九
敍錄第三十六……一九三

潛夫論

蕭山汪繼培箋

讚學第一

天地之所貴者人也。孝經子曰天地之性人爲貴春秋繁露人副天數篇云天地之精所以生物者莫貴於人荀子王制篇云水火有氣而無生草木有生而無知禽獸有知而無義人有氣有生有知亦且有義故最爲天下貴也 聖人之所尚者義也。論語子曰君子義以爲上尚與上通 德義之所成者智也。明智之所求者學問也。漢書董仲舒傳云彊勉學問則聞見博而知益明知與智通 雖有至聖。不生而知。論語子曰我非生而知之者好古敏以求之者也 雖有至材。不生而能。說苑建本篇子思曰學所以益才也 故志曰。黃帝師風后。史記五帝紀云黃帝舉風后 顓頊師老彭。帝嚳師祝融。鄭語史伯云黎爲高辛氏火正以淳燿敦大天明地德光照四海故命之曰祝融韋昭注高辛帝嚳黎顓頊之後也 堯師務成。白虎通辟雍篇云帝堯師務成子按荀子大略篇云堯學於君疇舜學於務成昭新序雜事五又作務成跗 舜師紀后。禹師墨如。盧學士文弨云墨如疑是墨台繼培按路史後紀四云禹有天下封怡以紹烈山是爲默台國名紀一云怡一曰默怡卽墨台禹師墨如或云墨台 湯師伊尹。呂氏春秋尊師篇云湯師小臣高誘注小臣謂伊尹白虎通云湯師伊尹 文武師姜尚。呂氏春秋云文王武王師呂望白虎通云文王師呂望武王師尚父史記齊世家云太公望呂尚者本姓姜氏從其封姓故曰呂尚 周公師庶秀。孔子師老聃。白虎通云孔子師老聃 若此言之而信。則人不可以不就師矣。昭十九年穀梁傳云羈貫成童不就師傅父之罪也 夫此十一君者。皆上聖也。猶待學問。其智乃博。其德乃碩。博碩韻淮南子泰族訓云人莫不知學之有益于己也然而不能者嬉戲害人也人皆多以無用害有用故智不博而日不足詩簡兮云碩人俁俁毛傳碩人大德也 而況於凡人乎。呂氏春秋云此十聖人六賢者未有不尊師者也今尊不至于帝智不至于聖而欲無尊師奚由至哉新序云此十一聖人未遭此師則功業不著乎天下名號不傳乎千世此言十一君名與新序同 是故工欲善其事。必先利其器。論語 士欲宣其義。必先讀其書。舊作智据魏徵羣書治要改孟子云誦其詩讀其書說文云讀誦書也 易曰。君子以多志前言往行以畜其德。大畜象詞志王謨本作識釋文云劉作志按周禮保章氏鄭康成注云志古文識是以人之有學也猶物之有治也。韓詩外傳二云玉不琢不成器人不學不成行家有千金之玉不知治猶之貧也良工宰之則富及子孫君子學之則爲國用故夏后之璜。定四年左傳云分魯公以夏后氏之璜淮南子精神訓云有夏后氏之璜者匣匱而藏之寶之至也楚和之璧。韓非子和氏篇云楚人和氏得玉璞文王使玉人理其璞而得寶焉遂命曰和氏之璧雖有玉璞卞和之資。史記鄒陽傳云卞和獻寶不琢不錯。說文云厝厲石也經典多假借用錯不離礫石。楚辭惜誓云相與貴夫礫石王逸注小石爲礫夫瑚簋之器。哀十一年左傳云胡簋之事杜注胡簋禮器名夏曰胡周曰簋按禮記明堂位云殷之六瑚周之八簋朝祭之服。其始也。乃山野之木。蠶繭之絲耳。禮記月令云蠶事既登分繭稱絲效功以共郊廟之服說文云繭蠶衣也絲蠶所吐也使巧倕山海經海內經云義均是始爲巧倕是始作下民百巧書堯典作垂加繩墨而制之以斤斧。女工加五色而制之以機杼。則皆成宗廟之器。黼黻之章。鹽鐵論殊路篇云孔子曰觚不觚觚哉觚哉故人事加則爲宗廟器淮南子說林訓云黼黻之美在于杼軸羣書治要載尸子勸學篇云夫繭舍而不治則腐蠹而棄使女工繅之以爲美錦大君服而朝之可羞於鬼神。可御於王公。羞舊作著據治要改隱三年左傳云可羞于王公可薦于鬼神而况君子敦貞之質。察敏之才。大戴禮五帝德云長而敦敏攝之以良朋。詩既醉云朋友攸攝常棣云每有良朋教之以明師。漢書董仲舒傳云興太學置明師以養天下之士文之以禮樂。論語導之以詩書。讚之以周易。明之以春秋。治要讚上有幽字王先生宗炎云明下有脫字當與幽讚對其不有濟乎。有字舊脫據治要補程本作不有晉語胥臣曰質將善而賢良贊之則濟可竢詩云。題彼鶺鴒。載飛載鳴。我日斯邁。而月斯征。夙興夜寐。無忝爾所生。小宛鶺鴒今作脊令是以君子終日乾乾進德修業者。易乾文言非直爲博己而已也。淮南子精神訓高誘注直猶但也博己卽論語言博我蓋乃思述祖考之令問而以顯父母也。孝經云立身行道揚名于後世以顯父母引大雅云無念爾祖聿修厥德按毛傳云聿述孔子曰。吾嘗終日不食。終夜不寢。以思無益。不如學也。耕也餒在其中。學也祿在其中矣。君子憂道不憂貧。論語箕子陳六極。書洪範國風歌北門。詩邶風故所謂不憂貧也。豈好貧而弗之憂邪。蓋志有所專。昭其重也。是故君子之求豐厚也。傳廿四年左傳云豐厚可也非為嘉饌美服淫樂聲色也。莊子至樂篇云所樂者身安厚味美服好色音聲也乃將以底其道孫侍御志祖云底與致同論語云君子學以致其道而邁其德也。莊八年左傳夏書曰皋陶邁種德夫道成於學而藏於書。學進於振而廢於窮。王侍郎紹蘭云振當作賑說文云賑富也賑窮對文下文家富也身貧也是其證

是故董仲舒終身不問家事。見漢書凡史記兩漢書有列傳者云見某書景君明經年不出戶庭。漢書京房字君明賢難篇考績篇並稱京房景京古通用急就篇有景君明得銳精其學方言後劉子駿與揚雄書云經年銳精以成此書而顯昭其業者。家富也。富佚若彼而能勤精若此者。漢書董仲舒傳云蓋三年不窺園其精如此呂氏春秋博志篇云蓋聞孔子墨翟晝日諷誦習業夜親見文王周公旦而問焉用志如此其精也高誘注精微密也材子也。文十八年左傳云有才子八人才與材通倪寬賣力於都巷。巷當作養漢書云倪寬詣博士受業貧無資用常為弟子都養顏師古注都凡衆也養主給烹炊者也一切經音義六引蔡邕勸學注云傭賣力也匡衡自鬻於保徒者。漢書云匡衡好學家貧庸作以供資用按欒布傳云窮困賣庸于齊為酒家保孟康注保庸也可保信故謂之保身貧也。貧阨若彼而能進學若此者。秀士也。禮記王制云命鄉論秀士升之司徒當世學士。漢書董仲舒傳云學士皆師尊之恒以萬計。而究塗者爾雅釋言云究窮也究塗言非半塗而廢也無數十焉。其故何也。其富者則以賄玷精。貧者則以乏易計。或以喪亂朞其年歲。朞疑稽之誤後漢書列女傳樂羊子妻曰稽廢時日此其所以逮初喪功。而及其童蒙者也。及疑反之誤荀子不苟篇云獨行而不舍則濟矣濟而材盡長遷而不反其初則化矣楊倞注既濟則材性自盡長遷不反其初謂中道不廢也王先生云逮疑違是故無董景之才。倪匡之志。而欲強捐身出家曠日師門者。鹽鐵論相刺篇云七十子之徒去父母捐室家負荷而隨孔子漢書酷吏傳郅都曰已背親而出身固當奉職韓信傳云曠日持久後漢書桓榮傳顯宗報書云去家慕鄉求謝師門必無幾矣。幾讀為冀韓非子姦劫弒臣篇云負千鈞之重陷於不測之淵而求生也必不幾安

夫此四子者。耳目聰明。忠信廉勇。未必無儔也。爾雅釋詁云仇匹也儔爲仇之假借 而及其成名立績。韓非子功名篇云明君之所以立功成名者四爾雅釋詁云績功也 德音令問不已。詩南山有臺云德音不已文王云令聞不已釋文聞音問漢北海淳于長夏承碑作令問不已 而有所以然。夫何故哉。漢書賈誼傳云誼具道所以然之故 徒以其能自託於先聖之典經。禮記文王世子云凡始立學者必釋奠於先聖先師漢書蔡義傳云竊以聞道於先師自託於經術也後漢書胡廣傳云稽之典經 結心於夫子之遺訓也。禮記祭義云結諸心周語云必問於遺訓 是故造父疾趨。百步而廢。自舊作而何本改作使並誤 託乘輿。孟子云今乘輿已駕矣 坐致千里。水師泛軸。周語云水師監濯韋昭注水師掌水軸當作舳謂舳艫也說文云漢律名船方長爲舳艫王先生云軸車軸所以持輪者也 解維則溺。方言云維之謂之鼎郭注繫船爲維 自託舟楫。坐濟江河。是故君子者。性非絕世。善自託於物也。荀子勸學篇云假輿馬者非利足也而致千里假舟檝者非能水也而絕江河君子生非異也善假於物也大戴禮勸學篇生作性韓非子姦劫弒臣篇云託於犀車良馬之上則可以陸犯阪阻之患乘舟之安持檝之利則可以永絕江河之難此託字所本 人之情性未能相百。而其明智有相萬也。此非其真性之材也。必有假以致之也。韓詩外傳四云人同材鈞而貴賤相萬者盡心致志也說苑建本篇云質性同倫而學問者智 君子之性。未必盡照。史記李斯傳云陛下富於春秋未必盡徧諸事徐廣曰徧或宜作照 及學也。聰明無蔽。心智無滯。前紀帝王。顧定百世。荀子儒效篇云鄉也效門室之辨混然曾不能決也俄而原仁義分是非圖回天下於掌上而辨白黑豈不愚而知矣哉不苟篇云君子審後王之道而論於百王之前若端拜而議 此則道之明也。而君子能假之以自彰爾。夫是故道之於心也。猶火之於人目也。墨子經說下篇云智以目見而目以火見 中穽深室。幽黑無見。及設盛燭。則百物彰矣。禮記仲尼燕居云譬如終夜有求於幽室之中非燭何見 此則火之燿也。非目之光也。而目假之。則爲己明矣。舊脫己字依下文例補 天地之道。神明之爲。易繫辭下傳云陰陽合德而剛柔有體以體天地之撰以通神明之德 不可見也。學問聖典。心思道術。荀子哀公篇孔子曰所謂士者雖不能盡道術必有率也禮記鄉飲酒義云古之學術道者將以得

身也鄭注術猶藝也 則皆來覩矣。此則道之材也。非心之明也。而人假之。則爲己知矣。是故索物於夜室者。莫良於火。管子君臣上篇云猶夜有求而得火也 索道於當世者。莫良於典。典者。經也。太平御覽六百八引釋名云經徑也常典也 先聖之所制。先聖得道之精者以行其身。欲賢人自勉以入於道。故聖人之制經以遺後賢也。漢書翼奉傳云臣聞之於師曰天地設位懸日月布星辰分陰陽定四時列五行以視聖人名之曰道聖人見道然後知王治之象故畫州土建君臣立律歷陳成敗以視賢者名之曰經賢者見經然後知人道之務則詩書易春秋禮樂是也 譬猶巧倕之爲規矩準繩以遺後工也。事物紀原七引尸子云古者倕爲規矩準繩使天下倣焉 昔倕之巧。目茂圓方。茂當作成禮記仲尼燕居云目巧之室鄭注目巧謂但用巧目善意作室不由法度韓非子有度篇云巧匠目意中繩皆目成圓方之意 心定平直。又造規繩矩墨以誨後人。試使奚仲公班之徒。定元年左傳云奚仲居薛以爲夏車正公班即禮記檀弓公輸般 釋此四度而倣倕自制。必不能也。淮南子修務訓云無規矩雖奚仲不能以定方圓無準繩雖魯般不能以定曲直 凡工妄匠。口規乘矩。空格程本作執蓋以意補之他皆倣此 錯準引繩。說文云措置也經典多假借用錯 則巧同於倕也。韓非子用人篇云去規矩而妄意度奚仲不能成一輪廢尺寸而差短長王爾不能半中拙匠守規矩尺寸則萬不失矣 是故倕以其心來制規矩。舊脫故字其字依下文例補 後工以規矩。以上五字舊脫盧學士補 往合倕心也。故度之工。度上脫一字王先生云疑脫信字孟子云工不信度 幾於倕矣。王先生云幾上疑脫巧字 先聖之智。心達神明。性直道德。又造經典以遺後人。漢書孫寶傳云著於經典 試使賢人君子。釋於學問。抱質而行。淮南子繆稱訓云懷情抱質 必弗具也。及使從師就學。按經而行。後漢書班彪傳固傳東都賦云案六經而校德李固傳云脩案經典按與案通依也 聰達之明。德義之理。亦庶矣。是故聖人以其心來造經典。造程本作就 後人以經典。以上五字盧補 往合聖心也。舊脫也字依上文例補 故修經之賢。漢書儒林傳序云諸儒始得修其經學 德近於聖矣。詩云。高山仰止。景行行止。車舝日就月將。學有緝熙於光明。敬之是故凡欲顯勳績揚光烈者。書立政云以覲文王之耿光以揚武王之大烈漢書外戚傳班倢伃賦云揚光烈之翕赫兮莫良於學矣。

務本第二

凡爲治之大體。治舊作人據治要改北堂書鈔卅九引亦作治韓非子有大體篇漢書鼂錯傳云明於國家之大體莫善於抑末而務本。莫不善於離本而飾末。呂氏春秋孝行覽云凡爲天下治國家必務本而後末夫爲國者。以富民爲本。管子治國篇云凡治國之道必先富民民富則易治也民貧則難治也以正學爲□。禮記學記云古之王者建國君民敎學爲先史記儒林傳轅固曰公孫子務正學以言無曲學以阿世空格程本作基民富乃可敎。論語冉有曰既富矣又何加焉子曰敎之說苑建本篇河閒獻王曰管子稱倉廩實知禮節衣食足知榮辱夫穀者國家所以昌熾士女所以姣好禮義所以行而人心所以安也尚書五福以富爲始子貢問爲政孔子曰富之既富乃敎之也此治國之本也漢書食貨志云食足貨通然後國實民富而敎化成學正乃得義。民貧則背善。鄧析子無厚篇云凡民有穿窬爲盜者有詐僞相迷者此皆生於不足起於貧窮學淫則詐僞。呂氏春秋知度篇云至治之世其民不好淫學流說高誘注不學正道爲淫學入學則不亂。得義則忠孝。故明君之法。務此二者。以爲成太平之基。致休徵之祥。禮記仲尼燕居云天下太平書洪範曰休徵漢書董仲舒傳云諸福之物可致之祥莫不畢至楚元王傳劉向封事云百異消滅而衆祥並至太平之基萬世之利也藝文類聚五十二引此文祥作隆夫富民者。以農桑爲本。以游業爲末。管子五輔篇云明王之務在於強本事去無用然後民可使富治國篇云先王知衆民強兵廣地富國之必生於粟也故禁末作止奇巧而利農事牧民篇云務五穀則食足養桑麻育六畜則民富漢書文帝紀二年詔曰農天下之大本也民所恃以生也而民或不務本而事末故生不遂昭帝紀元平元年詔曰天下以農桑爲本百工者。以致用爲本。易繫辭上傳云備物致用立成器以爲天下利以巧飾爲末。周禮司市凡市僞飾之禁在工者十有二胥師察其詐僞飾行價慝者鄭注玄謂飾行價慝謂使人行賣惡物於市巧飾之令欺誑買者禮記月令云毋或作爲淫巧鄭注淫巧謂僞飾不如法也商賈者。以通貨爲本。周禮太宰九職任萬民六曰商賈阜通貨賄以鬻奇爲末。類聚貨作乏奇作貨按漢書食貨志云通財鬻貨曰商三者守本離末則民富。離本守末則民貧。貧則阨而忘善。富則樂而可教。教訓者。以道義爲本。以巧辯爲末。辭語者。以信順爲本。以詭麗爲末。漢書揚雄傳云諸子各以其知舛馳大氐詆訾聖人即爲怪迂析辯詭辭以撓世事雖小辯終破大道而或衆王褒傳云辭賦大者與古詩同義小者辯麗可喜 列士者。荀子大略篇云子贛季路故鄙人也被文學服禮義爲天下列士風俗通論士云列士百不易之分見意林 以交遊爲末。禮記曲禮云交遊稱其信也 孝悌者。以致養爲本。禮記祭義曾子曰衆之本教曰孝其行曰養 以華觀爲末。孟子云非直爲觀美也 人臣者。以忠正爲本。六韜盈虛篇云吏忠正奉法者尊其位淮南子主術訓云人主貴正而尚忠忠正在上位執正營事則讒佞姦邪無由進矣 以媚愛爲末。晉語云其臣競諂以求媚詩假樂云媚於天子鄭箋媚愛也 五者守本離末則道德崩。與崩韻 愼本略末猶可也。舍本務末則惡矣。夫用天之道。分地之利。孝經 六畜生於時。百物聚於野。此富國之本也。管子立政篇云桑麻殖於野五穀宜其地六畜育於家瓜瓠葷菜百果備具國之富也 游業末事以收民利。昭廿六年左傳云大夫不收公利後漢書朱暉傳云往來市珍寶收采其利 此貧邦之原也。兩也字並据治要補 忠信謹愼。此德義之基也。虛無譎詭。此亂道之根也。故力田所以富國也。漢書文帝紀十二年詔曰力田爲生之本也 今民去農桑。赴游業。披采衆利。聚之一門。雖於私家有富。然公計愈貧矣。管子治國篇云民舍本事而事末作則田荒而國貧矣禁藏篇云民多私利者其國貧 百工者。所使備器也。考工記云審曲面埶以飭五材以辨民器謂之百工 器以便事爲善。鹽鐵論國病篇云器足以便事 以膠固爲上。爾雅釋詁云膠固也 今工好造彫琢之器。漢書王吉傳云古者工不造琱瑑商不通侈靡彫琢義與琱瑑同淮南子齊俗訓云車輿極於雕琢器用逐於刻鏤 巧僞飭之。以欺民取賄。漢書禮樂志云桑閒濮上鄭衞宋趙之聲並出巧僞因而飾之以營亂富貴之耳目庶人以求利列國以相聞巧僞飭之治要作僞飾之巧其義亦通見上以巧飾爲末句注 雖於姦工有利。而國界愈病矣。商賈者。所以通物也。以上二十字舊脫据治要補界當依上下文作計計界聲相近漢書地理志琅邪郡計斤顏師古注即春秋左傳所謂介根也語音有輕重此其比也白虎通商賈篇云商之爲言商也，商其遠近，度其有亡，通四方之物，故謂之商也；賈之爲言固也，固其有用之物，以待民來，以求其利者也。物以任用爲要，以堅牢爲資。禮記月令云：「命工師效功，必功致爲上。」淮南子時則訓作「堅致爲上」，高誘注：「堅致，功牢也。」鹽鐵論力耕篇云：「工致牢而不僞。」今商競鬻無用之貨。尚書大傳云：「聖人在位，其商不通無用之物。」淫侈之幣。淫下舊有極字，卽淫之譌文，據治要刪。以惑民取產。雖於淫商有得，然國計愈失矣。後漢書桓譚傳注引東觀漢記載譚言云：「賈人多通侈靡之物，羅紈綺繡，雜綵玩好，以淫人耳目，而竭盡其財，是爲下樹奢媒而置貧本也。求人之儉約富足，何可得乎？」齊策云：「爲國計者過矣。」高誘注：「過，誤失也。」此三者。外雖有勤力富家之私名。漢書高帝紀云：「不能治產業，不如仲力。」服虔曰：「力，勤力也。」疏廣傳云：「令子孫勤力其中。」易家人六四：「富家大吉。」然內有損民貧國之公實。治要作費。故爲政者。明督工商。勿使淫僞。困辱游業。勿使擅利。史記平準書云：「高祖令賈人不得衣絲乘車，重租稅以困辱之。」寬假本農，而寵遂學士。晉語云：「通商寬農。」漢書翟方進傳云：「可少寬假，使遂其功名。」此以寬假寵遂連言，蓋卽本於彼。則民富而國平矣。夫教訓者。所以遂道術而崇德義也。今學問之士。好語虛無之事。漢書揚雄傳贊桓譚曰：「昔老聃著虛無之言兩篇，薄仁義，非禮學，然後世好之者尚以爲過於五經。」爭著彫麗之文。後漢書樊宏後準傳云：「儒者競論浮麗。」以求見異於世。品人鮮識。品人猶言衆人。晏子春秋外篇云：「今品人飾禮煩事，羨樂淫民，崇死以害生，三者聖王之所禁也。」從而高之。此傷道德之實。而或矇夫之大者也。論衡量知篇云：「人未學問曰矇。」或與惑通，程本作惑。詩賦者。所以頌善醜之德。周禮太師鄭注：「頌之爲言誦也，容也。」泄哀樂之情也。故溫雅以廣文。漢書揚雄傳云：「司馬相如作賦甚弘麗溫雅。」興喻以盡意。周禮太師注：「興見今之美，嫌於媚諛，取善事以喻勸之。」今賦頌之徒。苟爲饒辯屈蹇之辭。饒疑撓之譌。淮南子齊俗訓云：「詆文者處煩撓以爲慧，爭爲佹辯，久稽而不訣。」競陳誣罔無然之事。以索見怪於世。愚夫戇士。說文云：「戇，愚也。」淮南子氾論訓云：「愚夫惷婦。」高誘注：「惷亦愚無知之貌也。」惷與戇通。從而奇之。此悖孩童之思。說文云：「詩，亂也。或从心作悖。」孟子云：「孩提之童。」而長不誠之言者也。韓非子難一云：「言語辯聽之說，不度於義者，必不誠之言也。」史記高祖紀云：「人乃以嫗爲不誠。」盡孝悌於父母。正操行於閨門。盡舊作內，據治要改。鹽鐵論孝養篇云閨門之内盡孝焉閨門之外盡悌焉所以爲列士也。舊脫爲字列作烈據治要補改今多務交游以結黨助，偷世竊名世治要作勢按管子牧民篇云偸取一世韓非子詭使篇云巧言利辭行姦軌以倖偸世者數御世字似不誤以取濟渡。濟渡以涉水爲喻詩匏有苦葉毛傳舟子舟人主濟渡夸末之徒從而尚之此逼貞士之節。漢書匈奴傳贊云城郭之固無以異於貞士之約王先生云逼疑違而眩世俗之心者也。眩舊作衒據治要改淮南子原道訓高誘注眩惑也養生順志所以爲孝也。禮記内則曾子曰孝子之養老也樂其心不違其志樂其耳目安其寢處以其飲食忠養之孟子云曾子養曾晳必有酒肉將徹必請所與問有餘必曰有若曾子則可謂養志也今多違志儉養約生以待終。韓詩外傳一曾子曰窘其身而約其親者不可與語孝終沒之後，乃崇飭喪紀以言孝。禮記月令云飭喪紀文王世子鄭注紀猶事也盛饗賓旅以求名。晉語云禮賓旅韋昭注旅客也誣善之徒從而稱之此亂孝悌之眞行而誤後生之痛者也。鹽鐵論散不足篇云古者事生盡愛送死盡哀故聖人爲制節非虛加之今生不能致其愛敬死以奢侈相高雖無哀戚之心而厚葬重幣者則稱以爲孝顯名立於世光榮著於俗故黎民相慕效至於發屋賣業羣書治要載崔寔政論云送終之家亦無法度至用襦梓黃腸多藏寶貨烹牛作倡高墳大寢是可忍也孰不可忍而俗人多之咸曰健子天下跂慕恥不相逮念親將終無以奉遣乃約其供養豫修亡歿之備老親之飢寒以事淫佚之華稱竭家盡業甘心而不恨後漢書趙咨傳云廢事生而榮終亡替所發而爲厚葬豈云聖人制禮之意乎意與此同忠正以事君，信法以理下，所以居官也。魯語臧文仲曰居官者當事不避難今多姦諛以取媚。昭七年左傳云從政有所反之以取媚也撓法以便佞。漢書酷吏甯成傳云所愛者撓法活之所憎者曲法滅之論語云友便佞治要作玩法以便己苟得之徒，舊脫徒字淮南子人閒訓云忠臣事君也計功而受賞不爲苟得繆稱訓云小人之從事也曰苟得君子曰苟義從而賢之。此滅貞良之行。史記秦始皇紀琅邪臺刻石辭云姦邪不容皆務貞良而舊脫開亂危之原者也。舊脫者字據治要補五者。外雖有振與震同賢才之虛譽。管子明法解云羣臣以虛譽進其黨內有傷道德之至實。凡此八者。當衰世之務。而闇君之所固也。荀子王霸篇云闇君必將急逐樂而緩治國孔安國論語注固蔽也雖未即於篡弑。然亦亂道之漸來也。六本末消息之爭。易豐彖曰與時消息爭疑事皆在於君。非下民之所能移也。夫民固隨君之好。管子法法篇云凡民從上也不從口之所言從情之所好者也從利以生者也。商子君臣篇云臣聞道民之門在上所先故民可令農戰可令游宦可令學問在上所與上以功勞與則民戰上以詩書與則民學問民之於利也若水於下也四旁無擇也民徒可以得利而爲之者此下舊有故君子曰一段凡二百卌七字今考定入遏利篇是故務本則雖虛僞之人皆歸本。居末則雖篤敬之人論語云行篤敬皆就末。且凍餒之所在。民不得不去也。溫飽之所在。民不得不居也。論語云富與貴是人之所欲也不以其道得之不處也貧與賤是人之所惡也不以其道得之不去也鹽鐵論褒賢篇論衡問孔篇刺孟篇高誘注呂氏春秋有度篇後漢書陳蕃傳處並作居漢書敍傳幽通賦云物有欲而不居兮亦有惡而不避用論語文抱朴子博喻篇亦云不以其道則富貴不足居故衰闇之世。本末之人。未必賢不肖也。禍福之所下有脫字勢不得無然爾。故明君莅國。晏子春秋諫下云莅國子民必崇本抑末。鹽鐵論本議篇云王者崇本退末以遏亂危之萌。此誠治之危漸。當作治亂之漸危亂字形相近又誤倒之字於上也不可不察也。

遏利第三

世人之論也。靡不貴廉讓而賤財利焉。及其行也。多釋廉甘利之於人。文有脫誤王先生云疑是多釋廉而甘利釋舍鎰之於字衍人字屬下句徒知彼之可以利我也。而不知我之得彼。亦將爲利人也。利人疑倒宣十四年左傳晏桓子曰貪必謀人謀人人亦謀己知脂蠟之可明鐙也。說文云鐙錠也徐鉉曰錠中置燭故謂之鐙鐙燈正俗字而不知其甚多則冥之。知利之可娛己也。不知其稱而必有也。文有脫誤疑當作不知其積而必有禍也襄廿八年左傳晏子曰利過則爲敗昭十年傳晏子謂桓子曰蘊利生孽皆此意也前人以病。後人以競。僖七年左傳云諺有之曰心則不競何憚於病此用其文楚辭離騷云衆皆競進而貪婪今庶民之愚而衰闇之至也。春秋繁露云民之皆趨利而不趨義也固其所闇也予故歎曰。何不察也。願鑒於道。勿鑒於水。吳語申胥云王其盍亦鑒於人無鑒於水象以齒焚身。蚌以珠剖體。襄廿四年左傳云象有齒以焚其身賄也淮南子說林訓云蚌象之病人之寳也高誘注蜼大蛤中有珠象牙還以自疾故人得以爲寳本經訓云擿蜯蜃高注擿猶開也開以求珠也 匹夫無辜。懷璧其罪。桓十年左傳辜今作罪 嗚呼悶哉。悶疑闇 無德而富貴者。固可豫弔也。貴者二字舊空据程本補漢書景十三王傳贊云亡德而富貴謂之不幸 且夫利物。莫不天之財也。莫不猶言莫非周語芮良夫曰夫利百物之所生也天地之所載也 天之制此財也。猶國君之有府庫也。賦賞奪與。各有衆寡。民豈得強取多哉。故人有無德而富貴。是凶民之竊官位盜府庫者也。終必覺。覺必誅矣。盜人必誅。況乃盜天乎。得無受禍焉。漢書朱博傳云得無不宜顏師古注得無猶言無乃也 鄧通死無簪。見史記佞幸傳 勝跪伐其身。跪當作詭公孫勝詭見史記梁孝王世家王先生云伐疑戕 是故天子不能違天。富無功。諸侯不能違帝。厚私勸。王先生云私勸疑是私歡 非違帝也。非違天也。帝以天爲制。天以民爲心。民之所欲。天必從之。襄卅一年左傳太誓云民之所欲天必從之 是故無功庸於民而求盈者。未嘗不力顛也。周禮司勳國功曰功民功曰庸晉語穆子曰無功庸者不敢居高位王先生云力當作立周語高位寔疾顛疾顛即立顛也繼培按力蓋危字之壞管子宙合篇云高爲其居危顛莫之救淮南子人閒訓云天下有三危少德而多寵一危也才下而位高二危也身無大功而受厚祿三危也呂氏春秋務大篇云嘗試觀於上志三王之佐其名無不榮者其實無不安者功大故也俗主之佐其欲名實也與三王之佐同其名無不辱者其實無不危者無功故也 有勳德於民而謙損者。未嘗不光榮也。韓詩外傳八孔子曰天道虧盈而益謙地道變盈而流謙鬼神害盈而福謙人道惡盈而好謙謙者抑事而損者也持盈之道抑而損之又云德行寬容而守之以恭者榮 自古於今。上以天子。下至庶人。至舊作止据程本改禮記大學云自天子以至於庶人 蔑有好利而不亡者。好義而不彰者也。荀子榮辱篇云先義而後利者榮先利而後義者辱 昔周厲王好專利。見周語 芮良夫諫而不入。退賦桑柔之詩以諷。毛傳序云桑柔芮伯刺厲王也 言是大風也。必將有隧。舊作遂按班祿篇作隧與今詩同 是貪民也。必將敗其類。王又不悟。故遂流死於彘。周語 虞公屢求以失其國。桓十年左傳公叔戍崇賄以爲罪，定十三年左傳 桓魋不節飲食以見弑。哀十四年左傳云宋桓魋之寵害於公公使夫人驟請享焉而將討之弑當爲討王先生云公羊昭廿五年傳昭公謂子家駒曰季氏爲無道僭於公室久矣吾欲弑之何如是上殺下亦可謂之弑也 此皆以貨自亡，用財自滅。老子云多藏必厚亡楚語云積貨滋多蓄怨滋厚不亡何待 楚鬬子文三爲令尹而有飢色，妻子凍餒，朝不及夕。子文舊作文子楚語云鬬子文三舍令尹無一日之積楚策莫敖子華曰令尹子文朝不謀夕 季文子相四君，馬不餼粟，妾不衣帛。成十六年左傳云季孫於魯相二君矣妾不衣帛馬不食粟杜注二君宣成襄五年季孫行父卒傳云季文子之忠於公室也相三君矣而無私積疏云行父以文六年見經則爲卿久矣宣八年仲遂卒後始文子得政故至今爲相三君也此云四君蓋幷文公數之 子罕歸玉，襄十五年左傳 晏子歸宅，昭三年左傳按宅與夕帛韻 此皆能棄利約身，老子云絕巧棄利吳語云身自約也漢書王莽傳云克身自約論語云克己復禮爲仁馬融注克己約身也皇侃疏云言能自約儉己身 故無怨於人。禮記中庸云正己而不求於人則無怨鄭注無怨人無怨之者也論語云放於利而行多怨 世厚天祿，論語云天祿永終 令聞不止。止疑亡 伯夷叔齊，餓於首陽，論語 白駒詩小雅介推，僖廿四年左傳 困遯逃於山谷，顏原公析，顏回原憲公析哀也史記游俠傳云季次原憲讀書懷獨行君子之德義不苟合當世終身空室蓬戶褐衣疏食不厭死而已季次哀字也 困鍾於郊野，守志篤固，爾雅釋詁云篤固也 秉節不虧，寵祿不能固，威勢不能移。孟子云富貴不能淫貧賤不能移威武不能屈固疑回之誤回猶移也昭卅一年左傳云不爲利回逸周書官人解云猝導以利而心不移或云回讀爲蠱文夫人之蠱惑也 雖有南面之尊，易說卦傳云聖人南面而聽天下 公侯之位，德義有殆，禮義不班，班與辨通孟子云萬鍾則不辨禮義而受之 撓志如芷，負心若芬，負當是熏易艮九二厲熏心馬融注熏灼其心漢書路溫舒傳云虛美熏心按熏說文作熒熒負字形相近 固弗爲也。是故雖有四海之主弗能與之方名，列國之君不能與之鈞重。荀子儒效篇云彼大儒者雖隱於窮閻漏室無置錐之地而王公不能與之爭名禮記投壺鄭注鈞猶等也 守志於□程本□作一廬之內，而義溢乎九州之外，信立乎千載之上，而名傳乎百世之際。孟子云奮乎百世之上百世之下聞者莫不興起也 故君子曰：君字疑誤 財賄不多，衣食不贍，聲色不妙，威勢不行。非君子之憂也。行善不多。申道不明。節志不立。德義不彰。君子恥焉。是以賢人智士之於子孫也。呂氏春秋察微篇云智士賢者 厲之以志。弗厲以詐。詐字與下複何本作辭按三略云厲之以辭 勸之以正。弗勸以詐。示之以儉。弗示以奢。禮記檀弓曾子曰國奢則示之以儉 貽之以言。弗貽以財。說苑雜言篇晏子曰吾聞君子贈人以財不若以言 是故董仲舒終身不問家事。而疎廣不遺賜金。並見漢書疎漢書作疏廣韻六魚疏字注云疏姓漢有太子太傅東海疏廣俗作疎按晉書束晳傳云漢太子太傅疏廣之後也王莽末廣曾孫孟達避難自東海徙居沙鹿山南因去疏之足遂改姓焉是漢時已以疏爲疎矣 子孫若賢。不待多富。若其不賢。則多以徵怨。漢書疏廣傳云賢而多財則損其志愚而多財則益其過且夫富者衆之怨也吾既亡以教化子孫不欲益其過而生怨昭卅二年左傳云無徵怨於百姓杜注徵召也 故曰。無德而賄豐。禍之胎也。昔曹羈有言。守天之聚。必施其德義。德義弗施。聚必有闕。晉語僖負羈言於曹伯曰守天之聚將施於宜宜而不施聚必有闕韋昭注宜義也 今口程本作或 家賑而貸乏。爾雅釋言云賑富也 遺賑貧窮。恤矜疾苦。周禮大司徒以保息六安萬民三曰振窮四曰恤貧五曰寬疾鄭注振窮捄天民之窮者也昭十四年左傳云分貧振窮長孤幼養老疾杜注振救也振聲誤爲賑漢書文帝紀元年詔曰其議所以振貸之顏師古注振起也諸振救振贍其義皆同今流俗作字從貝者非也 則必不口程本作久 居富矣。句有誤字說苑雜言篇孔子曰夫富而能富人者欲貧而不可得也說叢篇云賑窮救急何患無有 易曰。天道虧盈以沖謙。謙彖詞以沖王弼本作而益 故以仁義口於彼者。天賞之於此。空格程本作費以仁義舊作仁以義按墨子天志中云此仁也義也愛人利人順天之意得天之賞者也此文本之襄廿八年左傳叔孫穆子曰善人富謂之賞 以邪取於前者。衰之於後。是以持盈之道。挹而損之。見上挹與抑同 則亦舊作不 可以免於亢龍之悔。乾坤之愆矣。乾上九亢龍有悔象曰亢龍有悔盈不可久也故君子曰至此舊錯入務本篇今移正

論榮第四

所謂賢人君子者。非必高位厚祿富貴榮華之謂也。漢書董仲舒傳云身寵而載高位家溫而食厚祿因乘富貴之

貪力以與民爭利於下敘傳荅賓戲云據徼乘邪以求一日之富貴朝爲榮華夕而蕉瘁此則君子之所宜有。而非其所以爲君子者也。所謂小人者。非必貧賤凍餒辱阨窮之謂也。辱上脫一字程本辱作困此則小人之所宜處。而非其所以爲小人者也。奚以明之哉。夫桀紂者。夏殷之君王也。崇侯惡來。天子之三公也。見史記殷本紀而猶不免於小人者。以其心行惡也。伯夷叔齊餓夫也。法言淵騫篇云西山之餓夫傅說胥靡。呂氏春秋求人篇云傅說殷之胥靡也高誘注胥靡刑罪之名也而井伯虞虜也。井伯虞虜舊作井白虞虜僖五年左傳云執虞公及其大夫井伯史記晉世家執作虜然世猶以爲君子者。以爲志節美也。漢書云敞傳云車騎將軍王舜高其志節故論士苟定於志行。淮南子原道訓云士有一定之論管子八觀篇云商賈之人不論志行而有爵祿荀子榮辱篇云志行修臨官治勿以遭命。則雖有天下。不足以爲重。無所用不足。舊作可以爲輕。處隸圉。哀二年左傳云人臣隸圉免周語云瀝替隸圉韋昭注隸役也圉養馬者不足以爲恥。撫四海不足以爲榮。況乎其未能相縣若此者哉。荀子王制篇云是其爲相縣也亦遠矣故曰。寵位不足以尊我。以下舊衍爲字而卑賤不足以卑己。新書大政上篇云紂自謂天王也桀自謂天子也已滅之後民以相罵也以此觀之則位不足以爲尊而號不足以爲榮矣夫令譽從我興。而二命自天降之。禮記祭法疏引援神契云命有三科有受命以保慶有遭命以譴暴有隨命以督行此云二命蓋不數受命卜列篇云命有遭隨御覽三百六十引春秋元命苞云命者天之令也所受於帝行正不過得壽命壽命正命也起九九八十一有隨命隨命者隨行爲命也有遭命遭命者行正不誤逢世殘賊君上逆亂辜咎下流災譴並發陰陽散忤暴氣雷至滅日動地絕人命沙鹿襲邑是詩云。天實爲之。謂之何哉。北門故君子未必富貴。小人未必貧賤。論衡命祿篇云才高行厚未必保其必富貴智寡德薄未必信其必貧賤或時才高行厚命惡廢而不進智寡德薄命善興而超踰故夫臨事知愚操行清濁性與才也仕宦貴賤治產貧富命與時也或潛龍未用。或舊脫据程本補亢龍在天。易乾從古以然。今觀俗士之論也。以族舉德。以位命賢。仲長統昌言云天下士有三俗選士而論族姓閥閱一俗見意林茲可謂得論之一體矣。而未獲至論之俶眞也。眞程本作貞誤淮南子有俶眞訓說文云俶善也經典多通用叔 堯。聖父也。而丹凶傲。書皋陶謨 舜。聖子也。而叟頑惡。堯典 叔嚮。賢兄也。而鮒貪暴。昭元年十三年十四年左傳 季友。賢弟也。而慶父淫亂。莊卅二年閔二年左傳 論若必以族。是丹宜禪而舜宜誅。鮒宜賞而友宜夷也。論之不可必以族也若是。昔祁奚有言。鯀殛而禹興。管蔡爲戮。周公祐王。襄廿一年左傳祐今作右 故書稱父子兄弟不相及也。昭廿年左傳苑何忌曰在康誥曰父子兄弟罪不相及疏云此非康誥之全文引其意而言之 幽厲之貴。天子也。而又富有四海。墨子非命下篇云桀紂幽厲貴爲天子富有天下新書過秦下篇云貴爲天子富有四海 顏原之賤。匹庶也。而又凍餒屢空。論語 論若必以位。則是兩王是疑衍 爲世士。治要載尸子勸學篇云使賢者教之以爲世士 而二處爲愚鄙也。論之不可必以位也。又若是焉。莊子盜跖篇子張曰勢爲天子未必貴也窮爲匹夫未必賤也貴賤之分在行之美惡 故曰。仁重而勢輕。位蔑而義榮。春秋繁露云今人大有義而甚無利雖貧與賤尙榮其行新語本行篇云賤而好德者尊貧而有義者榮詩桑柔鄭箋云蔑猶輕也程本蔑作辱誤 今之論者。多此之反。而又以九族。或以所來。則亦遠於獲眞賢矣。漢書貢禹傳云求士不得眞賢 昔自周公不求備於一人。論語 況乎其德義既舉。乃可以它故而弗之采乎。由余生於五狄。越蒙產於八蠻。蒙舊作象史記鄒陽傳云秦用戎人由余而霸中國齊用越人蒙而彊威宣索隱云越人蒙未見所出漢書作子臧張晏曰子臧或是越人蒙字也 而功施齊秦。德立諸夏。閔元年左傳云諸夏親暱杜注諸夏中國也 令名美譽。襄廿四年左傳云非無賄之患而無令名之難周語云爲令聞嘉譽以聲之 載於圖書。韓非子用人篇云書圖著其名大體篇云豪傑不著名於圖書 至今不滅。張儀。中國之人也。衞鞅。康叔之孫也。並見史記 而皆讒佞反覆。交亂四海。詩青蠅云讒人罔極交亂四國史記蘇秦傳云左右賣國反覆之臣按漢書息夫躬傳王嘉言寵躬皆傾覆有佞邪材恐必撓亂國家亦用青蠅詩義 由斯觀之。人之善惡。不必世族。性之賢鄙。不必世俗。王先生云族承上或以九族言俗承上或以所來言中堂生負苞。王先生云堂是唐之誤中唐見詩防有鵲巢苞當爲芻爾雅云蒭王芻是也古者多言負芻山野生蘭芷。史記日者傳云蘭芷芎藭棄於廣野夫和氏之璧出於璞石。隋氏之珠產於蜃蛤。隋氏當作隋侯漢書敘傳答賓戲云龢氏之璧韞於荊石隋侯之珠藏於蜯蛤顏師古注龢古和字淮南子覽冥訓云隋侯之珠和氏之璧高誘注隋侯漢東之國姬姓諸侯也御覽九百四十一引墨子云申徒狄謂周公曰賤人何可薄耶周之靈珪出於土石隋之明月出於蜯蜃詩云。采葑采菲。無以下體。谷風故苟有大美可尚於世。則雖細行小瑕曷足以爲累乎。漢書陳湯傳劉向曰論大功者不錄小過舉大美者不疵細瑕淮南子氾論訓云夫人之情莫不有所短誠其大略是也雖有小過不足以爲累是以用士不患其非國士。成十六年左傳云伯州犂以公卒告王苗賁皇在晉侯之側亦以王卒告皆曰國士在且厚不可當也按國士謂本國之士卽下所云此士之士也若呂氏春秋忠廉篇王子慶忌謂要離天下之國士不侵篇豫讓曰智氏國士畜我長利篇我吏曰我國士也爲天下惜死國士皆謂士蓋一國者故漢書韓信傳國士無雙顏師古注以國士爲國家之奇士與左傳義別後世習用國士以爲美稱而於本國之義微矣而患其非忠。舊作中世非患無臣。而患其非賢。王先生云世非患無臣當作非患無世臣此四語亦族俗分承言之蓋無羈縻。未詳史記司馬相如傳云天子之於夷狄也其義羈縻勿絕而已王先生云羈縻當是羈旅以下文非此士之人知之陳平韓信楚俘也。而高祖以爲藩輔。史記漢興以來諸侯年表序云藩輔京師實平四海。安漢室。衛青霍去病。平陽之私人也。詩大東云私人之子毛傳私人私家人也漢書賈誼傳云自丞尉以上偏置私人而武帝以爲司馬。實攘北狄。詩采薇毛傳玁狁北狄也鄭箋云北狄今匈奴也漢書匈奴傳揚雄云北狄眞中國之堅敵也郡河西。惟其任也。陳平韓信衛青霍去病並見史記何卑遠之有。然則所難於非此士之人。非將相之世者。爲其無是能而處是位。無是德而居是貴。白虎通京師篇云有能然後居其位德加於人然後食其祿荀子王制篇云無德不貴無能不官無以我尙而不秉我勢也。不字疑衍秉或乘之誤韓非子八說篇云以智士之計處乘勢之資而爲其私急則君必欺焉難勢篇云乘不肖人於勢是爲虎傅翼也外儲說左下東郭牙曰以管仲能乘公之勢以治齊國得無危乎

賢難第五

世之所以不治者，由賢難也。所謂賢難者，非直體聰明服德義之謂也。此則求賢之難得爾，非賢者之所難也。故所謂賢難者，乃將言乎循（當作脩，古書循脩多相亂）善則見妬，行賢則見嫉，（楚辭離騷云：各興心而嫉妒。嫉下舊有也字，據諸子品節刪。）而必遇患難者也。虞舜之所以放殛，（孟子云：舜往於田，號泣於旻天。又云：父母使舜完廩，捐階，瞽叟焚廩；使浚井，出，從而揜之。放殛謂此。）子胥之所以被誅，（哀十一年左傳）上聖大賢，猶不能自免於嫉妒，則又況乎中世之人哉。（況字舊脫，程本有況無又。按本書「則又況」數見，今補正。）此秀士所以雖有賢材美質，（白虎通辟雍篇云：其有賢才美質，知學者足以開其心。）然猶不得直道而行，（論語）遂成其志者也。處士不得直其行，（管子問篇云：處士修行足以教人。荀子非十二子篇楊倞注：處士，不仕者也。文選鸚鵡賦李善注引風俗通云：處士者，隱居放言也。）朝臣不得直其言。（管子明法篇云：國無人者，非朝臣之衰也。淮南子覽冥訓云：大夫隱道而不言。高誘注：隱仁義之道，不正諫直言也。論語云：國無道，危行言遜也。）此俗化之所以敗，（漢書董仲舒傳云：習俗化之變。貨殖傳云：傷化敗俗。）闇君之所以孤也。（闇君見務本篇注。管子法法篇云：正言直行之士危，則人主孤而毋內；人主孤而毋內，則人臣黨而成羣。）齊侯之以奪國，（哀十四年左傳）魯公之以放逐，（謂昭公、哀公。程本以上並有所字，誤。下云「三代之以覆，列國之以滅」，即其例，亦見本訓篇。史記吳世家云：商之以與。蓋此例所本。）皆敗績厭覆於不暇，（襄卅一年左傳子產語）而用及治乎。故德薄者惡聞美行，政亂者惡聞治言，此亡秦之所以誅偶語而坑術士也。（見史記秦始皇紀）今世俗之人，自慢其親而憎人敬之，自簡其親而憎人愛之者，不少也。（孝經云：愛親者不敢惡於人，敬親者不敢慢於人。）豈獨品庶。（說文云：品，眾庶也。漢書賈誼傳服賦云：品庶每生。史記伯夷傳作「眾庶馮生」。說苑反質篇：墨子曰：夫品庶非有心也，以人主為心。）賢材時有焉。鄧通幸於文帝，盡心而不違，吮癰而無恡色。（方言云：悋，恨也。悋、恡正俗字。）帝病不樂，從容曰：「天下誰最愛朕者乎？」鄧通欲稱太子之孝，則因對曰：「莫若太子之最愛陛下也。及太子問疾。帝令吮癰。有難之色。帝不悅而遣太子。既而聞鄧通之常吮癰也。乃慙而怨之。及嗣帝位。遂致通罪而使至於餓死。見史記佞幸傳 故鄧通其行。所以盡心力而無害人。昭十九年左傳云盡心力以事君其字舊脫依下文例補 其言所以譽太子而昭孝慈也。太子自不能盡其稱。則反結怨而歸咎焉。桓十八年左傳云無所歸咎 稱人之長。欲彰其孝。且猶爲罪。又況明人之短矯世者哉。說苑政理篇孔子曰言人之善者有所得而無所傷也言人之惡者無所得而有所傷也荀子臣道篇云言其所長不稱其所短漢書楊王孫傳云將以矯世也 且凡士之所以爲賢者。且以其言與行也。王先生云且字衍 忠正之言。非徒譽人而已也。必有觸焉。孝子之行。非徒吮癰而已也。必有駮焉。韓非子外儲說左下云雖有駮行必得所利詩裳裳者華云裳裳者華或黃或白鄭箋與明王之德時有駮而不純駮註詳實貢篇 然則循行漢書陳湯傳云司隸奏湯無循行宋祁曰循疑當作脩此循亦當爲脩高帝紀二年令舉民年五十以上有脩行能帥衆爲善置以爲三老行讀如字 論議之士。漢書諸葛豐傳云使論議士譏臣無補長獲素餐之名按漢書百官公卿表光祿勳屬官有大夫掌論議龔勝傳御史中丞劾奏勝吏二千石常位大夫皆幸得給事中與論議漢時多以論議稱人蓋功令有其文平當傳公卿薦當論議通明師丹傳丞相方進御史大夫孔光舉丹論議深博蕭望之傳宣帝察望之經明持重論議有餘材任宰相楚元王後向傳元帝詔河東太守堪資質淑茂道術通明論議正直秉心有常傅喜傳太后下詔曰高武侯喜姿性端愨論議忠直皆據令文言之息夫躬傳云論議亡所避衆畏其口王商傳云王鳳顓權行多驕僭商論議不能平鳳鳳知之亦疏商京房傳云數以論議爲大臣所非則此所云不能免於刑戮者也 得不遇於嫉妒之命。史記鄒陽傳云不能自免於嫉妒之人楚辭九辯云何險巇之嫉妒兮被以不慈之僞名或云此名當爲害 免於刑戮之咎者。蓋其幸者也。論語云免於刑戮又云幸而免 比干之所以剖心。箕子之所以爲奴。史記殷本紀 伯宗之以死。成十五年左傳 郄宛之以亡。昭廿七年左傳 夫國不乏於妒男也。猶家不乏於妒女也。近古以來自外及內。其爭功名妒過己者豈希也。列女傳魯季敬姜云其所與遊者皆過己者也 予以惟兩賢爲宜。不相害乎。史記季布傳云丁公爲項羽逐窘高祖彭城西短兵接高祖急顧丁公曰兩賢豈相厄哉然也。范睢絀詘借之白起，公孫弘抑董仲舒。並見史記程本白起作白公按白公見史記蔡澤傳此同朝共君，寵祿爭故邪。爭字上下有脫字史記屈原傳云上官大夫與之同列爭寵而心害其能隱四年左傳石碏云寵祿過也惟殊邦異途，利害不干者，爲可以免乎？然也。孫臏修能於楚，按史記孫子傳云臏生阿鄄之閒阿鄄皆齊邑見司馬穰苴傳漢書藝文志兵權謀家亦云齊孫子而呂氏春秋不二篇高誘注云孫臏楚人爲齊臣蓋別有所本龐涓自魏變色，誘以刖之。韓非明治於韓，李斯自秦作思，致而殺之。並見史記治諸子品節作法按非傳云非疾治國不務修明其法制嗟士之相妒，豈若此甚乎！此未達於君，故受禍邪。惟見知爲可以將信乎？然也。京房數與元帝論難，使制考功而選守；晁錯雅爲景帝所知，史記高祖紀雍齒雅不欲屬沛公集解服虔曰雅故也蘇林曰雅素也使條漢法而不亂。舊無條字品節有條無使按使條與使制對今補正漢書刑法志云張湯趙禹之屬條定法令循吏傳顏師古注凡言條者一一而疏舉之若木條然夫二子之於君也，可謂見知深而寵愛殊矣。然京房冤死而上曾不知，晁錯既斬而帝乃悔。並見漢書此材明未足衛身。詩烝民云既明且哲以保其身莊十六年左傳云君子謂強鉏不能衛其足淮南子繆稱訓云世治則以義衛身故及難邪。閔二年左傳云周公勿從故及於難惟大聖爲能無累乎？然也。帝乙以義故囚，易乾鑿度云易之帝乙爲成湯書之帝乙六世王同名不害以明功史記夏本紀云夏桀不務德而武傷百姓百姓弗堪乃召湯而囚之夏臺文王以仁故拘。淮南子道應訓崇侯虎曰周伯昌行仁義而善謀請圖之屈商乃拘文王於羑里事詳史記周本紀夫體至行仁義，按至字疑衍漢書東方朔傳答客難云太公體行仁義史記三王世家云躬親仁義體行聖德莊子漁父篇云孔氏者性服忠信身行仁義據南面師尹卿士，且猶不能無難。然則夫子削迹，莊子盜跖篇云削跡於衛叔嚮縲絏，襄廿一年左傳屈原放沈，賈誼貶黜，並見史記鍾離廢替，鍾離意也何敞束縛，並見後漢書王章抵罪，見漢書平阿斥逐。平阿侯名仁王莽諸父事詳漢書元后傳蓋其輕士者也。疑當作蓋是其輕者也晉書華譚傳云仲舒抑於孝武賈誼失於漢文蓋復是其輕者耳用此例詩云：無

罪無辜。讒口敖敖。十月之交敖敖今詩作囂囂釋文引韓詩作謷謷爾雅釋訓云敖敖傲也與此合彼人之心。于何不臻。菀柳不今詩作其

由此觀之。妒媚之攻擊也。媚當作媢說文云妒婦妒夫也媢夫妒婦也史記五宗世家常山憲王王后以妒媢不常侍病索隱云媢鄒氏本作媚媚媢字形相近易譌也黥布傳贊云妒媢生患顏氏家訓書證篇嘗辨之亦誠工矣。賢聖之居世也。亦誠危矣。故所謂賢難也者。非賢難也。免則難也。彼大聖羣賢。功成名遂。老子文或爵侯伯。或位公卿。尹據天官。漢書李尋傳云充備天官辟忠貴篇注東在帝心。論語東今作簡宿夜侍宴。管子禁藏篇云宿夜不出按宿當作夙說文云夙早敬也㐰亦古文夙从人㐁宿从此詩有駜云夙夜在公在公載燕漢書嚴助傳云助侍燕從容宴與燕通名達而猶有若此。王先生云名達下有脫字繼培按論衡藝增篇詩云鶴鳴九皐聲聞於天言鶴鳴九折之澤聲猶聞於天以喻君子修德窮僻名猶達朝廷也名達亦謂名達朝廷矣則又況乎畎畝佚民。山谷隱士。漢書梅福傳云隱士不顯佚民不舉莊子刻意篇云此山谷之士因人乃達。時論乃信者乎。時義與時其亡之時同此智士所以鉗口結舌。莊子田子方篇云口鉗而不欲言史記袁盎傳盎說絳侯曰君今自閉鉗天下之口漢書盎傳作箝五行志又云臣畏刑而拑口箝拑與鉗同顏師古注並云箝也鄧析子轉辭篇云左右結舌漢書李尋傳云智者結舌杜周傳杜業上書云尙書近臣皆結舌杜口括囊共默而已者也。易坤六四括囊无咎无譽共讀爲拱漢書鮑宣傳云以拱默尸祿爲智後漢書左雄傳云方今公卿以下類多拱默且閭閻凡品。說文云閭里門也閻里中門也漢書武帝子戾太子傳云江充布衣之人閭閻之隸臣耳何獨識哉。苟望塵剽聲而已矣。後漢書馬融傳云羌胡百里望塵千里聽聲剽舊作僄按交際篇云苟剽聲以羣諛今據改漢書朱博傳云耳剽日久顏師古注剽劫也猶言行聽也覽其論也。非能本閨𨵦之行迹。𨵦蓋閤之誤爾雅釋宮云宮中之門謂之闈其小者謂之閨小閨謂之閤淮南子主術訓云責之以閨閣之禮奧窔之閒史記汲黯傳云黯多病臥閨閣內不出漢書司馬遷傳答任安書云身直爲閨閣之臣循吏文翁傳云使傳教令出入閨閣顏師古注閨閣內中小門也閨閣行迹猶云門內之行也漢書嚴朱吾邱主父徐嚴終王賈傳贊云察其行迹察臧否之虛實也。詩抑云未知臧否直以面譽我者爲智。大戴禮文王官人篇云面譽者不忠諂諛己者爲仁。孟子云與讒諂面諛之人居處姦利者爲行。漢書張蒼傳云蒼任人爲中侯大爲姦利貢禹傳云謂居官而置富者爲雄桀處姦而得利者爲壯士竊祿位者爲賢爾。周禮太宰八則治都鄙四曰祿位以馭其士大戴禮曾子立事篇云無益而厚受祿

竊也論語云臧文仲其竊位者與文子上仁篇老子曰不以德貴竊位也後漢書杜詩傳云久竊祿位豈復知孝悌之原。忠正之直。疑眞綱紀之化。詩棫樸云綱紀四方本途之歸哉。此鮑焦所以立枯於道左。說苑雜言篇云鮑焦抱木而立枯事見韓詩外傳一徐衍所以自沈於滄海者也。漢書鄒陽傳上吳王書云徐衍負石入海服虔曰周之末世人也諺曰。一犬吠形。百犬吠聲。風俗通正失篇言淮南王事云後人吠聲遂傳行耳又怪神篇言李君神事云目痛小疾亦行自愈衆犬吠聲因盲者得視遠近翕赫晉書傳玄後咸傳云一犬吠形羣犬吠聲皆本此諺世之疾此固久矣哉。論語云久矣哉由之行詐也吾傷世之不察眞僞之情也。故設虛義以喻其心曰。今觀宰司之取士也。有似於司原之佃也。襄四年左傳虞箴云獸臣司原易繫辭下傳云以佃以漁釋文引馬融注取獸曰佃昔有司原氏者。燎獵中野。爾雅釋天云宵田爲燎郭注即今夜獵載鑪照也燎與獠通鹿斯東奔。詩小弁云鹿斯之奔司原縱譟之。御覽八百卅二作從而譟之鄭語云王使婦人不幃而譟之韋昭注譟讙呼西方之衆有逐豨者。方言云豬南楚謂之豨豨與豬同聞司原之譟也。競舉音而和之。楚辭離騷王逸注競並也司原聞音之衆。則反輟己之逐而往伏焉。遇夫俗惡之豨。王先生云俗惡當作浴堊堊白土也豕浴於堊則色白故司原誤以爲白瑞及澤雨灌豕堊塗渝敗乃復艾豭之本質耳司原喜。而自以獲白瑞珍禽也。御覽九百十四引白虎通云禽者何鳥獸之總名明爲人所禽制盡芻豢單囷倉以養之。楚語云芻豢幾何韋昭注草養曰芻穀養曰豢呂氏春秋仲秋紀高誘注圓曰囷方曰倉豕俛仰嚘咿。後漢書文苑傳趙壹賦云伊優北堂上章懷注伊優屈曲佞媚之貌嚘咿與伊優同爲作容聲。司原愈益珍之。居無何。漢書陳平傳云居無何顏師古注無何猶言無幾時烈風與而澤雨作。王先生云澤疑淫繼培按說苑辨物篇越裳氏譯曰久矣天之無烈風淫雨灌巨豕而惡。當作堊塗渝。豕逐駭懼。王先生云逐當爲豕眞聲出。乃知是家之艾猳爾。定十四年左傳云盍歸我艾豭說文云豭牡豕也猳與豭同此隨聲逐響之過也。衆遇之未赴疑足信焉。今世主之於士也。目見賢則不敢用。耳聞賢則恨不及。鬼谷子內揵篇云日進前而不御遙聞聲而相思雖自有知也。猶不能取必更待羣司之所舉。漢書韋賢傳韋孟諫詩云明明羣司 則亦懼失麟鹿而獲艾猳。說文云麟大牝鹿也 奈何其不分者也。未遇 舊作過，据程本改 風雨 舊脫 之變者 疑衍 故也。俾使一朝奇政兩集。兩當作用論衡定賢篇云文墨兩集說與此同其自紀篇云筆瀧漉而雨集雨集本孟子 則險隘之徒。楚辭離騷云惟黨人之偷樂兮路幽昧以險隘 闒茸之質。史記賈誼傳云闒茸尊顯 亦將別矣。夫衆小朋黨而固位。漢書楚元王傳劉向封事云衆小在位而從邪議歙歙相是而背君子又云朋黨比周稱譽者登進忤恨者誅傷翟方進傳云內求人主微指以固其位 讒妒羣吠齧賢。楚辭懷沙云邑犬羣吠兮吠所怪也誹駿疑傑兮固庸態也晏子春秋問上云人有酤酒者爲器甚潔清置表甚長而酒酸不售問之里人其故里人云公之狗猛人挈器而入且酤公酒狗迎而噬之此酒所以酸而不售也夫國亦有猛狗用事者是也有道術之士欲干萬乘之主而用事者迎而齕之此亦國之猛狗也齕韓詩外傳七作齧 爲禍敗也豈希。晉語云禍敗無已 三代之以覆。列國之以滅。管子五輔篇云暴王之所以失國家危社稷覆宗廟滅於天下非失人者未之嘗聞 後人猶不能革。襄十四年左傳云失則革之杜注革更也晏子春秋諫上云行不能革 此萬官所以屢失守。楚語觀射父云五物之官陪屬萬爲萬官又云失其官守 而天命數靡常者也。詩文王云天命靡常 詩云。國既卒斬。何用不監。節南山 嗚呼。時君俗主。漢書藝文志論諸子云時君世主好惡殊方呂氏春秋異寶篇云其主俗主也高誘注俗主不肖凡君 不此察也。

明闇第六

國之所以治者君明也。其所以亂者君闇也。君之所以明者兼聽也。管子明法解云明主者兼聽獨斷漢書梅福傳云博覽兼聽謀及疏賤令深者不隱遠者不塞所謂辟四門明四目也 其 舊脫，据治要補 所以闇者偏信也。荀子不苟篇云公生明偏生闇 是故人君通必兼聽。必疑當作心僖二年穀梁傳云宮之奇達心而懦新序善謀篇作通心王先生云必疑聽以下通四聰證之 則聖日廣矣。庸說偏信。趙策觸讋曰言而不稱師是庸說也王先生云說疑讒以下靖言庸回證之 則愚日甚矣。愚舊作過据治要改管子君臣上篇云夫民別而聽之則愚合而聽之則聖史記袁盎傳盎謂申屠嘉曰上日聞所不聞明所不知日益聖智君今自閉鉗天下之口而日益愚亦聖愚並舉之證 詩云。先民有言。詢於芻蕘。板 夫堯舜之治闔四門。明四目。通四聰。（書堯典通舊作達據治要改史記五帝紀述尚書作通漢書王莽傳同韓詩外傳六亦云牧者所以開四目通四聰漢書鼂錯傳云近者獻其明遠者通厥聰亦用尚書文）是以天下輻湊而聖無不照。（管子九守主明云目貴明耳貴聰心貴智以天下之目視則無不見也以天下之耳聽則無不聞也以天下之心慮則無不知也輻湊並進則明不塞矣照舊作昭據治要改獨斷云皇者煌也盛德煌煌無所不照）故共鯀之徒。弗能塞也。靖言庸回。弗能惑也。（並見書堯典靖今書作靜漢書王尊傳論衡恢國篇並與此同）秦之二世。務隱藏己（鄧析子無厚篇云君者藏形匿影羣下無私）而斷百僚。（書皋陶謨云百僚師師）隔捐（舊作損）疏賤（管子明法解云疏遠鬲閉而不得聞鬲卽隔之省）而信趙高。是以聽塞於貴重之臣。（韓非子孤憤篇云智術能法之士用則貴重之臣必在繩之外矣）明蔽於驕妒之人。（漢書谷永傳云抑遠驕妒之寵）故天下潰叛。弗得聞也。（漢書賈捐之傳云天下潰畔禍卒在於二世之末賈山傳云天下已潰而莫之告）皆高所殺。（治要作皆知高殺並有脫誤）莫敢言之。周章至戲。乃始駭。閻樂進勸。乃後悔。不亦晚矣。（治要作乎事見史記秦始皇紀）故人君（舊脫據治要補）兼聽納下。則貴臣不得誣。而遠人不得欺也。（管子明法解云明主者兼聽獨斷多其門戶羣臣之道下得明上賤得言貴故姦人不敢欺）慢賤信貴。則朝廷讜言無以至。（言字舊空據程本補孟子禹聞善言則拜趙岐注引尚書曰禹拜讜言今書皋陶謨作昌言漢書敘傳今日復聞讜言顏師古注讜言善言也）而潔士奉身伏罪於野矣。（矣字舊空據程本補襄廿六年左傳云義則進否則奉身而退）夫朝臣所以統理。（漢書孔光傳策云丞相者朕之股肱所與共承宗廟統理海內薛宣傳云御史大夫內承本朝之風化外佐丞相統理天下）而多比周。則法亂。（舊無法字按文義當有下云官無亂法之臣可證管子任法篇云羣黨比周以立其私請謁任舉以亂公法王先生云多當是朋字之誤下脫黨字）賢人所（舊空據程本）以奉己。而隱遯伏野。則君孤。法亂君孤。（以上四字舊脫）而能存者。未之嘗有也。（管子明法解云法廢而私行則人主孤特而獨立人臣羣黨而成朋如此則主弱而臣強此之謂亂國）是故明君莅衆。（易明夷象曰君子以莅衆）務下言以昭外。敬納卑賤以誘賢也。（治要言上有之字昭外下有也字疑衍昭當作照王先生云納字當在務字下昭當作招觀下無距言無慢賤平列可見）其無距言。未必言者之盡可用也。乃懼距無用而讓有用也。晏子春秋諫下云天下者非用一士之言也固有受而不用惡有拒而不受者哉距與拒通新書大政下篇云古聖王君子不素距人乃懼以下十字舊脫据治要補讓與攘通曲禮左右攘辟鄭注攘卻也其無慢賤未必其人盡賢也乃懼慢不肖而絕賢望也是故聖王表小以厲大。表舊作責据治要改新書大政下篇云聖王選舉也以爲表也賞鄙以招賢然後良士集於朝。書秦誓云番番良士下情達於君也。管子明法篇云下情求不上通謂之塞故上無遺失之策。文子自然篇云因循任下責成而不勞謀無失策舉無過事史記主父偃傳云謀無遺策官無亂法之臣。此君民之所利而姦佞之所患也。昔張祿一見而穰侯免。見史記范雎傳袁絲進說而周敎黜。見史記袁盎傳敎與勃同是以當塗之人。當塗之人見韓非子孤憤篇孟子當路於齊趙注云得當仕路當塗猶言當路恆嫉正直之士。詩小明云正直是與得一介言於君。春秋繁露楚莊王篇云介以一言曰王者必改制按介之言閒也漢書杜周後欽傳云毋使范雎之徒得閒其說以矯其邪也。文選長笛賦李善注引蒼頡篇云矯正也故上舊脫飾僞辭以障舊作彰主心。漢書董仲舒傳云百官皆飾空言虛辭下設威權以固士民。秦策范雎曰臣聞善爲國者內固其威而外重其權趙高亂政。恐惡聞上。乃豫要二世曰。屢見羣臣衆議政事。則黷黷且示短。不若藏己獨斷。神且尊嚴。天子稱朕。固但聞名。二世於是乃深自幽隱。獨進趙高。趙高入稱好言以說主。出倚詔令以自尊。天下魚爛。史記秦始皇紀後班固論云河決不可復壅魚爛不可復全按魚爛本僖廿九年公羊傳相帥叛秦。趙高恐懼。歸惡於君。乃使閻樂責而殺。下當脫之字願一見高。不能而死。見史記秦始皇紀及李斯傳夫田常囚簡公。田常卽陳恆事見哀十四年左傳踔齒懸湣王。秦策范雎云淖齒管齊之權縮閔王之筋懸之廟梁宿昔而死事詳齊策踔淖湣閔古字俱通用史記田完世家作湣王二世亦既聞之矣。然猶復襲其敗迹者。韓非子南面篇云襲亂之迹何也。過在於不納卿士之箴規。周語云師箴近臣盡規不受民氓之謠言。晉語云風聽臚言於市辨祅祥於謠後漢書蔡邕傳云令三公謠言奏事章懷注引漢官儀曰三公聽採長吏臧否人所疾苦條奏之是爲舉謠言者也劉陶傳云聽民庶之謠吟自以己賢於簡猾。而趙高賢以上三字舊脫於一二臣也。故國已亂而上不知。禍既作而下不救。舊作殺此非衆共棄君。乃君以衆命繫趙高。病自絕於民也。書西伯戡黎云惟王淫戲用自絕後末世之君。危何知之哉。文有脫誤舜曰。予違汝弼。汝無面從。退有後言。書皋陶謨故治舊脫據治要補國之道。勸之使諫。宣之使言。周語邵公曰爲民者宣之使言然後君明察而治情通矣。且凡驕臣之好隱賢也。漢書谷永傳云驕臣悍妾孟子云進不隱賢既患其正義以繩己矣。史記商君傳云日繩秦之貴公子又恥居上位而明不及下。尹其職而策不出於己。治要載崔實政論云其達者或矜名嫉能恥善策不從己出則舞筆奮辭以破其義寡不勝衆遂見屏棄是以鄧宛得衆而子常殺之。昭廿七年左傳屈原得君而椒蘭搆讒。搆舊作捚據治要改新序節士篇云屈原者名平楚之同姓大夫有博通之知清潔之行懷王用之秦欲吞滅諸侯并兼天下屈原爲楚東使於齊以結強黨秦國患之乃使張儀之楚貨楚貴臣上官大夫靳尚之屬上及令尹子蘭司馬子椒內賂夫人鄭袖共譖屈原屈原遂放於外乃作離騷漢書揚雄傳反離騷云靈修既信椒蘭之唼佞兮令蘇林曰椒蘭令尹子椒子蘭也按史記屈原傳不載子椒耿壽建常平而嚴延妒其謀。見漢書酷吏嚴延年傳陳湯殺郅支而匡衡挍其功。見漢書陳湯傳挍舊作捄據治要改由此觀之。處位卑賤而欲效善於君。則必先與寵人爲讎矣。據治要補韓非子八說篇云治國是非不以術斷而決於寵人則臣下輕君而重於寵人矣乘舊寵沮之於內。乘舊作特據治要改按乘猶恃也考績篇云富者乘其才力而己接賤舊無而己二字據治要補接舊作常作疏疏誤爲跡又轉誤爲接也韓非子孤憤篇云處勢卑賤無黨孤特夫以疏賤與近愛信爭其數不勝也此文本之漢書趙充國傳疏捕山間虜顏師古注疏字本作跡言尋跡而捕之亦疏跡相誤之證欲自信於外。此據治要補思善之君。願忠之士。所以雖並生一世。憂心相皦而終不得遇者也。皦疑噭禮記曲禮鄭注噭號呼之聲也王先生云皦明白之貌凡南面之大務，莫急於知賢；漢書谷永傳云：王事之綱紀，南面之急務。知賢之近途，莫急於考功。功誠考則治亂暴而明，谷永傳云：治天下者尊賢考功則治，簡賢違功則亂。善惡信則直直疑眞。賢不得見障蔽，漢書李尋傳云：忠直進不蔽障。而佞巧不得竄其姦矣。呂氏春秋審分覽云：諂諛詖賊巧佞之人無所竄其姦。高誘注：竄猶容也。夫劍不試則利鈍闇，弓不試則勁撓誣，鷹不試則巧拙惑，馬不試則良駑疑。韓非子顯學篇云：授車就駕而觀其末塗，則臧獲不疑駑良。藝文類聚五十七引班固擬連珠云：臣聞馬伏皁而不用，則駑與良而爲羣；士齊僚而不職，則賢與愚而不分。此四者之有相紛也，由不考試。故得然也。今羣臣之不試也，其禍非直止於誣闇疑惑而已，又必致於怠慢之節焉。荀子君道篇云：百吏官人無怠慢之事。漢書薛宣傳册免宣云：有司法君領職解嫚，開謾欺之路。設如家人有五子十孫，父母不察精愞，則懃力者懈弛，而惰慢者遂非也。漢書疏廣傳廣云：顧自有舊田廬，令子孫勤力其中，足以共衣食，與凡人齊，今復增益之以爲嬴餘，但教子孫怠墮耳。賈山傳云：臣恐朝廷之解弛，百官之墮於事也，諸侯聞之，又必怠於政矣。顔師古注：解讀曰懈。佞幸董賢傳哀帝策免丁明云：將軍遂非不改。按「也」字疑當作「此」，屬下句讀。耗業破家之道也。舊無「破」字，不成句。按下云「子孫惰而家破窮」，今據補。漢書嚴助傳云：破家散業。父子兄弟，一門之計，猶有若此，則又況乎羣臣總猥治公事者哉！禮記月令云：寒氣總至。鄭注：總猶猥卒。按總猥猶離騷言總總也。詩瞻卬云：婦無公事。傳曰：「善惡無彰，何以沮勸。」襄廿七年左傳，「善惡」作「賞罰」，「彰」作「章」。是故大人不考功，史記刺客傳云：嚴仲子奉黃金百鎰，前爲聶政母壽，曰：將爲大人麤糲之費。正義引韋昭云：古者名男子爲丈夫，尊父嫗爲大人。漢書宣元六王傳：王遇大人益解，爲大人乞骸去，大人憲王外祖母。古詩「三日斷五匹，大人故言遲」是也。繼培按：後漢書黨錮傳范滂白母曰：惟大人割不可忍之恩。亦稱母爲大人。然此本爲父母通稱。說苑建本篇：曾皙擊曾子仆地，有頃蘇，進曰：曩者參得罪於大人。史記高祖紀：奉玉巵起爲太上皇壽，曰：始大人常以臣無賴，不能治產業。越世家：陶朱公長男曰：家有長子曰家督，今弟有罪，大人不遣，乃遣少弟。漢書疏廣傳：兄子受曰：從大人議。即日父子俱移病。後漢書馬援傳：援嘗有疾，梁松來候之，獨拜牀下，援不答。松去後，諸子問曰：梁伯孫帝壻，貴重朝廷，公卿已下莫不憚之，大人奈何獨不爲禮？馮緄傳：父煥爲幽州刺史，怨者詐作璽書譴責煥，賜以歐刀，煥欲自殺，緄止煥曰：大人在州，志欲去惡，實無他故，必是凶人妄詐。朱暉傳云：張堪卒，暉聞其妻子貧困，乃自往候視，厚賑贍之。暉少子頡怪而問曰：大人不與堪爲友，平生未會相聞，子孫竊怪之。崔駰後實傳實從兄烈問其子鈞曰吾居三公於議者何如鈞曰大人少有英稱歷位卿守論者不謂不當爲三公傅燮傳子幹進諫曰國家昏亂遂令大人不容於朝皇甫嵩傳從子酈說嵩曰能安危定傾者惟大人與董卓耳列女傳鮑宣妻曰大人以先生修德守約故使賤妾侍執巾櫛是皆以大人稱其父及父之兄弟非獨父媼也則子孫惰而家破窮。官長不考功。漢書武帝紀元朔元年詔曰二千石官長綱紀人倫顏師古注謂郡之守尉縣之令長則吏怠傲而姦宄興。孟子云般樂怠傲書堯典云寇賊姦宄釋名釋言語云姦奸也言奸正法也宄佹也佹易常正也帝王不考功。則直疑眞賢抑而口僞勝。空格程本作詐漢書景帝紀後二年詔曰或詐僞爲吏臣瓚曰律所謂矯枉以爲吏者也故書曰。三載考績。黜陟幽明。堯典蓋所以昭賢愚而勸能否也。聖王之建百官也。皆以承天治地。牧養萬民者也。牧舊作物據故養本管子問篇形勢解云主牧萬民漢書宣帝紀本始元年詔郡國二千石謹牧養民而風德化是故有號者必稱於舊脫典。春秋繁露深察名號篇云號爲天子者宜視天如父事天以孝道也號爲諸侯者宜謹視所候奉之天子也號爲大夫者宜厚其忠信敦其禮義使善大於匹夫之義足以化也士者事也民者瞑也士不及化可使守事從上而已五號自讚各有分分中委曲曲有名名衆於號號其大全名也者名其別離分散也按典名二字疑倒名理者必效於實。六韜舉賢篇文王曰舉賢奈何太公曰將相分職而各以官名舉人按名督實選才考能令實當其名名當其實則得舉賢之道也則官無廢職。位無非人。漢書成帝紀鴻嘉二年詔曰古之選賢傅納以言明試以功故官無廢事下無逸民龔奉傳云有司各敬其事在位莫非其人夫守相令長。效在治民。續漢書百官志云每郡置太守每縣邑道大者置令其次置長侯國令長爲相注云皆掌治民州牧刺史。在憲聰明。百官志云每州刺史一人注武帝初置刺史成帝更爲牧建武十八年復爲刺史漢書朱博傳云何武爲大司空與丞相方進共奏言古選諸侯賢者以爲州伯書曰咨十有二牧所以廣聰明燭幽隱也今部刺史居牧伯之位秉一州之統選第大吏所薦位高至九卿所惡立退任重職大按憲疑悉之誤于定國傳云丞執綱紀務悉聽明王嘉傳云公卿股肱莫能悉心務聽明顏師古注悉盡也務聽明者廣視聽也九卿分職。以佐三公。百官志太常光祿勳衛尉太僕廷尉大鴻臚宗正大司農少府皆卿一人太尉司徒司空皆公一人說苑臣術篇云九卿者所以參三公也三公總統。典和陰陽。漢書丙吉傳云三公典調和陰陽陳平傳云宰相者上佐天子理陰陽順四時下遂萬物之宜外塡撫四夷諸侯內親附百姓使卿大夫各得任其職也皆當考治以效實。爲王休者也。詩江漢云對揚王休侍中大夫博士議郎。侍中屬少府博士屬太常大夫議郎屬光祿勳以言語爲職。諫諍爲官。漢書鮑宣傳云官以諫爭爲職不敢不竭愚及選茂才。（漢舊儀云刺史舉民有茂才者移名丞相丞相考召取明經一科明律令一科能治劇一科按茂才本稱秀才後漢避光武帝諱改之）孝廉。（漢書武帝紀元光元年初令郡國舉孝廉）賢良方正。（文帝紀二年詔舉賢良方正能直言極諫者爲此科之始）惇樸。（下作敦厚後漢書左周黄列傳論二科並列以爲中興後所增按漢書元帝紀永光元年詔舉質樸敦厚遜讓有行者光祿歲以此科第郎從官後漢書吳祐傳注引漢官儀稱光祿四行敦厚質樸遜讓節儉是也成帝紀永始三年又云舉惇樸遜讓有行義者平帝紀元始元年舉敦厚能直言者後漢書獨行譙玄傳亦作敦樸則敦樸敦厚非有二事且亦不始於東京矣）有道。（後漢書安帝紀建光元年令舉有道之士按永初元年詔舉賢良方正有道術之士明政術達古今能直言極諫者五年詔舉賢良方正有道術達於政化能直言極諫之士有道即有道術者）明經。（見上）寬博。（後漢書章帝紀建初元年詔舉孝廉郎中寬博有謀任典城者以補長相）武猛。（後漢書安帝紀建光元年詔舉武猛堪將帥者按漢書武帝紀元延元年詔北邊二十二郡舉勇猛知兵法者即武猛也）治劇。（見上）此皆名自命而號自定。（史記晉世家師服曰名自命也物自定也春秋繁露有深察名號篇）羣臣所當盡情竭慮稱君詔也。今則不然。令長守相。不思立功。（漢書郊祀志太暮曰正稽古立功立事可以永年丕天之大律）貪殘專恣。（漢書鮑宣傳云公卿守相貪殘成化楚元王傳劉向云尹氏世卿而專恣又云二世委任趙高專權自恣）不奉法令。侵冤小民。（漢書百官公卿表顏師古注引漢官典職儀云刺史以六條問事其二條云二千石不奉詔書遵承典制倍公向私旁詔守利侵漁百姓聚歛爲姦王莽傳云州牧數存問勿令有侵冤）州司不治。令遠詣闕上書訟訴。（漢書于定國傳云民多冤結州郡不理連上書者交於闕廷後漢書質帝紀本初元年詔云頃者州郡輕慢憲防競逞殘暴造設科條陷入無罪至令守闕訴訟前後不絕）尚書不以責三公。（百官志尚書屬少府後漢書虞詡傳詡謂諸尚書曰小人有怨不遠千里斷髮刻肌詣闕告訴而不爲理豈臣下之義）三公不以讓州郡。（說文云讓相責讓）州郡不以討縣邑。（說文云討治也）是以凶惡狡猾。（昭廿六年左傳云無助狡猾按漢時劾奏有云狡猾者蓋律令文也漢書陳湯傳弘農太守張匡坐臧百萬以上狡猾不道翟方進傳劾紅陽侯立懷姦邪亂朝政欲傾誤要主上狡猾不道韓延壽傳公卿皆以延壽前旣無狀後復誣愬典法大臣欲以解罪狡猾不道王尊傳五官椽張輔懷猲數日死盡得其狡猾不道百萬姦臧孫寶傳劾奏立尚懷姦罔上狡猾不道宣帝子淮陽憲王傳房謂倡省中語博兄弟詿誤諸侯王誹謗政治狡猾不道皆其事也）易相冤也。侍中博士諫議之官。或處位歷年。終無進賢嫉惡拾遺補闕之語。（藝文類聚四十八引應劭漢官云侍中便繁左右與帝升降卒恩近對拾遺補闕百僚之中莫密於茲漢書司馬遷傳云不能拾遺補闕）而貶黜之憂。（漢書韋賢後玄成傳云自傷貶黜父爵詩蓼莪鄭箋之謟是也）羣僚舉士者。或以頑魯應茂才。論衡命祿篇云頑魯而典城 以桀逆應至孝。後漢書安帝紀永初五年詔舉至孝與衆卓異者桓帝紀延熹二年詔曰桀逆梟夷孔融傳云劉表桀逆放恣按說文云桀傲也屰不順也桀逆即傑屰假借字 以貪饕應廉吏。說文云饕貪也文子上義篇云貪饕多欲之人殘賊天下 以狡猾應方正。以諛諂應直言。以輕薄應敦厚。漢書酷吏尹賞傳云輕薄少年 以空虛應有道。論衡量知篇云空虛無德後漢書第五倫傳云以空虛之實當輔弼之任 以囂闇應明經。闇當作瘖晉語胥臣曰囂瘖不可使言韋昭注口不道忠信之言爲囂瘖不能言者 以殘酷應寬博。以怯弱應武猛。以愚頑應治劇。名實不相副。漢書王莽傳云名實不副 求貢不相稱。抱朴子審舉篇云靈獻之世臺閣失選用於上州郡輕貢舉於下故時人語曰舉秀才不知書察孝廉父別居寒素清白濁如泥高第良將怯如雞斷節信所言則非獨靈獻時爲然矣 富者乘其材力。材當作財漢書貨殖傳序云以財力相君 貴者阻其勢要。呂氏春秋誠廉篇高誘注阻依也 以錢多爲賢。以剛強爲上。漢書貢禹傳云俗皆曰何以孝弟爲財多而光榮何以禮義爲史書而仕官何以謹慎爲勇猛而臨官故黥劓而髡鉗者猶復攘臂爲政於世行雖犬彘家富勢足目指氣使是爲賢耳 凡在位所以多非其人而官聽所以數亂荒也。王侍郎云官聽疑是官職繼培按作職是也上云官無廢職位無非人此承其文言之漢書景帝紀後二年詔曰其令二千石各修其職不事官職耗亂者丞相以聞請其罪于定國傳云二千石選舉不實是以在位多不任職又云勉察郡國守相羣牧非其人者後漢書和帝紀永元五年詔曰在位不以選舉爲憂督察不以發覺爲負非獨州郡也是以庶官多非其人下民被奸邪之傷史記夏本紀云非其人居其官是謂亂天事 古者。諸侯貢士。一適謂之好德。載適謂之尚賢。三適謂之有功。則加之賞。其不貢士也。一則黜爵。載則黜地。三黜則爵土俱畢。附下罔上者死。附上罔下者以上六字舊脫刑。與聞國政而無益於民者斥。在上位而不能進賢者逐。古者諸侯以下本武帝元朔元年有司奏議見漢書本紀事辭尚書大傳附下罔上四語說苑臣術篇以爲泰誓文斥作退 其受事而重選舉。審名實而取疑嚴賞罰也。如此。故能別賢愚而獲多士。詩文王云濟濟多士 成教化而安民氓。漢書董仲舒傳云古者修教訓之官務以德善化民今世廢而不修民以故棄行誼而死財利 三代舊作有於世。皆致太平。聖漢踐祚。祚當作阼大戴禮宥武王踐阼篇載祀四八而猶未者。未者舊作者未據新書數寧篇云然又未也者語與此同教不假當作修而功不考。賞罰稽而赦贖數也。諺曰。曲木惡直繩。重罰惡明證。鹽鐵論鹽鐵鍼石篇云語曰五盜執一良人枉木惡直繩申韓篇云曲木惡直繩姦邪惡正法韓非子有度篇云繩直而枉木斲此羣臣所以樂總猥而惡考功也。夫聖人為天口。賢人為聖譯。譯疑當作鐸法言學行篇云天之道不在仲尼乎仲尼駕說者也不在茲儒乎如將復駕其所說則莫若使諸儒金口而木舌金口木舌鐸也論語云天將以夫子為木鐸皇疏云鐸用銅鐵為之若行武教則用銅鐵為舌若行文教則用木舌謂之木鐸是故聖人之言。天之心也。賢者之所說。聖人之意也。先師京君。漢書楚元王傳劉歆移書太常博士云至孝武皇帝然後鄒魯梁趙頗有詩禮春秋先師顏師古注前學之師也眭孟傳稱先師董仲舒此其例也科察考功。漢書京房傳云房奏考功課吏法晉灼曰令丞尉治一縣崇教化亡犯法者輒遷有盜賊滿三日不覺者則尉事也令覺之自除二尉負其辠率相准如此法以遺賢俊。漢書元帝紀初元元年詔曰延登賢俊太平之基。必自此始。毛詩南山有臺序云得賢則能為邦家立太平之基矣無為之化。必自此來也。詩卷阿鄭箋云孔子曰無為而治者其舜也與恭己正南面而已言任賢故逸也是故世主不循考功而思太平。此猶欲舍規矩而為方圓。欲字當在為上管子法法篇云倍法而治是廢規矩而正方圓也韓非子姦劫弒臣篇云若無規矩而欲為方圓也必不幾矣無舟楫而欲濟大水。管子七法篇云不明於計數而欲舉大事猶無舟楫而欲經於水險也商子弱民篇云濟大川而無船楫雖或云縱。疑從然不知循其慮度之易且速也。知當作如文選王褒四子講德論云廚膾撤彼而濟水不如乘舟之逸也衡蒙涉田而能致遠未若遵塗之疾也此意與彼同羣僚師尹。咸有典司。文選班固西都賦云各有典司各居其職。以責其效。百郡千縣。各因其前。以謀其後。辭言應對。各緣其文。以口程本作嚴其實。則奉職不解。讀為懈而陳言者不得誣矣。韓非子主道篇云羣臣陳其言君以其言授其事以事責其功功當其事事當其言則賞功不當其事事不當其言則誅明君之道臣不陳言而不當備內篇云偶三五之驗以責陳言之實執後以應前按法以治衆衆端以參觀書云。賦納以言。明試以功。車服以庸。誰能不讓。誰能不敬應。書皋陶謨今書賦作敷試作庶僖廿七年左傳趙衰引夏書與此同能今並作敢無下誰字此堯

舜所以養黎民而致時雍也。書堯典

思賢第八

國之所以存者治也。其所以亡者亂也。人君莫不好治而惡亂。樂存而畏亡。然嘗觀上記。呂氏春秋務本篇云嘗試觀上古記高誘注上古記上世古書也 近古以來。亡代有三。穢國不數。穢當作滅賢難篇云三代之以覆列國之以滅滅穢字形相近漢書食貨志彭吳穿穢貊朝鮮史記平準書作彭吳賈滅朝鮮誤正類此呂氏春秋安死篇云亡國不可勝數高誘注不可勝數亡國多也 夫何故哉。故字舊脫據治要補 察其敗。皆由君常好其所亂。而惡其所治。憎其所以存。而愛其所以亡。治要以作與亂治上並有以字惡舊作忘據治要改漢書董仲舒傳云人君莫不欲安存而惡危亡然而政亂國危者甚衆所任者非其人而所繇者非其道是以政日以仆滅也 是故據治要補 雖相去百世。縣年一紀。續漢書律歷志劉昭注引樂叶圖徵云天元以甲子朔旦冬至日月起於牽牛之初右行二十八宿以考王者終始或盡一其歷數或不能盡一以四千五百六十爲紀甲寅窮宋均曰紀即元也四千五百六十者五行相代一終之大數也王者即位或過其統或不盡其數故一共以四千五百六十爲甲寅之終也王者起必易元故不復沿前而終言之也 限隔九州。新語道基篇云九州絕隔 殊俗千里。晏子春秋問上云古者百里而異習千里而殊俗 然其亡徵敗迹。韓非子有亡徵篇 若重規襲矩。爾雅釋山郭璞注襲亦重 稽節合符。孟子云若合符節禮記儒行鄭注稽猶合也 故曰雖有堯舜之美。必考於周頌。荀子非相篇云欲知上世則審周道淮南子精神訓高誘注考觀也 雖有桀紂之惡。必識於版蕩。並詩大雅版今作板爾雅釋訓作版禮記玉藻鄭注幾猶察也識與幾同 殷鑒不遠。在夏后之世。詩蕩 夫與死人同病者。不可生也。與亡國同行者。不可存也。韓非子孤憤篇文 豈虛言哉。老子云古之所謂曲則全者豈虛言哉 何以知人之舊脫 且病也。以其不嗜食也。何以知國之將亂也。以其不嗜賢也。文子微明篇云人之將疾也必先不甘魚肉之味國之將亡也必先惡忠臣之語 是故病家之廚。說文云廚庖屋也 非無嘉饌也。乃其人弗之能食。故遂於死也。亂國之官。非無賢人也。其君弗之能任。故遂於亡也。 兩於字治要無。按定四年左傳云若楚之遂亡君之土也荀子正論篇云國雖不安不至於廢易遂亡謂之君說苑建本篇云民怨其上不遂亡者未之有也齊策蘇秦曰中山千乘之國也而敵萬乘之國二再戰比勝此用兵之上節也然而國遂亡皆遂亡連文之證 夫生飰秔粱。 爾雅釋言釋文引字林云飰飯食也玉篇以飰爲俗飯字生飯未詳鹽鐵論散不足篇云豆羹白飯綦膾熟肉生飯或白飯之誤 旨酒甘醪。所以養生也。 莊子有養生主篇淮南子泰族訓云肥肌膚充腸腹供嗜欲養生之末也 而病人惡之。以爲不若菽麥糠糟欲清者。 欲當作飲楚辭招魂云挫糟凍飲酎清涼些王逸注凍冰也 此其將死之候也。尊賢任能。信忠納諫。所以爲安也。而闇君惡之。以爲不若姦佞闒茸讒諛之 舊脫 言者。 漢書李尋傳云諸闒茸佞讇抱虛求進 此其將亡之徵也。 舊脫也字據何本補治要藝尹文子曰凡國之將存亡有六徵韓非子亡徵篇云亡徵者非曰必亡言其可亡也 老子曰。夫唯病病。是以不病。易稱其亡其亡。繫于苞桑。 否九五 是故養壽之士。先病服藥。養世之君。先亂任賢。是以身常安而國永永也。 兩永字有誤程本作國脈永按脈字疑非是素問四氣調神大論云聖人不治已病治未病不治已亂治未亂淮南子說山訓云良醫者常治無病之病故無病聖人者常治無患之患故無患 上醫醫國。其次下醫醫疾。 下醫二字衍晉語醫和曰上醫醫國其次疾人 夫人治國。固治身之象。 呂氏春秋審分覽云夫治身與治國一理之術也後漢書崔駰後實傳政論云爲國之法有似理身 疾者。身之病。亂者。國之病也。身之病。待醫而愈。國之亂。待賢而治。 韓詩外傳三傳曰太平之時無瘖癰跛眇尪蹇侏儒折短父不哭子兄不哭弟道無襁負之遺育然各以其序終者賢醫之用也故安止平正除疾之道無他爲用賢而已矣 治身有黃帝之術。 漢書藝文志醫經黃帝內經十八卷外經三十七卷 治世有孔子之經。 白虎通五經篇云孔子定五經以行其道 然病不愈而亂不治者。非 舊作唯 鍼石之法誤。 鍼石治要作灸鍼素問血氣形志篇云形樂志苦病生於脈治之以灸刺形樂志樂病生於肉治之以鍼石八正神明論云凡刺之法必候日月星辰四時八正之氣氣定乃刺之 而五經之言誣也。乃因 疑用 之者非其人。苟非其人。 易繫辭下傳云苟非其人道不虛行 則規不圓而矩不方。繩不直而準不平。 呂氏春秋分職篇云爲圓必以規爲方必以矩爲平直必以準繩鑽燧不得火。說文云鐩陽燧也論語云鑽燧改火燧與鐩同鼓石不下金。論衡量知篇云銅錫未採在衆石之間工師鑿掘鑪橐鑄鑠乃成器未更鑪橐名曰積石積石與彼路畔之瓦山間之礫一實也昭廿九年左傳云遂賦晉國一鼓鐵以鑄刑鼎杜注令晉國各出功力共鼓石為鐵疏云治石為鐵用橐扇火動橐謂之鼓驅馬不可以追速。進舟不可以涉水也。驅馬進舟舊作金馬土舟据治要改鑽鼓驅進同類凡此八者。天之張道。張謂張著漢書王莽傳云事勢張見有形見物。茍非其人。猶尚無功。則又況乎懷道術以撫民氓。乘六龍以御天心者哉。易乾彖曰時乘六龍以御天夫治世不得眞賢。譬猶治疾不得眞藥也。眞藥舊作良醫据治要意林改御覽徵引並同治疾當得舊脫据何本補眞人參。說文云蓡人蓡藥艸出上黨參為蓡之借反得支羅服。意林及御覽七百卌九九百九十一羅服字皆从艸作無支字御覽九百八十引正論云理世不得眞賢猶治病無眞藥當用人參反得蘿菔根支蘿菔卽蘿菔根也當得麥門冬。反得烝穬麥。得字舊脫据御覽七百卌九補穬舊作横按證類本草六引陶隱居云根似穬麥故名麥門冬今据改下同己而不識眞。王先生云而字衍繼培按而字非衍勸將篇云己而不能以稱明詔是其例合而服之。墨子非攻中篇云今有醫於此知合其祝藥之於天下之有病者而藥之周禮疾醫以五味五穀五藥養其病鄭注其治合之齊則存乎神農子儀之術云龢文合如字又音閤病以侵劇。說文云侵漸進也漢書哀帝紀贊云卽位痿痺末年寖劇王莽傳云太師王舜自莽篡位後病痵寖劇死顏師古注並云寖漸也寖侵義通史丹傳云上疾稍侵師古注稍侵言漸篤也又云上因納謂丹曰吾病寖加師古注寖漸也藝文志論醫經云拙者失理以瘉為劇揚雄傳注鄭氏云劇甚也不自知為人所欺也。乃反謂方不誠。而藥皆無益於療病。舊脫療字据御覽七百卌九補說文云藥治也或从尞作療因棄後藥而弗敢飲。御覽作弗敢復飲而便御覽作更求巫覡者。雖死可也。楚語云民之精爽不攜貳者則明神降之在男曰覡在女曰巫史記扁鵲傳云信巫不信醫六不治也素問五藏別論云拘於鬼神者不可與言至德惡於鍼石者不可與言至巧病不許治者病必不治新語資質篇云衛人有病將死者扁鵲至其家欲為治之病者之父退而不用乃使靈巫求福請命對扁鵲而祝病者卒死靈巫不能治也人君求賢。下應以鄙。與直不以枉。己不引眞。受猥官之。與眞以下文有脫誤王先生云大意言人君求賢與直下應以鄙與枉己不識眞猥受官之耳傾倒脫誤遂不可讀繼培按此卽漢書董仲舒傳所云賢不肖渾殽未得其眞也國以侵亂。不自知為下所欺也。乃反謂經不信。而賢皆無益於救亂。因廢眞賢。不復求進。 呂氏春秋疑似篇云惑於似士者而失於眞士 更任俗吏。 以上文例之當作而更在俗吏者漢書賈誼傳云移風易俗使天下回心而鄉道類非俗吏之所能爲也 雖滅亡可也。 管子八觀篇云離本國徙都邑亡也有者異姓滅也 三代以下。皆以支羅服烝。積麥合藥。病日痁而遂死也。 小爾雅廣名云疾甚謂之阽痁與阽同 書曰。人之有能。使循其行。國乃其昌。 書洪範今書作人之有能有爲使羞其行而邦其昌史記宋世家邦亦作國避高祖諱也循當作脩脩羞聲相涉而譌藝文類聚六十二引後漢李尤雲臺銘云人脩其行而國其昌其證也 是故先王爲官擇人。 書呂刑云在今爾安百姓何擇非人 必得其材。 淮南子泰族訓云英俊豪傑各以小大之材處其位得其宜 功加於民。 舊作人据治要改 德稱其位。 荀子富國篇云德必稱位 人謀鬼謀。百姓與能。 易繫辭下傳 務順以動天地如此。 繫辭上傳云言行君子之所以動天地也 三代開國建侯。 三代忠貴篇作五代本傳注云謂唐虞夏商周也易屯初九利建侯師上六開國承家 所以傳嗣百世。 治要傳上有能字 歷載千數者也。 史記高祖功臣侯年表序云尙書有唐虞之侯伯歷三代千有餘載自全以蕃衞天子 自春秋之後。戰國之制。將相 舊脫 權臣。必以親家。 荀子非相篇云婦人莫不願得以爲夫處女莫不願得以爲士棄其親家而欲奔之者比肩而起親謂父母家謂夫也漢時則以親家爲親戚通稱後漢紀明帝永平元年東海王彊薨詔諸王京師親家皆詣東海奔喪後漢書東海王彊傳稱親戚是其證也後漢書馬皇后紀諸姬主朝請列女傳作諸王親家朝請又郭皇后紀云后弟況遷大鴻臚帝數幸其第會公卿諸侯親家飲燕竇皇后紀云年六歲能書親家皆奇之後漢紀章帝建初三年竇憲兄弟親幸自馬氏侯及王主親家莫不畏憚續漢書禮儀志載上陵儀有百官四姓親家婦女後漢書應奉傳章懷注引汝南記云親家李氏 皇后兄弟。主壻外孫。年雖童妙。 妙讀爲眇書顧命云眇眇予末小子魏志陳思王植傳上疏求自試云終軍以妙年使越妙亦眇之借 未脫桎梏。 王先生云易蒙九二發蒙利用刑人用脫桎梏周禮大司寇疏引鄭注木在手曰桎在足曰梏又大畜九四童牛之告李氏集解引虞翻曰告謂以木楅其角侯果曰梏楅也以木爲之橫施其角止其觝之威也書費誓今惟淫舍牿牛馬正義稱鄭注以牿爲桎梏之梏施梏於牛馬之腳使不得走佚詳稽經訓並以桎梏爲拘囚之具因而凡就拘制者皆謂之桎梏故學校謂之校荷校亦謂之校取義木囚亦其例也童蒙情識未定宜用防閑故脫桎梏則吝此云未脫桎梏正言不離童幼耳未可以關木之罪人繫就塾之童子也 由 字誤 藉此官職。功不加民。澤不被下。 毛詩車舝序云德澤不加於民 而取侯。 漢書李廣傳云諸妄校尉已下材能不及中以軍功取侯者數十人又云廣之軍吏及士卒或取封侯而取侯不辭疑侯上脫封字或云取侯當爲列侯 多受茅土。

獨斷云天子太社以五色土爲壇皇子封爲王者受天子之社土以所封之方色東方受青南方受赤他如其方色苴以白茅授之各以其所封方之色歸國以立社故謂之受茅土漢興以皇子封爲王者得茅土其他功臣及鄉亭他姓公侯各以其戶數租入爲限不受茅土亦不立社也又不得治民效能。以報百姓。虛食重祿。素餐尸位。白虎通京師篇云有能然後居其位德加於人然後食其祿漢書朱雲傳云今朝廷大臣上不能匡主下無以益民皆尸位素餐論衡量知篇云文吏空胸無仁義之學居位食祿終無以效所謂尸位素餐者也素者空也空虛無德食人之祿故曰素餐無道藝之業不曉政治默坐朝廷不能言事與尸無異故曰尸位而但事淫侈。坐作驕奢。破敗而不及傳世者也。史記十二諸侯年表序云諸侯恣行淫侈不軌漢興以來諸侯年表序云諸侯或驕奢忕邪臣計謀爲淫亂大者叛逆小者不軌於法以危其命殞身亡國破敗上疑脫此以二字子產有言。未能操刀而使之割。其傷實多。襄卅一年左傳是故世主世舊作也何本作人並誤之於貴戚也。愛其嬖媚之美。不量其材而授之官。授舊作受漢書董仲舒傳云量材而授官不使立功。自託於民。而苟務高其爵位。崇其賞賜。齊語云勸之以賞賜趙策左師觸讋見太后曰今媼尊長安君之位而封之以膏腴之地多予之重器而不及今令有功於國一旦山陵崩長安君何以自託於趙此文本之令結怨於下民。漢書李尋傳云爲主結怨於民縣罪於惡。韓非子亡徵篇云懸辠而弗誅莊子寓言篇云無所縣其罪郭注縣係也漢書陳湯傳云宜以時解縣通籍孟康曰縣罪未竟也如言縣罪也按縣罰於以下當有二字與下民對此文大意與忠貴篇末段相同彼云下自附於民氓上承順於天心此惡字蓋卽天心之誤志氏姓篇於諸侯無惡晉語作諸侯無二心亦一證積過既成。豈有不顛隕者哉。後漢書馮衍傳云社稷顛隕按隕亦作殞隗囂傳云妻子顛殞鄧析子轉辭篇云慫顛殞乎混冥之中此所謂子之愛人。傷之而已哉。襄卅一年左傳先主之制。官民必論其材。論定而後爵之。位定然後祿之。禮記王制云凡官民材必先論之論辨然後使之任事然後爵之位定然後祿之人君也。此君不察。文有脫誤賢難篇云時君俗主不此察也此蓋同於彼或當云人君世主不察而苟以親戚色官之人典官者。色舊作邑按墨子尙賢中篇云王公大人有所愛其色而使其心不察其知而與其愛是故不能治百人者使處乎千人之官不能治千人者使處乎萬人之官此其故何也曰若處官者爵高而祿厚故愛其色而使之焉色官本於彼譬猶以愛子易御僕。詩出車毛傳僕夫御夫也正月鄭箋僕將車者也以明珠易瓦礫。呂氏春秋樂成篇云民聚瓦礫淮南子精神訓云視珍寶珠玉猶石礫也雖有可愛好之情。然而其覆大車而殺病人也必矣。書稱天工人其代之。（皐陶謨）傳曰。夫成天地之功者。未嘗不蕃昌也。（功舊作力據鄭語史伯曰夫成天地之大功者其子孫未嘗不章本書忠貴篇亦云成天地之大功者未嘗不蕃昌也閔元年左傳云其必蕃昌）由此觀之。世主欲無功之人而彊富之。則是與天鬬也。使無德況之人。（爾雅釋詁云貺賜也況與貺同漢書武帝紀元封元年詔曰禮天地況施應劭曰況賜也曾子四時篇云求有德賜布施於民者而賞之德況猶言德賜）與皇天鬬而欲久立。自古以來。未之嘗有也。（按漢書鮑宣傳宣上書言陛下上爲皇天子下爲黎庶父母奈何獨私養外親與幸臣董賢多賞賜以大萬數非天意也又言侫昌侯傅商亡功而封官爵乃天下之官爵取非其官官非其人而望天悅民服豈不難哉又言董賢但以令色諛言自進賞賜亡度竭盡府藏豈天意與民意天不可久負厚之如此反所以害之也宜爲謝過天地解讎海內云云此篇大恉與彼同）

本政第九

凡人君之治。莫大於和陰陽。（漢書董仲舒傳云天道之大者在陰陽魏相傳云陰陽者王事之本羣生之命自古賢聖未有不繇者也又云願陛下選明經通知陰陽者四人各主一時時至明言所職以和陰陽元帝紀初元三年詔曰蓋聞安民之道本繇陰陽成帝紀陽朔二年詔曰昔在帝堯立羲和之官命以四時之事令不失其序故書云黎民於變時雍明以陰陽爲本也）陰陽者。以天爲本。天心順則陰陽和。天心逆則陰陽乖。天以民爲心。民安樂則天心順。（漢書鮑宣傳云天人同心人心說則天意解矣）民愁苦則天心逆。民以君爲統。君政善則民和治。君政惡則民冤亂。君以恤民爲本。（恤民二字疑誤按文義當云得臣方與下合）臣忠良則君政善。臣姦枉則君政惡。以選爲本。（以選上脫二字）選舉實則忠賢進。選虛僞則邪黨貢。選以法令爲本。法令正則選舉實。法令詐則選虛僞。法以君爲主。君信法則法順行。君欺法則法委棄。君臣法令之功。必效於民。故君臣法令善則民安樂。民安樂則天心慰。（慰舊作㥨據程本改下同按㥨俗慰字見廣韻一董）天心慰則陰陽和。陰陽和則五穀豐。五穀豐而民眉壽。詩七月毛傳云眉壽豪眉也 民眉壽則興於義。興於義而無姦行。無姦行則世平而國家寧。社稷安而君尊榮矣。漢書魏相傳云君動靜以道奉順陰陽則日月光明風雨時節寒暑調和三者得叙則災害不生五穀熟絲麻遂草木茂鳥獸蕃民不夭疾衣食有餘若是則君尊民說上下亡怨政教不違禮讓可興按相所云大指本於董仲舒張湯後安世傳相上封事云朝廷尊榮天下鄉風 是故天心陰陽。君臣民。氓。善惡相輔至而代相徵也。夫天者。國之基也。天當作民述赦篇云貞良善民惟國之基赦邊篇云國以民爲基皆其證也漢書谷永傳云王者以民爲基 君者。民之統也。臣者。治之材也。工欲善其事。必先利其器。漢書梅福傳云士者國之重器得士則重失士則輕故爵祿束帛者天下之砥石高祖所以厲世摩鈍也孔子曰工欲善其事必先利其器顏師古注論語載孔子之言也工以喻國政利器喻賢才王褒傳聖主得賢臣頌云夫賢者國家之器用也所任賢則趨舍省而功施普器用利則用力少而就效衆故工人之用鈍器也勞筋苦骨終日矻矻及至巧冶鑄干將之樸清水焠其鋒越砥斂其咢水斷蛟龍陸剸犀革忽若彗氾畫塗如此則使離婁督繩公輸削墨雖崇臺五增延袤百丈而不溷者工用相得也此文大指本於彼治要載桓譚新論亦云材能德行者治國之器也 是故將致太平者。必先調陰陽。調陰陽者。必先順天心。順天心者。必先安其人。安其人者。二人字當作民 必先審擇其人。是故國家存亡之本。治亂之機。在於明選而已矣。漢書京房傳云任賢必治任不肖必亂必然之道也 聖人知之。故以爲黜陟之首。書曰。爾安百姓。何擇非人。呂刑 此先王致太平而發頌聲也。鄭氏詩譜云周頌者周室成功致太平德洽之詩漢書楚元王傳劉向封事云欲以成太平致雅頌論衡須頌篇云天下太平頌聲作 否泰消息。陰陽不並。劉向封事云讒邪進則衆賢退羣枉盛則正士消故易有否泰小人道長君子道消君子道消則政日亂故爲否否者閉而亂也君子道長小人道消小人道消則政日治故爲泰泰者通而治也 觀其所聚。而興衰之端可見也。易萃彖曰觀其所聚而天地萬物之情可見矣 皇父蹶踽聚而致災異。詩十月之交踽今詩作楀 夫善惡稷卨皐陶聚而致雍熙。卨卽契字後漢書方術傳第五倫令班固爲文薦謝夷吾曰臣聞堯登稷契政隆太平舜用皐陶政致雍熙 之象。千里合符。百世累迹。性相近而習相遠。論語 是故賢愚在心。不在貴賤。

信欺在性。不在親疎。二世所以共亡天下者。丞相御史也。（見史記秦始皇紀）高祖所以共取天下者。繒肆狗屠也。驪山之徒。鉅野之盜。皆爲名將。（灌嬰樊噲黥布彭越也並見史記）由此觀之。苟得其人。不患貧賤。苟得其材。不嫌名迹。（漢書游俠傳序云衆庶榮其名迹覬而慕之）遠迹漢元以來。（漢書賈誼傳云竊跡前事顏師古注尋前事之蹤跡迹與跡同漢元謂漢元年漢書平帝紀元始五年詔曰漢元至今律歷志云黃帝調律歷漢元年以來用之）驕貴之臣。每受罪誅。（漢書王嘉傳云往者寵臣鄧通韓嫣驕貴失度逸豫無厭小人不勝情欲卒陷罪辜）黨與在位。（管子八觀篇云詩謁得於上則黨與成於下）弁伏辜者。（詩雨無正云既伏其辜）常十一二三。由此觀之。貴寵之臣。未嘗播授私人進姦黨也。（管子明法解云羣臣以虛譽進其黨後漢書仲長統傳昌言法誡篇云權移外戚之家寵被近習之豎親其黨類用其私人內充京師外布列郡）是故王莽與漢公卿牧守奪漢。光武與漢之遺民棄土共誅。如貴人必賢而忠。（呂氏春秋重己篇云人主貴人高誘注貴人謂公卿大夫也）賤人必愚而欺。則何以若是。自成帝以降。至於莽。公卿列侯。下訖令尉。（續漢書百官志云縣萬戶以上爲令不滿爲長尉大縣二人小縣一人）大小之官。且十萬人。皆自漢所謂賢明忠正貴寵之臣也。莽之簒位。惟安衆侯劉崇。東郡太守翟義。思事君之禮。義勇奮發。（漢書陳湯傳云策慮愊億義勇奮發）欲誅莽。功雖不成。志節可紀。（漢書元后傳云莽爲攝皇帝改元稱制宗室安衆侯劉崇及東郡太守翟義等惡之更舉兵欲誅莽義見翟方進傳）夫以十萬之計。其能奉報恩。（奉下脫一字按救邊篇云凡民之所以奉事上者懷義恩也此當云奉上報恩）二人而已。由此觀之。衰世羣臣。誠少賢也。其官益大者罪益重。位益高者罪益深爾。（鹽鐵論褒賢篇云其位彌高而罪彌重祿滋厚而罪滋多）故曰。治世之德。衰世之惡。常與爵位自相副也。孔子曰。國有道。貧且賤焉。恥也。國無道。富且貴焉。恥也。（論語國俱作邦此避高祖諱列女傳柳下惠妻傳亦作國）詩傷皎皎白駒。在彼空谷。白駒 巧言如流。俾躬處休。雨無正 蓋言衰世之士。志彌潔者身彌賤。
佞彌巧者官彌尊也。方以類聚。物以羣分。易繫辭上傳 同明相見。同聽相聞。惟聖
知聖。惟賢知賢。分閑賢韻韓詩外傳五云同明相見同音相聞同志相從非賢者莫能用賢漢書元后傳成帝謂王章日惟賢知賢君試爲朕求可以自輔者魏志杜襲傳襲曰夫惟賢知賢
惟聖知聖蓋本此 今當塗之人。既不能昭練賢鄙。然又卻於貴人之風指。風指有二義漢書何武傳云大司空
甄豐承莽風指顏師古注風謂風采也指意也王莽傳云莽色厲而言之欲有所爲微見風采黨與承其指意而
顯奏之風讀如字孔光傳云莽所欲搏擊輒爲草以太后指風光令上之嚴助傳云迺令嚴助諭意風指於南越
顏氏並讀風爲諷後漢書宦者傳云蔡倫受竇后風旨誣陷安帝祖母宋貴人章帝子清河孝王傳云使小黃門
蔡倫考實之皆承諷旨傳致其事西羌傳云王莽輔政欲燿威德以懷遠爲名乃令譯諷旨諸羌使共獻西海之
地皆用諷本字此風旨當讀如字卻當爲劫劫與下脅字同義禮記儒行云劫之以衆鄭注劫
劫脅也劫亦作刦刦刼却字形相近莊子田子方篇盜人不得刦釋文元嘉本作却譌正類此 脅以權勢
之屬託。漢書鄒陽傳云脅於位勢之貴蓋寬饒傳云上無許史之屬下無金張之託顏師古注許氏史氏有外屬之恩金氏張氏自託在於近狎也屬讀如本字按屬託同義顏說非也尹翁歸傳云徵拜東海
太守過辭廷尉於定國定國家在東海欲屬託邑子兩人佞幸淳于長傳云鳳且終以長屬託太后及帝外戚傳
孝武李夫人病篤上日夫人病甚殆將不起一見我屬託王及兄弟後漢書竇融傳云年老子孫縱誕多不法遂
交通輕薄屬託郡縣干亂政事馬援後嚴傳云與郡四年坐與宗正劉軼少府丁鴻等更相屬託徵拜太中大夫
翟酺傳云權貴共誣酺及尚書令高堂芝等交通屬託楊震傳云外交屬託擾亂天下又云屬託州郡傾動大臣
白虎通三綱六紀篇論朋友云生不屬死不託分合言之其義一也 請謁闐門。韓非子八姦篇云有左右之交者請謁以爲重漢書申屠嘉傳云門不受私謁史記汲鄭列傳贊云始翟公爲廷尉賓客
闐門漢書作塡顏師古注云塡滿也 禮贄輻輳。說文云轂輻所湊也湊輳古今字後漢書郎顗傳云今選舉皆歸三司非有周召之才而當則哲之重每有選用輒參之掾屬公府門巷賓客塡集送去
迎來財貨無已其當選者競相薦謁各遣子弟充塞道路開長姦門與致浮僞非所謂率由舊章也 迫於目前之急。則且先之。禮記大傳云聖人南面而聽天下所且先
者五鄭注且先言未遑餘事 此正士之所獨蔽。而羣邪之所黨進也。周公之爲宰輔也。以謙
下士。故能得眞賢。鹽鐵論刺復篇云昔周公之相也謙卑而不鄰以勞天下之士是以俊乂滿朝賢智充門事詳說苑敬愼篇及尊賢篇 祁奚之爲大夫
也。舉讎薦子。故能得正人。襄三年左傳 今世得位之徒。依女妹之寵以驕士。韓非子詭使篇

云安妹私義之門不待次而宦 藉亢龍之勢以陵賢。後漢書云陰興光烈皇后母弟也帝欲封之興固讓貴人問其故興曰貴人不讀書記耶亢龍有悔夫外戚家苦不知謙退嫁女欲配侯王取婦眄睨公主愚心實不安也 而欲使志義之士匍匐曲躬以事己。毀顏諂諛以求親。然後乃保持之。漢書元后傳王鳳云御史大夫音謹勅臣敢以死保之楚元王後向傳上數欲用向爲九卿輒不爲王氏居位者及丞相御史所持故終不遷顏師古注持謂扶持佐助也荀子解蔽篇云鮑叔甯戚隰朋仁知且不蔽故能持管仲而名利福祿與管仲齊召公呂望仁知且不蔽故能持周公而名利福祿與周公齊楊倞注持扶翼也晉書山濤傳云時人欲危裴秀濤正色保持之石鑒傳云時大司馬汝南王亮爲太傅楊駿所疑有告亮欲舉兵討駿鑒以爲不然保持之 則貞士採薇凍餓。伏死巖穴之中而已爾。豈有肯踐其闕而交其人者哉。漢書鄒陽傳云今欲使天下寥廓之士籠於威重之權脅於位勢之貴回面汙行以事諂諛之人而求親近於左右則士有伏死堀穴巖藪之中耳安有盡忠信而趨闕下者哉

潛歎第十

凡有國之君。君下舊有者字據治要刪 未嘗不欲治也。而治不世見者。所任不賢故也。漢書京房傳云任賢必治任不肖必亂 世未嘗無賢也。而賢不得用者。羣臣妒也。楚策蘇子曰人臣莫難於無妒而進賢爲主 主有索賢之心。而無得賢之術。臣有進賢之名。而無進賢之實。此以人君孤危於上。秦策范睢曰小者身以孤危 而道獨抑於下也。道下脫一字獨舊作猶據治要改 夫國君之所以致治者。公也。公法行則軌亂絕。軌治要作宄按本書皆作宄 佞臣之所以便身者私也。私術用則公法奪。管子任法篇云法者上之所以一民使下也私者下之所以侵法亂主也韓非子詭使篇本言曰所以治者法也所以亂者私也法立則莫得爲私矣 列士之舊脫據治要補 所以建節者義也。正節立則醜類代。孫侍御云代疑殆王侍郎云代當作伐與絕奪爲韻繼培按說苑政理篇孔子曰夫以不肖代賢是爲奪也以賢代不肖是爲伐也 此姦臣亂吏無法之徒。無法治要作恩私按韓非子定法篇云臣無法則亂於下人主篇云大臣太貴所謂貴者無法而擅行操國柄而便私者也 所爲舊作謂據治要

（改）日夜杜塞賢君義士之閒。（塞治要作隔管子明法解云人臣之力能鬲君臣之閒而使美惡之情不揚聞按後漢書申屠剛傳云外戚杜隔恩不得通又云親疏相錯杜塞閉隙塞隔義同）咸（治要作亟）使不相得者也。（漢書王褒傳聖主得賢臣頌云聚精會神相得益章）夫賢者之爲人臣。不損君以奉佞。不阿衆以取容。（呂氏春秋似順覽云夫順令以取容者衆能之高誘注容悅也漢書朱建傳云義不取容）不墮（舊作惰據治要改）公以聽私。不撓法以吐剛。（詩烝民云剛亦不吐撓法見務本篇注）其明能照姦。而義不比黨。（禮記儒行云讒諂之民有比黨而危之者）是以范武歸晉而國姦逃。（宣十六年左傳）華元反朝而魚氏亡。（成十五年左傳）故正義之士與邪枉之人不兩立。（韓非子孤憤篇云智術之士明察聽用且燭重人之陰情能法之士勁直聽用且矯重人之姦行故智術能法之士用則貴重之臣必在繩之外矣是智法之士與當塗之人不可兩存之仇也淮南子詮言訓云邪與正相傷欲與性相害不可兩立一置一廢）而（立下舊有之字而作夫據治要删改）人君之取士也。不能參聽民氓。斷之聰明。反徒信亂臣之說。獨用污吏之言。（孟子曰暴君汙吏）此所謂與仇選使。（選舊作還據治要改）令囚擇吏者也。書云。謀及乃心。謀及庶人。（洪範）孔子曰。衆好之。必察焉。衆惡之。必察焉。（論語）故聖人之施舍也。（周語王孫說曰故聖人之施舍也韋昭注施予也舍不予）不必任衆。亦不必專己。（漢書敘傳班彪云主有專己之威後漢書陳元傳云博詢可否示不專己）必察彼己之爲。（治要作謂）而度之以義。（周語王孫說曰主德義而己）或舍人取己。（孟子云舍己從人此反言之中論慎所從篇云夫人之所常稱曰明君舍己而從人故其國治以安闇君違人而專己故其國亂以危乃一隅之偏說也非大道之至論也凡安危之勢治亂之分在乎知所從不在乎必從人也意與此同）故舉無遺失。而政（治要作功）無廢滅也。（見明闇篇）或君則不然。（或與惑同荀子臣道篇云闇主惑君呂氏春秋知化篇云人主之惑者則不然）己有所愛。則因以斷正。不稽於衆。不謀於心。苟眩於愛。惟言是從。此政之所以敗亂。而士之所以放佚者也。昔紂好色。九侯聞之。乃獻厥女。紂則大喜。（則何本作乃按則字是與下紂則大怒相應）以爲天下之麗。莫若此也。以問妲己。妲己懼進御而奪己愛也。乃僞俯而泣曰。君王年卽耆邪。卽耆御覽四百九十四作旣老按當作旣耆會子疾病篇云年旣耆艾 明旣衰邪。何貌惡之若此而覆謂之好也。紂於是渝而以爲惡。詩羔裘毛傳渝變也 妲己恐天下之愈進美女者。因白九侯之不道也。乃欲以此惑君王也。王而弗誅。何以革後。紂則大怒。遂脯厥女而烹九侯。淮南子俶眞訓云醢鬼侯之女呂氏春秋行論篇高誘注梅伯說鬼侯之女美令紂取之紂聽妲己之譖曰以爲不好故醢梅伯脯鬼侯過理篇注同鬼侯卽九侯也史記魯仲連傳云九侯有子而好獻之於紂紂以爲惡醢九侯殷本紀又云九侯女不憙淫紂怒殺之 自此之後。天下之有美女者。乃皆重室晝閉。禮記月令云審門閭謹房室必重閉鄭注重閉外內閉也淮南子主術訓云閨門重襲 惟恐紂之聞也。趙高專秦。將殺二世。乃先示權於衆。獻鹿於君。以爲駿馬。二世占之曰鹿。方言云凡相竊視南楚或謂之占按說文云覘窺視引春秋傳公使覘之占卽覘之省 高曰馬也。二世收目獨視。王侍郞云收目當作捄目捄卽說文揩字王先生曰獨疑屬 曰。丞相誤邪。此鹿也。高終對以馬。問於朝臣。朝臣或助二世而非高。高因白二世。此皆阿主惑上。不忠莫大。乃盡殺之。自此之後。莫敢正諫。說苑正諫篇云諫有五一曰正諫 而高遂殺二世於望夷。竟以亡。見史記秦始皇紀新語辨惑篇載此事以爲趙高駕鹿 夫好之與惡效於目。效舊作放按禮記曲禮效馬效羊鄭注云效猶呈見 而鹿之與馬者。疑衍 著於形者也。新語云馬鹿之異形衆人所知也 巳又定矣。還至讒如疑當作妒屬上讀 臣妾之飾僞言而作辭也。易遯九三畜臣妾吉漢書董仲舒傳云百官皆飾空言虛辭韓非子詭使篇云造言作辭 則君王失己心。而人物喪我體矣。況乎逢幽隱囚人。幽囚同義荀子王霸篇云公侯失禮則幽楊倞注幽囚也呂氏春秋驕恣篇云厲公游於匠麗氏欒書中行偃劫而幽之高誘注幽囚也秦策姚賈曰管仲南陽之弊幽魯之免囚史記管晏列傳管仲曰吾幽囚受辱幽隱囚人亦猶言幽囚矣 而待校其信。齊語韋昭注校考合也 不若察妖女之留意也。其辨賢不肖也。不舊作必 若辨鹿馬之審固也。禮記射義云持弓矢審固此二物者。皆得進見於朝堂。暴質於心臣矣。心臣未詳程本作廷臣按後漢書班彪後固傳西都賦云左右廷中朝堂百僚之位朝堂注詳救邊篇王先生云心臣當是心目以下文君目君心定之及歎愛苟媚佞說巧辨之惑君也。猶炫燿君目。楚辭離騷云世幽昧以昡曜令王逸注昡曜惑亂貌淮南子氾論訓云嫌疑肖象者衆人之所眩耀炫燿眩曜眩燿並同變奪君心。便以好爲舊脫醜。以鹿爲馬。而宄於郊野之賢。闕外之士。未嘗得見者乎。史記魏世家李克曰臣在闕門之外趙濱蘇秦說李兌曰造外闕願見於前夫在位者之好蔽賢而務進黨也。說苑政理篇孔子曰匿人之爭者是謂蔽賢也君道篇太公曰多黨者進少黨者退是以羣臣比周而蔽賢百吏羣黨而多姦漢書李尋傳云微言毀譽進類蔽善自古而然。漢書趙充國辛慶忌傳贊云其風聲氣俗自古而然昔唐堯之大聖也。聰明宣昭。詩文王云宣昭義問虞舜之大聖也。德音發聞。韓非子說疑篇云衆歸而民留之以譽盈於國發聞於主堯爲天子。求索賢人。訪於羣后。羣后不肯薦舜。而反稱共鯀之徒。賴堯之聖。後乃舉舜而放四子。見書堯典夫以古聖之質也。堯聰之明也。舜德之彰也。君明不可欺。德彰不可蔽也。質鮮爲佞。而位者位上疑脫在字尙直若彼。今夫列士之行。其不及堯舜乎達矣。達當作遠而俗之荒唐。莊子天下篇云荒唐之言世法滋彰。老子云法令滋彰然則求賢之君。哀民之士。其相合也。亦必不幾矣。幾讀爲冀文王遊畋。遇姜尙於渭濱。察言觀志而見其心。不諮左右。不諏羣臣。遂載反歸。見六韜注詳卜列篇委之以政。用能造周。宣十五年左傳羊舌職曰士伯庸中行伯君信之亦庸士伯此之謂明德矣文王所以造周不是過也故堯參鄉黨以得舜。文王參己以得呂尙。說苑尊賢篇云堯舜相見不違桑陰文王舉太公不以日久故賢聖之接也不待久而親能者之相見也不待試而知矣豈若殷辛秦政。晉語云殷辛伐有蘇韋昭注殷辛殷紂也漢書賈山傳云秦政力并萬國富有天下按政始皇名既得賢人。反決滯於讎。決滯猶言去留周禮廛人注鄭司農云貨物沈滯於廛中不決按決則不滯義相覆也或云決卽沈之譏周語云氣不沈滯韋昭注沈伏也滯積也後漢書崔駰傳達旨云胡爲嘿嘿而久沈滯也　誅殺正直。而進任姦臣之黨哉。是以明聖之君於正道也。不專驅於貴寵。惑於嬖媚。不棄疏遠。不輕幼賤。又參而任之。管子七法篇云論功計勞未嘗失法律也便辟左右大族尊貴大臣不得增其功焉疏遠卑賤隱不知之人不忘其勞漢書翼奉傳云古者朝廷必有同姓以明親親必有異姓以明賢賢此聖王之所以大通天下也同姓親而易進異姓疏而難通故同姓一異姓五酒爲平均按此即所謂參而任之也　故有周之制也。天子聽政。使三公至於列士獻典。治要作詩按周語云使公卿列士獻詩瞽獻曲曲或譌爲典王氏所用國語本與韋昭不同未敢据彼以補此也　瞽史獻書。周語無瞽字　師箴。瞍賦。矇誦。百工諫。庶人傳語。近臣盡規。親戚補察。瞽史舊作叟　教誨。耆艾修之。而後王斟酌焉。是以事行而無敗周語作不悖　也。末世則不然。易繫辭下傳云其當殷之末世　徒信貴人驕妒之議。獨用苟媚治要作宿媚按苟媚亦見上文　蠱惑之言。行豐禮者蒙僁咎。僁俗愆字見廣韻二仙　論德義者見尤惡。於是諛臣說苑臣術篇云偷合苟容與主爲樂不顧其後害如此者諛臣也治要諛臣下有佞人二字　又從以詆訾之法。漢書哀帝紀云除誹謗詆欺法　被以議上之刑。此賢士之始困也。漢書嚴安傳云此民之始苦也文與此同治要始作逅逅遇也義亦可通　夫詆訾之法者。伐賢之斧也。而驕妒者。治要作驕妒之臣　噬賢之狗也。即賢難篇所云羣犬齧賢一切經音義一引三蒼云噬齧也　人君內秉伐賢之斧。權噬賢之狗。權如權兵之權注見勸將篇　而外招賢。以上九字治要作而外招噬賢之狗　欲其至也。治要至下有理字蓋譌　不亦悲乎。

忠貴第十一 後漢書本傳作貴忠

世有莫盛之福。又有莫痛之禍。處莫高之位者。不可以無莫大之功。竊亢龍之極貴者。舊脫　未嘗不破亡也。成天地之大功者。未嘗不蕃昌也。注見思賢篇　帝王之所尊敬。本傳作夫帝王之所尊敬者天也按春秋繁露郊義篇云天者百神之君也王者之所最尊也天之所甚愛者民也。襄十四年左傳師曠曰天之愛民甚矣今人臣受君之重位。牧天之所甚愛。襄十四年左傳師曠曰天生民而立之君使司牧之漢書鮑宣傳云爲天牧養元元焉可以不安而利之。養而濟之哉。漢書高帝紀十一年詔曰賢人已與我共平之矣而不與吾共安利之可乎鼂錯傳云知所以安利萬民則海內必從矣易繫辭下傳云萬民以濟是以君子任職則思利民。桓六年左傳云上思利民忠也說苑建本篇云賢臣之事君也苟有可以安國家利民人者不避其難不憚其勞以成其義政理篇云知爲吏者奉法利民達上則思進賢。漢書楚元王傳劉向封事云賢人在上位則引其類而聚之於朝楚策蘇子曰忠臣之於君也必進賢人以輔之呂氏春秋贊能篇云功無大乎進賢功孰大焉。故居上而下不重也。在前而後不殆也。文子道德篇老子曰居上而民不重居前而衆不害

書稱天工人其代之。皐陶謨王者法天而建官。後漢書劉玄傳李淑云三公上應台宿九卿下括河海故天工人其代之論衡紀妖篇云天官百二十與地之王者無以異也地之王者官屬備具法象天官稟取制度桓八年公羊傳疏引春秋說云立三台以爲三公北斗九星爲九卿二十七大夫內宿部衛之列八十一紀以爲元士凡百二十官焉自公卿以下至於小司。按後漢時有上司小司之稱中論譴交篇云下及小司列城墨綬莫不相商以得人自矜以下士小司謂官職之卑者其稱上司者皆爲司馬光武改司馬爲太尉故太尉稱上司見後漢書郎顗劉愷楊震傳及後漢紀章帝元和三年若史弼傳云承望上司誣陷良善吳祐傳章懷注引陳留耆舊傳云祐處同僚無私書之問上司無牋檄之敬則皆以爲上官之通稱矣輒疑孰非天官也。是故明主不敢以私愛。忠臣不敢以誣能。管子法法篇云明君不以祿爵私所愛忠臣不誣能以干爵祿夫竊人之財。猶謂之盜。僖廿四年左傳介之推語況偸天官以私己乎。以罪犯人。必加誅罰。況乃犯天。得無咎乎。五代建侯。開國成家。傳嗣百世。歷載千數。注見思賢篇皆以能當天官。功加百姓。周公東征。後世追思。詩破斧召公甘棠。人不忍伐。詩甘棠見愛如是。豈欲私害之者哉。史記商君傳集解引新序云昔周召施善政及其死也後世思之蔽芾甘棠之詩是也嘗舍於樹下後世思其德不忍伐其樹況害其身乎今新序佚此文此其後之封君多矣。史記樂書云封君世辟或不終身。或不朞月。而莫隕墜。其世無者。

載莫盈百。是人何也哉。而莫以下文有脫誤按漢書高惠高后文功臣表敘引杜業說云昔唐以萬國致時雍之政虞夏以之多羣后饗共己之治湯法三聖殷氏太平周封八百重繹來賀成王寀牧野之克顧羣后之勤知其恩結於民心功光於王府也故追述先父之志錄遺老之策高其位大其寵至其沒也世主歎其功無民而不思所息之樹且猶不伐況其廟乎是以燕齊之祀與周並傳子繼弟及歷載不墮豈無刑辟繇祖之竭力故支庶賴焉迹漢功臣亦皆割符世爵受山河之誓百餘年間而襲封者盡或絕失姓或乏無主朽骨孤於墓苗裔流於道以往況今甚可悲傷此文自五代以下大指本於彼是何也哉見勸將篇此人字亦疑衍五代之臣。以道事君。論語以仁撫世。澤及草木。漢書嚴助傳淮南王上書云恩至禽獸澤及草木兼利外內。普天率土。後漢書班彪後固傳明堂詩普天率土各以其職章懷注詩小雅曰溥天之下莫非王土率土之濱莫非王臣普亦溥也莫不被德。漢書禮樂志董仲舒云德化被四海其所安全。眞天工也。是以福祚流衍。漢書敘傳王命論云福祚流於子孫本枝百世。詩文王枝今作支莊六年左傳引詩與此同季世之臣。昭三年左傳晏子曰此季世也不思順天。而時主是諛。謂破敵者爲忠。多殺者爲賢。白起蒙恬。並見史記秦以爲功。天以爲賊。息夫董賢。並見漢書主以爲忠。天以爲盜。此等之儔。雖見貴於時君。然上不順天心。下不得民意。漢書元后傳王章云上順天心下安百姓王莽傳云承順天心快百姓意故卒泣血號咷。以辱終也。易屯上六泣血漣如旅上九旅人先笑後號咷淮南子繆稱訓云小人在上位如寢關曝纊不得須臾寧故易曰乘馬班如泣血漣如言小人處非其位不可長也易曰。德薄而位尊。智小而謀大。力少而任重。鮮不及矣。繫辭下傳少今本作小唐石經作少按晉書山濤傳云德薄位高力少任重後漢書朱馮虞鄭周列傳贊章懷注引易同荀子儒效篇能小而事大辟之是猶力之少而任重也亦用易語錢宮詹大昕云三國志王修傳注引魏略力少任重漢書王莽傳自知德薄位尊力少任大今本少作小惟北宋景祐本是少字是故德不稱其任。其禍必酷。能不稱其位。其殃必大。且夫竊位之人。注見賢難篇天奪其鑒。僖二年左傳云是天奪之鑒而益其疾也神惑其心。是故貧賤之時。雖有鑒明之資。王先生云鑒明當依本傳作明察鑒察形近而譌繼培按鑒蓋賢之誤漢書五行志云人君有賢明之材畏天威命王褒傳云世必有聖知之君而後有賢明之臣仁義之志。一旦富貴。則背親捐舊作損據傳改舊。喪其本心。孟子云此之謂失其本心皆疏骨肉而親便辟。史記伍子胥傳云疏骨肉之親辟讀爲嬖漢書佞幸傳贊云咎在親便嬖 薄知友而厚狗馬。鹽鐵論散不足篇云百姓或短褐不完而犬馬衣文繡說苑正諫篇咎犯曰民有饑色而馬有粟秩 財貨滿於僕妾。史記孟嘗君傳云僕妾餘粱肉而士不厭糟糠 祿賜盡於猾奴。漢書貢禹傳云祿賜愈多家日以益富一切經音義一引三蒼云猾黠惡也史記貨殖傳云桀黠奴人之所惡也 寧見朽貫千萬而不忍賜人一錢。寧積粟腐倉而不忍貸人一斗。史記平準書云京師之錢累巨萬貫朽而不可校太倉之粟陳陳相因充溢露積於外至腐敗而不可食高祖紀云實不持一錢田敬仲世家云田常復修釐子之政以大斗出貸以小斗收御覽八百四十一斗作一升按此文即墨子尙同上篇所云腐死餘財不以相分 人多驕肆。管子霸言篇云富而驕肆者復貧 負債不償。說文云償還也債本書多作責責債古今字 骨肉怨望於家。毛詩角弓序云骨肉相怨鄭于詩箋云骨肉之親相疏遠則以親親之望易以生怨按怨望同義史記陳餘傳餘怒曰不意君之望臣深也索隱云望怨責也 細民謗讟於道。晏子春秋諫下云不顧細民昭元年左傳云民無謗讟 前人以敗。後爭襲之。誠可傷也。歷觀前世貴人之用心也。與嬰兒等。與嬰二字舊空据程本釋名釋長幼云人始生曰嬰兒胷前曰嬰抱之嬰前乳養之也 嬰兒有常病。貴臣有常禍。貴臣程本作貴人按本傳及意林並作貴臣下同 父母有常失。人君有常過。嬰兒常病。傷飽也。貴臣常禍。傷寵也。父母常失。在不能已於媚子。詩思齊毛傳媚愛也 人君常過。在不能已於驕臣。後漢書陳元傳云人君患在自驕不患驕臣 哺乳太多。漢書賈誼傳云抱哺其子顏師古注哺飤也 則必掣縱而生癇。說文手部㨖引縱曰㨖广部瘛小兒瘛瘲病也戴侗六書故云瘛瘲謂小兒風驚作掣作縱掣搐也縱則掣而作舒也玉篇云癇小兒癲病按素問大奇論云癇瘛筋攣 驕佚而生過。趙策公子牟曰貴不與富期而富至富不與粱肉期而粱肉至粱肉不與驕奢期而驕奢至驕奢不與死亡期而死亡至累世以前坐此者多矣成六年左傳云國饒則民驕佚 是故媚子以賊其軀者。非一門也。驕臣用滅其家者。非一世也。春秋繁露身之養重於義篇云忘義而殉利去理而走邪以賊其身而禍其家賊軀猶賊身漢書梅福傳云漢興以來社稷三危呂霍上官皆母后之家也親親之道全之爲右當與之賢師良傅敎以忠孝之道今迺尊寵其位授以魁柄使之驕逆至於夷滅此失親親之大者也此文意與彼同 或以背叛橫逆不道。橫逆不道即述赦篇所云大逆不道也漢書陳湯傳云不道無正法以所犯劇易爲罪大逆不道之劇者 或以德薄不稱其貴。文昌奠功。司名舉過。史記天官書云斗魁戴匡六星曰文昌宮四曰司命禮記祭法司命鄭注司命主督察三命疏云皇氏云司命者文昌宮星白虎通壽命篇云隨命者隨行爲命欲使民務仁立義無滔天滔天則司命舉過言則用以弊之後漢書張衡傳章懷注引春秋佐助期曰司命神名爲滅黨長八尺小鼻望羊多髭癯瘦通於命運期度觀惡深淺。稱罪降罰。或捕格斬首。後漢書劉盆子傳章懷注相拒而殺之曰格按漢書馮奉世傳後野王傳池陽令並素行貪汙野王部督郵掾趙都按驗得其主守盜十金罪收捕並不首吏都格殺顏師古注不首吏謂不伏從收捕也或拉髆掣胷。莊元年公羊傳搚幹而殺之何休注搚折聲也釋文搚亦作拉釋名釋姿容云掣制也制頓之使順己也鹽鐵論散不足篇云吏捕索掣頓不以道理續漢書五行志載梁冀事云吏卒掣頓折其要脊掊死深穽。周禮掌囚凡殺人者踣諸市鄭注踣僵尸也掊與踣同穽傳作牢按穽蓋窂之誤廣韻云窂與牢同漢碑太牢字多作窂鹽鐵論褒賢篇云身在深窂莫知恤視後漢書黨錮傳范滂傳論云幽深窂破室族銜刀都市。漢書王嘉傳云奉職負國當伏刑都市以示萬衆殭屍破家。覆宗滅族者。皆無功於民氓者也。而後人貪權冒寵。蓄積無極。楚語鬭且廷見令尹子常歸以語其弟曰令尹問蓄聚積實如餓豺狼焉殆必亡者也文十八年左傳云貪於飲食冒於貨賄聚歛積實不知紀極杜注冒亦貪也思登顛隕之臺。太玄經上次七升於顛臺樂循覆車之迹。新書連語周諺曰前車覆而後車戒韓詩外傳五云前車覆而後車不誡是以後車覆也後漢書隗囂傳云循覆車之軌願禆福祚。詩采菽云福祿膍之毛傳禆厚也禆與膍同儀禮覲禮鄭注禆之爲言埤也詩北門毛傳埤厚也以備員滿貫者。史記平原君傳云秦之圍邯鄲趙使平原君求救合從於楚約與食客門下二十人偕得十九人餘無可取者門下有毛遂者前自贊於平原君曰願君卽以遂備員而行張丞相傳云自申屠嘉死之後丞相皆以列侯繼嗣娖娖廉謹爲丞相備員而已宣六年左傳中行桓子曰使疾其民以盈其貫將可殪也韓非子說林下云有無悍者鄰欲賣宅而避之人曰是其貫將滿也子姑待之客曰吾恐其以我滿貫也何世無之。當呂氏之貴也。太后稱制而專政。祿產秉事而握權。擅立四王。多封子弟。兼據將相。外內磐結。自以踰湯武與。五霸作。弗能危也。於是廢仁義而尙威虐。滅禮信而務譎詐。海內怨痛。人欲其亡。故一朝摩滅而莫之哀也。事見漢書高后紀晉語云一朝而滅莫之哀也按方言云摩滅也摩與靡通漢書司馬遷傳云古者富貴而名摩滅不可勝紀字亦作糜賈山傳云萬鈞之所壓無不糜滅者霍氏之貴。專相幼主。誅滅同僚。廢帝立帝。莫之敢違。禹繼父位。山雲屏事。諸壻專典禁兵。婚姻本族。事見漢書霍光傳屏當作秉魏相傳相奏封事言光死子復爲大將軍兄子秉樞機昆弟諸壻據權勢在兵官張禹傳云總秉諸事亦秉事之證王先生云本族疑帝族 王氏之貴。九侯五將。漢書王莽傳云家凡九侯五大司馬五將即五大司馬也元后傳解光奏曲陽侯根宗重身尊三世據權五將秉政五行志云五將世權 朱輪二十三。漢書楚元王傳劉向封事云王氏一姓乘朱輪華轂者二十三人 太后專政。秉權三世。莽爲宰衡。封安漢公。居攝假號。身當南面。卒以簒位十有餘年。自以居之已久。威立恩行。永無禍敗。故遂肆心恣意。私近忘遠。崇聚羣小。重賦殫民。以奉無功。動爲姦詐。託之經義。迷罔百姓。欺誣天地。自以我密。人莫之知。皇天從上鑒其姦。神明自幽照其態。豈有誤哉。事見漢書王莽傳按此言呂霍王氏事大恉本劉向封事 夫鳥以山爲卑。而橧巢其上。魚以淵爲淺。而穿穴其中。卒所以得之者餌也。曾子疾病篇文大戴禮橧作曾穿作蹷說苑敬愼篇說叢篇並作穿 貴戚懼家之不吉。而聚諸令名。史記秦始皇紀云阿房宮成欲更擇令名名之聚傳作制按聚乃製之誤西京雜記云初修上林苑羣臣遠方各獻名果異樹亦有製爲美名以標奇麗製名亦一證 懼門之不堅。而爲作鐵樞。說文云樞戶樞也 卒其以敗者。本傳其下有所字天中記十五同 非苦禁忌少。漢書藝文志論陰陽家云拘者爲之則牽於禁忌 而門樞朽也。常苦崇財貨而行驕僭。漢書貢禹傳云相守崇財利王商傳云王鳳顓權行多驕僭 虐百姓而失民心爾。孔子曰。不患無位。患己不立。論語作患所以立 是故人臣不奉遵禮法。竭精思職。漢書梅福傳云厲志竭精 推誠輔君。効功百姓。下自附於民氓。上承順於天心。而乃欲任其私知。竊君威德。以陵下民。反戾天地。欺誣神明。偷進茍得。以自奉厚。居累卵之危。而圖泰山之安。漢書枚乘傳諫吳王書云必若所欲爲危於累卵難於上天變所欲爲易於反掌安於泰山 爲朝露之行。史記商君傳趙良曰君之危如朝露 而思傳世之功。墨子所染篇云功名傳於後世漢書禮樂志郊祀歌云傳世無疆 譬猶始皇之舍德任刑。而欲計一以至於萬也。 漢書賈山傳云古者聖王作謚三四十世耳秦皇帝曰死而以謚法是父子名號有時相襲也以一至萬則世世不相復也故死而號曰始皇帝其次曰二世皇帝者欲以一至萬也 豈不惑哉。

浮侈第十二

王者以四海爲一家。 漢書高帝紀七年蕭何曰天子以四海爲家荀子王制篇云四海之內若一家 以兆民爲通計。 閔元年左傳云天子曰兆民 一夫不耕。天下必受其饑者。一婦不織。天下必受其寒者。 管子揆度篇云農有常業女有常事一農不耕民有爲之饑者一女不織民有受其寒者呂氏春秋愛類篇云神農之教曰士有當年而不耕者則天下或受其饑矣女有當年而不績者則天下或受其寒矣新書無蓄篇云古人曰一夫不耕或爲之饑一婦不織或爲之寒 今舉世舍農桑。趨商賈。牛馬車輿。塡塞道路。游手爲巧。 後漢書章帝紀元和三年告曰務盡地力勿令游手按漢書貨殖傳云童手指千孟康曰古者無空手游日皆有作務作務須手指故曰手指巧舊作功据本傳改 充盈都邑。治本者少。浮食者衆。 漢書成帝紀陽朔四年詔曰閒者民彌惰怠鄉本者少趨末者衆地理志云漢興立都長安郡國輻輳浮食者多民去本就末治要載崔寔政論云世奢服僭則無用之器貴本務之業賤矣農桑勤而利薄工商逸而入厚故農夫輟耒而雕鏤工女投杼而刺文躬耕者少末作者衆 商邑翼翼。四方是極。 詩殷武云商邑翼翼四方之極漢書匡衡傳衡上疏引詩與今同後漢紀載衡疏作京邑翼翼四方是則後漢書樊宏後準傳又引云京師翼翼四方是則章懷注謂出韓詩張衡東京賦京邑翼翼四方所視薛綜注云京大也大邑謂洛陽也此文引詩以證洛陽疑本作京邑後人据毛詩改之 今察洛陽。 後漢書光武帝紀云建武元年冬十月車駕入洛陽遂定都焉按洛當依下文作雒漢書地理志河南郡雒陽顏師古注魚豢云漢火德忌水故去洛水而加佳如魚氏說則光武以後改爲雒字也 浮末者什於農夫。虛僞游手者什於浮末。是則一夫耕。百人食之。一婦桑。百人衣之。以一奉百。孰能供之。天下百郡千縣。市邑萬數。類皆如此。本末何足相供。則民安得不饑寒。饑寒並至。則安能不爲非。爲非則姦宄。姦宄繁多。則吏安能無嚴酷。嚴酷數加。則下安能無愁怨。愁怨者多。則咎徵並臻。下民無聊而（舊作則，據傳改）上天降災，則國危矣。管子八觀篇云：主上無積而宮室美，氓家無積而衣服修，乘車者飾觀望，步行者雜文采，本資少而末用多者，侈國之俗也。國侈則用費，用費則民貧，民貧則姦智生，姦智生則邪巧作。姦邪之所生，生於匱不足；匱不足之所生，生於侈；侈之所生，生於毋度。故曰：審度量，節衣服，儉財用，禁侈泰，爲國之急也。墨子辭過篇云：其民饑寒並至，故爲姦邪。多姦邪則刑罰深，刑罰深則國亂。說苑反質篇：魏文侯問李克曰：刑罰之源安生？李克曰：生於奸邪淫佚之行。凡奸邪之心，饑寒而起；淫佚者，久饑之詭也。雕文刻鏤，害農事者也；錦繡纂組，傷女工者也。農事害則饑之本也，女工傷則寒之原也。饑寒並至而能不爲奸邪者，未之有也；男女飾美以相矜而能無淫佚者，未嘗有也。故上不禁技巧則國貧民侈。國貧窮者爲姦邪，而富足者爲淫佚，則驅民而爲邪也。民已爲邪，因以法隨誅之，不赦其罪，則是爲民設陷也。刑罰之起有原，人主不塞其本而替其末，傷國之道也。新書孽產子篇云：百人作之不能衣一人也，欲天下之無寒，胡可得也？一人耕之，十人聚而食之，欲天下之無饑，胡可得也？饑寒切於民之肌膚，欲其無爲姦邪盜賊，不可得也。漢書景帝紀後二年詔曰：雕文刻鏤，傷農事者也；錦繡纂組，害女紅者也。農事傷則饑之本也，女紅害則寒之原也。夫饑寒並至而能亡爲非者寡矣。按數家所言，意恉相同，此文所從出也。夫貧生於富，弱生於強，亂生於治，危生於安。孫子兵勢篇云：亂生於治，怯生於勇，弱生於強。是故明王之養民也，憂之勞之，漢書董仲舒傳云：憂勞萬民。淮南子氾論訓云：以勞天下之民。高誘注：勞，猶憂也。勞讀勞勑之勞。教之誨之，詩緜蠻。慎微防萌，以斷其邪。說苑雜言篇：孔子曰：中人之情，有餘則侈，不足則儉，無禁則淫，無度則失，縱欲則敗。飲食有量，衣服有節，宮室有度，畜聚有數，車器有限，以防亂之源也。漢書王吉傳云：古者衣服車馬，貴賤有章，以褒有德而別尊卑。今上下僭差，人人自制，是以貪財誅利，不畏死亡。周之所以能致治，刑措而不用者，以其禁邪於冥冥，絕惡於未萌也。故易美節以制度，不傷財，不害民。節彖詞。七月詩大小教之，終而復始。豳風。由此觀之，民固不可恣也。淮南子主術訓云：古之置有司也，所以禁民使不得自恣也。今民奢衣服，侈飲食，事口舌史記蘇秦傳云：兄弟嫂妹妻妾竊皆笑之曰：周人之俗，治產業，力工商，逐什二以爲務。今子釋本而事口舌，困，不亦宜乎！而習調欺，廣雅釋詁云：調，欺也。一切經音義十二引通俗文：大調曰讇。蒼頡篇：讇，欺也。以相詐紿。說文云：詒，相欺詒也。紿與詒通。比肩是也。晏子春秋雜下云：臨淄三百閭，張袂成陰，揮汗成雨，比肩繼踵而在。或以謀姦合任爲業。本傳注云：合任謂相合爲任俠也。按合疑當作會，詳述赦篇。漢書酷吏尹賞傳「受賕報讎」，漢紀成帝永始三年作「受任報讎」，任即合任之任，疑漢書爲後人所改。或以游敖博弈爲事。漢書循吏召信臣傳云：府縣吏家子弟好游敖，不以田作爲事，輒斥罷之。或疑衍。丁夫世不傳犂鋤。傳，本傳作扶，蓋本是傳字。尚書大傳云：距冬至四十五日，始出學傳農事。世當爲卉。說文云：卉，三十并也。懷丸挾彈，攜手遨遊。

說文云彈行丸也管子輕重丁云挾彈懷丸遊水上彈翡燕小鳥輕重戊云衆鳥居其上丁壯者胡丸操彈居其下終日不歸詩北風云攜手同行柏舟云以遨以遊文選王褒四子講德論云相與結侶攜手俱遊按北堂書鈔一百廿四引東觀漢記詔曰三輔皆好彈一大老從旁舉身曰噫嘻哉東京時挾彈成俗父老歎息王氏所言爲不虛矣或取好土作丸。賣之於彈。外不可以禦寇。內不足以禁鼠。晉靈好之以增其惡。宣二年左傳未嘗聞志義之士。喜操以游者也。惟無心之人。羣豎小子。史記平原君傳毛遂曰白起小豎子耳接而持之。妄彈鳥雀。百發不得一而反中面目。此最無用而有害也。或坐作竹簧。坐疑衍蓋卽作字之譌文釋名釋樂器云簧橫也以竹鐵作於口橫鼓之削銳其頭。有傷害之象。傳以蠟蜜。有甘舌之類。御覽五百八十一傳作塞甘作口按漢書五行志云有口舌之痾傳謂塗附之如漢書佞幸傳云傅脂粉也皆非吉祥善應。或作泥車瓦狗。馬騎倡排。排何本作俳說文云倡樂也俳戲也漢書霍光傳云引內昌邑樂人擊鼓歌吹作俳倡按俳排古亦通用莊子在宥篇云人心排下而進上釋文排崔本作俳諸戲弄小兒之具以巧詐。漢書地理志云趙中山地薄人衆作姦巧多弄物爲倡優成帝紀永始二年詔曰將作大匠萬年妄爲巧詐新書瑰瑋篇云飾知巧以相詐利詩刺不績其麻。女也婆娑。詩東門之枌女今詩作市按本傳亦作市今多不修中饋。易家人六二在中饋休其蠶織。詩瞻卬而起學巫祝。鼓舞事神。說文云巫祝也女能事無形以舞降神也鹽鐵論散不足篇云世俗飾僞行詐爲民巫祝以取釐謝堅頟健舌或以成業致富故憚事之人釋本相學是以街巷有巫閭里有祝以欺誣細民。熒惑百姓。史記淮南王傳云熒惑百姓漢書作營顏師古注營謂回繞之按說文云營惑也熒營並與營通周禮凡以神仕者鄭注國語曰古者民之精爽不攜貳者而又能齋肅中正其知能上下比義其聖能光遠宣朗其明能光照之其聽能聽徹之如是則神明降之在男曰覡在女曰巫是以使制神之處位次主而爲之牲器時服巫既知神如此又能居以大灋是以聖人用之今之巫祝既闇其義何明之見何灋之行正神不降或於淫厲苟貪貨食遂誣人神令此道滅痡矣婦女羸弱。說文云羸瘦也漢書匈奴傳云見其羸弱疾病之家。懷憂憒憒。方言云愁恚憒憒毒而不發謂之氐惆郭注氐惆猶懊憹也易林訟之升憒憒不說憂從中出大有之蒙李梅零墜心思憒憒懷憂少愧亂我魂氣齊策孟嘗君曰文倦於事憒於憂皆易恐懼。至使奔走便時。去離正宅。漢時有避疾之事漢書游俠原涉傳云人嘗置酒請涉涉入里門客有道涉所知母病避疾在里宅者涉卽往候後漢書來歙後歷傳云皇太子驚病不安避幸安帝乳母野王君王聖舍聲恭後丕傳云趙王商嘗欲避疾便時移住學官丕止不聽拔漢書孝平王皇后傳顏師古注云便時取時日之便也崎嶇路側。漢書司馬相如傳云民人升降移徙崎嶇而不安史記作陭隁按說文作鼓隁上漏下濕。莊子讓王篇云原憲居魯環堵之室上漏下濕風寒所傷。素問玉機眞藏論云風者百病之長也今風寒客於人使人毫毛畢直皮膚閉而爲熱漢書王吉傳云冬則爲風寒之所匽薄匈奴傳云郅支人衆中寒道死顏師古注中寒傷於寒也敘傳云道病中風師古注中傷也爲風所傷姦人所利。賊盜所中。益禍益祟。說文云禍害也祟神禍也以致重者。不可勝數。或棄醫藥。更往事神。故至於死亡。不自知爲巫所欺誤。乃反恨事巫之晚。此熒惑細民之甚者也。史記扁鵲傳云信巫不信醫不治也論衡辨祟篇云人之疾病希有不由風濕與飲食者當風臥濕握錢問祟飽飯饜食齋精解禍而病不治謂祟不得命自絕謂巫不審俗人之知也或裁好繒。說文云繒帛也作爲疏頭。令工采畫。雇人書祝。雇程本作顧漢書鼂錯傳顏師古注顧讎也若今言雇賃也廣韻十一暮雇九雇鳥也相承借爲雇賃字周禮太祝掌六祝之辭以事鬼神示祈福祥求永貞虛飾巧言。欲邀多福。詩天保云詒爾多福或裂拆繒綵。裁廣數分。長各五寸。縫繪佩之。或紡綵絲而縻。說文云紡網絲也王先生云而當作爲斷截以繞臂。此長無益於吉凶。長字衍下文云此無益於奉終卽其例而空殘滅繒絲。縈悸小民。縈與熒通漢書酷吏田延年傳霍光因舉手自撫心曰使我至今病悸韋昭云心中喘息曰悸御覽廿三引風俗通云夏至著五綵辟兵題曰游光厲鬼知其名者無溫疾五綵辟五兵也又永建中京師大疫云厲鬼字野重游光亦但流言無指見之者其後歲歲有病人情愁怖復增題之冀以脫禍今家人織新縑皆取著後縑絹二寸許繫戶上此其驗也卅一引云五月五日以五綵絲繫臂者辟兵及鬼令人不病溫八百十四引云五月五日賜五色續命絲俗說益人命此文所云蓋卽指此類或舊脫據御覽八百十六引補剋削綺縠。剋與刻通說文云綺文繒也縠細縛也寸竊八采。寸竊當作抈切說文云切抈也抈切也御覽八十引春秋合誠圖面八彩注云八彩彩色有八也以成榆葉。方言云揄鋪艦極帗縷葉褕毳也郭璞注今名短度絹爲葉褕褕玉篇作襜褕榆葉疑卽葉褕之誤無窮廣雅釋器云無縹繇也縹窮聲相近後漢書馬援傳章懷注引何承天纂文曰都致錯履無極皆布名隸釋國三老袁良碑孝順時拜梁相冊云賜玉具劍佩書刀繡文印衣無極手巾各一無極亦無窮之義水波之文。淮南子本經訓云贏鏤雕琢詭文回波高誘注詭文奇異之文也回波若水波也碎刺縫紩。說文云縫以鍼紩衣也紩縫也又云黹會五采繒色黹鍼縷所紩衣刺與黹通碎疑當作黹黹黹縫紩四字同義作舊作詐爲笥囊。裙襦衣被。襦舊作褥按襦與襦同周禮司服注鄭司農云衣有襦裳者爲端釋文襦本亦作襦莊子外物篇云未解禍福費繒百縑。說文云縑幷絲繒也用功十倍。此等之儔。既不助長農工女。王侍郎云長農當作良農。繼培按良字是也。桓十四年穀梁傳云國非無良農工女也無有益於世。而坐食嘉穀。書呂刑云農殖嘉穀消費白日。漢書宣帝紀元康二年詔曰譬猶踐薄冰以待白日。按禮記檀弓云殷人尚白大事斂用日中。鄭注日中時亦白。凡言白日者義如此毀敗成功。以完舊作見爲破。以牢爲行。傳作破牢爲僞。按古者謂物不牢爲行沽。要載崔實政論云器械行沽。周禮司市害者使亡。鄭注害害於民謂物行苦者。胥師察其詐僞飾行價慝者。疏謂後鄭以爲行濫。行沽、行苦、行濫義並同。書舜典朕堲讒說殄行。史記五帝紀作朕畏忌讒說殄僞。行僞同訓。故傳易行爲僞。鹽鐵論力耕篇亦云工致牢而不僞以大爲小。以易爲難。皆宜禁者也。新書瑰瑋篇云雕文刻鏤周用之物繁多纖微苦窳之器日變而起。民弃完堅而務雕鏤纖巧以相競高。作之宜一日今十日不輕能成。用一歲今半歲而弊。作之費日挾巧用之易弊。不耕而多食農人之食。是天下之所以困貧而不足也山林不能給野火。江海不能灌漏卮。淮南子氾論訓云霤水足以溢壺榼而江河不能實漏卮。鹽鐵論本議篇云川源不能實漏卮。山海不能贍溪壑孝文皇帝。躬衣弋綈。足履革舃。以韋帶劍。集上書囊。以爲殿帷。見漢書東方朔傳。按弋綈賈誼傳作皁綈。廣韻云黓皁也。弋卽黓之省盛夏苦暑。欲起一臺。計直百萬。以爲奢費而不作也。漢書文帝紀贊云嘗欲作露臺。召匠計之直百金。上曰百金中人十家之產也。吾奉先帝宮室常恐羞之。何以臺爲。王嘉傳云孝文皇帝欲起露臺。惜百金之費。克己不作。按百萬卽百金。隱三年公羊傳百金之魚。何休注百金猶百萬也。古者以金重一斤若今萬錢矣今京師貴戚。衣服飲食車輿文飾廬舍。皆過王制。僭上甚矣。漢書食貨志云宗室有土公卿大夫以下爭於奢侈。室廬車服僭上亡限從奴僕妾。皆服葛子升越。筩中女布。文選左思吳都賦云桃笙象簟。韜於筩中。蕉葛升越。弱於羅紈。劉淵林注蕉葛葛之細者。升越越之細者。按後漢書明德馬皇后紀章懷注白越越布。越絕書外傳記地傳云葛山者句踐罷吳種葛。使越女織治葛布。獻於吳王夫差。越布之名起此。華陽國志蜀志云安漢上下朱邑出好麻黃潤細布。有羌筩盛。藝文類聚六十一引揚雄蜀都賦云其布則筩中黃潤一端數金。本傳注荊州記曰秭歸縣室多幽閑。其女盡織布至數十升。今永州俗猶呼貢布爲女子布也細緻。釋名釋采帛云細緻染縑爲五色細且緻不漏水也綺縠。見上冰紈。漢書地理志云齊地織作冰紈綺繡純麗之物。臣瓚曰冰紈紈細密堅如冰者也。顏師古曰如說非也。冰謂布帛之細其色鮮絜如冰者也。紈素也。按冰蓋卽綾之古文。藝文類聚六十九引六韜云桀紂之時婦女坐以文綺之席。衣以綾紈之衣。韓詩外傳七陳饒曰綾紈綺縠靡麗於堂。從風而弊。綾紈卽冰紈也。方言云東齊言布帛之細者曰綾。釋名云綾淩也。其文望之如冰淩之理也錦繡。說文云錦褏色織文也繡五采備也攷工記云五采備謂之繡犀象珠玉虎魄虎魄舊作琥珀據傳改按漢書西域傳亦作虎魄瑇瑁石山隱飾。本傳注云謂隱起爲山石之文也金銀錯鏤。說文云錯金涂也爾雅釋器云金謂之鏤麞麂履舄。急就篇云麞麈麖麂皮給履顏師古注麞即今之麞也釋名釋衣服云履複其下曰舄按此文履當作屨周禮屨人鄭注複下曰舄禪下曰屨古人言屨以通於複今世言屨以通於禪方言云自關而西謂之屨中有木者謂之複舄屨其通語也文組綵褋。組謂履組文選陸士衡弔魏武帝文李善注引晏子春秋云景公爲履黃金之綦飾以組連以珠褋當爲屧說文云屧履中薦也漢書賈誼傳云今民賣僮者爲之繡衣絲履偏諸緣服虔曰加牙條以作履緣組即牙條也驕奢僭主。轉相誇詫。箕子所唏。今在僕妾。淮南子說山訓云紂爲象箸而箕子唏方言云哀而不泣曰唏鹽鐵論散不足篇云箕子之譏始在天子今在匹夫

富貴嫁娶。車軿各十。釋名釋車云軿車軿屛也四面屛蔽婦人所乘牛車也按各十謂送迎之車也詩鵲巢云百兩御之毛傳百兩百乘也諸侯之子嫁於諸侯送御皆百乘鄭箋御迎也家人送之良人迎之車皆百乘此十乘亦其比也或云各十當爲駱驛漢書王莽傳云駱驛道路顏師古注駱驛言不絕後漢書獨行范冉傳云車徒駱驛騎奴漢書何並傳云王林卿令騎奴還至寺門持刀剝其建鼓侍僮按說文云僮未冠也童男有辠曰奴奴曰童後世多以僮爲童以童爲僮夾轂節引。文選羽獵賦李善注引春秋感精符云黃鉞之會重吳子滕肆夾轂周禮大馭凡馭路儀以鸞和爲節鄭注舒疾之法也漢書蕭望之傳云少史冠法冠爲妻先引文穎曰先引謂導車前富者競欲相過。貧者恥不逮及。鹽鐵論國病篇云葬死殫家遺女備車富者欲過貧者欲及富者空減貧者稱貸漢書地理志云列侯貴人車服僭上衆庶放效羞不相及嫁娶尤崇侈靡送死過度王吉傳云聘妻送女無節則貧人不及漢紀作貧人恥不相及是故

一饗之所費。破終身之本業。漢書地理志云好稼穡務本業後漢書明帝紀永平十二年詔曰麋破積世之業以供終朝之費古者。必有命民。然後乃得衣繒綵而乘車馬。尚書大傳云古之帝王必有命民民能敬長憐孤取舍好讓舉事方者命於其君得命然後得乘飾車駢馬衣文錦今者。既不能盡復古。漢書貢禹傳云承衰救亂矯復古化在於陛下臣愚以爲盡知太古難宜少放古以自節焉荀子王制篇云衣服有制宮室有度人徒有數喪祭械用皆有等宜聲則凡非雅聲者舉廢色則凡非舊文者舉息械用則凡非舊器者舉毀夫是之謂復古細民誠可不須。乃踰於古昔。孝文大戴禮五帝德篇云女欲一日辯聞古昔之說禮記曲禮云必則古昔稱先生衣必細緻。履必麞麂。組必文采。上作綵飾襪必緰此。說文云韈足衣也襪與韈同見廣韻十月王先生云此當作幣急就篇服瑣緰幣與繒連顏注緰幣謂布之尤精者也繼培按說文云緰緰貲布也繫傳本又作緰貲挍飾車馬。史記司馬相如傳云挍飾厭文徐廣曰挍一作被被

揄揚也漢書作被飾此技字疑文之誤即上所云車輿文飾也墨子辭過篇云飾車以文采說苑反質篇侯生諫秦始皇亦云衣服輕煖輿馬文飾所以自奉麗靡爛漫不可勝極多畜奴婢。諸能若此者。既不生穀。又坐為蠹賊也。鹽鐵論散不足篇云宮室奢侈林木之蠹也器械雕琢財用之蠹也衣服靡麗布帛之蠹也狗馬食人之食五穀之蠹也口腹從恣魚肉之蠹也用費不節府庫之蠹也漏積不禁田野之蠹也喪祭無度傷生之蠹也賊謂蝥賊詩瞻卬云蟊賊蟊疾鄭箋其為殘酷痛病於民如蟊賊之害禾稼子曰。古之葬者。厚衣之以薪。葬之中野。不封不樹。喪期無時。後世聖人易之以棺槨。易繫辭下傳時王弼本作數按傳亦作數桐木為棺。葛采為緘。下不及泉。上不泄臭。漢書楊王孫傳云昔帝堯之葬也窾木為匱葛藟為緘其穿下不亂泉上不泄殠故聖王生易尚死易葬也後世以楸梓槐柏杶樗。杶舊作杔據傳改樗傳作槫各取方土所出。膠漆所致。新語道基篇云傳致膠漆丹青玄黃琦瑋之色詩泮水戎車孔博鄭箋云博當作傳甚傳致者言安利也致緻古通用釘細要。削除鏟靡。不見際會。江淹集銅劍讚云往古之事棺皆不用釘悉用細腰其細腰之法長七寸廣三寸厚二寸五分狀如木枰兩頭大而中央小仍鑿棺際而安之因會漆其外一棺凡用細腰五十四枚大略如此按細腰亦作小要禮記檀弓云棺束縮二橫三衽每束一鄭注衽今小要喪大記云君蓋用漆三衽三束大夫蓋用漆二衽二束士蓋不用漆二衽二束鄭注用漆者塗合牝牡之中也衽小要也釋名釋喪制云棺束曰緘緘函也古者棺不釘也旁際曰小要其要約小也又謂之衽衽任也任制際會使不解也魏志文帝傳終制云棺但漆際會三過周禮弁師鄭注會縫中也藝文類聚七十引後漢張紘瓌材枕賦云會緻密固絕際無閒一切經音義四引蒼頡篇云鏟削平也靡當作磨其堅足恃。其用足任。如此可矣。其後京師貴戚。必欲江南檽當作槫梓。豫章楩柟。淮南子修務訓云楩柟豫章之生也七年而後知故可以為棺舟邊遠下土。漢書劉輔傳云新從下土來未知朝廷體亦競相倣傚。漢書匡衡傳云今長安天子之都親承聖化然其習俗無以異於遠方郡國來者無所法則或見侈靡而放效之夫檽梓豫章。所出殊遠。又乃生於深山窮谷。新書資質篇云楩柟豫章天下之名木也生於深山之中產於谿谷之傍治要柟作梓文選劉公幹公讌詩注司馬紹統贈山濤詩注引同昭四年左傳云深山窮谷經歷山岑。漢書哀帝紀云經歷郡國按廣雅釋詁云徑歷過也徑與經通爾雅釋山云山小而高岑釋名釋山云岑嶄也嶃嶃然也立千步之高。百丈之谿。傾倚險阻。成十二年左傳云踰越險阻崎嶇不便。求之連日。然後見之。伐斫連月。詩甘棠毛傳伐擊也說文伐斫並訓擊然後訖。說文云訖止也會衆然後能動擔。說文云儋何也儋擔正俗字齊語負任擔荷韋昭注背曰負肩曰擔管子八觀篇云大木不可獨伐也大木不可獨舉也大木不可獨運也 牛列然後能致水。王先生云列疑引形近之誤繼培按論衡效力篇云任車上阪強牛引前 油潰入海。油當作漕漢書趙充國傳云臣前部士入山伐材木大小六萬餘枚皆在水次冰解漕下顏師古注漕下以水運木而下也後漢書班彪後固傳西都賦云通溝大漕潰渭洞河章懷注引蒼頡篇云潰旁決也 連淮逆河。王先生云孟子從流上而忘反謂之連此連淮之訓 行數千里然後到雒。新語資質篇云楩柟豫章因江河之道而達於京師之下 工匠雕治。說文云雕琢文也 積累日月計一棺之成、功將千萬、夫既其終用。重且萬斤。非大衆不能舉。非大車不能輓。東至樂浪。漢書武帝紀云元封三年朝鮮降以其地爲樂浪臨屯玄菟眞番郡 西至敦煌。武帝紀云元鼎六年分武威酒泉地置張掖敦煌郡 萬里之中。相競用之。此之費功傷農。鹽鐵論散不足篇云墮成變故傷功工商上通傷農 可爲痛心。成十三年左傳云痛心疾首呂氏春秋禁塞篇云世有興主仁士深意念此亦可以痛心矣 古者。墓而不崇。仲尼喪母。冢高四尺。遇雨而墮。弟子請治之。夫子泣曰。禮不修墓。禮記檀弓崇作墳墮作崩禮作古本傳與記同 鯉死有棺而無椁。論語 文帝葬於芷陽。舊作芒碭據傳改史記將相名臣年表云孝文帝九年以芷陽鄉爲霸陵 明帝葬於洛陽。後漢書章帝紀章懷注引帝王世紀云明帝顯節陵故富壽亭也西北去雒陽三十七里 皆不藏珠寶。不造廟。不起山陵。事見漢書文帝紀後漢書明帝紀 陵墓雖卑而聖高。傳作德最高 今京師貴戚。郡縣豪家。管子輕重甲云吾國之豪家史記呂不韋傳云子楚夫人趙豪家女也 生不極養。死乃崇喪。卽務本篇所云約生以待終注詳前 或至刻金鏤玉。後漢書梁統後商傳云賜以東園朱壽之器銀鏤黃腸玉匣章懷注壽器棺也以朱飾之以銀鏤之續漢書禮儀志劉昭注引漢舊儀云帝崩以玉爲襦如鎧狀連縫之以黃金爲縷腰以下以玉爲札長一尺二寸半爲柙下至足亦縫以黃金縷 檽梓楩柟。良田造塋。禮記檀弓云公叔文子升於瑕邱蘧伯玉從文子曰樂哉斯邱也死則我欲葬焉伯玉曰吾子樂之則瑗請前鄭注刺其欲害人良田又云孔子曰古也墓而不墳鄭注墓謂兆域今之封塋也 黃壤致藏。多埋珍寶偶人車馬。鹽鐵論散不足篇云古者明器有形無實示民不用也及其後則有醯醢之藏桐馬偶人彌祭其物不備今厚資多藏器用如生人郡國繇吏素桑楺偶車櫓輪漢書韓延壽傳云賣偶車馬下里僞物顏師古注偶謂木土爲之象眞車馬之形也偶對也 造起大冢廣種松柏。廬舍祠堂。崇侈上僭。鹽鐵論散不足篇云：古者不封不樹，反虞祭於寢，無壇宇之居，廟堂之位，及其後則封之，庶人之墳半仞，其高可隱。今富者積土成山，列樹成林，臺榭連閣，集觀增樓，中者祖堂屏閣，垣闕罘罳。寵臣貴戚。州郡世家。漢書食貨志云：世家子弟。如淳曰：世家謂世世有祿秩家也。每有喪葬。都官後漢書郎顗傳云：洛陽都官。按漢書宣帝紀顏師古注云：中都官，凡京師諸官府也。屬縣。漢書薛宣傳云：歷行屬縣。各當遣吏齎奉。周禮小祝：及葬，設道齎之奠。注：杜子春云：齎當爲粢，道中祭也。漢儀每街路輒祭。後漢書桓榮後曄傳云：父鸞卒，楊賜遣吏奉祠，因縣發取祠具，曄拒不受。車馬帷帳。貸假待客之具。競爲華觀。此無益於奉終。無增於孝行。但作煩攪擾。傷害吏民。易節彖曰：不傷財，不害民。今按鄗畢之郊。文武之陵。漢書楚元王傳劉向云：文武周公葬於畢。史記周本紀集解引皇覽云：文王、武王、周公冢皆在京兆長安鎬聚東社中。正義引括地志云：武王墓在雍州萬年縣西南三十八里畢原上。崔寔政論云：文武之兆與平地齊。南城之壘。曾析之冢。傳注云：南城山，曾子父所葬，在今沂州費縣西南。按續漢書郡國志泰山郡有南城縣，注：故屬東海。漢書地理志東海郡作南成。曾析，論語作曾皙，孔安國曰：曾參父也，名點。周公非不忠也。曾子非不孝也。以爲褒君顯父。白虎通諡篇云：人臣之義，莫不欲褒稱其君。孝經云：以顯父母。不在聚財。揚名顯祖。禮記祭統云：顯揚先祖，所以崇孝也。不在車馬。孔子曰。多貨財傷於德。弊則沒禮。儀禮聘禮云：多貨則傷於德，幣美則沒禮。荀子大略篇引聘禮志作：幣厚則傷德，財侈則殄禮。此以爲孔子語，而文又異，或別有所本。晉靈厚賦以雕牆。春秋以爲非君。宣二年左傳。華元樂呂厚葬文公。春秋以爲不臣。成二年左傳呂作舉。呂氏春秋安死篇高誘注引傳作呂。按文十八年、宣二年傳並作呂。況於羣司士庶。乃可僭侈主上。過天道乎。漢書貢禹傳云：後世爭爲奢侈，轉轉益甚，臣下亦相放效，衣服履綺刀劍亂於主上，主上時臨朝入廟，衆人不能別異，甚非其宜。然非自知奢僭也，猶魯昭公曰：吾何僭矣？今大夫僭諸侯，諸侯僭天子，天子過天道，其日久矣。景帝時。武原侯衞不害。坐葬過律奪國。見史記高祖功臣侯年表。舊脫武字，據表補。明帝時。桑民摐陽侯。坐冢過制髡削。未詳。周禮冢人鄭注：漢律曰：列侯墳高四丈，關內侯以下至庶人各有差。今天下浮侈離本。僭侈過上。亦已甚矣。凡諸所譏。皆非民性。而競務者。亂政薄化。使之然也。崔寔政論云：王政一傾，普天率土，莫不奢僭。

僭者非家至人告乃時勢驅之使然漢書匡衡傳云此非其天性有由然也

王者統世。觀民設教。乃能變風易俗。以致太平。

易觀象曰先王以省方觀民設教漢書嚴安傳云變風易俗化於海內地理志云凡民函五常之性而其剛柔緩急音聲不同繫水土之風氣故謂之風好惡取舍動靜亡常隨君上之情欲故謂之俗孔子曰移風易俗莫善於樂言聖王在上統理人倫必移其本而易其末此混同天下壹之虖中和然後王教成也按此篇大恉本鹽鐵論散不足篇東西京風俗靡敝略同詔告頻煩莫爲衰止今錄兩書詔文以明王氏之意漢書成帝紀永始四年詔曰聖王明禮制以序尊卑異車服以章有德雖有其財而無其尊不得踰制故民興行上義而下利方今世俗奢僭罔極靡有厭足公卿列侯親屬近臣四方所則未聞修身遵禮同心憂國者也或迺奢侈逸豫務廣地宅治園池多畜奴婢被服綺縠設鐘鼓備女樂車服嫁娶葬埋過制吏民慕效寖以成俗而欲望百姓儉節家給人足豈不難哉其申飭有司以漸禁之後漢書光武帝紀建武七年詔曰世以後葬爲德薄終爲鄙至於富者奢僭貧者單財法令不能禁禮義不能止倉卒乃知其咎其布告天下令知忠臣孝子慈兄悌弟薄葬送終之義明帝紀永平十二年詔曰昔曾閔奉親竭歡致養仲尼葬子有棺無槨喪貴致哀禮存寧儉今百姓送終之制競爲奢靡生者無擔石之儲而財力盡於墳土伏臘無糟糠而牲牢兼於一奠糜破積世之業以供終朝之費子孫飢寒絕命於此豈祖考之意哉又車服制度恣極耳目田荒不耕游食者衆有司其申明科禁宜於今者宣下郡國章帝紀建初二年詔曰比年陰陽不調饑饉屢臻深惟先帝憂人之本詔書曰不傷財不害民誠欲元元去末歸本而今貴戚近親奢縱無度嫁娶送終尤爲僭侈有司廢典莫肯舉察今自三公並宜明糾非法宣振威風其科制度所宜施行在事者備爲之禁先京師而後諸夏和帝紀永元十一年詔曰吏民踰僭厚死傷生是以舊令節之制度頃者貴戚近親百僚師尹莫肯率從有司不舉怠放日甚又商賈小民或忘法禁奇巧靡貨流積公行其在位犯者當先舉正市道小民但具申明憲綱勿因科令加虐羸弱安帝紀永初元年詔三公明申舊令禁奢侈毋作浮巧之物殫財厚葬元初五年詔曰舊令制度各有科品欲令百姓務崇節約遭永初之際人離荒厄朝廷躬自菲薄去絕奢飾食不兼味衣無二綵比年雖獲豐穰尚乏儲積而小人無慮不圖久長嫁娶送終紛華靡麗至有走卒奴婢被綺縠著珠璣京師尚若斯何以示四遠設張法禁懇惻分明而有司惰任訖不奉行秋節既立鷙鳥將用且復重申以觀後效桓帝紀永興二年詔曰輿服制度有踰侈長飾者皆宜損省郡縣務存儉約申明舊令如永平故事

愼微第十三

凡山陵之高。非削成而崛起也。

成而舊倒山海經西山經太華之山削成而四方漢書敘傳班彪王命論云未見運世無本功德不紀而得屈起在此位者也文選作倔起李善注云埤蒼曰崛特起也崛與倔同

必步增而稍上焉。川谷之卑。非截斷而顛陷也。

說文云陷高下也一曰陊也

必陂池而稍下焉。

史記司馬相如傳云陂池貏豸索隱引郭璞曰陂池旁穨之貌按池讀爲陁傳又云罷池陂陁卽貏豸陂池也

是故積上不止。

必致嵩山之高。釋名釋山云山大而高曰嵩嵩竦也亦高稱也按嵩古作崇積下不已。必極黃泉之深。隱元年左傳云不及黃泉史記鄭世家集解引服虔注天玄地黃泉在地中故曰黃泉漢書揚雄傳解嘲云深者入黃泉非獨山川也。人行亦然。有布衣。鹽鐵論散不足篇云古者庶人耋老而後衣絲其餘則麻枲而已故命曰布衣王先生云三字不辭疑有脫誤積善不怠。禮記曲禮云敦善行而不怠必致顏閔之賢。論語云德行顏淵閔子騫積惡不休。必致桀跖之名。荀子榮辱篇云為桀跖則常危辱非獨布衣也。人臣亦然。趙策蘇秦曰天下之卿相人臣乃至布衣之士積正不倦。必生節義之志。積邪不止。必生暴弒之心。非獨人臣也。國君亦然。政教積德。王先生云德當作得與下失字對文必致安泰之福。老子云往而不害安平泰舉錯數失。必致危亡之禍。易繫辭下傳云舉而措之天下之民謂之事業錯與措通趙策客見趙王曰今治天下舉錯非也國家為虛戾而社稷不血食漢書董仲舒傳云人君莫不欲安存而惡危亡故仲尼曰。傷武非一善而王也。桀紂非一惡而亡也。三代之廢興也。在其所積。漢書賈誼傳云安者非一日而安也危者非一日而危也皆以積漸然不可不察也積善多者。雖有一惡。是為過失。未足以亡。積惡多者。雖有一善。是為誤中。未足以存。人君聞此。可以悚愳。漢書董仲舒傳云積善在身猶長日加益而人不知也積惡在身猶火之銷膏而人不見也非明乎情性察乎流俗者孰能知之此唐虞之所以得令名而桀紂之可為悼懼者也說文云懼恐也古文作愳布衣聞此。可以改容。史記司馬相如傳上林賦云愀然改容超若自失是故君子。戰戰慄慄。日慎一日。淮南子人閒訓云堯戒曰戰戰慄慄日慎一日人莫蹪於山而蹪於垤是故人皆輕小害易微事以多悔患至而後憂之是猶病者已惓而索良醫也後漢書光武帝紀建武二年詔曰諸將業遠功大誠欲傳於無窮宜如臨深淵如履薄冰戰戰慄慄日慎一日克己三省。昭十二年左傳仲尼曰古也有志克己復禮仁也論語曾子曰吾日三省吾身不見是圖。成十六年左傳夏書曰怨豈在明不見是圖孔子曰。善不積不足以成名。惡不積不足以滅身。此下舊接夫賢聖卑革至胡福不除又複足以滅身四字今移正小人以小善謂無益而不為也。以小惡謂無傷而不去也。是以惡積而不可掩。罪大而不可解也。

易繫辭下傳王弼本謂作爲不爲不去不俱作弗是以作故按新書審微篇云善不可謂小而無益不善不可謂小而無傷又見連語古易蓋有作謂者淮南子繆稱訓云君子不謂小善不足爲也而舍之小善積而爲大善不謂小不善爲無傷也而爲之小不善積而爲大不善是故積羽沉舟羣輕折軸故君子禁於微此蹶蹷舊作蹷據本政竊改今詩作蹶所以迷國而不返。按詩外傳一云懷其寶而迷其國者不可與語仁按迷國論語作迷邦漢人避高祖諱改漢時劾奏大臣多用之漢書王尊傳劾奏匡衡張譚懷邪迷國王嘉傳孔光等劾嘉迷國罔上不道師丹傳策免丹云懷諼迷國蓋當時律令如此三季所以遂往而不振者也。晉語郭偃曰夫三季王之亡也宜漢書敘傳敘天文志云三季之後厥事放紛顏師古注三季三代之末也史記樂書云流湎沈佚遂往不反司馬相如傳上林賦云恐後世靡麗遂往而不反周語云路𪾢不振韋昭注振救也夫積微成顯。積著成下脫一字按漢書律歷志云三微而成著三著而成象易乾鑿度云三微而成一著三著而成一體鄂謷鄂謷。鄂致存亡。文有脫誤按漢書韋賢傳云睮睮諂夫咢咢黃髮如淳曰睮睮自媚貌顏師古曰咢咢直言也此文疑當作咢咢謷謷以致存亡鄂鄂與咢咢通謷謷與睮睮通鄂謷致存亡卽史記商君傳趙良所謂武王諤諤以昌殷紂墨墨以亡也韓詩外傳十云有諤諤爭臣者其國昌有默默諛臣者其國亡聖人常愼其微也。淮南子人閒訓云聖人敬小愼微漢書董仲舒傳云衆少成多積小致鉅故聖人莫不以晻致明以微致顯是以堯發於諸侯舜興虖深山非一日而顯也蓋有漸以致之矣言出於己不可塞也行發於身不可掩也言行治之大者君子之所以動天地也故盡小者大愼微者著按盡小者大二語本荀子大略篇文王小心翼翼。詩大明武王夙夜敬止。詩閔予小子按此爲成王詩武當作成思愼微眇。早防未萌。漢書賈誼傳云禮云禮云者貴絕惡於未萌而起教於微眇故能太平而傳子孫。詩閟宮鄭箋云文王武王纘太王之事至受命致太平烈文箋云文王武王以純德受命定天位又云天之錫之以此祉福也又長愛之無有期竟子孫得傳世安而居之此卽用詩誼與鄭氏同且夫邪之與正。猶水與火。不同原。不得並盛。淮南子詮言訓云君子行正氣小人行邪氣內便於性外合於義循理而動不繫於物者正氣也重於滋味淫於聲色發於喜怒不顧後患者邪氣也邪與正相傷欲與性相害不可兩立一置一廢故聖人損欲而從事於性正性勝則遂重己不忍虧也。故伯夷餓死而不恨。論語邪性勝則忸怵而不忍舍也。怵當爲忕爾雅釋言云狃復也郭注狃忕復爲後漢書馮異傳云忸忕小利章懷注忸忕猶慣習也謂慣習前事復爲之狃忸字通詩四月疏蕩釋文並引說文云忕習也今說文無忕字愧字注習也忕當卽愧之別體怵說文訓恐與狃習義別漢書武帝紀元狩元年詔怵於邪說服虔曰怵音裔應劭曰狃怵也如淳曰怵音怵愓蓋服應本作忕如本作怵字形之誤如此故王莽竊位而不懟。漢書積惡習之所致也。夫積惡習非久、致死亡非一也。世品人途。（積惡習以下文有脫誤漢書董仲舒傳云暴逆不仁者非一日而亡也亦以漸至此文蓋本之世品人途下舊接俾爾多益至末今移正然此四字下尙有脫文）夫聖賢卑革。（革疑恭之誤後漢書竇融傳云每召會進見容貌辭氣卑恭已甚）則登其福。（昭十五年左傳云福祚之不登叔父焉在）慶封伯有。（舊脫）荒淫於酒。沈湎無度。以弊其家。（襄廿八年卅年左傳）晉平殆政。（孫侍御云殆與怠同繼培按新書道術篇云志操精果謂之誠反誠爲殆詩玄鳥受命不殆鄭箋云受天命而行之不解殆是鄭讀殆爲怠也淮南子泰族訓句踐棲於會稽修政不殆鹽鐵論論菑篇周文武尊賢受諫敬戒不殆方言後劉子駿與揚雄書收藏不殆並以殆爲怠）惑以喪志。良臣弗匡。故俱有禍。（昭元年左傳）楚莊齊威。始有荒淫之行。（毛詩雞鳴序云哀公荒淫怠慢）削弱之敗。（秦策云地削兵弱）幾於亂亡。中能感悟。勤恤民事。（周語云勤恤民隱）勞精苦思。（精舊作積漢書張敞傳云勞精於政事論衡命祿篇云勞精苦形韓詩外傳五云勞心苦思）孜孜不怠。（漢書平當傳云聖漢受命而王繼體成業二百餘年孜孜不怠）夫出陳應爵命管蘇。（按新序一稱楚共王有疾命令尹爵莞蘇遣申侯伯王薨令尹卽拜莞蘇爲上卿逐申侯伯出之境呂氏春秋長見篇莞蘇作莧譆說苑君道篇作筦饒並以爲荊文王事申侯伯卽僖七年左傳申侯楚文王死後出奔鄭是二人皆在文王時新序以爲共王者誤也漢書古今人表中上有陳應在楚嚴王箴尹克黃五參之後申公子培樂伯優孟之前楚薳賈申叔時孫叔敖之下則爲莊王時人無疑但表列陳應於中上必賢大夫不應被出且與管蘇不同時疑此陳應當爲申侯陳申應侯字形皆相近遂以致誤然事在文王時此以爲莊王則又誤也）召卽墨烹阿大夫。（齊威王事見史記田完世家）故能中興。彊霸諸侯。當時尊顯。後世見思。傳爲令名。載在圖籍。（韓非子用人篇云書圖著其名）由此言之有希（當作布衣漢碑布作希與希相似）人君。其行一也。知己曰明。自勝曰彊。（老子云自知者明自勝者彊）夫有不善。未嘗不知。知之未嘗復行。此顏子所以稱庶幾也。（易繫辭下傳）詩曰。天保（舊作祿盧學士云下仍以天保解之當依今詩作保）定爾。亦孔之固。俾爾亶（今詩作單）厚。胡福不除。（此下舊接足以緘身小人以小善云云）俾爾多益。以莫不庶。（詩天保）蓋此言也。（蓋舊作善下有也字按本書班祿篇引詩其下亦云蓋此言也今依例改之）言天保佐王者。定其性命。甚堅固也。使汝信厚。何不治而多益之。甚庶衆焉。不（字誤或當作旨王侍郎云上云甚堅固也甚衆庶下疑脫也字爲不二字屬下讀 遵履五常。順養性命。以保南山之壽。松柏之茂也。德輶如毛。詩烝民 爲仁由己。論語 莫與并蠭。自求辛螫。詩小毖并蠭今作莽蜂按并當作拼桑柔詩莽云不逮釋文云莽本或作拼 禍福無門。惟人所召。襄廿三年左傳閔子馬語 天之所助者順也。人之所尚者信也。履信思乎順。又以尚賢。是以吉無不利也。易繫辭上傳所尚王弼本作所助本書巫列篇同 亮哉斯言。爾雅釋詁云亮信也 可無思乎。

實貢第十四

國以賢興。以諂衰。君以忠安。以忌危。王先生云忌當依本傳作佞繼培按佞字是也漢書京房傳云房嘗宴見問上曰幽厲之君何以危所任者何人也上曰君不明而所任者巧佞 此古今之常論。而世所共知也。然衰國危君。繼踵不絕者。尹文子大道篇云危亡繼踵 豈世無忠信正直之士哉。誠苦忠信正直之道。不得行耳。夫十步之閒。必有茂草。十室之邑。必有俊士。說苑說叢篇云十步之澤必有香草十室之邑必有忠士 賢材之生。日月相屬。未嘗乏絕。是故亂殷有三仁。論語 小衞多君子。襄廿九年左傳 以漢之廣博。士民之衆多。多字舊空据程本漢書梅福傳云夫以四海之廣士民之數能言之類至衆多也本傳漢上有大字按下文云以漢土之廣博急就篇云漢地廣大無不容盛 朝廷之清明。上下之修治。詩大明云會朝清明漢書伍被傳云被竊觀朝廷君臣父子夫婦長幼之序皆得其理上之舉錯遵古之道風俗紀綱未有所缺雖未及古太平時然猶爲治也 而官無直吏。位無良臣。此非今世之無賢也。乃賢者廢錮而不得達於聖主之朝爾。漢書朱雲傳云廢錮終元帝之世按成二年左傳云子反請以重幣錮之杜注禁錮勿令仕 夫志道者少友。逐俗者多儔。是以擧世多黨而用私。競比質而行趨華。傳作朋黨用私背實趨華按韓非子孤憤篇云臣利在朋黨用私漢書貨殖傳序云僞民背實而要名此以朋爲多以背實爲比質並譌行字亦疑衍程本又譌用爲朋古書多朋用三字往往相亂戰國策韓公仲朋亦作韓侈史記甘茂傳作公仲侈漢書古今人表又作公中用霍去病傳校尉僕多有功封爲煇渠侯顔師古曰功臣侯表作僕朋今此作多轉寫者誤也二事正與此類貢士者，非復依其質幹，準其材行也，直虛造空美，掃地洞說，擇能者而書之。公卿刺史掾從事，茂才孝廉且二百員。通典十三云：後漢光武十二年詔三公舉茂才各一人，廉吏各一人；左右將軍歲察廉吏各二人；光祿歲舉郎茂才四行各一人，察廉吏三人；中二千石歲察廉吏各一人；廷尉大司農各二人；將兵將軍歲察廉吏各二人；監御史司隸州牧歲舉茂才各一人。續漢書百官志劉昭注載此詔。續漢官目錄云。按後漢書章帝紀建初元年詔云：茂才孝廉歲以百數。丁鴻傳載和帝時定郡舉孝廉之數，通典引之，注云：推核當時戶口，一歲所貢不過二百餘人。鴻傳語詳實邊篇注。歷察其狀，德侔顏淵卜冉。按漢時保舉人皆有狀。後漢書朱浮傳章懷注引漢官儀博士舉狀云：生事愛敬，喪沒如禮，通易、尚書、孝經、論語，兼綜載籍，窮微闡奧，隱居樂道，不求聞達，身無金痍痼疾，卅六屬不與妖惡交通，王侯賞賜，行應四科，經任博士。下言某官某甲保舉。他狀當類此。窮微闡奧，下通典十三有師事某官，見授門徒五十五人以上。論語云：德行顏淵、閔子騫、冉伯牛、仲弓。淮南子精神訓云：顏回、季路、子夏、冉伯牛，孔子之通學也。最其行能，漢書公孫弘傳云：臣弘行能不足以稱。後漢書和帝紀永元五年詔曰：選舉良才，為政之本，科別行能，必由鄉曲。按科別行能，即周禮鄉大夫職所謂考其德行道藝而興賢者能者。鄭司農云：興賢者，謂若今舉孝廉；與能者，謂若今舉茂才。漢書周勃傳顏師古注：最者，凡也。多不及中。漢書李廣傳云：校尉以下，材能不及中。顏師古注：中謂中庸之人也。史記作才能不及中人。

誠使皆如狀文，則是為歲得大賢二百也。然則災異曷為譏？譏當作饑。漢書董仲舒傳云：春秋之所譏，災害之所加也；春秋之所惡，怪異之所施也。京房傳云：古帝王以功舉賢，則萬化成，瑞應著；末世以毀譽取人，故功業廢而致災異。宜令百官各試其功，災異可息。此文大指如房所言。此非其實之効。漢書魏相傳云：今郡國守相多不實選，風俗尤薄，水旱不時。後漢書順帝紀陽嘉元年詔曰：閒者以來，吏政不勤，故災咎屢臻，盜賊多有，退省所由，皆以選舉不實，官非其人，是以天心未得，人情多怨。夫說粱飯食肉，漢書王莽傳云：王業市所賣粱飯肉羹，持入視莽，曰：居民食咸如此。有好於面目。王先生云：此語與下有悅於心句當互易，面字衍。繼培按：淮南子說林訓云：佳人不同體，美人不同面，而皆說於目。而不若糲粢藜烝之可食於口也。白虎通諫諍篇云：藜蒸不熟。藜即藜之省。圖西施毛嬙，有舊作可。悅於心，管子小稱篇云：毛嬙、西施，天下之美人也。淮南子說山訓云：蠶西施之面，美而不可說。論衡言毒篇云：好女說心。而不若醜妻陋妾之可御於前也。虛張高譽，北堂書鈔五十四引東觀漢記云：竊豹選大臣，工無虛張之繪。彊蔽疵瑕，僖七年左傳云：不女疵瑕。以相誑耀。漢書宣元六王傳：張博常欲誑耀淮陽王。元后傳：莽日誑耀太后。王莽傳：所以誑耀媚事太后，下至旁側長御，方故萬端。又云：欲以誑耀百姓。耀與燿同。有怏於耳。漢書息夫躬傳云：辯口快耳，其實未可從。

而不若忠選實行可任於官也。周顯拘時 脫一字 故蘇秦 故下脫一字，疑是疏。疏與蘇聲相涉而失之。史記蘇秦傳云：求說周顯王，顯王左右素習知蘇秦，皆少之，弗信。 燕噲利虛譽，故讓子之。 史記燕世家 皆舍實聽聲，嚾哇之過也。 淮南子主術訓云：天下多眩於名聲而寡察其實，是故處人以譽尊，而游者以辯顯。列子說符篇云：爰旌目餓於道，狐父之盜下壺餐以餔之，爰旌目三餔而後能視，曰：譆！汝非盜耶？吾義不食子之食也。兩手據地而歐之。狐父之人則盜矣，而食非盜也。以人之盜因謂食為盜而不敢食，是失名實者也。歐與嘔同。 夫聖人純，賢者駮。 論衡明雩篇云：世稱聖人純而賢者駮。漢書梅福傳云：一色成體謂之純，白黑雜合謂之駮。 周公不求備， 論語 四友不相兼。 友舊作賢，據傳改。博物志云：文王四友：南宮括、散宜生、閎夭、太顛。按尚書大傳文王胥附、奔輳、先後、禦侮，謂之四鄰，以免乎牖里之害，指此四人。故孔子以回、賜、師、由擬之。章懷注此傳，即以四友為孔子，非也。春秋繁露天地之行篇云：任群臣無所親，若四肢之各有職也。新語懷慮篇云：目以精明，耳以主聽，口以別味，鼻以聞芳，手以之持，足以之行，各受一性，不得兩兼。兼舊作肢，義亦可通，然與下末世云云文意不合，故定從本傳。 況末世乎。是故高祖所輔佐，光武所將相，不遂偽舉，不責兼行。 尹文子大道篇云：天下萬事不可備能，責其備能於一人，則賢聖其猶病諸。設一人能備天下之事，則前後左右之宜，遠近遲疾之間，必有不兼者焉。苟有不兼，於治闕矣。後漢書韋彪傳云：夫人才行少能相兼。 亡秦之所棄，王莽之所捐， 舊作損 二祖任用以誅暴亂，成致治安。 漢書文帝紀元年有司固請曰：古者殷周有國，治安皆且千歲。顏師古注：治安，言治理而且安寧也。賈誼傳云：陳治安之策。 太平之世而云無士，數開橫選，而不得真，甚可憤也。 真舊作直，據續漢書五行志劉昭注引馬融上書云：孔子曰：十室之邑，必有忠信如丘者焉。以天下之大，四海之衆，云無若人，臣以為誣矣。宜特選詳譽，審得其真。語意與此同。 夫明君之詔也若聲，忠臣之和也當如響應。 荀子彊國篇云：下之和上，譬之猶響之應聲，影之象形也。新書大政上篇云：故為人君者，其出令也其如聲，士民學之其如響。說文云：應，相應也。應，以言對也。應與應同。 長短大小，清濁疾徐，必相和也。是故求馬問馬，求驢問驢，求鷹問鷹，求駹問駹。 驢蓋驪之誤。說文云：驢似馬長耳。驪，馬深黑色。駹，馬面顙皆白也。馬驢驪駹為一物，又以馬驢為一物，驪駹為一物，馬驢以形，驪駹以色也。漢書匈奴傳云：匈奴騎其西方盡白，東方盡駹，北方盡驪，南方盡騂馬。此駹驪並舉之證。 由此教令，則賞罰必也。夫高論而相欺，不若忠論而誠實。 漢書張釋之傳文帝曰：卑之，毋甚高論。韓非子八經篇云：人臣忠論以聞姦。說苑說叢篇云：高論而不可及，不若卑論之有功也。 且攻玉以石。詩鶴鳴云他山之石可以攻玉淮南子說山訓云玉待礛諸而成器高誘注礛諸攻玉之石說文作厱諸 治金以鹽。濯錦以魚。浣布以灰。儀禮喪服傳云冠六升外畢鍛而弗灰士喪禮云冪奠用功布鄭注功布鍛濯灰治之布也既夕禮注功布灰治之布也禮記深衣注深衣者用十五升布鍛濯灰治雜記加灰錫也疏云取緦以爲布又加灰治之則曰錫考工記云㡛氏湅帛以欄爲灰渥淳其帛鄭注以欄木之灰漸釋其帛也內則云冠帶垢和灰請漱衣裳垢和灰請澣 夫物固有以賤治貴。以醜治好者矣。

智者棄其所短而採其所長。以致其功。明君用士。亦猶是也。管子形勢解云明主之官物也任其所長不任其所短故事無不成功無不立後漢書第五倫後種傳云春秋之義選人所長棄其所短 物有所宜。不廢其材。況於人乎。夫修身慎行。孝經云修身慎行恐辱先也 敦方正直。清廉潔白。呂氏春秋離俗覽云布衣人臣之行潔白清廉中繩愈窮愈榮 恬淡無爲。莊子胠篋篇文 化之本也。憂君哀民。獨覩亂原。春秋繁露度制篇云凡百亂之源皆出嫌疑纖微以漸寖稍長至於大五行相生篇云昭然獨見存亡之機得失之要治亂之源豫禁未然之前鹽鐵論申韓篇云塞亂源而天下治 好善嫉惡。漢書竇嬰傳藉福曰君侯資性喜善疾惡顏師古注喜好也 賞罰嚴明。治之材也。明君兼善而兩納之。惡行之器也。爲金玉寶政之材。剛鐵用。無此二寶惡行以下文有脫誤

苟務作異以求名。詐靜以惑衆。則敗俗傷風。淮南子齊俗訓云矜僞以惑世伉行以違衆聖人不以爲民俗漢書師丹傳哀帝策免丹云朕疾夫比周之徒虛僞壞化寖以成俗敍傳敍貨殖傳云侯服玉食敗俗傷化 今世慕虛者。此謂堅白。公孫龍子有堅白篇史記平原君傳云公孫龍善爲堅白之辯莊子秋水篇公孫龍問於魏牟曰龍少學先生之道長而明仁義之行合同異離堅白然不然可不可困百家之知窮衆口之辯齊物論云以堅白之昧終釋文司馬云謂堅石白馬之辯也 堅白之行。明君所憎。而王制所不取。禮記王制云行僞而堅言僞而辯學非而博順非而澤以疑衆殺 是故選賢貢士。必考覈其清素。清當作情史記蔡澤傳應侯云披腹心示情素治要載尸子分篇云達情見素則是非不蔽 據實而言。其有小疵。易繫辭上傳云悔吝者言乎其小疵也漢書平帝紀詔曰不以小疵妨大材 勿彊衣飾。方言云凡相被飾亦曰㚆衣飾猶被飾也後漢書黃瓊傳云粱冀前後所託辟召一無所用雖有善人而爲冀所飾學者亦不加命 以壯虛聲。韓非子六反篇云世主聽虛聲而禮之後漢書黃瓊傳李固遺瓊書云俗論皆言處士純盜虛聲 一能之士。各貢所長。淮南子主術訓云有一能者服一事漢書丙吉傳云

士七不可容能各有所長說苑君道篇云君使臣自貢其能則萬一之不失矣 出處默語。易繫辭上傳子曰君子之道或出或處或默或語 勿彊相兼。則蕭曹周韓之論。當作倫蕭何曹參周勃韓信並見史記 何足侔矣。得矣蓋專美之訛 吳鄧梁竇之徒。吳漢鄧禹梁統竇融並見後漢書 而致十。十當作也而致上蓋脫二字楚策莫敖子華曰若君王誠好賢此五臣者皆可得而致之此或即可得而致四字 各以所宜量材授任。漢書董仲舒傳云量材而授官 則庶官無曠。書臯陶謨 與功可成。太平可致。麒麟可臻。詩麟之趾疏引鄭康成答張逸云周之盛德關雎化行之時公子化之皆信厚與禮合古太平致麟之時不能過也此言太平致麟蓋亦用詩誼矣 且燕小其位卑。然昭王尚能招集他國之英俊。與誅暴亂。成致治彊。史記燕世家云燕昭王即位卑身厚幣以招賢者樂毅自魏往鄒衍自齊往劇辛自趙往士爭趨燕於是遂以樂毅為上將軍與秦楚三晉合謀以伐齊盡取其寶燒其宮室宗廟齊城之不下者獨惟聊莒即墨其餘皆屬燕漢書敍傳云招輯英俊顏師古注輯與集同 今漢士之廣博。天子尊明。而曾無一良臣。此誠不愍兆黎之愁苦。漢書王莽傳云期於安兆黎矣甚字舊空据程本 不急賢人之佐治爾。孔子曰。未之思也。夫何遠之有。論語 忠良之吏。誠易得也。成十七年左傳云能與忠良吉孰大焉後漢書循吏王渙傳鄧太后詔曰夫忠良之吏國家所以為理也求之甚勤得之至寡 顧聖王欲之不爾。

班祿第十五

太古之時。禮記郊特牲鄭注唐虞已上曰太古 烝黎初載。漢書司馬相如傳云覺寤黎烝顏師古注黎烝衆庶也烝黎與黎烝同蔡中郎集陳留太守胡公碑銘亦云悠悠蒸黎藝文類聚十一引此文烝作兆兆黎見上篇詩大明云文王初載毛傳載識按此文初載即爾雅釋詁初哉並取始義載哉古字通 未有上下而自順序。天未事焉。君未設焉。後稍矯虔。書呂刑云奪攘矯虔後稍類聚作末後 或相陵虐。襄十八年左傳云陵虐神主杜注神主民也 侵漁不止。漢書宣帝紀神爵三年詔曰侵漁百姓顏師古注漁者若言漁獵也 為萌巨害。呂氏春秋高義篇高誘注萌民也按萌為甿之借說文云民衆萌也甿民也讀若盲新書大政下篇云民之為言也暝也萌之為言也盲也漢書楚元王傳劉向疏云民萌何以勸勉顏師古注萌與甿同陳勝項籍傳贊云甿隸之人如淳曰甿古文萌字萌民也 於是天命聖人。使司牧之。使不失性。襄十四年左傳師曠曰天生民而立之君使司牧之勿使失性俊不類聚作勿令四海蒙利。漢書食貨志云百姓蒙利莫不被德。莫不類聚作草木按淮南子氾論訓云禽獸草木莫不被其澤僉共奉戴謂之天子。僉共類聚作恭儉誤說文云撿拱也拱斂手也二字連文僉共即撿拱省文襄廿五年左傳子產云奉戴厲公杜注奉戴猶奉事文十八年傳云同心戴舜以爲天子新書威不信篇云古之正義東西南北苟舟車之所達人迹之所至莫不率服而後云天子按管子君臣下篇云古者未有君臣上下之別未有夫婦妃匹之合獸處羣居以力相征於是智者詐愚彊者凌弱老幼孤獨不得其所故智者假衆力以禁彊虐而暴人止爲民興利除害正民之德而民師之此文意與彼同故天之立君。非私此人也以役民。蓋以誅暴除害利黎元也。荀子大略篇云天之生民非爲君也天之立君以爲民也淮南子兵略訓云所爲立君者以禁暴討亂也又云明王之用兵也爲天下除害而與萬民共享其利漢書嚴安傳云與利除害誅暴禁邪蕭望之後育傳云其於爲民除害安元元而已谷永傳云天下黎元咸安家樂業按嚴安傳云元元黎民黎元卽元元黎民也史記文帝紀索隱引姚察云古者謂人云善人也因善爲元故云黎元其言元元者非一人也是以人謀鬼謀。能者處之。注見思賢篇詩云。皇矣上帝。臨下以赫。今詩作有赫監觀四方。求民之瘼。今詩作莫蔡中郎集和熹鄧后諡議云參圖考表求人之瘼蜀志馬超傳云兼董萬里求民之瘼晉書武帝紀云皇天鑒下求人之瘼後漢書循吏傳序云廣求民瘼蓋本三家詩此文當本作瘼後人或据毛詩改之孫侍御云文選齊安陸昭王碑文云慮深求瘼李善注云詩求民之莫班固漢書引詩而爲此瘼爾雅曰瘼病也今漢書敘傳亦作莫顏師古訓莫爲定與毛鄭同宋書符瑞志引漢書作瘼惟此二國。其政不獲。惟此今作彼四國。爰究爰度。上帝指之。今作耆按詩正月有皇上帝伊誰云憎鄭箋云欲天指害其所憎而已所用詩與此同憎其式惡。今作廓乃睠今作眷釋文云本又作睠西顧。此惟與度。今作宅論衡初稟篇亦作度漢書韋玄成傳注臣瓚曰按古文宅度同蓋此言也。言夏殷二國之政不得。乃用奢夸廓大。上帝憎之。更求民之瘼。聖人與天下四國究度而使居之也。前哲良人。哲舊作招成八年左傳云賴前哲以免也詩黃鳥云殲我良人疾口口程本作奢夸廓三字無紀極也。文十八年左傳云聚斂積實不知紀極乃惟度法象。周禮太宰縣治象之法於象魏使萬民觀治象明著禮秩。莊八年左傳云衣服禮秩如適爲優疑修憲藝縣之無窮。文六年左傳云陳之藝極杜注藝準也漢書蕭望之傳云作憲垂法爲無窮之規故傳曰。制禮上物。不過十二。天之道也。哀七年左傳天之道作天之大數是以先聖籍田有制。禮記祭義云天子爲藉千畝諸侯爲藉百畝 供神有度。周語襄王曰昔我先王之有天下也規方千里以爲甸服以供上帝山川百神之祀昭七年左傳云上所以共神也 奉己有節。毛詩鴛鴦序云思古明王交於萬物有道自奉養有節焉 禮賢有數。上下大小。貴賤親疏。皆有等威。階級衰殺。宣十二年左傳云君子小人物有服章貴有常尊賤有等威杜注威儀有等差桓二年傳云皆有等衰杜注衰殺也禮記月令云以爲旗章以別貴賤等級之度 各足祿其爵位。祿當作保愼微篇亦誤保爲祿孝經云保其祿位 公私違其等級。禮行德義。文有脫誤成二年左傳云器以藏禮禮以行義杜注車服所以表尊卑尊卑有禮各得其宜此文大意蓋與傳同 當此之時也。九州之內。合三千里。爾八百國。禮記王制云凡四海之內九州州方千里又云凡四海之內斷長補短方三千里又云凡九州千七百七十三國漢書賈山傳云昔者周蓋千八百國以九州之民養千八百國之君地理志云周爵五等而土三等公侯百里伯七十里子男五十里不滿爲附庸蓋千八百國此有脫誤 其班祿也。以上農爲正。始於庶人在官者。祿足以代耕。蓋食九人。諸侯下士亦然。中士倍下士。食十八人。上士倍中士。食三十六人。大夫倍之。食七十二人。小國之卿。二於大夫。次國之卿。三於大夫。大國之卿。四於大夫。食二百八十八人。君各什其卿。天子三公。公下舊衍侯字 采視公侯。蓋方百里。卿采視伯。方七十里。大夫視子男。方五十里。元士視附庸。方三十里。本王制 功成者封。白虎通考黜篇云以德封者必試之爲附庸三年有功因而封之五十里元士有功者亦爲附庸世其位大夫有功成封五十里卿功成封七十里公功成封百里 是故官政專公。不慮私家。漢書賈誼傳云國耳忘家公耳忘私鮑宣傳云志但在營私家 子弟事學不干舊作於何本改與並誤干誤爲于又轉誤爲於也 財利。閉門自守。漢書王莽傳云閉門自守又坐鄰伍鑄錢挾銅姦吏因以愁民 不與民交爭而無飢寒之道。漢書董仲舒傳云受祿之家食祿而已不與民爭業然後利可均布而民可家足 而不陷。而上脫三字 臣養優而不隘。漢書韋賢後玄成傳玄成友人侍郎章上疏云宜優養玄成禮記禮器云君子以爲隘矣鄭注隘猶狹陋也 吏愛官而不貪。史記平準書云守閭閻者食粱肉爲吏者長子孫居官者以爲姓號故人人自愛而重犯法 民安靜而強力。漢書成帝紀陽銅四年詔曰先帝勸農薄其租稅寵其強力令與孝弟同科此則太平之基立矣。毛詩南山有臺序云立太平之基乃惟愼貢選明必黜陟。官得其人。人任其職。欽若昊天。敬授民時。書堯典同我婦子。饁彼南畝。詩七月上務節禮。正身示下。下悅其政。各樂竭己。奉戴其上。毛詩吉日序云能愼微接下無不自盡以奉其上焉是以天地交泰。易泰象曰天地交而萬物通陰陽和平。淮南子氾論訓云陰陽和平風雨時節民無姦匿。讀爲慝魯語云下無姦慝韋昭注慝惡也機衡不傾。書堯典云在璿機玉衡史記天官書云北斗七星所謂旋機玉衡以齊七政漢書揚雄傳云玉衡正而泰階平德氣流布而頌聲作也。宣十一年公羊傳云什一行而頌聲作其後忽養賢而鹿鳴思。此後所述詩義皆與毛傳異蓋本三家之說背宗族而采蘩怨。履畝稅而碩鼠作。鹽鐵論取下篇云周之末塗德惠塞而嗜欲衆居奢侈而上求多民困於下怠於公乎是以有履畝之稅碩鼠之詩作也賦斂重而譚告通。舊脫而字譚作譚按毛詩大東序云東國困於役而傷於財譚大夫作是詩以告病班祿頗而傾甫刺。顧茂才廣圻云傾當作頎隸釋高陽令楊著碑頎甫班爵頎甫即毛詩祈父頎傾字形相近而誤繼培按志氏姓篇以單傾公爲頎公誤正類此刺譖亦誤作賴治要載陸景典語謂周宣申伯吉甫著誥祈父失職詩人作刺官人封爵不可不愼說與此合按毛傳祈父司馬也鄭箋申之云司馬掌祿士故司士屬焉其說蓋採之三家隸釋繁陽令楊君碑云民思遺愛奔告於王頎不審眞莫肯慰揚頎亦謂頎甫安平相孫根碑又云圻甫考績行人定而綿蠻譏。顧茂才云定當作乏繼培按尙書大傳云行而無資謂之乏呂氏春秋季春紀振乏絕高誘注行而無資曰乏是行人得言乏矣或云定當爲叏之誤說文云叏貧病也叏定字形亦相近故遂耗亂衰弱。及周室微而五伯作。六國弊而暴秦興。背義理而尙威力。滅典禮而行貪叨。韓詩外傳五云自周室壞以來王道廢而不起禮義絕而不繼秦之時非禮義棄詩書略古昔大滅聖道專爲苟安以貪利爲俗以告獵爲化而天下大亂燕策太子丹曰今秦有貪饕之心而欲不可足也說文云饕貪也重文作叨按考績篇作貪饕重賦斂以厚己。強臣下以弱枝。春秋繁露盟會要篇云強幹弱枝以明大小之職文德不獲封爵。漢書公孫弘傳封弘詔云古者任賢而序位量能以授官勞大者厥祿厚德盛者獲爵尊故武功以顯重而文德以行褒按三式篇引崧高烝民詩而釋之云申伯山甫文德致升平而王封以樂土賜以盛服文德獲封蓋三家詩說有之列侯不獲。下脫二字當是不獲治民即三式所云列侯或有德宜子民而道不得施也是以賢者不能行禮以從道。詩北門云終窶且貧毛傳寠者無禮也箋云君於已祿厚慾不足以爲禮品臣不能無枉以從利。品臣猶言衆臣通典卅五引應劭漢官儀載張敞蕭望之言曰夫倉廩實而知禮節衣食足而知榮辱今小吏奉率不足常有憂父母妻子之心雖欲潔身爲廉其勢不能後漢書仲長統傳昌言損益篇云選用必取善士善士富者少而貧者多祿不足以供養安能不少營私門乎崔實政論云今所使分威權御民人理獄訟幹賦庫者皆羣臣之所爲而其奉祿甚薄仰不足以養父母俯不足以活妻子父母者性所愛也妻子者性所親也所愛所親方將凍餒雖冒刃求利尙猶不避況可令臨財御衆乎是所謂渴馬守水餓犬護肉欲其不侵亦不幾矣

君又驟赦以縱賊。民無恥而多盜竊。何者。咸氣加而化上風。咸當作戾戾氣與下和氣相對說苑貴德篇云天子好利則諸侯貪諸侯貪則大夫鄙大夫鄙則庶人盜上之變下猶風之靡草也患害切而迫飢寒。漢書魏相傳云飢寒在身則亡廉恥寇賊姦軌所繇生也此臧紇舊作滅絕所以不能詰其盜者也。襄廿一年左傳詩云。大風有隧。貪人敗類。桑柔爾之教矣。民斯效矣。角弓今詩作胥傚白虎通三教篇引詩作斯效是故先王將發號施令。淮南子本經訓云發號施令天下莫不從風諄諄如也。詩抑云誨爾諄諄按禮記中庸肫肫其仁鄭注肫肫讀如誨爾忳忳之忳忳忳懇誠貌也春秋繁露相生篇云孔子爲魯司寇斷獄屯屯與衆共之說苑至公篇作敦敦諄諄敦敦屯屯忳忳義並同惟恐不中而道於邪。故作典以爲民極。周禮云太宰掌建邦之六典又云設官分職以爲民極上下共之。無有私曲。管子五輔篇云公法行而私曲止三府制法。後漢書郎顗傳云委任三府章懷注三公也按太尉司徒司空皆開府故曰三府未聞赦彼有罪。詩小弁云舍彼有罪釋文舍音捨又音赦周禮司刺鄭注赦舍也獄貨惟寶者也。書呂刑云獄貨非寶是故明君臨衆。必以正軌。隱五年左傳云講事以度軌量謂之軌既無厭有。句有誤字務節禮而厚下。復德而崇化。使皆阜於養生。周語云所以阜財用衣食韋昭注阜厚也而競於廉恥也。管子牧民篇云國有四維一曰禮二曰義三曰廉四曰恥淮南子泰族訓云民無廉恥不可治也非修禮義廉恥不立是以官長正而百姓化。邪心黜而姦匿絕。匿讀爲慝然後乃能協和氣而致太平也。漢書楚元王傳劉向封事云和氣致祥乖氣致異祥多者其國安異衆者其國危

易曰。聖人養賢以及萬民。頤彖辭爲本。君以臣爲基。然後高能可崇也。文有脫誤當云國以民爲本君以臣爲基基厚然後高能可崇也鹽鐵論未通篇云築城者先厚其基而求其高畜民者先厚其業而後求其贍考工記云匠人牆厚三尺崇三之鄭注高厚以是

爲寧足以揔遠馬肥。然後遠能可致也。詩有駜毛傳駜馬肥彊貌馬肥彊則能升高進遠臣彊力則能安國鄭箋云此喩僖公之用臣必先致其祿食祿食足而臣莫不盡忠人君不務此而欲致太平。此猶薄趾二字當乙而望高牆。淮南子泰族訓云不益其厚而張其廣者毀不廣其基而增其高者覆驥瘠而責遠道。其不可得也必矣。

述赦第十六 本傳在愛日篇後

凡治病者。必先知脈之虛實。素問玉機眞藏論黃帝曰凡治病察其形氣色澤脈之盛衰病之新故乃治之論評虛實論岐伯曰邪氣盛則實精氣奪則虛氣之所結。莊子達生篇云忿滀之氣散而不反則爲不足上而不下則使人善怒下而不上不下中身當心則爲病素問舉痛論帝曰余知百病生於氣也怒則氣上喜則氣緩悲則氣消恐則氣下寒則氣收炅則氣泄驚則氣亂勞則氣耗思則氣結然後爲之方。素問至眞要大論帝曰氣有多少病有盛衰治有緩急方有大小漢書藝文志云經方者本草石之寒溫量疾病之淺深假藥味之滋因氣感之宜辯五苦六辛致水火之齊以通閉解結反之於平故疾可愈而壽可長也。鹽鐵論輕重篇云扁鵲撫息脈而知疾所由生陽氣盛則損之而調陰寒氣盛則損之而調陽是以氣脈調和而邪氣無所留矣爲國者。必先知民之所苦。禍之所起。然後設之以禁。故姦可塞。國可安矣。墨子兼愛篇云聖人以治天下爲事者也必知亂之所自起焉能治之不知亂之所自起則不能治譬如醫之攻人之疾者然必知疾之所自起焉能攻之不知疾之所自起則弗能攻今日賊良民之甚者。莫大於數赦。管子法法篇云凡赦者小利而大害者也故久而不勝其禍毋赦者小害而大利者也故久而不勝其福赦贖數。則惡人昌而善人傷矣。後漢書桓譚傳云惡人誅傷則善人蒙福此倒用其語漢書刑法志文帝詔曰法者治之正所以禁暴而衛善人也奚以明之哉。曰。孝悌之家。修身慎行。孝經云修身慎行恐辱先也不犯上禁。從生至死。無銖兩罪。銖兩言其輕漢書趙廣漢傳云銖兩之姦亦此意數有赦贖。未嘗蒙恩。漢書文三王傳云比比蒙恩又云數蒙聖恩得見貰赦常反爲禍。何者。正直之士之爲吏也。直舊作眞據程本改詩小明云正直是與不避強禦。漢書蓋寬饒傳王生予書曰明主知君絜白公正不畏彊禦後漢書鮑永傳永辟扶風鮑恢爲都官從事恢亦抗直不避強禦按詩烝民不畏強禦文十年左傳引詩剛亦不吐柔亦不茹杜注云詩大雅美仲山甫不辟強禦秦策高誘注引詩亦作不辟強禦誘多用韓詩疑韓詩畏本作辟辟與避通不辭上官。辭謂謁辭漢書尹翁歸傳云徵拜東海太守過辭廷尉于定國後漢書丁鴻傳云竇憲兄弟各擅威權鴻上封事曰大將軍雖欲勑身自約不敢僭差然而天下遠近皆惶怖承旨刺史二千石初除謁辭求通待報雖奉符璽受臺勑不敢便去久者至數十日梁統後冀傳云冀愛監奴秦宮官至太倉令威權大震刺史二千石皆謁辭之郭伋傳云召見辭謁章懷注因辭而謁見也循吏傳云任延拜武威太守帝親見戒之曰善事上官從事督察。續漢書百官志云司隸校尉及諸州皆有從事史漢書翟方進傳云督察公卿顏師古注督視也方懷不快。易艮六二其心不快漢書高帝紀六年張良曰取上素所不快計羣臣所共知最甚者一人先封以示羣臣而姦猾之黨，漢書武帝紀元狩六年詔曰姦猾爲害又加誣言。說文云加語相增加也誣加也漢書五行志淮陽王上書冤博辭語增加顏師古注言博本爲石顯所冤增加其語故陷罪皆知赦之不久，則且共橫枉侵冤，誣奏罪法。崔寔政論云長吏或實清廉心平行潔內省不疚不肎媚竈曲禮不行於所屬私愛無口於口府州所側目以爲負折乃選巧文猾吏向壁作條詆覆閩門捕攝妻子今主上妄行刑辟。昭六年左傳叔向曰昔先王議事以制不爲刑辟漢書百官公卿表云廷尉掌刑辟宣帝紀元康二年詔曰用法或持巧心析律貳端深淺不平增辭飾非以成其罪奏不如實上亦亡繇知高至死徙。下乃淪冤，漢書尹翁歸傳云案致其罪高至於死按高下猶重輕也而被舊作彼冤之家。乃甫當乞鞫。告故以信直。信讀爲申說文云鞫窮治辠人也經典通用鞫禮記文王世子云告於甸人鄭注告讀爲鞫讀書用灋曰鞫周禮小司寇讀書則用灋注鄭司農云如今時讀鞫已乃論之史記夏侯嬰傳云嬰試補縣吏與高祖相愛高祖戲而傷嬰人有告高祖高祖時爲亭長重坐傷人告故不傷嬰集解鄧展曰律有故乞鞫高祖自告不傷人索隱案晉灼云獄結竟呼囚鞫語罪狀囚若稱枉欲乞鞫者許之也漢書景武昭宣元成功臣表新時侯趙弟坐爲太常鞫獄不實如淳曰鞫者以其辭決罪也晉灼曰律說出罪爲故縱入罪爲故不直亦無益於死亡矣。漢書刑法志緹縈上書云死者不可復生刑者不可復屬及隱逸行士淑人君子，詩尸鳩爲讒佞利口所加誣覆冒。論語云惡利口之覆邦家者漢書王尊傳云浸潤加誣以復私怨列女傳齊威虞姬傳云執事者誣其辭而上之虞姬曰有司受賂聽用邪人卒見覆冒不能自明明德馬后傳云時有楚獄因證相引繫者甚多后恐有牽辭妄相覆冒承閒爲上言之後漢書皇甫規傳云今見覆沒恥痛實深覆沒即覆冒冒沒聲近法同下土冤民。漢書于定國傳云張釋之爲廷尉天下無冤民下土注見殃咎篇能至闕者。萬無數人。其得省問者。不過百一。既對尚書。空遣去者。復十六七。雖蒙考覆。覆當作覈說文云覈實也考事西笮邀遮其辭得實曰覈州郡轉相顧望。漢書王嘉傳云外內顧望留苦其事。舊作留吾眞事按漢書西域大宛傳云不敢留苦顏師古注不敢留連及困苦之也易林咸之豫萃之咸巽之井未濟之需並云稽難行旅留連愁苦春夏待秋冬。秋冬復涉春夏。如此行逢赦者不可勝數。漢書楚元王後向傳云得踰冬減死論服虔曰踰冬至春行寬大而減死罪如淳曰獄冬盡當決竟而得踰冬復至後冬故或逢赦或得減死也魏相傳云大將軍用武庫令事遂下相廷尉獄久繫踰冬會赦出又謹慎之民用天之道。分地之利。擇莫犯土。句有誤字程本土作法謹身節用。孝經云用天之道分地之利謹身節用以養父母此庶人之孝也急就篇云鬼薪白粲鉗釱髡不肯謹慎自令然積累纖微。以致小過。後漢書梁統後商傳云大獄一起無辜者衆死囚久繫纖微成大後漢紀安帝永寧元年岑宏議云幾微生過遂陷不義論衡累害篇云將吏異好淸濁殊操淸吏增郁郁之白舉涓涓之言濁吏懷恚恨徐求其過因纖微之謗被以罪罰韓詩外傳九云禍起於纖微漢書張敞後安世傳云累積纖微此言質良。蓋民惟國之基也。禮記月令云黑黃蒼赤莫不質良鄭注質正也良善也按此當作貞良言當作皆蓋當作善此皆貞良善民爲句貞良見敍錄史記秦始皇紀琅邪臺刻石辭云姦邪不容皆務貞良崔寔政論云競摘微短吹毛求疵重案深詆以中傷貞良輕薄惡子。漢書酷吏尹賞傳云雜舉長安中輕薄少年惡子國基注見本政篇不道凶民。漢書翟方進傳云丞相宜以一不道賊如淳曰律殺不辜一家三人爲不道蕭望之傳云諸盜及殺人犯不道者百姓所疾苦也思彼姦邪。起作盜賊。以財色殺人父母。戮人之子。滅人之門。取人之賄。及貪殘不軌。漢書王尊傳云五官掾張輔貪汙不軌凶惡弊吏。掠殺不辜。漢書魏相傳云人有告相賊殺不辜谷永傳云多繫無辜掠立迫恐後漢書章帝紀元和元年詔曰律云掠者惟得榜笞立又令丙箠長短有數自往者大獄已來掠考多酷鉆鑽之屬慘苦無極念其痛毒怵然動心侵寃小民。注見考績篇皆望聖帝當爲誅惡治寃。漢書胡建傳云誅惡以禁邪以解蓄怨。楚語云蓄怨滋厚反一門赦之。令惡人高會而夸詫。漢書高帝紀云置酒高會服虔曰大會也老盜服臧而過門。臧舊作藏据傳改臧謂所竊物也鹽鐵論刑德篇云盜有臧者罰周禮司厲注鄭司農云今時盜賊臧加責沒入縣官孝子見讎而不得討。哀十三年左傳云越子伐吳吳王孫彌庸見姑蔑之旗曰吾父之旗也不可以見讎而弗殺也亡主見物而不得取。漢書于定國傳云或盜賊發吏不亟追而反繫亡家顏師古注不急追賊反繫失物之家亡主猶亡家痛莫甚焉。故將赦而先暴寒者。以其多寃結悲恨之人也。漢書于定國傳云民多寃結夫養稊稗者傷禾稼。惠姦宄者賊良民。韓非子難一云夫惜草茅者耗禾穗惠盜賊者傷良民乆緩刑罰行寬惠是利姦邪而害善人也按韓子語本管子明法解後漢書梁統傳云刑輕之作反生大患惠加姦軌而害及良善也書曰。文王作罰。刑茲無赦。康誥是故先王之制刑法也。非好傷人肌膚。漢書董仲舒傳云傷飢膚以懲惡斷人壽命者也。白虎通壽命篇云壽命者上命也淮南子精神訓云夫人之所以不能終其壽命而中道夭於刑戮者何也以其生生之厚乃以威姦懲惡。除民害也。易繫辭下傳云不威不懲後漢書陳寵傳云往者斷獄嚴明所以威懲姦慝管子明法解云賞功誅罪所以為天下致利除害也天下本以民。不能相治。故為立王者以統治之。漢書谷永傳云臣聞天生蒸民不能相治為立王者以統理之亦見成帝紀建始三年詔及王莽傳天子在於奉天威命。共行賞罰。共讀為恭書甘誓云今予惟恭行天之罰故經稱天命有德。五服五章。天罰有罪。五刑五用。書皐陶謨罰今作討詩刺彼宜有罪。汝反脫之。詩瞻卬反說今作覆說古者惟始受命之君。承大亂之極。被前王之惡。其民乃並為敵讎。書微子云小民方興相為敵讎罔不寇賊消義。姦宄奪攘。書呂刑云罔不寇賊鴟義姦宄奪攘矯虔王先生云消即鴟之誤以革命受祚。易革彖云湯武革命為之父母。書洪範云天子作民父母故得一赦。繼體以下。則無違焉。違當作遑崔寔政論云大赦之造乃聖王受命而興討亂除殘誅其鯨鯢赦其臣民漸染化者耳及戰國之時犯罪者輒亡奔鄰國遂赦之以誘還其逋逃之民漢承秦制遵而不越苟悅漢紀云夫赦者權時之宜非常典也漢興承秦兵革之後大過之世比屋可刑故設三章之法大赦之令蕩滌穢流與民更始時勢然也後世承業襲而不革失時宜矣大過二字今本漢紀敓据初學記廿補何者。人君配乾而仁。順育萬物。以成大功。物字舊無据本傳補春秋繁露王道通三篇云仁之善者在於天天仁也天覆育萬物既化而生之有養而成之事功無已終而復始又云天常以愛利為意以養長為事春秋冬夏皆其用也王者亦常以愛利天下為意以安樂一世為事好惡喜怒而備用也非得以養姦活罪為仁。故縱天賊為賢口也。漢書宣帝紀黃龍元年詔曰今吏或以不禁姦邪為寬大縱釋有罪為不苛或以酷惡為賢皆失其中天賊即忠貴篇所云天以為賊或云當作大賊非今夫性惡之人。論衡本性篇云周人世碩以為人性有善有惡居家不孝悌。出入不恭敬。輕薄慢傲。凶悍無辨。淮南子時則訓云求不孝不悌戮暴傲悍而罰之呂氏春秋處方篇云少不悍辟而長不簡慢高誘注悍兇也文選范蔚宗宦者傳論李善注引桓譚新論云居家循理鄉里和順出入恭敬言語謹遜謂之善士明以威侮。侵利為行。書甘誓云威侮五行史記匈奴傳中行說曰匈奴明以戰攻爲事此用其文以賊殘酷虐爲賢。賊殘疑倒漢書哀帝紀詔曰案吏殘賊酷虐者以時退李尋傳云諸闒茸佞諂抱虛求進及用殘賊酷闇者宜以時廢退翟方進傳劾奏朱博等云所居皆尙殘賊酷虐苛刻慘毒以立威故數陷王法者。漢書高惠高后文功臣表序云多陷法禁此乃民之賊。孟子云今之所謂良臣古之所謂民賊也下愚極惡之人也。漢書古今人表序云可與爲惡不可與爲善是謂下愚王莽傳贊云窮凶極惡雖脫桎梏而出囹圄。禮記月令云命有司省囹圄去桎梏終無改悔之心。自詩以贏敖頭。當云自恃以數赦贖字形相近而誤出獄踧踖。論語云踧踖如也復犯法者何不然。何不然言何所不然也漢書韓信傳何不誅何不服何不散顏注如此匡衡傳云竊見大赦之後姦邪不爲衰止今日大赦明日犯法相隨入獄此殆導之未得其務也洛陽至有主諧合殺人者。說文云諧詥也詥諧也合乃詥之省續漢書五行志載桓帝末童謠曰河間來合諧王先生云諧合殺人若今律云私和頂兇矣謂之會任之家。會任浮侈篇作合任按史記貨殖傳子貸金錢千貫節駔會漢書作儈顏師古注儈者合會二家交易者也一切經音義六引聲類云儈合市人也會與儈同受人十萬。謝客數千。又重饋部吏。吏與通姦。漢書宣帝子東平思王傳云與姦犯法利入深重。幡黨盤牙。漢書司馬相如傳上林賦云幡幡互經郭璞曰互經互相經過也牙即互字谷永傳云百官盤互顏師古注盤互盤結而交互也互字或作牙言如豕牙之盤曲犬牙之相入也楚元王傳劉向云宗族磐互師古亦云字或作牙後漢書滕撫傳云盜賊羣起磐牙連歲章懷注磐牙謂相連結黨錮傳序注引謝承後漢書云中官黃門磐牙境界魏志曹眞後爽傳根據槃牙吳志陸瑁傳九域槃牙按牙並當作互字形相近而誤師古謂如豕犬之牙非是盤磐槃古字通請至貴戚寵臣。說聽於上。謁行於下。漢書外戚恩澤表注如淳曰律諸爲人請求於吏以枉法而事已行爲聽行者皆爲司寇是故雖嚴令尹。謂洛陽令河南尹也終不能破壞斷絕。毛先生云攘是壞字之誤繼培按破壞見救邊篇何者。凡敢爲大姦者。一切經音義十六引三蒼云敢必行也不畏爲之史記酷吏張湯傳云趙王上書告湯大臣也史謁居有病湯至爲摩足疑與爲大姦材必有過於衆。而能自媚於上者也。淮南子泰族訓云智伯有五過人之材史記衛將軍傳云以和柔自媚於上多散苟得之財。禮記曲禮云臨財毋苟得奉以諂諛之辭。以轉相驅。非有第五公之廉直。第五倫也見後漢書孰能不爲顧。詩正月鄭箋云顧猶視也念也按爲顧謂曲法瞻狗論衡逢遇篇云節高志妙不爲利動性定質成不爲主顧顧亦謂委曲承意也今案洛陽主殺人者。高至數十。下至四五。身不死則殺不止皆以數赦之所致也。由此觀之。大惡之資。終不可化。雖歲赦之。適勸姦耳。舊脫赦之二字按匡衡傳云雖歲赦之刑猶難使措而不用也此文多本衡語今据補崔寔政論亦云雖日赦之亂甫繁耳 或云。三辰有候。云舊作之初學記廿引或三辰有候周禮凡以神仕者掌三辰之灋鄭注日月星辰 天氣當赦。開元占經六十五引黃帝占云天牢中常有繫星三以甲子丙子戊子庚子壬子暮視之其一星去有喜事其二星去有賜令爵祿之事三星盡去人君德令赦天下甲子期八十一日丙子期七十二日戊子期六十日庚子期八十日壬子期六十二日而赦御覽六百五十二引風角書云春甲寅日風高去地三四丈鳴條從申上來爲大赦期六十日又云候赦法冬至後盡丁巳之日南風從巳上來滿三日以上必有大赦又引望氣經云黃氣四出往期五十日赦 故人主順之而施德焉。未必然也。然舊作殺然誤爲煞又轉作殺也未必然也見史記自序 王者至貴。與天通精。御覽七十六引春秋保乾圖云天子至尊也神精與天地通淮南子天文訓云人主之情上通於天御覽九八百七十六引情並作精覽冥訓亦云遭急迫難精通於天 心有所想。意有所慮。未發聲色。天爲變移。易是類謀云主有所貴王侯元德天下歸鄉心有所維意有所慮亦發顏色莫之嚮射出天地災從挺患無形之外准萌纖微之初先見吉凶爲帝籌謀忽之可也勿之無也此文本於彼彼文有脫誤後漢書楊震後賜傳云王者心有所惟意有所想雖未形顏色而五星以之推移陰陽爲其變度亦本易緯 或若休咎庶徵。月之從星。書洪範 此乃宜有是事。故見瑞異。或戒人主。或字誤王先生云疑感之誤 若忽不察。是乃已所感致。而反以爲天意欲然。非直也。直當作眞漢書息夫躬傳王嘉曰天之見異所以勑戒人君欲令覺悟反正推誠行善孔光傳云臣聞師曰天右與王者故災異數見以譴告之欲其改更若不畏懼有以塞除而輕忽簡誣則凶罰加焉谷永傳云竊聞明王即位正五事建大中以承天心則庶徵序於下日月理於上如人君淫溺後宮般樂游田五事失於躬大中之道不立則咎徵降而六極至又云臣聞災異皇天所以譴告人君過失猶嚴父之明誡畏懼敬改則禍銷福降忽然簡易則咎罰不除

俗人又曰。風俗通云止繫風俗見善不徙故謂之俗人見意林 先世欲赦。常先遣馬。分行市里。聽於路隅。咸云當赦。以知天之救也。乃因施德。若使此言也而信。則殆過矣。夫民之性。固好意度者也。韓非子解老篇云前識者無緣而忘意度者也 見久陰則稱將水。見久陽則稱將旱。見小貴則言將饑。見小賤則言將穰。兩小字當作米 然或信或否。由此觀之。民之所言。未

必天下。〔讀如下用之下〕前世贖赦稀疏，民無覬覦。〔桓二年左傳師服曰民服事其上而下無覬覦〕近時以來，赦贖稠數。〔說文云稠多也〕故每春夏輒望復赦。〔崔寔政論云孝文皇帝即位二十三年乃赦示不廢舊章而已近永平建初之際亦六七年乃一赦亡命之子皆老於草野窮困懲艾比之於死頃間以來歲且一赦百姓忸忕輕爲姦非每迫春節徼倖之會犯惡尤多〕或抱罪之家，僥倖蒙恩。〔說文云徼幸也僥倖即徼幸之別經典通作徼幸昭六年左傳云徼幸以成之〕故宜此言以自悅喜。誠令仁君聞此，以爲天教而輒從之，誤莫甚焉。論者多曰：久不赦則姦宄熾而吏不制。〔漢書刑法志云酷吏擊斷姦軌不勝〕故赦贖以解之。此乃招亂之本原。〔本傳作此未昭政亂之本源政當是治唐人避諱改之本書斷訟篇云必未昭亂之本原語意亦未足按文義當作此乃未昭治亂之本原昭九年左傳云木水之有本原〕不察禍福之所生者之言也。〔管子君臣下篇云審知禍福之所生正世篇云古之欲正世調天下者必先觀國政料事務察民俗本治亂之所生知得失之所在然後從事故法可立而治可行〕凡民之〔舊脫〕所以輕爲盜賊，吏之所以易作姦匿者，〔匿讀爲慝〕以赦贖數而有僥望也。若使犯罪之人，終身被命，〔漢書刑法志云已論命晉灼注命者名也成其罪也張耳傳云嘗亡命遊外黃顏師古注命者名也凡言亡命謂脫其名籍而逃亡鮑宣傳云名捕隴西辛興師古注詔顯其名而捕之被命猶言名捕也〕得而必刑，則計姦之謀破，而慮惡之心絕矣。夫良贖可。〔良疑赦可疑行〕孺子可令姐。〔釋名釋長幼云兒始能行曰孺子孺儒也言儒弱也說文云嫭驕也姐乃嫭之省〕中庸之人，可引而下。〔後漢書楊終傳云上智下愚謂之不移中庸之流要在教化引舊作弘新書連語云中主者可引而上可引而下申鑒政體篇云教化之廢推中人而墜於小人之域教化之行引中人而納於君子之塗〕故其諺曰：一歲載赦，奴兒噫嗟。〔奴讀爲孥崔寔政論亦載此諺困學紀聞十三引政論奴作好或云好兒即好人非也噫嗟政論作喑噁史記韓信傳云項王喑噁叱咤千人皆廢索隱喑噁懷怒氣漢書作意烏猝嗟晉灼注意烏恚怒聲也方言云宋衞之閒凡怒而噎噫謂之脅閱莊子知北遊篇云宋者喑醷物也釋文李郭皆云喑醷聚氣貌一切經音義十五喑噫大呼也噫嗟喑噁意烏噎噫喑醷喑噫並聲近義同淮南子繆稱訓云意而不戴高誘注意恚聲戴嗟也意嗟急氣言之則爲意〕言王誅不行，則痛瘀之子皆輕犯。〔急就篇云瘧瘀瘀痛瘨瘟病說文云瘀積血也〕宄狡乎若誠思畏。〔思字衍卽畏之譌文〕盜賊多而姦不勝，故赦則是爲國谿姦宄報也。按漢書韓安國傳云丞相蚡言於太后曰王恢首爲馬邑事今不成而誅恢是爲匈奴報讐也陳湯傳湯上疏言臣與吏士共誅郅支單于幸得禽滅萬里振旅宜有使者迎勞道路今司隸反逆收繫按驗是爲郅支報仇也爲國爲姦軌報謂姦人讐良民而得放釋不曾爲姦人報讐與蚡湯所言同意 夫天道賞善而刑淫。襄十四年左傳師曠曰良君將賞善而刑淫天工人其代之。書皋陶謨故凡立王者。將以誅邪惡而養正善。而以逞邪惡逆妄莫甚焉。漢書刑法志宣帝詔曰決獄不當使有罪興邪不辜蒙戮晉灼注當重而輕使有罪者起邪惡之心也 且夫國無常治。又無常亂。法令行則國治。法令弛則國亂。管子任法篇云法者不可恒也存亡治亂之所從出又云君臣上下貴賤皆從法此謂爲大治韓非子有度篇云國無常強無常弱奉法者強則國強奉法者弱則國弱 法無常行。亦無常弛。亦舊作法據諸子彙函改 君敬法則法行。君慢法則法弛。昔孝明帝時。制舉茂才。御覽二百六十五六百五十二並作荊州舉茂才按作荊州是也下云部南郡從事續漢書郡國志南郡屬荊州 過闕謝恩。賜食事訖。問何異聞。對曰。巫有劇賊九人。續漢書郡國志巫縣屬南郡漢書朱博傳云縣有劇賊 刺史數以竊郡。竊當作察漢書朱博傳云部刺史奉使典州督察郡國竊察聲相近莊子庚桑楚篇竊竊乎釋文崔本作察察齊物論篇竊竊然知之釋文司馬云竊竊猶察察也家語好生篇竊夫其有益與無益王肅注竊宜爲察皆其證訖不能得。帝曰。汝非部南郡從事邪。對曰。是。帝乃振怒。書洪範云帝乃震怒振震古字通管子七臣七主篇云臣下振怒 曰。賊發部中而不能擒。然材當作才 何以爲茂。捶數百。便免官。而切讓州郡。十日之間。賊即伏誅。由此觀之。擒滅盜賊。在於明法。不在數赦。今不顯行賞罰以明善惡。嚴督牧守以擒姦猾。而反數赦以勸之。其文常舊作帝 曰。謀反大逆不道諸犯。不當得赦。皆除之。將與士大夫灑心更始。御覽六百五十二引漢舊儀云踐祚改元立皇后太子赦天下每赦自殊死以下及謀反大逆不道諸不當得赦者皆赦除之令下丞相御史復奏可分遣丞相御史乘傳駕行郡國解囚徒布詔書郡國各分遣使傳廄車馬行屬縣解囚徒後漢書順帝紀陽嘉三年詔曰嘉與海內洗心更始其大赦天下自殊死以下謀反大逆諸犯不當得赦者皆赦除之文與此同崔實政論云踐祚改元際未嘗不赦每其令曰蕩滌舊惡將與士大夫更始是褒巳薦先且違無改之義非所以明孝抑邪之遺也歲歲灑之。然未嘗見姦人冗吏。周禮槁人掌共外內朝冗食者之食鄭注冗食者謂留治文書若今尙書之屬諸上直者疏云冗食者冗散也外內朝上直諸吏謂之冗吏亦曰散吏王先生云冗疑宄有肯變心悔服稱詔者也。悔服謂悔過服罪漢書蕭望之傳云不悔過服罪深懷怨望宣帝子東平思王宇傳云王既悔過服罪太后寬恐以貰之有司奏事。又俗疑欲彙函作乃以赦前之微過。妨今日之顯舉。然則改往修來。更始之詔。亦不信也。漢書平帝紀即位詔曰夫赦令者將與天下更始誠欲令百姓改行絜己全其性命也往者有司多舉奏赦前事累增罪過誅陷亡辜殆非重信愼刑洒心自新之意也及選舉者其歷職更事有名之士則以爲難保廢而弗舉甚謬於赦小過舉賢材之義諸有臧及內惡未發而薦舉者皆勿案驗令士厲精鄉進不以小疵妨大材自今以來有司無得陳赦前事置奏上有不如詔書爲虧恩以不道論詩譏君子屢盟。亂是用長。巧言故不若希其令必。其言若良。不能了無赦者。了舊作子廣雅釋詁云了訖也王侍郎云子疑于罕之爲愈。令世歲老古時一赦。世當作卅謂三十年也老蓋放字放與攷字形相近攷通考韓誤爲老漢書貢禹傳云承衰救亂矯復古化在於陛下臣愚以爲盡如太古難宜少放古是其證崔寔政論云今如欲遵先王之制宜曠然更下大赦令因明諭使知永不復赦則羣下震慄莫輕犯罪縱不能然宜十歲以上乃時一赦意與此同則姦宄之減十八九。可勝必也。昔大司馬吳漢老病將卒。世祖問以遺戒。對曰。臣愚不智。不足以知治。愼無赦而已矣。後漢書夫方以類聚。物以羣分。易繫辭上傳人之情皆見乎辭。繫辭下傳云聖人之情見乎辭故諸言不當赦者。非脩身愼舊作修行。則必憂哀謹愼而嫉毒姦惡者也。諸利數赦者。非不達赦疑政務。則必舊作交內懷隱憂。詩柏舟云如有隱憂有願爲者也。人君之發令也。必諮於羣臣。羣臣之姦邪者。固必伏罪。隱十一年左傳云許既伏其罪矣雖正直吏猶有公過。自非孌孳莊十九年左傳李離。史記循吏傳孰肯刑身以正國。循吏傳論云李離過殺而伏劍晉文以正國法然則是皆接私計以論公政也。御覽六百九十四接作挾下有夫字按接讀爲挾儀禮鄉射禮兼挾乘矢鄭注古文挾皆作接大射儀注同漢書賈誼傳云陛下接王淮南諸子孟康曰接音挾挾持欲王淮南諸子也與狐議裘。無時焉可。

與狐舊作與瓜據御覽改按與狐議裘蓋相傳有是言抱朴子博喻篇云與姤勝己者而謀舉疾惡之賢是與狐謀治裘也天中記引符子云魯侯欲以孔子爲司徒將召三桓而議之左邱明曰周人有愛裘而好珍羞欲爲千金之裘而與狐謀其皮欲具少牢之珍而與羊謀其羞言未卒狐相率逃於重邱之下羊相呼藏於深林之中故周人之謀失之矣今君欲以孔子爲司徒召三桓謀之非亦與狐謀裘與羊謀羞哉 傳曰。民之多幸。國之不幸也。宣十六年左傳 夫有罪而備辜。漢書王莽傳云所征殄滅盡備厥辜按備俱犕之誤後漢書皇甫嵩傳董卓曰義眞犕未乎章懷注犕古服字 寃結而信理。信讀爲申後漢書馮異傳云申理枉結 此天之正也。而王之法也。故曰。無縱詭隨。以謹無良。詩民勞 若枉善人以惠姦惡。此謂斂怨以爲德。詩蕩 先帝制法。論衷刺刀者。衷與衷甲之衷同或當作褏漢書金日磾傳云何羅褏白刃從東箱上褏衷同字刺刀疑刺刃禮記少儀云凡有刺刃者以授人則辟刃 何則。以其懷姦惡之心。有殺害之意也。聖主有子愛之情。漢書匡衡傳云陛下聖德天覆子愛海內 而是有殺害之意。故誅之。况成罪乎。尚書康誥王曰。於戲。封敬明乃罰。人有小罪匪省。今書作非眚 乃惟終自作不典戒。今作式 爾有厥罪小。乃不可不殺。言惡舊作恐 人有罪雖小。然非以過差爲之也。漢書王嘉傳云人情不能不有過差 乃欲終身行之。故雖小。不可不殺也。何則。是本頑凶思惡而爲之者也。乃有大罪匪今作非 終。乃惟眚哉。今作眚災 適爾既道。極厥罪今作辜 時。亦今作乃 不可殺。言殺人雖有大罪。非欲以終身爲惡。乃過誤爾。是不殺也。周禮調人凡過而殺傷人者以民成之鄭注過無本意也司剌再宥曰過失鄭司農云過失若今律過失殺人不坐死後漢書郭躬傳云法令有故誤誤者其文則輕 若此者。雖曰赦之可也。金作贖形。赦作宥罪。書堯典云金作贖刑眚災肆赦 皆謂良人吉士。詩黃鳥云殲我良人卷阿云藹藹王多吉士 時有過誤。不幸陷離者爾。襄廿一年左傳人謂叔向曰子離於罪其爲不知乎 先王議讞獄以制。議讞衍一字照六年左傳叔向云昔先王議事以制不爲刑辟漢書景帝紀中五年詔曰諸獄疑若雖文致於法而於人心不厭者輒讞之張湯傳云平亭疑法奏讞疑說文云讞者議辠也讞與讞同 原情論意。漢書王嘉傳云聖王斷獄必先原心定罪探意立情五行志引京房易傳曰誅不原情茲謂不仁後漢書霍諝傳云諝聞春秋之義原情定過赦事誅意以救善人。非欲令兼縱惡逆以傷人也。是故周官差八議之辟。小司寇此先王所以整萬民而致時雍也。莊廿三年左傳曹劌曰夫禮所以整民也書堯典云黎民於變時雍易故觀民設教。觀象辭變通移時之議。繫辭下傳云易窮則變變則通通則久今日捄世。莫乎此意。何本乎作先按當作莫急乎此

三式第十七

高祖定漢。與羣臣約。自非劉氏不得王。非有武功不得侯。史記絳侯世家亞夫曰高皇帝約非劉氏不得王非有功不得侯不如約天下共擊之孝文皇帝始封外祖。史記外戚世家云文帝追尊薄太后父爲靈文侯因爲典式。行之至今。孝武皇帝封爵丞相。以襃有德。後亦承之。漢書公孫弘傳云元朔中代薛澤爲丞相先是漢常以列侯爲丞相惟弘無爵上於是下詔封弘爲平津侯其後以爲故事建武乃絕。傳記所載稷卨伯夷皋陶伯翳。日疑皆受封土。詩長發疏云中候握河紀說堯云斯封稷契皋陶賜姓號又云考河命說舜之事云褒賜羣臣賞爵有功稷契皋陶益土地卨卽契字周宣王時。輔相大臣。以德佐治。亦獲有國。故尹吉甫作封頌二篇。頌疑當爲誦詩崧高云吉甫作誦毛傳作是工師之誦也其詩曰。亹亹申伯。王纘之事。于邑于謝。南國于是式。崧高是誥作二一据程本改今詩國下無于字按志氏姓篇引詩纘作薦謝作序于是作爲此書引詩不用毛氏後人或据毛詩改之遂致兩引互異又曰。四牡彭彭。八鸞鏘鏘。王命仲山甫。城彼東方。烝民此言申伯山甫。文德致升平。而王封以樂土。賜以盛服也。漢書梅福傳云升平可致張晏曰民有三年之儲曰升平按食貨志云民三年耕則餘一年之畜衣食足而知榮辱廉讓生而爭訟息故三載考績孔子曰苟有用我者期月而已可也三年有成成此功也三考黜陟餘三年食進業曰登再登曰平餘六年食三登曰泰平二十七歲遺九年食然後王德流洽禮樂成焉升平卽登平升平受封與志說合易曰。鼎折足。覆公餗。其刑渥凶。鼎九四刑王弼本作形此言公不勝任。則有渥刑也。

是故三公在三載之後。宜明考績黜刺。簡練其材。其有稷卨伯夷申伯仲山甫。致治之效者。封以列侯。令受南土八蠻之賜。王先生云蠻當作鸞其尸祿素餐。文選曹子建求自試表李善注引韓詩曰何謂素餐素者質也人但有質朴而無治民之材名曰素餐尸祿者頗有所知善惡不言默然不語苟欲得祿而已譬若尸矣漢書貢禹傳禹上書云血氣衰竭耳目不聽明非復能有補益所謂素餐尸祿洿朝之臣也谷永傳云無使素餐之吏久尸厚祿無進治之效。無忠善之言者。使從渥刑。是則所謂明德慎罰。書康誥而簡練能否之術也。誠如此。則三公競思其職。而百寮爭竭其忠矣。書皋陶謨云百僚師師寮與僚同一式先王之制。繼體立諸侯。以象賢也。禮記郊特牲云繼世以立諸侯象賢也鄭注賢者子孫恆能法其先父德行子孫雖有食舊德之義。易訟六三食舊德貞厲終吉然封疆立國。不為諸侯。張官置吏。不為大夫。荀子大略篇云天之生民非為君也天之立君以為民也故古者列地建國非以貴諸侯而已列官職差爵祿非以尊大夫而已白虎通封公侯篇云列土為疆非為諸侯張官設府非為卿大夫皆為民也後漢書光武帝紀建武六年詔曰張官置吏所以為人也按張官置吏本管子明法解必有功於民。乃得保位。故有考績黜刺。九錫三削之義。白虎通考黜篇云諸侯所以考黜何王者所以勉賢抑惡重民之至也尚書曰三載考績三考黜陟禮說九錫車馬衣服樂則朱戶納陛虎賁鈇鉞弓矢秬鬯皆隨其德可行而賜又云百里之侯一削為七十里侯再削為七十里伯三削為寄公七十里伯一削為五十里伯再削為五十里子三削地盡五十里子一削為三十里子再削為三十里男三削地盡五十里男一削為三十里男再削為三十里附庸三削爵盡詩云。彼君子兮。不素餐兮。伐檀由此觀之。未有得以無功而祿者也。毛詩伐檀序云在位貪鄙無功而受祿當今列侯。獨斷云漢制皇子封為王者其實古諸侯也周末諸侯或稱王而漢天子自以皇帝為稱故以王號加之總名諸侯王子弟封為侯者謂之諸侯羣臣異姓有功封者謂之徹侯後避武帝諱改曰通侯法律家皆曰列侯御覽一百九十八引風俗通云列者言其功德列著乃饗爵也率皆襲先人之爵。因祖考之位。其身無功於漢。無德於民。專國南面。臥食重祿。下殫百姓。富有國家。此素餐之甚者也。漢書張湯傳延壽傳云延壽已歷位九卿既嗣侯國在陳留別邑在魏郡租入歲千餘萬延壽自以身無功德何以能久堪先人大國數上書讓減戶邑此即本其意言之孝武皇帝患其如此。乃令酎金以黜之。而益多怨。酎舊作酹漢書景帝紀元年高廟酎張晏曰正月旦作酒八月成名曰酎酎之言純也至武帝時因八月嘗酎會諸侯廟中出金助祭所謂酎金也武帝紀元鼎五年九月列侯坐獻黃金酎祭宗廟不如法奪爵者百六人如淳曰漢儀注諸侯王歲以戶口酎黃金於漢廟皇帝臨受獻金金少不如斤兩色惡王削縣侯免國臣瓚曰食貨志南越反時卜式上書願死之天子下詔褒揚布告天下天下莫應列侯以百數莫求從軍至酎飲酒少府省金而列侯坐酎金失侯者百餘人續漢書禮儀志劉昭注引漢律金布令云列侯各以民口數率千口奉金四兩奇不滿千口至五百口亦四兩皆會酎少府受 今列侯或有德宜子民而道不得施。白虎通封公侯篇云擇賢而封之使治其民以著其德極其才上以尊天子備蕃輔下以子養百姓施行其道 或有凶頑醜脫一字不宜有國。而惡不上聞。漢書王吉傳諫昌邑王賀云恩愛行義孅介有不具者於以上聞非饗國之福也張敞傳顏師古注上聞聞於天子也按漢書景帝子河閒獻王傳有司奏元殘賊不改不可君國子民趙敬肅王彭祖傳彭祖取淖姬生一男號淖子彭祖薨時淖姬兄爲漢宦者上召問淖子何如對曰爲人多欲上曰多欲不宜君國子民外戚傳云霍光以許皇后父廣漢刑人不宜君國子民蓋亦漢時律令文語本傷征見史記殷本紀 且人情莫不以己爲賢而效其能者。周公之戒。不使大臣怨乎不以。論語 詩云。駕彼四牡。四牡項領。節南山毛傳項大也箋云四牡者人君所乘駕今但養大其領不肎爲用喻大臣自恣王不能使也此引詩以明大臣怨乎不以則以四牡項領而靡所騁喻賢者有才而不得試與鄭氏異誼蓋本三家詩說中論爵祿篇云君子不患道德之不建而患時世之不遇詩曰駕彼四牡四牡項領我瞻四方蹙蹙靡所騁傷道之不遇也新序雜事五云處勢不便豈可以量功校能哉詩不云乎駕彼四牡四牡項領夫久駕而長不得行項領不亦宜乎隸釋堂邑令費鳳碑云退己進弟不營榮祿栖遲歷稔項領歸畜易林履之剝否之屯噬嗑之歸妹未濟之明夷並云名成德就項領不試抱朴子嘉遯篇云空谷有項領之駿者孫陽之恥也勖學篇云項領之駿騁迹於千里博喻篇云兩絆而項領則騏騄與蹇驢同矣誼竝與此同 今列侯年卅以來。宜皆試補長吏墨綬以上。關內侯補黃綬。漢書百官公卿表云爵十九關內侯二十列侯又云凡吏秩比六百石以上皆銅印黑綬比二百石以上皆銅印黃綬 以信讀爲申 其志。以旌其能。周語韋昭注旌表也其有韓侯邵虎之德。詩韓奕江漢邵今作召上有功於天子。舊作下 下有益於百姓。則稍遷位益土。以彰有德。書皋陶謨云天命有德五服五章哉彰與章義同 其懷姦藏惡尤無狀者。懷姦亦漢時律令文漢書孫寶傳劾奏立儉懷姦罔上翟方進傳方進劾立懷姦邪亂朝政又奏立黨友後將軍朱博鉅鹿太守孫閎故光祿大夫陳咸皆內懷姦猾元后傳解光奏曲陽侯根內懷姦邪欲筦朝政晉語云使百雖莫不有誠悶於其心中韋昭注人懷悖逆也後漢書章帝紀建初元年刺史明加督察尤無狀者章懷注無狀謂其罪惡尤大其狀無可寄言故云無狀削土奪國。以明好惡。

且夫列侯皆剖符受策。史記高祖紀六年乃論功與諸列侯剖符行封釋名釋書契云漢制約劍封侯曰冊說文云冊符命也諸侯進受於王也冊與策同周禮大宗伯王命諸侯則儐鄭注儐進之也王將出命假祖廟立依前南鄉儐者進當命者延之命使登內史由王右以策命之降再拜稽首登受策以出國大臣也。雖身在外而心在王室。書顧命云雖爾身在外乃心罔不在王室宜助聰明與智賢愚。句有誤字淮南子主術訓云羣臣輻湊並進無愚智賢不肖莫不盡其能者則君得所以制臣臣得所以事君治國之道明矣以佐天子。詩六月何得坐作奢僭。驕育負責。育蓋贏字之壞大戴禮曾子制言上篇云富貴吾恐其贏驕也字亦作盈漢書楚元王傳劉向封事云驕盈無厭淮南厲王傳云驕盈行多不軌敘傳云武安驕盈又云常山驕盈欺枉小民淫恣酒色。職爲亂階。詩巧言以傷風化而已乎。漢書韓延壽傳云既傷風化重使賢長吏嗇夫三老孝弟受其恥按景十三王傳趙王曰中山王但奢淫不佐天子拊循百姓何以稱爲藩臣此文本之詔書橫選。猶乃特進。後漢書左雄傳云特選橫調紛紛不絕楊震後秉傳云秉上言自頃所徵皆特拜不試又云時郡國計吏多留拜爲郎秉上言宜絕橫拜以塞覬覦之端李固傳云舊任三府選令史光祿試尚書郎時皆特拜不復選試橫選特進猶云特拜橫拜也而不令列侯舉下當脫士字此於主德大洽。列侯大達。兩大字疑當作未一切經音義六引蒼頡篇云洽遍徹也非執術督責。總覽獨斷。御下方也。漢書公孫弘傳對策云擅殺生之柄通壅塞之塗權輕重之數論得失之道使遠近情僞必見於上謂之術鼂錯傳上書言人主所以尊顯功名揚於萬世之後者以知術數也史記李斯傳云賢主者必且能全道而行督責之術者也又云能獨斷而審督責必深罰故天下不敢犯也後漢書光武帝紀云明慎政體總攬權綱覽卽攬之省今雖未使典始當作司治民。然有橫選。當循王制。皆使貢士。不宜闕也。是誠封三公以旌積德。書盤庚云佞有積德試舊作誠列侯以除素餐。上合建侯之義。易屯利建侯下合黜刺之法。賢材任職。則上下蒙福。後漢書竇融傳光武賜書云內則百姓蒙福素餐委國。春秋繁露立元神篇云退讓委國而去位無凶人。文十八年左傳云賓于四門四門穆穆無凶人也誠如此。則諸侯必內思制行而助國矣。剬舊作刺按刺乃刜之誤刜卽制字說文云刜裁也从刀从未未物成有滋味可裁斷今則不然。有功不賞。無德不削。甚非勸善懲惡。漢書賈誼傳云慶賞以勸善刑罰以懲惡張敞傳云非賞罰無以勸善懲惡誘進忠賢。漢書循吏傳云蜀地辟陋有蠻夷風文翁欲誘進之爾雅釋詁云誘進也移風
易俗之法術也。孝經云移風易俗莫善於樂　二式昔先王撫世選練明德。定四年左傳云選建明德史記趙世家云選練舉賢任官使能
以統理民。史記陸賈傳云統理中國建正封不過百。取法於震。王先生云百下脫里字繼培按後漢書光武帝紀建武二年博士丁恭議曰古帝王
封諸侯不過百里故利以建侯取法於雷白虎通封公侯篇云諸侯封不過百里象雷震百里昭七年左傳云諸侯正封以爲賢人聰明不是過也。又欲德
能優而所治纖。漢書食貨志賈誼曰古之治天下至纖至悉也顏師古注孅與纖同則職修理而民被澤矣。漢書薛宣傳云衆職脩理今
之守相。制地千里。威權勢力。盛於列侯。材明德義。未必過古。而所治逾百
里。此以舊脫所治多荒亂也。是故守相不可不審也。鹽鐵論除狹篇云古者封賢祿能不過百里百里之中而爲都疆垂不過
五十猶以爲一人之身明不能照聽不得達故立卿大夫士以佐之而政治乃備今守相或無古諸侯之賢而莅千里之政不可不熟擇也呂氏春秋務本篇云處官則荒亂昔宣皇帝興於
民間。深知之。故常嘆曰。萬民所以安田里。無憂患者。政平訟治也。與我共
此者。其惟良二千石。於是明選守相。其初除者。必躬見之。觀其志趣。以昭
其能。明察其治。重其刑賞。見漢書循吏傳序後漢書左雄傳亦載之姦宄減少。戶口增息者。賞賜金帛。
爵至封侯。謂王成黃霸見漢書循吏傳崔實政論云漢法亦三年一察治狀舉孝廉尤異宣帝時王成爲膠東相黃霸爲潁川太守皆且十年但就增秩賜金封關內侯以次入爲公卿其耗
亂無狀者。漢書景帝紀後二年詔曰不事官職耗亂者丞相以聞請其罪皆銜刀瀝血於市。賞重而信。罰痛而必。漢書宣帝
紀贊云孝宣之治信賞必罰按韓非子五蠹篇云賞莫如厚而信使民利之罰莫如重而必使民畏之羣臣畏勸。競思其職。宣帝紀贊云吏稱其職民安其業故能
致治安而世升平。降鳳皇而來麒麟。天人悅喜。符瑞並臻。功德茂盛。立爲
中宗。續漢書禮儀志光武帝建武十九年詔曰惟孝宣帝有功德其上尊號曰中宗後漢書光武帝紀中元元年羣臣奏言孝宣帝每有嘉瑞輒以改元神爵五鳳甘露黃龍列爲年紀蓋以感致神祇表彰德信是以

化致升平稱爲中興論衡宣漢篇云孝宣皇帝元康二年鳳皇集於太山後又集於新平四年神爵集於長樂宮或集於上林九眞獻麟神爵二年鳳皇甘露降集京師四年鳳皇下杜陵及上林五鳳三年帝祭南郊神光並見或興於谷燭耀齋宮十有餘日明年祭后土靈光復至至如南郊之時甘露神爵降集延壽萬歲宮其年三月鸞鳳集長樂宮東門中樹上甘露元年黃龍至見於新豐醴泉滂流彼鳳皇雖五六至或時一鳥而數來或時異鳥而各至麒麟神爵黃龍鸞鳥甘露醴泉祭后土天地之時神光靈耀可謂繁盛累積矣　由此觀之。牧守大臣者。誠盛衰之本原也。不可不選練也。法令賞罰者。誠治亂之樞機也。不可不嚴行也。韓非子大反篇云聖人之治也審于法禁法禁明著則官法必于賞罰五蠹篇云明其法禁必其賞罰　昔仲尼有言。政寬則民慢。慢則糾之以猛。猛則民殘。殘則施之以寬。寬以濟猛。猛以濟寬。政是以和。昭廿年左傳　今者刺史守相。率多怠慢。違背法律。廢忽詔令。專情務利。不卹公事。續漢書百官志劉昭注引蔡質漢儀云詔書舊典刺史班宣周行郡國省察治政黜陟能否斷理寃獄以六條問事其二條云二千石不奉詔書遵承典制倍公向私旁詔守利侵漁百姓聚斂爲姦此所云正其事矣初學記廿四引崔實政論云今典州郡者自違詔書縱意出入御覽四百九十六又引云每詔書所欲禁絕雖重懇惻罵詈極筆由復廢捨終無悛意故里語曰州郡記如霹靂得詔書但挂壁　細民寃結。無所控告。漢書武五子傳壺關三老上書云獨寃結而亡告襄八年左傳云剪焉傾覆無所控告　下土邊遠。能詣闕者。萬無數人。其得省治。不能百一。郡縣負其如此也。說文云負恃也　故至敢延期。民日往上書。此皆太寬之所致也。噬嗑之卦。下動上明。其象曰。先王以明罰勅法。夫積怠之俗。賞不隆則善不勸。罰不重則惡不懲。管子正世篇云古之所謂明君者非一君也其設賞有薄有厚其立禁有輕有重迹行不必同非故相反也皆隨時而變因俗而動夫民躁而行僻則賞不可以不厚禁不可以不重故聖人設厚賞非侈也立重禁非戾也賞薄則民不利禁輕則邪人不畏　故凡欲變風改俗者。其行賞罰者疑衍也。必使足驚心破膽。漢書賈誼傳云大諸侯之有異心者破膽而不敢謀谷永傳云臣永所以破膽寒心顔師古注言懼甚後漢書崔駰後實傳政論云孝宣皇帝明於君人之道審於爲政之理故嚴刑峻法破姦軌之膽　民乃易視。漢書鮑宣傳云曠然使民易視　聖主誠肯明察。羣臣竭精稱職。有功效者。漢書薛宣傳云入守左馮翊滿讖稱職爲眞又云功效卓顯自左內史初置以來未嘗有也無愛金帛封侯之費。其懷姦藏惡。別無狀者。圖鐵鑕鉞之決。文有脫誤王先生云當云則有鈇鑕斧鉞之誅然則良臣如王成黃霸龔遂邵信臣之徒。並見漢書循吏傳邵傳作召顏師古注召讀曰邵按召邵古通用可比郡而得也。神明瑞應。可朞年而致也。漢書楚元王傳劉向云神明之應應若景響京房傳云古帝王以功舉賢則萬化成瑞應著　三式

愛日第十八

國之所以爲國者。以有民也。民之所以爲民者。以有穀也。穀之所以豐殖者。以有舊脫人功也。功之所以能建者。以日力也。後漢書張純後奮傳云國以民爲本民以穀爲命崔寔政論同管子八觀篇云民非穀不食穀非地不生地非民不動民非作力毋以致財淮南子主術訓云食者民之本也民者國之本也國者君之本也是故人君者上因天時下盡地財中用人力周語云豐殖九藪治國之日舒以長。故其民閒暇而力有餘。孟子云今國家閒暇亂國之日促以短。故其民困務而力不足。所謂治國之日舒以長者。非謁羲和而令安行也。藝文類聚五十二謁上有能字下同山海經大荒南經東南海之外甘水之閒有羲和之國有女子名曰羲和方浴日於甘淵郭璞注羲和蓋天地始生主日月者也故啓筮曰空桑之蒼蒼八極之既張乃有夫羲和是主日月職出入以爲晦明又曰瞻彼上天一明一晦有夫羲和之子出於暘谷故堯因此而立羲和之官以主四時楚辭離騷云吾令羲和弭節兮王逸注羲和日御也弭按也按節徐步也安行亦弭節之意又非能增分度本傳注引洛書甄耀度曰凡周天三百六十五度四分度之一一度爲千九百三十二里日一日行一度月一日行十三度十九分度之一也而益漏刻也。說文云漏以銅受水刻節晝夜百刻周禮挈壺氏鄭注漏之箭晝夜共百刻冬夏之閒有長短焉太史立成法有四十八箭乃君明察而百官治。下循正而得其所。則民安靜而力有餘。故視日長也。商子墾令篇云無宿治則邪官不及爲私利於民而百官之情不相稽則農有餘日所謂亂國之日促以短者。非謁羲和而令疾驅也。又非能減分度而損漏刻也。乃君不明類聚作君暗則百

官亂而姦宄興。漢書五行志云詩云爾德不明以亡陪亡卿不明爾德以亡背亡仄言上不明暗昧蔽惑則不能知善惡親近習長同類亡功者受賞有罪者不殺百官廢亂 法令鬻而役賦繁。則希民困於吏政。說文云俙訟面相是也徐鍇曰面從相覔也希乃俙之省 仕者窮於典禮。典疑曲之誤崔寔政論云長吏或實清廉不肯媚竈曲禮不行於所屬私愛無口於口府魏志荀彧傳云文帝曲禮事或是也漢書儒林傳云嚴彭祖廉直不事權貴或說曰君臣不修小禮曲意亡貴人左右之助曲禮卽小禮曲意按武帝紀建元元年詔曰河海潤千里其令祠官修山川之祠爲歲事曲如禮王莽傳云外交英俊內事諸父曲有禮意皆曲禮之證 寃民口獄乃得直。空格程本作就漢書酷吏田延年傳霍將軍曰曉大司農通往就獄得公議之按就獄得直吏政猶未大壞此當爲鬻獄昭十四年左傳云雍子自知其罪而賂以買直鮒也鬻獄鬻獄乃得直卽所謂買直也 烈士交私乃見保。漢書張湯傳云與長安富賈田甲魚翁叔之屬交私元后傳王鳳云御史大夫音謹勅臣敢以死保之 姦臣肆心於上。昭十二年左傳云昔穆王欲肆其心周行天下 亂化流行於下。隱五年左傳云亂政亟行所以敗也毛詩凱風序云衞之淫風流行 君子載質而車馳。細民懷財類聚作賄而趨走。後漢書皇甫規傳云載贄馳車懷糧步走 故視日短也。詩云。王事靡盬。不遑將父。皇皇者華 言在古閑暇而得行孝。今迫促不得養也。漢書武帝紀建元元年詔曰今天下孝子順孫願自竭盡以承其親外迫公事內乏資財是以孝心闕焉意與此同 孔子稱庶則富之。既富則教之。論語 是故禮舊脫據傳補義生於富足。史記貨殖傳云倉廩實而知禮節衣食足而知榮辱禮生於有而廢於無故君子富好行其德小人富以適其力淮南子齊俗訓云夫民有餘卽讓不足則爭讓則禮義生爭則暴亂起 盜竊起於貧窮。鄧析子無厚篇云凡民有穿窬爲盜者有詐僞相迷者此皆生于不足起於貧窮 富足生於寬暇。足舊作貴據傳改漢書郊祀志公孫卿曰非少寬暇神不來 貧窮起於無日。聖人深知力者乃民之本也而國之基。國基注見本政篇 故務省役而爲民愛日。是以堯勅羲和。欽若昊天。敬授民時。書堯典 邵伯訟不忍煩民。聽斷棠下。詩甘棠鄭箋云召伯聽男女之訟不重煩勞百姓止舍小棠之下而聽斷焉此訟上當有決字史記燕世家云召公巡行鄉邑有棠樹決獄政事其下定九年左傳杜注召伯決獄於蔽芾小棠之下 能與時雍而致刑錯。書堯典云黎民於變時雍刑錯注見德化篇 今則不然。萬官撓民。逸周書史記解云外內相閒下撓其民說文云撓擾也 令長自衒。傳作令長以神自畜按說文云衒行且賣也或从玄作衒賣衒也讀若育賣蓄聲相近百姓廢農桑。農字据傳補下文亦云民廢農桑而守之而趨府庭者。非朝晡不得通。晡傳作餔按說文云餔日加申時食也又申字下云吏以餔時聽事申旦政也高誘淮南子敍云除東郡濮陽令以朝餔事畢之閒乃深思先師之訓參以經傳道家之言比方其事爲之注解後漢書趙熹傳云朝晡入臨晡餔古通用非意氣不得見。漢書宣帝紀元康二年詔曰或擅興繇役飾廚傳稱過使客韋昭曰廚謂飲食傳謂傳食言修飾意氣以稱過使而已後漢書仲長統傳昌言法誡篇云近臣外戚宦豎請托不行意氣不滿立能陷人於不測之禍獨行陸續傳云使者大怒以爲獄門吏卒通傳意氣蜀志法正傳云以意氣相致鄧芝傳云性剛簡不飾意氣風俗通窮通篇云韓演爲丹陽太守法車徵從事伴南陽符迎之於杼秋意氣過於所望莊子列禦寇篇小夫之知不離苞苴竿牘釋文引司馬彪注云竿牘謂竹簡爲書以相問遺修意氣也世說紕漏篇云虞嘯父爲孝武侍中帝從容問曰卿在門下初不聞有所獻替虞家富春近海謂帝望其意氣對曰天時尙煖鮆魚蝦鱃未可致尋當有所上獻帝撫掌大笑以餽獻爲意氣漢晉人習語也訟不訟輒連月日。舉室釋作以相瞻視。辭人之家。說文云辭訟也輒請鄰里應對送餉。比事訖。竟亡一歲功。漢書元帝紀建昭五年詔曰不良之吏覆案小罪徵召證案與不急之事以妨百姓使失一時之作亡終歲之功則天下獨有受其饑者矣。呂氏春秋愛類篇云士有當年而不耕者則天下或受其饑矣而品人俗士之司典者。曾不覺也。郡縣既加冤枉。州司不治。令破家活遠詣公府。後漢書靈帝紀光和三年章懷注公府三公府也公府不能照察真僞。照舊作昭按實邊篇交際篇並作照察今据改楚辭九辯云信未達乎從容王逸注君不照察其真僞亦一證管子形勢解云日月昭察萬物者也天多雲氣蔽蓋者衆則日月不明人主猶日月也羣臣多姦立私以擁蔽主則人主不得昭察其臣下昭亦照之誤照察本於彼九辯又云彼日月之照明兮王逸注三光照察詩柏舟鄭箋衣之不澣則憒辱無照察東方之日毛傳人君明盛無不照察禮記哀公問已成而明鄭注照察有功論衡吉驗篇照察明著皆其證也則但欲罷之以久困之資。罷讀爲疲故猥說一科。盧學士云說疑當作設繼培按設字是也後漢書質帝紀本初元年詔曰造設科條令此注百日。王先生云科令爲句此注百日是比滿百日之課乃爲移書。廣韻五支移字注云官曹公府不相臨敬則爲移書箋表之類也其不滿百日。輒更造數。按造數疑當作遣赦甚違邵伯訟棠之義。此所謂誦詩三百。授之以政不達。雖多亦奚以爲者也。孔子曰。聽訟。吾猶人也。並見論語從此觀之。中材以上。史記魏豹彭越傳贊云中材以上且羞其行皆議曲直之辨。刑法之理可疑當在皆字下或當作耳帶上讀鄉亭部吏。漢書百官公卿表云大率十里一亭亭有長十亭一鄉鄉有三老有秩嗇夫游徼周禮大司徒凡萬民之不服教而有獄訟者與有地治者聽而斷之鄭司農云與其地部界所屬吏共聽斷之蜡氏有地之官鄭司農云有地之官有部界之吏今時鄉亭是也足以斷決。禮記月令云審斷決使無怨言。僖廿四年左傳云且出怨言然所以不者。蓋有故焉。傳曰。惡直醜正。實繁有徒。昭廿八年左傳繁作蕃夫直者貞正而不撓志。晉語云撓志以從君漢書楚元王傳劉向封事云君子獨處守正不撓衆枉按說文云橈曲木後世橈曲字皆从手無恩於吏。怨家務主者。務當作賂昭十四年左傳云雍子自知其罪而賂以買直是也列女傳齊威虞姬傳云周破胡賂執事者使竟其罪執事者誣其辭而上之主者即執事者周禮訝士鄭注如今郡國亦時遣主者吏詣廷尉議者史記呂不韋傳太后乃陰厚賜主腐者吏張丞相傳任敖擊傷主呂后吏外戚世家竇姬請其主遣宦者吏皆所謂主者結以貨財。故鄉亭與之爲排直家。說文云排擠也後反覆時吏坐之。周禮鄉士旬而職聽於朝鄭注十日乃以職事治之於外朝容其自反覆方士書其刑殺之成與其聽獄訟者鄭注但書其成與治獄之吏姓名備反覆有失實者故共枉之於庭。傳作廷謂縣廷也史記游俠傳縣廷漢書作庭王先生云以上下文例之枉當爲排此枉字疑後人据傳改之以羸民與豪吏訟。史記曹相國世家云居縣爲豪吏其勢不如也。是故縣與部并後有反覆。長吏坐之。漢書百官公卿表云縣萬戶以上爲令減萬戶爲長皆有丞尉是爲長吏故舉縣排之於郡。以一人與一縣訟。其勢不如也。故郡與縣并後有反覆。太守坐之。故舉郡排之於州。以一人與一舊脫郡訟。其舊脫勢不如也。故州與郡并而不肯治。故乃遠詣公府爾。公府不能察。而苟欲以錢刀課之。錢刀傳作日月按錢刀字非誤漢書薛宣傳云宣爲相府辭訟例不滿萬錢不爲移書後皆遵用薛侯故事則貧弱少貨者終無以。舊作已据傳改曠旬滿祈。王先生云祈疑期之誤豪富饒錢者。史記秦始皇紀二十六年徙天下豪富於咸陽平準書云募豪富人相假貸小爾雅廣詁云饒多也取客使往。治要載崔寔政論云假令無奴當復取客客庸一月千可盈千日。非徒百也。治訟若此。爲務。助豪猾而鎮貧弱也。說文云鎮博壓也漢書酷吏嚴延年傳云其治務在摧折豪強扶助貧弱此反言之江充傳云交通郡國豪猾何寃之能治。非獨鄉部辭訟也。武官斷獄。亦皆始見枉於小吏。終重冤於大臣。怨故未讐。史記蔡澤傳云今君之怨已讐而德已報 輒逢赦令。不得復治。正士懷冤結而不得信。讀爲申 猾吏崇姦宄而不痛坐。漢書陳萬年傳云豪猾吏及大姓犯法輒論輸府論衡商蟲篇云豪民猾吏 郡縣所以易侵小民。而天下所以多饑窮也。除上天感動。降災傷穀。但以人功見事言之。除舊作於据傳改按但當作且本書邊議篇云除其仁恩且以計利言之後漢書竇融傳亦云除言天命且以人事論之皆其例也後漢書光武帝紀建武五年詔曰久旱傷麥秋種未下朕甚憂之將殘吏未勝獄多冤結元元愁恨感動天氣乎此文本之漢書成帝紀鴻嘉四年詔曰一人有辠舉宗拘繫農民失業怨恨者衆傷害和氣水旱爲災亦此意也 今自三府以下。至於縣道鄉亭。續漢書百官志云凡縣主蠻夷曰道 及從事督郵。百官志諸州刺史下有從事屬國都尉下有督郵 有典之司。民廢農桑而守之辭訟告訴。周禮小司徒云聽其辭訟說文云訴告也或从朔心作愬管子任法篇云告愬其主 及以官事應對吏者一人。之下有脫文 日廢十萬人。人疑衍或當作又 復下計之。一人有事。二人獲餉。王先生云獲當是護傳云二人經營亦護持之意繼培按護獲形近易誤儀禮大射儀授獲者退立於西方獲者與共而俟鄭注古文獲皆作護此其類也 是爲日三十萬人離其業也。尉繚子將理篇論決獄云農無不離田業 以中農率之。則是歲三百萬口受其饑也。三百當作二百中農食七人三十萬人當食二百一十萬人云三百者舉成數也漢書貢禹傳云漢家鑄錢及諸鐵官皆置吏卒徒攻山取銅鐵一歲功十萬人以上中農食七人是七十萬人常受其饑也此文本之 然則盜賊何從消。漢書嚴安傳云盜賊銷則刑罰少消與銷同 太平何從作。孝明皇帝嘗問今旦何得無上書者。左右對曰。反支故。傳注云凡反支日用月朔爲正戌亥朔一日反支申酉朔二日反支午未朔三日反支辰巳朔四日反支寅卯朔五日反支子丑朔六日反支見陰陽書也 帝曰。民既廢農遠來詣闕。而復使避反支。是則又奪其日而冤之也。乃敕公車受章。無避反支。續漢書百官志公車司馬令屬衛尉掌吏民上章 上明聖主。當作上聖明王 爲民愛日如此。而有司輕奪民時如彼。孟子云彼奪其民時使不得耕耨漢舊儀云郡國守丞長史上計事竟君侯出坐庭上親問百姓所疾苦討室掾史一人大音者讀敕畢遣勅曰詔書數下禁吏無苛暴丞史歸告二千石順民所疾苦急去殘賊審擇良吏無任苛刻治獄決訟務得其中明詔憂百姓困於衣食二千石帥勸農桑思稱厚恩有以賑贍之無煩擾奪民時蓋所謂有君無臣。僖二年公羊傳文有主無佐。按漢書鼂錯傳錯對策云臣聞五帝其臣莫能及則自親之三王臣主俱賢則共憂之五伯不及其臣則任使之今執事之臣莫能望陛下清光譬之猶五帝之佐也有主無佐蓋即本於彼元首聰明。股肱怠惰者也。書皐陶謨詩曰。何本作云國既卒斬。何用不監。節南山傷三公居人尊位。食人重祿。而曾不肯察民之盡瘁也。孔子病夫未之得也。患不得之。既得之患失之者。論語患不得之今作患得之按荀子子道篇孔子曰小人者其未得也則憂不得既已得之又恐失之說苑雜言篇同論語古本亦當有不字漢書朱雲傳云今朝廷大臣上不能匡主下亡以益民皆尸位素餐孔子所謂鄙夫不可與事君苟患失之亡所不至者也今公卿始起州郡而致宰相。漢書朱博傳云漢家至德溥大宇內萬里立置郡縣部刺史奉使典州督察郡國吏民安寧故事居部九歲舉爲守相其有異材功效著者輒登擢又云故事選郡國守相高第爲中二千石選中二千石爲御史大夫任職者爲丞相此其聰明智慮。韓非子難三云特盡聰明勞智慮未必闇也。患其苟先私計而後公義爾。漢書鮑宣傳云羣臣幸得居尊官食重祿豈有肯加惻隱於細民助陛下流教化者耶志但在營私家稱賓客爲姦利而已說苑臣術篇云安官貪祿營於私家不務公事懷其智藏其能容容乎與世沈浮上下左右觀望如此者具臣也詩云。莫肯念亂。誰無父母。沔水今民力不暇。穀何以生。百姓不足。君孰與足。論語嗟哉。可無思乎。

斷訟第十九

五代不同禮。三家不同教。非其苟相反也。蓋世推移而俗化異也。史記秦始皇紀李斯曰五帝不相復三代不相襲各以治非其相反時變異也漢書武帝紀元朔六年詔曰朕聞五帝不相復禮三代不同法所繇殊路而建德一也韓安國傳王恢曰臣聞五帝不相襲禮三王不相復樂非故相反也各因世宜也匡衡傳衡上疏曰臣聞五帝不同禮三王各異教民俗殊務所遇之時異也數家語意相襲而文或少異淮南子齊俗訓云世異則事變時移則俗易修務訓高誘注推移猶轉易也俗化異則亂原殊。故三家符世。符當作御御符字形相近或當爲撫聲之誤也御世見敍錄撫世見忠貴三式德化篇皆革定法。管子正世篇云古之所謂明君者非一君也其設賞有薄有厚其立禁有輕有重迹行不必同非故相反也皆隨時而變因俗而動商子更法篇云伏羲神農教而不誅黄帝堯舜誅而不怒及至文武各當時而立法因事而制禮禮法以時而定制令各順其宜壹言篇云聖人之爲國也不法古不修今因世而爲之治度俗而爲之法故法不察民之情而立之則不成治宜於時而行之則不干 高祖制三章之約。漢書高帝紀元年召諸縣豪傑曰與父老約法三章耳殺人者死傷人及盜抵罪服虔曰隨輕重制法也 孝文除克膚之刑。漢書文帝紀十三年除肉刑法刑法志載詔云夫刑至斷支體刻肌膚終身不息何其刑之痛而不德也克與刻通說文云克象屋下刻木之形 是故自非殺傷盜臧。臧程本作賊誤漢書高帝紀李奇注云傷人有曲直盜臧有多少罪名不可豫定故凡言抵罪 文罪之法輕重無常。各隨時宜。要取足用。勸善消惡而已。漢書刑法志云漢興高祖初入關約法三章曰殺人者死傷人及盜抵罪蠲削煩苛兆民大說其後四夷未附兵革未息三章之法不足以禦姦於是相國蕭何攈摭秦法取其宜於時者作律九章循吏黃霸傳張敞云漢家承敝通變造起律令即以勸善禁姦條貫詳備不可復加 夫制法之意。若爲藩籬溝塹以有防矣。楚語云爲之關籥蕃籬而遠備閑之塹當作塹說文云塹阬也周禮雍氏春令爲阱擭溝瀆之利於民者鄭注阱穿地爲塹所以禦禽獸 擇禽獸之尤可數犯者。而加深厚焉。今姦宄雖衆。然其原少。君事雖繁。然其守約。知其原少。姦易塞。見其守約。政易持。舊作治據下文改 塞其原。則姦宄絕。鹽鐵論申韓篇云塞亂原而天下治大戴禮盛德篇云刑罰之所從生有源不務塞其源而務刑殺之是爲民設陷以賊之也 施其術。則遠近治。今一歲斷獄。雖以萬計。漢書董仲舒傳云一歲之獄以萬千數鹽鐵論申韓篇云今斷獄歲以萬計 然辭訟之辯。說文云辡辠人相與訟也辯治也從言在辡之間 鬭賊之發。鄉部之治。獄官之治者。漢書晁錯傳云獄官主斷 其狀一也。本皆起民不誠信。而數相欺紿也。漢書韓延壽傳云吏民不忍欺紿紿與詒同 舜勑龍以讒說殄行。震驚朕師。書堯典 乃自上古患之矣。故先慎己喉舌。喉舊作唯詩烝民云王之喉舌 以元示民。元當爲玄德之玄荀子正論篇云上周密則下疑玄矣 孔子曰。亂之所生也。則言語以爲階。易繫辭上傳 小人不恥不仁。不畏不義。繫辭下傳 脉脉規規。玉篇云眽眽姦人視也亦作脉脉脉與眽眽通漢書東方朔傳云跂跂脈脈善緣壁顏師古注脈脈視貌莊子秋水篇云規規然自失釋文云規規驚視自失貌荀子非十二子篇莫莫然瞡瞡然楊倞注瞡與規同規規見小之貌按莫莫與脉睒聲亦相近常懷姦唯。唯當爲詐禮記經解云君子審禮不可誣以姦詐王侍郎云唯疑睢姦睢猶恣睢昧冒前利不顧廉恥。襄廿六年左傳云楚王是故昧於一來杜注昧猶貪冒周語云戎狄冒没輕儳貪而不讓昧冒猶冒没也漢書匈奴傳云單于咸棄其愛子昧利不顧說苑正諫篇云吳王欲伐荊舍人少孺子曰園中有樹其上有蟬蟬高居悲鳴飲露不知螳螂在其後也螳螂委身曲附欲取蟬而不知黃雀在其傍也黃雀延頸欲啄螳螂而不知彈丸在其下也此三者皆欲得其前利而不顧其後之有患也鹽鐵論結和篇云登得前利不念後咎苟且中脫一字後則榆解奴抵。榆蓋偷之誤解讀爲擺奴抵字未詳以致禍變者比屋是也。非唯細民爲然。自封君舊脫王侯貴戚豪富。尤多有之。假舉驕奢以作淫侈。高負千萬。不肯償責。小民守門。號哭啼呼。曾無怵惕慙怍哀矜之意。崔寔政論云今官之接民甚多違理作使百工及從民市輒設計加以誘來之器成之後更不與直老弱凍餓痛號道路守闕告哀終不見省孟子云皆有怵惕惻隱之心書呂刑云皇帝哀矜庶獄之不辜苟崇聚酒徒無行之人。史記酈生傳云吾高陽酒徒也淮陰侯傳云始爲布衣時貧無行漢書五行志谷永云崇聚票輕無誼之人以爲私客傳空引滿。漢書敍傳云趙李諸侍中皆引滿舉白孟康曰舉白見驗飲酒盡不也傳空猶舉白也啁啾罵詈。禮記三年問云猶有啁噍之頃焉釋文啁噍聲啁啾與啁噍同文選長笛賦李善注引蒼頡篇云啾衆聲也史記魏豹傳云漢王慢而侮人罵詈諸侯羣臣如罵奴耳晝夜鄂鄂。慢遊是好。書皐陶謨云惟慢遊是好又云罔晝夜頟頟按頟鄂聲相近幽州人謂頟爲鄂見釋名釋形體或毆擊責主入舊作人於死亡。羣盜攻剽。劫人無異。史記酷吏傳云義縱少年時嘗與張次公俱攻剽爲羣盜貨殖傳云閭巷少年攻剽椎埋劫人作姦晉書刑法志陳羣新律序云舊律盜律有劫略雖會赦贖。不當復得在選辟之科。而州司公府反爭取之。且觀諸敢妄驕奢而作大責者。必非救飢寒而解困急。振貧窮而行禮義者也。咸以崇驕奢而奉淫湎爾。成二年左傳云淫湎毀常詩蕩云天不湎爾以酒釋文引韓詩云飲酒閉門不出客曰湎春秋之義。責知誅率。王侍郎云公羊桓五年葬陳桓公何休注云不月者責臣子也知君父有疾當營衛不謹而失之也襄二十五年吳子謁伐楚門於巢卒何休注云君子不怨所不知故與巢得殺之是責知也昭二十六年尹氏召伯毛伯以王子朝奔楚何休注云立王子朝獨舉尹氏出奔并舉召伯毛伯者明本在尹氏當先誅渠率後治其黨是誅率也繼培按後漢書孔融傳云漢律與罪人交關三日已上皆應知情卽責知之意鹽鐵論疾貪篇云春秋刺譏不及庶人責其率也漢書孫寶傳云春秋之義誅首惡而已皆用公

全譌 孝文皇帝至寡動欲任德。然河陽侯陳信。坐負六月免國。 月舊作日史記高祖功臣侯年表云坐不償人責過六月奪侯 孝武仁明。周陽侯田彭祖。坐當軹侯宅而不與免國。 漢書外戚恩澤侯表作田祖坐當歸軹侯宅不與免此脫歸字史記惠景間侯者年表亦作彭祖軹侯作章侯誤表無章侯軹者薄昭所封國也 黎陽侯邵延坐不出持馬。身斬國除。 除舊空据程本史記惠景間侯者年表作犂侯漢書功臣表作黎侯並無陽字此蓋與周陽相涉而誤邵史漢並作召漢書顏師古注云時發馬給軍匿而不出也按武帝紀元狩五年天下馬少平牡馬匹二十萬食貨志云車騎馬乏縣官錢少買馬難得迺著令令封君以下至三百石吏以差出牡馬 持馬蓋特馬之誤特馬即牡馬周禮校人凡馬特居四之一鄭司農云四之一者三牝一牡 一帝豈樂以錢財之故。 莊子徐無鬼篇云錢財不積則貪者憂 而傷大臣哉。乃欲絕詐欺之端。 漢書王尊傳云絕詐欺之路 必國家之 舊脫 法。防禍亂之原。 漢書金日磾傳云亂國大綱開禍亂原春秋繁露度制篇云凡百亂之源皆出嫌疑纖微以漸寖稍長至於大聖人章其疑者別其微者絕其纖者不得嫌以蚤防之聖人之道衆隄防之類也 以利民也。故一人伏正罪而萬家蒙乎福者。聖主行之不疑。永平時。 後漢明帝紀元 諸侯負責。輒有削絀之罰。此其後皆不敢負民。而世自節儉。辭訟自消矣。 史記平津侯傳後載王元后詔云儉化俗民則尊卑之序得而骨肉之恩親爭訟之原息漢書楚元王傳劉向封事云崇推讓之風以銷分爭之訟消與銷同 今諸侯貴戚。或曰 字誤 勑民 王先生云疑己之誤 愼行德義無違。制節謹度。 孝經 未嘗負責。身絜規避。 王先生云規避當作珪璧纖培按後漢書馮衍傳衍說鮑永云珪璧其行 志厲青雲。 淮南子氾論訓文 或既欺負百姓。上書封租。願且償責。 後漢書孝明八王傳云梁節王暢少貴驕頗不遵法度梁相舉奏暢不道暢慙懼上疏辭謝不敢復有所橫費租入有餘乞裁食睢陽穀孰虞蒙寧陵五縣此類是也 此乃殘掠官民。 掠與略同注見下 而還依縣官也。 依讀爲薆蔽也史記絳侯世家索隱云縣官謂天子也所以謂國家爲縣官者夏家王畿內縣卽國都也王者官天下故曰官也 其誣罔慢易。 罔程本作國誤誣罔亦漢時律令文漢書武帝紀元鼎五年樂通侯欒大坐誣罔是也說文云嫚侮易也經典通作慢大戴禮子張問入官篇云慢易者禮之所以失也 罪莫大焉。 昭五年左傳昭子曰豎牛禍叔孫氏使亂大從罪莫大焉 孝經曰。陳之以德義而民興行。示之以好惡而民知禁。

今欲變巧僞以崇美化，息辭訟以閑官事者，莫若表顯有行。（白虎通辟雍篇云顯有能褒有行）痛誅無狀。（晏子春秋諫下云痛誅其罪）導文武之法，明詭詐之信。（疑罰）今侯王貴戚，不得侵廣。（下有脫文）姦宄逸多。豈謂每有爭鬭辭訟，婦女必致此乎？亦以傳見凡諸禍根不早斷絕。（韓非子初見秦篇云削迹無遺根無與禍鄰禍乃不存漢書匈奴傳陳饒曰椎破故印以絕禍根）則或轉而滋蔓。（隱元年左傳云無使滋蔓）人（疑必）若斯邪。（疑也）是故原官察之所以務念，（昭六年左傳云明察之官）臣主之所以憂勞者。（越語范蠡曰爲人臣者君憂臣勞）其本皆鄉亭之所治者，大半詐欺之所生也。（漢書刑法志云原獄刑所以蕃若此者禮教不立刑法不明民多貧窮豪桀務私姦不輒得獄犴不平之所致也服虔曰鄉亭之獄曰犴）故曰：知其原少則姦易塞也，見其守約則政易持也。（姦宄逸多至此當在篇末蓋總結一篇之意）

或婦人之行，貴令鮮絜。（詩采蘋鄭箋云婦人之行尙柔順自潔清鮮絜猶言潔清荀子宥坐篇孔子曰夫水以出以入以就鮮絜）今以（已同）適矣，無顏復入甲門。（適下當有乙字古人稱人以甲乙韓非子用人篇云罪生甲禍歸乙此其例也周禮司刺疏云甲乙者興喩之義）縣官原之。（周禮司厲疏云漢時名官爲縣官非謂州縣也）故令使留所。既入家，必未昭亂之本原。（亂上當有治字說見述赦篇）不惟貞絜所生者之言也。（詩南有喬木鄭箋云賢女雖出遊流水之上人無欲求犯禮者亦由貞絜使之然蝃蝀箋云淫奔之女大無貞絜之信）貞女不二心以數變。（史記田單傳論王蠋曰貞女不更二夫成三年左傳云無有二心）故有匪石之詩。（柏舟）不枉行以遺憂。（詩斯干云無父母詒罹毛傳罹憂也鄭箋云無遺父母之憂史記韓安國傳帝謝太后曰兄弟不能相教乃爲太后遺憂）故美歸寧之志。（詩葛覃云歸寧父母毛傳寧安也父母在則有時歸寧草蟲箋云君子待己以禮庶自此可以寧父母）一許不改，蓋所以長貞絜而寧父兄也。其不循此而二三其德者，（詩氓）此本無廉恥之家，不貞專之所也。（詩關雎窈窕淑女毛傳幽閒貞專之善女文選顏延年秋胡詩李善注引薛君韓詩章句曰窈窕貞專貌列女傳宋鮑女宗云婦人以專一爲貞梁寡高行傳頌云貞專精純史記秦始皇紀會稽刻石云有子而嫁倍死不貞）若然之人，又何醜恡。（方言云悋恨也恡與悋同）輕薄父兄淫僻婦女。禮記經解云婚姻之禮廢則夫婦之道苦而淫辟之罪多列女傳周主忠妾傳頌云主妻淫僻不惟義理。苟疎一德。借本治生。史記貨殖傳云善治生者能擇人而任時逃亡抵中。史記孟嘗君傳馮驩云不足者雖守而責之十年息愈多急即以逃亡自捐之若急終無以償上則爲君好利不愛士民下則有離上抵負之名周禮朝士凡屬責者以其地傳而聽其辭鄭注屬責轉責使人歸之而本主死亡歸受之數相抵冒者也抵中之抵義與抵負抵冒同乎當作卒屬下讀乎卒字形相近儀禮士冠禮啐醴鄭注啐古文爲呼此其比也以致於刳腹芟頸滅宗之禍者。呂氏春秋順說篇云刈人之頸刳人之腹芟當作艾艾與刈通何所無之。先王因人情喜怒之所不能已者。則爲之立禮制而崇德讓。舊脫不字鹽鐵論散不足篇云宮室輿馬衣服器械喪祭飲食聲色玩好人情之所不能已也故聖人爲之制度以防之禮記坊記云禮者因人之情而爲之節文以爲民坊者也人所可已者。則爲之設法禁而明賞罰。韓非子五蠹篇云明其法禁必其賞罰今市賣勿相欺。婚姻無相詐。非人情之不可能者也。是故不若立義順法。遏絕其原。書呂刑云遏絕苗民管子正法篇云遏之以絕其志意毋使民幸初雖慙恡於一人。然其終也長利於萬世。周語云王天下者必先諸民然後庇焉則能長利韓非子難一文公曰雍季言萬世之利也小懲而大戒。易繫辭下傳戒王本作誡此所以全小而濟頑凶也。小下當脫人字易曰此小人之福也夫立法之大要。漢書陳萬年傳顏師古注大要大歸也必令善人勸其德而樂其政。邪人痛其禍而悔其行。昭卅一年左傳云上之人能使昭明善人勸焉淫人懼焉諸一女許數家。雖生十子。更百赦。勿令得蒙一還私家。則此姦絕矣。不則髡其夫妻。徙千里外劇縣。漢時有劇縣平縣之目見後漢書安帝紀永初元年乃可以毒其心而絕其後。舊作者据何本改說苑政理篇云刑者懲惡而禁後者也姦亂絕則太平興矣。史記秦始皇紀云欲以興太平漢書路温舒傳云太平之風可與於世又貞絜寡婦。或男女備具。財貨富饒。漢書地理志云民以富饒欲守一醮之禮。禮記郊特牲云壹與之齊終身不改故夫死不嫁鄭注齊謂共牢而食同尊卑也齊或爲醮列女傳蔡人之妻曰適人之道壹與之醮終身不改宋鮑女宗云婦人一醮不改陳寡孝婦傳頌同成同穴之義。詩大車云死則同穴執節堅固。列女傳齊孝孟姬頌云孟姬好禮執節甚公漢書賈捐之傳云守道堅固執義不回 齊懷必死。列女傳節義傳序云惟若節義必死無二召南申女傳云守節持義必死不往 終無更許之慮。列女傳息夫人云人生要一死而已終不以身更貳醮 遭值不仁世叔。爾雅釋親云父之晜弟先生爲世父後生爲叔父 無義兄弟。或利其娉幣。漢書陳平傳云平貧迺假貸幣以聘聘與娉同 或貪其財賄。淮南子覽冥訓高誘注云齊之寡婦無子不嫁事姑謹敬姑無男有女女利母財令母嫁婦婦益不肯正此類也詩氓云以爾車來以我賄遷毛傳賄財遷徙也鄭箋徑以女車來迎我我以所有財遷徙就女也貪其財賄奪之使不得還矣 或私其兒子。則彊中欺嫁。桓九年紀季姜歸於京師穀梁傳云爲之中者歸之也范甯注中謂關與婚事 處迫脅遣送。人有自縊房中。飲藥車上。莊卅二年公羊傳云季子和藥而飲之 絕命喪軀。孤捐童孩。此猶迫脅人命自殺也。命當爲令漢書景十三王傳云河間王元迫脅凡七人令自殺又云趙王元迫脅自殺者凡十六人 或後夫多設人客。威力脅載。守將抱執。說文云將扶也將即將字漢書外戚傳孝景王皇后傳云女逃匿扶將出拜後漢書列女陰瑜妻傳云扶抱載之 連日乃緩。與彊掠人爲妻無異。史記陳丞相世家云會孫何坐略人妻掠與略同方言云略強取也 婦人軟弱。廣韻云輭柔也軟俗史記貨殖傳云妻子軟弱按軟輭蓋偄之別體說文云偄弱也漢書王尊傳又作耎弱 猥爲衆彊所扶與執迫。幽阨連日。後雖欲復修本志。嬰絹漢書司馬遷傳云嬰金鐵受辱顏師古注嬰繞也史記秦始皇紀後班固論云素車嬰組嬰絹猶嬰組即上云自縊也 吞藥。下有脫文何本增曉矣二字大謬

衰制第二十

無慢制而成天下者王先生云慢曼憲形近之譌 三皇也。畫則象而化四表者五帝也。明法禁而和海內者三王也。白虎通五刑篇云聖人治天下必有刑罰何所以佐德助治順天之度也故懸爵賞者示有所勸也設刑罰者明有所懼也傳曰三皇無文五帝畫象三王明刑襄廿九年公羊傳何休注引孔子曰三皇設言民不違五帝畫象世順機三王肉刑揆漸加應世點巧姦僞多疏云孝經說文 行賞罰而齊萬民者治國也。君立法而下不行者亂國也。臣作政而君不制者亡國也。管子明法篇云所謂治國者主道明也所謂亂國者臣術勝也 是故民之所以不亂者。上有吏。吏之所以無姦者。官有法。商子靳令篇云法平則吏無奸

法之所以順行者，國有君也。君之所以位尊者，身有義也。義下舊衍身有二字，無也字。商子君臣篇云：古者未有君臣上下之時，民亂而不治，是以聖人列貴賤，制爵位，立名號，以別君臣上下之義。地廣民衆萬物多，故分五官而守之。民衆而奸邪生，故立法制爲度量以禁之。是故有君臣之義，五官之分，法制之禁，不可不愼也。義者，君之政也。法者，君之命也。按下文云法也者先王之政也，令也者己之命也，此有脫誤。人君思正以出令，而貴賤賢愚莫得違也，則君位於上，而民氓治於下矣。管子法法篇云：政者正也，正也者所以正定萬物之命也。是故聖人精德立中以生正，明正以治國，故正者所以止過而逮不及也。任法篇云：生法者君也，守法者臣也，法於法者民也，君臣上下貴賤皆從法，此謂大治。人君出令，而貴臣驕吏弗順也，則君幾於弒，而民幾於亂矣。商子君臣篇云：處君位而令不行則危，五官分而無常則亂，法制設而私善行則民不畏刑，君尊則令行，官修則有常事，法制明則民畏刑。法制不明而求民之行令也，不可得也。民不從令而求君之尊也，雖堯舜之智不能以治。夫法令者，君之所以用其國也。君出令而不從，是與無君等。藝文類聚五十四引申子云：君之所以尊者令，令之不行，是無君也，故明君愼令。主令不從，則臣令行，國危矣。尹文子大道篇云：公法廢，私政行，亂國也。御覽六百卅八引崔寔政論云：君以審令爲明，臣以奉令爲忠。故背制而行賞謂之作福，背令而行罰謂之作威。作威則人畏之，作福則人歸之。夫威福，人主之神器也。譬之操莫邪，執其柄則人莫敢抗，失其柄則還見害也。夫法令者，人君之銜轡箠策也。淮南子主術訓云：法律度量者，人主之所以執下，釋之而不用，是猶無轡銜而馳也。而民者，君之輿馬也。若使人臣廢君法禁而施己政令，則是奪君之轡策而己獨御之也。愚君闇主。荀子臣道篇云：闇主惑君。託坐於左，而姦臣逆道。史記李斯傳云：兼行田常子罕之逆道。執轡於右。此齊騶馬繻所以沈胡公於具水。繻舊作傳。楚語云：昔齊騶馬繻以胡公入於貝水。古書需字多作𦓣，與專相似。貝水，水經注巨洋水篇引國語作具水，云袁宏謂之巨昧，王韶之以爲巨蔑，亦或曰朐瀰，皆一水也，而廣其目焉。元和夏孝廉文燾云：具、巨、朐聲相近，則作具是也。宋羊叔牂所以弊華元於鄭師，宣二年左傳。按僖十年傳：敝於韓。杜注：敝，敗也。弊與敝同。而莫之能御也。楚語云：遭世之亂而莫之能禦也。韋昭注：禦，止。御與禦同。是故陳恆執簡公於徐州，哀十四年左傳作舒州。李兌害主父於沙丘。楚策孫子曰：李兌用趙，餓主父於沙丘。事詳史記趙世家皆以其毒素奪君之轡策也。毒字衍卽素之駁文文言故曰。臣弑其君。子弑其父。非一朝一夕之故也。其所由來者漸矣。由變之不蚤變也。王易故下無也字蚤舊作早辨古字並通用由變之變舊作辯蓋後人以王本改之是故妄違法之吏。妄造令之臣。不可不誅也。議者必將以爲刑殺當不用。而德化可獨任。漢書董仲舒傳云天道之大者在陰陽陽爲德陰爲刑刑主殺而德主生是故陽常居大夏而以生育養長爲事陰常居大冬而積於空虛不用之處以此見天之任德不任刑也王者承天意以從事故任德教而不任刑刑者不可任以治世猶陰之不可任以成歲也此非變通者之言也。變通注見述赦篇王先生云赦當作救昭六年左傳子產曰吾以救世也繼培按漢書元帝紀云見宣帝所用多文法吏以刑名繩下嘗侍燕從容言陛下持刑太深宜用儒生宣帝作色曰漢家自有制度本以霸王道雜之奈何純任德教用周政乎且俗儒不達時宜好是古非今使人眩於名實不知所守何足委任此文意與彼同夫上聖不過堯舜而放四子。書堯典盛德不過文武而赫斯怒。詩皇矣詩云。君子如怒。亂庶遄沮。君子如祉。亂庶遄已。巧言是故君子之有喜怒也。蓋舊作害以止亂也。故有以誅止殺。以刑禦殘。商子畫策篇云以殺去殺雖殺可也以刑去刑雖重刑可也且夫治世者。若登丘矣。必先躡其卑者。然後乃得履其高。禮記中庸云譬如登高必自卑是故先致治國。然後三王之政乃可施也。道齊三王。然後五帝之化乃可行也。道齊五帝。然後三皇之道乃可從也。且夫法也者。先王之政也。令也者。己之命也。呂氏春秋圜道篇云令者人主之所以爲命也先王之政。所以與舊脫衆共也。己之命。所以獨制人也。呂氏春秋處方篇云法也者衆之所同也商子修權篇云法者君臣之所共操也權者君之所獨制也君誠能授法而時貸之。布令而必行之。則羣臣百吏莫敢不悉心從己令矣。漢書成帝紀建始四年詔曰公卿大夫其勉悉心顏師古注悉盡也己令無違。則法禁必行矣。故政令必行。憲禁必從。而國不治者。未嘗有也。此一弛一張，以今行古，以輕重尊卑之術也。 管子重令篇云凡君國之重器莫重於令令重則君尊君尊則國安令輕則君卑君卑則國危故安國在乎尊君尊君在乎行令行令在乎嚴罰罰嚴令行則百吏皆恐罰不嚴令不行則百吏皆喜故明君察於治民之本本莫要於令故曰虧令者死益令者死不行令者死留令者死不從令者死五者死而無赦惟令是視故曰令重而下恐禮記雜記孔子曰一弛一張文武之道也

勸將第二十一

太古之民，淳厚敦朴，上聖撫之，恬澹無爲。 素問陰陽應象大論云聖人爲無爲之事樂恬憺之能按說文恬憺並訓安澹則憺之假借亦作淡莊子胠篋篇云恬淡無爲 體道履德，簡刑薄威，不殺不誅，而民自化，此德之上也。德稍弊薄，邪心孳生，次聖繼之，觀民設教， 易觀象詞 作 舊作坐古作字與坐相近 爲誅賞以威勸之。既作五兵，又爲之憲，以正厲之。 商子更法篇云伏犧神農教而不誅黃帝堯舜誅而不怒及至文武各當時而立法因事而制禮禮法以時而定制令各順其宜兵甲器備各便其用 詩云：「修爾輿馬，弓矢戈兵，用戒作則，用逖蠻方。」 抑今詩輿作車戈作戎作作戎則作作逖作遏按說文云遏古文逖 故曰：兵之設也久矣。 襄廿七年左傳 涉歷五代，以迄於今。 迄治要作迨 國未嘗不以德昌而以兵彊也。 史記自序序律書云非兵不彊非德不昌 今兵巧之械， 史記律書云其於兵械尤所重正義云內成曰器外成曰械械謂弓矢殳矛戈戟漢書藝文志論兵書云技巧者習手足便器械積機關以立攻守之勝者也 盈乎府庫。 禮記樂記云車甲衅而藏之府庫曲禮云在府言府在庫言庫鄭注庫謂車馬兵甲之處也月令云審五庫之量御覽一百九十一引蔡邕月令章句云五庫者一曰車庫二曰兵庫淮南子時則訓云七月官庫高誘注庫兵府也說文云庫兵車藏也 孫吳之言，聒乎將耳。 韓非子五蠹篇云境內皆言兵藏孫吳之書者家有之漢書藝文志兵家孫子兵法八十二篇吳起四十八篇說文云聒讙語也一切經音義廿引蒼頡篇云擾亂耳孔也 然諸將用之，進戰則兵敗，退守則城亡。 韓非子五蠹篇云出兵則軍敗退守則城拔 是何也哉？曰：彼此之情，不聞乎主上，勝負之數，不明乎將心。 孫子謀攻篇云知彼知己百戰不殆始計篇云主孰有道將孰有能天地孰得法令孰行兵衆孰彊士卒孰練賞罰孰明吾以此知勝負矣尉子戰法篇云兵起而程敵政不若者勿與戰食不若者勿

與久敵衆勿爲客敵盡不知擊之勿疑故曰兵大律在謹論敵察則衆勝負可先知也六韜兵徵篇太公曰勝負之徵精神先見明將察之士卒進無利而自退無畏。治要無自字按晉語梁由靡論慶鄭云不聞命而擅進退犯政也又云戰而自退後不可用此自退之證或云自卽而之敗文讚學篇亦以而爲自此所以然也。夫服重上阪。治要作峻誤楚策汗明曰夫驥之齒至矣服鹽車而上太行中阪遷延負轅不能上漢書鼂錯傳云上下山阪出入溪澗中國之馬弗與也出驥千里。莊子秋水篇云騏驥驊騮一日而馳千里出驥治要作步驟按荀子哀公篇云步驟馳騁馬之禍也。然節馬治要作騏驥王先生云節馬當是良馬涉下節士而誤樂之者以王良。足爲盡力也。以王良治要作以御者良按王良疑當作良工呂氏春秋知士篇云今有千里之馬於此非得良工猶若弗取良工之與馬也相得則然後成譬之若枹之與鼓夫士亦有千里高節死義此士之千里也能使士行千里者其惟賢者也先登陷陣。赴死嚴敵。民之禍也。然節士樂之者以明君。可爲効死也。史記貨殖傳云壯士在軍攻城先登陷陣卻敵斬將搴旗前蒙矢石不避湯火之難者爲重賞使也韓詩外傳十卞莊子曰節士不以辱生楚策張儀曰法令旣明士卒安難樂死凡人所以肯赴死亡而不辭者。舊脫據治要補非爲趨利。則因以避害也。管子明法解云人臣之行理奉命者非以愛主也且以就利而避害也無賢鄙愚智皆然。顧其所利害有異爾。不利顯名。則利厚賞也。賞當作實史記魯仲連傳云此兩計者顯名厚實也下文亦云榮名厚實不避恥辱。恥舊作聖據程本改則避禍亂也。非此舊脫據治要補四者。雖聖王不能以要其臣。慈父不能以必其子。管子形勢解云民之所以守戰至死而不衰者上之所以加施於民者厚也故上施厚則民之報上亦厚上施薄則民之報上亦薄故薄施而厚責君不能得之於臣父不能得之於子明主深知之。故崇利顯害以與下市。韓非子難一云臣盡死力以與君市君垂爵祿以與臣市君臣之際非父子之親也計數之所出也說苑復恩篇云君臣相與以市道接君懸祿以待之臣竭力以報之逮臣有不測之功則主加之以重賞如主有超異之恩則臣必死以復之使親疏貴賤賢鄙愚智。皆必順我令。乃得其欲。商子賞刑篇云所謂一賞者利祿官爵摶出於兵無有異施也夫故愚知貴賤勇怯賢不肖皆盡其胸臆之知竭其股肱之力出死而爲上用也是以一旦軍鼓雷震。旌旗並發。說苑指武篇子路曰鐘鼓之音上聞於天旌旗翩翻下蟠於地由且舉兵而擊之呂氏春秋期賢篇云野人之用兵也鼓聲則似雷士皆奮激。競於死敵者。豈其情厭久生。而樂害死哉。史記司馬相如傳喻巴蜀檄云人懷怒心如報私讎彼豈樂死惡生非編列之民而與巴蜀異主哉害治要作空撓作空是也史記仲尼弟子列傳子羔謂子路曰出公去矣而門已閉子可還矣毋空受其禍漢書高帝紀項伯夜馳見張良具告其實欲與俱去毋特俱死蘇林曰特但也顏師古曰但空也空死而無成名　乃義士且以徼其名。徼舊作激據治要改徼與下求字同義說苑說叢篇云人徼於名不毀為聲激言於不言其漢書揚雄傳云不修廉隅以徼名當世顏師古注徼要也字或作激激發也按激亦字誤顏說非也　貪夫且以求其賞爾。淮南子兵略訓云夫人之所樂者生也而所憎者死也然而高城深池矢石若雨平原廣澤白刃交接而卒爭先合者彼非輕死而樂傷也謂其賞信而罰明也　今吏從軍敗沒死公事者。以十萬數。上不聞弔唁嗟歎之榮名。下又無祿賞之厚實。商子壹言篇云民之從事死制也以上之設榮名置賞罰之明也管子權修篇云將用民力者則祿賞不可不重也　節士無所勸慕。庸夫無所貪利。韓非子六反篇云厚賞者非獨賞功也又勸一國受賞者甘利未賞者懷業是報一人之功而勸境內之衆也欲治者何疑於厚賞　此其所以人懷沮解。舊作懈據治要改鹽鐵論繫之篇云西域迫近胡寇沮心內解必為巨患漢書趙充國傳云欲沮解之顏師古注沮壞也欲壞其計令解散之　不肯復死者據治要補也。軍起以來。暴師五年。史記蒙恬傳云暴師於外十餘年　典兵之吏。將以舊作下據治要改千數。大小之戰。歲十百合。漢書高帝紀云且日合戰蕭何傳云多者百餘戰少者數十合　而希有功。歷察其敗。無他故焉。皆將不明於據治要補變勢。而士不勸於死敵也。孫子地形篇云將不能料敵以少合衆以弱擊強兵無選鋒曰北六韜奇兵篇云將不明則三軍大傾管子法法篇云民不勸勉不行制不死節則戰不勝而守不固兵法篇云賞罰明則勇士勸也　其士之不能死也。乃其將不能效也。言賞則不與。言罰則不行。效當作故韓非子初見秦篇云白刃在前斧鑕在後而卻走不能死也非其士民不能死也上不能故也言賞則不與言罰則不行賞罰不信故士民不死也又難二云趙簡子圍衞之郛郭鼓之而士不起簡子投枹曰烏乎吾之士數弊也行人燭過免冑而對曰臣聞之亦有君之不能耳士無弊者　士進有獨死之禍。退蒙衆生之福。此其據治要補所以臨陣亡戰而競思奔北者也。鄧析子無厚篇云御軍陣而奔北　孫子曰。將者。智也。仁也。敬也。信也。勇也。嚴也。孫子始計篇云將者智信仁勇嚴也魏武帝注將宜五德備此益以敬蓋所見本異　是故智以折敵。折疑料之誤史記白起傳論云料敵合變　仁以附衆。史記司馬穰苴傳云文能附衆武能威敵　敬以招賢。信以必賞。勇以益氣。嚴以一令。故折敵則能合變。衆附愛則思力戰。賢智集則英謀得。英程本作陰按英疑策之誤詩兎罝鄭箋云此兎罝之人於行攻伐可用爲策謀之臣使之慮無亦言賢也 賞罰必則士盡力。勇氣益則兵勢自倍。威令一則惟將所使。必有此六者。乃可折衝擒敵。大戴禮王言篇云明王之守也必折衝乎千里之外 輔主安民。前羌始反時。先零羌滇零以永初元年爲寇四年自稱天子六年滇零死子零昌復襲僞號至元初四年爲任尙客刺死隴右始平詳後漢書安帝紀及西羌傳 將帥以定令之羣。管子霸形篇云朝定令於百吏王先生云羣字是郡字之誤 藉富厚之蓄。史記游俠傳序云藉於有土卿相之富厚 據列城而氣當作處 利勢。權十萬之衆。下篇云諸郡皆據列城而擁大衆或疑權爲擁之誤按史記呂后紀灌嬰曰諸呂權兵關中易林益之臨帶季兒良明知權兵權兵言執兵柄史記袁盎傳云絳侯爲太尉主兵柄是其義矣本書潛歎篇權噬賢之狗義與此同 將勇傑之士。以誅草創新叛散亂之弱虜。漢書敍傳云萬事草創後漢書隗囂傳章懷注草創謂始造也 擊自至之小寇。不能擒滅。輒爲所敗。令遂雲烝。脫一字 一起合從連橫。漢書刑法志云合從連衡轉相攻伐顏師古注衡橫也戰國時齊楚韓魏燕趙爲從秦國爲橫 掃滌幷涼。舊作源據下篇改後漢書隗囂傳討王莽檄云緣邊之郡江海之瀕滌地無類章懷注滌蕩也蕩地無遺類也 內犯司隸。東寇趙魏。續漢書郡國志趙國魏郡屬冀州 西鈔蜀漢。郡國志蜀郡漢中屬益州後漢書循吏王渙傳章懷注鈔掠也一切經音義二引通俗文云遮取謂之抄掠抄與鈔同 五州殘破。六郡削迹。漢書趙充國傳云六郡良家子服虔曰金城隴西天水安定北地上郡是也按天水後漢明帝永平十七年更名漢陽郡國志金城隴西漢陽安定北地屬涼州上郡屬幷州 此非天之災。長吏過爾。非舊作亦据下文改孫子地形篇云兵有走者有弛者有陷者有崩者有亂者有北者凡此六者非天地之災將之過也越絕書計倪內經計倪曰與人同時而戰獨受天之殃未必天之罪也亦在其將 孫子曰。將者。民之司命。而國家安危之主也。孫子作戰篇文舊脫家字据孫子補 是故諸有寇之郡太守令長。不可以不曉兵。今觀諸將。將謂郡守漢書酷吏嚴延年傳顏師古注云謂郡守爲郡將者以其兼領武事也 既無斷敵合變之奇。斷治要作料按史記白起傳論云白起料敵合變出奇無窮料斷義相近古亦通用史記韓信傳云大王自料勇悍仁強孰與項王新序善謀篇作自斷又新序雜事一宋玉對楚王問豈能與之斷天地之高文選舉亦作料復無明賞必罰之信。然其士民又甚貧困。器械不簡習。吳語云申胥華登簡服吳國之士於甲兵韋昭注簡習也將恩不素結。史記淮陰侯傳云信非得素拊循士大夫也此所謂驅市人而戰之卒讀爲猝然有急。則吏以暴發虐其士。士以所拙治要作屈遇敵巧。此爲將據治要補吏驅怨以禦讎。漢書鼂錯傳云其與秦之行怨民相去遠矣顏師古注言發怨恨之人使行戍也士卒縛手以待寇也。淮南子說山訓云縛手走不能疾夫將不能勸其士。士不能用其兵。此二者。與無兵等。六韜軍略篇云凡帥師將軍慮不先設器械不備教不精信士卒不習若此不可以爲王者之兵也漢書鼂錯傳云士不選練卒不服習起居不精動靜不集趨利弗及避難不畢前擊後解與金鼓之音相失此不習勒卒之過也百不當十兵不完利與空手同甲不堅密與袒裼同弩不可以及遠與短兵同射不能中與亡矢同中不能入與亡鏃同此將不省兵之禍也五不當一故兵法曰器械不利以其卒予敵也卒不可用以其將予敵也將不知兵以其主予敵也君不擇將以其國予敵也無士無兵。而欲合戰。其敗負也。理數也然。舊作治數也據治要改補管子兵法篇云治衆有數勝敵有理察數而知理故曰。其敗者。非天之所災。將之過也。饒士處世。饒士謂士之才德優饒者但患無典爾。典司也故苟有士地。百姓可富也。苟有市列。商賈可來也。苟有士民。國家可彊也。苟有法令。姦邪可禁也。商子錯法篇云古之明君錯法而民無邪舉事而材自練賞行而兵強又云苟有道理地足容身士民可致也苟容市井財貨可聚也有土者不可以言貧有民者不可以言弱漢書食貨志云今弘羊令吏坐市列顏師古注市列謂列肆夫國不丁從外治。兵不可從中御。六韜立將篇云國不可從外治軍不可從中御白虎通三軍篇云大夫將兵出不從中御者欲盛其威使士卒一意繫心也郡縣長吏。幸得兼此數者之斷已而。之舊作丈又重而字據程本刪改不能以稱明詔安民氓哉。漢舊儀云御史大夫敕上計丞長史曰詔書數下布告郡國臣下承宣無狀多不究百姓不隸恩被化守丞長史到郡與二千石同力爲民興利除害務有以安之稱詔書漢書鼂錯傳云甚不稱明詔求賢之意此亦陪克闒茸。詩蕩云曾是掊克按敘錄亦作掊闒茸見賢難篇無里之爾。里當作俚之下脫一字漢書季布欒布田叔傳贊云其畫無俚之至耳晉灼曰揚雄方言曰俚聊也許慎曰賴也此爲其計畫無所聊賴夫世有非常之人。然後定非常之事。必道疑遇非常之失。然後見下脫四字史記司馬相如傳云蓋世必有

[非常之人然後有非常之事有非常之事然後有非常之功此文當同之]是故選諸有兵之長吏。宜踔躒豪厚。越取幽奇。[漢書孔光傳云竊見國家故事尚書以久次轉遷非有踔絕之能不相踰越顔師古注踔高遠也踔躒猶言踔絕後漢書班彪後固傳西都賦云違轢諸夏典引云卓犖乎方州文苑禰衡傳英才卓礫並與踔躒同說苑說叢篇云德以純厚故能豪按越取謂不次擢用漢書東方朔傳云武帝初即位徵天下舉方正賢良文學材力之士待以不次之位顔師古注不拘常次言超擢之後漢書安帝紀永初二年詔云二千石長吏明以詔書博衍幽隱朕將親覽待以不次是其義也]材明權變。任將帥者。[後漢書南蠻傳永和時日南象林徼外蠻夷攻國日南李固議亦云宜更選有勇略仁惠任將帥者以爲刺史太守]不可苟惟[疑推]基序。或阿親戚。[墨子兼愛下篇云勿有親戚弟兄之所阿漢書貢禹傳云不阿親戚]使[舊作便]典兵官。[蓋謂鄧騭也騭以車騎將軍討羌戰敗羌遂大盛朝廷不能制詔騭還師以鄧太后故拜騭爲大將軍見後漢書西羌傳]此所謂以其國與敵者也。[注見上]

救邊第二十二

聖王之政。普覆兼愛。不私近密。不忽疏遠。[鹽鐵論地廣篇云王者包含并覆普愛無私不爲近重施不爲遠遺恩]吉凶禍福。與民共之。[共意林作同易繫辭上傳云吉凶與民同患]哀樂之情。恕以及人。[漢書杜周傳杜欽對策云克己就義恕以及人]視民如赤子。[漢書路溫舒傳云愛民如赤子按傳云文帝永思至德以承天心崇仁義省刑罰通關梁一遠近敬賢如大賓愛民如赤子內恕情之所安而施之於海內是以囹圄空虛天下太平此節大恉本於彼]救禍如引手爛。[鹽鐵論刑德篇云有司治之若救爛撲焦]是以四海歡悅。俱相得用。往者羌虜背叛。始自涼并。延及司隸。東禍趙魏。西鈔蜀漢。五州殘破。六郡削迹。周迴千里。野無孑遺。[詩雲漢云靡有孑遺]寇鈔禍害。晝夜不止。百姓滅沒。日月焦盡。[淮南子兵略訓云勇敢輕敵疾若滅沒荀子議兵篇云若赴水火入焉焦沒耳說文云焦火所傷也或省作焦燼火餘也盡與燼同詩桑柔具禍以燼鄭箋云災餘曰燼釋文燼本亦作盡]而內郡之士。[漢書宣帝紀本始元年詔內郡國舉文學高第韋昭曰中國爲內郡緣邊有夷狄障塞者爲外郡]不被殃者。咸云當且放縱。[後漢書烏桓傳班彪上言烏桓天性輕黠好爲寇賊若久放縱而無總領者必復侵掠居人]以待天時。[越語范蠡曰天時不作弗爲人客韋昭注謂天時利害災變之應漢書趙充國傳宣帝敕讓充國云今五星出東方中國大利蠻夷大敗太白出高用兵深入敢戰者吉弗敢戰者凶將軍急裝因天時誅不義萬下必全後漢書王昌傳云展轉中山來往燕趙以須天時章懷注須待也用意若此。豈人心哉。漢書宣帝紀地節四年詔曰何用心逆人道也前羌始反。公卿師尹。咸欲捐棄涼州。却保三輔。漢書百官公卿表云右扶風與左馮翊京兆尹是爲三輔服虔曰皆治在長安中朝廷不聽。後羌遂侵。下有脫字而論者多恨不從惑疑或議。余竊笑之。所謂媾亦悔。不媾亦有悔者爾。秦策云三國攻秦秦王欲割河東而講公子他曰講亦悔不講亦悔高誘注講成也講媾古字通未始識變之理。地下脫不可二字無邊。無邊亡國。是故失涼州。則三輔爲邊。三輔內入。則弘農爲邊。弘農內入。則洛陽爲邊。推此以相況。雖盡東海。猶有邊也。後漢書龐參傳云永初元年涼州先零種羌反叛遣車騎將軍鄧隲討之參上書曰萬里運糧遠就羌戎不若總兵養衆以待其疲車騎將軍隲宜且振旅留征西校尉任尚使督涼州士民轉居三輔四年羌寇轉盛兵費日廣參奏記於鄧隲曰參前數言宜棄西域乃爲西州士大夫所笑果破涼州禍亂至今善爲國者務懷其內不求外利務富其民不貪廣土三輔山原曠遠民庶稀疏故縣丘城可居者多今宜徙邊郡不能自存者入居諸陵田戍故縣孤城絕郡以權徙之又虞詡傳云永初四年羌胡反亂殘破幷涼大將軍鄧隲以軍役方費事不相贍欲棄涼州議者咸同詡聞之乃說李修曰先帝開拓土宇劬勞後定而今憚小費舉而棄之涼州既棄卽以三輔爲塞三輔爲塞則園陵單外此不可之甚者也節信所言與詡合參傳西州士大夫蓋卽指節信諸人今不厲武以誅虜。逸周書鄷保解云辟兆厲武大武解云武厲以勇選材以全境。漢書王嘉傳云今之郡守重於古諸侯往者致選賢材而云邊不可守。欲先自割。示㑽寇敵。不亦惑乎。示字舊脫孫侍御補按說文㑽弱也趙策虞卿曰坐而割地自弱以強秦又云割地以和是不亦大示天下弱乎史記廉頗藺相如傳亦云王不行示趙弱且怯也昔樂毅以慱慱之小燕。按齊策貂勃云安平君以惴惴之卽墨三里之城五里之郭敝卒七千禽其司馬而反千里之齊慱慱卽惴惴之誤莊子齊物論云小恐惴惴是其義已漢書賈捐之傳論朱厓云顓顓獨居一海之中顓顓與惴惴同顏師古注顓與專同專專猶區區一日圜貌其說非也破滅彊齊。威震天下。眞可謂良將矣。事見史記樂毅傳然卽墨大夫以孤城獨守。六年不下。竟完其民。田單帥窮卒五千。擊走騎劫。復齊七十餘城。可謂善用兵矣。事見史記田單傳舊作田單師窮卒五千騎擊走卻提單傳改傳云夷殺騎劫自序云田單用卽墨破走騎劫圍聊莒連年。終不能拔。史記魯仲連傳云田單攻聊城歲餘士卒多死而聊城不下此文聊莒當作聊城莒未嘗降燕也此皆以至彊攻至弱。以上智圖下愚。論語云唯上知與下愚不移而猶不能克者何也。曰攻常不足而守恒有餘也。漢書趙充國傳云臣聞兵法攻不足者守有餘後漢書馮異傳云夫攻者不足守者有餘章懷注孫子兵法之文按孫子軍形篇云守則不足攻則有餘前日諸郡皆據列城而擁大衆。兖虜之智。非乃樂毅田單也。郡縣之阨。未若聊莒卽墨也。然皆不肯專心堅守。昭廿七年左傳云有堅守之心而反彊驅劫其民。捐棄倉庫。背城邑走。詳實邊篇注由此觀之。非苦城乏糧也。但苦將不食爾。折衝安民。要在任賢。不在促境。後漢書西域傳延光二年敦煌太守張璫上書陳三策其下計謂宜棄交河城收鄯善等悉使入塞尙書陳忠上疏以爲壓國減土經有明誡敦煌宜置校尉按舊增四郡屯兵以西撫諸國庶足折衝萬里意與此同齊魏却守。國不以安。子嬰自削。秦不以在。武皇帝攘夷柝境。柝舊从手作拆按淮南子原道訓云廓四方柝八極高誘注柝開也古亦省作斥漢書武五子傳燕王旦上書云孝武皇帝威武洋溢遠方執贄而朝增郡數十斥地且倍韋賢後玄成傳云孝武皇帝斥地遠境起十餘郡匈奴傳云孝武世出師征伐斥奪此地攘之於幕北顏師古注並云斥開也地理志云武帝攘卻胡越開地斥境夏侯勝傳云孝武皇帝廓地斥境立郡縣又云武帝有攘四夷廣土斥境之功斥境卽柝境字亦借拓後漢書傅燮傳云世宗拓境列置四郡文苑傳杜篤論都賦云孝武拓地萬里威震八荒肇置四郡據守敦煌鮮卑傳蔡邕議云世宗神武將帥良猛財賦充實所拓廣遠面數千里。東開樂浪。漢書武帝紀在元封三年西置燉煌。元鼎六年南踰交阯。卽定南越也阯紀作趾地理志作趾後漢書光武帝紀建武五年章懷注云阯與趾同古字通應劭漢官儀曰始開北方遂交於南爲子孫基阯也北築朔方。元朔二年卒定南越。元鼎六年誅斬大宛。太初四年武軍所嚮。宣十二年左傳潘党曰君盍築武軍杜注築軍營以章武功後漢書隗囂傳討王莽檄云有不從命武軍平之無不夷滅。漢書武五子傳贊云師行三十年兵所誅屠夷滅死者不可勝數梅福傳云至於夷滅顏師古注夷平也謂平除之也今虜近發封畿之內。史記文帝紀後二年詔曰封畿之內勤勞不處而不能擒。亦自痛疑病爾。非有邊之過也。脣亡齒寒。體傷心痛。鹽鐵論誅秦篇云中國與邊境猶支體與腹心也夫肌膚寒於外腹腸疾於內內外之相勞非相爲助也脣亡則齒寒支體傷而心憯怛故無手足則支體廢無邊境則內國害按脣亡齒寒本僖五年左傳必然之事。又何疑焉。燕策云在必然之物以成所欲王何疑焉君子見機。易繫辭下傳機王弼本作幾況已著乎乃者。漢書曹參傳顏師古注云乃者猶言曩者邊害震如雷霆。赫如日月。詩常武云震驚徐方如雷如霆後漢書范升傳升奏記王邑云今天下之事昭昭於日月震震於雷霆而譏者皆諱之曰。猋弁竊盜。猋舊作焱按說文云猋犬走貌从三犬猋弁竊盜猶史記叔孫通傳云鼠竊狗盜也王先生云猋弁當是犬牟之譌漢書王莽傳嚴尤云饑寒羣盜犬牟相聚也後漢紀安帝永初四年虞詡遷朝歌長時朝歌多盜賊馬稜憂之詡曰此賊犬牟相聚以求温飽耳明府無以爲憂淺淺善靖。俾君子怠。書秦誓云惟截截善諞言俾君子易辭文十二年公羊傳作惟諓諓善竫言漢書李尋傳云秦穆公說諓諓之言鹽鐵論國病篇亦云諓諓者賊也論誹篇又云疾小人諓諓面從按莊子在宥篇而佞人之心翦翦者釋文引李頤注云翦翦善辯貌翦翦淺淺並與諓諓同俾君子怠亦見史記三王世家齊王策文欲令朝廷以寇爲小而不蚤憂。害乃至此。尚不欲救。諺曰。諺字舊脫據御覽八百卌六補痛不著身言忍之。錢不出家言與之。假使公卿子弟。有被羌禍。朝夕切急如邊民者。則競言當誅羌矣。今苟以己無慘怛冤痛。漢書元帝紀初元二年詔曰慘怛於心顏師古注慘痛也怛悼也故端坐相仍。鹽鐵論禁耕篇云端坐而民豪按端坐猶言安坐也吳志虞翻傳孫策云端坐悒悒諸葛恪傳云端坐使老晉書東海王越傳云端坐京輦以失據會又不明修守禦之備。舊脫守字据邊議篇補六韜王翼篇云修溝壍治壁壘以備守禦齊語云小國諸侯有守禦之備史記秦本紀云鄭君謹修守禦備陶陶閒澹。詩君子陽陽毛傳云陶陶和樂貌臥委天口。程本作[illegible]疑非羌獨往來。六韜兵道篇云凡兵之道莫過乎一一者能獨往獨來深入多殺。史記吳王濞傳云擊反虜者深入多殺爲功己乃陸陸。後漢書馬援傳云今更共陸陸章懷注陸陸猶碌碌也按莊子漁父篇祿祿而受變於俗史記平原君傳公等錄錄漢書蕭何曹參傳贊當時錄錄顏師古注錄錄猶鹿鹿說文云逯行謹逯逯也逯隨從也陸陸碌碌祿祿錄錄鹿鹿逯逯錄錄並通相將詣闕。諧辭禮謝。後漢書橋玄傳云詣闕謝罪退云狀。狀上當脫無字無狀注見斷訟篇會坐朝堂。周禮攷工記匠人外有九室鄭注如今朝堂諸曹治事處魏云鄭據漢法謂正朝之左右爲廬舍者也按後漢時國家有大事皆於朝堂會議後漢書鄧騭傳云其有大議乃詣朝堂與公卿參謀袁安傳云武威太守孟雲上書北虜既已和親而南部復往抄掠北單于謂漢欺之謀欲犯邊宜還其生口以安慰之詔百官議朝堂又云竇太后兄車騎將軍憲北擊匈奴安與太尉宋由司空任隗及九卿詣朝堂上書諫班超後勇傳曹宗請擊匈奴鄧太后召勇詣朝堂會議應劭傳中平二年漢陽賊東侵三輔皇甫嵩討之請發烏桓三千人北軍中候鄒靖上言烏桓衆弱宜開募鮮卑事下四府大將軍掾韓卓與劭相難反覆於是詔百官大會朝堂陳球傳竇太后將葬曹節等欲別葬太后而以馮貴人配祔詔公卿大會朝堂令中常侍趙忠監議盧植傳董卓大會百官於朝堂議欲廢立鮮卑傳熹平六年鮮卑寇三邊夏育請徵幽州諸郡兵出塞擊之大臣多有不同乃召百官議朝堂皆其事也】則無憂國哀民懇惻之誠。【漢書傅喜傳云忠誠憂國按漢時每以不憂國責大臣成帝紀永始四年詔曰公卿列侯親屬近臣四方所則未聞修身遵禮同心憂國者也孔光傳策免光云今相朕出入三年憂國之風復無聞焉朱博傳奏封事言丞相光志在自守不能憂國蓋詔奏之文相沿如此】苟轉相顧望。莫肯違止。【顧望注見述赦篇止當作正後漢書郅惲後壽傳云違衆正議以安宗廟皇甫規傳云互相瞻顧莫肯正言皆此意獨斷云其有疑事公卿百官會議若臺閣有所正處而獨執異意者曰駁議曰某官某甲議以爲如是下言臣愚戇議異違正即駁議也】日晏時移。議無所定。【漢書龔勝傳云日暮議者罷】已且須後。【禮記學記云雖舍之可也鄭注舍之須後漢書食貨志詔書且須後後漢書循吏衛颯傳須後詔書顏師古章懷注並云須待也】後得小安。【詩民勞云汔可小安】則恬然棄忘。旬時之間。虜復爲害。軍書交馳。羽檄狎至。【漢書息夫躬傳云軍書交馳而輻湊羽檄重迹而押至文穎曰押音狎習之狎文選陸倕石闕銘李善注引作狎襄廿七年左傳云晉楚狎主諸侯之盟杜注狎更也】乃復怔忪如前。【方言云征伀遑遽也江湘之間凡窘猝怖遽謂之征伀征忪與征伀同玉篇云怔忪懼貌】若此以來。出入九載。庶曰式臧。覆出爲惡。【詩雨無正】佪佪潰潰。【爾雅釋訓云儚儚洄洄惛也釋文洄洄本作佪佪按玉篇作佪佪與此合說文衣部又引佪佪𧝣𧝣說文無𧝣字當依此作潰今爾雅無潰潰蓋脫佚也】當何終極。春秋譏鄭棄其師。【閔二年】況棄人乎。一人吁嗟。王道爲虧。【後漢書魯恭傳云一夫吁嗟王道爲虧鮑永後昱傳云一夫呼嗟王政爲虧蓋當時成語也小爾雅廣訓云吁嗟嗚呼也有所歎美有所傷痛隨事有義也此即傷痛之義矣】況百萬之衆。叫號哭泣。【叫舊脫據實邊篇補詩北山云或不知叫號】感天心乎。且夫國以民爲基。貴以賤爲本。【淮南子泰族訓云國主之有民也猶城之有基老子云貴以賤爲本高以下爲基新書大政上篇云聞之於政也民無不以爲本也國以爲本君以爲本吏以爲本故國以民爲安危君以民爲威侮吏以民爲貴賤此之謂民無不爲本也】是以聖王養民。愛之如子。【襄十四年左傳師曠曰養民如子新序雜事一養作愛說苑政理篇太公曰善爲國者遇民如父母之愛子】憂之如家。【漢書翟方進傳云憂國如家】危者安之。亡者存之。【趙策張孟談曰亡不能存危不能安則無爲貴知士也】救其災患。除其禍亂。【襄十一年左傳云救災患恤禍亂廿八年傳云救其菑患】是故鬼方之伐。【易既濟九三高宗伐鬼方】非好武也。【周語祭公謀父曰是先王非務武也】獫狁於攘。【詩出車攘作襄釋文襄本或作攘後漢書蔡邕傳釋誨云獫狁攘而吉甫宴邕集難夏育擊鮮卑云周宣王命南仲吉甫攘獫狁威荆蠻非貪土也。淮南子兵略訓云古之用兵者非利土壤之廣而貪金玉之略將以存亡繼絶平天下之亂而除萬民之害也以振民育德。易蠱象詞安疆宇也。後漢書馮衍傳云安其疆宇古者天子守在四夷。昭廿三年左傳沈尹戌語自彼氐羌。莫不來享。詩殷武普天思服。行葦賴德。詩北山云普天之下文王有聲云無思不服行葦義見下篇况近我民。嘗禍若此。可無救乎。凡民之所以奉事上者。懷義恩也。痛則無恥。禍則不仁。禍舊作福據程本改忿戾怨懟生於無恥。今羌叛久矣。傷害多矣。百姓急矣。憂禍深矣。上下相從。未見休時。不一命大將以掃醜虜。詩常武云仍執醜虜漢書黥布傳云埽淮南之衆顏師古注埽者謂盡舉之如埽地之爲掃與埽同而州稍稍興役。意林州下有縣字按本書皆以州郡連言此亦當作州郡漢書西南夷傳云州郡擊之不能服連連不已。詩皇矣云執訊連連漢書東方朔傳云綿綿連連殆哉世之不絕也若排簾障風。探沙擁河。簾舊作樓擁舊作攤並據意林改御覽九簾作箑與箑通扇也八百五十四簾又作樓探作陶按陶當作掬一切經音義七引通俗文云掬出日掬探掬義同無所能禦。徒自盡爾。意林作無益於事徒自弊耳今數州屯兵十餘萬人。哀元年左傳云夫屯晝夜九日杜注夫猶兵也疏云屯是戍守之名故詩序云屯戍於母家十舊作才據程本改後漢書西羌傳虞詡說任尚云三州屯兵二十餘萬人棄農桑疲苦徭役而未有功效勞費日滋皆稟食縣官。急就篇云稟食縣官帶金銀顏師古注稟食縣官官給其食也漢書地理志顏注稟給也稟與稟同後漢書南蠻傳李固云計人稟五升章懷注古升小故人日五升也歲數百萬斛。又有月直。後漢書陳寵後忠傳注引謝承書云施延到吳郡海鹽取卒月直賃作半路亭父以養其母但此人耗。不可勝供。耗猶費也漢書西南夷傳都尉萬年曰兵久不決費不可共顏師古注共讀曰供而反憚暫出之費。甚非計也。且舊作是夫危者易傾。疑者易化。今虜新擅邊地。未敢自安。易震蕩也。襄廿六年左傳析公曰楚師輕窕易震蕩也百姓新離舊壤。舊作壞思慕未衰。漢書元帝紀永光四年詔曰頃者徙郡國民以奉園陵令百姓遠棄先祖墳墓破業失產親戚別離人懷思慕之心家有不安之意易奬厲也。奬舊作將按說文云奬嗾犬厲之也經典多作獎漢書哀帝紀云獎厲太子逸周書和寤解云王乃厲翼於尹氏八士孔晁注厲獎厲也誠宜因此。遣大將誅討迫脅。離逖破壞之。詧多方云離逖爾土漢書趙充國傳云虜破壞可日月冀 如寬假日月。史記封禪書公孫卿曰非少寬假神不來 蓄積富貴。各懷安固之後。則難動矣。周書曰。凡彼聖人必趨時。周祝解凡作觀趨作趣 是故戰守之策。不可不早定也。漢書高帝紀韓信曰吏卒皆山東之人日夜企而望歸及其鋒而用之可以有大功天下已定民皆自寧不可復用不如決策東向此文意與彼同

邊議第二十三

明於禍福之實者。不可以虛論惑也。察於治亂之情者。不可以華飾移也。韓非子姦刼弒臣篇云聖人者審於是非之實察於治亂之情也 是故不疑之事。聖人不謀。韓非子內儲說上惠子曰凡謀者疑也疑也者誠疑以爲可者半以爲不可者半 浮游之說。聖人不聽。禮記緇衣云大人不倡游言鄭注游猶浮也不可用之言也漢書韓安國傳云訹邪臣浮說史記蘇秦傳云明主絕疑去讒屏流言之迹 何者。計不背見實而更爭言也。詩小旻云維邇言是爭漢書灌夫傳韓安國云譬如賈豎女子爭言何其無大體也 是以明君先盡人情。不獨委夫良將。修己之備。無恃於人。孫子九變篇云用兵之法無恃其不來恃吾有以待之無恃其不攻恃吾有所不可攻也 故能攻必勝敵。而守必自全也。羌始反時。計謀未善。黨與未成。人衆未合。兵器未備。或持竹木枝。或空手相附。王先生云附疑搏 草食散亂。草食疑當爲草舍後漢書馮異傳云王郎起光武自薊東南馳晨夜草舍 未有都督。漢書敘傳敘西域傳云昭宣承業都護是立總督城郭三十有六都督即謂都護總督也魏志夏侯惇傳云使惇都督二十六軍留居巢其後遂以名官 甚易破也。然太守令長。皆奴怯畏愞不敢擊。奴讀爲駑漢書蘇建傳武傳李陵曰陵雖駑怯亦見霍光諸葛豐傳武帝紀天漢三年匈奴入雁門太守坐畏愞棄市閩越王傳云東粵王餘善發兵距漢漢使大司農張成故山州侯齒將屯不敢擊卻就便處皆坐畏懦誅畏愞畏懦義並同聲上當有討字見下篇後漢書西羌傳云時羌歸附既久無復器甲或持竹竿木枝以代戈矛或負板案以爲楯或執銅鏡以象兵郡縣畏懦不能制本此及實邊篇 故令虜遂乘勝上彊。史記高祖紀云秦兵彊常乘勝逐北上疑自之誤黥布傳云楚王恃戰勝自彊 破州滅郡。日長炎炎。吳語申胥曰日長炎炎韋昭注炎炎進貌 殘破三輔。覃及鬼方。詩蕩 若此已積十歲矣。

百姓被害。迄今不止。而癡兒騃子。說文云癡不慧也騃騃也擬騃也佁癡貌讀若騃癡騃擬佁騃同字方言云癡騃也周禮司刺三赦曰蠢愚鄭注蠢愚生而癡騃童昏者漢書息夫躬傳云左將軍公孫祿司隸鮑宣皆外有直項之名內實騃不曉政事後漢書獨行傳戴就曰薛安庸騃尙云不當救助。且待天時。用意若此。豈人也哉。夫仁者恕己以及人。說文云恕仁也管子版法解云取人以己者度恕而行也度恕者度之于己也己之所不安勿施於人楚辭離騷云羌內恕己以量人兮漢書鼂錯傳云取人以己內恕及人杜周傳杜欽對策云克己就義恕以及人智者講功而處事。魯語云夫仁者講功而智者處物周語云言智必及事韋昭注能處事物爲智文十八年左傳云德以處事事以度功禮記文王世子鄭注物猶事也今公卿內不傷士民滅沒之痛。外不慮久兵之禍。孫子作戰篇云夫兵久而國利者未之有也各懷一切。後漢紀和帝永元十三年班超上書曰公卿大夫咸懷一切而莫肯遠慮後漢書左雄傳云各懷一切莫慮長久按漢書平帝紀元始元年顏師古注一切者權時之事非經常也猶如以刀切物苟取整齊不顧長短縱橫故言一切所脫避前。句有譌字續漢書五行志劉昭注載延光四年馬融上書云臣恐受任典牧者苟脫目前皆相圖身一時之權不顧爲國百世之利所脫避前意當與苟脫目前同漢紀成帝永始元年王仁上疏云萬乘之主當持久長非一切畢狹目前者苟云不當動兵。而不復知引帝王之綱維。管子禁藏篇云法令爲維綱原禍變之所終也。易制禦寇。易蒙上九利禦寇盧學士云制疑利詩美薄伐。漢書韋賢傳劉歆議曰臣聞周室既衰四夷並侵玁狁最彊于今匈奴是也至宣王而伐之詩人美而頌之曰薄伐玁狁至于太原顏師古注小雅六月之詩也自古有戰。非乃今也。詩載芟云匪今斯今振古如茲趙策蘇秦說趙王曰大王乃今然後得與士民相親傳曰。天生五材。民並用之。廢一不可。誰能去兵。兵所以威不軌而昭文德也。聖人所以興。亂人所以廢。襄廿七年左傳齊桓晉文宋襄。衰世諸侯。猶恥天下有相滅而己不能救。公羊傳云天下諸侯有相滅亡者桓公不能救則桓公恥之況皇天所命。四海主乎。晉楚大夫。小國之臣。猶恥己之身而有相侵。成十六年左傳欒武子曰不可以當吾世而失諸侯況天子三公。典世任者乎。公劉仁德。廣被行葦。孫侍御云漢儒相承以行葦爲公劉之詩蓋本三家舊說也吳越春秋公劉慈仁行不履生草運車以避葭葦列女傳晉弓工妻曰君聞昔者公劉之行羊牛踐葭葦惻然爲民痛之後漢書寇榮傳公劉敦行葦世稱其仁蜀志彭羕傳體公劉之德行匆翦之惠班彪北征賦慕公劉之遺德及行葦之不傷並與此同 況含血之人己同類乎。史記律書云自含血戴角之獸見犯則校而況於人孟子云聖人與我同類者

一人吁嗟，王道爲虧，況滅沒之民百萬乎。書曰：天子作民父母。洪範 父母二字舊脫據程本補之於子也，豈可坐觀其爲寇賊之所屠剝。漢書王莽傳云翟義黨王孫慶捕得莽使太醫尚方與巧屠共刳剝之 立視其爲狗豕之所噉食乎。孟子云抑亦立而視其死與漢書貢禹傳云今民大飢而死死又不葬爲犬豬所食 除其仁恩。莊子天下篇云以仁爲恩淮南子繆稱訓云仁者積恩之見證也漢書丙吉傳云誠其仁恩內結於心也 且以計利言之。商子算地篇云民生則計利孟子云枉尺而直尋者以利言也 國以民爲基，貴以賤爲本。願察開闢以來，御覽一引尚書中候云天地開闢 民危而國安者誰也？下貧而上富者誰也？下上舊互置按管子山至數篇云民富君無與貧民貧君無與富荀子富國篇云下貧則上貧下富則上富 故曰：夫君國將民之以民實瘠而君安得肥。楚語云夫君國者將民之與處民實瘠矣君安得肥詩江有汜鄭箋云以猶與也 夫以小民受天永命。書召誥

竊願聖主深惟國基之傷病，方言云惟凡思也 遠慮禍福之所生。管子君臣下篇云審知禍福之所生 且夫物有盛衰，時有推移，事有激會，人有變舊作愛化。史記蔡澤傳云物盛則衰天地之常數也進退盈縮與時變化聖人之常道也平準書贊云事勢之流相激使然推移注見斷訟篇 智者揆象，不其宜乎？孟明補闕於河西，文三年左傳 范蠡收責於姑胥。姑舊作故姑胥即姑蘇也後漢紀光武紀二方望謝隗囂書云范蠡收績於姑蘇後漢書隗囂傳作范蠡收責勾踐章懷注收責謂收其罪責也按收責讀如齊策收責於薛言破吳以償會稽之敗如歸責然也後漢紀作績蓋袁氏所改 是以大功建於當世，而令名傳於無窮也。秦策蘇秦曰寬則兩軍相攻迫則杖戟相撞然後可建大功史記司馬相如傳喻巴蜀檄云名聲施於無窮功烈著而不滅 今邊陲擾攘，成十三年左傳云虔劉我邊垂垂郵古字通說文云騷擾也搔與騷同漢書敘傳云外內搔擾 日放族禍。後漢書竇融傳云隗囂自知失河西之助族禍將及寒朗傳云舊制大罪禍及九族放疑當作被實邊篇云百姓暴被殃禍即其證 百姓晝夜望朝廷救己。襄十六年左傳穆叔曰敝邑之急朝不及夕引領西望曰庶幾乎杜注庶幾晉來救漢書韓信傳漢王大怒罵曰吾困於此旦暮望而來佐我 而公卿以爲費煩不可，徒竊笑之。

後漢書西羌傳虞詡云公卿選懦容頭過身張解設難但計所費不圖其安意與此同是以以猶與也晏子輕囷倉之蓄。而惜一杯之鑽何異。今晏子無此文今但知愛見薄之錢穀。續漢書百官志云大司農掌諸錢穀金帛諸貨幣郡國四時上月旦見錢穀簿其逋未畢各具別之邊郡諸官請調度者皆為報給損多益寡取相給足而不知未見之待民先也。知徭役之難動。漢書高帝紀云常繇咸陽應劭曰繇者役也顏師古注繇讀曰傜說文云役戍邊也傜繇役役並通而不知中國之待邊寧也。鹽鐵論地廣篇云散中國肥饒之餘以調邊境邊境強則中國安急就篇云邊境無事中國安寧後漢書龐參傳永初元年涼州先零種羌反叛遣車騎將軍鄧騭討之參上書有云方今西州流民擾動而徵發不絕重之以大軍疲之以遠戍農功消於轉運資財竭於徵發宜且振旅留督涼州士民轉居三輔休徭役以助其時止煩賦以益其財節信所云正謂參等詩痛或不知叫號。或慘慘劬勞。北山今公卿苟以己不被傷。故競割國家之地以與敵。殺主上之民以餧羌。為謀若此。未可謂知。為臣若此。未可謂忠。史記蘇秦傳秦說魏襄王云凡羣臣之言事秦者皆姦人非忠臣也夫為人臣割其主之地以求外交偷取一時之功而不顧其後願大王孰察之此文大旨本於彼才智未足使議。藝文類聚四十八引桓子新論云堯試舜於大麓者錄天下事如今之尚書官矣宜得大賢智乃處議持平焉且凡四海之內者。聖人之所以遺子孫也。官位職事者。羣臣之所以寄其身也。傳子孫者。思安萬世。新書過秦上篇云子孫帝王萬世之業也漢書佞幸董賢傳王閎云陛下承宗廟當傳子孫於無窮寄其身者。各取一闕。闕讀為缺一缺猶今言一任矣故常其言不久行。其業不可久厭。久行上有脫字方言云厭安也漢書匈奴傳贊云規事建議不圖萬世之固而媮恃一時之事者未可以經遠也夫此。誠明君之所微察也。而聖上之所獨斷。管子明法解云明主者兼聽獨斷霸言篇云獨斷者微密之營壘也今言不欲動民以煩可也。即然。當修守禦之備。必今之計。令虜不敢來。來無所得。來字舊不重按後漢書陳俊傳云光武遣俊將輕騎馳出賊前視人保壁堅完者勑令固守放散在野者因掠取之賊至無所得遂散敗即此意也漢書鼂錯傳云來而不能困使得氣去後未易服也令民不患寇。既無所失。今則不然。苟憚民力之煩勞。而輕使受滅亡之大禍。非人之主。非民之將。非主之佐。非勝之主者也。孫子用閒篇文民作人無非人之主句 且夫議者。明之所見也。辭者。心之所表也。呂氏春秋離謂篇云辭者意之表也 維其有之。是以似之。詩裳裳者華 諺曰。何以服很。莫若聽之。說文云很不聽從也禮記曲禮云很毋求勝鄭注很鬩也謂爭訟也 今諸言邊可不救而安者。宜誠疑試 以其身若子弟。補邊太守。令長丞尉。然後是非之情乃定。救邊乃無患。邊無患。中國乃得安寧。

實邊第二十四

夫制國者。必照察遠近之情僞。僖廿八年左傳云民之情僞盡知之矣 預禍福之所從來。預下脫一字說苑權謀篇云知命者預見存亡禍福之原呂氏春秋召類篇云禍福之所自來衆人以爲命焉不知其所由 乃能盡羣臣之筋力。莊子徐無鬼篇云筋力之士矜難 而保與其邦家。詩瞻彼洛矣云保其家邦 前羌始叛。草創新起。器械未備。虜或持銅鏡以象兵。或負板案以類楯。惶懼擾擾。未能相持。一城易制爾。御覽三百五十七作惶遽擾擾未能相一誠易制也 郡縣皆大熾。後漢書西羌傳論云永初之閒羣種蜂起自西戎作逆未有陵斥上國若斯其熾也詩六月云玁狁孔熾毛傳熾盛也續漢書五行志云姦慝大熾王先生云郡縣下有脫文宜言郡縣不爲意以至寇熾之事及百姓暴被殃禍。亡失財貨。人哀奮怒。各欲報讎。哀當作㥊與懮同史記司馬相如傳喻巴蜀檄云人懷怒心如報私讎 而將帥皆怯劣軟弱。不敢討擊。但坐調文書。以欺朝廷。史記李斯傳云高聞其文書相往來漢書匈奴傳顏師古注調發也 實殺民百則言一。殺虜一則言百。或虜實多而謂之少。或實少而謂之多。後漢書皇甫規傳云羌戎潰叛不由承平皆由邊將失於綏御乘常守安則加侵暴苟競小利則致大害微勝則虛張首級軍敗則隱匿不言掾規所言乃永和時事而情狀正與此同漢書王莽傳田況上言亦云盜賊始發其原甚微非部吏五人所能禽也咎在長吏不爲意縣欺其郡郡欺朝廷實百言十實千言百朝廷忽略不輒督責遂至延曼連州 傾側巧文。要取便身利己。

而非獨憂國之大計。哀民之死亡也。

韓非子外儲說左下明危曰公傾側法令漢書刑法志宣帝詔曰閒者吏用法巧文寖深趙充國傳充國曰諸君但欲便文自營非爲公家忠計也按便身利己卽賈誼傳所云見利則逝見便則奪有便若身者則欺賣而利之也

又放散錢穀。殫盡府庫。乃復從民假貸。彊奪財貨。千萬之家。削身無餘。萬民匱（舊作遺）竭。因隨以死亡者。皆吏所餓殺也。

後漢書龐參傳云比年羌寇特困隴右供徭賦役爲損日滋官負人責數十億萬今復募發百姓調取穀帛衒賣什物以應吏求外傷羌虜內困徵賦縣官不足輒貸於民民已窮矣將從誰求西羌傳云自羌叛十餘年閒兵連師老不暫寧息軍旅之費轉運委輸用二百四十餘億府帑空竭延及內郡邊民死者不可勝數幷涼二州遂至虛耗

其爲酷痛。甚於逢虜。

後漢書南蠻傳云中郎將尹就討益州叛羌益州諺曰虜來尚可尹來殺我王氏所言正指就等漢書王莽傳云田況言今空復多出將率郡縣苦之反甚於賊又云太師更始合將銳士十餘萬人所過放縱東方爲之語曰寧逢赤眉不逢太師太師尚可更始殺我卒如田況之言意與此同

寇鈔賊虜。忽然而過。未必死傷。至吏（舊作使）所搜索剽奪。

方言云搜略求也就室曰搜於道曰略說文云索入家搜也經典通用索

游踵塗地。

游當爲旋漢書王子侯表序云旋踵亦絕鼂錯傳云前死不還踵顏師古注還讀曰旋旋踵回旋其足也蒯通傳云劉項分爭使人肝腦塗地

或覆宗滅族。絕無種類。或孤婦女。

王先生云孤下當有脫字繼培按當作幼孤史記司馬相如傳云幼孤爲奴或云孤婦女謂略取婦女使之孤獨也漢書南粵傳文帝賜佗書云寡人之妻孤人之子

爲人奴婢。遠見販賣。

後漢書光武帝紀建武七年詔吏人遭饑亂及爲青徐賊所略爲奴婢下妻欲去留者恣聽之敢拘制不還以賣人法從事晉書刑法志陳羣新律序云舊律盜律有和賣買人

至今（舊作令）不能自活（舊作治）者。不可勝數也。此（疑衍）之感天致災。尤逆陰陽。

漢書嚴助傳淮南王安上書云臣聞軍旅之後必有凶年言民之各以其愁苦之氣薄陰陽之和感天地之精而災氣爲之生也魏相傳相上書亦用淮南語

且夫土重遷。

當作安土重遷漢書元帝紀永光四年詔曰安土重遷黎民之性骨肉相附人情所願也通典一引崔寔政論云小人之情安土重遷寧就飢餒無適樂土之慮

戀慕墳墓。（見救邊篇注）賢不肖之所同也。民之於徙。（王先生云於徙疑畏徙之誤）甚於伏法。伏法不過家一人死爾。諸亡失財貨。奪土遠移。不習風俗。不便水土。類多滅門。少能還者。代馬望北。狐死首丘。

後漢書班超傳云狐死首丘代馬依風文選古詩十九首李善注引韓詩外傳云詩曰代馬依北風飛鳥棲故巢皆不忘本之謂也

邊民

謹頓。（讀爲鈍）尤惡內留。雖知禍大（舊作人）猶願守其緒業。（鹽鐵論論誹篇云緒業不備者不可以言理）死其本處。誠不欲去之極。太守令長畏惡軍事。皆以素非此土之人。痛不著身。禍不及我家。（列女傳魏曲沃負曰有禍必及吾家）故爭郡縣以內遷。（爭下當脫壞字敍錄云令壞郡縣敺民內遷）至遣吏兵。（漢書何並傳云並自從吏兵追林卿）發民禾稼。發徹屋室。（詩十月之交云徹我牆屋趙策孟嘗君曰毋發屋室按發字與上複此當讀爲廢說文云廢屋傾也）夷其營壁。（漢書趙充國傳云行必爲戰備止必堅營壁呂氏春秋似順論云往而夷夫壘高誘注夷平也）破其生業。（漢書荊王劉賈傳云入楚地燒其積聚以破其業高帝紀云不事家人生產作業後漢書循吏仇覽傳云勸人生業爲制科令至於果菜爲限雞豕有數）彊劫驅掠。與其內入。捐棄羸弱。使死其處。當此之時。萬民怨痛。泣血叫號。（詩雨無正云鼠思泣血叫號見敍邊篇）誠愁鬼神而感天心。然小民謹劣。不能自達闕廷。依官吏家。迫將威嚴。（威舊作滅據程本改韓非子六反篇云吏威嚴而民聽從）不敢有摯。（摯疑逵字形相近而誤）民既奪土失業。又遭蝗旱饑匱。（舊作遺）逐道東走。流離分散。（呂氏春秋貴直論狐援曰吾今見民之洋洋然東走而不知所處或云此東疑奔之譌後漢書隗囂傳討王莽檄云生者則奔亡流散幼孤婦女流離係虜）幽冀兗豫荊揚蜀漢。饑餓死亡。復失太半。（後漢書馮衍傳云四垂之人肝腦塗地死亡之數不啻太半漢書高帝紀韋昭注凡數三分有二爲太半有一分爲少半）邊地遂以丘荒。（意林云邊境牛羊不可久荒牛羊即上文太半之譌丘舊作兵據敍錄改後漢書梁統後冀傳云包含山藪遠帶丘荒文選陸士衡歎逝賦云愍城闕之丘荒隸釋廣漢太守沈子琚縣竹紅堰碑云躬耕者少爲田丠荒丠荒即丘荒按廣雅釋詁云丘空也漢書息夫躬傳丘亭後漢書龐參傳丘城皆取此義西羌傳虞詡疏曰衆羌內潰郡縣兵荒兵荒疑亦丘荒之譌）至今無人。原禍所起。皆吏過爾。（後漢書西羌傳云羌既轉盛而二千石令長多內郡人並無戰守意皆爭上徙郡縣以避寇難朝廷從之遂移隴西徙襄武安定徙美陽北地徙池陽上郡徙衙百姓戀土不樂去舊遂乃刈其禾稼發徹室屋夷營壁破積聚時連旱蝗饑荒而驅蹙劫略流離分散隨道死亡或棄捐老弱或爲人僕妾喪其大半皆本此文）夫土地者。民之本也。誠不可久荒。以開敵心。（開敵心舊作開盤據意林改敍錄亦云今又丘荒處必生心列女傳晉獻驪姬云邊境無主則開寇心夫寇生其心民嫚其政國之患也按晉語開作啓漢避景帝諱以啓爲開）且扁鵲之治病也。（史記云扁鵲者姓秦氏名越人）審閉結〔漢書藝文志論經方云通閉解結反之於平〕而通鬱滯。〔素問六元正紀大論黃帝曰鬱之甚者治之奈何岐伯曰木鬱達之火鬱發之土鬱奪之金鬱泄之水鬱折之滯字舊脫据意林補淮南子俶眞訓云血脈無鬱滯〕虛者補之，實者瀉之。〔素問三部九候論岐伯曰必先度其形之肥瘦以調其氣之虛實實則瀉之虛則補之〕故病愈而名顯。伊尹之佐湯也，設輕重而通有無，損積餘以補不足，故殷治而君尊。〔管子地數篇云昔日桀霸有天下而用不足湯有七十里之薄而用有餘伊尹善通移輕重開闔決塞通於高下徐疾之策坐起之費時也〕賈誼痛於偏枯躄痱之疾。〔新書解縣篇云天下非特倒縣而已也又類躄且病痱夫躄者一面病痱者一方痛說文云痱風病也㾜半枯也素問生氣通天論云汗出偏沮使人偏枯〕今邊郡千里，地各有兩縣，戶財置數百，〔漢書文帝紀二年顏師古注財與纔同〕而太守周迴萬里，空無人民，美田棄而莫墾發。〔漢書劉屈氂傳云與美田以利子弟賓客〕中州內郡，〔漢書司馬相如傳大人賦云在乎中州顏師古注中州中國也內郡注見救邊篇〕規地拓〔拓與拆同〕境，不能半。〔舊作生孫侍御改〕邊而口戶百萬，〔口戶疑倒〕田畝一全。〔王先生云全當作金謂直貴也古以一斤爲一金繼培按一蓋不字之壞管子禁藏篇云戶籍田結者所以知貧富之不訾也故善者必先知其田乃知其人田備然後民可足也不全即不備之謂〕人衆地荒，〔荒當爲狹商子算地篇云地狹而民衆者民勝其地〕無所容足。〔來民篇云土狹而民衆史記貨殖傳云地小人衆又云土地小狹民人衆鹽鐵論園池篇云三輔迫近於山河地狹人衆皆其證也通典一引崔寔政論云今青齊兗冀人稠土狹不足相供而三輔左右及涼幽州內附近郡皆土曠人稀厥田宜稼悉不肯墾今宜徙貧民不能自業者於寬地此亦開草闢土振民之術也晏子春秋雜下云不得容足而寓焉〕此亦偏枯躄痱之類也。周書曰：土多人少，莫出其材，是謂虛土，可襲伐也。土少人衆，民非其民，可匱〔舊作遺〕竭也。是故土地人民，必相稱也。〔逸周書文傳解云土多民少非其土也土少人多非其人也又云開望曰土廣無守可襲伐土狹無食可圍竭二禍之來不稱之災孔晁注政以人土相稱爲善也禮記王制云凡居民量地以制邑度地以居民地邑民居必參相得也尉繚子兵談篇云量土地肥墝而立邑建城稱地以城稱人以人稱粟三相稱則內可以固守外可以戰勝商子來民篇云地方百里者山陵處什一藪澤處什一谿谷流水處什一都邑蹊道處什一惡田處什一良田處什四以此食作夫五萬其山陵藪澤谿谷可以給其材都邑蹊道足以處其民先王制土分民之律也今秦之地方千里者五而穀土不能處二田數不滿百萬其藪澤谿谷名山大川之材物貨寶又不盡爲用此人不稱土也〕今邊郡多害而役劇。〔後漢書和帝紀永元十三年詔曰幽并涼州戶口率〕

少邊役衆劇 動入禍門。史記趙世家李兌曰同類相推俱入禍門 不爲興利除害，有以勸之，則長無與復之，而內舊作門 有寇戎之心。管子法法篇云期於興利除害治國篇云先王者善爲民除害興利故天下之民歸之所謂興利者利農事也所謂除害者禁害農事也農事勝則入粟多入粟多則國富國富則安鄉重家安鄉重家則雖變俗易習敺衆移民至於殺之而民不惡也此務粟之功也上不利農則粟少粟少則人貧人貧則輕家輕家則易去易去則上令不能必行上令不能必行則禁不能必止禁不能必止則戰不必勝守不必固矣鹽鐵論未通篇云傳曰大軍之後累世不復方今郡國田野有隴而不墾城郭有宇而不實邊郡何饒之有乎漢書嚴助傳淮南王安上書云四年不登五年復蝗民生未復徐樂傳云間者關東五穀數不登年歲未復民多窮困重之以邊境之事推數循理而觀之民宜有不安其處者矣不安故易動易動者土崩之勢也鼂錯傳云陛下不救則邊民絕望而有降敵之心 西羌北虜，必生鬬欲、誠大憂也。百工制器，咸塡其邊。散之兼倍，豈有私哉。乃所以固其內爾。先聖制法，亦務實邊，蓋以安中國也。譬猶家人遇寇賊者，必使老小羸軟，居其中央，丁彊武猛，衞其外。白虎通五行篇云丁者強也論衡無形篇云身氣丁彊 內人奉其養，外人禦其難。蛩蛩距虛，更相恃仰，乃俱安存。呂氏春秋不廣篇云北方有獸名曰蹶鼠前而兔後趨則跲走則顛常爲蛩蛩距虛取甘草以與之蹶有患害也蛩蛩距虛必負而走爾雅釋地作邛邛岠虛韓非子外儲說左上云不恃仰人而食新書道德說云物莫不仰恃德論衡感類篇云功無大小德無多少人須仰恃賴之者則爲美矣 詔書法令：二十萬口、邊郡十萬，歲舉孝廉一人，員除世舉廉吏一人。詔書以下文有脫誤按後漢書丁鴻傳云永元四年代袁安爲司徒時大郡口五六十萬舉孝廉二人小郡口二十萬幷有蠻夷者亦舉二人帝以爲不均下公卿會議鴻與司空劉方上言凡口率之科宜有階品蠻夷錯雜不得爲數自今郡國率二十萬口歲舉孝廉一人四十萬二人六十萬三人八十萬四人百萬五人百二十萬六人不滿二十萬二歲一人不滿十萬三歲一人帝從之和帝紀永元十三年詔曰幽幷涼州戶口率少邊役衆劇束脩良吏進仕路狹撫接夷狄以人爲本其令緣邊郡口十萬以上歲舉孝廉一人不滿十萬二歲舉一人五萬以下三歲舉一人 羌反以來，戶口減少，又數易太守，至十歲不得舉。當職勤勞而不錄。毛詩卷耳序云知臣下之勤勞汝墳鄭箋云賢者而處勤勞之職 賢俊蓄積而不悉。不字舊脫據程本補新語術事篇云道術蓄積而不舒吳越春秋伍子胥曰平王卒吾志不悉矣 衣冠無所覬望。漢書杜周傳云衣冠爲欽爲盲杜子夏顏師古注衣冠謂士大夫也說文云覬钦幸也小爾雅廣言云覬望也 農夫無所貪利。是以逐祿。中災莫肯就外。古之利其民。誘之以利。弗脅以刑。利其民之利當爲理理治也襄廿六年左傳云古之治民者勸賞而畏刑杜注樂行賞而憚用刑 易曰。先王以省方觀民設教。觀象辭 是故建武初。後漢光武紀元 得邊郡戶雖數百。令歲舉孝廉。以召來人。今誠宜權時。令邊郡舉孝一人。廉吏世舉一人。益置明經百石一人。內郡人將妻子來占著。占舊作召 史記田叔傳云因占著名數家於武功索隱云言卜日而自占著家口名數隸於武功猶今附籍然也漢書宣帝紀地節三年詔曰流民自占八萬餘口顏師古注占者謂自隱度其戶口而著名籍也二家說占字各異顏氏得之 五歲以上。與居民同均。皆得選舉。又募運民耕邊入穀。遠郡千斛。近郡二千斛。拜爵五大夫。漢書百官公卿表云爵九級五大夫 可不欲爵者。使食倍賈於內郡。可蓋其之誤賈讀爲價墨子號令篇云收粟米布錢金出內畜產皆爲平直其賈與主人券書之事已皆各以其賈倍償之又用其賈貴賤多少賜爵欲爲吏者許之其不欲爲吏而欲以受賜賞爵祿若贖士親戚所知罪人者以令許之此文本於彼 如此。君子小人。各有所利。則雖欲令無往。弗能止也。此均二字舊倒 苦樂。平徭役。充邊境。安中國之要術也。

卜列第二十五

天地開闢有神民。民神異業精氣通。御覽一引尚書中候云天地開闢楚語觀射父云古者民神不雜民之精爽不攜貳者則明神降之在男曰覡在女曰巫是使制神之處位次主而爲之牲器時服而後使先聖之後之有光烈而敬恭明神者以爲之祝使名姓之後而心率舊典者爲之宗於是乎有天地神名類物之官是謂五官各司其序不相亂也民是以能有忠信神是以能有明德民神異業敬而不瀆故神降之嘉生民以物享禍災不至求用不匱路史前紀三引此文誤以神民爲帝者名氏又以行字帶上讀陳耀文天中記十一嘗正之 行有招召。荀子勸學篇云言有召禍也行有招辱也 命有遭隨。莊子列禦寇篇云達大命者隨達小命者遭春秋繁露重政篇云人始生有大命是其體也有變命存其間者其政也政不齊則人有忿怒之志若將施危難之中而時有遭隨者神明之所接絕屬之符也遭命隨命注見論榮篇 吉凶之期。天難諶斯。詩大明諶今作忱漢書貢禹傳後漢書胡廣傳續漢書律曆志論春秋繁露如天之爲篇說文證字下並與此同聖賢雖察不自專。故立卜筮。以質神靈。禮記祭義云昔者聖人建陰陽天地之情立以爲易易抱龜南面天子卷冕北面雖有明知之心必進斷其志焉示不敢專以尊天也史記龜筴傳云君子謂夫輕卜筮無神明者悖背人道信禨祥者鬼神不得其正故書建稽疑五謀而卜筮居其二五占從其多明有而不專之道也白虎通蓍龜篇云聖人獨見先覩必問蓍龜何示不自專也論衡辨祟篇云聖人舉事先定於義義已定立決以卜筮示不專己明與鬼神同意共指欲令衆下信用不疑卜筮篇云俗信卜筮謂卜者問天筮者問地蓍神龜靈兆數報應故捨人議而就卜筮違可否而信吉凶實知篇云君蓍龜之知吉凶蓍草稱神龜稱靈矣孔子稱蓍之德圓而神。卦之德方以智。又曰。君子將有行也。問焉而以言。其受命而嚮。並易繫辭上傳而嚮而字王弼本作如古通是以禹之得皐陶。文王之取呂尙。皆兆告其象。卜底其思。以成其吉。六韜文師篇云文王將田史編布卜曰田於渭陽將大得焉非龍非彲非虎非羆兆得公侯天遺汝師以之佐昌施及三王文王曰兆致是乎史編曰編之太祖史疇爲禹占得皐陶兆比於此文王乃齋三日田於渭陽卒見太公坐茅以漁乃載與俱歸立爲師宋書符瑞志上史編作史編云王至於磻溪之水呂尙釣於涯王下趨拜曰望公七年乃今見光景於斯按志所言皆本緯書夫君子聞善則勸樂而進。脫一字聞惡則循當作脩省而改尤。故安靜而多福。小人聞善下脫六字聞惡。仁字補卽懾懼而妄爲。故狂躁而多禍。是故凡卜筮者。蓋所問吉凶之情。言興衰之期。令人修身愼行以迎福也。漢書王貢兩龔鮑傳序云嚴君平卜筮於成都市以爲卜筮者賤業而可以惠衆人有邪惡非正之問則依蓍龜爲言利害與人子言依於孝與人弟言依於順與人臣言依於忠各因勢導之以善從吾言者已過半矣且聖王之立卜筮也。不違民以爲吉。不專任以斷事。論衡卜筮篇云世人言卜筮者多得誠實者寡論者或謂蓍龜可以參事不可純用故鴻範之占。大同是尙。鴻今作洪書又曰。假爾元龜。罔敢知吉。書西伯戡黎假爾今作格人史記殷本紀作假人禮記曲禮云假爾泰龜有常詩云。我龜既厭。不我告猶。小旻從此觀之。蓍龜之情。儻有隨時儉易。易繫辭上傳云辭有險易釋文引京房注險惡也易善也古字險儉通用易屯卦動乎險中釋劉修碑作儉否卦儉德李鼎祚周易集解引虞翻曰儉或作險襄廿九年左傳險而易行史記吳世家作儉不以誠邪。將世無史蘇之材。僖十五年左傳識神者少乎。及周史之筮敬仲。莊廿二年左傳莊叔之筮穆子。（昭五年左傳）可謂能探賾索隱。鉤深致遠者矣。（易繫辭上傳）使獻公早納史蘇之言。穆子宿備莊叔之戒。則驪姬豎牛之讒。亦將無由而入。無破國危身之禍也。聖人甚重卜筮。然不疑之事。亦不問也。（桓十一年左傳云卜以決疑不疑何卜）甚敬祭祀。非禮之祈。亦不爲也。（禮記曲禮云非其所祭而祭之名曰淫祀）故曰。聖人不煩卜筮。（哀十八年左傳）敬鬼神而遠之。（論語）夫鬼神與人。殊氣異務。非有事故。何奈於我。（史記吳世家專諸曰是無奈我何）故孔子善楚昭之不祀河。（哀六年左傳）而惡季氏之旅泰山。（論語）今俗人筴（疑狎）於卜筮。而祭非其鬼。（論語云非其鬼而祭之諂也）豈不惑哉。亦有妄傅姓於五音。設五宅之符第。（論衡詰術篇云五音之家用口調姓名及字用姓定其名用名正其字口有張歙聲有外內以定五音宮商之實又云圖宅術曰宅有八術以六甲之名數而第之第定名立宮商殊別宅有五音姓有五聲宅不宜其姓姓與宅相賊則疾病死亡犯罪遇禍王先生云傳當作傅）其爲誣也甚矣。古有陰陽。然後有五行。（春秋繁露五行相生篇云天地之氣合而爲一分爲陰陽判爲四時列爲五行行者行也其行不同故謂之五行）五帝右據行氣。（家語五帝篇孔子曰昔某也聞諸老聃曰天有五行木火金水土分時化育以成萬物其神謂之五帝釋名釋天云五行者五氣也白虎通五行篇云言行者欲言爲天行氣之義也王先生云右疑當作各繼培按各字是也漢書律歷志云三代各據一統）以生人民。（禮記大傳云王者禘其祖之所自出以其祖配之鄭注王者之先祖皆感太微五帝之精以生蒼則靈威仰赤則赤熛怒黃則含樞紐白則白招拒黑則汁光紀疏云蒼則靈威仰至汁光紀者春秋文耀鉤文宜三年公羊傳何休注上帝五帝在太微之中迭生子孫更王天下疏云此五帝者卽靈威仰之屬）載世遠乃有姓名。敬民（敬民蓋號氏之誤）名字者。蓋所以別衆猥而顯此人爾。非以紀（舊作絕）五音而定剛柔也。今俗人不能推紀本祖。而反欲以聲音言語定五行。誤莫甚焉。（論衡詰術篇云人之有姓者用稟於天天得五行之氣爲姓耶以口張歙聲外內爲姓也如以本所稟於天者爲姓若五穀萬物稟氣矣何故用口張歙聲內外定正之乎）夫魚處水而生。（莊子至樂篇文）鳥據巢而卵。卽（疑衍蓋卵之譌文）不推其本祖。諧音而可。卽（與則同）呼鳥爲魚。可内（讀爲納）之水乎。呼魚爲鳥。可棲之木邪。（說文云西鳥在巢上或从木妻作棲）此不然之事也。命駒曰犢。終必（舊作不）爲馬。是故凡姓之有音也。必隨其本生祖所王也。太皞木精。承歲而王。夫其子孫咸當爲角。神農火精。承熒惑而王。夫其子孫咸當爲徵。黃帝土精。承鎮而王。夫其子孫咸當爲宮。少皞金精。承太白而王。夫其子孫咸當爲商。顓頊水精。承辰而王。夫其子孫咸當爲羽。（漢書律歷志云五星之合於五行水合於辰星火合於熒惑金合於太白木合於歲星土合於鎮星御覽五引尙書考靈耀云歲星木精熒惑火精鎮星土精太白金精辰星水精也開元占經十九引春秋運斗樞云歲星帥五精聚於東方七宿蒼帝以仁良溫讓起熒惑帥五精聚於南方七宿赤帝以寬明多智略起塡星帥五精聚於中央黃帝以重厚賢聖起太白帥五精聚於西方七宿白帝以勇武誠信多節義起辰星帥五精聚於北方七宿黑帝以淸平靜潔通明起塡與鎮同）雖號百變。音行不易。俗工又曰。商家之宅。宜出西門。（論衡詰術篇云圖宅術曰商家門不宜南向徵家門不宜北向則商金南方火也徵火北方水也水勝火火賊金五行之氣不相得故五姓之宅門有宜嚮嚮得其宜富貴吉昌嚮失其宜貧賤衰耗）此復虛矣。五行當出乘其勝。入居其隩。乃安吉。商家向東入。（文有脫誤）東入反以爲金伐木。則家中精神。日戰鬭也。五行皆然。又曰。宅有宮商之第。直符之歲。（論衡讕時篇云太歲在子子宅直符午宅爲破）既然者。於（舊作放）其上增損門數。即可以變其音而過其符邪。今一宅也。同姓相代。或吉或凶。一宮也。同姓相代。或遷或免。一宮也。成康居之日以興。幽厲居之日以衰。由此觀之。吉凶興衰。不在宅明矣。（論衡詰術篇云今府廷之内吏舍連屬門嚮有南北長吏舍傳圖居有東西長吏之姓必有宮商諸吏之舍必有徵羽安宮還徙未必角姓門南嚮也失位貶黜未必商姓門北出也）及諸神祇。太歲豐隆鉤陳太陰將軍之屬。（韓非子飾邪篇云豐隆五行太乙王相攝提六神五括天河殷搶歲星王逸離騷注云豐隆雷師漢書揚雄傳云詔招搖與太陰今伏鉤陳使當兵張晏曰太陰歲後三辰也服虔曰鉤陳紫宮外營陳星攙抱朴子登涉篇有諸舉太陰將軍此乃天吏非細民所當事也。天之有此神也。皆所以奉成陰陽而制物也。漢書律歷志云萬物棣通族出於寅人奉而成之利何本作吏按利吏並誤當是制字說文云制裁也从刀从未制利字形相近而誤若人治之有牧守令長矣。向之何怒。背之何怨。君民道近。不宜相責。況神致貴。與人異禮。豈可望乎。論衡譏日篇云堪輿歷歷上諸神非一聖人不言諸子不傳殆無其實天道難知假令有之諸神用事之日也忌之何福不諱何禍王者以甲子之日舉事民亦用之王者聞之不刑法也夫王者不怒民不與已相避天神何爲獨當責之說文云謹責望也經典通作望且欲使人而避鬼。是即道路不可行。而室廬不復居也。此謂賢人君子。秉心方直。精神堅固者也。詩定之方中云秉心塞淵毛傳秉操也淮南子氾論訓云聖人心平志易精神內守物莫足以惑之魯語云血氣強固至如世俗小人。醜妾婢婦。禮記曲禮鄭注婢之言卑也淺陋愚戇。漸染既成。又數揚精破膽。今不順精誠所向。莊子漁父篇云眞者精誠之至也不精不誠不能動人論衡感虛篇云精誠所加金石爲虧而彊之以其所畏。直亦增病爾。何以明其然也。夫人之所以爲人者。非以此八尺之身也。考工記云人長八尺說文云夫丈夫也周制以八寸爲尺十尺爲丈人長八尺故曰丈夫乃以其有精神也。人有恐怖死者。非病之所加也。非人功之所幸也。句有誤字然而至於遂不損者。損謂病減也後漢書袁安後閎傳云封觀當舉孝廉以兄名位未顯遂稱風疾後數年兄得舉觀乃稱損方言云斟益也凡病少愈而加劇亦謂之不斟郭注言雖少損無所益也精誠去之也。漢書東方朔傳云精神散而邪氣及孟賁狎猛虎而不惶。舊作蓋奔押猛虎而不惶按韓非子守道篇云服虎而不以柙此賁育之所患意與此背荀子臣道篇云狎虎則危災及其身論衡遭虎篇亦云夫虎山林之獸不狎之物也廣雅釋詁云惶懼也嬰人畏螻蟻而發聞。嬰人猶嬰兒發聞謂發聲聞於人也韓策張儀說韓王曰夫秦卒之與山東之卒也猶孟賁之與怯夫也以重力相壓猶烏獲之與嬰兒也是亦孟賁嬰兒對舉之證今通士荀子不苟篇云物至而應事起而辨若是則可謂通士矣淮南子修務訓云通士者不必孔墨之類或欲彊羸病之愚人。禮記問喪云身病體羸韓非子十過篇云士大夫羸病必之其所不能。大戴禮曾子立事篇云彊其所不能吾又恐其未盡善也。論語云未盡善也移風易俗之本。乃在開其心而正其精。今民生不見正道。而長於邪淫誑惑之中。其信之也。難卒讀爲猝解也。惟王者能變之。漢書地理志云孔子曰移風易俗莫善於樂言聖王在上統理人倫必務其本而易其末淮南子泰族訓云誠決其善志防其邪心啓其善道塞其姦路與同出一道則民性可善而風俗可美也

巫列第二十六

凡人吉凶。以行爲主。以命爲決。行者。己之質也。命者。天之制也。白虎通壽命篇云命者何謂也人之壽也天命己使生者也 在於己者。固可爲也。在於天者。不可知也。巫覡祝請。亦其助也。然非德不行。巫史祈祝者。蓋所以交鬼神而救細微爾。至於大命。哀十五年左傳云大命隕墜 末如之何。論語云吾末如之何也已矣 譬民人之請謁於吏矣。可以解微過。不能脫正罪。設有人於此。孟子云有人於此 晝夜慢侮君父之教。干犯先王之禁。不克己心。思改過。脫一字 善而苟驟發請謁以求解免。必不幾讀爲冀矣。不若修己。小心畏愼。無犯上之必令也。必令疑倒述赦篇云姦軌之賊十八九可勝必也即其例或云必令謂刑嚴而必也 故孔子不聽子路。而云丘之禱久矣。論語 孝經云。夫然故生則親安之。祭則鬼享之。由此觀之。德義無違。鬼舊脫神乃享。鬼神受享。福祚乃隆。昭廿年左傳云鬼神用享國受其福 故詩云。降福穰穰。降福簡簡。威儀板板。既醉既飽。福祿來反。詩執競板板今作反反 此言人德義美茂。神歆享醉飽。乃反報之以福也。虢公舊脫延神而亟亡。莊卅二年左傳 趙嬰祭天而速滅。成五年左傳 此蓋所謂神不歆其祀。民不即其事也。昭元年左傳 故魯史書曰。國將興。聽於民。將亡。聽

於神。莊卅二年左傳楚昭不禳雲。哀六年左傳宋景不移咎。呂氏春秋制樂篇子產距裨竈。昭十七年左傳邾文公違卜史。文十三年左傳此皆審己知道。身以俟命者也。禮記中庸云君子居易以俟命身上脫一字當是修字孟子云殀壽不貳修身以俟之所以立命也晏平仲有言。祝有益也。詛亦有損也。昭廿年左傳季梁之諫隨侯。桓六年左傳宮之奇說虞公。僖五年左傳可謂明乎天人之道。達乎神民之分矣。夫妖不勝德。史記殷本紀伊陟曰臣聞妖不勝德邪不伐正。淮南子繆稱訓云正身直行衆邪自息天之經也。孝經雖時有違。然智者守其正道而不近於淫鬼。所謂淫鬼者。閑邪精物。史記留侯世家贊云學者多言無鬼神然言有物齊悼惠王世家魏勃少時欲求見齊相曹參家貧無以自通乃常獨早夜掃齊相舍人門外相舍人怪之以為物而伺之索隱姚氏云物怪物說文云毅改大剛卯也以逐精鬼漢書藝文志雜占類有人鬼精物六畜變怪二十一卷非有守司眞神靈也。大戴禮曾子天員篇云陽之精氣曰神陰之精氣曰靈神靈者品物之本也鬼之有此。猶人之有姦言賣平以干求者也。賣平以市道為喻周禮小宰聽賣買以質劑鄭司農云質劑謂市中平賈今時月平是也漢書食貨志云諸司市常以四時中月實定所掌為物上中下之賈各自用為其市平法言學行篇云一閧之市必立之平李軌注市無平必失貴賤之正鹽鐵論本議篇云開委府於京以籠貨物賤卽買貴則賣是以縣官不失實商賈無所貿利故曰平準禁耕篇云山海有禁而民不傾貴賤有平而民不疑縣官設衡立準人從所欲雖使五尺童子適市莫之能欺今罷去之則豪民擅其用而專其利決市閭巷高下在口吻貴賤無常本議篇又云行姦賣平農民重苦賣平卽所謂高下在口吻也續漢書五行志云桓帝之初京都童謠曰游平賣印自有平不辟賢豪及大姓後漢書竇武傳章懷注引平作評蓋勳傳注引續漢書云中平元年黃巾賊起故武威太守酒泉黃儁被徵失期梁鵠欲奏誅儁勳為言得免儁以黃金二十斤謝勳勳謂儁曰吾以子罪在八議故為子言吾豈賣評哉終辭不受評與平同郭太後許劭傳劭與從兄靖俱有高名好共覈論鄉黨人物每月輒更其品題故汝南俗有月旦評焉月旦評亦取月平之義漢時市列每月評定貴賤如今時朔望有長落矣若或誘之。說文云㕗相訹呼也或从言秀則遠來不止。而終必有咎。宣十二年左傳云必有大咎鬼神亦然。故申繻曰。人之所忌。其氣炎以取之。人無釁焉。妖不自作。莊十四年左傳炎正義本作燄釋文作炎按漢書五行志藝文志並作炎顏師古曰炎讀與燄同風俗通過譽篇亦云人之所忌炎自取之續漢書五行志贊云妖豈或妄氣炎以觀亦用此傳文也是謂人不可多忌。多忌妄畏。實致妖祥。

且人有爵位。鬼神有尊卑。天地山川、社稷五祀。（禮記王制云天子祭天地諸侯祭社稷大夫祭五祀天子祭天下名山大川諸侯祭名山大川之在其地者）百辟卿士有功於民者。（禮記月令云命百縣雩祀百辟卿士有益於民者祭法云此皆有功烈於民者也）天子諸侯所命祀也。（僖卅一年左傳云不可以閒成王周公之命祀）若乃巫覡之謂獨語。小人之所望畏。土公飛尸咎魅北君銜聚當路直符七神。（論衡解除篇云宅中主神有十二焉青龍白虎列十二位龍虎猛神天之正鬼也飛尸流凶不敢安集）及民間繕治微蔑小禁。本非天王所當憚也。（後漢書來歙後歷傳云皇太子驚病不安避幸安帝乳母野王君王聖舍太子乳母王男廚監邴吉等以爲聖舍新繕修犯土禁不可久御鍾離意傳章懷注引東觀記曰意在堂邑出俸錢帥人作屋功作既畢爲解土祝曰興功役者令百姓無事如有禍祟令自當之論衡解除篇云世間繕治宅舍鑿土掘地功成作畢解謝土神名曰解土爲土偶人以像鬼形令巫祝延以解土神已祭之後心快意喜謂鬼神解謝殃禍除去）舊時京師不防動功。造禁以來。吉祥應瑞。（漢書車千秋傳云每有吉祥嘉應數褒賞丞相王莽傳云神祇懽喜申以福應吉瑞累仍按應瑞字倒瑞應見三式篇）子孫昌熾。（詩閟宮云俾爾昌而熾後漢書西南夷傳朱輔上遠夷樂德歌詩云子孫昌熾）不能過前。且夫以君畏臣。以上需下。則必示弱而取陵。（僖八年左傳云示之弱矣昭十八年傳云下陵上替）殆非致福之招也。（易震彖曰震來虩虩恐致福也周禮男巫招弭以除疾病鄭注招招福也）嘗觀上記。（注見思賢篇）人君身修正。（漢書匡衡傳云聖德純備莫不修正賈山傳顏師古注修正謂修身正行者宣帝紀元康元年詔云吏民厥身修正）賞罰明者。國治而民安。民安樂者。天悅喜而增歷數。故書曰。王以小民受天永命。（召誥）孔子曰。天之所助者順也。人之所助者信也。履信思乎順。又以尚賢。是以自天祐之。吉無不利。（易繫辭上傳）此最御凶災而致福善之本也。（漢書李尋傳云凶災銷滅子孫之福不旋日而至治要載仲長統昌言云王者官人無私唯賢是親勤恤政事屢省功臣賞錫期於功勞刑罰歸乎衆惡政平民安各得其所則天地將自從我而正矣休祥將自應我而集矣惡物將自舍我而亡矣意與此同）

相列第二十七

詩所謂天生烝民。有物有則。烝民是故人身體形貌。皆有象類。春秋繁露人副天數篇云人有三百六十節偶天之數也形體骨肉偶地之厚也上有耳目聰明日月之象也體有空竅理脈川谷之象也心有哀樂喜怒神氣之類也淮南子精神訓云頭之圓也象天足之方也象地 骨法角肉。各有分部。以著性命之期。顯貴賤之表。論衡骨相篇云人命稟於天則有表候於體察表候以知命猶察斗斛以知容矣表候者骨法之謂也又云貴賤貧富命也操行清濁性也非徒命有骨法性亦有骨法又云知命之人見富貴於貧賤睹貧賤於富貴按骨節之法察皮膚之理以審人之性命無不應者 一人之身。而五行八卦之氣具焉。易乾鑿度孔子曰八卦之序成立則五氣變形故人生而應八卦之體得五氣以爲五常按五氣五行之氣論衡物勢篇云一人之身含五行之氣故一人之行有五常之操五常五行之道也故師曠曰。赤色不壽。火家性易滅也。逸周書太子晉解云汝色赤白火色不壽 易之說卦巽。爲人多白眼。相揚四白者兵死。此猶金伐木也。王先生云四白謂睛之上下右右皆露白易所謂多白眼也相婦人法目有四白五夫守宅見唐書方技袁天綱傳經曰。近取諸身。遠取諸物。易繫辭下傳 聖人有見天下之至賾而擬諸形容。象其物宜。繫辭下傳王本有下有以字無至字諸下有其字 此亦賢人之所察。紀往以知來。而著爲憲則也。人之相法。或在面部。或在手足。或在行步。或在聲響。論衡骨相篇云相或在內或在外或在形體或在聲氣 面部欲溥平潤澤。王先生云溥當作博 手足欲深細明直。行步欲安穩覆載。按安穩古作安隱隱亦安也詩縣鄭箋云民心定乃安隱其居三國志武帝傳裴松之注引鄭康成盤庚注云安隱於其衆董卓傳注引華嶠漢書曰卓欲還都長安召公卿以下大議司徒楊彪曰昔盤庚五遷殷民胥怨故作三篇以曉天下之士而海內安穩安穩與安隱同成二年左傳韓厥俯定其右杜注俯安隱之莊子應帝王篇其臥徐徐司馬彪注徐徐安隱貌 音聲欲溫和中宮。頭面手足。身形骨節。皆欲相副稱。此其略要也。夫骨法爲祿相表。氣色爲吉凶候。荀子非相篇云相人之形狀顏色而知其吉凶妖祥論衡自然篇云吉凶蜚色見於面人不能爲色自發也自紀篇云人面色部七十有餘頰肌明潔五色分別隱微憂喜皆可得察占射之者十不失一 部位爲年時 脫一字 德行爲三者招天授。性命決然。表有顯微。色有濃淡。行有薄厚。命有去就。是以吉凶期會。祿位成敗。有不必下有脫字非聰明慧智。禮記中庸云惟天下至聖爲能聰明叡智用心精密。孰能以中。昔內史叔服過魯。公孫敖孫舊作妖王先生云妖當是姓字之誤古者孫姓通用詩麟之趾振振公姓毛傳公姓公孫也聞其能相人也。而見其二子焉。叔服曰。穀也食子。難也收子。穀也豐下。必有後於魯。文元年左傳及穆伯之老也。文伯居養。其死也。惠叔典哭。文十四年左傳王侍郎云典哭疑典喪繼培按喪字是也漢書武五子傳霍光徵王賀典喪顏師古注令爲喪主魯竟立獻子。穀之子以續孟氏之後。及王孫說相喬如。周語子上幾商臣。文元年左傳按禮記玉藻鄭注幾猶察也子文憂越椒。宣四年左傳叔姬惡食我。昭廿八年左傳單襄公察晉厲。周語子貢觀邾魯。定十五年左傳臧文聽與說。莊十一年左傳陳咸見張張下脫一字程本作空格漢書有兩陳咸一陳萬年子見萬年傳一王莽時講禮祭酒見莽傳賢、人達士。漢書王商史丹傅喜傳贊云雖宿儒達士無以加焉察以善心。無不中矣。及唐舉之相李兌蔡澤。史記蔡澤傳許負之相鄧通條侯。條侯事見史記絳侯世家佞幸傳云上使善相者相通不云許負此當別有所據雖司命班祿。追敘行事。弗能過也。雖然。人之有骨法也。猶萬物之有種類。材木之有常宜。巧匠因象。韓非子有度篇云巧匠目意中繩各有所授。曲者宜爲輪。直者宜爲輿。檀宜作輻。榆宜作轂。舊脫輪直者宜爲五字按御覽九百五十二引崔寔政論云師曠曰人骨法猶木有宜曲者爲輪直者爲輿檀宜作輻榆宜作轂今據補此其正法通率也。率讀如律治要載崔寔政論云不可爲天下通率若有其質而工不材。材與裁同晉語云童昏嚚瘖僬僥官師之所不材也可如何。故凡相者。能期其所極。不能使之必至。十種之地。舊作也膏壤雖肥。弗耕不穫。易无妄六二不耕穫詩甫田毛傳大田過度而無人功終不能穫千里之馬。骨法雖具。弗策不致。後漢書馬援傳云昔有騏驥一日千里伯樂見之昭然不惑近世有西河子輿亦明相法子輿傳西河儀長孺長孺傳茂陵丁君都君都傳成紀楊子阿臣援嘗師事子阿受相馬骨法考之於行事輒有驗效尉繚子武議篇云良馬無策遠道不致夫觚而弗琢。不成於器。鹽鐵論殊路篇云孔子曰觚不觚觚哉觚哉故人事加則爲宗廟器否則斯養之疊才士而弗仕。不成於位。若此者。天地所不能貴賤。鬼神所不能貧富也。或王公孫子。仕宦終老。不至於穀。論語子曰三年學不至於穀不易得也孔安國注穀善也釋文引鄭康成注穀祿也此亦當訓穀爲祿或庶隸廝賤。無故騰躍。漢書食貨志云物痛騰躍窮極爵位。此受天性命。當必然者也。詩稱天難忱斯。忱卜列篇作諶此蓋後人据毛詩改之性命之質。德行之招。質招皆以射的爲喻周禮司裘王大射則共虎侯熊侯豹侯設其鵠鄭司農云方十尺曰侯四尺曰鵠二尺曰正四寸曰質淮南子原道訓云先者則後者之弓矢質的也高誘注質的射者之準蓺也呂氏春秋本生篇云萬人操弓共射其一招高誘注招埻的也盡數篇云射而不中反修於招何益於中別類篇云射招者欲其中小也高注並云招埻蓺也質準埻同字參錯授受。舊脫不易者也。然其大要骨法爲主。氣色爲候。史記淮陰侯傳蒯通曰僕嘗受相人之術貴賤在於骨法憂喜在於容色五色之見。王廢有時。舊脫按夢列篇云五行王相謂之時今据補時與下之尤思災爲韻長短經察相篇注引相經云五色並以四時判之春三月青色王赤色相白色囚黃黑二色皆死夏三月赤色王白色黃色皆相青色死黑色囚秋三月白色王黑色相赤色死青黃二色皆囚冬三月黑色王青色相白色死黃與赤二色囚若得其時色王相者吉不得其時色王相若四死者凶智者見祥。修善迎之。其有憂色。循當作修行改尤。愚者反戾。不自省思。雖休徵見相。福轉爲災。於戲君子。可不敬哉。

夢列第二十八

凡夢。有直。有象。有精。有想。有人。有感。有時。有反。有病。有性。在昔武王邑姜。方震太叔。夢帝謂己。命爾子虞。而與之唐。及生。手掌曰虞。王先生云掌疑文因以爲名。成王滅唐。遂以封之。昭元年左傳此謂直應之夢也。論衡紀妖篇云或曰人亦有直夢夢見甲明日則見甲矣夢見君明日則見君矣曰然人有直夢直夢皆象也其象直耳詩云。維熊維羆。男子之祥。維虺維蛇。女子之祥。斯干衆維魚矣。

寶維豐年•旐維旟矣。室家蓁蓁•無字蓁蓁今作溱溱旟舊作旐據程本此謂象之夢也。王先生云象下脫一字孔子生於亂世。莊子讓王篇孔子曰今吾抱仁義之道以遭亂世之患日思周公之德。夜即夢之。論語此謂意精之夢也。人有所思。即夢其到。有憂。即夢其事。此謂記想之夢也。今事王先生云今疑作同俗書同爲仝仝今形近之誤貴人夢之即爲祥。賤人夢之即爲妖。君子夢之即爲榮。小人夢之即爲辱。此謂人位之夢也。晉文公於城濮之戰。夢楚子伏己而盬其腦。僖廿八年左傳是大惡也。及戰乃大勝。此謂極反之夢也。陰雨之夢。使人厭迷。陽旱之夢。使人亂離。大寒之夢。使人怨悲。大風之夢。使人飄飛。迷離悲飛韻此謂感氣之夢也。春夢發生。夏夢高明。秋冬夢熟藏。生明藏韻此謂應時之夢也。陰病夢寒。陽病夢熱。素問脈要精微論云陰盛則夢涉大水恐懼陽盛則夢大火燔灼亦見列子周穆王篇內病夢亂。外病夢發。百病之夢。或散或集。熱發集韻此謂氣之夢也。孫侍御云氣上當有病字繼培按素問舉痛論云黃帝曰余知百病生於氣也論衡訂鬼篇云病篤者氣盛人之情心。好惡不同。王侍郎云據下云心精好惡情當作精繼培按論衡書虛篇云情心不同超奇篇亦云表著情心是情心連文之證管子內業篇云彼心之情利安以寧襄卅一年左傳子產曰人心之不同如其面焉漢書元帝紀永光四年詔曰公卿大夫好惡不同或以此吉。或以此凶。當各自察。常占所從。同凶從韻此謂性情之夢也。故先有差忒者忒舊作武據天中記廿三改按說文云忒失常也忒更也經典多借忒爲忒謂之精。王先生云謂之精上有脫文下云凡此十者占夢之大略而文止言其八必有解釋直象二夢而今佚之晝有所思。夜夢其事。乍吉乍凶。善惡不信者。凶善二字舊倒謂之想。貴賤賢愚。男女長少。謂之人。風雨寒暑。謂之感。五行王相。謂之時。周禮占夢掌其歲時觀天地之會辨陰陽之氣鄭注陰陽之氣休王前後白虎通五行篇云木生火火生土土生金金生水水生木是以木王火相土死金囚水休五行大義云五行體休王者春則木王火相水休金囚土死夏則火王土相木休水囚金死六月則土王金相火休木囚水死秋則金王水相土休火囚木死冬則水王木相金休土囚火死陰極即吉，陽極即凶，謂之反。觀其所疾，察其所夢，謂之病。心精好惡，於事驗，脫一字謂之性。凡此十者，占夢之大略也。孟子云此其大略也而決吉凶者之疑術類以多反，其何故哉？何舊脫按交際篇云斯何故哉今据補豈人覺爲陽，人寐爲陰，論衡紀妖篇云臥夢爲陰候覺爲陽占陰陽之務，相反故邪？此亦謂其不甚者爾。借如使夢吉事而己意大喜樂，以下文例之此脫二字發於心精，則眞吉矣。夢凶事而己意大恐懼憂悲，發於心精，即眞惡矣。所謂秋冬夢死傷也，吉者順時也。雖然，財爲大害爾。由弗若勿夢也。所謂以下文有脫誤王先生云秋冬夢死傷疑是釋五行王相謂之時義上當有春夏夢生長語凡察夢之大體，清絜鮮好，貌堅健，貌上脫一字竹木茂美，宮室器械新成，方正開通，光明溫和，升上向興之象，皆爲吉喜，謀從事成。晏子春秋問上景公曰謀必得事必成諸臭汙腐爛，枯槁絕霧，絕當作晻說文云晻不明也晻絕字形相近書盤庚予不掩爾善五經異義作不絕見詩文王疏此其比也霧與霿通洪範曰蒙鄭康成本作霿云霿者氣不釋鬱冥冥也史記宋世家亦作霿傾倚徵疑欹邪，劓刖不安，說文云槷魁不安也引易困九五槷魁困于赤芾王弼本作劓刖乾鑿度云至于九五劓刖不安閉塞幽昧，解落墜下，向衰之象，皆爲下脫二字計謀不從，舉事不成。妖孽怪異，漢書五行志云凡草木之類謂之妖妖猶夭胎言尚微蟲豸之類謂之孼孼則牙孼矣說文作祅蠥可憎可惡之事，皆爲憂。圖畫卹胎，卹當作卵卵胎物之未成者故爲見欺紿易林晉之益震之觀並云缺破不成胎卵未生弗見兆形或云殰璺譌爲卹說文云殰胎敗也刻鏤非眞，瓦器虛空，皆爲見欺紿。紿與詒同倡優俳儛，侯疑及小兒所戲弄之象，皆爲懽笑。懽舊作觀据何本此其大部也。夢或甚顯而無占，或甚微而有應，何也？曰：本所謂之夢者，困不了察之稱。了爲憭之假借說文云憭慧也惛不憭也一切經音義廿一引作不了後漢書孔融傳小而聰了亦以了爲懜而懵憒冒名也。說文云懜惛也懜不明也懵蓋懜之別體爾雅釋訓云儚儚洄洄惛也釋文儚字或作懜洄洄本或作佪說文引爾雅[illegible][illegible]潰潰本書救邊篇又作佪佪潰潰懵憒即懜懜憒憒今爾雅脫憒憒詳救邊篇注故亦不專信以斷事。人對計事。起而行之。尚有不從。況於忘忽雜夢。忘讀若怳老子云無狀之狀無象之象是爲怳忽淮南子原道訓云鶩怳忽高誘注怳忽無之象也禮記祭義云夫何慌忽之有管子水地篇云目之所以視非特山陵之見也察于荒忽漢書司馬相如傳云軋物荒忽張揖曰不分明之貌史記作洸忽莊子至樂篇云雜乎芒芴之間怳惚荒洸芒忘義並通亦可必乎。惟其時。有精誠之所感薄。神靈之所告者。呂氏春秋精通篇云今夫攻者砥厲五兵侈衣美食發且有日矣所被攻者不樂非或聞之也神者先告也身在乎秦所親愛在於齊死而志氣不安精或往來也此所言即其義淮南子天文訓云陰陽相薄感而爲雷高誘注薄迫也感動也乃有占爾。是故君子之異夢。非妄而已也。必有事故焉。小人之異夢。非桀舊作桀而已也。時有禎祥焉。禎舊作眞據程本改禮記中庸云必有禎祥是以武丁夢獲聖而得傅說。楚語二世夢白虎而滅其封。滅字舊脫據何本補事見史記秦始皇紀封猶邦也夫奇異之夢。多有故而少無爲者矣。今一寢之夢。或屢遷化。百物代至。而其主不能究道之。故占者。有不中也。此非占之罪也。乃夢者過也。或言夢審矣。而說者不能連類傳觀。故其善舊脫惡。有不驗也。此非書之罔。乃說之過也。是故占夢之難者。讀其書爲難也。晏子春秋雜下占夢者曰請反具書漢書藝文志雜占類黃帝長柳占夢十一卷甘德長柳占夢二十卷隋書經籍志五行類京房占夢書三卷夫占夢必謹其變。故審其徵候。內考情意。外考王相。即即與則同吉凶之符。善惡之效。庶可見也。且凡人道見瑞而修德者。福必成。見瑞而縱恣者。福轉爲禍。見妖而驕侮者。禍必成。見妖而戒懼者。禍轉爲福。呂氏春秋制樂篇湯曰吾聞祥者福之先者也見祥而爲不善則福不至妖者禍之先者也見妖而爲善則禍不至治要載桓譚新論云災異變怪者天下所常有無世而不然逢明主賢臣智士仁也則修德善政省職慎行以應之故咎殃消亡而禍轉爲福是故太姒有吉夢。文王不敢康。吉祀於羣神。然後占於明堂。並拜吉夢。修省（舊作發）戒懼。聞喜若憂。故能成吉以有天下。（御覽八十四引帝王世紀云文王自商至程太姒夢見商庭生棘太子發取周庭之梓樹之於闕閒梓化爲松柏柞棫覺而驚以告文王文王不敢占召太子發命祝以幣告於宗廟羣神然後占之於明堂及發並拜吉夢此作程寤按程寤解出周書今亡御覽及藝文類聚多引之）虢公夢見蓐收。賜之上田。自以爲有吉。囚（舊作因）史嚚。令國賀夢。（晉語）聞憂而喜。故能成凶以滅其封。易曰。使知懼。又明於憂患與故。（繫辭下傳）凡有異夢感心。以及人之吉凶。相之氣色。無問善惡。常恐懼修省。以德迎之。（易震象曰君子以恐懼修省淮南子繆稱訓云身有醜夢不勝正行國有妖祥不勝善政）乃其逢吉。（書洪範云子孫其逢吉）天祿永終。（論語）

釋難第二十九

庚子（王先生云庚疑唐字之誤唐空也唐子設詞卽亡是公子虛之類）問於潛夫曰。堯舜道德。不可兩美。實若韓子戈伐之說邪。（韓非子難一戈伐作矛楯詩小戎云蒙伐有苑毛傳伐中干也按伐爲瞂之借方言云盾自關而東或謂之瞂或謂之干關西謂之盾）潛夫曰。是不知難而不知類。今夫伐者。盾也。厥性利。戈者。矛也。厥性害。是戈（舊作伐）爲賊。伐爲禁也。其不俱盛。固其術也。夫堯舜之相於。（相於兩相加被之辭文五年左傳疏引鄭康成箴膏肓云禮天子於二王後之喪含爲先襚次之賵次之賻次之於諸侯含之賵之小君亦如之於諸侯臣襚之諸侯相於如天子於二王後儀禮聘禮鄭注大問曰聘諸侯相於久無事使卿相問之禮易林蒙之巽患解憂除王母相於與喜俱來使我安居藝文類聚五十三孔融與韋林甫書曰疾動不得復與足下岸幘廣坐舉杯相於以爲邑邑急就篇有倫自於一人言自於二人言相於呂氏春秋不侵篇云豫讓國士也而猶以人之於己也爲念高誘注於猶厚也相於亦相厚之意矣）人也。非戈與伐也。其道同仁。不相害也。（伐害韻）舜伐何如弗得俱堅。堯伐何如不得俱賢哉。（堅賢韻兩伐字有一誤）且夫堯舜之德。譬猶偶燭之施明於幽室也。（禮記仲尼燕居云譬如終夜有求于幽室之中非燭何見前燭即盡照之矣。後燭入而益明。此非前燭昧而後燭彰也乃二者相因而成大光。二聖相德而致太平之功也。德何本作得德得古字通漢書王褒傳聖主得賢臣頌云若堯舜禹湯文武之君獲稷契皋陶伊尹呂望明明在朝穆穆列布聚精會神相得益章故聖主必待賢臣而弘功業俊士亦俟明主以顯其德是故大鵬之動。非一羽之輕也。莊子逍遙遊篇云鵬之背不知其幾千里也怒而飛其翼若垂天之雲詩節兮疏引五經異義云公羊說欒萬舞以鴻羽取其勁輕一舉千里抱朴子廣譬篇云六翮之輕勁騏驥之速。非一足之力也。衆良相德。與得同而積施乎無極也。堯舜兩美。蓋其則也。力極則韻伯叔曰。王先生云伯叔是唐子之誤伯是唐之壞叔字草書如子也吾子過矣。儀禮士冠禮鄭注吾子相親之辭吾我也子男子之美稱韓非之取矛盾以喻者。將假其不可兩立。以詰堯舜之不得並之勢。而論其本性之仁與賊。不亦失是譬喻之意乎。潛夫曰。夫譬喻也者。生於直告之不明。故假物之然否以彰之。墨子小取篇云辟也者舉物而以明之也辟即譬之省荀子非相篇云談說之術分別以喻之譬稱以明之淮南子要略云假象取耦以相譬喻物之有然否也。非以其文也。必以其眞也。今子舉其實文之性以喻。而欲使鄙也釋其文。鄙也惑焉。且吾聞問陰對陽。謂之彊說。論西詰東。謂之彊難。子若欲自必以則昨反思。然後求無苟自彊。自必以下文有脫誤庚子曰。周公知管蔡之惡以相武庚。舊脫孫侍御補史記管蔡世家云二人相紂子武庚祿父治殷遺民使肆厥毒。從而誅之。何不仁也。若其不知。何不聖也。二者之過。必處一焉。本孟子潛夫曰。書二子挾庚子父以叛。王先生云庚子父當是武庚祿父庚上脫武字子是祿之蝕而僅存者繼培按管蔡世家云管叔蔡叔疑周公爲之不利於成王乃挾武庚以作亂漢書翟方進傳云昔成王幼周公攝政而管蔡挾祿父以叛然未知其類之與。抑抑相反。文有脫誤且天知桀惡而帝之夏。又知紂惡而王之殷。使虐二國。殘賊下民。多縱厥毒滅其身。（滅上脫一字韓詩外傳十公子晏子曰昔者桀殘賊海內賦斂無度萬民甚苦是故湯誅之爲天下戮笑白虎通禮樂篇云殷紂爲惡日久其惡最甚斮涉刳胎殘賊天下孟子云賊仁者謂之賊賊義者謂之殘殘賊之人謂之一夫聞誅一夫紂矣）亦可謂不仁不知乎。庚子曰。不然。夫桀紂者。無親於天。故天任之（舊脫）而勿憂。（晉語云輕其任而不憂其危）誅之而勿哀。今管蔡之與周公也。有兄弟之親。有骨肉之恩。（漢書五行志董仲舒云多兄弟親戚骨肉之連）不量能而使之。不堪命而任之。故曰異於桀紂（舊脫）之與天也。潛夫曰。皇天無親。（僖六年左傳引周書）帝王繼體之君。（繼體注見五德志）父事天。王者爲子。故父事天也。（漢書郊祀志王莽奏言王者父事天故爵稱天子白虎通爵篇云爵所以稱天子者何王者父天母地爲天之子也）率土之民。莫非王臣也。（詩北山）將而必誅。（昭元年公羊傳）王法公也。無偏無頗。（書洪範）親疏同也。（公同讀）大義滅親。（隱四年左傳）尊王之義也。立弊之天。爲周公之德因斯也。（文有脫誤）過此而往者。未之或知。（易繫辭下傳義斯知讀）秦子問於潛夫曰。耕種。生之本也。學問。業之末也。老聃有言。大丈夫處其實。不居其華。而孔子曰。耕也餒在其中。學也祿在其中。（論語）敢問。（敢舊作敦據程本）今使舉世之人。釋耨耒而程相羣於學。何如。潛夫曰。善哉問。君子勞心。小人勞力。（襄九年左傳知武子語）故孔子所稱。謂君子爾。今以目所見。耕食之本也。以心原道。卽（與則同）學又耕之本也。易曰。立天之道。曰陰與陽。立地之道。曰柔與剛。立人之道。曰仁與義。（說卦傳）天反德者爲災。（此語上下有脫誤當設爲問辭下乃答之宣十五年左傳云天反時爲災地反物爲妖民反德爲亂亂則妖災生此文蓋用其說）潛夫曰。嗚呼。而未之察乎。吾語子。夫君子也者。其賢宜君國而德宜子民也。（注見三式篇）宜處此位者。惟仁義人。故有仁義者。謂之君子。昔荀卿有言。夫仁也者愛人。愛人。故不忍危也。義也者聚人。聚人。故不忍亂也。（荀子議兵篇作彼仁者愛人愛人故惡人之害之也義者循理循理故惡人之亂之也）是故君子夙夜箴規。蹇蹇匪懈者。（易蹇六二王臣蹇蹇詩烝民云夙夜匪解箴規見明闇篇注）憂君之危亡。（毛詩山有樞序云政荒民散將以危亡）哀民之亂離也。（詩四月云亂離瘼矣）故賢人君子。推其仁義之心。愛（下脫二字）之君。猶父母也。愛居世之民。猶子弟也。父母將臨顛隕之患。子弟將有陷溺之禍者。（孟子云陷溺其民）豈能墨乎哉。（墨讀爲默說文云默讀若墨漢書李陵傳陵墨不應田蚡傳嬰墨墨不得意墨皆默之省）是以仁者必有勇。（論語）而德人必有義也。（文子微明篇云次五有德人）且夫一國盡亂。無有安身。（呂氏春秋諭大篇云天下大亂無有安國一國盡亂無有安家一家皆亂無有安身亦見務大篇）詩云。莫肯念亂。誰無父母。（沔水）言將皆爲害。然有親者憂將深也。是故賢人君子。既憂民。亦爲身作。（字誤）夫蓋滿於上。沾溥在下。棟折榱崩。懼有厥患。（魯語叔孫穆子曰夫棟折而榱崩吾懼壓焉）故大屋移傾。（說文云陊落也頤仄也移傾即陊頤假借字）則下之人。不待告令。各爭其柱之。（其當作共柱謂楮柱之太玄經上次七升於顛臺或柱之材或云其當爲楮擘之誤也亦作枝柱後漢書崔駰後實傳云枝柱邪傾楊震傳云宮殿垣屋傾倚枝柱而已又章帝紀元和元年詔云支柱橋梁支與枝同）仁者兼護人家者。且自爲也。易曰。王明。並受其福。（井九三）是以次室倚立而嘆嘯。（立當作柱列女傳云魯漆室女當穆公時君老太子幼女倚柱而嘯旁人聞之莫不爲之慘者續漢書郡國志東海郡蘭陵有次室亭劉昭注地道記曰故魯次室邑列女傳漆室之女或作次室按論衡實知篇亦作次室）楚女揭幡而激王。（亦見列女傳揭幡作持幟按漢書鮑宣傳王咸舉幡太學下曰欲救鮑司隷者會此下後漢書虞詡傳詡子顗與門生百餘人舉幡候中常侍高梵車訴言枉狀）仁惠之恩。忠愛之情。固能已乎。

交際第三十

語曰。人惟舊。器惟新。（書盤庚云人惟求舊器非求舊惟新熹平石經作人維舊）昆弟世疎。朋友世親。（新親韻襄廿六年左傳云伍舉奔鄭將遂奔晉聲子將如晉遇之於鄭郊班荊相與食而言復故杜注布荊坐地共議歸楚事朋友世親蓋本此）此交際之理。人之情也。今則不然。多思遠而忘近。（鬼谷子內揵篇云日進前而不御遙聞聲而相思）背故而向新。（列女傳晉趙衰妻云好新而嫚故無恩御覽四百九十五引東觀漢記云陳忠上疏稱語曰迎新千里送故不出門）或歷載而益疎。或中路而相捐。悟先聖之典戒。（悟當作牾說文云牾逆也）負久要之誓言。（論語云久要不忘平生之言書湯誓云爾不從誓言趙策云寡人與子有誓言矣新捐言韻）斯何故哉。退而省之。（論語云退而省其私）亦可知也。勢有常趣。理有固然。富貴則人爭附之。此勢之常趣也。貧賤則人（舊脫據意林御覽八百卅六同補）爭去之。此理之固然也。（齊策譚拾子曰理之固然者富貴則就之貧賤則去之風俗通窮通篇作富貴則人爭歸之貧賤則人爭去之此物之必至而理之固然也）夫與富貴交者。上有稱舉之用。（舉舊作譽據意林御覽改史記秦始皇紀趙高曰高素小賤幸稱舉令在上位漢書朱雲傳安相稱舉蓋寬饒傳為太中大夫使行風俗多所稱舉貶黜蕭望之傳恭顯奏望之堪更生朋黨相稱舉何武傳有司劾奏武公孫祿互相稱舉楚辭九辯世雷同而炫曜兮王逸注俗人羣黨相稱舉也皆其證）下有貨財之益。與貧賤交者。大有賑（當作振）貸之費。小有假借之損。今使官人。（哀三年左傳云官人肅給按官人荀子屢見彊國篇士大夫益爵官人益秩楊倞注官人羣吏也正論篇士大夫以為道官人以為守楊注官人守職事之官也此則以為居官者之通稱矣注）雖兼桀跖之惡。（桀跖見慎微篇）苟結駟而過士。（史記仲尼弟子傳云子貢相衛而結駟連騎排藜藿入窮閻過謝原憲）士猶以為（據意林補）榮而歸焉。況其實有益者乎。使處子（處子即處士後漢書逸民傳序云處子耿介羞與卿相等列文選束皙補亡詩白華篇堂堂處子李善注云處子處士也）雖苞顏閔之賢。（漢書儒林傳谷永疏云關內侯鄭寬中有顏子之美質包商偃之文學包與苞通）苟被褐而造門。（老子云聖人被褐懷玉說文云褐粗衣）人猶以為辱而（辱而舊空據程本）恐其復來。況其實有損者乎。故富貴易得宜。貧賤難得適。（得宜意林作為客御覽客作交接宜適義同呂氏春秋適威篇高誘注適宜也後漢書馮衍傳云富貴易為善貧賤難為工）好服謂之奢僭。惡衣謂之困厄。（論語云士志於道而恥惡衣徐行謂之飢餓。疾行謂之逃責。孟子云徐行後長者謂之弟疾行先長者謂之不弟漢書諸侯王表序云有逃責之臺 不候謂之倨慢。意林作敖候謂進謁漢書董仲舒傳云主父偃候仲舒 數來謂之求食。孟子云其志將以求食也 空造以爲無意。見下貨財句注 奉贄以爲欲貸。白虎通文質篇云私相見亦有贄何所以相尊敬長和睦也 恭謙以爲不肖。抗揚以爲不德。舊作得據意林改 此處子之羈薄。薄讀爲縛釋名釋言語云縛薄也使相薄著也 貧賤之苦酷也。適厄責食貨德酷韻 夫處卑下之位。懷北門之殷憂。內見謫於妻子。詩北門云憂心殷殷又云室人交徧謫我謫與讁同 外蒙譏於士夫。謂士大夫 嘉會不從禮。漢書賈誼傳云富人大賈嘉會召客 餞御不逮衆。詩六月云飲御諸友毛傳御進也漢書蔡義傳云以明經給事大將軍莫府家貧常步行資禮不逮衆 貨財不足以合好。白虎通文質篇云朋友之際五常之道有通財之義振窮救急之意中心好之欲飲食之故財幣者所以副至意也定十年左傳云兩君合好 力勢不足以杖急。漢書爰盎傳云一旦有緩急寧足恃乎李尋傳云近臣已不足杖矣顏師古注杖謂倚任也 歡忻久交。漢書高后紀四年詔云驩欣交通歡忻與驩欣同 情好曠而不接。則人無故自廢疏矣。漸疏則賤者逾自嫌而日引。貴人逾務黨而忘之。漢書外戚傳子夫上車主拊其背曰行矣即貴願無相忘 夫以逾疏之賤。伏於下流。論語云君子惡居下流漢書楊惲傳楊惲報孫會宗書云下流之人衆毁所歸 而望日忘之貴。此谷風所爲內摧傷。詩小雅 而介推所以赴深山也。僖廿四年左傳 夫交利相親。交害相疏。是故長誓而廢。長下舊有救字衍長誓即詩考槃永矢鄭箋云永長矢誓 必無用者也。交漸而親。必有益者也。俗人之相於也。相於注見釋難篇 有利生親。積親生愛。積愛生是。積是生賢。情苟賢之。則不自覺心之親之。口之譽之也。史記袁盎傳云諸君譽之皆不容口 無利生疏。積疏生憎。積憎生非。積非生惡。情苟惡之。則不自覺心之外之。口之毁之也。是故富貴雖新。其勢日親。貧賤雖舊。其勢日疏。舊作除據諸子品節改尹文子大道篇云處名位雖不肖不患物不親己在貧賤不患物不磷己親疏係乎勢利不係乎貪與仁賢也此處子所以不能與官人競也。世主不察朋交程本作友之所生。而苟信貴臣之言。此絜士所以獨隱翳。楚語韋昭注翳郭也而姦雄所以黨飛揚也。三略云姦雄相稱鄣蔽主明淮南子精神訓云趣舍滑心使行飛揚高誘注飛揚不從軌度也黨當作常常飛揚與獨隱翳對文程本作黨能臣誤昔魏其之客。舊空据程本流於武安。長平之吏。移於冠軍。風俗通窮通篇用此四語事見史記魏其武安侯傳及衛將軍驃騎傳廉頗史記翟公。史記汲鄭當時傳論載盈載虛。文選陸士衡齊謳行及沈休文冬節後至丞相第詩注載並作再論衡講瑞篇云少正卯在魯與孔子並孔子之門三盈三虛惟顏淵不去夫以四君之賢。藉舊貴之夙恩。客猶若此。則又況乎生貧賤者哉。惟有古烈之風志義之士。漢書季布欒布田叔傳贊云雖古烈士何以加哉張湯傳湯客田甲所責湯行義有烈士之風古烈即謂古烈士魏志鮑勛傳上文帝疏亦云陛下仁聖惻隱有同古烈爲不然爾。恩有所結。漢書丙吉傳云誠其仁恩內結於心也終身無解。心有所矜。賤而益篤。詩云。淑人君子。其儀一兮。心如結兮。鳲鳩故歲寒然後知松柏之後彫。世舊作也臨然後知其人之篤固也。論語云歲寒然後知松柏之後彫也釋文云彫依字當作凋莊子讓王篇孔子曰天寒既至霜雪既降吾是以知松柏之茂也陳蔡之隘於吾其幸乎爾雅釋詁云篤固也侯嬴史記信陵君超豫讓。史記刺客傳出身以報恩。史記春申君傳應侯曰歇爲人臣出身以徇其主按出身猶與王渙傳云棄軀也鱄諸荆軻。並見刺客傳奮命以效用。後漢書班超傳超妹昭上書云超之始出志捐軀命冀立微功以自陳效張晧後綱傳云奮身出命掃國家之難南匈奴傳云耿秉因自陳受恩分當出命效用董卓傳云掌戎十年士卒大小相狎彌久戀臣畜養之恩爲臣奮一旦之命乞將之北州效力邊垂皆奮命效用之意故死可爲也。處之難爾。史記廉頗藺相如傳論云知死必勇非死者難也處死者難按後漢書朱穆傳論云至乃田竇衛霍之游客廉頗翟公之門賓進由勢合退由衰異又專諸荆卿之感激侯生豫子之投身情爲恩死命緣義輕皆以利害移心懷德成節非夫交照之本未可語失得之原也語本此廱勛勃貂。廱勛未詳疑竪須之誤竪須即竪頭須晉文公守藏者也敦貂即寺人披史記晉世家稱爲履鞮李善注文選司馬遷報任少卿書及范蔚宗宦者傳論引史並作履貂後漢書宦者傳序作勃貂古書勃多作敦敦貂竪須事並見僖廿四年左傳一旦見收。亦立爲義報。況累舊乎。故鄒陽稱之曰。桀之狗。可使吠堯跖之客。可使刺由。史記鄒陽傳獄中上梁孝王書語 豈虛言哉。俗士淺短。急於目前。見赴有益則先至。顧無用則後背。舊作輩漢書張耳陳餘傳贊云何鄉者慕用之誠後相背之盭也 是以欲速之徒。襄廿六年左傳伊戾騁告公曰太子將爲亂既與楚客盟矣公曰爲我子又何求對曰欲速 競推上而不暇接下。爭逐前而不遑卹後。詩谷風云遑恤我後卹與恤同 是故韓安國能遺田蚡五百金。史記韓安國傳 而不能賑一窮。賑當作振振窮注見遏利篇 翟方進稱淳于長。漢書翟方進傳 而不能薦一士。夫安國方進。前世之忠良也。忠良見實貢篇注 而猶若此。則又況乎末塗之下相哉。韓非子顯學篇云授車就駕而觀其末塗漢書鼂錯傳云及其末塗之衰也 此姦雄所以逐黨進。而處子所以愈擁蔽也。漢書元帝紀永光元年詔曰壬人在位而吉士雍蔽顏師古注雍讀曰壅擁壅古字通後漢書朱暉後穆傳崇厚論云務進者趨前而不顧後榮貴者矜己而不待人智不接愚富不賑貧貞士孤而不恤賢者戹而不存故田蚡以尊顯致安國之金淳于以貴執引方進之言夫以韓翟之操爲漢之名宰然猶不能振一貧賢薦一孤士又況其下者乎此文本之 非明聖之君。孰能照察。照察見愛日篇注 且夫怨惡之生。王先生云怨惡當作恩怨恩者相對也怨者相背也 若二一人偶焉。禮記中庸仁者人也鄭注人也讀如相人偶之人以人意相存問之言新書匈奴篇云薄使付酒錢時人偶之 苟相對也。恩情相向。推極其意。精誠相射。貫心達髓。漢書鄒陽傳云太后厚德長君入於骨髓 愛樂之隆。史記張丞相傳云鄧通方隆愛幸賞賜累巨萬 輕相爲死。史記陳餘傳云安在其相爲死荀子議兵篇云政修則民親其上樂其君而輕爲之死 是故侯生豫子。刎頸而不恨。苟相背也。心情乖牙。牙即互字漢書外戚傳杜欽說王鳳曰輕細微眇之漸必生乖忤之患王商傳云父子乖迕後漢書樂恢傳經曰天地乖互忤迕互並通 推極其意。分背奔馳。窮東極西。心尚未快。舊作狹易艮六二其心不快 是故陳餘張耳。老相全滅而無感痛。見史記全諸子品節作吞孫侍御云當作殄殲培按全蓋禽字之壞史記淮陰侯傳蒯生曰常山王成安君此二人相與天下至驩也然而卒相禽者何也患生於多欲而人心難測也卒相禽漢書蒯通傳作卒相滅亡 從此觀之。交際之理。其情大矣。非獨朋友爲然。君臣夫婦。亦猶是也。當其歡也。父子不能閑。及其乖也。怨讎不能先。是故聖人常愼微以敦其終。注見愼微篇富貴未必可重。貧賤未必可輕。人心不同好。注見夢列篇度量相萬億。史記司馬相如傳云人之度量相越豈不遠哉許由讓其帝位。莊子讓王篇云堯以天下讓許由許由不受俗人有爭縣職。韓非子五蠹篇云古之讓天子者是去監門之養而離臣虜之勞也故傳天下而不足多也今之縣令一日身死子孫累世絜駕故人重之是以人之於讓也輕辭古之天子難去今之縣令者厚薄之實異也孟軻二字舊空据程本辭祿萬鍾。孟子小夫貪於升食。億職食韻小夫卽孟子所謂小丈夫也升當作斗漢書百官公卿表百石以下有斗食佐史之秩顏師古注漢官名秩簿云斗食月俸十一斛一說斗食者歲俸不滿百石計日而食一斗二升故云斗食漢隸斗作斤斤升字形相近往往致譌論衡治期篇吏百石以上若升食以下譌與此同故曰。鶉鷃羣游。終日不休。亂舉聚跱。不離蒿茆。游休茆韻莊子逍遙遊篇斥鴳曰我騰躍而上不過數仞而下翱翔蓬蒿之間此亦飛之至也釋文鴳字亦作鷃司馬云鴳雀也周禮臨人茆菹注云鄭大夫讀茆爲茅此亦當讀爲茅鴻鵠高飛。雙別乖離。文選蘇武詩云黃鵠一遠別千里顧徘徊何況雙飛龍羽翼臨當乖藝文類聚卅蘇武報李陵書云乖離邈矣相見未期通千達萬。志在陂池。飛離池韻禮記月令云毋漉陂池鄭注畜水曰陂穿地通水曰池按說苑政理篇云鴻鵠高飛不就汙池何則其志極遠也是陂池非鴻鵠志矣陂池當爲天池史記陳涉世家涉太息曰嗟乎燕雀安知鴻鵠之志哉索隱引尸子云鴻鵠之鷇羽翼未合而有四海之心漢書張良傳高祖歌曰鴻鵠高飛一舉千里羽翼已就橫絕四海莊子逍遙遊篇云窮髮之北有冥海者天池也鸞鳳翱翔黃歷之上。黃歷疑萬仞之譌淮南子覽冥訓云鳳皇曾逝萬仞之上翱翔四海之外鹽鐵論毀學篇云翱翔萬仞徘徊太清之中。淮南子精神訓云遊於太清後漢書蔡邕傳章懷注太清謂天也隨景風而飄颻。爾雅釋天疏引尸子仁義篇述太平之事云其風春爲發生夏爲長嬴秋爲方盛冬爲安靜四氣和爲通正此之爲永風按永爾雅作景御覽八百廿引符瑞圖云祥風者瑞風也一日景風時抑揚以從容。中容韻楚辭懷沙王逸注從容舉動也意猶未得。喈喈然長鳴。詩卷阿云雝雝喈喈蹶號振翼。陵朱雲。薄斗極。淮南子人間訓云奮翼揮䎃淩乎浮雲背負青天膺摩赤霄高誘注赤霄飛雲也斗舊作升按爾雅釋地云北戴斗極爲空桐呼吸陽露。曠旬不食。得翼極食韻楚辭遠遊云餐六氣而飲沆瀣兮漱正陽而含朝霞惜誓云吸衆氣而翱翔王逸注衆氣謂朝霞正陽淪陰沆瀣之氣也其意尚猶嗛嗛如也。漢書五行志云言永樂雖積金錢慊慊常若不足嗛嗛與慊慊同三者殊務。各安所爲。是以伯夷採薇而不恨。史記巢父木棲而自願。皇甫謐高士傳云巢父堯時隱人也年老以樹爲巢而寢其上故人號之曰巢父淮南子泰族訓云山居木棲 由斯觀諸士之志量。固難測度。禮記禮運云人藏其心不可測度也 凡百君子。詩雨無正 未可以富貴驕貧賤。謂貧賤之必我屈也。史記魏世家云魏文侯子擊逢文侯之師田子方於朝歌引車避下謁田子方不爲禮子擊因問曰富貴者驕人乎且貧賤者驕人乎子方曰亦貧賤者驕人耳夫諸侯而驕人則失其國大夫而驕人則失其家貧賤者行不合言不用則去之楚越若脫躧然奈何其同之哉 詩云。德輶如毛。民鮮克舉之。烝民 世有大難舊作男 者四。而人莫之能行也。一曰恕。二曰平。三曰恭。四曰守。夫恕者。仁之本也。大戴禮衞將軍文子篇孔子曰恕則仁也家語顏回篇回曰一言而有益於仁莫如恕孟子云強恕而行求仁莫近焉說苑貴德篇云夫仁者必恕然後行 平者。義之本也。管子水地篇云至平而止義也 恭者。禮之本也。易繫辭上傳云禮言恭說苑雜言篇孔子曰不恭無禮 守者。信之本也。僖廿八年左傳晉筮史云信以守禮成二年傳孔子曰信以守器十五年傳申叔時云信以守禮十六年傳申叔時云信以守物九年傳范文子曰信以守之襄十一年傳魏絳語同昭五年六年傳叔向並云守之以信 四者並立。四行乃具。四行具存。是謂真賢。四本不立。四行不成。四行無一。是謂小人。所謂恕者。君子之人。論彼恕於我。王先生云彼下脫則字 動作消息於心。易豐彖曰與時消息王先生云消息疑則思之誤 己之所無。不以責下。我之所有。不以譏彼。淮南子主術訓云有諸己不非諸人無諸己不求諸人 感己之好敬也。故接士以禮。感己之好愛也。故遇人有恩。孟子云仁者愛人有禮者敬人愛人者人恒愛之敬人者人恒敬之 己欲立而立人。己欲達而達人。論語 善人之憂我也。故先勞人。春秋繁露楚莊王篇云今晉不以同姓憂我而強大厭我我心望焉淮南子氾論訓云以勞天下之民高誘注勞猶憂也 惡人之忘我也。故常念人。詩晨風云忘我實多方言云念常思也 凡品則不然。論人不恕己。漢書成帝紀建始元年詔曰凡事恕己 動作不思心。書洪範五曰思今文尚書作思心漢書五行志云思心者心思慮也 無之己而責之人。有之我而譏之彼。晏子春秋問上云有之己不難非之人無之己不難求之人春秋繁露仁義法篇云夫我無之求諸人我有之而非諸人人之所不能受也 己無禮而責人敬。己無恩而責人愛。貧賤則非人初不我憂也。富貴則是我之不憂人也。行己若此。（論語云其行己也恭）難以稱仁矣。所謂平者。內懷鳲鳩之恩。（詩鳲鳩毛傳云鳲鳩之養其子朝從上下莫從下上平均如一）外執砥矢之心。（詩大東云周道如砥其直如矢程本矢作礪大戴禮五帝德云日月所照莫不砥礪）論士必定於志行。（注見論榮篇王先生云志行疑當作導的）毀譽必參於效驗。（韓非子姦劫弒臣篇云人主誠明於聖人之術而不苟於世俗之言循名實而定是非因參驗而審言辭魏策魏文侯曰求其好掩人之美而揚人之醜者而參驗之）不隨俗而雷同。不逐聲而寄論。（漢書楊惲傳楊惲報孫會宗書云竊恨足下不深惟其終始而猥隨俗之毀譽也楚辭九辨云世雷同而炫曜兮何毀譽之昧昧禮記曲禮云毋雷同漢書楚元王傳劉歆移書太常博士云雷同相從隨聲是非）苟善所在。不譏貧賤。苟惡所錯。（措之借）不忌富貴。不諂上而慢下。不厭故而敬新。凡品則不然。內偏頗於妻子。（書洪範云無偏無頗）外僭惑於知友。（王侍郎云惑疑忒書洪範云民用僭忒）得則譽之。（哀廿四年左傳云公如越得太子適郢杜注得相親說也）怨則謗之。平議無埻的。（說文云訂平議也後漢書樊宏後準傳云願以臣言下公卿平議埻的舊作惇均按說文云埻射臬也讀若準臬射準的也一切經音義一引通俗文云射堋曰埻埻中木曰的）譏譽無效驗。苟阿貴以比黨。（管子重令篇云阿貴事富禮記儒行云讒諂之民有比黨而危之者）苟（疑衍）剽聲以羣吠。（羣吠注見賢難篇程本作羣諛諛）事富貴如奴僕。（史記貨殖傳云凡編戶之民富相什則卑下之伯則畏憚之千則役萬則僕）視貧賤如傭客。（漢書匡衡傳云家貧庸作以供資用韓非子外儲說左上云賣庸而播耕者主人費家而美食調布而求易錢者非愛庸客也曰如是耕者且深耨者熟耘也庸與傭通）百至秉權之門。而不一至無勢之家。（管子明法篇云十至私人之門不一至於庭）執心若此。（列女傳趙將括母曰父子不同執心各異詩小弁云君子秉心鄭箋秉執也）難以稱義矣。（舊脫依上文例補之）所謂恭者。內不敢傲於室家。外不敢慢於士大夫。（大字疑衍上云外褻譏於士夫士夫與室家對）見賤如貴。視少如長。其禮先入。其言後出。（逸周書官人解云其禮先人其言後人）恩意無不答。禮敬無不報。（禮記曲禮云太上貴德其次務施報禮尙往來往而不來非禮也來而不往亦非禮也）覩賢不居其上。（晏子春秋問上云覩賢不居其上受祿不過其量）與人推讓。事處其勞。居從其陋。舊作德 位安其卑。養甘其薄。淮南子泰族訓云民交讓爭處卑委利爭受寡力事爭就勞 凡品則不然。內慢易於妻子。慢易注見斷訟篇 外輕侮於知友。說苑尊賢篇田忌曰申孺爲人侮賢而輕不肖者敬愼篇舟綽曰輕侮人者義乎 聰明不別眞僞。心思不別善醜。愚而喜傲賢。少而好陵長。隱三年左傳云少陵長 恩意不相答。禮敬不相報。覿賢不相推。禮記儒行云推賢而進達之 會同不能讓。管子八觀篇云時無會同喪蒸不聚則齒長輯睦毋自生矣注云鄉里每時當有會同所以結恩好也 動欲擇其佚。居欲處其安。養欲擅其厚。位欲爭其尊。見人謙讓。因而嗤之。廣韻云嗤笑也按說文云蚩蚩戲笑貌嗤卽蚩字 見人恭敬。因而傲之。如是而自謂賢能智慧。爲行如此。難以稱忠矣。舊脫 所謂守者。心也。有度之士。情意精專。心思獨覩。史記鄒陽傳上梁孝王書云越攣拘之語馳域外之議獨觀於昭曠之道 不驅於險墟之俗。墟當作巇楚辭九辯云何險巇之嫉妒兮七諫怨世云何周道之平易兮然蕪穢而險戲王逸注險戲猶傾危也文選廣絶交論李善注引作險巇 不惑於衆多之口。史記鄒陽傳上梁孝王書云感於心合於行親於膠漆昆弟不能離豈惑於衆口哉又云不奪於衆多之口 聰明懸絶。秉心塞淵。詩定之方中 獨立不懼。遯世無悶。易大過象詞 心堅金石。韓非子守道篇云操金石之心後漢書王常傳云心如金石大戴禮禮察篇云堅如金石 志輕四海。故守其心而成其信。凡器則不然。器當依上文作品 內無持操。淮南子人間訓云內有一定之操漢書董仲舒傳云所持操或誖繆 外無準儀。韓非子顯學篇云行無常儀 傾側險詖。荀子成相篇云讒人罔極險陂傾側此之疑說文云憸憸詖也經典通用險毛詩卷耳序無險詖私謁之心釋文崔云險詖不正也漢書禮樂志貪饕險詖顏師古注言行險曰詖楚元王傳劉向封事云壞散險詖之聚師古云險言曰詖翟方進傳險詖陰賊師古云詖佞也敍傳趙敬險詖師古云詖辯也一曰佞也按說文詖辯論也古文以爲頗字王逸注楚辭離騷云頗傾也九歎靈懷篇不從俗而詖行兮王注詖猶傾也險詖與傾側同意字亦作陂漢書景十三王傳趙敬肅王彭祖險陂師古云陂謂傾側也 求同於世。舊作心 口無定論。不恆其德。易恆九三 二三其行。詩氓云二三其德 秉操如此。難以稱信矣。舊脫 夫是四行者。其輕如毛。其重如山。詩烝民云德輶如毛楚策云國權輕於鴻毛而積禍重於邵山君子以爲易。小人以爲難。山難韻孔子曰。仁遠乎哉。我欲仁。仁斯至矣。論語作斯仁至矣後漢書列女傳班昭女誡引與此同又稱知德者尠。論語作鮮按尠俗鮮字見廣韻二十八獮說文作尟俗之偏黨。書洪範云無偏無黨自古而然。昭卅二年左傳云自古以然非乃今也。詩載芟云匪今斯今振古如茲乃今見邊議篇凡百君子。競於驕僭。貪樂慢傲。如猾息於心至此譌錯入德化篇賈一倍。一當作三詩瞻卬云如賈三倍以相高。脫一字苟能富貴。雖積狡惡。爭稱譽之。史記呂不韋傳云來往者皆稱譽之終不見非。苟處貧賤。恭謹以上文例之恭謹上脫二字祗爲不肖。終不見是。此俗化之所以浸敗。而禮義之所以消衰也。世有可患者三。三者何。曰情實薄而辭稱厚。念實忽而文想憂。禮記表記云情疏而貌親在小人則穿窬之盜也按想憂疑當作相愛懷不來而外克期。後漢書獨行傳范式字巨卿山陽金鄉人去遊太學爲諸生與汝南張劭爲友劭字元伯二人並告歸鄉里式謂元伯日後二年當還將過拜尊親見孺子焉乃共尅期日後期方至元伯具以白母請設饌以候之母曰二年之別千里結言爾何相信之審耶對曰巨卿信士必不乖違母曰若然當爲爾醞酒至其日巨卿果到升堂拜飲盡歡而別尅即克字與剋通不信則懼失賢。信之則詿誤人。漢書文帝紀三年詔曰濟北王背德反上詿誤吏民顏師古注詿亦誤也按說文詿誤也誤謬也此俗士可厭之甚者也。是故孔子疾夫言之過其行者。論語云君子恥其言而過其行皇侃義疏本而作之詩傷蛇蛇碩言。出自口矣。巧言如簧。顏之厚矣。巧言今世俗之交也。未相照察而求深固。探懷扼腕。拊心祝詛。燕策樊於期偏袒扼腕而進曰此臣日夜切齒拊心也苟欲相護論議而已。漢書翟方進傳云胡常與方進同經心害其能論議不右方進方進知之候伺常大都授時遣門下諸生至常所問大義疑難因記其說如是者久之常知方進之宗讓己內不自得其後居士大夫之間未嘗不稱述方進遂相親友論議相護皆如此類矣分背之日。既得之後。則相棄忘。詩谷風云將安將樂女轉棄予又云忘我大德或受人恩德。先以濟度。注見務本篇不能拔舉。則因毀之。爲生瑕釁。史記李斯傳云成大功者在因瑕釁而遂忍之明言我不遺力。趙策云秦之攻我也不遺餘力矣後漢書盧芳傳云不敢遺餘力負恩貸無奈自不可爾。淮南子人間訓云夫物無不可奈何有人無奈何高誘注事有人材所不及無奈之何也莊子人間世篇云知其不可奈何而安之若命 詩云知我如此不如無生。苕之華 先合而後忤。淮南子人間訓云衆人先合而後忤 有初而無終。詩蕩云靡不有初鮮克有終禮輿序云與賢者有始而無終 不若本無生意。彊自誓也。君子屢盟，亂是用長。詩巧言 大人之道，周而不比。論語 微言相感。漢書藝文志論詩賦云古者諸侯卿大夫交接鄰國以微言相感 掩若同符。漢書王莽傳云與周公異世同符方言云掩同也 又焉用盟。孔子恂恂，似不能言者。又稱誾誾，言惟謹也。論語作便便言唯謹爾按漢書萬石君石奮傳云僮僕訢訢如也唯謹顏師古注訢讀與誾誾同奮傳文本論語論語古本蓋有作誾誾者史記孔子世家作辯辯誾辯或字形相近而譌 士貴有辭。襄卅一年左傳云子產有辭諸侯賴之 亦憎多口。孟子云士憎茲多口趙注憎於凡人而爲士者益多口破滑爲增此則從本訓 故曰文質彬彬，然後君子。論語 與其不忠，剛毅木納，尚近於仁。論語納今作訥 嗚呼哀哉。凡今之人。詩召旻云於乎哀哉維今之人不尚有舊嗚呼與於乎同 言方行圓。韓非子解老篇云所謂方也內外相應也言行相稱也 口正心邪。行與言謬。心與口違。淮南子齊俗訓云言與行相悖情與貌相反逸周書官人解云言行不類終始相悖外內不合雖有假節見行曰非成質者也 論古則知稱夷齊原顏。言今則必官爵職位。虛談則知以德義爲賢。貢薦則必閥閱爲前。史記高祖功臣侯年表序云明其等曰伐積功曰閱伐閱古今字後漢書韋彪傳云士宜以才行爲先不可純以閥閱 處子雖躬顏閔之行。漢書律歷志云陛下躬聖顏師古注躬聖者言身有聖德也 性勞謙之質。易謙九三勞謙君子有終吉 秉伊呂之才。懷救民之道。孟子云故就湯而說之以伐夏救民 其不見資於斯世也。亦已明矣。

明忠第三十一

人君之稱。莫大於明。人臣之譽。莫美於忠。襄九年左傳云君明臣忠周書大政下篇云臣之忠者君之明也臣忠君明此之謂政之綱也 此二德者。古來君臣所共願也。然明不繼踵。晏子春秋雜下云比肩繼踵而在 忠不萬一者。一舊作全据治要改非必愚闇不逮而惡名揚也。孝經云揚名於後世所以求之非其道爾。以舊作遺其道下有之字据治要改刪毛詩甫田序云所以求者非其道也夫明據下起。忠依上成。二人同心，則利斷金。易繫辭上傳按以二人同心爲君臣蓋漢時易家舊說漢書匡衡傳衡上疏乞骸骨上報曰朕嘉與君同心合意翟方進傳册云朕嘉與君同心一意王莽傳詔云誠嘉與君同心合意師丹傳策免丹云殆謬於二人同心之利焉後漢書和帝紀永元十二年詔曰若上下同心庶或有廖桓帝紀和平元年詔曰羣公卿士虔恭爾位戮力一意勉同斷金王常傳云幸賴靈武輒成斷金馮異傳云千載一會思成斷金郎顗傳云臣願陛下發揚乾剛援引賢能勤求機衡之寄以獲斷金之利張酺傳敕云陰陽不和萬人失所朝廷望公思惟得失與國同心而託病自絜求去重任誰當與吾同憂責者非有望於斷金也楊震傳云親近倖臣未崇斷金崔駰傳崔篆慰志賦云協準矱之貞度兮同斷金之玄策何天衢於盛世兮超千載而垂績續漢書百官志劉昭注引蔡質漢儀載高賜奏光祿勳劉嘉廷尉趙世云既無忠信斷金之用而有敗禮傷化之尤御覽二百七引應劭漢官儀沖帝册書曰三公國之楨幹朝廷取正以成斷金治要載崔寔政論云今朝廷以聖哲之姿龍飛天衢大臣輔政將成斷金並用此義越絕書德序外傳記引易云君臣同心其利斷金則直以訓詁易經辭矣能知舊作如据治要改此者。兩譽俱具。說苑雜言篇云賢人閉其智塞其能待得其人然後合故言無不聽行無見疑君臣兩與終身無患與乃譽之誤韓非子難一云堯舜之不可兩譽矛楯之說也要在於明操法術。自握權秉而已矣。韓非說疑篇云凡術也者主之所以執也法也者官之所以師也主道篇云謹執其柄而固握之淮南子要略云主術者明攝權操柄以制羣下秉與柄同哀十七年左傳國子實執齊柄史記蔡澤傳索隱引作秉服虔曰秉權柄也說文云柄或从秉所謂術者。使下不得欺也。韓非子八說篇云明君之道賤德義貴法術倒言而詭使參驗無門戶故智者不得欺所謂權者。使勢不得亂也。術誠明，則雖萬里之外，幽冥之內，注見德化篇不得不求效。權誠用，則遠近親疏，貴賤賢愚，無不歸心矣。論語云天下之民歸心焉周室之末則不然。離其術而舍其權。怠於己而恃於人。是以公卿不思忠。百僚不盡力。漢時詔令多言公卿百寮漢書成帝紀河平元年詔曰公卿大夫其勉悉心以輔不逮百寮各修其職永始二年詔曰公卿申敕百寮深思天誡哀帝紀元壽元年詔曰公卿大夫其各悉心勉帥百寮後漢書明帝紀詔曰公卿百寮將何以輔朕不逮君王孤蔽於上。兆黎寃亂於下。韓非子定法篇云君無術則弊於上臣無法則亂於下弊即蔽之誤漢書公孫弘傳對策云不得其術則主蔽於上官亂於下故遂衰微侵奪而不振也。韓非子五蠹篇云智困於內而政亂於外則亡不可振也夫帝王者。

其利重矣。其威大矣。徒懸重利，足以勸善；徒設嚴威，可以懲姦。魯語云：「夫君人者，其威大矣。」韓非子詭使篇云：「夫利者所以得民也，威者所以行令也。」內儲說上云：「有威足以服人，而利足以勸人，故能治之。」呂氏春秋壹行篇云：「王者之所藉以成也何？藉其威與其利。非強大則其威不威，其利不利。其威不威，則不足以禁也；其利不利，則不足以勸也。故賢主必使其威利無敵，故以禁則必止，以勸則必爲。」乃張重利以誘民，治要作「民」。操大威以驅之，則舉世之人，可令冒白刃而不恨，鹽鐵論繇役篇：「子曰：『白刃可冒。』」禮記中庸「冒」作「蹈」。漢書李廣傳：司馬遷云：「冒白刃，北首爭死敵。」赴湯火而不難。漢書鼂錯傳云：「能使其衆蒙矢石，赴湯火。」尹文子大道篇云：「越王勾踐謀報吳，欲人之勇，路逢怒鼃而軾之。比及數年，民無長幼，臨敵雖湯火不避。」豈云但率之以共治而不宜哉。若鷹，野鳥也，「野鳥」舊脫，據治要補。然獵夫御之，猶使終日奮擊而不敢怠，豈有人臣而不可使盡力者乎。治要作「哉」。淮南子主術訓云：「人主處權勢之要，而持爵祿之柄，審緩急之度，而適取予之節，是以天下盡力而不倦。」詩云：「伐柯伐柯，其則不遠。」伐柯。夫神明之術，具在君身，而君舊脫，依下文例補。忽之，故令臣鉗口結舌而不敢言。注見賢難篇。此耳目所以蔽塞，聰明所以不得也。制下之權，日陳君前，而君釋之，故令羣舊作「君」。臣懈弛而背朝。懈弛注見考績篇。「朝」，彙函作「亂」。按淮南子要略云：「百官背亂，不知所用。」此威德所以不照，獨斷云：「皇者，煌也。盛德煌煌，無所不照。」而功名所以不建也。漢書鼂錯傳云：「人主所以尊顯功名揚於萬世之後者，以知術數也。故人主知所以臨制臣下而治其衆，則羣臣畏服矣；知所以聽言受事，則不欺蔽矣。」詩云：「我雖異事，及爾同僚。我即爾謀，聽我敖敖。」板。「敖敖」今作「囂囂」，詳賢難篇。夫惻隱人皆有之，孟子。是故耳聞啼號之音，無不爲之慘悽悲懷而傷心者；史記張釋之傳云：「上自倚瑟而歌，意慘悽悲懷。」目見危殆之事，無不爲之灼怛驚脫一字。而赴救之者。君臣義重，後漢書何敞傳：敞上封事云：「君臣義重，有不得已也。」行路禮輕。文選蘇子卿詩云：「誰爲行路人。」過耳悟目之交，詩東門之池毛傳：「晤，遇也。」悟與晤通。未恩未德，非賢舊作「貧」。非貴，而猶若此，則又況於北面稱臣被寵者乎。史記陸賈傳說尉佗曰宜郊迎北面稱臣是故進忠扶危者。賢不肖之所共願也。誠皆願之而行違者。常苦其道不利而有害。言未得信而身敗爾。信舊作言據治要改莊子外物篇云人主莫不欲其臣之忠而忠未必信新書過秦下篇云忠言未卒於口而身糜沒矣淮南子主術訓云效忠者希不困其身 歷觀古來愛君憂主敢言之臣。忠信未達而為左右所鞫按。鞫舊作掬據治要改說文云䩭窮治罪人也鞫與䩭通亦作鞫詳述赦篇鞫按猶漢書王商傳云窮竟考問也當世而覆被。按覆被猶言覆冒詳述赦篇更為否愚惡狀治要作愚惡無狀之臣者。大戴禮曾子制言中篇云畏之見逐智之見殺固不難詘身而為不仁宛言而為不智 豈可勝數據治要補哉。孝成終沒之日。不知王章之直。孝哀終沒之日。不知王嘉之忠也。並見漢書按嘉傳云嘉死後上覽其對而思嘉言復以孔光代嘉為丞相徵用何武為御史大夫是孝哀未嘗不知嘉也梅福傳云王章資質忠直此言忠直本之 此後賢雖有憂君哀主之情。忠誠正直之節。漢書傅喜傳云忠誠憂國然猶且沈吟觀聽行己者也。後漢書賈復傳云帝召諸將議兵事未有言沈吟久之文選古詩云沈吟聊躑躅 鳴鶴在陰。其子和之。易中孚九二 相彼鳥矣。猶求友聲。詩伐木忠信未達至此舊錯入德化篇故人君不開精誠以示賢忠。賢忠亦無以得達。易曰。王明並受其福。井九三是以忠臣必待明君。乃能顯其節。良吏必得察主。乃能成其功。漢書王褒傳聖主得賢臣頌云及其遇明君遭聖主也運籌合上意諫諍即見聽進退得關其忠任職得行其術故世必有聖知之君而後有賢明之臣又云聖主必待賢臣而弘功業俊士亦俟明主以顯其德 君不明。則大臣隱下而舊作不過忠。又字衍 羣司舍法而阿貴。商子修權篇云秩官之吏隱下而漁民韓非子姦劫弒臣篇云國有擅主之臣則羣下不得盡智力以陳其忠百官之吏不得奉法以致其功矣阿貴見上篇 夫忠言所以為安也。不貢必危。法禁所以為治也。不奉必亂。忠之貢與不貢。法之奉與不奉。其秉與柄同 皆在於君。非臣下之所能為也。是故聖人求之於己。不以責下。凡為人上。法術明而賞罰必者。雖無言語而勢自治。故人君至此舊錯入交際篇 治勢一成。君自不能亂也。况臣下乎。法術不明而賞罰不必者。雖日號令。然勢自亂。亂勢一成。君自不能治也。况臣下乎。是故勢治者。雖委之不亂。勢亂者。雖勲之不治也。商子定分篇云聖人必爲法令置官也置吏也爲天下師所以定名分也名分定則大詐貞信民皆愿慤而名自治也故夫名分定勢治之道也名分不定勢亂之道也故勢治者不可亂勢亂者不可治 堯舜恭己無爲而有餘。勢治也。胡亥王莽馳騖而不足。舊脫三字据治要補 勢亂也。韓非子難勢篇云堯舜生而在上位雖有十桀紂不能亂者則勢治也桀紂亦生而在上位雖有十堯舜而亦不能治者則勢亂也故曰勢治者則不可亂而勢亂者則不可治也漢書揚雄傳云世亂則聖哲馳騖而不足世治則庸夫高枕而有餘恭治要作拱按恭己無爲本論語胡亥當作秦政史記秦始皇紀云天下之事無大小皆決於上上至以衡石量書日夜有呈不中呈不得休息漢書王莽傳云莽自見前顓權以得漢政故務自攬衆事又好變改制度政令煩多當奉行者輒質問乃以從事前後相乘憒眊不渫莽常御燈火至明猶不能勝所謂馳騖而不足者也 故曰。善者 當云善爲國者 求之於勢。弗責於人。管子法法篇云凡人君之所以爲君者勢也故人君失勢則臣制之矣勢在下則君制於臣矣勢在上則臣制於君矣 是以明王審法度而布敎令。不行私以欺法。不黷敎以辱命。管子任法篇云愛人不私賞也惡人不私罰也置儀設法以度量斷者上主也商子修權篇云立法明分而不以私害法則治 故臣下敬其言而奉其禁。竭其心而稱其職。管子正世篇云法立令行故羣臣奉法守職 此由法術明而威權任也。夫術之爲道也。精微而神。言之不足而行有餘。有餘。故能兼四海而照幽冥。權之爲勢也。健悍以大。不待貴賤。操之者重。重故能奪主威而順當世。舊作也 是以明君未嘗示人術而借下權也。韓非子難三云術者藏之於胸中以偶衆端而潛御羣臣者也心度篇云主之所以尊者權也外儲說右下方吾子曰吾聞之古禮行不與同服者同車不與同族者共家而況君人者乃借其權而外其勢乎商子修權篇云權制獨斷於君則威六韜守土篇云無借人國柄借人國柄則失其權 孔子曰。可與權。論語孫侍御据論語可上補未字 是故聖人顯諸仁。藏諸用。易繫辭上傳 神而化之。使民宜之。繫辭下傳 然後致其治而成其功。功

業效於民。美譽傳於世。然後君乃得稱明。臣乃得稱忠。此所謂明據下作。忠依上成。二人同心。其利斷金也。(治要金下有者字)

本訓第三十二

上古之世。太素之時。元氣窈冥。未有形兆。萬精合幷。混而爲一。莫制莫御。若斯久之。翻然自化。清濁分別。變成陰陽。陰陽有體。實生兩儀。天地壹鬱。萬物化淳。(易繫辭下傳王弼本壹鬱作絪縕按說文作壹壼王本淳作醇白虎通嫁娶篇引易與此同)和氣生人。以統理之。是故天本諸陽。地本諸陰。人本中和。(已上本易乾鑿度列子天瑞篇同)三才異務。相待而成。各循其道。和氣乃臻。機衡乃平。(機舊从玉据班祿篇改)天道曰施。地道曰化。人道曰爲。(曰舊並作日大戴禮曾子天員篇云天道曰員地道曰方方曰幽員曰明明者吐氣者也幽者含氣者也吐氣者施而含氣者化是以陽施而陰化也春秋繁露云天道施地道化人道義)爲者。蓋所謂感通陰陽而致珍異也。(白虎通封禪篇云王者承天統理調和陰陽陰陽和萬物序休氣充塞故符瑞並臻皆應德而至漢書董仲舒公孫弘傳皆言其事)人行之動天地。譬猶車上御馳馬。蓬中擢舟船矣。(舟船舊作自照按敍錄云聖人運之若御舟車御覽七百六十九引此文作蓬中櫂舟舟字据改照船字形相近以意訂正廣韻云篷織竹夾箬覆舟也說文無篷字古蓋借蓬爲篷擢櫂亦古今字詩竹竿毛傳檝所以擢舟也)雖爲所覆載。(禮記中庸云天之所覆地之所載)然亦在我。何所之可。(疑耳)孔子曰。時乘六龍以御天。(易乾文言)言行。君子所以動天地也。可不愼乎。(繫辭上傳)從此觀之。天□(程本作呈)其兆。人序其勳。書故曰。天功人其代之。(皐陶謨功程本作工與今書同忠貴篇亦作工)如(疑衍或下有脫文)蓋理其政以和天氣。以臻其功。(漢書李尋傳云古之王者尊天地重陰陽敬四時嚴月令順之以善政則和氣可立致猶枹鼓之相應也)是故道德之用。莫大於氣。道者。氣(舊脫)之根也。氣者。道之使也。必有其根。其氣乃生。必有其使。變化乃成。（易繫辭下傳云變化云爲禮記中庸云動則變變則化）是故道之爲物也。至神以妙。其爲功也。至彊以大。天之以動。地之以靜。日之以光。月之以明。四時五行。鬼神人民。億兆醜類。（定四年左傳云將其類醜杜注醜衆也）變異吉凶。何非氣然。及其乖戾。天之尊也氣裂之。（舊脫之字盧學士補）地之大也氣動之。（盧補）山之重也氣徙之。（盧補）水之流也氣絕之。（史記天官書所云天開縣物地動坼絕山崩及徙川塞谿垘是也）日月神也氣蝕之。（天官書云日月薄蝕集解韋昭曰虧毀爲蝕）星辰虛也氣隕之。（春秋繁露玉英篇云星墜謂之隕）旦有晝晦。（漢書楚元王傳劉向封事云晝冥晦顏師古注僖十五年九月己卯晦震夷伯之廟穀梁傳曰晦冥也）宵有（王先生云按宵有下有脫文以晝晦例之疑是夜明二字莊六年左傳恆星不見夜明也繼培按淮南子泰族訓云晝冥宵光此亦當言宵光事宵光即左傳所云夜明史記天官書云天雷電蝦虹辟歷夜明者陽氣之動者也）大風飛車。（隱三年左傳云鄭伯之車僨於濟杜注既盟而遇大風傳記異也疏云車路而入濟是風吹之墜濟水）拔樹。（書金縢云天大雷電以風大木斯拔漢書谷永傳云暴風之變拔樹折木）僨電爲冰。（僨電當是隕雹說文云雹雨冰也或僨當爲積白虎通災變篇云陰氣專精積合爲雹）溫泉成湯。（西京雜記董仲舒云寒水極陰而有溫泉山海經海外東經下有湯谷郭注谷中水熱也）麟龍鸞鳳。蝥蠈蝝蝗。（爾雅釋蟲云食苗心螟食葉蟘食節賊食根蟊蝥蠈即蟊賊漢書五行志云宣公十五年冬蝝生董仲舒劉向以爲蝝螟始生也說文云蝝董仲舒說蝗子也蝗螽也）莫不氣之所爲也。以此觀之。氣運感動。亦誠大矣。變化之爲。何物不能。（者道之使也至此舊錯入德化篇然此下尙有脫文）所變也神。氣之所動也。當此之時。正氣所加。非唯於人。百穀草木。禽獸魚鼈。皆口養其氣。（口當作和王先生云此文有脫誤以下句例之宜云皆味食於口以養其氣）聲入於耳。以感於心。（尙書大傳云五載一巡守羣后德讓貢正聲而九族具成雖禽獸之聲猶悉關於律昭廿一年左傳泠州鳩曰夫音樂之輿也而鐘音之器也天子省風以作樂器以鐘之輿以行之小者不窕大者不槬則和於物物和則嘉成故和聲入於耳而藏於心心億則樂）男女聽（脫一字）以施精神。資和。以兆邳民之胎。含嘉以成體。（文有脫誤以下篇參之當云民之胎也資和以兆邳含嘉以成體說文云肧婦孕一月也胎婦孕三月也邳與肧同）及其生也。和以養性美在其中。而暢於四肢。（易坤文言肢王弼本作支）實於血脈。是（舊脫）以心性志意耳（意耳舊倒）目精（疑情）欲無不貞（疑具）廉絜懷履行者。（逸周書官 解云其壯者觀其廉潔務行而勝私鹽鐵論散不足篇云履德行仁詩大東云君子所履鄭箋君子皆法效而履行之）此五帝三王所以能畫法像而民不違。正己德而世自化也。（畫法像生見衰制篇漢書公孫弘傳武帝策賢良制云蓋聞上古至治畫衣冠異章服而民不犯今何道而臻乎此對曰上古堯舜之時不貴爵賞而民勸善不重刑罰而民不犯躬率以正而遇民信也）是故法令刑賞者。乃所以治民事而致整理爾。未足以興大化而升太平也。（史記酷吏傳序云法令者治之具而非制治清濁之源也漢書禮樂志劉向云教化所恃以爲治也刑法所以助治也今廢所恃而獨立其所助非所以致太平也）夫欲歷三王之絕迹。（史記司馬相如傳云殊尤絕迹）臻帝皇之極功者。必先原元而本本。（按班固西都賦及漢書敘傳律歷志並云元元本本）與道而致和。以淳粹之氣。（易乾文言純粹精也醇與純通楚辭遠遊云精醇粹而始壯）生敦龐之民。（成十六年左傳云民生敦龐）明德義之表。（禮記表記云仁者天下之表也）作信厚之心。（詩麟之趾云振振公子毛傳振振信厚也）然後比可美而功可成也。

德化第三十三

人君之治。莫大於道。莫盛於德。莫美於教。莫神於化。道者。所以持之也。德者。所以苞之也。（韓詩外傳五云德也者包天地之美淮南子說山訓云仁義在道德之包苞與包同）教者。所以知之也。化者。所以致之也。民有性。有情。有化。有俗。情性者。心也。本也。化俗者。行也。末也。末生於本。行起於心。是以上君撫世。先其本而後其末。（漢書董仲舒傳云天令之謂命命非聖人不行質樸之謂性性非教化不成人欲之謂情情非制度不節是故王者上謹於承天意以順命也下務明教化民以成性也正法度之宜別上下之序以防欲也修此三者而大本舉矣）順（舊作愼據治要改）其心而理（意林作治）其行。心精（治要作情）苟正。（舊作亡據治要改）則姦匿（讀爲慝）無所生。（舊脫無字生作作據治要補改意林作姦慝不生）邪意無所載矣。夫化變民心也。猶政變民體也。德政加於民。則多滌暢姣好。堅彊考壽。（滌當作條，考當作老。禮記樂記云：「感條暢之氣。」漢書律歷志云：「陰陽萬物靡不條鬯該成。」顏師古注：「鬯與暢同。」論衡齊世篇云：「語稱上世之人侗長佼好，堅彊老壽，百歲左右。」姣與佼通。考壽猶言老壽。詩雝鄭箋云：「又能昌大其子孫，安助之以考壽多與福祿。」）惡政加於民。則多罷癃尪病。夭昏札瘥。（呂氏春秋明理篇：子華子曰：「夫亂世之民長短頡許，百疾。民多疾癘，道多褓繈，盲禿傴尪，萬怪皆生。」高誘注：「尪，短仰者也。」史記平原君傳云：「有罷癃之病。」說文云：「尣，尳也。」古文从王作尪。周語云：「無夭昏札瘥之憂。」漢書董仲舒傳云：「或夭或壽，或仁或鄙，陶冶而成之，不能粹美，有治亂之所生，故不齊也。故堯舜行德則民仁壽，桀紂行暴則民鄙夭。」）故尚書美考終命而惡凶短折。（洪範）國有傷明之政。則民多病目。（舊作因。漢書五行志云：「傳曰：視之不明，是謂不悊。」又曰：「視氣毀及人則多病目者，故有目痾。」）有傷聰之政。則民多病耳。（舊作身。五行志云：「傳曰：聽之不聰，是謂不謀。」又曰：「聽氣毀及人則多病耳者，故有耳痾。」）有傷賢之政。則賢多橫夭。（王先生云：賢多當作民多。）夫形體骨幹為堅彊也。（史記蔡澤傳云：「人生百體堅彊。」白虎通嫁娶篇云：「男三十筋骨堅強。」昭廿五年左傳杜注：「幹，骸骨也。」）然猶隨政變易。又況乎心氣精微。不可養哉。詩云。敦彼行葦。牟牛勿踐履。方苞方體。惟葉柅柅。（行葦。柅柅舊作握握，盧學士改。繼培按：文選蜀都賦「總莖柅柅」，李善注引毛詩云：「維葉柅柅。」今詩作泥泥。）又曰。鳶飛厲天。魚躍于淵。愷悌君子。胡不作人。（旱麓。厲今作戾，愷悌作豈弟，胡作遐。）公劉厚德。恩及草木。牟牛六畜。且猶感德。（傷聰之政至此，舊錯在敦化之所致下。此下又錯入交際篇消息於心以下三十三行、明忠篇忠信未達以下五行。）仁不忍踐履生草。（列女傳：晉弓工妻曰：「君聞昔者公劉之行乎？牟牛踐葭葦，惻然為民痛之，恩及草木，豈欲殺不辜者乎？」白虎通情性篇云：「仁者不忍也。」）則又況於民萌而有不化者乎。（萌與氓同，注見班祿篇。）君子修其樂易之德。（旱麓毛傳訓豈弟為樂易。鄭箋云：「君子謂太王、王季。」）上及飛鳥。下及淵魚。無（舊脫）不歡忻悅豫。則又況於士庶而有不仁者乎。（舊脫於字、有字，依上文例補。）聖深知之。（聖下脫人字，或明主二字誤合為聖。勸將篇云：「明主深知之。」）皆務正己以為表。（禮記緇衣云：「上之所好惡，不可不慎也，是民之表也。」）明禮義以為教。和德氣於未生之前。正表儀於咳笑之後。（文六年左傳云引之表儀說文云咳小兒笑也民之胎也。合中和以成。其生也。立方正以長。是以為仁義之心。廉恥之志。漢書賈誼傳云廉愧之節仁義之厚骨著脈通。著讀根著之著與體俱生。而無麤穢之氣。周語云麤穢暴虐楚辭遠遊云精氣入而麤穢除無邪淫之欲。雖放之大荒之外。大荒見山海經措之幽冥之內。終無違禮之行。列女傳衛靈夫人曰忠臣與孝子不為昭昭變節不為冥冥惰行論衡書虛篇云世稱柳下惠之行言其能以幽冥自修潔也後漢書馮衍傳云修道德於幽冥之路投之危亡之地。納之鋒鍔之間。終無苟全之心。舉世之人。行皆若此。則又烏所得亡。疑衍即夫字聲誤夫姦亂之民而加辟哉。上天之載。無聲無臭。儀形文王。萬邦作孚。詩文王形今作刑聲舊作馨據程本改此姬氏所以崇美於前。而致刑措於後也。舊脫史記周本紀云成康之際天下安甯刑錯四十餘年不用錯是措之借是故上聖。聖下舊有故字衍不務治民事而務治民心。故曰。聽訟吾猶人也。必也使無訟乎。導之以德。齊之以禮。並論語務厚其情而明則務義。則務二字當作其民親愛則無相害傷之意。動思義則無姦邪之心。夫若此者。非法據治要補律之所使也。非威刑之所彊也。此乃教化之所致也。是故上聖至此舊錯在有傷聽之政上今移正也字據治要補漢書董仲舒傳云夫萬民之從利也如水之走下不以教化隄防之不能止也是故教化立而姦邪皆止者其隄防完也教化廢而姦邪並出刑罰不能勝者其隄防壞也古之王者明於此是故南面而治天下莫不以教化為大務立太學以教於國設庠序以化於邑漸民以仁摩民以誼節民以禮故其刑罰甚輕而禁不犯者教化行而習俗美也聖人甚舊作其據治要改尊德禮而卑刑罰。漢書禮樂志董仲舒對策云王者承天意以從事故務德教而省刑罰故舜先勅契以敬敷五教。而後命皋陶以五刑三居。書堯典是故凡立法者。非以司民短而誅過誤。王先生云司讀為伺乃以防姦惡而救禍敗。檢淫邪而內正道爾。禮記樂記云刑以防其姦新語道基篇云檢姦邪消佚亂大戴禮勸學篇云所以防僻邪而道中正也內讀為納詩云。民之秉夷。好是懿德。（茲高夷今詩作彝孟子引詩作夷）故民有心也。猶爲種之有園也。遭和氣則秀茂而成實。遇水旱則枯槁而生孽。（說文云禽獸蟲蝗之怪謂之蠥孽與蠥通）民蒙善化。則人（據治要補）有士君子之心。（春秋繁露俞序篇云教化流行德澤大洽天下之人人有士君子之行而少過矣）被惡政。則人有懷姦亂之慮。故善者之養天民也。猶良工之（據治要補）爲麴豉也。（孟子云天下之良工也說文云䴷酒母也或作麯麴與䴷麴同豉說文正作敊云配鹽幽尗也史記貨殖傳云蘗麴鹽豉千答）起居以其時。（漢書卜式傳云以時起居禮記儒行鄭注起居猶舉事動作）寒溫得其適。（呂氏春秋侈樂篇云寒溫勞逸飢飽此六者非適也凡養也者瞻非適而以之適者也）則一蔭之麴豉。（說文云窨地室也徐鍇云今謂地窨藏酒爲窨蔭與窨通齊民要術云作豉法先作暖蔭屋坎地深三二尺密泥塞屋牖勿令風及蟲鼠入也又云作麥麴法其房欲得板戶密泥塗之說文豉配鹽幽尗徐鍇云幽謂造之幽暗也暗與窨義亦同）盡美而多量。（史記匈奴傳中行說曰漢所輸匈奴繒絮米糵令其量中必善矣）其遇（舊作愚據治要改）拙工。（孟子云大匠不爲拙工改廢繩墨）則一蔭之麴豉皆臭敗而棄捐。（舊作損據治要改）今六合亦由一蔭也。（新書過秦上篇云履至尊而制六合淮南子原道訓高誘注四方上下爲六合）黔首之屬。（禮記祭義云以爲黔首則鄭注黔首謂民也）猶豆麥也。變化云爲。（易繫辭下傳）在將者爾。遭良吏則皆懷忠信而履仁厚。遇惡吏則皆懷姦邪而行淺薄。（漢書刑法志文帝詔云牧民而道之以善者吏也公孫弘傳云先世之吏正故其民篤今世之吏邪故其民薄禮樂志云世衰民散小人乘君子心耳淺薄則邪勝正）忠厚積則致太平。姦薄積則致危亡。是以聖帝明王。皆敦德化而薄威刑。德者。所以修己也。威者。所以治人也。上智與（舊作則）下愚之民少。而中庸之民多。（論語云唯上知與下愚不移後漢書楊終傳云上智下愚謂之不移中庸之流要在教化荀子王制篇云中庸民不待政而化楊倞注中庸民易與爲善故教則化之不待政成之後也）中民之生世也。猶鑠金之在鑪也。從篤變化。（篤疑篤之誤王先生云疑是從革）惟冶所爲。方圓薄厚。隨鎔制爾。（春秋繁露實性篇云中民之性待漸於教訓而後能爲善漢書董仲舒傳云夫上之化下下之從上猶泥之在鈞惟甄者之所爲猶金之在鎔惟冶者之所鑄）是故世之善否。（治要作惡）俗之薄厚。皆在於君。上聖和德（舊脫據上文補）氣以化民心。正表儀以率羣下。故能使民比屋可封。堯舜是也。（新語無爲篇云堯舜之民可比屋而封桀紂之民可比屋而誅者教化使然也漢書王莽傳云明聖之世國多賢人故唐虞之時可比屋而封論衡藝增篇云儒書又言堯舜之民可比屋而封言其家有君子之行可皆官也）其次躬道德而敦慈愛。美教訓而崇禮讓。故能使民無爭心。（昭六年左傳云民知有辟則不忌於上並有爭心以徵於書而徼幸以成之）而致刑錯。（上作措）文武是也。其次明好惡而顯法禁。平賞罰而無阿私。（孝經云示之以好惡而民知禁韓非子五蠹篇云明其法禁必其賞罰漢書金日磾傳云亡所阿私呂氏春秋貴公篇高誘注阿亦私也）故能使民辟姦邪而趨公正。理弱亂以致治。彊中興是也。（毛詩序云烝民尹吉甫美宣王也任賢使能周室中興焉史記周本紀云宣王即位二相輔之修政法文武成康之遺風諸侯復宗周）治天下（下有脫文）身處汙而放情。（文選古詩云蕩滌放情志治要載桓範政要論節欲篇云儉者節欲奢者放情放情者危節欲者安）怠民事而急酒樂。（大戴禮少閒篇云荒眈於酒淫泆於樂）近頑童而遠賢才。（鄭語史伯曰侏儒戚施實御在側近頑童也）親諂諛而疎正直。重賦稅以賞無功。妄加喜怒以傷無辜。（治要載大韜文韜篇太公曰賢君之治國其政平吏不苛其賦斂節其自奉薄不以私善害公法賞賜不加於無功刑罰不施於無罪不因喜以賞不因怒以誅）故能亂其政以敗其民。弊其身以喪其國者。（詩抑云天方艱難曰喪厥國毛詩序云衛武公刺厲王）幽厲是也。孔子曰。三人行。必有我師焉。擇其善者而從之。其不善者。我則改之。（論語我則二字作而）詩美宜鑒於殷。自求多福。（文王）是故世主誠能使六合之內。舉世之人。咸懷方厚之情。而無淺薄之惡。各奉公正（舊作政據治要改）之心。而無姦險（舊作隙據治要改）之慮。則羲農之俗。復見於茲。麟龍鸞鳳。復畜於郊矣。（白虎通封禪篇云德至鳥獸則鳳凰翔鸞鳥舞麒麟臻禮記禮運云鳳凰麒麟皆在郊棷）

五德志第三十四

自古在昔。詩那天地開闢。御覽一引尚書中候云天地開闢三皇迭制。各樹號謚。以紀其世。天命五代。正朔三復。白虎通三正篇云禮三正記曰正朔三而改文質再而復神明感生。禮記大傳鄭注云王者之先祖皆感太微五帝之精以生詩卜列篇注爰舊作愛與有國。亡於嫚以。以當作易易以聲近之誤說文云嫚侮易也經典通作慢易注見斷訟篇滅於積惡。神微精以。以字誤或當在精字上明忠篇精微而神是其例論衡奇怪篇云說聖者以爲稟天精微之氣此文意蓋與彼同天命罔極。詩維天之命毛傳孟仲子曰大哉天命之無極文十七年左傳云命之罔極或皇馮依。詩閟宮云上帝是依鄭箋天用是馮依而降精氣僖五年左傳云神所馮依或繼體育。史記外戚世家序云自古受命帝王及繼體守文之君太暤與皞同隸書从皋之字多作睪以前尚矣。大戴禮五帝德篇云孔子曰黃帝尚矣史記三代世表序云五帝三代之記尚矣索隱劉氏云尚猶久古也廸斯用來。猶云由斯以來也頗可紀錄。雖一精思。史記鄒陽傳云雖竭精思一讀專壹之壹議而復誤。故撰古訓。詩烝民云古訓是式說文云僎具也撰即僎之借著五德志。大戴禮有五帝德篇三代世表序云終始五德之傳索隱云謂帝王更王以金木水火土之五德傳次相承終而復始故云終始五德之傳也世傳三皇五帝。多以爲伏羲神農爲二皇。淮南子原道訓云泰古二皇高誘注二皇伏羲神農也獨斷云上古天子庖犧氏神農氏稱皇其一者。或曰燧人。尚書大傳及禮緯含文嘉說見風俗通皇霸篇禮記曲禮疏云宋均注援神契引甄燿度數燧人伏羲神農爲三皇或曰祝融。禮號謚記說見風俗通白虎通亦引之或曰女媧。春秋運斗樞說見風俗通其是與非。未可知也。我聞古有天皇地皇人皇。史記秦始皇紀博士議曰古有天皇有地皇有泰皇索隱云泰皇當人皇也初學記九引春秋緯云天皇地皇人皇兄弟九人分九州長天下御覽七十八引徐整三五歷紀云天皇地皇人皇爲太古以爲或及此謂亦不敢明。凡斯數下脫一字其於五經。皆無正文。故略依易繫。記伏羲以來。以遺後賢。雖多未必獲正。然罕可以浮游博觀。共求厥眞。大人迹出雷澤。華胥履之生伏羲。御覽七十八引詩含神霧云大迹出雷澤華胥履之生宓犧又引孝經鉤命決云華胥履跡怪生皇犧注云跡靈威仰之跡也其相日角。御覽引孝經援神契云伏羲氏日角衡連珠五行大義五引孝經鉤命決云伏羲日角珠衡戴勝世號太暤。漢書古今人表太昊帝宓羲氏張晏曰太昊有天下號也按律歷志云易曰炮犧氏之王天下也言炮犧繼天而王爲百王先首德始於木故爲帝太昊作罔罟以佃漁取犧牲故天下號曰炮犧氏是班氏以太昊爲身號炮犧爲世號矣先儒言身號世號往往岐異今就與本書合者錄之都於陳。昭十七年左傳云陳太皞之墟也杜注太皞居陳其德木。御覽引春秋內事云伏羲氏以木德王以龍紀。故爲龍師而龍名。昭十七年左傳作八卦。結繩爲網以漁。易繫辭下傳後嗣帝嚳。錢宮詹大昕云太史公三代世表謂堯舜禹稷契皆出黃帝稷契與堯同父堯不能用至舜始舉之舜娶堯二女乃是曾祖姑此皆昔人所疑惟潛夫論五德篇謂帝嚳爲伏羲之後其後爲后稷堯爲神農之後舜爲黃帝後禹爲少昊後契爲顓頊後少昊顓頊不出於黃帝堯不出於嚳則舜無娶同姓之嫌而稷契之不爲堯所知亦無足怪於情事似近之又考春秋命歷序稱黃帝傳十世二千五百二十歲少昊傳八世五百歲顓頊傳二十世三百五十歲帝嚳傳十世四百歲然則顓頊非黃帝孫堯亦非帝嚳子可以正史記之謬與潛夫論亦相合代顓頊氏。漢書律歷志云春秋外傳曰顓頊之所建帝嚳受之水生木故爲木德其相戴干。御覽八十引春秋元命苞云帝嚳戴干是謂淸明發節移度蓋像招搖王先生云按元命苞言厥象招搖則干當作斗字形相涉而譌戴斗者頂方如斗也其號高辛。漢書律歷志云天下號曰高辛氏史記索隱宋衷曰高辛地名因以爲號厥質神靈。大戴禮五帝德篇云高辛生而神靈自言其名德行祗肅。迎送日月。大戴禮云歷日月而迎送之順天之則。大戴禮云順天之義能敍三辰以周民。禮記祭法云帝嚳能序星辰以著衆作樂六英。周禮大司樂疏引樂緯云顓頊之樂曰五莖帝嚳之樂曰六英注云能爲五行之道立根莖六英者六合之英高誘注淮南子齊俗訓以六英爲顓頊樂御覽七十九八十引帝王世紀又云顓頊作樂五英帝嚳作樂大莖白虎通禮樂篇則以六莖屬顓頊五英屬帝嚳漢書禮樂志同然此自本樂緯下云顓頊作樂五英英當爲莖蓋傳寫之譌世有才子八人。伯奮仲堪叔獻季仲伯虎仲雄叔豹季貍。忠肅恭懿。宣慈惠和。天下之人謂之八元。文十八年左傳雄今作熊貍作貍恭作共後嗣姜嫄履大人迹生姬棄。御覽一百卅五引春秋元命苞云周本姜嫄遊閟宮其地扶桑履大迹生后稷史記周本紀云帝舜封棄於邰號曰后稷別姓姬氏厥相披頤。宋書符瑞志作枝頤按披枝並岐之譌御覽三百六十八引春秋元命苞云后稷岐頤自求是謂好農蓋象角亢載上食穀王先生云按詩大雅生民克岐克嶷岐嶷即岐頤也岐者頭骨隆起而岐出嶷嶷然高故象角亢爲堯司徒。司徒當作司馬詩閟宮鄭箋云后稷生而名棄長大堯登用之使居稷官民賴其功後雖作司馬天下猶以后稷稱焉疏引尙書刑德放云稷爲司馬契爲司徒御覽二百九引尙書中候云稷爲大司馬論衡初稟篇云棄事堯爲司馬居稷官故爲后稷又主播種農植嘉穀。書呂刑植今作殖堯遭水災。萬民以濟。繫辭云臼杵之利萬民以濟故舜命曰后稷。書堯典初烈山氏之有天下也。其子曰柱。能植百穀。故立以爲稷。自夏以上祀之。周之興也。以棄代之。至今祀之。昭廿九年左傳云有烈山氏之子曰柱爲稷自夏以上祀之周棄亦爲稷自商以來祀之禮記祭法云厲氏山之有天下也其子曰農能殖百穀夏之衰也周棄繼之故祀以爲稷鄭注厲山氏或曰有烈山氏此合二書言之太姒夢長人感己生文王。御覽八十四引詩含神霧云大任夢長人感己生文王厥相四乳。御覽引春秋元命苞云文王四乳是謂含良蓋法酒旗布恩施惠爲西伯。興於岐。史記周本紀云古公止於岐少子季歷生昌有聖瑞古公曰我世當有興者其在昌乎昌立是爲西伯西伯曰文王說文云𡟚周文王所封或从山作岐因岐山以名之也斷虞芮之訟而始受命。史記劉敬傳云文王爲西伯斷虞芮之訟始受命齊太公世家云周西伯政平及斷虞芮之訟而詩人稱西伯受命周本紀又云詩人道西伯蓋受命之年稱王而斷虞芮之訟武王駢齒。御覽三百六十八引春秋元命苞云武王駢齒是謂剛強參房誅害以從天心勝殷遏劉。詩武成周道。漢書律歷志云武王伐商紂水生木故爲木德天下號曰周室五行志云昔周公制禮樂成周道姬之別封衆多。管蔡成霍魯衛毛聃郜雍曹滕畢原酆郇。文之昭也。邗晉應韓。武之穆也。凡蔣邢茆祚祭。周公之胤也。僖廿四年左傳成作郕邗作邘茆作茅祚作胙茆讀爲茅辞交際篇周召虢吳隨邠方卬息舊作自据路史國名紀五後紀十改隱十一年左傳疏引世本息國姬姓說文作鄎潘廣韻二十六桓潘字注云周文王子畢公之子季孫食采於潘因氏焉養滑鎬宮密榮丹郭僖五年左傳云虢仲虢叔王季之穆也疏引賈逵云虢仲封東虢制是也虢叔封西虢虢公是也按虢公僖二年公羊傳作郭楊逢管唐韓楊楊重見後紀十載姬國有陽在楊上上文楊字蓋即陽之譌此楊字當从手襄廿九年左傳云虞虢焦滑霍揚韓魏皆姬姓也瓡疑狐晉語云狐氏出自唐叔欒甘鱗虞鱗當作鮮昭十二年穀梁傳晉伐鮮虞范甯注鮮虞姬姓白狄也疏云世本文鄭語云北有衛燕狄鮮虞韋昭注鮮虞姬姓國王氏。國名紀後紀王作主以主爲國名按太子晉之後爲王氏見志氏姓篇皆姬姓也。有神龍首出。常羊感任姒。舊脫羊字任作姙御覽七十八引帝王世紀云神農氏母曰任似有喬氏之女名女登爲少典妃遊於華陽有神龍首感女登於常羊生炎帝又引孝經鉤命決云任己感龍生帝魁注云魁神農名己或作姒生赤帝魁隗。身號炎帝。世號神農。代伏羲氏。淮南子時則訓云赤帝祝融之所司者萬二千里高誘注赤帝炎帝號爲神農漢書律歷志云易曰炮犧氏沒神農氏作以火承木故爲炎帝教民耕農故天下號曰神農氏其德火紀。故爲火師而火名。昭十七年左傳是始舊作以依下文例改斲木爲耜。

揉木爲耒耨。日中爲市。致天下之民。聚天下之貨。交易而退。各得其所。易繫辭按揉木爲耒耨與釋文或本同後嗣慶都。與龍合婚。生伊堯。初學記九引詩含神霧云慶都與赤龍合婚生赤帝伊祁堯按隸釋帝堯碑云帝堯者其先出自塊隗翼火之精有神龍首出於常羊□□□□□□□□□生赤□□□□□□□□□□愛嗣八九慶都與赤龍交而生伊堯成陽靈臺碑云昔者慶都兆舍穹精氏姓曰伊䃾觀河濱感赤龍交始生堯淮南子修務訓高誘注堯母慶都蓋天帝之女寄伊長孺家年二十無夫出觀於河有赤龍負圖而至奄然陰雲赤龍與慶都合而生堯按誘說本春秋合誠圖御覽八十引之代高辛氏。其眉八彩。御覽引春秋元命苞云堯眉八彩是謂通明歷象日月璇璣玉衡世號唐。漢書律歷志云帝堯封於唐蓋高辛氏衰天下歸之木生火故爲火德天下號曰陶唐氏作樂大章。白虎通云堯樂曰大章始禪位。孟子云唐虞禪武王克殷。而封其胄於鑄。禮記樂記云武王克殷反商未及下車而封帝堯之後於祝鄭注祝或爲鑄續漢書郡國志濟北郡蛇印有鑄鄉城劉昭注周武王未及下車封堯後於鑄案鑄祝聲相近淮南子俶眞訓治工之鑄器高誘注鑄讀如唾祝之祝含始吞赤珠。尅曰玉英生漢龍。感女媼。劉季興。藝文類聚九十八引詩含神霧云含始吞赤珠刻曰玉英生漢皇後赤龍感女媼劉季興也尅與刻同史記高祖紀索隱引王符云太上皇名煓此書無之蓋小司馬誤也漢書律歷志云漢高祖皇帝伐秦繼周木生火故爲火德大電繞樞炤野。感符寶。生黃帝軒轅。藝文類聚一引河圖握拒起云大電繞樞星炤郊野感符寶而生黃帝御覽七十九符作附初學記九引詩含神霧同大戴禮五帝德篇云黃帝曰軒轅代炎帝氏。其相龍顏。御覽七十九引春秋元命苞云黃帝龍顏得天庭陽上法中宿取象文昌戴天履陰秉數制剛其德土行。史記五帝紀云有土德之瑞漢書律歷志云易曰神農氏沒黃帝氏作火生土故爲土德以雲紀。故爲雲師而雲名。昭十七年左傳作樂咸池。白虎通云黃帝樂曰咸池是始制衣裳。繫辭後嗣握登見大虹。意感生重華虞舜。御覽八十一引詩含神霧云握登見大虹意感生帝舜史記五帝紀云虞舜者名曰重華其目重瞳。御覽三百六十六引春秋元命苞云舜重瞳子是謂滋涼上應攝提以象三光御覽多誤字据白虎通聖人篇訂正事堯。堯乃禪位。曰。格爾舜。天之歷數在爾躬。允執厥中。四海困窮。天祿永終。論語格今作咨厥作其乃受終於文祖。書堯典世號有虞。漢書律歷志云帝舜處虞之嬀汭堯嬗以天下火生土故爲土德天下號曰有虞氏作樂九韶。白虎通云舜樂曰簫韶呂氏春秋古樂篇云舜乃令質修九招六列六英以明帝德招與韶同禪位於禹。武王克殷而封胡公嬀滿於陳。庸以元女大姬。禮記樂記云武王克殷反商未及下車而封帝舜之後於陳襄廿五年左傳云庸以元女大姬配胡公而封諸陳王先生云大姬下脫配之二字大星如虹下流華渚。女節夢接。生白帝摯青陽。世號少暐。初學記十引河圖云帝摯少昊氏母曰女節見大星如虹下流華渚既而夢接意感生白帝朱宣御覽引帝王世紀云少昊帝名摯字青陽按漢書律曆志以摯爲黃帝子青陽子孫與此異代黃帝氏。都於曲阜。定四年左傳封於少皞之墟杜注少皞墟曲阜也帝王世紀云都曲阜其德金行。漢書律曆志云土生金故爲金德天下號曰金天氏其立也。鳳皇適至。故紀於鳥。鳳鳥舊脫氏歷正也。玄鳥氏司分者也。伯趙氏司至者也。青鳥氏司啓者也。丹鳥氏司閉者也。祝鳩氏司徒也。鵙鳩氏司馬也。尸鳩氏司空也。爽鳩氏司寇也。鶻鳩氏司事也。五鳩鳩民者也。五雉爲五工正。利器用夷民者也。昭十七年左傳鳳皇作鳳鳥利器用下有正度量一句又云九扈爲九農正扈民無淫者也此亦當有之是始舊作故作書契。百官以治。萬民以察。繫辭有才子四人。曰重。曰該。曰修。曰熙。實能金木及水。故重爲勾芒。該爲蓐收。修及熙爲玄冥。恪恭厥業。世不失職。遂濟窮桑。昭廿九年左傳無恪恭厥業句後嗣修紀。見流星。意感。生白帝文命戎禹。戎舊作我御覽八十二引尚書帝命驗云禹白帝精以星感修己山行見流星意感栗然生姒戎文命注云姒禹氏禹生戎地一名文命按御覽引帝王世紀及宋書符瑞志紀並作己孝經鉤命決作紀亦見御覽其耳參漏。御覽八十二引雒書靈准聽云有人大口兩耳參漏注云謂禹也白虎通聖人篇云禹耳三漏是謂大通興利除害決河疏江爲堯司空。書堯典主平水土。命山川。書呂刑命今作名畫九州。制九貢。功成。賜玄珪。以告勳於天。書禹貢珪今作圭說文云古文圭从玉舜乃禪位。命如堯詔。論語云舜亦以命禹禹乃即位。作樂大夏。白虎通云禹樂曰大夏世號夏后。漢書律曆志云伯禹虞舜嬗以天下土生金故爲金德天下號曰夏后氏皇侃論語義疏引白虎通云夏以揖讓受禪爲君故褒之稱后后君也又云夏得禪授是君與之故稱后也傳嗣子啓。啓子太康。仲康更立。兄弟五人。皆有昏德。不堪帝事。降須洛汭。是謂五觀。（楚語士亹曰啓有五觀韋昭注五觀啓子太康昆弟也觀雒汭之地書曰太康失國昆弟五人須於雒汭按漢書古今人表下中太康注啓子兄弟五人號五觀下上中康注太康弟按太康仲康不在五觀之數此幷言之蓋誤）孫相嗣位。夏道浸衰。於是后羿自鉏遷於窮石。因夏民以代夏政。滅相。妃后緡方娠。逃出自竇。奔（襄四年左傳作歸）於有仍。生少康焉。爲仍（爲仍舊作仍妃據傳改）牧正。（按襄四年傳以代夏政下即接恃其射也滅相乃浞事見哀元年傳傳文據夏后相至爲仍牧正在伐斟鄩下此文敘事有乖先後）羿恃己（傳作其）射也。不修民事而淫於原獸。棄武羅伯因熊髡尨圉而用寒浞。浞柏（傳作伯）明氏讒子弟也。柏明氏惡而棄之。夷羿收之。信而使之。以爲己相。浞行媚於內。施賂於外。愚弄於（傳作其）民。虞羿於田。樹之詐匿。（讀爲慝）以取其國家。外內咸服。羿猶不悛。將歸自田。家衆殺而亨之。以食其子。子不忍食。諸死於窮門。（本書慝皆作匿按爾雅釋訓謔謔謞謞崇讒慝也釋文云慝諸儒並女陟反言隱匿其情以飾非是讒慝正當爲讒匿此疑後人所改）靡奔於有鬲氏。浞因羿室。生澆及豷。恃其讒慝。詐僞而不德於民。使澆用師滅斟灌及斟尋氏。處澆於過。處豷於戈。（按傳豷澆當易置）使椒求少康。逃奔有虞。爲之胞正。（胞傳作庖按胞庖古通用列子楊朱篇胞廚之下釋文云胞本作庖莊子養生主篇庖丁爲文惠君解牛釋文云庖崔本作胞庚桑楚篇湯以胞人籠伊尹釋文云胞本又作庖漢書百官公卿表少府屬官有胞人東方朔傳館陶公主胞人臣偃顏師古注並云胞與庖同王方伯云禮記祭統云夫祭有畀煇胞翟閽者又云胞者肉吏之賤者也亦以胞爲庖）虞思妻以二妃。（傳作姚）而邑諸綸。有田一成。有衆一旅。能布其德而兆其謀。以收夏衆。撫其官職。靡自有鬲。收二國之燼。以滅浞而立少康焉。乃使女艾誘澆。使后杼誘豷。（后傳作季杜注季杼少康子后杼也）遂滅過戈。復禹之績。祀夏配天。不失舊物。（夏道浸衰以下本襄四年哀元年左傳）十有七世而桀亡天下。（史記三代世表）

云從禹至桀十七世夏本紀集解徐廣曰從禹至桀十七君十四世漢書律歷志云夏后氏繼世十七王武王克殷。而封其後於杞。禮記樂記云武王克殷反商下車而封夏后氏之後於杞或封於繒。周語云有夏雖衰杞繒猶在韋昭注杞繒二國夏後也又封少皞之胄於祁。王先生云祁當作郯昭十七年左傳郯子來朝昭子問少昊氏鳥名官何故郯子曰吾祖也我知之繼培按路史國名紀二少昊後有祁國即承潛夫論誤本言之僥才力蓋衆。漢書鄒陽傳云桀不可蓋顔師古注蓋覆蔽也項羽傳云力拔山兮氣蓋世季布傳云布弟季心氣蓋關中義並同驟其勇武而卒以亡。故南宮括曰。羿善射。奡盪舟。俱不得其死也。論語奡與奡同姒姓分氏夏后。有扈有南斟尋泊汎辛褒費戈冥繒。皆禹後也。史記夏本紀論云禹爲姒姓其後分封用國爲姓故有夏后氏有扈氏有男氏斟尋氏彤城氏褒氏費氏杞氏繒氏辛氏冥氏斟戈氏索隱云系本男作南尋作鄩費作弗而不云彤城及褒又斟戈氏左傳系本皆云斟灌氏此文褒舊作襃据史記改戈上無斟字疑脫泊汎不見於史蓋即彤城之誤搖光如月正白。感女樞幽防之宮。生黑帝顓頊。御覽七十九引河圖云瑤光之星如蜺貫月正白感女樞幽房之宮生黑帝顓頊初學記九蜺作虹又二引詩含神霧云瑤光如蜺貫月正白感女樞生顓頊此云搖光如月誤搖與瑤防與房古字並通其相駢幹。御覽七十九引春秋元命苞云顓頊併幹上法月參集威成紀以理陰陽三百七十一引作駢幹身號高陽。世號共工。禮記祭法云共工氏霸九州鄭注在大昊炎帝之間魯語韋昭注同漢書律歷志云祭典曰共工氏伯九域言雖有水德在火木之間非其序也任知刑以彊故伯而不王淮南子原道訓云共工與高辛爭爲帝兵略訓云共工爲水害故顓頊誅之按共工爲顓頊所誅不當襲用其號漢書律歷志以高陽爲有天下號此云身號亦異昭十七年廿九年左傳共工氏此並以爲顓頊事或出左氏家舊說也代少皞氏。其德水行。漢書律歷志云金生水故爲水德以水紀。故爲水師而水名。昭十七年左傳承少皞衰。九黎亂德。乃命重黎討訓服。楚語觀射父云少皞之衰也九黎亂德顓頊受之乃命南正重司天以屬神命火正黎司地以屬民使復舊常無相侵瀆服上疑脫不字訓與馴同史記索隱云史記馴字徐廣皆讀曰訓訓順也歷象日月。東西南北。下有脫文大戴禮五帝德篇云顓頊乘龍而至四海北至於幽陵南至於交阯西濟於流沙東至於蟠木動靜之物大小之神日月所照莫不砥礪作樂五英。英當作莖詳上有才子八人。蒼舒隤凱擣演大臨尨降庭堅仲容叔達。齊聖廣淵。明允篤誠。天下之人。謂之八凱。文十八年左傳隤凱作隤敳擣演作擣戭八凱作八愷按說文戭字下引春秋傳擣亦从手志氏姓篇演作戭與傳同共工氏有子曰勾龍。能平九土。故號后土。死而爲社。天下祀之。昭廿九年左傳蔡墨曰共工氏有子曰勾龍爲后土魯語展禽曰共工氏之伯九有也其子曰后土能平九土故祀以爲社此合二書言之 娀簡吞燕卵生子契。史記殷本紀云殷契母曰簡狄有娀氏之女爲帝嚳次妃三人行浴見玄鳥墮其卵簡狄取吞之因孕生契契長而佐禹治水有功封於商賜姓子氏御覽八十三引尙書中候云玄鳥翔水遺卵於流娀簡拾吞生契封商注玄鳥燕也翔水徘徊於水上娀氏也簡簡狄也契母名商國名詩云天命玄鳥降而生商是也禮記月令鄭注亦稱娀簡 爲堯司徒。職親百姓。順五品。書堯典順今作遜殷本紀作訓淮南子人閒訓五品不愼御覽五十九引淮南子作不順 扶都見白氣貫月。意感生黑帝子履。御覽八十三引河圖云扶都見白氣貫月意感生黑帝湯注云詩含神霧同御覽脫意字據藝文類聚十補 其相二肘。御覽八十三引雒書靈准聽云黑帝子湯長八尺一寸連珠庭臂二肘又引春秋元命苞云湯臂二肘是謂神剛按論衡骨相篇亦云湯臂再肘白虎通聖人篇作三肘御覽三百六十九引元命苞又云湯臂四肘藝文類聚十二引元命苞初學記九引帝王世紀宋書符瑞志並同 身號湯。世號殷。漢書律歷志云湯伐夏桀金生水故爲水德天下號曰商後曰殷孟康曰初契封商湯居殷而受命故二號 致太平。後衰。乃生武丁。卽位。默以不言。思道三年。而夢獲賢人以爲師。乃使以夢像求之四方側陋。得傅說。方以胥靡築於傅巖。升以爲大公。而使朝夕規諫。恐其有憚息也。則勑曰。若金。用汝作礪。若濟巨川。用汝作舟楫。若時大旱。用汝作霖雨。啓乃心。沃朕心。若藥不瞑眩。厥疾不瘳。若跣不視地。厥足用傷。爾交修余無棄。故能中興。稱號高宗。武丁以下見楚語大公楚語無大字 及帝辛而亡。天下謂之紂。史記三代世表云帝辛是爲紂 武王封微子於宋。禮記樂記云投殷之後於宋鄭注投舉徙之辭也時武王封紂子武庚於殷墟所徙者微子也後周公更封而大之按史記殷本紀云周武王崩武庚與管叔蔡叔作亂成王命周公誅之而立微子於宋以續殷後宋世家同 封箕子於朝鮮。史記宋世家 子姓分氏。殷時來宋扐蕭空同北段。皆湯後也。史記殷本紀論云契爲子姓其後分封以國爲姓有殷氏來氏宋氏空桐氏稚氏北殷氏目夷氏索隱云按系本子姓無稚氏北殷氏作髦氏又有時氏蕭氏黎氏按稚氏卽黎氏之誤此文又誤黎爲扐誤殷爲段同桐古字通髦氏隱元年左傳疏引世本作比髦

志氏姓第三十五

昔者聖王觀象於乾坤，考度於神明。探命歷之去就，省羣臣之德業，而賜姓命氏。因彰德功。（白虎通姓名篇云：所以有氏者何？所以貴功德，賤伎力。或氏其官，或氏其事，聞其氏即可知其德，所以勉人為善也。）傳稱民（舊作氏）之徵官百。王公之子弟千。世能聽其官者，而物賜之姓。是謂百姓。姓有徵，品十（舊空）於王，謂之千品。（傳稱以下見楚語。子弟下千字、世字並衍。）昔堯賜契姓子。賜棄姓姬。賜禹姓姒。氏曰有夏。伯夷為姜。氏曰有呂。（舊脫子賜棄姓四字，據天中記廿四補。禮記大傳疏引鄭康成駁五經異義云：堯賜伯夷姓曰姜，賜禹姓曰姒，賜契姓曰子，賜稷姓曰姬，著在書傳。周語太子晉云：禹賜姓曰姒，氏曰有夏；四嶽賜姓曰姜，氏曰有呂。）下及三代。官有世功。則有官族。邑亦如之。（隱八年左傳。）後世微末。因是以為姓。則不能改也。故或傳本姓。或氏號邑謚。（邑字衍。）或氏於國。或氏於爵。或氏於官。或氏於字。或氏於事。或氏於居。（以上二十字舊脫，按御覽三百六十二引風俗通氏姓篇序，俱與此同，今据補。）或氏於志。（舊作爵，今移正，與下文相應。）若夫五帝三王之世。所謂號也。文武昭景成宣戴桓。所謂謚也。齊魯吳楚秦晉燕趙。所謂國也。王氏侯氏王孫公孫。所謂爵也。司馬司徒中行（見下晉公族注）下軍。（元和姓纂云：左傳晉欒黶為下軍大夫，子孫氏焉。按欒氏世將下軍，僖廿七年傳欒枝將下軍，文十二年傳欒盾將下軍，成二年傳欒書將下軍，襄十三年傳欒黶將下軍。）所謂官也。伯有孟孫子服叔子。（疑孫並見下。）所謂字也。巫氏匠氏陶氏。（風俗通作巫卜陶匠，此亦當有卜氏。）所謂事也。東門西門（意林作西都。通志氏族略五、鄧名世古今姓氏書辯證四並同。廣韻十二齊西字注、通鑑一西門豹注又引作西郭。）南宮東郭（意林、廣韻、通鑑注並無東郭，疑衍。）北郭。所謂居也。三烏（氏族略三引風俗通云：有三烏大夫，因氏焉。漢有三烏郡。元和姓纂又云：三烏姜姓，炎帝之後，為侯國，因氏焉。）五鹿（氏族略三云：晉公子重耳封舅犯於五鹿，支孫氏焉。按漢書有五鹿充宗。）青牛（氏族略四云：魏初平中有青牛先生，山東人也。按王氏著書在初平前，是古有此姓。）

矣青牛先生見魏略魏志管甯傳裴松之注引之白馬。氏族略四引風俗通云微子乘白馬朝周因氏焉所謂志也。志意林作地按風俗通作職志職聲相近凡厥姓氏。皆出屬而不可勝紀也。出當作此漢書王莽傳云如此屬不可勝記淮南子氾論訓亦云凡此之屬皆不可勝著於書策竹帛而藏於官府者也衛侯滅邢。昭公娶同姓。言皆同祖也。春秋僖廿五年衛侯燬滅邢左傳云同姓也故名哀十二年孟子卒左傳云昭公娶於吳故不書姓論語陳司敗云君娶於吳爲同姓御覽引風俗通云公羊譏衛滅邢論語貶昭公娶於吳諱同姓也近古以來則不必然。古之賜姓。大諦可用。其餘則難。周室衰微。吳楚僭號。下歷七國。咸各稱王。淮南子覽冥訓云晚世之時七國異族高誘注七國齊楚燕趙韓魏秦也齊姓田楚姓芈燕姓姬趙姓趙韓姓韓魏姓魏秦姓嬴故異族也故王氏王孫氏公孫氏及氏諡官。氏諡舊倒國自有之千八百國。諡官萬數。故元不可同也。及孫氏者。或王孫之班也。或諸孫之班也。班猶別也故有舊脫同祖而異姓。有同姓而異祖。亦有雜錯。漢書地理志云五方雜厝晉灼曰厝古錯字變而相入。或從母姓。漢書夏侯嬰傳云初嬰爲滕令奉車故號滕公及曾孫頗尚主主隨外家姓號孫公主故滕公子孫更爲孫氏或避怨讎。如下所云智果張良之類夫吹律定姓。惟聖能之。白虎通姓名篇云古者聖人吹律定姓以記其族今民散久。論語鮮克達舊作遠音律。天主尊正其祖。天主疑人生之誤毛詩序云生民尊祖也王先生云天主疑定姓之誤故且略紀顯者。以待士合揖損焉。士當作三三合即參合韓非子主道篇云以參合閱焉史記倉公傳云參合於人後漢書文苑邊讓傳云檢括參合揖與挹同史記十二諸侯年表序云七十子之徒口受其傳指爲有所刺譏褒諱挹損之文辭不可以書見也伏羲姓風。其後封任宿須朐顓臾四國。實司大皞與有濟之祀。見僖廿一年左傳朐作句按僖廿二年公羊傳作朐文七年傳同且爲東蒙主。論語魯僖公母成風。蓋須朐之女也。左傳季氏欲伐顓臾。而孔子譏之。論語炎帝苗胄。四嶽伯夷。爲堯典禮。書堯典折民惟刑。書呂刑以封申呂。史記齊太公世家云其先祖嘗爲四嶽佐禹平水土甚有功虞夏之際封於呂或封於申詩崧高毛傳堯之時姜氏爲四伯掌四嶽之祀述諸侯之職於周則有甫有申有齊有許也按甫與呂通書呂刑孝經禮記並引作甫刑史記周本紀亦云甫侯言於王作修刑辟裔生尙。裔上疑脫字齊世家云夏商之時申呂或封枝庶子孫或爲庶人尙其後苗裔也爲文王師。世家云西伯獵遇太公於渭之陽載與俱歸立爲師克殷而封之齊。世家云武王已平商而王天下封師尙父於齊營邱或封許向。或封於紀。或封於申。水經注廿三陰溝水篇引世本云許州向申姜姓也炎帝後申舊脫城在南陽宛北序山之下。漢書地理志南陽郡宛注云故申伯國縣南有北筮山又育陽注云有南筮聚在東北故詩云。亹亹申伯。王薦之事。于邑于序。南國爲式。與今詩不同說見三式篇宛西三十里有呂城。城舊作望史記齊世家集解徐廣曰呂在南陽宛縣西水經注淯水篇云梅溪又逕宛西呂城東許在潁川。今許縣是也。漢書地理志潁川郡許故國姜姓四岳後太叔所封姜戎居伊洛之閒。晉惠公徙置陸渾。僖廿二年左傳秦晉遷陸渾之戎於伊川襄十四年傳以爲姜戎氏謂諸戎是四嶽之裔胄杜注四嶽之後皆姓姜又別爲允姓昭九年傳云允姓之姦居於瓜州伯父惠公歸自秦而誘以來按僖傳杜注允姓之戎居陸渾在秦晉西北二國誘而徙之伊川遂從戎號至今爲陸渾縣據疏陸渾是敦煌之地名徙之伊川復以陸渾爲名非本居伊洛徙置陸渾也僖十一年傳伊雒之戎同伐京師杜注雒戎居伊水雒水之閒者此又先居伊雒非秦晉所遷者州薄甘戲露怡。舊作怙史記索隱三皇本紀云神農氏其後有州甫甘許戲露齊紀怡向申呂皆姜姓之後路史後紀四云黃帝封參盧於路注亦作露又云伊列舟駘淳戲怡向州薄甘隋紀皆姜國也禹有天下封怡以紹烈山是爲默台及齊之國氏氏字舊空据程本補昭四年左傳杜注國氏齊正卿姜姓廣韻二十五德國字注云太公之後高氏舊空据程本補唐書宰相世系表云齊文公赤生公子高孫傒以王父字爲氏按高傒見左傳襄氏襄字舊空据程本補氏字各本並脫襄廿三年左傳齊有襄罷師廿五年傳齊有襄伊二襄蓋齊公族隰氏氏族略三云齊莊公子廖封於隰陰故以爲氏齊語隰朋韋昭注齊莊公之曾孫戴仲之子成子也士強氏舊作士氏強氏据後紀四改按士下氏字即襄字下所脫今移正東郭氏襄廿五年左傳東郭偃曰臣出自桓雍門氏古今姓氏書辨證引世本云齊頃公生子夏勝以所居門爲雍門氏按淮南子覽冥訓高誘注雍門齊西門也子雅氏氏族略三云齊惠公之孫公孫竈字子雅之後子尾氏氏族略三云齊惠公之孫公孫蠆字子尾之後按公孫竈公孫蠆見襄廿九年左傳子雅子尾見襄廿八年傳昭十年傳疏云齊惠公生子欒公子高高生子尾欒生子雅子襄氏古今姓氏書辨證引世本云齊惠公子子襄之後惠舊作桓据氏族略三改子淵氏古今姓氏書辨證子泉氏引世本云齊頃公生子泉湫因氏焉按子泉即子淵唐人避諱改昭廿六年左傳齊有子淵捷子車八年傳杜注子車頃公之孫捷也子乾氏古今姓氏書辨證引世本云齊頃公子子乾之後以王父字爲氏春秋時有子乾晳按昭十四年左傳作子韓晳氏族略三引世本云公子鄀字子乾公旗氏廣韻一東公字注云齊悼子公旗之後按悼子當是悼公子翰公氏後紀四作公翰賀氏元和姓纂云齊公族慶父之後慶克生慶封以罪奔吳漢末徙會稽山陰後漢慶儀爲汝陰令曾孫純避安帝父諱始改賀氏氏族略四云齊桓公之子公子無虧生慶克亦謂之慶父盧氏。元和姓纂云齊文公子高高孫傒食采於盧因姓盧氏皆姜姓也。黃帝之子二十五人。班爲十二。姬酉祁己滕葴任拘釐姞嬛衣氏也。滕葴任舊作勝藏伍据晉語四改拘晉語作苟廣韻四十五厚引晉語作苟路史國名紀一後紀五並作苟以爲作苟者非元和姓纂苟姓亦云國語黃帝之後按拘苟並从句得聲釐衣韋昭本作僖依史記五帝紀集解引虞翻注與此同嬛字舊脫亦依虞注補韋本作儇當春秋。晉有祁奚。舉子薦讎以忠直著。襄三年左傳按氏族略三以奚爲晉獻侯四世孫晉語韋昭注云晉大夫高梁伯之子此以爲黃帝後蓋誤下晉公族有祁氏奚之所自出也莒子姓己氏。按文八年左傳云穆伯奔莒從己氏隱二年左傳疏稱譜云莒嬴姓少昊之後引世本莒自紀公以下爲己姓是莒本姓嬴改己非黃帝之後己姓矣夏之興。有任奚爲夏車正。以封於薛。後遷於邳。其嗣仲虺居薛。爲湯左相。定元年左傳任奚作奚仲虺作虺邳舊作祁据傳改王季之妃大任。詩大明摯仲氏任毛傳摯國任姓之中女也周語富辰曰昔摯疇之國也由大任韋昭注摯疇二國任姓奚仲仲虺之後大任王季之妃文王之母也及謝章昌采祝結泉卑遇狂大氏。皆任姓也。隱十一年左傳疏云世本氏姓篇云任姓謝章薛舒呂祝終泉畢過言此十國皆任姓也路史後紀五黃帝紀謝章下昌上有舒洛二國又八高陽紀注云舒又自一國乃黃帝之後任姓見潛夫論國名紀一同國名紀又云采紀姓王符以爲任姓非又云遇宜即番禺王符作卑遇訛後紀五又云遇見潛夫或作邊非今按采即世本舒結即世本終國名紀結亦作終其作洛者誤洛見鄭語韋昭以爲赤狄隗姓也昌呂卑畢遇過皆字形相近傳本各異惟狂大不載世本後紀五國名紀一並作狂犬疑即犬戎氏見下姞氏女爲后稷元妃。姞舊作台說文云姞黃帝之後百鯈姓后稷妃家也宣三年左傳云姞吉人也后稷之元妃也百鯈傳作伯鯈繁育周先。昭元年左傳云蕃育其子孫繁蕃古字通御覽八百廿二引春秋元命苞云周先姜嫄履大人跡生后稷周先用彼文姞氏封於燕。隱五年左傳疏引世本云燕國姞姓漢書地理志東郡南燕注云南燕國姞姓黃帝後王先生云後漢書郅惲傳注引潛夫論以周先姞氏封於燕爲句有賤妾燕姞。夢神與之蘭。曰。余爲伯鯈。舊作鯈余爾祖也。以是有國。香人服媚。下脫之字及文公見姞。賜蘭而御之。姞言其夢。且曰。妾不才。幸而有子。將不信。敢徵蘭乎。公曰。諾。遂生穆公。宣三年左傳姞氏之別有闞尹。詩都人士謂之尹吉鄭箋吉讀爲姞尹氏姞氏周室昏姻之舊姓也後紀五國名紀一尹並作允誤 蔡光魯雍。桓十一年左傳宋雍氏女於鄭莊公曰雍姞杜注雍氏姞姓 斷密須氏。周語韋昭注引世本云密須姞姓 及漢河東有郅都。漢書酷吏傳 汝南有郅君章。後漢書郅惲字君章 姓音與古姞同。而書其字異。二人皆著名當世。少皞氏之世衰而九黎亂德。顓頊受之。乃命南正重司天以屬神。命火正黎司地以屬民。使復舊常。無相侵瀆。是謂絕地天通。少皞氏至此本楚語 夫黎顓頊氏裔子吳回也。按大戴禮帝繫篇顓頊產老童老童產重黎及吳回史記楚世家云帝嚳誅重黎以其弟吳回爲重黎後復居火正徐廣注引世本亦云老童生重黎及吳回是吳回與黎非一人而高誘注淮南時則訓云祝融顓頊之孫老童之子吳回也一名黎爲高辛氏火正號爲祝融與此同是古有此說也 爲高辛氏火正淳燿天明地德光四海也。故名祝融。夫黎以下本鄭語顓頊氏八字鄭語所無蓋据他書 後三苗復九黎之德。堯繼重黎之後。不忘舊者。羲伯復治之。故重黎氏世序天地。別其分主。以歷三代而封於程。其在周世。爲宣王大司馬。詩美王謂尹氏。命程伯休父。其後失守適晉爲司馬。遷自謂其後。三苗至爲司馬本楚語按楚語云其在周程伯休父其後也當宣王時失其官守而爲司馬氏史記自序本之又云司馬氏世典周史惠襄之間司馬氏去周適晉此云適晉爲司馬蓋誤詩常武詩 祝融之孫。分爲八姓。己禿彭妘曹斯芊。鄭語禿作董妘作禿斯作斟按史記楚世家索隱引世本斟亦作斯董禿詳下 己姓之嗣。飂叔安其裔子曰董父。實甚好龍。能求其嗜欲以飲食之。龍多歸焉。乃學擾龍以事帝舜。賜姓曰董氏。曰豢龍。封諸朡川。朡夷彭姓豕韋。皆能馴龍者也。飂叔安以下本昭廿九年左傳按傳云劉累學擾龍於豢龍氏以事孔甲賜氏曰御龍以更豕韋之後蓋孔甲以豕韋國封累非豕韋本能擾龍而以累代之此文蓋誤會傳意朡傳作鬷 豢龍逢以忠諫。桀殺之。荀子宥坐篇孔子曰以忠者爲必用耶關龍逢不見刑乎韓詩外傳四桀爲酒池可以運舟糟邱足以望十里而牛飲者三千人關龍逢進諫桀囚而殺之按關豢聲相近 凡因祝融之子孫。己姓之班。昆吾籍屠溫董。鄭語云己姓昆吾蘇顧溫董按籍蘇字形相近往往致誤史記惠景間侯者年表江陽侯蘇嘉徐廣曰蘇一作籍晉世家獻侯籍索隱云系本及譙周皆作蘇禿姓朡夷豢龍。則夏滅之。鄭語禿作董朡作鬷彭舊作祖姓彭祖豕韋諸稽。則商滅之。彭姓舊作祖姓據鄭語改妄姓會人。則周滅之。舊脫周字鄭語云禿姓舟人則周滅之按史記楚世家云陸終生子六人四曰會人索隱引系本作鄶人即下妘姓之會也此會人蓋舟人之誤國名紀六引潛夫論曹有妄姓者曹又會之誤妘姓之後。封於鄢會路偪陽。鄭語鄢作鄔會作鄶按韋昭注周語云鄢妘姓之國鄢取仲任為妻。貪冒愛悋。蔑賢簡能。是用亡邦。周語云鄢之亡也由仲任會在河伊之間。其君驕貪嗇儉。滅爵損祿。羣臣卑讓。上下不臨。時人憂之。故作羔裘。閔其痛悼也。匪風。冀君先教也。會仲不悟。重氏伐之。上下不能相使。禁罰不行。遂以見亡。鄭語云濟洛河潁之間子男之國虢鄶為大虢叔恃勢鄶仲恃險是皆有驕侈怠慢之心而加之以貪冒逸周書史記解云昔有鄶君嗇儉滅爵損祿羣臣卑讓上下不臨後口小弱禁罰不行重氏伐之鄶君以亡按重氏滅鄶在高辛十六年見竹書紀年非鄭語及詩所云也此合言之誤後紀八高陽紀亦誤仍之詩檜風釋文檜本又作鄶此說羔裘匪風蓋本之三家詩序路子嬰兒。娶晉成公姊為夫人。酆舒為政而虐之。晉伯宗怒。遂伐滅路。宣十五年左傳路今作潞成公作景公虐作殺又云虐我伯姬虐殺義同宣十八年傳云凡自虐其君曰弒荀罃武子伐滅偪陽。襄十年左傳曹姓封於邾。鄭語云曹姓鄒莒鄒邾聲相近隱元年左傳杜注邾今魯國鄒縣也史記楚世家云陸終生子六人五曰曹姓集解引世本云曹姓者鄒是也邾顏子之支。別為小邾。莊五年左傳疏引杜世族譜云小邾邾俠之後也夷父顏有功於周其子友別封為附庸居郳又引世本注云邾顏別封小子肥於郳為小邾子是友有二名也皆楚滅之。漢書地理志云魯國騶故邾國曹姓二十九世為楚所滅隱元年左傳疏引世族譜云邾文公遷於繹桓公以下春秋後八世而楚滅之續漢書郡國志江夏郡邾縣劉昭注引地道記曰楚滅邾徙其君此城水經注卅五江水篇又東過邾縣南注云楚宣王滅邾徙居於此羋姓之裔熊嚴。成王封之於楚。是謂粥熊。又號粥子。按史記楚世家鬻熊子事文王蚤卒成王封其曾孫熊繹於楚熊嚴則熊繹六世孫也此合熊嚴粥熊為一人誤矣生四人。伯霜。仲雪。叔熊。季紃。鄭語紃嗣為荆子。或封於夔。或封於越。鄭語云羋姓夔越不足命也僖廿六年左傳夔子曰我先王熊摯有疾鬼神弗赦而自竄於夔杜注熊摯楚嫡子有疾不得嗣位故別封爲夔子楚世家正義引宋均樂緯注以熊摯爲熊渠嫡嗣世家又云熊渠立少子執疵爲越章王此文似以封夔越者爲伯霜仲雪諸人夔子不祀祝融、鬻熊，楚伐滅。僖廿六年左傳滅下當脫之字公族有楚季氏下云楚季者王子敖之曾孫元和姓纂引世本云楚若敖生楚季因氏焉列宗氏、鬬強氏氏族略五引世本云若敖生鬬強因氏焉、艮臣氏艮舊作艮据後紀八改、耆氏、門氏後紀八有耆門氏、侯氏、季融氏元和姓纂引世本云楚鬬廉生季融子孫氏焉、仲熊氏後紀八熊作雄注云潛夫論作熊非、子季氏古今姓氏書辨證引世本云楚公族、陽氏昭十七年左傳楚陽匄爲令尹杜注陽匄穆王曾孫令尹子瑕疏引世本穆王生王子揚揚生尹尹生令尹匄按揚蓋陽之誤匄以王父字爲氏、無鉤氏鉤舊作鈎据氏族略三後紀八廣韻十虞無字注改無鉤即薳章字見下、蔿氏左傳亦作薳氏族略三云薳章食邑於薳故以命氏、善氏、陽氏陽氏已見上此誤、昭氏、景氏離騷序云三閭之職掌王族三姓曰昭屈景、嚴氏元和姓纂云楚莊王支孫以謚爲姓避明帝諱改爲嚴氏、嬰齊氏氏族略四云楚穆王之子公子嬰齊之後按公子嬰齊字子重見左傳、來氏氏族略三引風俗通云楚有來英、來織氏、郎氏、申氏見下、訽氏訽後紀八作鉤按廣韻十八諄鉤字注引風俗通云鉤姓楚大夫元鉤之後元和姓纂氏族略四並同、沈氏氏族略二云楚有沈邑楚莊王之子公子貞封於沈鹿故爲沈氏、賀氏、咸氏咸疑箴元和姓纂云箴氏楚大夫箴尹鬬克黃之後子孫以官爲氏按箴尹克黃見宣四年左傳、吉白氏、伍氏宣十二年左傳楚伍參杜注伍奢之祖父、沈纖氏、餘推氏、公建氏公疑是子元和姓纂有子建氏楚平王太子建之後按太子建見昭十九年左傳、子南氏氏族略三云楚莊王之子公子追舒之後爲子南氏按公子追舒字子南見左傳、子庚氏氏族略三云楚公子午字子庚其後以王父字爲氏按襄十二年左傳杜注子庚莊王子午也、子午氏元和姓纂引世本云楚公子午之後、子西氏舊脫子字据後紀八補氏族略三云楚公子申字子西之後按昭廿六年左傳杜注子西平王之長庶、王孫田公氏荀子非十二子篇楊倞注引世本云楚平王孫有田公它成按王孫下疑脫氏字哀十一年左傳云子胥使於齊屬其子於鮑氏爲王孫氏、舒堅氏元和姓纂云潛夫論楚公族有舒堅文叔爲大夫氏族略四同按潛夫論無文叔爲大夫之文當別引他書而傳寫失之、魯陽氏楚語惠王以梁與魯陽文子韋昭注文子平王之孫司馬子期子魯陽公也、黑肱氏氏族略四云楚共王之子公子黑肱之後按公子黑肱字子晳見襄廿七年左傳，

皆芈姓也。楚季者，王子敖之曾孫也。蚠冒生蔿章者，王子無鉤也。蔿章左傳作薳章鉤舊作鈎元和姓纂引云楚蚠冒生薳章爲王子無鉤氏氏族略三同唐書宰相世系表云王子蔿章字無鉤令尹孫叔敖者，蔿章之子也。僖廿七年左傳爲賈杜注孫叔

敖之父宣十一年傳疏引服虔說同高誘注呂氏春秋情欲篇異寶篇知分篇並云賈子其注淮南子氾論訓則云孫叔敖楚大夫蔿賈伯盈子或曰章子也以叔敖爲蔿章子蓋古有此說矣左司馬戌者。莊王之曾孫也。昭十九年左傳沈尹戌杜注莊王曾孫葉公諸梁父也廿七年傳稱左司爲沈尹戌葉公諸梁者。戌之第三弟也。弟當作子元和姓纂引風俗通云楚沈尹戌生諸梁食采於葉因氏焉呂氏春秋愼行論高誘注定五年左傳杜注楚語韋昭注並以諸梁爲戌之子哀十九年傳稱沈諸梁楚大夫申無畏者。又氏文氏。文十年左傳文之無畏宣十四年傳稱申舟初紂有蘇氏以妲己女而亡殷。文有脫誤晉語史蘇曰殷辛伐有蘇有蘇氏以妲己女焉妲己有寵於是乎與膠鬲比而亡殷韋昭注有蘇己姓之國按此即上文昆吾之後籍國也周武王時。有蘇忿生爲司寇而封盬。成十一年左傳其後洛邑有蘇秦。史記云蘇秦者東周雒陽人索隱云蓋蘇忿生之後己姓也高陽氏之世。有才子八人。蒼舒隤敳檮戭大臨尨降庭堅仲容叔達。天下之人。謂之八凱。注見五德志後嗣有皋陶事舜。舜曰。皋陶。蠻夷滑夏。寇賊姦宄。女作士。書堯典滑今作猾錢宮詹云說文無猾字史記酷吏傳滑賊任威漢書亦作猾蓋篆體從水從犬之字偏旁相涉而誤繼培按敍錄作猾夏其子伯翳。能議百姓以佐舜禹。姓當作物鄭語云伯翳能議百物以佐舜擾馴鳥獸。舜賜姓嬴。史記秦本紀云大費佐舜調馴鳥獸鳥獸多馴服是爲柏翳舜賜姓嬴氏柏與伯通後有仲衍。秦紀仲作中鳥體人言。舊作元据紀改趙世家又云人面鳥噣爲夏帝大戊御。夏當作殷秦紀云帝大戊聞而卜之使御吉遂致使御趙世家云降佐殷帝大戊嗣及費仲。生惡來季勝。按秦紀仲衍玄孫中潏生蜚廉蜚廉生惡來季勝費仲乃費氏費昌之後出柏翳子若木中衍則柏翳子大廉玄孫鳥俗氏也武王伐紂。并殺惡來。秦紀季勝之後有造父。以善御事周穆王。穆王遊西海忘歸。於是徐偃作亂。造父御。一日千里。意林作造父主御日行千里以征之。王封造父於趙城。因以爲氏。其後失守。至於趙夙仕晉卿大夫。十一世而爲列侯。五世而爲武靈王。五世亡趙。以上本趙世家漢書地理志云自趙夙後九世稱侯四世敬侯徙邯鄲至曾孫武靈王稱王五世爲秦所滅恭叔氏邯鄲氏文十二年左傳疏云趙穿別爲邯鄲氏趙旃趙勝邯鄲午是其後按定十三年傳晉邯鄲午杜注午別封邯鄲魯語與邯鄲勝擧齊之左韋昭注邯鄲勝晉大夫趙旃之子須子勝也食采邯鄲 訾辱氏、嬰齊氏、樓季氏氏族略四云樓季氏潛夫論晉穆侯庶子樓季之後古今姓氏書辨證引同而毆之云謹按晉趙衰少子嬰齊謂之樓季而穆侯之後無聞豈節信討論未審乎今按節信本書正列樓季於趙宗並未云出穆侯鄧氏不檢原文而妄訾之呂氏春秋當務篇所謂辨若此不如無辨也 盧氏、原氏。僖廿四年左傳云文公妻趙衰生原同屏括樓嬰杜注原屏樓三子食邑按宣十二年傳稱趙同趙括趙嬰齊 皆趙嬴姓也。

惡來後有非子，以善畜。周孝王封之於秦，世地理以爲西陲大夫，幷秦亭是也。舊脫王字亭作高按秦紀云非子好馬及畜善養息之周孝王召使主馬於汧渭之間馬大蕃息分土爲附庸邑之秦地理志云今隴西秦亭秦谷是也紀又云秦仲死於戎有子五人其長者曰莊公周宣王乃召莊公昆弟五人與兵七千人使伐西戎破之於是復予秦仲後及其先大駱地犬邱幷有之爲西垂大夫正義引括地志云秦州上邽縣西南九十里漢隴西郡西縣是也此云非子爲西陲大夫蓋誤世地理三字未詳上下疑有脫文 其後列於諸侯，□世而稱王。按漢書地理志云莊公破西戎有其地子襄公時幽王爲犬戎所敗平王東遷雒邑襄公將兵救周有功賜受邠酆之地列爲諸侯後八世穆公稱伯以河爲竟十餘世孝公用商君制轅田開仟伯東雄諸侯子惠公初稱王得上郡西河孫昭王開巴蜀滅周取九鼎昭王曾孫政幷六國稱皇帝空格程本作五字誤 六世而始皇生於邯鄲，故曰趙政。史記秦始皇紀 及梁、葛、江、黃、徐、莒、蓼、六、英，皆皋陶之後也。並見左傳英傳稱英氏 鍾離、運掩、菟裘、尋梁、修魚、白冥、飛廉、密如、東灌、良時、白巴、公巴、公巴、鄒復、蒲，皆嬴姓也。秦紀論云秦之先爲嬴姓其後分封以國爲姓有徐氏郯氏莒氏終黎氏運奄氏菟裘氏將梁氏黃氏江氏修魚氏白冥氏蜚廉氏秦氏徐廣曰終黎世本作鍾離此文與世本同又以將爲尋冥爲寘蓋誤密如以下譌錯不可讀國名紀二後紀七並本此立說然所見已是誤本復以己意分合不可據也 帝堯之後爲陶唐氏。襄廿四年左傳 後有劉累，能畜龍，孔甲賜姓爲御龍，以更豕韋之後。昭廿九年左傳 至周爲唐杜氏。襄廿四年左傳 周衰，有隰叔子違周難於晉國，生子輿爲李。晉語作理理李古字通 以正於朝，朝無閒晉語作姦官，故氏爲士氏；爲司空，以正於國，國無敗績，故氏司空；食采隨，故氏隨氏。士蔿爲輿即子輿 之孫會，佐文、襄於諸侯，無惡晉語作佐文襄爲諸侯諸侯無二心按昭廿六年左傳云王甚神聖無惡於諸侯 爲卿。

以輔成景。軍無敗政。爲成率居傳。（晉語作爲成師居太傅。韋昭引唐尚書云爲成公軍師。按師當作帥。帥率古通用。僖廿七年左傳疏引晉語作爲元帥）端刑法。（舊重法字衍）集（晉語作緝）訓典。國無姦民。晉國之盜逃奔於秦。於是晉侯爲請冕服於王。王命隨會爲卿。（按宣十六年左傳云以黻冕命士會將中軍且爲太傅於是晉國之盜逃奔於秦即晉語所云居太傅國無姦民也此文兼采左國分爲二事誤矣）是以受范。卒謚武子。武子文。（當作武子子文子。晉語韋昭注文子武子之子燮也）成晉荊之盟。降（晉語作豐。王侍郎云降疑隆）兄弟之國。使無閒隙。是以受郇櫟。（隰叔以下本晉語）由此帝堯之後。有陶唐氏、劉氏、御龍氏、唐杜氏、隰氏、士氏、季氏、（季氏當作士季氏。古今姓氏書辯證云士蒍之後貞子士渥濁生莊子士弱弱生士文伯瑕瑕生景伯彌牟別爲士季氏亦見氏族略五後紀十一）司空氏、隨（舊作趙）氏、范氏、郇氏、櫟氏、彘氏、（彘舊作贏。國名紀四郇櫟下有彘。後紀十一云士魴受彘故氏爲彘。今據改。按成十八年左傳士魴稱彘季。襄十四年傳彘裘杜注士魴子也）冀氏、縠氏、（後紀十一云士蒍生士縠爲縠氏。按士縠見文二年左傳）薔氏、擾氏、（當作擾龍氏。元和姓纂云劉累之後）狸氏、傅氏。（狸舊作猥。按周語丹朱之後狸姓在周爲傅氏）楚（楚下舊有氏字衍）令尹建（屈建）嘗問范武子之德於文子。（趙武也）文子對曰。夫子之家事治。言於晉國。竭情無私。其祝史陳信。不媿其家事。無猜其祝史。不祈建歸。以告康王（當重康王）曰。神人無怨。宜夫子之殷肱。（傳作光輔）五君以爲諸侯主也。（楚令尹以下本昭廿年左傳）故劉氏自唐以下。漢以上。德著於世。莫若范會之最盛也。斯亦有修己以安人之功矣。（論語云修己以安人。漢書高帝紀贊云春秋晉史蔡墨有言陶唐氏既衰其後有劉累學擾龍事孔甲范氏其後也而大夫范宣子亦曰祖自虞以上爲陶唐氏在夏爲御龍氏在商爲豕韋氏在周爲唐杜氏晉主夏盟爲范氏范氏爲晉士師魯文公世奔秦後歸於晉其處者爲劉氏劉向云戰國時劉氏自秦獲於魏秦滅魏遷大梁都於豐故周市說雍齒曰豐故梁徙也是以頌高祖云漢帝本系出自唐帝降及於周在秦作劉涉魏而東遂爲豐公豐公蓋太上皇父按蔡墨事見昭廿九年左傳范宣子事見襄廿四年傳歸晉事見文十三年傳）武王克殷而封帝堯之後於鑄也。（鑄舊作社據五德志篇改社或爲祝之誤注見前篇）帝舜姓虞。又爲姚。居嬀。武王克殷而封嬀滿於陳，是爲胡公。史記陳世家 陳袁氏 袁舊作哀廣韻二十二元袁字注云袁姓本自胡公之後或作爰唐書宰相世系表云陳胡公滿生申公犀侯犀侯生靖伯庚庚生季子惛惛生仲牛甫甫生聖伯順順生伯𢓡父𢓡父生戴伯戴伯生鄭叔鄭叔生仲爾金父金父生莊伯莊伯生諸字伯爰孫宣仲濤塗賜邑陽夏以王父字爲氏按僖四年左傳陳轅濤塗釋文云轅本多作袁 咸氏 咸疑當作鍼古今姓氏書辯證云陳僖公之孫鍼子以所食邑爲氏按鍼子見隱八年左傳襄廿四年傳陳鍼宜咎杜注鍼子八世孫疏云世本文也 晉氏慶氏 襄七年左傳陳有慶虎慶寅世族譜云慶虎桓公之五世孫 夏氏 氏族略一云陳宣公之子少西字子夏其孫徵舒以王父字爲氏按夏徵舒見宣十年左傳昭廿三年傳疏引世本云宣公生子夏夏生御叔御叔生徵舒 宗氏 哀十四年左傳陳有宗豎世族譜云宣公六世孫 來氏儀氏 宣九年左傳陳有儀行父 司徒氏 氏族略四云陳有司徒公子招其後爲司徒氏按招見昭八年左傳杜注哀公弟 司城氏。氏族略四云哀公之子公子勝之後按勝見昭八年左傳世族譜云司城氏公孫貞子哀公孫按公孫貞子見哀十五年左傳孟子所謂司城貞子也 皆嬀姓也。厲公孺子完奔齊，桓公說之，以爲工正。莊廿二年左傳 其子孫大得民心，遂奪君而自立，是謂威王。五世而亡。按史記田完世家陳氏自立始於太公和威王則和之孫也漢書地理志云九世至和而篡齊至孫威王稱王五世爲秦所滅元后傳又云十一世田和有齊國三世稱王 齊人謂陳田矣。句有脫誤田完世家云敬仲之如齊以陳氏爲田氏索隱云陳田二字聲相近 漢高祖徙諸田關中，史記高祖紀在九年 而有第一至第八氏。後漢書第五倫傳云其先齊諸田諸田徙園陵者多故以次第爲氏元和姓纂引風俗通云第八氏亦齊諸田之後田廣弟英爲第八門因氏焉氏族略四云廣孫田登爲第二氏古今姓氏書辯證又云廣孫田癸爲第三氏 丞相田千秋，見下 司直田仁。漢書田叔傳云其先齊田氏也仁叔少子 及杜陽田先，碭田先。漢書儒林傳云漢興田何以齊田徙杜陵號杜田生又云丁寬授同郡碭田王孫此杜陽乃杜陵之誤漢時稱先生或單言先或單言生史記鼂錯傳云學申商刑名於軹張恢先所徐廣曰先即先生漢書錯傳作張恢生又云上招賢良公卿言鄧先顏師古注鄧先猶言鄧先生也史記叔孫通傳諸弟子以制禮皆賜爲郎喜曰叔孫生誠聖人也漢書梅福傳云叔孫先非不忠也叔孫先與稱叔孫生同此言田先猶漢書言田生其稱一也 皆陳後也。武帝賜千秋乘小車入殿，故世謂之車丞相。漢書車千秋傳云本姓田氏其先齊諸田徙長陵千秋年老上優之朝見得乘小車入宮殿中故因號曰車丞相 及莽自謂本田安之後，以王家故更氏云。漢書元后傳云王建爲秦所滅項羽起封建孫安爲濟北王至漢興安失國齊人謂之王家因以爲氏 莽之行詐。論語子曰久矣哉由之行詐也漢書敘傳答賓戲云吕行詐以賈國實以田常之風。敬仲之支。舊作又上文云郲頡子之支別爲小邾今依例改之有皮氏占氏廣韻二十四鹽占字注云占姓陳大夫子占之後後紀十二占氏以下並加子字氏族略三同古今姓氏書辯證引世本云陳桓子生子占書書生子良墊墊子以王父字爲氏按子占昭十九年左傳稱孫書哀十一年傳稱陳書俎氏古今姓氏書辯證引世本云陳烈子生子俎與後爲子俎氏與氏元和姓纂作子輿陳桓子生子石難爲子輿氏按子輿以字爲氏子石當是子輿獻氏元和姓纂子獻氏引世本云陳桓公孫子獻之後按桓公當作桓子子氏子字誤或當爲宋元和姓纂云陳宣公生子楚其後爲子宋氏按宣公當爲宣子即僖子子夷也見下鞅氏元和姓纂云陳僖子生簡子齒爲子鞅氏梧氏元和姓纂作子寤陳僖子生宣子其後爲子寤氏按哀十四年左傳杜注宣子名夷疏引世本作其夷坊氏元和姓纂作子枋陳僖子生穆子安爲子枋氏高氏元和姓纂作子尙引世本云陳僖子生廩邱子尙意茲因氏焉按廩邱蓋所食邑子尙字意茲名哀十四年左傳杜注云廩邱子意茲疏引世本作廩邱子醫茲芒氏元和姓纂子芒氏引世本云陳僖子生子芒盈因氏焉按哀十四年左傳杜注作芒子盈疏引世本同禽氏古今姓氏書辯證云陳僖子生惠子得爲子禽氏按惠子得亦見哀十四年傳杜注及疏引世本帝乙元子微子開。紂之庶兄也。史記宋世家本名啓漢人避諱作開武王封之於宋。注諱五德志今之睢陽是也。漢書地理志云周封微子於宋今之睢陽是也宋孔氏元和姓纂云正考父生孔父嘉子孫以王父字爲氏按孔父見桓元年左傳孔氏詳下祝其氏元和姓纂引風俗通云宋戴公子祝其爲司寇因氏焉見世本韓獻氏韓當作幹古今姓氏書辯證引世本云宋司徒華定後爲幹獻氏氏族略四後紀十並作幹按宋司徒華定見襄廿九年左傳季老男氏後紀十以季老男爲三字姓又別有季老氏老男氏古今姓氏書辯證引世本云宋華氏有華季老其子氏焉成十五年左傳疏引世本云華督生世子家家生秀老秀蓋即季之誤巨辰經氏事父氏皇甫氏唐書宰相世系表云宋戴公白生公子充石字皇父皇父生季子來來生南雍䏼以王父字爲氏廣韻九麌父字注云漢初有皇父鸞自魯徙居茂陵改父爲甫按父甫古通用非改字也皇父充石見文十一年左傳華氏桓元年左傳宋華父督疏引世本云華父督宋戴公之孫好父說之子二年傳云會於稷以成宋亂爲賂故立華氏也杜注督未死而賜族督之妄也按華父爲督字以字爲氏魚氏僖九年左傳云宋襄公即位以公子目夷爲仁使爲左師以聽政於是宋治故魚氏世爲左師按目夷字子魚襄公庶兄而董氏文十一年左傳宋有耏班而或當作耏艾歲氏鳩夷氏鳩氏族略四古今姓氏書辯證後紀十一注並引作鳩中野氏越椒氏後紀十有椒氏越字疑衍元和姓纂氏族略並以越椒爲楚芈姓完氏懷氏不第氏第舊作弟據古今姓氏書辯證氏族略五引改元和姓纂引潛夫論不更氏後紀十注云不更不茀見潛夫論又別有不夷氏云見世本姓纂以爲不夷甫須之後按本書無不更不茀不夷第夷聲相近第誤爲茀夷誤爲更史記魯世家煬公築茅闕門徐廣曰茅一作第一作夷正與此同冀氏牛氏唐書宰相世系表云宋微子之後司寇牛父子孫以王父字爲氏按司寇牛父見文十一年左傳司城氏元和姓纂引世本云宋戴公生東鄉克孫樂喜爲司城氏按襄九年左傳云樂喜爲司城杜注樂喜子罕也禮記檀弓疏引世本云戴公生樂甫術術生石甫願繹繹生夷甫傾傾生東鄉克克生西鄉士曹曹生子罕喜姓纂有脫文冈氏按冈爲网字之俗見廣韻三十六養近氏止氏朝氏敎氏氏族略四敎氏引風俗通云宋左師勃之後按左師勃宋繆公子見隱三年公羊傳敎與勃同右歸氏元和姓纂右歸氏引此書按歸蓋師之譌姓纂有右師氏引世本云宋武公生公子中代爲右師因氏焉氏族略四武公公子中作莊公公子申成十五年左傳疏引世本云莊公生右師戊三伉氏王夫氏王疑是壬春秋襄元年有楚公子壬夫此其比也宜氏徵氏鄭氏昭廿一年左傳宋有鄭翩目夷氏廣韻六脂夷字注云宋公子目夷之後薛上魚氏注鱗氏文七年左傳鱗矔爲司徒疏引世本云桓公生公子鱗鱗生東鄉矔成十五年傳鱗朱爲少司寇杜注鱗矔孫臧氏虺氏沙氏黑氏圍龜氏宋文公子圍龜字子靈見成十五年左傳既氏據氏磚氏己氏成氏哀十三年左傳宋有成讙邊氏昭廿二年左傳宋邊卬爲大司徒杜注卬平公曾孫廣韻一先邊字注邊姓陳留風俗傳云祖於宋平公氏族略三云宋公子城之後城字子邊或言宋平公子御戎字子邊子孫以王父字爲氏戎氏襄十九年左傳齊靈公諸子仲子戎子杜注諸子諸妾姓子者二子皆宋女戎子卽戎氏女也買氏尾氏桓氏急就篇顏師古注云宋桓公孫鱗矔爲宋司徒號曰桓子因爲氏焉唐書宰相世系表云宋桓公之後向魋亦號桓氏按桓魋見哀十三年左傳戴氏急就篇顏師古注云宋戴公生公子文遂稱戴氏按昭八年左傳宋有戴惡向氏成十五年左傳華元使向戌爲左師杜注向戌桓公曾孫疏引世本云桓公生向父盻盻生司城訾守守生小司寇鱣及合左師左師卽向戌也廣韻四十一漾向字注云戌以王父字爲氏司馬氏。哀十四年左傳宋桓魋弟司馬牛史記仲尼弟子傳索隱云以魋爲宋司馬故牛遂以司馬爲氏皆子姓也。閔公子弗父何舊作珂生宋父。宋父生世子。世子生正考父。正考父生孔父嘉。孔父嘉生子木金父。木金父降爲士。故曰滅於宋。昭七年左傳孟僖子曰孔子聖人之後也而滅於宋金父生祁父。祁父生防叔。防叔爲華氏所偪。出奔魯。爲防大夫。故曰防叔。防叔生伯夏。伯夏生舊脫叔梁紇。爲鄹大夫。故曰鄹叔紇。生孔子。閔公以下本世本詩那疏引之閔作湣彼云宋父生正考父文有脫滅王肅撰家語本姓解與此同亦用世本也周靈王之太子晉。幼有成德。聰明博達。風俗通正失篇云周書稱靈王太子晉幼有成德聰明博達今逸周書太子晉解不載此文蓋脫佚也溫恭敦敏。穀雒水鬭。將毀王宮。王舊脫欲壅之。太子晉諫。以爲不順天心。不若修政。以上本周語晉平公使叔譽聘於周。見太子與之言。五稱而三窮。逡巡而退歸。告平公曰。太子晉行年十五而譽弗能與言。君請事之。平公遣師曠見太子晉。太子晉與語。師曠服德。深相結也。乃問曠曰。吾聞太師能知人年之長短。師曠對曰。女色赤白。女聲清汗。逸周書二語互轉風俗通與此同火色不壽。晉曰。然。吾後三年將上賓於帝。女愼無言。殃將及女。其後三年而太子死。以上本逸周書孔子聞之曰。惜夫殺吾君也。世人以其豫自知去期。故傳稱王子喬仙。孔子聞之以下亦見風俗通知字舊脫據風俗通補列仙傳云王子喬者周靈王太子晉也漢書梅福傳云至今傳以爲仙仙之後。其嗣避周難於晉。家於平陽。因舊作田氏王氏。唐書宰相世系表云周靈王太子晉以直諫廢爲庶人其子宗敬爲司徒時人號曰王家因以爲氏其後子孫。世喜養性。神仙之術。梅福傳云福居家嘗以讀書養性爲事魯之公族有蟜氏。禮記檀弓云季武子寢疾蟜固不說齊衰而入見固蓋魯公族后氏禮記檀弓后木鄭注后木魯孝公子惠伯鞏之後疏引世本作孝公生惠伯革其後爲厚氏呂氏春秋察微篇郈昭伯高誘注郈氏魯孝公子惠伯華之後也以字爲氏華革鞏字形相近之譌郈昭伯見昭廿五年左傳漢書古今人表作厚昭伯五行志又作后氏襄十四年左傳厚成叔釋文云厚本或作郈風俗通過譽篇亦作后后厚郈並通衆氏隱元年左傳公子益師衆父之後世族譜云衆父孝公子臧氏隱五年左傳臧僖伯之後疏云僖伯名彄字子臧世本云孝公之子施氏氏族略三云魯惠公之子公子尾字施父其子因以爲氏古今姓氏書辯證云施父生施伯伯孫頃叔生孝叔始以王父字爲氏按施父見桓九年左傳孝叔見成十一年傳杜注魯惠公五世孫孟氏文十五年左傳齊人或爲孟氏謀杜注慶父爲長庶故或稱孟氏仲孫氏左傳桓公子慶父之後古今姓氏書辯證云魯桓公四子次曰慶父慶父生穆伯公孫敖敖生文伯穀惠叔難穀生孟獻子蔑始以仲孫爲氏服氏當是子服氏古今姓氏書辯證云仲孫蔑之子佗別爲子服氏按孟獻子子仲孫它子服見魯語襄廿三年左傳孟椒杜注孟獻子之孫子服惠伯即它子昭三年傳稱子服椒其後有子服回子服何公山氏定五年左傳魯有公山不狃南宮氏元和姓纂云魯孟僖子生閱號南宮敬叔叔生路路生會會生虔爲南宮氏見世本按南宮敬叔見昭七年左傳閱作說叔孫氏莊卅二年左傳成季酖叔牙立叔孫氏僖四年傳公孫茲稱叔孫戴伯杜注叔牙之子叔仲氏禮記檀弓叔仲皮鄭注叔仲皮魯叔孫氏之族疏引世本云桓公生僖叔牙叔牙生武仲休休生惠伯彭彭生皮爲叔仲氏按彭當作彭生文七年左傳稱叔仲惠伯十八年傳云襄仲殺惠伯公冉務人奉其帑以奔蔡既而復叔仲氏子我氏元和姓纂云魯叔孫成子生申爲子我氏氏族略三云申字子我按叔孫成子名不敢見定元年左傳子士氏古今姓氏書辨證引世本云魯叔孫成子生齊季爲子士氏季氏左傳桓公子季友之後亦曰季孫氏公鉏氏襄廿三年左傳季武子子公彌稱公鉏氏定八年傳文鉏極杜注公彌曾孫公巫氏襄廿九年左傳魯有公巫召伯公之氏元和姓纂云季悼子生惠伯鞅鞅生懿伯揣爲公之氏氏族略三云鞅字公之按季平子弟公之見昭廿五年左傳子干氏華氏當是子華氏元和姓纂引世本云季平子支孫爲子華氏子言氏元和姓纂云季平子生昭伯寤之後氏族略三云昭伯字子言按季寤子言見定八年左傳杜注季桓子之弟子駒氏駒舊作騶据後紀十改昭廿五年左傳子家羈公羊傳作子家駒荀子大略篇楊倞注云名羈駒其字子駒氏蓋其後也子雅氏子陽氏元和姓纂云魯公族有子陽者其後以王父字爲氏又有子揚氏引世本云季桓子生穆叔其後爲子揚氏按陽揚古通用疑本一氏東門氏僖廿六年左傳東門襄仲杜注襄仲居東門故以爲氏公析氏史記仲尼弟子傳有公晳哀本書還利篇作公析晳析古通用哀蓋魯公族集解引家語云齊人殆非也公石氏元和姓纂云魯僖公生共叔堅堅生惠叔子叔爲公石氏氏族略三又云悼公子堅字公石之後叔氏春秋襄十四年叔老杜注聲伯子也疏云叔老聲伯子叔肹孫故以叔爲氏禮記檀弓疏引世本云叔肹生聲伯嬰齊齊生叔老子家氏氏族略三云魯莊公之孫公孫歸父字子家其後爲子家氏按公孫歸父子家見宣十年左傳昭五年傳有子家羈榮氏定元年左傳榮駕鵞杜注魯大夫榮成伯也魯語榮成伯韋昭注聲伯之子也名欒世族譜云叔肹曾孫展氏隱八年左傳云無駭卒羽父請謚於族公命以字爲展氏杜注無駭公子展之孫故爲展氏廣韻二十八獮展字注云魯孝公之子子展之後乙氏。僖廿六年左傳公使展喜犒師魯語作乙喜皆魯姬姓也。衞之公族石氏隱四年左傳石碏之後世族譜云石碏靖伯孫世叔氏春秋世叔儀世叔申世叔齊左傳並作太叔桓九年傳疏云古者世之與大字義通也世族譜云太叔儀僖侯八世孫孫氏成十四年左傳疏引世本云孫氏出於衞武公唐書宰相世系表云衞武公和生公子惠孫惠孫生耳爲衞上卿生武仲乙以王父字爲氏甯氏襄廿五年左傳杜注甯氏出自衞武公氏族略三云衞武公生季亹食采於甯因以爲氏子齊氏蓋即齊氏昭元年左傳衞齊惡世族譜云昭伯子齊子無子虧公以其子惡爲之後廿年傳齊豹稱齊子氏杜注惡之子司徒氏禮記檀弓衞司徒敬子鄭注司徒官氏公子許之後元和姓纂云衞文公生公子其許之後爲司徒氏公文氏襄廿五年左傳衞有公文要析龜氏龜字疑衍昭廿年左傳衞有析朱鉏杜注朱鉏成子黑背孫氏族略三有公析氏衞公子黑背字子析之後公叔氏禮記檀弓公叔文子疏引世本云獻公生成子侖田田生文子拔拔生朱爲公叔氏公南氏氏族略三云衞獻公之子楚字公南生子牟爲公南氏按公南楚見昭廿年左傳公上氏廣韻一東公字注云衞大夫有公上王

公孟氏昭廿年左傳衞公孟縶杜注靈公兄定十二年傳衞公孟彄杜注彄孟縶子疏云縶字公孟故卽以公孟爲氏劉炫謂公孟生得賜族將軍氏禮記檀弓疏引世本云靈公生昭子

郢郢生文子木文子生簡子瑕瑕生衞將軍文氏古今姓氏書辯證引世本作郢生文子彌牟爲將軍氏子強氏元和姓纂云昭子郢之後強梁氏元和姓纂引世本云衞將軍文子生愼子

會會生強梁因氏焉卷氏當作卷子氏古今姓氏書辯證卷子氏引世本云衞文公後卷子子州氏焉後紀十衞後有卷子氏會氏雅氏當作會雅氏元和姓纂云衞靈公子郕生寵爲會厗

氏氏族略四厗音雅後紀十衞後有會厗氏孔氏梁氏履繩云哀十一年傳孔文子以孔姞妻太叔疾是孔乃姞姓故禮記祭統正義謂孔悝是異姓大夫潛夫論以爲姬姓誤也趙陽氏舊脫

氏字廣韻十陽陽字注云衞公子趙陽之後以名爲氏按春秋定十四年衞趙陽出奔宋杜注陽趙黶孫疏引世本云黶子兼生昭子舉舉生趙陽兼卽黶也黶見昭九年世族譜以趙爲氏田章氏孤

氏孤疑是狐哀十五年左傳衞孟黶漢書古今人表作狐黶王孫氏定八年左傳衞有王孫賈哀廿六年傳有王孫齊杜注賈之子昭子也史鼂氏鼂當爲鼂氏族略五史晁氏引世本

云衞史晁之後按史晁卽昭七年左傳史朝漢書古今人表作史鼂廣韻四宵鼂字注引風俗通云鼂姓衞大夫史鼂之後鼂鼂字形相近而誤先氏先憲氏古今姓氏書辯證引世本云衞公族

先之孫憲爲先憲氏遂氏。皆衞姬姓也。晉之公族郄氏。廣韻二十陌郤字注云郤姓俗从丞氏族略三云晉大夫郤文子食邑於郤以邑爲氏按郤文子卽

晉語郤叔虎韋昭注郤芮之父郤豹也又班爲呂。按僖十年左傳丕鄭言於秦伯曰呂甥郤稱冀芮實爲不從三人疑皆同族呂甥十五年傳稱瑕呂飴甥又稱陰飴甥陰呂皆邑名班別也郄

芮又從邑氏爲冀。成二年左傳疏引世本云郤豹生冀芮芮生缺按僖十年左傳郤芮亦稱冀芮卅三年傳云臼季使過冀見冀缺耨又云以一命命郤缺爲卿復與之冀杜注還其父故

邑後有呂錡。號駒伯。呂當作郤郤錡號駒伯見成十七年左傳呂錡見成十六年卽宣十二年魏錡世族譜云魏錡魏犨子爲呂氏郄犨食采於苦。

號苦成叔。郄至食采於溫。號曰溫季。並見成十七年左傳各以爲氏。郄氏之班有州氏

昭三年左傳杜注云郤稱晉大夫始受州州氏蓋以邑爲氏者元和姓纂引風俗通云晉州綽其先食采於州因氏焉按州綽見襄十八年左傳祁氏。襄廿一年左傳祁大夫杜注祁奚也食邑於祁因以爲氏氏族

略三云晉獻侯四世孫伯宗以直見殺。其子州犁奔楚。成十五年左傳又舊在楚上以郄宛直而和。故爲

子常所妬。受誅。昭廿七年左傳其子嚭奔吳爲太宰。定四年左傳云楚之殺郤宛也伯氏之族出伯州犂之孫嚭爲吳太宰以謀楚史記楚世家以

嚭爲宛之宗姓伯氏子伍子胥傳集解引徐廣云伯州犂者晉伯宗之子也伯州犂之子曰郤宛郤宛之子曰伯嚭宛亦姓伯又別氏郤蓋卽本此書然此書之意本謂州犂奔楚後其子又遇禍出奔兩言其子文意相貫並未會以嚭爲宛子也唯傳云伯州犂之孫嚭此稱其子殊誤而高誘注呂氏春秋當染篇重言篇韋昭注越語並云嚭州犂之子則古有此說矣 懲祖禰之行。仍正直遇禍也。乃爲諂諛而亡矣。史記吳世家云越王滅吳誅太宰嚭以爲不忠 凡郄氏之班。有冀氏呂氏苦成氏溫氏伯氏。靖侯之孫欒賓。桓二年左傳 及富氏 按莊廿三年左傳云晉桓莊之族偪獻公患之士蔿曰去富子則羣公子可謀已杜注富子一族之富強者此以富爲氏非也 游氏 莊廿四年左傳云晉士蔿又與羣公子謀使殺游氏之二子杜注游氏二子亦桓莊之族 賈氏 晉語云賈佗公族也韋昭注賈佗狐偃之子射姑太師賈季也食邑於賈古今姓氏書辨證云晉唐叔虞少子公明周康王封之於賈爲附庸謂之賈伯曲沃武公取晉幷賈因以其子孫爲大夫 狐氏 晉語云狐氏出自唐叔 羊舌氏 昭三年左傳叔向曰肸之宗十一族惟羊舌氏在而已疏引世族譜云羊舌其所食邑名 季夙氏 昭五年左傳疏云世本叔向兄弟有季夙元和姓纂引此書以季夙氏爲晉靖公孫季夙之後誤 籍氏。及襄公之孫孫黶。昭十五年左傳云孫伯黶司晉之典籍以爲大政故曰籍氏 皆晉姬姓也。晉穆侯生桓叔。桓叔生韓萬。傅晉大夫。史記韓世家索隱云系本及左傳舊說皆謂韓萬是曲沃桓叔之子晉語韋昭注桓叔生子萬受韓以爲大夫是爲韓萬傳疑仕上云趙夙仕晉卿大夫是其證 十世而爲韓武侯。五世爲韓惠王。五世而亡國。武侯韓世家作武子自武子至宣惠王凡八世漢書地理志云韓自武子後七世稱侯六世稱王五世而爲秦所滅 高祖以信爲韓襄王之孼孫信。俗人謂之韓信都。史記韓王信傳集解引徐廣曰一云信都索隱以爲出楚漢春秋 漢遣柴將王孫。以信爲韓王。後徙王代。爲匈奴所攻。自降之。王先生云自字疑衍或信字之誤 漢遣柴將軍孼之斬信於參合。信妻子亡入匈奴中。至景帝。降漢在孝文十四年非景帝時 信子穨當及孫赤傳作嬰 來降。漢封穨當爲弓高侯。赤爲襄城侯。及韓嫣。武帝時爲侍中。貴幸無比。案道侯韓說。前將軍韓曾。舊作會 皆顯於漢。見史記漢書 子孫各隨時帝分陽陵茂陵杜陵 謂隨所事帝徙居其陵 及漢陽金城諸韓。皆其後也。信子孫餘留匈奴中軍氏至此舊錯入後軒氏下宋本蓋已如此故後紀十所載衞鄭公族往往淆亂 者。亦常在權寵爲貴臣。及留侯張良。韓公族。姬姓也。秦始皇滅韓。良弟死不葬。良 疑衍 散家貲千萬。爲韓報讎。擊始皇於博浪沙中。誤椎副車。秦索賊急。良乃變姓爲張。孫侍御云張當作長張良易姓爲長見高士傳繼培按作張是也史記留侯世家索隱云王符皇甫謐並以良爲韓之公族姬姓也秦索賊急乃改姓名而韓先有張去疾及張譴恐非良之先代也是潛夫本作張矣 匿於下邳。遇神人黃石公。遺之兵法。及沛公之起也。良往屬焉。沛公使與韓信略定韓地。立橫陽君城 路史發揮五羅壁識遺並引作成與史合 爲韓王。而拜良爲韓信都。見史記留侯世家按世家項梁使良求韓成立以爲韓王以良爲韓申徒與韓王將千餘人西略韓地韓王信傳云張良以韓司徒降下韓故地得信以爲韓將此云沛公使與韓信略地又以其事在拜司徒前並誤信都漢書功臣表又作申都顏師古曰楚漢春秋作信都 信都者。舊不重信都据路史識遺補 司徒也。俗前 疑閔禮記檀弓馬鬣封之謂也鄭注俗閒名王制東方曰寄南方曰象西方曰狄鞮北方曰譯鄭注皆俗閒之名亦見論衡訂鬼篇 音不正曰信都。或曰申徒。申舊作司元和姓纂引風俗通云申徒本申屠氏隨音改爲申徒 或勝屠。史記酷吏傳周陽由爲河東尉時與其守勝屠公爭權相告言罪索隱引風俗通云勝屠卽申屠也 然其本共一司徒耳。後作傳者。不知信都何因。彊妄生意以爲此乃代王爲信都也。凡桓叔之後。有韓氏言氏 當作韓言氏元和姓纂引世本云晉韓厥生無忌無忌生襄襄生魯爲韓言氏氏族略五魯作子魚按無忌襄並見左傳 嬰氏 當作韓嬰氏元和姓纂云晉韓宣子玄孫韓嬰爲韓嬰氏 禍餘氏 元和姓纂氏族略四並引作禍餘氏按當作禍氏餘氏卽韓禍氏韓餘氏廣韻九魚餘氏注云晉卿韓宣子之後有名餘子者奔於齊號韓餘氏古今姓氏書辯證云韓餘世本韓宣子子餘之後氏焉又云韓禍英賢傳曰韓厥後韓禍韓餘此稱禍氏餘氏亦猶韓言韓嬰之不言韓也宣二年左傳晉有餘子之官韓氏蓋嘗有爲此官者廣韻名餘子名當是爲世本子餘亦餘子之誤氏族略引世本正作餘子說苑修文篇有韓褐子 公族氏 宣二年左傳云晉成公卽位乃宦卿之嫡子而爲之田以爲公族成十八年傳云韓無忌爲公族大夫襄七年傳云晉侯謂韓無忌仁使掌公族大夫十六年傳云韓襄爲公族大夫杜注無忌子公族氏蓋公族大夫之後也 張氏。此皆韓後姬姓也。昔周宣王亦有韓侯。其國也 疑當作地 近燕。故詩云。普彼韓城。燕師所完。韓奕篇今作溥鄭箋燕安也大矣彼韓國之城乃古平安時衆民之所築完。釋文云王肅孫毓並云此燕國其後韓西亦姓韓。爲衛滿所伐。遷居海中。案韓西蓋卽朝鮮朝誤爲韓西卽鮮之轉故尙書大傳以西方爲鮮方史記朝鮮傳云朝鮮王滿者故燕人也自始全燕時嘗略屬眞番朝鮮索隱云按漢書滿姓衛擊破朝鮮王而自王之畢公高與周同姓。封於畢。因爲氏。史記魏世家周公之薨也。高繼職焉。書康王之誥畢公率東方諸侯疏引王肅云畢公代周公爲東伯故率東方諸侯其後子孫失守。爲庶世。魏世家作庶人及畢萬佐晉獻公。十六年使趙夙御戎。畢萬爲右以滅耿滅魏。封萬。以上本魏世家世家云趙夙爲御畢萬爲右以伐霍耿魏滅之以耿封趙夙以魏封畢萬此文有脫誤閔元年左傳云滅耿滅霍滅魏賜趙夙耿賜畢萬魏今之河北縣是也。漢書地理志河東郡河北詩魏國晉獻公滅之以封大夫畢萬魏顆又氏令狐。晉語令狐文子韋昭注魏顆之子魏頡也襄三年左傳疏云世族譜魏顆魏絳俱是魏犨之子顆別爲令狐氏絳爲魏氏唐書宰相世系表云顆以獲秦將杜回功封令狐生文子頡因以爲氏自萬後。九世爲魏文侯。禮記樂記疏引世本云萬生芒芒生季季生武仲州州生莊子絳絳生獻子荼荼生簡子取取生襄子多多生桓子駒駒生文侯文侯孫罃爲魏惠王。五世而亡。漢書地理志云自畢萬後十世稱侯至孫稱王七世爲秦所滅按魏世家自惠王至王假被虜凡七世畢陽之孫豫讓事智伯。智伯國士待之。豫讓亦以見知之恩報智伯。天下紀其義。趙策魏氏史記魏世家云從其國名爲魏氏令狐氏不用氏葉大夫氏伯夏氏魏強氏元和姓纂云魏武子支孫莊子快生強爲魏強氏豫氏皆畢氏。本姬姓也。周厲王之子友封於鄭。史記鄭世家鄭恭叔之後。隱元年左傳公叔段杜注段出奔共故曰共叔猶晉侯在鄂謂之鄂侯疏云賈服以共爲諡此作恭叔誼與賈服同爲公文氏文當作父莊十六年左傳公父定叔杜注共叔段之孫軒氏左傳鄭穆公子喜子罕其後爲罕氏軒與罕通昭元年左傳罕虎公羊傳作軒虎駟氏左傳鄭穆公子騑子駟其後爲駟氏豐氏舊脫氏字左傳鄭穆公子子豐其後爲豐氏世族譜云子豐公子平游氏游舊作將左傳鄭穆公子偃子游其後爲游氏國氏左傳鄭穆公子發子國其後爲國氏然氏左傳鄭穆公子子然其後爲然氏昭四年有然丹孔氏左傳鄭穆公子嘉子孔其後爲孔氏羽氏左傳鄭穆公子子羽其後爲羽氏襄卅年有羽頡世族譜云子羽名揮良氏左傳鄭穆公子去疾子良其後爲良氏大季氏。元和姓纂引世本云鄭穆公生大季子孔志父之後按襄十九年左傳士子孔杜注子良父世族譜志父作公子志以大季爲子良名與世本異十族之祖。穆公之子也。各以字爲姓。及伯有氏，（襄廿九年左傳鄭大夫盟於伯有氏亦見卅年傳伯有卽子良孫良霄字）馬師氏，（昭七年左傳云馬師氏與子皮氏有惡杜注馬師氏公孫鉏之子罕朔也襄三十年馬師頡出奔公孫鉏代之爲馬師與子皮俱同一族）褚師氏。（昭二年左傳鄭公孫黑請以子印爲褚師杜注褚師市官）皆鄭姬姓也。太伯君吳，端垂衣裳，（王先生云垂疑委）以治周禮。仲雍嗣立，斷髮文身，倮以爲飾。（哀七年左傳倮今作臝）武王克殷，分封其後於吳，令大賜北吳。（漢書地理志云太伯卒仲雍立至曾孫周章而武王克殷因而封之又封周章弟中於河北是謂北吳後世謂之虞）季札居延州來，故氏延陵季子。（史記吳世家云季札封於延陵故號曰延陵季子禮記檀弓延陵季子適齊鄭注季子讓國居延陵因號焉春秋傳謂延陵延州來昭廿七年左傳吳子使延州來季子聘於上國杜注季子本封延陵後復封州來故曰延州來按此以延陵卽延州來與鄭說同）闔閭之弟夫概王奔楚，堂谿，因以爲氏。（定五年左傳）此皆姬姓也。鄭大夫有馮簡子。（襄卅一年左傳）後韓有馮亭，爲上黨守，嫁禍於趙，以致長平之變。（史記趙世家）秦有將軍馮劫，與李斯俱誅。（史記秦始皇紀）漢興，（二字舊脫据漢書馮奉世傳補此言馮氏俱本奉世傳）有馮唐，與文帝論將帥。（史記）後有馮奉世，上黨人也，位至將軍，女爲元帝昭儀，因家於京師。（漢書）其孫衍，（當云曾孫）字敬通，篤學重義，諸儒號之曰：德行雍雍，馮敬通。著書數十篇，孝章皇帝愛重其文。（後漢書按傳云子豹字仲文長好儒學鄉里爲之語曰道德彬彬馮仲文而不載敬通之號）晉大夫郇息事獻公。（左傳郇作荀廣韻十八諄荀字注云荀姓本姓郇後去邑爲荀）後世將中軍，故氏中行。（文十三年左傳中行桓子杜注荀林父也僖二十八年始將中行故以爲氏史記趙世家索隱引世本云晉大夫逝敖生桓伯林父）食采於智。（下當云故氏智宣十二年左傳知莊子杜注莊子荀首智與知同趙世家索隱引世本云逝敖生莊子首）智果諫智伯而不見聽，乃別族於太史，爲輔氏。（晉語）晉大夫孫伯黶，實司典籍，故姓籍氏。辛有二子董之，故氏董氏。（昭十五年左傳）詩頌宣王，始有張仲孝友。（六月）至春秋時，宋有張白蔑矣。

白當作匄張匄見昭廿一年左傳史記建元以來王子侯表距陽侯劉白漢表作匄誤與此同蔑字衍與下行滅字相並而誤惟晉張侯成二年左傳卽解張張老。成十八年左傳賓爲大家。張孟談相趙襄子以滅智伯。遂逃功賞。耕於負山。趙策負山作負親之邱後魏有張儀張丑。魏策至漢張姓滋多。常山王張耳。梁人丞相張蒼。陽武人也。並見史記東陽侯張相如。史記文帝紀十四年御史大夫張湯。漢書張湯傳贊云馮商稱張湯之先與留侯同祖而司馬遷不言故闕焉增定律令。以防姦惡。有利於民。又好薦賢達士。故受福祐。疑祐詩信南山桑扈下武並云受天之祜鄭箋祜福也漢書揚雄傳長楊賦云受神人之福祜子安世。漢書附湯傳爲車騎將軍。封富平侯。敦仁儉約。矜遂權當作務遠權漢書稱其欲匿名迹遠權勢按史記貨殖傳微重而矜節徐廣曰矜一作務此務矜相涉之證而好陰德。按漢書張湯傳贊云湯雖酷烈及身蒙咎其推賢揚善固宜有後安世履道滿而不溢賀之陰德亦有助云賀安世兄也陰德謂賀爲掖庭令時視養宣帝有恩此以好陰德屬安世蓋誤是以子孫昌熾。世有賢亂。更封武始。遭王莽亂。享國不絕。按漢書云安世五世孫純嗣侯恭儉自修王莽時不失爵建武中更封富平之別鄉爲武始侯此敍封武始於王莽前誤也家凡四公。世著忠孝行義。湯爲御史大夫安世爲大司馬純爲大司空純子奮亦爲司空見後漢書純傳前有丞相張禹。漢書御史大夫張忠。漢書成帝紀陽朔二年後有太尉張酺。汝南人。太傅張禹。趙國人。並見後漢書前後謂東西京也司邑閭里。司邑謂司隸所部邑無不有張者。河東解邑。有張城。有西張城。漢書曹參傳云別與韓信東攻魏將孫遬東張屬河東水經涑水篇又南過解縣東又西南注於張陽池注云又西南逕張陽城竹書紀年齊師逐鄭太子齒奔張城南鄭者也漢書之所謂東張矣豈晉張之祖所出邪。偃姓舒庸舒鳩舒龍舒共止龍鄢徑參會六院蘖高國。偃姓舒庸舒鳩舒龍舒共舊作優姓舒唐鳩舒龍舒其据後紀七注引改文出世本見文十二年左傳疏後紀止下無龍字按止龍當爲舒鮑左傳疏引世本有舒鮑此下列鮑姓在鄅上可證共世本作龔又別有舒蓼參疑卽蓼之誤巠後紀作謠按當爲繇後漢書郅惲傳有西部督郵繇延章懷注繇姓咎繇之後院後紀作阮當爲皖漢書地理志廬江郡皖縣在舒與龍舒之後國名紀二引地記皖偃姓皋陶後白與自偏旁形近之誤高當爲鬲卽漢志平原郡之鬲國名紀引郡國縣道記云古鬲國偃姓皋陶後漢爲縣亦見國名紀六蘖後紀作桒王侍郎云疑是裴廣韻十五灰裴字注云裴姓伯益之後封於𨛬鄉因以爲氏後徙封解邑乃去邑从衣慶姓樊尹駱。曼姓鄧優。曼舊作鄤桓七年左傳疏引世本云鄧爲曼姓九年傳鄧南鄙鄾人此作優當誤歸姓胡有何。國名紀六云世本胡子國歸姓又云有本一作绪葴姓滑齊。後紀五國名紀一葴譌箴齊作濟掎姓棲疏。掎後紀十四寒浞傳注國名紀六作猗按上云黃帝之子有葴氏掎氏此在葴姓下疑猗卽掎之誤御姓署番陽。嵬姓鐃攘剎。舊作殺据前紀三國名紀六改國名紀剎一作利隗姓赤狄。周語富辰曰狄隗姓也韋昭注隗姓赤狄也姮姓白狄。昭十二年穀梁傳范甯注鮮虞姬姓白狄也疏云世本文此姮字疑姬之誤此皆大吉之姓。孫侍御云大吉疑太古齊有鮑叔世爲卿大夫。見左傳按齊語韋昭注云鮑叔姒姓之後晉有鮑癸。宣十二年左傳漢有鮑宣。累世忠直。漢名臣。宣見漢書宣子永永子昱見後漢書漢名臣上當脫爲字漢酈生爲使者。弟商爲將軍。史記酈食其傳今高陽諸酈爲著姓。昔仲山甫亦姓樊。謚穆仲。見周語按後漢書樊宏傳云其先周仲山甫封於樊因爲氏焉封於南陽。南陽者。在今河內。續漢書郡國志河內郡修武故南陽秦始皇更名有南陽城陽樊攢茅田劉昭注引服虔曰樊仲山之所居故名陽樊後有樊傾子。昭廿二年左傳傾作頃曼姓封於鄧。後因舊作田氏焉。南陽鄧縣上蔡北。有古鄧城。新蔡北有古鄧城。按漢書地理志南陽郡鄧注故國汝南郡上蔡注故蔡國新蔡注蔡平侯自蔡徙此春秋桓二年蔡侯鄭伯會於鄧杜注潁川召陵縣西南有鄧城疏云賈服以鄧爲國言蔡鄭會於鄧之國都釋例以此潁川鄧城爲蔡地以鄧是小國去蔡路遠蔡鄭不宜遠會其都昭十三年左傳蔡公召二子而盟於鄧杜注亦云潁川召陵縣西南有鄧城召陵漢屬汝南杜云潁川据當時言之按漢志及左傳注鄧縣是鄧國其上蔡新蔡之鄧城卽在召陵西南者乃蔡地此合二地爲一蓋誤春秋時。楚文王滅鄧。莊六年左傳至漢有鄧通史記佞幸傳鄧廣。廣下脫漢字鄧廣漢霍光女壻見漢書霍光傳及宣帝紀地節四年後漢新野鄧舊脫禹。以佐命元功。封高密侯。後漢書孫太后□程本作天性慈仁嚴明。約勑諸家莫得權。京師清淨。若無貴戚。勤思憂民。晝夜不怠。是以遭羌兵叛。大水饑匱。舊作饋而能復之。整平豐穰。後漢書和熹鄧皇后紀太后崩後。羣姦相參競加譖潤。論語云浸潤之譖破壞鄧氏。天下痛之。續漢書五行志云安帝不能明察信宮人及阿母聖等讒書殘壞鄧太后家事詳後漢書鄧騭傳魯昭公母家姓歸氏。襄卅一年左傳漢有隗囂季孟。後漢書短郎犬戎氏。

其先本出黃帝。短當爲姬上云姬姓白狄是也山海經大荒北經云黃帝生苗龍苗龍生融吾融吾生弄明弄明生白犬白犬有牝牡是爲犬戎及徐氏蕭氏

索氏長勺氏陶氏繁氏騎氏飢氏樊氏茶氏。皆殷氏舊姓也。定四年左傳騎作錡茶作終葵又有條氏尾勺氏施氏殷氏傳作殷民按續漢書五行志注載杜林疏亦作殷氏漢書高惠高后文功臣表序杜業云湯法三聖殷氏太平漢興。相國蕭何封酇侯。本沛

人。漢書按廣韻三蕭蕭字注引風俗通云宋樂叔以討南宮萬立御說之功受封於蕭例附庸之國漢相國蕭何卽其後氏也今長陵蕭其後也。前將軍蕭

望之。東海杜陵蕭其後也。漢書蕭望之傳云東海蘭陵人徙杜陵廣韻蕭字注云本自宋支子食采於蕭後因爲氏漢侍中蕭彪始居蘭陵彪玄孫望之居杜陵望之孫紹復還蘭陵御史大夫有繁延壽。南郡襄陽人也。郡舊作陵漢書百官公卿表初元三年丞相司直南郡李延壽子惠爲執金吾建昭二年爲衞尉三年爲御史大夫一姓繁按馮奉世後野王傳作李谷丞陳湯蕭望之傳作繁杜陵新豐。繁其後也。周氏邵氏畢氏榮氏單

氏尹氏鐂氏富氏鞏氏萇氏並見左傳鐂舊作鏴按鐂與劉同宣十年天王使王季子來聘傳稱劉康公杜注王季子其後食采於劉襄十五年公羊傳云劉夏者何天子之大夫也劉者何邑也其稱劉何以邑氏也此皆周室之世。公卿家也。周召者。周公召公之庶子。食

一公之采以爲王吏。故世有周公召公不絕也。鄭康成詩譜云文王受命作邑於豐乃分岐邦周召之地爲周公旦召公奭之采地周公封魯死諡曰文公召公封燕死諡曰康公元子世之其次子亦世守采地在王官春秋時周公召公是也詩疏云平王以西都賜秦則春秋時周公召公別於東都受采存本周召之名也非復岐周之地晉書地道記云河東郡垣縣有召亭周則未聞按隱六年左傳周桓公杜注周采地扶風雍縣東北有周城僖廿四年傳召穆公杜注召采地扶風雍縣東南有召亭水經注渭水篇云雍水又東逕召亭南亭故召公之采邑也京相璠曰亭在周城南五十里此西都時周召采邑之可考者也王吏舊作主吏据程本改昭卅年左傳王吏不討周語其貴國之賓至則以班加一等益虔至於王吏則皆官正莅事皆王吏之證尹者。本官名

也。毛詩崧高序鄭箋尹吉甫周之卿士也尹官氏元和姓纂引風俗通云師尹三公官也以官爲姓若宋有太師。師當作宰左傳宋有太宰無太師楚有令尹左

尹矣。並見左傳尹吉甫相宣王者大功績。者疑當作著或有字之誤詩云。尹氏太師。維周之底也。

（節南山底今作氐）單穆公、襄公、頃（舊作頎）公、靖公。世有明德。次聖之才。（王先生云次疑敝之誤）故叔嚮美之。以後必繁昌。（並見周語按穆公爲靖公曾孫此列於襄公上誤也）苦成。（舊作城據元和姓纂氏族略五國名紀五引改左傳魯語晉語並作苦成）城名也。在鹽池東北。（漢書地理志河東郡安邑注鹽池在西南）後人書之或爲枯。（苦枯古通用儀禮士虞禮鉶用芼苦鄭注古文苦爲枯）齊人聞其音。則書之曰庫成。（舊作車一字按氏族略五引風俗通云苦成方言音變爲庫成後紀十有庫成）燉煌見其字。呼之曰車成。（舊作城按廣韻九麻車字注云世本有車成氏十四淸成字注云晉戊己校尉燉煌車成將古成氏之後後紀十有車成吳語越大夫苦成春秋繁露對膠西王問篇作車成亦苦車音近之證）不喜枯苦之字。則更書之曰古成氏。（成舊作城按下云或分爲古氏成氏氏族略五引風俗通云古成苦成之後隨音改焉後紀十有古成廣韻十四淸成字注云漢有廣漢太守古成雲古音枯）其在漢陽者。堂谿。谿谷名也。在汝南西平。（西平當作吳房漢書地理志汝南郡吳房孟康曰本房子國楚靈王遷房於楚吳王闔閭弟夫㮣奔楚楚封於此爲堂谿氏以封吳故曰吳房今吳房城堂谿亭是）再字子啓者。啓開之字也。（文有脫誤漢書景帝紀注荀悅曰諱啓之字曰開閔元年左傳疏云漢景帝諱啓啓開因是而亂）前人書堂谿誤作啓。後人變之。則又作開。古漆雕開。公冶長。（並見論語）前人書雕從易。渻作周。（渻舊作泊按說文云渻少減也）書冶復誤作蠱。（舊作書治漢誤作蠱按蠱冶古字通史記貨殖傳作巧蠱冶徐廣曰一作蠱後漢書馬融傳田開古蠱章懷注蠱音冶晏子春秋曰公孫捷田開疆古冶子專景公以勇蠱與冶通）後人又傳（與轉同）作古。或復分爲古氏、成氏、堂（舊作常）氏、開氏、公氏、冶氏、漆氏、（漆舊作梁按廣韻五質漆俗作柒柒梁形近之誤）周氏。此數氏者。皆本同末異。凡姓之離合變分。固多此類。可以一㒭。難勝載也。易曰。君子以類族辯物。（同人象詞辯敍錄作變本書辯多爲變此蓋後人據王易改之）多識前言往行以蓄其德。（見讚學篇彼文識作志蓄作畜）學以聚之。問以辯之。（乾文言）故略觀世記。采經書。（漢書元帝紀初元二年詔云道以經書）依國土及有明文。以贊賢聖之後。（漢書敍傳云總百氏贊篇章顏師古注贊明也）班（別也）族類之祖。言氏姓之出。序此假意二一篇。以貽後賢今之焉也。按今之焉三字有誤今或是合此二語與前略紀顯者以待士合捲損意指相同淮南子修務訓云通士者不必孔墨之類曉然意有所通於物故作書以喻意以爲知者也假意蓋卽喻意之義

敍錄第三十六

夫生於當世。貴能成大功。太上有立德。其下有立言。襄廿四年左傳闒茸而不才。史記賈誼傳云闒茸尊顯索隱引胡廣云闒茸不才之人先疑无器能當官。文十年左傳云當官而行未嘗服斯役。新書官人篇云王者官人有六等六曰廝役斯廝古今字哀二年左傳人臣隸圉免杜注去廝役釋文廝字又作斯引韋昭注漢書云析薪曰廝按詩墓門有棘斧以斯之毛傳斯析也說文無廝字依義當作斯宣十二年公羊傳廝役扈養新序雜事四亦作斯役漢書食貨志云服役者不下二人顏師古注服事也無所效其勛。中心時有感。援筆紀數文。初學記廿一引尙書中候云元龜負圖出周公援筆以時文寫之字以綴愚情。財令不忽忘。財與纔同說文云忽忘也忘不識也二字連文漢書翟方進傳陳慶云前我爲尙書時嘗有所奏事忽忘之留月餘芻蕘雖微陋。先聖亦咨詢。詩板云先民有言詢于芻蕘按漢書藝文志論小說家云閭里小知者之所及亦使綴而不忘如或一言可采此亦芻蕘狂夫之議也此文本於彼草創論語云裨諶草創之敍先賢三十六篇。先賢二字疑誤以繼前訓。周語云咨之前訓左丘明五經。白虎通五經篇云五經何謂易尙書詩禮春秋也左傳序疏沈氏云嚴氏春秋引觀周篇云孔子將修春秋與左丘明乘如周觀書於周史歸而修春秋之經丘明爲之傳共爲表裏漢書藝文志注左丘明魯太史按草創下數語疑有脫誤

先聖遺業。莫大教訓。博學多識。疑則思問。論語凡經書已注本篇者此不重出智明所成。德義所建。夫子好學。誨人不倦。論語故敍讚學第一。

凡士之學。貴本賤末。大人不華。君子務實。文五年左傳云華而不實怨之所聚也禮雖媒紹。儀禮聘禮云士爲紹擯必載於贄。孟子云出疆必載質贄與質同白虎通文質篇云贄者質也質己之誠致己之悃愊也時俗趨末。懼毁術。句脫一字程本作行術故敍務本第二。

人皆智德。苦爲利昏。史記平原君傳論云鄙語曰利令智昏說苑貴德篇云凡人之性莫不欲善其德然而不能爲善德者利敗之也行汙求榮。漢書楚元王傳劉向封事云行汙而寄治身私而託公戴盆望天。漢書司馬遷傳答任安書云僕以爲戴盆何以望天後漢書第五倫傳云戴盆望天事不兩施爲仁不富。爲富不仁。孟子將修德行。必愼其原。故敘遏利第三。

世不識論。以士卒化。字譌王侍郎云卒化當作族位論榮篇云今觀俗士之論也以族擧德以位命賢下文又以族位對文是其證弗問志行。官爵是紀。不義富貴。仲尼所恥。論語傷俗陵遲。荀子宥坐篇云世之陵遲亦久矣漢書于定國傳云俗化陵夷顏師古注言頹替也陵夷與陵遲同說文作夌遟逡遠聖述。述字譌故敘論榮第四。

惟賢所苦。方言云惟凡思也察妒所患。皆嫉過己。以爲深怨。蘇秦云我有深怨積怒於齊而欲報之或因類釁。舊作類疊淮南子氾論訓云夏后氏之璜不能無考明月之珠不能無纇高誘注考瑕釁也纇磐若絲之結纇也或空造端。漢書楚元王後劉向傳元帝詔云俗人乃造端作基非議詆欺痛君不察。而信讒言。詩沔水云讒言其興毛傳疾王不能察讒也青蠅云無信讒言故敘賢難第五。

原明所起。述暗所生。距諫所敗。史記殷本紀云知足以拒諫距與拒遲禍亂所成。當塗之人。咸舊作成欲專君。治要載申子大體篇云一臣專君羣臣皆蔽晏子春秋諫下云臣專其君謂之不忠壅蔽賢士。以擅主權。管子明法解云臣有擅主者則主令不得行而下情不上通故敘明暗第六。

上覽先王所以致太平。太字衍本篇致平凡四見法言寡是篇云因秦之法淸而行之亦可以致平乎漢書王莽傳輔翼於帝期於致平顏師古注致太平後漢紀明帝紀宋均曰治皆致平後漢書崔駰後實傳政論云以嚴致平非以寬致平也馬融傳廣成頌云致平於仁義之淵中論審大臣篇云其術誠合乎致平之道又云治國致平之術皆其證考績黜陟。著在五經。罰賞之實。不以虛名。明豫德音。豫疑當作務昭四年左傳云先王務修德音爲問揚庭。易夬揚于王庭故敘考績第七。

人君選士。咸求賢能。羣舊作君司貢薦。競進下材。史記儒林傳云：即有秀才異等，輒以名聞。其不事學若下材及不能通一藝，輒罷之。漢書王嘉傳云：下材懷危內顧。憎是掊克。詩蕩。憎今作曾。何官能治。買藥得鴈。廣韻三十諫：贋，僞物。鴈、贋古今字。韓非子說林下云：齊伐魯，索讒鼎，魯以其鴈往。齊人曰：鴈也。魯人曰：眞也。難以爲醫。故敘思賢第八。

原本天人。參連相因。春秋繁露王道通三篇云：古之造文者，三畫而連其中，謂之王。三畫者，天地與人也；而連其中者，通其道也。取天地與人之中以爲貫而參通之，非王者孰能當。致和平機。毛詩芣苢序云：和平則婦人樂有子矣。鄭箋：天下和，政教平也。史記秦始皇紀瑯邪臺刻石辭云：天下和平。述當作術。在於君。奉法選賢。國自我身。淮南子泰族訓云：身者國之本也。姦門竊位。注見賢難篇。將誰督察。失韻。故敘本政第九。

覽觀古今。爰暨書傳。漢書成帝紀贊云：博覽古今。異姓諸侯王表序云：書傳所記，未嘗有焉。律歷志云：稽之於古今，考之於經傳。君皆欲治。臣恆樂亂。忠佞溷殽。漢書董仲舒傳云：賢不肖渾殽。顏師古注：渾殽，雜也。渾殽與溷殽同。五行志又作溷肴。各以類進。常苦不明。而信姦論。漢書京房傳云：房嘗宴見，問上曰：幽厲之君何以危？所任者何人也？上曰：君不明而所任者巧佞。故敘潛歎第十。

夫位以德興。德貴忠立。社稷所賴。安危是繫。非夫讜直貞亮。仁慈惠和。文十八年左傳云：宣慈惠和。事君如天。宣四年左傳云：君天也。視民如子。注見救邊篇。則莫保爵位而全令名。故敘忠貴第十一。

先王理財。禁民爲非。易繫辭下傳。洪範憂民。漢書食貨志云：洪範八政，一曰食，二曰貨。二者生民之本。詩刺末資。詩板云：喪亂蔑資。毛傳：蔑，無；資，財也。鄭箋云：其遭喪禍，又素以賦斂空虛，無財貨以共其事，窮困如此。說苑政理篇又云：相亂蔑資，曾莫惠我師。此傷奢侈不節以爲亂者也。末資即蔑資，蔑、末古通用。漢書韋玄成傳云：於蔑小子。即書顧命「眇眇予末小子」也。浮僞者衆。本農必衰。節以制度。如何弗議。故敘浮侈第十二。

積微傷行。懷安敗名。僖廿三年左傳云：懷與安，實敗名。明莫恣欲。明莫猶言晨昏。或明爲朝之壞。而無悛容。襄八年左傳云：亦無悛容。

足以愎諫。僖十五年左傳云愎諫違卜聞善不從。微安召辱。終必有凶。故敘愼微第十三。

明主思良。勞精賢知。漢書匡衡傳云卑體勞心以求賢爲務韓非子難二桓公曰吾聞君人者勞於索人佚於使人勞精注見愼微篇百寮阿黨。禮記月令云是察阿黨不覈眞僞。苟崇虛譽。舊作舉盧學士改以相誑曜。居官任職。史記汲黯傳莊助曰使黯任職居官無以踰人則無功效。漢書朱博傳云分職授政以考功效翟方進傳云陳咸內自知行辟亡功效故敘實貢第十四。

聖人養賢。以及萬民。先王之制。皆足代耕。增爵損祿。必程以傾。逸周書史記解云昔有畢程氏損祿增爵羣臣貌匱比而戾民畢程氏以亡畢必古字通先益吏俸。乃可致平。故敘班祿第十五。

君憂臣勞。越語范蠡曰爲人臣者君憂臣勞古今通義。漢書董仲舒傳云天地之常經古今之通義上思致平。下宜竭惠。惠疑慮之誤考績篇云羣臣所當盡情竭慮稱君詔也貞良信士。咸痛數赦。姦宄繁興。但以赦故。乃敘述赦第十六。前後文俱云故敘此作乃變文使與上相避

先王御世。兼秉威德。賞有建侯。罰有刑渥。賞重禁嚴。二字舊倒臣乃敬職。將修太平。必循此法。循舊作媚按考績篇云世主不循考功而思太平今據改故敘三式第十七。

民爲國基。穀爲民命。管子山權數篇云穀者民之司命也初學記廿七引范子計然云五穀者萬民之命國之重寶日力不暇。穀何由盛。公卿師尹。卒勞百姓。詩節南山輕奪民時。誠可憤諍。故敘愛日第十八。

觀吏所治。鬬訟居多。原禍所起。詐欺所爲。將絕其末。必塞其原。民無欺詒。世乃平安。論衡宣漢篇云聖主治世期於平安故敘斷訟第十九。

五帝三王。優劣有情。白虎通號篇云德合天地者稱帝仁義合者稱王別優劣也後漢書曹褒傳肅宗元和二年詔云三五步驟優劣殊軌章懷注引孝經鉤命決云三皇步五帝

驟三王馳 雖欲超皇。當先致平。白虎通云號之爲皇者煌煌人莫違也煩一夫擾一士以勞天下不爲皇也不擾匹夫匹婦故爲皇 必世後仁。論語仲尼之經。遭衰姦牧。得不用刑。故敘衰制第二十。

聖王憂勤。毛詩魚麗序云始於憂勤終於逸樂漢書司馬相如傳云王者固未有不始於憂勤而終於佚樂者也 選練將帥。史記趙世家云選練舉賢任官使能 授以鈇鉞。淮南子兵略訓云凡國有難君自宮召將詔之將軍受命卜吉日以受鼓旗君入廟門趨至堂下北面而立主親操鉞持頭授將軍其柄曰從此上至天者將軍制之復操斧持頭授將軍其柄曰從此下至淵者將軍制之鈇與斧同 假以權貴。誠多蔽暗。不識變勢。賞罰不明。安得不敗。故敘勸將第二十一。

蠻夷猾夏。志氏姓篇猾作滑 古今所患。堯舜憂民。孟子云聖人之憂民如此 皋陶御叛。御舊作衛按御與禦同 宣王中興。毛詩序云烝民尹吉甫美宣王也任賢使能周室中興焉 南仲征邊。詩常武 今民日死。如何弗蕃。詩崧高云四國于蕃鄭箋四國有難則往扞禦之爲之蕃屏哀十六年左傳子西曰吾聞勝也信而勇不爲不利舍諸邊竟使衛藩焉杜注使爲藩屏之衛蕃與藩通 故敘救邊第二十二。

凡民之情。與君殊戾。不能遠慮。論語云人無遠慮 各取一制。各舊作脊按本篇云各取一閧今据改 苟挾私議。管子法法篇云明君在上位民毋敢立私議自貴者 以爲國計。宜尋其言。以詰所謂。漢書賈誼傳云聽言之道必以其事觀之則言者莫敢妄言 故敘邊議第二十三。

邊既遠門。王先生云門疑關繼培按作闕是也本篇云小民謹劣不能自達闕廷後漢書南蠻板楯蠻夷傳云雖陳冤州郡而牧守不爲通理闕庭悠遠不能自聞亦一證 太守擅權。臺閣不察。後漢書仲長統傳昌言法誡篇云光武皇帝矯枉過直政不任下雖置三公事歸臺閣章懷注臺閣謂尚書也 信其姦言。令壞舊作今懷郡縣。敺民內遷。今又丘荒。慮必生心。王先生云必疑戎之誤莊廿八年左傳云戎之生心 故敘實邊第二十四。

天生神物。聖人則之。易繫辭下傳 蓍龜卜筮。以定嫌疑。禮記曲禮云卜筮者先聖王之所以使民決嫌疑定猶與也 俗工淺源莫盡其才。自大非賢。句有誤字何足信哉。故敘卜列第二十五。

易有史巫。巽九二詩有工祝。楚茨聖人先成民後致力。桓六年左傳云聖王先成民而後致力於神兆黎勸樂。王侍郎云孟子而民歡樂之音義歡樂本亦作勸樂臧氏玉琳經義雜記引左氏昭九年注疏謂晉唐時本皆作勸樂又引中庸子庶民則百姓勸及漢書王莽傳注以證歡爲勸之誤今按靈臺篇不日成之鄭箋云言說文王之德勸其事忘己勞也緜篇鼛鼓弗勝毛傳云言勸事樂功也孔疏云是其勸樂之甚也勸事樂功卽解勸樂之義神乃授福。桓六年左傳云民和而神降之福孔子不祈。以明在德。卽本篇子路請禱事也禮記禮器云君子曰祭祀不祈鄭注祈求也祭祀不爲求福也詩云自求多福福由己耳在孔子曰我戰則克祭則受福之後古本或有君子作孔子者故敘巫列第二十六。

五行八卦。陰陽所生。稟氣薄厚。以著其形。論衡無形篇云人稟氣於天氣成而形立天題厥象。詩麟之趾疏引中候握河記云帝軒題象麒麟在圃後漢書曹褒傳章懷注引帝命驗曰順堯考德題期立象宋均注云題五德之期立將起之象題象蓋用彼文人實奉成。白虎通三正篇云王者當奉順而成之弗修其行。福祿不臻。故敘相列第二十七。

詩稱吉夢。斯干書傳亦多。觀察行事。占驗不虛。福從善來。禍由德痡。爾雅釋詁云痡病也吉凶之應。與行相須。說苑敬慎篇老子曰人爲善者天報以福人爲不善者天報以禍新書大政上篇云行之善也粹以爲福己矣行之惡也粹以爲菑己矣故受天之福者天不功焉被天之菑則亦無怨天矣行自爲取之也故敘夢列第二十八。

論難橫發。令道不通。後進疑惑。不知所從。論語云後進於禮樂何晏注先進後進謂士先後輩也漢書游俠陳遵傳云爲後進冠馮奉世傳杜欽疏云臣聞功同賞異則勞臣疑罪鈞刑殊則百姓惑疑生亡常惑生不知所從亡常則節趨不立不知所從則百姓亡所錯手足自昔庚子。而有責舊作貴云。予豈好辯。孟子將以明真。故敘釋難第二十九。

朋友之際。義存六紀。白虎通三綱六紀篇云六紀者謂諸父兄弟族人諸舅師長朋友也攝以威儀。詩既醉講習王道。易兌象曰君子以朋友講習漢書揚雄傳長楊賦云士有不談王道者則樵夫笑之又法言吾子篇序云降周迄孔成於王道顏師古注言自周公以降至於孔子設教垂法皆帝王之道或云王當爲至 嗇其久要。貴賤不改。今民遷久。論語云民散久矣遷散同義周語云猶有散遷懈慢而著在刑辟流在裔土 莫之能奉。當作矣與上韻協 故敘交際第三十。

君有美稱。臣有令名。二人同心。所願乃成。寶權神術。勿示下情。勿舊作勾按韓非子二柄篇云人主不掩其情不匿其端而使人臣有緣以侵其主難三云術者藏之於胸中以偶衆端而潛御羣臣者也主道篇云君無見其所欲君見其所欲臣將自雕琢君無見其意君見其意臣將自表異皆勿示下情之義 治勢一定。終莫能傾。故敘明忠第三十一。

人天情通。氣感相和。善惡相徵。異端變化。淮南子泰族訓云聖人者懷天心聲然能動化天下者也故精誠感於內形氣動於天則景星見黃龍下祥風至醴泉出嘉穀生河不滿溢海不溶波逆天暴物則日月薄蝕五星失行四時干乖晝冥宵光山崩川涸冬雷夏霜天之與人有以相通也 聖人運之。若御舟車。作民精神。莫能不疑含嘉。故敘本訓第三十二。

明王統治。莫大身化。管子權修篇云身者治之本也君臣上篇云身立而民化淮南子主術訓云人主之立法先自爲檢式儀表故令行於天下孔子曰其身正不令而行其身不正雖令不從故禁勝於身則令行於民矣道應訓詹何曰臣未嘗聞身治而國亂者也未嘗聞身亂而國治者也 道德爲本。仁義爲佐。淮南子覽冥訓云持以道德輔以仁義說苑說叢篇云萬物得其本者生百事得其道者成道之所在天下歸之德之所在天下貴之仁之所在天下愛之義之所在天下畏之 思心順政。責民務廣。四海治焉。何有消長。故敘德化第三十三。

上觀大古。五行之運。咨之詩書。考之前訓。周語云必問於遺訓而咨於故實後漢書胡廣傳云必議之於前訓咨之於故老 氣終度盡。後代復進。雖未必正。可依傳問。問當作聞哀十四年公羊傳云所傳聞異辭白虎通禮樂篇云聖人之道猶有文質所以擬其說述所聞者亦各傳其所受而已 故敘五德志第三十四。

君子多識前言往行，類族變物，古有斯姓，博見同□□□□□□□□□□□□故敍志氏姓第三十五。

申　　鑒

荀　悅著

序

申鑒五卷。漢荀悅著。悅仕獻帝朝。辟曹操府。與孔融及弟彧同侍講禁中。悅每有獻替而意有未盡。此申鑒所爲作者。蓋有志於經世也。然當時政體。顧有大於總攬機務。使權不下移者乎。而曾無一言及之。何哉。厥後融以論建漸廣。彧以不阿九錫。皆不得其死。悅獨優游以壽終。其亦善處濁世者矣。其論政體。無賈誼之經制而近於醇。無劉向之憤激而長於諷。其雜言等篇。頗似揚雄法言。雄曲意美新。而悅無一言及於操。視雄爲優矣。或言悅書似徐幹王符。考其歸。茲若人之儔乎。吾未知所先後也。而三品之說。昌黎公有取焉。其書世亦罕傳。吾蘇黃勉之好著異書。又爲之訓釋。搜討磔裂。出入五經三史。春秋內外傳。老。莊。淮南。素。難。天官地志。博洽精密。多得悅旨。雖然。悅之書。其有所感而爲乎。勉之之注。豈亦有感而爲乎。勉之春秋方富。行將抒其學。出而效用。當炳焉赫焉。流聲實於天朝。尚何悅之慕哉。正德十四年歲在己卯冬十月既望吳郡王鏊撰。

目錄

政體第一……一
時事第二……八
俗嫌第三……一五
雜言上第四……一九
雜言下第五……二三

申鑒

漢潁川荀悅著
南豐吳道傳校

政體第一

夫道之本。仁義而已矣。五典以經之。羣籍以緯之。詠之歌之。弦之舞之。前鑒既明。後復申之。故古之聖王。其於仁義也。申重而已。篤序無彊。謂之申鑒。聖漢統天。惟宗時亮。其功格宇宙。粵有虎臣亂政。(虎臣漢與輔弼之臣亂治也)時亦惟荒圮湮。(治荒日荒)茲洪軌儀。鑒於三代之典。王允迪厥德。(迪蹈也)功業有尙。天道在爾。惟帝茂止。陟降膺止。萬國康止。允出茲。斯行遠矣。立天之道。曰陰與陽。立地之道。曰柔與剛。立人之道。曰仁與義。陰陽以統其精氣。剛柔以品其羣形。仁義以經其事業。是爲道也。故凡政之大經。法教而已矣。教者。陽之化也。法者。陰之符也。仁也者。慈此者也。義也者。宜此者也。禮也者。履此者也。信也者。守此者也。智也者。知此者也。是故好惡以章之。喜怒以涖之。哀樂以恤之。若乃二端不愆。(二端者教與法也)五德不離。(五德者仁義禮智信也)六節不悖。(六節者好惡喜怒哀樂也)則三才允序。五事交備。百工惟釐。庶績咸熙。天作道。皇作極。臣作輔。民作基。惟先喆王之政。一曰承天。二曰正身。三曰任賢。四曰恤民。五曰明制。六曰立業。承天惟允。正身惟常。任賢惟固。恤民惟勤。明制惟典。立業惟敦。是謂政體也。致治之術。先屏四患。乃崇五政。一曰僞。二曰私。三曰放。四曰奢。僞亂俗。私壞法。放越軌。奢敗制。四者不除。則政末由行矣。俗亂則道荒。雖天地不得保其性矣。法壞則世傾。雖人主不得守其度矣。軌越則禮亡。雖聖人不得全其道矣。制敗則欲肆。雖四表不能充其求矣。是謂四患。興農桑以養其生。審好惡以正其俗。宣文教以章其化。立武備以秉其威。明賞罰以統其法。是謂五政。民不畏死。不可懼以罪。民不樂生。不可觀（據漢書作勸字）以善。雖使卨布五教。咎繇作士。政不行焉。故在上者。先豐民財以定其志。帝耕籍田。后桑蠶宮。國無游民。野無荒業。財不虛用。力不妄加。以周民事。是謂養生。（此政之當崇者一也）君子所以動天地應神明正萬物而成王治者。必本乎眞實而已。故在上者審則儀道以定好惡。善惡要於功罪。毀譽效於準驗。聽言責事。舉名察實。無或詐僞以蕩衆心。故事無不覈。物無不切。善無不顯。惡無不彰。俗無姦怪。民無淫風。百姓上下睹利害之存乎己也。故肅恭其心。愼脩其行。內不忒惑。外無異望。慮其睹去徼倖。無罪過不憂懼。請謁無所聽。財賂無所用。則民志平矣。是謂正俗。（此政之當崇者二也）君子以情用。小人以刑用。榮辱者。賞罰之精華也。故禮教榮辱以加君子。化其情也。桎梏鞭朴以加小人。治其刑也。君子不犯辱。況於刑乎。小人不忌刑。況於辱乎。若夫中人之倫。則刑禮兼焉。教化之廢。推中人而墜於小人之域。教化之行。引中人而納於君子之途。是謂章化。（此政之當崇者三也）小人之情。緩則驕。驕則恣。恣則急。急則怨。怨則畔。危則謀亂。安則思欲。非威彊無以懲之。故在上者必有武備。以戒不虞。以遏寇虐。安居則寄之內政。有事則用之軍旅。是謂秉威。（此政之當崇者四也）賞罰。政之柄也。明賞必罰。審信愼令。賞以勸善。罰以懲惡。人主不妄賞。非徒愛其才也。賞妄行則善不勸矣。不妄罰。非徒愼其刑也。罰妄行則惡不懲矣。賞不勸。謂之止善。（賞及淫人則善無所勸而爲善者止矣）罰不懲。謂之縱惡。（罰及善人則惡無所懲而爲惡者縱矣）在上者能不止下爲善。不縱下爲惡。則治國矣。是謂統法。（此政之當崇者五也）四患既蠲。五政既立。行之以誠。守之以固。簡而不怠。疏而不失。無爲爲之。使自施之。無事事之。使自交之。不肅而治。垂拱揖遜而海內平矣。是謂爲政之方也。惟修六則。以立道經。一曰中。二曰和。三曰正。四曰公。五曰誠。六曰通。以天道作中。以地道作和。以仁德作正。以事物作公。以身極作誠。以變數作通。（易傳曰通其變。又曰變則通）是謂道實。

惟恤十難。以任賢能。一曰不知。二曰不進。三曰不任。四曰不終。五曰以小怨棄大德。六曰以小過黜大功。七曰以小失掩大美。八曰以訐奸傷忠正。九曰以邪說亂正度。十曰以讒嫉廢賢能。是謂十難。十難不除。則賢臣不用。用臣不賢則國非其國也。

惟察九風以定國常。一曰治。二曰衰。三曰弱。四曰乖。五曰亂。六曰荒。七曰叛。八曰危。九曰亡。君臣親而有禮。百僚和而不同。讓而不爭。勤而不怨。無事惟職是司。此治國之風也。禮俗不一。位職不重。小臣讒嫉。庶人作議。此衰國之風也。君好讓。臣好逸。士好遊。民好流。此弱國之風也。君臣爭明。朝廷爭功。士大夫爭名。庶人爭利。此乖國之風也。上多欲。下多端。法不定。政多門。此亂國之風也。以侈爲博。以伉爲高。以濫爲通。遵禮謂之劬。守法謂之固。此荒國之風也。以苛爲察。以利爲公。以割下爲能。以附上爲忠。此叛國之風也。上下相疏。內外相蒙。小臣爭寵。大臣爭權。此危國之風也。上不訪。下不諫。婦言用。私政行。此亡國之風也。故上必察乎國風也。

惟愼庶獄以昭人情。天地之大德曰生。易繫辭文 萬物之大極曰死。洪範六極一曰凶短折 死者不可以生。刑者不可以復。故先王之刑也。官師以成之。棘槐以斷之。周禮朝士掌建邦外朝之法左九棘孤卿大夫位焉羣士在其後右九棘公侯伯子男位焉又王制曰成獄辭史以獄成告于大司寇大司寇聽之棘木之下 情訊以寬之。朝市以共之。矜哀以恤之。刑斯斷。樂不舉。施刑之日則弛懸 愼之至也。刑哉刑哉。其愼矣夫。

惟稽五赦以綏民中。一曰原心。心可矜也 二曰明德。德可釋也 三曰勸功。功可肆也 四曰褒化。化所褒也 五曰權計。權時之宜非常與也 凡先王之攸赦。必是族也。非是族焉。刑茲無赦。族類也天子有四時。朝以聽政。晝以訪問。夕以修令。夜以安身。上有師傅。下有誠臣。大則講業。小則咨詢。不拒直辭。不恥下問。公私不愆。外內不貳。是謂有交。

問明於治者其統近。萬物之本在身。天下之本在家。治亂之本在左右。內正立而四表定矣。

問通於道者其守約。有一言而可常行者。恕也。有一行而可常履者。正也。恕者。仁之術也。正者。義之要也。至哉。此謂道根。萬化存焉爾。是謂不思而得。不爲而成。執之胸心之間。而功覆天下也。

自天子達於庶人。好惡哀樂。其修一也。豐約勞佚。各有其制。上足以備禮。下足以備樂。夫是謂大道。天下國家一體也。君爲元首。臣爲股肱。民爲手足。下有憂民。則上不盡樂。下有飢民。則上不備膳。下有寒民。則上不具服。徒跣而垂旒。非禮也。故足寒傷心。民寒傷國。

問君以至美之道道民。民以至美之物養君。君降其惠。民升其功。此無往不復。相報之義也。故太平備物。非極欲也。物損禮闕。非謙約也。其數云耳。

問人主有公賦無私求。有公用無私費。有公役無私使。有公賜無私惠。有公怒無私怨。私求則下煩而無度。是謂傷清。私費則官耗而無限。是謂傷制。私使則民撓擾而無節。是謂傷義。私惠則下虛望而無準。是謂傷正。（正謂賜予之正）私怨則下疑懼而不安。是謂傷德。

問善治民者。治其性也。或曰。冶金而流。去火則剛。激水而升。舍之則降。惡（平聲）乎治。曰。不去其火則常流。激而不止則常升。故大冶之爐。可使無剛。踊水之機。可使無降。善立教者若茲。則終身治矣。故凡器可使與顏冉同趨。投百金於前。白刃加其身。雖巨跖弗敢掇也。善立法者若茲。則終身不掇矣。故跖可使與伯夷同功。

問民由水也。濟大川者。太上乘舟。其次泅。（泅浮行水上也）泅者勞而危。乘舟者逸而安。虛入水則必溺矣。以知能治民者。泅也。以道德治民者。舟也。縱民之情謂之亂。絕民之情謂之荒。曰。然則如之何。曰。為之限。使弗越也。為之地。亦勿越。故水可使不濫。不可使無流。善禁者。先禁其身而後人。不善禁者。先禁人而後身。善禁之至於不禁。令亦如之。若乃肆情於身。而繩欲於眾。行詐於官。而矜實於民。求己之所有餘。奪下之所不足。捨己之所易。責人之所難。怨之本也。謂理之源斯絕矣。自上御下。猶夫釣者焉。隱於手。（據手下當有而字）應於鉤。則可以得魚。自近御遠。猶夫御馬焉。和於手而調於銜。則可以使馬。故至道之要。不於身非道也。睹孺子之驅雞也。而見御民之方。孺子驅鷄者。急則驚。緩則滯。方其北也。遽要之則折而過南。方其南也。遽要之則折而過北。迫則飛。疎則放。志閑則比之。（比近也。俟鷄志閑。然後近之則不驚）流緩而不安則食之。（食之則不滯）不驅之驅。驅之至者也。志安則循路而入門。

太上不空市。其次不偸竊。其次不掠奪。上以功惠綏民。下以財力奉上。是以上下相與。空市則民不與。民不與則爲巧詐而取之。謂之偸竊。偸竊則民備之。備之而不得。則暴迫而取之。謂之掠奪。民必交爭。則禍亂矣。

或曰。聖王以天下爲樂。曰否。聖王以天下爲憂。天下以聖王爲樂。凡主以天下爲樂。天下以凡主爲憂。聖王屈己以申天下之樂。凡主伸己以屈天下之憂。申天下之樂。故樂亦報之。屈天下之憂。故憂亦及之。天下之道也。

治世所貴乎位者三。一曰達道於天下。二曰達惠於民。三曰達德於身。衰世所貴乎位者三。一曰以貴高人。二曰以富奉身。三曰以報肆心。治世之位。眞位也。衰世之位。則生災矣。苟高人則必損之。災也。苟奉身則必遺之。災也。苟肆心則必否之。災也。

治世之臣。所貴乎順者三。一曰心順。二曰職順。三曰道順。治世之順。眞順也。衰世之順。生逆也。體苟順則逆節。亂苟順則逆忠。事苟順則逆道。高下失序則位輕。班級不固則位輕。（漢爵有二十級）祿薄卑寵則位輕。官職屢改則位輕。

遷轉煩瀆則位輕。黜陟不明則位輕。待臣不以禮則位輕。夫位輕而政重者。未之有也。聖人之大寶曰位。輕則喪吾寶也。

好惡之不行。其俗尙矣。嘉守節而輕狹陋。疾威福而尊權右。賤求欲而崇克濟。貴求己而榮華譽。萬物類是已。夫心與言。言與事。參相應也。好惡毀譽賞罰。參相福也。六者有失。則實亂矣。守實者益榮。求己者益達。處幽者益明。然後民知本也。

時事第二

最凡有二十一首。其初二首。尙知貴敦也。其二首有申重可舉者。十有九事。一曰明考試。二曰公卿不拘爲郡。二千石不拘爲縣。三曰置上武之官。四曰議州牧。五曰生刑而死者。但加肉刑。六曰德刑並用。七曰避讎有科。八曰議祿。九曰議專地。十曰議錢貨。十一曰約祀舉重。十二曰天人之應。十三曰月正聽朝。十四曰崇內教。十五曰備博士。十六曰至德要道。十七曰禁數赦令。十八曰正尙主之制。十九曰復內外注記者。

盤庚遷殷。革奢即約。化而裁之。與時消息。衆寡盈虛。不常厥道。尙知貴敦。古今之法也。民寡則用易足。土廣則物易生。事簡則業易定。厭亂則思治。創難則思靜。或曰。三皇民至敦也。其治至淸也。天性乎。曰皇民敦。秦民弊。

時也。山民樸。市民玩。處也。桀紂不易民而亂。湯武不易民而治。政也。皇民寡。寡斯敦。皇治純。純斯清。奚惟性。不求無益之物。不蓄難得之貨。節華麗之飾。退利進之路。則民俗清矣。簡小忌。去淫祀。絕奇怪。則妖僞息矣。致精誠。諸求己。正大事。則神明應矣。放邪說。去淫智。抑百家。崇聖典。則道義定矣。去浮華。舉功實。絕末伎。同本務。則事業修矣。此初二首所謂尚知貴敦也

誰毀誰譽。譽其有試者。萬事之概量也。目茲舉者試其事。處斯職者考其績。賞罰失實。以惡反之。人爲飾哉。語曰。盜跖不能盜田尺寸。寸不可盜。況尺乎。夫事驗。必若土田之張於野也。則爲私者寡矣。四布於野不可隱者喻惡不可掩也 若亂之墜於澳也。則可信者解矣。亂朱子曰舟之截流橫渡者澳匡內近水之舟登於陸不可信者喻善不可僞也 故有事考功。有言考用。動則考行。靜則考守。此一首所謂明考試也

公卿不爲郡。二千石不爲縣。未是也。小能其職。以極登於大。故下位競。大橈其任。以墜於下。故上位愼。其鼎覆刑焉。何憚於降。易鼎九四曰鼎折足覆公餗其形渥凶此言大臣廢壞國事刑之尚可何況降位 若夫千里之任。不能充於郡。而縣邑之功廢。惜矣哉。不以過職絀則勿降。所以優賢也。以過職絀則降。所以懲愆也。此一首所謂公卿不拘爲郡二千石不均爲縣也

孝武皇帝以四夷未賓。寇賊姦宄。初置武功賞官。以寵戰士。若今依此科而崇其制。置尚武之官。以司馬兵法選位秩比博士。講司馬之典。簡蒐狩

之事。掌軍功爵賞。小統於五校。大統於太尉。既周時務。禮亦宜之。周之末葉。兵革繁矣。莫亂於秦。民不荒殄。今國家忘戰日久。每寇難之作。民瘁幾盡。不教民戰。是謂棄之。信矣。此一首所謂置向武之官也

或問曰。州牧刺史監察御史三制孰優。曰。時制而已。曰。天下不既定其牧乎。曰。古諸侯建國家世位權柄存焉。於是置諸侯之賢者以牧。總其紀綱而已。不統其政。不禦其民。今郡縣無常權輕不固。而州牧秉其權重。勢異於古。非所以強幹弱枝也。而無益治民之實。監察御史斯可也。若權時之宜。則異論也。此一首所謂議州牧也

肉刑古也。或曰。復之乎。曰。古者。人民盛焉。今也至寡。整衆以威。撫寡以寬。道也。復刑非務必也。生刑而極死者。復之可也。如斬右趾本生刑也而改爲棄市則極死矣斯則斬右趾之刑復之可也自古肉刑之除也。斬右趾者死也。惟復肉刑。是謂生死而息民。此一首所謂生刑而死者但知肉刑也

問德刑並用。常典也。或先或後。時宜。刑教不行。勢極也。教初必簡。刑始必略。事漸也。教化之隆。莫不興行。然後責備。刑法之定。莫不避罪。然後求密。未可以備。謂之虛教。未可以密。謂之峻刑。虛教傷化。峻刑害民。君子弗由也。設必違之教。不量民力之未能。是招民於惡也。故謂之傷化。設必犯之

法。不度民情之不堪。是陷民於罪也。故謂之害民。莫不與行。則一毫之善。可得而勸也。然後教備。莫不避罪。則纖介之惡。可得而禁也。然後刑密。此一首所謂德刑並用也

或問復讎古義也。曰。縱復讎可乎。曰。不可。曰。然則如之何。曰。有縱有禁。有生有殺。制之以義。斷之以法。是謂義法並立。曰。何謂也。依古復讎之科。使父讎避諸異州千里。兄弟之讎避諸異郡五百里。從父從兄弟之讎。避諸異縣百里。弗避而報者無罪。避而報之殺。犯王禁者罪也。復讎者義也。以義報罪。從王制。順也。犯制。逆也。以逆順生殺之。凡以公命行止者。不爲弗避。此一首所謂避讎有科也

或問祿。曰。古之祿也備。漢之祿也輕。夫祿必稱位。一物不稱。非制也。公祿貶則私利生。言月俸貶損則賄賂行矣 私利祿。則廉者匱而貪者豐也。夫豐貪生私。匱廉貶公。是亂也。先王重之。曰。祿可增乎。曰。民家財愆。增之宜矣。或曰。今祿如何。曰。時匱也。祿依食。食依民。參相澹。必也正貪祿。省閑冗。與時消息。昭惠恤下。損益以度可也。此一首所謂議祿也

諸侯不專封。富人民田踰限。富過公侯。是自封也。大夫不專地。人賣買由己。是專地也。或曰。復井田與。曰。否。專地非古也。井田非今也。然則如之何。

曰。耕而勿有。以俟制度可也。耕而勿有不得賣買由己以俟制度不得踰限也此一首所謂總專地也

或問貨。曰。五銖之制宜矣。曰。今廢。如之何。今謂獻帝時廢者初平元年董卓壞五銖錢更鑄小錢是也 曰。海內既平。行之而已。言卓既誅此制宜復 曰。錢散矣。京畿虛矣。其勢必積於遠方。若果行之。則彼以無用之錢。市吾有用之物。是匱近而豐遠也。曰。事勢有不得。官之所急者穀也。牛馬之禁。不得出百里之外。若其他物。彼以其錢取之左。用之於右。貿遷有無。周而通之。海內一家。何患焉。曰。錢寡矣。曰。錢寡民易矣。若錢既通而不周於用。然後官鑄而補之。或曰。收民之藏錢者。輸之官牧遠輸之京師。然後行之。曰。事枉而難實者。欺慢必衆。奸僞必作。爭訟必繁。刑殺必深。吁嗟。紛擾之聲。章乎天下矣。非所以撫遺民成緝熙也。曰。然則收而積之與。曰。通市其可也。此言收五銖積貯亦不可 或曰。改鑄四銖。曰。難矣。此言改鑄四銖以復孝文之舊亦不可 或曰。遂廢之。曰。錢實便於事用。民樂行之。禁之難。今開難令以絕便事。禁民所樂。不茂矣。曰。起而行之。錢不可。如之何。曰。尚之廢之。弗得已。何憂焉。

言或尚或廢其勢自有所不得已者厥後曹操爲相復用五銖悅之言驗矣此一首所謂總錢貨也

聖王先成民而後致力於神。民事未定。郡祀有闕。不爲尤矣。必也舉其重而祀之。望祀五嶽四瀆。其神之祀。縣有舊常。若今郡祀之。而其祀禮物。從鮮可也。謂禮物宜從省略 禮重本。示民不偷。且昭典物。其備物以豐年。日月之災降

異。非舊也。此一首所謂約祀舉重也

天人之應。所由來漸矣。故履霜堅冰。非一時也。仲尼之禱。非一朝也。且日食行事。或稠或曠。一年二交。非其常也。洪範傳云。六沴作見。若是王都未見之。無聞焉爾。官修其方。而先王之禮。保章視祲。安宅敍降。必書雲物。爲備故也。太史上事無隱焉。勿寢可也。此一首所謂天人之應也

天子南面聽天下。嚮明而治。蓋取諸離。易繫辭 天之道也。月正聽朝。國家之大事也。宜正其儀。以明舊典。此一首所謂月正聽朝也

古有掌陰陽之禮之官。以教後宮。掌婦學之法。婦德婦言按此當有婦容二字 婦功。各率其屬。而以時御序於王。先王禮也。宜崇其教。以先內政。覽列圖誦列傳遵典行。內史執其彤管。記善書過。考行黜陟。以章好惡。男女正位乎內外。正家而天下定矣。故二儀立而大業成。君子之道。匪闕終日。造次必於是。此一首所謂崇內教也

備博士。廣太學。而祀孔子焉。禮也。仲尼作經。本一而已。古今文不同。而皆自謂眞本經。古今先師。義一而已。異家別說不同。而皆自謂古今。此處有誤 仲尼邈而靡質。大聖已逝經無所質 昔先師歿而無聞。先師已喪義無所聞 將誰使折之者。秦之滅學也。書藏於屋壁。義絕於朝野。逮至漢興。收摭散滯。固已無全學矣。文有磨

滅。言有楚夏。出有先後。或學者先意有所借定。無所徵據聽見損益後進相友。彌以滋蔓。故一源十流。天水違行。而訟者紛如也。喻學者所傳背戾互相爭是也孰不俱是。比而論之。必有可參者焉。此一首所謂備博士也

或曰。至德要道約爾。典籍甚富。如而博之以求約也。語有之曰。有鳥將來。張羅待之。得鳥者一目也。今爲一目之羅。無時得鳥矣。鳥喻道羅喻典籍道雖要也。非博無以通矣。博其方。約其說。此一首所謂至德要道也

赦令權也。或曰。有制乎。曰。權無制。制其義。不制其事。異以行權。易繫辭文義制也。權者反經。無事也。問其象。曰。無妄之災。大過。凶其象矣。不得已而行之。禁其屢也。初平至此凡七年而大赦者十可謂數甚故悅以此規之曰。絕之乎。曰權。曰宜弗之絕也。既曰權宜著非常典此一首所謂禁赦令也

尙主之制非古也。釐降二女。陶唐之典。歸妹元吉。帝乙之訓。王姬歸齊。宗周之禮。以陰乘陽違天。以婦凌夫違人。違天不祥。違人不義。悅之叔父荀爽於延熹九年對策陳便宜以漢承秦法設尙主之儀以妻制夫以卑臨尊違乾坤之道失陽倡之義宜改尙主之制今悅復以爲言殆其家門素所商講者乎此一首所謂正尙主之制也

古者天子諸侯有事必告於廟。朝有二史。左史記言。右史記動。動爲春秋。言爲尙書。君舉必記。臧否成敗。無不存焉。下及士庶。等各有異。咸在載籍。或欲顯而不得。或欲隱而名章。得失一朝。而榮辱千載。善人勸焉。淫人懼

焉。故先王重之。以嗣賞罰。以輔法敎。宜於今者。官以其方。各重其盡。則集之於尚書。若史官使掌典其事。不書詭常。爲善惡則書。言行足以爲法式則書。立功事則書。兵戎動衆則書。四夷朝獻則書。皇后貴人太子拜立則書。（光武置貴人爲三夫人）公主大臣拜免則書。福淫禍亂則書。祥瑞災異則書。先帝故事有起居注。（漢時有禁中起居故明德馬皇后自撰顯宗起居注）日用動靜之節必書焉。宜復其式。內史掌之。以紀內事。（此一首所謂復內外注記者也）

俗嫌第三

或問卜筮。曰。德斯益。否斯損。曰。何謂也。吉而濟。凶而救之謂益。吉而恃。凶而怠之謂損。

或問曰。時羣忌。曰。此天地之數也。非吉凶所生也。東方主生。死者不鮮。西方主殺。生者不寡。南方火也。居之不燋。北方水也。蹈之不沈。（漢時俗有方忌如西益宅謂之不祥必有死亡商家門不宜南向徵家門不宜北向之類是也）故甲子昧爽。殷滅周興。咸陽之地。秦亡漢隆。

或問五三之位。周應也。（五三五星三辰元命苞曰殷紂之時五星聚於房房者蒼神之精周據而興）龍虎（龍當作尾）之會。晉祥也。（晉獻公問於卜偃曰攻虢何月也曰童謠有之曰丙之晨龍尾伏辰均服振振取虢之旂）曰。官府設陳。富貴者值之。布衣寓焉。不符其爵也。獄犴若居。有罪者觸之。貞良入焉。不受其罰也。或曰。然則日月可廢歟。曰。否。曰。元辰。先王所用也。人承天地。故動靜順焉。順其陰陽。順其日辰。

順其度數。內有順實。外有順文。文實順。理也。休徵之符。自然應也。故盜泉朝歌。孔墨不由。惡其名者。順其心也。苟無其實。徼福於忌。斯成難也。

或曰。祈請者誠以接神。自然應也。故精以底之。犧牲玉帛以昭祈請。吉朔以通之。禮云禮云。玉帛云乎哉。請云祈云。酒膳云乎哉。非其禮則或愆。非其請則不應。

或問祈請可否。曰。氣物應感則可。性命自然則否。(應感如土龍致用之類)

或問避疾厄。有諸。曰。夫疾厄何爲者也。非身則神。身不可避。神不可逃。可避非身。可逃非神也。持身隨天。萬里不逸。譬諸孺子掩目巨夫之掖而曰逃可乎。

或問人形有相。曰。蓋有之焉。夫神氣形容之相包也。自然矣。貳之於行。參之於時。相成也。亦參相敗也。其數衆矣。其變多矣。亦有上中下品云爾。

或問神僊之術。曰。誕哉。末之也已矣。聖人弗學。非惡生也。終始運也。短長數也。運數非人力之爲也。曰。亦有僊人乎。曰。僬僥桂莽。產乎異俗。就有僊人。亦殊類矣。

或問有數百歲人乎。曰。力稱烏獲。(烏獲秦武王力士) 捷言羌亥。(羌亥疑豎亥之誤) 勇斯賁育。(孟賁齊人能生拔牛角夏育衞人) 聖云仲尼。壽稱彭祖。(彭祖者殷大夫姓籛名鏗) 物有俊傑。不可誣也。

或問凡壽者必有道。非習之功。曰。夫惟壽。則惟能用道。惟能用道。則性壽矣。苟非其性也。修之不至也。學必至聖。可以盡性。壽必用道。所以盡命。

或曰。人有變化而仙者。信乎。曰。未之前聞也。然則異也。異謂怪異非仙也。男化爲女者有矣。死人復生者有矣。獻帝興平六年越嶲男子化爲女子四年武陵女子死十四日復活夫豈人之性哉。氣數不存焉。

或問曰。養有性乎。曰。養性秉中和。守之以生而已。愛親愛德愛力愛神之謂嗇。否則不宜。過則不澹。故君子節宜其氣。勿使有所壅閉滯底。昏亂百度則生疾。故喜怒哀樂思慮必得其中。所以養神也。寒暄盈虛消息必得其中。所以養神也。善治氣者。由禹之治水也。若夫導引蓄氣。歷藏內視。過則失中。可以治疾。皆養性之非聖術也。夫屈者以乎申也。蓄者以乎虛也。內者以乎外也。氣宜宣而遏之。體宜調而矯之。神宜平而抑之。必有失和者矣。夫善養性者無常術。得其和而已矣。隣臍二寸謂之關。黃庭外景經曰上有黃庭下關元後有幽門前命門呼吸廬間入丹田解云關元在臍下三寸元陽之命在其前懸精如鏡明照一身不休是道關者。所以關藏呼吸之氣。以稟授四氣也。故長氣者以關息。氣短者。其息稍升。其脈稍促。其神稍越。至於以肩息而氣舒。其神稍專。至於以關息而氣衍矣。故道者。常致氣於關。是謂要術。凡陽氣生養。陰氣消殺。和喜之徒。其氣陽也。故養性者。崇其陽而絀其陰。陽極則亢。陰結則凝。亢則有悔。凝則有凶。夫物不能爲春天春而生。人則不然。存吾春而已矣。藥者。療也。所以治疾也。無疾。則勿藥可也。肉不勝食氣。况於藥乎。寒斯熱。熱則致滯。陰藥之用也。唯適其宜則不爲害。若已氣平也。則必有傷。唯鍼火亦如之。故養性者。不多服也。唯在乎節之而已矣。

或問仁者壽。何謂也。曰。仁者內不傷性。外不傷物。上不違天。下不違人。處正居中。形神以和。故咎徵不至而休嘉集之。壽之術也。曰。顏冉何。曰。命也。麥不終夏。花不濟春。如和氣何。言麥雖不踰夏而秀花雖不越春而榮其如和氣之保合何　雖云其短。長亦在其中矣。

或問黃白之儔曰。傳毅論之當也。燔埴爲瓦則可。埴黏土也　爍瓦爲銅則不可。以自然驗於不然。詭哉。敵犬羊之肉以造馬牛。不幾矣。不其然歟。世稱緯書。仲尼之作也。臣悅叔父故司空爽辨之。蓋發其僞也。有起於中興之前。終張之徒之作乎。起於哀平　或曰。雜。曰以己雜仲尼乎。以仲尼雜己乎。若彼者。以仲尼雜己而已。然則可謂八十一首。非仲尼之作矣。或曰。燔諸。曰。仲尼之作則否。有取焉則可。曷其燔。在上者不受虛言。不聽浮術。不采華名。不與僞事。言必有用。術必有典。名必有實。事必有功。

雜言上第四

或問曰。君子曷敦夫學。曰。生而知之者寡矣。學而知之者衆矣。悠悠之民。泄泄之士。明明之治。汶汶之亂。皆學廢與之由。敦之不亦宜乎。

君子有三鑒。世人鏡鑒。前惟訓。人惟賢。鏡惟明。此君子之三鑒夏商之衰。不鑒於禹湯也。周秦之弊。不鑒於民下也。側弁垢顏。不鑒於明鏡也。故君子惟鑒之務。若夫側景之鏡亡鑒矣。但知鏡鑒是爲無鑒

或問致治之要君乎。曰。兩立哉。天無獨運君無獨理非天地不生物。非君臣不成治。首之者天地也。統之者君臣也哉。先王之道致訓焉。故亡斯須之間而違道矣。昔有上致聖。由教戒。因輔弼。欽順四鄰。故檢柙之臣。不虛於側。禮度之典。不曠於目。先哲之言。不輟於身。非義之道。不宜於心。是邪僻之氣。末由入也。缺一字有問缺一字必有入之者矣。是故僻志萌則僻事作。僻事作則正塞。正塞。則公正亦末由入也矣。不任不愛謂之公。惟公是從謂之明。齊桓公中材也。末能成功業。由有異焉者矣。妾媵盈宮。非無愛幸也。羣臣盈朝。非無親近也。然外則管仲射己。衞姬色衰。非愛也。任之也。然後知非賢不可任。非智不可從也。夫此之舉宏矣哉。膏肓純白。二豎不生。茲謂心寧。省闥清淨。嬖孽不生。茲謂政平。夫膏肓近心而處阨。鍼之不逮。逮當作達藥之不中。

攻之不可。二豎藏焉。是謂篤患。故治身治國者。唯是之畏。

或曰。愛民如子。仁之至乎。曰。未也。曰。愛民如身。仁之至乎。曰。未也。湯禱桑林。邾遷於繹。景祠於旱。可謂愛民矣。曰。何重民而輕身也。曰。人主承天命以養民者也。民存則社稷存。民亡則社稷亡。故重民者。所以重社稷而承天命也。

或曰。孟軻稱人皆可以爲堯舜。其信矣。曰。人非下愚。則皆可以爲堯舜矣。寫堯舜之貌。同堯舜之姓則否。服堯之制。行堯之道則可矣。行之於前。則古之堯舜也。行之於後。則今之堯舜也。或曰。人皆可以爲桀紂乎。曰。行桀紂之事。是桀紂也。堯舜桀紂之事。常並存於世。唯人所用而已。楊朱哭歧路。所通逼者然也。夫歧路烏足悲哉。中反焉。若夫縣度之厄。素舉足而已矣。西域傳烏秅國西有縣度縣度者石山也谿谷不通以繩索相引而度去險爲桀紂 損益之符。微而顯也。趙獲二城。臨饋而憂。陶朱既富。室妾悲號。此知益爲損之爲益者也。屈伸之數。隱而昭也。有仍之困。復夏之萌也。鼎雉之異。興殷之符也。邵宮之難。隆周之應也。會稽之棲。霸越之基也。子之之亂。強燕之徵也。此知伸爲屈之爲伸者也。

人主之患。常立於二難之間。在上而國家不治。難也。治國家則必勤身。苦思。矯情。以從道。難也。有難之難。闇主取之。無難之難。明主居之。大臣之患。

常立於二罪之間。在職而不盡忠直之道。罪也。盡忠直之道。則必矯上拂下。罪也。有罪之罪。（謂不盡忠直之道）邪臣由之。無罪之罪。（謂盡道而矯上拂下）忠臣置之。人臣之義。不曰吾君能矣。不我須也。言無補也。而不盡忠。不曰吾君不能矣。不我識也。言無益也。而不盡忠。必竭其誠。明其道。盡其義。斯已而已矣。不已。則奉身以退。臣道也。故君臣有異無乖。有怨無憾。有屈無辱。人臣有三罪。一曰導非。二曰阿失。三曰尸寵。以非引上謂之導。從上之非謂之阿。見非不言謂之尸。導臣誅。阿臣刑。尸臣絀。（絀與黜同）進忠有三術。一曰防。二曰救。三曰戒。先其未然謂之防。發而止之謂之救。行而責之謂之戒。防爲上。救次之。戒爲下。下不鉗口。上不塞耳。則可有聞矣。有鉗之鉗。猶可解也。無鉗之鉗。難矣哉。有塞之塞。猶可除也。無塞之塞。其甚矣夫。（無鉗之鉗無塞之塞獻帝之時如此）

或曰。在上有屈乎。曰。在上者以義申。以義屈。高祖雖能申威於秦項而屈於商山四公。光武能伸於莽而屈於彊項令。明帝能申令於天下而屈於鍾離尚書。若秦二世之申欲而非笑唐虞。若定陶傅太后之申意而怨于鄭。是謂不屈。不然。則趙氏不亡。而秦無怨尤。故人主以義申。以義屈也。喜如春陽。怒如秋霜。威如雷霆之震。惠若雨露之降。沛然孰能禦也。

或曰。難行。曰。若高祖聽戍卒不懷居。遷萬乘不俟終日。孝文帝不愛千里馬。慎夫人衣不曳地。光武手不持珠玉。可謂難矣。抑情絕欲。不如是。能成功業者鮮矣。人臣若金日磾。以子私謾而殺之。丙吉之不伐。蘇武之執節。可謂難矣。言三臣者以諷操也

或問厲志。曰。若殷高宗能葺其德。藥瞑眩以瘳疾。衞武箴戒於朝。勾踐懸膽於坐。厲矣哉。言此欲獻帝厲志以再振漢業也

寵妻愛妾。幸矣。其爲災也。深矣。災與幸同乎。曰。得則慶。否則災。戚氏不幸不入豕。趙昭儀不幸不失命。栗姬不幸不廢。鈎乙不幸不憂殤。非災而何。若慎夫人之知。班婕妤之賢。明德皇后之德。明德馬皇后伏波將軍援之少女邵矣哉。邵高也

爲世憂樂者。君子之志也。不爲世憂樂者。小人之志也。太平之世。事閑而民樂徧焉。

使籩者揖讓百拜。非禮也。憂者弦歌鼓瑟。非樂也。禮者。敬而已矣。樂者。和而已矣。匹夫匹婦。處畎畝之中。必禮樂存焉爾。

違上順道。謂之忠臣。違道順上。謂之諛臣。忠所以爲上也。諛所以自爲也。忠臣安於心。諛臣安於身。故在上者。必察夫違順。審乎所爲。慎乎所安。廣川王弗察。故殺其臣。楚恭王察之而遲。故有遺言。齊宣王其察之矣。故賞鑒者。

或問人君人臣之戒。曰。莫匪戒也。請問其要。曰。君戒專欲。臣戒專利。患之甚也。（缺五字）城專擇而獻珍。非寶也。腹心之人。匍匐而獻善。寶之至矣。故明王愼內守。除外寇而重內寶。雲從於龍。風從於虎。鳳儀於韶。麟集於孔。應也。出於此。應於彼。善則祥。祥則福。否則眚。眚則咎。故君子應之。（言善否感應各從其類）君子食和羹以平其氣。聽和聲以平其志。納和言以平其政。履和行以平其德。夫酸鹹甘苦不同。嘉味以濟。謂之和羹。宮商角徵不同。嘉音以章。謂之和聲。臧否損益不同。中正以訓。謂之和言。趨舍動靜不同。雅度以平。謂之和行。人之言曰。唯其言而莫予違也。則幾於喪國焉。孔子曰。君子和而不同。晏子亦云。以水濟水。誰能食之。琴瑟一聲。誰能聽之。詩云。亦有和羹。既戒且平。奏假無言。時靡有爭。此之謂也。

雜言下第五

衣裳。服者不昧於塵塗。愛也。衣裳愛焉。而不愛其容止。外矣。容止愛焉。而不愛其言行。末矣。言行愛焉。而不愛其明。淺矣。故君子本神爲貴。神和德平而道通。是爲保眞。人之所以立德者三。一曰貞。二曰達。三曰志。貞以爲質。達以行之。志以成之。君子哉。必不得已也。守於一茲。貞其主也。人之所以立檢者四。誠其心。正其志。實其事。定其分。心誠則神明應之。況於萬民乎。志正則天地順之。况於萬物乎。事實則功立。分定則不淫。曰。才之實也。行可爲。才不可也。曰。古之所以謂才也本。今之所謂才也末也。然則以行之貴也。無失其才而才有失。先民有言。適楚而北轅者。曰吾馬良用多御善。此三者益侈。其去楚亦遠矣。遵路而騁。應方而動。君子有行。行必至矣。

或問聖人所以爲貴者。才乎。曰。合而用之。以才爲貴。分而行之。以行爲貴。舜禹之才而不爲邪。甚於缺一字矣。舜禹之仁。雖亡其才。不失爲良人哉。

或問進諫受諫孰難。曰。後之進諫難也。以受之難故也。後謂後世言臣畏犯顏由君拒諫而然若受諫不難。則進諫斯易矣。主明臣直或問知人自知孰難。曰。自知者。求諸內而近者也。知人者。求諸外而遠者也。知人難哉。若極其數也。明有內以識。有外以暗。或有內以隱。有外以顯。然則知人自知人則可以自知。未可以知人也。急哉。二者較之知人固難而自知爲急也用己者不爲異。則異矣。君子所惡乎異者三。好生事也。好生奇也。好變常也。好生事則多端而動衆。好生奇則離道而惑俗。好變常則輕法而亂度。故名不貴苟傳。行不貴苟難。權爲茂矣。其幾不若經。辯爲美矣。其理不若絀。文爲顯矣。其中不若樸。博爲盛矣。其正不若約。莫不爲道。知道之體。大之至也。莫不爲妙。知神之幾。妙之至也。莫不爲正。和缺一字之缺一字正之至也。故君子必存乎三至。弗至。斯有守無誖焉。或問守。

曰。聖典而已矣。聖典謂六經 若夫百家者。是謂無守。莫不爲言。要其至矣。莫不爲德。元其奧矣。莫不爲道。聖人其宏矣。聖人之道。其中道乎。是爲九達。

或曰。辭達而已矣。聖人以文。其隩也有五。曰元。曰妙。曰包。曰要。曰文。幽深謂之元。理微謂之妙。數博謂之包。辭約謂之要。章成謂之文。聖人之文。成此五者。故曰不得已。

君子樂天知命故不憂。審物明辨故不惑。定心致公故不懼。若乃所憂懼則有之。憂己不能成天性也。懼己惑之。憂不能免天命無惑焉。

或問性命。曰。生之謂性也。形神是也。所以立生終生者之謂命也。吉凶是也。夫生我之制。性命存焉爾。君子循其性以輔其命。休斯承。否斯守。無務焉。無怨焉。好寵者。乘天命以驕。好惡者。違天命以濫。故驕則奉之不成。濫則守之不終。好以取怠。惡以取甚。務以取福。惡以成禍。斯惑矣。

或問天命人事。曰。有三品焉。上下不移。其中則人事存焉爾。命相近也。事相遠也。則吉凶殊也。故曰窮理盡性以至於命。孟子稱性善。荀卿稱性惡。公孫子曰。性無善惡。揚雄曰。人之性善惡渾。劉向曰。性情相應。性不獨善。情不獨惡。曰。問其理。曰。性善則無四凶。性惡則無三仁。人無善惡。文王之教一也。則無周公管蔡。性善情惡。是桀紂無性而堯舜無情也。性善惡皆

渾。是上智懷惠而下愚挾善也。理也。未究也。惟向言爲然。（韓子三品之說有類於此）

或曰。仁義性也。好惡情也。仁義常善而好惡或有惡。故有情惡也。曰。不然。好惡者。性之取舍也。實見於外。故謂之情爾。必本乎性矣。仁義者。善之誠者也。何嫌其常善。好惡者。善惡未有所分也。何怪其有惡。凡言神者。莫近於氣。有氣斯有形。有神斯有好惡喜怒之情矣。故人（人當作神）有情。由氣之有形也。善有白黑。神有善惡。形與白黑偕。情與善惡偕。（卽劉向性情相應之說）故氣黑非形之咎。情惡非情之罪也。

或曰。人之於利。見而好之。能以仁義爲節者。是性割其情也。性少情多。性不能割其情。則情獨行爲惡矣。曰。不然。是善惡有多少也。非情也。有人如此。嗜酒嗜肉。肉勝則食焉。酒勝則飮焉。此二者相與爭。勝者行矣。（行謂飮食）非情欲得酒。性欲得肉也。有人於此。好利好義。義勝則義取焉。利勝則利取焉。此二者相與爭。勝者行矣。（行謂取義取利）非情欲得利。性欲得義也。其可兼者。則兼取之。其不可兼者。則隻取重焉。若苟隻好而已。雖可兼取（當有闕文）矣。若二好均平。無分輕重。則一俯一仰。乍進乍退。（相持不定）

或曰。請折於經。曰。易稱乾道變化。各正性命。是言萬物各有性也。觀其所感。而天地萬物之情可見矣。是言情者。應感而動者也。昆蟲草木。皆有性焉。不盡善也。天地聖人。皆稱情焉。不主惡也。又曰。爻彖以情言。亦如之。凡情意心志者。皆性動之別名也。情見乎辭。是稱情也。言不盡意。是稱意也。中心好之。是稱心也。以制其志。是稱志也。惟所宜。各稱其名而已。情何主惡之有。故曰。必也正名。

或曰。善惡皆性也。則法教何施。曰。性雖善。待教而成。性雖惡。待法而消。唯上智下愚不移。其次善惡交爭。於是教扶其善。法抑其惡。得施之九品。從教者半。畏刑者四分之三。其不移大數。九分之一也。一分之中。又有微移者矣。然則法教之於化民也。幾盡之矣。及法教之失也。其爲亂亦如之。

或曰。法教得則治。法教失則亂。若無得無失。縱民之情。則治亂其中乎。曰。凡陽性升。陰性降。升難而降易。善。陽也。惡。陰也。故善難而惡易。縱民之情。使自由之。則降於下者多矣。曰。中焉在。曰。法教不純。有得有失。則治亂其中矣。純德無慝。其上善也。伏而不動。其次也。動而不行。行而不遠。遠而能復。又其次也。其下者。遠而不近也。凡此。皆人性也。制之者則心也。動而抑之。行而止之。與上同性也。行而弗止。遠而弗近。與下同終也。

君子嘉仁而不責惠。尊禮而不責意。貴德而不責怨。其責也先己。而行也先人。淫惠。曲意。私怨。此三者。實枉貞道。亂大德。然成敗得失。莫匪由之。救病不給。其竟奚暇於道德哉。此之謂末俗。故君子有常交。曰義也。有常誓。曰信也。交而後親。誓而後故狹矣。太上不異古今。其次不異海內。同天下之志者。其盛德乎。大人之志。不可見也。浩然而同於道。衆人之志。不可掩也。察然而流於俗。同於道。故不與俗浮沉。

或曰。脩行者。不爲人恥諸神明。其至也乎。曰。未也。有恥者本也。恥諸神明。其次也。恥諸人。外矣。夫唯外則慝積於內矣。故君子審乎自恥。

或曰。恥者。其志者乎。曰。未也。夫志者。自然由人。何恥之有。赴谷必墜。失水必溺。人見之也。赴穽必陷。失道必沉。人不見之也。不察之。故君子愼乎所不察。不聞大論則志不宏。不聽至言則心不固。思唐虞於上世。瞻仲尼於中古。而知夫小道者之足羞也。想伯夷於首陽。省四皓於商山。而知夫穢志者之足恥也。存張騫於西極。念蘇武於朔垂。而知懷閭室者之足鄙也。推斯類也。無所不至矣。德比於上。欲比於下。德比於上。故知恥。欲比於下。故知足。恥而知之。則聖賢其可幾。知足而已。則固陋其可安也。賢聖斯幾。況其爲慝乎。固陋斯安。況其爲侈乎。是謂有檢。純乎純哉。其上也。其次得概而已矣。莫匪概也。得其概。苟無邪。斯可矣。君子四省其身。怒不亂德。喜不（缺一字）義也。

識

右荀悅申鑒五卷。悅字仲豫。潁川人。荀氏八龍儉之子也。漢書本傳云。悅好著述。初辟鎭東將軍曹操府。遷黃門侍郎。累遷侍中。時政移曹氏。天子恭己而已。悅志在獻替而謀無所用。乃作申鑒五篇。其所論辨。通見政體。書奏。帝覽而善之。又以班固漢書。文繁難省。令悅依左氏傳體。爲漢紀三十篇。辭約事詳。論辨多美。二書並行於世。顧漢紀自宋祥符後。凡四五鋟板。國朝襄平蔣氏。復與袁宏後漢紀合刻以廣其傳。而此書獨少傳本。前明正統時。吳郡黃勉之始爲訓釋。復賴何氏采入漢魏叢書。而後不至與桓譚新論。仲長統昌言等書同歸烏有也。近抱經堂羣書拾補內申鑒一則。乃合程氏何氏黃氏三本參校。要之諸本俱無甚脫誤。盧氏多據他書。及己意修改。於此書亦未必無小補云。汝上王謨識。

抱　　朴　　子

葛　洪著

校刊抱朴子內篇序

道家宗旨。清淨冲虛而已。其弊或流爲權謀。或流爲放誕。無所謂金丹仙藥。黃白玄素。吐納導引。禁呪符籙之術也。秦漢方士。絕不附會老子。即依託黃帝。亦非道家之說。漢書藝文志以黃帝諸篇。分屬道家神仙。蓋本七略。七略又本於別錄。劉子政固誦習鴻寶。篤信神仙者。而與校祕書。仍別方技於諸子之外。不相殽也。東漢之季。桓帝好神仙祠老子。張陵之子衡。使人爲祭酒。主以老子五千文都習。神仙之附會道家。實昉於此。抱朴子內篇。古之神仙家言也。雖自以內篇屬之道家。然所舉仙經神符。多至二百八十二種。絕無道家諸子。且謂老子之泛論較略。莊子文子關尹喜之徒。祖述黃老。永無至言。去神仙千億里。尋其旨趣。與道家判然不同。又後世學仙者。奉魏伯陽爲正宗。是書偶及伯陽。內篇之名。並無一語稱述。惟神仙傳中言參同契假爻象以說作丹之意而已。是稚川之學。匪特與道家異。併與後世神仙家無幾微之合。余嘗謂漢之仙術。元與黃老分途。魏晉之世。玄言日盛。經術多歧。道家自詭於儒。神仙遂溷於道。然第假借其名。不易其實也。迨及宋元。乃緣參同爐火而言內丹。鍊養陰陽。混合元氣。斥服食胎息爲小道。金石符呪爲旁門。黃白玄素爲邪術。惟以性命交修。爲谷神不死。羽化登真之訣。其說旁涉禪宗。兼附易理。襲微重妙。且欲併儒釋而一之。自是而漢晉相傳神仙之說。盡變無餘。名實交溷矣。然則葛氏之書。墨守師傳。不矜妙悟。譬之儒者說經。其神仙家之漢學乎。孫伯淵漕司篤好古義。兼綜九流。以明刻抱朴子及天一閣鈔本。錯亂脫誤。手自校讎。復屬余與顧澗薲。各以家藏諸本。參證他書。覆校數過。伯淵敍錄篇目。將以刊行。余因舉神仙與道家者流。古今分合之故。論次爲序。覽者或有考焉。嘉慶十七年七月甲戌桐城方維甸撰。

按明刻抱朴子於內篇之後。附入別旨一篇。專論吐納導引。與內篇本意不合。辭義亦甚淺近。不似晉人手筆。考之稚川自敍。本無此書。隋唐諸志。皆不著錄。惟宋史藝文志道家。有抱朴子別旨二卷。注云。不知作者。亦不謂爲稚川所著也。晚出之書。元不可信。且今本五百六十餘言。不盈一卷。併非宋元舊本。故刪去之。不復附於篇末云。維甸又跋。

新校正抱朴子內篇序

諸子多有宋元以來。及近人校正刊本。唯抱朴子僅明盧舜治本行世。五柳居陶大使會假之於予。增刊入漢魏叢書。其所譌脫。亦未暇校訂也。道藏本較完善。但見者頗尠。予所藏又有天一閣鈔本內篇太半部。及盧學士文弨手校明刻本。顧茂才廣圻有葉林宗家鈔本。及明嘉靖時瀋藩刊本。大略皆與藏本相同。爰合以校訂。釐其錯簡。改其誤字。而此書始可省讀。考稚川自序。暨隋唐史志。俱分內外篇。一屬道家。一屬儒家。而盧本兼刻。改并卷第。輒總題之為抱朴子。遂致諸家書目。牽連入錄。不能分晰。亦可病也。今所校正。欲使別行。以復舊觀。嘉慶壬申。繼觀察昌司漕江安。駐節石城。與方制府維甸。時相過從。觀察敦素好古。兼通道釋二典。思搜羅放佚。嘉惠後學。因先以內篇付梓人。今年觀察擢臬關中。如宋代刊板官庫。及明人書帕之例。適予及方制府顧茂才校定是書。印本就正。庶其始終商搉焉。江寧道藏在朝天宮。仍借來覆審一過。書中多依之。有依別本校改者。則注明藏本作某。其更定錯簡。及尋按詞義。旁據他書勘正各條。亦一一注明以詒後人。第十七卷登涉篇諸符。各本縮寫。多失形似。今全從道藏影摹。俾傳其真云。癸酉歲十月陽湖孫星衍撰。

抱朴子內篇序

洪體乏超逸（晉書作進趣）之才。偶好無為之業。假令奮翅則能凌厲玄霄。騁足則能追風躡景。猶故（晉書無此字）欲戢勁翮於鷦鷯（晉書作鷃）之羣。藏逸跡於跛驢之伍。豈況大塊稟我以尋常之短羽。造化假我於（晉書作以）至駑之蹇足。以（晉書無此字）自卜者審。不能者止。（晉書有又字）豈敢力蒼蠅而慕沖天之舉。策跛鼈而追飛兔之軌。飾嫫母之陋醜。（晉書作篤陋）求媒揚（晉書作陽）之美談。推沙礫之賤質。索千金於和肆哉。夫以（晉書無此字）焦僥之步而企及夸父之蹤。近才所以躓閡（藏本作閔晉書作礙）也。以（晉書無此字）要離之羸。而強赴扛鼎之契。（原注或作勢晉書作勢）秦人所以斷筋也。是以望絕於榮華之途。而志安乎窮否（晉書作圮）之域。藜藿有八珍之甘。而（晉書無此字）蓬蓽有藻梲之樂也。故權貴之家。雖咫尺弗從也。知道之士。雖艱遠必造也。考覽奇書。既不少矣。率多隱語。難可卒解。自非至精。不能尋究。自非篤勤。不能悉見也。道士淵(晉書作宏)博洽聞者寡。而意斷妄說者衆。至於時有好事者。欲有所修。爲倉卒不知所從。而意之所疑。又無可(晉書作足)諮問。(晉書無此字)今爲此書。粗舉長生之理。其至妙者。不得宣之於翰墨。蓋麤言較略。以示一隅。冀悱憤之徒。省之可以思過半矣。豈爲暗塞。必能窮微暢遠乎。聊論其所先舉(原註先舉一本作先覺者晉書作先覺者)耳。世儒徒知服膺周孔。桎梏皆死。(晉書無此四字)莫信神仙之事。謂爲妖妄之說。見余此書。(晉書無事至此共十字)不特大笑之。(晉書作不但大而笑之)又將謗毀真正。故不以合於(此下舊衍世字今校删)余所著子書之數而别爲此一部。名曰內篇。凡二十卷。與外篇各起次第也。(晉書故不至第也作故予所著子言黄白之事名曰內篇其餘駁難通釋名曰外篇大凡內外一百一十六篇蓋史家删改之耳)雖不足以藏(晉書以藏作藏諸)名山石室。(晉書無此二字)且欲緘之金匱。以示識者。(晉書止此無下三十一字)其不可與言者。不令見也。貴使來世好長生者。有以釋其惑。豈求信於不信者乎。謹序。(藏本作葛洪稚川謹序後人所增)

抱朴子內篇目錄

暢玄卷第一……一
論仙卷第二……二
對俗卷第三……八
金丹卷第四……一二
至理卷第五……二一
微旨卷第六……二五
塞難卷第七……二九
釋滯卷第八……三二
道意卷第九……三七
明本卷第十……四一
仙藥卷第十一……四四
辨問卷第十二……五三
極言卷第十三……五六
勤求卷第十四……六〇
雜應卷第十五……六五
黃白卷第十六……七一
登涉卷第十七……七六
地真卷第十八……九二
遐覽卷第十九……九四

袪惑卷第二十……九八

右目錄依道藏本定。按抱朴子內篇敍云。別爲此一部。名曰內篇。凡二十卷。與外篇各起次第也。又外篇自敍云。凡著內篇二十卷。外篇五十卷。又云。其內篇言神仙方藥鬼怪變化養生延年禳邪卻禍之事屬道家。其外篇言人間得失世事臧否屬儒家。隋書經籍志。內篇亦屬道家。與外篇分行。道藏雖并收外篇。原未合爲一部。觀其內篇之後。外篇之前。以抱朴子別旨一種間隔之。可曉然矣。明人刻此書從道藏取出。而不知其爲三種。遂總名曰抱朴子。非也。今校刊內篇二十卷。不連外篇。以復葛氏之舊。兼正明人之誤。舊唐書經籍志及各家書目俱爲二十卷。隋志二十一卷。音一卷者。或加序目及音爲二十二卷也。音久不傳。道藏序在第一卷前。故不復列數云。或疑別旨既自爲一種。何以不見於自敍。考道藏所收。又有抱朴子養生論及稚川眞人較證術一卷。抱朴子神仙金汋經三卷。葛稚川金木萬靈論。俱不見於自敍。然則別旨正同斯例。蓋皆非稚川所撰也。嘉慶十六年十月五松居士孫星衍敍錄。

抱朴子外篇目錄

嘉遯卷第一……一〇三
逸民卷第二……一〇六
勖學卷第三……一一〇
崇教卷第四……一一二
君道卷第五……一一四
臣節卷第六……一一七
良規卷第七……一一八
時難卷第八……一二〇
官理卷第九……一二〇

務正卷第十……一二一
貴賢卷第十一……一二一
任能卷第十二……一二二
欽士卷第十三……一二二
用刑卷第十四……一二三
審舉卷第十五……一二六
交際卷第十六……一三〇
備闕卷第十七……一三三
擢才卷第十八……一三三
任命卷第十九……一三四
名實卷第二十……一三六
清鑒卷第二十一……一三八
行品卷第二十二……一三九
弭訟卷第二十三……一四二
酒誡卷第二十四……一四三
疾謬卷第二十五……一四六
譏惑卷第二十六……一五〇
刺驕卷第二十七……一五一
百里卷第二十八……一五四
接疏卷第二十九……一五四
鈞世卷第三十……一五五

省煩卷第三十一……一五六
尚博卷第三十二……一五七
漢過卷第三十三……一五八
吳失卷第三十四……一六〇
安塉卷第三十五……一六一
安貧卷第三十六……一六三
仁明卷第三十七……一六四
博喩卷第三十八……一六五
廣譬卷第三十九……一七四
辭義卷第四十……一八二
循本卷第四十一……一八三
應嘲卷第四十二……一八三
喩蔽卷第四十三……一八四
百家卷第四十四……一八五
文行卷第四十五……一八五
正郭卷第四十六……一八六
彈禰卷第四十七……一八八
詰鮑卷第四十八……一八九
知止卷第四十九……一九五
自敘卷第五十……一九九

抱朴子

葛洪著
孫星衍校正

內篇

暢玄卷第一

抱朴子曰。玄者自然之始祖。而萬殊之大宗也。眇昧乎其深也。故稱微焉。緜邈乎其遠也。故稱妙焉。其高則冠蓋乎九霄。其曠則籠罩乎八隅。光乎日月。迅乎電馳。或倏爍而景逝。或飄滭(一本作飆)而星流。或滉漾於淵澄。或雰霏而雲浮。因兆類而爲有。託潛寂而爲無。淪大幽而下沈。淩辰極而上游。金石不能比其剛。湛露不能等其柔。方而不矩。圓而不規。來焉莫見。往焉莫追。乾以之高。坤以之卑。雲以之行。雨以之施。胞胎元一。範鑄兩儀。吐納大始。鼓冶億類。佪旋四七。匠成草昧。轡策靈機。吹噓四氣。幽括沖默。舒闡粲尉(原注一作蔚)。抑濁揚清。斟酌河渭。增之不溢。挹之不匱。與之不榮。奪之不瘁。故玄之所在。其樂不窮。玄之所去。器弊神逝。夫五聲八音。清商流徵。損聰者也。鮮華艷采。彧麗炳爛。傷明者也。宴安逸豫。清醪芳醴。亂性者也。冶容媚姿。鉛華素質。伐命者也。其唯玄道。可與爲永。不知玄道者。(刻本有雖與爲存四字非)雖顧眄爲生殺(藏本作殺生)之神器。脣吻爲興亡之關鍵。綺榭俯臨乎雲雨。藻室華綠以參差。組帳霧合。羅幬雲離。西毛陳於閑房。金觴華以交馳。清絃嘈囋以齊唱。鄭舞紛繁以蜲蛇。哀簫鳴以凌霞。羽蓋浮於漣漪。掇芳華於蘭林之囿。弄紅葩(藏本作蘤)於積珠之池。登峻則望遠以忘百憂。臨深則俯攀以遺朝飢。入宴千門之混熀(一本作燿)。出驅朱輪之華儀。然樂極則哀集。至盈必有虧。故曲終則歎發。燕(藏本作讌)罷則心悲也。寔理勢之攸召。猶影響之相歸也。彼(藏本作被)假借而非真。故物往若有遺也。夫玄道者。得之乎內。守之者外。用之者神。忘之者器。此思玄道之要言也。得之者貴。不待黃鉞之威。體之者富。不須難得之貨。高不可登。深不可測。乘流光。策飛景。凌六虛。貫涵溶。出乎無上。入乎無下。經乎汗漫之門。遊乎窈眇之野。逍遙恍惚之中。倘佯彷彿之表。咽九華於雲端。咀六氣於丹霞。徘徊茫昧。翱翔希微。履略蜿虹。

跱躡璇璣。此得之者也。其次則真知足。知足者則能肥遁。勿用顥光山林。紆鸑鷟之翼於細分(按分當作介)之伍。養浩然之氣於蓬蓽之中。繿縷帶索。不以貿龍章之暐曄也。負步杖筴。不以易結駟之駱驛也。藏夜光於嵩岫。不受他山之攻。沈鱗甲於玄淵。以違鑽灼之災。動息知止。無往不足。棄赫奕之朝華。避僨車之險路。吟嘯蒼崖之閒。而萬物化為塵氛。怡(一本作收)顏豐柯之下。而朱戶變為繩樞。握耒甫田。而麾節忽若執鞭。啜菽(一本作粟)漱泉。而太牢同乎藜藿。泰爾有餘歡於無為之場。忻然齊貴賤於不爭之地。含醇守樸。無欲無憂。全真虛器。居平味澹。恢恢蕩蕩。與渾成等其自然。浩浩茫茫。與造化鈞其符契。如闇如明。如濁如清。(刻本如明如清二如字作而)似遲而疾。似虧而盈。豈肯委尸祝之壇。釋大匠之位。越樽俎以代無知之庖。舍繩墨而助傷手之工。不以臭鼠之細瑣。而為(藏本無此二字)膺夫之憂樂。藐然不喜流俗之譽。坦爾不懼雷同之毀。不以外物汨其至精。不以利害污其純粹也。故窮富極貴。不足以誘之焉。其餘何足以悅之乎。直刃沸鑊。不足以劫之焉。謗讟何足以戚之乎。常無心於眾煩。而未始與物雜也。若夫操隋珠以彈雀。舐秦痔以屬車。登朽緡以探巢。泳呂梁以求魚。旦為稱孤之客。夕為狐鳥之餘。棟撓餗覆。傾溺不振。蓋世人之所為載馳企及。而達者之所為寒心而悽愴者也。故至人嘿韶夏而韜藻棁。(按棁當作悅)奮其六羽於五城之墟。而不煩銜蘆之衛。翳其鱗角乎勿用之地。而不恃曲穴之備。俯無倨鷄之呼。仰無亢極之悔。人莫之識。邈矣遼哉。

論仙卷第二

或問曰。神仙不死。信可得乎。抱朴子答曰。雖有至明。而有形者不可畢見焉。雖稟極聰。而有聲者不可盡聞焉。雖有大章豎亥之足。而所常履者。未若所不履之多。雖有禹舜齊諧之智。(藏本作識)而所嘗(藏本無此字)識者。未若所不識之眾也。萬物云云。何所不有。況列仙之人。盈乎竹素矣。不死之道。曷為無之。於是問者大笑曰。夫有始者必有卒。有存者必有亡。故三五丘旦之聖。棄疾良平之智。端嬰隨酈之辯。賁育五丁之勇。而咸死者。人理之常然。必至之大端也。徒聞有先霜而枯瘁。當夏而凋青。含穗而不秀。未實而萎零。未聞有享於萬年之壽。久視不已之期者矣。故古人學不求仙。言不語怪。杜彼異端。守此自然。推龜鶴於別類。以死生為朝暮也。夫苦心約己以行無益之事。鏤冰雕朽。終無必成之功。未若攄匡世之高策。招當年之隆祉。使紫青重紆。玄牡龍跱。華轂易步趍（藏本作趨）鼎餗代耒耜。不亦美哉。每思詩人甫田之刺。深惟仲尼皆死之證。無爲握無形之風。捕難執之影。索不可得之物。行必不到之路。棄榮華而涉苦困。釋甚易而攻至難。有似喪者之逐游女。（喪當作桑事見列子說符說苑權謀） 必有兩失之悔。單張之信偏見。將速內外之禍也。夫班狄（藏本作秋非也依意林引改狄翟同字又見後辨問篇） 不能削瓦石爲芒鍼。歐冶不能鑄鉛錫爲干將。故不可爲者。雖鬼神不能爲也。不可成者。雖天地不能成也。世間亦安得奇方。能當老者復少。而應死者反生哉。而吾子乃欲延蟪蛄之命。令有歷紀之壽。養朝菌之榮。（舊脫此二字今補）使累晦朔之積。（舊此下衍吾子二字今刪）不亦謬乎。願加九思。不遠迷復焉。抱朴子答曰。夫聰之所去。則震雷不能使之聞。明之所棄。則三光不能使之見。豈輷磕之音細。而麗天之景微哉。而聾夫謂之無聲焉。瞽者謂之無物焉。又況管絃之和音。山龍之綺粲。安能賞克諧之雅韻。暐曄之鱗藻哉。故聾瞽在乎形器。則不信豐隆之與玄象矣。而況物有微於此者乎。暗昧滯乎心神。則不信有周孔於在昔矣。況告之以神仙之道乎。夫存亡終始。誠是大體。其異同參差。或然或否。變化萬品。奇怪無方。物是事非。（一本作異）本鈞末乖。未可一也。夫言始者必有終者多矣。混而齊之。非通理矣。謂夏必長。而薺麥枯焉。謂冬必凋。而竹柏茂焉。謂始必終。而天地無窮焉。謂生必死。而龜鶴長存焉。盛陽宜暑。而夏天未必無涼日也。極陰宜寒。而嚴冬未必無暫溫也。百川東注。而有北流之浩浩。坤道至靜。而或震動而崩弛。（藏作阤）水性（藏本作主）純冷。而有溫谷之湯泉。火體宜熾。而有蕭丘之寒焰。重類應沈。而南海有浮石之山。輕物當浮。而牂牁有沈羽之流。萬殊之類。不可以一概斷之。正如此也久矣。有生最靈。莫過乎人。貴性之物。宜必鈞一。（藏本無此字）而其賢愚邪正。好醜脩短。清濁貞淫。緩急遲速。趨舍所尚。耳目所欲。其爲不同。已有天壤之覺。（刻本作隔非覺即較字）冰炭之乖矣。何獨怪仙者之異。不與凡人皆死乎。若謂受氣皆有一定。則雉之爲蜃。雀之爲蛤。壤蟲假翼。川蛙翻飛。水蠣爲蛤。荇苓爲蛆。田鼠爲鴽。腐草爲螢。鼉之爲虎。蛇之爲龍。皆不然乎。若謂人稟正性。不同凡物。皇天賦命。無有彼此。則牛哀成虎。楚嫗爲黿。枝離（原注一作脊錢）爲柳。秦女爲石。死而更生。男女易形。老彭之壽。殤子之夭。其何故哉。苟有不同。則其異有何限乎。若夫仙人。以藥物養身。以術數延命。使內疾不生。外患不入。雖久視不死。而舊身不改。苟有其道。無以爲難也。而淺識之徒。拘俗守常。咸曰世間不見仙人。便云天下必無此事。夫目之所曾見。當何足言哉。天地之間。無外之大。其中殊奇。豈遽有限。詣老戴天。而（藏本有感字）無知其（藏本有爲字）上。終身履地。而莫識其下。形骸己所自有也。而莫知其心志之所以然焉。壽命在我者也。而莫知其脩短之能至焉。况乎神仙之遠理。道德之幽玄。仗其短淺之耳目。以斷微妙之有無。豈不悲哉。設有哲人大才。嘉遁勿用。翳景掩藻。廢僞去役。（藏本作欲）執太璞於至醇之中。遺末務於流俗之外。世人猶尠能甄別。或莫造志行（藏本無此二字）於無名之表。得精神於陋形之裏。豈況仙人。殊趣異路。以富貴爲不幸。以榮華爲穢汙。以厚玩爲塵壤。以聲譽爲朝露。蹈炎飆而不灼。躡玄波而輕步。鼓翮清塵。風駟雲軒。仰凌紫極。俯棲崑崙。行尸之人。安得見之。假令遊戲。或經人間。匿眞隱異。外同凡庸。比肩接武。孰有能覺乎。若使皆如郊閒兩瞳之正方。邛疏之雙耳。出乎頭巔。馬皇乘龍而行。子晉躬御白鶴。或鱗身蛇首。（原注或作軀）或金車羽服。乃可得知耳。自不若斯。則非洞視者。安能覿其形。非徹聽者。安能聞其聲哉。世人既不信。又多疵毀。眞人疾之。遂益潛遁。且常人之所愛。乃上士之所憎。庸俗之所貴。乃至人之所賤也。英儒偉器。養其浩然者。猶不樂見淺薄之人。風塵之徒。況彼神仙。何爲汲汲使芻狗之倫。知有之何所索乎。而怪於未嘗知也。目察百步。不能了了。而欲以所見爲有。所不見爲無。則天下之所無者。亦必多矣。所謂以指測海。指極而云水盡者也。蜉蝣校巨鼇。日（藏本作白今改）及料大椿。豈所能及哉。魏文帝窮覽洽聞。自呼於物無所不經。謂天下無切玉之刀。火浣之布。及著典論。嘗據言此事。其間未期。二物畢至。帝乃歎息。遽毀斯論。事無固必。殆爲此也。陳思王著釋疑論云。初謂道術。直呼愚民詐僞空言定矣。及見武皇帝試閉左慈等。令斷穀近一月。而顏色不減。氣力自若。常云可五十年不食。正爾。復何疑哉。又云。令甘始以藥含生魚。而煑之於沸脂中。其無藥者。熟而可食。其銜藥者。游戲終日。如在水中也。又以藥粉桑以飼蠶。蠶乃到十月不老。又以住年藥食雞雛。及新生犬子。皆止不復長。以還白藥食白犬。百日毛盡黑。乃知天下之事。不可盡知。而以臆斷之。不可任也。但恨不能絕聲色。專心以學長生之道耳。彼二曹學則無書不覽。才則一代之英。然初皆謂無。而晚年乃有窮理盡性。其歎息如此。不逮若人者。不信神仙。不足怪也。劉向博學則究微極妙。經深涉遠。思理則清澄眞僞。研覈有無。其所撰列仙傳。仙人七十有餘。誠無其事。妄造何爲乎。邃古之事。何可親見。皆賴記籍傳聞於往耳。列仙傳炳然其必有矣然書不出周公之門。事不經仲尼之手。世人終於不信然則古史所記一切皆無何但一事哉俗人貪榮好利。(刻本作進)汲汲名利。以己之心。遠忖昔人。乃復不信古者有逃帝王之禪授。薄卿相之貴任。巢許之輩老萊莊周之徒。以爲不然也。況於神仙又難知。於斯亦何可求今世皆信之哉。多謂劉向非聖人。有所撰錄。不可孤據。尤所以使人歎息者也。夫魯史不能與天地合德。而仲尼因之以著經。子長不能與日月並明。而揚雄稱之爲實錄。劉向爲漢世之名儒賢人。其所記述。庸可棄哉。凡世人所以不信仙之可學。不許命之可延者。正以秦皇漢武求之不獲。以少君欒太爲之無驗故也。然不可以黔婁原憲之貧。而謂古者無陶朱猗頓之富。不可以無鹽宿瘤之醜。而謂在昔無南威西施之美。進趨尤有不達者焉。稼穡猶有不收者焉。商販或有不利者焉。用兵或有無功者焉。況乎求仙。事之難者。爲之者何必皆成哉。彼二君兩臣。自可求而不得。或始勤而卒怠。或不遭乎明師。又何足以定天下之無仙乎。夫求長生修至道。訣在於志。不在於富貴也。苟非其人。則高位厚貨。乃所以爲重累耳。何者。學仙之法。欲得恬愉澹泊。滌除嗜欲。內視反聽。尸居無心。而帝王任天下之重責。治鞅掌之政務。思勞於萬幾。神馳於宇宙。一介失所。則王道爲虧。百姓有過。則謂之在予。醇醪汩其和氣。豔容伐其根荄。所以翦精損慮削乎平粹者。不可曲盡而備論也。蚊噆膚則坐不得安。蝨羣攻則臥不得寧。(藏本作安)四海之事。何祇若是。安得掩翳聰明。歷藏數息。長齋久潔。躬親爐火。夙興夜寐。以飛八石哉。漢武享國最爲壽考。已得養性之小益矣。但以升合之助。不供鍾石之費。畎澮之輸。不給尾閭之洩耳。仙法欲靜寂無爲。忘其形骸。而人君撞千石之鍾。伐雷霆之鼓。砰磕嘈囋。驚魂蕩心。百技萬變。喪精塞耳。飛輕走迅。釣潛弋高。仙法欲令愛逮蠢蠕。不害含氣。而人君有赫斯之怒。芟夷之誅。黃鉞一揮。齊斧暫授。則伏尸千里。流血滂沱。斬斷之(疑有脫字)不絕於市。仙法欲止絕臭腥。休糧清腸。而人君烹肥宰腯。屠割羣生。八珍百和。方丈於前。煎熬勺藥。旨嘉饜飫。仙法欲溥愛八荒。視人如己。而人君兼弱攻昧。取亂推亡。闢地拓疆。泯人社稷。驅合生人。投之死地。孤魂絕域。暴骸腐野。五嶺有血刃之師。北闕懸大宛之首。坑生煞伏。動數十萬。京觀封尸。仰干雲霄。暴骸如莽。彌山填谷。秦皇使十室之中。思亂者九。漢武使天下嗷然。戶口減半。祝其有益。詛亦有損。結草知德。則虛祭必怨。衆煩攻其膏肓。人鬼齊其毒恨。彼二主徒有好仙之名。而無修道之實。所知淺事不能悉行。要妙深秘。又不得聞。又不得有道之士。爲合成仙藥以與之。不得長生。無所怪也。吾徒匹夫。加之罄困。家有長卿壁立之貧。腹懷翳桑絶糧之餒。冬抱戎夷後門之寒。夏有儒行環堵之暎。欲經遠而乏舟車之用。欲有營而無代勞之役。入無綺紈之娛。出無遊觀之歡。甘旨不經乎口。玄黃不過乎目。芬芳不歷乎鼻。八音不關乎耳。百憂攻其心曲。衆難萃其門庭。居世如此。可無戀也。或得要道之訣。或值不羣之師。而猶恨恨於老妻弱子。眷眷於狐兔之丘。遲遲以臻殂落。日月不覺衰老。知長生之可得而不能修。患流俗之臭鼠而不能委。何者。愛習之情卒難遣。而絶俗之志未易果也。況彼二帝。四海之主。其所耽玩者。非一條也。其所親幸者。至不少矣。正使之爲旬月之齋。數日閑居。猶將不能。況乎內棄婉孌之寵。外捐赫奕之尊。口斷甘肴。心絶所欲。背榮華而獨往。求神仙之幽漠。豈不尠哉。是以歷覽在昔。得仙道者多貧賤之士。非勢位之人。又欒太所知實自淺薄。飢渴榮貴。冒干貨賄。衒虛妄於苟且。忘禍患於無爲。區區小子之姧僞。豈足以證天下之無仙哉。昔句踐式怒蠅。戎卒爭蹈火。楚靈愛細腰。國人多餓死。齊桓嗜異味。易牙蒸其子。宋君賞瘠孝。毀歿者比屋。人主所欲。莫有不至。漢武招求方士。寵待過厚。致令斯輩。敢爲虛誕耳。欒太若審有道者。安可待（按待當作得）煞乎。夫有道者。視爵位如湯鑊。見印綬如縗絰。視金玉如土糞。覩華堂如牢獄。豈當捉腕空言。以僥倖榮華。居丹楹之室。受不訾之賜。帶五利之印。尚公主之貴。耽淪勢利。不知止足。實不得道。斷可知矣。按董仲舒所撰李少君家錄云。少君有不死之方。而家貧無以市其藥物。故出於漢。以假塗求其財。道成而去。又按漢禁中起居注云。少君之將去也。武帝夢與之共登嵩高山。半道。有使者乘龍持節從雲中下。云太乙請少君。帝覺以語左右曰。如我之夢。少君將舍我去矣。數日而少君稱病死。久之。帝令人發其棺。無尸。唯衣冠在焉。按仙經云。上士舉形昇虛。謂之天仙。中士遊於名山。謂之地仙。下士先死後蛻。謂之尸解仙。今少君必尸解者也。近世壺公將費長房去。及道士李意期將兩弟子（刻本有去後人見之五字非）皆在郫縣。其家各發棺視之。三棺遂有竹杖一枚。以丹書於杖。此皆尸解者也。昔王莽引典墳以飾其邪。不可謂儒者。皆爲篡盜也。相如因鼓琴以竊文君。不可謂雅樂主於淫佚也。噎死者不可譏神農之播穀。燒死者不可怒燧人之鑽火。覆溺者不可怨帝軒之造舟。酗醟者不可非杜儀之爲酒。豈可以欒太之邪僞。謂仙道之果無乎。是猶見趙高董卓。便謂古無伊周霍光。見商臣冒頓。而云古無伯奇孝己也。又神仙集中有召神劾鬼之法。又有使人見鬼之術。俗人聞之。皆謂虛文。或云天下無鬼神。或云有之。亦不可劾召。或云見鬼者。在男爲覡。在女爲巫。當須自然。非可學而得。按漢書及太史公記。皆云齊人少翁。武帝以爲文成將軍。武帝所幸李夫人死。少翁能令武帝見之如生人狀。又令武帝見竈神。此史籍之明文也。夫方術既令鬼見其形。又令本不見鬼者見鬼。推此而言。其餘亦何所不有也。鬼神數爲人間作光恠變異。又經典所載。多鬼神之據。俗人尙不信天下之有神鬼。況乎仙人居高處遠。清濁異流。登遐遂往。不返於世。非得道者。安能見聞。而儒墨之家。知此不可以訓。故終不言其有焉。俗人之不信。不亦宜乎。惟有識眞者。校練衆方。得其徵驗。審其必有。可獨知之耳。不可強也。故不見鬼神。不見仙人。不可謂世間無仙人也。人有賢愚。皆知己身之有魂魄。魂魄分去則人病。盡去則人死。故分去則術家有拘錄之法。盡去則禮典有招呼之義。此之爲物至近者也。然與人俱生。至乎終身。莫或有自聞見之者也。豈可遂以不聞見之。又云無之乎。若夫輔氏報施之鬼。成湯怒齊之靈。申生交言於狐子。杜伯報恨於周宣。彭生託形於玄豕。如意假貌於蒼狗。灌夫守田蚡。子義掊燕簡。蓐收之降於莘。欒侯之止民家。素姜之說讖緯。孝孫之著文章。神君言於上林。羅陽仕於吳朝。鬼神之事。著於竹帛。昭昭如此。不可勝數。然而蔽者。猶謂無之。況長生之事。世所希聞乎。望使必信。是令蚊虻負山。與井蟇（藏本作蝦）論海也。俗人未嘗見龍鱗鸞鳳。乃謂天下無有此物。以爲古人虛設瑞應。欲令人主自勉不息。冀致斯珍也。況於令人之信有仙人乎。世人以劉向作金不成。便謂索隱行怪。好傳虛無。所撰列仙。皆復妄作。悲夫。此所謂以分寸之瑕。棄盈尺之夜光。以蟻鼻之缺。捐無價之淳鈞。非荆和之遠識。風胡之賞眞也。斯朱公所以鬱悒。薛燭所以永歎矣。夫作金皆在神仙集中。淮南王抄出以作鴻寶枕中書。雖有其文。能皆祕其要文。（一本作又）必須口訣。臨文指解。然後可爲耳。其所用藥。復多改其本名。不可按之便用也。劉向父德治淮南王獄中所得此書。非爲師授也。向本不解道術。偶偏見此書。便謂其意盡在紙上。是以作金不成耳。至於撰列仙傳。自刪秦大夫阮倉（四字刻本譌作太史暨漢）書中出之。或所親見。然後記之。非妄言也。狂夫童謠。聖人所擇。芻蕘之言。或不可遺。采葑（藏本無此二字）采菲。無以下體。豈可以百慮之一失。而謂經典之不可用。以日月曾蝕之故。而謂懸（藏本作元）象非大明哉。外國作水精椀。實是合五種灰以作之。今交廣多有得其法而鑄作之者。今以此語俗人。殊不肎信。乃云水精本自然之物。玉石之類。況於世間。幸有自然之金。俗人當何信其有可作之理哉。愚人乃不信黃丹及胡粉。是化鉛所作。又不信騾及駏驉。是驢馬所生。云物各自有種。況乎難知之事哉。夫所見少則所怪多。世之常也。信哉此言。其事雖天之明。而人處覆甑之下。焉識至言哉。

對俗卷第三

或人難曰。人中之有老彭。猶木中之有松柏。稟之自然。何可學得乎。抱朴子曰。夫陶冶造化。莫靈於人。故達其淺者。則能役用萬物。得其深者。則能長生久視。知上藥之延年。故服其藥以求仙。知龜鶴之遐壽。故效其道引以增年。且夫松柏枝葉。與衆木則別。龜鶴體貌。與衆蟲則殊。至於彭老。猶是人耳。非異類而壽獨長者。由於得道。非自然也。衆木不能法松柏。諸蟲不能學龜鶴。是以短折耳。人有明哲。能修彭老之道。則可與之同功矣。若謂世無仙人乎。然前哲所記。近將千人。皆有姓字。及有施爲本末。非虛言也。若謂彼皆特稟異氣。然其相傳。皆有師奉服食。非生知也。若道術不可學得。則變易形貌。吞刀吐火。坐在立亡。興雲起霧。召致蟲蛇（意林作蛇蟲）合聚魚鱉。三十六石。立化爲水。消玉爲粘。潰金爲漿。入淵不沾（意林作溺）蹴刃不傷。幻化之事。九百有餘。按而行之。無不皆效。何爲獨不肯信仙之可得乎（刻本有但字）仙道遲成。多所禁忌。自無超世之志。強力之才。不能守之（藏本更有守之二字）其或頗好心疑。中道而廢。便謂仙道長生。果不可得耳。仙經曰。服丹守一。與天相畢。還精胎息。延壽無極。此皆至道要言也。民間君子。猶內不負心。外不愧影。上不欺天。下不食言。豈況古之真人。寧當虛造空文。以必不可得之事。誑誤將來。何所索乎。苟無其命。終不肯信。亦安可強令信哉。或難曰。龜鶴長壽。蓋世間之空言耳。誰與二物終始相隨而得知之也。抱朴子曰。苟得其要。則八極之外。如在指掌。百代之遠。有若同時。不必在乎庭宇之左右。俟乎瞻視之所及。然後知之也。玉策記曰。千歲之龜。五色具焉。其額上兩骨起似角。解人之言。浮於蓮葉之上。或在叢蓍之下。其上時有白雲蟠蛇。千歲之鶴。隨時而鳴。能登於木。其未千載者。終不集於樹上也。色純白而腦盡成丹。如此則見。便可知也。然物之老者多智。率皆深藏邃（藏本作遠）處。故人少有見之耳。按玉策記及昌宇經。不但此二物之壽也。云千歲松柏（藏本作樹）四邊枝起。上杪不長。望而視之。有如偃蓋。其中有物。或如青牛。或如青羊。或如青犬。或如青人。皆壽千（御覽九百五十二引作萬）歲。又云。蛇有無窮之壽。獼猴壽八百歲變爲猨。猨壽五百歲變爲玃。玃千歲。蟾蜍壽三千歲。騏驎壽二千歲。騰黄之馬。吉光之獸。皆壽三千歲。千歲之鳥。萬歲之禽。皆人面而鳥身。壽亦如其名。虎及鹿兔皆壽千歲。壽滿五百歲者。其毛色白。能（覽御九百七引作熊）壽五百歲者。則能變化。狐狸豺（藏本作貍狸作貛）狼。皆壽八百歲。滿五百歲。則善變爲人形。鼠壽三百歲。滿百歲則色白。善憑人而卜。名曰仲。能知一年中吉凶及千里外事。如此比例。不可具載。但博識者。觸物能名。洽聞者理無所惑耳。何必常與龜鶴周旋。乃可知乎。苟不識者。則園中草木。田池禽獸。猶多不知。況乎巨異者哉。史記龜筴傳云。江淮閒居人爲兒時。以龜枝牀。至後老死。家人移牀而龜故生。此亦不減五六十歲也。不飲不食。如此之久而不死。其與凡物不同亦遠矣。亦復何疑於千歲哉。仙經象龜之息。豈不有以乎。故太丘長潁川陳仲弓篤論士也。撰異聞記云。其郡人張廣定者。遭亂常避地。有一女年四歲。不能步涉。又不可擔負。計棄之。固當餓死。不欲令其骸骨之露。村口有古大冢。上巔先有穿穴。乃以器盛縋之。下此女於冢中。以數月許乾飯及水漿與之而舍去。候世（藏本作此）平定。其閒三年。廣定乃得還鄉里。欲收冢中所棄女骨。更殯埋之。廣定往視。女故坐冢中。見其父母猶識之。甚喜。而父母猶初恐其鬼也。入就之。乃知其不死。問之從何得食。女言糧初盡時。甚飢。見冢角有一物。伸頸吞氣。試效之。轉不復飢。日月爲之。以至於今。父母去時所留衣被。自在冢中。不行往來。衣服不敗。故不寒凍。廣定乃索女所言物。乃是一大龜耳。女出食穀。初小腹痛。嘔逆久許。乃習。此又足以知龜有不死之法。及爲道者效之。可與龜同年之驗也。史遷與仲弓。皆非妄說者也。天下之蟲鳥多矣。而古人獨舉斯二物者。明其獨有異於衆故也。覩一隅則可以悟之矣。或難曰。龜能土蟄。鶴能天飛。使人爲須臾之蟄。有頃刻之飛。猶尚不能。其壽安可學乎。抱朴子答曰。蟲之能蟄者多矣。鳥之能飛者饒矣。而獨舉龜鶴有長生之壽者。其所以不死者。不由蟄與飛也。是以真人但令學其道引以延年。法其食氣以絕穀。不學其土蟄與天飛也。夫得道者。上能竦身於雲霄。下能潛泳於川海。是以蕭史偕翔鳳以凌虛。琴高乘朱鯉於深淵。斯其驗也。何但須臾之蟄。頃刻之飛而已乎。龍蛇蛟螭。狙猬鼉蝨。皆能竟冬不食。不食（藏本無此二字）之時。乃肥於食時也。莫得其法。且夫一致之善者。物多勝於人。不獨龜鶴也。故太昊師蜘蛛而結網。金天據九鳫（當作扈）以正時。帝軒俟（刻本作候）鳳鳴以調律。唐堯觀蓂莢以知月。終歸知往。乾鵲知來。魚伯識水旱之氣。蜉蝣曉潛泉之地。白狼知殷家之興。鸑鷟見周家之盛。龜鶴偏解導養。不足怪也。且仙經長生之道。有數百事。但有遲速煩要耳。不必皆法龜鶴也。上士用思遐邈。自然玄暢。難以愚俗之近情。而推神仙之遠旨。或曰。我等不知今人長生之理。古人何獨知之。此蓋愚暗之局談。非達者之用懷也。夫占（此下失一字）天（藏本此下錯簡八百二十八字）之玄道。步七政之盈縮。論淩犯於既往。審崇替於將來。仰望雲物之徵祥。俯定卦兆之休咎。運三棊以定行軍之興亡。推九符而得禍福之分野。（一本作分野之禍福）乘除一算。以究鬼神之情狀。錯綜六情。而處無端之善否。其根元可考也。形理可求也。而庸才近器。猶不能開學之奧治。至於樸素。徒銳思於糟粕。不能窮測其精微也。夫鑿枘之麤伎。而輪扁有不傳之妙。掇蜩之薄術。而傴僂有入神之巧。在乎其人。由於至精也。況於神仙之道。旨意深遠。求其根莖。良未易也。松喬之徒。雖得其効。未必測其所以然也。況凡人哉。其事可學。故古人記而垂之。以傳識者耳。若心解意得。則可信而修之。其猜疑在胸。皆自其命。不當詰古人何以獨曉此。而我何以獨不知之意耶。吾今知仙之可得也。吾能休糧不食也。吾保流珠之可飛也。黃白之可求也。若責吾求其本理。則亦實復不知矣。世人若以思所能得謂之有。所不能及則謂之無。則天下之事亦尠矣。故老子有言。以狸頭之治鼠漏。以啄木之護齲齒。此亦可以類求者也。若蟹之化漆。麻之壞酒。此不可以理推者也。萬殊紛然。何可以意極哉。設令抱危篤之疾。須良藥之救。而不肯即服。須知神農岐伯。所以用此草治此病。本意之所由。則未免於愚也。或曰。生死有命。脩短素定。非彼藥物所能損益。夫指既斬而連之。不可續也。血既灑而吞之。無所益也。豈況服彼異類之松柏。以延短促之年命。甚不然也。抱朴子曰。若夫此論。必須同類。乃能爲益。然則既斬之指。已灑之血。本自一體。非爲殊族。何以既斬之而不可續。已灑之而不中服乎。余數見人以蛇銜膏連已斬之指。桑豆易雞鴨之足。（原注豆一作蟲）異物之益。不可誣也。若子言不恃他物。則宜擣肉冶骨。以爲金瘡之藥。煎皮熬髮。以治禿鬢之疾耶。夫水土不與百卉同體。而百卉仰之以植焉。五穀非生人之類。而生人須之以爲命焉。脂非火種。水非魚屬。然脂竭則火滅。水竭則魚死。伐木而寄生枯。芟草而兔絲萎。川蟹不歸而蛣敗。桑樹見斷而蠹殄。觸類而長之。斯可悟矣。金玉在九竅。則死人爲之不朽。鹽滷沾於肌髓。則脯腊爲之不爛。況於以宜身益命之物。納之於己。何怪其令人長生乎。或難曰。神仙方書。似是而非。將必好事者。妄所造作。未必出黃老之手。經松喬之目也。抱朴子曰。若如雅論。宜不驗也。今試其小者。莫不効焉。

余數見人以方諸求水於夕月。陽燧引火於朝日。隱形以淪於無象。易貌以成於異物。結巾投地而兔走。鍼綴丹帶而蛇行。瓜果結實於須臾。龍魚瀺灂於盤盂。皆如說焉。按（藏本此下錯簡八百二十八字）漢書欒太初見武帝。試令鬬棋。棋自相觸。而後漢書又載魏尙能坐在立亡。張楷能興雲起霧。皆良史所記。信而有徵。而此術事皆在神仙之部。其非妄作可知矣。小記（疑作既）有驗。則長生之道。何獨不然乎。或曰。審其神仙可以學致。翻然凌霄。背俗棄世。烝嘗之禮。莫之修奉。先鬼有知。其不餓乎。抱朴子曰。蓋聞身體不傷。謂之終孝。況得仙道。長生久視。天地相畢。過於受全歸完。不亦遠乎。果能登虛躡景。雲轝霓蓋。餐朝霞之沆瀣。吸玄黃之醇精。飲則玉醴金漿。食則翠芝朱英。居則瑤堂瑰室。行則逍遙太清。先鬼有知。將蒙我榮。或可以翼亮五帝。或可以監御百靈。位可以不求而自致。（疑此下有脫文）膳可以咀茹華璚。勢可以總攝羅酆。威可以叱咤梁柱。誠如其道。罔識其妙。亦無餓之者。得道之高。莫過伯陽。伯陽有子名宗。仕魏爲將軍。有功封於段干。然則今之學仙者。自可皆有子弟。以承祭祀之事。何緣便絕。或曰。得道之士。呼吸之術既備。服食之要又該。掩耳而聞千里。閉目而見將來。或委華駟而轡蛟龍。或（疑衍）棄神州而宅蓬瀛。或遲迴於流俗。逍遙於人間。不便絕跡以造玄虛。其所尙則同。其逝止或異。何也。抱朴子答曰。聞之先師云。仙人或昇天。或住地。要於俱長生住留。各從其所好耳。又服還丹金液之法。若且欲留在世間者。但服半劑而錄其半。若後求昇天。便盡服之。不死之事已定。無復奄忽之慮。正復且遊地上。或入名山。亦何所復憂乎。彭祖言天上多尊官大神。新仙者位卑。所奉事者非一。但更勞苦。故不足役役（一本作汲汲）於登天。而止人間八百餘年也。又云。古之得仙者。或身生羽翼。變化飛行。失人之本。更受異形。有似雀之爲蛤。雉之爲蜃。非人道也。人道當食甘旨。服輕煖。通陰陽。處官秩。耳目聰明。骨節堅強。顏色悅懌。老而不衰。延年久視。出處任意。寒溫風濕不能傷。鬼神衆精不能犯。五兵百毒不能中。憂喜毀譽不爲累。乃爲貴耳。若委棄妻子。獨處山澤。邈然斷絕人理。塊然與木石爲鄰。不足多也。昔安期先生龍眉甯公修羊公陰長生。皆服金液半劑者也。其止世間。或近千年。然後去耳。篤而論之。求長生者。正惜今日之所欲耳。本不汲汲於昇虛。以飛騰爲勝於地上也。若幸可止家而不死者。亦何必求於速登天乎。若得仙無復任（疑作住）理者。復一事耳。彭祖之言。爲附人情者也。

或問曰。爲道者當先立功德。審然否。抱朴子答曰。有之。按玉鈐經中篇云。立功爲上。除過次之。爲道者以救人危。

使免禍。護人疾病。令不枉死。爲上功也。欲求仙者。要當以忠孝和順仁信爲本。若德行不修。而但務（此上藏本錯簡今皆移正）方術。皆不得長生也。行惡事大者司命奪紀。小過奪算。隨所輕重。故所奪有多少也。凡人之受命得壽。自有本數。數本多者。則紀算難盡而遲死。若所禀本少而所犯者多。則紀算速盡而早死。又云。人欲地仙。當立三百善。欲天仙。立千二百善。若有千一百九十九善。而忽復中行一惡。則盡失前善。乃當復更起善數耳。故善不在大。惡不在小也。雖不作惡事。而口及所行之事。及責求布施之報。便復失此一事之善。但不盡失耳。又云。積善事未滿。雖服仙藥。亦無益也。若不服仙藥。並行好事。雖未便得仙。亦可無卒死之禍矣。吾更疑彭祖之輩。善功未足。故不能昇天耳。

金丹卷第四

抱朴子曰。余考覽養性（太平御覽九百八十五引作生）之書。鳩集久視之方。曾所披涉。篇卷以千計矣。莫不皆以還丹金液爲大要者焉。然則此二事。蓋仙道之極也。服此而不仙。則古來無仙矣。往者上國喪亂。莫不奔播四出。余周旋徐豫荆襄江廣數州之間。閱見流移俗道士數百人矣。或有素聞其名。乃在雲日之表者。然率相似如一。其所知見深淺有無。不足以相傾也。雖各有數十卷書。亦未能悉解之也。爲寫蓄之耳。時時有知行氣。及斷穀服諸草木藥法。所有方書。略爲同文。無一人不有道機經。唯以此爲至祕。乃云是尹喜所撰。余告之曰。此是魏世軍督王圖所撰耳。非古人也。圖了不知大藥。正欲以行氣入室求仙。作此道機。謂道畢於此。此復是誤人之甚者也。余問諸道士以神丹金液之事。及三皇文召天神地祇之法。了無一人知之者。其誇誕自譽及欺人。云已久壽。及言曾與仙人共遊者。將太半矣。足以與盡微者甚尠矣。或有頗聞金丹。而不謂今世復有得之者。皆言唯上古已度仙人。乃當曉之。或有得方外說。不得其真經。或得雜碎丹方。便謂丹法盡於此也。昔左元放於天柱山中精思。而神人授之金丹仙經。會漢末亂。不遑合作。而避地來渡江東。志欲投名山以修斯道。余從祖仙公。又從元放受之。凡受太清丹經三卷。及九鼎丹經一卷。金液丹（御覽引無丹字）經一卷。余師鄭君者。則余從祖仙公之弟子也。又於從祖受之。而家貧無用買藥。余親事之。灑掃。積久。乃於馬迹山中立壇盟受之。并諸口訣。訣之不書者。

江東先無此書。書出於左元放。元放以授余從祖。從祖以授鄭君。鄭君以授余。故他道士了無知者也。然余受之已二十餘年矣。資無擔石。無以爲之。但有長歎耳。有積金盈櫃。聚錢如山者。復不知有此不死之法。就令聞之。亦萬無一信。如何。夫飲玉粭則如漿荇之薄味。睹崑崙則覺丘垤之至卑。既覽金丹之道。則使人不欲復視小小方書。然大藥難卒得辦。當須且將御小者（刻本作藥）以自支持耳。然服他藥萬斛。爲能有小益。而終不能使人遂長生也。故老子之訣言云。子不得還丹金液。虛自苦耳。夫五穀猶能活人。人得之則生。人絕之則死。又況於上品之神藥。其益人豈不萬倍於五穀耶。夫金（當衍）丹之爲物。燒之愈久。變化愈妙。黃金入火。百鍊不消。埋之畢天不朽。服此二物。鍊人身體。故能令人不老不死。此蓋假求於外物以自堅固。有如脂之養火而不可滅。銅青塗腳。入水不腐。此是借銅之勁以扞其肉也。金丹入身中。沾洽榮衛。非但銅青之外傅矣。世間多不信至道者。則悠悠者皆是耳。然萬一時。偶有好事者。而復不見此法。不值明師。無由聞天下之有斯妙事也。余今略鈔金丹之都。較以示後之同志。好之者其勤求之。求之不可守淺近之方。而謂之足以度世也。遂不遇之者。直當息意於無窮之冀耳。想見其說。必自知出潢汚而浮滄海。背螢燭而向日月。聞雷霆（按霆當作靈。後明本篇有雷靈可證也）而覺市鼓之陋。見巨鯨而知寸介之細也。知（當作如）其嘍嘍。無所先入。欲以弊藥。必規昇騰者。何異策蹇驢而追迅風。棹藍舟而濟大川乎。又諸小餌丹方甚多。然作之有淺深。故力勢不同。雖有優劣。轉不相及。猶一酘（一本作宿）之酒。不可以方九醞之醇耳。然小丹之下者。猶自遠勝草木之上者也。凡草木燒之即燼。而丹砂燒之成水銀。積變又還成丹砂。其去凡草木（藏本無此字）亦遠矣。故能令人長生。神仙獨見此理矣。其去俗人。亦何緬邈之無限乎。世人少所識。多所怪。或不知水銀出於丹砂。告之終不肎信。云丹砂本赤物。從何得成此白物。又云。丹砂是石耳。今燒諸石皆成灰。而丹砂何獨得爾。（爾舊誤作耳今校正）此近易之事。猶不可喻。其聞仙道而大（當作大而誤倒大而笑之又見後微旨篇）笑之。不亦宜乎。上古真人。愍念將來之可教者。爲作方法。委曲欲使其脫死亡之禍耳。可謂至言矣。然而俗人。終不肎信。謂爲虛文。若是虛文者。安得九轉九變。日數所成。皆如方耶。真人所以知此者。誠不可以庸近思求也。余少好方術。負步請問。不憚險遠。每有異聞。則以爲喜。雖見毀笑。不以爲戚。焉知來者之不如今。是以著此以示識者。豈苟尚奇怪而崇飾空言。欲令書行於世。信結流俗哉。盛陽不能榮枯朽。上智不能移下愚。書爲曉者傳。事爲識者貴。農夫得彤弓以驅鳥。(意林作烏)南夷(意林作域)得袞衣以負薪。夫不知者。何可強哉。世人飽食終日。復未必能勤儒墨之業。治進德之務。但共逍遙遨遊以盡年月。其所營也。非榮則利。或飛蒼走黃於中原。或留連盃觴以羹沸。或以美女(疑此下有脫文)荒沈絲竹。或耽淪綺紈。或控弦以弊(原注一作疲)筋骨。或博弈以棄功夫。聞至道之(疑衍道之二字)言而如醉。睹道論而晝睡。有身不修。動之死地。不肯求問養生之法。自欲割削之。煎熬之。憔悴之。漉汔之。而有道者。自寶祕其所知。無求於人。亦安肯強行語之乎。世人之常言。咸以長生若可得者。古(藏本有之聖二字衍)人之富貴者。己當得之。而無得之者。是無此道也。而不知古之富貴者。亦如今之富貴者耳。俱不信不求之。而皆以目前之所欲者爲急。亦安能得之耶。假令不能決意信命之可延。仙之可得。亦何惜於試之。試之小効。但使得二三百歲。不猶愈於凡人之少夭乎。天下之事萬端。而道術尤難明於他事者也。何可以中才之心。而斷世間必無長生之道哉。若正以世人皆不信之。便謂爲無。則世人之智者。又何太多乎。今若有識道意而猶修求之者。詎必便是至愚。而皆不及世人耶。又或慮於求長生。儻其不得。恐人笑之。以爲暗惑。若心所斷。萬有一失。而天下果自有此不死之道者。不亦當復爲得之者所笑乎。日月有所不能周照。人心安足孤信哉。抱朴子曰。按黃帝九鼎神丹經曰。黃帝服之。遂以昇仙。又云。雖呼吸道引。及服草木之藥。可得延年。不免於死也。服神丹。令人壽無窮已。與天地相畢。乘雲駕龍。上下太清。黃帝以傳玄子。戒之曰。此道至重。必以授賢。苟非其人。雖積玉如山。勿以此道告之也。受之者以金人金魚。投於東流水中以爲約。唼血爲盟。無神仙之骨。亦不可得見此道也。合丹當於名山之中。無人之地。結伴不過三人。先齋百日。沐浴五香。致加精潔。勿近穢汚。及與俗人往來。又不令不信道者知之。謗毀神藥。藥不成矣。成則可以舉家皆仙。不但一身耳。世人不合神丹。反信草木之藥。草木之藥。埋之即腐。煑之即爛。燒之即焦。不能自生。何能生人乎。九丹者。長生之要。非凡人所當見聞也。萬兆蠢蠢。唯知貪富貴而已。豈非行尸者乎。合時又當祭。祭自有圖法一卷也。

第一之丹名曰丹華。當先作玄黃。用雄黃水礬石水(原注一本作汞)戎鹽鹵鹽礬(疑作礜)石牡蠣赤石脂滑石胡粉各數十斤。以爲六一泥。(刻本有封之二字)火之三十六日成。服之七日仙。又以玄膏丸此丹。置猛火上。

須臾成黃金。又以二百四十銖。合水銀百斤火之。亦成黃金。金成者。藥成也。金不成。更封藥而火之。日數如前。無不成也。

第二之丹名曰神丹。亦曰神符。服之百日仙也。行度水火。以此丹塗足下。步行水上。服之三刀圭。三尸九蟲。皆即消壞。百病皆愈也。

第三之丹名曰神丹。服一刀圭。百日仙也。以與六畜吞之。亦終不死。又能辟五兵。服百日。仙人玉女。山川鬼神。皆來侍之。見如人形。

第四之丹名曰還丹。服一刀圭。百日仙也。朱鳥鳳凰。翔覆其上。玉女至傍。以一刀圭。合水銀一斤火之。立成黃金。以此丹塗錢物用之。即日皆還。以此丹書凡人目上。百鬼走避。

第五之丹名餌丹。服之三十日仙也。鬼神來侍。玉女至前。

第六之丹名鍊丹。服之十日仙也。又以汞合火之。亦成黃金。

第七之丹名柔（一本作藥）丹。服一刀圭。百日仙也。以缺盆汁和服之。九十老翁。亦能有子。與金公（刻本有注云即鉛也藏本無）合火之。即成黃金。

第八之丹名伏丹。服之即日仙也。以此丹如棗核許。持之。百鬼避之。以丹書門戶上。萬邪衆精不敢前。又辟盜賊虎狼也。

第九之丹名寒丹。服一刀圭。百日仙也。仙童仙女來侍。飛行輕舉。不用羽翼。凡此九丹。但得一丹便仙。不在悉作之。作之在人所好者耳。凡服九丹。欲昇天則去。欲且止人間。亦任意。皆能出入無間。不可得之（疑衍）害矣。抱朴子曰。復有太清神丹。其法出於元君。元君者。老子之師也。太清觀天經有九（太平御覽九百八十五引作十四）篇。云其上三（御覽引作七）篇不可教受（一本作授）。其中三（御覽引作四）篇世無足傳。常（藏本作當）沈之三泉之下。下三篇者。正是丹經上中下凡三卷也。元君者。大神仙之人也。能調和陰陽。役使鬼神風雨。驂駕九龍十二白虎。天下衆仙皆隸焉。猶自言亦本學道服丹之所致也。非自然也。況凡人乎。其經曰。上士得道。昇爲天官。中士得道。棲集崑崙。下士得道。長生世間。民愚不信。謂爲虛言。從朝至暮。但作求死之事。了不求生。而天豈能強生之乎。凡人唯知美食好衣。聲色富貴而已。恣心盡欲。奄忽終歿之徒。慎無以神丹告之。令其笑道謗真。傳丹經不得其人。身必不吉。若有篤信者。可將合藥成以分之。莫輕以其方傳之也。知此道者。何用王侯。爲神丹既成。不但長生。又可以作黃金。金成取百斤。先設大祭。祭自有別法一卷。不與九鼎祭同也。祭當別稱金。各檢署之。

禮天二十斤。

日月五斤。

北斗八斤。

太乙八斤。

井五斤。

竈五斤。

河伯十二斤。

社五斤。

門戶閭鬼神淸君各五斤。凡八十八斤。餘一十二斤。以好韋囊盛之。良日於都市中。市盛之時。嘿聲放棄之於多人（藏本無此字）處。徑去無復顧。凡用百斤外。乃得恣意（藏本作息恣疑自恣之誤）用之耳。不先以金祀神。必被殃咎。又曰。長生之道。（當脫四字以下六句皆七字有韻也）不在祭祀事鬼神也。不在道引與屈伸也。昇仙之要在神丹也。知之不易。爲之實（當衍）難也。子能作之。可長存也。近代漢末新野陰君。合此太淸丹得仙。其人本儒生。有才思。善著詩及丹經讚并序。述初學道隨師本末。列已所知識之得仙者。四十餘人。甚分明也。作此太淸丹小爲難合於九鼎。然是白日昇天之上法也。合之當先作華池赤鹽艮雪玄白飛符三五神水。乃可起火耳。

一轉之丹。服之三年得仙。

二轉之丹。服之二年得仙。

三轉之丹。服之一年得仙。

四轉之丹。服之半年得仙。

五轉之丹。服之百日得仙。
六轉之丹。服之四十日得仙。
七轉之丹。服之三十日得仙。
八轉之丹。服之十日得仙。
九轉之丹。服之三日得仙。

若取九轉之丹內神鼎中。夏至之後。爆之鼎熱。內朱兒一斤於蓋下。伏伺之。候日精照之。須臾翕然俱起。煌煌煇煇。（藏本作煌煇煌煇）神光五色。即化爲還丹。取而服之。一刀圭即白日昇天。又九轉之丹者。封塗之於土釜中。糠火。先文後武。其一轉至九轉。遲速各有日數。多少以此知之耳。其轉數少。（藏本術則用日多四字）其藥力不足。故服之用日多得仙遲也。其轉數多。藥力成。故服之用日少而得仙速也。又有九光丹。與九轉異法。大都相似耳。作之法。當以諸藥合火之。以轉五石。五石者。丹砂雄黃白凡（刻本作礬太平御覽九百八十八引作礜）曾青慈石也。一石輒五轉而各成五色。五石而二十五色。各一兩而異器盛之。欲起死人。未滿三日者。取青丹一刀圭。和水以浴死人。又以一刀圭發其口內之。（藏本無此字）死人立生也。欲致行廚。取黑丹和水以塗左手。其所求如口所道。皆自至。可致天下萬物也。欲隱形及先知未然方來之事。及住年不老。服黃丹一刀圭。即便長生不老矣。及坐見千里之外。吉凶皆知。如在目前也。人生宿命。盛衰壽夭。富貴貧賤。皆知之也。其法俱在太清經中卷耳。

抱朴子曰。其次有五靈丹經一卷。有五法也。用丹砂雄黃雌黃（御覽九百八十五引無此二字）石硫黃曾青礜（御覽引作礜）石慈石戎鹽太乙（御覽引有禹字）餘糧。亦用六一泥。及神室祭醮合之。三十六日成。又用五帝符。以五色書之。亦令人不死。但不及太清及九鼎丹藥耳。又有岷山丹法。道士張蓋蹹精思於岷山石室中。得此方也。其法鼓冶（藏本作治）黃銅。以作方諸。以承取月中水。以水銀覆之。致日精火其中。長服之不死。又取此丹。置雄黃銅燧中。覆以汞。曝之二十日。發而治之。以井華水服如小豆。百日盲者皆能視。（此下疑有脫文）之百日病者自愈。髮白還黑。齒落更生。又務成子丹法。用巳沙汞置八寸銅盤中。以土爐盛炭。倚三隅（藏本作偶）塹以枝盤。以硫黃水灌之。常令如泥。百日服之不死。又羨門子丹法。以酒和丹一斤。用酒三升和。曝之四十日。服之一日。則三蟲百病立下。服之三年。仙道乃成。必有玉女二人來侍之。可役使致行廚。此丹可以厭百鬼。及四方死人殃。注害人宅。及起土功妨人者。懸以向之。則無患矣。又有立成丹。亦有九首似九鼎而不及也。其要一本更云。取雌黄雄黄燒下其中銅。鑄以爲器。覆之三歲淳苦酒上。百日。此器皆生赤乳。長數分。或有五色琅玕。取理而服之。亦令人長生。又可以和菟絲。菟絲是初生之根。其形似菟。掘取刻其血。以和此丹。服之立變化。任意所作也。又和以朱草一服之。能乘虚而行云。(疑作雲)朱草狀似小棗。栽長三四尺。枝葉皆赤。莖如珊瑚。喜生名山巖石之下。刻之汁流如血。以玉及八石金銀投其中。立便可丸如泥。久則成水。以金投之。名爲金漿。以玉投之。名爲(上八字據意林增各本脱)玉醴。服之皆長生。又有取伏丹法云。天下諸水。有名丹者。有南陽之丹水之屬也。其中皆有丹魚。當先夏至十日夜伺之。丹魚必浮於水側。赤光上照。赫然如火也。網而取之可得之。得之雖多。勿盡取也。割其血塗足下。則可步行水上。長居淵中矣。又赤松子丹法。取千歲蔂汗(原注一作汁)及礬桃汁。淹丹著不津器中。練蜜蓋其口。埋之入地三尺。百日。絞柠木赤實。取汁和而服之。令人面目鬢髮皆赤。長生也。昔中黄仙人有赤須子者。豈非服此乎。又石先生丹法。取烏鷇之未生毛羽者。以真丹和牛肉以吞之。至長。其毛羽皆赤。乃煞之。陰乾百日。并毛羽擣服一刀圭。百日得壽五百歲。又康風子丹法。用羊烏鶴卵雀血。合少室天雄汁。和丹內鵠卵中漆之。內雲母水中。百日化爲赤水。服一合。輒益壽百(藏本作十)歲。服一升千歲也。又崔文子丹法。納丹鶩腹中蒸之。服。令人延年。長服不死。又劉元丹法。以丹砂內玄水液中。百日紫色。握之不汚手。又和以雲母水。內管中漆之。投井中。百日化爲赤水。服一合。得百歲。久服長生也。又樂子長丹法。以曾青鉛丹合汞及丹砂。著銅筩中。乾瓦白滑石封之。於白砂中蒸之。八十日。服如小豆。三年仙矣。(原注一本作一年仙)又李文丹法。以白素裹丹。以竹汁煑之。名紅泉。乃浮湯上蒸之。合以玄水。服之一合。一年仙矣。又尹子丹法。以雲母水和丹密封。致金華池中。一年出。服一刀圭。盡一斤。得五百歲。又太乙招魂魄丹法。所用五石。及封之以六一泥。皆似九丹也。長於起卒死三日以還者。折死者(藏本作折師二字)口內一丸。與硫黄丸。俱以水送之。令入喉即活。皆言見使者持節召之。又采女丹法。以兔血和丹與蜜蒸之。百日。服之如梧桐子者大一丸。日三。至百日。有神女二人來侍之。可役使。又稷丘子丹法。以清酒麻油百華醴龍膏和。封以六一泥。以糠火煴之。十日成。服如小豆一丸。盡劑。得壽五百歲。又墨子丹法。用汞及五石液。於銅器中火熬之。以鐵上撓之十日。還爲丹。服之一刀圭。萬病去身。長服不死。又張子和丹法。用鉛汞曾青水合封之。蒸之於赤黍米中八十日成。以棗膏和丸之。服如大豆。百日。壽五百歲。又綺里丹法。先飛取五石玉塵。合以丹砂汞。內大銅器中煑之。百日五色。服之不死。以鉛百斤。以藥百刀圭。合火之成白銀。以雄黃水和之而火之。百日成黃金。金或太剛者。以猪膏煑之。或太柔者。以白梅煑之。又玉柱丹法。以華池（天一閣本華池下有汞也藏本無）和丹。以曾青硫黃末覆之薦之。內筩中沙中。蒸之五十日。服之。百日玉女六甲六丁神女來侍之。可役使。知天下之事也。又肘後丹法。以（一本有砂汞二字）金華和丹。乾瓦封之。蒸八十日。取如小豆（按此如小豆三字當衍）置盤中。向日和之。其光上與日連。服如小豆。長生矣。以投丹陽銅中。火之成金。（原注又一法以油汁和丹服之百日長生）又李公丹法。用眞丹及五石之水各一升。和令如泥。釜中火之。三十六日出。和以石硫黃液。服之十年。與天地相畢。又劉生丹法。用白菊花汁地楮（御覽九百九十六引作血）汁樗汁。和丹蒸之三十日。研合服之。一年得五百歲。老翁服更少不可識。少年服亦不老。又王君丹法。巴沙及汞。內雞子中。漆合之。令雞伏之。三枚以王相日服之。住年不老。小兒不可服。不復長矣。與新生雞犬服之。皆不復大。鳥獸亦皆如此驗。又陳生丹法。用白蜜和丹。內銅石中。封之。沈之井中。一期。服之經年。不飢。盡一斤。壽百歲。又韓衆（當衍此字）終丹法。漆蜜和丹煎之。服可延年久視。立日中無影。過此以往。尚數十法。不可具（藏本作俱）論。抱朴子曰。金液太乙。所服而仙者也。不減九丹矣。合之用古秤黃金一斤。并用元明龍膏太乙旬首中石冰石紫遊女玄水液金化石丹砂。封之成水。眞（當作其）經云。金液入口。則其身皆金色。老子授之於元君。元君曰。此道至重。百世一出。藏之石室。合之。皆齋戒百日。不得與俗人相往來。於名山之側。東流水上。別立精舍。（藏本作室）百日成。服一兩便仙。若未欲去世。且作地水仙之士者。但齋戒百日矣。若求昇天。皆先斷穀一年。乃服之也。若服半兩。則長生不死。萬害百毒。不能傷之。可以畜妻子。居官秩。任意所欲。無所禁也。若復欲昇天者。乃可齋戒。（刻本有斷穀一年四字非）更服一兩。便飛仙矣。以金液爲威喜巨勝之法。取金液及水銀一味合煑之。三十日。出。以黃土甌。盛以六一泥。封置猛火。炊之六十時。皆化爲丹。服如小豆大便仙。以此丹一刀圭粉。（御覽九百八十五引有和字）水銀一斤。即成銀。又取此丹一斤。置火上扇之。化爲赤金而流。名曰丹金。以塗刀劍。辟兵萬里。以此丹金爲盤椀。飲食其中。令人長生。以承日月得液。如方諸之得水也。飲之不死。以金液和黃土內六一泥甌中。猛火炊之。盡成黃金。中用也。復以火炊之。皆化爲丹。服之如小豆。可以入名山大川爲地仙。以此丹一刀圭粉水銀。立成銀。以銀一兩和鉛一斤。皆成銀。受金液經。投金人八兩（一本八作十）於東流水中。飲血爲誓。乃告口訣。不如本法。盜其方而作之。終不成也。凡人有至信者。可以藥與之。不可輕傳其書。必兩受其殃。天神鑒人甚近。人不知耳。抱朴子曰。九丹誠爲仙藥之上法。然合作之所用雜藥甚多。若四方清通者。市之可具。若九域分隔。則物不可得也。又當起火。晝夜數十日。伺候火力。不可令失其適。勤苦至難。故不及合金液之易也。合金液唯金爲難得耳。古秤金一斤。於今爲二斤。率不過直三十許萬。其所用雜藥差易具。又不起火。但以置華池中。日數足。便成矣。都合可用四十萬而得一劑。可足八仙人（當作人仙誤倒）也。然其中稍少合者。其氣力不足以相化成。如釀數升米。酒必無成也。抱朴子曰。其次有餌黃金法。雖不及金液。亦遠不比他藥也。或以豕負革肪及酒鍊之。或以樗皮治之。或以荆酒磁石消之。或有可引爲巾。或立令成水服之。或有禁忌。不及金液也。或以雄黃雌黃合餌之。可引之張之如皮。皆地仙法耳。銀及蚌中大珠。皆可化爲水。服之。然須長服。不可供。故皆不及金液也。抱朴子曰。合此金液九丹。既當用錢。又宜入名山。絕人事。故能爲之者少。且亦千萬人中時當有一人（藏本作人人）得其經者。故凡作道醫者。略無說金丹者也。第一禁。勿令俗人之不信道者。謗訕評毀之。必不成也。鄭君言所以爾者。合此大藥。皆當祭。祭則太乙元君老君玄女皆來鑒省。作藥者若不絕跡幽僻之地。令俗間愚人得經過聞見之。則諸神便責作藥者之（藏本作之者）不遵承經戒。致令惡人有謗毀之言。則不復佑助人。而邪氣得進。藥不成也。必入名山之中。齋戒百日。不食五辛生魚。不與俗人相見。爾乃可作大藥。作藥須成乃解齋。不但初作時齋也。鄭君云。老（當是左字之誤）君告之。言諸小小山。皆不可於其中作金液神丹也。凡小山皆無正神爲主。多是木石之精。千歲老物。血食之鬼。此輩皆邪炁。不念爲人作福。但能作禍。善試道士。道士須當以術辟身。及將從弟子。然或能壞人藥也。今之醫家。每合好藥好膏。皆不欲令雞犬小兒婦人見之。若被諸物犯之。用便無驗。又染綵者惡惡目者見之。皆失美色。況神仙大藥乎。是以古之道士。合作神藥。必入名山。不止凡山之中。正爲此也。又按仙經。可以精思合作仙藥者。有華山。泰山。霍山。恆山。嵩山。少室山。長山。太白山。終南山。女几山。地肺山。王屋山。抱犢山。

安丘山。潛山。青城山。娥（刻本作峨）眉山。綏（藏本作綏）山。雲臺山。羅浮山。陽駕山。黃金山。鼈祖山。大小天台山。四望山。蓋竹山。括蒼山。此皆是正神在其山中。其中或有地仙之人。上皆生芝草。可以避大兵大難。不但於中以合藥也。若有道者登之。則此山神必助之爲福。藥必成。若不得登此諸山者。海中大島嶼。若會稽之東翁洲。亶洲。紵嶼。（刻本下有洲字非）及徐州之莘（藏本作辛）莒洲。泰光洲。鬱洲。皆其次也。今中國名山。不可得至。江東名山之可得住（刻本作往）者。有霍山。在晉安。長山。太白。在東陽。四望山。大小天台山。蓋竹山。括蒼山。並在會稽。抱朴子曰。予忝大臣之子孫。雖才不足以經國理物。然疇類之好。進趍之業。而所知不能遠余者。多揮翮雲漢。耀景辰（藏本作晨）霄者矣。余所以絕慶弔於鄉黨。棄當世之榮華者。必欲遠登名山。成所著子書。次得合神藥。規長生故也。俗人莫不怪予之委桑梓。背清塗。而躬耕林藪。手足胼胝。謂予有狂惑之疾也。然道與世事不並興。若不廢人間之務。何得修如此之志乎。見之誠了。執之必定者。亦何憚於毀譽。豈移於勸沮哉。聊書其心。示將來之同志。尙者云。後有斷金之徒。所捐棄者。亦與余之不異也。小神丹方。用眞丹三斤。白蜜六斤。攪合日暴煎之。令可丸。旦服如麻子許十丸。未一年。髮白者黑。齒落者生。身體潤澤長肌。服之不老。老翁成少年。長生不死矣。小丹法丹一斤。擣篩淳苦酒三升。漆二升。凡三物合。令相得微火上煎。令可丸。服如麻子三丸。再服三十日。腹中百病愈。三尸去。服之百日。肌骨強堅。千日。司命削去死籍。與天地相畢。日月相望。形易容變無常。日中無影。乃別有光也。小餌黃金法。鍊金內清酒中。約二百過。出入即沸矣。握之出指間。令如泥。若不沸。及握之不出指間。即削（刻本作銷）之。內清酒中無數也。成。服之如彈丸一枚。亦可二丸分爲小丸。服之三十日。無寒溫。神人玉女侍之。銀亦可餌之。與金同法。服此二物。能居名山石室中者。一年即輕舉矣。止人間服亦地位。勿妄傳也。兩儀子餌消黃金法。猪負革脂三斤。淳苦酒一升。取黃金五兩。置器中煎之土爐。以金置脂中。百入百出。苦酒亦爾。食（藏本作飡）一斤。壽蔽天地。食半斤。壽二千歲。五兩。壽千二百歲。無多少。便可餌之。當以王相日作。服之神良。勿傳示人。示人令藥不成。不神欲去當服丹砂也。

至理卷第五

抱朴子曰。微妙難識。疑惑者衆。吾聰明豈能過人哉。適偶有所偏解。猶鶴知夜半。燕知戊己。而未必達於他事也。亦有以校驗知長生之可得。仙人之無種耳。夫道之妙者。不可盡書。而其近者。又不足（藏本有可字非）說。昔庚桑胼胝文字。（疑子字）躄顏勤苦彌久。及受大訣。諒有以也。夫圓首含氣。孰不樂生而畏死哉。然榮華勢利誘其意。素顏玉膚惑其目。清商流徵亂其耳。愛惡利害攪其神。功名聲譽束其體。此皆不召而自來。不學而已成。自非受命應仙。窮理獨見。識變通於常事之外。運清鑒於玄漠之域。寤身名之親疏。悼過隙之電速者。豈能棄交修賒。抑遺嗜好。割目下之近欲。修難成之遠功哉。夫有因無而生焉。形須神而立焉。有者。無之宮也。形者。神之宅也。故譬之於堤。堤壞則水不留矣。方之於燭。燭糜則火不居矣。身（刻本作形）勞則神散。氣竭則命終。根竭枝繁。則青青去木矣。氣疲欲勝。則精靈離身矣。夫逝者無反期。既朽無生理。達道之士。良所悲矣。輕璧重陰。豈不有以哉。故山林養性之家。遺俗得意之徒。比崇高於贅疣。方萬物乎蟬翼。豈苟爲大言而強薄世事哉。誠其所見者了。故棄之如忘耳。是以遐棲幽遁。韜鱗掩藻。遏欲視之目。遣損明之色。杜思音之耳。遠亂聽之聲。滌除玄覽。守雌抱一。專氣致柔。鎮以恬素。遣歡戚之邪情。外得失之榮辱。割厚生之腊毒。謐多言於樞機。反聽而後所聞徹。內視而後見無朕。養靈根於冥鈞。除誘慕於接物。削斥淺務。御以愉慔。爲乎無爲。以全天理爾。乃吹吸寶華。浴神太清。外除五曜。內守九精。堅玉鑰於命門。結北極於黃庭。引三景於明堂。飛元始以鍊形。采靈液於金梁。長駈白而留青。凝澄泉於丹田。引沈珠於五城。瑶鼎俯爨。藻禽仰鳴。瑰華擢穎。天鹿吐瓊。懷重規於絳宮。潛九光於洞冥。雲蒼（疑作倉）鬱而連天。長谷湛而交經。履蹑乾兌。召呼六丁。坐臥紫房。咀吸金英。曄曄秋芝。朱華翠莖。晶晶珍膏。溶溢霄零。治飢止渴。百痾不萌。逍遙戊己。燕和飲平。拘魂制魄。骨填體輕。故能策風雲以騰虛。並混輿而永生也。然梁盧之（疑衍）盈尺。非可求之（疑脫於）漏刻。山霤洞徹。非可致之於造次也。患於聞之者不信。信之者不爲。爲之者不終耳。夫得之者甚希而隱。不成者至多而顯。世人不能知其隱者。而但見其顯者。故謂天下果無（藏本有其字）仙道也。

抱朴子曰。防堅則水無漉棄之費。脂多則火無寢曜之患。龍泉以不割常利。（意林作新）斤斧以日用速弊。隱雪以違暖經夏。藏冰以居深過暑。單帛以幔鏡不灼。凡卉以偏覆越冬。泥壤易消者也。而陶之爲瓦。則與二儀齊其久焉。柞楢（藏本作柳）速朽者也。而燔之爲炭。則可億載而不敗焉。轅豚以優畜（藏本作豬）晚卒。

良馬以陟峻早斃。寒蟲以適己倍壽。南林以處溫長茂。接煞氣則彫瘁於凝霜。值陽和則鬱藹而條秀。物類一也而榮枯異功。豈有秋收之常限。冬藏之定例哉。而人之受命。死生之期。未若草木之於寒天也。而延養之理。補救之方。非徒溫煖之爲淺益也。久視之效。何爲不然。而世人守近習隘。以仙道爲虛誕。謂黃老爲妄言。不亦惜哉。夫愚夫乃不肎信湯藥鍼艾。況深於此者乎。皆曰俞跗扁鵲和緩倉公之流。必能治病。何不勿死。又曰。富貴之家。豈乏醫術。而更不壽。是命有自然也。乃責如此之人。令信神仙。是使牛緣木。馬逐鳥也。抱朴子曰。召魂小丹三使之丸。及五英八石小小之藥。或立消堅冰。或入水自浮。能斷絕鬼神。禳卻虎豹。破積聚於腑臟。退二豎於膏肓。起猝死於委尸。返驚魂於既逝。夫此皆凡藥也。猶能令已死者復生。則彼上藥也。何爲不能令生者不死乎。越人救號太子於既殞。胡巫活絕氣之蘇武。淳于能解顱以理腦。元化能刳腹以澣胃。文摯衍期以瘳危困。仲景穿胸以納赤餅。此醫家之薄技。猶能若是。豈況神仙之道。何所不爲。夫人所以死者。損也。老者。（當作也老也即下文所謂六害之第二害藏本誤作者非刻本無此二字更非）百病所害也。毒惡所中也。邪氣所傷也。風冷所犯也。今道引行氣。還精補腦。食飲有度。興居有節。將服藥物。思神守一。柱（疑作枉）天禁戒。帶佩符印。傷生之徒。一切遠之。如此則通。可以免此六害。今醫家通明腎氣之丸。內補五絡之散。骨填苟杞之煎。黃耆建中之湯。將服之者。皆致肥丁。漆葉青蓁（當作蒸三國志作黏）凡弊之草。樊阿服之。得壽二百歲。而耳目聰明。猶能持鍼以治病。此近代之實事。良史所記注者也。又云。有吳普者。從華陀受五禽之戲。以代導引。猶得百餘歲。此皆藥術之至淺。尚能如此。況於用其妙者耶。今語俗人云。理中四順。可以救霍亂。款冬紫苑。可以治欬逆。萑蘆貫衆之煞九蟲。當歸芍藥之止絞痛。秦膠獨活之除八風。菖蒲乾薑之止（疑去字）痺濕。菟絲從蓉之補虛乏。甘遂葶藶之逐痰癖。栝樓黃連之愈消渴。薺苨甘草之解百毒。蘆如益熱（未詳）之護衆創。麻黃大青之主傷寒。俗人猶謂不然也。寧煞生請福。分蓍問祟。不肎信良醫之攻（藏本有疾字）病。反用巫史之紛若。況乎告之以金丹。可以度世。芝英可以延年哉。昔留侯張良。吐出奇策。一代無有。智慮所及。非淺近人也。而猶謂不死可得者也。其聰明智用。非皆不逮世人。而曰吾將棄人間之事。以從赤松遊耳。遂修道引。絕穀一年。規輕舉之道。坐呂后逼蹴。從求安太子之計。良不得已。爲畫致四皓之策。果如其言。呂后德之。而逼令強食之。故令其道不成耳。按孔安國祕記云。良得黃石公不死之法。不但兵法而已。又云。良本師四皓。角里先生綺里季之徒。皆仙人也。良悉從受其神方。雖為呂后所強飲食。尋復修行仙道。密自度世。但世人不知。故云其死耳。如孔安國之言。則良為得仙也。又漢丞相張蒼。偶得小術。吮婦人乳汁。得一百八十歲。此蓋道之薄者。而蒼為之。猶得中壽之三倍。況於備術。行諸秘妙。何為不得長生乎。此事見於漢書。非空言也。抱朴子曰。服藥雖為長生之本。若能兼行氣者。其益甚速。若不能得藥。但行氣而盡其理者。亦得數百歲。然又宜知房中之術。所以爾者。不知陰陽之術。屢為勞損。則行氣難得力也。夫人在氣中。氣在人中。自天地至於萬物。無不須氣以生者也。善行氣者。內以養身。外以卻惡。然百姓日用而不知焉。吳越有禁呪之法。甚有明驗。（藏本作獻）多炁耳。（疑句有脫字）知之者可以入大疫之中。與病人同牀而己不染。又以羣從行數十人。皆使無所畏。此是炁可以禳天災也。或有邪魅山精。侵犯人家。以瓦石擲人。以火燒人屋舍。或形見往來。或但聞其聲音言語。而善禁者。以炁禁之。皆即絕。此是炁可以禁鬼神也。入山林多溪毒蝮蛇之地。凡人暫經過。無不中傷。而善禁者。以炁禁之。能辟方數十里上。伴侶皆使無為害者。又能禁虎豹及蛇蜂。皆悉令伏不能起。以炁禁金瘡。血即登止。又能續骨連筋。以炁禁白刃。則可蹈之不傷。刺之不入。若人為蛇虺所中。以炁禁之則立愈。近世左慈趙明等。以炁禁水。水為之逆流一二丈。又於茅屋上然火。煮食食之。而茅屋不焦。又以大釘釘柱。入七八寸。以炁吹之。釘即涌射而出。又以炁禁沸湯。以百許錢投中。令一人手探摝取錢。而手不灼爛。又（藏本作損非）禁水著中庭露之。大寒不冰。又能禁一里中炊者。盡不得蒸熟。又禁犬令不得吠。昔吳遣賀將軍討山賊。賊中有善禁者。每當交戰。官軍刀劍。皆不得拔。弓弩射矢皆還向。輒致不利。賀將軍長智有才。思乃曰。吾聞金有刃者可禁。蟲有毒者可禁。其無刃之物。無毒之蟲。則不可禁。彼能禁吾兵者。必不能禁無刃物矣。乃多作勁木白棒。選異力精卒五千人。為先登。盡捉棓。彼山賊恃其善禁者。了不能（一本作為）備。於是官軍以白棒擊之。大破彼賊。禁者果不復行。所打煞者。乃有萬計。夫炁出於形。用之其効至此。何疑不可絕穀治病。延年養性乎。仲長公理者。才達之士也。著昌言。亦論行炁。可以不飢不病。云吾始者未之信也。至於為之者。盡乃然矣。養性之方若此。至約而吾未之能也。豈不以心馳於世務。思銳於人事哉。他人之不能者。又必與吾同此疾也。昔有明師。知不死之道者。燕君使人學之。不捷而師死。燕君怒其使者。將加誅焉。諫者曰。夫所憂者莫過乎死。所重者莫急乎生。彼自喪其生。亦安能令吾君不死也。君乃不誅。其諫辭則此爲戾說矣。（疑句有脫誤刻本此下添然亦非至當之論七字非）使彼有不死之方。若吾所聞行炁之法。則彼說師（疑衍說師二字）之死者。未必不知道也。直不能棄世事而爲之。故雖知之而無益耳。非無不死之法者也。又云。河南密縣。有卜成者。學道經久。乃與家人辭去。其始步稍高。遂入雲中不復見。此所謂舉形輕飛。白日昇天。仙之上者也。陳元方韓元長。皆潁川之高士也。與密相近。二君所以信天下之有仙者。蓋各以其父祖。及見卜成者。成仙昇天故耳。此則又有仙之一證也。（按卜當作上後漢書方術傳云上成公廣韻以爲上成複姓疑者是公字之誤耳）

微旨卷第六

抱朴子曰。余聞歸同契合者。則不言而信著。途殊別務者。雖忠告而見疑。夫尋常咫尺之近理。人間取舍之細事。沈浮過於金羽。皁白分於粉墨。而抱惑之士。猶多不辨焉。豈況說之以世道之外。示之以至微之旨。大而笑之。其來久矣。豈獨今哉。夫明之所及。雖玄陰幽夜之地。豪釐芒髮之物。不以爲難見。（藏本作焉）苟所不逮者。雖日月麗天之炤灼。嵩岱干雲之峻峭。猶不能察焉。黃老玄聖。深識獨見。開祕文於名山。受仙經於神人。蹶埃塵以遺累。淩大遐以高躋。金石不能與之齊堅。龜鶴不足與之等壽。念有志於將來。愍信者之無文。垂以方法。炳然著明。小修則小得。大爲則大驗。然而淺見之徒。區區所守。甘於荼蓼而不識粭蜜。酣於醨酪而不賞醇醪。知好生而不知有養生之道。知畏死而不信有不死之法。知飲食過度之畜疾病。而不能節肥甘於其口也。知極情恣欲之致枯損。而不知割懷於所欲也。余雖言神仙之可得。安能令其信乎。或人難曰。子體無參午達理。奇毛通骨。年非安期彭祖多歷之壽。目不接見神仙耳。不獨聞異說。何以知長生之可獲。養性之有徵哉。若覺玄妙於心得。運逸鑒於獨見。所未敢許也。夫衣無蔽膚之具。資無謀夕之儲。而高談陶朱之術。自同猗頓之策。取譏論者。其理必也。抱痼疾而言精和鵲之技。屢奔北而稱究孫吳之筭。人不信者。以無效也。余答曰。夫寸鮹（意林引作蛸按鮹蛸皆非也當作蜎蜎者井中小蟲也見爾雅郭注）汎迹濫（二字誤倒意林引作濫跡爲是跡水又見後明本篇）水之中。則謂天下無四海之廣也。芒蝎宛轉果核之內。則謂八極之界。盡於茲也。雖告之以無涯之浩汗。語之以宇宙之恢闊。以為空言。必不肎信也。若令吾眼有方瞳。耳長出頂。亦將控飛龍而駕慶雲。淩流電而造倒景。子又將安得而詰我。設令見我。又將呼為天神地祇異類之人。豈謂我為學之所致哉。姑（藏本作始）聊以先覺挽引同志。豈驗令吾子之徒。皆信之哉。若令家戶有仙人。屬目比肩。吾子雖蔽。亦將不疑。但彼人之道成。則蹈青霄而遊紫極。自非通靈。莫之見聞。吾子必為無耳。世人信其臆斷。仗其短見。自謂所度。事無差錯。習乎所致。怪乎所希。提耳指掌。終於不悟。其來尚矣。豈獨今哉。或曰。屢承嘉談。足以不疑於有仙矣。但更自嫌於不能為耳。敢問更有要道。可得單行者否。抱朴子曰。凡學道當階淺以涉深。由難以及易。志誠堅果。無所不濟。疑則無功。非一事也。夫根荄不洞地。而求柯條干雲。淵源不泓窈。而求湯流萬里者。未之有也。是故（二字刻本作自）非積善陰德。不足以感神明。非誠心款契。不足以結師友。非功勞不足以論大試。又未遇明師（藏本無此二字）而求要道。未可得也。九丹金液。最是仙主。然事大費重。不可卒辦也。寶精愛炁。最其急也。并將服小藥以延年命。學近術以辟邪惡。乃可漸階精微矣。或曰。方術繁多。誠難精備。除置金丹。其餘可修。何者為善。抱朴子曰。若未得其至要之大者。則其小者。不可不廣知也。蓋藉眾術之共成長生也。大而諭之。猶世主之（藏本無此字）治國焉。文武禮律。無一不可也。小而諭之。猶工匠之為車焉。轅輞軸轄。莫或應虧也。所為術者。內修形神。使延年愈疾。外攘邪惡。使禍害不干。比之琴瑟。不可以孑絃求五音也。方之甲冑。不可以一札待鋒刃也。何者。五音合用不可闕。而鋒刃所集。不可少也。凡養生者。欲令多聞而體要。博見而善擇。偏修一事。不足必賴也。又患好生之徒。各仗其所長。知玄素之術者。則曰。唯房中之術。可以度世矣。明吐納之道者。則曰。唯行氣可以延年矣。知屈伸之法者。則曰。唯導引可以難老矣。知草木之方者。則曰。唯藥餌可以無窮矣。學道之不成。就由乎偏枯之若此也。淺見之家。偶知一事。便言已足。而不識真者。雖得善方。猶更求無已。以消工棄日。而所施用。意無一定。此皆兩有所失者也。或本性戇鈍。所知殊尚淺近。便強入名山。履冒毒螫。屢被中傷。恥復求還。或為虎狼所食。或為魍魎所殺。或餓而無絕穀之方。寒而無自溫之法。死於崖谷。不亦愚哉。夫務學不如擇師。師所聞素狹。又不盡情以教之。因告云。為道不在多也。夫為道不在多。自為已有金丹至要。可不用餘耳。然此事知之者甚希。寧可虛待不必之大事。而不修交益之小術乎。譬猶作家。云不事用他物者。蓋謂有金銀珠玉。在乎掌握懷抱之中。足以供累世之費者耳。苟其無此。何可不廣播百穀。多儲果疏乎。（刻本作蔬藏本如此）是以斷穀辟兵。厭劾鬼魅。禁禦百毒。治救衆疾。入山則使猛獸不犯。涉水則令蛟龍不害。經瘟疫則不畏。遇急難則隱形。此皆小事。而不可不知。況過此者。何可不聞乎。或曰。敢問欲修長生之道。何所禁忌。抱朴子曰。禁忌之至急。在不傷不損而已。按易內戒及赤松子經。及河圖記命符。皆云天地有司過之神。隨人所犯輕重。以奪其算。算減則人貧耗疾病。屢逢憂患。算盡則人死。諸應奪算者有數百事。不可具論。又言身中有三尸。三尸之爲物。雖無形而實魂（藏本作鬼）靈鬼神之屬也。欲使人早死。此尸當得作鬼。自放縱遊行。享人祭酹。是以每到庚申之日。輒上天白司命。道人所爲過失。又月晦之夜。竈神亦上天白人罪狀。大者奪紀。紀者三百日也。小者奪算。算者三日也。（原注或作一日）吾亦未能審此事之有無也。然天道邈遠。鬼神難明。趙簡子秦穆公。（藏本作王非）皆親受金策於上帝。有土地之明徵。山川草木。井竈洿池。猶皆有精氣。及人身中。（疑此下有脫文）。況天地爲物之至大者。於理當有精神。有神則宜賞善而罰惡。但其體大而網疏。不必機發而響應耳。然覽諸道戒。無不云欲求長生者。必欲積善立功。慈心於物。恕己及人。仁逮昆蟲。樂人之吉。愍人之苦。賙人之急。救人之窮。手不傷生。口不勸禍。見人之得。如己之得。見人之失。如己之失。不自貴。不自譽。不嫉妒勝己。不佞諂陰賊。如此乃爲有德。受福於天。所作必成。求仙可冀也。若乃憎善好殺。口是心非。背向異辭。反戾直正。虐害其下。欺罔其上。叛其所事。受恩不感。弄法受賂。縱曲枉直。廢公爲私。刑加無辜。破人之家。收人之寶。害人之身。取人之位。侵克賢者。誅戮降伏。謗訕仙聖。傷殘道士。彈射飛鳥。刳胎破卵。春夏燎獵。罵詈神靈。教人爲惡。蔽人之善。危人自安。佻人自功。壞人佳事。奪人所愛。離人骨肉。辱人求勝。取人長錢。還人短陌。決放水火。以術害人。迫脅尫弱。以惡易好。強取強求。擄掠致富。不公不平。淫泆傾邪。淩孤暴寡。拾（藏本作捨）遺取施。欺紿誑詐。好說人私。持人長短。牽天援地。說詛求直。假借不還。換貸不償。求欲無已。憎拒忠信。不順上命。不敬所師。笑人作善。敗人苗稼。損人器物。以窮人用。以不清潔飲飼他人。輕秤小斗。狹幅短度。以僞雜真。採取姦利。誘人取物。越井跨竈。晦歌朔哭。凡有一事。輒是一罪。隨事輕重。司命奪其算紀。算盡則死。但有惡心而無惡迹者奪算。若惡事而損於人者奪紀。（藏本無奪紀二字疑有脫文）若算紀未盡而自死者。皆殃及子孫也。諸橫奪人財物者。或許其妻子家口以當填之。以致死喪。但不即至耳。其惡行若不足以煞其家人者。久久終遭水火劫盜。及遺失器物。（藏本作及行求遺器物）或遇縣官疾病。自營醫藥。烹牲祭祀所用之費。要當令足以盡其所取之直也。故道家言枉煞人者。是以兵刃而更相殺。其取非義之財。不避怨恨。譬若以漏脯救飢。鴆酒解渴。非不暫飽而死亦及之矣。其有曾行諸惡事。後自改悔者。若曾枉煞人。則當思救濟應死之人以解之。若妄取人財物。則當思施與貧困以解之。若以罪加人。則當思薦達賢人以解之。皆一倍於所爲。則可便受吉利。轉禍爲福之道也。能盡不犯之。則必延年益壽。學道速成也。夫天高而聽卑。物無不鑒。行善不怠。必得吉報。羊公積德布施。詣乎皓首。乃受天墜之金。蔡順至孝。感神應之。郭巨煞子爲親。而獲鐵券之重賜。然善事難爲。惡事易作。而愚人復以項託伯牛輩。謂天地之不能辨臧否。而不知彼有外名者。未必有內行。有陽譽者。不能解陰罪。若以薺麥之生死。而疑陰陽之大氣。亦不足以致遠也。蓋上士所以密勿而僅免。凡庸所以不得其欲矣。或曰。道德未成。又未得絕迹名山。而世不同古。盜賊甚多。將何以卻朝夕之患。防無妄之災乎。抱朴子曰。常以執日取六癸上土。以和百葉薰草。以泥門戶。方一尺。則盜賊不來。亦可取市南門土及歲破土月建土。合和爲人。以著朱鳥地亦壓盜也。有急則入生地而止。無患也。天下有生地。一州有生地。一郡有生地。一縣有生地。一鄉有生地。一里有生地。一宅有生地。一房有生地。或曰。一房有生地。不亦偪乎。抱朴子曰。經云。大急之極。隱於車軾。如此。一車之中亦有生地。（藏本有亦有死地四字）況一房乎。或曰。竊聞求生之道。當知二山。不審此山。爲何所在。願垂告悟。以祛其惑。抱朴子曰。有之。非華霍也。非嵩岱也。夫太元之山。難知易求。不天不地。不沈不浮。絕險緜邈。崔嵬（御覽七百二十引作崔巍）崎嶇。和氣絪縕。神意並游。玉井泓邃。灌溉匪休。百二十官。曹府相由。離坎列位。玄芝萬株。絳樹特生。其寶皆殊。（御覽引作實如珠）金玉嵯峨。醴泉出隅。還年之士。挹其清流。子能修之。喬松可儔。此一山也。長谷之山。杳杳巍巍。玄氣（御覽引作靈）飄飄。玉液霏霏。金池紫房。在乎其隈。愚人妄往。至皆死歸。有道之士。登之不衰。採服黃精。以致天飛。此二山也。皆古賢之所秘。子精思之。或曰。願聞真人守身鍊形之術。抱朴子曰。深哉問也。夫始青之下月與日。兩半同昇合成一。出彼玉池入金室。大如彈丸黃如橘。中有嘉味甘如蜜。子能得之謹勿失。既往不追身將滅。純白之氣至微密。昇於幽關三曲折。中丹煌煌獨無匹。立之命門形不卒。淵乎妙矣難致詰。此先師之口訣。知之者。不畏萬鬼五兵也。或曰。閨房中之事。能盡其道者。可單行致神仙。并可以移災解罪。轉禍爲福。居官高遷。商賈倍利。信乎。抱朴子曰。

此皆巫書妖妄過差之言。由於好事增加潤色。至令失實。或亦姦僞造作。虛妄以欺誑世人。隱藏端緒。以求奉事。招集弟子。以規世利耳。夫陰陽之術。高可以治小疾。次可以免虛耗而已。其理自有極。安能致神仙而卻禍致福乎。人不可以陰陽不交。坐致疾患。若欲縱情恣欲。不能節宣。則伐年命。善其術者。則能卻走馬以補腦。還陰丹於朱腸。采玉液於金池。引（藏本作到）三五於華梁。令人老有美色。終其所稟之天年。而俗人聞黃帝以千二百女昇天。便謂黃帝單以此事致長生。而不知黃帝於荆山之下。鼎湖之上。飛九丹成。乃乘龍登天也。黃帝自可有千二百女耳。而非單行之所由也。凡服藥千種。三牲之養。而不知房中之術。亦無所益也。是以古人恐人輕恣情性。故美爲之說。亦不可盡信也。玄素諭之水火。水火煞人而又生人。在於能用與不能耳。大都知（舊脱知字今校補）其要法。御女多多益善。如不知其道而用之。一兩人足以速死耳。彭祖之法。最其要者。其他經多煩勞難行。而其爲益不必如其書。人少有能爲之者。口訣亦有數千言耳。不知之者。雖服百藥。猶不能得長生也。

塞難卷第七

或曰。皇穹至神。賦命宜均。何爲使喬松凡人。受不死之壽。而周孔大聖。無久視之祚哉。抱朴子曰。命之修短。實由所值。受氣結胎。各有星宿。天道無爲。任物自然。無親無疎。無彼無此也。命屬生星。則其人必好仙道。好仙道者。求之亦必得也。命屬死星。則其人亦不信仙道。不信仙道。（藏本無此四字）則亦不自修其事也。所樂善否。判於所稟。移易予奪。非天所能。譬猶金石之消於爐冶。瓦器之甄於陶竈。雖由之以成形。而銅鐵之利鈍。罋罌之邪正。適遇所遭。非復爐竈之事也。或人難曰。良工所作。皆由其手。天之神明。何所不爲。而云人生各有所值。非彼昊蒼所能匠成。愚甚惑焉。未之敢許也。抱朴子答曰。渾茫剖判。清濁以陳。或昇而動。或降而靜。彼天地猶不知所以然也。萬物感氣。並亦自然。與彼天地。各爲一物。但成有先後。體有巨細耳。有天地之大。故覺萬物之小。有（藏本無此字）萬物之小。故覺天地之大。且夫腹背雖包圍五臟。而五臟非腹背之所作也。肌膚雖纏裹血氣。而血氣非肌膚之所造也。天地雖含囊萬物。而萬物非天地之所爲也。譬猶草木之因山林以萌秀。而山林非有事焉。魚鱉之（藏本無此字）託水澤以產育。而水澤非有爲焉。俗人見天地之大也。以萬物之小也。因曰天地爲萬物之父母。

萬物爲天地之子孫。夫蛩生於我。豈我之所作。故蛩非我不生。而我非蛩之父親。蛩非我之子孫。蠮螉之育於醯醋。芝檽（按檽當作樗卽禮記芝栭也廣韻檽木耳別名可證檽卽栭字矣）之產於木石。蛣蝠之滋於污淤。翠蘿之秀於松枝。非彼四物。所創匠也。萬物盈乎天地之閒。豈有異乎斯哉。天有日月寒暑。人有瞻視呼吸。以遠況近。以此推彼。人不能自知其體。老少痛痒之何故。則彼天亦不能自知其體。盈縮災祥之所以。人不能使耳目常聰明。榮衞不輟閡。則天亦不能使日月不薄蝕。四時不失序。由玆論之。大壽之事。果不在天地。仙與不仙。決非（吳作在）所値也。夫生我者父也。娠我者母也。猶不能令我形器必中適。姿容必妖（按妖當作妓）麗。性理必平和。智慧必高遠。多致我氣力。延我年命。而或矬陋尫弱。或且黑且醜。或聾盲頑嚚。或枝離劬蹇。所得非所欲也。所欲非所得也。況乎天地遼闊者哉。父母猶復其遠者也。我自有身。不能使之永壯而不老。常健而不疾。喜怒不失宜。謀慮無悔吝。故授（藏本作受）氣流形者父母也。受而有之者我身也。其餘則莫有親密乎此者也。莫有制御乎此者也。二者已不能有損益於我矣。天地亦安得與知之乎。必若人物皆天地所作。則宜皆好而無惡。悉成而無敗。衆生無不遂之類。而項（按項當作頓）楊無春彫之悲矣。子以天不能使孔孟有度世之祚。益知所稟之有自然。非天地所剖分也。聖之爲德。德之至也。天若能以至德與之。而使之所知不全（按當作所知不合）功業不建。位不霸王。壽不盈百。此非天有爲之驗也。聖人之死。非天所殺。則聖人之生。非天所挺也。賢不必壽。愚不必夭。善無近福。惡無近禍。生無定年。死無常分。盛德哲人。秀而不實。竇公庸夫。年幾二百。伯牛廢疾。子夏喪明。盜跖窮凶而白首。莊蹻極惡而黃髮。天之無爲。於此明矣。或曰。仲尼稱自古皆有死。老子曰。神仙之可學。夫聖人之言。信而有徵。道家所說。誕而難用。抱朴子曰。仲尼。儒者之聖也。老子。得道之聖也。儒教近而易見。故宗之者衆焉。道意遠而難識。故達之者寡焉。道者。萬殊之源也。儒者。大淳之流也。三皇以往道治也。帝王以來儒教也。談者咸知（刻本有上字）高世之敦朴。而薄季俗之澆散。何獨重仲尼而輕老氏乎。是玩華藻於木末。而不識所生之有本也。何異乎貴明珠而賤淵潭。愛和璧而惡荊山。不知淵潭者。明珠之所自出。荊山者。和璧之所由生也。且夫養性者。道之餘也。禮樂（藏本作澄藥唯樓觀本作禮樂今據之改正）者。儒之末也。所以貴儒者。以其移風易俗。不唯揖讓與盤旋也。所以尊道者。以其不言而化行。匪獨養生之一事也。若儒道果有先後。則仲尼未可專信。而老氏未可孤用。仲尼既敬問伯陽。願比老彭。又自以知魚鳥而不識龍。喻老氏於龍。蓋其心服之辭。非空言也。與顏回所言。瞻之在前。忽然在後。鑽之彌堅。仰之彌高。無以異也。或曰。仲尼親見老氏而不從學道。何也。抱朴子曰。以此觀之。益明所稟有自然之命。所尙有不易之性也。仲尼知老氏玄妙貴異。而不能挹酌清虛。本源大宗。出乎無形之外。入乎至道之內。其所諮受。止於民閒之事而已。安能請求仙法耶。忖其用心汲汲。專於教化。不存乎方術也。仲尼雖聖於世事。而非能沈靜玄默。自（藏本無此字）守無爲者也。故老子戒之曰。良賈深藏若虛。君子盛德若愚。去子之驕氣與多慾。態色與淫志。是無益於子之身。此足以知仲尼不免于俗情。非學仙之人也。夫栖栖（藏本作恓恓）遑遑。務在匡時。仰悲鳳鳴。俯歎匏瓜。沽之恐不售。忼慨思執鞭。亦何肎捨經世之功業。而修養生之迂闊哉。或曰。儒道之業。孰爲難易。抱朴子答曰。儒者易中之難也。道者。難中之易也。夫棄交遊。委妻子。謝榮名。損利祿。（按利祿當作祿仕與上文子下文耳已喜恥爲韻）割粲爛於其目。抑鏗鏘於其耳。恬愉靜退。獨善守己。謗來不慼。譽至不喜。睹貴不欲。居賤不恥。此道家之難也。出無慶弔之望。入無瞻視之責。不勞神於七經。不運思於律歷。意不爲推步之苦。心不爲藝文之役。衆煩既損。和氣自益。無爲無慮。不怵不惕。此道家之易也。所謂難中之易矣。夫儒者所修。皆憲章成事。出處有則。語默隨時。師則循（藏本無此字）比屋而可求。（藏本作封）書則因解注以釋疑。此儒者之易也。鉤深致遠。錯綜典墳。該河洛之籍籍。博百氏之云云。德行積於衡巷。忠（忠舊誤作忠今校正）貞盡於事君。仰馳神於垂象。俯運思於風雲。一事不知。則所爲不通。片言不正。則褒貶不分。舉趾爲世人之所則。動脣爲天下之（藏本無此字）所傳。此儒家之難也。所謂易中之難矣。篤論二者。儒業多難。道家約易。吾以患其難矣。將舍而從其易焉。世之譏吾者。則比肩皆是也。可與得意者。則未見其人也。若同志之人。必存乎將來。則吾亦未謂之爲希矣。或曰。余閱見知名之高人。洽聞之碩儒。果以窮理盡性。研覈有無者多矣。未有言年之可延。仙之可得者也。先生明不能並日月。思不能出萬夫。而據長生之道。未之敢信也。抱朴子曰。吾庸夫近才。見淺聞寡。豈敢自許以拔羣獨識。皆勝世人乎。顧曾以顯而求諸乎隱。以易而得之乎難。校其小驗。則知其大效。覩其已然。則明其未試耳。且夫世之不信天地之有仙者。又未肎規也。率有經俗之才。當塗之伎。涉覽篇籍助教之書。以料人理之近易。辨凡猥之所惑。則謂衆之所疑。我能獨（藏本作獨能）斷之機兆之未朕。我能先覺之。是我與萬物之情。無不盡矣。幽翳冥昧。無不得也。我謂無仙。仙必無矣。自來如此其堅固也。吾每見俗儒碌碌。守株之不信至事者。皆病於頗有聰明。而偏枯拘繫。以小黠自累。不肎（當作謂）爲純在乎極暗。而了不別菽麥者也。夫以管窺之狹見。而孤塞其聰明之所不及。是何異以一尋之綆汲百仞之深。不覺所用之短。而云井之無水也。俗有聞猛風烈火之聲。而謂天之冬雷。見遊雲西行。而謂月之東馳。人或告之。而終不悟信。此信己之多者也。夫聽聲者。莫不信我之耳焉。視形者。莫不信我之目焉。而或者所聞見。言是而非。然則我之耳目。果不足信也。況乎心之所度。無形無聲。其難察尤甚於視聽。而以己心之所得。必固世間至遠之事。謂神仙爲虛言。不亦蔽哉。抱朴子曰。妍媸（藏本作蚩）有定矣。而憎愛異情。故兩目不相爲視焉。雅鄭有素矣。而好惡不同。故兩耳不相爲聽焉。真僞有質矣。而趨舍舛忤。故兩心不相爲謀焉。以醜爲美者有矣。以濁爲清者有矣。以失爲得者有矣。此三者。乖殊炳然。可知如此其易也。而彼此終不可得而一焉。又況乎神仙之事。事之妙者。而欲令人皆信之。未有可得之理也。凡人悉使之知。又何貴乎達者哉。若待俗人之息妄言。則俟河之清。未爲久也。吾所以不能默者。冀夫可上可下者。可引致耳。其不移者。古人已末如之何矣。抱朴子曰。至理之未易明。神仙之不見信。其來久矣。豈獨今哉。太上自然知之。其次告而後悟。若夫聞而大笑者。則悠悠皆是矣。吾之論此也。將有多敗之悔。失言之咎（厚注咎一作吝）乎。夫物莫之與。則傷之者至焉。蓋盛陽不能榮枯朽之木。神明不能變沈溺之性。子貢不能悅祿（按祿當作錄事見呂氏春秋必已淮南子人間訓前論仙篇云則術家有拘錄之法用錄字義正同）馬之野人。古公不能釋欲地之戎狄。實理有所不通。善言有所不行。章甫不售於蠻越。赤舄不用於跣夷。何可強哉。夫見玉而指之（藏本無此字）曰石。非玉之不真也。待和氏而後識焉。見龍而命之曰蛇。非龍之不神也。須蔡墨而後辨焉。所以貴道者。以其加之不可益。而損之不可減也。所以貴德者。以其聞毀而不慘。見譽而不悅也。彼誠以天下之必無仙。而我獨以實有而與之諍。諍之彌久。而彼執之彌固。是虛長此紛紜。而無救於不解。果當從連環之義乎。

釋滯卷第八

或問曰。人道多端。求仙至難。非有廢也。則事不兼濟。藝文之業。憂樂之務。君臣之道。胡可替乎。抱朴子答曰。要道不煩。所爲鮮耳。但患志之不立。信之不篤。何憂於人理之廢乎。長才者兼而修之。何難之有。內寶養生之道。外則和光於世。治身而身長修。治國而國太平。以六經訓俗士。以方術授知音。欲少留。則且止而佐時。欲昇騰。則凌霄而輕舉者。上士也。自持才力不能並成。則棄置（藏本作智）人間。專修道德者。亦其次也。昔黄帝荷四海之任。不妨鼎湖之舉。彭祖爲大夫八百年。然後西適流沙。伯陽爲柱史。寧封爲陶正。方回爲閭士。呂望爲太師。仇生仕於殷。馬丹官於晉。范公霸越而泛海。琴高執笏於宋康。常生降志於執鞭。莊公藏器於小吏。（舊本作史今校正）古人多得道而匡世。修之於朝隱。蓋有餘力故也。（藏本無此字）何必修於山林。（藏本無此二字）盡廢生民之事。然後乃成乎。亦有心安靜默。性惡諠譁。以縱逸爲歡。以榮任爲戚者。帶索藍縷。茹草操耜。玩其三樂。守常待終。不營苟生。不憚速死。辭千金之聘。忽卿相之貴者。無所修爲。猶常如此。況又加之以知神仙之道。其亦必不肎役身於世矣。各從其志。不可一概而言也。抱朴子曰。世之謂一言之善。貴於千金。然蓋亦軍國之得失。行己之臧否耳。至於告人以長生之訣。授之以不死之方。非特若彼常人之善言也。則奚徒千金而已乎。設使有困病垂死。而有能救之得愈者。莫不謂之爲宏恩重施矣。今若按仙經飛九丹水金玉。則天下皆可令不死。其惠非但活一人之功也。黄老之德。固無量矣。而莫之克識。謂爲妄誕之言。可歎者也。抱朴子曰。欲求神仙。唯當得其至要。至要者在於寶精行炁。服一大藥便足。亦不用多也。然此三事。復有深淺。不值明師。不經勤苦。亦不可倉卒而盡知也。雖云行炁。而行炁有數法焉。雖曰房中。而房中之術。近有百餘事焉。雖言服藥。而服藥之方。略有千條焉。初以授人。皆從淺始。有志不怠。勤勞可知。方乃告其要耳。故行炁或可以治百病。或可以入瘟疫。或可以禁蛇虎。或可以止瘡血。或可以居水中。或可以行水上。或可以辟飢渴。或可以延年命。其大要者。胎息而已。得胎息者。能不以鼻口噓吸。如在胞胎之中。則道成矣。初學行炁。鼻中引炁而閉之。陰以心數至一百二十。乃以口微（藏本無此字）吐之。（當重有二字）及引之。皆不欲令己（藏本作自）耳聞其炁出入之聲。常令入多出少。以鴻毛著鼻口之上。吐炁而鴻毛不動爲候也。漸習轉增其心數。久久可以至千。至千則老者更少。日還一日矣。夫行炁當以生炁之時。勿以死炁之時也。故曰仙人服六炁。此之謂也。一日一夜有十二時。其從半夜以至日中六時爲生炁。從日中至夜半六時爲死炁。死炁之時。行炁無益也。善用炁者。噓水。水爲之逆流數步。噓火。火爲之滅。噓虎狼。虎狼伏而不得勤起。嘘蛇虺。蛇虺蟠而不能去。若他人爲兵刃所傷。嘘之血即止。聞有爲毒蟲所中。雖不見其人。遥爲嘘祝我之手。男嘘我左。女嘘我右。而彼人雖在百里之外。即時皆愈矣。又中惡急疾。但吞三九之炁。亦登時差也。但人性多躁。少能安靜以修其道耳。又行炁大要。不欲多食。及食生菜肥鮮之物。令人炁強難閉。又禁恚怒。多恚怒則炁亂。既不得溢。或令人發欬。故尠有能爲者也。予從祖仙公每大醉。及夏天盛熱。輒入深淵之底。一日許乃出者。正以能閉炁胎息故耳。房中之法十餘家。或以補救傷損。或以攻治衆病。或以采陰益陽。或以增年延壽。其大要在於還精補腦之一事耳。此法乃真人口口相傳。本不書也。雖服名藥。而復不知此要。亦不得長生也。人復不可都絶。陰陽（當重有二字）不交。則坐致壅閼之病。故幽閉怨曠。多病而不壽也。任情肆意。又損年命。唯有得其節宣之和。可以不損。若不得口訣之術。萬無一人爲之而不以此自傷煞者也。玄素子都容成公彭祖之屬。蓋載其麤事。終不以至要者。著於紙上者也。志求不死者。以勤行求之。余承師鄭君之言。故記以示將來之信道者。非臆斷之談也。余實復未盡其訣矣。一塗之道士。或欲專守交接之術。以規神仙。而不作金丹之大藥。此愚之甚矣。抱朴子曰。道書之出於黃老者。蓋少許耳。率多後世之好書者。各以所知見而滋長。遂令篇卷至於山積。古人質朴。又多無才。其所論物理。既不周悉。其所證按。又不著明。皆闕所要而難解。解之又不深遠。不足以演暢微言。開示憤悱。勸進有志。教戒始學。令知玄妙之塗徑。禍福之源流也。徒誦之萬遍。殊無可得也。雖欲博涉。然宜詳擇其善者而後留意。至於不要之道書。不足尋繹也。末學者。或不別作者之淺深。其於名爲道家之言。便寫取累箱盈筐。盡心思索其中。是探燕巢而求鳳卵。搜井底而捕鱔（按鱔當作鱓假借爲鱣鮪之鱣顔氏家訓書證論後漢書三鱓尚書大傳注鱓或爲鱣鱣鯉也其用字正同傳寫者誤認爲蛇鱓之鱓而改之以俗鱔字失之遠矣）魚。雖加至勤。非其所有也。不得必可施用。無故消棄日月。空有疲困之勞。了無錙銖之益也。進失當世之務。退無長生之効。則莫不指點之曰。彼修道如此之勤。而不得度世。是天下果無不死之法也。而不知彼之求仙。猶臨河羨魚而無網罟。非河中之無魚也。又五千文雖出老子。然皆泛論較略耳。其中了不肎首尾全舉其事。有可承按者也。但暗誦此經而不得要道。直爲徒勞耳。又況不及者乎。至於文子莊子關令尹喜之徒。其屬文筆（藏本作華）雖祖述黃老。憲章玄虛。但演其大旨。永無至言。或復齊死生。謂無異以存活爲徭役。以殂歿爲休息。其去神仙。已千億里矣。豈足耽玩哉。其寓言譬喻。猶有可采。以供給碎用。充御卒乏。至使末世利口之奸佞。無行之弊子。得以老莊爲窟藪。不亦惜乎。或曰。聖明御世。唯賢是寶。而學仙之士。不肎進宦。人皆修道。誰復佐政事哉。抱朴子曰。背聖主而山栖者。巢許所以稱高也。遭有道而遁世者。莊伯所以爲貴也。軒轅之臨天下。可謂至理也。而廣成不與焉。唐堯之有四海。可謂太平也。而偓佺不佐焉。而德化不以之損也。才子不以之乏也。天乙革命。而務光負石以投河。姬武翦商。而夷齊不食於西山。齊桓之興。而少稷高枕於陋巷。魏文之隆。而干木散髮於西河。（藏本作之王）四老鳳戢於商洛。而不妨大漢之多士也。周黨麟跱於林藪。而無損孝文（當有誤）之刑厝也。夫寵貴不能動其心。極富不能移其好。濯纓滄浪。不降不辱。以芳林爲臺榭。峻岫爲大廈。翠蘭爲絪牀。綠葉爲幃幙。被褐代袞衣。薇藿當嘉饍。非躬耕不以充飢。非妻織不以蔽身。千載之中。時或有之。况又加之以委六親於邦族。捐室家而不顧。背榮華如棄跡。絕可欲於胸心。凌萬峻以獨往。侶影響於名山。內視於無形之域。反聽乎至寂之中。八極之內。將遽幾人。而吾子乃恐君之無臣。不亦多憂乎。或曰。學仙之士。獨潔其身而忘大倫之亂。背世主而有不臣之慢。余恐長生無成功。而罪罟將見及也。抱朴子答曰。夫北人石戶。善卷子州。皆大才也。而沈遁放逸。養其浩然。昇降（疑作隆）不爲之虧。大化不爲之缺也。况學仙之士。未必有經國之才。立朝之用。得之不加塵露之益。棄之不覺毫釐之損者乎。方今九有同宅。而幽荒來仕。元凱委積。無所用之。士有待次之滯。官無暫曠之職。勤久者有遲敍之歎。勳高者有循資（藏本作待漏）之屈。濟濟之盛。莫此之美。一介之徒。非所乏也。昔子晉舍視膳之役。棄儲貳之重。而靈王不責之以不孝。尹生委衿帶之職。違式遏之任。而有周不罪之以不忠。何者。彼誠亮其非輕世薄主。直以所好者異。匹夫之志。有不可移故也。夫有道之主。含垢善恕。知人心之不可同。出處之各有性。不逼不禁。以崇光大。上無嫌怨之偏心。下有得意之至歡。故能暉聲並揚於罔極。貪夫聞風而忸怩也。吾聞景風起則裘鑪息。世道夷則奇士退。今（藏本作會）喪亂既平。休牛放馬。烽燧滅影。干戈載戢。繁弱既韜。盧鵲將烹。子房出玄帷而反閭巷。信越釋甲冑而修魚釣。况乎學仙之士。萬未有一。國家吝此。以何爲哉。然其事在於少思寡欲。其業在於全身久壽。非爭競之醜。無傷俗之負。亦何罪乎。且華霍之極大。滄海之滉瀁。其高不俟翔埃之來。其深不抑行潦之注。撮壤土不足以減其峻。挹（藏本作升）勺水不足以削其廣。一世不過有數仙人。何能有損人物之鞅掌乎。或曰。

果其仙道可求得者。五經何以不載。周孔何以不言。聖人何以不度世。上智何以不長存。若周孔不知。則不可爲聖。若知而不學。則是無仙道也。抱朴子答曰。人生星宿。各有所值。既詳之於別篇矣。子可謂戴盆以仰望。不睹七曜之炳粲。暫引領於大川。不知重淵之奇怪也。夫五經所不載者無限矣。周孔所不言者不少矣。特爲吾子略說其萬一焉。雖大笑不可止。局情難卒開。（藏本作關）且令子聞其較略焉。夫天地爲物之大者也。九聖共成易經。足以彌綸陰陽。不可復加也。今問善易者周天之度數。四海之廣狹。宇宙之相去。凡爲幾里。上何所極。下何所據。及其轉動。誰所推引。日月遲疾。九道所乘。（藏本作剩）昏明脩短。七星迭正。五緯盈縮。冠珥薄蝕。四七凌犯。彗孛所出。氣矢之異。景老之祥。辰極不動。鎮星獨東。羲和外景而熱。望舒內鑒而寒。天漢仰見。爲潤下之性。濤潮往來。有大小之變。五音六屬。占喜怒之情。雲動氣起。含吉凶之候。欃槍尤矢。旬始絳繹。（按絳繹當作鋒擇謂天鋒及格擇也）四鎮五殘。天狗歸邪。或以示成。或以正敗。明易之生。不能論此也。以次問春秋四部詩書三禮之家。皆復無以對矣。皆曰。悉正經所不載。唯有巫咸甘公石申海中郄萌七曜。記之悉矣。余將問之曰。此六家之書。是爲經典之教乎。彼將曰非也。余又將問曰。甘石之徒。是爲聖人乎。彼亦曰非也。然則人生而戴天。詣老履地。而求之於五經之上則無之。索之於周孔之書則不得。今寧可盡以爲虛妄乎。天地至大。舉目所見。猶不能了。況於玄之又玄。妙之極妙者乎。復問俗人曰。夫乘雲蠒產之國。肝心不朽之民。巢居穴處。獨目三首。馬閒（一本作鳥爪）狗蹄。脩臂交股。黃池無男。穿胸旁口。廩君起石而沇土船。（按沇當作汎）沙壹（藏本作丘非）觸木（藏本作目非）而生群龍。女媧地出。壯（當作杜）宇天墮。甓（原注甓一作璧）飛犬吉。山徙社稷。三軍之衆。一朝盡化。君子爲鶴。小人成沙。女仞（原注一作丑）倚枯。貳（貳舊誤作二一今校正）負抱桎（桎舊誤作杜今校正）寄居之蟲。委甲步肉。二首之蛇。弦之爲弓。不灰之木。不熱之火。昌蜀之禽。無目之獸。無身之頭。無首之體。精衛填海。元鼈遞生。（按元當作交）火浣之布。切玉之刀。炎昧吐烈。磨泥漉水。枯灌化形。山夔前跟。石脩九首。畢方人面。少千之劾伯率。聖卿之役肅霜。西羌以唐景興。鮮卑以乘（藏本作乘鵠）鷙強。林邑以神錄王。庸蜀以流尸帝。盤神學來（按來當作采）而蟲飛。縱目世變於荊岫。五丁引蛇以傾峻。肉甚（刻本作內其）振翅於三海。金簡玉字。發於禹井之側。正機平衡。劉平文（按文當作合事見後辨問篇）石之中。凡此奇事。蓋以千計。五經所不載。周孔所不說。可皆復云無是物乎。至於南人能入柱以出耳。禦寇停肘水而控弦。伯昏躡億仞而企踵。呂梁能行歌以憑淵。宋公克象葉以亂真。公輸飛木鴣之翩翾。離朱覿毫芒於百步。賁獲効膂力於萬鈞。越人揣鍼以蘇死。豎亥超迹於累千。郢人奮斧於鼻堊。仲都袒身於寒天。此皆周孔所不能爲也。復可以爲無有乎。若聖人誠有所不能。則無怪於不得仙。不得仙。亦無妨於爲聖人。爲聖人偶所不閑。何足以爲攻難之主哉。聖人或可同去留任自然。有身而不私。有生而不營。存亡任天。長短委命。故不學仙。亦何怪也。

道意卷第九

抱朴子曰。道者。涵乾括坤。其本無名。論其無。則影響猶爲有焉。論其有。則萬物尚爲無焉。隸首不能計其多少。離朱不能察其髣髴。吳札晉野竭聰。不能尋其音聲乎窈冥之內。猬狶狻猪（四字据刻本如此疑傳寫誤也藏本狻猪作狻猪）疾走。不能迹其兆朕乎宇宙之外。以言乎邇。則周流秋毫而有餘焉。以言乎遠。則彌綸太虛而不足焉。爲聲之聲。爲響之響。爲形之形。爲影之影。方者得之而靜。員者得之而動。降者得之而俯。昇者得之以仰。強名爲道。已失其真。況復乃千割百判。億分萬析。使其姓號。至於無垠。去道遼遼。不亦遠哉。俗人不能識其太初之本。而修其流淫之末。人能淡默恬愉。不染不移。養其心以無欲。頤其神以粹素。掃滌誘慕。收之以正。除難求之思。遣害真之累。薄喜怒之邪。滅愛惡之端。則不請福而福來。不禳禍而禍去矣。何者。命在其中。不繫於外。道存乎此。無俟於彼也。患乎凡夫。不能守真。無杜遏之檢括。愛嗜好之搖奪（藏本作笑）馳騁流遁。有迷無反。情感物而外起。智接事而旁溢。誘於可欲。而天理滅矣。惑乎見聞。而純一遷矣。心受制於奢玩。情濁亂於波蕩。於是有傾越之災。有不振之禍。而徒烹宰肥腯。沃酹醪醴。撞金伐革。謳歌踴躍。拜伏稽顙。守請虛坐。求乞福願。冀其必得。至死不悟。不亦哀哉。若乃精靈困於煩擾。榮衛消於役用。煎熬形氣。刻削天和。勞逸過度。而碎首以（藏本無此字）請命。變起膏肓。而祭禱以求痊。當風臥濕。而謝罪於靈祇。飲食失節。而委禍於鬼魅。蕞爾之體。自貽茲患。天地神明。曷能濟焉。其烹牲罄群。何能補焉。夫福非足恭所請也。禍非禋祀所禳也。若命可以重禱延。疾可以豐祀除。則富姓可以必長生。而貴人可以無疾病也。夫神不歆非族。鬼不享淫祀。皁隸之巷。不能紆金根（藏本作銀非）之軒。布衮之門。不能動六轡之駕。同爲人類。而尊卑兩絕。況於天神緬邈。淸高其倫異矣。貴亦極矣。蓋非臭鼠之酒肴。庸民之曲躬。所能感降。亦已明矣。夫不忠不孝。罪之大惡。積千金之賂。太牢之饌。求令名於明主。釋愆責於邦家。以人釋人。猶不可得。況年壽難獲於令名。篤疾難除於愆責。鬼神異倫。正直是與。冀其曲祐。未有之也。夫慚德之主。忍詬之臣。猶能賞善不須貸財。罰惡不任私情。必將修繩履墨。不偏不黨。豈況鬼神過此之遠。不可以巧言動。不可以飾賂求。斷可識矣。楚之靈王。躬自爲巫。靡愛斯牲。而不能卻吳師之討也。漢之廣陵。敬奉李須。（按須當作須事見漢書武五子傳）傾竭府庫。而不能救叛逆之誅也。孝武（武舊誤作文今校正）尤信鬼神。咸秩無文。而不能免五柞之殂。孫主貴待華爵。封以王（藏本作往非）爵。而不能延命盡之期。非犧牲之不博碩。非玉帛之不（按此下疑有脫文）豐醲。信之非不款。敬之非不重。有丘山之損。無毫釐之益。豈非失之於近。而營之於遠乎。第五公誅除妖道。而旣壽且貴。宋廬江罷絕山祭。而福祿永終。文翁破水靈之廟。而身吉民安。魏武禁淫祀之俗。而洪慶來假。前事不妄。（按妄當作忘）將來之鑒也。明德惟馨。無憂者壽。嗇寶不夭。多慘用老。自然之理。外物何爲。若養之失和。伐之不解。百痾緣隙而結。榮衞竭而不悟。太牢三牲。曷能濟焉。俗所謂（按當有脫字）率皆妖僞。轉相誑惑。久而彌甚。旣不能修療病之術。又不能返其大迷。不務藥石之救。惟專祝祭之謬。祈禱无已。問卜不倦。巫祝小人。妄說禍祟。疾病危急。唯所不聞。聞輒修爲。損費不訾。富室竭其財儲。貧人假舉倍息。田宅割裂以訖盡。篋櫃倒裝而無餘。或偶有自差。便謂受神之賜。如其死亡。便謂鬼不見赦。幸而誤活。財產窮罄。遂復飢寒凍餓而死。或起爲劫剽。或穿窬斯濫。（一本作或縱而爲穿窬非）喪身於鋒鏑之端。自陷於醜惡之刑。皆此之由也。或什物盡於祭祀之費耗。穀帛淪於貪濁之師巫。旣沒之日。無復凶器之直。衣衾之周。使尸朽蟲流。良可悼也。愚民之蔽。乃至於此哉。淫祀妖邪。禮律所禁。然而凡夫。結不可悟。唯宜王者。更峻其法制。犯無輕重。致之大辟。購募巫祝不肯止者。刑之無赦。肆之市路。不過少時。必當絕息。所以令百姓杜凍飢之源。塞盜賊之萌。非小惠也。曩者有張角柳根王歆李甲之徒。或稱千歲。假託小術。坐在立亡。變形易說。誑眩黎庶。糾合羣愚。進不以延年益壽爲務。退不以消災治病爲業。遂以招集姦黨。稱合逆亂。不純自伏其辜。或至殘滅良人。或欺誘百姓。以規財利。錢帛山積。富踰王公。縱肆奢淫。侈服玉食。妓妾盈室。管絃成列。刺客死士。爲其致用。威傾邦君。勢凌有司。亡命逋逃。因爲窟藪。

皆由官不糾治。以臻斯患。原其所由。可爲歎息。吾徒匹夫。雖見此理。不在其位。末如之何。臨民官長。疑其有神。慮恐禁之。或致禍祟。假令頗有其懷。而見之不了。又非在職之要務。殿最之急事。而復是其愚妻頑子之所篤信。左右小人。並云不可。阻之者衆。本無至心。而諫怖者。異口同聲。於是疑惑。竟於莫敢令人扼（扼舊譌作振今校正）腕發憤者也。余親見所識者數人。了不奉神明。一生不祈祭。身享遐年。名位巍巍。子孫蕃昌。且富且貴也。唯余亦無事於斯。唯四時祀先人而已。曾所遊歷水陸萬里。道側房廟。固以百許。而往返徑遊。一無所過。而車馬無頗覆之變。涉水無風波之異。屢值疫癘。當得藥物之力。頻冒矢石。幸無傷刺之患。益知鬼神之無能爲也。又諸妖道百餘種。皆煞生血食。獨有李家道無爲爲小差。然雖不屠宰。每供福食。無有限劑。市買所具。務於豐泰。精鮮之物。不得不買。或數十人廚。費亦多矣。復未純爲清省也。亦皆宜在禁絕之列。或問李氏之道。起於何時。余答曰。吳大帝時。蜀中有李阿者。穴居不食。傳世見之。號爲八百歲公。人往往問事。阿無所言。但占問顏色。若顏色欣然。則事皆吉。若顏容慘戚。則事皆凶。若阿含笑者。則有大慶。若微歎者。即有深憂。如此之候。未曾一失也。後一旦忽去。不知所在。後（疑作復）有一人。姓李名寬。到吳而蜀語。能祝水治病頗愈。於是遠近翕然。謂寬爲李阿。因共呼之爲李八百。而實非也。自公卿以下。莫不雲集其門。後轉驕貴。不復得常見。賓客但拜其外門而退。其怪異如此。於是避役之吏民。依寬爲弟子者。恆近千人。而升堂入室。高業先進者。不過得祝水。及三部符。導引日月行炁而已。了無治身之要。服食神藥。延年駐命。不死之法也。吞氣斷穀。可得百日以還。亦不堪久。此是其術至淺可知也。余親識多有及見寬者。皆云寬衰老羸悴。起止咳噫。目瞑耳聾。齒墮髮白。漸又昏耗。或忘其子孫。與凡人無異也。然民復謂寬故作无異以欺人。豈其然乎。吳曾有大疫。死者過半。寬所奉道室。名之爲廬。寬亦得溫病。託言入廬齋戒。遂死於廬中。而事寬者。猶復謂之化形尸解之仙。非爲真死也。夫神仙之法。所以與俗人不同者。正以不老不死爲貴耳。今寬老則老矣。死則死矣。此其不得道。居然可知矣。又何疑乎。若謂於仙法應尸解者。何不且止人間一二百歲。住年不老。（藏本作死）然後去乎。天下非無仙道也。寬但非其人耳。余所以委曲論之者。寬弟子轉相教授。布滿江表。動有千許。不覺寬法之薄。不足遵承而守之。冀得度世。故欲令人覺此而悟其滯迷耳。天下有似是而非者。實爲無限。將復略說故事。以示後人之不解者。昔汝南有人於田中設繩罥以捕麞（按此下有脫文見風俗道怪神篇鮑君神李君神石賢士神與以下三條事同而文異難用相補今姑闕之以仍其舊）而去。猶念取之。不專其上。有鮑魚者。乃以一頭。置罾中而去。本主來。於罾中得鮑魚。怪之以爲神。不敢持歸。於是村里聞之。因共爲起屋立廟。號爲鮑君。後轉多奉之者。丹楹藻梲。鐘鼓不絕。病或有偶愈者。則謂有神。行道經過。莫不致祀焉。積七八年。鮑魚主後行過廟下。問其故。人具爲之說。其鮑魚主乃曰。此是我鮑魚耳。何神之有。於是乃息。又南頓人張助者。耕白田。有一李栽。應在耕次。助惜之。欲持歸。乃掘取之。未得即去。以濕土封其根。以置空桑中。遂忘取之。助後作遠職。不在。後其里中人。見桑中忽生李。謂之神。其病目痛者。蔭息此桑下。因祝之。言李君能令我目愈者。謝以一豘。其目偶愈。便殺豘祭之。傳者過差。便言此樹能令盲者得見。遠近翕然。同來請福。常車馬塡溢。酒肉滂沱。如此數年。張助罷職來還。見之乃曰。此是我昔所置李栽耳。何有神乎。乃斫去便止也。又汝南彭氏。墓近大道。墓口有一石人。田家老母到市。買數片餅以歸。天熱。過蔭彭氏墓口樹下。以所買之餅。暫著石人頭上。忽然便去。而忘取之。行路人見石人頭上有餅。怪而問之。或人云。此石上（當作士）有神。能治病。愈者以餅來謝之。如此轉以相語云。頭痛者摩石人頭。腹痛者摩石人腹。亦還以自摩。無不愈者。遂千里來就石人治病。初但雞肋。（疑作豚）後用牛羊。爲立帳帷。管絃不絕。如此數年。忽日前忘餅母聞之。乃爲人說。始無復往者。又洛西有古大墓。穿壞多水。墓中多石灰。石灰汁主治瘡。夏月行人。有病瘡者。煩熱。見此墓中水清好。因自洗浴。瘡偶便愈。於是諸病者聞之。悉往自洗。轉有飲之。以治腹內疾者。近墓居人。便於墓所立廟舍而賣此水。而往買者。又常祭廟中。酒肉不絕。而來買者轉多。此水盡。於是賣水者。常夜竊他水以益之。其遠道人不能往者。皆因行便（藏本作使）或持器遺（當作遣）信買之。於是賣水者大富。人或言無神。官申禁止。遂塡塞之。乃絕。又興古太守馬氏。在官有親故人投之。求恤焉。馬乃令此人出外住。詐云是神人。道士治病。無不手下立愈。又令辨士遊行。爲之虛聲云。能令盲者登視。躄者即行。於是四方雲集。趨之如市。而錢帛固已山積（二字舊誤倒今校正）矣。又敕諸求治病者。雖不便愈。當告人言愈也。如此則必愈。若告人未愈者。則後終不愈也。道法正爾。不可不信。於是後人問前來者。前來輒告之云已愈。無敢言未愈者也。旬日之間。乃致巨富焉。凡人多以小黠而大愚。聞延年長生之法。皆爲（當作謂）虛誕。而喜信妖邪鬼怪。令人鼓舞祈祀。所謂神者。皆馬氏誑人之類也。聊記其數事。以爲未覺者之戒焉。或問曰。世有了無知道術方伎。而平安壽考者。何也。抱朴子曰。諸如此者。或有陰德善行。以致福祐。或受命本長。故令難老遲死。或亦幸而偶爾不逢災傷。譬猶田獵所經。而有遺禽脫獸。大火既過時餘。不燼草木也。要於防身卻害。當修守形之防禁。佩天文之符劍耳。祭禱之事無益也。當恃我之不可侵也。無恃鬼神之不侵我也。然思玄執一。含景環身。可以辟邪惡。度不祥。而不能延壽命。消體疾也。任自然無方術者。未必不有終其天年者也。然不可以值暴鬼之橫枉。大疫之流行。則無以卻之矣。夫儲甲胄蓄蓑笠者。蓋以為兵為雨也。若幸無攻戰。時不沈陰。則有與無正同耳。若矢石霧合。飛鋒烟交。則知裸體者之困矣。洪雨河傾。素雪彌天。則覺露立者之劇矣。不可以薺麥之細碎。疑陰陽之大氣。以誤晚學之散人。謂方術之無益也。

明本卷第十

或問儒道之先後。抱朴子答曰。道者。儒之本也。儒者。道之末也。先（此下當有脫文）以為陰陽之術。衆於忌諱。使人拘畏。而儒者博而寡要。勞而少功。墨者儉而難遵。不可偏修。法者嚴而少恩。傷破仁義。唯道家之教。使人精神專一。動合無形。包儒墨之善。總名法之要。與時遷移。應物變化。指約而易明。事少而功多。務在全大宗之朴。守真正之源者也。而班固以史遷。先黃老而後六經。謂遷為謬。夫遷之洽聞。旁綜幽隱。沙汰事物之臧否。覈實古人之邪正。其評論也。實原本於自然。其褒貶也。皆準的乎至理。不虛美。不隱惡。不雷同以偶俗。劉向命世通人。謂為實錄。而班固之所論。未可據（藏本作遽）也。固誠純儒。不究道意。翫其所習。難以折中。夫所謂道。豈唯養生之事而已乎。易曰。立天之道。曰陰與陽。立地之道。曰柔與剛。立人之道。曰仁與義。又曰。易有聖人之道四焉。苟非其人。道不虛行。又於治世隆平。則謂之有道。危國亂主。則謂之無道。又坐而論道。謂之三公。國之有道。貧賤者恥焉。凡言道者。上自二儀。下逮萬物。莫不由之。但黃老執其本。儒墨治其末耳。今世之舉有道者。蓋博通乎古今。能仰觀俯察。歷變涉微。達興亡之運。明治亂之體。心無所惑。問無不對者。何必修長生之法。慕松喬之武（藏本作式）者哉。而管窺諸生。臆斷瞽說。聞有居山林之間。宗伯陽之業者。則毀而笑之曰。彼小道耳。不足筭也。嗟乎。所謂抱螢燭于環堵之內者。不見天光之焜爛。侶鮋鰕于跡水之中者。不識四海之浩汗。重江河之深。而不知吐之者崑崙也。

珍黍稷之收。而不覺秀之者豐壤也。今苟知推崇儒術。而不知成之者。由道。道也者。所以陶冶百氏。範鑄二儀。胞胎萬類。醞釀彝倫者也。世間淺近者衆。而深遠者少。少不勝衆。由來久矣。是以史遷雖長而不見譽。班固雖短而不見彈。然物以少者爲貴。多者爲賤。至於人事。豈獨不然。故藜藿彌原而芝英不世。枳棘被野而尋木間秀。沙礫無量而珠璧甚尠。鴻(刻本作鵬)隼飛而鸞鳳罕出。虺蜴盈藪而虬龍希覿。班生多黨。固其宜也。夫道者。內以治身。外以爲國。能令七政遵度。二氣告和。四時不失寒燠之節。風雨不爲暴物之災。玉燭表昇平之徵。澄醴彰德洽之符。焚輪虹霓寢其祆。積雲商羊戢其翼。景耀高照。嘉禾畢遂。疫癘不流。禍亂不作。塹壘不設。干戈不用。不議而當。不約而信。不結而固。不謀而成。不賞而勸。不罰而肅。不求而得。不禁而止。處上而人不以爲重。居前而人不以爲患。號未發而風移。令未施而俗易。此蓋道之治世也。故道之興也。則三五垂拱而有餘焉。道之衰也。則叔代馳鶩而不足焉。夫唯有餘。故無爲而化美。夫唯不足。故刑嚴而姦繁。黎庶怨於下。皇靈怒於上。或(藏本無此字)洪波橫流。或亢陽赤地。或山谷易體。或冬雷夏雪。或流血漂櫓。積尸築京。或坑降萬計。析骸易子。城愈高而衝愈巧。池愈深而梯愈妙。(下一愈字藏本作逾)法令明而盜賊多。盟約數而叛亂甚。猶風波駭而魚鱉擾於淵。纖羅密而羽禽躁於澤。豺狼衆而走獸劇於林。爨火猛而小鮮糜(藏本作麋)於鼎也。君臣易位者有矣。父子推刃者有矣。然後忠義制名於危國。孝子收譽於敗家。疾疫起而巫醫貴矣。道德喪而儒墨重矣。由此觀之。儒道之先後。可得定矣。或問曰。昔赤松子王喬琴高老氏彭祖務成鬱華。皆真人。悉仕於世。不便遐遁。而中世以來。爲道之士。莫不飄然絕跡幽隱。何也。抱朴子答曰。曩古純朴。巧僞未萌。其(藏本有明字)信道者。則勤而學之。其不信者。則嘿然而已。謗毀之言。不吐乎口。中傷之心。不存乎胸也。是以真人徐徐於民間。不促促於登遐耳。末俗偷薄。雕僞彌深。玄淡之化廢。而邪俗之黨繁。既不信道。好爲訕毀。謂真正爲妖訛。以神仙爲誕妄。或曰惑衆。或曰亂群。是以上士恥居其中也。昔人遯人。杜漸防微。色斯而逝。夜不待旦。覩幾而作。不俟終日。故趙害鳴犢而仲尼旋軫。醴酒不設而穆生星行。彼衆我寡。華元去之。況乎明哲。業尚本異。有何戀之當住其間哉。夫淵竭池漉。則蛟龍不游。巢傾卵拾。則鳳凰不集。居言于室。而翔鷗不下。凡卉春翦。而芝蕢不秀。世俗醜正。慢辱將臻。彼有道者。安得不超然振翅乎風雲之表。而蹝爾藏軌於玄漠之際乎。山林之中非有道也。而爲道者。必入山林。誠欲遠彼腥膻。而即北精淨也。夫入九室以精思。存真一以招神者。既不喜諠譁而合（刻本無此字按當有脫誤未詳）汚穢而合金丹之大藥。鍊八石之飛精者。尤忌利口之愚人（藏本有忌字非）凡俗之聞見。明靈爲之不降。仙藥爲之不成。非小禁也。止於人中。或有淺見毀（當衍）之。有司加之（當脫以字）罪福（當作禍）或有親舊之往來。牽之以慶弔。莫若幽隱一切。免於如此之臭鼠矣。彼之邈爾獨往。得意嵩（一本作岩）岫。豈不有以乎。或云。上士得道於三軍。中士得道於都市。下士得道於山林。此皆爲仙藥已成。未欲昇天。雖在三軍。而鋒刃不能傷。雖在都市。而人禍不能加。而下士未及於此。故止山林耳。不謂人之在上品者。初學道當止於三軍都市之中而得也。然則黃老可以至今不去也。或問曰。道之爲源本。儒之爲末流。既聞命矣。今之小異。悉何事乎。抱朴子曰。夫升降俯仰之教。盤旋三千之儀。攻守進趣之術。輕身重義（藏本作命）之節。歡憂禮樂之事。經世濟俗之略。儒者之所務也。外物棄智。滌蕩機變。忘富逸貴。杜遏勸沮。不恤乎窮。不榮乎達。不戚乎毀。不悅乎譽。道家之業也。儒者祭祀以祈福。而道者履正以禳邪。儒者所愛者。勢利也。道家所寶者。無欲也。儒者汲汲於名利。而道家抱一以獨善。儒者所講者。相研之簿領也。道家所習者。遣情之教戒也。夫道者。其（藏本作無誤）爲也。善自修以成務。其居也。善取人所不爭。其治也。善絕禍於未起。其施也。善濟物而不德。其動也。善觀民以用心。其靜也。善居慎（按慎當作眞）而無悶。此所以爲百家之君長。仁義之祖宗也。小異之理。其較如此。首尾汙隆。未之變也。或曰。儒者。周孔也。其籍。則六經也。蓋治世存正之所由也。立身舉動之準繩也。其用遠而業貴。其事大而辭美。有國有家。不易之制也。爲道之士不營禮教。不顧大倫。侶狐貉於草澤之中。偶猿猱於林麓之間。魁然流擯。與木石爲鄰。此亦東走之迷。忘葵之甘也。抱朴子答曰。摛華騁豔。質直所不尚。攻蒙救惑。疇昔之所饜。誠不欲復與子較物理之善否。校得失於機吻矣。然觀孺子之墜井。非仁者之意。視瞽人之觸柱。非兼愛之謂耶（案耶當作即）又陳梗概。粗抗一隅。夫體道以匠物。寶德以長生者。黃老是也。黃帝能治世致太平。而又昇仙。則未可謂之後於堯舜也。老子既兼綜禮教。而又久視。則未可謂之爲減周孔也。故仲尼有竊比之歎。未聞有疵毀之辭。而末世庸民。不得其門。修儒墨而毀道家。何異子孫而罵詈祖考哉。是不識其所自來。亦已甚矣。夫侏儒之手。不足以傾嵩華。焦僥之脛。不足以測滄海。每見凡俗守株之儒。營營所習。不博達理。告頑令（按令當作舍）囂。崇飾惡言。誣詰道家。說糟粕之滓。則若覩駿馬之過隙也。

涉精神之淵。則（當脫二字）淪溺而自失也。猶斥鷃之揮短翅。以凌陽侯之波。猶（當衍）蒼蠅之（藏本脫蒼字之字）力駑蹇以涉昫（原注一作日按昫當作晌）猿之峻。非其所堪。祇足速困。然而嘍嘍守於局隘。聰不經曠。明不徹離。而欲企踵以包三光。鼓腹以奮（按奮當作奪）雷靈。不亦蔽乎。蓋登旋璣之眇邈。則知井谷之至卑。覩大明之麗天。乃知鷂金之可陋。吾非生而知之。又非少而信之。始者蒙蒙。亦如子耳。既觀奧秘之弘修。而恨離困之不早也。五經之事。注說炳露。初學之徒。猶可不解。豈況金簡玉札。神仙之經。至要之言。又多不書。登壇歃血。乃傳口訣。苟非其人。雖裂地連城。金璧滿堂。不妄以示之。夫指深歸遠。雖得其書而不師受。猶仰不見首。俯不知跟。（藏本作根）豈吾子所詳悉哉。夫得仙者。或昇太清。或翔紫霄。或造玄洲。或棲板（原注或作枝）桐。聽鈞天之樂。享九芝之饌。出攜松羨於倒景之表。入宴常陽於瑶房之中。曷爲當侶狐貉而偶猿狖乎。所謂不知而作也。夫道也者。逍遥虹霓。翱翔丹霄。鴻崖六虛。唯意所造。魁然流擯。未爲戚也。犧腯聚處。雖被藻繡。論其爲樂。孰與逸麟之離羣以獨往。吉光坼偶而多福哉。

仙藥卷第十一

抱朴子曰。神農四（太平御覽九百八十四引無此字）經曰。上藥令人身安命延。昇爲（藏本無此字）天神。（御覽引此下有仙字）遨遊上下。使役萬靈。體生毛羽。行廚立至。又曰。五芝及餌丹砂玉札。曾青雄黃雌黃。（御覽引無此二字）雲母太乙禹餘糧。各可單服之。皆令人飛行長生。又曰。中藥養性。下藥除病。能令毒蟲不加。猛獸不犯。惡氣不行。衆妖併辟。又孝經援神契曰。椒薑禦濕。菖蒲益聰。巨勝延年。威喜辟兵。皆上聖之至言。方術之實錄也。明文炳然。而世人終於不信。可歎息者也。仙藥之上者丹砂。次則黃金。次則白銀。次則諸芝。次則五玉。次則雲母。（御覽引作五雲）次則明珠。次則雄黃。次則太乙禹餘糧。次則石中黃子。次則石桂。次則石英。次則石腦。次則石硫黃。（御覽九百八十四引作丹）次則石飴。次則曾青。次則松柏脂。茯苓。地黃。麥門冬。木巨勝。重樓。黃連。石韋。楮實。象柴。（御覽大觀本草引象作家）一名純盧。（御覽大觀本草引純作托）是也。或云仙人杖。或云西王母杖。或名天精。或名卻老。或名地骨。或名苟杞也。天門冬或名地門冬。或名莚門冬。或名顛棘。或名淫羊食。或名管松。其生高地。根短而味甜。氣香者善。其生水側下地者。葉細似蘊而微黃。根長而味多苦。氣臭者下。亦可服食。然喜令人下氣。爲益尤遲也。服之百日。皆丁壯倍駛（駛舊譌作駃今校正）於朮及黃精也。入山便可蒸若煮啖之。取足可以斷穀。若有力可餌之。亦可作散。并及絞其汁作酒。以服散尤佳。楚人呼天門冬爲百部。然自有百部草。其根俱有百許。相似如一也。而其苗小異也。真百部苗似拔揳。唯中以治欬及殺蝨耳。不中服食。不可誤也。如黃精一名白及。而實非中以作糊之白及也。按本草藥之與他草同名者甚多。唯精博者。能分別之。不可不詳也。黃精一名兔（御覽九百八十九引作鹿）竹。一名救窮（御覽引作雞格）一名垂（御覽引作岳）珠。服其花。勝其實。服其實。勝其根。但花難多得。得其生花十斛。乾之纔可得五六斗（御覽引作升）耳。而服之日可三合。非大有役力者。不能辦也。服黃精僅十年。乃可大得其益耳。俱以斷穀。不及朮。朮餌令人肥健。可以負重涉險。但不及黃精。甘美易食。凶年可以與老小休（大觀本草引作代）糧。人不能別之。謂爲米脯也。五芝者。有石芝。有木芝。有草芝。有肉芝。有菌芝。各有百許種也。石芝者。石象芝生於海隅名山。及島嶼之涯。有積石者。其狀加肉。象有頭尾四足者。良似生物也。附於大石。喜在高岫險峻之地。或却著仰綴也。赤者如珊瑚。白者如截肪。黑者如澤漆。青者如翠羽。黃者如紫金。而皆光明洞徹。如堅冰也。晦夜。去之三（御覽九百八十五引作一二）百步。便望見其光矣。大者十餘斤。小者三四斤。非久齋至精。及佩老子入山靈寶五符。亦不能得見此輩也。凡見諸芝。且先以開山却害符置其上。則不得復隱蔽化去矣。徐徐擇王相之日。設醮祭以酒脯。祈而取之。皆從日下禹步閉氣而往也。又若得石象芝。擣之三萬六千杵。服方寸匕。日三。盡一斤。則得千歲。十斤則萬歲。亦可分人服也。又玉脂芝。生於有玉之山。常居懸危之處。玉膏流出。萬年已上。則凝而成芝。有似鳥獸之形。色無常彩。率多似山玄水蒼玉也。亦鮮明如水精。得而末之。以無心草汁和之。須臾成水。服一升。得一千歲也。七明九光芝。皆石也。生臨水之高山石崖之間。狀如盤椀。不過徑尺以還。有莖蔕連綴之。起三四寸。有七孔者。名七明。九孔者。名九光。光皆如星。百餘步內。夜皆望見其光。其光自別。可散不可合也。常以秋分伺之。得之擣服方寸匕。入口則翕然身熱。五味甘美。盡一斤。則得千歲。令人身有光。所居暗地如月。可以夜視也。石蜜芝。生少室石戶中。戶中便有深谷。不可得過。以石投谷中。半日猶聞其聲也。去戶外十餘丈有石柱。柱上有偃蓋石。高度徑可一丈許。望見蜜芝。從石戶上墮。（御覽九百八十五引作鹽）入偃蓋中。良久。輒有一滴。有似雨後屋之餘漏。時時一落耳。然蜜芝墮不息而偃。（自有一至而偃二十四字各本皆脫去御覽引有今據之補全）蓋亦終不溢也。戶上刻石爲科斗字。曰得服石蜜芝一斗者。壽萬歲。諸道士共思惟其處。不可得往。唯當以椀器著勁竹木端。以承取之。然竟未有能爲之者。按此石戶上刻題如此。前世必已有得之者也。石桂芝生名山石穴中。似桂樹而實石也。高尺許。大如（疑衍）徑尺。光明而味辛。有枝條。擣服之。一斤得千歲也。石中黃子。所在有之。沁水山（本草圖經引作近水之山）爲尤多。其在大石中。則其石常潤濕不燥。打其石有數十重。乃得之。在大石中。赤黃溶溶。如雞子之在其殼中也。即當飲之。不飲。則堅凝成石。不復中服也。法。正當及未堅時飲之。既凝。則應末服也。破一石中。多者有一升。少者有數合。可頓服也。雖不得多。相繼服之。其計前所服。合成三升。（御覽引作斗）壽則千歲。但欲多服。唯患難得耳。石腦芝生滑石中。亦如石中黃子狀。但不皆有耳。打破大滑石千許。乃可得一枚。初破之。其在石中。五色光明而自動。服一升。（御覽引作斗）得千歲矣。石硫黃芝。（御覽九百八十七引無芝字）五岳皆有。而箕山爲多。其方言許由就此服之而長生。故不復以富貴累意。不受堯禪也。石硫丹者。石之赤精。蓋石硫黃之類也。皆浸溢於崖岸之間。其濡濕者可丸服。其已堅者可散服。如此有百二十。皆石芝也。事在太乙玉策及昌宇（原注一作字）內記。不可具稱也。及夫木芝者。松柏（刻本無此字非）脂淪入地千歲。化爲茯苓。茯苓萬歲。其上生小木。狀似蓮花。名曰木威喜芝。夜視有光。持之甚滑。燒之不然。（御覽大觀本草引作焦）帶之辟兵。以帶雞。而雜以他雞十二頭。共籠之。去之十二步。射十二箭。他雞皆傷。帶威喜芝者終不傷也。從生門上採之。於六甲陰乾之。百日。末服方寸匕。日三。盡一枚。則三千歲也。千歲之栝木。（御覽九百九十二引作射干按所引爲藥部射干門當不誤也）其下根如坐人。長七寸。刻之有血。以其血塗足下。可以步行水上不沒。以塗人鼻以入水。水爲之開。可以止住淵底也。以塗身則隱形。欲見則拭之。又可以治病。病在腹內。刮腹一刀圭。其腫痛在外者。隨其所在刮一刀圭。即（藏本無此字）其腫痛所在以摩之。皆手下即愈。假令左足有疾。則刮射（按當有干字）人之左足也。又刮以雜巨勝爲燭。夜遍照地下。有金玉寶藏。則光變青而下垂。以鍤掘之可得也。末之。服盡十斤。則千歲也。又松樹枝三千歲者。其皮中有聚脂。狀如龍形。名曰日（御覽九百五十三九百八十六引皆無此字）飛節芝。大者重十斤。末服之盡十（御覽九百八十六引作一）斤。得五百歲也。又有樊桃芝。其木如昇龍。其花葉如丹羅。其實如翠鳥。高不過五尺。生於名山之陰。東流泉水之土。以立夏（御覽引作夏至）之候伺之。得而末服之。盡一株。得五千歲也。參成芝。赤色有光。扣之枝葉。如金石之音。折而續之。即復如故。木渠芝。寄生大木上。如蓮花。九莖一叢。其味甘而辛。建木芝。實生於都廣。其皮如纓蛇。其實（御覽引作文）如鸞鳥。此三芝得服之。白日昇天也。黃盧子。尋木華。元液華。此三芝生於泰山要鄉及奉高。有得而服之。皆令人壽千歲。黃蘗檀桓芝者。千歲黃蘗木下根有如三斛器。去本株一二丈。以細根相連。狀如縷。得末而服之。盡一枚。則成地仙不死也。此輩復百二十種。自有圖也。草芝有獨搖芝。無風自動。其莖大如手指。赤如丹。素葉似莧。其根有大魁如斗。有細者如雞子十二枚。周繞大根之四方。如十二辰也。相去丈許。皆有細根如白髮以相連。生高山深谷之上。其所生左右無草。得其大魁。末服之盡。則得千歲。服其細者一枚百歲。可以分他人也。懷其大根即隱形。欲見則左轉而出之。牛角芝。生虎壽山及吳坂上。狀似葱。特生如牛角。長三四尺。青色。末服方寸匕。日三。至百日。則得千歲矣。龍仙芝。狀如昇龍之相負也。以葉爲鱗。其根則如蟠龍。服一枚則得千歲矣。麻母芝。似麻而莖赤色。花紫色。珠芝。其花黃。其葉赤。其實如李而紫色。二十四枝輒相連而垂。如貫珠也。白符芝。高四五尺。似梅。常以大雪而花。季冬而實。朱草芝。九曲。曲有三葉。葉有三實也。五德芝。狀似樓殿。莖方。其葉五色各具而不雜。上如僵蓋。中常有甘露。紫氣起數尺矣。龍銜芝。常以仲春對生。三節十二枝。下根如坐人。凡此草芝。又有百二十種。皆陰乾服之。則令人與天地相畢。或得千歲二千歲。肉芝者。謂萬歲蟾蜍。頭上有角。頷下有丹書八字。體重。以五月五日中時取之。陰乾百日。以其左足畫地。即爲流水。帶其左手於身。辟五兵。若敵人射己者。弓弩矢皆反還自向也。千歲蝙蝠。色白如雪。集則倒縣。腦重故也。此二物得而陰乾末服之。令人壽四萬歲。千歲靈龜。五色具焉。其雄額上兩骨起似角。以羊血浴之。乃剔取其甲。火炙擣服方寸匕。日三。盡一具。壽千歲。行山中。見小人乘車馬。長七八寸者。肉芝也。捉取服之。即仙矣。風生獸似貂。青色。大如狸。生於南海大林中。張網取之。積薪數車以燒之。薪盡而此獸在灰中不然。其毛不焦。斫刺不入。打之如皮囊。以鐵鎚鍛其頭數千（原注或作十）下乃死。死而張其口以向風。須臾便活而起走。以石上菖蒲塞其鼻。即死。取其腦。以和菊花服之。盡十斤。得五百歲也。又千歲鷰。其窠戶北向。其色多白而尾（御覽九百八十八引有曲字）掘取陰乾。末服一頭五百歲。

凡此又百二十種。此皆肉芝也。菌芝或生深山之中。或生大木之下。或生泉(御覽有水字)之側。其狀或如宮室。或如車馬。或如龍虎。或如人形。或如飛鳥。五色無常。亦百二十種。自有圖也。皆當禹步往采取之。刻以骨刀。陰乾末服方寸匕。令人昇仙。中者數千歲。下者千歲也。欲求芝草。入名山。必以三月九月。此山開出神藥之月也。勿以山佷日。必以天輔時。三奇會尤佳。出三奇吉門到山。須六陰之日。明堂之時。帶靈寶符。牽白犬。抱白雞。以白鹽一斗。及開山符檄著大石上。執吳唐草(原注作花)一把以入山。山神喜。必得芝也。又采芝及服芝。欲得王相專和之日。支干上下相生爲佳。此諸芝名山多有之。但凡庸道士。心不專精。行穢德薄。又不曉入山之術。雖得其圖。不知其狀。亦終不能得也。山無大小。皆有鬼神。其鬼神不以芝與人。人則雖踐之。不可見也。又雲母有五種。而人多不能分別也。法當舉以向日看其色。詳占視之。乃可知耳。正爾於陰地視之。不見其雜色也。五色並具而多青者名雲英。宜以春服之。五色並具而多赤者名雲珠。宜以夏服之。五色並具而多白者名雲液。宜以秋服之。五色並具而多黑者名雲母。宜以冬服之。但有青黃二色者名雲沙。宜以季夏服之。晶晶純白名磷石。可以四時長服之也。服五雲之法。或以桂葱水玉化之以爲水。或以露於鐵器中。以玄水熬之爲水。或以硝石合於筒中埋之爲水。或以蜜搜爲酪。或以秋露漬之百日。韋囊挻以爲粉。或以無巔草樗血合餌之。服之一年。則百病除。(藏本作愈)二年久服。(藏本無此二字)老公反成童子。五年不闕可(藏本此二字作則)役使鬼神。入火不燒。入水不濡。踐棘而(藏本無)不傷膚。(藏本無)與仙人相見。又他物埋之即朽。著火(藏本作燒之)即焦。而五雲以納猛火中經時終不然。埋之永不腐敗。故能令人長生也。又云。服之十年。雲氣常覆其上。服其母以致其子。理自然也。(大觀本草玉石部引小有異據之改補)又向日看之。晻晻純黑色起者。不中服。令人病淋發瘡。雖水餌之。皆當先以茅屋霤水。若東流水露水。漬之百日。淘汰去其土石。乃可用耳。中山衞叔卿服之。積久能乘雲而行。以其方封之玉匣之中。仙去之後。其子名世。及漢使者梁伯。得而按方合服。皆得仙去。又雄黃當得武都山所出者。純而無雜。其赤如雞冠。光明曄曄者。乃可用耳。其但純黃似雄黃色。(大觀本草引雄作雌)無赤光者。不任以作仙藥。可以合理病藥耳。餌服之法。或以蒸煑之。或以酒餌。或先以硝(大觀本草引作消)石化爲水乃凝之。或以元胴腸(大觀本草引元胴腸作猪胴二字)裹蒸之於赤土下。或以松脂和之。或以三物煉之。引之如布。白如冰。服之皆令人長生。百病除。三尸下。瘢痕滅。白髮黑。墮齒生。千日則玉女來侍。可得役使。以行致廚。又玉女常以黃玉爲誌。大如黍米。在鼻上。是眞玉女也。無此誌者。鬼試人耳。玉亦仙藥。但難得耳。玉經曰。服金者壽如金。服玉者。壽如玉也。又曰。服玄眞者。其命不極。玄眞者。玉之別名也。令人身飛輕舉。不但地仙而已。然其道遲成。服一二百斤。乃可知耳。玉可以烏米酒及地榆酒化之爲水。亦可以葱漿消之爲粘。亦可餌以爲丸。亦可燒以爲粉。服之一年以上。入水不霑。入火不灼。刃之不傷。百毒不犯也。不可用已成之器。傷人無益。當得璞玉。乃可用也。得于闐國白玉尤善。其次有南陽徐善亭部界中玉。及日南盧容水中玉亦佳。赤松子以玄蟲血漬玉爲水而服之。故能乘烟（御覽八百五引有霞字）上下也。玉屑服之與水餌之。俱令人不死。所以爲不及金者。令人數數發熱。似寒食散狀也。若服玉屑者。宜十日輒一服。雄黃丹砂各一刀圭。散髮洗沐。寒水迎風而行。則不發熱也。董君異嘗以玉醴與盲人服之。目旬日而愈。有吳延稚者。志欲服玉。得玉經方不具了。不知其節度禁忌。乃招（原注招一作始）合得珪璋環璧。及校（原注一作裝）劍所用甚多。欲餌治服之。後余爲說此不中用。乃歎息曰。事不可不精。不但無益。乃幾作禍也。又銀但不及金玉耳。可以地仙也。服之法。以麥漿化之。亦可以朱草酒餌之。亦可以龍膏煉之。然（按此下當有日子）三服輒大如彈丸者。又非清貧道士所能得也。又眞珠徑一寸以上可服。服之可以長久。酪漿漬之。皆化如水銀。亦可以浮石水蜂窠（大觀本草引此下有蠶字）化包彤蛇黃合之。可引長三四尺丸服之。絕穀服之。則不死而長生也。淳漆不沾者。服之令人通神長生。餌之法。或以六無腸公子。或云大蟹（此四字當是小注誤入正文）十枚。投其中。或以雲母水。或以玉水合服之。九蟲悉下。惡血從鼻去。一年六甲行廚至也。桂可以葱涕合蒸作水。可以竹瀝合餌之。亦可以先知君腦。或云龜（此二字當是小注誤入正文）和服之七年。能步行水上。長生不死也。巨勝一名胡麻。餌服之不老。耐風濕。補衰老也。桃膠以桑灰汁漬服之。百病愈。久服之。身輕有光明。在晦夜之地。如月出也。多服之。則可以斷穀。柠（原注一作楮）木實芝（大觀本草引無此字）赤者。餌之一年。老者還少。令人徹視見鬼。昔道士梁須（大觀本草引作頓）年七十。乃服之。轉更少。至年百四十歲。能夜書行。及奔馬。後入青龍山去。槐子以新甕（御覽九百五十四引作瓮）合泥封之。二十餘日。其表皮皆爛。乃洗之如大豆。日服之。此物主補腦。久（御覽作早）服之。令人髮不白而長生。玄中蔓方。楚飛廉。澤瀉。地黃。黃連之屬。凡三百餘種。皆能延年。可單服也。靈飛散。未央（疑作央）丸。制命丸。羊血丸。皆令人駐年卻老也。南陽酈縣山中有甘谷水。谷水所以甘者。谷上左右。皆生甘菊。菊花墮其中。歷世彌久。故水味爲變。其臨此谷中居民。皆不穿井。悉食甘谷水。食者無不老壽。高者百四五十歲。下者不失八九十。無夭年人。得此菊力也。故司空王暢。太尉劉寬。太傅袁隗。皆爲南陽太守。每到官。常使酈縣月送甘谷水四十斛。以爲飲食。此諸公多患風痺。及眩冒。皆得愈。但不能大得其益。如甘谷上居民。生小便飲食此水者耳。又菊花與薏花相似。直以甘苦別之耳。菊甘而薏苦。諺言所謂苦如薏者也。今所在有真菊。但爲少耳。率多生於水側。緱氏山與酈縣最多。仙方所謂日精更生。（按此下當有陰成二字各本皆脫去非）周盈皆一菊。而根莖花實異名。其說甚美。而近來服之者。略無效。正由不得真菊也。夫甘谷水得菊之氣味。亦何足言。而其上居民。皆以延年。況將復好藥。安得無益乎。余亡祖鴻臚少卿。（御覽七百二十九百八十四引昔作時）曾爲臨沅令。云此縣有廖氏家。世世壽考。或出百歲。或八九十。後徙去。子孫轉多夭折。他人居其故宅。復如舊。後累世壽考。由此乃覺是宅之所爲。而不知其何故。疑其井水殊赤。乃試掘井左右。得古人埋丹砂數十斛。去（御覽九百八十四引有井字）數尺。此丹砂汁。因泉漸入井。是以飲其水而得壽。況乃餌煉丹砂而服之乎。余又聞上黨有趙瞿者。病癩歷年。衆治之不愈。垂死。或云不及活。流棄之。後子孫轉相注易。其家乃齎糧。將之送置山穴中。瞿在穴中。（藏本有瞿字）自怨不幸。晝夜悲歎。涕泣經月。有仙人行經過穴。見而哀之。具問訊之。瞿知其異人。乃叩頭自陳乞哀。（大觀本草引作命）於是仙人以一囊藥賜之。教其服法。瞿服之。百許日。瘡都愈。顏色豐悅。肌膚玉澤。仙人又過視。瞿謝受更生活之恩。乞丐（大觀本草引作遺）其方。仙人告之曰。此是松脂耳。此山中更多此物。汝鍊之服。可以長生不死。瞿乃歸家。家人初謂之鬼也。甚驚愕。瞿遂長服松脂。身體轉輕。氣力百倍。登危越險。終日不極。年百七十歲。齒不墮。髮不白。夜臥忽見屋間有光。大如鏡者。以問左右。皆云不見。久而漸大。一室盡明如晝日。又夜見面上有綵女二人。長二三寸。面體皆具。但爲小耳。遊戲其口鼻之間。如是且一年。此女漸長大。出在其側。又常聞琴瑟之音。欣然獨笑。在人間三百許年。色如小童。乃入抱犢山去。必地仙也。于（藏本作余）時聞瞿服松脂如此。於是競服。其多役力者。乃車運驢負。積之盈室。服之遠者。不過一月。未覺大有益。輒止。有志者難得如是也。又漢成帝時。獵者於終南山中見一人。無衣服。身生黑毛。獵人見之。欲逐取之。而其人踰坑越谷。有如飛騰。不可逮及。於是乃密伺候其所在。合圍得之。定（大觀本草引作乃）是婦人。問之。言我本是秦之宮人也。聞關東賊至。秦王出降。宮室燒燔。驚走入山。飢無所食。垂餓死。有一老翁。教我食松葉松實。（大觀本草引作松柏葉實）當時苦澀。後稍便之。遂使不飢不渴。冬不寒。夏不熱。計此女定是秦王子嬰宮人。至成帝之世。二百許歲。乃將歸。以穀食之。初聞穀臭。嘔吐累日。乃安。如是二年許。身毛乃脫落。轉老而死。向使不為人所得。便成仙人矣。南陽文氏。說其先祖。漢末大亂。逃去山中。飢困欲死。有一人教之食朮。遂不能飢。數十年。乃來還鄉里。顏色更少。氣力勝故。自說在山中時。身輕欲跳。登高履險。歷日不極。行冰雪中。了不知寒。常見一高巖上。有數人對坐博戲者。有讀書者。俛而視文氏。因聞（藏本作問）其相問。言此子中呼上否。其一人答言未可也。朮一名山薊。一名山精。故神藥經曰。必欲長生。常（御覽九百八十九大觀本草引作當）服山精。

昔仙人八公。各服一物。以得陸仙。各數百年。乃合神丹金液。而昇太清耳。人若合八物。鍊而服之。不得其力。是其藥力有轉相勝畏故也。韓終服菖蒲十三年。身生毛。日視書萬言。皆誦之。冬袒不寒。又菖蒲生須得石上。一寸九節已上。紫花者。尤善也。趙他子服桂二十年。足下生毛。日行五百里。力舉千斤。移（御覽九百九十引作羨非後遐覽篇有移門子記也）門子服五味子十六年。色如玉女。入水不沾。入火不灼也。楚文子服地黃八年。夜視有光。手上車（按車當作連）弩也。林子明服朮十一年。耳長五寸。身輕如飛。能超踰淵谷二丈許。杜子微服天門冬。御八十妾。有子百三（御覽九百八十九大觀本草引作四）十人。日行三百里。任子季服茯苓十八年。仙人玉女往從之。能隱能彰。不復食穀。灸瘢皆滅。面體玉光。陵陽子仲服遠志二十年。有子三十七人。開書所視不忘。坐在立亡。仙經曰。雖服草木之葉。已得數百歲。忽（忽舊誤作勿今校正）怠於神丹。終不能仙。以此論之。草木延年而已。非長生之藥可知也。未得作丹。且可服之。以自撐持耳。或問服食藥物。有前後之宜乎。抱朴子答曰。按中黃子服食節度云。服治病之藥。以食前服之。養性之藥。以食後服之。吾以咨鄭君。何以如此。鄭君言此易知耳。欲以藥攻病。既宜及未食。內虛。令藥力勢易行。若以食後服之。則藥但攻穀而力盡矣。若欲養性。而以食前服藥。則力未行。而被穀驅之下去。不得止。無益也。或問曰。人服藥以養性。云有所宜。有諸乎。抱朴子答曰。按玉策記及開明經。皆以五音六屬。知人年命之所在。子午屬庚。卯酉屬己。寅申屬戊。丑未屬辛。辰戌屬丙。巳亥屬丁。一言得之者。宮與土也。三言得之者。徵與火也。五言得之者。羽與水也。七言得之者。商與金也。九言得之者。角與木也。若本命屬土。不宜服青色藥。屬金。不宜服赤色藥。屬木。不宜服白色藥。屬水。不宜服黃色藥。屬火。不宜服黑色藥。以五行之義。木尅土。土尅水。水尅火。火尅金。金尅木故也。若金丹大藥。不復論宜與不宜也。

一言宮。　庚子庚午。　辛未辛丑。　丙辰丙戌。
　　　　　丁亥丁巳。　戊寅戊申。　己卯己酉。
三言徵。　甲辰甲戌。　乙亥乙巳。　丙寅丙申。
　　　　　丁酉丁卯。　戊午戊子。　己未己丑。
五言羽。　甲寅甲申。　乙卯乙酉。　丙子丙午。
　　　　　丁未丁丑。　壬辰壬戌。　癸巳癸亥。
七言商。　甲子甲午。　乙丑乙未。　庚辰庚戌。
　　　　　辛巳辛亥。　壬申壬寅。　癸卯癸酉。
九言角。　戊辰戊戌。　己巳己亥。　庚寅庚申。
　　　　　辛卯辛酉。　壬午壬子。　癸丑癸未。

禹步法。　前舉左。　右過左。　左就右。
　　　　　次舉右。　左過右。　右就左。
　　　　　次舉右（按右當作左）右過左。　左就右。

如此三步。當滿二丈一尺（藏本無此字）後有九跡。

小神（按疑有丹字）方。用真丹三斤。白蜜一斤。合和日曝煎之。令可丸。旦服如麻子十丸。未一年。髮白更黑。齒墮更生。身體潤澤。長服之。老翁還成少年。常服。長生不死也。小餌黃金方。火銷金納清酒中。二百出。二百入。即沸矣。握之出指間。令如泥。若不沸。及握之不出指間。即復銷之。內酒中無數也。成服如彈丸。一枚亦可。汁一丸。分為小丸。服三十日。無寒溫。神人玉女下之。又銀亦可餌。與金同法。服此二物。可居名山石室中。一年。即輕舉矣。人間服之名地仙。勿妄傳也。兩儀子（此二字据前金丹篇補）餌銷黃金法。猪負革肪（肪舊誤作方脂二字今删正）三斤。醇苦酒一斗。取黃金五兩。置器中煎之。出爐。以金置肪（藏本無此字）中百入百出。若酒亦爾。餘一斤金。壽（藏本無此字）弊天地。食半斤金。壽二千歲。五兩千二百歲。無多少便可餌之。當以王相之日作之。神良。勿傳人。傳人藥成不神也。欲食去尸藥。當服丹砂。餌丹砂法。丹砂一斤。擣簁下。（藏本作下簁誤今改正金丹篇簁作篩字同也）醇（藏本無此字）苦酒三升。淳漆二升。（原注一本和蜜二升）凡三（藏本無此字）物合。令相得。微火上煎之。令可丸。服如麻子三丸。日再。四十日。腹中百病愈。三尸去。服之百日。肌骨堅强。服之千日。司命削死籍。與天地相保。日月相望。改形易容。變化無常。日中無影。乃別有光矣。（自小神方至此皆又見金丹篇其文小異不具出）

辨問卷第十二

或問曰。若仙必可得。聖人已修之矣。而周孔不爲之者。是無此道可知也。抱朴子答曰。夫聖人不必仙。仙人不必聖。聖人受命。不值長生之道。（當作氣）但自欲除殘去賊。夷險平暴。制禮作樂。著法垂教。移不正之風。易流遁之俗。匡將危之主。扶亡徵之國。刊詩書。撰河洛。著經誥。和雅頌。訓（按訓上當脫一字）童蒙。應聘諸國。突無凝煙。席不暇煖。其事則鞅掌罔極。窮年無已。亦爲能閉聰掩明。內視反聽。呼吸導引。長齋久潔。入室鍊形。登山採藥。數息思神。斷穀清腸哉。至於仙者。唯須篤志至信。勤而不怠。能恬能靜。便可得之。不待多才也。有入俗之高真。（疑作具）乃爲道者之重累也。得合一大藥。知一養神之要。則長生久視。豈若聖人所修爲者云云之無限乎。且夫俗所謂聖人者。皆治世之聖人。非得道之聖人。得道之聖人。則黃老是也。治世之聖人。則周孔是也。黃帝先治世而後登仙。此是偶有能兼之才者也。古之帝王。刻於泰山。可省讀（此下舊衍書字今删正）者七十二家。其餘磨滅者。不可勝數。而獨記黃帝仙者。其審然可知也。世人以人所尤長。衆所不及者。便謂之聖。故善圍棋之無比者。則謂之棋聖。故嚴子卿馬綏明。於今有棋聖之名焉。善史書之絕時者。則謂之書聖。故皇象胡昭。於今有書聖之名焉。善圖畫之過人者。則謂之畫聖。（上二十六字藏本脫校本依太平御覽七百五十二增）故衛協張墨。於今有畫聖之名焉。善刻削之尤巧者。則謂之木聖。故張衡馬鈞。（藏本作忠校本依御覽更正）於今有木聖之名焉。故孟子謂伯夷。清之聖者也。柳下惠。和之聖者也。伊尹。任之聖者也。（上十六字藏本脫刻本有）吾試演而論之。則聖非一事。夫班輸倕（刻本無上二字）狄。機械之聖也。附扁和緩。治疾之聖也。子韋甘均。占候之聖也。史蘇辛廖。卜筮之聖也。夏育杜回。筋力之聖也。荆軻聶政。勇敢之聖也。飛廉夸父。輕速之聖也。子野延州。知音之聖也。孫吳韓白。用兵之聖也。聖者。人事之極號也。不獨於文學而已矣。莊周云。盜有聖人之道五焉。妄意而知人之藏者。明也。先入而不疑者。勇也。後出而不懼者。義也。知可否之宜者。知也。分財均同者。仁也。不得此道而成天下大盜者。未之有也。或曰。聖人之道。不得枝分葉散。必總而兼之。然後為聖。余答之曰。孔子門徒。達者七十二。而各得聖人之一體。是聖事有劚判也。又云。顏淵具體而微。是聖事有厚薄也。又易曰。有聖人之道四焉。以言者尚其辭。以動者尚其變。以制器者尚其象。以卜筮者尚其占。此則聖道可分之明證也。何為善於道德以致神仙者。獨不可謂之為得道之聖。苟不有得道之聖。則周孔不得為治世之聖乎。既非一矣。何以當責使相兼乎。按仙經以為諸得仙者。皆其受命偶值神仙之氣。自然所稟。故胞胎之中。已含信道之性。及其有識。則心好其事。必遭明師而得其法。不然。則不信不求。求亦不得也。玉鈐經（藏本作云非按玉鈐經又見前對俗篇又見後登涉篇今改正）主命原曰。人之吉凶。制在結胎受氣之日。皆上得列宿之精。其值聖宿則聖。值賢宿則賢。值文宿則文。值武宿則武。值貴宿則貴。值富宿則富。值賤宿則賤。值貧宿則貧。值壽宿則壽。值仙宿則仙。又有神仙聖人之宿。有治世聖人之宿。有兼二聖之宿。有貴而不富之宿。有富而不貴之宿。有兼富貴之宿。有先富後貧之宿。有先貴後賤之宿。有兼貧賤之宿。有富貴不終之宿。有忠孝之宿。有兇惡之宿。如此。不可具載。其較略如此。（此二字當衍）為人生本有定命。張車子之說是也。苟不受神仙之命。則必無好仙之心。未有心不好之而求其事者也。未有不求而得之者也。自古至今。有高才明達而不信有仙者。有平平許人。學而得仙者。甲雖多所鑒識。而或蔽於仙。乙則多所不通。而偏達其理。此豈非天命之所使然乎。夫道家寶祕仙術。弟子之中。尤尚簡擇。至精彌久。然後告之以要訣。況於世人。幸自不信不求。何為當強以語之邪。既不能化令信之。又將招嗤速謗。故得道之士。所以與世人異路而行。異處而止。言不欲與之交。身不欲與之雜。隔千里。猶恐不足以遠煩勞（刻本作煩舌）之攻。絕軌跡。猶恐不足以免毀辱之醜。貴不足以誘之。富不足以移之。何肎當自衒於俗士。言我有仙法乎。此蓋周孔所以無緣而知仙道也。且夫周孔。蓋是高才大學之深遠者耳。小小之伎。猶多不閑。使之跳丸弄劍。踰鋒投狹。履絙登幢。擿盤緣案。跟挂萬仞之峻峭。游泳呂梁之不測。手扛千鈞。足躡驚飆。暴虎檻豹。攬飛捷矢。凡人爲之。而周孔不能。況過於此者乎。他人之所念慮。蚤蝨之所首向。隔牆之朱紫。林下之草芥。匣匱之書籍。地中之寶藏。豐林邃藪之鳥獸。重淵洪潭之魚鼈。令周孔委曲其采色。分別其物名。經列其多少。審實其有無。未必能盡知。況於遠此者乎。聖人不食則飢。不飲則竭。灼之則熱。凍之則寒。撻之則痛。刃之則傷。歲久則老矣。損傷則病矣。氣絕則死矣。此是其所與凡人無異者甚多。而其所以不同者至少矣。所以過絕人者。唯在於才長思遠。口給筆高。德全行潔。強訓博聞之事耳。亦安能無事不兼邪。既已著作典謨。安上治民。復欲使之兩知仙道。長生不死。以此責聖人。何其多乎。吾聞至言逆俗耳。真語必違衆。儒士卒覽吾此書者。必謂吾非毀聖人。吾豈然哉。但欲盡物理耳。理盡事窮。則似於謗訕周孔矣。世人謂聖人從天而墜。神靈之物。無所不知。無所不能。甚於服畏其名。不敢復料之以事。謂爲聖人所不能。則人無復能之者也。聖人所不知。則人無復知之者也。不可(藏本作亦)笑哉。今具以近事校之。想可以悟也。完山之鳥。賣生送死之聲。孔子不知之。便可復謂顏回。只可偏解之乎。聞太山婦人之哭。問之。乃知虎食其家三人。又不知此婦人。何以不徙去之意。須答乃悟。見羅雀者。純得黃口。不辨其意。問之乃覺。及欲葬母。不知父墓所在。須人語之。既定墓崩。又不知之。弟子誥之。乃泫然流涕。又疑顏淵之盜食。乃假言欲祭先人。卜掇塵之虛僞。廄焚。又不知傷人馬否。顏淵後。便謂之已死。又周流七十餘國。而不能逆知人之必不用之也。而栖栖(藏本作洒洒)遑遑。席不暇溫。又不知匡人當圍之。而由其途。問老子以古禮。禮有所不解也。問郯子以鳥官。官有所不識也。行不知津。而使人問之。又不知所問之人。必譏之而不告其路。若爾。可知不問也。下車逐歌鳳者。而不知彼之不住也。見南子而不知其無益也。諸若此類。不可具舉。但不知仙法。何足怪哉。又俗儒云。聖人所不能。則餘人皆不能。則宕人水居。梁母火化。子伯耐至熱。仲都堪酷寒。左慈兵解而不死。甘始休糧以經歲。范軼見斫而不入。鼈令流尸而更生。少千執百鬼。長房縮地脉。仲甫假形於晨鳧。張楷吹噓起雲霧。未聞周孔能爲斯事也。俗人或曰。周孔皆能爲此。但不爲耳。吾答之曰。必不求之於明文。而指之以空言者。吾便可謂周孔能振翮翻飛。翱翔八極。興雲致雨。移山拔井。但不爲耳。一不以記籍見事爲據者。復何限哉。必若所云者。吾亦可以言周孔。皆已昇仙。但以此法。不可以訓世。恐人皆知不死之可得。皆必悉委供養。廢進官而登危浮深以修斯道。是爲家無復子孫。國無復臣吏。忠孝並喪。大倫必亂。故周孔密自爲之。而祕不告人。外託終亡之形。內有上仙之實。如此。則子亦將何以難吾乎。亦又未必不然也。靈寶經有正機平衡。飛龜授袟。凡三篇。皆仙術也。吳王伐石以治宮室。而於合石之中得紫文金簡之書。不能讀之。使使者持以問仲尼。而欺仲尼曰。吳王閑居。有赤雀銜書以置殿上。不知其義。故遠諮呈仲尼以視之曰。此乃靈寶之方。長生之法。禹之所服。隱在水邦。年齊天地。朝於紫庭者也。禹將仙化。封之名山石函之中。乃今赤雀銜之。殆天授也。以此論之。是夏禹不死也。而仲尼又知之。安知仲尼不皆密修其道乎。正復使聖人不爲此事。未可謂無其效也。人所好惡。各各不同。諭之以面。豈不信哉。誠合其意。雖小必爲也。不合其神。雖大不學也。好苦憎甘。既皆有矣。嗜利棄義。亦無數焉。聖人之大寶曰位。何以聚人曰財。又曰。富與貴。是人之所欲。而昔已有禪之以帝王之位而不用。委之以四海之富而不顧。蔑三九之官。背玉帛之聘。遂山林之高潔。甘魚釣之陋業者。蓋不可勝數耳。又曰。男女飲食。人之大欲存焉。是以好色不可諫。甘旨可忘憂。昔有絕穀棄美。不畜妻妾。超然獨往。浩（藏本作倍非）然得意。顧影含歡。漱流忘味者。又難勝記也。人情莫不愛紅顏豔姿。輕體柔身。而黃帝逑（藏本作遠非）篤醜之嫫母。陳侯憐可憎之敦洽。人鼻無不樂香。故流黃鬱金芝蘭蘇合元膽素膠江離揭車春蕙秋蘭。價同瓊瑤。而海上之女。逐酷臭之夫。隨之不止。（刻本有人口無不悅甘而七字非）周文嗜不美之葅。不以易大牢之滋味。（刻本有人耳無不喜樂而七字非）魏明好椎鑿之聲。不以易絲竹之和音。人各有意。安可求此以同彼乎。周孔自偶不信仙道。日月有所不照。聖人有所不知。豈可以聖人所不爲。便云天下無仙。是責三光不照覆盆之內也。

極言卷第十三

或問曰。古之仙人者。皆由學以得之。將特稟其氣耶。抱朴子答曰。是何言歟。彼莫不負笈隨師。積其功勤。蒙霜冒險。櫛風沐雨。而躬親灑掃。契闊勞藝。始見之以信行。終被試以危困。性篤行貞。心無怨貳。乃得升堂以入於室。或有怠厭而中止。或有怨恚而造退。或有誘於榮利。而還修流俗之事。或有敗於邪說。而失其淡泊之志。或朝為而夕欲其成。或坐修而立望其効。若夫覩財色而心不戰。聞俗言而志不沮者。萬夫之中。有一人為多矣。故為者如牛毛。獲者如麟角也。夫彀勁弩者。効力於發箭。涉大川者。保全於旣濟。井不達泉。則猶不掘也。一步未至。則猶不往也。修塗之累。非移晷所臻。淩霄之高。非一簣之積。然升峻者。患於垂上而力不足。為道者。病於方成而志不遂。千倉萬箱。非一耕所得。干天之木。非旬日所長。不測之淵。起於汀瀅。陶朱之資。必積百千。若乃人退已進。陰子所以窮至道也。敬卒若始。羨門所以致雲龍也。我志堅誠。彼何人哉。抱朴子曰。俗民旣不能生生。而務所以煞生。夫有盡之物。不能給無已之耗。江河之流。不能盈無底之器也。凡人利入少而費用多者。猶不供也。況無錙銖之來。而有千百之往乎。人無少長。莫不有疾。但輕重言之耳。而受氣各有多少。多者其盡遲。少者其竭速。其知道者。補而救之。必先復故。然後方求量表之益。若令服食終日。則肉飛骨騰。導引改朔。則羽翮參差。則世間無不信道之民也。患乎升勺之利未堅。而鍾石之費相尋。根柢（藏本作移非）之據未極。而冰霜之毒交攻。不知過之在己。而反云道之無益。故捐丸散而罷吐納矣。故曰。非長生難也。聞道難也。非聞道難也。行之難也。非行之難也。終之難也。良匠能與人規矩。不能使人必巧也。明師能授人方書。不能使人必為也。夫修道猶如播穀也。成之猶收積也。厥田雖沃。水澤雖美。而為之失天時。耕鋤又不至。登稼被壟。不穫不刈。頃畝雖多。猶無獲（藏本作穫非）也。凡夫不徒不知益之為益也。又不知損之為損也。夫損易知而速焉。益難知而遲焉。人尚不悟其易。安能識其難哉。夫損之者。如燈火之消脂。莫之見也。而忽盡矣。益之（藏本無此字）者。如苗禾之播殖。莫之覺也。而忽茂矣。故治身養性。務謹其細。不可以小益為不平而不修。不可以小損為無傷而不防。凡聚小所以就大。積一所以至億也。若能愛之（藏本無此字）於微。成之於著。則幾乎知道矣。或問曰。古者豈有無所施行。而偶自長生者乎。抱朴子答曰。無也。或隨明師。積功累勤。便得賜以合成之藥。或受祕方。自行治作。事不接於世。言不累於俗。而記著者。止存其姓名。而不能具知其所以得仙者。故闕如也。昔黃帝生而能言。役使百靈。可謂天授自然之體者也。猶復不能（藝文類聚十一御覽七十九引作敢）端坐而得道。故陟王屋而授丹經。到鼎湖而飛流珠。登崆峒而問廣成之具茨。而事大隗。適東岱而奉中黃。入金谷而諮涓子。論道養則資（藝文類聚御覽引作質）玄素二女。精推步則訪山稽力牧。講占候則詢風后。著體診則受雷岐。審攻戰則納五音之策。窮神奸則記白澤之辭。相地理則書青鳥（藝文類聚御覽引作烏）之說。救傷殘則綴金冶之術。故能畢該祕要。窮道盡真。遂昇龍以高躋。與天地乎罔極也。然按神仙經。皆云黃帝及老子。奉事太乙元君以受要訣。况乎不逮彼二君者。安有自得仙度世者乎。未之聞也。或曰。黃帝審仙者。橋山之塚。又何爲乎。抱朴子答曰。按荆山經及龍首記。皆云黃帝服神丹之後。龍來迎之。羣臣追慕。靡所措思。或取其几杖。立廟而祭之。或取其衣冠。葬而守之。列仙傳云。黃帝自擇亡日。七十日去。七十日還。葬於橋山。山陵（原註一作後）忽崩。墓空無尸。但劍舄在焉。此諸說雖異。要於爲仙也。言黃帝仙者。見於道書。及百家之說者甚多。而儒家不肎長奇怪。開（藏本作閑）異塗。務於禮教。而神仙之事。不可以訓俗。故云其死。以杜民心耳。朱巴（當作邑）欒巴于公。有功惠於民。百姓皆生爲之立廟祠。又古者盛德之人。身沒之後。臣子刊其勳績於不朽之器。而今世君長遷轉。吏民思戀。而樹德頌之碑者。往往有焉。此亦黃帝有廟墓之類也。豈足以證其必死哉。或人問曰。彭祖八百。安期三千。斯壽之過人矣。若果有不死之道。彼何不遂仙乎。豈非稟命受氣。自有脩短。而彼偶得其多。理不可延。故不免於彫隕哉。抱朴子答曰。按彭祖經云。其自帝嚳佐堯。歷夏至殷爲大夫。殷王遣綵女從受房中之術。行之有効。欲殺彭祖以絕其道。彭祖覺焉而逃去。去時年七八百餘。非爲死也。黃（藏本有帝字非）石（原注一作山）公記云。彭祖去後七十餘年。門人於流沙之西見之。非死明矣。又彭祖之弟子。青衣烏公。黑穴公。秀眉公。白兔公子。離婁公。太足君。高丘子。不肎來。七八人皆歷數百歲。在殷而各仙去。况彭祖何肎死哉。又劉向所記列仙傳。亦言彭祖是仙人也。又安期先生者。賣藥於海邊。瑯琊人傳世見之。計已千年。秦始皇請與語。三日三夜。其言高。其旨遠。博而有證。始皇異之。乃賜之金璧。可直數千萬。安期受而置之於阜鄉亭。以赤玉舄一量爲報。留書曰。復數千載。求我於蓬萊山。如此是爲見始皇時。已千歲矣。非爲死也。又始皇剛暴而驁很。最是天下之不應信神仙者。又不中以不然之言答對之者也。至於問安期以長生之事。安期答之允當。始皇惺悟。信世間之必有仙道。既厚惠遺。又甘心欲學不死之事。但自無明師也。而爲盧敖徐福輩所欺弄。故不能得耳。向使安期先生言無符據。三日三夜之中。足以窮屈。則始皇必將烹煮屠戮。不免鼎俎之禍。其厚惠安可得乎。或問曰。世有服食藥物。行氣導引。不免死者。何也。抱朴子答曰。不得金丹。但服草木之藥及修小術者。可以延年還死耳。不得仙也。或但知服草藥。而不知還年（原注誤作房中）之要術。則終無久生之理也。或不曉帶神符。行禁戒。思身神。守真一。則正可令內疾不起。風濕不犯耳。若卒有惡鬼强邪。山精水毒害之。則便死也。或不得入山之法。令山神爲之作禍。則妖鬼試之。猛獸傷之。溪毒擊之。蛇蝮螫之。致多死事。非一條也。或修道晚暮。而先自損傷已深。難可補復。補復之益。未得根據。而疾隨復作。所以剋伐之事。亦何緣得長生哉。或年老爲道而得仙者。或年少爲道而不成者。何哉。彼雖年老而受氣本多。受氣本多則傷損薄。傷損薄則易養。易養故得仙也。此雖年少而受氣本少。受氣本少（藏本不重）則傷深。傷深則難救。難救故不成仙也。夫木槿楊柳。斷殖之更生。倒之亦生。橫之亦生。生之易者。莫過斯木也。然埋之既淺。又未得久。乍刻乍剝。或搖或拔。雖壅以膏壤。浸以春澤。猶不脫（刻本作免）於枯瘁者。以其根荄不固。不暇吐其萌芽。津液不得遂結其生氣也。人生之爲體。易傷難養。方之二木。不及遠矣。而所以攻毀之者。過於刻剝。劇乎搖拔也。濟之者鮮。壞之者衆。死其宜也。夫吐故納新者。因氣以長氣。而氣大衰者。則難長也。服食藥物者。因血以益血。而血垂竭者。則難益也。夫奔馳而喘逆。或欬或滿。（刻本作懣）用力役體。汲汲短乏者。氣損之候也。面無光色。皮膚枯腊。脣焦脈白。腠理萎瘁者。血減之證也。二證既衰於外。則靈根亦凋於中矣。如此。則不得上藥。不能救也。凡爲道而不成。營生而得死者。其人非不有氣血也。然身中之所以爲氣爲血者。根源已喪。但餘其枝流也。譬猶入水之燼。火滅而煙不即息。既斷之木。柯葉猶生。二者非不有煙。非不有葉。而其所以爲煙爲葉者。已先亡矣。世人以覺病之日。始作爲疾。猶以氣絕之日。爲身喪之候也。唯怨風冷與暑溼。（藏本無此六字非）不知風冷暑溼。不能傷壯實之人也。徒患體虛氣少者。不能堪之。故爲所中耳。何以較之。設有數人。年紀老壯既同。服食厚薄又等。俱造沙漠之地。並冒嚴寒之夜。素雪墮於上。玄冰結於下。寒風摧條而宵駭。欬唾凝冱於脣吻。則其中將有獨中冷者。而不必盡病也。非冷氣之有偏。蓋人體有不耐者耳。故俱食一物。或獨以結病者。非此物之有偏毒也。鈞器齊飲。而或醒或醉者。非酒勢之有彼此也。同冒炎暑。而或獨以暍死者。非天熱之有公私也。齊服一藥。而或昏瞑煩悶者。非毒烈之有愛憎也。是以衝風赴林。而枯柯先摧。洪濤凌崖。而拆隙首穨。烈火燎原。而燥卉前焚。龍（當作籠）椀墜地。而脆者獨破。由茲以觀。則人之無道。體已素病。因風寒暑濕者以發之耳。苟能令正氣不衰。形神相衛。莫能傷也。凡爲道者。常患於晚。不患於早也。恃年紀之少壯。體力之方剛者。自役過差。百病兼結。命危朝露。不得大藥。但服草木。可以差於常人。不能延其大限也。故仙經曰。養生以不傷爲本。此要言也。神農曰。百病不愈。安得長生。信哉斯言也。或問曰。所謂傷之者。豈非淫慾之間乎。抱朴子曰。亦何獨斯哉。然長生之要。在乎還年（疑房中）之道。上士知之。可以延年除病。其次不以自伐者也。若年尙少壯而知還年（疑房中）服陰丹以補腦。采玉液於長谷者。不服藥物。亦不失三百歲也。但不得仙耳。不得其術者。古人方之於冰盃之盛湯。羽苞之蓄火也。且又才所不逮。而困思之。傷也。力所不勝。而強舉之。傷也。悲哀憔悴。傷也。喜樂過差。傷也。汲汲所欲。傷也。久談言笑。傷也。寢息失時。傷也。挽弓引弩。傷也。沈醉嘔吐。傷也。飽食卽臥。傷也。跳走喘乏。傷也。歡呼哭泣。傷也。陰陽不交。傷也。積傷至盡則早亡。早亡非道也。是以養生之方。唾不及遠。行不疾步。耳不極聽。目不久視。坐不至久。臥不及疲。先寒而衣。先熱而解。不欲極飢而食。食不過飽。不欲極渴而飮。飮不過多。凡食過則結積聚。飮過則成痰癖。不欲甚勞甚逸。不欲（當有起早二字）起晩。不欲汗流。不欲多睡。不欲奔車走馬。不欲極目遠望。不欲多啖生冷。不欲飮酒當風。不欲數數沐浴。不欲廣志遠願。不欲規造異巧。冬不欲極溫。夏不欲窮涼。不露臥星下。不眠中見肩。大寒大熱。大風大霧。皆不欲冒之。五味入口。不欲偏多。故酸多傷脾。苦多傷肺。辛多傷肝。鹹多則傷心。甘多則傷腎。此五行自然之理也。凡言傷者。亦不便覺也。謂久則壽損耳。是以善攝生者。臥起有四時之早晩。興居有至和之常制。調利筋骨。有偃仰之方。杜疾閑邪。有吞吐之術。流行榮衞。有補瀉之法。節宣勞逸。有與奪之要。忍怒以全陰氣。抑喜以養陽氣。然後先將服草木以救虧缺。後服金丹以定無窮。長生之理。盡於此矣。若有欲決意任懷。自謂達識知命。不泥異端。極情肆力。不營久生者。聞此言也。雖風之過耳。電之經目。不足諭也。雖身枯於流連之中。氣絕於紈綺之間。而甘心焉。亦安可告之以養生之事哉。不惟不納。乃謂妖訛也。而望彼信之。所謂以明鑑給矇瞽。以絲竹娛聾夫也。

勤求卷第十四

抱朴子曰。天地之大德曰生。生好物者也。是以道家之所至秘而重者。莫過乎長生之方也。故血盟乃傳。傳非其人。戒在天罰。先師不敢以輕行授人。須人求之至勤者。猶當揀選至精者乃敎之。況乎不好不求。求之不篤者。安可衒其沽以告之哉。其受命不應仙者。雖日見仙人成羣在世。猶必謂彼自異種人。天下別有此物。或呼爲鬼魅之變化。或云偶值於自然。豈有宜謂修爲之所得哉。苟心所不信。雖令赤松王喬言提其耳。亦當同以爲妖訛。然時頗有識信者。復患於不能勤求明師。夫曉至要得眞道者。誠自甚稀。非倉卒可值也。然知之者。但當少耳。亦未嘗絕於世也。由求之者不廣不篤。有仙命者要自當與之相值也。然求而不得者有矣。未有不求而得者也。世間自有奸僞圖錢之子。而竊道士之號者。不可勝數也。然此等復不謂挺無所知也。皆復粗開頭角。或妄沽名。加之以伏邪飾僞。而好事之徒。不識其眞僞者。徒多之進問。自取誑惑。而拘制之。不令得行廣尋奇士異人。而告之曰。道盡於此矣。以誤於有志者之不少。可歎可恚也。或聞有曉消五雲。飛八石。轉九丹。冶黃白。水瓊（原注一作橦）瑤。化朱碧。凝霜雪於神爐。採靈芝於嵩岳者。則多（疑有脫誤）而毀之曰。此法獨有赤松王喬知之。今世之人而云知之者。皆虛妄耳。則淺見之家。不覺此言有詐僞。而作便息遠求之意。悲夫。可爲慨歎者也。綾晷飆飛。暫少忽老。迅速之甚。諭之無物。百年之壽。三萬餘日耳。幼弱則未有所知。衰邁則歡樂並廢。童蒙昏耄。除數十年。而險隘憂病。相尋代有。居世之年。略消其半。計定得百年者。喜笑平和。則不過五六十年。咄嗟滅盡。哀憂昏耄。六七千日耳。顧眄已盡矣。况於全百年者。萬未有一乎。諦而念之。亦無以笑彼夏蟲朝菌也。蓋不知道者之所至悲矣。里語有之。人在世間。日失一日。如牽牛羊以詣屠所。每進一步。而去死轉近。此譬雖醜。而實理也。達人所以不愁死者。非不欲求。亦固不知所以免死之術。而空自焦愁。無益於事。故云樂天知命。故不憂耳。非不欲久生也。姬公請代武王。仲尼曳杖悲懷。是知聖人亦不樂速死矣。俗人見莊周有大夢之喻。因復競共張齊死生之論。蓋詭道強達。陽作違抑之言。皆仲尼所爲破律應煞者也。今察諸有此談者。被疾病則遽針灸。冒危險則甚畏死。然末俗通弊。不崇眞信。背典誥而治子書。若不吐反理之巧辯者。則謂之朴野。非老莊之學。故無骨殖而取偶俗之徒。遂流漂於不然之說。而不能自返也。老子以長生久視爲業。而莊周貴於搖尾塗中。不爲被網之龜。被繡之牛。餓而求粟於河侯。以此知其不能齊死生也。晚學不能考校虛實。偏據一句。不亦謬乎。且夫深入九泉之下。長夜罔極。始爲螻蟻之糧。終與塵壤合體。令人怛然心熱。不覺咄嗟。若心有求生之志。何可不棄置不急之事。以修玄妙之業哉。其不信則已矣。其信之者。復患於俗情之不蕩盡。而不能專以養生爲意。而營世務之餘暇而爲之。所以或有爲之者。恆病晚而多不成也。凡人之所汲汲者。勢利嗜欲也。苟我身之不全。雖高官重權。金玉成山。妍豔萬計。非我有也。是以上士先營長生之事。長生定。可以任意。若未昇玄去世。可且地仙人間。若彭祖老子。止人中數百歲。不失人理之懽。然後徐徐登遐。亦盛事也。然決須好師。師不足奉。亦無由成也。昔漢太后從夏侯勝受尚書。賜勝黃金百斤。他物不可勝數。及勝死。又賜勝家錢二百萬。爲勝素服一百日。成帝在東宮時。從張禹受論語。及即尊位。賜禹爵關內侯。食邑千戶。拜光祿大夫。賜黃金百斤。又遷丞相。進爵安昌侯。年老乞骸骨。賜安車駟馬黃金百斤。錢數萬。及禹疾。天子自臨省之。親拜禹牀下。章帝在東宮時。從桓榮以受孝經。及帝即位。以榮爲太常上卿。天子幸榮第。令榮東面坐。設几杖。會百官。及榮門生生徒數百人。帝親自持業講說。賜榮爵關內侯。食邑五千戶。及榮病。天子幸其家。入巷下車。抱卷而趨。如弟子之禮。及榮薨。天子爲榮素服。凡此諸君。非能攻城野戰。折衝拓境。懸旌効節。(原注一作郊垌)祈連方。轉元功。騁銳絕域也。徒以一經之業。宜傳章句。而見尊重巍巍如此。此但能說死人之餘言耳。帝王之貴。猶自卑降以敬事之。世間或有欲試修長生之道者。而不肎謙下。於堪師者。直爾蹴迮。從求至要。寧可得乎。夫學者之恭遜驅走。何益於師之分寸乎。然不爾。則是彼心不盡。彼心不盡。則令人告之不力。告之不力。則祕訣何可悉得邪。不得已當以浮淺示之。豈足以成不死之功哉。亦有人皮膚好喜。而信道之誠不根心神。有所索欲。(刻本作取)陽爲曲恭。累日之閒。怠慢已出。若值明智之師。且欲詳觀來者變態。試以淹久。故不告之。以測其志。則若此之人。情僞行露。亦終不得而教之。教之亦不得盡言吐實。言不了。則爲之無益也。陳安世者。年十三歲。蓋灌叔本之客子耳。先得仙道。叔本年七十皓首。朝夕拜安世曰。道尊德貴。先得道者。則爲師矣。吾不敢倦執弟子之禮也。由是安世告之要方。遂復仙去矣。夫人生先受精神於天地。後稟氣血(藏本無此字)於父母。然不得明師告之以度世之道。則無由免死。鑿石有餘焰。年命已凋頹矣。由此論之。明師之恩。誠爲過於天地。重於父母多矣。可不崇之乎。可不求之乎。抱朴子曰。古人質正。貴行賤言。故爲政者。不尚文辯。修道者不崇辭說。風俗衰薄。外飾彌繁。方策既山積於儒門。而內書亦鞅掌於術家。初學之徒。即未便可授以大要。又亦人情以本末殷富者爲快。故後之知道者。干(藏本作于)吉容嵩桂帛諸家。各著千所篇。然率多教誡之言。不肎晉爲人開顯大向之指歸也。其至真之訣。或但口傳。或不過尋尺之素。在領帶之中。非隨師經久。累勤歷試者。不能得也。雖猥弟子。皆各隨其用心之疎密。履苦之久遠。察其聰明之所逮。及志力之所能辦。各有所授。千百歲中。時有盡其囊枕之中肘腋之下。秘要之旨（藏本無此字）耳。或但將之合藥。藥成分之。足以使之不死而已。而終年不以其方文傳之。故世閒道士。知金丹之事者。萬無一也。而管見之屬。謂仙法當具在於紛若之書。及於祭祀拜伏之閒而已矣。夫長生制在大藥耳。非祠醮之所得也。昔秦漢二代。大興祈禱。所祭太乙五神。陳寶八神之屬。動用牛羊穀帛。錢費億萬。了無所益。況於匹夫。德之不備。體之不養。而欲以三牲酒餚。祝願鬼神。以索延年。惑亦甚矣。或頗有好事者。誠欲爲道。而不能勤求明師。合作異藥。而但晝夜誦講不要之書。數千百卷。詣老無益。便謂天下果無仙法。或舉門扣頭。以向空坐。烹宰犧牲。燒香請福。而病者不愈。死喪相襲。破產竭財。一無奇異。終不悔悟。自謂未篤。若以此之勤。求知方之師。以此之費。給買藥（藏本有求明師合作異藥五字衍）之直者。亦必得神仙長生度世也。何異詣老空耕石田。而望千倉之收。用力雖盡。不得其所也。所謂適楚而道燕。馬雖良而不到。非行之不疾。然失其道也。或有性信而喜信人。其聰明不足以校練真僞。揣測深淺。所博涉素狹。不能賞物。後世頑淺趨得一人自譽之子云。我有秘書。便守事之。而庸人小兒。多有外託有道之名。名過其實。由於誇誑。內抱貪濁。惟利是圖。有所請爲。輒強喑嗚。俛仰抑揚。若所知寶秘。乃深而不可得之狀。其有所請。從其所求。俛仰含笑。或許以頃後。故使不覺者。欲罷而不能。自謂事之未勤。而禮幣之尙輕也。於是篤信之心。尤加恭肅。賂以殊玩。爲之執奴僕之役。不辭負重涉遠。不避經險履危。欲以積勞自効。服苦求哀。庶有異聞。而虛引歲月。空委二親之供養。捐妻子而不卹。戴霜蹈冰。連年隨之。而妨資棄力。卒無所成。彼初誠欺之。末或慙之。懵然體中。實自空罄短乏。無能法以相教。將何法以成人乎。余目見此輩不少。可以有十餘人。或自號高名。久居於世。世或謂之已三四百歲。但易名字。詐稱聖人。託於人閒。而多有承事之者。余但不喜書其人之姓名耳。頗游俗閒。凡夫不識妍蚩。爲共吹揚。增長妖妄。爲彼巧僞之人。虛生華譽。歙習遂廣。莫能甄別。故或令高人偶不留意澄察。而但任兩耳者。誤於學者。常由此輩。莫不使人歎息也。每見此曹欺誑天下。以規勢利者。遲速皆受殃罰。天網雖疎。終不漏也。但誤有志者可念耳。世人多逐空聲。尠能校實。聞甲乙多弟子。至以百許。必當有異。便載馳競逐。赴爲相聚守之徒。妨工夫以崇重彼愚陋之人也。而不復尋精彼得門人之力。或以致富辦（辦卽辦字也）逐之雖久。猶無成人之道。愚夫故不知此人。不足可事。何能都不與悟。自可悲哉。夫搜尋仞之壟。求千天之木。瀸牛跡之中。索吞舟之鱗。用日雖久。安能得乎。嗟乎。將來之學者。雖當以求師爲務。亦不可以不詳擇爲急也。陋狹之夫。行淺德薄。功微緣少。不足成人之道。亦無功課以塞人重恩也。深思其趣。勿令徒勞也。抱朴子曰。諸虛名之道士。既善爲誑詐以欺學者。又多護短匿愚。恥於不知。陽若以博涉已足。終不肎行求請問於勝己者。蠢爾守窮。面牆而立。又不但拱默而已。乃復憎忌於實有道者而謗毀之。恐彼聲名之過己也。此等豈有意於長生之法哉。爲欲以合致弟子。圖其財力。以快其情欲而已耳。而不知天高聽卑。其後必受斯殃也。夫貧者不可妄云我富也。賤者不可虛云我貴也。況道德之事。實無而空養門生弟子乎。凡俗之人。猶不宜懷妒善之心。況於道士。尤應以忠信快意爲生者也。云何當以此之激然函胷臆閙乎。人自不能闚見神明。而神明（藏本無此三字）之闚見己之甚易也。此何異乎在紗幌之外。不能察軒房之內。而肆其倨慢。謂人之不見己。此亦如竊鍾棖物。鏗然有聲。惡他人聞之。因自掩其耳者之類也。而聾瞽之存乎精神者。唯欲專擅華名。獨聚徒衆。外求聲價。內規財力。患疾勝己。乃劇於俗人之爭權勢也。遂以唇吻爲刃鋒。以毀譽爲朋黨。口親心踈。貌合行離。陽敦同志之言。陰挾蜂蠆之毒。此乃天人所共惡。招禍之符檄也。夫讀五經。猶宜不恥下問。以進德修業。日有緝熙。至於射御之蟲伎。書數之淺功。農桑之鄙事。規矩之小術。尙須師授以盡其理。況營長生之法。欲以延年度世。斯與救卹死事無異也。何可務惜請受之名。而永守無知之困。至老不改。臨死不悔。此亦天民之篤暗者也。今人代之憁悷。爲之者獨不顧形影也。爲儒生尙當兀然守朴。外託質素。知而如否。有而如無。令庸兒不得盡其稱。稱而不問不對。對必辭讓而後言。何其道士之人。強以不知爲知。以無有爲有。虛自衒燿。以圖奸利者乎。迷而不知返者。愈以遂往。若有以行此者。想不恥改也。吾非苟爲此言。誠有爲而興。所謂疾之而不能默然也。徒愍念愚人。不忍見嬰兒之投井耳。若覽之而悟者。亦仙藥之一草也。吾何爲哉不御苦口。其危至矣。不俟脈診而可知者也。抱朴子曰。設有死罪而人能救之者。必不爲之吝勞辱而憚卑辭也。必獲生生之功也。今雜猥道士之輩。不得金丹大法。必不得長生可知也。雖治病有起死之効。絕穀則積年不飢。役使鬼神。坐在立亡。瞻視千里。知人盛衰。發沈祟於幽翳。知禍福於未萌。猶無益於年命也。尙羞行請求。恥事先達。是惜一日之屈。而甘罔極之痛。是不見事類者也。古人有言曰。生之於我。利亦大焉。論其貴賤。雖爵爲帝王。不足以此法比焉。論其輕重。雖富有天下。不足以此術易焉。故有死王樂爲生鼠之喻也。夫治國而國平。治身而身生。非自至也。皆有以致之也。惜短乏之虛名。恥師授之蹔勞。雖曰不愚。吾不信也。今使人免必死而就戮刑者。猶欣然喜於去重而即輕。脫炙爛而保視息。甘其苦痛。過於更生矣。人但莫知當死之日。故不蹔憂耳。若誠知之。而刖劓之事。可得延期者。必將爲之。況但躬親灑掃。執巾竭力於勝己者。可以見教之不死之道。亦何足爲苦。而蔽者憚焉。假令有人。恥迅走而待野火之燒爇。羞逃風而致沈溺於重淵者。世必呼之爲不曉事也。而咸知笑其不避災危。而莫怪其不畏實禍。何哉。抱朴子曰。昔者之著道書多矣。莫不務廣浮巧之言。以崇玄虛之旨。未有究論長生之階徑。箴砭（藏本闕此字）爲道之病痛。如吾之勤勤者也。實欲令迷者知反。失之東隅。收之桑榆。墜井引綆。愈於遂沒。但惜美疢（藏本作病）而距惡石者。不可如何耳。人誰無過。過而能改。日月之蝕。睎顏氏之子也。又欲使將來之好生道者。審於所託。故竭其忠告之良謀。而不飾淫麗之言。言發則指切。筆下則辭痛。惜在於長生而折抑邪耳。何所索哉。抱朴子曰。深念學道藝養生者。隨師不得其人。竟無所成。而使後之有志者。見彼之不得長生。因云天下之果無仙法也。凡自度生。必不能苦身約己以修玄妙者。亦徒進失干祿之業。退無難老之功。內誤其身。外沮將來也。仙之可學。致如黍稷之可播種。得甚炳然耳。然未有不耕而獲嘉禾。未有不勤而獲長生度世也。

雜應卷第十五

或曰。敢問斷穀。（藏本無此字）人可以長生乎。凡有幾法。何者最善與。抱朴子答曰。斷穀。（藏本無此字）人止可息肴糧之費。不能獨令人長生也。問諸曾斷穀積久者云。差少病痛。勝於食穀時。其服朮及餌黃精。又禹餘糧丸。日再服三日（按日當作者）令人多氣力。堪負擔遠行。身輕不極。其服諸石藥。一服守中十年五年者。及吞氣服符飲神水輩。但爲不飢耳。體力不任勞也。道書雖言欲得長生。腸（意林引作腹下同）中當淸。欲得不死。腸中無滓。（意林引作屎）又云。食草者善走而愚。食肉者多力而悍。食穀者智而不壽。食氣者神明不死。此乃行氣者一家之偏說耳。不可便孤用也。若欲服金丹大藥。先不食百許日爲快。若不能者。正爾服之。但得仙小遲耳。無大妨也。若遭世荒。隱竄山林。知此法者。則可以不餓死。其不然也。則無急斷。急既無可大益。又止人中斷肉。聞肥鮮之氣。皆不能不有欲於中心。若未便絕俗委家。巖棲岫處者。固不成遂休五味。無致自苦。不如莫斷穀而節量飢飽。近有一百許法。或服守中石藥數十丸。便辟四五十日不飢。練松柏及朮。亦可以守中。但不及大藥。久不過十年以還。或辟一百二百日。或須日月服之。乃不飢者。或先作美食極飽。乃服藥以養所食之物。令不消化。可辟三年。欲還食穀。當以葵子猪膏下之。則所作美食皆下。不壞如故也。洛陽有道士董威輦。常止白社中。了不食。陳子敘共守事之。從學道。積久。乃得其方云。以甘草防風莧實之屬十許種。擣爲散。先服方寸匕。乃吞石子大如雀卵十二枚。足辟百日。輒更服散。氣力顏色如故也。欲還食穀者。當服葵子湯下石子。乃可食耳。又赤龍血青龍膏作之。用(藏本作明)丹砂曾青水。以石內其中。復須臾。石柔而可食也。若不即取。便消爛盡也。食此石。以口取飽。令人丁壯。又有引石散。以方寸匕投一斗白石子中。以水合煑之。亦立熟如芋子。可食以當穀也。張太元舉家及弟子數十人。隱居林慮(藏本作其)山中。以此法食石十餘年。皆肥健。但爲須得白石。不如赤龍血青龍膏。取得石便可用。又當煑之。有薪火之煩耳。或用符。或用水。或符水兼用。或用乾棗日九枚。酒一二升者。或食十二時氣。從夜半始。從九九至八八七七六六五五而止。或春向東食歲星。青氣使入肝。夏服熒惑。赤氣使入心。四季之月食鎮星。黃氣使入脾。秋食太白。白氣使入肺。冬服辰星。黑氣使入腎。又中岳道士郄元。節食六戊之精。亦大有効。假令甲子之旬。有戊辰之精。則竟其旬十日。常向辰地而吞氣。到後。甲復向其旬之戊也。甘始法召大甲六丁玉女。各有名字。因以祝水而飲之。亦可令牛馬皆不飢也。或思脾中神名。名黃裳子。但合口食內氣。此皆有真効。余數見斷穀人。三年二年者。多者身輕色好。堪風寒暑濕。大都無肥者耳。雖未見數十歲不食者。然人絕穀。不過十許日皆死。而此等已積載而自若。亦何疑於不可大久乎。若令諸絕穀者轉羸。極常慮之。恐不可久耳。而問諸爲之者。無不初時少氣力。而後稍丁健。月勝一月。歲勝一歲。正爾。可久無嫌也。夫長生得道者。莫不皆由服藥吞氣。而達之者而(疑衍)不妄也。夫服藥斷穀者。略無不先極也。但用符水及單服氣者。皆作(按作當作乍)四十日中疲瘦。過此乃健耳。鄭君云。本性飲酒不多。皆在銅山中。絕穀二年許。飲酒數斗不醉。以此推之。是爲不食。更令人耐毒,耐毒則是難病之候也。余因此問山中那得酒。鄭君言先釀好醪。浚。勿壓漉。因以桂附子甘草五六種末合丸之曝乾。以一丸如雞子許。投一斗水中。立成美酒。又有黃帝雲液泉法。以麴米及七八種藥合之。取一升。輒內一升水投中。如千歲苦酒之內水也。無知盡時。而味常好不變。飲之大益人。又符水斷穀。雖先令人羸。然宜兼知者。倘卒遇荒年。不及合作藥物。則符水爲上矣。有禡生者。但單吞炁。斷穀已三年。觀其步陟登山。擔一斛許重。終日不倦。又時時引弓而略不言語。言語又不肎大聲。問之。云。斷穀亡精費氣。最大忌也。余亦屢見淺薄道士輩。爲欲虛曜奇怪。招不食之名。而實不知其道。但虛爲不啖羹飯耳。至於飲酒。日中斗餘。脯腊粭糒棗栗雞子之屬。不絕其口。或大食肉而咽其汁。吐其滓。終日經口者數十斤。此直是更作美食矣。凡酒客但飲酒食脯而不食穀。皆自堪半歲一歲而不蹙頓矣。未名絕穀耳。吳有道士石春。每行氣爲人治病。輒不食。以須病者之愈。或百日。或一月乃食。吳景帝聞之曰。此但不久。必當飢死也。乃召取鏁閉。令人備守之。春但求三二升水。如此一年餘。春顏色更鮮悅。氣力如故。景帝問之。可復堪幾時。春言無限。可數十年。但恐老死耳。不憂飢也。乃罷遣之。按如春言。是爲斷穀不能延年可知也。今時亦有得春之法者。或問不寒之道。抱朴子曰。或以立冬之日。服六丙六丁之符。或閉口行五火之炁千二百遍。則十二月中不寒也。或服太陽酒。或服紫石英朱漆散。或服雄丸一。後服雌丸二。（原注別本先雌後雄）亦可堪一日一夕不寒也。雌丸用雌黃曾青礬石磁石也。雄丸用雄黃丹砂石膽也。然此無益於延年之事也。或問不熱之道。抱朴子曰。或以立夏日服六壬六癸之符。或行六癸之炁。或服元水（原注一作冰）之丸。或服飛霜之散。然此用蕭丘上木皮。及五月五日中時北行黑蛇血。故少有得合之者也。唯幼伯子王仲都。此二人衣以重裘。曝之於夏日之中。周以十二爐之火。口不稱熱。身不流汗。蓋用此方者也。或問辟五兵之道。抱朴子曰。吾聞吳大皇帝曾從介先生受要道云。但知（疑作朱）書北斗字。及日月字。便不畏白刃。帝以試左右數十人。常爲先登鋒（疑衍）陷陣。皆終身不傷也。鄭君云。但誦五兵名。亦有驗。刀名大房。虛星主之。弓名曲張。氐星主之。矢名彷徨。熒惑星主之。劍名失傷。角星主之。弩名遠望。張星主之。戟名大將軍。（按軍字不當有此以將字爲韻也）參星主之也。臨戰時。常細祝之。或以五月五日作赤靈符。著心前。或丙午日日中時。作燕君龍虎三囊符。歲符歲易之。月符月易之。日符日易之。或佩西王母兵信之附。或佩熒惑朱雀之符。或（藏本無此字）佩南極鑠金之（藏本無此字）符。或戴却刃之（藏本無此字）符。祝融之符。或傳玉札散。或浴禁葱湯。或取牡荆以作大陰神將符。符指敵人。或以月蝕時刻三（刻本有千字）歲蟾蜍喉下有八字者。血以書所持之刀劍。或帶武威符。熒火丸。或交鋒刃之際。乘魁履罡呼四方之長。亦有明効。今世之人亦有得禁辟五兵之道。往往有之。或問隱淪之道。抱朴子曰。神道有五。坐在立亡其數焉。然無益於年命之事。但在人間。無故而爲此。則致詭怪之聲。不足妄行也。可以備兵亂危急不得已而用之。可以免難也。鄭君云。服大隱符十日。欲隱則左轉。欲見則右回也。或以玉粭丸塗人身中。或以蛇足散。或懷離母之草。或折青龍之草。以伏六丁之下。或入竹田之中。而執天樞之壤。或造河龍石室。而隱雲蓋之陰。或伏清泠之淵。以過幽闕之徑。或乘天一馬。以遊紫房。或登天一之明堂。或入玉女之金匱。或背輔向官立三蓋之下。或投巾解履（中有缺文）膽煎及兒衣符子居蒙（原注一作彖）人。青波桂梗六甲父母僻側之膠。駮馬泥丸。木鬼之子。金商之艾。或可爲小兒。或可爲老翁。或可爲鳥。或可爲獸。或可爲草。或可爲木。或可爲六畜。或依木成木。或依石成石。依水成水。依火成火。此所謂移形易貌。不能都隱者也。或問魏武帝曾收左元放而桎梏之。而得自然解脫。以何法乎。抱朴子曰。吾不能正知左君所施用之事。然歷覽諸方書。有月三服蕙苡子。和用三五陰丹。或以偶牙踢胞。或以七月七日東行跳脫蟲。或以五月五日石上龍子單衣。或以夏至日霹靂楔。或以天文二十一字符。或以自解去父血。或以玉子餘糧。或合山君目河伯餘糧浮雲滓以塗之。皆自解。然左君之變化無方。未必由此也。自用六甲變化其真形不可得執也。或問曰。爲道者可以不病乎。抱朴子曰。養生之盡理者。既將服神藥。又行氣不懈。朝夕導引以宣動榮衛。使無輟閡。加之以房中之術。節量飲食。不犯風濕。不患所不能。如此。可以不病。但患居人間者志不得專。所修無恆。又苦懈怠不勤。故不得不有疹疾耳。若徒有信道之心。而無益己之業。年命在孤虛之下。體有損傷之危。則三尸因其衰月危日入絕命病鄉之時。招呼邪氣。妄延鬼魅。來作殃害。其六厄並會。三刑同方者。其災必大。其尚盛者。則生諸疾病。先有疹患者則令發動。是故古之初爲道者。莫不兼修醫術。以救近禍焉。凡庸道士。不識此理。恃其所聞者大至（當作氐）不關治病之方。又不能絕俗幽居。專行內事以却病痛。病痛及己。無以攻療。乃更不如凡人之專湯藥者。所謂進不得邯鄲之步。退又失壽陵之義者也。余見戴霸華他所集金匱綠囊。崔中書黃素方及百家雜方五百許卷。甘胡呂傅周始甘唐通阮南河等。各撰集暴卒備急方。或一百十。或九十四。或八十五。或四十六。世人皆爲精悉。不可加也。余究而觀之殊多不備。諸急病甚尚未盡。又渾漫雜錯。無其條貫。有所尋按。不即可得。而治卒暴之候。皆用貴藥。動數十種。自非富室而居京都者。不能素儲。不可卒辦也。又多令人以針治病。其灸法又不明處所分寸。而但說身中孔穴榮輸之名。自非舊醫備覽明堂流注偃側圖者。安能曉之哉。余所撰百卷。名曰玉函方。皆分別病名。以類相續。不相雜錯。其玫拾（當作救卒即附後救卒方也卒古猝字）叁卷。皆單行徑易。約而易驗。籬陌之間。顧眄皆藥。衆急之病。無不畢備。家有此方。可不用醫。醫多承襲世業。有名無實。但養虛聲。以圖財利。寒白退士。所不得使。使之者乃多誤人。未若自閑其要。勝於所迎無知之醫。醫又不可卒得。得又不肯即爲人使。使腠理之微疾。成膏肓之深禍。乃至不救。且暴急之病。而遠行借問。率多枉死矣。或問將來吉凶。安危去就。知之可全身。（劉本作前審）爲有道乎。抱朴子曰。仰觀天文。俯察地理。占風氣。布籌筭。推三棊。步九宮。檢八卦。考飛伏之所集。診訞訛於物類。占休咎於龜筴。皆下術常伎。疲勞而難恃。若乃不出帷幕而見天下。乃爲人神矣。或以三皇天文。召司命司危五岳之君。阡陌亭長六丁之靈。皆使人見之。而對問以諸事。則吉凶昭然。若存諸掌。無遠近幽深。咸可先知也。或召六陰玉女。其法六十日而成。成則長可役使。或祭致八史。八史者。八卦之精也。亦足以預識未形矣。或服葛花及秋芒麻勃刀圭方寸七。忽然如欲臥。而聞人語之以所不決之事。吉凶立定也。或用明鏡九寸以上自照。有所思存。七日七夕。則見神仙。或男或女。或老或少。一示之後。心中自知千里之外。方來之事也。明鏡或用一。或用二。謂之日月鏡。或用四。謂之四規。四規者。照之時。前後左右各施一也。用四規所見來神甚多。或縱目。或乘龍駕虎。冠服彩色。不與世同。皆有經圖。欲修其道。當先暗誦所當致見諸神姓名位號。識其衣冠。不爾。則卒至而忘其神。或能驚懼。則害人也。爲之。率欲得靜漠幽閑林麓之中。外形不經目。外聲不入耳。其道必成也。三童九女節壽君九首蛇軀百二十官。雖來勿得熟視也。或有問之者。或有訶怒之者。亦勿答也。或有侍從暐曄力士。甲卒乘龍駕虎。簫鼓嘈嘈。勿舉目與言也。但諦念老君真形。老君真形見。則起再拜也。老君真形者。思之。姓李。名聃。字伯陽。身長九尺。黃色鳥喙。隆鼻秀（意林引無秀字）眉長五寸。耳長七寸。額有三理上下徹。足有八卦。以神龜爲牀。（意林引有住字）金樓玉堂。白銀爲階。五色雲爲衣。重疊之冠。鋒鋋之劍。從黃童百二十人。左有十二青龍。右有二十六白虎。前有二十四朱雀。後有七十二元武。前道十二窮奇。後從三十六辟邪。雷電在上。晃晃昱昱。此事出於仙經中也。見老君則年命延長。心如日月。無事不知也。或問堅齒之道。抱朴子曰。能養以華池。浸以醴液。清晨建齒三百過者。永不搖動。其次則含地黃煎。或含玄膽湯。及蛇脂丸。礬石丸。九棘散。則已動者更牢。有蟲者即愈。又服靈飛散者。則可令既脫者更生也。或問聰耳之道。抱朴子曰。能龍導虎引。熊經龜咽。燕飛蛇屈鳥伸。天俛地仰。令赤黃之景。不去洞房。猿據兔驚。千二百至。則聰不損也。其既聾者。以玄龜薰之。或以棘頭。羊糞桂毛。雀桂。成裹塞之。或以狼毒冶葛。或以附子。葱涕合內耳中。或以蒸鯉魚腦灌之。皆愈也。或問明目之道。抱朴子曰。能引三焦之昇(原注一作外)景召大火於南離。洗之以明石。慰之以陽光。及燒丙丁洞視符。以酒和洗之。古人曾以夜書也。或以苦酒煑蕪菁子令熟。曝乾末服方寸匕。日三。盡一斗。能夜視。有所見矣。或以犬膽煎青羊。班鳩。石決明。充蔚百華散。或以雞舌香。黃連。乳汁。煎注之。諸有百疾之在目者皆愈。而更加精明倍常也。或問登峻涉險。遠行不極之道。抱朴子曰。惟服食大藥。則身輕力勁。勞而不疲矣。若初入山林。體未全實者。宜以雲珠粉。百華醴。玄子湯。洗腳。及虎膽丸。朱明酒。天雄鶴脂丸。飛廉煎。秋芒。車前。澤瀉散。用之旬日。不但涉遠不極。乃更令人行疾。可三倍於常也。若能乘蹻者。可以周流天下。不拘山河。凡乘蹻道有三法。一曰龍蹻。二曰虎蹻。三曰鹿盧蹻。或服符精思。若欲行千里。則以一時思之。若晝夜十二時思之。則可以一日一夕行萬二千里。亦不能過此。過此當更思之。如前法。或用棗心木為飛車。以牛革結環劍以引其機。或存念作五蛇六龍三牛交罡而乘之。上昇四十里。名為太清。太清之中。其氣甚罡。能勝人也。師言鳶飛轉高。則但直舒兩翅。了不復扇搖之而自進者。漸乘罡炁故也。龍初昇階雲。其上行至四十里。則自行矣。此言出於仙人。而留傳於世俗耳。實非凡人所知也。又乘蹻須長齋。絕葷菜。斷血食。一年之後。乃可乘此三蹻耳。雖復服符。思五龍蹻。行最遠。其餘者不過千里也。其高下去留。皆自有法。勿得任意耳。若不奉其禁。則不可妄乘蹻。有傾墜之禍也。或曰。老子篇中記及龜文經皆言藥(刻本作大)兵之後。金木之年。必有大疫。萬人餘一。敢問辟之(當重有之字)道。抱朴子曰。仙人入瘟疫秘禁法。思其身為五玉。五玉者。隨四時之色。春色青。夏赤。四季月(原注四季或作六月)黃。秋白。冬黑。又思冠金巾。思心如炎火。大如斗。則無所畏也。又一法。思其髮散以被身。一髮端。輒有一大星綴之。又思作七星北斗。以魁覆其頭。以罡指前。又思五臟之氣。從兩目出。周身如雲霧。肝青氣。肺白氣。脾黃氣。腎黑氣。心赤氣。五色紛錯。則可與疫病者同牀也。或禹步呼直日玉女。或閉氣思力士。操千斤金鎚。百二十人以自衛。或用射鬼丸。赤車使者丸。冠軍丸。徐長卿散。玉函精粉青牛道士熏身丸。崔（原注一作雀）文黄（原注一作星）散草玉酒黄庭丸。皇符老子領中符赤須子桃花符。皆有良効者也。

黄白卷第十六

抱朴子曰。神仙經黄白之方。二十五卷。千有餘首。黄者金也。白者銀也。古人祕重其道。不欲指斥。故隱之云爾。或題篇云庚辛。庚辛亦金也。然率多深微難知。其可解分明者少許爾。世人多疑此事爲虚誕。與不信神仙者正同也。余昔從鄭公受九丹及金銀液經。因復求受黄白中經五卷。鄭君言曾與左君於廬江銅山中試作皆成也。然而齋潔禁忌之勤苦。與金丹神仙藥無異也。俗人多譏余好攻異端。謂予爲趣欲强通天下之不可通者。余亦何爲然哉。余若欲以此輩事。騁辭章於來世。則余所著外篇及雜文二百餘卷。足以寄意於後代。不復須此。且此內篇。皆直語耳。無藻飾也。余又知論此曹事。世人莫不呼爲迂闊不急。未若論俗間切近之理。可以合衆心也。然余所以不能已於斯事。知其不入世人之聽。而猶論著之者。誠見其効驗。又所承授之師非妄言者。而余貧苦無財力。又遭多難之運。有不已之無賴。兼以道路梗（刻本作逼）塞。藥物不可得。竟不遑合作之。余今告人言。我曉作金銀。而躬自飢寒。何異自不能行而賣治躄之藥。求人信之。誠不可得。然理有不如意。亦不可以一概斷也。所以勤勤綴之於翰墨者。欲令將來好奇賞真之士。見余書而具論道之意耳。夫變化之術。何所不爲。蓋人身本見而有隱之之法。鬼神本隱而有見之之方。能爲之者往往多焉。水火在天而取之以諸燧。鉛性白也而赤之以爲丹。丹性赤也而白之而爲鉛。雲雨霜雪。皆天地之氣也。而以藥作之。與真無異也。至於飛走之屬。蠕動之類。稟形造化。既有定矣。及其倏忽而易舊體。改更而爲異物者。千端萬品。不可勝論。人之爲物。貴性最靈。而男女易形。爲鶴爲石。爲虎爲猿。爲沙爲黿。又不少焉。至於高山爲淵。深谷爲陵。此亦大物之變化。變化者。乃天地之自然。何爲嫌金銀之不可以異物作乎。譬諸陽燧所得之火。方諸所得之水。與常水火。豈有别哉。蛇之成龍。茅糝爲膏。亦與自生者無異也。然其根源之所緣由（藏本作由緣）皆自然之感致。非窮理盡性者。不能知其指歸。非原始見終者。

不能得其情狀也。狹觀近識。桎梏巢穴。揣淵妙於不測。推神化於虛誕。以周孔不說。墳籍不載。一切謂爲不然。不亦陋哉。又俗人以劉向作金不成。便云天下果無此道。是見田家或遭水旱不收。便謂五穀不可播殖得也。成都內史吳大文。博達多知。亦自說昔事道士李根。見根煎鉛錫。以少許藥如大豆者。投鼎中。以鐵匙攪之。冷即成銀。大文得其祕方。但欲自作。百日齋便爲之。而留連在官。竟不能得。恆歎息言。人間不足處也。又桓君山言漢黃門郎程偉。好黃白術。娶妻得知方家女。偉常從駕出而無時衣。甚憂。妻曰。請致兩端縑。縑即無故而至前。偉按枕中鴻寶。作金不成。妻乃往視偉。偉方扇炭燒筩。筩中有水銀。妻曰。吾欲試相視一事。乃出其囊中藥。少少投之。食頃發之。已成銀。偉大驚曰。道近在汝處。而不早告我。何也。妻曰。得之須有命者。於是偉日夜說誘之。賣田宅以供美食衣服。猶不肯告偉。偉乃與伴謀撾笞伏之。妻輒知之。告偉言。道必當傳其人。得其人。道路相遇輒教之。如非其人。口是而心非者。雖寸斷支解。而道猶不出也。偉逼之不止。妻乃發狂。裸而走。以泥自塗。遂卒。近者前廬江太守華令思。高才達學。洽聞之士也。而事之不經者。多所不信。後有道士說黃白之方。乃試令作之。云以鐵器銷鉛。以散藥投中。即成銀。又銷此銀。以他藥投之。乃作黃金。又從此道士學徹視之方。行之未百日。夜臥即便見天文及四鄰了了。不覺復有屋舍籬障。又妾名瑤華者已死。乃見形。與之言語。如平生。又祭廟。聞廟神答其拜。牀似動有聲。令思乃歎曰。世間乃定無所不有。五經雖不載。不可便以意斷也。然不聞方伎者。卒聞此亦焉能不驚怪邪。又黃白術。亦如合神丹。皆須齋潔百日已上。又當得閑（閑即嫻字也）解方書。意合者。乃可爲之。非濁穢之人。及不聰明人。希涉術數者。所辨（辨即辦字也）作也。有中或有須口訣者。皆宜師授。又宜入於深山之中。清潔之地。不欲令凡俗愚人知之。而劉向止宮中作之。使宮人供給其事。必非齋潔者。又不能斷絕人事。使不來往也。如此。安可得成哉。桓譚新論（藏本作詮非）曰。史子心見署爲丞相史。官架屋。發吏卒及官奴婢以給之。作金不成。丞相自以力不足。又白傅太后。太后不復利於金也。聞金成。可以作延年藥。又甘心焉。乃除之爲郎。舍之北宮中。使者待遇。寧有作此神方可於宮中而令凡人雜錯共爲之者哉。俗間染繒練。尚不欲使雜人見之。見之即壞。況（藏本無此字）黃白之變化乎。（藏本無此字）凡事無巨細。皆宜得要。若不得其法。妄作。酒醬醋羹臛猶不成。況大事乎。余曾諮於鄭君曰。老君云。不貴難得之貨。而至治之世。皆投金於山。捐玉於谷。不審古人何用金銀爲貴而遺其方也。鄭君答余曰。老君所云。謂夫披沙剖石。傾山漉淵。不遠萬里不慮壓溺。以求珍玩以妨民時。不知止足以飾無用。及欲爲道。志求長生者。復兼商賈。不敦信讓。浮深越險。乾沒逐利。不惜軀命。不修寡欲者耳。（藏本無此二字）至於眞人作金。自欲餌服之致神仙。不以致富也。故經曰。金可作也。世可度也。銀亦可餌服。但不及金耳。余難曰。何不餌世間金銀而化作之。作之則非眞。非眞則詐僞也。鄭君答余曰。世間金銀皆善。然道士率皆貧。故諺云。無有肥仙人富道士也。師徒或十人。或五人。亦安得金銀以供之乎。又不能遠行採取。故宜作也。又化作之金。乃是諸藥之精。勝於自然者也。仙經云。丹精生金。此是以丹作金之說也。故山中有丹砂。其下多有金。且夫作金成則爲眞物。中表如一。百煉不減。故其方曰。可以爲釘。明其堅勁也。此則得夫自然之道也。故其能之。何謂詐乎。詐者謂以曾青塗鐵。鐵赤色如銅。以雞子白化銀。銀黃如金。而皆外變而內不化也。夫芝菌者。自然而生。而仙經有以五石五木種芝。芝生。取而服之。亦與自然芝無異。俱令人長生。此亦作金之類也。雉化爲蜃。雀化爲蛤。與自然者正同。故仙經曰。流珠九轉。父不語子。化爲黃白。自然相使。又曰。朱砂爲金。服之昇仙者上士也。茹芝導引。咽氣長生者中士也。餐食草木千歲以還者下士也。又曰。金銀可自作。自然之性也。長生可學得者也。玉牒記云。天下悠悠。皆可長生也。患於猶豫。故不成耳。凝水（藏本無此字）銀爲金。可中釘也。銅柱經曰。丹沙可爲金。河車可作銀。立則可成。成則爲眞。子得其道。可以仙身。黃山子曰。天地有金。我能作之。二黃一赤。立成不疑。龜甲文曰。我命在我不在天。還丹成金億萬年。古人豈欺我哉。但患知此道者多貧。而藥或至賤而生遠方。非亂世所得也。若戎鹽鹵鹹皆賤物。清平時了不直錢。今時不限價値而買之。無也。羌里石膽千萬。求一斤亦不可得。徒知其方而與不知者。正同可爲長歎者也。有其法者。則或飢寒。無以合之。而富貴者。復不知其法也。就令知之。亦無一信者。假令頗信之。亦已自多金銀。豈肯費見財以市其貨物。恐有棄繫逐飛之悔。故莫肯爲也。又計買藥之價。以成所得之物。尤有大利。而更當齋戒辛苦。故莫克爲也。且夫不得明師口訣。誠不可輕作也。夫醫家之藥。淺露之甚。而其常用効方。便復秘之。故方有用。後宮遊女僻側之膠。封君泥丸。木鬼子金商芝。飛君根。伏龍肝。白馬汗。浮雲滓。龍子丹衣。夜光骨。百花醴。冬鄒齋之屬。皆近物耳。而不得口訣。猶不可知。況於黃白之術乎。今能爲之者。非徒以其價貴而秘之矣。此道一成。則可以長生。長生之道。道之至也。故古人重之也。凡方書所名藥物。又或與常藥物同而實非者。如河上姹女非婦人也。陵陽子明。非男子也。禹餘糧非米也。堯漿非水也。而俗人見方。用龍膽虎掌。雞頭鴨蹠。馬蹄(藏本作胣)犬血。鼠尾牛膝。皆謂之血氣之物也。見用缺盆覆盆釜鬵大戟。鬼箭。天鉤。則謂之鐵瓦之器也。(原注鉤一作鈎)見用胡王使者。倚姑新婦。野丈人。守田公。戴文浴。徐長卿。則謂人之姓名也。延(刻本作近)易之草。或有不知。玄祕之方。孰能悉解。劉向作金不成。無可怪之也。及得其要。則復不煩聖賢大才而後作也。凡人可爲耳。劉向豈頑(刻本作凡)人哉。直坐不得口訣耳。今將載其約而効之者。以貽將來之同志焉。當先取武都雄黃。丹色如雞冠而光明無夾石者。多少任(藏本作在)意。不可令減五斤也。擣之如粉。以牛膽和之。煑之令燥。以赤土釜容一斗者。先以戎鹽石膽末薦釜中。令厚三分。乃內雄黃末。令厚五分。復加戎鹽於上。如此。相似至盡。又加碎炭火如棗核者。令厚二寸。以蚓螻土及戎鹽爲泥。泥釜外。以一釜覆之。皆泥令厚三寸。勿泄。陰乾一月。乃以馬糞火熅之。三日三夜。寒發出鼓。下其銅。銅流如冶銅鐵也。乃令鑄此銅以爲筩。筩成以盛丹砂水。又以馬屎火熅之。三十日。發爐鼓之。得其金。即以爲筩。又以盛丹砂水。(以上二十七字當是小注一本如此作誤入正文耳)又以馬通火熅三十日。發取擣冶之。取其二分生丹砂一分。并汞。(藏本作錄非)汞者水銀也。(以上五字當是小注誤入正文)立凝成黃金矣。光明美色。可中釘也。

作丹砂水法

治丹砂一斤。內生竹筩中。加石膽消石各二兩。覆薦上下。閉塞筩口。以漆(藏本作染)骨丸封之。須乾。以內醇苦酒中。埋之地中。深三尺。三十日成水。色赤味苦也。金樓先生所從青林子受作黃金法。先鍛錫。方廣六寸。厚一寸二分。以赤鹽和灰汁。令如泥。以塗錫上。令通厚一分。累置於赤土釜中。率錫十斤。用赤鹽四斤。合封固其際。以馬通火熅之。三十日發火視之。錫中悉如灰狀。中有累累如豆者。即黃金也。合治(藏本作冶)內土甌中。以炭鼓之。十煉之並成也。率十斤錫。得金二十兩。唯長沙桂陽豫章南海土釜可用耳。彼鄉土之人。作土釜以炊食自多也。

(按自金樓先生以下當另起一條而誤連)

治作赤鹽法

用寒鹽一斤。(藏本無此二字)又作寒水石一斤。又作寒羽涅一斤。又作白礬一斤。(藏本無此二字)合內鐵器中。以炭火火之。皆消而色赤。乃出之。可用也。角里先生從稷丘子所授化黃金法。先以礬水石二分。內鐵器中。加炭火令沸。乃內汞多少自在。攪令相得。六七沸。注地上。成白銀。乃取丹砂水曾青水各一分。雄黃水二分。於鑩中加微火上令沸。數攪之令相得。復加炭火上令沸。以此白銀內其中多少自在。可六七沸。注地上凝。則成上色紫磨金也。（按自角里先生以下當另起一條而誤連）

治作雄黃水法

治雄黃內生竹筩中一斤。輒加消石二兩。覆薦上下。封以漆骨丸。內醇大醋（原注或作醇苦酒）中。埋之深三尺。二十日即化爲水也。作曾青水方及礬石水同法。但各異筩中耳。

小兒作黃金法

作大鐵筩成。中一尺二寸。高一尺二寸。作小鐵筩成。中六寸。瑩磨之。赤石脂一斤。消石一斤。雲母一斤。代赭一斤。流黃半斤。空青四兩。凝水石一斤。皆合擣細篩。以醯和塗之。小筩中厚二分。汞一斤。丹砂半斤。良非半斤。取良非法。用鉛十斤。內鐵釜中。居爐上露灼之。鉛銷。內汞三兩。早出者。以鐵匙抄取之。名曰良非也。攪令相得。以汞不見爲候。置小筩中。雲母覆其上。鐵蓋鎮之。取大筩居爐上。銷鉛注大筩中。沒小筩中去上半寸。取銷鉛爲候。猛火炊之。三日三夜成。名曰紫粉。取鉛十斤。於鐵器中銷之。二十日上下。更內銅器中。須鉛銷。內紫粉七方寸匕。攪之。即成黃金也。欲作白銀者。取汞置鐵器中。內紫粉三寸已上。（按寸已上當作方寸匕）火令相得。注水中。即成銀也。務成子法。作鐵筩長九寸。徑五寸。擣雄黃三斤。蚓螻壤等分。作合以爲泥。塗裏。使徑三寸。匱口四寸。加丹砂水二合。覆馬通火上。令極乾。內銅筩中。塞以銅合蓋。堅以黃沙築上。覆以蚓壤重泥。上無令泄。置爐炭中。令有三寸炭。筩口赤。可寒發之。雄黃皆入著銅筩。復出入如前法。三斤雄黃精。皆下入著筩中。下提取與黃沙等分。合作以爲爐。爐大小自在也。欲用之。置爐於炭火中。爐赤。內水銀。銀動則內鉛其中。黃從傍起。交中央。注之於地。即成金。凡作一千五百斤。爐力即盡矣。此金取牡荆赤黍酒。漬之百日。即柔可和也。如小豆。服一丸。日三服。盡一斤。三蟲伏尸。百病皆去。盲者視。聾者聞。老者即還年。如三十時。入火不灼。百邪衆毒。冷風暑濕。不能侵人。盡三斤。則步行水上。山川百神。皆來侍衞。壽與天地相畢。以杅血朱草煑一丸。（原注杅一作得）以拭目。皆即見鬼及地中物。能夜耆。以白羊血塗一丸。投水中。魚龍立出。可以取也。以青羊血丹雞血塗一丸。懸都門上。一里不疫。以塗牛羊六畜額上。皆不疫病。虎豹不犯也。以虎膽蛇肪塗一丸。從月建上。以擲敵人之軍。軍即便無故自亂。相傷殺而走矣。以牛血塗一丸。以投井中。井中即沸。以投流水。流水則逆流百步。以白犬血塗一丸。（刻本有置六陰之地五字藏本無）投社廟舍中。其鬼神即見。可以役使。以兔血塗一丸。置六陰之地。行廚玉女立至。可侯（當作供）六七十人也。以鯉魚膽塗一丸。持入水。水爲之開一丈。可得氣息。水中以行。冒雨衣不霑也。以紫莧煑一丸。含咽其汁。可百日不飢。以慈石煑一丸。内髻中。以禦賊。白刃流矢不中之。有射之者。矢皆自向也。以六丁六壬上土并一丸。以蔽人中則隱形。含一丸。北向以噴火。火則滅。以庚辛日申酉時。向西地以一丸擲樹。樹木即日便枯。又以一丸。禹步擲虎狼蛇蝮。皆即死。研一丸以畫石即入石。畫金即入金。畫木入木。所畫皆徹其肌理。削治不可去也。卒死未經宿。以月建上水下一丸。令入咽喉。并含水噴死人面。即活。以狐血鶴血塗一丸。内爪中。以指萬物。隨口變化。即山行木徙。人皆見之。然而實不動也。凡作黃白。皆立太乙。玄女。老子坐醮祭。如作九丹法。常燒五香。香不絕。又金成。先以三斤投深水中。一斤投市中。然後方得恣其意用之耳。（按自務成子法以下當另起一條而誤連）

登涉卷第十七

或問登山之道。抱朴子曰。凡爲道合藥。及避亂隱居者。莫不入山。然不知入山法者。多遇禍害。故諺有之曰。太華之下。白骨狼藉。皆謂偏知一事。不能博備。雖有求生之志。而反強死也。山無大小。皆有神靈。山大則神大。山小即神小也。入山而無術。必有患害。或被疾病。及傷刺。及驚怖不安。或見光影。或聞異聲。或令大木不風而自摧折。巖石無故而自墮落。打擊煞人。或令人迷惑狂走。墮落坑谷。或令人遭虎狼毒蟲犯人。不可輕入山也。當以三月九月。此是山開月。又當擇其月中吉日佳時。若事久不得徐徐須此月者。但可選日時耳。凡人入山。皆當先齋潔七日。不經汚穢。帶昇山符出門。作周身三五法。又五岳有受殃之歲。如九州之地。更有衰盛。受飛符煞炁。則其地君長。不可作也。按周公城名錄。天下分野。災之所及。可避不可禳。居宅亦然。山岳皆爾也。又大忌不可以甲乙寅卯之歲。正月二月入東岳。不以丙丁巳午之歲。四月五月入南岳。不以庚辛申酉之歲。七月八月入西岳。不以戊己之歲。四季之月入中岳。不以壬癸亥子之歲。十月十一月入北岳。不須入太華霍山恆山太山嵩高山。乃忌此嶽其岳之方面。皆同禁也。又萬物之老者。其精悉能假託人形。以眩惑人目而常試人。唯不能於鏡中易其真形耳。是以古之入山道士。皆以明鏡徑九寸已上。懸於背後。則老魅不敢近人。或有來試人者。則當顧視鏡中。其是仙人。及山中好神者。顧鏡中故如人形。若是鳥獸邪魅。則其形貌皆見鏡中矣。又老魅若來。其去必却行。行可轉鏡對之。其後而視之。若是老魅者。必無踵也。其有踵者。則山神也。昔張蓋(原注一作盍)蹹及偶高(原注一作豪)成二人。並精思於蜀雲臺山石室中。忽有一人。著黃練單衣葛巾。往到其前曰。勞乎道士。乃辛苦幽隱。於是二人顧視鏡中。乃是鹿也。因問之曰。汝是山中老鹿。何敢詐爲人形。言未絕。而來人即成鹿而走去。林慮山下有一亭。其中有鬼。每有宿者。或死或病。常夜有數十人。衣色或黃或白或黑。或男或女。後郄(原注一作郅)伯夷者過(疑遺)之宿。明燈燭而坐誦經。夜半有十餘人來。與伯夷對坐。自共樗蒱博戲。伯夷密以鏡照之。乃是群犬也。伯夷乃執燭起。佯誤以燭燼爇其衣。乃作燋毛氣。伯夷懷小刀。因捉一人而刺之。初作人叫。死而成犬。餘犬悉走。於是遂絕。乃鏡之力也。上士入山。持三皇內文及五岳真形圖。所在召山神。及按鬼錄。召州社及山卿宅尉問之。則木石之怪。山川之精。不敢來試人。其次即立七十二精鎮符。以制百邪之章。及朱官印包元十二印。封所住之四方。亦百邪不敢近之也。其次執八威之節。佩老子玉策。則山神可使。豈敢爲害乎。余聞鄭君之言如此。實復不能具知其事也。余師常告門人曰。夫人求道。如憂家之貧。如愁位之卑者。豈有不得耶。但患志之不篤。務近忘遠。闇之則悅偘偘。前席未久。則忽然若遺。毫釐之益未固。而丘山之損不已。亦安得窮至言之微妙。成罔極之峻崇乎。

抱朴子曰。入山之大忌。正月午。二月亥。三月申。四月戌(當作丑)五月未(原注一作戌當作戌一作最是)六月卯七月甲(當衍)子。八月申子(二字當作巳)九月寅。十月辰(當衍)未。十一月巳丑(二字當作辰)十二月寅。(當作酉此以寅午戌逆行於正五九月亥卯未順行於二六十月申子辰之於三七十一月亦逆行巳酉丑之於四八十二月亦順行而各忌之也諸本皆訛錯不可通今訂正)入山良日。甲子。甲寅。乙亥。乙巳。乙卯。丙戌。丙午。丙辰。已上日大吉。抱朴子曰。按九天祕記。及太乙遁甲云。入山大月忌三日。十一日。十五日。十八日。二十四日。二十六日。三十日。小月忌一日。五日。十三日。十六日。二十六日。二十八日。以此日入山。必爲山神所試。又所求不得。所作不成。不但道士。凡人以此日入山皆凶害。與虎狼毒蟲相遇也。抱朴子曰。天地之情狀。陰陽之吉凶。茫茫乎其亦難詳也。吾亦不必謂之有。又亦不敢保其無也。然黃帝太公皆所信仗。近代達者嚴君平司馬遷皆所據用。而經傳有治歷明時剛柔之日。古言（當作故詩）曰吉日惟戊。有自來矣。王者立太史之官。封拜置立。有事宗廟。郊祀天地。皆擇良辰。而近才庸夫。自許脫俗。舉動所爲。耻揀善日。不亦戇愚哉。每伺今入山。不得其良時日交下有其驗。不可輕入也。按玉鈐經云。欲入名山。不可不知遁甲之祕術。而不爲人委曲說其事也。而靈寶經云。入山當以保日及義日。若專日者大吉。以制日伐日必死。又不一一道之也。余少有入山之志。由此乃行學遁甲書。乃有六十餘卷。事不可卒精。故鈔集其要。以爲囊中立成。然不中以筆傳。今論其較略。想好事者欲入山行。當訪索知之者。亦終不乏於世也。遁甲中經曰。欲求道。以天內日天內時。劾鬼魅。施符書。以天禽日天禽時。入名山。欲令百邪虎狼毒蟲盜賊。不敢近人者。出天藏。入地戶。凡六癸爲天藏。六己爲地戶也。又曰。避亂世。絕跡於名山。令無憂患者。以上元丁卯日。名曰陰德之時。一名天心。可以隱淪。所謂白日陸沈。日月無光。人鬼不能見也。又曰。求仙道入名山者。以六癸之日六癸之時。一名天公日。必得度世也。又曰。往山林中。當以左手取青龍上草。折半置逢星下。歷明堂。入太（當衍）陰中。禹步而行。三呪曰。諾臯。大陰將軍。獨聞（當作開）曾孫王甲。勿開外人。使人見甲者。以爲束薪。不見甲者。以爲非人。則折所持之草置地上。左手取土。以傳鼻人中。右手持草自蔽。左手著前。禹步而行。到六癸下。閉氣而住。人鬼不能見也。凡六甲爲青龍。六乙爲逢星。六丙爲明堂。六丁爲陰中也。☰☰比成既濟卦。初一初二。跡不任九跡數。然相因仍一步七尺。又云。一尺（此四字當是小注誤入正文）合二丈一尺。（原注一作一步三尺）顧視九跡。又禹步法。正立。右足在前。左足在後。次復前（此下當有左足次前四字）右足。以左足從右足併。是一步也。次復前右足。次前左足。以右足從左足併。是二步也。次復前（此下當有左足次前四字）右足。以左足從右足併。是三步也。如此。禹步之道畢矣。凡作天下百術。皆宜知禹步。不獨此事也。抱朴子曰。靈寶經曰。（當衍）所謂寶（當作保）日者。謂支干上生下之日也。若用甲午乙巳之日是也。甲者木也。午者火也。乙亦木也。巳亦火也。火生於木故也。又謂義日者。支干下生上之日也。若壬申癸酉之日是也。壬者水也。申者金也。癸者水也。酉者金也。水生於金故也。所謂制日者。支干上克下之日也。若戊子己亥之日是也。戊者土也。子者水也。巳亦土也。亥亦水也。五行之義。土克水也。所謂伐日者。支干下克上之日。若甲申乙酉之日是也。甲者木也。申者金也。亦乙木也。酉亦金也。金克木故也。他皆倣此。引而長之。皆可知之也。抱朴子曰。入名山以甲子開除日。以五色繒各五寸。懸大石上。所求必得。又曰。入山宜知六甲祕祝。祝曰。臨兵鬭者。皆陣列前行。凡九字。常當密祝之。無所不辟。要道不煩。此之謂也。抱朴子曰。山中山精之形。如小兒而獨足。走（太平御覽八百八十六引作足）向後。喜來犯人。人入山若夜聞人（御覽引若作谷無夜字人作其）音聲大。（御覽引作笑）語其名曰蚑。知而呼之。即不敢犯人也。一名熱內。（御覽引作超空）亦可兼呼之。又有山精。如鼓赤色。亦一足。其名曰暉。（御覽引作揮）又或如人。長九尺。（御覽引作寸）衣裘戴笠。名曰金累。（御覽引有又字）或如龍而五色赤角。名曰飛飛。見之皆以名呼之。（原注下飛字或作龍）即不敢爲害也。抱朴子曰。山中有大樹。有能語者。非樹能語也。其精名曰雲陽。（御覽引有以其名二字）呼之則吉。山中夜見火光者。皆久枯木所作。勿怪也。山中夜見胡人者。銅鐵之精。見秦（御覽引有人字）者。百歲木之精。勿怪之。並不能爲害。山水之間見吏人（御覽引無此字）者。名曰四徼。（御覽引有以其名二字）呼之名（御覽引無此字）即吉。山中見大蛇著冠幘者。名曰升卿。呼之即吉。山中見吏。若但聞聲不見形。呼人不止。以白石擲之則息矣。一法以葦爲矛（矛舊譌作茅今校正）以刺之。即吉。山中見鬼來喚人。求食不止者。以白茅投之。即死也。山中鬼常迷惑使失道徑者。以葦杖投之。即死也。山中寅日。有自稱虞吏者。虎也。稱當路君者。狼也。稱令長者。老狸也。卯日稱丈人者。兔也。稱東王父者。麋也。稱西王母者。鹿也。辰日稱雨師者。龍也。稱河伯者。魚也。稱無腸公子者。蟹也。巳日稱寡人者。社中蛇也。稱時君者。龜也。午日稱三公者。馬也。稱仙人者。老樹也。未日稱主人者。羊也。稱吏者。麞也。申日稱人君者。猴也。稱九卿者。猿也。酉日稱將軍者。老（舊脫此字今依御覽引補）雞也。稱捕賊者。雉也。戌日稱人姓字者。犬也。稱成陽公者。狐也。亥日稱神君者。豬也。稱婦人者。金玉也。（舊此二句譌倒今依御覽引乙正）子日稱社君者。鼠也。稱神人者。伏翼也。丑日稱書生者。牛也。但知其物名。則不能爲害也。或問曰。隱居山澤。辟蛇蝮之道。抱朴子曰。昔圓丘多大蛇。又生好藥。黃帝將登焉。廣成子敎之佩雄黃。而衆蛇皆去。今帶武都雄黃。色如雞冠者五兩以上。以入山林草木。則不畏蛇。蛇若中人。以少許雄黃末內瘡中。亦登時愈也。蛇種雖多。唯有蝮蛇及靑金蛇中人爲至急。不治之。一日則煞人。人不曉治之方術者。而爲此二蛇所中。卽以刀割所傷瘡肉以投地。其肉沸如火炙。須臾焦盡。而人得活。此蛇七八月毒盛之時。不得嚙人。而其毒不泄。乃以牙嚙大竹及小木。皆卽燋枯。今爲道士人入山。徒知大方而不曉辟之之道。亦非小事也。未入山。當預止於家。先學作禁法。思日月及朱雀玄武青龍白虎以衞其身。乃行到山林草木中。左取三口炁閉之。以吹山草中。意思令此炁。赤色如雲霧。彌滿數十里中。若有從人。無多少皆令羅列。以炁吹之。雖踐蛇。蛇不敢動。亦略不逢見蛇也。若或見蛇。因向日左取三炁閉之。以舌柱天。以手捻都關。又閉天門。塞地戶。因以物抑蛇頭。而手縈之。畫地作獄以盛之。亦可捉弄也。雖（藏本作以）繞頭頸。不敢嚙人也。自不解禁。吐炁以吹之。亦終不得復出獄去也。若他人爲蛇所中。左取三口炁以吹之。卽愈。不復痛。若相去十數里者。亦可遙爲作炁。呼彼姓字。男祝我左手。女祝我右手。彼亦愈也。介先生法。到山中住。思作五色蛇各一頭。乃閉炁以青竹及小木板屈刺之。左徊禹步。思作吳蚣數千板。以衣其身。乃去。終亦不逢蛇也。或以乾姜附之。帶之肘後。或燒牛羊鹿角薰身。或帶王方平雄黃丸。或以猪耳中垢及麝香丸。著足爪甲中。皆有效也。又麝（藏本有香字）及野猪皆啖蛇。故以厭之也。又運日鳥（按運皆當作鶤見下又劉逵三都賦注作鶤字與此正同）及蠳龜亦皆啖蛇。故南人入山。皆帶蠳龜之尾。運日之喙以辟蛇。蛇中人。刮此二物以塗其瘡。亦登時愈也。雲（藏本作蠱誤）日（藏本作是誤）鴆鳥之別名也。又南人入山。皆以竹管盛活吳蚣。吳（藏本無此字）蚣。知有蛇之地。便動作於管中。如此。則詳視草中。必見蛇也。大蛇丈餘。身出一圍者。吳蚣見之。而能以炁禁之。蛇卽死矣。蛇見吳蚣在涯岸間。大蛇走入川谷深水底逃。其吳蚣但浮水上禁。人見有物正青。大如綖者。直下入水至蛇處。須臾蛇浮出而死。故南人因此末吳蚣治蛇瘡。皆登愈也。或問曰。江南山谷之間。多諸毒惡。辟之有道乎。抱朴子答曰。中州高源（當作原）土氣清和。上國名山。了無此輩。今吳楚之野。暑濕鬱蒸。雖衡霍正岳。猶多毒蠚也。又有短狐。一名蜮。一名射工。一名射影。其實水蟲也。狀如鳴蜩。狀（當作大）似三合盃。有翼能飛。無目而利耳。口中有橫物角弩。如聞人聲。緣口中物如角弩。以氣爲矢。則因水而射人。中人身者。卽發瘡。中影者亦病。而不卽發瘡。不曉治之者煞人。其病似大傷寒。不十日皆死。又有沙蝨。水陸皆有。其新雨後。及晨暮前。跋涉必著人。唯烈日草燥時。差稀耳。其大如毛髮之端。初著人。便入其皮裏。其所在。如芒刺之狀。小犯大痛。可以針挑取之。正赤如丹。著爪上行動也。若不挑之。蟲鑽至骨。便周行走入身。其與射工相似。皆煞人。人行有此蟲之地。每還所住。輒當以火炙燎。令遍身。則此蟲墮地也。若帶八物麝香丸。及度世丸。及護命丸。及玉壺丸。犀角丸。及七星丸。及薺苨。皆辟沙蝨短狐也。若卒不能得此諸藥者。但可帶好生麝香亦佳。以雄黃大蒜等分合擣帶一丸。如雞子大者亦善。若已爲所中者。可以此藥塗瘡。亦愈。㕮咀赤莧汁。飲之塗之亦愈。五茄根。及懸鉤草。葍藤。此三物皆可各單行。可以擣服其汁一二升。又射工蟲。冬天蟄於山谷間。大雪時索之。此蟲所在。其雪不積留。氣起如灼蒸。當掘之。不過入地一尺則得也。陰乾末帶之。夏天自辟射工也。若道士知一禁方。及洞百禁。常存禁。及守真一者。則百毒不敢近之。不假用諸藥也。或問道士山居。棲巖庇岫。不必有細縟之第。直使我不畏風濕。敢問其術也。抱朴子曰。金餅散。三陽液。昌辛丸。葷草耐冬煎。獨搖膏。茵芋玄華散。秋地黃血丸。皆不過五十日服之而止。可以十年不畏風濕。若服金丹大藥。雖未昇虛輕舉。然體不受疾。雖當風臥濕。不能傷也。服此七藥。皆謂始學道者耳。姚先生但服三陽液。便袒臥冰上。了不寒振。此皆介先生及梁有道臥石上。及秋冬當風寒。已試有驗秘法也。或問涉江渡海。辟蛇龍之道。抱朴子曰。道士不得已而當遊涉大川者。皆先當於水次破雞子一枚。以少許粉雜香末。合攪器水中。以自洗濯。則不畏風波蛟龍也。又佩東海小童符。及制水符。蓬萊札。皆卻水中之百害也。又有六甲三金符。五木禁。又法。臨川先祝曰。卷蓬卷蓬。(原注或作弓逢弓逢)河伯導前辟蛟龍。萬災消滅天清明。又金簡記云。以五月丙午日日中。擣五石。下其銅。五石者。雄黃。丹砂。雌黃。礬石。曾青也。(按當衍雌黃脫慈石前金丹篇不誤)皆粉之。以金華池浴之。內六一神爐中鼓下之。以桂木燒爲之。銅成以剛炭鍊之。令童男童女進火取牡銅。以爲雄劍。取牝銅以爲雌劍。各長五寸五分。取土之數。以厭水精也。帶之以水行。則蛟龍巨魚水神不敢近人也。欲知銅之牝牡。當令童男童女俱以水灌銅。灌銅當以在火中向赤時也。則銅自分爲兩段。有凸起者。牡銅也。有凹陷者。牝銅也。各刻名識之。欲入水。以雄者帶左。以雌者帶右。但乘船不身涉水者。其陽日帶雄。陰日帶雌。又天文大字。有北帝書。寫帛而帶之。亦辟風波蛟龍水蟲也。或問曰。辟山川廟堂(原注一作座)百鬼之法。抱朴子曰。道士常帶天水符。及上皇竹使符。老子左契。及守真一思三部將軍者。鬼不敢近人也。其次則論百鬼錄。知天下鬼之名字。及白澤圖。九鼎記。則衆鬼自卻。其次服鶉子赤石丸。及曾青夜光散。及葱實烏眼丸。及吞白石英祇母散。皆令人見鬼。卽鬼畏之矣。抱朴子曰。有老君黃庭中胎四十九真祕符。入山林。以甲寅日丹書白素。夜置案中。向北斗祭之以酒脯。各少少。自說姓名。再拜受取。內衣領中。辟山川百鬼萬精。虎狼蟲毒也。何必道士。亂世避難入山林。亦宜知此法也。

入山符

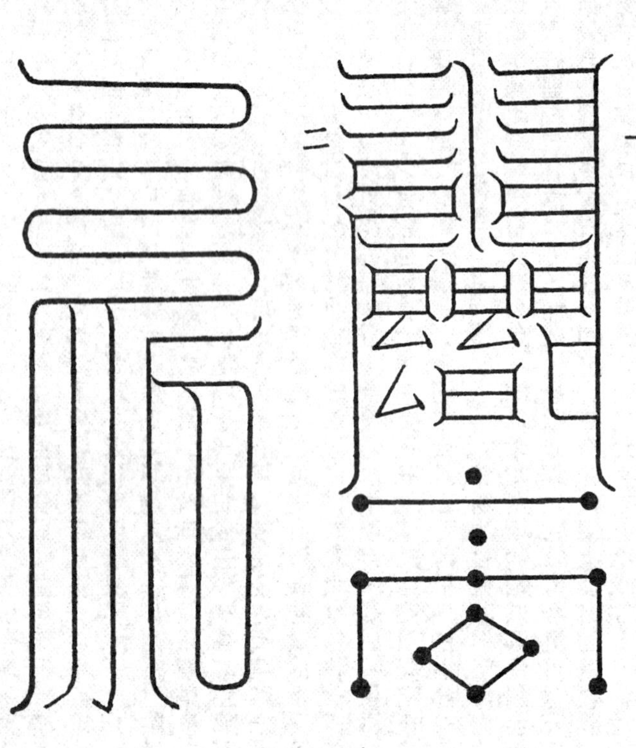

三

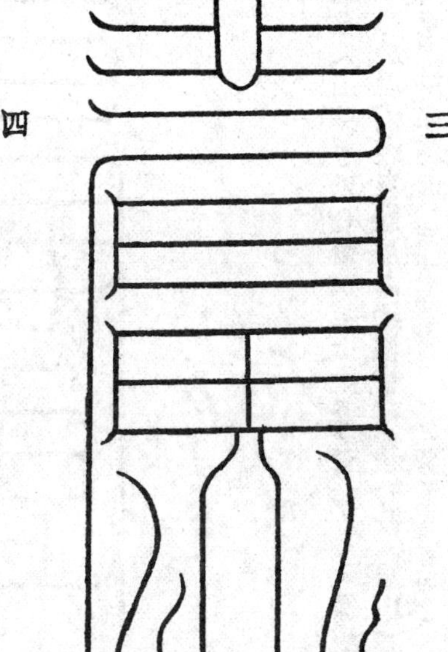

四

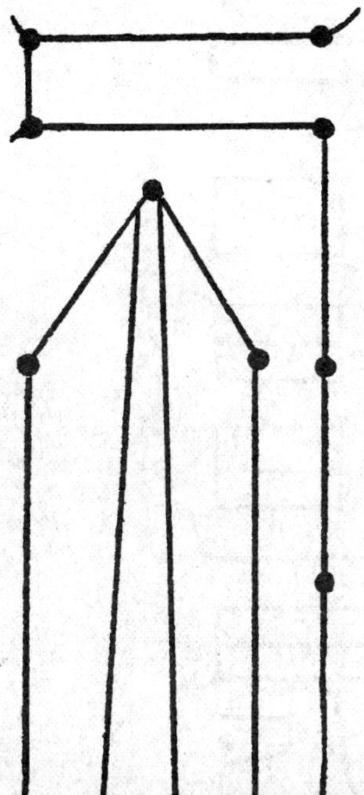

五

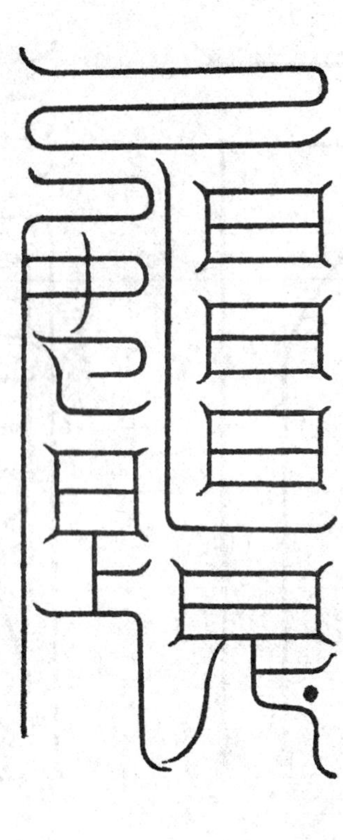

抱朴子曰。上五符。皆老君入山符也。以丹書桃板上。大書其文字。令彌滿板上。以著門戶上。及四方四隅。及所道側。要處。去所住處。五十步內。辟山精鬼魅。戶內梁柱。皆可施安。凡人居山林及暫入山。皆可用。卽衆物不敢害也。三符以相連著一板上。意謂爾非葛氏。（末六字疑附注之語誤入正文）

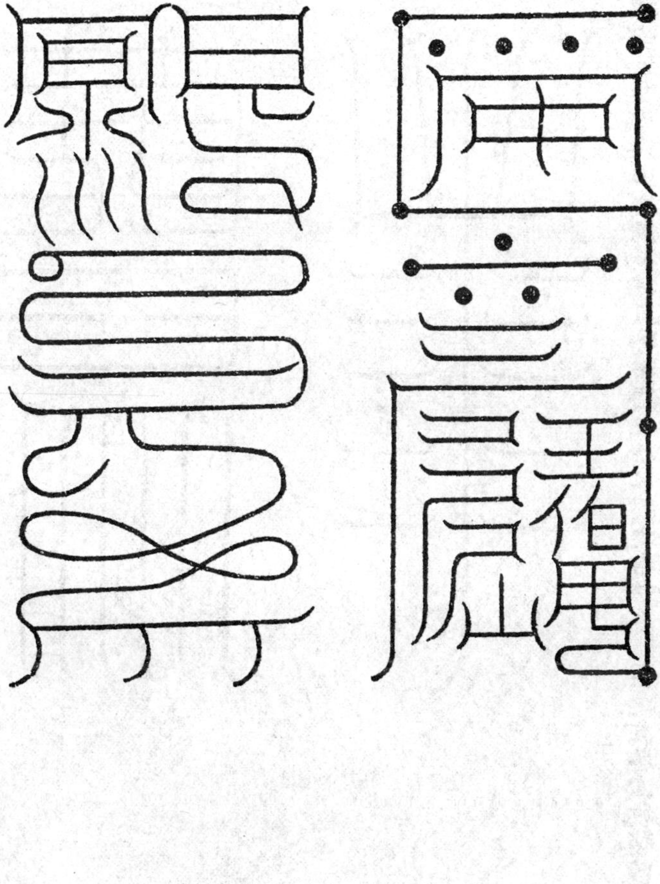

抱朴子曰。此符亦是老君入山符。戶內梁柱皆可施。凡人居山林及暫入山。皆宜用之也。

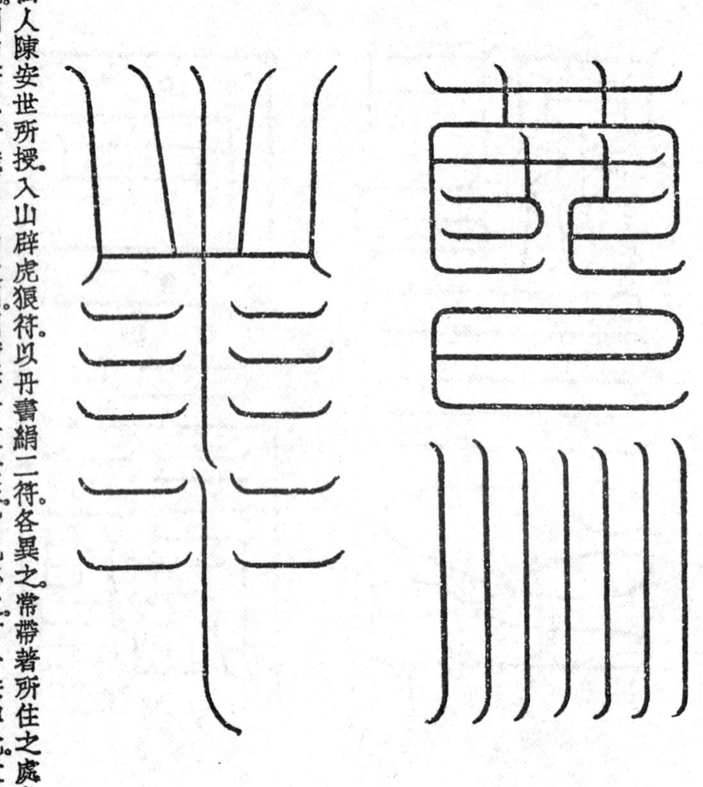

抱朴子曰。此是仙人陳安世所授。入山辟虎狼符。以丹書絹二符。各異之。常帶著所住之處各四枚。移涉當拔收之以去。大神祕也。開山符以千歲虆名山之門。開寶書古文金玉皆見祕之右一法如此。大同小異。

抱朴子曰。此符是老君所戴。百鬼及蛇蝮虎狼神印也。以棗心木方二寸刻之。再拜而帶之。甚有神効。（疑有缺文）仙人陳安世符矣。

入山佩帶符

一

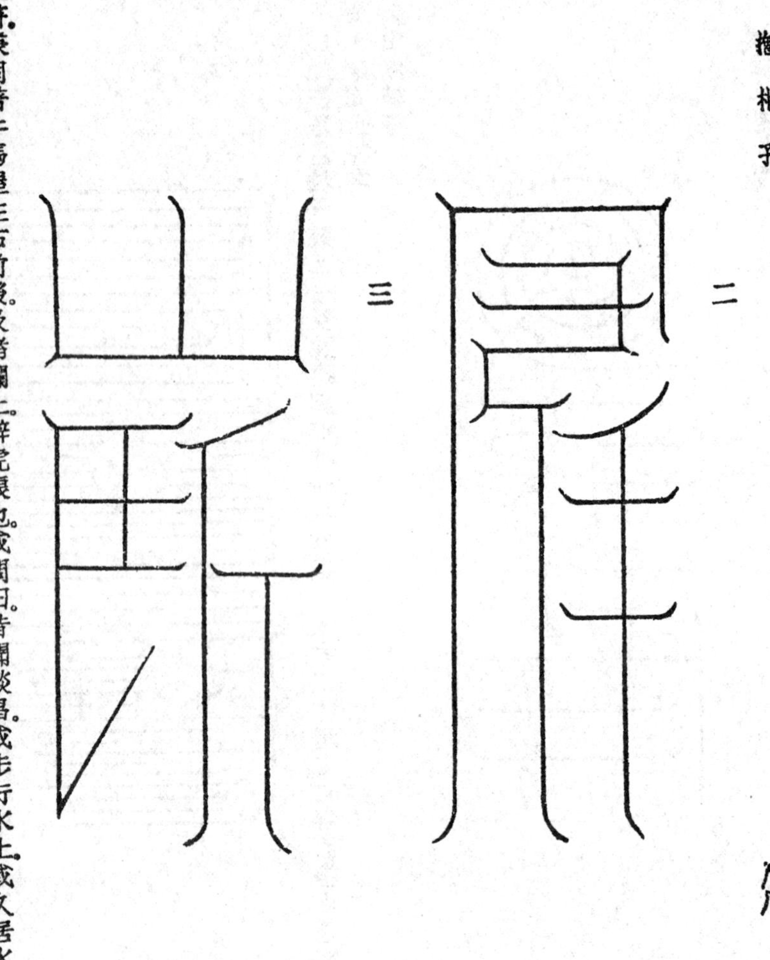

此三符。兼同著牛馬屋左右前後。及猪欄上。辟虎狼也。或問曰。昔聞談昌。或步行水上。或久居水中。以何法乎。抱

朴子曰。以葱涕和桂。服如梧桐子大。七丸日三服。至三年。則能行水上也。鄭君言但習閉氣至千息。久久則能居水中一日許。得眞通天犀角三寸以上。刻以爲魚。而銜之以入水。水常爲人開。方三尺。可得炁息水中。又通天犀角。有一赤（事類賦引無一字赤作白）理如綖。有（事類賦引無）自本徹末。（事類賦引有者字）以角盛米置羣雞中。雞欲啄之。未至數寸。卽驚卻退。故南人或名通天犀爲駭雞犀。以此犀角著穀積上。百鳥不敢集。大霧重露之夜。以置中庭。終不沾濡也。此犀獸在深山中。晦冥之夕。其光正赫然。如炬火也。以其角爲導毒藥爲湯。以此導攪之。皆生白沫湧起。則了無復勢也。以攪無毒物。則無沫起也。故以是知之者也。若行異域有蠱毒之鄉。每於他家飲食。則常先以犀攪之也。人有爲毒箭所中欲死。以此犀文（當作叉卽釵字也）刺瘡中。其瘡卽沫出而愈也。通天犀所以能煞毒者。其爲獸專食百草之有毒者。及衆木有刺棘者。不妄食柔滑之草木也。歲一解角於山中石閒。人或得之。則須刻木色理形狀。令如其角。以代之。犀不能覺。後年輒更解角。著其處也。他犀亦辟惡解毒耳。然不能如通天者之妙也。或食六戊符千日。或以赤班蜘蛛及七重水馬。以合馮夷水仙丸。服之。則亦可以居水中。只以塗蹠下。則可以步行水上也。頭垢猶足以使金鐵浮水。況妙於茲乎。或問爲道者。多在山林。山林多虎狼之害也。何以辟之。抱朴子曰。古之人入山者。皆佩黃神越章之印。其廣四寸。其字一百二十。以封泥著所住之四方各百步。則虎狼不敢近其內也。行見新虎跡。以印順印之。虎卽去。以印逆印之。虎卽還。帶此印以行山林。亦不畏虎狼也。不但只辟虎狼。若有山川社廟血食惡神。能作福禍者。以印封泥。斷其道路。則不復能神矣。昔石頭水有大黿。常在一深潭中。人因名此潭爲黿潭。此物能作鬼魅。行病於人。吳有道士戴昞者。偶視之。以越章封泥作數百封。乘舟以此封泥。遍擲潭中。良久。有大黿徑長丈餘。浮出不敢動。乃格煞之。而病者並愈也。又有小黿出。羅列死於渚上甚多。山中卒逢虎。便作三五禁。虎亦卽卻去。三五禁法。當須口傳。筆不能委曲矣。一法。直思吾身爲朱鳥。令長三（原注一作二）丈。而立來虎頭上。因卽閉氣。虎卽去。若暮宿山中者。密取頭上釵。閉炁以刺白虎上。則亦無所畏。又法。以左手持刀閉炁。畫地作方。祝曰。恆山之陰。太山之陽。盜賊不起。虎狼不行。城郭不完。閉以金關。因以刀橫旬日中白虎上。亦無所畏也。或用大禁。吞三百六十氣。左取右以叱虎。虎亦不敢起。以此法入山。亦不畏虎。或用七星虎步。及玉神符。八威五勝符。李耳太平符。中黃華蓋印文。及石流黃散。燒牛羊角。或立西岳公

禁山符。皆有驗也。闕此四符也。（末五字疑附注之語誤入正文）

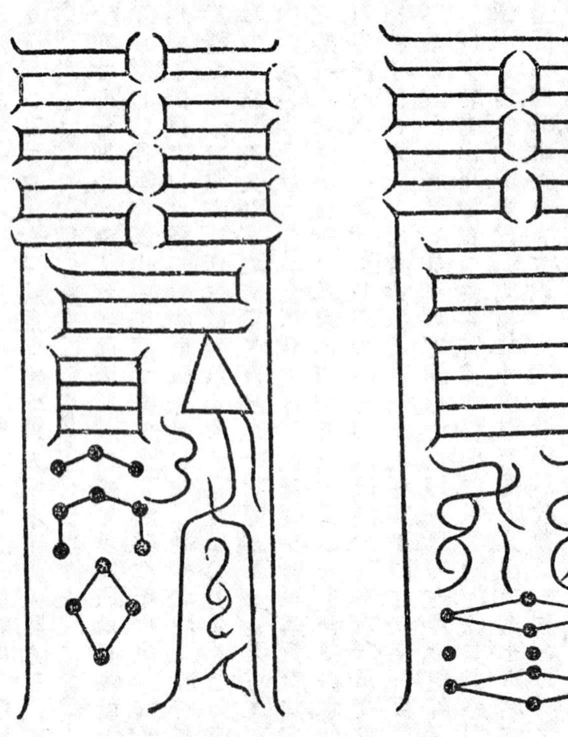

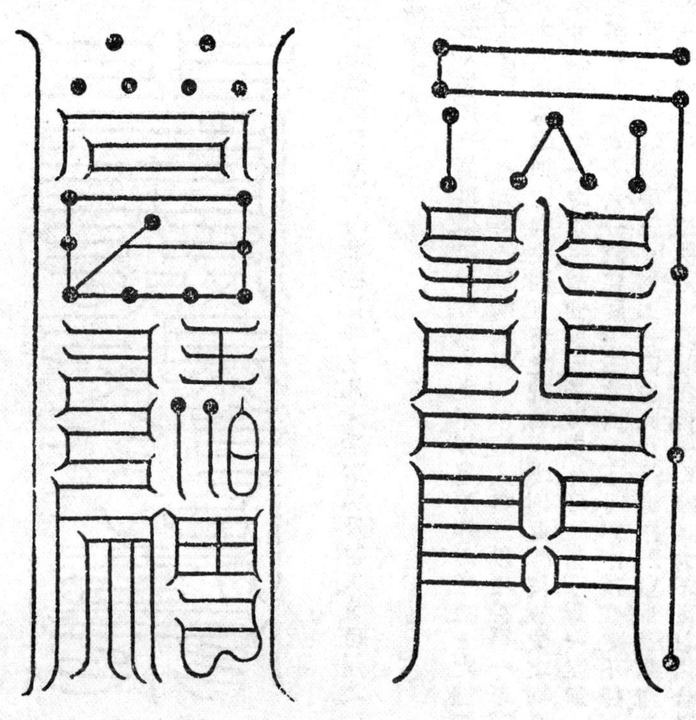

此符是老君入山符。下說如文。又可戶內梁柱皆施之。凡人居山林及暫入皆可用之。

地眞卷第十八

抱朴子曰。余聞之師云。人能知一。萬事畢。知一者。無一之不知也。不知一者。無一之能知也。道起於一。其貴無偶。各居一處。以象天地人。故曰三一也。天得一以清。地得一以寧。人得一以生。神得一以靈。金沈羽浮。山峙川流。視之不見。聽之不聞。存之則在。忽之則亡。向之則吉。背之則凶。保之則遐祚罔極。失之則命彫氣窮。老君曰。忽兮恍兮。其中有象。恍兮忽兮。其中有物。一之謂也。故仙經曰。子欲長生。守一當明。思一至飢。一與之糧。思一至渴。一與之漿。一有姓字服色。男長九分。女長六分。或在臍下二寸四分下。丹田中。或在心下絳宮金闕中丹田也。或在人兩眉閒卻行。一寸爲明堂。二寸爲洞房。三寸爲上丹田也。此乃是道家所重。世世歃血口傳其姓名耳。一能成陰生陽。推步寒暑。春得一以發。夏得一以長。秋得一以收。冬得一以藏。其大不可以六合階。其小不可以毫芒比也。昔黃帝東到靑丘。過風山。見紫府先生。受三皇內文。以劾召萬神。南到圓隴陰。建木觀百令之所登。採若乾之華。

飲丹巒之水。西見中黃子。受九加之方。過洞庭。從廣成子。受自成之經。北到洪隄上具茨。見大隗君。黃蓋童子。受神芝圖。還陟王室。得神丹金訣記。到峨眉山。見天真皇人於玉堂。請問真一之道。皇人曰。子既君四海。欲復求長生。不亦貪乎。其相覆不可具說。粗舉一隅耳。夫長生仙方。則唯有金丹。守形卻還。（刻本作惡）則獨有真一。故古人尤重也。仙經曰。九轉丹。金液經。守一訣。皆在崑崙五城之內。藏於玉函。刻以金札。封以紫泥。印以中章焉。吾聞之於先師曰。一在北極大淵之中。前有明堂。後有絳宮。巍巍華蓋。金樓穹隆。左罡右魁。激波揚空。玄芝被崖。朱草蒙瓏。白玉嵯峨。日月垂光。歷火過水。經玄涉黃。城闕交錯。帷帳琳琅。龍虎列衛。神人在傍。不施不與。一安其所。不遲不疾。一安其室。能暇能豫。一乃不去。守一存真。乃得通神。少欲約食。一乃留息。白刃臨頸。思一得生。知一不難。難在於終。守之不失。可以無窮。陸辟惡獸。水卻蛟龍。不畏魍魎。挾毒之蟲。鬼不敢近。刃不敢中。此真一之大略也。

抱朴子曰。吾聞之於師云。道術諸經。所思存念作。可以卻惡防身者。乃有數千法。如含影藏形。及守形無生。九變十二化。二十四生等。思見身中諸神。而內視令見之法。不可勝計。亦各有効也。然或乃思作數千物以自衛。率多煩難。足以大勞人意。若知守一之道。則一切除棄此輩。故曰能知一。則萬事畢者也。受真一口訣。皆有明文。歃白牲之血。以王相之日受之。以白絹白銀爲約。剋金契而分之。輕說妄傳。其神不行也。人能守一。一亦守人。所以白刃無所措其銳。百害無所容其凶。居敗能成。在危獨安也。若在鬼廟之中。山林之下。大疫之地。塚墓之間。虎狼之藪。蛇蝮之處。守一不怠。衆惡遠迸。若忽偶忘守一。而爲百鬼所害。或臥而魘者。即出中庭視輔星。握固守一。鬼即去矣。若夫陰雨者。但止室中。向北思見輔星而已。若爲兵寇所圍。無復生地。急入六甲陰中。伏而守一。則五兵不能犯之也。能守一者。行萬里。入軍旅。涉大川。不須卜日擇時。起工移徙。入新屋舍。皆不復按堪輿星歷。而不避太歲太陰將軍。月建煞耗之神。年命之忌。終不復値殃咎也。先賢歷試有驗之道也。抱朴子曰。玄一之道。亦要法也。無所不辟。與真一同功。吾內篇第一。名之爲暢玄者。正以此也。守玄一。復易於守真一。真一有姓字長短服色目。（刻本作曰）玄一但此見之。初求之於日中。所謂知白守黑。欲死不得者也。然先當百日潔齋。乃可候求得之耳。亦不過三四日得之。得之守之。則不復去矣。守玄一。并思其身。分爲三人。三人已見。又轉益之。可至數十人。皆如己身。隱之顯之。皆自有口訣。此所謂分形之道。左君及薊子訓葛仙公。所以能一日至數十處。及有客座上。有一主人與客語。門中又有一主人迎客。而水側又有一主人投釣。賓不能別。何者爲真主人也。師言守一。兼修明鏡。其鏡道成。（刻本無此字）則能分形爲數十人。衣服面貌。皆如一也。抱朴子曰。師言欲長生。勤服大藥。欲得通神。當金水分形。形分則自見其身中之三魂七魄。而天靈地祇。皆可接見。山川之神。皆可使役也。抱朴子曰。生可惜也。死可畏也。然長生養性辟死者。亦未有不始於勤。（藏本作弱）而終成於久視也。道成之後。略無所爲也。未成之閒。無不爲也。採掘草木之藥。劬勞山澤之中。煎餌治作。皆用筋力。登危涉險。夙夜不怠。非有至志。不能久也。及欲金丹成而昇天。然其大藥物。皆用錢直。不可卒辦。當復由於耕牧商販以索資。累年積勤。然後可合。及於合作之日。當復齋潔清淨。斷絕人事。有諸不易。而當復加之以思神守一。卻惡衞身。常如人君之治國。戎將之待敵。乃可爲得長生之功也。以聰明大智。任經世濟俗之器。而修此事。乃可必得耳。淺近庸人。雖有志好。不能克終矣。故一人之身。一國之象也。胸腹之位。猶宮室也。四肢之列。猶郊境也。骨節之分。猶百官也。神猶君也。血猶臣也。氣猶民也。故知治身。則能治國也。夫愛其民。所以安其國。養其氣。所以全其身。民散則國亡。氣竭即身死。死者不可生也。亡者不可存也。是以至人消未起之患。治未病之疾。醫之於無事之前。不追之於既逝之後。民難養而易危也。氣難清而易濁也。故審威德所以保社稷。割嗜慾所以固血氣。然後真一存焉。三七守焉。百害卻焉。年命延矣。抱朴子曰。師言服金丹大藥。雖未去世。百邪不近也。若但服草木。及小小餌八石。適可令疾除命益耳。不足以禳外來之禍也。或爲鬼所冒犯。或爲大山神之所輕凌。或爲精魅所侵犯。唯有守真一。可以一切不畏此輩也。次則有帶神符。若了不知此二事。以求長生。危矣哉。四門而閉其三。盜猶得入。況盡開者邪。

遐覽卷第十九

或曰。鄙人面牆。拘繫儒教。獨知有五經三史百氏之言。及浮華之詩賦。無益之短文。盡思守此。既有年矣。既生值多難之運。亂靡有定。干戈戚揚。藝文不貴。徒消工夫。苦意極思。攻微索隱。竟不能祿在其中。免此壟畝。又有損於精思。無益於年命。二毛告暮。素志衰頹。正欲反迷。以尋生道。倉卒罔極。無所趍向。若涉大川。不知攸濟。先生既窮觀墳典。又兼綜奇祕。不審道書。凡有幾卷。願告篇目。抱朴子曰。余亦與子同斯疾者也。昔者。幸遇明師鄭君。但恨子弟（當作弟子）不慧。不足以鑽至堅。極彌高耳。於是雖充門人之灑掃。既才識短淺。又年尚少壯。意思不專。俗情未盡。不能大有所得。以爲巨恨耳。鄭君時年出八十。先髮鬢班白。數年閒又黑。顏色豐悅。能引強弩。射百步。步行日數百里。飲酒二斗不醉。每上山。體力輕便。登危越險。年少追之。多所不及。飲食與凡人不異。不見其絕穀。余問先隨之弟子黃章。言鄭君嘗從豫章還。於掘溝浦中。連值大風。又聞前多劫賊。同侶攀留鄭君。以須後伴。人人皆以糧少。鄭君推米以卹諸人。己不復食。五十日亦不飢。又不見其所施爲。不知以何事也。火下細書。過少年人。性解音律。善鼓琴。閑坐。侍坐數人。口答諮問。言不輟響。而耳並料（刻本作聽）聽。左右操絃者。教遣長短。無毫釐差過也。余晚充鄭君門人。請見方書。告余曰。要道不過尺素。上足以度世。不用多也。然博涉之後。遠勝於不見矣。既悟人意。又可得淺近之術。以防初學未成者諸患也。乃先以道家訓教戒書不要者近百卷。稍稍示余。余亦多所先見。先見者。頗以其中疑事諮問之。鄭君言君有甄事之才。可教也。然君所知者。雖多未精。又意在於外學。不能專一。未中以經深涉遠耳。今自當以佳書相示也。又許漸得短書。縑素所寫者。積年之中。合集所見。當出二百許卷。終不可得也。他弟子皆親僕使之役。採薪耕田。唯余尫羸。不堪他勞。然無以自效。常親掃除。拂拭牀几。磨墨執燭。及與鄭君繕寫故書而已。見待余同於先進者。語余曰。雜道書卷卷有佳事。但當校其精粗。而擇所施行。不事盡諳誦。以妨日月而勞意思耳。若金丹一成。則此輩一切不用也。亦或當有所教授。宜得本末。先從淺始。以勸進學者。無所希准階由也。鄭君亦不肎先令人寫其書。皆當決其意。雖久借之。然莫有敢盜寫一字者也。鄭君本大儒士也。晚而好道。由以禮記尚書教授不絕。其體望高亮。風格方整。授見之者皆肅然。每有諮問。常待其溫顏。不敢輕銳也。書在余處者久之。一月足以大有所寫。以不敢竊寫者。政以鄭君聰敏。邂逅知之。失其意。則更以小喪大也。然於求受之初。復所不敢。爲斟酌時。有所請耳。是以徒知飲河而不得滿腹。然弟子五十餘人。唯余見受金丹之經。及三皇內文。枕中五行記。其餘人。乃有不得一觀此書之首題者矣。他書雖不具得。皆疏其名。今將爲子說之。後生好書者。可以廣索也。道經有三皇內文。天文（刻本作地人二字）三卷。元文上中下三卷。混成經二卷。玄錄二卷。九生經。二十四生經。九仙經。靈卜仙經。十（藏本無此字非）二化經。九變經。老君玉歷真經。墨子枕中五行記五卷。溫寶經。息民經。自然經。陰陽經。養生書一百五卷。太平經五十卷。九敬（原注一作都）經。甲乙經。

一百七十卷。青龍經。中黃經。太清經。通明經。按摩經。道引經十卷。元陽子經。玄女經。素女經。彭祖經。陳赦經。子都經。張虛經。天門子經。容成經。入山(當作内)經。內寶經。四規經。明鏡經。日月臨鏡經。五言經。柱中經。靈寶皇子心經。龍蹻經。正機經。平衡經。飛龜振經。鹿盧蹻經。蹈形記。守形圖。坐亡圖。觀臥引圖。含景圖。觀天圖。木芝圖。菌芝圖。肉芝圖。石芝圖。大魄雜芝圖。五嶽經五卷。隱守記。東井圖。虛元經。牽牛中經。王(藏本作玉)彌記。臘成記。六安記。鶴鳴記。平都記。定心記。龜文經。山陽記。玉策記。八史圖。入室經。左右契。玉歷經。昇天儀。九奇經。更生經。四衿經十卷。食日月精經。食六氣經。丹一經。胎息經。行氣治病經。勝中經十卷。百守攝提經。丹壺(原注一作臺)經。岷山經。魏伯陽內經。日月廚食經。步三罡六紀經。入軍經。六陰玉女經。四君要用經。金鴈經。三十六水經。白虎七變經。道家地行仙經。黃白要經。八公黃白經。天師神器(原注一作氣)經。枕中黃白經五卷。白子(原注白一作帛)變化經。移災經。厭禍經。中黃經。文人經。涓子天地人經。崔文子肘後(原注一作時候)經。神光(原注一作仙)占方來經。水仙經。尸解經。中遁經。李君包天經。包元經。黃庭經。淵體經。太素經。華蓋經。行廚經。微言三卷。內視經。文始先生經。歷藏延年經。南闈記(原注闈一作闕)。協龍子記七卷。九宮五卷。三五中經。宣常經。節解經。鄒陽子經。玄洞經十卷。玄示經十卷。箕山經十卷。鹿臺經。小僮經。河洛內記七卷。舉形道(原注一作通)成經五卷。道機經五卷。見鬼記。無極經。宮氏經。真人玉胎經。道根經。候命圖。反胎胞經。枕中清記。幻化經。詢化經。金(藏本作今)華山經。鳳網經。召命經。保神記。鬼谷經。凌霄子安神記。去丘子黃山公記。王(藏本作玉)子五行要真經。小餌經。鴻寶經。鄒生延命經。安魂記。皇道經。九陰經。雜集書錄。銀函玉匱記。金板經。黃老仙錄。原都經。玄元經。日精經。渾成經。三尸集。呼身神治百病經。收山鬼老魅治邪精經三卷。八五毒中記。休糧經三卷。採神藥治作秘法三卷。登名山渡江海敕地神法三卷。趙太白囊中要五卷。人(按人當作入)溫氣疫病大(藏本作太)禁七卷。收治百鬼召五岳丞太山主者記三卷。興利宮宅官舍法五卷。斷虎狼禁山林記。召百里蟲蛇記。萬畢高丘先生法三卷。王喬養性治身經三卷。服食禁忌經。立功益算經。道士奪算律三卷。移門子記。鬼兵法。立亡術。練形記五卷。郄公道要。角里先生長生集。少君道意十卷。樊英石壁文三卷。思靈經三卷。龍首經。荆山記。孔安仙淵赤斧子大覽七卷。董君地仙卻老要記。李先生口訣肘後二卷。凡有不言卷數者。皆一卷也。其次有諸符。則有自來符。金光符。太玄符三卷。

通天符。五精符。石室符。玉策符。枕中符。小童符。九靈符。六君符。玄都符。黃帝符。少千三十六將軍符。延命神符。天水神符。四十九真符。天水符。青龍符。白虎符。朱雀符。元武符。朱胎符。七機符。九天發兵符。九天符。老經符。七符。大捍厄符。玄子符。武孝經。燕君龍虎三囊辟兵符。包元符。沈羲符。禹蹻符。消災符。八卦符。監乾符。雷電符。萬畢符。八威五勝符。威喜符。巨勝符。採女符。玄精符。玉歷符。北臺符。陰陽大鎮符。枕中符治百病符十卷。厭怪符十卷。壺公符二十卷。九臺符九卷。六甲通靈符十卷。六陰行廚龍胎石室三金五木防終符合五百卷。軍火召治符。玉斧符十卷。此皆大符也。其餘小小。不可具記。抱朴子曰。鄭君言符出於老君。皆（疑當作者）天文也。老君能通於神明。符皆神明所授。今人用之少驗者。由於出來歷久。傳寫之多誤故也。又信心不篤。施用之亦不行。又譬之於書字。則符誤者。不但無益。將能有害也。書字人知之。猶尚寫之多誤。故諺曰。書三寫。魚成魯。虛（意林作帝）成虎。此之謂也。七與士。但以倨（倨舊誤作鋸今校正）句長短之間為異耳。然今符上字不可讀。誤不可覺。故莫知其不定也。世間又有受體使術。用符獨効者。亦如人有使麝香便能芳者。自然不可得傳也。雖爾必得不誤之符。正心用之。但當不及真體使之者速効耳。皆自有益也。凡為道士求長生。志在藥中耳。符劍可以卻鬼辟邪而已。諸大符乃云行用之。可以得仙者。亦不可專據也。昔吳世有介象者。能讀符文。知誤之與否。有人試取治百病雜符。及諸厭劾符。去其籤題以示象。皆一一據名之。其有誤者。便為人定之。自是以來。莫有能知者也。或問仙藥之大者。莫先於金丹。既聞命矣。敢問符書之屬。不審最神乎。抱朴子曰。余聞鄭君言。道書之重者。莫過於三皇文。五岳真形圖也。古人仙官。至人尊祕。此道非有仙名者。不可授也。受之四十年一傳。傳之歃血而盟。委質為約。諸名山五岳。皆有此書。但藏之於石室幽隱之地。應得道者。入山精誠思之。則山神自開山。令人見之。如帛仲理者。於山中得之。自立壇委絹。常畫一本而去也。有此書。常置清潔之處。每有所為。必先白之。如奉君父。其經曰。家有三皇文。辟邪惡鬼。溫疫氣。橫殃飛禍。若有困病垂死。其信道心至者。以此書與持之。必不死也。其乳婦難艱絕氣者持之。兒即生矣。道士欲求長生。持此書入山。辟虎狼山精。五毒百邪。皆不敢近人。可以涉江海。卻蛟龍。止風波。得其法。可以變化起工（藏本作功）不問地擇日。家無殃咎。若欲立新宅及冢墓。即寫地皇文數十通。以布著地。明日視之。有黃色所著者。便於其上起工。家必富昌。又因他人葬時。寫人皇文。并書己姓名著紙裏。竊內人冢中。勿令人知之。令人無飛禍盜賊也。有謀議己者。必反自中傷。又此文先潔齋百日。乃可以召天神司命及太歲。日遊五岳四瀆。社廟之神。皆見形如人。可問以吉凶安危。及病者之禍祟所由也。又有十八字以著衣中。遠涉江海。終無風波之慮也。又家有五嶽真形圖。能辟兵凶逆。人欲害之者。皆還反受其殃。道士時有得之者。若不能行仁義慈心。而不精不正。即禍至滅家。不可輕也。其變化之術。大者唯有墨子五行記。本有五卷。昔劉君安未仙去時。鈔取其要。以爲一卷。其法用藥用符。乃能令人飛行上下。隱淪無方。含笑即爲婦人。蹙面即爲老翁。踞地即爲小兒。執杖即成林木。種物即生瓜果可食。畫地爲河。撮壤成山。坐致行廚。興雲起火。無所不作也。其次有玉女隱微一卷。亦化形爲飛禽走獸。及金木玉石。興雲致雨。方百里。雪亦如之。渡大水不用舟梁。分形爲千人。因風高飛。出入無閒。能吐氣七色。坐見八極。及地下之物。放光萬丈。冥室自明。亦大術也。然當步諸星數十。曲折難識。少能譜之。其淮南鴻寶萬畢。皆無及此書者也。又有白虎七變法。取三月三日所殺白虎頭皮。生駝血虎血。紫綬履組流萍。以三月三日合種之。初生草似胡麻。有實即取此實種之。一生輒一異。凡七種之。則用其實。合之亦可以移形易貌。飛沈在意。與墨子及玉女隱微略同。過此不足論也。遐覽者。欲令好道者。知異書之名目也。鄭君不徒明五經。知仙道而已。兼綜九宮三奇。推步天文。河洛讖記。莫不精研。太安元年。知季世之亂。江南將鼎沸。乃負笈持仙藥之撲。（當作樸）將入室弟子。東投霍山。莫知所在。

祛惑卷第二十

抱朴子曰。凡探明珠。不於合浦之淵。不得驪龍之夜光也。採美玉。不於荆山之岫。不得連城之尺璧也。承師問道。不得其人。委去則遲遲冀於有獲。守之則終已竟無所成。虛費事妨功。後雖痛悔。亦不及已。世間淺近之事。猶不可坐知。況神仙之事乎。雖聖雖明。莫由自曉。非可以歷思得也。非可以觸類求也。誠須所師。必深必博。猶涉滄海而挹水。造長林而伐木。獨以力劣爲患。豈以物少爲憂哉。夫虎豹之所餘。乃狸鼠之所爭也。陶朱之所棄。乃原顏之所無也。所從學者。不得遠識淵源之門。而值孤陋寡聞之人。彼所知素狹。源短流促。倒裝與人。則靳靳不捨。分損以授。則淺薄無奇。能其所寶。宿已不精。若復料其粗者以教人。亦安能有所成乎。譬如假穀於夷齊之門。告寒於黔婁之家，所得者不過橡栗縕褐。必無太牢之膳。錦衣狐裘矣。或有守事庸師。終不覺悟。或有幸值知者。不能勤求。此失之於不覺。不可追者也。知人之淺深。實復未易。古人之難（當作難之）誠有以也。白石似玉。姦佞似賢。賢者愈自隱蔽。有而如無。奸人愈自衒沽。虛而類實。非至明者。何以分之。彼之守求庸師而不去者。非知其無知而故不止也。誠以為足事故也。見達人而不能奉之者。非知其實深而不能請之也。誠以為無異也。夫能知要道者。無欲於物也。不狥世譽也。亦何肎自摽顯於流俗哉。而淺薄之徒。率多誇誕自稱。說以厲色希聲。飾其虛妄。足以眩惑晚學。而敢為大言。乃云。已登名山。見仙人。倉卒聞之。不能清澄檢校之者。鮮覺其偽也。余昔數見雜散道士輩。走貴人之門。專令從者作為空名。云其已四五百歲矣。人適問之年紀。佯不聞也。含笑俯仰云。八九十。須臾。自言我曾在華陰山。斷穀五十年。復於嵩山少室四十年。復在泰山六十年。復與某人在箕山五十年。為同人遍說所歷。正爾。欲令人計合之。已數百歲人也。於是彼好之家。莫不煙起霧合。輻輳其門矣。又術士或有偶受體自然。見鬼神。頗能內占。知人將來。及已過之事。而實不能有禍福之損益也。譬如蓍龜耳。凡人見其小驗。便呼為神。人謂之必無所不知。不爾者。或長於符水禁祝之法。治邪有効。而未必曉於不死之道也。或修行雜術。能見鬼怪。無益於年命。問之以金丹之道。則率皆不知也。因此細驗之。多行欺誑世人。以收財利。無所不為矣。此等與彼穿窬之盜。異途而同歸者也。夫託之於空言。不如著之於行事之有徵也。將為晚覺後學。說其比故。可徵之偽物焉。

昔有古強者。服草木之方。又頗行容成玄素之法。年八十許。尚聰明不大羸老。時人便謂之為仙人。或謂之千載翁者。揚州稽使君。（按揚當作廣稽當作嵇謂嵇含也外篇自敍云廣州刺史與晉書洪傳同又含傳不云為揚州皆可證也）聞而試迎之於宜都。既至而咽嗚掣縮。似若所知實遠。而未皆吐盡者。於是好事者。因以聽聲而嚮集。望形而影附。雲萃霧合。競稱（藏本作竟守）歎之。饋餉相屬。常餘金錢。雖欒李之見重於往漢。不足加也。常服天門冬不廢。則知其體中未嘗有金丹大藥也。而強曾略涉書記。頗識古事。自言已四千歲。敢為虛言。言之不怍。云己見堯舜禹湯。說之皆萬萬如實也。世云堯眉八采。不然也。直兩眉頭甚豎。似八字耳。堯為人長大美髭髯。飲酒。一日中二斛餘。世人因加之云千鍾。實不能也。我自數見其大醉也。雖是聖人。然年老治事。轉不及少壯時。及見去四凶。舉元凱。賴用舜耳。舜是孤煢小家兒耳。然有異才。隱耕歷山。漁于雷澤。陶于海濱。時人未有能賞其奇者。我見之所在。以德化民。其目又有重瞳子。知其大貴之相。常勸勉慰勞之。善崇高尚。莫憂不富貴。火德已終。黃精將起。誕承歷數。非子而誰。然其父至頑。其弟殊惡。恆以殺舜爲事。吾常諫諭曰。此兒當與卿門宗。四海將受其賜。不但卿家。不可取次也。俄而受禪。嘗憶吾言之有徵也。又云。孔子母年十六七時。吾相之。當生貴子。及生仲尼。眞異人也。長九尺六寸。其顙似堯。其項似皐陶。其肩似子產。自腰以下。不及禹三寸。雖然貧苦孤微。然爲兒童便好俎豆之事。吾知之必當成就。及其長大。高談驚人。遠近從之受學者。著錄數千人。我喜聽其語。數往從之。但恨我不學。不能與之覆疏耳。常勸我讀易云。此良書也。丘竊好之。韋編三絕。鐵撾（原註一作擿）三折。今乃大悟。魯哀公十四年。西狩獲麟。麟死。孔子以問吾。吾語之言。此非善祥也。孔子乃愴然而泣。後得惡夢。乃欲得見吾。時四月中盛熱不能往。尋聞之病。七日而沒。於今髣髴。記其顏色也。又云。秦始皇將我到彭城。引出周時鼎。吾告秦始皇言。此鼎是神物也。有德則自出。無道則淪亡。君但修己。此必自來。不可以力致也。始皇當時大有怪吾之色。而牽之。果不得出也。乃謝吾曰。君固是遠見理人也。又說漢高祖項羽皆分明。如此事類。不可具記。時人各共識之。以爲戲笑。然凡人聞之。皆信其言。又強轉惛耄。廢忘事幾。稽使君會以一玉巵與強。後忽語稽曰。昔安期先生以此物相遺。強。後病於壽春黃整家而死。整疑其化去。一年許。試鑿其棺視之。其尸宛在矣。此皆有名無實。使世間不信天下有仙。皆坐此輩。以僞亂眞也。成都太守吳文。說五原有蔡誕者。好道而不得佳師要事。廢棄家業。但晝夜誦詠黃庭。太淸中經。觀天節詳之屬。諸家不急之書。口不輟誦。謂之道盡於此。然竟不知所施用者。徒美其浮華之說而懸人。又教之但讀千遍。自得其意。爲此積久。家中患苦之。坐消衣食而不能有異。己亦慚忿無以自解。於是棄家。言仙道成矣。因走之異界深山中。又不曉採掘諸草木藥可以辟穀者。但行賣薪以易衣食。如是三年。飢凍辛苦。人或識之。而詭不知也。久不堪而還家。黑瘦而骨立。不似人。其家問之。從何處來。竟不得仙邪。因欺家云。吾未能昇天。但爲地仙也。又初成位卑。應給諸仙先達者。當以漸遷耳。向者爲老君牧數頭龍。一班龍五色。最好是老君常所乘者。令吾守視之。不勤。但與後進諸仙共博戲。忽失此龍。龍遂不知所在。爲此罪見責。送吾付崑崙山下。芸鋤草三四頃。並皆生細而中多荒穢。治之勤苦不可論。法當十年。乃得原會偓佺子王喬諸仙來按行。吾守請之。並爲吾作力。且自放歸。當更自修理。求去。於是遂老死矣。初誕還云。從崑崙來。諸親故競（藏本作竟）共問之。崑崙何以（疑作似）答云。天不問其高幾里。要於仰視之。去天不過數十丈也。上有木禾。高四丈九尺。其穗盈車。有珠玉樹沙棠琅玕碧瑰之樹。玉李玉瓜玉桃。其實形如世間桃李。但為光明洞徹而堅。須以玉井水洗之。便軟而可食。每風起。珠玉之樹。枝條花葉。互相扣擊。自成五音。清哀動心。吾見謫失志。聞此莫不愴然含悲。又見崑崙山上。一面輒有四百四十門。門廣四里。內有五城十二樓。樓下有青龍白虎蜲蛇。長百餘里。其中口牙。皆如三百斛船。大蜂一丈。其毒煞象。又有神獸。名獅子辟邪天鹿焦羊。銅頭鐵額。長牙鑿齒之屬。三十六種。盡知其名。則天下惡鬼惡獸。不敢犯人也。其神則有無頭子。倒景君。翕鹿公。中黃先生。與六門大夫。張陽字子淵。俠備玉闕。自不帶老君竹使符左右契者。不得入也。五河皆出山隅。弱水繞之。鴻毛不浮。飛鳥不過。唯仙人乃得越之。其上神鳥神馬。幽昌鷦䳟。（䳟舊誤作鵬今校正）騰黃吉光之輩。皆能人語而不死。真濟濟快仙府也。恨吾不得善周旋其上耳。於時聞誕此言了了。多信之者。又河東蒲坂有項曼都者。與一子入山學仙。十年而歸家。家人問其故。曼（當有都字）曰。在山中三年精思。有仙人來迎我。共乘龍而昇天。良久。低頭視地。窈窈冥冥。上未有所至。而去地已絕遠。龍行甚疾。頭昂尾低。令人在其脊上。危怖嶮巇。及到天上。先過紫府。金牀玉几。晃晃昱昱。真貴處也。仙人但以流霞一盃與我飲之。輒不飢渴。忽然思家。到天帝前謁拜失儀。見斥來還。令當更自修積。乃可得更復（復舊誤作後今校正）矣。昔淮南王劉安昇天。見上帝而箕坐大言。自稱寡人。遂見謫守天廚三年。吾何人哉。河東因號曼都為斥仙人。世多此輩。種類非一。不可不詳也。此妄語乃爾。而人猶有不覺其虛者。況其微茫欺誑。頗因事類之象似者而加益之。非至明者。倉卒安能辨哉。乃復有假託作前世有名之道士者。如白和者。傳言已八千七百歲。時出俗間。忽然自去。不知（當衍此二字）其在。其（當衍此字）洛中有道士。已博涉眾事。洽鍊術數者。以諸疑難諮問和。和皆尋聲為論釋。皆無疑礙。故為遠識。人但不知其年壽。信能近千年不啻（當衍此字）耳。後忽去。不知所在。有一人於河北。自稱為白和。於是遠近競往奉事之。大得致遺致富。而白和子弟。聞和再出。大喜。故往見之。乃定非也。此人因亡走矣。五經四部。並已陳之芻狗。既往之糟粕。所謂迹者。足之自出而非足也。書者。聖人之所作而非聖也。而儒者萬里負笈以尋其師。況長生之道。真人所重。可不勤求足問者哉。然不可不精簡其真偽也。余恐古強蔡誕項曼都白和之不絕於世間。好事者省余此書。可以少加沙汰其善否矣。又仙經云。仙人目瞳皆方。洛中見之（當作之見）白（前堅覽篇作帛）仲理者。爲余說。其瞳正方。如此果是異人也。

外篇

嘉遯卷第一

抱朴子曰。有懷冰先生者。薄周流之棲遑。悲吐握之良苦。讓膏壤於陸海。爰躬耕乎斥鹵。秘六奇以括囊。含琳琅而不吐。謐清音則莫之或聞。掩輝藻則世不得覩。背朝華於朱門。保恬寂乎蓬戶。絕軌躅於金張之間。養浩然於幽人之仵。謂榮顯爲不幸。以玉帛爲草土。抗靈規於雲表。獨違今而遂古。庇峻岫之巍峨。藉翠蘭之芳茵。漱流霞之澄液。茹八石之精英。思眇眇焉若居乎虹霓之端。意飄飄焉若在乎倒景之鄰。萬物不能攪其和。四海不足汩其神。於是有赴勢公子聞之。慨然而嘆曰。空谷有項領之駿者。孫陽之恥也。太平遺冠世之才者。賞真之責也。安可令俊民全其獨善之分。而使聖朝乏乎元凱之用哉。乃造而說曰。徒聞振翅竦身。不能淩厲九霄。騰躡玄極。攸敘彝倫者。非英偉也。今先生操立斷之鋒。掩炳蔚之文。玩圖籍於絕跡之藪。括藻麗乎鳥獸之羣。陳龍章於晦夜。沈琳琅於重淵。蟄伏於盛夏。藏華於當春。雖復下帷覃思。殫毫騁藻。幽贊太極。闡釋元本。言歡則木梗怡顏如巧笑。語戚則偶象嚬顣而滂沱。抑輕則鴻羽沈於弱水。抗重則玉石漂於飛波。離同則肝膽爲胡越。合異則萬殊而一和。切論則秋霜春肅。溫辭則冰條吐葩。摧高則峻極頹淪。竦卑則淵池嵯峨。疵清則倚暗夜光。救濁則立澄黃河。然不能沾大惠於庶物。著弘勳於皇家。名與朝露皆晞。體與蜉蝣並化。忽崇高於聖人之寶。忘川逝於大耋之嗟。竊爲先生不取焉。蓋聞大者天地。其次君臣。先聖憂時。思行其道。三月無君。皇皇如也。恥令聖主不與堯舜一致。愍此黎民不可比屋而封。故或負鼎而龍躍。或扣角以鳳歌。不須蒲輪而後動。不待文王而後興。潛初飛五。與時消息。進有攸往之利。退無濡尾之累。明哲以保身。宣化以濟俗。使夫承闌風以傾柯。濯清波以遺穢者。若沈景之應明鑒。方圓之赴規矩。故勳格上下。惠沾八表。夫有唐所以巍巍。重華所以恭己。西伯所以三分。姬發所以革命。桓文所以一匡。漢高所以應天。未有不致羣賢爲六翮。託豪傑爲舟楫者也。若令各守洗耳之高。人執耦耕之分。則稽古之化不建。英明之盛不彰。明良之歌不作。括天之網不張矣。故藏器者珍於變通。隨時。英逸者貴於吐奇擲亂。若乃耀靈翳景於雲表。則麗天之明不著。哮虎韜牙而握爪。則搏噬之捷不揚。太阿潛鋒而不擊。則立斷之勁不顯。騏騄踠趾而不馳。則追風之迅不形。竝默則子貢與瘖者同口。咸瞑則離朱與矇瞽不殊矣。先生潔身而忽大倫之亂。得意而忘安上之義。存有關機之累。沒無金石之聲。庸人且猶憤色。何有大雅而無心哉。夫繩舒則木直。正進則邪凋。有虞舉則四凶戮。宣尼任則少卯梟。猶震雷駭則聾鼓堙。朝日出則螢燭幽也。不拯招魂之病。則無以効越人之絶伎。不奬多難之世。則無以知非常之遠量。高拱以觀溺。非勿踐之仁也。懷道以迷國。非作者之務也。若俟中唐殖占日之草。朝陽繁鳴鳳之音。郊畤獨角之獸。野攢連理之林。長旌卷而不懸。干戈戢而莫尋。少伯方將告退於成功。孰能相擢乎陸沈哉。深顧先生。不遠迷復哉。於是懷冰先生。蕭然遐眺。遊氣天衢。情神遼緬。旁若無物。俯而荅曰。嗚呼。有是言乎。蓋至人無爲。棲神沖漠。不役志於祿利。故害辱（藏本作害而）不能加也。不躋峙於險途。故傾墜不能爲患也。藜藿不供而意佚於方丈。齊編庸民而心歡於有土。寢宜僚之舍。閉干木之閭。播莊萊之友。洽陋巷之居。確岳峙而不拔。豈有懷於卷舒乎。以慾廣則濁和。故委世務而不紆。眄以位極者憂深。故背勢利而無餘。疑其貴不以爵也。富不以財也。侶鷃鵬以高逝。故不縈翮於腐鼠。以蓄武爲厚誠。故不敌樂於簞瓢。且夫玄黄遐邈而人生倏忽。以過隙之促。託罔極之閒。迅乎猶奔星之暫見。飄乎似飛矢之電經。聊且優游以自得。安能苦形於外物哉。夫鸞（今本作焉從意林改）不絓網。鱗不墮穽。相彼爲獸。猶知爲患。風塵之徒。曾是未吝也。若夫要離滅家以効功。紀信赴燔以誑楚。陳賈刎頸以證弟。仲由投命而葅醢。嬴門伏劍以表心。聶政感惠而屠葅。荆卿絶臏以報燕。樊公含悲而授首。皆下愚之狂惑。豈上智之攸取哉。蓋祿厚者責重。爵尊者神勞。故漆園垂綸而不顧卿相之貴。柏成操耜而不屑諸侯之高。牟說安乎屠肆。楊朱吝其一毛。僥求之徒。昧乎可欲。集不擇木。仕不料世。貪進不慮負乘之禍。受任不計不堪之敗。論榮貴則引伊周以救溺。言亢悔則諱覆餗而不記。伺河龍之睡而擲明珠。居量表之寵而冀無患。耽漏刻之安。蔽必至之危。無朝菌之榮。望大椿之壽。似蹈薄冰以待夏日。登朽枝而須勁風。淵魚之引芳餌。澤雉之咽毒粒。咀漏脯以充飢。酣鴆酒以止渴也。昔箕子覩象箸而流泣。尼父聞偶葬而永歎。蓋尋微以知著。原始以見終。然而闇夫蹈機不覺。何前識之至難。而利欲之沵篤邪。周成賢而信流言。公旦聖而走南楚。託鴟鴞以告悲。賴金縢以僅免。況能寤之主。不世而一有。不悅之謗。無時而豈乏德不以激烈風而起嘉禾。事不以載珪璧而稱多才。嗟泣靡及。宜其然也。夫漸漬之久。則膠漆解堅。浸潤之至。則骨肉乖析。塵羽之積。則沈舟折軸。三至之言。則市虎以成。故江充疏賤。非親於元儲。後母假繼。非密於伯奇。而掘梗之誣。滅父子之恩。袖蜂之誑。破天性之愛。又況其他。安可自必。嗟乎伍員。所以懷忠而漂尸。悲夫白起。所以秉義而刎頸也。蓋徹鑒所爲寒心。匠人之所眩惑矣。又欲推短才以鬭雷同。仗獨是以彈衆非。然不覿金。雖克木而錐鑽。不可以伐鄧林。水雖勝火而升合。不足以救焚山。寸膠不能治黄河之濁。尺水不能卻蕭丘之熱。是以身名竝全者甚稀。而先笑後號者多有也。畏亢悔而貪榮之欲不滅。忌毀辱而爭肆之情不遣。亦猶惡溼而泳深淵。憎影而不就陰。穿舟而息漏。猛爨而止沸者也。夫七尺之骸。稟之以所生。不可受全而歸殘也。方寸之心。制之在我。不可放之於流遁也。躬耕以食之。穿井以飲之。短褐以蔽之。蓬廬以覆之。彈詠以娛之。呼吸以延之。逍遙竹素。寄情玄毫。守常待終。斯亦足矣。且夫道存則尊。德勝則貴。隋珠彈雀。知者不爲。何必須權而顯。俟祿而飽哉。且夫安貧者以無財爲富。甘卑者以不仕爲榮。故幼安浮海而澄神。胡子甘心於退耕。逢比有令德之罪。信布陷功大之刑。一枝足以戢鸞羽。何煩乎豐林。潢洿足以泛龍鱗。豈事乎滄海。藜藿嘉於八珍。寒泉旨於醽醁。攝纓（舊寫本作躡履）笑於赤舄。縕袍麗於袞服。把橦安於杖鉞。鳴條樂乎絲竹。茅茨豔於丹楹。采椽珍於刻桷。登嵩峯爲臺榭。疵巖霤爲華屋。積篇章爲敖庾。寶玄談爲金玉。棄細人之近戀。捐庸隸之所欲。遊九皋以含歡。遺智慧以絕俗。同屈尺蠖。藏光守樸。表拙示訥。知止常足。然後咀嚼芝芳。風飛雲浮。睎景九陽。附翼高遊。仰棲梧桐。俯集玄洲。孰與銜轡而伏櫪。同被繡於犧牛哉。赴勢公子曰。夫入而不出者。謂之耽寵忘退。往而不反者。謂之不仕無義。故達者以身非我有。任乎所值。隱顯默語。無所必固。時止則止。時行則行。束帛之集。庭燎之舉。則君子道長。在天利見。若運涉陽九。讒勝之時。則不出戶庭。括囊勿用。龍起鳳戢。隨時之宜。古人所以或避危亂而不冒入。或色斯而不終日者。慮巫山之失火。恐芝艾之并焚耳。方今聖皇御運。世夷道泰。仁及蒼生。惠風遐邁。威肅鬼方。澤沾九裔。儀坤德以厚載。擬乾穹以高蓋。神化則雲行雨施。玄澤則烟熅汪濊。四門穆穆以博延。主思英逸以俾乂。此乃千載所希值。剖判之一會。而先生慕嘉遁之偏枯。不覺狷華之患害也。務乎皁豹之養內。未睹暴虎之犯外也。是闚涉水之或溺。則謂乘舟者皆敗。以商臣之凶逆。則謂繼體無類也。懷冰先生曰。聖化之盛。誠如高論。出處之事。

人各有懷。故堯舜在上而箕潁有巢棲之客。夏后御世而窮藪有握朿之賢。豈有慮於此險哉。蓋各附於所安也。是以高尙其志不仕王侯。存夫爻象。匹夫所執。延州守節。聖人許焉。僕所以逍遙於丘園。斂跡乎草澤者。誠以才非政事。器乏治民。而多士雲起。髦彥鱗萃。文武盈朝。庶事既康。故不欲復舉熠熠以厠日月之閒。拊甒瓴（舊寫本作甒瓴）於洪鍾之側。貢輕扇於堅冰之節。衒裘鑪乎隆暑之月。必見捐於無用。速非時之巨嗤。若擁經著述。可以全眞成名。有補末化。若強所不堪。則將顛沛惟咎。同悔小狐。故居其所長。以全其所短耳。雖無立朝之勳。即戎之勞。然切磋後生。弘道養正。殊途一致。非損（盧本作非狷介）之民也。劣者全其一介。何及於許由。聖世恕而容之。同曠於有唐。不亦可乎。赴勢公子勃然自失。肅爾改容曰。先生立言助教。文討姦違。摽退靜以抑躁競之俗。與儒教以救微言之絕。非有出者。誰敍彝倫。非有隱者。誰誨童蒙。普天率土。莫匪臣民。亦何必垂纓執笏者爲是。而樂飢衡門者可非乎。夫羣迷乎雲夢者。必須指南以知道。並乎滄海者。必仰辰極以得反。今聞嘉訓。乃覺其蔽。請負衣冠。策駑希驥。泯愛與進。不嫌擇焉。

逸民卷第二

抱朴子曰。余昔遊乎雲臺之山。而造逸民。遇仕人在焉。仕人之言曰。明明在上。總御八紘。華夷同歸。要荒服事。而先生遊柏成之遐武。混羣伍於鳥獸。然時移俗異。世務不拘。故木食山棲。外物遺累者。古之清高。今之逋逃也。君子思危於未形。絕禍於方來。無乃去張毅之內熱。就單豹之外害。畏盈抗慮。忘亂羣之近憂。避牛跡之淺嶮。而墮百仞之不測。違濡足之泥濘。投鑪冶而不覺乎。逸民答曰。夫鋭志於雛鼠者。不識騶虞之用心。盛務於庭粒者。安知鴛鸞之遠指。猶焦螟之笑雲鵬。朝菌之怪大椿。坎蛙之疑海鼈。井蛇（藏本作魚蛇）之嗤應龍也。子誠喜懼於勸沮。焉識玄曠之高韻哉。吾幸生於堯舜之世。何憂不得此人之志乎。仕人曰。昔狂狷華士。義不事上。隱於海隅。而太公誅之。吾子沈遁。不亦危乎。逸民曰。呂尙長於用兵。短於爲國。不能儀玄黃以覆載。擬海嶽以博納。褒賢貴德。樂育人才。而甘於刑殺。不修仁義。故其劫殺之禍。萌於始封。周公聞之。知其無國也。夫攻守異容。道貴知變。而呂尙無烹鮮之術。出致遠之御。推戰陳之法。害高尙之士。可謂賴甲胄以完刃。又兼之浮泳以射走之儀。又望求之於準的者也。夫傾庶鳥之巢。則靈鳳不集。漉魚鼈之池。則神虯遐逝。刳凡獸之胎。則麒麟不峙其郊。害一介之士。則英傑不踐其境。呂尙創業垂統以示後人。而張苛酷之端。開殘賊之軌。適足以驅俊民以資他國。逐賢能以遺讎敵也。去彼市馬骨以致駿足。軾陋巷以退秦兵者。不亦遠乎。子謂呂尙何如周公乎。仕人曰。不能審也。逸民曰。夫周公大聖。以貴下賤。吐哺握髮。懼於失人。從白屋之士七十人。布衣之徒。親執贄所師見者十人。所友者十有二人。皆不遑以在朝也。設令呂尙居周公之地。則此等皆成市朝之暴尸。而溝澗之腐胔矣。唐堯非不能致許由巢父也。虞舜非不能脅善卷石戶也。夏禹非不能逼柏成子高也。成湯非不能錄卞隨務光也。魏文非不能屈干木也。晉平非不能吏亥唐也。然服而師之。（藏本作復而肆之。今從舊寫本）貴而重之。豈六君之小弱也。誠以百行。殊尙默默。（疑作語默）難齊。慕尊賢之美稱。恥賊善之醜迹。取之不足以增威。放之未憂於官曠。從其志則可以闡弘風化。熙隆退讓。厲苟進之貪夫。感輕薄之冒昧。雖器不益於旦夕之用。才不周於立朝之俊。不亦愈於脅肩低眉。諂媚權右。提贄懷貨。齊征同塵。爭津競濟。市買名品。棄德行學問之本。赴雷同比周之末也。彼六君尙不肎苦言以侵隱士。寧肎加之鋒刃乎。聖賢誠可師者。呂尙居然謬矣。漢高帝雖細行多闕。不涉曲蓺。然其弘曠恢廓。善恕多容。不繫近累。蓋豁如也。雖飢渴四皓而不逼也。及太子卑辭致之。以爲羽翼。便敬德矯情。惜其大者。發黃鵠之悲歌。杜婉妾之覦覬。其珍賢貴隱。如此之至也。宜其以布衣而君四海。其度量蓋有過人者矣。且夫呂尙之殺狷華者。在於恐其沮衆也。然俗之所患者。病乎躁於進趨。不務行業耳。不苦於安貧樂賤者之太多也。假令隱士。往往屬目。至於情掛勢利。志無止足者。終莫能割此常慾。而慕彼退靜者也。開闢已降。非少人也。而忘富遺貴之士。猶不能居萬分之一。仲尼親受業於老子。而不能修其無爲。子貢與原憲同門。而不能模其清苦。四凶與巢由同時。王莽與二龔共世。而不能效也。凡民雖復笞督之。危辱之。使追狷華。猶必不肎。乃反憂其壞俗邪。呂尙思不及此。以軍法治平世。枉害賢人。酷誤已甚矣。賴其功大。不便以至顚沛耳。且呂尙之未遇文王也。亦曾隱於窮賤。凡人易之。老婦逐之。賣傭不售。屠釣無獲。曾無一人慕之。其避世也。何獨慮狷華之沮衆邪。設令殷紂以尙逃遁收而斂之。（疑作殺之）尙臨死豈能自謂罪所應邪。魏武帝亦刑法嚴峻。果於殺戮。乃心欲用乎孔明。（潁川胡昭字孔明見魏志管寧傳注）孔明自陳。不樂出身武帝。謝遣之曰。義不使高世之士。辱於汙君之朝也。

其鞭撻九有。草創皇基。亦不妄矣。紛擾日久。求競成俗。或推貨賄以龍躍。或階黨援以鳳起。風成化習。大道漸蕪。後生昧然。儒訓遂堙。將爲立身。非財莫可。苟有卓然不羣之士。不出戶庭。潛志味道。誠宜優訪以興謙退也。夫使孫吳荷戈。一人之力耳。用其計術。則賢於萬夫。今令大儒爲吏。不必切事。肆之山林。則能陶冶童蒙。闡弘禮敬。何必服巨象。使捕鼠驥驚(下有脫文)也。(下脫仕人日數語)則鐘鼎鐫其聲。若乃零淪藪澤。空生徒死。亦安足貴乎。逸民答曰。子可謂守培塿。玩狐丘。未登閬風而臨雲霓。翫瀅江。游潢洿。未浮南溟而涉天漢。凡所謂志人者。不必在乎祿位。不必須乎勳伐也。太上無已。其次無名。能振翼以絕羣。騁迹以絕軌。爲常人所不能爲。割近才所不能割。少多不爲凡俗所量。恬粹不爲名位所染。淳風足以濯百代之穢。高操足以激將來之濁。何必紆朱曳紫。服冕乘軺。被犧牛之文繡。吞詹何之香餌。朝爲張天之炎熱。夕成冰冷之委灰。夫斥鷃不以蓬榛易雲霄之表。王鮪不以幽岫貿滄海之曠。虎豹入廣廈而懷悲。鴻鶤登嵩巒而含慼。物各有心。安其所長。莫不泰於得意。而慘於失所也。經世之士。悠悠皆是。一日無君。惶惶如也。譬猶藍田之積玉。鄧林之多材。良工大匠。肆意所用。亦何必棲魚而沈鳥哉。嘉遁高蹈。先聖所許。或出或處。各從攸好。蓋士之所貴。立德立言。若夫孝友仁義。操業清高。可謂立德矣。窮覽墳索。著述粲然。可謂立言矣。夫善卷無治民之功。未可謂之減於俗吏。仲尼無攻伐之勳。不可以爲不及於韓白矣。身名竝全。謂之爲上。隱居求志。先民嘉焉。夷齊一介。不合變通。古人嗟歎。謂不降辱。夫言不降者。明隱逸之爲高也。不辱者。知羈縶之爲洿也。聖人之清者。孟軻所美。亦云天爵貴於印綬。志修遺榮。孫卿所尚。道義旣備。可輕王公。而世人所畏唯勢。所重唯利。盛德身滯。便謂庸人。器小任大。便謂高士。或有乘危冒嶮。投死忘生。棄遺體於萬仞之下。邀榮華乎一朝之間。比夫輕四海愛脛毛之士。何其緬然邪。仕人曰。潛退之士。得意山澤。不荷世貴。蕩然縱肆。不爲時用。嗅祿利(句有脫字)誠爲天下無益之物。何如。逸民答曰。夫麟不吠守。鳳不司晨。騰黃不引輦。尸祝不治庖也。且夫揚大明乎無外。宣嫗煦之和風者日也。耀華燈於闇(藏本作閣從舊寫本改)夜。冶金石以致用者火也。天下不可以經時無日。不可以一旦無火。然其大小。不可同也。江海之外。彌綸二儀。升爲雲雨。降成百川。而朝夕之用。不及累仞之井。灌田灑園。未若溝渠之沃。校其巨細。孰爲曠哉。桀紂帝王也。仲尼陪臣也。今見比於桀紂。則莫不怒焉。見擬於仲尼。則莫不悅焉。爾則貴賤果不在位也。故孟子云。禹稷顏淵。易地皆然矣。宰予亦謂孔子賢於堯舜遠矣。夫匹庶而鈞稱於王者。儒生高極乎唐虞者。德而已矣。何必官哉。且夫交靈升於造化。運天地於懷抱。恢恢然世故不棲於心術。茫茫然寵辱不汨其純白。流俗之所欲。不能染其神。近人之所惑。不能移其志。榮華猶贅疣也。萬物猶蜩翼也。若然者。豈肎詰屈其支體。俯仰其容儀。挹酌於其所不喜。脩索於其所棄遺。怡顏以取進。曲躬以避退。恐俗人之不悅。慼我身之陵遲。屈龍淵爲錐鑽之用。抑靈鼓爲鼗鞞之音。推黃鉞以適鈆鐮之持。撓華旗以入林杞之下乎。古公杖策而捐之。越翳入穴以逃之。季札退耕以委之。老萊灌園以遠之。從其所好。莫與易也。故醇而不雜。斯則富矣。身不受役。斯則貴矣。若夫剖符有土。所謂祿利耳。非富貴也。且夫官高者其責重。功大者人忌之。獨有貧賤。莫與我爭。可得長寶而無憂焉。濯裘布被。拔葵去織。純不掩豆。藜肴糲飡。又獲逼下斂僑之譏。樹塞反坫。三歸玉食。穰侯之富。安昌之泰。則有僭上洿濁之累。未若遊神典文。吐故納新。求飽乎耒耜之端。索縕乎杼軸之閒。腹仰河而已滿。身集一枝而餘安。萬物芸芸。化爲埃塵矣。饘粥餬口。布褐縕袍。淡泊肆志。不憂不喜。斯爲尊樂。喻之無物也。夫仕也者。欲以爲名邪。則修毫可以洩憤懣。篇章可以寄姓字。何假乎良史。何煩乎鐘鼎哉。孟子不以矢石爲功。揚雲不以治民益世。求仁而得。不亦可乎。仕人又曰。隱遁之士。則爲不臣。亦豈宜居君之地。食君之穀乎。逸民曰。何謂其然乎。昔顏回死。魯定公將躬弔焉。使人訪仲尼。仲尼曰。凡在邦內。皆臣也。定公乃升自東階。行君禮焉。由此論之。率土之濱。莫匪王臣。可知也。在朝者。陳力以秉庶事。山林者。脩德以厲貪濁。殊塗同歸。俱人臣也。王者無外。天下爲家。日月所照。雨露所及。皆其境也。安得懸虛空飡。咀流霞。而使之不居乎地。不食乎穀哉。夫山之金玉。水之珠貝。雖不在府庫之中。不給朝夕之用。然皆君之財也。退士不居肉食之列。亦猶山水之物也。豈非國有乎。許由不竄於四海之外。四皓不走於八荒之表也。故曰萬邦黎獻。共惟帝臣。干木不荷戈戍境。築壘疆場而有蕃魏之功。今隱者潔行蓬蓽之內。以詠先王之道。使民知退讓。儒墨不替。此亦堯舜之所許也。昔夷齊不食周粟。鮑焦死於橋上。彼之硜硜。何足師表哉。昔安帝以玄纁玉帛聘周彥祖。桓帝以玄纁玉帛聘韋休明。順帝以玄纁玉帛聘楊仲宣。就拜侍中。不到。魏文帝徵管幼安不至。又就拜光祿勳。竟不到。乃詔所在。常以八月致羊一口。酒二斛。桓帝玄纁玉帛聘徐孺子。就拜太原太守。及東海相。不到。順帝以玄纁玉帛聘樊季高。不到。乃詔所在。常以八月致羊一口。酒二斛。又賜几杖。待以師傅之禮。獻帝時。鄭康成州辟舉賢良方正茂才公府十四。辟皆不就。公車徵左中郎博士。趙相侍中大司農皆不起。昭帝公車徵韓福。到。賜帛五十匹。及羊酒。法高卿再舉孝廉。本州五辟。公府八辟。九舉賢良博士。三徵皆不就。桓帝以玄纁玉帛安車軺輪聘韓伯休。不到。以玄纁玉帛安車軺輪聘姜伯雅。就拜太中大夫。犍爲太守。不起。然皆見優重。不加威辟也。若此諸帝。褒隱逸之士不謬者。則呂尙之誅華士。爲凶酷過惡。斷可知矣。仕人乃悵然自失。慨爾永歎曰。始悟超俗之理。非庸瑣所見矣。

勖學卷第三

抱朴子曰。夫學者。所以清澄性理。簸揚埃穢。雕鍛鑛璞。礱鍊屯鈍。啓導聰明。飾染質素。察往知來。博涉勸戒。（藏本作成從舊寫本改）仰觀俯察。於是乎在。人事王道。於是乎備。進可以爲國。退可以保己。是以聖賢。罔莫（盧本作罔不）孜孜而勤之。夙夜以勉之。命盡日中而不釋。飢寒危困而不廢。豈以有求於當世哉。誠樂之自然也。夫斲削刻畫之薄伎。射御騎乘之易事。猶須慣習。然後能善。況乎人理之曠。道德之遠。陰陽之變。鬼神之情。緬邈玄奧。誠難生知。雖云色白。匪染弗麗。雖云味甘。匪和弗美。故瑤華不琢。則耀夜之景不發。丹青不治。（盧本作丹鍔不淬）則純鈎之勁不就。火則不鑽不生。不扇不熾。水則不決不流。不積不深。故質雖在我。而成之由彼也。登閬風。捫晨極。然後知井谷之闇隘也。披七經。玩百氏。然後覺面牆之至困也。夫不學而求知。猶願魚而無網焉。心雖勤而無獲矣。廣博以窮理。猶順風而託焉。體不勞而致遠矣。粉黛至則西施以加麗。而宿瘤以藏醜。經術深則高才者洞達。藏本作逸從舊寫本改）鹵鈍者醒悟。文梓干雲而不可名臺榭者。未加班輸之結構也。天然爽朗而不可謂之君子者。不識大倫之臧否也。欲超千里於終朝。必假追影之足。欲淩洪波而遐濟。必因艘楫之器。欲見無外而不下堂。必由之乎載籍。欲測淵微而不役神。必得之乎明師。故朱綠所以改素絲。訓誨所以移蒙蔽。披玄雲而揚大明。則萬物無所隱其狀矣。舒竹帛而考古今。則天地無所藏其情矣。況於鬼神乎。而況於人事乎。泥涅可令齊堅乎金玉。曲木可攻之以應繩墨。百獸可教之以戰陳。畜牲可習之以進退。沈鱗可動之以聲音。機石可感之以精誠。又況乎含五常而稟最靈者哉。低仰之駟。教之功也。鷙擊之禽。習之馴也。與彼凡馬野鷹。本實一類。此以飾貴。彼以質賤。運行潦而勿輟。必混流乎滄海矣。崇一簣而弗休。必鈞高乎峻極矣。大川滔瀁。則虯螭攣游。日就月將。則德立道備。乃可以正（藏本作止從舊寫本改）夢乎丘旦。何徒解桎乎困蒙哉。昔仲由冠雞帶㹠。鷃珥鳴蟬。杖劍而見。拔刃而舞。盛稱南山之勁竹。欲任掘強之自然。尼父善誘。染以德教。遂成升堂之生。而登四科之哲。子張鄙人。而灼聚凶猾。漸漬道訓。成化名儒。乃抗禮於王公。豈直免於庸陋。以是賢人悲寓世之倏忽。疾泯沒之無稱。感朝聞之弘訓。悟通微之無類。懼將落之明戒。覺罔念之作狂。不飽食以終日。不棄功於寸陰。鑒逝川之勉志。悼過隙之電速。割遊情之不急。損人間之末務。洗憂貧之心。遺廣願之穢。息畋獵博弈之遊戲。矯晝寢坐睡之懈怠。知徒思之無益。遂振策於聖途。學以聚之。問以辯之。進德修業。溫故知新。夫周公上聖而日讀百篇。仲尼天縱而韋編三絕。墨翟大賢。載文盈車。仲舒命世。不窺園門。倪寬帶經以芸鉏。路生截蒲以寫書。黃霸抱桎梏以受業。甯子勤夙夜以倍功。故能究覽道奧。窮測微言。觀萬古如同日。知八荒若戶庭。考七耀之盈虛。步三五之變化。審盛衰之方來。驗善否於既往。料玄黃於掌握。甄未兆以如成。故能成德大業。冠於當世。清芳令聞。播于罔極也。且夫聞商羊而戒浩瀁。訪鳥砮而洽東肅。諮萍實而言色味。訊土狗而識墳羊。披靈寶而知山隱。因折俎而說專車。瞻離畢而分陰陽之候。由冬螽而覺閏餘之錯。何神之有。學而已矣。夫童謠猶助聖人之耳目。豈況墳索之弘博哉。才性有優劣。思理有脩短。或有夙知而早成。或有提耳而後喻。夫速悟時習者。驥騄之腳也。遲解晚覺者。鶉鶡之翼也。彼雖尋飛絕景。止而不行。則步武不過焉。此雖咫尺以進。往而不輟。則山澤可越焉。明暗之學。其猶茲乎。蓋少則志一而難忘。長則神放而易失。故修學務早。及其精專。習與性成。不異自然也。若乃絕倫之器。盛年有故。雖失之於暘谷。而收之於虞淵。方知良田之晚播。愈於卒歲之荒蕪也。日燭之喻。斯言當矣。世道多難。儒教淪喪。文武之軌。將遂凋墜。或沈溺於黃色之中。或驅馳於競逐之路。孤貧而精六蓺者。以游夏之資而抑頓乎九泉之下。因風而附鳳翼者。以駑庸之質猶迴遑乎霞霄之表。舍本逐末者。謂之勤修庶幾。擁經求己者。謂之陸沈迂闊。於是莫不蒙塵觸雨。戴霜履冰。懷黃握白。提清挈肥。以赴邪徑之近易。規朝種而暮穫矣。若乃下帷高枕。遊神九典。精義賾隱。味道居靜。確乎建不拔之操。揚青於歲寒之後。不揆世以投迹。不隨衆以萍漂者。蓋亦鮮矣。汲汲於進趨。悒悒於否滯者。豈能舍至易速達之通塗。而守甚難必窮之塞路乎。此川上所以無人。子衿之所爲作。愍俗者所以痛心而長慨。憂道者所以含悲而頹思也。夫寒暑代謝。否終則泰。文武迭貴。常然之數也。冀群寇畢滌。中興在今。七耀遵度。舊邦惟新。振天惠（疑作慧）以廣埽。鼓九陽之洪爐。運大鈞乎皇極。開玄模以軌物。陶冶庶類。匠成翹秀。蕩汰積埃。革邪反正。戢干戈。櫜（疑作櫜）弓矢。興辟雍之庠序。集國子。修文德。發金聲。振玉音。降風雲於潛初。旅束帛乎丘園。令抱翼之鳳。奮翮於清虛。項領之駿。騁迹於千里。使夫含章抑鬱。窮覽洽聞者。申公伏生之徒。發玄纁。登蒲輪。吐結氣。陳立素。顯其身。行其道。俾聖世迪唐虞之高軌。馳升平之廣塗。玄流沾於九垓。惠風被乎無外。五刑厝而頌聲作。和氣洽而嘉穟生。不亦休哉。昔秦之二世。不重儒術。舍先聖之道。習刑獄之法。民不法德。唯戮是闘。故惑而不知反迷之路。敗而不知自救之方。遂墮墜於雲霄之上。而韲粉乎不測之下。惟尊及卑。可無鑒乎。

崇教卷第四

抱朴子曰。澄視於秋毫者。不見天文之煥炳。肆心於細務者。不覺儒道之弘遠。翫飽者忘藍蕙。迷大者不能反。夫受繩墨者。無枉刳之木。染道訓者。無邪僻之人。飾治之術。莫良乎學。學之廣。在於不倦。不倦在於固志。志苟不固。則貧賤者汲汲於營生。富貴者沈淪於逸樂。是以遐覽淵博者。曠代而時有。面牆之徒。比肩而接武也。若使素士。則晝躬耕以餬口。夜薪火以修業。在位則以酣宴之餘暇。時遊觀於勸誡。則世無視內（盧本作顓愚）游夏不乏矣。亦有飢寒切己。藜藿不給。屬困風霜。口乏糟糠。出無從師之資。家有暮旦之急。釋耒則農事廢。執卷則供養虧者。雖闕學業。可恕者也。所謂千里之足。困於鹽車之下。赤刀之鑛。不經歐冶之門者也。若夫王孫公子。優遊貴樂。婆娑綺紈之間。不知稼穡之艱難。目倦於玄黃。耳疲乎鄭衞。鼻饜乎蘭麝。口爽於膏粱。冬沓貂狐之縕麗。夏縝紗縠之翩飄。出驅慶封之輕軒。入宴華房之粲蔚。飾朱翠於楹梲。積無已於篋匱。陳妖冶以娛心。湎醽醁以沈醉。行爲會飲之魁。坐爲博弈之帥。省文章既不曉。覩學士如草芥。口筆乏乎典據。牽錯引於事類。劇談則方戰而已屈。臨疑則未老而憔悴。雖叔麥之能辯。亦奚別乎瞽瞶哉。

抱朴子曰。蓋聞帝之元儲。必入太學。承師問道。齒於國子者。以知爲臣。然後可以爲君。知爲子。然後可以爲父也。

故學立而仕不以政學。操刀傷割。鄭喬所嘆。觸情縱欲。謂之非人。而貴游子弟。生乎深宮之中。長乎婦人之手。憂懼之勞。未常經心。或未免於襁褓之中。而加青紫之官。纔勝衣冠。而居清顯之位。操殺生之威。提黜陟之柄。榮辱決於與奪。利病感於脣吻。愛惡無時暫乏。毀譽括厲於耳。嫌疑象類。似是而非。因機會以生無端。藉素信以設巧言。交構之變。千端萬緒。巧算所不能詳。毫墨所不能究也。無術學則安能見邪正之真僞。具古今之行事。自悟之理無所感假。能無傾巢覆車之禍乎。先哲居高不敢忘危。愛子欲教之義方。雕琢切磋。弗納於邪僞。選明師以象成之。擇良友以漸染之。督之以博覽。示之以成敗。使之察往以悟來。觀彼以知此。驅之於直道之上。斂之乎檢括之中。懍乎若跟挂於萬仞。慄然有如乘奔以履冰。故能多遠悔吝。保其貞吉也。昔諸竇蒙遺教之福。霍禹受率意之禍。中山東平以好古而安。燕剌由面牆而危。前事不忘。今之良鑒也。湯武染乎伊呂。其興勃然。辛癸染乎推崇。其亡忽焉。朋友師傅。尤宜精簡。必取寒素德行之士。以清苦自立。以不羣見憚者。其經術如仲舒桓榮者。強直若龔遂王吉者。能朝夕講論忠孝之至道。正色證存亡之軌迹。以洗濯垢涅。閑邪矯枉。宜必抑情。遵憲法入德訓者矣。漢之末世。吳之晚年。則不然焉。望冠蓋以選用。任朋黨之華譽。有師友之名。無拾遺之實。匪唯無益。乃反爲損。故其所講說。非道德也。其所貢進。非忠益也。唯在於新聲豔色。輕體妙手。評歌謳之清濁。理管絃之長短。相狗馬之勦駑。議遨遊之處所。比錯塗之好惡。方雕琢之精麤。校彈棋樗蒱之巧拙。計漁獵相掊之勝負。品藻妓妾之妍蚩。指摘衣服之鄙野。爭騎乘之善否。論弓劍之疎密。招奇合異。至於無限。盈溢之過。日增月甚。其談宮殿。則遠擬瑤臺瓊室。近効阿房林光。以千門萬戶爲局促。以昆明太液爲淺陋。笑茅茨爲不肖。以土階爲朴騃。民力竭於功役。儲蓄靡於不急。起土山以準嵩霍。決渠水以象九河。登凌霄之華觀。闚雲際之綺窻。淫音譟而惑耳。羅袂揮而亂目。濮上北里。迭奏迭起。或號或呼。俾晝作夜。流連於羽觴之間。沈淪乎絃節之側。或建翠翳之青葱。或射勇禽於郊坰。馳輕足於嶮峻之上。暴僚隸於盛日之下。舉火而往。乘星而返。機事廢而不修。賞罰棄而不治。或浮文艘於滉瀁。布密網於綠川。垂香餌於漣潭。縱櫂歌於清淵。飛高繳以下輕鴻。引沈綸以拔潛鱗。或結罝罦於林麓之中。合重圍於山澤之表。列丹飈於豐草。騁逸騎於平原。縱盧猎以噬狡獸。飛輕鷂以驚翔禽。勁弩殪狂兕。長戟斃熊虎。如此。既彌年而不厭。歷載而無已矣。而又加之以四時請會。祖送慶賀。要思數之密客。接執贄之嘉賓。人閒之務。密勿罔極。是以雅正稍遠。遨逸漸篤。其去儒學。緬乎邈矣。能獨見崇替之理。自拔淪溺之中。舍敗德之嶮塗。履長世之大道者。良甚鮮矣。嗟乎此所以保國安家者至稀。而傾撓泣血者無算也。今聖明在上。稽古濟物。堅隄防以杜決溢。明褒貶以彰勸沮。想宗室公族。及貴門富年。必當競尚儒術。撙節藝文。釋老莊之意（意字衍）不急。精六經之正道也。

君道卷第五

抱朴子曰。清玄剖而上浮。濁黃判而下沈。尊卑等威。於是乎著。往聖（御覽六百二十作叡聖）取諸兩儀。而君臣之道立。設官分職。而雍熙之化隆。君人者。必修諸己以先四海。去偏黨以平王道。遣私情以標至公。擬宇宙以籠萬殊。真僞既明於物外矣。而兼之以自見。聽受既聰於接來矣。而加之以自聞。儀決水以進善。鈞絕弦以黜惡。昭德塞違。庸親昵賢。使規盡其圓。矩竭其方。繩肆其直。斤効其斵。器無量表之任。才無失授之用。考名責實。屢省勤恤。樹訓典以示民極。審褒貶以彰勸沮。明檢齊以杜僭濫。詳直枉以違晦吝。其與之也。無叛理之幸。其奪之也。有百氏之揆。匠之以六藝。軌之以忠信。莅之以慈和。齊之以禮刑。揚仄陋以伸沈抑。激清流以澄臧否。使物無詭道。事無非分。立朝牧民者。不得侵官越局。推轂即戎者。莫敢憚危顧命。悅近以懷遠。修文以招攜。阜百姓之財粟。闡進德之廣塗。杜機僞之繁務。（脫一句）則明罰勑法。哀敬折獄。淳化洽則匿瑕藏疾。五教在寬。外恕多士於文武。內建維城之穆屬。使親疏相持。尾爲身幹。枝雖茂而無傷本之憂。流雖盛而無背源之勢。若磐岳峙。式遏覬覦。見三苗之傾殄。則知川源之未可恃也。覩驪幽之不守。則覺嚴嶮之不足賴也。夫江漢猶存。而強楚虜辱。劍閣自如。而子陽赤族。四岳三塗。實不一姓。金城湯池。未若人和。守在海外。匪山河也。是以賢君抱（有脫字）懼不足。而政過恐有餘。謀當計得。猶思危而弗休焉。戰勝地廣。猶戒盈而夕惕焉。象渾穹以還燾。式坤厚以廣載。運重光以表微。致遠思乎未兆。資春景以嫗煦。範秋霜以肅物。詶諮以校同異。平衡以銓羣言。虛已以盡下情。推功以勸將來。御之以術。則終始可竭也。整之以度。則參差可齊也。凝若閬風之淩霄。而諸下不得以輕重料焉。窈若玄淵（舊寫本作渊）之萬仞。而窺近（此二字藏本但作則近）不能以少多量焉。然則君之流源不窮。而百僚之才力畢陳矣。我之涯畔無外。而彼之斤兩可限矣。發號吐令。則軥若震霆之激響。而不爲邪辯改其正。畫法創制。則炳若七曜之麗天。而不以愛惡曲其情。宏略遠罩。則藹若密雲之高結。居貞成務。則確若嵩岱之根地。料倚伏於未萌之前。審毀譽於巧言之口。不使敦朴散於雕僞。不使一體澆於二端。雖能獨斷。必博納乎芻蕘。雖務含弘。必清耳於浸潤。民之飢寒。則哀彼責此。百姓有罪。則謂之在予。嘉祥之臻。則念得神之祐。或逢天之怒。則思桑林之引咎。不吝改絃於宜易之調。不恥反迷於朝過之塗。虎眄以警密。麟跱以接疏。路無擊壤之叟。則羞聞和音之作。民有不粒之匱。則媿臨方丈之膳。處飛閣之概天。則懼役夫之勞瘁。茹柔嘉之旨肥。則憂敬授之失時。聆管絃之宴衎。則戚逸樂之有過。瞻藻麗之采粲。則慮賦斂之慘烈。遵放勛之麤裘。準衛文之大帛。追有夏之卑宮。識露臺之不果。鑒章華之召災。悟阿房之速禍。誥誓則念依時之失信。耽玩則覺褒妲之惑我。征伐則量力度時。不令百里有號泣之憤。誅戮則遵情任理。不使鴟夷有抱枉之魂。鑒操彤之杜伯。惟人立之呼豕。廢嫡則戒晉獻之巨惑。立庶則念劉表之殄祀。蒐畋則樂失獸而得士。識弛網而悅遠。偏愛則慮袖蜂之謗巧。飛燕之專寵。獨任則悟鹿馬之作威。恭顯之惡直。納策則思漢祖之吐哺。孝景之誅錯。旨甘之進。則疏儀狄。容悅姑息。則抗欒激。除蔡子之諂。親放麑之仁。鑒白龍以輟輕脫。觀嬴（脫一字）以節無饜。防人彘之變於六宮之中。止汗血之求於絕域之外。除惡犬以遏酒酤之患。市馬骨以招追風之駿。軾怒鼃以勸勇。避螳螂以勵武。聆公盧（藏本作聆虞會）之讜言。容保申之正直。剔腹背無益之毛。攬六翮淩虛之用。烹如簧以謐司原之箴。折菀諾以迪梁伯之美。放丹姬以弭嫟嬖之迷。退子瑕以杜餘桃之惑。藏淵中之魚。操利器之柄。勿憚徙薪之煩。以省焦爛之費。鼓廉恥之陶洽。明考試之準的。怒不越法以加虐。喜不踰憲以厚遺。割情於所愛。而有犯者無赦。採善於所憎。而有勞者不遺。傾下（脫一字）以納忠。聞逆耳而不諱。廣乞言於誹謗。雖委抑而不距。掩細瑕而錄大用。忘近惡而念遠功。使夫曹劌孟明。有修來之效。魏尚張敞。立雪恥之績。射鉤之賊臣。著匡合之弘勳。釋縛之左車。吐止戈之高策。則鴟梟化爲鸑鷟。邪僞變成忠貞。芳穎秀於斥鹵。夜光起乎泥濘。剡鋭載胥。九功允諧。西面逡巡。以延師友之才。尊事老叟。以敦孝悌之行。是以淵蟠者仰赴。山棲者俯集。炳蔚內弼。虓闞外御。政得於上。而物傾於下。惠發乎邇。而澤邁乎遠。明哲宣力於攸莅。黔庶讓畔於藪澤。爾乃鑄茲章之法令。振大和之清風。蒲輪玉帛。以抽丘園之俊民。元凱畢集。以究論道之損益。減牧羊之多人。反不酤之至醇。張仁讓之闌。杜華競之津。旌義正之操。弘道素之格。使附德者。若潛萌之悅甘雨。見歸者。猶行潦之赴大川。黎民安之。若綠葉之綴修柯。左衽仰之。若衆星之繫北辰。是以七政不亂象於玄極。寒溫不謬節而錯集。四靈備覿。芝華灼粲。甘露淋漉以霄墜。嘉穗婀娜而盈箱。毋魃逐於神瀆。玄厲拘於廣朔。百川無沸騰之異。南箕謐偃禾之暴。物無詭時之凋。人無嗟慨之響。囹圄虛陳。五刑寢厝。正朔所不加。冕紳所不曁。氈裘皮服。山棲海竄。莫不含歡革面。感和重譯。靈禽貢於彤庭。瑶環獻自西極。員首遠筈。猶鼠氳之順勁風。要荒承指。若響亮之和絕音。誠升隆之盛致。三五之軌躅也。故能固廟祧於罔極。繁本枝乎百世矣。夫根深則末盛矣。下樂則上安矣。馬不調。造父不能超千里之迹。民不附。唐虞不能致同天之美。馬極則變態生。而傾僨惟憂矣。民困則多離叛。其禍必振矣。可不戰戰以待旦乎。可不慄慄而慮危乎。人主不澄思於治亂。不深鑒於亡徵。雖目分百尋之秋毫。耳精八音之清濁。文則琳琅墮於筆端。武則鉤銘（原本居額切）摧於指掌。心苞萬篇之誦。口播濤波之辯。猶無補於土崩。不救乎瓦解也。何者。不居其大而務其細。滯乎下人之業。而闇元本之端也。誠能事過乎儉。臨深履冰。居安不忘乘奔之戒。處存不廢慮亡之懼。操綱領以整毛目。握道數以御衆才。韓白畢力以折衝。蕭曹竭能以經國。介一人之心。（疑當作介人一心）致其果毅。謀夫協思。進其長算。則人主雖從容玉房之內。逍遙雲閣之端。羽爵腐於甘醪。樂人疲於拚舞。猶可以垂拱而任賢。高枕以責成。何必居茅茨之狹陋。食薄味之大羹。躬監門之勞役。懷損命之辛勤。然後可以惠流蒼生。道洽海外哉。昏惑之君。則不然焉。其爲政也。或仁而不斷。朱紫混漫。正者不賞。邪者不罰。或苛猛慘酷。或純威無恩。刑過乎重。不恕不遠。根露基穨。危猶巢幕。而自比於天地。擬固於泰山。謂克明俊德者不難及。小心翼翼者未足算也。於是無罪無辜。淫刑以逞。民不見德。唯戮是聞。官人則以順志者爲賢。擢才則以近習者爲前。上宰鼎列。委之母后之族。專斷顧問。決之阿諂之徒。所揚引則遠九族外親。而不簡其器幹。所信仗則在於瑣才曲媚。而憎乎方直。所抑退則從雷同。而不察之以情。所寵進則任美談。而不考其績用。掌要治民之官。御戎專征之將。或貪汙以壞所在矣。或營私以亂朝廷矣。或懦弱以敗庶事矣。或恇怯以失軍利矣。終於不覺。不忍黜斥。猶加親委。冀其晚効。器小任大。遂及於禍。良才遠量無援之士。或披褐而朝隱。或沈淪於窮否。懷道括囊。展力莫由。陵替之災。所以多有也。又經典規戒。弗聞弗覽。玩弄褻黷。是耽是務。高樓觀而下道德。廣苑囿而狹招納。深池沼而淺恩信。悅狗馬而惡謇諤。貴珠玉而賤智略。豐綺紈而約惠澤。緩賑濟而急聚斂。勤畋弋而忽稼穡。重兼并而輕民命。進優倡而退儒雅。厚嬖幸而薄戰士。流聲色而忘庶事。先酣遊而後聽斷。數苦役而疎犒賜。工造費好不急之器。圈聚食肉靡穀之物。然則危亡不可以怨天。微弱不可以尤人也。夫吉凶由己。湯武豈一哉。昔周文掩未埋之骨。而天下稱其仁。殷紂剖比干之心。而四海疾其虐。望在具瞻。毀譽尤速。得失之舉。不在多也。凡譽重則蠻貊歸懷。而不可以虛索也。毀積即華夏離心。而不可以言救也。是以小善雖無大益而不可不爲。細惡雖無近禍而不可不去也。若乃肆情縱欲。而不與天下共其樂。故有憂莫之恤也。削基憎峻而不覺。下墮則上崩。故傾穨莫之扶也。於是轡策去於我手。神物假而不還。力勤財匱。民不堪命。衆怨於下。天怒於上。田成盜全齊於帷幄。姬昌取有二於西鄰。陳吳之徒。奮劍而大呼。劉項之倫。揮戈而飈駭。雲梯乘於百雉之上。皓刃交於象魏之下。飛鋒內荐。禁兵外潰。而乃憂悲以思遯世之大賢。擁篲以延巖棲之智士。慕伊呂於嵩岫。招孫吳於草萊。拜昌言而無所。思嘉算而莫聞。猶大廈既燔。而運水於滄海。洪潦淩室。（意林作林空）而造船於長洲矣。夫巍巍之稱。不可驕吝搆。而東嶽之封。未易以恣欲修也。上聖兼策。載馳猶懼不逮前。而庸主緩步按轡。而自以爲過之。或於安而思危。或在嶮而自逸。或功成治定而匪怠匪荒。或綴旒累卵而不覺不寤。不有辛癸之沒溺。曷用貴欽明之高濟哉。念茲在茲。庶乎庶乎。

臣節卷第六

抱朴子曰。昔在唐虞。稽古欽明。猶俟羣后之翼亮。用臻巍巍之成功。故能熙帝之載。庶績其凝。四門穆穆。百揆時序。蠻夷無猾夏之變。阿閣有鳴鳳之巢也。喻之元首。方之股肱。雖有尊卑之殊邈。實若一體之相賴也。君必度能而授者。備乎覆餗之敗。臣必量才而受者。故無流放之禍。夫如影如響。俯伏惟命者。偷容之尸素也。違令犯顏。謇謇匪躬者。安上之民翰也。先意承指者。佞諂之徒也。匡過弼違者。社稷之骾也。必將伏斧鑕而正諫。據鼎鑊而盡言。忠而見疑。諍而不得者。徒放可也。必死無補。將增主過者。去之可也。其動也。匪訓典弗據焉。其靜也。匪憲章弗循焉。請託無所容。申繩不顧私。明刑而不濫乎所恨。審賞而不加乎附己。不專命以招權。不含洿而談潔。進思盡言以攻謬。退念推賢而不蔽。夙興夜寐。感庶事之不康也。儉躬約志。若策奔於薄冰也。納謀貢士。不宣之於口。非義之利。不棲之乎心。立朝則以砥矢爲操。居己則以羔羊爲節。當危值難。則忘家而不顧命。攣衡執銓。則平懷而無彼此。儀蕭曹之指揮。羨張陳之奇畫。追周勃之盡忠。準二鮑之直視。蹈晏弘之節儉。執恬毅之守終。甘此離紀。炙身之分。戒彼韓英。失忠之禍。出不辭勞。入不數功。歸勳引過。讓以先下。誠專祗慄。恆若天威之在顏也。脊夙虔竦。有如湯鑊之在側也。負荷寄託。則以伊周爲師表。宣力四方。則以吉召爲軌儀。送往視居。則竭忠貞而不迴。搏噬干紀。則若鷹鸇之驚鳥雀。著扞疆埸。則慕魏絳李牧之高蹤。莅衆撫民。則希文翁信臣之德化。夫忠至者無（疑脫一字）以爲國。況懷智以迷上乎。義督者滅祀而無憚。況黜辱之敢辭乎。故能保勞貴以顯親。託良哉於輿歌。昆吾彝器。能者鑴勳。臯陶后稷。亦何人哉。

抱朴子曰。人臣勳不弘。則恥俸祿之虛厚也。績不茂。則羞爵命之妄高也。履信思順。天人攸贊。畏盈居謙。乃終有慶。舉足則蹈道度。抗手則奉繩墨。褒崇雖淹留而悔辱亦必遠矣。若夫損上以附下（疑當作損下以附上）。廢公以營私。阿媚曲從。以水濟水。君舉雖謬而諂笑贊善。數進玩好。陷主於惡。巧言毀政。令色取悅。上蔽人主之明。下杜進賢之路。外結出境之交。內樹背公之黨。雖才足飾非。言足文過。專威若趙高。擅朝如董卓。未有不身膏劍鋒。家糜湯火者也。然而愚暗舍正即邪。違真侶僞。親覽傾僨。不改其軌。殃禍之集。匪降自天也。

抱朴子曰。臣喻股肱。則手足也。履冰執熱。不得辭焉。是以古人方之於地。掘之則出水泉。樹之則秀百穀。生者立焉。死者入焉。功多而不望賞。勞瘁而不敢怨。審識斯術。保己之要也。

抱朴子曰。臣職分則治統。廣則多滯。非賁獲之壯。不可以舉兼人之重。非萬夫之特。不可以總異官之局。韓侯所以罪侵冒之典。子元所以懼不勝之禍也。若乃才力絕倫。文武兼允。入有腹心之高算。出有折衝之遠略。雖事殷而益舉。兩循而俱濟。舍之則彝倫斁。委之而無其人者。兼之可也。非此器也。宜自忖引。轅若載重。尠不及矣。常人貪榮。不慮後患。身既傾溺。而禍逮君親。不亦哀哉。人皆辭斧斤所未開。而莫讓攝官所不堪。嗟乎。陳李所以作戒於力少。而子房所以高蹈於挹盈也。

良規卷第七

抱朴子曰。翔集而不擇木者、必有離罻之禽矣。出身而不料時者。必有危辱之士矣。時之得也。則飄乎猶應龍之覽景雲。時之失也。則蕩然若巨魚之枯崇陸。是以智者藏其器以有待也。隱其身而有爲也。若乃高巖將霣。非細縷所綴。龍門沸騰。非掬壤所遏。則不苟且於乾沒。不投險於僥倖矣。

抱朴子曰。周公之攝王位。伊尹之黜太甲。霍光之廢昌邑。孫綝之退少帝。謂之舍道用權、以安社稷。然周公之放逐狼跋。流言載路。伊尹終於受戮。大霧三日。霍光幾於及身。家亦尋滅。孫綝桑蔭未移。首足異所。皆笑音未絕而號咷巳及矣。夫危而不持。安用彼相。爭臣七人。無道可救。致令王莽之徒。生其姦變。外引舊事以飾非。內包豺狼之禍心。由於伊霍基斯亂也。將來君子。宜深鑒茲矣。夫廢立之事。小順大逆。不可長也。召王之譎。已見貶抑。況乃退主。惡其可乎。此等皆計行事成。徐乃受殃者耳。若夫陰謀始權。而貪人賣之。赤族殄祀。而他家封者。亦不少矣。若有姦佞。翼成驕亂。若桀之干辛推哆。(原注尺氏切張口也)紂之崇侯惡來。厲之黨也。改置忠良。不亦易乎。除君側之衆惡。流凶族於四裔。擁兵持疆。直道守法。嚴操柯斧。正色拱繩。明賞必罰。有犯無赦。官賢任能。唯忠是與。事無專擅。請而後行。君有違謬。據理正諫。戰戰兢兢。不忘恭敬。使社稷永安於上。已身無患於下。功成不處。乞骸告退。高選忠能。進以自代。不亦綽有餘裕乎。何必奪至尊之璽紱。危所奉之見主哉。夫君天也。父也。君而可廢。則天亦可改。父亦可易也。功蓋世者不賞。威震主者身危。此徒戰勝攻取。勛勞無二者。且猶鳥盡而弓棄。兔訖而犬烹。況乎廢退其君。而欲後主之愛己。是奚異夫爲人子。而舉其所生捐之山谷。而取他人養之。而云我能爲伯瑜曾參之孝。但吾親不中奉事。故棄去之。雖日享三牲。昏定晨省。豈能見憐信邪。霍光之徒。雖當時增班進爵。賞賜無量。皆以計見崇。豈斯人之誠心哉。夫納棄妻而論前壻之惡。買僕虜而毀故主之暴。凡人庸夫。猶不平之。何者。重傷其類。自然情也。故樂羊以安忍見疏。而秦西以過厚見親。而世人誠謂湯武爲是。而伊霍爲賢。此乃相勸爲逆者也。又見廢之君。未必悉非也。或輔翼少主。作威作福。罪大惡積。慮於爲後患。及尚持勢因而易之。以延近局之禍。規定策之功。計在自利。未必爲國也。取威既重。殺生決口。見廢之主。神器去矣。下流之罪。莫不歸焉。雖知其然。孰敢形言。無東牟朱虛以致其計。無南史董狐以證其罪。將來今日。誰又理之。獨見者。乃能追覺桀紂之惡不若是其惡。湯武之事。不若是其美也。方策所載。莫不尊君卑臣。強榦弱枝。春秋之義、天不可讎。大聖著經。資父事君。民生在三峯之如一。而許廢立之事。開不道之端。下陵上替。難以訓矣。俗儒沈淪鮑肆。困於詭辯。方論湯武。爲食馬肝。以彈斯事者。爲不知權之爲變。貴於起善而不犯順。不詡反理而叛義。正也。而前代立言者。不折之以大道。使有此情者。加夫立剡鋒之端。登方崩之山。非所以延年長世。遠危之術。雖策命暫隆。弘賞暴集。無異乎犧牛之被紋繡。淵魚之愛莽麥。渴者之資口於雲日之酒。飢者之取飽於鬱肉漏脯也。而屬筆者。皆共褒之。以爲美談。以不容誅之罪爲知變。使人於悒而永慨者也。或譏余以此言爲傷聖人。必見譏貶。余答曰。舜禹歷試內外。然後受終文祖。雖有好傷聖人者。豈能傷哉。昔嚴延年廷奏霍光爲不道。于時上下肅然。無以折也。況吾爲世之誠。無所指斥。何慮乎常言哉。

時難卷第八

抱朴子曰。盡節無隱者可爲也。若夫使言必納而身必安者。須時。（句）時之否也。夫姦凶之徒。妬所不逮。擁上抑下。惡直醜正。憂長公方之彈擊邪枉。是以務除勝己以紓其誅。明主不世而出。庸君迷於皂白。既不能受用忠益。或乃宜泄至言。於是弘恭石顯之徒。飾巧辭以擠象似。假至公以售私姦。令獻長生之術者。反獲立死之罪。進安上之計者。旋受危身之禍。故曰。非言之難也。談之時難也。夫以賢說聖。猶未必即受。故伊尹干湯。至於七十也。以智告愚。則必不入。故文王諫紂。終於不納也。言不見信。猶之可也。若乃李斯之誅韓非。龐涓之刖孫臏。上官之毀屈平。袁盎之中晁錯。不可勝載也。爲臣不易。豈一塗也哉。蓋往而不反者。所以功在身後。而藏器俟時者。所以百無一遇。高勳之臣。曠代而一。有陷冰之徒。委積乎史策。悲夫時之難遇也。如此其甚哉。由茲以言。吾知渭濱呂尙之儔。巖閒傅說之屬。懷其王佐之器。抱其邈世之材。棄竿擁築。老死於庸兒之伍。而遂不遭文王高宗者。必不訾矣。

官理卷第九

抱朴子曰。騄駬之騁逸迹。由造父之御也。禹稷之序百揆。遭唐虞之主也。故能不勞而千里至。揖讓而頌聲作。若乃滅獲之乘驊騄。殷辛之臨三仁。欲長驅輕騖。則轡急轅逼。欲盡規竭忠。則禍如發機。所以車傾於險途。國覆而不振也。故良駿敗於拙御。智士躓於闇世。仲尼不能止魯侯之出。晏嬰不能遏崔杼之亂。其才則是。主則非也。夫君猶器也。臣猶物也。器小物大。不能相受矣。譬猶背千金而逐蛺蝶。越人棄八珍而甘鼃黽。即患不賞好。又病不識惡矣。夫不用則雖珍而不貴矣。莫與則傷之者必至。昔衞靈聽聖言而數驚。秦孝聞高談而睡寐。而欲緝隆平之化。收良能之勳。猶卻行以逐馳。適楚而首燕也。

務正卷第十

抱朴子曰。南溟引朝宗以成不測之深。玄圃崇木石以致極天之峻。大夏淩霄。賴羣橑之積。輪曲轅直。無可闕之物。故元凱之佐登。而格天之化洽。折衝之才周。則逐鹿之姦寢。舜禹所以有天下而不與。衞靈所以雖驕恣而不危也。衆力并則萬鈞不足舉也。羣智用則庶績不足康也。故繁足者死而不弊。多士者亂而不亡。然劍戟不長於縫緝。錐鑽不可以擊斷。牛馬不能吠守。雞犬不任駕乘。役其所長。則事無廢功。避其所短。則世無棄材矣。

貴賢卷第十一

抱朴子曰。舍輕艘而涉無涯者。不見其必濟也。無良輔而羨隆平者。未聞其有成也。鴻鸞之凌虛者。六翮之力也。淵虯之天飛者。雲霧之偕也。故招賢用才者。人主之要務也。立功立事者。髦俊之所思也。若乃樂治定而忽智士者。何異欲致遠途而棄騏騄哉。夫拔丘園之否滯。舉遺漏之幽人。職盡其才。祿稱其功者。君所以待賢者也。勤夙夜之在公。竭心力於百揆。進善退惡。知無不為者。臣所以報知己也。世有隱逸之民。而無獨立之主者。士可以嘉遁而無憂。君不可以無臣而致治。是以傅說呂尚。不汲汲於聞達者。道德備則輕王公也。而殷高周文。乃夢想乎得賢者。建洪勳必須良佐也。患於生乎深宮之中。長乎婦人之手。不識稼穡之艱難。不知憂懼之何理。承家繼體。蔽乎崇替。所急在乎侈靡。至務在乎游宴。般于畋獵。湎于酣樂。聞淫聲則驚聽。見豔色則改視。役聰用明。止此二事。鑒澄人物。不以經神。唯識玩弄。可以悅心志。不知奇士可以安社稷。犀象珠玉無足。而至自萬里之外。定傾之器能行。而淪乎四境之內。二豎之疾旣據。而募良醫。棟橈之禍已集。而思謀夫。何異乎火起乃穿井。覺飢而占田哉。夫庸隸猶不可以不拊循而卒盡其力。安可以無素而暴得其用哉。

任能卷第十二

或曰。尾大於身者不可掉。臣賢於君者不可任。故口不容而強吞之者必哽。才非匹而安仗之者見輕。抱朴子曰。詭哉言乎。昔者荆子總角而攝相事。實賴二十五老臻乎。惠康子賤起家而治大邦。實由勝己者多。而招其弘益。齊桓殺兄而立。爲獸其行。被髮彝酒。婦閭三百。委政仲父。遂爲霸宗。夷吾旣終。禍亂亟起。魯用季子二十餘年。內無粃政。外無侵削。人之亡沒。殄瘁響集。豈非才所不逮。其功如彼。自任其事。其禍如此乎。漢高決策於玄幃。定勝乎千里。則不知良平。治兵多而益善。所向無敵。則不如信布。兼而用之。帝業克成。故疾步累趨。未若託乘乎逸足。尋飛逐走。未若假伎乎鷹犬。夫勁弩難彀。而可以摧堅遠逐。大舟難乘。而可以致重濟深。猛將難御。而可以折衝拓境。高賢難臨。而可以攸敍彝倫。昔魯哀庸主也。而仲尼上聖。不敢不盡其節。齊景下才也。而晏嬰大賢。不敢不竭其誠。豈有人臣。當與其君校智力之多少。計局量之優劣。必須堯舜乃爲之役哉。何事非君。何使非民。恥令其君不及唐虞。此亦達者之用心也。

欽士卷第十三

抱朴子曰。由余在戎而秦穆惟憂。楚殺得臣而晉文乃喜。樂毅出而燕壞。種蠡入而越霸。破國亡家。失士者也。豈徒有之者重。無之者輕而已哉。柳惠之墓。猶挫元寇之銳。況於坐之於朝廷乎。干木之隱。猶退踐境之攻。況於置之於端右乎。郅都之象。使勁虜振慴。孔明之尸。猶令大國寢鋒。以此禦侮。則地必不侵矣。以此率師。則主不必辱矣。是以明主旌束帛於窮巷。揚滯羽於瘁林。飛翹車於河梁。闢四門而不倦。不吝金璧。不遠千里。不憚屈己。不恥卑辭。而以致賢爲首務。得士爲重寶。舉之者受上賞。蔽之者爲竊位。故公旦執贄於白屋。秦邵（事未詳舊寫本作秦昭）拜昌於張生。鄒子涉境而燕君擁篲。莊周未食而趙惠竦立。晉平（藏本作文從舊寫本改）接亥唐。腳痺而坐不敢正。齊任之（藏本作侮之今從舊寫本）造稷丘。雖頻繁而不辭其勞。楚王受笞於保申□篙去甲於公廬。彼雖降高抑滿以貴下賤。終亦幷目以遠其明。假耳以廣其聰。龍騰虎踞。宜其然也。

用刑卷第十四

抱朴子曰。莫不貴仁。而無能純仁以致治也。莫不賤刑。而無能廢刑以整民也。咸云明后御世。風向草偃。道洽化醇。安所用刑。余乃論之曰。夫德教者。黼黻之祭服也。刑罰者。捍刃之甲胄也。若德教治狡暴。猶以黼黻御剡鋒也。以刑罰施平世。是以甲胄升廟堂也。故仁者養物之器。刑者懲非之具。我欲利之。而彼欲害之。加仁無悛。非刑不止。刑爲仁佐。於是可知也。譬存玄胎息。呼吸吐納。含景內視。熊經鳥伸者。長生之術也。然艱而且遲。爲者尠成。能得之者。萬而一焉。病篤痛甚。身困命危。則不得不攻之以鍼石。治之以毒烈。若廢和鵲之方。而慕松喬之道。則死者衆矣。仁之爲政。非爲不美也。然黎庶巧僞。趨利忘義。若不齊之以威。糾之以刑。遠羨羲農之風。則亂不可振。其禍深大。以殺止殺。豈樂之哉。八卦之作。窮理盡性。明罰用獄。著於噬嗑。繫以徽纆。存乎習坎。然用刑其然尚矣。逮於軒轅。聖德尤高。而躬親征伐。至於百戰。殭尸涿鹿。流血阪泉。猶不能使時無叛逆。載戢干戈。亦安能使百姓皆良。民不犯罪。而不治者。未之有也。唐虞之盛。象天用刑。竄殛放流。天下乃服。漢文玄默。比隆成康。猶斷四百。鞭死者多。夫匠石不舍繩墨。故無不直之木。明主不廢戮罰。故無陵遲之政也。蓋天地之道。不能純仁。故青陽闡陶育之和。素秋厲肅殺之威。融風扇則枯瘁攄藻。白露凝則繁英彫零。是以品物阜焉。歲功成焉。溫而無寒。則蠖動不蟄。根植冬榮。寬而無嚴。則姦宄竝作。利器長守。故明賞以存正。必罰以閑邪。勸沮之器。莫此之要。觀民設教。濟其寬猛。使懦不可狎。剛不傷恩。五刑之罪。至于三千。是繩不可曲也。司寇行刑。君爲不舉。是法不可廢也。繩曲則姦回萌矣。法廢則禍亂滋矣。亡國非無令也。患於令煩而不行。敗軍非無禁也。患於禁設而不止。故衆慝彌蔓。而下黷其上。夫賞貴當功而不必重。罰貴得罪而不必酷也。鞭朴廢於家。則僮僕怠惰。征伐息於國。則群下不虔。愛待敬而不敗。故制禮以崇之德。須威而久立。故作刑以肅之。班倕不委規矩。故方圓不戾於物。明君不釋法度。故機詐不肆其巧。唐虞其仁如天。而不原四罪。姬公友于兄弟。而不赦二叔。仲尼之誅正卯。漢武之殺外甥。垂淚惜法。

蓋不獲已也。故誅一以振萬。損少以成多。方之櫛髮。則所利者衆。比於割疽。則所全者大。是以灸刺慘痛而不可止者。以痊病也。刑法凶醜而不可罷者。以救弊也。六軍如林。未必皆勇。排鋒陷火。人情所憚。然恬顏以勸之。則投命者尠。斷斬以威之。則莫不奮擊。故役歡笑者。不及叱咤之速。用誘悅者。未若刑戮之齊。是以安于感深谷而嚴其法。衛子疾棄灰而峻其辟。夫以其所畏禁其所翫。峻而不犯。全民之術也。明治（藏本脫治字從舊寫本補）病之術者。杜未生之疾。達治亂之要者。遏將來之患。若乃以輕刑禁重罪。以薄法衛厚利。陳之滋章。而犯者彌多。有似穽穽以當路。非仁人之用懷也。善爲政者。必先端此以率彼。治親以整疏。不曲法以行意。（舊寫本作惠）必有罪而無赦。若石碏之割愛以滅親。晉文之忍情以斬頡。故仁者爲政之脂粉。刑者御世之轡策。脂粉非體中之至急。而轡策須臾不可無也。肅恭少怠。則慢惰已至。威嚴暫弛。則群邪生心。當怒不怒。姦臣爲虎。當殺不殺。大賊乃發。水久壞河。山起咫尺。尋木千丈。始于毫末。鑽燧（意林作端）之火。勺水可（藏本作所從意林改）滅。鷂卵未孚。指掌可縻。（藏本作之所靡從意林改）及其乘衝飆而燎巨野。奮六羽以淩朝霞。則雖智勇。不能制也。故明君治難於其易。去惡於其微。不伐善以長亂。不操柯而猶豫焉。然則刑之爲物。國之神器。君所自執。不可假人。猶長劍不可倒捉。巨魚不可脫淵也。乃崇替之所由。安危之源本也。田常之奪齊。六卿之分晉。趙高之弒秦。王莽之簒漢。履霜遠冰。由來漸矣。或永歎於海濱。或拊心乎望夷。禍延宗祧。作戒將來者。由乎慕虛名於往古。忘實禍於當己也。

或人曰。刑辟之興。蓋存叔世。立人之道。唯仁與義。我清靜而民自正。我無欲而民自樸。烹鮮之戒。不欲其煩。寬以愛人。則得衆悅。以使人則下附。故孟子以體仁爲安。揚子雲謂申韓爲屠宰。夫繁策急轡。非造父之御。嚴刑峻罰。非三五之道。故有虞手不指揮。口不煩言。恭己南面。而治化雍熙矣。宓生政以率俗。彈琴詠詩。身不下堂。而漁者胥肅矣。必能厚惠薄斂。救乏擢滯。舉賢任才。勸穡省用。招攜以禮。懷遠以德。陶之以成均。治之以庠序。化上而與善者。必若靡草之逐驚風。洗心而革面者。必若清波之滌輕塵。朝有德讓之羣后。野無犯禮之軌躅。圜土可以虛蕪。楚革可以永格。何必賞罰。可以爲國乎。抱朴子答曰。易稱明罰敕法。書有哀矜折獄。爵人於朝。刑人於市。有自來矣。豈從叔世。多仁則法不立。威寡則下侵上。夫法不立。則庶事汨矣。下侵上。則逆節萌矣。至醇既澆於三代。大樸又散於秦漢。道衰於疇昔。俗薄乎當今。而欲結繩以整姦欺。不言以化狡猾。委轡策而乘奔馬於險塗。舍柁櫓而汎虛舟以淩波（意林作於江海）盤旋以逐走盜。揖讓以救災火。斬晁錯以卻七國。舞干戈以平赤眉。未見其可也。蓋三皇步而五帝驟。霸王以來。載馳載騖。當其弊也。吏欺民巧。寇盜公行。髡鉗不足以懲無恥。族誅不能以禁覬覦。重目以廣視。累耳以遠聽。抗燭以理滯事。焦心以息姦源。而猶市朝有呼嗟之音。邊鄙有不聞之枉。作威作福者。或發乎瞻視之下。凶家害國者。或搆乎蕭牆之內。而欲以太昊之道。治偷薄之俗。以畫一之歌。救鼎湧之亂。非識因革之隨時。明損益之變通也。所謂刻舟以摸遺劍。參天而射五步。擐犀兕之甲以涉不測之淵。袗卻寒之裘。以禦鬱隆之暑。踵之解結。頤之搔背。其爲憒憒（藏本作憒憒從舊寫本改）莫此之劇矣。但當先令而後誅。得情而勿喜。使伯氏無怨於失邑。虞芮知恥而無訟耳。若強暴掩容。操繩而不憚。誘於含垢。草蔓而不除。恃藏疾之大言。忘膏肓之近急。何異焦喉之渴切身。而遙指滄海於萬里之外。滔天之水已及。而方造舟於長洲之林。安得免夸父之禍。脫淪水之害哉。世人薄申韓之實事。嘉老莊之誕談。然而爲政。莫能錯刑。殺人者原其死。傷人者赦其罪。所謂土梓瓦截。無救朝飢者也。道家之言。高則高矣。用之則弊。遼落迂闊。譬猶干將不可以縫線。巨象不可使捕鼠。金舟不能淩陽侯之波。玉馬不任騁千里之迹也。若行其言。則當燔桎梏。墮囹圄。罷有司。滅刑書。鑄干戈。平城池。散府庫。毀符節。撤關梁。掊衡量。膠離朱之目。塞子野之耳。汎然不繫。反乎天牧（舊寫本作放）不訓不營。相忘江湖。朝廷闃爾若無人。民則至死不往來。可得而論。難得而行也。俗儒徒聞周以仁興。秦以嚴亡。而未覺周所以得之不純仁。而秦所以失之不獨嚴也。昔周用肉刑。則足劓鼻。盟津之令。後至者斬。畢力賞罰。誓有孥戮。考其所爲。未盡仁也。及其叔世。罔法翫文。人主苛虐。號令不出宇宙。禮樂征伐。不復由己。群下力競。還爲長蛇。伐本塞源。毀冠裂冕。或沈之於漢。或流之於彘。失柄之敗。由於不嚴也。秦之初興。官人得才。衛鞅由余之徒。式法於內。白起王翦之倫。攻取於外。兼弱攻昧。取威定霸。吞噬四鄰。咀嚼羣雄。拓地攘戎。龍變虎視。實賴明賞必罰。以基帝業。降及杪季。驕於得意。窮奢極泰。加之以威虐。築城萬里。離宮千餘。鐘鼓女樂。不徙而具。驪山之役。太半之賦。閭左之戍。坑儒之酷。北擊獫（原注虛檢切）狁。南征百越。暴兵百萬。動數十年。天下有生離之哀。家戶懷怨曠之歎。白骨成山。虛祭布野。徐福出而重號咷之讎。趙高入而屯豺狼之黨。天下欲反。十室九空。其所以亡。豈由嚴刑。

此爲秦以嚴得之。非以嚴失之也。且刑由刃也。巧人以自成。拙者以自傷。爲治國有道。而助之以刑者。能令㒨僞不作。凶邪改志。若綱絕網紊。得罪于天。用刑失理。其危必速。亦猶水火者。所以活人。亦所以殺人。存乎能用之與不能用。夫癥瘕不除。而不修越人之術者。難圖老彭之壽也。姦黨實繁。而不嚴彈違之制者。未見其長世之福也。但當簡于張之徒。任以法理。世(疑衍)選趙陳之屬。委以案劾。明主留神於上。忠良盡誠於下。見不善則若鷹鸇之搏鳥雀。覩亂萌則若薙(原注他計切)田之芟蕪穢(原注於吠切)。慶賞不謬加。而誅戮不失罪。則太平之軌不足迪。令而不犯。可庶幾廢刑致治。未敢謂然也。

或曰。然則刑罰果所以助教興善。式遏軌忒也。若夫古之肉刑。亦可復興。抱朴子曰。曷爲而不可哉。昔周用肉刑。積祀七百。漢氏廢之。年代不如。至於改以鞭笞。大多死者。外有輕刑之名。內有殺人之實也。及於犯罪。上不足以至死。則其下唯有徒謫鞭杖。或遇赦令。則身無損。且髡其更生之髮。撾其方愈之創。殊不足以懲次死之罪。今除肉刑。則死罪之下。無復中刑在其閒。而次死罪。不得不止於徒謫鞭杖。是輕重不得不(疑衍)適也。又犯罪者希而時有耳。至於殺之則恨重。而鞭之則恨輕。犯此者爲多。今不用肉刑。是次死之罪。常不見治也。今若自非謀反大逆。惡于君親。及用軍臨敵。犯軍法者。及手殺人者。以肉刑代其死。則亦足以懲示凶人。而刑者猶任坐役。能有所爲。又不絕其生類之道。而終身殘毀。百姓見之。莫不寒心。亦足使未犯者肅慄。以彰示將來。乃過於殺人。殺人非不重也。然辜之三日。行埋弃之。不知者衆。不見者多也。若夫肉刑者之爲摽戒也多。昔魏世數議此事。諸碩儒達學。洽通殷理者。咸謂宜復肉刑。而意異者駮之。皆不合也。魏武帝亦以爲然。直以二隆未賓。遠人不能統至理者。卒聞中國刖人肢體。劓人耳鼻。便當望風。謂爲酷虐。故且權停。以須四方之并耳。通人揚子雲。亦以爲肉刑宜復也。但廢之來久矣。坐而論道者。未以爲急耳。

審舉卷第十五

抱朴子曰。華霍所以能崇極天之峻者。由乎其下之厚也。唐虞所以能臻巍巍之功者。實賴股肱之良也。雖有孫陽之手。而無騏驎之足。則不得致千里矣。雖有稽古之才。而無宣力之佐。則莫緣凝庶績矣。人君雖明竝日月。神鑒未兆。然萬機不可以獨統。曲碎不可以親總。必假目以遐覽。借耳以廣聽。誠須有司。是康是贊，故聖君（藏本脫君字從舊寫本補）莫不根心招賢。以舉才爲首務。施玉帛於丘園。馳翹車於巖藪。勞於求人。逸於用能。上自槐棘。降逮皁隸。論道經國。莫不任職。恭己無爲而治平。刑措而化洽無外。萬邦咸寧。設官分職。其猶構室。一物不堪。則崩橈之由也。然末貢舉之士。格以四科。三事九列。是之自出。必簡標穎拔萃之俊。而漢之末葉。桓靈之世。柄去帝室。政在姦臣。網漏防潰。風頹教沮。抑清德而揚諂媚。退履道而進多財。力競成俗。苟得無恥。或輸自售之寶。或賣要人之書。或父兄貴顯。望門而辟命。或低頭屈膝。積習而見收。（或賣以下五句藏本有脫誤從意林改補）

夫銓衡不平。則輕重錯謬。斗斛不正。則少多混亂。繩墨不陳。則曲直不分。準格傾側。則滓雜實繁。以之治人。則虛衆而豺貪。受取聚斂。以補買官之費。立之朝廷。則亂劇於棼絲。引用駑庸。以爲黨援。而望風向草偃，庶事之康，何異懸瓦礫而責夜光。絃不調而索清音哉。何可不澄濁飛沈。沙汰臧否。嚴試對之法。峻貪夫之防哉。殄瘁攸階。可勿畏乎。古者諸侯貢士。適者謂之有功。有功者。增班進爵。貢士不適者。謂之有過。有過者。黜位削地。猶復不能令詩人謐大車素餐之刺。山林無伐檀罝兔之賢。況舉之無非才之罪。受之無負乘之患。衡量一失其格。多少安可復損乎。夫孤立之翹秀。藏器以待賈。瑣碌之輕薄，人事以邀速。夫唯待價。故頓淪於窮瘁矣。夫唯邀速。故佻竊而騰躍矣。蓋烏鴟屯飛。則鴛鳳幽集。豺狼當路、則麒麟遐遁。舉善而教。則不仁者遠矣。姦僞榮顯。則英傑潛逝。高概恥與闒茸爲伍。清節羞入饕餮之貫。舉任並謬。則羣賢括囊。羣賢括囊。則凶邪相引。凶邪相引。則小人道長。小人道長。則檮杌比肩。頌聲所以不作。怨嗟所以、嗷嗷也。高幹長材。恃能勝己。屈伸默語。聽天任命。窮通得失。委之自然。亦焉得不墮多黨者之後。而居有力者之下乎。逸倫之士。非禮不動。山峙淵渟。知之者希，馳逐之徒。蔽而毀之。故思賢之君。終不知奇才之所在。懷道之人。願效力而莫從，雖抱稷卨之器。資邈世之量。遂沈滯詣死。不得登敍也。而有黨有力者。紛然鱗萃。人乏官曠。致者又美。亦安得不拾掇而用之乎。靈獻之世。閹官用事。羣姦秉權。危害忠良。臺閣失選用於上。州郡輕貢舉於下。夫選用失於上。則牧守非其人矣。貢舉輕於下。則秀孝不得賢矣。故時人語曰。舉秀才。不知書。察孝廉。父別居。寒素清白濁如泥。高第良將怯如雞。又云。古人欲達勤誦經。今世圖官免治生。蓋疾之甚也。于時懸爵而賣之。猶列肆也。爭津者買之。猶市人也。有直者無分而徑進。空拳者望途而收迹。

其貨多者其官貴。其財少者其職卑。故東園積賣官之錢。崔烈有銅臭之嗤。上爲下傚。君行臣甚。故阿佞幸。獨談親客。桑梓議主。（故阿以下數句有脫字）中正吏部。並爲魁儈。各責其估。清貧之士。何理有望哉。是既然矣。又邪正不同。譬猶冰炭。惡直之人。憎於非黨。刀尺顛倒者。則恐人之議己也。達不由道者。則患言論之不美也。乃共搆合虛誣。中傷清德。瑕累橫生。莫敢救拔。於是曾閔獲商臣之謗。孔墨蒙盜跖之垢。懷正居貞者。塡笮乎泥濘之中。而狡猾巧僞者。軒翥乎虹霓之際矣。而凡夫淺識。不辯邪正。謂守道者爲陸沈。以履徑者爲知變。俗之隨風而動。逐波而流者。安能復身於德行。苦思於學問哉。是莫不棄檢括之勞。而赴用賂之速矣。斯誠有漢之所以傾。來代之所宜深鑒也。或曰。吾子論漢末貢舉之事。誠得其病也。今必欲戒既往之失。避傾車之路。敬有代之絃調。防法翫之或變。令濮上巴人。反安樂之正音。腠理之疾。無退走之滯患者。豈有方乎。士有風姿豐偉。雅望有餘。而懷空抱虛。幹植不足。以貌取之。則必不得賢。徐徐先試。則不可倉卒。將如之何。抱朴子答曰。知人則哲。上聖所難。今使牧守。皆能審良才於未用。保性履之始終。誠未易也。但共遣其私情。竭其聰明。不爲利欲動。不爲屬託屈。所欲舉者。必澄思以察之。博訪以詳之。修其名而考其行。校同異以備虛飾。令親族稱其孝友。邦閭歸其信義。嘗小仕者。有忠清之効。治事之幹。則寸錦足以知巧。刺鼠足以觀勇也。又秀孝皆宜如舊試經答策。防其罪（罪疑作置舊寫本罪字空白）對之姦。當令必絕。其不中者勿署吏。加罰禁錮。其所舉書不中者。刺史太守免官。不中左遷。中者多。不中者少。後轉不得過故。若受賕（原注巨流切）而舉所不當。發覺有驗者。除名禁錮終身。不以赦令原。所舉與舉者同罪。（藏本與字在舉者下今從舊寫本）今試用此法。治一二歲之間。秀孝必多不行者。亦足以知天下貢舉不精之久矣。過此則必多修德而勤學者矣。又諸居職。其犯公坐者。以法律從事。其以貪濁贓汙爲罪不足至死者。刑竟及遇赦。皆宜禁錮終身。輕者二十年。如此。不廉之吏。必將化爲夷齊矣。若乃臨官受取金錢山積。發覺則自恤得了。免退則旬日復用者。曾史亦將變爲盜跖矣。如此、則雖貢士皆中。不辭於官長之不良。或曰。能言不必能行。今試經對策雖過。豈必有政事之才乎。抱朴子答曰。古者猶以射擇人。況經術乎。如其舍旃。則未見餘法之賢乎此也。夫豐草不秀瘠土。巨魚不生小水。格言不吐庸人之口。高文不墮頑夫之筆。故披洪範而知箕子有經世之器。覽九術而見范生懷治國之略。省夷吾之書。而明其有撥亂之幹。視不害之文。而見其精霸王之道也。今孝廉必試經無脫謬。而秀才必對策無失指。則亦不得闇蔽也。良將高第。取其膽武。猶復試之以策。況文士乎。假令不能。必盡得賢能。要必愈於了不試也。今且令天下諸當在貢舉之流者。莫敢不勤學。但此一條。其爲長益風教。亦不細矣。若使海內畏妄舉之失。凡人息僥倖之求。背競逐之末。歸學問之本。儒道將大興。而私貨必漸絕。奇才可得而役。庶官可以不曠矣。或曰。先生欲急貢舉之法。但禁錮之罪。苛而且重。懼者甚衆。夫急轡繁策。伯樂所不爲。密防峻法。德政之所恥。抱朴子曰。夫骨填肉補之藥。長於養體益壽。而不可以救暍溺之急也。務寬含垢之政。可以涖敦御朴。而不可以拯衰弊之變也。虎狼見逼。不揮戈奮劍。而彈琴詠詩。吾未見其身可保也。燎火及室。不奔走灌注。而揖讓盤旋。吾未見其焚之自息也。今與知欲寬策者論此。是與跖議捕盜也。

抱朴子曰。今普天一統。九垓同風。王制政令。誠宜齊一。夫衡量小器。猶不可使往往而有異。況人士之格。而可參差而無檢乎。江表雖遠。密邇海隅。然染道化。率禮教。亦既千餘載矣。往雖暫隔。不盈百年。而儒學之事。亦不偏廢也。惟以其土宇褊於中州。故人士之數。不得鈞其多少耳。及其德行才學之高者。子游仲任之徒。亦未謝上國也。昔吳士初附其貢士。見偃以不試。今太平已近四十年矣。猶復不試。所以使東南儒業。衰於在昔也。此乃見同於左衽之類。非所以別之也。且夫君子猶愛人以禮。況爲其愷悌之父母邪。法有招患。令有損化。其此之謂也。今貢士無復試者。則必皆修飾馳逐。以競虛名。誰肯復開卷受書哉。所謂饒之。適足以敗之者也。自有天性好古。心悅藝文。學不爲祿。味道忘貧。若法高卿周生烈者。學精而不仕。徇乎榮利者。萬之一耳。至於寧越倪寬黃霸之徒。所以強自篤勵於典籍者。非天性也。皆由患苦困瘁。欲以經術自拔耳。向使非漢武之世。則朱買臣嚴助之屬。亦未必讀書也。今若取富貴之道。幸有易於學者。而復素無自然之好。豈肯復空自勤苦。執灑埽爲諸生。遠行尋師問道者乎。兵興之世。武貴文寢。俗人視儒士如僕虜。見經誥如芥壤者。何哉。由於聲名背乎此也。夫不用譬猶售章甫於夷越。徇髯蛇於華夏矣。今若還遵一例。明考課試。則必多負笈千里以尋師友。轉其禮賂之費。以買記籍者。不俟終日矣。

抱朴子曰。才學之士。堪秀孝者。已不可多者矣。就令其人。若如桓靈之世。舉吏不先以財貨。便安臺閣主者。則雖諸經兼本解。於問無不對。猶見誣枉。使不得過矣。常追恨于時執事。不重爲之防。余意謂新年當試貢舉者。今年便可使儒官才士。豫作諸策。計足周用集上。禁其留草殿中。封閉之。臨試之時。亟賦之人事因緣。於是絕當答策者。皆可會著一處。高選臺省之官。親監察之。又嚴禁其交關出入畢事乃遣。違犯有罪無赦。如此屬託之冀窒矣。夫明君恃己之不可欺。不恃人之不欺己也。亦何恥於峻爲斯制乎。若試經法立。則天下可以不立學官。而人自勤樂(疑作業)矣。案四科亦有明解法令之狀。今在職之人官無大小。悉不知法令。或有微言難曉。而小吏多頑。而使之決獄。無以死生委之。以經百姓之命。付無知之人也。作官長不知法。爲下吏所欺而不知。又決其口筆者。憒憒不能知食法。與不食不問不以付主者。或以意斷事。蹉跌不慎法令。亦可令廉良之吏。皆取明律令者試之如試經。高者隨才品敍用。如此。天下必少弄法之吏。失理之獄矣。

交際卷第十六

抱朴子曰。余以朋友之交。不宜浮雜。(藏本作雜浮從意林乙轉)面而不心。揚雄(藏本作揚雲從意林改)攸譏。故雖位顯名美。門齊年敵。而趨舍異規。業尚乖互者。未嘗結焉。或有矜其先達。步高視遠。或遺忽陵遲之舊好。或簡棄後門之類味。或取人以官而不論德。其不遭知己。零淪丘園者。雖才深智遠。操清節高者。不可也。其進趨偶合。位顯官通者。雖面牆庸瑣。必及也。如此之徒。雖能令壤蟲雲飛。斥鷃戾天。手捉刀尺。口爲禍福。得之則排冰吐華。失之則當春彫悴。余代其跼蹐。恥與共世。窮之與達。不能求也。然而輕薄之人。無分之子。曾無疾非俄然之節。星言宵征。守其門廷。翕然諂笑。卑辭悅色。提壺執贄。時行索媚。勤苦積久。猶見嫌拒。乃行因託長者以搆合之。其見受也。則踊悅過於幽繫之遇赦。其不合也。則懊悴劇於喪病之逮己也。通塞有命。道貴正直。否泰付之自然。津塗何足多咨。嗟乎細人。豈不鄙哉。人情不同。一何遠邪。每爲慨然。助彼羞之。昔莊周見惠子從車之多而棄其餘魚。余感俗士。不汲汲於攀及至也。瞻彼云云。馳騁風塵者。不懋建德業。務本求己。而偏徇高交以結朋黨。謂人理莫此之要。當世莫此之急也。以嶽峙獨立者。爲澀吝疏拙。以奴顏婢睞(原注來去聲)者。爲曉解當世。風成俗習。莫不逐末流。遁遂往。可慨者也。或有德薄位高。器盈志溢。聞財利則驚掉。見奇士則坐睡。繿縷杖策。被褐負笈者。雖文豔相雄。學優融玄。同之埃芥。不加接引。若夫程鄭王孫羅裒之徒。乘肥衣輕。懷金挾玉者。雖筆不集札。菽麥不辨。爲之倒屣。吐食握髮。余徒恨不在其位。有斧無柯。無以爲國家流穢濁於四裔。投畀於有北。彼（藏本作投負人於北波今從盧本）雖赫奕。刀尺決乎（有脫文）勢力足以移山拔海。吹呼能令泥象登雲。造其門庭。我則未暇也。而多有下意怡顏。匍匐膝進。求交於若人以圖其益。悲夫。生民用心之不鈞。何其遼邈之不肖也哉。余所以同生聖世。而抱困賤本後顧而不見者。今皆追瞻而不及。豈不有以乎。然性苟不堪。各從所好。以此存亡。予不能易也。或又難曰。時移世變。古今別務。行立乎己。名成乎人。金玉經於不測者。託於輕舟也。靈鳥萃於玄霄者。扶搖之力也。芳蘭之芬烈者。淸風之功也。屈士起於丘園者。知己之助也。今先生所交。必淸澄其行業。所厚必沙汰其心性。孑然隻跱。失棄名輩。結讎一世。招怨流俗。豈合和光以籠物同塵之高義乎。若比智而交。則白屋不降公旦之貴。若鈞才而遊。則尼父必無入室之客矣（藏本此下提行案文提行者非）抱朴子曰。吾聞詳交者不失人。而泛結者多後悔。故曩哲先擇而後交。不先交而後擇也。子之所論。出人之計也。吾之所守。退士之志也。子云玉浮爲高。皆有所因。誠復別理一家之說也。吾以爲寧作不載之寶。不飛之鵬。不颺之蘭。無黨之士。亦（疑當有何字）損於夜光之質。垂天之大。含芳之卉。不朽之蘭乎。且夫名多其實。位過其才。處之者猶尠免於禍辱。交之者何足以爲榮福哉。由茲論之。則交彼而遇者。雖得達不足貴。玷之而誤者。譬如蔭朽樹之被笮也。彼尙不能自止其顛蹶。亦安能救我之碎首哉。吾聞大丈夫之自得而外物者。其於庸人也。蓋逼迫不獲已而與之形接。雖以千計。猶蚤蝨之積乎衣。而贅疣之攢乎體也。失之雖以萬數。猶飛塵之去嵩岱。鄧林之墮朽條耳。豈以有之爲益。無之覺損乎。且夫朋友也者。必取乎直諒多聞。拾遺斥謬。生無請言。死無託辭。始終一契。寒暑不渝者。然而此人良未易得。而或默語殊塗。或憎愛異心。或盛合衰離。或見利忘信。其處今也。譬猶禽魚之結侶。冰炭之同器。欲其久合。安可得哉。夫父子天性。好惡宜鈞。而子政子駿。平論異隔。南山伯奇。辯訟有無。面別心殊。其來尙矣。總而混之。不亦難哉。世俗之人。交不論志。逐名趨勢。熱來冷去。見過不改。視迷不救。有利則獨專而不相分。有害則苟免而不相恤。或事便則先取而不讓。值機會則賣彼以安此。凡如是。則有不如無也。天下不爲盡不中交也。率於爲益者寡。而生累者衆。知人之明。上聖所難。而欲力厲近才。短於鑒物者。務廣其交。又欲使悉得可與。經夷險而不易情。歷危苦而相負荷者。吾未見其可多得也。雖搜瑰琰於培塿之上。索鸞鳳乎鷦鷯之巢。未爲難也。吾亦豈敢謂藤田之陽。丹穴之中。爲無此物哉。亦直言其稀已矣。夫操尚不同。猶金沈羽浮也。志好之乖次。猶火升而水降也。苟不可同。雖造化之靈。大塊之匠。不可使同也。何可強乎。余所稟訥騃。（藏本作狼稟詘駿今從盧本）加之以天挺篤懶。諸戲弄之事。彈棊博弈。皆所惡見。及飛輕走迅。遊獵傲覽。咸所不爲。殊不喜嘲褻。凡此數者。皆時世所好。莫不躭之。而余悉闕焉。故親交所以尤違也。加以挾直好吐忠藎。藥石所集。甘心者尠。又欲勉之以學問。諫之以馳競。止其搊捔。節其沈湎。此又常人所不能悅也。毀方瓦合。違情偶俗。人之愛力。甚所不堪。而欲好日新。安可得哉。知其如此而不辯（盧本作便）改之。可不謂之闇於當世。拙於用人乎。夫交而不卒。合而又離。則兩受不弘之名。俱失克終之美。夫厚則親愛生焉。薄則嫌隙結焉。自然之理也。可不詳擇乎。爲可臨觴拊背。執手須臾。欲多其數而必其全。吾所懼也。或曰。然則都可以無交乎。抱朴子答曰。何其然哉。夫畏水者。何必廢舟楫。忌傷者。何必棄斧斤。交之爲道。其來尚矣。天地不交則不泰。上下不交即乖志。夫不泰則二氣隔并矣。志乖則天下無國矣。然始之甚易。終之竟難。（藏本作寬難盧本如此疑作實難）患乎所結非其人。敗於爭小以忘大也。易美金蘭。詩詠百朋。雖有兄弟。不如友生。切思三益。大聖所嘉。門人所以增親。惡言所以不至。管仲所以免誅戮而立霸功。子元所以去亭長而驅朱軒者。交之力也。單絃不能發韶夏之和音。孑色不能成袞龍之瑋燁。一味不能合伊鼎之甘。獨木不能致鄧林之茂。玄圃極天。蓋由衆石之積。南溟浩瀁。實須羣流之赴。明鏡舉則傾冠見矣。羲和照則曲影覺矣。櫽括修則枉刺之疾消矣。良友結則輔仁之道弘矣。達者知其然也。所企及則必簡乎勝己。所降結則必料乎同志。其處也則講道進德。其出也則齊心比翼。否則鈞魚釣之業。泰則協經世之務。安則有以精義。危則有以相恤。恥令譚青專面地之篤。不使王貢擅彈冠之美。夫然。故交道可貴也。然（有脫文盧本補虛字未知是否）實未易知勢利。生去就積。（積字從盧本補）毀壞刎頸之契。漸漬釋膠漆之堅。於是有忘素情之絹（盧本作惆）歎。或睚（原注五懈切）眥（原注音眥）而不思。遂令元伯巨卿之好。獨著於昔。張耳陳餘之變。屢構於今。推往尋來。良可歎也。夫梧禽不與鴟梟同枝。麟虞不與豺狼連羣。清源不與濁潦混流。仁明不與凶闇同處。何者。漸染積而移直道。暴迫則生害也。或人曰。敢問全交之道。可得聞乎。抱朴子答曰。君子交絕。猶無惡言。豈肎向所異辭乎。殺身猶以許友。豈名位之足競乎。善交狎而不慢。和而不同。見彼有失。則正色而諫之。告我以過。則速改而不憚。不以忤彼心而不言。不以逆我耳而不納。不以巧辯飾其非。不以華辭文其失。不形同而神乖。不匿情而口合。不面從而背憎。不疾人之勝己。護其短而引其長。隱其失而宣其得。外無計數之諍。內遺心競之累。夫然後鹿鳴之好全。而伐木之刺息。若乃輕合而不重離。易厚而不難薄。始如形影。終為參辰。至歡變為篤恨。接援化成讎敵。不詳之悔。亦無以(下有脫文)往者。漢季陵遲。皇綱不振。在公之義替。紛競之俗成。以違時為清高。以救世為辱身。尊卑禮壞。大倫遂亂。在位之人。不務盡節。委本趨末。背實尋聲。王事廢者其譽美。姦過積者其功多。莫不飛輪兼策。星言假寐。冒寒觸暑。以走權門。市虛華之名於秉勢之口。買非分之位於賣官之家。或爭所欲。還相屠滅。於是公叔偉長。疾其若彼。力不能正。不忍見之爾。乃發憤著論。杜門絕交。斯誠感激有為而然。蓋矯枉而過正。非經常之永訓也。徒當遠非類之黨。慎諂黷之源。何必裸袒以詭彼己。斷粒以刺玉食哉。夫交(藏本作反從舊寫本改)之為非。重諫而不止。遂至大亂。故禮義之所棄。可以絕矣。

備闕卷第十七

抱朴子曰。騕褭(原注於咬切駿馬也)能奮蹄筋以絕景。而不能履冰以乘深。猛虎能似雷霆以博噬。而不能蹈雲霧以淩虛。鴻鶤不能振翅於籠罩之中。輕鷂不能電擊於几筵之下。物既然矣。人亦如之。故能調和陰陽者。未必能兼百行修簡書也。能敷五邁九者。不必能全小潔經曲碎也。惠子。上相之標也。而不能役舟楫以淩陽侯。漢高。神武之傑也。而不能治產業。端檢括。淮陰。良將之元也。而不能修農商。免飢寒。周勃。社稷之鯁也。而不能答錢穀。責獄辭。若以所短棄所長。則逸儕拔萃之才不用矣。責具體而論細禮。則匠世濟民之勳不著矣。天不能平其西北。地不能隆其東南。日月不能摛光於曲穴。衝風不能揚波於井底。擿齒則松櫝不及一寸之筳。挑耳則棟梁不如鷦鷯之羽。彈鳥則千金不及丸泥之用。縫緝則長劍不及數寸之針。何必伏巨象而捕鼠。制大鵬以司晨乎。故姜牙寶煦(疑當作槊舊寫本煦字空白盧本作魚妄改耳)無所售。而見師於文武。蔣生憤慢於百里。而獨步三槐。

擢才卷第十八

抱朴子曰。華章藻蔚。非矇瞍所玩。英逸之才。非淺短所識。夫瞻視不能接物。則袞龍與素褐同價矣。聰鑒不足相涉。則俊民與庸夫一槩矣。眼不見則美不入神焉。莫之與則傷之者至焉。且夫愛憎好惡。古今不均。時移俗易。物同價異。譬之夏后之璜。曩直連城。鬻之於今。賤於銅鐵。故昔以隱居求志爲高士。今以山林之儒爲不肖。故聖世人（衍人字）之良幹。乃闇俗之罪人也。往者之介潔。乃末葉之羸劣也。弘偉之士。履道之生。其崇信匪徒重仞之牆。其淵澤不唯呂梁之深也。故短近不能覽而淺促不能測焉。因以異乎己而薄之矣。以不求我而疾之矣。不貴不用。何足言乎。乃有播埃塵於白珪。生瘡痏於玉肌。訕疵雷同。攻伐獨立。曾參蒙劫剽之垢。巢許獲穿踰之謗。自匪明並懸象。玄鑒表微者。焉能披泥抽淪玉。澄川援沈珠哉。夫珪璋居肆而不售。矧乃翳於燥璞乎。奇士扣角而見遏。況乃潛於畢藪乎。孫臏思騁其秘略。而司馬刖之。韓非願建治績。而李斯殺之。賈誼慷慨懷經國之術。而武夫排之。子政忠良。有匡危之具。而恭顯陷之。和氏所以抱璞而泣血。禽息所以發憤而碎首也。夫玉石易別於賢愚。愛寶情篤於好士。以易別之寶。合篤好之物。猶獲罪截趾。歷世受誣。況乎難知之賢。非意所急。譏人畫蛇足於無形。姦臣畏忠貞之害己。體曲者。忌繩墨之容。夜裸者。憎明燭之來。是以高譽美行。抑而不揚。虛構之謗。先形生影。又無楚人號哭之薦。萬無一遇。固其宜矣。夫以玉爲石者。亦將以石爲玉矣。以賢爲愚者。亦將以愚爲賢矣。以石爲玉。未有傷也。以愚爲賢者。亡之診也。蓋診亡者。雖存而必亡。猶脈死者。雖生而必死也。可勿慎乎。於戲悲夫。莫之思者也。昔仲尼上聖也。東受累於齊人。南見塞於子西。文種大賢也。初不齒於荊俗。末雍游於鈞。如競年立功。不亦難乎。夫結綠玄黎。非陶猗不能市也。千鈞之重。非賁獲不能抱也。白雪之弦。非靈素不能徽也。邁倫之才。非明主不能用也。然耀靈光夜之珍。不爲莫求而虧其質。以苟且於賤賈。洪鍾周鼎。不爲委淪而輕其體。（藏本作禮從舊寫本改）取見舉於侏儒。嶧陽雲和。不爲不御而息唱。以競顯於淫哇。冠群之德。不以沈抑而履徑。而剸節於流俗。是以和璧變爲滯貨。柔木廢於勿用。赤刀之鑛。不得經歐冶之鑪。元凱之疇。終不值四門之闢也。

任命卷第十九

抱朴子曰。余之友人。有居冷先生者。恬愉靜素。形神相忘。外不飾驚愚之容。內不寄有爲之心。遊精墳誥。樂以忘憂。晝競羲和之末景。夕照望舒之餘耀。道靡遠而不究。言無微而不研。然車迹不軔（原注如震切）權右之國。（疑作闕）尺牘不經貴勢之庭。是以名不出蓬戶。身不離畎畝。於是翼亮大夫候而難之曰。余聞淵蟠起則玄雲赴。道化隆則逸才奮。故康衢有角歌之音。鼎俎發淩風之迹。沽之則收不貲之賈。踊之則超在天之舉。耀逸景於暘谷。播大明乎九垓。勳蔭當世（藏本作已從舊寫本改）聲揚罔極。故尋仞之塗。甚近而弗往者。雖追風之腳。不能到也。楹梲之下。至卑而不動者。雖鴻鵠之翅。未之及也。況乎猨足於大荒之表。斂羽於幽梧之枝。（此下舊寫本空白七字）安得效迅以尋景。振輕乎蒼霄哉。年期奄冉而不久。託世飄迅而不再。智者履霜。則知堅冰之必至。處始則悟生物之有終。六龍促軌於大渾。華顛倏忽而告暮。古人所以映順流而顧歎。睎過隙而興悲矣。先生資命世之逸量。含英偉以邈俗。銳翰汪濊以波涌。六奇抑鬱而淵稸。然不能淩扶搖以高竦。揚清耀於九玄。器不陳於瑚簋之末。體不免於負薪之勞。猶奏和音於聾俗之地。鬻章甫於被髮之域。徒忘寤於翰林。銳意以窮神。崇琬琰於懷抱之內。吐琳瑯於毛（舊寫本作毫）墨之端。躬困屢空之儉。神勞堅高之間。譬若埋尺璧於重壤之下。封文錦於沓匱之中。終無交易之富。孰賞堙翳之珍哉。夫龍驥維縶。則無以別乎蹇驢。赤刀韜鋒。則曷用異於鉛刃。鱣鮪不居牛迹。大鵬不滯蒿林。願先生委龍蛇之穴。升利見之塗。釋戶庭之獨潔。覽二鼠而遠寤。寤越窮谷以登高。襲丹藻以改素。競鷙飆於清晨。不盤旋以錯度。（藏本作詣夜從舊寫本改）收名器於崇高。繫鍾鼎之慶祚。柏成（舊寫本作伯夷涉下句望文改耳此乃柏成子高與采薇非一事）一介之夫。採薇何足多慕乎。居冷先生應曰。蓋聞靈機冥緬。混芒眇昧。禍福交錯乎倚伏之間。興亡纏綿乎盈虛之會。迅遊者不能脫逐身之景。樂成者不能免理致（疑有誤舊寫本理字空白）之敗。匡流末者。未若挺治乎無兆之中。（藏本匡作匠治乎無作始元從舊寫本改）整已然者。不違反（舊寫本作原）本乎玄朴之外。是以覺尺蠖者。甘屈以保伸。識通塞者。不慘（舊寫本作盭）悅於否泰。且夫洪陶範物。大象流形。躁靜異尚。翔沈舛情。金寶其重。羽矜其輕。篤隘者執束於滓涅。達妙者逍遙於玄清。瀇洿納行潦而潘溢。渤澥吞百川而不盈。鰌鰕踊悅於泥濘。赤螭淩厲乎高冥。嚼香餌者。快嗜欲而赴死。味虛淡者。含天和而遐生。識機神者。瞻無兆而弗惑。闇休咎者。觸強弩而不驚。各附攸好。安肯改營。吾聞五玉不能自剖於嵩岫。騰蛇不能無霧而雷征。龍淵不能勿操而斷。犀兕景鍾。不能莫扣而揚洪聲。金芝須商風而激耀。倉庚俟煙熅而修鳴。騏騄不苟馳以赴險。君子不詭遇以毁名。運屯則沈淪於勿用。時行則高竦乎天庭。士以自衒為不高。女以自媒為不貞。何必委洗耳之峻標。效負俎之干榮哉。夫其窮也。則有虞婆娑而陶釣。尙父見逐於愚嫗。范生來辱於溺簀。（原注苦怪切籠也）弘式匿奇於耕牧。及其達也。則淮陰投竿而稱孤。文種解屩而紆青。傅說釋築而論道。管子脫桎為上卿。蓋君子藏器以有待也。穡德以有為也。非其時不見也。非其君不事也。窮達任所值。出處無所繫。其靜也。則為逸民之宗。其動也。則為元凱之表。或運思於立言。或銘勳乎國器。殊塗同歸。其致一焉。士能為可貴之行。而不能使俗必貴之也。能為可用之才。而不能使世必用之也。被褐茹草。垂綸罝兔。則心歡意得。如將終身。服冕乘軺。兼朱重紫。則若固有之。常如布衣。此至人之用懷也。若席上之珍不積。環堵之操不粹者。予之罪（藏本作過從舊寫本改下云非余罪明此作罪）也。知之者希。名位不臻。以玉為石。謂鳳曰鷃者。非余罪也。夫汲汲於見知。悒悒於否滯者。裳（即常字）民之情也。浩然而養氣。淡爾而靡欲者。無悶之志也。時至道行。器大者不悅。天地之閒。知命者不憂。若乃徇萬金之貨。以索百十（舊寫本盧本作百千）之售。多失骭（原注干上聲）毛。我則未暇矣。

名實卷第二十

門人問曰。闕漢末之世。靈獻之時。品藻乖濫。英逸窮滯。饕餮得志。名不準實。賈不本物。以其通者為賢。塞者為愚。其故何哉。抱朴子答曰。夫雷霆轔磕而或不聞焉。七曜經天而或不見焉。豈唯形器有聾瞽哉。心神所蔽。亦又（舊寫本作亦有古通用）如之。是以闕格言而不識者。非無耳也。是英異而不知者。非無目也。由乎聰不經妙。而明不逮奇也。夫智大量遠者。盤桓以山峙。器小志近者。蓬飛而萍浮。夫唯山峙。故莫之能動焉。夫唯萍浮。故流而不滯焉。方之貨也。則緘連以待賈者。唯至珍而難售。鳴鼓以徇之者。雖凡蔽而易盡。比之材也。則結根於嵩岱者。雖竦蓋千仞。垂蔭萬畝。而莫之知也。插株於塗要者。雖鉤曲戾細而速朽。而猶見用也。故廟堂有枯楊之瑚簋。窮谷多不伐之梓豫（藏本作橡從舊寫本改按本書屢用梓豫）也。是以竊華名者。螻蜥騰於雲霄。失實賈者。翠虬淪乎九泉。於是斥鷃凌風以高奮。靈鳳卷翮以幽戢。鉛鋒充太阿之寶。犬羊侁（原注蘇高切獨行貌）虎狼之資矣。夫佞者鼓珍賂爲勁羽。則無高而不到矣。乘朋黨爲舟楫。則無遠而不濟矣。持之以夙興側立。加之以先意承指。其利口諛辭也似辨。其道聽塗說也似學。其心險貌柔也似仁。其行污言潔也似廉。其好說人短也似忠。其不知忌諱也似直。故多通焉。且亦奉望我者。欲我益之。不求我者。我不能愛。自然之理也。夫賢常少而愚常多。多則比周而匿瑕。少則孤弱而無援。佞人相汲引而柴正路。俊哲處下位而不見知。拔茅之義圮。而負乘之辜興。亢龍高墜。泣血漣如。故子西逐大聖之仲尼。臧倉毀命世之孟軻。二生不免斯患。降茲亦何足言。斯禍蓋與開闢竝生。苦之匪唯一世也。歷覽振古。多同此疾。至於駑蹇矯首於琱（原注多么切）騺。駥驥委牧平林坰。彼已尸祿。邦國殄瘁。下凌上替。寘此之由。或蟲流而莫斂。或逆竄於申亥（舊寫本作曲亥）或擢筋於廟梁。或絕命於望夷。蓋所拔之非真。而忠能之不用也。故明君勤於招賢。而汲汲於擢奇。導達凝滯而嚴防壅蔽。才誠足委。不拘於屠釣。言審可施。抽之於戎戍。或舉於牛口之下。而加之於羣僚之上。或拔於桎梏之中。而任以社稷之重。故能勳業隆濟。拓境服遠。取威定功。垂統長世也。夫直繩者。枉木之所憎也。清公者。姦慝之所讎也。人主不能運玄鑒以索隱。而必須當塗之所舉。然每觀前代專權之徒。率其所舉。皆在乎附己者也。所薦者。先乎利己者也。毀所畏而進所愛。所畏則至公者也。所愛則同私者也。至公用則姦黨破。衆私立則主威奪矣。姦黨破則昇泰之所由也。主威奪則危亡之端漸矣。毀所畏則恐辭之不痛。雖刖劓之。猶未慊意焉。故必除之而後快也。彼進所愛。則苦談之不美。雖位超之。猶未逞心焉。故必危彼以安此也。是故抱枉而死。無愆而黜者。有自來矣。所以體道合真。巍然特立。才遠量逸。懷霜履冰。思綿天地。器兼元凱。執經衡門。淵渟嶽立。寧潔身以守滯。恥脅肩以苟合。樂飢陋巷。以勵高尚之節。藏器全真。以待天年之盡。非時不出。非禮不動。結褐嚼蔬而不悒悒也。黃髮終否而不悢悢（原注力尙切）也。安冐蹙太山之峻。以適鑿枘之中。斂垂天之羽。爲戒旦之役。編於仕類而抑鬱庸兒之下。捨鸞鳳之林。適枳棘之藪。競腐鼠於踞鵄。而枉尺以直尋哉。且大賢之狀也至拙。其爲味也甚淡。藹然自足。泊爾無知。知之者稀而不慼。時不能用而不悶。雖并日無藜藿之糝。不以易不義之太牢也。雖縕袍無卒歲之服。不冐樂無道之狐白也。獨可散髮高枕。守其所已有。絕不曲躬低眉。求其所未須也。德薄位厚弗交也。名與實違弗親也。榮華馳逐弗務也。豪俠姦權弗接也。俗說細辨不答也。脅肩所赴弗隨也。貌愚而志遠。面垢而行潔。確乎若嵩岱。銓衡所不能測也。浩乎若滄海。斗斛所不能校也。峻其重仞之高。隱其百官之富。觀彼佻竊。若草莽也。邈世之操。眇焉冠秋雲之表。遺俗之神。緬焉棲九玄之端。雖窮賤而不可脅以威。雖危苦而不可動以利。其所業。耳可聞而不可盡也。其所執守可見而不可論也。故疾之者齊聲而側目。愛之者寡弱而無益。亦猶撮壤不能塡決河。升水不能殄原火。於是蕤鼓戢雷霆之音。鞉（原注徒刀切）鞞（原注奴移切）恣喋鼛（原注音高）之響。芳蕙芰夷臭鮑佩御。玄鬯傾棄而不羞。醹酪專灌於圜丘。汗血驪放而垂耳。跛蹇馳騁於鑾軒。此古人之所以懷沙負石。赴流魚葬。而不堪與之同世也已矣。悲夫。然捐玄黎於洿濘。非夜光之不眞也。由莫識焉。投彤盧而不彎。非繁弱之不勁也。坐莫賞焉。故瓊瑤俟荆和而顯連城之價。烏號須逢門而著陷堅之功。飛菟待子豫而飆騰。俊民値知己而宣力。若夫美玉不出重岫。良弓不蟿百札。驥騄不服朱軒。命世不履爵勢。則孰知其能攄符彩之耀曄。頓雲禽於千仞。騁逸迹以追風。康庶績於百揆乎。夫其不遇。亦得不雜糅於瓦石。鈞賤於朽木。列鑣於下乘。等望於凡瑣哉。嗟乎。躓棘矢而望高手於渠廣。策疲駑而求繼軌於周穆。放斧斤而欲雙巧於班墨。忽良才而欲彝倫之攸敍。不亦難乎。名實雖漏於一世。德音可邀乎將來。樂天知命。何慮何憂。安時處順。何怨何尤哉。

清鑒卷第二十一

抱朴子曰。咸謂勇力絕倫者。則上將之器。洽聞治亂者。則三九之才也。然張飛關羽。萬人之敵。而皆喪元辱主。授首非所。孔融邊讓。文學邈俗。而並不達治務。所在敗績。鄧禹馬援田開諸生。而善於用兵。蕭何曹參不涉經誥。而優於宰輔。爾則知人果未易也。欲試可乃已。則恐成（舊寫本成字空白疑衍）折足覆餗。欲聽言察貌。則或似是而非。眞僞混錯。然而世人甚以爲易。經耳過目。謂可精盡。余甚猜焉。未敢許也。區別臧否。瞻形得神。存乎其人。不可力爲。自非明並日月。聽聞無音者。願加清澄。以漸進用。不可頓任。輕假利器。收還之既甚難。所損者亦已多矣。無以一事闇保其餘。同乎己者。未必可用。異於我者。未必可忽也。或難曰。夫在天者垂象。在地者有形。故望山度、水。則高深可推。風起雲飛。則吉凶可步。智者覩木不瘁。則悟美玉之在山。覿岸不枯。則覺明珠之沈淵。彗星出則知鱣魚之方死。日月蝕則識麒麟之共鬭。華霍不須稱而無限之重可知矣。江河不待量而不測之數已定矣。鴻鵠之翼。騄騏之足。雖未飛定。轉迅可必也。棗曹之劍。徐氏匕首。雖未奮擊。其立斷無疑也。駮子有吞牛之容。鶚鷇有淩鶩之貌。卉茂者土必沃。魚大者水必廣。虎尾不附狸身。象牙不出鼠口。叔魚無猒之心。見於初生之狀。食我滅宗之徵。著乎開胞之始。申童覺竊妻之巫臣。張負知將貴之陳平。范子所以絕迹於五湖者。以句踐蜂目而鳥喙也。趙人所以息意於爭鋒者。以白起首銳而視直也。文王之接呂尚。桑陰未移。而知其足師矣。玄德之見孔明。晷景未改。而腹心已委矣。郭泰中才。猶能知人。故入潁川則友李元禮。到陳留則結符偉明。入外黃則親韓子助。至蒲亭則師仇季知。（後漢郭太傳作雲中丘季智）止學舍則收魏（盧本改作龐非）德公。觀耕者則拔茅季偉。奇孟敏於擔負。戒元艾之必敗。終如其言。一無差錯。必能簡精鈍於符表。詳舒急乎聲氣。料明闇於舉厝。察清濁於財色。觀取與於宜適。謂虛實於言行。考操業於閨閫。校始終於信効。審否之驗。不其易乎。抱朴子答曰。余非謂人物了不可知。知人挺無形理也。徒以斯術。存乎大明。非夫當（疑作常）人自許。然而世士。各謂能之。是以有云。以瞽付任耳。夫貌望豐偉者不必賢。而形器尪瘁者不必愚。咆哮者不必勇。淳淡者不必怯。或外候同而用意異。或氣性殊而所務合。非若天地有常候。山川有定止也。物亦故有遠而易知。近而難料。譬猶眼能察天衢。而不能周項領之間。耳能聞雷霆。而不能識蠛蠓之音也。唐呂樊許。善於相人狀。唯知壽夭貧富官秩尊卑。而不能審情性之寬剋。志行之洿隆。惟帝難之。況庸人乎。而吾子舉論形之例。詰精神之談。未修其本。殆失指矣。夫亡射之箭。皆破秋毫。然準的恆不得為工。叔向之母。申氏之子。非不一得。然不能常也。唐陶稽古而失任。姬公欽明而謬授。尼父遠得崇替於未兆。近失澹臺於形骸。延州審清濁於千載之外。而蔽奇士於咫尺之內。知人之難。如此其甚。郭泰所論。皆為此人過上聖乎。但其所得者。顯而易識。其所失者。人不能紀。且夫所貴。貴乎見儁才於無名之中。料逸足乎吳坂之閒。擿懷珠之蚌於九淵之底。指含光之珍於積石之中。若伯喈識絕音之器於煙燼之餘。平子剔逸響之竹於未用之前。六軍之聚。市人之會。暫觀一覩。無所眩惑。探其潛生之心計。定其始終之事行。乃為獨見不傳之妙耳。若如未論。（句有脫誤盧本作未論亦未確）必俟考其操蹈之全毀。觀其云為之好醜。此為絲線既經於銓衡。布帛已歷於丈尺。徐乃說其斤兩之輕重。端匹之修短。人皆能之。何煩於明哲哉。

行品卷第二十二

抱朴子曰。擬玄黄之覆載。揚明並以表微。文彪昺而備體。獨澄見以入神者。聖人也。稟高亮之純粹。抗峻標以邈俗。虛靈機以如愚。不貳過而謟黷者。賢人也。居寂寞之無為。蹈修直而執平者。道人也。盡烝嘗於存亡。保髮膚以揚名者。孝人也。垂惻隱於有生。恆恕己以接物者。仁人也。端身命以徇國。經險難而一節者。忠人也。覿微理於難覺。料倚伏於將來者。明人也。量理亂以卷舒。審去就以保身者。智人也。順通塞而一情。任性命而不滯者。達人也。不枉尺以直尋。不降辱以苟合（藏本作命從舊寫本改）者。雅人也。據體度以動靜。每清詳而無悔者。重人也。體冰霜之粹素。不染潔於勢利者。清人也。篤始終於寒暑。雖危亡而不猜者。義人也。守一言於久要。歷歲衰而不渝者。信人也。摛銳藻以立言。辭炳蔚而清允者。文人也。奮果毅之壯烈。騁干戈以靜難者。武人也。甄墳索之淵奧。該前言以窮理者。儒人也。銳乃心於精義。吝寸陰以進德者。益人也。識多藏之厚亡。臨祿利而如遺者。廉人也。不改操於得失。不傾志於可欲者。貞人也。卹急難而忘勞。以憂人為己任者。篤人也。潔皎分以守終。不遜避而苟免者。節人也。飛清機之英麗。言約暢而判滯者。辯人也。每居卑而推功。雖處泰而滋恭者。謙人也。崇敦睦於九族。必居正以赴理者。順人也。臨凝結而能斷。操繩墨而無私者。幹人也。拔朱紫於中構。剖猶豫以允當者。理人也。步七曜之盈縮。推興亡之道度者。術人也。赴白刃而忘生。格兕虎於林谷者。勇人也。整威容以肅眾。仗法度而無二者。嚴人也。創機巧以濟用。總音數而並精者。藝也人。淩強禦而無懼。雖險逼而不沮者。黠人也。執匪懈於夙夜。忘勞瘁於深峻者。勤人也。蒙謗讟而晏如。不慴懼於可畏者。勁人也。聞榮譽而不歡。遭憂難而不變者。審人也。知事可而必行。不猶豫於羣疑者。果人也。循繩墨以進止。不乾沒於僥倖者。謹人也。奉禮度以戰兢。及親疎而無尤者。良人也。履道素而無欲。時雖移而不變者。朴人也。凡此諸行。了無一然。而不躋善人之迹者。下人也。門人請曰。善人之行。既聞其目矣。惡者之事。可以戒俗者。願文垂誥焉。抱朴子曰。不致養於所生。損道而危身者。悖人也。懷邪僞以偷榮。豫利己而忘生者。逆人也。背仁義之正途。苟危人以自安者。凶人也。好爭奪而無猒。專醜正而害直者。惡人也。出繩墨以傷刻。心好殺而安忍者。虐人也。飾邪說以浸潤。構謗累於忠貞者。讒人也。雖言巧而行違。實履濁而假清者。佞人也。不原本於枉直。苟好勝而肆怒者。暴人也。措細善以取信。陰挾毒而無親者。姦人也。承風指以苟容。揆主意而扶非者。諂人也。言不計於反覆。好輕諾而無實者。虛人也。覿利地而忘義。棄廉恥以苟得者。貪人也。

覦豔逸而心蕩。飾誇綺而思邪者。淫人也。見成事而疑惑。動失計而多悔者。闇人也。背訓典而自任。恥請問於勝己者。損人也。知善事而不遠。雖多爲而無成者。劣人也。委德行而不修。奉權勢以取媚者。弊人也。履蹊徑以僥速。推貨賄以爭津者。邪人也。既傲很以無禮。好淩辱乎勝己者。悍人也。被抑枉而自誣。事無苦而振懾者。怯人也。治細辯於稠衆。非其人而盡言者。淺人也。闇事宜之可否。雖企慕而不及者。頑人也。知事非而不改。聞良規而增劇者。惑人也。無濟恤之仁心。輕告絕於親舊者。薄人也。既疾其所不逮。喜他人之有災者。妬人也。專財穀而輕義。覩困匱而不振者。吝人也。冒至危以僥倖。值禍敗而不悔者。愚人也。情局碎而偏黨。志唯務於盈利者。小人也。騁鷹犬於原獸。好博戲而無已者。迷人也。忘等威之異數。快飾玩之誇麗者。奢人也。耽聲色於飲讌。廢慶弔於人理者。荒人也。既無心於修尚。又怠惰於家業者。嬾人也。無抑斷之威儀。每脫易而不思者。輕人也。覩道義而如醉。聞貨殖而波擾者。穢人也。杖淺短而多謬。闇趨舍之臧否者。笨（原注步本切）人也。憎賢者而不貴。聞高言而如聾者。嚚人也。覩朱紫而不分。雖提耳而不悟者。蔽人也。違道義以趑趄。冒禮刑而罔顧者。亂人也。每動作而受嗤。言發口而違理者。拙人也。事酋豪如僕虜。值衰微而背惠者。慝人也。捐貧賤之故舊。輕人士而踞傲者。驕人也。棄衰色而廣欲。非宦學而遠遊者。蕩人也。無忠信之純固。背恩養而趨利者。叛人也。當交顏而面從。至析離而背毀者。僞人也。習強梁而專己。距忠告而不納者。刺人也。

抱朴子曰。人技未易知。真僞或相似。士有顏貌修麗。風表閑雅。望之溢目。接之適意。威儀如龍虎。盤旋成規矩。然心蔽神否。才無所堪。心中所有。盡附皮膚。口不能吐片奇。筆不能屬半句。入不能宰民。出不能用兵。治事則事廢。銜命則命辱。動靜無宜。出處莫可。蓋難分之一也。士有貌望樸悴。容觀矬陋。聲氣雌弱。進止質澀。然而含英懷寶。經明行高。幹過元凱。文蔚春林。官則庶績康用。武則克全獨勝。蓋難分之二也。士有謀猷淵邃。術略入神。智周成敗。思洞幽玄。才兼能事。神器無宜。而口不傳心。筆不盡意。造次之接。不異凡庸。蓋難分之三也。士有機變清銳。巧言綺粲。攀引譬喻。淵湧風厲。然而口之所談。身不能行。長於識古。短於理今。爲政政亂。牧民民怨。蓋難分之四也。士有外形足恭。容虔言恪。而神疏心慢。中懷散放。受任不憂。居局不治。蓋難分之五也。士有控弦命中。空拳入白。倒乘立騎。五兵畢習。而體輕慮淺。手勦心怯。虛試無對。而實用無驗。望塵奔北。聞敵失魄。蓋難分之六也。士有梗概簡緩。言希貌樸。細行闕漏。不爲小勇。跼蹐拘檢。犯而不校。握爪垂翅。名爲弱愿。然而膽勁心方。不畏強禦。義正所在。視死猶歸。支解寸斷。不易所守。蓋難分之七也。士有孝友溫淑。恂恂平雅。履信思順。非禮不蹈。安困潔志。操淸冰霜。而疏遲迂闊。不達事要。見機不作。所爲無成。居己梁倨。受任不舉。蓋難分之八也。士有行己高簡。風格峻峭。嘯傲偃蹇。淩儕慢俗。不肅檢括。不護小失。適情率意。旁若無人。朋黨排讒。談者同敗。上友不附。品藻所遺。而立朝正色。知無不爲。忠於奉上。明以攝下。蓋難分之九也。士有含弘曠濟。虛己受物。藏疾匿瑕。溫恭廉潔。勞謙冲退。救危全信。寄命不疑。託孤可保。而純良暗權。仁而不斷。善不能賞。惡不忍罰。忠貞有餘。而幹用不足。操柯猶豫。廢法効非。枉直混錯。終於負敗。蓋難分之十也。夫物有似而實非。若然而不然。料之無惑。望形得神。聖者其將病諸。況乎常人。故用才取士。推昵結友。不可以不精擇。不可以不詳試也。若乃性行之惑變。始正而終邪。若王莽初則美於伊霍。晚則劇於趙高。又非中才所能逆盡也。若令士之易別。如鷦鷯之與鴻鵠。狐兔之與龍麟者。則四凶不得官於堯朝。管蔡不得幾危宗周。仲尼無澹臺之失。延陵無捐金之恨。伊尹無七十之勞。項羽無嫌范之悔矣。所患於其如碔砆(原注上音武下音夫)之亂瑾瑜。鷦螟(即焦明)之似鳳皇。凝冰之類水精。煙熏之疑雲氣。故令不謬者尠也。惟帝難之。矧乎近人哉。夫惟大明。玄鑒幽微。靈銓揣物。思灼沈昧。瞻山識璞。臨川知珠。士於難分之中。而無取舍之恨者。使臧否區分。抑揚咸允。武丁姬文不獨治。而傅說呂尚不永棄。高莽宰嚭不得成其惡。弘恭石顯無所容其僞矣。斯蓋取士之較略。選擇之大都耳。精微以求。存乎其人。固非毫翰之所備縷也。

弭訟卷第二十三

姑子劉君士由之論曰。人綱始於夫婦。判合擬乎二儀。是故大婚之禮。古人所重。將合二姓之好。以承祖宗之基。主人拜迎於門。聽命於廟。玄纁贄幣。親御授綏。壻有三年之喪。致命女氏。女氏許諾而不敢改。大喪既沒。請命於壻。壻有辭焉。然後乃嫁。所以崇敬讓也。豈有先訟後壻之謂乎。而末世輕慢。傷化敗俗。舉不修義。許而弗與。訟鬩穢辱。煩塞官曹。今可使諸爭婚者。未及同牢。皆聽義絕。而倍還酒禮。歸其幣帛。其嘗已再離者。一倍裨娉。其三絕者。再倍裨娉。如此。離者不生訟心。貪吝者無利重受。乃王治之要術。不易之永法也。抱朴子答曰。劉君懋德讓之凌替疾民爭之損化。雖速我訟。室家不足。用和之貴。將遂淪胥。創讜言以拾世遺。建嘉謀以拯流遁。紛譁之俗。將以此而易。無恥之風。將由茲而稜。獨論情僞。固難聞矣。誠經國之永法。至益之篤論也。洪以不敏。不識至理。造次承問。竊有疑焉。夫婚媾之結。義無逼迫。彼則簡擇而求。此則可意乃許。輕諾後悔。罪在女氏。食言弃信。與奪任情。嚴防峻制。未之能弭。今猥恣之。唯責裨娉倍。貧者所憚也。豐於財者。則適其願矣。後所許者。或能富殖。助其裨娉。必所甘心。然則先家拱默。不得有言。原情論之。能無怨歎乎。夫不伏之人。視死猶歸。血刃之禍。於是將起。今苟惜其辭訟之小醜。而構其難忍之大恨。所謂愛其僦（原注子由切）蹷之煩。忘其凋殞之酷也。夫買物於市者。或加價而奪之。則勘忍而不忿然矣。況乎見奪待告之妻哉。此法遂用者。將使結婚者。雖納敬親迎。猶抱有見奪之慮。何者。劉君之論。以同牢爲斷固也。爾則女氏雖受幣積年。恆挾在意之威。恃可數奪。必惰於擇壻。壻小不得意。便得改悔。結讎速禍。莫此之甚矣。聖人憲法。慮關終始。杜漸防萌。思之良精。而不關恣奪之路。斷以報板之制者。殆有意乎。儻令女有國色。傾城絕倫。而值豪右權臣之徒。目玩冶容。心忘禮度。貲累千金。情無所吝。十倍還娉。猶所不憚。況但一乎。華氏不難於殺孔父而取其妻。楚人爲子迎婦。以其美而自納之。以此論之。豈惜傾竭居產以助女氏還前家之直哉。小人輕薄。睚（原注五懈魚計二切）眦（原注在懈在計二切）成怨。又喜委衰逐盛。蹋冷趨熱。此法之行。則必多奪貧賤而與富貴者矣。不審吾君。何方以防獘乎。或曰。可使女氏受娉禮無豐約。皆以即日報板。後皆使時人署姓名於別板。必十人已上。以備退行及死亡。又令女之父兄若伯叔。答壻家書。必手書一紙。若有變悔而證據明者。女氏父母兄弟。皆加刑罪。如此。庶於無訟者乎。

酒誡卷第二十四

抱朴子曰。目之所好。不可從也。耳之所樂。不可順也。鼻之所喜。不可任也。口之所嗜。不可隨也。心之所欲。不可恣也。故惑目者必逸容鮮藻也。惑耳者必妍音淫聲也。惑鼻者必茝（原注昌紿切）蕙芬馥也。惑口者必珍羞嘉旨也。惑心者必勢利功名也。五者畢惑。則或承之禍。爲身患者。不亦信哉。是以智者嚴櫽括於性理。不肆神以逐物。檢之以恬愉。增之以長算。其抑情也。劇乎隄防之備決。其御性也。過乎腐轡之乘奔。故能內保永年。外免釁累也。

蓋飢寒難堪者也。而清節者。不納不義之穀帛焉。困賤難居者也。而高尚者。不當危亂之榮貴焉。蓋計得則能忍之心全矣。道勝則害性之事棄矣。失酒醴之近味。生病之毒物。無毫分之細益。有丘山之巨損。君子以之敗德。小人以之速罪。耽之惑之。尠(原注息淺切)不及禍。世之士人。亦知其然。旣莫能絕。又不肎節。縱心口之近欲。輕召災之根源。似熱渴之恣冷。雖適己而身危也。小大亂喪。亦罔非酒。然而俗人是酣是湎(原注音緬)其初筵也。抑抑濟濟。言希容整。詠湛露之厭厭。歌在鎬之愷樂。舉萬壽之觴。誦溫克之義。日未移晷。體輕耳熱。夫琉璃海螺之器。竝用滿酌。罰餘之令。遂急醉而不止。拔轄投井。於是口涌鼻溢。濡首及亂。屢僊蹮蹮。舍其坐遷。載號載呶。(原注女交切喧也)如沸如羹。或爭辭尙勝。或啞啞(原注烏格切笑聲)獨笑。或無對而談。或嘔吐几筵。或値(藏本作值羣書治要載此篇作顚隤梁倡知舊作傎)蹷(原注居月切)良倡。或冠脫帶解。貞良者。流華督之顧眄。怯懦者。効慶忌之蓄捷。遲重者。蓬轉而波擾。(意林作偃)整肅者。鹿踊而魚躍。口訥於寒暑者。皆搖掌而譜聲。(藏本作垂掌而諸聲從意林改)謙卑而不競者。悉裨瞻以高交。(意林作皆裨膽而高發)廉恥之儀毀。而荒錯之疾發。闒茸之性露。而傲佷之態出。精濁神亂。臧否顚倒。或奔車走馬赴阬(原注客庚切)谷。而不憚以九折之阪爲蟻封。或登危蹋穨。雖墮墜而不覺。以呂梁之淵爲牛跡也。或肆忿於器物。或酗醟(原注爲命切酗酒)於妻子。加枉酷於臣僕。用剡鋒乎六畜。(本脫六畜二字從羣書治要補)熾火烈於室廬。掊寶玩於淵流。遷威怒於路人。(本作跟人從羣書治要改)加暴害於士友。褻嚴主以夷戮者有矣。犯凶人而受困者有矣。言雖尙辭煩而叛理。拜狀徒多。勞而非敬。臣子失禮於君親之前。幼賤悖慢於耆宿之坐。謂淸談爲詆詈。以忠告爲侵己。於是白刃抽而忘思難之慮。棒杖奮而罔顧乎前後。搆漉(羣書治要作灑)血之讎。招大辟之禍。以少凌長。則鄉(羣書治要作邦)黨加重責矣。辱人父兄。則子弟將推刃矣。發人所諱。則壯士不能堪矣。計數深尅。則醒者不能恕矣。起衆患於須臾。結百痾於膏肓。(原注呼光切)奔駟不能追旣往之悔。思改而無自反之蹊。蓋智者所深防。而愚(藏本作愚)人所不免也。其爲禍敗。不可勝載。然而歡集。莫之或釋。舉白盈耳。不論於能否。計漉置於小餘。以稽遲爲輕己。傾匡注於所敬。殷勤變(藏本作勸盧本作勸從羣書治要改)而成薄。勸之不持。督之不盡。怨(羣書治要作惡)色醜音。所由而發也。夫風節府藏。使人惚怳。及其劇者。自傷自虛。或遇斯疾。莫不憂懼。吞苦忍痛。欲其速愈至於醉之病性。何異於茲。而獨居密以逃風。不能割情以節酒。若畏酒如畏風。憎醉如憎病。（今本但作若畏風憎病從羣書治要補又意林作君若畏酒如畏疾憎醉如憎大病）則荒沈之咎塞。而流連之失止矣。夫風之爲疾。（羣書治要作病）猶展攻治。酒之爲變。在乎呼噏。及其悶亂。（本作悶亂從羣書治要改）若存若亡。視泰山如彈丸。見滄海如盤盂。仰嚯（原注荒旦切）天墮。俯呼地陷。臥待虎狼。投井赴火。而不謂惡也。夫用身之如此。亦安能惜敬恭之禮。護喜怒之失哉。昔儀狄既疏。大禹以興。糟丘酒池。辛癸以亡。豐侯得罪。以戴尊銜盃。景升荒壞。以三雅之爵。劉松爛腸。以逃暑之飲。郭珍發狂。以無日不醉。信陵之凶短。襄子之亂政。趙武之失衆。子反之誅戮。漢惠之伐命。灌夫之滅族。陳遵之遇害。季布之疏斥。子建之免退。徐邈之禁言。皆是物也。世人好之樂之者甚多。而戒之畏之者至少。彼衆我寡。良箴安施。且願君子節之而已。曩者既年荒穀貴。人有醉者相殺。牧伯因此。輒有酒禁。嚴令重申。官司搜索。收執榜（原注薄行切聲也）徇者相辱。（當作屬）制鞭而死者太半。防之彌峻。犯者至多。至乃穴地而釀。油囊懷酒。民之好此。可謂篤矣。余以匹夫之賤。託此空言之書。末如之何矣。又臨民者。雖設其法而不能自斷斯物。緩己急人。雖令不從。弗躬弗親。庶民弗信。以此而教。教安得行。以此而禁。禁安得止哉。沽賣之家。廢業則困。遂修飾賂遺。依憑權右所屬。吏不敢問。無力者獨止。而有勢者擅市。張壚專利。乃更倍售。從其酤買。公行靡憚。法輕利重。安能免乎哉。（意林作安能令絕乎）或人難曰。夫夏桀殷紂之亡。信陵漢惠之殘。聲色之過。豈唯酒乎。以其生患於古而斷之於今。所謂以褒姒喪周。而欲人君廢六官。以阿房之危秦。而使王者結草菴也。蓋聞昊天表酒旗之宿。坤靈挺空桑之化。燎柴員丘。瘞薶圻澤。祼鬯儀彝。實降神祇。酒爲禮也。（已上三十四字從書鈔一百四十八補）千鍾百觚。堯舜之飲也。唯酒無量。仲尼之能也。姬旦酒肴不徹。故能制禮作樂。漢高婆娑巨醉。故能斬蛇鞠旅。于公引滿一斛。而斷獄益明。管輅傾仰三斗。而清辯綺粲。揚雲酒不離口。而太玄乃就。子圉（疑有誤）醉無所識。而霸功以舉。一瓶之醪傾。而三軍之衆悅。解毒之觴行。而盜馬之屬感。消憂成禮。策勳飲至。降神合人。非此莫以也。內速諸父。外將嘉賓。如淮如澠。春秋所貴。由斯言之。安可識（當作誠）乎。抱朴子答曰。酒旗之宿。則有之矣。譬猶懸象著明。莫大乎日月。水火之原。於是在焉。然節而宣之。則以養生立功。用之失適。則焚溺而死。豈可恃懸象之在天。而謂水火不殺人哉。宜生之具。莫先於食。食之過多。實結癥瘕。況於酒醴之毒物乎。（藏本作毒之物乎從盧本乙轉）夫使彼夏桀殷紂。信陵漢惠。荒流於亡國之淫聲。沈溺於傾城之亂色。皆由乎酒熏其性。醉成其勢。所以致極情之失。忘修飾之術者也。我論其本。子識其末。謂非酒禍。禍其安出。是獨知猛雨之霑衣。而不知雲氣之所作。唯患飛埃之繆目。而不覺飄風之所為也。千鍾百觚。不經之言。不然之事。明者不信矣。夫聖人之異自才智。至於形骸。非能兼人。有七尺（當有誤）三丈之長。萬倍之大也。一日之飲。安能至是。仲尼則畏性之變。不敢及亂。周公則終日百拜。肴乾酒澄。上聖戰戰。猶且若斯。況乎庸人。能無悔乎。漢高應天承運革命。向雖不醉。猶當斬蛇。于公聰達。明於聽斷。小大以情。不失枉直。是以刑不濫加。世無怨民。但其健飲。不即廢事。若論大醉。亦俱無知決疑之才。何賴於酒。未聞皐繇甫侯子產釋之醉乃折獄也。管輅年少。希當劇談。故假酒勢以助膽氣。若過其量。亦必迷錯。及其剌毫釐於爻卦。索鬼神之變化。占氣色以決盛衰。聆鳴鳥以知方來。候風雲而尅吉凶。觀碑柏而識禍福。豈復須酒。然後審之。揚雲通人。才高思遠。英贍之富。稟之自天。豈藉外物。以助著述。及其數飲。由於偶好。亦或有疾。以宣藥勢耳。子圍肆志。蓋已素定。雖復不醉。亦於終果。瓶罄悅衆。寓言之喻。誠能賞罰允當。威恩得所。長算縱橫。應機無方。則士思果毅。人樂奮命。其不然也。雖流酒淵。何補勝負。繆公飲盜。造次之權。舍法長惡。何足多稱哉。豈如慎之邪。

疾謬卷第二十五

抱朴子曰。世故繼有。禮教漸頹。故讓莫崇。傲慢成俗。儔類飲會。或蹲或踞。暑夏之月。露首袒體。盛務唯在摴蒱彈棋。所論極於聲色之閒。舉足不離（本作舉口不踰從羣書治要改）綺襦紈袴之側。游步不去勢利酒客之門。不闘清談講（本作論從羣書治要改）道之言。專以醜辭嘲弄為先。以如此者為高遠。以不爾者為騃（原注五駭切癡也）野。於是馳逐之庸民。偶俗之近人。慕之者。猶宵蟲之赴明燭。學之者。猶輕毛（意林作埃）之應飇（原注甫遙切）風。嘲戲之談。或上及祖考。或下逮婦女。往者務其必（藏本作不）深。為報者恐其不重。為倡之者。不慮見答之後患。和之者。恥於言輕之不塞。周禾之芟。溫麥之刈。實由報恨。不能已也。利口者扶強而黨勢。辯給者借鍒以刺瞂（原注鍒耳由切瞂扶發切）以不應者為拙劣。以先止者為負敗。如此。交惡之辭。為能（羣書治要作得）默哉。其有才思者之爲之也。（本作者爲人也從羣書治要補改）猶善於依因機會。準擬體例。引古喻今。言微理舉。雅而可笑。中而不傷。不棖人之所諱。不犯人之所惜。若夫拙者之爲之（本作人從羣書治要改）也。則枉曲直湊。使人愕愕然。妍之與媸。其於宜絕。豈唯無益而已哉。乃有使酒之客。及於難侵之性。不能堪之。拂衣拔棘。而手足相及。醜言加於所尊。歡心變而成讎。絕交壞身。搆隙致禍。以杯螺相擲者有矣。以陰私相訐（原注居謁切面斥人）者有矣。昔陳靈之被矢。灌氏（本作曾氏從羣書治要改）之泯族。匪降自天。口實爲之。樞機之發。榮辱之主。二緘之戒。豈欺我哉。激雷不能追既往之失辭。班輸不能磨斯言之既玷。（原注音點）雖不能三思而吐清談。猶可息謔調以防（羣書治要作杜）禍萌也。尊其辭令。敬其威儀。使言無口過。體無倨（原注居御切）容。可法可觀。可畏可愛。蓋遠辱之良術。全交之要道也。且夫慢人者。不愛其親者也。輕鬬者。不重遺體者也。皆陷不孝。可不詳乎。然而迷謬者。無自見之明。觸情者。諱逆耳之規。疾美而無直亮之鍼（原注職深切）艾。羣惑而無指南以自反。諂媚小人。歡笑以贊善。面從之徒。拊節以稱功。益使惑者不覺其非。自謂有端晏之捷。過人之辯而不悟。斯乃招患之旌。召害之符。傳非之驛。傾身之車也。豈徒減其方策之令聞（羣書治要作問）。虧其沒世之德音而已哉。蓋雖有偕老之慎。不能救一朝之過。雖有陶朱之富。不能贖片言之謬。故毫氂之失。有千里之差。傷人之語。有劍戟之痛。積微致著。累淺成深。鴻羽所以沈龍舟。羣輕所以折勁軸。寸飈所以燔百尋之室。蠹蝎所以仆（原注普卜切）連抱之木也。古賢何獨跼蹐怐怐之如彼。今人何其憒慢傲放之如此乎。是以高世之士。望塵而旋迹。輕薄之徒。響赴而影集。謀事無智者之助。居危無切磋之益。良史懸筆。無可書之善。談者含音。無足傳之美。令聞不著。醜聲宣流。沒有餘敗。貽譏將來。始無可法。終無可紀。斯亦志士之恥也。安忍爲之。過而不改。斯誠委夷路而陷叢棘。舍嘉旨而咽鈎吻者也。豈所謂以小善爲無益而不爲。以小惡爲無損而不止。以至惡積而不可掩。罪大而不可解者邪。余願世人改其無檢之行。除其驕吝之失。遣其誇矜尚人之疾。絕息嘲弄不典之言。則趙勝之門無去客。黃祖之棓無所用矣。抱朴子曰。或有不治清德以取敬。而仗氣力以求畏。其入衆也。則亭立不坐。爭處端上。作色諧聲。逐人自安。其不得意。恚懟不退。其行出也。則逼狹之地。恥於分塗。振策長驅。推人於險。有不即避。更加攄頓。嗚呼悲哉。此云古之卑而不可踰。推陰讓路。勞謙下士。無競於物。立若不勝衣。行若不容身者。何其緬然之不肯哉。夫德盛操清。則雖深自挹降。而人猶貴之。若履蹈不高。則雖行淩暴。而人猶不敬。假令外服人體。內失人心。所謂見憎惡非爲見尊重也。昔莊生未食。趙王側立。鄒衍入境。燕君擁篲。康成之里。逆虜望拜。林宗之庭。莫不卑肅。非力之所服也。夫以抄盜致財。雖巨富不足嘉。凶德育人。雖見憚不足榮也。然而庸民爲之不惡。故聞其言者。猶鴟梟之來鳴也。覩其面者。若鬼魅之見形也。其所至詣。則如妖怪之集也。其在道塗。則甚逢虎之羣也。愚夫行之。自矜爲豪。小人徵之。以爲橫階。亂靡有定。寔此之由也。然敢爲此者。非必篤頑也。率多（本無多字從羣書治要補）冠蓋之後。勢援之門。素頗力行善事。以竊虛名。名既粗立。本情便放。或假財色以交權豪。或因時運以佻榮位。或以婚姻而連貴戚。或弄毀譽以合威柄。器盈志溢。態發病出。黨成交廣。道通步高。清論所不能復制。繩墨所不能復彈。遂成鷹頭之蠅。廟垣之鼠。所未及者。則低眉埽地。以奉望之。居其下者。作威作福。以控御之。故勝己者則不得闚閫亦陽不知也。減己者則不敢言。言亦不能禁也。夫災蟲害穀。至降霜則殄矣。佞雄亂羣。值嚴時則敗矣。獨善其身者。唯可以不肯事之。不行傚之而已耳。有斧無柯。其如之何哉。抱朴子曰。詩美睢鳩。貴其有別。在禮。男女無行媒不相見。不雜坐。不通問。不同衣物。不得親授。姊妹出適而反。兄弟不共席而坐。外言不入。內言不出。婦人送迎不出門。行必擁蔽其面。道路男由左。女由右。此聖人重別杜漸之明制也。且夫婦之閒。可謂昵矣。而猶男子非疾病不晝居於內。將終不死婦人之手。況於他乎。昔魯女不幽居深處。以致扈舉（原注力各切）之變。孔妻不密潛戶庭。以起華督之禍。史激無防。有犴種之悔。王孫不嚴。有杜門之辱。而今俗婦女。休其蠶織之業。廢其玄紞之務。不績其麻。市也婆娑。舍中饋之事。修周旋之好。更相從詣之適親戚。承星舉火。不已于行。多將侍從。暐曄盈路。婢使吏卒。錯雜如市。尋道褻謔。可憎可惡。或宿于他門。或冒夜而反。遊戲佛寺。觀視漁畋。登高臨水。出境慶弔。開車褰幃。周章城邑。盃觴路酌。絃歌行奏。轉相高尚。習非成俗。生致因緣。無所不肯。誨淫之源。不急之甚。刑于寡妻。家邦乃正。願諸君子。少可禁絕。婦無外事。所以防微矣。抱朴子曰。輕薄之人。迹厠高深。交成財贍。名位粗會。便背禮判教。託云率任。才不逸倫。強爲放達。以傲兀無檢者爲大度。以惜護節操者爲澀少。於是臘鼓垂無賴之子。白醉耳熱之後。結黨合羣。遊不擇類。奇士碩儒。或隔籬而不接。妄行所在。雖遠而必至。攜手連袂。以遨以集。入他堂室。觀人婦女。指玷修短。評論美醜。不解此等。何爲者哉。或有不通主人。便共突前。嚴飾未辦。不復窺聽。犯門折關。踰垝（原注居毀切）穿隙。有似抄劫之至也、其或妾媵藏避不及至搜索隱僻、就而引曳。亦怪事也。夫君子之居室。猶不掩家人之不備。故入門則揚聲。升堂則下視。而唐突他家。將何理乎。然落拓之子。無骨骾而好隨俗者。以通此者爲親密。距此者爲不恭。誠爲當世。不可不爾。於是要呼憒雜。入室視妻。促膝之狹坐。交杯觴於咫尺。絃歌淫冶之音曲。以誂文君之動心。載號載呶。謔戲醜褻、窮鄙極黷。爾乃笑亂男女之大節、蹈相鼠之無儀。夫桀傾紂覆。周滅陳亡。咸由無禮。況匹庶乎。蓋信不由中。則屢盟無益。意得神至。則形器可忘。君子之交也。以道義合。以志契親。故淡而成焉。小人之接也。以勢利結。以狎慢密。故甘而敗焉。何必房集內讌。爾乃款誠著妻妾飲會。然後分好昵哉。古人鑒淫敗之曲防。杜傾邪之端漸。可謂至矣。修之者爲君子。背之者爲罪人。然禁疏則上宮有穿窬之男。網漏則桑中有奔隨之女。縱而肆之。其猶烈猛火於雲夢。開積水乎萬仞。其可撲以篝篲。遏以撮壤哉。然而俗習行慣。皆曰此乃京城上國。公子王孫貴人所共爲也。余每折之曰。夫中州。禮之所自出也。禮豈然乎。蓋衰亂之所興。非治世之舊風也。夫老聃清虛之至者也。猶不敢見乎所欲。以防心亂。若使柳下惠潔（疑脫一字）高行。屢接褻讌。將不能不使情生於中。而色形于表。況乎情淡者萬未一。而抑情者難多得。如斯之事。何足長乎。窮士雖知此風俗不足引進。而名勢並乏。何以整之。每以爲慨。故常獲憎於斯黨。而見謂爲野朴之人。不能隨時之宜。余期於信己而已。亦安以我之不可。從人之可乎。可歎非一。率如此也。已矣夫。吾未如之何也。彼之染入邪俗。淪胥以敗者。曷肯納逆耳之讜言。而反其東走之遠迹哉、抱朴子曰。俗閒有戲婦之法。於稠衆之中。親屬之前。問以醜言。責以慢對。其爲鄙黷。不可忍論。或蹙以楚撻。或繫脚倒懸。酒客酗醟。不知限齊。至使有傷於流血。踒（原注烏臥切）折支體者。可歎者也。古人感離別而不滅燭。悲代親而不舉樂。禮論娶者羞而不賀。今既不能動蹈舊典。至於德爲鄉閭之所敬。言爲人士之所信。誠宜正色。矯而呵之。何謂同其波流。長此弊俗哉。然民閒行之日久。莫覺其非。或清談所不能禁。非峻刑不能止也。遂詘周而疵孔。謂傲放爲邈世矣。或因變故。佻竊榮貴。或賴高援。翻飛拔萃。於是便驕矜誇驁。氣凌雲物。步高視遠。眇然自足。顧瞻否滯。失羣之士。雖實英異。忽焉若草。或傾枕而延賓。或稱疾以距客。欲令人士立門以成林。車騎填噎於閭巷。呼謂尊貴。不可不爾。夫以勢位言之。則周公勤于吐握。以聞望校之。則仲尼恂恂善誘。咸以勞謙爲務。不以驕慢爲高。漢之末世、則異於茲。蓬髮亂髮。横挾不帶。或褻衣以接人。或裸袒而箕踞。朋友之集。類味之遊。莫切切進德。闇闇修業。攻過弼違。講道精義。其相見也。不復叙離闊。問安否。賓則入門而呼奴。主則望客而喚狗。其或不爾。不成親至而棄之。不與爲黨。及好會。則狐蹲牛飲。爭食競割。掣撥淼摺。無復廉恥。以同此者爲泰。以不爾者爲劣。終日無及義之言。徹夜無箴規之益。誣引老莊。貴於率任。大行不顧細禮。至人不拘檢括。嘯傲縱逸。謂之體道。嗚呼惜乎。豈不哀哉。於是嘲族以叙歡交。極黷以結情款。以傾倚申腳（羣書治要作屈申）者爲妖妍標秀。以風格端嚴者爲田舍朴騃。以蚩鎮抗指者爲勤令鮮倚。以出言有章者爲摺答猝突。凡彼輕薄之徒。雖便辟偶俗。廣結伴流。更相推揚。取達速易。然率皆皮膚狡澤。而懷空抱虛。有似蜀人瓠壺之喻。胸中無一紙之誦。所識不過酒炙之事。所謂傲很明德。即聾從昧。冒于貨財。貪于飲食。左生所載。不才之子也。若問以墳索之微言。鬼神之情狀。萬物之變化。殊方之奇怪。朝廷宗廟之大禮。郊祀禘祫之儀品。三正四始之原本。陰陽律歷之道度。軍國社稷之典式。古今因革之異同。則悅悖自失。暗嗚俛仰。蒙蒙焉。莫莫焉。雖心覺面牆之困。而外護其短乏之病。不肯謐己。強張大談。曰雜碎故事。蓋是窮巷諸生章句之士。吟詠而向枯簡。匍匐以守黄卷者。所宜識。不足以問吾徒也。誠知不學之弊。碩儒之貴。所祖習之非。所輕易之謬。然絡於迷而不返者。由乎放誕者。無損於進趨故也。若高人以格言彈而呵之。有不畏大人而長惡不悛者。下其名品。則宜必懼然冰泮而革面。旋而東走之迹矣。

譏惑卷第二十六

抱朴子曰。澄濁剖判。庶物化生。羽族或能應對焉。毛宗或有知言焉。干獿識往。歸終知來。玄禽解陰陽。蚳螘遠泉流。蓍龜無以過焉。甘石不能勝焉。夫唯無禮。不廁貴性。厥初邃古。民無階級。上帝悼混然之甚陋。愍巢穴之可鄙。故構棟宇以去鳥獸之羣。制禮數以異等威之品。教以盤旋。訓以揖讓。立則磬折。拱則抱鼓。趨步升降之節。瞻視接對之容。至於三千。蓋檢溢之隄防。人理之所急也。故儼若冠於曲禮。望貌首於五事。出門有見賓之肅。閑居有敬獨之戒。顏生整儀於宵浴。仲由臨命而結纓。恭容暫廢。惰慢已及。安上治民。非此莫以。蓋人之有禮。猶魚之有水矣。魚之失水。雖暫假息。然枯糜可必待也。人之棄禮。雖猶靦然。而禍敗之階也。魯秉周禮。暴兵不加。魏式干木。

銳冠旋旆。大楚帶甲百萬。而有振槁之脆。強秦殺函襲嶮。而無折柳之固。豈非棄三本而喪根柢之攸召哉。矧乎安逸觸情。喪亂日久。風頹教沮。抑斷之儀廢。簡脫之俗成。近人值政化之蚩役。庸民遭道網之絕紊。猶網魚之去水罟。圍獸之出陸羅也。喪亂以來。事物屢變。冠履衣服。袖袂財制。日月改易。無復一定。乍長乍短。一廣一狹。忽高忽卑。或粗或細。所飾無常。以同爲快。其好事者。朝夕放效。所謂京輦貴大眉。遠方皆半額也。余實凡夫。拙於隨俗。其服物變不勝。故不變。無所損者。余未曾易也。雖見指笑。余亦不理也。豈苟欲違衆哉。誠以爲不急耳。上國衆事。所以勝江表者多。然亦有可否者。君子行禮。不求變俗。謂違本邦之他國。不改其桑梓之法也。況其在於父母之鄉。亦何爲當事棄舊而強更學乎。吳之善書。則有皇象劉纂岑伯然朱季平。皆一代之絕手。如中州有鍾元常胡孔明張芝索靖。各一邦之妙。竝用古體。俱足周事。余謂廢已習之法。更勤苦以學中國之書。尚可不須也。況於乃有轉易其聲音。以效北語。既不能便良。似可恥可笑。所謂不得邯鄲之步。而有匍匐之嗤者。此猶其小者耳。乃有遭喪者。而學中國哭者。令忽然無復念之情。昔鍾儀莊舄。不忘本聲。古人韙之。孔子云。喪親者。若嬰兒之失母。其號豈常聲之有。寧令哀有餘而禮不足。哭以洩哀。妍拙何在。而乃治飾其音。非痛切之謂也。又聞貴人在大哀。或有疾病。服石散以數食宣藥勢。以飲酒爲性命。疾患危篤。不堪風冷。幃帳茵褥。任其所安。於是凡瑣小人之有財力者。了不復居於喪位。常在別房。高牀重褥。美食大飲。或與密客。引滿投空。至於沈醉。曰。此京洛之法也。不亦惜哉。余之鄉里。先德君子。其居重難。或并在衰老。於禮唯應縗麻在身。不成喪致毀者。皆過哀啜粥。口不經甘。時人雖不肖者。莫不企及自勉。而今人乃自取如此。何其相去之遼緬乎。又凡人不解呼謂。中國之人。居喪者多皆奢溢。殊不然也。吾聞晉之宣景文武四帝。居親喪皆毀瘠踰制。又不用王氏二十五月之禮。皆行七月服。于時天下之在重哀者。咸以四帝爲法。世人何獨不聞此。而虛誣高人。不亦惑乎。

刺驕卷第二十七

抱朴子曰。生乎世貴之門。居乎熱烈之勢。率多不與驕期而驕自來矣。非夫超羣之器。不辯於免盈溢之過也。蓋勞謙虛己。則附之者衆。驕慢倨傲。則去之者多。附之者衆。則安之徵也。(本脫之徵也三字從羣書治要補)去之者多。則危之診也。存亡之機。於是乎在。輕而爲之。不亦蔽哉。亦有出自卑碎。由微而著。徒以翕肩斂迹。偓伊側立。低眉屈膝。奉附權豪（意林作趨事豪貴）。因緣運會。超越不次。毛成翼長。蟬蛻泉壤。便自軒昂。目不步足。器滿意得。視人猶芥。或曲晏密集。管絃嘈雜。後賓塡門。不復接引。或於同造之中。偏有所見。復未必全得也。直以求之差勤。以數接其情。苞苴繼到。壺榼不曠者耳。孟軻所謂愛而不敬。豕畜之也。而多有行諸。云是自尊重之道。自尊重之道。乃在乎以貴下賤。卑以自牧。非此之謂也。乃衰薄之弊俗。膏肓之廢疾。安共爲之。可悲者也。若夫偉人巨器。量逸韻遠。高蹈獨往。蕭然自得。身寄波流之間。神躋九玄之表。道足於內。遺物於外。冠摧履決。藍縷帶索。何肎與俗人競幹佐之便僻。修佞幸之媚容。効上林喋喋之嗇夫。爲春蜩夏蠅之聒耳。求之以貌。責之以妍。俗人徒覩其外形之粗簡。不能察其精神之淵邈。務在皮膚。不料心志。雖懷英抱異。絶倫邁世。事動可以悟擧世之術。言發足以解古今之惑。含章括囊。非法不談。而茅蓬不能動萬鈞之鑑鏘。侏儒不能看重仞之弘麗。因而蚩之。謂爲凡慣。夫非漢濱之人。不能料明珠於泥淪之蜂。非泣血之民。不能識夜光於重崖之裏。蟭螟屯蚊眉之中。而笑彌天之大鵬。寸鮒游牛迹之水。不貴横海之巨鱗。故道業不足以相涉。聰明不足以相逮。理自不合。無所多怪。所以疾之而不能默者。願夫在位君子。無以貌取人。勉勖謙損。以永天秩耳。抱朴子曰。世人聞戴叔鸞阮嗣宗傲俗自放。見謂大度。而不量其材力非傲生之匹而慕學之。或亂項科頭。或裸袒蹲夷。或濯脚於稠衆。或溲便於人前。或停客而獨食。或行酒而止所親。此蓋左衽之所爲。非諸夏之快事也。夫以戴阮之才學。猶以跳踔自病。得失財不相補。向使二生敬蹈檢括。恂恂以接物。競競以御用。其至到何適但爾哉。況不及之遠者。而遵修其業。其速禍危身。將不移陰。何徒不以清德見待而已乎。昔者西施心痛而臥於道側。姿顏妖麗。蘭麝芬馥。見者咸美其容而念其疾。莫不躊躇焉。於是鄰女慕之。因僞疾伏於路間。形狀既醜。加之酷臭。行人皆憎其貌而惡其氣。莫不睨面掩鼻。疾趨而過焉。今世人無戴阮之自然。而効其倨慢。亦是醜女闇於自量之類也。帝者猶執子弟之禮於三老五更者。率人以敬也。人而無禮。其刺深矣。夫慢人必不敬其親也。蓋欲人之敬之。必見自敬焉。不修善事。則爲惡人。無事於大。則爲小人。紂爲無道。見稱獨夫。仲尼陪臣。謂爲素王。則君子不在乎富貴矣。今爲犯禮之行。而不喜聞遄死之譏。是負豕而憎人說其臭。投泥而諱人言其汙也。昔辛有見被髮而祭者。知戎之將熾。余覩懷愍之世。俗尚驕褻。夷虜自遇。其後羌胡猾夏。侵掠上京。及悟斯事。乃先著之妖怪也。今天下向平。中興有徵。何可不共改旣往之失。脩濟濟之美乎。夫入虎狼之羣。後知賁育之壯勇。處禮廢之俗。乃知雅人之不渝。道化淩遲。流遁遂往。賢士儒者。所宜共惜。法當扣心同慨。矯而正之。若力之不能。末如之何。且當竹柏其行。使歲寒而無改也。何有便當崩騰競逐其闒茸之徒。以取容於若曹邪。去道彌遠。可謂爲痛歎者也。其或峨然守正。確爾不移。不蓬轉以隨衆。不改雅以入鄭者。人莫能憎而知其善。而斯以不同於己者。便共仇讎而不數之。嗟乎。衰弊乃可爾邪。君子能使以亢亮方楞。無黨於俗。揚清波以激濁流。執勁矢以厲羣枉。不過當不見容與。不得富貴耳。天爵苟存於吾體者。以此獨立不達。亦何苦何恨乎。而便當伐本瓦合。餔糟握泥。剿足適履。毀方入圓。不亦劇乎。夫節士不能使人敬之而志不可奪也。不能使人（本脫敬之至使人十二字從羣書治要補）不憎之而道不可屈也。不能令人不辱之而榮（本作行從羣書治要改）猶在我也。不能令人不擯之而操不可改也。故分定計決。勸沮不能干。樂天知命。憂懼不能入。困瘁而益堅。窮否而不悔。誠能用心如此者。亦安肎草靡萍浮。以索鑿枘。俲乎禮之所棄者之所爲哉。

抱朴子曰。聞之漢末諸無行。（藏本作無徒盧本作無行據下文云無行之子盧本爲長）自相品藻次第。羣驕慢傲。不入道檢者。爲都魁雄伯。四通八達。皆背叛禮教而從肆邪僻。訕毀真正。中傷非黨。口習醜言。身行弊事。凡所云爲。使人不忍論也。夫古人所謂通達者。謂通於道德。達於仁義耳。豈謂通乎褻黷而達於淫邪哉。有似盜跖。自謂有聖人之道五者也。此俗之傷破人倫。劇於寇賊之來。不能經久。豈所損壞一服而已。若夫貴門子孫。及在位之士。不惜典刑。而皆科頭袒體。踞見賓客。旣（羣書治要作毀）辱天官。又移染庸民。後生晚出。見彼或已經清資。（藏本作彼或以經清之資脫見字從羣書治要校正舊寫本作經濟）或佻竊虛名。而躬自爲之。則凡夫便謂立身當世。莫此之爲美也。夫守禮防者。苦且難。而其人多窮賤焉。恣驕放者。樂且易。而爲者皆速達焉。於是俗人莫不委此而就彼矣。世間或有少無清白之操業。長以買官而富貴。或亦其所知足以自飾也。其黨與足以相引也。而無行之子。便指以爲證。曰。彼縱情恣慾而不妨其赫奕矣。此敕（羣書治要作整）身履道而不免於貧賤矣。而不知榮顯者有幸。而頓淪者不遇。皆不由其行也。然所謂四通八達者。愛助附己爲之。履不及納。帶不暇結。攜手升堂。連袂入室。出則接膝。請會則直致。所惠則得多。屬託則常聽。所欲則必副。言論則見饒。有患則見救。所論薦則蹇驢蒙龍駿之價。所中傷則孝己受商臣之談。故小人之赴也。若決積水於萬仞之高隄。而放烈火乎雲夢之枯草焉。欲望肅雍濟濟。後生有式。是猶炙冰使燥。積灰令熾矣。

百里卷第二十八

抱朴子曰。三台九列。坐而論道。州牧郡守。操綱舉領。其官益大。其事愈優。煩劇所鍾。其唯百里。衆役於是乎出。誅求之所叢赴。牧守雖賢。而令長不堪。則國事不舉。萬機有闕。其損敗豈徒止乎一境而已哉。令長尤宜得才。乃急於臺省之官也。用之不得其人。其故無他也。在乎至公之情不行。而任私之意不違也。或父兄貴重。而子弟以聞望見選。或高人屬託。而凡品以無能見敍。或是所宿念。或親戚匪他。知其不可而能用此（藏本作也從盧本改）等。亦時有快者。不爲盡無所中也。要於不精者率多矣。其能自効立。勉修清約。夙夜在公。以求衆譽。懼風績之不美。恥知己之謬舉。尠矣。庸猥之徒。器小志近。冒于貨賄。唯富是圖。肆情恣慾。無止無足。（藏本作元止无足從舊寫本改）在所司官。知其有足。賴主人舉劾彈糾。終於當解。慮其結怨反見中傷。不敢犯觸。而恣其貪殘矣。如此。黎庶亦安得不困毒而離判。離判者衆。則不得不屯聚而爲羣盜矣。夫百尋之室。焚於分寸之飈。千丈之陂。潰於一蟻之穴。何可不深防乎。何可不攺張乎。而秉斤兩者。或含銓衡而任情。掌柯斧者。或曲繩墨於附己。選之者既不爲官擇人。而求之者又不自謂不任。於是莅政而政荒。牧民而民散。或有穢濁驕奢而困百姓者矣。或有苛虐酷烈而多怨判者矣。或有闇塞退憒而庶事亂者矣。或有潦倒疏緩而致弛壞者矣。或有好興不急而疲人力者矣。或有藏養逋逃而行淩暴者矣。或有不曉法令而受欺弄者矣。或有以音聲酒色而致荒湎者矣。或有圍棊摴捕而廢政務者矣。或有田獵遊飲而忘庶事者矣。或有不省辭訟而刑獄亂者矣。百姓不堪。起爲寇賊。釁咎發聞。寘于叢棘。虧君上之明。益刑書之煩。而民之荼毒。亦已深矣。夫用非其人。譬猶被木馬以繁纓。何由騁迹於追風。以壞龍當雲雨。安能耀景於天衢哉。若秉國之鈞。出納王命者。審良樂之顧眄。不令跛蹇廁騏騄。冒昧苟得。闇於自量者。慮中道之顛躓。不以駑蹇服鸞衡。則何患庶績之不康。何憂四凶之不退。三皇豈足四。五帝豈難六哉。

接疏卷第二十九

抱朴子曰。以英逸而遭大明。則桑蔭未移。而金蘭之協已固矣。以長才而遇深識。則不待歷試。而相知之情已審矣。飄乎猶起鴻之乘勁風。翩乎若騰鱗之躡驚雲也。若以沈抑而可忽乎。則姜公不用於周矣。若以疏賤而可距乎。則毛生不貴乎趙矣。若積素行乃託政。則甯戚不顯於齊矣。若貴宿名而委任。則陳韓不錄於漢矣。明者舉大略細。不枝不求。故能取威定功。成天平地。豈肎稱薪而爨。數粒乃炊。拌瑕弃璧。拔毛索黶哉。

鈞世卷第三十

或曰。古之著書者。才大思深。故其文隱而難曉。今人意淺力近。故露而易見。以此易見。比彼難曉。猶溝澮之方江河。蟻垤之並嵩岱矣。故水不發崐山。則不能揚洪流以東漸。書不出英俊。則不能備致遠之弘韻焉。抱朴子答曰。夫論管穴者。不可問以九陔之無外。習拘閡者。不可督以拔萃之獨見。蓋往古之士。匪鬼匪神。其形器雖冶鑠於疇曩。然其精神布在乎方策。情見乎辭。指歸可得。且古書之多隱。未必昔人故欲難曉。或世異語變。或方言不同。經荒歷亂。埋藏積久。簡編朽絕。亡失者多。或雜續殘缺。或脫去章句。是以難知。似若至深耳。且夫尚書者。政事之集也。然未若近代之優文詔策軍書奏議之清富贍麗也。毛詩者。華彩之辭也。然不及上林羽獵二京三都之汪濊博富也。然則古之子書。能勝今之作者。何也。然守株之徒。嘍嘍所翫。有耳無目。何肎謂爾。其於古人所作爲神。今世所著爲淺。貴遠賤近。有自來矣。故新劍以詐刻加價。弊方以僞題見寶也。是以古書雖質樸。而俗儒謂之墮於天也。今文雖金玉。而常人同之於瓦礫也。然古書者雖多。未必盡美。要當以爲學者之山淵。使屬筆者。得采伐漁獵其中。然而譬如東甌之木。長洲之林。梓豫雖多。而未可謂之爲大廈之壯觀。華屋之弘麗也。雲夢之澤。孟諸之藪。魚肉之（下脫一字）雖饒而未可謂之爲煎熬之盛膳。渝狄之嘉味也。今詩與古詩。俱有義理。而盈於差美。方之於士。並有德行。而一人偏長藝文。不可謂一例也。比之於女。俱體國色。而一人獨閑百伎。不可混爲無異也。若夫俱論宮室。而奚斯路寢之頌。何如王生之賦靈光乎。同說遊獵。而叔畋盧鈴之詩。何如相如之言上林乎。並美祭祀。而清廟雲漢之辭。何如郭氏南郊之豔乎。等稱征伐。而出軍（當作車）六月之作。何如陳琳武軍之壯乎。則舉條可以覺焉。近者夏侯湛潘安仁並作補亡詩。白華由庚南陔華黍之屬。諸碩儒高才之賞文者。咸以古詩三百。未有足以偶二賢之所作也。且夫古者事事醇素。今則莫不彫飾。時移世改。理自然也。至於罽錦麗而且堅。未可謂之減於蓑衣。輜軿妍而又牢。未可謂之不及椎車也。書猶言也。若入談語。故爲知有（疑作音）胡越之接，終不相解。以此教戒。人豈知之哉。若言以易曉爲辨。則書何故以難知爲好哉。若舟車之代步涉。文墨之改結繩。諸後作而善於前事。其功業相次千萬者。不可復縷舉也。世人皆知之快於曩矣，何以獨文章不及古邪。

省煩卷第三十一

抱朴子曰。安上治民。莫善於禮。彌綸人理。誠爲曲備。然冠婚飲射。何煩碎之甚邪。人倫雖以有禮爲貴。但當令足以敍等威而表情敬。何在乎升降揖讓之繁重。拜起俯伏之無已邪。往者天下乂安。四方無事。好古官長。時或修之。至乃講試累月。督以楚撻。晝夜修習。廢寢與食。經時學之。一日試之。執卷從事。案文舉動。黜謫之罰。又在其閒。猶有過誤。不得其意。而欲以爲以此爲生民之常事。至難行也。此墨子所謂累世不能盡其學。當年不能究其事者也。古人詢于芻蕘。博採童謠。狂夫之言。猶在擇焉。至於墨子之論。不能非也。但其張刑網。開塗徑。浹人事。備王道。不能曲述耳。至於譏葬厚。刺禮煩。未可棄也。自建安之後。魏之武文。送終之制。務在儉薄。此則墨子之道。有可行矣。余以爲喪亂既平。朝野無爲。王者所制。自君作古。可命精學洽聞之士。才任損益。免於拘愚者。使刪定三禮。割棄不要。次其源流。總合其事。類集以相從。其煩重遊說。辭異而義同者存之。不可常行。除之。無所傷損。卒可斷約而舉之。勿令沈隱。復有凝滯。其吉凶器用之物。俎豆觚觶之屬。衣冠車服之制。旗章采色之美。宮室尊卑之品。朝饗賓主之儀。祭奠殯葬之變。郊祀禘祫之法。社稷山川之禮。皆可減省。務令約儉。夫約則易從。儉則用少。易從則不煩。用少則費薄。不煩則涖事者無過矣。費薄則調求者無苛矣。拜休揖讓之節。升降盤旋之容。使足敍事。無令小碎。條牒各別。令易案用。今五禮混撓。雜飾紛錯。枝分葉散。重出互見。更相貫涉。舊儒尋案。猶多所滯。駁難漸廣。異同無已。殊理兼說。歲增月長。自非至精。莫不惑悶。躊躇岐路之衢。愁勞羣疑之藪。煎神遽思。考校判例。嘗有窮年。竟不豁了。治之勤苦。決嫌無地。呻吟尋析。憔悴決角。修之華首不立。妨費日月。廢棄他業。愁困後生。真未央矣。長致章句。多於本書。今若破合雜俗。次比種稷。刪削不急。抗其綱較。其令炳若日月之著明。灼若五色之有定。

息學者萬倍之役。弭諸儒爭訟之煩。將來達者觀之。當美於今之視周矣。此亦改燒石去血食之比。無所憚難。而恨恨於惜懷。推車遲於去巢居也。然守常之徒。而卒聞此義。必將愕然創見謂之狂生矣。夫三王不相沿樂。五帝不相襲禮。而其移風易俗。安上治民一也。或革或因。損益懷善。何必當乘船以登山。策馬以涉川。被甲以升廟堂。重裘以當隆暑乎。若謂古事終不可變。則棺槨不當代薪埋。衣裳不宜改裸袒矣。

尚博卷第三十二

抱朴子曰。正經爲道義之淵海。子書爲增深之川流。仰而比之。則景星之佐三辰也。俯而方之。則林薄之裨嵩嶽也。雖津塗殊闢。而進德同歸。雖離於舉趾。而合於興化。故通人總原本以括流末。操綱領而得一致焉。古人歎息於才難。故謂百世爲隨踵。不以璞非崑山而棄耀夜之寶。不以書不出聖而廢助教之言。是以閭陌之拙詩。軍旅之鞠誓。或詞鄙喻陋。簡不盈十。猶見撰錄。亞次典誥。百家之言。與善一揆。譬操水者器雖異而救火同焉。猶針灸者。術雖殊而攻疾均焉。漢魏以來。羣言彌繁。雖義深於玄淵。辭贍於波濤。施之可以臻徵祥於天上。發嘉瑞於后土。召環雉於大荒之外。安圜堵於函夏之內。近弭禍亂之階。遠垂長世之祉。然時無聖人。目其品藻。故不得騁驊騄之迹於千里之塗。編近世之道於三墳之末也。拘繫之徒。桎梏淺隘之中。挈瓶訓詁之間。輕奇賤異。謂爲不急。或云小道不足觀。或云廣博亂人思。而不識合錙銖可以齊重於山陵。聚百十可以致數於億兆。羣色會而袞藻麗。衆音雜而韶濩和也。或貴愛詩乘淺近之細文。忽薄深美富博之子書。以磋切之至言爲騃拙。以虛華之小辯爲妍巧。眞僞顚倒。玉石混淆。同廣樂於桑閒。鈞龍章於卉服。悠悠皆然。可歎可慨者也。或曰。著述雖繁。適可以騁辭耀藻。無補救於得失。未若德行不言之訓。故顏閔爲上而游夏乃次。四科之格。學本而行末。然則綴文固爲餘事。而吾子不褒崇其源。而獨貴其流。可乎。抱朴子答曰。德行爲有事。優劣易見。文章微妙。其體難識。夫易見者粗也。難識者精也。夫唯粗也。故銓衡有定焉。夫唯精也。故品藻難一焉。吾故捨易見之粗。而論難識之精。不亦可乎。或曰。德行者本也。文章者末也。故四科之序。文不居上。然則著紙者。糟粕之餘事。可傳者。祭畢之芻狗。卑高之格。是可識矣。文之體略。可得聞乎。抱朴子答曰。荃可以棄而魚未獲。則不得無荃。文可以廢而道未行。則不得無文。

若夫翰迹韻略之宏促。屬辭比事之疏密。源流至到之修短。藴藉汲引之深淺。其懸絶也。雖天外毫內。不足以喻其遼邈。其相傾也。雖三光熠耀。不足以方其巨細。龍淵鉛鋌。未足譬其鋭鈍。鴻羽積金。未足比其輕重。清濁參差。所稟有主。朗昧不同科。強弱各殊氣。而俗士唯見能染毫畫紙者。便槩之一例。斯伯牙所以永思鍾子。郢人所以格斤不運也。蓋刻削者比肩。而班狄擅絶手之稱。援琴者至衆。而夔襄專知音之難。廄馬千駟。而騏驥有邈羣之價。美人萬計。而威施有超世之容。蓋有遠過衆者也。且文章之與德行。猶十尺之與一丈。謂之餘事。未之前聞。夫上天之所以垂象。唐虞之所以爲稱。大人虎炳。君子豹蔚。昌旦定聖謚於一字。仲尼從周之郁。莫非文也。八卦生鷹隼之所被。六甲出靈龜之所負。文之所在。雖賤猶貴。犬羊之鞟。未得比焉。且夫本不必皆珍。末不必悉薄。譬若錦繡之因素地。珠玉之居蚌石。雲雨生於膚寸。江河始於咫尺。爾則文章雖爲德行之弟。未可呼爲餘事也。或曰。今世所爲。多不及古。文章著述。又亦如之。豈氣運衰殺。自然之理乎。抱朴子答曰。百家之言。雖有步起。皆出碩儒之思。成才士之手。方之古人。不必悉減也。或有汪濊玄曠。合契作者。內闢不測之深源。外播不匱之遠流。其所祖宗也高。其所紬繹也妙。變化不繫滯於規矩之方圓。旁通不凝閡於一塗之逼促。是以偏嗜酸醎者。莫能知其味。用思有限者。不能得其神也。夫應龍徐舉。顧眄凌雲。汗血緩步。呼吸千里。而螻蝗怪其無階而高致。駑蹇患其過己之不漸也。若夫馳驟於詩論之中。周旋於傳記之閒。而以常情覽巨異。以褊量測無涯。以至粗求至精。以甚淺揣甚深。雖始自髫齔。訖于振素。猶不得也。夫賞其快者。必譽之以好。而不得曉者。必毀之以惡。自然之理也。於是以其所不解者。爲虛誕。慺（原注力候切敬也）誠以爲爾。未必違情以傷物也。又世俗率神貴古昔而黷賤同時。雖有追風之駿。猶謂之不及造父之所御也。雖有連城之珍。猶謂之不及楚人之所泣也。雖有疑斷之劍。猶謂之不及歐冶之所鑄也。雖有起死之藥。猶謂之不及和鵲之所合也。雖有超羣之人。猶謂之不及竹帛之所載也。雖有益世之書。猶謂之不及前代之遺文也。是以仲尼不見重於當時。大玄見蚩薄於比肩也。俗士多云。今山不及古山之高。今海不及古海之廣。今日不及古日之熱。今月不及古月之明。何肎許今之才士。不減古之枯骨。重所聞。輕所見。非一世之所患矣。昔之破琴剿弦者。諒有以而然乎。

漢過卷第三十三

抱朴子曰。歷覽前載。逮乎近代。道微俗弊。莫劇漢末也。當塗端右閹官之徒。操弄神器。秉國之鈞。廢正興邪。殘仁害義。蹲踏背憎。即聾從昧。同惡成羣。汲引姦黨。吞財多藏。不知紀極。而不能散錙銖之薄物。施振清廉之窮儉焉。進官則非多財者不達也。獄訟則非厚貨者不直也。官高勢重。力足拔才。而不能發毫釐之片言。進益時之翹俊也。其所用也。不越於妻妾之戚屬。其惠澤也。不出乎近習之庸瑣。莫戒臧文竊位之譏。靡追解狐忘私之義。分祿以擬王林。致事以由方回。故列子比屋。而門無鄭陽之恤。高概成羣。而不遭暴生之薦。抑挫獨立。推進附己。此樊姬所以掩口。禹唐所以永慨也。于時率皆素飡偷容。掩德蔽賢。忌有功而危之。疾清白而排之。諱忠讜而陷之。惡特立而擯之。柔媚者受崇飾之祐。方稜者蒙訕棄之患。養豺狼而殲騶虞。殖枳棘而翦椒桂。於是傲兀不檢。丸轉萍流者。謂之弘偉大量。苛碎峭嶮。懷螫挾毒者。謂之公方正直。令色警慧。有貌無心者。謂之機神朗徹。利口小辯。希指巧言者。謂之標領清妍。猝突萍鷺。驕矜輕悅者。謂之巍峨瑰傑。嗜酒好色。闒茸無疑者。謂之率任不矯。求取不廉。好奪無足者。謂之淹曠遠節。蓬髮褻服。遊集非類者。謂之通美汎愛。反經詭聖。順非而博者。謂之莊老之客。嘲弄嗤妍。凌尚侮慢者。謂之蕭豁雅韻。毀方投圓。面從響應者。謂之絕倫之秀。憑倚權豪。推貨履徑者。謂之知變之奇。嬾看文書。望空下名者。謂之業大志高。仰賴強親。位過其才者。謂之四豪之匹。輸貨勢門。以市名爵者。謂之輕財貴義。結黨合譽。行與口違者。謂之以文會友。左道邪術。假託鬼怪者。謂之通靈神人。卜占小數。誑飾禍福者。謂之知來之妙。蹩馬弄稍。（原注山角切）一夫之勇者。謂之上將之元。合離道聽。偶俗而言者。謂之英才碩儒。若夫體亮行高。神清量遠。不諂笑以取悅。不曲言以負心。含霜履雪。義不苟合。據道推方。嶷然不羣。風雖疾而枝不撓。身雖困而操不改。進則切辭正論。攻過箴闕。退則端誠杜私。知無不爲者。謂之闇騃徒苦。夙興夜寐。退食自公。憂勞損益。畢力爲政者。謂之小器俗吏。於是明哲色斯而幽遁。高俊括囊而佯愚。疏賤者奮飛以擇木。縶制者曲從而朝隱。知者不肎吐其秘算。勇者不爲致其果毅。忠謇離退。姦凶得志。邪流溢而不可遏也。僞塗闢而不可杜也。以臻乎陵上替下。盜賊多有。官者奪人主之威。三九死庸豎之手。忠賢望士。謂之黨人。囚捕誅鋤。天下嗟歎。無罪無辜。閉門遇禍。微煙起於蕭牆。而飆焚徧於宇宙。隙發於膚寸。而波濤漂乎四極。金城屠於庶寇。湯池航於一葦。勁鋭望塵而冰泮。征人倒戈而奔北。飛鋒篇於扆闈。左袵掠於禁省。禾黍生於廟堂。榛莽秀乎玉階。墨觀變爲狐兔之藪。象魏化爲虎豹之蹊。東序烟燼於委灰。生民燋爛於淵火。凶家害國。得罪竹帛。良史無褒言。金石無德音。夫何哉。失人故也。

吳失卷第三十四

抱朴子曰。吳之杪季。殊代同疾。知前失之於彼。不能改弦於此。鑒亂亡之未遠。而躡傾車之前軌。覩枳首之爭莽。而忘同身之禍。笑蠶蝨之宴安。不覺事異而患等。見競濟之舟沈。而不知殊塗而溺均也。余生於晉世所不見。余師鄭君。具所親悉。每誨之云。吳之晚世。尤劇之病。賢者不用。滓穢充序。紀綱弛紊。吞舟多漏。貢舉以厚貨者在前。官人以黨強者爲右。匪富匪勢。窮年無冀。德清行高者。懷英逸而抑淪。有才有力者。躡雲物以官躋。主昏於上。臣欺於下。不黨不得。不競不進。背公之俗彌劇。正直之道遂壞。於是斥鷃因鷙風以凌霄。朽舟託迅波而電邁。鴛鳳卷六翮於叢棘。鷁首滯潢汙而不擢矣。秉維之佐。牧民之吏。非母后之親。則阿諂之人也。進無補過拾遺之忠。退無聽訟之幹。虛談則口吐冰霜。行己則濁於泥潦。莫媿尸祿之刺。莫畏致戎之禍。以毀譽爲蠶織。以威福代稼穡。車服則光可以鑒。豐屋則羣烏爰止。叱吒疾於雷霆。禍福速於鬼神。勢利傾於邦君。儲積富乎公室。出飾翟黃之衛從。入遊玉根之藻棁。僮僕成軍。閉門爲市。牛羊掩原隰。田池布千里。有魚澹濯裘之儉。以竊趙宣平仲之名。內崇陶侃文信之訾。實有安昌董鄧之汙。雖造賓不沐嘉旨之俟。飢士不蒙升合之救。而金玉滿堂。妓妾溢房。商販千艘。腐穀萬庾。園囿擬上林。館第僭太極。梁肉餘於犬馬。積珍陷於帑藏。其接士也。無葭莩之薄。其自奉也。有盡理之厚。或有不開律令之篇卷。而竊大理之位。不識几案之所置。而處機要之職。不知五經之名目。而饗儒官之祿。不閑尺紙之寒暑。而坐著作之地。筆不狂簡。而受駁議之榮。低眉垂翼。而充奏劾之選。不辨人物之精粗。而委以品藻之政。不知三才之軍勢。而軒昂節蓋之下。屢爲奔北之辱將。而不失前鋒之顯號。不別菽麥之同異。而忝叨顧問之近任。夫魚質龍文。似是而非。遭水而喜。見獺即悲。雖臨之以斧鉞之威。誘之以傾城之寶。猶不能奮鉛鋒於犀兕。騁鶱蹇以追風。非不忌重誅也。非不悅美賞也。體不可力。無自柰何。而欲與之輯熙百揆。弘濟大務。猶託萬鈞於尺舟之上。求千鍾於升合之中。紲芻狗而責盧鵲之效。搆鷄鶩而崇鷹揚之功。其不可用。亦較然矣。吳主不此之思。不加夕惕。佞諂凡庸。委以重任。危機急於彍弩。亡徵著於日月。而自謂安於峙嶽。唐虞可仰也。目力疲於綺粲。而不以覽庶事之得失。耳聰盡於淫音。而不以證獻言之邪正。穀帛靡於不急。而不以賑戰士之凍餒。心神悅於愛媚。而不以念存亡之弘理。蓋輕乎崇替之源。而忽乎宗廟之重者也。鄭君又稱其師左先生。隱居天柱。出不營祿利。不友諸侯。然心願太平。竊憂桑梓。乃慨然永歎於蓬屋之下。告其門生曰。漢必寢耀。黄精載起。纘樞紐於太微。迴紫蓋於鶉首。聯天理物。光宅東夏。惠風被於區外。玄澤洽乎宇內。重譯接武。貢楛（原注侯古切）盈庭。蕩蕩巍巍。格于上下。承平守（藏本誤作字從舊寫本改）文。因循甚易。而五弦謐響。南風不詠。上不獲恭己之逸。下不聞康哉之歌。飛龍翔而不集。淵虯蟠而不躍。騶虞翳於冥昧。朱華牙而未秀。陰陽相沴。寒燠繆節。七政告凶。陵谷易所。殷雷輷磕於龍潛之月。凝霜肅殺乎朱明之運。玉燭不照。沈醴不涌。郊埸多壘。嘉生不遂。夫豈（藏本作其豈今從舊寫本）他哉。誠由四凶不去。元凱不舉。用者不賢。賢者不用也。然高概遠量。被褐懷玉。守靜潔志。無欲於物。藏路淵涔。得意遺世。非禮不動。非時不見。困而無悶。窮而不悔。樂天任命。混一榮辱。進無悅色。退無戚容者。固有伏死乎甕牖。安肎沽衒以進趨。揭其不貲之寶。以競燕石之售哉。孔墨之道。昔曾不行。孟軻揚雄。亦居困否。有德無時。有自來耳。世無離朱。皁白混焉。時乏管青。騏蹇糅焉。礝礫積於金匱。瑾瑤委乎溝洫。匠石緬而退淪。梓豫忽而莫識。已矣悲夫。我生不辰。弗先弗後。將見吳士之化爲晉域。南民之變成北隸也。言猶在耳。而孫氏輿櫬。抱朴子聞之曰。二君之言。可爲來戒。故錄于篇。欲後代知有吳失。國匪降自天也。若苟諱國惡。纖芥不貶。則董狐無貴於直筆。賈誼將受譏於過秦乎。

守塉卷第三十五

抱朴子曰。余友人有潛居先生者。慕寢丘之莫爭。簡塉土以葺宇。鋭精藝文。意忽學稼。屢失有年。飢色在顔。或人難曰。天知禮在於廩實。施博由乎貨豐。高出於有餘。儉生乎不足。故十千美於詩人。食貨首乎八政。躬稼基克配之業。耦耕有不改之樂。奇士之居也。進則侶鴻鸞以振翮。退則參陶白之理生。仕必霸王。居必千金。是以昔人必科膏壤以分利。勤四體以稼穡。播原菽之與與。茂嘉蔬之翼翼。收辯秬之千倉。積我庾之惟億。出連騎以遊畋。入侯服而玉食。而先生之宅此也。亢陽則出谷飈塵。重陰則滔天陵丘。陸無含秀之苗。水無吐穗之株。稗糲賸於圖廩。薪爨廢於庖廚。怡爾執待免之志。坦然無去就之謨。吾恐首陽之事。必見於今。丹山之困。可立而須。人爲子寒心。子何晏然而弗憂也。夫覩機而不作。不可以言明。安土而不移。衆庶之常事。豈謂飽者忘饑。而大迷者易性乎。何先生未寤之久也。鄙人惑焉。不識所謂。夫袞冕非禦鋒鏑之服。典誥非救飢寒之具也。胡不睎沃衍於四郊。躬田畯之良業。捨六藝之迂闊。收萬箱以賑乏乎。潛居先生曰。夫聵者不可督之以分雅鄭。瞽者不可責之以別丹漆。井鼃不可語以滄海。庸俗不可說以經術。吾子苟知老農之小功。未喻面牆之巨拙。何異拾瓊沙而捐隋和。向炯燭而背白日也。夫好尚不可以一概杚。趨舍不可以彼我易也。夫欲隮閬風陟嵩華者。必不留行於丘垤。意在乎遊南溟汎滄海者。豈暇逍遙於潢洿。是以注清聽於九韶者。巴人之聲。不能悅其耳。烹大牢饗方丈者。荼蓼之味不能甘其口。鵾鵬戾赤霄以高翔。鶺鴒傲蓬林以鼓翼。洿隆殊途。亦飛之極。晦朔甚促。朝菌不識。蜉蝣忽忽於寸陰。野馬六月而後息。儵鮒汎濫以暴鱗。蟄虯勿用乎不測。行業乖舛。意何可得。余雖藜湌之不充。而足於鼎食矣。故列子不以其乏。而貪鄭陽之祿。曾參不以其貧。而易晉楚之富。夫收微言於將墜者。周孔之遐武也。情孳孳以爲利者。孟叟之罪人也。造遠者莫能兼通於岐路。有爲者莫能竝舉於耕學。體瘁而神豫。亦何病於居約。且又處塉則勞。勞則不學清而清至矣。居沃則逸。逸則不學奢而奢來矣。清者。福之所集也。奢者。禍之所赴也。福集則雖微可著。雖衰可興焉。禍赴則雖強可弱。雖存可亡焉。此不期而必會。不招而自來者也。故君子欲正其末。必端其本。欲輟其流。則遏其源。故道德之功建。而侈靡之門閉矣。姜望至德而佃不復種。重華大聖而漁不償網。然後玉璜表營丘之祚。大功有二十之高。何必譏之以惰嬾。而察才以相士乎。夫二人分財。取少爲廉。余今讓天下之豐沃。處茲邦之褊塉。舍安昌之膏腴。取北郭之無欲。誠萬物之可細。亦何往而不足哉。北辰以不改。爲衆星之尊。五嶽以不遷。爲羣望之宗。蟋蟀屢移而不貴。禽魚鑿深則逢患。方將墾九典之蕪薉。播六德之嘉穀。厭田邈於上士之科。其收盈乎天地之間。何必耕耘爲務哉。昔被衣以弃財止盜。庾氏以推璧厲貪。疏廣散金以除子孫之禍。叔敖取塉以弭可欲之憂。牛缺以載珍致寇。陶谷以多藏召殃。得失較然。可無鑒乎。於是問者。抑然良久。口張而不能噓。首俛而不能仰。慨而嗟乎。始悟立不朽之言者。不以產業汩和。追下帷之績者。不以窺園涓目。子以臭離之甘呼鶖鳳。捋蟹之計要猛虎。豈不陋乎。鄙哉子之不夙知也。

安貧第三十六

抱朴子曰。昔漢火寢耀。龍戰虎爭。九有幅裂。三家鼎據。有樂天先生者。避地蓬轉。播流岷益。始處昵於文休。末見知於孔明。而言高行方。獨立不群。時人憚焉。莫之或與。時二公之力。不能違衆。遂令斯生沈抑衡蓽。齒斷桑榆。而韋布不改。而時主思賢。不聞不知。當塗之士。莫舉莫貢。潛側武之陋巷。寬繩樞之蓬屋。進廢經世之務。退忘治生之事。藜滄屢空。朝不謀夕。於是偶俗公子造而詰之曰。蓋聞有伊呂之才者。不久滯於窮賤。懷猗頓之術者。不長處於飢寒。達者貴其知變。智士驗乎不匱。故范生出則滅吳霸越。爲命世之佐。入則貨殖營生。累萬金之貲。天貧在六極。富在五福。詩美哿矣。易貴聚人。垂餌香則鱣鮪來。懸賞厚則果毅奮。長卿所以解犢鼻而擁朱旄。曲逆所以下席扉而享茅土。不韋所以食十萬之邑。絳侯所以拔囹圄之困也。故下鄉儉而獲悔吝之辰。漂媼豐而蒙千金之報。先生無少伯之奇略。專銳思乎六經。忽絕粮（原注陟良切）之實禍。慕不朽之虛名。恥詭遇以干祿。羞衒沽以要榮。冀西伯之方畋。俟黃河之將清。甘列子之菜色。覬全神而遺形。何異圖畫騏驎。以代徒行之勞。遙指海水。以解口焦之竭。張魚網於峻極之巔。施鉤緡於修木之末。雖自以爲得所。猶未免乎迂闊也。事無身後之功。物無違時之盛。今海內瓜分。英雄力競。象恭滔天。猾夏放命。鬻蹇星馳以兼路。豺狼奮口而交爭。當塗投袂以詭屈。素士蒙塵以履徑。純儒釋皇道而治五霸之術。碩生弃四科而恤月旦之評。筐篚實者進於草萊。乏資地者退於朝廷。握黃白者排金門而陟玉堂。誦方策者結世讎而委泥濘。貲幣濃者瓦石成珪璋。請託薄者龍駿弃林坰。黨援多者偕鸞飆以凌雲。交結狹者侶跛鱉以沈泳。夫丸泥已不能遏彭蠡之沸騰。獨賢亦焉能反流遁之失正。今先生入無儋石之儲。出無束脩之調。徒含章如龍鳳。被文如虎豹。吐之如波濤。陳之如錦繡。而凍餓於環堵。何計疏之可弔。奚不汎輕舟以託迅。御飛帆以遠之。交瑰貨於朔南。收金碧於九疑。迪崔烈之退武。縻好爵於猜時。徒疲勞於述作。豈蟬蛻之有期也。獨苦身以爲名。乃黃老之所嗤也。樂天先生答曰。六藝備研。八索必該。斯則富矣。振翰摛藻。德音無窮。斯則貴矣。求仁仁至。舍旃焉如。夫棲重淵以頤靈。外萬物而自得。遺紛埃於險塗。澄精神於玄默。不窺牖以遐覽。判微言而靡惑。雖復設之以台鼎。猶確爾而弗革也。曷肎憂貧而與買豎爭利。戚窮而與凡瑣競達哉。吾子苟知商販可以崇寶耕也。可以免飢。不識逐糶者不顧兔。道遠者其到遲也。且夫尙父之鼓刀。窶首乃吐奇也。萬鈞之爲重。衝飇不能移。簫韶未九成。蹔爲不紆儀也。是以俟扶搖而登蒼霄者。不充詘於蓬蒿之杪。騁闞筋以陟六萬者。不爭途乎蹇驢之羣。大孝必畏辱親之險。故子春戰悸於下堂。上智不貴難得之財。故唐虞捐金而抵璧。明哲消禍於未來。知士閑利則慮害。而吾子飢僕以汎舟。孳孳於潤屋。勸隋珠之彈雀。探虎口以奪肉。輕遺體於不測。觸重險以遠至。忘髮膚之明戒。尋乾沒於難冀。若夫焚輪傾巖。木拔石飛。陽侯山峙。洪濤蹔巍。輕艘塵漂。力與心違。徒嗟泣而罔逮。乃悟達者之見微也。昔回憲以清苦稱高。陳平以無金免危。廣漢以好利喪身。牛缺以載寶灰糜。匹夫枉死於懷璧。豐狐召災於美皮。今吾子督余以誨盜之業。敦余以召賊之策。進酖酒以獻酬。非養壽之忠益。夫士以三墳爲金玉。五典爲琴箏。講肆爲鍾鼓。百家爲笙簧。使味道者以辭飽。酣德者以義醒。超流俗以高蹈。軼億代而揚聲。方長驅以獨往。何貨賄之穢情。夫藏多者亡厚。好謙者忌盈。含夜光者速剖。循覆車者必傾。過載者沈其舟。欲勝者殺其生。蓋下士所用心。上德所未嘗也。於是問者。茫然自失。請備門生之末編。永寶長生之良方焉。

仁明卷第三十七

抱朴子曰。門人共論仁明之先後。各據所見。乃以諮余。余告之曰。三光垂象者乾也。厚載無窮者坤也。乾有仁而兼明。坤有仁而無明。卑高之數。不以邈乎。夫唯聖人。與天合德。故唐堯以欽明冠典。仲尼以明義首篇。明明在上。元首之尊稱也。明哲保身。大雅之絕蹤也。蜎飛蝡動。亦能有仁。故其意愛弘於長育。哀傷著於啁噍。（原注上竹交切下子笑切囋也）然赴阬穽而無猜。入罻羅而不覺。有仁無明。故竝趨禍而攸失熾。潛異以易咀生。（各本如此盧本作組圭）結棟宇以免巢穴。還禾稼以代毒烈。制衣裳以改裸飾。後舟楫以濟不通。服牛馬以息負步。序等威以鎮禍亂。造器械以戒不虞。創書契以治百官。制禮律以肅風教。皆大明之所爲。非偏人之所能辯也。夫心不達仁而明不經國。危亡之禍。無以杜遏。亦可知矣。夫料盛衰於未兆。探機事於無形。指倚伏於理外。距浸潤於根生者。明之功也。垂惻隱於昆蟲。雖見犯而不校。覩觳觫而改牲。避行葦而不蹈者。仁之事也。爾則明者才也。仁者行也。殺身成仁之行可力爲。而至鑒玄測幽之明難妄假。精粗之分居然殊矣。夫體不忍之仁無臧否之明。則心惑僞真。神亂朱紫。思算不分。邪正不識。不遠安危。則一身之不保。何暇立以濟物乎。昔姬公非無友于之愛。而涕泣以滅親。石碏非無天性之慈。而割私以奉公。蓋明見事體。不溺近情。遂爲純臣。以義斷恩。舍仁用明。以計抑仁。仁可時廢。而明不可無也。湯武逆取順守。誠不仁也。應天革命。以其明也。徐偃修仁以朝同班。外隳城池之險。內無戈甲之備。亡國破家。不明之禍也。門人曰。仲尼歎仁爲任重而道遠。又云。人而不仁如禮何。若聖與仁。則吾豈敢。孟子曰。仁。宅也。義。路也。人無惻隱之心。非仁也。三代得天下以仁。失天下以不仁。此皆聖賢之格言。竹素之顯證也。而先生貴明。未見典據。小子蔽闇。竊所惑焉。抱朴子答曰。古人云。好仁不好學。其蔽也愚。子近之矣。蟲六國相吞。豺虎力競。高權詐而下道德。尙殺伐而廢退讓。孟生方欲抑頓貪殘。褒隆仁義。安得不勤勤諄諄。獨稱仁邪。然未有片言云仁勝明也。譬猶疫癘之時。醫巫爲貴。異口同辭。唯論藥石。豈可便謂鍼艾之伎。過於長生久視之道乎。且吾以爲仁明之事。布於方策。直欲切理示大較精神。舉一隅耳。而子猶日用而不知。云明事之無據乎。乾稱大明終始。六位時成。是立天以明。無不包也。坤云至哉萬物資生。是地德仁。承順而已。先後之理。不亦炳然。詩云。明明上天。照臨下土。明明天子。令問不已。易曰。王明竝受其福。幽贊神明。神而明之。此則明之與神合體。誠非純仁所能企擬也。孔子曰。聰明神武。不云聰仁。又曰。昔者明王之治天下。不曰仁王。春秋傳曰。明德惟馨。不云仁德。書云。元首明哉。不曰仁哉。老子歎上士。則曰明白四達。其說褒薄。則曰失道而後德。失德而後仁。易曰。王者南面向明。不云向仁也。我欲仁。斯仁至矣。又曰。爲仁由己。斯則人人可爲之也。至於聰明。何可督哉。故孟子云。凡見赤子將入井。莫不趨而救之。以此觀之。則莫不有仁心。但厚薄之閒。而聰明之分時而有耳。昔崔杼不殺晏嬰。晏嬰謂杼爲大不仁而有小仁。然則姦臣賊子。猶能有仁矣。門人又曰。易稱立人之道。曰仁與義。然則人莫大於仁也。抱朴子答曰。所以云爾者。以爲仁在於行。行可力爲。而明入於神。必須天授之才。非所以訓故也。

博喻卷第三十八

抱朴子曰。盈乎萬鈞。必起于錙銖。竦秀凌霄。必始於分毫。是以行潦集而南溟就無涯之曠。尋常積而玄圃致極天之高。

抱朴子曰。騁逸策迅者。雖遺景而不勞。因風凌波者。雖濟危而不傾。是以元凱分職。而則天之勳就。伊呂既任。而革命之功成。

抱朴子曰。瓊艘瑶楫。無涉川之用。金弧玉弦。無激矢之能。是以介潔而無政事者。非撥亂之器。儒雅而乏治略者。非翼亮之才。

抱朴子曰。閬風玄圃。不借高於丘垤。懸黎結綠。不假觀於瓊珉。是以英偉不羣而幽蕙之芬駭。峻概獨立而衆禽之響振。

抱朴子曰。冰炭不街能於冷熱。瑾瑜不證珍而體著。（疑有誤）是以君子恭己。不恤乎莫與。至人尸居。心遺乎毀譽。

抱朴子曰。衝飆傾山。而不能効力於拔毫。火鑠金石。而不能耀烈以起烴。是以淮陰善戰守。而拙理治之策。絳侯安社稷。而乏承對之給。

抱朴子曰。徇名者不以授命爲難。重身者不以近欲累情。是以紀信甘灰糜而不恨。楊朱同一毛於連城。

抱朴子曰。小鮮不解靈蚪之遠規。鳧鷖不知鴻鵠之非匹。是以耦耕者笑陳勝之投耒。淺識者嗤孔明之抱膝。

抱朴子曰。渟鈞之鋒。驗於犀兕。宣慈之良。効於明試。是以同否則元凱與斗筲無殊。竝任則騄騏與駑駘不異。

抱朴子曰。器非瑚簋。必進銳而退速。量擬伊呂。雖發晚而到早。是以鷦鷯倦翮。猶不越乎蓬杪。鴛雛徐起。顧眄而戾蒼昊。

抱朴子曰。否終則承之以泰。晦極則清輝晨耀。是以垂耳吳阪者。騁千里之逸軌。縈鱗九淵者。凌虹霓以高蹈。

抱朴子曰。九斷四屬者。蘊藻所以表靈。摧柯碎葉者。茝蕙所以增芬。是以夷吾桎檻而建匡合之績。應侯困辱。而著入秦之勳。

抱朴子曰。所競者細。則利同而讎結。善否殊塗。則事異而口生。（藏本作絃生舊寫本空白一字）是以嫫母宿瘤。

惡見西施之豔容。商臣小白。憎聞延州之退耕。

抱朴子曰。精鈍殊迹。則凌遲者愧恨。壯弱異科。則扛鼎者見忌。是以淮陰顯擢。而廝隸悒懊以疾其超。武安功高。而范睢飾談以破其事。

抱朴子曰。必死之病。不下苦口之藥。朽爛之材。不受雕鏤之飾。是以比干匪躬。而剖心於精忠。田豐見微。而夷戮於言直。

抱朴子曰。嶧陽孤桐。不能無絃而激哀響。大夏孤竹。不能莫吹而吐清聲。是以官卑者稷离不能康庶績。權薄者伊周不能臻升平。

抱朴子曰。登峻者戒在於窮高。濟深者禍生於舟重。是以西秦有思上蔡之李斯。東越有悔盈亢（藏本作抗今從舊寫本）之文種。

抱朴子曰。剛柔有不易之質。貞橈有天然之性。是以百鍊而南金不虧其真。危困而烈士不失其正。

抱朴子曰。不以其道。則富貴不足居。違仁舍義。雖期頤不足吝。是以卞隨負石以投淵。仲由甘心以赴刃。

抱朴子曰。卑高不可以一槩齊。餐廩不可以勸沮化。是以惠施患從車之苦少。莊周憂得魚之方多。

抱朴子曰。出處有冰炭之殊。躁靜有飛沈之異。是以墨翟以重繭怡顏。箕叟以遺世得意。

抱朴子曰。適心者交淺而愛深。忤神者接久而彌乖。是以聲同則傾蓋而居昵。道異則白首而無愛。

抱朴子曰。艅艎鷁首。涉川之良器也。權之以北狄。則沈漂於波流焉。蒲梢汗血。迅趨之駿足也。御非造父。則傾僨於嶮塗焉。青萍豪曹。剡鋒之精絕也。操者非羽越。則有自傷之患焉。勁兵銳卒。撥亂之神物也。用者非明哲。則速自焚之禍焉。

抱朴子曰。天秩有不遷之常尊。無禮（藏本有猶字今從舊寫本删）犯遄死之重刺。是以玄洲之禽獸。惟能言而不得廁貴牲。蛩蛩之負蟨。雖寄命而不得為仁義。

抱朴子曰。謗讟不可以巧言弭。實恨不可以虛事釋。釋之非其道。弭之不由理。猶懷冰以遣冷。重鑪以却暑。逐光以逃影。穿舟以止漏矣。

抱朴子曰。明主官人。不令出其器。忠臣居位。不敢過其量。非其才而妄授。非所堪而虛任。猶冰碗之盛沸湯。葭莩之包烈火。綴萬鈞於腐索。加倍載於扁舟。

抱朴子曰。豹狐之裘。不為負薪施。九成六變。不為聾夫設。高唱遠和。不為庸愚吐。忘身致果。不為薄德作。

抱朴子曰。民財匱夫而求不已。下力竭（羣書治要作極）矣。而役不休。欲怨歎之（本作難而從羣書治要改）不生。規其寧之惟永。猶斷根以續枝。割背以裨腹。刻目以廣明。㓮耳以開聰也。

抱朴子曰。法無一定。而慕權宜之隨時。功不倍前。而好屢變以偶俗。猶剸高馬以適卑車。削附踝以就褊履。斷長劍以赴短鞞。割尺璧以納促匣也。

抱朴子曰。止波之修鱗。不出窮谷之隘。鷦棲之峻木。不秀培塿之卑。九疇之格言。不吐肅猥之口。金版之高算。不出恆民之懷。覩百抱之枝。則足以知其本之不細。覩汪濊之文。則足以覺其人之淵邃。

抱朴子曰。桑林鬱藹。無補柏木之凄冽。膏壤帶郭。無解黔敖之蒙袂。然黼黻綈紈。此之自出。千倉萬箱。於是乎生。故識遠者貴本。見近者務末。

抱朴子曰。體粗者繫形。知精者得神。原始見終者。有可推之緒。得之未眹者。無假物之因。是以晝見天地。未足稱明。夜察分毫。乃為絕倫。

抱朴子曰。芳藻春耀。不能離柯以久鮮。吞舟之魚。不能舍水而攝生。是以名美而實不副者。必無沒世之風。位高而器不稱者。不免致寇之敗。

抱朴子曰。忍痛苦之藥石者。所以除伐命之疾。擐甲冑之重冷者。所以扞鋒鏑之集。潔操履之拘苦者。所以全拔萃之業。納拂心之至言者。所以無易方之惑也。

抱朴子曰。鸞鳳競粒於庭場。則受褻於雞鶩。龍麟雜廁於芻豢。則見黷於六牲。是以商老棲峻以播邈世之操。卞隨赴深以全遺物之聲。

抱朴子曰。浚井不渫。則泥濘滋積。嘉穀不耘。則莨莠彌蔓。學而不思。則疑闇實繁。講而不精。則長惑喪功。

抱朴子曰。積萬金於篋匱。雖儉乏而不用。則未知其有異於貧窶。懷逸藻於胸心。不寄意於翰素。則未知其有別於蕭纓。

抱朴子曰。南威靑琴。姣冶之極。而必俟盛飾以增麗。回賜游夏。雖天才雋朗。而實須墳誥以廣智。

抱朴子曰。丹幟接網。組帳重蔭。則醜姿翳矣。朱漆飾致。錯塗炫燿。則枯木隱矣。是以六蓺備則卑鄙化爲君子。衆譽集則孤陋邈乎貴遊。

抱朴子曰。繁林翳薈。則羽族雲萃。玄淵浩汗。則鱗羣競赴。德盛業廣。則宅心者衆。含瑕錄用。卽遠懷近集。

抱朴子曰。尋飛絕景之足。而不能騁逸放於呂梁。凌波泳淵之屬。而不能陟峻而攀危。故離朱剖秋毫於百步。而不能辯八音之雅俗。子野合通靈之絕響。而不能指白黑於咫尺。

抱朴子曰。四聰廣闢。則羲和納景。萬仞虛己。則行潦交赴。故博采之道弘。則異聞畢集。庭燎之耀輝。則奇士叩角。誹謗之木設。則有過必知。敢諫之鼓懸。則直言必獻。

抱朴子曰。能言莫不褒堯。而堯政不必皆得也。舉世莫不貶桀。而桀事不必盡失也。故一條之枯。不損繁林之蔚藹。蒿麥冬生。無解畢發之肅殺。西施有所惡而不能滅其美者。美多也。嫫母有所善而不能救其醜者。醜篤也。

抱朴子曰。身與名。難兩濟。功與神。尠並全。支離其德者。苦而必安。用以適世者。樂而多危。故鷙禽以奮擊拘縶。言鳥以智慧見籠。瓊瑤以符采剖判。三金以琦玩冶鑠。蘭茝以芬馨翦刈。文梓以含音受伐。是以翠蚪覩化益而登玄雲。靈鳳值孟戲而反丹穴。子永歎天倫之偉。漆園悲被繡之犧。

抱朴子曰。萬麋傾角。猛虎爲之含牙。千禽鱗萃。鷙鳥爲之握爪。是以四國流言。公旦不能遏謗者盈路。而（藏本而字在子產下今從舊寫本）子產無以塞。

抱朴子曰。威施之豔。粉黛無以加。二至之氣。吹噓不能增。是以懷英逸之量者。不務風格以示異。體邈俗之器者。不恤小譽以徇通。

抱朴子曰。麟止鳳儀。所患在少。狐鳴梟呼。世忌其多。是以俊乂盈朝。而求賢者未倦。讒佞作威。而忠貞者切齒。

抱朴子曰。多力何必孟賁烏獲。逸容豈唯鄭旦毛嬙。飆迅非徒騂騮驌驦。立斷未獨沈閭干將。是以能立素王之業者。不必東魯之丘。能洽（藏本作治今從舊寫本）掩枯之仁者。不必西鄰之昌。

抱朴子曰。靈鳳振響於朝陽。未有惠物之益。而莫不澄聽於下風焉。鵶梟宵集於垣宇。未有分氂之損。而莫不掩耳而注鏑焉。故善言之往。無遠不悅。惡辭之來。靡近不忤。猶日月無謝於貞明。枉矢見忘於暫出。

抱朴子曰。影無違形之狀。名無離實之文。故背源之水。必不能揚長流以東漸。非時之華。必不能稽輝藻於冰霜。

抱朴子曰。鋸牙之獸。雖低伏而見憚。揮斧之蟲。雖跧形而不威。故君子被褐窮而不可輕。小人軒冕達而不足重。

抱朴子曰。逸麟逍遙大荒之表。故無機穽之禍。靈鶴振翅玄圃之峯。以違罼羅之患。何必曲穴而永懷怵惕。何必銜蘆而慘慘畏容。故充乎宰割之用者。必愛乎芻豢者也。給乎煎熬之膳者。必安乎庭立者也。

抱朴子曰。聰者貴於理遺音於千載之外。而得興亡之迹。明者珍於鑒逸羣於寒瘁之中。而抽匡世之器。若夫聆繁會之響。而顧問於庸工。非延州之清聽也。枉英遠之才。而諮之於常人。非獨見之奇識也。故與不賞物者而論用凌儕之器。是使瞽者指五色也。與妬勝己者而謀舉疾惡之賢。是與狐議治裘也。

抱朴子曰。鷫駮危苦於嶮峻之端。不樂咈守之役。吉光飢渴於冰霜之野。不願犧牲之飽。孤竹不以絕粒。易鹿臺之富。子廉不以困匱。貿銅山之豐。

抱朴子曰。志合者不以山海為遠。道乖者不以咫尺為近。故有跋涉而遊集。亦或密邇而不接。

抱朴子曰。華袞粲爛。非隻色之功。嵩岱之峻。非一簣之積。故九子任而康凝之績熙。四七授而佐命之勳著。

抱朴子曰。翠虯無翅而天飛。螣蛇無足而電鶩。鼈無耳而善聞。蚓無口而揚聲。故皐繇瘖而與辯者同功。晉野瞽而與離朱齊明。

抱朴子曰。官達者才未必當其位。譽美者實未必副其名。故齰齒不能咀嚼。箕舌不能別味。壺耳不能理音。屬鼻不能識氣。釜目不能攄望舒之景。牀足不能有尋常之逝。

抱朴子曰。路人不能挽勁命中而識養由之射。顏子不能控轡振策而知東野之敗。故有不能下棊而經目識勝負。不能徽絃而過耳解鄭雅者。

抱朴子曰。垂蔭萬畝者。必出峻極之嶺。滔天襄陵者。必發板桐之源。邈世之勳。必由絕倫之器。定傾之算。必吐冠俗之懷。是以螻螟之巢。無乘風之羽。溝澮之中。無宵朗之琦。

抱朴子曰。衝飆焚輪。原火所以增熾也。而螢燭值之而反滅。甘雨膏澤。嘉生所以繁榮也。而枯木得之以速朽。朱輪華轂。俊民之大寶也。而負乘竊之而召禍。鼎食萬鍾。宣力之弘報也。而近才受之以覆餗。

抱朴子曰。屠犀爲甲。給乎專征之服。裂翠爲華。集乎后妃之首。雖出幽谷。遷于喬木。然爲二物之計。未若棲竄於林薄。攝生乎榛藪也。故靈龜寧曳尾於塗中。而不願巾笥之寶。澤雉樂十步之啄。以違鷄鶩之禍。

抱朴子曰。偏才不足以經周用。隻長不足以濟衆短。是以雞知將旦。不能究陰陽之歷數。鵠識夜半。不能極晷景之道度。山鳩知晴雨於將來。不能明天文。蛇螘知潛泉之所居。不能達地理。

抱朴子曰。禁令不明。而嚴刑以靜亂。廟算不精。而窮兵以侵鄰。猶釤禾以討蝗蟲。伐木以殺蠹蝎。（羣書治要作蛣蝎）食毒以中蚤蝨。徹舍以逐雀鼠也。

抱朴子曰。銳鋒產乎鈍石。明火熾乎闇木。貴珠出乎賤蚌。美玉出乎醜璞。是以不可以父母限重華。不可以祖禰量衞霍也。

抱朴子曰。志得則顏怡。意失則容戚。本朽則末枯。源淺則流促。有諸中者必形乎表。發乎邇者必著乎遠。

抱朴子曰。妍姿媚貌。形色不齊。而悅情可均。絲竹金石。五聲詭韻。而快耳不異。繳飛鈎沈。罾舉罝抑。而有獲同功。樹勳立言。出處殊塗。而所貴一致。

抱朴子曰。利豐者害厚。賈美者召災。是以南禽殲於藻羽。穴豹死於文皮。鱣鯉積而玄淵涸。麋鹿聚而繁林焚。金玉崇而寇盜至。名位高而憂責集。

抱朴子曰。商風寄肅則絺扇廢。登危陟峻則輕舟棄。干戈雲擾則文儒退。喪亂既平則武夫黜。

抱朴子曰。價直萬金者。不待見其物而好惡可別矣。條枝連抱者。不俟圍其木而巨細可論矣。故望洪濤之涵天。則知其不起乎潢汙之中矣。觀翰草之汪濊。則知其不出乎章句之徒矣。

抱朴子曰。丹華綠草。不拘於曲碎之株。紫芝芳秀。不限於斥鹵之壤。是以受玄珪以告成者。生於四罪之門。承歷數於文祖者。出於頑嚚之家。

抱朴子曰。善言居室。則靡遠不應。枉直不中。則無近不離。是以宋野有退舍之熒惑。殷朝有外奔之昵屬。四環至自少廣之表。鹿馬變於蕭牆之裏。

抱朴子曰。荆卿朱亥。不示勇於怯弱之閒。孟賁鴻婦。不奮戈戟於俚俠之羣。英儒碩生。不飾細辯於淺近之徒。遠人偉士。不變皎察於流俗之中。

抱朴子曰。盤旋揖讓。非禦寇之容。擐甲纓胄。非廟堂之飾。垂紳振佩。不可以揮刃爭鋒。規行矩步。不可以救火拯溺。

抱朴子曰。乾坤陶育而庶物不識其惠者。由乎其益無方也。大人神化而羣細不覺其施者。由乎治之於未有也。故可知者小也。易料者少也。

抱朴子曰。娥英任姒。不以蠶織爲首稱。湯武漢高。不以細行招近譽。故澄視於三辰者。不遑紆鑒於井谷。清聽於韶濩者。豈暇垂耳於桑閒。

抱朴子曰。膚表或不可以論中。望貌或不可以核能。仲尼似喪家之狗。公旦類朴斲之材。咎繇面如蒙倛。伊尹形若槁骸。及龍陽宋朝。猶土偶之冠夜光。藉孺董鄧。猶錦紈之裹塵埃也。

抱朴子曰。勛華不能化下愚。故教不行於子弟。辛癸不能改上智。故惡不染於三仁。

抱朴子曰。至大有所不能變。極細有所不能奪。故冰霜肅殺。不能凋菽麥之茂。熾暑鬱陰。不能消雪山之凍。飄風蕩海。不能使潛泉揚波。春澤榮物。不能使枯卉發華。

抱朴子曰。泣血之寶。仰礛䃴以擒景。沈閭孟勞。須礱砥以斂鋒。騏騄待王孫而致遠。令賢俟隱括而成德。

抱朴子曰。棲鸞戢鷟。雖飢渴而不顧籠委於庖人之室。乘黃天鹿。雖幽飢而不樂蒭秣於濯龍之廄。是以接蜩之叟。忘萬物於芳林。垂綸之生。忽執珪於南楚。

抱朴子曰。方圓舛狀。逝止異歸。故渾象尊於行健。坤后貴於安貞。七政四氣。以周流成功。五嶽六柱。以峙靜作鎮。是以宋墨楚申。以截融存國。干木胡明。以無爲折衝。

抱朴子曰。得意於丘園者。身否而神泰。役己以恤物者。形逸而心勞。故抱甕灌園者。歎於台宰。啜餐茹薇者。笑乎鼎食。仗策去幽者。形如腒腊。夜以待旦者。勤憂損命。

抱朴子曰。仁忍有天淵之絕。善否猶有無之覺。騶虞側足以蹈虛。豺狼掩羣以害生。虞卿捐相印以濟窮。華公讓三辱以推賢。李斯疾勝己而殺韓非。龐涓患不如而刑孫臏。

抱朴子曰。用得其長。則才無或棄。偏詰其短。則觸物無可。故輕羅霧縠。冶服之麗也。而不可以禦流鏑。沈閭巨闕。斷斬之良也。而不可以挑腳刺。

抱朴子曰。小疵不足以損大器。短疢不足以累長才。日月挾蟲鳥之瑕。不妨麗天之景。黃河合泥滓之濁。不害凌山之流。樹塞不可以棄夷吾。奪田不可以薄蕭何。竊妻不可以廢相如。受金不可以斥陳平。

抱朴子曰。虎豹不能搏噬於波濤之中。螣蛇（盧本作騰蛇）不能登凌於不霧之日。摯雉兔則鸞鳳不及鷹鷂。引耕犁則龍麟不逮雙峙。故武夫勇士。無用乎晏如之世。碩生逸才。不貴乎力競之運。

抱朴子曰。兩絆而項領。則騏騄與蹇驢同矣。失林而居檻。則猨狖與貛貉等矣。韜鋒而不擊。則龍泉與鉛刀均矣。才遠而任近。則英俊與庸瑣比矣。若乃求千里之迹於縶維之駿。責匠世之勳於劇碎之賢。謂之不惑。吾不信也。

抱朴子曰。捐荼茹蒿者。必無識甘之口。棄瓊拾礫者。必無甄珍之明。薄九成而悅北鄙者。吾知其不能格靈祇而儀翔鳳矣。舍英秀而杖常民者。吾知其不能敍彝倫而臻升平矣。

抱朴子曰。達乎通塞之至理者。不悄悒於窮否。審乎自然之有命者。不逸豫於道行。故縈抑淵洿。則遺慍悶之心。振耀宸展。而無得意之色。三仕三已。則其人也。

抱朴子曰。否泰繫乎運。窮達不足以論士。得失在乎適偶。（舊寫本無偶字）榮辱不可以才量。（當作量才）時命不可以力求。遭遇不可以智達。故尙父者。老婦之棄夫。韓信者。乞食之餓子。蕭公者。斗筲之吏。黥布者。刑黜之亡隸。當其行龍姿於虺蜥之中。卷鳳翅乎斥鷃之羣。則彼龍后謂爲其倫。

抱朴子曰。四靈騶逸。而爲隆平之符。幽人嘉遁。而爲有國之寶。何必司晨而銜鑣羈紲於憂責哉。有用人之用也。無用我之用也。徇身者不以名汨和。修生者不以物累已。

抱朴子曰。量才而授者。不求功於器外。揆能而受者。不負責於力盡。故滅熒燭者不煩滄海。扛斤兩者不事烏獲。遐薪犖鹽。不宜枉騏驥之腳。碎職瑣任。安足屈獨行之俊矣。

抱朴子曰。邪淪之流。不能運大白之艘。升合之器。不能容千鍾之物。熠燿不能竝表微之景。常才不能別逸倫之器。蓋造化所假。聰明有本根也。

抱朴子曰。郢人美下里之淫𧇊而薄六莖之和音。庸夫好悅耳之華譽。而惡利行之良規。故宋玉含其延露之精聲。智士招其獨見之遠謀。

抱朴子曰。瓊珉山積。不能無挾瑕之器。鄧林千里。不能無偏枯之木。論珍則不可以細疵棄巨美。語大則不可以少累廢其多故。叛主者良平也。而吐六奇以安上。羣盜者彭越也。而建弘勳於佐命。

抱朴子曰。五嶽巍峨。不以藏疾傷其極天之高。滄海混瀁。不以含垢累其無涯之廣。故九德尙寬以得衆。宣尼汎愛而與進。

廣譬卷第三十九

抱朴子曰。立德踐言。行全操淸。斯則富矣。何必玉帛之崇乎。高尙其志。不降不辱。斯則貴矣。何必靑紫之兼拕也。俗民不能識其度量。庸夫不得揣其銓衡。是則高矣。何必凌雲而蹈霓乎。闚者莫或測其淵流。求者未有覺其短乏。是則深矣。何必洞河而淪海乎。四海苟備。雖室有懸磬之窶。可以無羨乎鑄山而煮海矣。身處鳥獸之羣。可以不渴乎朱輪而華轂矣。

抱朴子曰。潛靈俟慶雲以騰竦。棲鴻階勁風以凌虛。素鱗須姬發而躍。白雉待公旦而來。姜老値西伯而投磻溪之綸。韓英遭漢高乃騁撥亂之才。

抱朴子曰。澄精神於玄一者。則形器可忘。邈高節以外物者。則富貴可遺。故支離之□（舊寫本空白一字藏本不空盧本作支離甕盎）偉造化而怡顏。北人箕叟棲嵩岫而得意焉。

抱朴子曰。粗理不可挾全。能事不可畢兼。故懸象明而可蔽。山川滯而或移。金玉剛而可柔。堅冰密而可離。公旦不能與伯氏跟絓於褐雲之峻。仲尼不能與呂梁較伎於百仞之溪。

抱朴子曰。震雷不能細其音以協金石之和。日月不能私其耀以就曲照之惠。大川不能促其涯以適速濟之情。

五岳不能削其峻以副陟者之欲。故廣車不能咨其轍以苟通於狹路。高士不能撙其節以同塵於隘俗。

抱朴子曰。陰陽以廣陶濟物。三光以普照著明。嵩華以藏疾爲驥。北溟以含垢稱大。碩儒以與進弘道。遠數以博愛容衆。

抱朴子曰。靈龜之甲。不必爲戰施。麟角鳳爪。不必爲鬬設。故儁生不釋劍於平世。擊柝不輟備於思危。

抱朴子曰。南金不爲處幽而自輕。瑾瑤不以居深而止潔。志道者不以否滯而改圖。守正者不以莫賞而苟合。

抱朴子曰。登玄圃者。悟丘阜之卑。浮溟海者。識池沼之褊。披九典乃覺牆面之篤蔽。聞至道乃知拘俗之多迷。

抱朴子曰。渾沌之原。無皎澄之流。毫釐之根。無連抱之枝。分寸之燼。無炎遠之熱。隙穴之中。無炳蔚之翠。鉤曲之形。無繩直之影。參差之上。無整齊之下。

抱朴子曰。不覩瓊琨之熠爍。則不覺瓦礫之可賤。不覿虎豹之彧蔚。則不知犬羊之質漫。聆白雪之九成。然後悟巴人之極鄙。識儒雅之汪濊。爾乃悲不學之固陋。

抱朴子曰。無當之玉盌。不如全用之埏埴。寸裂之錦黻。未若堅完之韋布。故夏姬之無禮。不如孤逐之皎潔。富貴之多罪。不如貧賤之履道。

抱朴子曰。猛獸不奮搏於度外。鷹鷂不揮翮以妄擊。若廟筭既內不揆德。進取又外不量力。猶輕羽之沒洪鑪。飛雪之委沸鑊。朝菌之試干將。蒸犢之犯虓虎也。

抱朴子曰。三辰蔽於天。則清景暗於地。根荄蹶於此。則柯條瘁於彼。道失於近。則禍及於遠。政繆於上。而民困於下。

抱朴子曰。務於遠者或失於近。治其外者或患生乎內。覆頭者不必能令足不濡。蔽腹者不必能令背不傷。故秦始築城遏胡而禍發幃幄。漢武懸旌萬里而變起蕭牆。

抱朴子曰。人才無定珍。器用無常道。進趨者以適世爲奇。役御者以合時爲妙。故玄冰結則五明捐。隆暑熾則裘鑪退。高鳥聚則良弓發。狡兔多則盧鵲走。干戈興則武夫奮。韶夏作則文儒起。

抱朴子曰。激脩流揚朝宗者。不可以背五城而跨積石。舒翠葉吐丹葩者。不可以舍洪荄而去繁柯。敗源失本。尠不枯汔。叛聖違經。理不弘濟。

抱朴子曰。四瀆辯源。五河分流。赴卑注海。殊塗同歸。色不均而皆豔。音不同而咸悲。香非一而並芳。味不等而悉美。

抱朴子曰。物貴濟事而飾爲其末。化俗以德而言非其本。故縣布可以禦寒。不必貂狐。淳素可以匠物。不在文辯。

抱朴子曰。衝飈謐氣則轉蓬山峙。脩綱既舒則萬目齊理。故未有上好謙而下慢。主賤寶而俗貪。

抱朴子曰。事有緣微而成著。物有治近而致遠。故修步武之池。而引沈鱗於江海。豐朝陽之林。而延靈禽於丹穴。設象於槃盂。而翠虬降於玄霄。委灰於尺水。而望舒變於太極。是以晉文回輪於勇蟲。而壯士雲赴。句踐曲躬於怒鼃。而戎卒輕死。九九顯而扣角之儁至。枯骨掩而參分之仁洽。

抱朴子曰。膏壤在茲。而枯葉含榮。率俗以身。則不言而化。故有唐以鹿裘臻太平。齊桓以損紫止奢競。章華搆而豐屋之過成。露臺輟而玄默之風行。

抱朴子曰。聽者料興亡於遺音之絕響。明者覩機理於玄微之未形。故越人見齊桓不振之徵於未覺之疾。箕子識殷人鹿臺之禍於象箸之初。

抱朴子曰。二儀不能廢春秋以成歲。明主不能舍刑德以致治。故誅貴所以立威。賞賤所以勸善。罰上達則姦萌破而非（藏本脫非字名本有）懦弱所能用也。惠下逮則遠人懷而非儉吝所能辦也。

抱朴子曰。浮海滄者。必精占於風氣。故保利涉之福。善莅政者。必戰戰於得失。故享惟永之慶。故闇君之所輕。蓋明主之所重也。亡國之所棄。則治世之所行也。

抱朴子曰。毫釐蹉於機。則尋常違於的。與奪失於此。則善否亂於彼。邪正混併。則彝倫攸斁。功過不料。則庶績以崩。故明君賞猶春雨而無霖淫之失。罰擬秋霜而無詭時之嚴。

抱朴子曰。明銓衡者。所重不可得誣也。仗法度者。所愛不可得私也。故得人者。先得之於己者也。失人者。先失之於己者也。未有得己而失人。失己而得人者也。

抱朴子曰。明主躬操威恩。不假人以利器。暗主倒執干戈。雖名尊而勢去。故制慶賞而得衆者。田常所以奪齊也。

擅威福而專朝者。王莽所以篡漢也。

抱朴子曰。常制不可以待變化。一塗不可以應無方。刻船不可以索還劍。膠柱不可以諧清音。故翠蓋不設於晴朗。朱輪不施於涉川。味淡則加之以鹽。沸溢則增水而減火。

抱朴子曰。丹書鐵券。刺牲歃血。不能救違約之弊。則難以結繩檢矣。五刑九伐。赤族之威。（藏本作感從舊寫本改）不足以止覬覦之姦。則不可以舞干化矣。是以書有世重之文。易有隨時之宜。

抱朴子曰。人有識真之明者。不可欺以僞也。有揣深之智者。不可誑以淺也。不然。以虺蛇爲應龍。狐鴟爲麟鳳矣。

抱朴子曰。世有雷同之譽而未必賢也。俗有讙譁之毀而未必惡也。是以迎而許之者。未若鑒其事而試其用。逆而距之者。未若聽其言而課其實。則佞媚不以虛談進。良能不以孤弱退。駑蹇轂望於大輅。戎蚓揚鑣而寵騁。則功胡大而不可建。道胡遠而不可到。

抱朴子曰。溜朽之木。不能當傾山之風。含隙之崖。難以值滔天之濤。故七百之祚。三十之世。非徒牧野之功。倒戈之敗。鹿臺之禍。不始甲子之朝。其彊久矣。其亡尙矣。

抱朴子曰。貴遠而賤近者。常人之用情也。信耳而疑目者。古今之所患也。是以秦王歎息於韓非之書而想其爲人。漢武慷慨於相如之文而恨不同世。及既得之。終不能拔。或納讒而誅之。或放之（本無之字從羣書治要補）乎冗散。此蓋葉公之好僞形。見真龍而失色也。

抱朴子曰。摩尼不齊朗。則無別於磧礫。化鯤不凌霄。則靡殊於桃蟲。綿駒吞聲。則與喑人爲羣。逸才沈抑。則與凡庸爲伍。故鯤鰍褻絳虯於淵洿。駑蹇黷驥騄於坰野者。不識彼物靜與之同。動與之異。

抱朴子曰。棄金璧於塗路。則行人止足。委錦紈於泥濘。則見者驚咄。若夫放高世之士於庸函之伍。捐經國之器於困滯之地。而談者不訟其屈。達者不拯其窮。或貴其文而忽其身。或用其策而忘其功。斯之爲病。由來久矣。

抱朴子曰。開源不億仞。則無懷山之流。崇峻不凌霄。則無彌天之雲。財不豐則其惠也不博。才不遠則其辭也不贍。故覩盈丈之牙。則知其不出徑寸之口。見百尋之枝。則知其不附毫末之木。

抱朴子曰。靈鳳所以晨起丹穴。夕萃軒丘。日未移晷。周章九陔。凌風蹈雲。不蹤不閡者。以其六翮之輕勁也。夫良才大智。亦有國之六翮也。

抱朴子曰。淇衛忘歸。不能無絃而遠激。振壓之音。不能無器而興哀。超俗拔萃之德。不能立功於未至之時。

抱朴子曰。朱綠之藻。不秀於枯柯。傾山之流。不發乎涸源。熠燿之宵餤。不能使萬品呈形。志盡勢利。不能使芳風邈世。

抱朴子曰。重淵不洞地。則不能含螭龍。吐吞舟。峻山不極天。則不能韜琳琅。播雲雨。立德不絕俗。則不能收美聲。著厚實。執志不絕羣。則不能臻成功銘弘勳。而凡夫朝爲蜩翼之善。夕望丘陵之益。猶立植黍稷。坐索於豐收也。

抱朴子曰。行無邈俗之標。而索高世之稱。體無道藪之本。而營朋黨之末。欲以收清貴於當世。播德音於將來。猶褰裳以越滄海。企佇而躍九玄。

抱朴子曰。泥龍雖藻繪炳蔚。而不堪慶雲之招。撩禽雖琱琢玄黃。而不任淩風之舉。芻狗雖飾以金翠。而不能躡景以頓逸。近才雖豐其寵祿。而不能令天清而地平。

抱朴子曰。毒粥既陳。則旁有爛腸之鼠。明燎宵舉。則下有聚死之蟲。芻豢之豐。則鼎俎承之。才小任大。則泣血漣如。桑霍爲戒厚矣。范疏之鑒明矣。

抱朴子曰。滄海揚萬里之濤。不能斂山峯之塵。驚風摧千仞之木。不能拔弱草之荄。貙虎虓闞。不能威蚊虻。冠世之才。不能合流俗。

抱朴子曰。堅志者。功名之主也。(舊寫本作柱也)不惰者。衆善之師也。登山不以艱險(舊寫本作難險)而止。則必臻乎峻嶺矣。積善(藏本作脩苦從舊寫本改)不以窮否而怨。則必永其令問矣。

抱朴子曰。和鵲雖不長生。而針石不可謂非濟命之器也。儒者雖多貧賤。而墳典不可謂非進德之具也。播種有不收者矣。而稼穡不可廢。仁義有遇禍者矣。而行業不可惰。

抱朴子曰。重載不止。所以沈我舟也。昧進忘退。所以危我身也。聚蝎攻本。雖權安然。必傾之徵也。

抱朴子曰。玄雲爲龍興。非虺蜓所能招也。飆風爲虎發。非狐狢之能致也。是以大人受命。則逸倫之士集。玉帛幽求。則丘園之俊起。

抱朴子曰。金以剛折。水以柔全。山以高陊。谷以卑安。是以執雌節者無爭雄之禍。多尙人者有召怨之患。

抱朴子曰。淮陰隱勇於跨下。不損其龍躍而虎視也。應侯韜奇於溺簀。不妨其鸞翔而鳳起也。或南面稱孤。或宰總台鼎。故一抑一揚者。輕鴻所以凌虛也。乍屈乍伸者。眞才所以俟時也。

抱朴子曰。焦螟之卑棲。不肎爲銜鼠之喉夭。（舊寫本作戻天）玄蟬之潔飢。不願爲蜣蜋之穢飽。是以禦寇不納鄭陽之惠。曾參不羨晉楚之寶。

抱朴子曰。微飈不能揚大海之波。毫芒不能動萬鈞之鍾。是以漆園思惠。有捐斤之歎。伯氏哀期。有剿絃之憤。短唱不足以致弘麗之和。勢利不足以移淡泊之心。

抱朴子曰。熊羆不校捷於狐狸。金鶚不兢鷙於小鷄。是以張耳掩壯於抱關。朱亥竄勇於鼓刀。

抱朴子曰。懸魚惑於芳餌。檻虎死於籠狐。不可以釣緡致者。必虯螭也。不可以機穽誘者。必麟虞也。

抱朴子曰。夫雲翔者。不知泥居之洿。處貴者。尟恕羣下之勞。然根朽者。尋木不能保其千日（藏本作里今從舊寫本改）之茂也。民怨者。堯舜不能恃其長世之慶也。

抱朴子曰。凡木結根於靈山。而匠石爲之寢斤斧。小鮮寓身於龍池。而漁父爲之息網罟。蚊集鷹首。則鷹鷂不敢啄。鼠住虎側。則狸犬不敢睨。（藏本作譏從舊寫本改）

抱朴子曰。靈蔡默然。而吉凶昭晢於無形。春雷長譁。而醜音見患於聒耳。故聲希者響必巨。辭寡者信必著。

抱朴子曰。箕踞之俗。惡盤旋之容。被髮之域。憎章甫之飾。故忠正者見排於讒勝之世。雅人不容乎惡直之俗。

抱朴子曰。升水不能救八藪之燔爇。撮壤不能遏砥柱之騰沸。寸刃不能刋長洲之林。獨是不能止朋黨之非。

抱朴子曰。千羊不能扞獨虎。萬雀不能抵一鷹。庭燎攢舉。不及羲和之末景。百鼓並伐。未若震霆之餘聲。是以庸夫盈明。不能使彝倫攸敍。英俊孤任。足以令庶事根長。

抱朴子曰。非分之達。猶林卉之冬華也。守道之窮。猶竹柏之履霜也。故識否泰於獨見者。雖劫以鋒鋭。猶不失正而致塗焉。安肎諂笑以偶俗乎。體方貞以居直者。雖誘以封國。猶不違情以趨時焉。安肎蹊徑以取容乎。

抱朴子曰。震雷輷轄而不能致音乎聾聵之耳。重光麗天而不能曲景於幽岫之中。凝冰慘慄而不能凋款冬之華。朱飈鑠石而不能靡蕭丘之木。故至德有所不能移也。

抱朴子曰。彇弩危機。嚴鏃銜弦。至可忌也。而勇雄觸之而不猜。闇政亂邦。惡直妬能。甚難測也。而貪人競之而不避。故飛鋒暴集而不覺。禍敗奄及而不振。是以愚夫之所悅。乃達者之所悲也。凡才之所趨。乃大智之所去也。

抱朴子曰。風不輟則扇不用。日不入則燭不明。華不墮則實不結。岸不虧則谷不盈。九有乂安則韓白之功不著。長君繼軌。則伊霍之勳不成。故病困乃重良醫。世亂而貴忠貞。

抱朴子曰。好榮故樂譽之欲多。畏辱則憎毀之情急。若夫通精元一。命契造化。混盈虛以同條。齊得失於一指者。愛惡未始有所繫。窮通不足以滑和。

抱朴子曰。與奪不汨其神者。至粹者也。利害不染其和者。極醇者也。浩浩乎非瓢觶所挹矣。茫茫乎非跬步所尋矣。聲希所以爲大音。和寡所以崇我貴。玄黃邃邈而不與囗（藏本擠接舊寫本空白一字）其曠。死生大矣。而不以改其守。常分細碎。將胡恤焉。

抱朴子曰。林繁則匠入矣。珠美則蚌裂矣。石含金者楚鑠。草任藥者剪掘。刃利則先缺。絃哀則速絕。用以適己。眞人之寶也。才合世求。有伎之災也。

抱朴子曰。準的陳則流鏑赴焉。美名起則謗讟攻焉。瑰貨多藏則不招怨而怨至矣。器盈志驕則不召禍而禍來矣。

抱朴子曰。連城之寶。非貧寒所能市也。高世之器。非淺俗所能識也。然盈尺之珍。不以莫知而暗其質。逸倫之士。不以否塞而薄其節。樂天任命。何怨何尤。

抱朴子曰。大鵬無戒旦之用。巨象無馳逐之才。故蔣琬敗績於百里。而爲三台之標。陳平困瘁於治家。而懷六奇之略。

抱朴子曰。明闇者。才也。自然而不可飾焉。窮達者。時也。有會而不可力焉。呂尚非早蔽而晚智。然振素而僅遇。韓信非初怯而末勇。然危困而後達。

抱朴子曰。奔驥不能及旣往之失。千金不能救斯言之玷。故博其施者。未若防其微。勤其求者。不如寡其辭。

抱朴子曰。烈士之愛國也如家。奉君也如親。則不忠之事。不爲其罪矣。仁人之視人也如己。待疏也猶密。則不恕之怨。不爲其責矣。

抱朴子曰。玄冰未結。白雪不積。則青松之茂不顯。俗化不弊。風教不頹。則皎潔之操不別。在危國而沈賤。故莊萊抗遺榮之高。居亂邦而飢寒。故嗇列播忘富之稱。

抱朴子曰。天居高而鑒卑。故其網雖疎而不漏。神聰明而正真。故其道贊真而罰僞。是以惠和暘於九區。則七耀得於玄昊。殘害著於品物。則二氣謬於四八。

抱朴子曰。天秩有罔極之尊。人爵無違德之貴。故仲尼雖匹夫而饗祀於百代。辛癸爲帝王而僕豎不願以見比。商老身愈賤而名愈貴。幽厲位彌重而罪彌著。故齊王之生。不及柳惠之墓。秦王之宮。未若康成之閭。

抱朴子曰。影響不能無形聲以著。餘慶不可以無德而招。故唐堯爲政七十餘載。然後景星摛耀。宰公積行。黃髮不倦。而乃隧金雨集。途遠者其至必遲。施後者其報常晚。

抱朴子曰。理盡者不可責有餘。一至者不可求兼濟。故洪濤之末。不能蕩浮萍。衝風之後。不能颺輕塵。勁弩之餘力。不能洞霧縠。西頹之落暉。不能照山東。

抱朴子曰。懸象雖薄蝕。不可以比螢燭之貞耀。黃河雖混渾。不可以方沼沚之清澄。山雖崩猶峻於丘垤。虎雖瘠猶猛於豺狼。

抱朴子曰。神農不九疾。則四經之道不垂。大禹不胼胝。則玄珪之慶不集。故久憂爲厚樂之本。暫勞爲永逸之始。

抱朴子曰。金鉤桂餌雖珍。而不能制九淵之沈鱗。顯寵豐祿雖貴。而不能致無欲之幽人。故呂梁有竭立之夫。河湄繁伐檀之民。玉帛徒集於子陵之巷。蒲輪虛反於徐生之門。

抱朴子曰。觀聽殊好。愛憎難同。飛鳥覩西施而驚逝。魚鱉聞九韶而深沈。故衮藻之粲煥。不能悅裸鄉之目。采菱之清音。不能快楚隸之耳。古公之仁。不能喻欲地之狄。端木之辯。不能釋繫馬之鄙。

抱朴子曰。般旋之儀。見憎於裸踞之鄉。繩墨之匠。獲忌於曲木之肆。負婪鬻髲者。疾素絲之皎潔。比周實繁者。讎高操之孤立。猶買豎之惡同利。醜女之害國色。

抱朴子曰。君子之升騰也。則推賢而散祿。庸人之得志也。則矜貴而忽士。施惠隆於佞幸。用才(當作財)出乎小惠。不與智者共其安。而望有危而見救。不與奇士同其歡。而欲有戚之見恤。猶炎火張天。方請雨於名山。洪水凌空。而伐舟於東閩。不亦晚乎。

辭義卷第四十

或曰。乾坤方圓。非規矩之功。三辰摛景。非瑩磨之力。春華粲煥。非漸染之采。茝蕙芬馥。非容氣所假。知夫至眞。貴乎天然也。義以罕覿爲異。辭以不常爲美。而歷觀古今屬文之家。尠能挺逸麗於毫端。多斟酌於前言。何也。抱朴子曰。清音貴於雅韻克諧。著作珍乎判微析理。故八音形器異而鍾律同。黼黻文物殊而五色均。徒閑澀有主賓。妍媸有步驟。是則總章無常曲。大庖無定味。夫梓豫山積。非班匠不能成機巧。衆書無限。非英才不能收膏腴。何必尋木千里。乃構大廈。鬼神之言。乃著篇章乎。

抱朴子曰。夫才有清濁。思有修短。雖並屬文。參差萬品。或浩瀁而不淵潭。或得事情而辭鈍。違物理而文工。(藏本作言功今從舊寫本)蓋偏長之一致。非兼通之才也。闇於自料。強欲兼之。違才易務。故不免嗤也。

抱朴子曰。五味舛而並甘。衆色乖而皆麗。近人之情。愛同憎異。貴乎合己。賤於殊途。夫文章之體。尤難詳賞。苟以入耳爲佳。適心爲快。尠知忘味之九成。雅頌之風流也。所謂考鹽梅之鹹酸。不知大羹之不致。明飄颻之細巧。蔽於沈深之弘邃也。其英異宏逸者。則網羅乎玄黃之表。其拘束齷齪者。則羈紲於籠罩之內。振翅有利鈍。則翔集有高卑。騁迹有遲迅。則進趨有遠近。駑銳不可(疑此下有脫文)膠柱調也。文貴豐贍。何必稱善如一口乎。不能拯風俗之流遁。世塗之凌夷。通疑者之路。賑貧者之乏。何異春華不爲肴糧之用。茝蕙不救冰寒之急。古詩刺過失。故有益而貴。今詩純虛譽。故有損而賤也。

抱朴子曰。屬筆之家。亦各有病。其深者則患乎譬煩言冗。申誡廣喻。欲棄而惜。不覺成煩也。其淺者則患乎妍而無據。證援不給。皮膚鮮澤而骨骾迴弱也。繁華暐曄。則並七曜以高麗。沈微淪妙。則儕玄淵之無測。人事靡細而不浹。王道無微而不備。故能身賤而言貴。千載彌彰焉。

循本卷第四十一

抱朴子曰。玄寂虛靜者。神明之本也。陰陽柔剛者。二儀之本也。巍峨巖岫者。山嶽之本也。德行文學者。君子之本也。莫或無本而能立焉。是以欲致其高。必豐其基。欲茂其末。必深其根。鄉黨之友。不洽而勤。遠方之求。泣宮之稱。不著而索。不次之顯。是以雖佻虛譽。猶狂華干霜以吐曜。不崇朝而零瘁矣。雖竊大寶於不料。冒惟塵以負乘。猶鮮介附騰波以高凌。顧眄已枯株於危陸矣。聖賢孜孜。勉之若彼。淺近蹻蹻。忽之如此。積習則忘飽肆之臭。裸鄉不覺呈形之醜。自非遁世而無悶。齊物於通塞者。安能棄近易而尋迂闊哉。將救斯弊。其術無他。徒擢民於巖岫。任才而不討也。

應嘲卷第四十二

抱朴子曰。客嘲余云。先生載營抱一。韜景靈淵。背俗獨往。邈爾蕭然。計決而猶豫。不棲於心術。分定而世累。無繫於智閒。伯陽以道德爲首。莊周以逍遙冠篇。用能標峻格於九霄。宣芳烈於罔極也。今先生高尚勿用。身不服事。而著君道臣節之書。不交於世。而作譏俗救生之論。甚愛骭毛。而綴用兵戰守之法。不營進趨。而有審舉窮達之篇。蒙竊惑焉。抱朴子曰。君臣之大。次於天地。思樂有道。出處一情。隱顯任時。言亦何繫。大人君子。與事變通。老子無爲者也。鬼谷終隱者也。而著其書。咸論世務。何必身居其位。然後乃言其事乎。夫器非瓊瑤。楚和不泣。質非潛虯。風雲不集。余才短德薄。幹不適治。出處同歸。行止一致。豈必達官。乃可議政事君。否則不可論治亂乎。常恨莊生言行自伐。桎梏世業。身居漆園而多誕談。好畫鬼魅。憎圖狗馬。狹細忠貞。貶毀仁義。可謂彫虎畫龍。難以徵風雲。空板億萬。不能救無錢。孺子之竹馬。不免於腳剝。土柈之盈案。無益於腹虛也。或人又曰。然吾子所著。彈斷風俗。言苦辭直。吾恐適足取憎在位。招擯於時。非所以揚聲發譽。見貴之道也。抱朴子曰。夫制器者。珍於周急。而不以采飾外形爲善。立言者。貴於助教。而不以偶俗集譽爲高。若徒阿順諂諛。虛美隱惡。豈所匡失弼違。醒迷補過者乎。盧寡和而廢白雪之音。嫌難售而賤連城之價。余無取焉。非不能屬華豔以取悅。非不知抗直言之多吝。然不忍違情曲筆。錯濫眞僞。欲令心口相契。顧不愧景。冀知音之在後也。否泰有命。通塞聽天。何必書行言用。榮及當年乎。夫君子之開口動筆。必戒悟蔽。式整雷同之傾邪。磋礱流遁之闇穢。而著書者。徒飾弄華藻。張磔迂闊。屬難驗無益之辭。治靡麗虛言之美。有似堅白厲修之書。公孫刑名之論。雖曠籠天地之外。微入無間之內。立解連環。離同合異。鳥影不動。雞卵有足。犬可爲羊。大龜長蛇之言。適足示巧表奇以誑俗。何異乎畫敖倉以救飢。仰天漢以解渴。說崑山之多玉。不能賑原憲之貧。觀藥藏之簿領。不能治危急之疾。墨子刻木雞以厲天。不如三寸之車鎋。管青鑄騏驥於金象。不如駑馬之周用。言高秋天而不可施者。丘不與易也。

喩蔽卷第四十三

抱朴子曰。余雅謂王仲任作論衡八十餘篇。爲冠倫大才。有同門魯生難余曰。夫瓊瑤以寡爲奇。磧礫以多爲賤。故庖犧卦不盈十而彌綸二儀。老氏言不滿萬而道德備舉。王充著書。兼箱累袠。而乍出乍入。或儒或墨。屬詞比義。又不盡美。所謂陂原之蒿莠。未若步武之黍稷也。抱朴子答曰。且夫作者之謂聖。述者之謂賢。徒見述作之品。未聞多少之限也。吾子所謂竄巢穴之沈昧。不知八紘之無外。守燈燭之宵曜。不識三光之晃朗。遊潢洿之淺狹。未覺南溟之浩汗。滯丘垤之位埒。不寤嵩岱之峻極也。兩儀所以稱大者。以其函括八荒。緬邈無表也。山海所以爲富者。以其包籠曠闊。含受雜錯也。若如雅論。貴少賤多。則穹隆無取乎宏燾。而旁泊不貴於厚載也。夫迹水之中。無吞舟之鱗。寸枝之上。無垂天之翼。蟻垤之巔。無扶桑之林。潢潦之源。無襄陵之流。巨鼇首冠瀛洲。飛波淩乎方丈。洪桃盤於度陵。建水（當作木）竦於都廣。沈鯤橫於天池。雲鵬戾乎玄象。且夫雷霆之駭。不能細其響。黃河之激。不能局其流。騏騄追風。不能近其迹。鴻鵠奮翅。不能卑其飛。雲厚者雨必猛。弓勁者箭必遠。王生學博才大。又安省乎。吾子云。玉以少貴。石以多賤。夫玄圃之下。荊華之顚。九員之澤。折方之淵。琳琅積而成山。夜光煥而灼天。顧不善也。又引庖犧氏著作不多。若夫周公既繇大易。加之以禮樂。仲尼作春秋。而重之以十篇。過於庖犧。多於老氏。皆當貶也。言少則至理不備。辭寡卽庶事不暢。是以必須篇累卷積。而綱領舉也。羲和昇光以啓旦。望舒曜景以灼夜。五材竝生而異用。百藥雜秀而殊治。四時會而歲功成。五色聚而錦繡麗。八音諧而簫韶美。羣言合而道藝辨。積猶頓之財。而用之甚少。是何異於原憲也。懷無銓之量。而著述約陋。亦何別於瑣碌也。音爲知者珍。書爲識者傳。瞽曠之調鍾。未必求解於同世。格言高文。豈患莫賞而減之哉。且夫江海之穢物。不可勝計。而不損其深也。五嶽之曲木。不可訾量。而無虧其峻也。夏后之璜。雖有分毫之瑕。暉曜符彩。足相補也。數千萬言。雖有不豔之辭。事義高遠。足相掩也。故曰。四瀆之濁。不方瓮水之清。巨象之瘦。不同羔羊之肥矣。子又譏云。乍入乍出。或儒或墨。夫發口爲言。著紙爲書。書者。所以代言。言者。所以書事。若用筆不宜雜載。是論議當常守一物。昔諸侯訪政。弟子問仁。仲尼答之。人人異辭。蓋因事託規。隨時所急。譬猶治病之方千百。而針灸之處無常。却寒以溫。除熱以冷。期（藏本作其）於救死存身而已。豈可詣者。逐一道如齊楚。而不改路乎。陶朱白圭之財。不一物者。豐也。雲夢孟諸所生萬殊者。曠也。故淮南鴻烈。始於原道俶真。而亦有兵略主術。莊周之書。以死生爲一。亦有畏犧慕龜。請粟救飢。若以所言不純。而棄其文。是治珠翳而剜眼。療溼痺而刖足。患蔑葬而刈穀。憎枯枝而伐樹也。

百家卷第四十四

抱朴子曰。百家之言。雖不皆清翰銳藻。弘麗汪濊。然悉才士所寄。心一夫澄思也。正經爲道義之淵海。子書爲增深之川流。仰而比之。則景星之佐三辰。俯而方之。則林薄之裨嵩岳。而學者專守一業。遊井忽海。遂蹶躓於泥濘之中。而沈滯乎不移之困。子書披（藏本作彼舊寫本空白今從盧本）引玄曠。眇邈泓窈。總不測之源。揚無遺之流。變化不繫於規矩之方圓。旁通不淪於違正之邪徑。風格高嚴。重仞難盡。是偏嗜酸甜者。莫能賞其味也。用思有限者。不得辯其神也。先民歎息於才難。故百世爲隨踵。不以璞不生板桐之嶺。而捐曜夜之寶。不以書不出周孔之門。而廢助教之言。猶彼操水者。器雖異而救火同焉。譬若鍼灸者。術雖殊而攻疾均焉。狹見之徒。區區執一。去博辭（藏本作亂從舊寫本改）精。思而不識。合錙銖可以齊重於山陵。聚百千可以致數於億兆。惑詩賦瑣碎之文。而忽子論深美之言。真僞顛倒。玉石混殽。同廣樂於桑閒。均龍章於素質。可悲可慨。豈一條哉。

文行卷第四十五

或曰。德行者本也。文章者末也。故四科之序。文不居上。然則著紙者。糟粕之餘事。可傳者。祭畢之芻狗。卑高之格。是可譏矣。抱朴子答曰。荃可棄而魚未獲。則不得無荃。文可廢而道未行。則不得無文。若夫翰迹韻略之廣逼。屬辭比義之妍媸。源流至到之修短。韞藉汲引之深淺。其懸絕也。雖天外毫內。不足以喻其遼邈。其相傾也。雖三光熠燿。不足以方其巨細。龍淵鉛鋌（舊寫本作刀）未足以譬其銳鈍。鴻羽積金。未足以方其輕重。而俗士唯見能染毫畫紙。便概以一例。斯伯氏所以永思鍾子。郢人所以格斤不運也。夫斵削者比肩。而班狄擅絕手之名。援琴者至多。而夔襄專清聲之稱。廄馬千駟。而騏驪有邈羣之價。美人萬計。而威施有超世之色者。蓋遠過衆也。且文章之與德行。猶十尺之與一丈。謂之餘事。未之前聞也。八卦生乎鷹隼之飛。六甲出於靈龜之負。文之所在。雖且貴（疑雖下有脫舊寫本作具貴亦有脫）本不必便疏。末不必皆薄。譬錦繡之因素地。珠玉之託蚌石。雲雨生於膚寸。江河始於咫尺。理誠若茲。則雅論病矣。又曰。應龍徐舉。顧眄而凌雲。汗血緩步。呼吸而千里。故螻螘怪其無階而高致。駑蹇驚過己之不漸也。若夫馳騁詩論之中。周旋一經之內。以常情覽巨異。以褊量測無涯。始自髫齔。詣于振素。不能得也。又世俗率貴古昔而賤當今。敬所聞而黷所見。同時雖有追風絕景之駿。猶謂不及伯樂之所御也。雖有宵朗兼城之璞。猶謂不及楚和之所泣也。雖有斷馬指雕之劍。猶謂不及歐冶之所鑄也。雖有生枯起朽之藥。猶謂不及和鵲之所合也。雖有冠羣獨行之士。猶謂不及於古人也。

正郭卷第四十六

抱朴子曰。嵇生以爲太原郭林宗。竟不恭三公之命。學無不涉。名重於往代。加之以知人。知人則哲。蓋亞聖之器也。及在衰世。棲棲惶惶。席不暇溫。志在乎匡斷行道。與仲尼相似。余答曰。夫智與不智。存於一言。樞機之玷。亂乎白圭。愚謂亞聖之評。未易以輕有許也。夫所謂亞聖者。必具體而微。命世絕倫。與彼周孔其間無所復容之謂也。若人者。亦何足登斯格哉。林宗拔萃翹特。鑒識朗徹。方之常人所識。固多引之上。及實復未足也。此人有機辯風姿。又巧自抗遇而善用。且好事者爲之羽翼。延其聲譽於四方。故能挾之見准（各本作推）慕於亂世。而爲過聽不覈實者所推策。及其片言所褒。則重於千金。遊涉所經。則賢愚波蕩。謂龍鳳之集。奇瑞之出也。吐聲則餘音見法。稜足則遺迹見擬。可謂善擊建鼓而當揭（舊寫本作揚）日月者耳。非真隱也。蓋欲立朝則世已大亂。欲潛伏則悶而不堪。或躍則畏禍害。確爾則非所安。彰偟不定。載肥載臞。而世人逐其華而莫研其實。翫其形而不究（藏本作統今從舊寫本）其神。故遺兩巾壞。猶復見傚。不覺其短。皆是類也。俗民追聲。一至於是。故其雖有缺隙。莫之敢指也。夫林宗學涉知人。非無分也。然而未能避過實之名。而闇於自料也。或勸之以出仕進者。林宗對曰。吾晝察人事。夜看乾象。天之所廢。不可支也。方今運在明夷之爻。值勿用之位。蓋盤桓潛居之時。非在天利見之會也。雖在原陸。猶恐滄海橫流。（藏本作流橫今從舊寫本）吾其魚也。況可冒衝風而乘奔波乎。未若巖岫頤神。娛心彭老。優哉游哉。聊以卒歲。按林宗之言。其知漢之不可救。非其才之所辦審矣。法當仰隮商洛。俯泛五湖。追巢父於峻嶺。尋漁父於滄浪。若不能結蹤山客。離羣獨往。則當掩景淵洿。韜鱗括囊。而乃自西徂東。席不暇溫。欲慕孔墨棲棲之事。聖者憂世。周流四方。猶爲退士。所見譏彈。林宗才非應期。器不絶倫。出不能安上治民。移風易俗。入不能揮毫屬筆。祖述六藝。行自衒耀。亦既過差。收名赫赫。受饒頗多。然卒進無補於治亂。退無迹於竹帛。觀傾視汩。冰泮草靡。未有異庸人也。無故沈浮於波濤之間。倒屣於埃塵之中。遨集京邑。交關貴游。輪刓筴弊。匪遑啓處。遂使聲譽翕熠。秦胡景附。巷結朱輪之軌。堂列赤紱之客。軺車盈街。載奏連車。誠爲游俠之徒。未合逸隱之科也。有道之世而臻此者。猶不得復廁高潔之條貫。爲秘丘之俊民。而修茲在於危亂之運。奚足多哉。孰不謂之闇於天人之否泰。蔽於自量之優劣乎。空背恬默之塗。竟無有爲之益。不值禍敗。蓋其幸耳。以此爲憂世念國。希擬素王。有似蹇足之尋龍騏。斥鷃之逐鴻鵠。焦冥之方雲鵬。蹊鼬之比巨象也。然則林宗可謂有耀俗之才。無固（藏本作用從舊寫本改）守之質。見無不了。庶幾大用。符采外發。精神內虛。不勝煩躁。言行相伐。口稱靜退。心希榮利。未得口（舊寫本空白一字）玄圃之棲禽。九淵之潛靈也。自衒自媒。士女之醜事也。知其不可而尤傚尤。師亞聖之器。其安在乎。雖云知人。知人之明。乃唐虞之所難。尼父之所病。夫以明並日月。原始見終。且猶有失。不能常中。況於林宗螢燭之明。得失半解。已爲不少矣。然則名稱重於當世。美談盛於既沒。故其所得者。則世共傳聞。而所失者。則莫之有識爾。雖頗甄無名之士於草萊。指未剖之璞於丘園。然未能進忠烈於朝廷。立禦侮於壃場。解亡徵於倒懸。折逆謀之競逐。若鮑子之推管生。平仲之達穰苴。林宗名振於朝廷。敬於一時。三九肉食。莫不欽重。力足以拔才。言足以起滯。而但養疾京輦。招合賓客。無所進致。以匡危蔽。徒能知人。不肎薦舉。何異知沃壤之任良田。識直木之中梁柱。而終不墾之以播嘉穀。伐之以構梁棟。奚解於不粒。何救於露居哉。其距貢舉者。誠高操也。其走不休者。亦其疾也。嵇生又曰。林宗存爲一世之所式。沒則遺芳永播。碩儒俊士。未或指點。而吾生獨評其短。無乃見嗤於將來乎。抱朴子曰。曷爲其然哉。苟吾言之允者。當付之於後。後之識者。何恤於寡和乎。且前賢多亦譏之。獨皇生（藏本作主從舊寫本改）褒過耳。故太傅諸葛（藏本有公字從舊寫本刪）元遜亦曰。林宗隱不修遁。出不益時。實欲揚名養譽而已。街談巷議以爲辯。訕上謗政以爲高。時俗貴之。歙然猶郭解原涉。見趨於曩時也。後進慕聲者。未能考之於聖王之典。論之於先賢之行。徒惑華名。咸競準的。學之者如不及。談之者則盈耳。中人猶不覺。童蒙安能知。故零陵太守殷府君伯緒。高才篤論之士也。亦曰。林宗入交將相。出游方國。崇私議以動眾。關毀譽於朝廷。其所善則風騰雨驟。改價易姿。其所惡則摧頓陸沈。士人不齒。口（藏本作折舊寫本空白一字）其名賢。遭亂隱遁。含光匿景。未爲遠矣。君子行道。以匡君也。以正俗也。于時君不可匡。俗不可正。林宗周旋。清談閭閻。無救於世道之陵遲。無解於天民之憔悴也。又故中書郎周生恭遠。英偉名儒也。亦曰。夫遇治而贊之。則謂之樂道。遭亂而救之。則謂之憂道。亂不可救而避之。則謂之守道。虞舜樂道者也。仲尼憂道者也。微子守道者也。漢世將傾。世務交游。林宗法當慨然虛心。要同契君子。共矯而正之。而身棲棲爲之雄伯。非救世之宜也。于時雖諸黃門。六畜自寓耳。其陳蕃竇武之徒。雖鼎司牧伯。皆貴重林宗。信其言論。臧否取定。於匡危易俗。不亦可冀乎。而林宗既不能薦有爲之士。立毫毛之益。而逋逃不仕者。（藏本作也舊寫本作者） 則方之欒許。巖職待客者。則比之周公。養徒避役者。則擬之仲尼。棄親依豪者。則同之游夏。是以世眩名實。而大亂滋甚也。若謂林宗不知。則無以稱聰明。若謂知之而不改。則無以言憂道。昔四豪似周公而不能爲周公。今林宗似仲尼而不得爲仲尼也。於是闇者。慨而嘆曰。然則斯人乃避亂之徒。非全隱之高矣。

彈禰卷第四十七

抱朴子曰。漢末有禰衡者。年二十有三。孔文舉齒過知命。身居九列。文學冠羣。少長稱譽。名位殊絕。而友衡於布衣。又表薦之於漢朝。以爲宜起家作臺郎。云惟嶽降神。異人竝出。目所一見。輒誦於口。耳所嘗聞。不忘於心。性與道合。思若有神。其歎之如此。衡游許下。自公卿國士以下。衡初不稱其官。皆名之云阿某。或以姓呼之爲某兒。呼孔融爲大兒。呼楊修爲小兒。荀或猶强可與語。過此以往。皆木梗泥偶。似人而無人氣。皆酒瓮飯囊耳。百官大會。衡時在坐。怨顰頞悽愴。哀嘆忼慨。或譏之曰。英豪樂集。非所歎也。衡顧眄歷視稠衆而答曰。在此積尸列柩之間。仁人安能不悲乎。曹公嘗切齒欲殺之。然復無正有入法應死之罪。又惜有殺儒生之名。乃謫作鼓吏。衡了無悔情恥色。乃縛角於柱。口就吹之。乃有異聲。竝搖鼗擊鼓。聞者不知其一人也。而論更劇。無所顧忌。尋亡走投荆州牧劉表。表欲作書與孫權。討逆于時。已全據江東。帶甲百萬。欲結輔車之援。與共（藏本作共其無與字今從舊寫本）距中國。使諸文士立草。盡思而不得表意。乃示衡。衡省之曰。但欲使孫左右持（藏本作柱今從舊寫本改）刀兒視之者。此可用爾。儻令張子布見此。大辱人也。即摧壞投地。表悵然有怪色。謂衡曰。爲了不中芸鋤乎。惜之也。衡（藏本無衡字從舊寫本補）索紙筆。便更書之。衆所作有十餘通。衡凡一歷視之而已。暗記書之。畢以還表。表以還主。或有錄所作之本也。以比校之。無一字錯。乃各大驚。表乃請衡更作。衡即作成。手不停輟。表甚以爲佳而施用焉。衡驕傲轉甚。一州人士莫不憎恚。而表亦不復堪。欲殺之。或諫以爲曹公名爲嚴酷。猶能容忍衡少有虛名。若一朝殺之。則天下游士莫復擬足於荆楚者也。表遂遣之。衡走到夏口。依將軍黄祖。祖待以上賓。祖六兒黄射與衡偕行。過人墓下。俱讀碑銘。一過而去。久之射曰。前所視碑文大佳。恨不寫也。衡曰。卿存其名耳。我一覽尙記之。即爲暗書之。未有一字。石缺乃不分明。衡與半字曰。疑此當作某字。恐不審也。射省可（下缺數行）

雖（藏本作難今從舊寫本）言行輕人。密願榮顯。是以高游鳳林。不能幽翳蒿萊。然修己駁刺。迷而不覺。故開口見憎。舉足蹈禍。齎如此之伎倆。亦何理容於天下而得其死哉。猶梟鳴狐嚾。人皆不喜。音響不改。易處何益。許下人物之海也。文舉爲之主任。荷之足爲至到。於此不安。已可知矣。猶必死之病。俞附越人。所無如何。朽木鉛鋌。班輸歐冶。所不能匠也。而復走投荆楚。閒終陷極害。此乃衡懵蔽之効也。蓋欲之而不能得。非能得而弗用者矣。於戲才士。可勿戒哉。嵇生曰。吾所惑者。衡之虛名也。子所論者。衡之實病也。敢不寤寐於指南。投杖於折中乎。

詰鮑卷第四十八

外篇

鮑生敬言。好老莊之書。治劇辯之言。以爲古者無君。勝於今世。故其著論云。儒者曰。天生烝民而樹之君。豈其皇天諄諄言（舊寫本作然）亦將欲之者爲辭哉。夫彊者凌弱。則弱者服之矣。智者詐愚。則愚者事之矣。服之。故君臣之道起焉。事之。故力寡之民制焉。然則隸屬役御。由乎爭彊弱而校愚智。彼蒼天果無事也。夫混茫以無名爲貴。羣生以得意爲歡。故剝桂刻漆。非木之願。拔鶡裂翠。非鳥所欲。促轡銜鑣。非馬之性。荷軛運重。非牛之樂。詐巧之萌。任力違眞。伐生之根（藏本作伐根之生今從舊寫本）以飾無用。捕飛禽以供華玩。穿本完之鼻。絆天放之腳。蓋非萬物並生之意。夫役彼黎烝。養此在官。貴者祿厚而民亦困矣。夫死而得生。欣喜無量。則不如向無死也。讓爵辭祿以釣虛名。則不如本無讓也。天下逆亂焉而忠義顯矣。六親不和焉而孝慈彰矣。曩古之世。無君無臣。穿井而飲。耕田而食。日出而作。日入而息。汎然不繫。恢爾自得。不競不營。無榮無辱。山無蹊徑。澤無舟梁。川谷不通。則不相并兼。士衆不聚。則不相攻伐。是高巢不探。深淵不漉。鳳鸞棲息於庭宇。龍鱗羣遊於園池。飢虎可履。虺蛇可執。涉澤而鷗鳥不飛。入林而狐兔不驚。勢利不萌。禍亂不作。干戈不用。城池不設。萬物玄同。相忘於道。疫癘不流。民獲考終。純白在胸。機心不生。含餔而熙。鼓腹而遊。其言不華。其行不飾。安得聚斂以奪民財。安得嚴刑以爲坑穽。降及杪季。智用巧生。道德既衰。尊卑有序。繁升降損益之禮。飾紱冕玄黃之服。起土木於凌霄。構丹綠於棼橑。傾峻搜寶。泳淵採珠。聚玉如林。不足以極其變。積金成山。不足以贍其費。澶漫於淫荒之域。而叛其大始之本。去宗（藏本作崇從舊寫本改）日遠。背朴彌增。尙賢則民爭名。貴貨則盜賊起。見可欲則眞正之心亂。勢利陳則劫奪之塗開。造剡銳之器。長侵割之患。弩恐不勁。甲恐不堅。矛恐不利。盾恐不厚。若無凌暴。此皆可棄也。故曰白玉不毀。孰爲珪璋。道德不廢。安取仁義。使夫桀紂之徒。得燔人辜（舊寫本作皋）諫者。脯諸侯。葅方伯。剖人心。破人脛。窮驕淫之惡。用炮烙之虐。若令斯人並爲匹夫。性雖凶奢。安得施之。使彼肆酷恣欲。屠割天下。由於爲君。故得縱意也。君臣既立。衆慝日滋。而欲攘臂乎桎梏之間。愁勞於塗炭之中。人主憂慄於廟堂之上。百姓煎擾乎困苦之中。閑之以禮度。整之以刑罰。是猶闢滔天之源。激不測之流。塞之以撮壤。障之以指掌也。

抱朴子難曰。蓋聞冲昧既闢。降濁升清。穹隆仰燾。旁泊俯停。乾坤定位。上下以形。遠取諸物。則天尊地卑。以著人倫之體。近取諸身。則元首股肱。以表君臣之序。降殺之軌。有自來矣。若夫太極混沌。兩儀無質。則未若玄黃剖判。

七耀垂象。陰陽陶冶。萬物羣分也。由茲以言。亦知鳥聚獸散。巢栖穴竄。毛血是茹。結草斯服。入無六親之尊卑。出無階級之等威。未若庇體廣廈。梗粱嘉旨。黼黻綺紈。御冬當暑。明辟莅物。良宰匠（舊寫本作匡）世。設官分職。宇宙穆如也。貴賤有章。則慕賞畏罰。勢齊力均。則爭奪靡憚。是以有聖人作。受命自天。或結罟以畋漁。或贍辰而鑽燧。或嘗卉以選粒。或構宇以仰蔽。備物致用。去害興利。百姓欣戴。奉而尊之。君臣之道。於是乎生。安有詐愚凌弱之理。三五迭興。道教遂隆。辯章勸沮。德盛刑淸。明良之歌作。蕩蕩之化成。太階既平。七政遵度。梧禽激響於朝陽。麟虞覿靈而來出。龜龍吐藻於河湄。景老摛耀於天路。皇風振於九域。凶器戢乎府庫。是以禮制則君安。樂作而刑厝也。若夫奢淫狂暴。由乎人己。豈必有君。便應爾乎。而鮑生獨舉衰世之罪。不論至治之義。何也。且夫遠古質朴。蓋其未變。民尚童蒙。機心不動。譬夫嬰孩。智慧未萌。非爲知而不爲。欲而忍之也。若人與人爭草萊之利。家與家訟巢窟之地。上無治枉之官。下有重類之黨。則私鬬過於公戰。木石銳於干戈。交尸布野。流血絳路。久而無君。噍類盡矣。至於擾龍馴鳳。河圖洛書。或麟銜甲負。或黃魚波涌。或丹禽翔授。或回風三集。皆在有君之世。不出無王之時也。夫祥瑞之徵。指發玄極。或以表革命之符。或以彰至治之盛。若令有君。不合天意。彼嘉應之來。孰使之哉。子若以混冥爲美乎。則乾坤不宜分矣。若以無名爲高乎。則八卦不當畫矣。豈造化有謬。而太昊之闇哉。雖論所尚。唯貴自然。請問夫識母忘父。羣生之性也。拜伏之敬。世之末飾也。然性不可任。必尊父焉。飾不可廢。必有拜焉。任之廢之。子安乎。古者。生無棟宇。死無殯葬。川無舟檝之器。陸無車馬之用。吞啖毒烈。以至殞斃。疾無醫術。枉死無限。後世聖人。改而垂之。民到于今。賴其厚惠。機巧之利。未易敗矣。今使子居則反巢穴之陋。死則捐之中野。限水則泳之游之山行則徒步負戴。棄鼎鉉而爲生臊之食。廢針石而任自然之病。裸以爲飾。不用衣裳。逢女爲偶。不假行媒。吾子亦將曰。不可也。況於無君乎。若令上世人如木石。玄冰結而不寒。資（藏本作脊從意林改）糧絕而不飢者。可也。衣食之情。苟在其心。則所爭豈必金玉。所競豈必榮位。橡芧（藏本作茅今從舊寫本）可以生鬬訟。藜藿足用。致侵奪矣。夫有欲之性。萌於受氣之初。厚己之情。著於成形之日。賊殺并兼。起於自然。必也不亂。其理何居。夫明王在上。羣后盡規。坐以待旦。昧朝旰食。延誹謗以攻過。責昵屬之補察。聽輿謠以屬省。鑒履尾而夕惕。飈淸風以埽穢。厲秋威以肅物。制峻網密。有犯無赦。刑戮以懲小罪。九伐以討大憝。猶懼豺狼之當路。感彝倫之不敍。憂作威之凶家。恐姦宄之害國。故嚴司鷹揚以彈違。虎臣杖鉞於方嶽。而狂狡之變。莫世乏之。而令放之。使無所憚。則盜跖將橫行以掠殺。而良善端拱以待禍。無主所訴。無彊所憑。而冀家爲夷齊。人皆柳惠。何異負豕而欲無臭。憑河而欲不濡。無轡策而御奔馬。棄桅櫓而乘輕舟。未見其可也。

鮑生又難曰。夫天地之位。二氣範物。樂陽則雲飛。好陰則川處。承柔剛以率性。（藏本作卒姓從舊寫本改）隨四八而化生。各附所安。本無尊卑也。君臣既立。而變化遂滋。夫獺多則魚擾。鷹衆則鳥亂。有司設則百姓困。奉上厚則下民貧。壅崇寶貨。飾玩臺榭。食則方丈。衣則龍章。內聚曠女。外多鰥男。採難得之寶。貴奇怪之物。造無益之器。恣不已之欲。非鬼非神。財力安出哉。夫穀帛積則民有飢寒之儉。百官備則坐靡供奉之費。宿衞有徒食之衆。百姓養游手之人。民乏衣食。自給已劇。況加賦斂。重以苦役。下不堪命。且凍且飢。冒法斯濫。於是乎在。王者憂勞於上。台鼎顰顣於下。臨深履薄。懼禍之及。恐智勇之不用。故厚爵重祿以誘之。恐姦釁之不虞。故嚴城深池以備之。而不知祿厚則民匱而臣驕。城嚴則役重而攻巧。故散鹿臺之金。發鉅橋之粟。莫不懽然。況乎本不聚金。而不斂民粟乎。休牛桃林。放馬華山。載戢干戈。載櫜弓矢。猶以爲泰。況乎本無軍旅。而不戰不戍乎。茅茨土階。棄織拔葵。雜囊爲幃。濯裘布被。妾不衣帛。馬不秣粟。儉以率物。以爲美談。所謂盜跖分財。取少爲讓。陸處之魚。相呴以沫也。夫身無在公之役。家無輸調之費。安土樂業。順天分地。內足衣食之用。外無勢利之爭。操杖攻劫。非人情也。象刑之教。民莫之犯。法令滋彰。盜賊多有。豈彼無利性而此專貪殘。蓋我清靜則民自正。下疲怨則智巧生也。任之自然。猶慮凌暴。勞之不休。奪之無已。田蕪倉虛。杼柚之空。食不充口。衣不周身。欲令勿亂。其可得乎。所以救禍而禍彌深。峻禁而禁不止也。關梁所以禁非。而猾吏因之以爲非焉。衡量所以檢僞。而邪人因之以爲僞焉。大臣所以扶危。而姦臣恐主之不危。兵革所以靜難。而寇者盜之以爲難。此皆有君之所致也。民有所利。則有爭心。富貴之家。所利重矣。且夫細民之爭。不過小小。匹夫校力。亦何所至。無疆土之可貪。無城郭之可利。無金寶之可欲。無權柄之可競。勢不能以合徒衆。威不足以驅異人。孰與王赫斯怒。陳師鞠旅。推無讎之民。攻無罪之國。僵尸則動以萬計。流血則漂櫓丹野。無道之君。無世不有。肆其虐亂。天下無邦。忠良見害於內。黎民暴骨於外。豈徒小小爭奪之患邪。至於移父事君。廢孝爲忠。申令無君。亦同有之耳。古之爲屋。足以蔽風雨。而今則被以朱紫。飾以金玉。古之爲衣。足以掩身形。而今則玄黃黼黻。錦綺羅紈。古之爲樂。足以定人情。而今則煩乎淫聲。驚魂傷和。古之飲食。足以充飢虛。而今則焚林漉淵。宰割羣生。（有脫文此下乃抱朴子駁難之辭）豈可以事之有過而都絕之乎。若虞在上。稷禹贊事。卑宮薄賦。使民以時。崇節儉之清風。肅玉食之明禁。質素簡約者。貴而顯之。亂化僥民者。黜而戮之。則頌聲作而黎庶安矣。何必慮火災而壞屋室。畏風波而填大川乎。

抱朴子曰。鮑生貴上古無君之論。余既駁之矣。後所答余文。多不能盡載。余稍條其論而牒詰之云。

鮑生曰。（藏本連屬上文今從舊寫本以鮑生提行後放此）人君採難得之寶。聚奇怪之物。飾無益之用。厭無已之求。抱朴子詰曰。（藏本以抱朴子提行今改連上文後放此）請問古今帝王。盡採難得之寶。聚奇怪之物乎。有不爾者也。余聞唐堯之爲君也。捐金於山。虞舜之禪也。捐璧於谷。疏食菲服。方之監門。其不汎淵剖珠。傾巖刊玉。鑿石鑠黃白之鑛。越海裂翡翠之羽。網瑇瑁於絕域。掘丹青於嶓漢。亦可知矣。夫服章無殊。則威重不著。名位不同。則禮物異數。是以周公辨貴賤上下之異。式宮室居處。則有堵雉之限。冠蓋旌旗。則有文物之飾。車服器用。則有多少之制。庖廚供羞。則有法膳之品。年凶災眚。又減撤之。無已之慾。不在有道。子之所云。可以聲桀紂之罪。不足以定雅論之證也。

鮑生曰。人君後宮三千。豈皆天意。穀帛積則民飢寒矣。抱朴子詰曰。王者妃妾之數。聖人之所制也。聖人與天地合其德者也。其德與天地合。豈徒異哉。夫豈徒欲以順情盈慾而已乎。乃所以佐六宮。理陰陽。教爾崇（陽字疑衍藏本爾崇作肅宗從舊寫本改）奉祖廟。祗承大祭。供玄紞之服。廣本支之路。且案周典九十之記。及漢氏地理之書。天下女數。多於男焉。王者所宗。豈足以逼當娶者哉。姬公思之。似已審矣。帝王帥百僚以藉田。后妃將命婦以蠶織。下及黎庶。農課有限。力佃有賞。怠惰有罰。十一而稅。以奉公用。家有備凶之儲。國有九年之積。各得順天分地。不奪其時。調薄役希。民無飢寒。衣食既足。禮讓以興。昔文景之世。百姓務農。家給戶豐。官倉之米。至腐赤不可勝計。然而士庶。猶侯服鼎食。牛馬蓋澤。由於賦斂有節。不足損下也。至於季世。官失佃課之制。私務浮末之業。生穀之道不廣。而游食之徒滋多。故上下同之。而犯非（舊寫本作罪）者衆。鮑生乃歸咎有君。若夫（藏本作未若從舊寫本改）識采擇之過限。刺農課之不實。責牛飲之三千。貶履畝與太半。但使後宮依周禮。租調不橫加。斯則可矣。必無君乎。夫一日晏起。則事有失所。即鹿無虞。維入于林中。安可終已。靡所宗統。則君子失所仰。凶人得其志。網疎猶漏。可都無網乎。

鮑生曰。人之生也。衣食已劇。況又加之以斂賦。（藏本作收賦從舊寫本改）重之以力役。飢寒竝至。下不堪命。冒法犯非。（舊寫本作罪）於是乎生。抱朴子詰曰。蜘蛛張網。蚤蝨不餒。使人智巧。役用萬物。食口衣身。何足劇乎。但患富者無知止之心。貴者有無限之用耳。豈可以一蹶（藏本作蹷從舊寫本改）之故。而終身不行。以桀紂之虐。思乎無主也。夫言主事獨張。賦斂之重。於往古民力之疲於末務。飢寒所緣。以譏之可也。而言有役有賦。使國亂者。請問唐虞升平之世。三代有道之時。爲無賦役以相供奉。元首股肱。躬耕以自給邪。鮑生乃唯知飢寒竝至。莫能固窮。獨不知衣食竝足。而民知榮辱乎。

鮑生曰。王者臨深履尾。不足喻危。假寐待旦。日昃旰食。將何爲懼禍及也。抱朴子難曰。審能如此。乃聖主也。王者所病。在乎驕奢。賢者不用。用者不賢。夏癸指天日以自喻。秦始憂萬世之同謚。故致傾亡。取笑將來。若能懼危夕惕。廣納規諫。詢蒭蕘以待聽。養黃髮以乞言。何憂機事之有違。何患百揆之不康。夫戰兢則彝倫敍。怠荒則姦宄作。豈況無君。能無亂乎。

鮑生曰。王者欽想奇瑞。引誘幽荒。欲以崇德邁威。厭耀未服。（藏本作朱服從舊寫本改）白雉玉環。何益齊民乎。抱朴子詰曰。夫王者德及天則有天瑞。德及地則有地應。若乃景星摛光。以佐望舒之耀。冠日含采。以表羲和之晷。靈禽嚶喈於阿閣。金象焜晃乎淸沼。此豈卑辭所致。厚幣所誘哉。王莽姦猾。包藏禍心。文致太平。誑眩朝野。覘遣外域。使送瑞物。豈可以此謂古皆然乎。夫見盈丈之尾。則知非咫尺之軀。覩尋仞之牙。則知非膚寸之口。故王母之遣使。明其玄化通靈。無遠不懷也。越裳之重譯。足知惠洽殊方。澤被無外也。夫絕域不可以力服。蠻貊不可以威攝。自非至治。焉能然哉。何者。鮑生謂爲不用。夫周室非乏玉而須王母之環以爲富也。非儉膳而竭越裳之雉以充庖也。所以貴之者。誠以斯物爲太平。則上無苛虐之政。下無失所之人。蜎飛蠕動。咸得其懽。有國之美。孰多於斯。而云不用。無益於齊民。源遠體大。固未易見。鮑生之言。不亦宜乎。

鮑生曰。人君恐姦釁之不虞。故嚴城以備之也。抱朴子詰曰。侯王設險。大易所貴。不審嚴城。何譏焉爾。夫兩儀肇闢。萬物化生。則邪正存焉爾。夫聖人知凶醜之自然。下愚之難移。猶春陽之不能榮枯朽。炎景之不能鑠金石。恰吝慢藏。誨淫召盜。故取法乎習坎。備豫於未萌。重門有擊柝之警。治戎遏暴客之變。而欲除之。其理何居。兕之角也。鳳之距也。天實假之。何必日用哉。蜂蠆挾毒以衛身。智禽銜蘆以扞網。獾曲其穴以備徑至之鋒。水牛結陣以却虎豹之暴。而飽生欲棄甲胄以遏利刃。隳城池以止衝鋒。（藏本還作進止作正今從舊寫本）若令甲胄既捐而利刃不住。城池既壞而衝鋒猶集。公輸墨翟。猶不自全。不審吾生。計將安出乎。

或曰。苟無可欲之物。雖無城池之固。敵亦不來者也。抱朴子答曰。夫可欲之物。何必金玉。錐刀之末。愚民競焉。越人之大戰。由乎分蛣蚍之不鈞。吳楚之交兵。（藏本作反兵從舊寫本改）起乎一株之桑葉。饑荒之世。人人相食。素手裸跣。（下有脫文疑缺一二葉）遠則甫侯子糸。近則于公釋之。探情審罰。剖毫析芒。受戮者吞聲而歌德。則劓者沒齒無怨言。此皆非無君之時也。昔有鯀在下而四嶽不蔽。明揚仄陋而元凱畢舉。或投屠刀而排金門。或釋版築而躡玉堂。或委芻豢而登卿相。或自亡命而為上將。伯柳違讎人。解狐薦怨家。方回叩頭以致士。禽息碎首以推賢。敢問於時。有君否邪。又云。田蕪廩虛。皆由有君。夫君非塞田之蔓草。臣非耗倉之雀鼠也。其蕪其虛。卒由尼運。水旱疫癘。以臻凶荒。豈在賦稅。（藏本作求從舊寫本改）令其然乎。至於八政首食。謂之民天。后稷躬稼。有虞親耕。豐年多黍多稌。我庾惟億。民食其陳。白渠開而斥鹵膏壤。邵父起陽陵之陂。而積穀為山。叔敖創期思而家有腐粟。趙過造三犁之巧而關右以豐。任延教九真之佃而黔庶殷飽。此豈無君之時乎。（從遠則甫侯以下二百七十字疑當在本篇前半未敢輒移）

知止卷第四十九

抱朴子曰。禍莫大於無足。福莫厚乎知止。抱盈居沖者。必全之算也。宴安盈滿者。難保之危也。若夫善卷巢許管胡之徒。咸蹈雲物以高騖。依龍鳳以竦迹。覘韜鋒於香餌之中。寤覆車乎來軔之路。違險塗以遐濟。故能免詹何之釣緡。可謂善料微景於形外。覿堅冰於未霜。徙薪曲突於方熾之火。纜舟弭檝於衝風之前。瞻九牿而深沈。望遼騎而曾逝。不託巢於葦苕之末。不偃寢乎崩山之崖者也。斯皆器大量弘。審機識致。凌儕獨往。不牽常慾。神參造化。心遺萬物。可欲不能蔕介其純粹。近理不能耗滑其清澄。苟無若人之自然。誠難企及乎絕軌也。徒令知功成者身退。處勞大者不賞。狡兔訖（舊寫本作死）則知獵犬之不用。高鳥盡則覺良弓之將棄。鑒彭韓之明鏡。而念抽簪之術。覩越種之闇機。則識金象之貴。若范公汎艘以絕景。辭生遜亂以全潔。二疏投印於方盈。田豫釋紱於漏盡。進脫亢悔之咎。退無濡尾之吝。清風足以揚千載之塵。德音足以祛將來之惑。方之陳寶。不亦邈乎。或智小敗於謀大。或轅弱折於載重。或獨是陷於衆非。或盡忠訐於兼會。或倡高算而受鼂錯之禍。或竭心力而遭吳起之害。故有跼高蹐厚。猶不免焉。公旦之放。仲尼之行。賈生遜擯於下土。子長熏胥乎無辜。樂毅平齊。伍員破楚。白起以百勝拓疆。文子以九術霸越。韓信功蓋於天下。黥布滅家以佐命。榮不移晷。辱已及之。不避其禍。豈智者哉。為臣不易。豈將一塗。要而言之。決在擇主。我不足賴。其驗如此。告退避賢。潔而且安。美名厚實。福莫大焉。能修此術。萬未有一。吉凶由人。可勿思乎。逆耳之言。樂之者希。獻納期（藏本作斯從舊寫本改）榮。將速身禍。救誹謗其不暇。何信受之可必哉。夫矰繳紛紜則鴛雛徊翮。坑穽充蹊則麟虞斂跡。情不可極。慾不可滿。達人以道制情。以計遣慾。為謀者猶宜使忠。況自為策而不詳哉。蓋知足者常足也。不知足者無足也。常足者。福之所赴也。無足者。禍之所鍾也。生生之厚。殺哉生矣。宋氏引苗。郢人張革。誠欲其快。而實速萎裂。知進忘退。斯之以（舊寫本作謂）乎。夫筴奔而不止者。尠不傾墜。凌波而無休者。希不沈溺。弄刃不息者。傷刺之由也。斫擊不輟者。缺毀之原也。盈則有損。自然之理。周廟之器。豈欺我哉。故養由之射。行人識以弛弦。東野之御。顏子知其方敗。成功之下。未易久處也。夫飲酒者。不必盡亂。而亂者多焉。富貴者。豈其皆危。而危者有焉。智者料事於倚伏之表。伐木於毫末之初。吐高言不於累棊之際。議治裘不於羣狐之中。古人佯狂為愚。豈所樂哉。時之宜然。不獲已也。亦有深逃而陸遭濤波。幽遁而水被焚燒。若龔勝之絕粒以殞命。李業煎變以吞酖。由乎迹之有朕。景之不滅也。若使行如蹈冰。身如居陰。動無遺蹤可尋。靜與無為為一。豈有斯患乎。又況乎揭日月以隱形骸。擊建鼓以徇利器者哉。夫值明時則優於濟四海。遇險世則劣於保一身。為此永慨。非一士也。吾聞無熾不滅。靡溢不損。煥赫有委灰之兆。春草為秋瘁之端。日中則昃。月盈則蝕。四時之序。成功者退。遠取諸物。則構高崇峻之無限。則頹壞惟憂矣。近取諸身。則嘉膳旨酒之不節。則結疾傷性矣。況乎其高。概翳霄而積之猶不止。其威震人主而加崇。又不息者乎。蚊蝱隨山。適足翱翔。兕虎之墜。碎而爲虀。此言大物。不可失所也。且夫正色彈違。直道而行。打撲干紀。不慮讎隙。則怨深恨積。若舍法容非。屬託如響。吐剛茹柔。委曲繩墨。則忠口（舊寫本空白一字）喪敗。居此地者。不亦勞乎。是以身名竝全者甚希。而折足覆餗者不乏也。然而入則蘭房窈窕。朱帷組帳。文茵兼舒於華第。豔容粲爛於左右。輕體柔聲。清歌妙舞。宋蔡之巧。陽阿之妍。口吐採菱延露之曲。足躡淥水七槃之節。知音悦耳。冶姿娛心。密宴繼集。醽醁不撤。仰登綺閣。俯映清淵。遊果林之丹翠。戲蕙圃之芬馥。文鱗瀺灂。朱羽頡頏。飛繳墮雲鴻。沈綸引魴鯉。遠珍不索而交集。玩弄紛華而自至。出則朱輪耀路。高蓋接軫。丹旗雲蔚。麾節翕赫。金口嘈囋。戈甲璀錯。得意託於後乘。嘉旨盈乎屬車。窮遊觀之娛。極畋漁之懽。聖明之譽。滿耳而入。諂悦之言。異口同辭。于時眇然。意蔑古人。謂伊呂管晏。不足算也。豈覺崇替之相爲首尾。哀樂之相爲朝暮。冐謝貴盛。乞骸骨。背朱門。而反丘園哉。若乃聖明在上。大賢讚事。百揆非我則不敍。兆民非我則不濟。高而不以危爲憂。滿而不以溢爲慮者。所不論也。

窮達

或問一流之才。而或窮或達。其故何也。俊逸繁滯。其有憾乎。

抱朴子答曰。夫器業不異。而有抑有揚者。無知己也。故否泰時也。通塞命也。審時者何怨於沈潛。知命者何恨於卑瘁乎。故沈閭渟鈞。精勁之良也。而不以擊。則朝菌不能斷焉。珧華黎綠。連城之寶也。委之泥濘。則瓦礫積其上焉。故可珍而不必見珍也。可用而不必見用也。庸俗之夫。闇於別物。不分朱紫。不辯菽麥。唯以達者爲賢。而不知僥求者之所達也。唯以窮者爲劣。而不詳守道者之所窮也。且夫懸象不麗天。則不能揚大明灼無外。嵩岱不託地。則不能竦峻極概雲霄。兔足因夷塗以騁迅。龍艘汎激流以效速。離光非燧人不熾。楚金非歐冶不剡。豐華俟發春而表豔。棲鴻待衝飆而輕戾。四嶽不明揚。則有鰥不登庸。叔牙不推賢。則夷吾不式厚。稷苴賴平仲以超躋。淮陰因蕭公以鷹揚。雋生由勝之之談。曲逆緣無知之薦。元直起龍縈之孔明。公瑾貢虎臥之興霸。故能美名垂於帝籍。弘勳著於當世也。漢之末年。吳之季世。則不然焉。舉士也必附己者爲前。取人也必多黨者爲決。而附己者。不必足進之器也。同乎我。故不能遺焉。而多黨者。不必逸羣之才也。信衆口。故謂其可焉。或信此之庸猥。而不能遺所念之近情。或識（藏本作適從舊寫本改）彼之英異。而不能平心於至公。於是釋銓衡。而以疏數爲輕重矣。棄度量而以綸集為多少矣。于時之所謂雅人高韻。秉國之鈞。黜陟決己。褒貶由口者。尠哉免乎斯累也。又況於胷中率（藏本作卒從舊寫本改）有儈獨立。疾非黨。忌勝己。怨寒素者乎。悲夫。鎚俗之士。不羣之人。所以比肩不遇。不可勝計。或抑頓於藪澤。或立朝而斥退也。蓋修德而道不行。藏器而時不會。或俟河清而齒已沒。或竭忠勤而不見知。遠行不騁於一世。勳澤不加於生民。席上之珍。鬱於泥濘。濟物之才。終於無施。操築而不值武丁。抱竿而不遇西伯。自曩迄今。將有何限。而獨悲之。不亦陋哉。瞻徑路之遠。而恥由之。知大道之否。而不改之。齊通塞於一塗。付榮辱於自然者。豈懷悒悶於知希。與永歎於川逝乎。疑其有憾。是未識至人之用心也。小年之不知大年。井蛙之不曉滄海。自有來矣。

重言

抱朴子曰。余友人玄泊（意林作伯）先生者。齒在志學。固已窮覽六略。旁綜河洛。晝競羲和之末景。夕照望舒之餘輝。道靡遠而不究。言無微而不測。以儒墨（藏本作道從意林改）為城池。以機神為干戈。故談者莫不望塵而銜璧（舊寫本作銜壁）文士寅目而格筆。俄而寤智者之不言。覺寸一之無咎。意得則齊荃蹄之可棄。道乖則覺唱高而和寡。於是奉老氏多敗之戒。思金人三緘之義。括鋒穎而如訥。韜修翰於彤管。含金懷玉。抑謐華辯。終日彌夕。或無一言。門人進曰。先生默然。小子胡述。且與庸夫無殊焉。竊謂號鍾不鳴。則不異於積銅。浮磬息音。則未別乎聚石也。玄泊先生答曰。吾特收遠名於萬代。求知己於將來。豈能競見知於今日。標格於一時乎。陶甄以盛酒。雖美不見酣。身卑而言高。雖是不見信。徒卷舌而竭聲。將何救於流遁。古人六十笑五十九。不遠迷復。乃覺有以也。夫玉之堅也。金之剛也。冰之冷也。火之熱也。豈須自言。然後明哉。且八音九奏。不能無長短之病。養由百發不能止。將有一失之疏。翫憑河者。數溺於水。好劇談者。多漏於口。伯牙謹於操絃。故終無煩手之累。儒者敬其辭令。故終無樞機之辱。淺近之徒。則不然焉。辯虛無之不急。爭細事以費言。論廣修堅白無用之說。誦（藏本作訟從舊寫本改）諸子非聖過正之書。損教益惑。謂之深遠。委棄正經。競治邪學。或與闇見者較脣吻之勝負。為不識者吐清商之談對。非敵力之人。旁無賞解之客。何異奏雅樂於木梗之側。陳玄黃於土偶之前哉。徒口枯氣乏。椎杭抵掌。斤斧缺壞而槃節不破。勃然戰色而乖忤愈遠。致令恚容表顏。醜言自口。偷薄之變。生乎其間。既玷之謬。不可救磨。未若希聲不全大音。約說以俟識者矣。

自敘卷第五十

抱朴子者。姓葛名洪。字稚川。丹陽句容人也。其先葛天氏。蓋古之有天下者也。後降爲列國。因以爲姓焉。洪曩祖爲荆州刺史王莽之簒。君恥事國賊。棄官而歸。與東郡太守翟義共起兵。將以誅莽。爲莽所敗。遇赦免禍。遂稱疾自絶於世。莽以君宗强。慮終有變。乃徙君於琅邪。君之子浦廬起兵以佐光武。有大功。光武踐祚。以廬爲車騎。又遷驃騎大將軍。封下邳僮縣侯。食邑五千戶。開國初。侯之弟文。隨侯征討。屢有大捷。侯比上書爲文（藏本作文爲從舊寫本乙轉）訟功。而官以文私從兄行。無軍名。遂不爲論。侯曰。弟與我同冒矢石。瘡痍周身。傷失右眼。不得尺寸之報。吾乃重金累紫。何心以安。乃自表乞轉封於弟。書至上請報。漢朝欲成君高義。故特聽焉。文辭不獲已。受爵即第。爲驃騎營立宅舍於博望里。于今基兆石礎存焉。又分割租秩以供奉吏士。給如二君焉。驃騎殷勤止之而不從。驃騎曰。此更煩役國人。何以爲讓。乃託他行。遂南渡江而家于句容。子弟躬耕。以典籍自娛。文累使奉迎驃騎。驃騎終不還。又令人守護博望宅舍。以冀驃騎之反。至于累世。無居之者。洪祖父學無不涉。究測精微。文藝之高。一時莫倫。有經國之（藏本作史從舊寫本改）才。仕吳。歷宰海鹽臨安山陰三縣。入爲吏部侍郎。御史中丞。廬陵太守。吏部尚書。太子少傅。中書。大鴻臚。侍中。光祿勳。輔吳將軍。封吳壽縣侯。洪父以孝友聞。行爲士表。方册所載。罔不窮覽。仕吳五官郎中正。建城南昌二縣令。中書郎。廷尉。平中護軍。拜會稽太守。未辭而晉軍順流。西境不守。博簡秉文經武之才。朝野之論。僉然推君。於是轉爲五郡赴警。大都督給親兵五千。總統征軍。戍遏壃埸。天之所壞。人不能支。故主欽若。九有同賓（藏本作實從舊寫本改）。君以故官赴除郎中。稍遷至大中大夫。歷位大中正。肥鄉令（藏本無正字肥作肐從舊寫本補改）。縣戶二萬。舉州最治。德化尤異。恩洽刑清。野有頌聲。路無姦跡。不佃公田。越界如市。秋毫之贈。不入于門。紙筆之用。皆出私財。刑厝而禁止。不言而化行。以疾去官。發詔見用爲吳王郎中令。正色彌違。進可替不。舉善彈枉。軍國肅雍。遷邵陵太守。卒於官。洪者。君之第三子也。生晚。爲二親所嬌饒。不早見督以書史。年十有三。而慈父見背。夙失庭訓。飢寒困瘁。躬執耕穡。承星履草。密勿疇襲。又累遭兵火。先人典籍蕩盡。農隙之暇。無所讀。乃負笈徒步行借。又卒於一家。少得全部之書。益破功。日伐薪賣之。以給紙筆。就營田園處。以柴火寫書。坐此之故。不得早涉藝文。常乏紙。每所寫。反覆有字。人尠能讀也。年十六。始讀孝經論語詩易。貧乏無以遠尋師友。孤陋寡聞。明淺思短。大義多所不通。但貪廣覽。於衆書乃無不暗誦精持。曾所披涉。自正經諸史百家之言。下至短雜文章。近萬卷。旣性闇善忘。又少文。意志不專。所識者甚薄。亦不免惑。而著述時猶得有所引用。竟不成純儒。不中爲傳授之師。其河洛圖緯。一視便止。不得留意也。不喜星書及算術九宮三棊太一飛符之屬。了不從焉。由其苦人而少氣味也。晚學風角望氣三元遁甲六壬太一之法。粗知其旨。又不研精。亦計此輩率是爲人用之事。同出身情。無急以此自勞役。不如省子書之有益。遂又廢焉。案別錄藝文志。衆有萬三千二百九十九卷。而魏代以來。羣文滋長。倍於往者。乃自知所未見之多也。江表書籍。通同不具。昔欲(藏本作故從舊寫本改)詣京師索奇異。而正值大亂。半道而還。每自(藏本作具從舊寫本改)嘆恨。今齒近不惑。素志衰頹。但念損之又損。爲乎無爲。偶耕藪澤。苟存性命耳。博涉之業。於是日沮矣。洪之爲人也。(有脫文)而騃野。性鈍口訥。形貌醜陋。而終不辯自矜飾也。冠履垢弊。衣或襤縷。而或不恥焉。俗之服用。俄而屢改。或忽廣領而大帶。或促身(本作身促從意林乙轉)而修袖。或長裾曳地。或短不蔽腳。洪期於守常。不隨世變。言則率實。杜絕嘲戲。不得其人。終日默然。故邦人咸稱之爲抱朴之士。是以洪著書。因以自號焉。洪稟性尫羸。兼之多疾。貧無車馬。不堪徒行。行亦性所不好。又患弊俗。捨本逐末。交游過差。故遂撫筆閑居。守靜蓽門而無趨從之所。(藏本作趨所之從今從舊寫本改)至於權豪之徒。雖在密跡。而莫或相識焉。衣不辟寒。室不免漏。食不充虛。名不出戶。不能憂也。貧無僮僕。籬落頓決。荆棘叢於庭宇。蓬莠塞乎階霤。披榛出門。排草入室。論者以爲意遠忽近而不恕。(藏本作怨從舊寫本改)其乏役也不曉謁。(有脫文)以故初不修見官長。至於弔大喪省困疾。乃心欲自勉。強命無不必至。而居疾少健。恆復不周。每見譏責於論者。洪引咎而不恤也。意苟無餘。而病使心違。顧不愧已而已。亦何理於人之不見亮乎。唯明鑒之士。乃恕其信抱朴。非以養高也。世人多慕豫親之好。推闇室(藏本作至從舊寫本改)之密。洪以爲知人甚未易。上聖之所難。浮雜之交。口合神疕。(舊寫本作離)無益有損。雖不能如朱公叔一切絕之。且必須清澄詳悉。乃處意焉。又爲此見憎者甚衆而不改也。馳逐苟達。側立勢門者。又共疾洪之異於己而見疵毀。謂洪爲傲物輕俗。而洪之爲人信心而行。毀譽皆置於不聞。（藏本置作之舊寫本作毀譽之皆如不聞今從盧本）至患近人。或恃其所長而輕人所短。洪忝爲儒者之末。每與人言。常度其所知而論之。不強引之以造彼所不聞也。及與學士有所辯識。每舉綱領。若值惜短。難解心義。（藏本作家從舊寫本改）但粗說意之與向。使足以發寤而已。不致苦理。使彼率不得自還也。彼靜心者。存（舊寫本存字空白疑是衍文）詳而思之。則多自覺而得之者爲。度不可（藏本無不字從舊寫本補）與言者。雖或有問。常辭以不知。以免辭費之過也。洪性深不好干煩官長。自少及長。曾救知己之抑者數人。不得已。（藏本無已字從舊寫本補）有言於在位者。然其人皆不知洪之恤也。不忍見其陷於非理。密自營之耳。其餘雖親至者。在事秉勢。與洪無惜者。終不以片言半字。少累之也。至於糧用窮匱急。合湯藥則喚求朋類。或見濟。亦不讓也。受人之施。必皆久久漸有以報之。不令覺也。非類則不妄受其饋致爲。洪所食有旬日之儲。則分以濟人之乏。若殊自不足。亦不割己也。不爲皎皎之細行。不治察察之小廉。村里凡人之謂（舊寫本謂字空白疑有誤）良守善者。用（舊寫本用字空白疑有誤）時。或齎酒餚候洪。雖非儔匹。亦不拒也。後有以答之。亦不登時也。洪嘗謂史雲不食於昆弟。華生治潔於昵客。蓋邀名之僞行。非廊廟之遠量也。洪尤疾無義之人。不勤農桑之本業。而慕非義之姦利。持鄉論者。則賣選舉以取謝。有威勢者。則解符疏以索財。或有（有字當誤舊寫本空白）罪人之賂。或（當作而）枉有理之家。或爲逋逃之藪。而饗亡命之人。（疑作入）或挾使民丁。以妨（本作妨以從下文乙轉）公役。或強收錢物。以求貴價。或占錮市肆。奪百姓之利。或割人田地。劫孤弱之業。惚恫官府之間。以窺掊尅之益。內以誇妻妾。外以釣名位。其如此者。不與交爲。由是俗人憎洪疾己。自然疏絕。故巷無車馬之跡。堂無異志之賓。庭可設雀羅。而几筵積塵焉。洪自有識以逮（藏本作逮以從舊寫本乙轉）將老。口不及人之非。不說人之私。乃自然也。雖僕豎有其所短。所羞之事。不以戲之也。未嘗論評人物之優劣。不喜訶讁人交（舊寫本作又人）之好惡。或爲尊長所逼問。辭不獲已。其論人也。則獨舉彼體中之勝事而已。其論文也。則撮其所得之佳者。而不指摘其病累。故無毀譽之怨。貴人時或問官吏民。甲乙何如。其清高閑（舊寫本作賢）能者。洪指說其快事。其貪暴闇塞者。對以偶不識悉。洪由此頗見譏責。以顧護太多。不能明辯臧否。使皁白區分。而洪終不敢改也。每見世人有好論人物者。比方倫匹。未必當允。而褒貶與奪。或失準格。見譽者自謂己分。未必信德也。見侵者則恨之入骨。劇於血讎。洪益以爲戒。遂不復言及士人矣。雖門宗子弟。其稱兩皆以付邦族。不爲輕乎（當作平舊寫本作許）其價數也。或以譏洪。洪答曰。我身在我者也。法當易知。設令有人問我。使自比古人。及同時令我自求輩。則我實不能自知。可與誰爲匹也。況非我安可爲取而（而字從舊寫本補）評定之耶。漢末俗弊。朋黨分部。許子將之徒。以口舌取戒。爭訟論譏。門宗成讎。故汝南人士。無復定價而有月旦之評。魏武帝深亦疾之。欲取其首。爾乃奔波亡走。殆至屠滅。前鑒不遠。可以得師矣。且人之未易知也。雖父兄不必盡子弟也。同乎我者遽是乎。異於我者遽非乎。或有始無卒。唐堯。公旦仲尼季札。皆有不全得之恨。無以近人信其嘍嘍管見熒（舊寫本作螢）燭之明。而輕評人（藏本作人評從舊寫本乙轉）物。是皆賣（賣字疑舊寫本空白）彼上聖大賢乎。昔大安中。石冰作亂。大州之地。柯振葉（藏本作鎮葉從舊寫本改）靡。違正黨逆。義軍大都督邀洪爲將兵都尉。累見敦迫。既桑梓恐虜。禍深憂大。古人有急疾之義。又畏軍法。不敢任志。遂募合數百人。與諸軍旅進。曾攻賊之別將。破之日。錢帛山積。珍玩蔽地。諸軍莫不放兵收拾財物。繼轂連擔。洪獨約令所領。不得妄離行陣。士有摭得衆者。洪即斬之以徇。於是無敢委杖。而果有伏賊數百。出傷諸軍。諸軍悉發。無部隊皆人馬負重。無復戰心。遂致驚亂。死傷狼藉。殆欲不振。獨洪軍整齊轂張。無所損傷。以救諸軍之大崩。洪有力爲。後別戰斬賊小帥。多獲甲首。而獻捷幕府。於是大都督加洪伏波將軍。例給布百匹。諸將多封閉之。或送還家。而洪分賜將士。及施知故之貧者。餘之十匹。又徑以市肉酤酒。以饗將吏。于時竊擅一日之美談焉。事平。洪投戈釋甲。徑詣洛陽。欲廣尋異書。了不論戰功。竊慕魯連不受聊城之金。包胥不納存楚之賞。成功不處之義焉。正遇上國大亂。北道不通。而陳敏又反於江東。歸塗隔塞。會有故人譙國嵇君道。（本作居道從意林及晉書改下放此）見用爲廣州刺史。乃表請洪爲參軍。雖非所樂。然利可避地於南。故黽勉就焉。見遣先行催兵。而君道於後遇害。遂停廣州。頻爲節將見邀用。皆不就。永惟富貴可以漸得而不可頓合。其閒屑屑。亦足以勞人。且榮位勢利。譬如寄客。既非常物。又其去不可得留也。隆隆者絕。赫赫者滅。有若春華。須臾凋落。得之不喜。失之安悲。悔吝百端。憂懼兢戰。不可勝言。不足爲也。且自度性篤嬾而才至短。以篤嬾而御短才。雖翕肩屈膝。趨走風塵。猶必不辦。大致名位而免患累。況不能乎。未若修松喬之道。在我而已。不由於人焉。將登名山。服食養性。非有廢也。事不兼濟。自非（藏本作不從舊寫本改）絕棄世務。則曷緣修習玄靜哉。且知之誠難。亦不得惜問而與人議也。是以車馬之跡。不經貴勢之域。（藏本作貴世之城從舊寫本改）片字之書。不交在位之家。又士林之中。雖不可出。而見造之賓。意不能拒。妨人所作。不得專一。乃嘆曰。山林之中無道也。而古之修道者。必入山林者。誠欲以違遠讙譁。使心不亂也。今將遂本志。委桑梓。適嵩岳。以尋方平梁公之軌。先所作子書內外篇。幸已用功夫。聊復撰次。以示將來云爾。洪年十五六時。所作詩賦雜文。當時自謂可行於代。（本脫於代二字從意林補）至于弱冠。更詳省之。殊多不稱意。天才未必為增也。直所覽差廣。而覺妍媸之別。於是大有所製。棄十不存一。今除所作子書。但雜尚餘百所卷。猶未盡損益之理。而多慘憤。不遑復料讙之。他人文成。便呼（藏本作手便從舊寫本改）快意。余才鈍思遲。實不能爾。（藏本作示從舊寫本改）作文章每一更字。輒自轉勝。但患嬾。又所作多不能數省之耳。洪年二十餘。乃計作細碎小文。妨棄功日。未若立一家之言。乃草創子書。會遇兵亂。流離播越。有所亡失。連在道路。不復投筆十餘年。至建武中。乃定凡著內篇二十卷。外篇五十卷。碑頌詩賦百卷。軍書檄移章表箋記三十卷。又撰俗所不列者。為神僊傳十卷。又撰高尚（藏本作上今從舊寫本）不仕者。為隱逸傳十卷。又抄五經七史百家之言。兵事方伎短雜奇要三百一十卷。別有目錄。其內篇言神僊方藥鬼怪變化養生延年禳邪却禍之事。屬道家。其外篇言人間得失。世事臧否。屬儒家。洪見魏文帝典論（藏本作典目從舊寫本改）自敘。末（藏本作未從舊寫本改）及彈棊擊劍之事。有意於略說所知。而實不數少所便能。不可虛自稱揚。今將具言。所不閑焉。洪體鈍性駑。寡所玩好。自總髮垂髫。（有脫句）又擲瓦手摶。不及兒童之羣。未曾鬬雞鶩。走狗馬。見人博戲。了不目眄。或強牽引觀之。殊不入神。有若晝睡。是以至今不知棊局上有幾道。摴蒱齒名。亦念此輩末伎。亂意思而妨日月。在位有損政事。儒者則廢講誦。凡民則忘稼穡。商人則失貨財。至於勝負未分。交爭都市。心熱於中。顏愁於外。名之為樂。而實煎悴。喪廉恥之操。興爭競之端。相取重貨。密結怨隙。昔宋閔公吳太子致碎首之禍。生叛亂之變。覆滅七國。幾傾天朝。作戒百代。其鑒明矣。每觀戲者。慚恚交集。手足相及。醜詈相加。絕交壞友。往往有焉。怨不在大。亦不在小。多召悔吝。不足為也。仲尼雖有晝寢之戒。以洪較之。洪實未許其賢於晝寢。何者。晝寢但無益而未有怨恨之憂。鬬訟之變。聖者猶韋編三絕。以勤經業。凡才近人。安得兼修。惟諸戲盡不如示一尺之書。故因本不喜而不爲。蓋此俗人所親焉。少嘗學射。但力少不能挽強。若顏高之弓耳。意爲射既在六藝。又可以禦寇辟劫。及取鳥獸。是以習之。昔在軍旅。曾手射追騎。應弦而倒。殺二賊一馬。遂以得免死。又曾受刀楯及單刀雙戟。皆有口訣要術。以待取人。乃有秘法。其巧入神。若以此道與不曉者對。便可以當全獨勝。所向無前矣。晚又學七尺杖術。可以入白刃。取大戟。然亦是不急之末學。知之譬如麟角鳳距。何必用之。過（藏本脫過字從舊寫本補）此已往。未之或知。洪少有定志。決不出身。每覽巢許子州北人石戶二姜兩袁法真子龍之傳。嘗廢書前席。慕其爲人。念精治五經。著一部子書。令後世知其爲文儒而已。後州郡及車騎大將軍辟皆不就。薦名琅邪王丞相府。昔起義兵。賊平之後。了不修名詣府。論功主者。永無賞報之冀。晉王應天順人。撥亂反正。結皇綱於垂絕。修宗廟之廢祀。念先朝之滯賞。並無報以勸來。洪隨例就彼。庚寅。詔書賜爵關中侯。食句容之邑二百戶。竊謂（藏本作詔從舊寫本改）討賊以救桑梓。勞不足錄。金紫之命。非其始願。本欲遠慕魯連。近引田疇。上書固辭。以遂微志。適有大例。同不見許。昔仲由讓應受之賜而沮爲善。醜虜未夷。天下多事。國家方欲明賞必罰。以彰憲典。小子豈敢苟潔區區之懦志。而距私通之大制。故遂息意而恭承詔命焉。洪既著自敘之篇。或人難曰。昔王充年在耳順。道窮望絕。懼身名之偕滅。故自紀終篇。先生以始立之盛。值乎有道之運。方將解申公之束帛。登穆（藏本作枚從舊寫本改）生之蒲輪。耀藻九五。絕聲昆吾。何憾芬芳之不揚。而務老生之彼務。洪答曰。夫二儀彌邈。而人居若寓。以朝菌之耀秀。不移晷而殄瘁。類春華之暫榮。未改旬而凋墜。雖飛飆之經霄。激電之乍照。未必速也。夫期頤猶奔星之騰烟。（藏本作烔從舊寫本改）黃髮如激箭之過隙。況或未萌（藏本作明從舊寫本改）而殞籜。逆秋而零瘁者哉。故項子有含穗之歎。揚烏有夙折之哀。歷覽遠古。逸倫之士。或以文藝而龍躍。或以武功而虎踞。高勳著於盟府。德音被乎管絃。形器雖沈鑠於淵壤。美談飄颻而日載。故雖千百代。猶穆如也。余以庸陋。沈抑婆娑。用不合時。行舛於世。發音則響與俗乖。抗足則跡與眾迕。內無金張之援。外乏彈冠之友。循塗雖坦。而足無騏驎。六虛雖曠。而翼非大鵬。上不能鷹揚匡國。下無以顯親垂名。美不寄於良史。聲不附乎鍾鼎。故因著述之餘。而爲自敘之篇。雖無補於窮達。亦賴將來之有述焉。

抱朴子內篇校勘記

序文

（一葉前九行）夸父之蹤　蹤刻本原誤作縱當改正

暢玄一

（二葉後十行）粲尉　尉原注一作鬱榮案盧舜治本作湮鬱

（三葉前二三行）或麗　榮案盧本作煇煌

（又前六行）雲雨　榮案盧本作雲漢

（又後三四行）得之乎內守之者外　榮案盧本作得之者內失之者外

（又後九行）蹝跚　榮案盧本跚作躧

（四葉後十行）藻棁　榮案盧本棁作彩

論仙二

（一葉前五行）萬物云云　榮案盧本作芸芸道德經夫物芸芸

（又後三四行）以死生爲朝暮也　以榮案盧本作比

（二葉前六行）顧加九思不遠迷復焉　榮案盧本九作自脫下句

（又後五行）薺麥　御覽二十二九百七十七作蒜麥九百五十三作薺麥微旨篇若以薺麥之生死道意篇不可以薺麥之細碎是本書有薺麥之語然九百七十七引在蒜門似亦可據也

（三葉後十行）嘉遁　榮案今周易作嘉遯玉篇遁遯二字同周易遯釋文云又作遁二字古通用

（四葉前七行）若使皆如郊閒兩瞳之正方　郊閒未詳

（又後七八行）自呼於物無所不經　榮案盧本作自謂

（五葉前五行）又以住年藥　御覽九百五作駐年案本書統作住年而□□篇又作駐年蓋二文隨作也

(六葉後五六行)蝨羣攻則臥不得寧(藏本作安)口御覽九百五十一作蚤蝨羣攻臥不獲安當從藏本

(九葉前六行)遂有竹杖一枚　榮案盧本作止有

(十葉前五行)人有賢愚　有字誤御覽八百八十六作無

(又前九行)又云無之乎　御覽八百八十六又云作復言榮案盧本作而云

(又後五行)井蟇　蟇盧本作蛙榮案說文作鼃玉篇蛙竝云蝦蟇也

(又後六行)未嘗見龍鱗　鱗字誤各本作麟　古人　榮案盧本作古者

(十一葉前十一行)實是合五種灰　御覽七百六十作合百片八百七十一作合五百種灰今此脫百字

(又後一二行)今以此語俗人　御覽七百六十俗人下復有俗人

(又後四行)愚人乃不信　書鈔一百三十五御覽七百十九八百十二人作民

(又後五行)況乎難知之事哉　御覽九百一作況于仙者難知之事哉

對俗三

(一葉後三行)則變易形貌　意林作變形易貌與道意篇同

(又後五行)入淵不沾(意林作溺)盧刃本作沒　蹴刃不傷　蹴盧本作就

(二葉前九行)千歲之鶴　御覽九百十六作鵠引在鵠門

(又後二行)千歲松柏(藏本作樹)口初學記二十八御覽九百五十三作樹當從藏本

(又後四行)或如青人　初學記二十八御覽九百五十三無青字青人不他見蓋涉上青牛青羊青犬輒加耳

皆壽千歲　御覽九百五十三引作萬歲初學記二十八亦作萬

(又後五行)變爲玃　藝文類聚九十五變上有則

(又後五六行)玃千歲　藝文類聚九十五御覽九百十歲下有則變爲老人又八百八十八千歲之猿變爲老人當是外篇佚文而其有變爲老人語可互證也　(又後七行)千歲之鳶　御覽九百二十八作千秋

(又後九行)能(御覽九百七引作熊)壽五百歲者　校語七當作八

（又後九十行）狐狸豺（藏本作狸疑作貍）狼皆壽八百歲　初學記二十九御覽九百九作狐及狸狼則藏本上狸字誤耳下狸字不誤羣書無言貍壽八百歲者校語疑作貍未知何據

（二葉後十一行三葉前一行）名曰仲能知一年中吉凶　白孔六帖九十八作仲能能知御覽九百十一作仲骨能知未知孰是仲下脫一字無疑

（三葉後二三行）帝軒侯（刻本作候）鳳鳴以調律　初學記一御覽四竝作候

（五葉前八行）求其根莖　榮案盧本作根荄

（六葉後五行）令試其小者　令字誤各本作今

（又後七行）鍼綴丹帶而蛇行　御覽八百三十作綴鍼此誤倒

（七葉後七行）住留各從其所好耳　御覽六百七十作去留

（八葉前一行）故不足役役（一本作汲汲）於登天而止人閒八百餘年也　御覽六百六十三作故不切（當復有切字）於升騰而止乎人閒者八百八年按下文言本不汲汲於昇虛以飛騰則一本是

（又後八行）隨所輕重　初學記二十三所下有犯字此脫

金丹四

（一葉前一行）余考覽養性（御覽九百八十五引作生）之書　御覽六百七十亦作生

（又後七行）足以與盡微者　榮案盧本作盡徵以形近致訛

（又後十一行）精思而神人授之金丹仙經　御覽六百七十精思下有積久

（又後十一行）會漢末亂　御覽六百七十作漢末大亂

（二葉前五行）并諸口訣　御覽六百七十并下有具

（三葉前九行）而追迅風　御覽一百三十七七百六十九作而欲尋遺風而濟大川　御覽七百六十九而下有欲

（七葉後一行）常（藏本作當）沈之三泉之下　御覽六百七十作當

(八葉後七行)近代漢末　御覽六百七十代作後

(又後八九行)筮著詩　御覽六百七十作詩九百八十五作書

(九葉後八行)作之法　御覽九百八十五作下有丹

(又後九行)白凡(刻本作礜御覽九百八十八引作礜)□御覽九百八十五九百八十八竝作礜石

(十葉前一行)之(藏本無此字)御覽九百八十五無之字

(又前四行)及住年不老　御覽九百八十五作延年

(十一葉前八行)而行云(疑作雲)□校語當作即雲字

(又後五行)塗足下　御覽九百三十五九百三十九作以塗足無下字

(又後九十行)取烏鷇之未生毛羽者　御覽九百二十作取烏引在烏門當不誤也

(十二葉後二行)招魂魄　御覽八百八十六招作召案下文云持節召之至理篇有召魂小丹則御覽是

(又後四行)折死者(藏本作折師二字)口　御覽八百八十六作折齒無死者二字亦無師字

(又後五行)令入喉即活　御覽八百八十六無令字即活下有活者　㚟女　白孔六帖九十七作和女初學記二十九作和安御覽九百七作㚟女

(十三葉前五行)和之而火之　御覽九百七十火作賨

(又後五行)用白菊花汁　蓺文類聚八十一御覽九百九十六下有蓮花汁三字

(十四葉前一行)又韓衆(當衍此字)終丹法　御覽三百八十八作韓中丹無衆字案仙藥篇韓終服菖蒲蓺文類聚八十一引彼亦作韓終九十八引山芝者韓中所食也東方朔七諫見韓衆而宿之王逸注韓衆仙人也蓋衆終中聲相同故三文隨作矣

(又前五行)封之成水　各本封之下有百日二字此脫

(又前六行)老子授之於元君　天一閣本作受之案上文云元君者老子之師明當作受

(又後四行)置猛火　御覽七百五十九九百八十五作置之猛火上

(又後七行)置火上扇之　御覽九百八十五作置猛火上

(又後九行)得液　御覽四又九百八十五作得神液　飲之不死　御覽九百八十五飲之下有令人

(十五葉前二行)人八兩(一本八作十)□校語當云一本作八十兩

(又前七八行)則物不可得也　御覽九百八十五作則其物或不可得也

(又後一行)而得一劑　御覽八百十得作成

(又後一二行)可足八仙人(當作人仙誤倒)也　御覽八百十作可令八人仙也

(又後八九行)不可供　供字誤藏本盧本作缺天一閣本作斷

(十六葉後五行)道士合作神藥　御覽六百七十作道士飛鍊神藥

(又後六行)又按仙經　御覽六百七十作入山經蓋抱朴古本仙字作仚用說文正體轉寫誤分爲入山二字耳

(又後八行)安丘山潛山　御覽六百七十作安丘衡灊約文也此無衡山潛與灊同孫云古以潛山爲衡岳故謂之衡潛

(十七葉前一行)大難　御覽六百七十作大水

(又前二行)則此神山必助之爲福藥必成　御覽六百七十山下有之字福下有其字

(又後十十一行)三丸再服　各本三丸下有日字此脫

至理五

(二葉前五六行)吹吸寶華浴神太清外除五曜內守九精　蓺文類聚七十五吹作咀浴作谷除作珍御覽七百二十與蓺文類聚同惟谷字作穀蓋即谷之誤

(三葉前一行)柞楢(藏本作柳)□御覽八百七十一作柳乃

(又後四行)追二豎於膏肓　藏本盧本追作殲此誤

(又後八行)文摯衍期　初學記十八作愆筋

(又後九行)此醫家　初學記十八作此但醫家

(又後十行)損也　藏本盧本作諸欲所損也此脫三字

(五葉後九行至六葉前九行)入山林多溪毒蝮蛇之地凡人暫經過無不中傷而善禁者以炁禁之能辟方數十里上伴侶皆使無爲害者又能禁虎豹及蛇蜂皆悉令伏不能起以炁禁金瘡血卽登止又能續骨連筋以炁禁白刃則可蹈之不傷刺之不入若人爲蛇虺所中以炁禁之則立愈近世左慈趙明等以炁禁水水爲之逆流一二丈又於茅屋上然火煑食食之而茅屋不焦又以大釘釘柱入七八寸以炁吹之釘卽涌射而出又以炁禁沸湯以百許錢投中令一人手探摝取錢而手不灼爛又(藏本作損非)禁水著中庭露之大寒不冰又能禁一里中炊者盡不得蒸熟又禁犬令不得吠　後漢方術徐登傳注作道士趙炳以氣禁人人不能起禁虎虎伏地低頭閉目便可執縛以大釘釘柱入尺許以氣吹之釘卽躍出射去如弩箭之發御覽七百六十七作吳有趙柄以大釘釘柱入尺許以氣吹之釘卽躍出如弩箭之發趙柄乃趙炳之誤今此作趙明無以氣禁人六句又不云躍出射去如箭弩之發當是脫落然此特小異耳御覽七百三十七引治金創以氣吹之卽斷痛(又七百四十二作治金瘡以氣吹之血卽斷痛登時止)登山蛇虺毒蟲中人在近者就以氣禁之其相遠或數十里便延(當作遙)治之士(有脫誤)呼其姓名而呪之男也吹吾右手(句有脫釋㶊篇云男嘘我左女嘘我右)記識其時後校閲之卽時愈也又有介象者能以氣禁一里中居人炊者不得蒸以氣禁樹上羣鳥卽墮地又於茅(徐登傳有屋字此脫)上爨煑雞熟而茅不燋又禁刀矛以刺人腹以椎打之刃曲而不復入又燒釜正赤而立上久之不知熱以錢投於沸釜湯中亦探取錢而手不灼能令一市人皆坐不得起此一段與今本絕異其卽此篇邪抑佚文邪疑莫能明

微旨六

(一葉後五行)啻疾病　御覽六百七十二啻作速

(二葉前三四行)夫寸鮪(意林引作蛕案鮪蛕皆非也云云)□道藏本意林官本意林皆作蛕校語以爲作蛕未知何據御覽九百三十六作鮪引在鮪門鮪蛕皆從有可與意林互證

(又前四五行)汎迹濫(二字誤倒意林引作濫跡)水之中　御覽九百三十大作汎濫龍水之中龍字當誤汎濫連文與意林同

(三葉後二行)多聞而體要博見而善擇　御覽七百二十體要作貴要善擇作擇善

(又後六行)可以無窮矣　御覽七百二十窮作病

(五葉前一行)山川草木　御覽八百八十六草木作石水

(又前二行)及人身中(疑此下有脫文)□御覽八百八十六無及字作人身之中亦有魂魄當據補

(又前三行)於理當有精神有神　御覽八百八十六次句復作有精神

(六葉後七行)蔡順至孝感神應之　下有脫文

(七葉後三行)神意竝游　御覽七百二十作神仙

(又後四行)灌溉匪休　御覽七百二十作延休

(又後八行)愚人妄往　御覽七百二十作競往

(八葉後一行)若欲　各本作若乃

塞難七

(二葉前二三行)蚩榮案蚩俗字說文及玉篇竝作蚩宜改正

(三葉後八行)禮樂　榮案盧本作經世未知何據觀下文揖讓盤旋等語宜從樓觀本改作禮樂爲是

(六葉前三行)不冐(當作謂)爲　校語當在爲字下

(又前七行)見遊雲西行而謂月之東馳　御覽六行作馳馳作行

釋滯八

(五葉後四五行)周孔麟跱於林藪而無損孝文(當有誤)之刑厝也　校語當在刑厝也下因周孔與孝文不相值而孝文刑厝合當連文也

(六葉後五行)上無嫌恨之偏心　榮案盧本作褊心

（八葉後一二行）三軍之衆一朝盡化君子爲鶴小人爲沙　御覽七十四八十五九百十六作周穆王南征一軍盡化君子爲猿爲鶴小人爲蟲爲沙又八百八十八鶴作鵠當誤又白孔六帖九十四作周穆王南征一軍自化爲猿君子爲鶴語有脫越不如御覽可據

（八葉後十行）肉甚（刻本本內其）□藏本作內甚

（九葉前九行）偶所不閒　各本作閑

道意九

（四葉後八行）而往返徑遊　榮案盧本作經遊

（五葉前五行）傳世　御覽六百六十六作累世

（又前六行）但占問顏色　御覽六百六十六問作阿

（又前八行）未曾一失也　御覽六百六十六作未曾不審也

（六葉後六行）耕白田　御覽九百六十八白作於風俗通載此事亦作於

明本十

（一葉前二行）先（此下當有脫文）榮案盧本先作夫

（二葉前一行）慕松喬之武者哉　刻本作纂譌字當改作慕

（四葉前八行）鍊八石之飛精者　御覽六百七十精作英

（又後四行）未欲昇天　御覽六百七十作未欲輕舉

（又後五行）而人禍不能加　御覽六百七十作而凶禍

仙藥十一

（一葉前三行）又曰五芝　御覽九百八十四五芝上有餌字

（又後六行）或云仙人杖或云西王母杖　御覽九百八十四作或名兩句皆同

（二葉前八九行）一名兔（御覽九百八十九引作鹿）竹　遍檢御覽衆本竝作菟校語以爲作鹿未知何據

(又後一二行)乃可大得其益耳　御覽九百八十九作乃可得益壽

(又後六行)海隅名山　御覽九百八十五作海隅山石　有積石者　御覽九百八十五作肉芝者無有積石三字

(一葉前一行)亦不得見此輩也　御覽九百八十五作此光也

(又後三行)伺之　御覽九百八十五作伺而

(又後五行)可以夜視也　御覽九百八十五作夜視書也

(四葉前三行)石桂芝　藝文類聚八十九作石桂英芝

(又前五行)光明　御覽九百八十五作色明

(又前九行)則堅凝　御覽九百八十五作則漸堅凝

(又前十一行)其計前所服　御覽九百八十五所作後

(又後一二行)石腦芝　御覽九百八十七作石脛芝

(又後六七行)石硫丹者石之赤精　御覽九百八十七作石流赤山之赤精上下文硫皆作流

(又後八九行)如此有百二十　御覽九百八十七作百二十種

(又後十行)松柏(刻本無此字非)脂□藝文類聚九十八無柏字御覽九百八十五及藏本有

(五葉前五行)千歲之栝木(覽御九百九十二作射干云云)御覽九百八十六作栝木校語宜先舉出

(又前十一行一行)則刳射(按當有干字)人之左足也　御覽九百八十六作則刳塗之無射人二字

(六葉後五行)珠芝　藝文類聚九十八作紫朱芝此脫紫字作朱者彼誤也據下文如李而紫色垂如貫珠明當作紫珠芝

(七葉前二行)八字體重　藝文類聚九十八御覽三十一九百四十九作再重按再重者謂八字作穴也

(又前六行)令人壽四萬歲　御覽九百四十六無四字

(又前七行)兩骨起似角　御覽九百三十一似角下有解人言浮于蓮葉之上或在叢蓍之下十五字案對俗

篇有此一段其下文不同上文僅異二字藝文類聚九十六初學記三十御覽入所引皆屬彼篇與此無涉

（又前九行）風生獸　御覽九百八作風母獸引在風母門當不誤也

（又後四五行）而尾（御覽九百八十八引有曲字）掘　御覽九百二十作而尾屈九百八十六作而尾毛堀一本作而尾毛掘堀掘皆與屈相當九百八十八不引校語所謂有曲字者未審何據

（八葉後四行）皛皛純白名磷石　御覽八百八純白下有者字

（九葉後十一行）玉可以爲米酒　御覽八百五米作珠爲米酒爲珠酒皆不他見未審孰是

（十一葉前三行）君腦或云龜（此三字當是小注誤入正文）　御覽九百五十七無此三字

（又前七行）柠（原注一作楮）木實芝（大觀本草引無此字）赤者　御覽三百九十四作柠木實之赤者當據改

（又前九行）年百四十歲　御覽三百九十四四作三

（又前十行）槐子以新甕（御覽九百五十四引作瓮）□遍撿御覽諸本皆作新瓦或即甕之半字校語以爲作瓮未知何據

（十二葉前四行）日精更生（按此下當有陰成二字各本皆脫去非）周盈　初學記二十七亦無陰成二字則唐本與今本同校語當刪

（又前八行）鴻臚少卿（御覽七百二十九百八十四引皆作時）□御覽六百七十又七百二十又九百八十五皆作少時三百八十三作少卿九百八十四不引校語誤

（又後一二行）得古人埋丹砂數十斛去（御覽九百八十四引有井字）數尺　御覽三百八十三作去井數尺九百八十五引至上句而止九百八十四不引校語誤

（十三葉前一行）甚驚愕　御覽六百七十作甚駭問得愈狀

（又前八行）在人間三百許年　御覽六百七十作在人間二百餘年

（又後五行）垂餓死　意林作垂當餓死

（十四葉前九十行）韓終服菖蒲十三年　藝文類聚八十一作三十年

（又後四行）手上車（按車當作連）弩也　御覽九百八十九亦作車弩未定是連之誤據御覽三百四十八引趙公王琚教射經有絞車弩中七百步王琚魏書有傳將恐古有車弩至魏盛行耳

（又後六行）御八十妾　藝文類聚八十一御覽九百八十九作御十八妾　有子百三（御覽九百八十九大觀本草引作四）十人　藝文類聚八十一亦作四

（十六葉後三行）渥之出指間　明刻諸本作握之榮案下文有及握之不出指間語正作握

（十七葉前二行）欲食去尸藥　明刻本尸上有三字

辨問十二

（一葉前七行）亦爲能　藏本作爲得

（又後三行）知一養神之要　榮案盧本作知守一

極言十三

（一葉前九行）故爲者如牛毛獲者如麟角也　書鈔八十三爲作學獲作成

（二葉前五行）根柢（藏本作移非）之據　榮案盧本作根荄

（四葉後八行）復數千載　藝文類聚八十四復作後（案列仙傳亦作後）

（七葉後一行）在乎還年（疑房中）之道　御覽六百六十八亦作還年下同

（又後四行）三百歲　御覽六百六十八作一二百歲

（又後五行）且又　御覽六百六十八無此二字作凡傷之道有數焉

（又後七行）悲衰憔悴傷也　御覽六百六十八悲上有淚憂重怨四字衰作哀依今本語例補改當云淚憂重怨傷也悲哀憔悴傷也　汲汲所欲傷也　御覽六百六十八所欲下有戚戚所患四字依今本語例當補于傷也下云戚戚所患傷也

（又後九行）喘乏　御覽六百六十八作喘息

（八葉前四行）不欲汗流　御覽六百六十八作不欲多汗

勤求十四

（二葉前六行）而險隘憂病　御覽六百七十二隘作厄
（四葉後四五行）陳安世者　御覽九百十一作陳世安下亦作世安按登涉篇有仙人陳安世
（四葉後五行）灌叔本　御覽九百十一灌作管
（九葉前十一行）故有死王樂爲生鼠之喻也　御覽九百十一死王樂生鼠下復有二語云雖爲帝王死不及生鼠似非抱朴本文隋志有音一卷或卽此

雜應十五

（一葉前五行）堪負擔遠行　榮按擔原刻誤作檐當改正
（又前五六行）身輕不極　榮案盧本作不困
（又前八行）腹中無滓（意林引作屎）　御覽三百七十六亦作屎
（二葉後九行）郗元節　郗字不體各本作郄
（三葉後六行）取一升輒內一升水　書鈔一百四十八作取一斗酒輒內一斗水隸書斗作升因誤爲升耳
（又後七行）無知盡時　榮案盧本作無或
（四葉後五行）或服紫石英　御覽九百八十七此下有東莞縣西北二十五里有爆山出紫石英舊以貢獻二十字疑是注文
（又後九十行）或服元水（原注一作冰）之丸　蓺文類聚四御覽二十二二十三三十四皆作冰
（五葉前一行）衣以重裘　御覽二十三八百六十九作衣之以重裘
（又前二行）十二爐　御覽二十三八百六十九無二字
（又前三行）抱朴子曰　蓺文類聚四御覽三十一三百三十九曰上有答字
（又前四五行）但知（疑作朱）書北斗字及日月字　御覽三百三十九無書字作但知北斗姓字及日月名字

（又前五行）帝以試左右　御覽三百三十九試下有告
（又前五六行）常爲先登鋒（疑衍）陷陣　御覽三百三十九作先登陷陳無鋒字陳卽陣之正體
（又前九行）戟名大將軍（按軍字不當有此以將字爲韻也）　御覽三百三十九無軍字
（六葉後五行）靂靂楔　御覽二十三楔作檝

黄白十六

（三葉後六行）已死乃見形　御覽七百三十六作死已久亦見其形
（六葉後十一行）莚（刻本作莚）易之草　御覽九百九十八作莚
（八葉前九行）用寒鹽一斤（藏本無此二字）　書鈔一百四十六御覽八百六十五有此二字

登涉十七

（二葉前十一行）因問之曰　御覽六百七十一問作叱
（又後一行）走去　御覽六百七十一作徑去
（又後二行）常夜有數十人　御覽六百七十一作十數人七百五十四作十許人
（又後三四行）後郄（原注一作郅）伯夷者過（疑遇）之宿　御覽六百七十一作郅作過七百五十四亦作過
（又後五行）自共搏捕　御覽七百五十四作自持
（又後七行）初作人叫　榮案盧本作人聲
（四葉前二行）有事宗廟郊祀天地　御覽六百七十一宗廟下有社稷
（六葉前八九行）名曰飛飛見之皆以名呼之　（原注下飛字或作龍）　御覽八百八十六作飛龍皆以下有其字
（又前十行）有能語者　御覽八百八十六九百五十二無有字
（七葉前四五行）稱捕賊者　御覽八百八十六作賊捕
（又前五行）稱成陽公者　御覽八百八十六作咸陽公八百八十九作陽城公

(九葉前七行)角弩如聞人聲　衍角弩二字御覽九百五十無　如角弩　御覽九百五十作如用弩

(又前七八行)則因水而射人　御覽九百五十因作激

(又前九行)大傷寒　御覽九百五十作大傷寒者

(又後二行)挑取之正赤　御覽九百五十取之下有色字

(又後四五行)則此蟲墮地也　御覽九百五十作則此蟲隨火去也

(十葉後十行)以桂木燒爲之　書鈔一百二十二御覽八百十三作以桂薪燒之無爲字

(二十葉後五行)三寸　藝文類聚九十五御覽八百九十作一尺

(又後七行)有一赤(事類賦引無一字赤作白)理　後漢西域大秦國傳注藝文類聚九十五御覽十五又八百九十作有白理無一字

(又後八行)有(事類賦引無)自本徹末(事類賦引有者字)　御覽十五作自本徹末者無有字

(二十一葉前八行)歲一解角於山中　御覽八百九十解角下有藏字

(又前十一行)及七重　御覽九百四十八作及七種

(二十二葉前一行)偶視之　御覽九百三十二作能視見之

地真十八

(一葉後八行)陰建本　御覽七十九作蔭案陰亦得讀爲蔭　觀百令之所登　御覽七十九作百靈

(又後九行)飲丹巒之水　書鈔十六御覽七十九作丹巒

(又後九十行)過洞庭從廣成子　御覽七十九作過崆峒檢莊子等書載廣成子事無作洞庭者也

(四葉前一行)其鏡道成(刻本無此字)□藏本無成字

(又前二行)師言欲長生　御覽八百八十六欲下有求字　勤服大藥藝文類聚七十九御覽八百八十六勤上有當字案下文有當明此亦有當

遐覽十九

（一葉後三四行）數年閒又黑顏色豐悅　御覽六百七十作數年閒復黑又顏色豐澤

（又後十行）火下細書　御覽六百七十作燈下

（又後十一行）彈鼓琴閑坐侍坐數人　御覽六百七十彈鼓琴閑坐五字作閑夜鼓琴

（二葉前八行）雖多未精　御覽六百七十作雖多而未精

（又前九行）又許　御覽六百七十作久許

（又前十行）合集所見　御覽六百七十集作積

（又前十十一行）終不可得也　御覽六百七十作不可頓得了也

（又後五行）此輩　御覽六百七十作此等輩

（又後六七行）鄭君亦不肯先令人寫其書　御覽六百七十先作悉

（又後十行）不敢輕銳也　御覽六百七十銳作脫

（三葉後十行）入室經　榮案盧本作入寶經

（五葉前一行）人溫氣疫病　原案云人當作入榮案盧本作入

（六葉前五行）虛（意林作帝）成虎　書鈔一百一御覽六百十八亦作帝

（又後七行）莫過於三皇文　御覽六百七十二作三皇內文

（七葉前一行）有此書　御覽六百七十二作有此書者

（又前二三行）家有三皇文辟邪　御覽六百七十二作文者辟辜邪

（八葉前二行）亦化形　御覽六百七十二作可化形

（又前六行）少能諳之　諳榮案盧本作諳

（又前七八行）所殺白虎頭皮生駞血虎血　御覽九百十九約此文云殺鴨血等引在鴨門今此無鴨字必有
脫誤

（又後三行）太安元年知季世之亂江南將鼎沸　御覽六百七十二季世作李戾案晉書張昌傳太安二年昌

易姓名爲李辰卽其人也作李晨與昌本名尤相應

祛惑二十

（一葉前八九行）乃狸鼠之所爭也陶朱之所棄乃原顏之所無也　御覽六百五十九爭作飫顏作憲

（又後十一行）見達人　藏本作見達者

（三葉前九行）萬萬　御覽三百六十五作了了

（四葉後五行）稽使君曾以一玉巵與強　御覽七百六十作嵇使君以玉七與強引在七門當不誤也巵可一而七必雙御覽少一字亦七不誤之證

（五葉後五行）崑崙何以（疑作似）　御覽三十八作似

（又後六七行）不過十數丈也　御覽三十八丈作里

（六葉前二行）其中口牙　御覽八百九十一作其口中牙

抱朴子外篇校勘記

嘉遯一

（二葉前五行）思行其道　舊寫本思作急

（五葉後三行）德勝則貴　承訓書院本作德盛

（六葉前十行）或色斯而不終日者　榮案色斯下疑脫舉字

（七葉後四行）竝乎滄海者　榮案承訓本竝下有失字

逸民二

（一葉後一行）井蛇　藏本作魚蛇今從舊寫本

（二葉前八九行）皆不遑以在朝也　藏本脫不字從舊寫本補

（五葉前六行）不辱者　藏本不上有夫字舊寫本有身字今從盧本删

勸學三

(三葉後五行)子張鄙人　榮案盧本作子房

(三葉前五行)故能究覽道奧　御覽六百十二作玄奧

(四葉後五行)橐弓矢　橐原案云疑作櫜榮案承訓本正作櫜

崇教四

(一葉前五行)沈淪　榮案倫當作淪

(又前九行)視內　榮案承訓本同盧本作顓愚語意較長

(二葉前六行)未常經心　榮案常當作嘗

(又前七行)而加青紫之官纔勝衣冠而居清顯之位　初學記十八官作袟清顯作鑑榮

(又後七行)昔諸竇冢遺教之福　藏本作道教今從舊寫本

君道五

(三葉前八行)惟人立之呼冢　榮案惟承訓本作推

(又後二行)樂激　榮案盧本作樂盈

(又後三行)觀贏　原校云贏下脫一字榮案盧本贏上有奇字

(四葉前二行)傾下(脫一字)以納忠　榮案盧本作下問

(六葉後二行)弗聞弗覽　藏本作不覽今從舊寫本

(七葉前五行)削基憎峻　承訓本作增峻

臣節六

(一葉後五行)攻謬　榮案盧本作糾謬

(又後九行)儀蕭曹之指揮　藏本作儀蕭公之宇宙今從舊寫本

(又後十一行)甘此離紀灸身之分　離紀榮案盧本作要離

（三葉前十一）力以以字譌嚴氏覆校改作少

良規七

（三葉前十行）貧口　榮案承訓本作恣口

任能十二

（一葉前八行）豈非才所不遠　榮案不遠當是不逮之訛

欽士十三

（一葉後四行）齊任之（藏本作倂之今從舊寫本）造稷丘　榮案盧本作齊倂

（又後五六行）簡上原有脫字榮案盧本簡下有公字

用刑十四

（一葉前四行）若德敎治狡暴　御覽三百五十六若下有以字此脫

（又後六行）習坎刻本作習次當改正

（四葉前十一行）圜土　舊刻土誤作上從嚴氏覆校本改正

（五葉後九十行）反乎天牧（舊寫本作放）榮案承訓本亦作牧

審舉十五

（四葉前十十一行）防其罪（罪疑作置舊寫本空白）對之姦　榮案盧本作所對

（五葉後八行）不中　榮案刻本中爲可字之譌當改正

交際十六

（二葉後四五行）鹽烏　榮案承訓本作鹽烏

（四葉後六行）用大　榮案大疑人字之譌

（五葉前五行）門人所以增親　榮案承訓本作尊親

（又後八行）或睚眥（原注音責）而不思　榮案說文眥从目此聲在詣切玉篇眥靜計切又才賜切此音責當

爲殨字之譌

擢才十八

(一葉後十行)抱璞　舊刻璞譌作墣從嚴氏覆校改正

任命十九

(二葉後八行)而濇溢　藏本溢作噎今從舊寫本

(三葉前八行)㵗簣　簣原注苦怪切籠也刻本譌作贊當改正

名實二十

(三葉後四行)守其所有已　榮案承訓本作已有當從之

(四葉前一行)耳可聞而不可盡也　榮案承訓本作尙可聞

行品二十二

(一葉前六行)經險難　御覽四百十八作經夷險

(又後二行)不染潔於勢利　榮案盧本潔作累

(二葉後四五行)顧文垂誥焉　盧本作顧聞

(四葉後七八行)士有機變淸銳　榮案承訓本作機辯

(五葉前一行)空拳入白　榮案盧本作入石

(又前二行)手勦心怯　榮案盧本作手勁

(又前八九行)居己梁倡　榮案盧本作果倡

(又後二行)士有含弘曠濟　榮案盧本作廣濟

弭訟二十三

(一葉前六行)豈有先訟後壻之誚乎　榮案承訓本作後婚

酒誡二十四

（一葉前四行）必莅蕙芬馥也　榮案羣書治要作芷蕙

（又後十一行）醉而不止　榮案治要作不出此用詩小雅賓之初筵篇語當據改

（二葉前六行）皆搖掌而譜聲（藏本作垂掌而諧聲從意林改）榮案治要作撫掌

（又前十行）螘封下治要有也字

（又後十行）計數深尅　治要作深刻

（三葉前三行）不論於能否　榮案治要無於字當從之　下句首計字治要作料承訓本同

（又前九行）小注今本二字倒置當改正

疾謬二十五

（一葉後九行）愕愕然　榮案承訓本愕字不重

（二葉前四行）激雷不能追既往之失　榮案治要作激電當從之

（又前十十一行）疾美而無直亮之鍼艾　榮案治要作疢美

（四葉前五行）或因時位以佻榮位　佻榮案治要作叨周語佻天以爲己力佻字亦有竊取之義

（又後八九行）昔魯女不幽居深處以致扈擧之變　扈擧盧本作園擧

（五葉前十一行）於是臘鼓垂無賴之子　臘鼓垂有脫誤舊寫本作臘鼓是垂亦有誤

（七葉後四行）恂恂善誘　恂恂盧本作循循此當依鄭注魯論榮案後漢書趙壹傳注作恂恂恭順貌又李膺傳注吳志步騭傳孟子章指引竝同與何氏集解異又後漢書郭太傳論林宗恂恂善導當亦用鄭本錢坫論語後錄云恂與循同

識惑二十六

（二葉前九行）竝用古體　榮案盧本作竝有

刺驕二十七

（一葉前二行）不辯於免盈溢之過也　於免盧本作免於

（又前六行）偓伊　盧本作優伊榮案玉篇偓促拘之皃偓伊當與喔咿通楚辭卜居吾將喔咿嚅唲以事婦人乎玉篇喔咿嚅唲謂強笑噱也伊優屈曲佞媚皃見今字典義亦相近

（又前九行）嘈雜　承訓本作嘈囋榮案張衡東京賦奏嚴鼓之嘈囋囋玉篇本作哳五葛才曷二切嘈嘈哳哳或作嚽啐啐啐竝同見集韻

（又後二行）以數接其情　榮案承訓本作有情

（二葉前十一行）祼袒之袒刻本誤作祖宜改正

（四葉前九行）從肆之從承訓本作縱二字古通

（又後六行）或佻竊虛名　佻治要作叨榮案佻本有竊取義

百里二十八

（一葉後七八行）焚㧾分寸之飈　焚盧本作撓

鈞世三十

（一葉後十一行）得采伐　書鈔一百作斫伐

（二葉前三行）煎熬之熬刻本作燉俗字當改作熬

省煩三十一

（一葉後五行）自君作古　榮案盧本作自今

（二葉後四行）惜懷之懷盧本作壞

（又後七行）損益懷善　盧本作壞善

尙博三十二　（一葉前八行）百家之言與善一揆　善盧本作經榮案篇首有正經爲道義之海淵子書爲增深之川流等語當從盧本作經爲是

漢過三十三

（一葉後四行）忌有功而危之　危盧本作抑

（又後九行）萍鷖　盧本作萍鷖二字未詳

（二葉前二行）淩尙侮慢者　盧本作凌上

（三葉前一行）航於一葦　航盧本作杭榮案當依毛詩作杭

吳失三十四

（一葉前六行）滓穢充序　榮案序疑斥字之訛

（又後八行）有才有力者　承訓本才作財

（又前九行）躡雲物以官躋　盧本作躡青雲

（又後十行）魚滄之滄盧本作餐

（又後十一行）內崇陶侃文信之訾　訾盧本作訾

（二葉前六行）而饗儒官之祿　饗盧本作享

守塉三十五

（一葉後三行）坦然無去就之譏　承訓本作淡然

（一葉後十一行二葉前一行）庸俗不中說以經術　榮案刻本中字誤當依上三句一例改作可字

（二葉前八行）怨怨　承訓本作怨怨義可竝通

安貧三十六

（一葉後六行）故下鄉儉而獲悔吝之辱　盧本作下卿當從之

（三葉後四五行）講肆爲鐘鼓　榮案肆當作肄字以形似致誤

仁明三十七

（一葉後十一行）思算不分　思算盧本作差等

博喻三十八

（一葉後五行）不恤乎莫與　盧本作莫知

（二葉前四行）淳鈞之鋒　榮案鈞疑鉤字之譌淮南子修務訓純鉤魚腸注純鉤利劍名錞純二字古通用

（又前八行）駑雛徐起顧眄而戾蒼昊　榮案承訓本作鶵雛當從之

（三葉後五行）箕叟以遺世得意　承訓本作莊叟

（又後七行）則傾蓋而居昵　盧本作若昵

（四葉後四行）劊背　刎耳　羣書治要劊刎二字上下互易

（又後七行）附踝　治要作跗踝

（又後八行）劊尺璧　劊治要作剖

（大葉後二行）庭燎之耀輝　耀輝承訓本作輝舉

（又後七行）暴發　承訓本作奮發

（八葉後五行）驫駮　承訓本作驚駮榮案玉篇驫野馬也駁馬色不純今作駮當以驫駁爲是　下咈守承訓本作咈呼

（又後十一行）四七授而佐命之勳著　盧本作四士授

（九葉後十行）雖出幽谷　北堂書鈔寫本一百二十一作雖出自于幽谷此脫自字（嚴氏補校）

（十一葉前十一行）不飭細辯　飭榮案承訓本作飾當從之

（十二葉前七行）熾暑鬱陰　盧本作鬱隆榮案鬱隆即詩雲漢篇所謂蘊隆也當據改

廣譬三十九

（二葉前四五行）遠數以博愛容衆　承訓本作遠教

（四葉後九行）而非懦弱　藏本脫非字今從舊寫本盧本

（九葉前二行）虺蜓　蜓一作蜒榮案爾雅釋蟲蜥蜴蝘蜓說文在壁曰蝘蜓在艸曰蜥易又案楊子方言守宮謂之祝蜒古今注蝘蜓一曰守宮即一物也承訓本作蜒亦通

（又後一行）不顧爲蟯蛔之穢飽　御覽九百四十六作不餞兩通（嚴氏補校）

(又後四行)有捐斤之歎　盧本作捐金
(十一葉後五行)若夫通精元一　舊寫本作一元
(十四葉前十行)鞶馬　承訓本作縶馬

辭義四十

(一葉前七行)徒閑邏有主賓　盧本徒下有以字
(又後三四行)違物理而文工(藏本作言功今從舊寫本)　承訓本作言巧

循本四十一

(一葉前六行)干霜以吐曜　藏本作寒曜今從舊寫本
(又前七行)觧介　承訓本作鱗介當從之

喻蔽四十三

(一葉後四行)夫迹水之中　盧本作尺水
(又後七行)建水之水原校云當作木榮案承訓本盧本竝作建木
(二葉後六行)子又譏云　藏本作譏之今從舊寫本

百家四十四

文行四十五

榮案此二篇之文大都爲尙博篇複出顧氏廣圻謂當删并改定合之自序恰得五十篇與自序所云直齋書錄所載自合

正郭四十六

(二葉前七行)不救之不榮案與上不字複沓疑可字之誤
(又後一行)入不能揮毫　藏本作彈毫今從舊寫本
(又後四行)庸人上盧本有於字

（又後五行）輪刓筴弊　刓盧本作傾

彈禰四十七

（一葉前二行）文學冠羣　御覽二百十五作才學

詰鮑四十八

（二葉前十一行）舒恐不利　榮案玉篇矛部舒古文矛字王褒僮約倚盾曳舒

（三葉前四行）亦知爲聚獸散　舊寫本作亦如

（五葉前五行）而令放之　藏本作而命今從舊寫本

（六葉後一行）所以救禍　藏本無以字舊寫本作所謂今從盧本

（又後二行）而禁不止也　藏本無禁字今從盧本

（七葉後七行）虞舜之禪也捐璧於谷　藝文類聚八十四御覽八百六禪上有承字此脫藝文類聚作抵璧嚴氏校云今據安貧篇故唐虞捐金而抵璧明此亦作抵璧

知止四十九

（一葉後六行）辥生遜亂　舊寫本作遜辭

（二葉後二行）殺哉生矣　盧本哉作我榮案生下重生字

（三葉後十十一行）朱羽頡頏　承訓本作朵羽

（四葉前七行）大賢讚事　舊寫本作英賢

（七葉前七八行）椎杭抵掌□榮案杭字誤承訓本作舥史記劉敬傳不搤其舥注舥喉嚨也竊疑杭當作机字以形近致訛机與几通易渙卦渙奔其机注机承物者也家語仰視榱桷俯察机筵注机作几此云椎机殆亦若擊桌拍案之類歟

自敘

（一葉後五行）于今基兆石礎存焉　御覽一百八十作基趾

(五葉前八行)在事秉勢　承訓本作乘勢　無惜者　盧本作無識者

(九葉前二行)天才未必爲增也　承訓本作夫才

(又前四行)但雜尙餘百所卷　舊寫本雜下有著字

曩余刻抱朴子內篇。是孫觀察星衍方督部維甸校定。實則顧秀才廣圻之力居多。其攷覈精詳。援稽賅洽。所不待言。數年之閒。諸君子聚散存沒。風景略殊。今當續刻外篇。無從借力。不得已手握丹鉛。凡十日校畢。便發工寫刻。既又念所據僅道藏等四本。所引證僅意林及羣書治要所載之五篇。而於他書未及徧檢。心闕然也。因復取外篇。并曩所刻內篇統校之。以道藏本及藏本。官本意林舊寫本。北堂書鈔衆本。藝文類聚宋本。初學記明本。白孔六帖衆本。太平御覽。兼史傳志注。文選注。事類賦注所引見者。檢出比竝。凡下內篇四百許籤。下外篇數十籤。而內篇久已梓行。外篇亦既寫樣。未易更動。乃擇其尤要者。爲校勘記一卷。附刻于後。計是役也。檢書二千許卷。逐條審正。至再至三。不二十日而事竣。非故速也。自念身任旬宣。非可在破書堆中。曠日持久。作不急之務者。既從事焉。宜甚勤勤。故速成而罣漏或不能無。尙望海內同志。指余所未逮也。嘉慶丁丑歲十月二十六日長白繼昌。

蓮龕方伯手校抱朴子外篇。并取五年前所刻之內篇重校之。爲校勘記一卷。佚文二卷。刻既成。以示其同年嚴可均。可均受而讀之。具見方伯用力之勤。蒐羅之備。持擇之精。而猶歉然謂罣漏不能無也。因爲之覆審再三。外篇博喩之九葉後十行。雖出幽谷。北堂書鈔寫本一百二十一作雖出自于幽谷。此脫自字。廣譬之九葉後一行。不顧爲蜣螂之穢飽。御覽九百四十六作不羨。兩通。詰鮑之七葉後七行。捐璧於谷。校勘記引藝文類聚八十四作抵璧。今據安貧篇故唐虞捐金而抵璧。明此亦抵璧。其今本所無者。藝文類聚八十八松門柏門。引天陵偃蓋之松。大谷倒生之柏。皆爲天齊其長。地等其久。當是內篇佚文。北堂書鈔寫本三十五德感門。引王業疏(疑當作爲)荆州卒白虎三頭。匍匐於輛下。其爲內篇佚文外篇佚文未敢定之。右五事似可補采。其他罣漏實尠。世閒抱朴子必以此爲最善本無疑也。嘉慶戊寅歲二月晦烏程嚴可均跋。

是書之刊。既藉孫方顧三家校定。繼君與嚴氏復爲采正。洵見援据該備。采勘精詳。已維是明代諸刻。故家傳詒。溯厥原本宋元之遺。洋舶佚冊。搜秘采奇。異同互見。參證攸資。拾遺訂繆。不揣管窺。鱗次比附。貂續貽嗤。裨益疏陋。跂余望之。光緒己丑歲春二月嘉興陳其榮識。時在廣州南園之校書堂。

抱朴子養生論

抱朴子曰。一人之身。一國之象也。胸腹之設。猶宮室也。支體之位。猶郊境也。骨節之分。猶百官也。腠理之間。猶四衢也。神猶君也。血猶臣也。氣猶民也。故至人能治其身。亦如明主能治其國。夫愛其民。所以安其國。愛其氣。所以全其身。民弊國亡。氣衰身謝。是以至人上士。乃施藥於未病之前。不追修於既敗之後。故知生難保而易散。氣難清而易濁。若能審機權。可以制嗜慾。保全性命。且夫善養生者。先除六害。然後可以延駐於百年。何者是邪。一曰薄名利。二曰禁聲色。三曰廉貨財。四曰損滋味。五曰除佞妄。六曰去沮嫉。六者不除。修養之道徒設爾。蓋緣未見其益。雖心希妙道。口念真經。咀嚼英華。呼吸景象。不能補其短促。誠緣捨其本而忘其末。深可誡哉。所以保和全真者。乃少思少念。少笑少言。少喜少怒。少樂少愁。少好少惡。少事少機。夫多思則神散。多念則心勞。多笑則臟腑上翻。多言則氣海虛脫。多喜則膀胱納客風。多怒則腠理奔血。多樂則心神邪蕩。多愁則頭鬢憔枯。多好則志氣傾溢。多惡則精爽奔騰。多事則筋脈乾急。多機則智慮沈迷。斯乃伐人之生。甚於斤斧。損人之命。猛於豺狼。無久坐。無久行。無久視。無久聽。不飢勿強食。不渴勿強飲。不飢強食則脾勞。不渴強飲則胃脹。體欲常勞。食欲常少。勞勿過極。少勿至飢。冬朝勿空心。夏夜勿飽食。早起不在雞鳴前。晚起不在日出後。心內澄則真神守其位。氣內定則邪物去其身。行欺詐則神悲。行爭競則神沮。輕侮於人當減算。殺害於物必傷年。行一善則魂神樂。構一惡則魄神歡（魄神樂死魂神好生）常以寬泰自居。恬淡自守。則身形安靜。災害不干。生錄必書其名。死籍必削其咎。養生之理。盡於此矣。至於鍊還丹以補腦。化金液以留神。斯乃上真之妙道。蓋非食穀啗血者。越分而修之。萬人之中。得者殊少。深可誡焉。

老君曰。存吾此道。上士全修延壽命。中士半修無災病。下士時修免夭横。愚者失道擯其性。其斯之謂歟。

大丹問答

晉道士鄭思遠。授入室弟子葛洪。字稚川。號抱朴子。稽首我尊師先生曰。洪竊謂人之權輿。陰精陽精。陽精魂立。陰精魄成。兩精相薄而生神明。神以形用。形以神生。神之云逝形亦斯斃。敢問先生。其神可全乎。其形可延乎。先生曰。神以道全。形以術延。洪又問曰。道術之旨奚若。先生曰。道隱無名。術彰有實。有實而術可行。無名而道可成。道成而神自全矣。洪曰。道隱無名。始全乎象外。術彰有實。本在乎轂中。唯願先生。少垂開獎。先生曰。夫術有俯仰屈伸。胎息嗽津。御女以還精。餌朱兒以存身。過是以往。非吾所聞。洪曰。還精之方。昔已聞命。存身之術。願更發蒙。先生曰。取金之精。合石之液。結爲夫妻。列爲魂魄。一體混沌。兩精感激。河車覆載。鼎候斯扃。洪爐烈火。炎焰爚赫。烟未及黑。焰不霞碧。如蓄扶搖。若藏霹靂。姹女氣索。嬰兒聲寂。透出兩儀。麗乎四壁。時歷幾多。禹馳一驛。婉其死矣。釋然從革。惡黜善遷。情迴性易。紫色內達。赤鋩外射。熠若火生。潤如血滴。字曰中還。可超大尼。退藏於密。服之無斁。霧散五內。川流百脈。骨變金石。顏迴玉澤。陽德乃敷。陰功斯積。南宮度名。北帝落籍。爲道之首。爲仙之伯。勿授非人。以招譴謫。又曰。天地至大。比身即小。制至精以成藥。孰淺識之能了。夫何慮乎。若有所少。氣雙則和。體獨則悄。和則增壽。悄則趣夭。命也一絕。難乎再紹。然而理以意求。意在言表。今試言之。夫一陰一陽謂之道。一金一石謂之丹。石乘陽而熱。金乘陰而寒。其服食也。取壯陽而伏陰。其徵應也。俾魂壯而魄殫。類水流而趣濕。若火動而赴乾。其勢必然。其理可觀。伏望先生。更容請益。先生曰。吾子之言。精義可採。彼陽之終巳。陰之極亥。分爲四時。周行不殆。天地相感。日月相會。胡可闕諸。略舉其大。且石液鬼隱。金精山在。寔孤陰之獨化。諒九幽之可待。曷若君子之好逑。得淑女之良配。然後陰陽得中。魂魄無外。嗟世人之電光。指桑田之變海。斯言乃合於仙祕。吾道得傳於真宰。洪曰。率聽之言。偶符真理。伏鍊石液。其術柰何。先生曰。有物有狀。可大可久。採乎蠶食之前。用乎火化之後。成湯自止而淋下。刳釜虛中而見受。日月周旋。五復伺候。橐籥疾鼓。金汁不走。以水沃之。則從有而入无。以火溫之。則從无而入有。施素粉而委靈。熈蘇黃而凝醜。轉制不已。神趣鬼驟。提挈意氣。返覆衰朽。金嫩石嫩。夭年地壽。无著於文。訣之在口。太清真人歌曰。照徹數里。皆上界仙官下來收採。非但世人所遇也。皆生在南方。向日相近。感氣積年而生也。四千三百二十年。乃生自然還丹。上古仙人則知。今用三年火象自然之氣。今之仙人秘教。但火候依節符。斤兩炭數應爻卦。乾坤用施行。運轉逐日火候自然相數。

夫一爻生二日半。二爻生五日六十時。一月有三百六十時。得一年。十二月得四千三百二十時。一時當一年。四千三百二十年。象自然之氣。從黃芽一周抽成龍虎。從虎從龍一年。形體如炭又去更一年。赫然成還丹。皆是陰陽交感。變通靈化。人之不測。謂之神妙。運火一晝夜。象一周天。四時生成。陰陽合度。自然之道。抽添和合。火候合符。若无師授。據按文修。終无成理。固不可造次也。若專志不怠者。必當遇師付訣矣。(石壁古文)

世　說　新　語

劉義慶著

世說新語目錄

卷一 德行第一……一
言語第二……一三
卷二 政事第三……四一
文學第四……四七
卷三 方正第五……七三
雅量第六……九〇
識鑒第七……一〇〇
賞譽第八(上)……一〇八
卷四 賞譽第八(下)……一一五
品藻第九……一三〇
規箴第十……一四四
捷悟第十一……一五一
夙惠第十二……一五三
豪爽第十三……一五五
卷五 容止第十四……一五九
自新第十五……一六四
企羨第十六……一六五
傷逝第十七……一六六

棲逸第十八……一六九
賢媛第十九……一七三
術解第二十……一八二
巧藝第二十一……一八四
寵禮第二十二……一八七
任誕第二十三……一八八
簡傲第二十四……一九九

卷六

排調第二十五……二〇五
輕詆第二十六……二一七
假譎第二十七……二二三
黜免第二十八……二二八
儉嗇第二十九……二三〇
汰侈第三十……二三一
忿狷第三十一……二三四
讒險第三十二……二三五
尤悔第三十三……二三六
紕漏第三十四……二四一
惑溺第三十五……二四三
仇隙第三十六……二四五

世說新語卷一

宋劉義慶撰
梁劉孝標注

德行第一

陳仲舉言爲士則，行爲世範，登車攬轡，有澄清天下之志。[汝南先賢傳曰：陳蕃字仲舉，汝南平輿人。有室荒蕪不埽除，曰：「大丈夫當爲國家埽天下。」值漢桓之末，閹豎用事，外戚豪橫。及拜太傅，與大將軍竇武謀誅宦官，反爲所害。]爲豫章太守。[海內先賢傳曰：蕃爲尚書，以忠正忤貴戚，不得在臺，遷豫章太守。]至，便問徐孺子所在，欲先看之。[謝承後漢書曰：徐穉字孺子，豫章南昌人。清妙高跱，超世絕俗。前後爲諸公所辟，雖不就，及其死，萬里赴弔。常預炙雞一隻，以綿漬酒中，暴乾以裹雞，徑到所赴冢隧外，以水漬綿，斗米飯，白茅爲藉，以雞置前，醊酒畢，留謁即去，不見喪主。]主簿白：「羣情欲府君先入廨。」陳曰：「武王式商容之閭，席不暇煖。[許叔重曰：商容，殷之賢人，老子師也。車上跽曰式。]吾之禮賢，有何不可！」[袁宏漢紀曰：蕃在豫章，爲穉獨設一榻，去則懸之，見禮如此。]

周子居常云：「吾時月不見黃叔度，則鄙吝之心已復生矣。」[子居別見。典略曰：黃憲字叔度，汝南慎陽人。時論者咸云顏子復生。而族出孤鄙，父爲牛醫。潁川荀季和執憲手曰：「足下吾師範也。」後見袁奉高曰：「卿國有顏子，寧知之乎？」奉高曰：「卿見吾叔度邪？」戴良少所服下，見憲則自降薄，悵然若有所失。母問：「汝何不樂乎？復從牛醫兒所來邪？」良曰：「瞻之在前，忽焉在後，所謂良之師也。」]

郭林宗至汝南，造袁奉高，[續漢書曰：郭泰字林宗，太原介休人。泰少孤，年二十，行學至城阜屈伯彥精廬，乏食，衣不蓋形，而處約味道，不改其樂。李元禮一見稱之曰：「吾見士多矣，無如林宗者也。」及卒，蔡伯喈爲作碑，曰：「吾爲人作銘，未嘗不有慚容，唯爲郭有道碑頌無愧耳。」初以有道君子徵，泰曰：「吾觀乾象人事，天之所廢，不可支也。」遂辭以疾。汝南先賢傳曰：袁宏字奉高，慎陽人。友黃叔度於童齒，薦陳仲舉於家巷。辟大尉掾，卒。]車不停軌，鸞不輟軛；詣黃叔度，乃彌日信宿。人問其故，林宗曰：「叔度汪汪如萬頃之陂，澄之不清，擾之不濁，其器深廣，難測量也。」[泰別傳曰：薛恭

祖問之泰曰奉高之器譬諸汎濫雖淸易挹也

李元禮風格秀整高自標持欲以天下名教是非爲己任薛瑩後漢書曰李膺字元禮潁川襄城人抗志淸妙有文武儁才遷司隸校尉爲黨事自殺後進之士有升其堂者皆以爲登龍門三秦記曰龍門一名河津去長安九百里水懸絕龜魚之屬莫能上上則化爲龍矣

李元禮嘗歎荀淑鍾皓先賢行狀曰荀淑字季和潁川潁陰人也所拔韋褐芻牧之中執案刀筆之吏皆爲英彥舉方正補朗陵侯相所在流化鍾皓字季明潁川長社人父祖至德著名皓高風承世除林慮長不之官人位不足天爵有餘曰荀君淸識難尙鍾君至德可師海內先賢傳曰潁川先輩爲海內所師者定陵陳稚叔潁陰荀淑長社鍾皓少府李膺宗此三君常言荀君淸識難尙陳鍾至德可師

陳太丘詣荀朗陵貧儉無僕役陳寔傳曰寔字仲弓潁川許昌人爲聞喜令太丘長風化宣流乃使元方將車先賢行狀曰陳紀字元方寔長子也至德絕俗與寔高名並著而弟諶又配之每宰府辟召羔鴈成羣世號三君百城皆圖畫季方持杖後從長文尙小載箸車中既至荀使叔慈應門慈明行酒餘六龍下食張璠漢紀曰淑有八子儉緄靖燾汪爽肅敷淑居西豪里縣令苑康曰昔高陽氏有才子八人遂署其里爲高陽里時人號曰八龍文若亦小坐箸鄰前于時太史奏眞人東行檀道鸞續晉陽秋曰陳仲弓從諸子姪造荀父子于時德星聚太史奏五百里賢人聚

客有問陳季方海內先賢傳曰陳諶字季方寔少子也才識博達司空掾公車徵不就足下家君太丘有何功德而荷天下重名季方曰吾家君譬如桂樹生泰山之阿上有萬仞之高下有不測之深上爲甘露所霑下爲淵泉所潤當斯之時桂樹焉知泰山之高淵泉之深不知有功德與無也

陳元方子長文有英才魏書曰陳羣字長文祖寔嘗謂宗人曰此兒必興吾宗及長有識度其所善皆父黨與季方子孝先陳氏譜曰諶子忠字

（孝先州辟不就）各論其父功德。爭之不能決。咨於太丘。太丘曰。元方難爲兄。季方難爲弟。（一作元方難爲弟季方難爲兄）

荀巨伯遠看友人疾。（荀氏家傳曰巨伯漢桓帝時人也亦出潁川未詳其始末）值胡賊攻郡。友人語巨伯曰。吾今死矣。子可去。巨伯曰。遠來相視。子令吾去。敗義以求生。豈荀巨伯所行邪。賊既至。謂巨伯曰。大軍至。一郡盡空。汝何男子。而敢獨止。巨伯曰。友人有疾。不忍委之。寧以我身代友人命。賊相謂曰。我輩無義之人。而入有義之國。遂班軍而還。一郡並獲全。

華歆遇子弟甚整。雖閑室之內。嚴若朝典。（魏志曰歆字子魚平原高唐人魏略曰靈帝時與北海邴原管寧俱遊學相善時號三人爲一龍謂歆爲龍頭寧爲龍腹原爲龍尾）陳元方兄弟恣柔愛之道。而二門之裏。兩不失雍熙之軌焉。

管寧華歆共園中鋤菜。（傅子曰寧字幼安北海朱虛人齊相管仲之後也）見地有片金。管揮鋤與瓦石不異。華捉而擲去之。又嘗同席讀書。有乘軒冕過門者。寧讀如故。歆廢書出看。寧割席分坐曰。子非吾友也。（魏略曰寧少恬靜常笑邴原華子魚有仕宦意及歆爲司徒上書讓寧寧聞之笑曰子魚本欲作老吏故榮之耳）

王朗每以識度推華歆。（魏書曰朗字景興東海郯人魏司徒）歆蜡日（禮記曰天子大蜡八伊耆氏始爲蜡蜡索也歲十二月合聚萬物而索饗之五經要義曰三代名臘夏曰嘉平殷曰清祀周曰大蜡總謂之臘晉博士張亮議曰蜡者合聚百物索饗之歲終休老息民也臘者祭宗廟五祀傳曰臘接也祭則新故交接也秦漢以來臘之明日爲祝歲古之遺語也）嘗集子姪燕飲。王亦學之。有人向張華說此事。張曰。王之學華。皆是形骸之外。去之所以更遠。（王隱晉書曰張華字茂先范陽人也累遷司空而爲趙王倫所害）

華歆王朗俱乘船避難。有一人欲依附。歆輒難之。朗曰。幸尚寬。何爲不可。

後賊追至。王欲舍所攜人。歆曰。本所以疑。正爲此耳。既以納其自託。寧可以急相棄邪。遂攜拯如初。世以此定華王之優劣。華嶠譜敍曰歆爲下邽令漢室方亂乃與同志士鄭太等六七人避世自武關出道遇一丈夫獨行願得與俱皆哀許之歆獨曰不可今在危險中禍福患害義猶一也今無故受之不知其義若有進退可中棄乎衆不忍卒與俱行此丈夫中道墮井皆欲棄之歆乃曰已與俱矣棄之不義卒共還出之而後別

王祥事後母朱夫人甚謹。晉諸公贊曰祥字休徵琅邪臨沂人祥世家曰祥父融娶高平薛氏生祥繼室以廬江朱氏生覽晉陽秋曰後母數譖祥屢以非理使祥弟覽輒與祥俱又虐使祥婦覽妻亦趨而共之母患方盛寒冰凍母欲生魚祥解衣將剖冰求之會有處冰小解魚出蕭廣濟孝子傳曰祥後母忽欲黃雀炙祥念難卒致須臾有數十黃雀飛入其幕母之所須必自奔走無不得焉其誠至如此　家有一李樹。結子殊好。母恒使守之。時風雨忽至。祥抱樹而泣。蕭廣濟孝子傳曰祥後母庭中有李始結子使祥晝視鳥雀夜則趨鼠一夜風雨大至祥抱泣至曉母見之惻然　祥嘗在別牀眠。母自往闇斫之。值祥私起。空斫得被。既還。知母憾之不已。因跪前請死。母於是感悟。愛之如己子。虞預晉書曰祥以後母故陵遲不仕年向六十刺史呂虔檄爲別駕時人歌之曰海沂之康實賴王祥邦國不空別駕之功累遷太保

晉文王稱阮嗣宗至慎。每與之言。言皆玄遠。未嘗臧否人物。魏書曰文王諱昭字子上宣帝第二子也魏氏春秋曰阮籍字嗣宗陳留尉氏人阮瑀子也宏達不羈不拘禮俗兗州刺史王昶請與相見終日不得與言昶愧歎之自以不能測也口不論事自然高邁李康家誡曰昔嘗侍坐於先帝時有三長史俱見臨辭出上曰爲官長當清當慎當勤脩此三者何患不治乎並受詔上顧謂吾等曰必不得已而去於斯三者何先或對曰清固爲本復問吾吾對曰清慎之道相須而成必不得已慎乃爲大上曰卿言得之矣可舉近世能慎者誰乎吾乃舉故太尉荀景倩尚書董仲達僕射王公仲上曰此諸人者温恭朝夕執事有恪亦各其慎也然天下之至慎者其唯阮嗣宗乎每與之言言及玄遠而未嘗評論時事臧否人物可謂至慎乎

王戎云。與嵇康居二十年。未嘗見其喜慍之色。康集敍曰康字叔夜譙國銍人王隱晉書曰嵇本姓奚其先避怨徙上虞移譙國銍縣以出自會稽取國一支音同本奚焉虞預晉書曰銍有嵇山家於其側因氏焉康別傳曰康性含垢藏瑕愛惡不爭於懷喜怒不寄於顏所知王濬沖在襄城面數百未嘗見其疾聲朱顏此亦方中之美範人倫之勝業

也文章敍錄曰康以魏長樂亭主壻遷郎中拜中散大夫

王戎和嶠同時遭大喪。俱以孝稱。王雞骨支牀。和哭泣備禮。晉諸公贊曰戎字濬冲琅邪人太保祥宗族也文皇帝輔政鍾會薦之曰裴楷清通王戎簡要即俱辟爲掾晉陽秋曰戎爲豫州刺史遭母憂性至孝不拘禮制飲酒食肉或觀棊弈而容貌毀悴杖而後起時汝南和嶠亦名士也以禮法自持處大憂量米而食然顦顇哀毀不逮戎也 武帝謂劉仲雄曰。王隱晉書曰劉毅字仲雄東萊掖人漢城陽景王後也亮直清方見有不善必評論之王公大人望風憚之僑居陽平太守杜恕致爲功曹沙汰郡吏三百餘人三魏僉曰但聞劉功曹不聞杜府君累遷尚書司隷校尉 卿數省王和不。聞和哀苦過禮。使人憂之。仲雄曰。和嶠雖備禮。神氣不損。王戎雖不備禮。而哀毀骨立。臣以和嶠生孝。王戎死孝。陛下不應憂嶠。而應憂戎。晉陽秋曰世祖及時談以此貴戎也

梁王趙王。朱鳳晉書曰宣帝張夫人生梁孝王肜字子徽位至太宰桓夫人生趙王倫字子彝位至相國 國之近屬。貴重當時。裴令公晉諸公贊曰裴楷字叔則河東聞喜人司空秀之從弟也父徽冀州刺史有俊識楷特精易義累遷河南尹中書令卒 歲請二國租錢數百萬。以恤中表之貧者。或譏之曰。何以乞物行惠。裴曰。損有餘。補不足。天之道也。名士傳曰楷行已取與任心而動毀譽雖至處之晏然皆此類

王戎云。太保居在正始中。不在能言之流。及與之言。理中清遠。將無以德掩其言。晉陽秋曰祥少有美德行

王安豐遭艱。至性過人。裴令往弔之曰。若使一慟果能傷人。濬沖必不免滅性之譏。曲禮曰居喪之禮毀瘠不形視聽不衰不勝喪乃比於不慈不孝孝經曰毀不滅性聖人之教也

王戎父渾有令名。官至涼州刺史。世語曰渾字長原有才望歷尚書涼州刺史 渾薨。所歷九郡義故。懷其德惠。相率致賻數百萬。戎悉不受。虞預晉書曰戎由是顯名 劉道眞嘗爲徒。晉百官名曰劉寶字道眞高平人徒

罪役作者。扶風王駿虞預晉書曰：駿字子臧，宣帝第十七子。好學至孝。晉諸公贊曰：駿八歲爲散騎常侍，侍魏齊王講。晉受禪，封扶風王，鎮關中，爲政最美。薨，贈武王。西士思之，但見其碑贊者皆拜之而泣，其遺愛如此。以五百疋布贖之，既而用爲從事中郎。當時以爲美事。

王平子、胡毋彥國諸人，皆以任放爲達，或有裸體者。晉諸公贊曰：王澄字平子，有達識，荆州刺史。永嘉流人名曰：胡毋輔之字彥國，泰山奉高人，湘州刺史。王隱晉書曰：魏末阮籍嗜酒荒放，露頭散髮，裸袒箕踞。其後貴游子弟阮瞻、王澄、謝鯤、胡毋輔之之徒，皆祖述於籍，謂得大道之本。故去巾幘，脫衣服，露醜惡，同禽獸。甚者名之爲通，次者名之爲達也。樂廣笑曰：「名教中自有樂地，何爲乃爾也。」

郗公值永嘉喪亂，在鄉里，甚窮餒。鄉人以公名德，傳共飴之。公常攜兄子邁及外生周翼二小兒往食。鄉人曰：「各自饑困，以君之賢，欲共濟君耳，恐不能兼有所存。」公於是獨往食，輒含飯著兩頰邊，還，吐與二兒。後並得存，同過江。郗鑒別傳曰：鑒字道徽，高平金鄉人，漢御史大夫郗慮後也。少有體正，耽思經籍，以儒雅著名。永嘉末，天下大亂，饑饉相望，冠帶以下，皆割己之資供鑒。元皇徵爲領軍，遷司空、太尉。中興書曰：鑒兄子邁，字思遠，有幹世才略，累遷少府、中護軍。郗公亡，翼爲剡縣，解職歸，席苫於公靈牀頭，心喪終三年。周氏譜曰：翼字子卿，陳郡人。祖奕，上谷太守。父優，車騎咨議。歷剡令、青州刺史、少府卿。六十四而卒。

顧榮在洛陽，嘗應人請，覺行炙人有欲炙之色，因輟己施焉。同坐嗤之。榮曰：「豈有終日執之，而不知其味者乎？」後遭亂渡江，每經危急，常有一人左右己，問其所以，乃受炙人也。文士傳曰：榮字彥先，吳郡人。其先越王勾踐之支庶，封於顧邑，子孫遂氏焉，世爲吳著姓。大父雍，吳丞相。父穆，宜都太守。榮少朗俊機警，風穎標徹，歷廷尉正。會在省與同僚共飲，見行炙者有異於常僕，乃割炙以噉之。後趙王倫篡位，其子爲中領軍，選用榮爲長史。及倫誅，榮亦被執，凡受戮等輩十有餘人。或有救榮者，問其故，曰：「榮省中受炙臣也。」榮乃悟而歎曰：「一餐之惠，恩今不忘，古人豈虛言哉！」

祖光祿少孤貧。性至孝。常自爲母炊爨作食。王隱晉書曰祖納字士言范陽遒人九世孝廉納諸母三兄最治行操能清言歷太子中庶子廷尉卿避地江南溫嶠薦爲光祿大夫王平北聞其佳名。以兩婢餉之。因取爲中郎。王乂別傳曰乂字叔元琅邪臨沂人時爲新平二將作亂文帝西之長安乃徵爲相國司馬遷大尚書出督幽州諸軍事平北將軍有人戲之者曰。奴價倍婢。祖云。百里奚亦何必輕於五羖之皮邪。楚國先賢傳曰百里奚字井伯楚國人少仕於虞爲大夫晉欲假道於虞以伐虢諫而不聽奚乃去之說苑曰秦穆公使賈人載鹽於虞諸賈人買百里奚以五羊皮穆公觀鹽怪其牛肥問其故對曰飲食以時使之不暴是以肥也公令有司沐浴衣冠之公孫支讓其卿位號曰五羖大夫

周鎮罷臨川郡還都。未及上。住泊青溪渚。永嘉流人名曰鎮字康時陳留尉氏人也祖父和故安令父震司空長史中興書曰鎮清約寡欲所在有異績王丞相往看之。丞相別傳曰王導字茂弘琅邪人祖覽以德行稱父裁侍御史導少知名家世貧約恬暢樂道未嘗以風塵經懷也時夏月。暴雨卒至。舫至狹小。而又大漏。殆無復坐處。王曰。胡威之清。何以過此。即啓用爲吳興郡。晉陽秋曰胡威字伯虎淮南人父質以忠清顯質爲荊州威自京師往省之及告歸質賜威絹一匹威跪曰大人清高於何得此絹質曰是吾奉祿之餘故以爲汝糧耳威受而去每至客舍自放驢取樵爨炊食畢復隨旅進道質帳下都督陰齎糧要之因與爲伴每事相助經營之又進少飯威疑之密誘問之乃知都督也謝而遣之後以白質質杖都督一百除其吏名父子清慎如此及威爲徐州世祖賜見與論邊事及平生帝歎其父清因謂威曰卿清孰與父對曰臣清不如也帝曰何以爲勝汝邪對曰臣父清畏人知臣清畏人不知是以不如遠矣

鄧攸始避難。於道中棄己子。全弟子。晉陽秋曰攸字伯道平陽襄陵人七歲喪父母及祖父母持重九年性清慎平簡鄧粲晉紀曰永嘉中攸爲石勒所獲召見立幕下與語說之坐而飯焉攸車所止與胡人鄰轂胡人失火燒車營勒吏案問胡胡誣攸攸度不可與爭乃曰向爲老姥作粥失火延逸罪應萬死勒知遣之所誣胡厚德攸遺其驢馬護送令得逸王隱晉書曰攸以路遠斫壞車以牛馬負妻子以逃賊又掠其牛馬攸語妻曰吾弟蚤亡唯有遺民今當步走儋兩兒盡死不如棄己兒抱遺民吾後猶當有兒婦從之中興書曰攸棄兒於草中兒啼呼追之至莫復及攸明日繫兒於樹而去遂渡江至尚書左僕射卒弟子綏服攸齊衰三年既過江。取一妾。甚寵愛。歷年後訊其所由。妾具說是北人遭亂。憶父母姓名。乃攸之甥也。攸素有德業。言行無玷。聞之哀恨。終身

遂不復畜妾。

王長豫爲人謹順。事親盡色養之孝。中興書曰王悅字長豫丞相導長子也仕至中書侍郎丞相見長豫輒喜。見敬豫輒嗔。文字志曰王恬字敬豫導次子也少卓犖不羈疾學尚武不爲導所重至中軍將軍多才藝善隸書與濟陽江彪以善弈聞長豫與丞相語。恒以愼密爲端。丞相還臺及行。未嘗不送至車後。恒與曹夫人併當箱篋。長豫亡後。丞相還臺。登車後。哭至臺門。曹夫人作簏。封而不忍開。王氏譜曰導娶彭城曹韶女名淑

桓常侍聞人道深公者。輒曰。此公旣有宿名。加先達知稱。又與先人至交。不宜說之。桓彝別傳曰彝字茂倫譙國龍亢人漢五更桓榮十世孫也父穎有高名彝少孤識鑒明朗避亂渡江累遷散騎常侍僧法深不知其俗姓蓋衣冠之胤也道徽高扇譽播山東爲中州劉公弟子值永嘉亂投迹揚土居止京邑內持法綱外允具瞻弘道之法師也以業慈清淨而不耐風塵考室剡縣東二百里仰山中同遊十餘人高棲浩然支道林宗其風範與高麗道人書稱其德行年七十有九終於山中也

庾公乘馬有的盧。晉陽秋曰庾亮字元規潁川鄢陵人明穆皇后長兄也端雅有德量時人方之夏侯太初陳長文之倫侍從父琛避地會稽端拱巋然郡人嚴憚之觀接之者數人而已累遷征西大將軍荊州刺史伯樂相馬經曰馬白額入口至齒者名曰榆鴈一名的盧奴乘客死主乘棄市凶馬也或語令賣去。語林曰殷浩勸公賣馬庾云。賣之必有買者。卽復害其主。寧可不安己而移於他人哉。昔孫叔敖殺兩頭蛇以爲後人。古之美談。賈誼新書曰孫叔敖爲兒時出道上見兩頭蛇殺而埋之歸見其母泣問其故對曰夫見兩頭蛇者必死今出見之故爾母曰蛇今安在對曰恐後人見殺而埋之矣母曰夫有陰德必有陽報爾無憂也後遂興於楚朝及長爲楚令尹效之。不亦達乎。

阮光祿在剡。曾有好車。借者無不皆給。有人葬母。意欲借而不敢言。阮後聞之。歎曰。吾有車而使人不敢借。何以車爲。遂焚之。阮光祿別傳曰裕字思曠陳留尉氏人祖略齊國內史父顗汝

南太守裕淹通有理識累遷侍中以疾篡室會稽剡山徵金紫光祿大夫不就年六十一卒

謝奕作剡令。中興書曰謝奕字無奕陳郡陽夏人祖衡太子少傅父裒吏部尚書奕少有器鑒辟太尉掾剡令累遷豫州刺史有一老翁犯法。謝以醇酒罰之。乃至過醉。而猶未已。太傅時年七八歲。著青布絝。在兄厀邊坐。諫曰。阿兄。老翁可念。何可作此。奕於是改容曰。阿奴欲放去邪。遂遣之。

謝太傅絕重褚公。常稱褚季野雖不言。而四時之氣亦備。文字志曰謝安字安石奕弟也世有學行安弘粹通遠溫雅融暢桓彝見其四歲時稱之曰此兒風神秀徹當繼蹤王東海善行書累遷太保錄尚書事贈太傅晉陽秋曰褚裒字季野河南陽翟人祖䂮安東將軍父洽武昌太守裒少有簡貴之風沖默之稱累遷江兗二州刺史贈侍中太傅

劉尹在郡。臨終綿惙。聞閤下祠神鼓舞。正色曰。莫得淫祀。劉尹別傳曰惔字眞長沛國蕭人也漢氏之後眞長有雅裁雖蓽門陋巷晏如也歷司徒左長史侍中丹陽尹爲政務鎭靜信誠風塵不能移也外請殺車中牛祭神。眞長答曰。丘之禱久矣。勿復爲煩。包氏論語曰禱請也孔安國曰孔子素行合於神明故曰丘之禱久矣

謝公夫人教兒。問太傅。那得初不見君教兒。答曰。我常自教兒。謝氏譜曰安娶沛國劉耽女按太尉劉子眞清潔有志操行已以禮而二子不才並黷貨致罪子眞坐免官客曰子奚不訓導之子眞曰吾之行事是其耳目所聞見而不放效豈嚴訓所變邪安石之旨同子眞之意也

晉簡文爲撫軍時。續晉陽秋曰帝諱昱字道萬中宗少子也仁聞有智度穆帝幼沖以撫軍輔政大司馬桓溫廢海西公而立帝在位三年而崩所坐牀上。塵不聽拂。見鼠行跡。視以爲佳。有參軍見鼠白日行。以手板批殺之。撫軍意色不說。門下起彈。教曰。鼠被害尚不能忘懷。今復以鼠損人。無乃不可乎。

范宣年八歲。後園挑菜。誤傷指。大啼。人問痛邪。答曰。非爲痛。身體髮膚。不

敢毀傷。是以啼耳。宣別傳曰：宣字子宣，陳留人，漢萊蕪長范丹後也。年十歲能誦詩書。兒童時手傷改容，家人以其年幼，皆異之。徵太學博士、散騎常侍，一無所就。年五十四卒。宣潔行廉約。韓豫章遺絹百匹。不受。中興書曰：宣家至貧，罕交人事。豫章太守殷羨見宣茅茨不完，欲爲改室，宣固辭。羨愛之，以宣貧，加年饑疾疫，厚餉給之，宣又不受。續晉陽秋曰：韓伯字康伯，潁川人，好學，善言理，歷豫章太守、領軍將軍。減五十匹。復不受。如是減半。遂至一匹。既終不受。韓後與范同載。就車中裂二丈與范。云。人寧可使婦無褌邪。范笑而受之。

王子敬病篤。道家上章應首過。問子敬由來有何異同得失。子敬云。不覺有餘事。唯憶與郗家離婚。王氏譜曰：獻之娶高平郗曇女，名道茂，後離婚。獻之別傳曰：祖父曠，淮南太守。父羲之，右將軍。咸寧中詔尚餘姚公主，遷中書令，卒。

殷仲堪既爲荆州。值水儉。食常五盌。盤外無餘肴。飯粒脫落盤席閒。輒拾以噉之。雖欲率物。亦緣其性眞素。每語子弟云。勿以我受任方州。云我豁平昔時意。今吾處之不易。貧者士之常。焉得登枝而捐其本。爾曹其存之。晉安帝紀曰：仲堪，陳郡人，太常融孫也。車騎將軍謝玄請爲長史，孝武說之，俄爲黃門侍郎。自殺袁悅之後，上深爲晏駕後計，故先出王恭爲北蕃。荆州刺史王忱死，乃中詔用仲堪代焉。

初。桓南郡楊廣共說殷荆州。宜奪殷覬南蠻以自樹。桓玄別傳曰：玄字敬道，譙國龍亢人，大司馬溫少子也。幼童中，溫甚愛之，命以爲嗣。年七歲，襲封南郡公，拜太子洗馬、義興太守，不得志。少時去職，歸其國。與荆州刺史殷仲堪素舊，情好甚隆。周祇隆安記曰：廣字德度，弘農人，楊震後也。晉安帝紀曰：覬字伯道，陳郡人。由中書郎出爲南蠻校尉。覬亦以率易才悟著稱，與從弟仲堪俱知名。中興書曰：初，仲堪欲起兵，密邀覬，覬不同。楊廣與弟佺期勸殺覬，仲堪不許。覬亦卽曉其旨。嘗因行散。率爾去下舍。便不復還。內外無預知者。意色蕭然。遠同鬬生之無慍。時論以此多之。春秋傳曰：楚令尹子文，鬬氏也。論語曰：令尹子文三仕爲令尹，無喜色；三已之，無慍色。

王僕射在江州。爲殷桓所逐。奔竄豫章。存亡未測。徐廣晉紀曰王愉字茂和太原晉陽人安北將軍坦之次子也以輔國司馬出爲江州刺史愉始至鎮而桓玄楊佺期舉兵以應王恭乘流奄至愉無防惶遽奔臨川爲玄所得玄篡位遷尙書左僕射 王綏在都。既憂戚在貌。居處飲食。每事有降。時人謂爲試守孝子。中興書曰綏字彥猷愉子也少有令譽自王渾至坦之六世盛德綏又知名于時冠冕莫與爲比位至中書令荆州刺史桓玄敗後與父愉謀反伏誅

桓南郡玄也既破殷荆州。收殷將佐十許人。咨議羅企生亦在焉。玄別傳曰玄克荆州殺殷道護及仲堪參軍羅企生鮑季禮皆仲堪所親仗也 桓素待企生厚。將有所戮。先遣人語云。若謝我。當釋罪。企生答曰。爲殷荆州吏。今荆州奔亡。存亡未判。我何顏謝桓公。中興書曰企生字宗伯豫章人殷仲堪初請爲府功曹桓玄來攻輔咨議參軍仲堪多疑少決企生深憂之謂其弟遵生曰殷侯仁而無斷事必無成成敗天也吾當死生以之及仲堪走文武並無送者唯企生從焉路經家門遵生紿之曰作如此分別何可不執手企生回馬授手遵生便牽下之謂曰家有老母將欲何行企生揮泣曰今日之事我必死之汝等奉養不失子道一門之內有忠與孝亦復何恨遵生抱之愈急仲堪於路待之企生遙呼曰今日死生是同願少見待仲堪見其無脫理策馬而去俄而玄至人士悉詣玄企生獨不往而營理仲堪家或謂曰玄性猜急未能取卿誠節若遂不詣禍必至矣企生正色曰我殷侯吏見遇以國士不能共殄醜逆致此奔敗何面目就桓求生乎玄聞怒而收之謂曰相遇如此何以見負企生曰使君口血未乾而生此姦計自傷力劣不能翦定凶逆我死恨晚爾玄遂斬之時年三十有七衆咸悼之 既出市。桓又遣人問欲何言。答曰。昔晉文王殺嵇康。而嵇紹爲晉忠臣。王隱晉書曰紹字延祖譙國銍人父康有奇才儁辯紹十歲而孤事母孝謹累遷散騎常侍惠帝敗於蕩陰百官左右皆奔散唯紹儼然端冕以身衛帝兵交御輦飛箭雨集遂以見害也 從公乞一弟以養老母。桓亦如言宥之。桓先曾以一羔裘與企生母胡。胡時在豫章。企生問至。即日焚裘。

王恭從會稽還。周祗隆安記曰恭字孝伯太原晉陽人祖父濛司徒左長史風流標望父蘊鎮軍將軍亦得世譽恭別傳曰恭清廉貴峻志存格正起家著作郎歷丹陽尹中書令出爲五州都督前將軍青兗二州刺史 王大看之。王忱小字佛大晉安帝紀曰忱字元達平北將軍坦之第四子也甚得名於當世與族子恭少相善齊聲見稱仕至荆州刺史 見其坐六

尺簟。因語恭。卿東來。故應有此物。可以一領及我。恭無言。大去後。卽舉所坐者送之。既無餘席。便坐薦上。後大聞之。甚驚曰。吾本謂卿多。故求耳。對曰。丈人不悉恭。恭作人無長物。

吳郡陳遺未詳家至孝。母好食鐺底焦飯。遺作郡主簿。恆裝一囊。每煮食。輒貯錄焦飯。歸以遺母。後值孫恩賊出吳郡。晉安帝紀曰。孫恩一名靈秀。琅邪人。叔父泰事五斗米道。以謀反誅。恩逸逃於海上。聚衆十萬人。攻沒郡縣。後爲臨海太守辛昺斬首送之袁府君山松別見卽日便征。遺已聚斂得數斗焦飯。未展歸家。遂帶以從軍。戰於滬瀆。敗軍人潰散。逃走山澤。皆多饑死。遺獨以焦飯得活。時人以爲純孝之報也。

孔僕射爲孝武侍中。豫蒙眷接。烈宗山陵。孔時爲太常。形素羸瘦。著重服。竟日涕泗流漣。見者以爲眞孝子。續晉陽秋曰。孔安國字安國。會稽山陰人。車騎愉第六子也少而孤貧。能善樹節。以儒素見稱。歷侍中太常尚書左僕射特進卒

吳道助附子兄弟。居在丹陽郡。後遭母童夫人艱。道助坦之小字。附子隱之小字也。吳氏譜曰。坦之字處靖。濮陽人。仕至西中郎將功曹。父堅取東苑童倫女。名秦姬朝夕哭臨。及思至。賓客弔省。號踊哀絕。路人爲之落淚。韓康伯時爲丹陽尹。母殷在郡。每聞二吳之哭。輒爲悽惻。語康伯曰。汝若爲選官。當好料理此人。康伯亦甚相知。韓後果爲吏部尚書。大吳不免哀制。小吳遂大貴達。鄭緝孝子傳曰。隱之字處默。少有孝行。遭母喪。哀毀過禮。時與太常韓康伯鄰居。康伯母揚州刺史殷浩之姊。聰明婦人也。隱之每哭。康伯母輒輟事流涕。悲不自勝。終其喪如此。謂康伯曰。汝後若居銓衡。當用此輩人。後康伯爲吏部尚書。乃進用之。晉安帝紀曰。隱之既有至性。加以廉潔。奉祿頒九族。冬月無被。桓玄欲革嶺南之弊。以爲廣州刺史。去州二十里。有貪泉。世傳飲之者其心無厭。隱之乃至水上

酌而飲之因賦詩曰石門有貪泉一歃重千金試使夷齊飲終當不易心爲盧循所攻還京師歷尚書領軍將軍晉中興書曰舊云往廣州飲貪泉失廉潔之性吳隱之爲刺史自酌貪泉飲之題石門爲詩云云

言語第二

邊文禮見袁奉高。閎也 失次序。文士傳曰邊讓字文禮陳留人才儁辯逸大將軍何進聞其名召署令史以禮見之讓占對閑雅聲氣如流坐客皆慕之讓出就曹時孔融王朗等並前爲掾共書刺從讓讓平衡與交接後爲九江太守爲魏武帝所殺 奉高曰。昔堯聘許由。面無怍色。皇甫謐曰由字武仲陽城槐里人也堯舜皆師而學事焉後隱於沛澤之中堯乃致天下而讓焉由爲人據義履方邪席不坐邪膳不食聞堯讓而去其友巢父聞由爲堯所讓以爲汚已乃臨池洗耳池主怒曰何以汙我水由於是遁耕於中嶽潁水之陽箕山之下終身無經天下色死葬箕之巔在陽城之南十里堯因就其墓號曰箕山公神以配食五嶽世世奉祀至今不絕也 先生何爲顛倒衣裳。文禮答曰。明府初臨。堯德未彰。是以賤民顛倒衣裳耳。按袁閎卒於太尉掾未嘗爲汝南斯說謬矣

徐孺子穉也 年九歲。嘗月下戲。人語之曰。若令月中無物。當極明邪。五經通義曰月中有兔蟾蜍者何月陰也蟾蜍亦陰也而與兔並明陰繫於陽也 徐曰。不然。譬如人眼中有瞳子。無此必不明。

孔文舉年十歲。隨父到洛。時李元禮有盛名。爲司隸校尉。詣門者皆儁才清稱及中表親戚乃通。文舉至門。謂吏曰我是李府君親。既通。前坐。元禮問曰。君與僕有何親。對曰。昔先君仲尼。與君先人伯陽。有師資之尊。是僕與君奕世爲通好也。元禮及賓客。莫不奇之。太中大夫陳韙後至。人以其語語之。韙曰。小時了了。大未必佳。文舉曰。想君小時。必當了了。韙大踧踖。續漢書曰孔融字文舉魯國人孔子二十四世孫也高祖父尚鉅鹿太守父伷泰山都尉融別傳曰融四歲與兄食梨輒引小者人問其故答曰小兒法當取小者年十歲隨父詣京師河南尹李膺有重名融欲觀其爲人遂造之膺問高明祖父嘗與僕周旋乎融曰然先君孔子與君先人李老君同德比義而相師友則融與君累世通家也衆坐莫不歎息僉曰異童子也太中大夫陳韙後至同坐以告韙曰人小時了了長大未必能奇融應聲曰卽

如所言君小時豈了了乎皆大笑顧謂融曰長大必爲偉器

孔文舉有二子。大者六歲。小者五歲。晝日父眠。小者牀頭盜酒飲之。大兒謂曰。何以不拜。答曰。偷那得行禮。

孔融被收。中外惶怖。時融兒大者九歲。小者八歲。二兒故琢釘戲。了無遽容。融謂使者曰。冀罪止於身。二兒可得全不。兒徐進曰。大人豈見覆巢之下。復有完卵乎。尋亦收至。魏氏春秋曰融對孫權使者訕謗之言坐棄市二子方八歲九歲融見收弈棋端坐不起左右曰而父見執二子曰安有巢覆而卵不破者哉遂俱見殺世語曰魏太祖以歲儉禁酒融謂酒以成禮不宜禁由是惑衆太祖收寘法焉二子齠齔見收顧謂二子曰何以不辭二子曰父尚如此復何所辭裴松之以爲世語云融兒不辭知必俱死猶差可安孫盛之言誠所未譬八歲小兒能懸了禍患聰明特達卓然既遠則其憂樂之情固亦有過成人矣安有見父被執而無變容弈棋不起若在暇豫者乎昔申生就命言不忘父不以己之將死而廢念父之情也父安尚猶在茲而況顛沛哉盛以此爲美談無乃賊夫人之子與蓋由好奇多情而不知言之傷理也

潁川太守髡陳仲弓。按寔之在鄉里州郡有疑獄不能決者皆將詣寔或到而情首或中途改辭或託狂悸皆曰寧爲刑戮所苦不爲陳仲所非豈有盛德感人若斯之甚而不自衞反招刑辟殆不然乎此所謂東野之言耳　客有問元方。府君何如。元方曰。高明之君也。足下家君何如。曰。忠臣孝子也。客曰。易稱二人同心。其利斷金。同心之言。其臭如蘭。王廙注繫辭曰金至堅矣同心者其利無不入蘭芳物也無不樂者言其同心者物無不樂也　何有高明之君。而刑忠臣孝子者乎。元方曰。足下言何其謬也。故不相答。客曰。足下但因傴爲恭。而不能答。元方曰。昔高宗放孝子孝己。帝王世紀曰殷高宗武丁有賢子孝已其母蚤死高宗惑後妻之言放之而死天下哀之　尹吉甫放孝子伯奇。琴操曰尹吉甫周卿也有子伯奇母死更娶後妻生子曰伯邦乃譖伯奇於吉甫吉甫放伯奇於野宣王出遊吉甫從伯奇乃作歌以言感之宣王聞之曰此孝子之辭也吉甫乃求伯奇於野而射殺後妻　董仲舒

放孝子符起。詳未 唯此三君。高明之君。唯此三子。忠臣孝子。客慚而退。

荀慈明與汝南袁閬相見。荀爽一名諝漢南紀曰諝文章典籍無不涉時人諺曰荀氏八龍慈明無雙潛處篤志徵聘無所就張璠漢紀曰董卓秉政復徵爽爽欲遁去吏持之急起布衣九十五日而至三公 問潁川人士。慈明先及諸兄。閬笑曰。士但可因親舊而已乎。慈明曰。足下相難。依據者何經。閬曰。方問國士而及諸兄。是以尤之耳。慈明曰。昔者祁奚內舉不失其子。外舉不失其讎。以爲至公。春秋傳曰祁奚爲中軍尉請老晉侯問嗣焉稱解狐其讎也將立之而卒又問焉對曰午也可其子也君子謂祁奚可謂能舉善矣稱其讎不爲諂立其子不爲比 公旦文王之詩。不論堯舜之德而頌文武者。親親之義也。春秋之義。內其國而外諸夏。且不愛其親。而愛他人者。不爲悖德乎。

禰衡被魏武謫爲鼓吏。正月半試鼓。衡揚枹爲漁陽摻撾。淵淵有金石聲。四坐爲之改容。典略曰衡字正平平原般人也文士傳曰衡不知先所出逸才飄舉少與孔融作爾汝之交時衡未滿二十融已五十敬衡才秀共結殷勤不能相違以建安初北遊或勸其詣京師貴游者衡懷一刺遂至漫滅竟無所詣融數與武帝牋稱其才帝傾心欲見衡稱疾不肯往而數有言論帝甚忿之以其才名不殺圖欲辱之乃令錄爲鼓吏後至八月朝會大閱試鼓節作三重閣列坐賓客以帛絹製衣作一岑牟一單絞及小褌鼓吏度者皆當脫其故衣著此新衣次傳衡衡擊鼓爲漁陽摻撾蹋地來前躡馺腳足容態不常鼓聲甚悲音節殊妙坐客莫不忼慨知必衡也既度不肯易衣吏呵之曰鼓吏何獨不易服衡便止當武帝前先脫褌次脫餘衣裸身而立徐徐乃著岑牟次著單絞後乃著褌畢復擊鼓摻撾而去顏色無怍武帝笑謂四坐曰本欲辱衡衡反辱孤至今有漁陽摻撾自衡造也爲黃祖所殺 孔融曰。禰衡罪同胥靡。不能發明王之夢。皇甫謐帝王世紀曰武丁夢天賜己賢人使百工寫其像求諸天下見築者胥靡衣褐於傅巖之野是謂傅說張晏曰胥靡刑名胥相也靡從也謂相從坐輕刑也 魏武慚而赦之。

南郡龐士元聞司馬德操在潁川。故二千里候之。至。遇德操采桑。士元從車中謂曰。吾聞丈夫處世。當帶金佩紫。焉有屈洪流之量。而執絲婦之事。

蜀志曰龐統字士元襄陽人少時樸鈍未有識者潁川司馬徽有知人之鑒士元弱冠往見徽徽采桑樹上坐士元樹下共語自晝至夜徽異之曰生當爲南州士人之冠冕由是漸顯襄陽記曰士元德公之從子也年少未有識者唯德公重之年十八使往見德操與語歎曰德公誠知人實盛德也後劉備訪世事於德操德操曰俗士豈識時務此間自有伏龍鳳雛謂諸葛孔明與士元也華陽國志曰劉備引士元爲軍師中郎將從攻雒爲流矢所中卒時年三十八

德操曰。

司馬徽別傳曰徽字德操潁川陽翟人有人倫鑒識居荊州知劉表性暗必害善人乃括囊不談議時人有以人物問徽者初不辨其高下每輒言佳其婦諫曰人質所疑君宜辨論而一皆言佳豈人所以咨君之意乎徽曰如君所言亦復佳其婉約遜遁如此嘗有人認徽豬者便推與之後得其豬叩頭來還徽又厚辭謝之劉表子琮往候徽遣問在不會徽自鋤園琮左右問司馬君在邪徽曰我是也琮左右見徽醜陋罵曰死傭將軍諸郎欲求見司馬君汝何等田奴而自稱是邪徽歸刈頭著幘出見琮左右見徽故是向老翁恐向琮道之琮起叩頭辭謝徽謂曰卿眞不可然吾甚羞之此自鋤園唯卿知之耳有人臨蠶求簇箔者徽自棄其蠶而與之或曰凡人損己以贍人者謂彼急我緩也今彼此正急何爲與人徽曰人未嘗求己求之不與將慚何可以財物令人慚者人謂劉表曰司馬德操奇士也但未遇耳表後見之曰世間人爲妄語此直小書生耳其智而能愚皆此類荊州破爲曹操所得操欲大用惜其病死

子且下車。子適知邪徑之速。不慮失道之迷。昔伯成耦耕。不慕諸侯之榮。

莊子曰堯治天下伯成子高立爲諸侯禹爲天子伯成辭諸侯而耕於野禹往見之趨就下風而問焉子高曰昔堯治天下不賞而民勸不罰而民畏今子賞罰而民且不仁德自此衰刑自此立夫子盍行邪毋落吾事

原憲桑樞。不易有官之宅。

家語曰原憲字子思宋人孔子弟子居魯環堵之室茨以生草蓬戶不完桑樞而瓮牖上漏下濕坐而弦歌子貢軒車不容巷往見之曰先生何病也憲曰憲聞無財謂之貧學而不能行謂之病今憲貧也非病也夫希世而行比周而友學以爲人教以爲己仁義之慝輿馬之飾憲不忍爲也

何有坐則華屋。行則肥馬。侍女數十。然後爲奇。此乃許父許由巢父所以忼慨。夷齊所以長歎。

孟子曰伯夷叔齊目不視惡色耳不聽惡聲與鄉人居若在塗炭蓋聖人之淸也

雖有竊秦之爵。千駟之富。

古史考曰呂不韋爲秦子楚行千金貨於華陽夫人請立子楚爲嗣及子楚立封不韋洛陽十萬戶號文信侯以詐獲爵故曰竊也論語曰齊景公有馬千駟民無德而稱焉孔安國曰千駟四千匹

不足貴也。士元曰。僕生出邊垂。寡見大義。若不一叩洪鍾。伐雷鼓。則不識其音響也。

劉公幹以失敬罹罪。

典略曰劉楨字公幹東平寧陽人建安十六年世子爲五官中郎將妙選文學使楨隨侍太子酒酣坐歡乃使夫人甄氏出拜坐上客多伏而楨獨平視他日

公聞，乃收楨，減死輸作部。文士傳曰：楨性辯捷，所問應聲而答。坐平視甄夫人，配輸作部，使磨石。武帝至尚方觀作者，見楨匡坐正色磨石。武帝問曰：石何如？楨因得喻己自理，跪而對曰：石出荆山懸巖之巔，外有五色之章，內含卞氏之珍，磨之不加瑩，雕之不增文，稟氣堅貞，受之自然，顧其理枉屈紆繞而不得申。帝顧左右大笑，卽日赦之。文帝問曰。卿何以不謹於文憲。楨答曰。臣誠庸短。亦由陛下綱目不疎。魏志曰帝諱丕字子桓受漢禪按諸書或云楨被刑魏武之世建安二十年病亡後七年文帝乃卽位而謂楨得罪黃初之時謬矣

鍾毓鍾會少有令譽。魏書曰毓字稚叔潁川長社人相國繇長子也年十四爲散騎侍郎機捷談笑有父風仕至車騎將軍年十三。魏文帝聞之。語其父鍾繇魏志曰繇字元常家貧好學爲周易老子訓歷大理相國遷太傅曰。可令二子來。於是敕見。毓面有汗。帝曰。卿面何以汗。毓對曰。戰戰惶惶。汗出如漿。復問會。卿何以不汗。對曰。戰戰慄慄。汗不敢出。

鍾毓兄弟小時。値父晝寢。因共偸服藥酒。其父時覺。且託寐以觀之。毓拜而後飲。會飲而不拜。魏志曰會字士季繇少子也敏惠夙成中護軍蔣濟著論謂觀其眸子足以知人會年五歲繇遣見濟濟甚異之曰非常人也及壯有才數精練名理累遷黃門侍郎諸葛誕反文王征之會謀居多時人謂之子房拜鎭西將軍伐蜀蜀平進位司徒自謂功名蓋世不可復爲人下謂所親曰我淮南已來畫無遺策四海共知持此欲安歸乎遂謀反見誅時年四十既而問毓何以拜。毓曰。酒以成禮。不敢不拜。又問會何以不拜。會曰。偸本非禮。所以不拜。

魏明帝爲外祖母築館於甄氏。魏末傳曰帝諱叡字元仲文帝太子以其母廢未立爲嗣文帝與俱獵見子母鹿文帝射其母應弦而倒復令帝射其子帝置弓泣曰陛下已殺其母臣不忍復殺其子文帝曰好語動人心遂定爲嗣是爲明帝魏書曰文昭甄皇后明帝母也父逸上蔡令烈宗卽位追封上蔡君嫡孫象襲爵象薨子暢嗣起大第車駕親自臨之既成。自行視。謂左右曰。館當以何爲名。侍中繆襲曰。文章敍錄曰襲字熙伯東海蘭陵人有才學累遷侍中光祿勳陛下

聖思齊於哲王。罔極過於曾閔。此館之興。情鍾舅氏。宜以渭陽爲名。秦詩曰渭陽康公念母也康公之母晉獻公之女文公遭驪姬之難未反而秦姬卒穆公納文公康公時爲太子贈送文公于渭之陽念母之不見也我見舅氏如母存焉按魏書帝於後園爲象母起觀名其里曰渭陽然則象母卽帝之舅母非外祖母也且渭陽爲館名亦乖舊史也

何平叔云。服五石散。非唯治病。亦覺神明開朗。魏略曰何晏字平叔南陽宛人漢大將軍進孫也或云何苗孫也尚主又好色故黃初時無所事任正始中曹爽用爲中書主選舉宿舊者多得濟拔爲司馬宣王所誅秦丞相寒食散論曰寒食散之方雖出漢代而用之者寡靡有傳焉魏尚書何晏首獲神效由是大行於世服者相尋也

嵇中散語趙景眞。嵇紹趙至敍曰至字景眞代郡人漢末其祖流宕客緱氏令新之官至年十二與母共道傍看母曰汝先氏非微賤家也汝後能如此不至曰可爾耳歸便求師誦書蚤聞父耕叱牛聲釋書而泣師問之答曰自傷不能致榮華而使父老不免勤苦年十四入太學觀時先君在學寫石經古文事訖去遂隨車問先君姓名先君曰年少何以問我至曰觀君風器非常故問耳先君具告之至年十五陽病數數狂走五里三里爲家追得又炙身體十數處年十六遂亡命徑至洛陽求索先君不得至鄴沛國史仲和是魏領軍史渙孫也至便依之遂名翼字陽和先君到鄴至具道太學中事便逐先君歸山陽經年至長七尺三寸絜白黑髮赤唇明目鬢鬚不多閑詳安諦體若不勝衣先君嘗謂之曰卿頭小而銳瞳子白黑分明視瞻停諦有白起風至論議淸辯有從橫才然亦不以自長也孟元基辟爲遼東從事在郡斷九獄見稱淸當自痛棄親遠遊母亡不見吐血發病服未竟而亡卿瞳子白黑分明。有白起之風。嚴尤三將敍曰白起平原君勸趙孝成王受馮亭王曰受之秦兵必至武安君必將誰能當之者乎對曰澠池之會臣察武安君小頭而面銳瞳子白黑分明視瞻不轉小頭而面銳者敢斷決也瞳子白黑分明者見事明也視瞻不轉者執志强也可與持久難與爭鋒廉頗爲人勇鷙而愛士知難而忍恥與之野戰則不如持守足以當之王從其計恨量小狹。趙云。尺表能審璣衡之度。周髀曰夏至北方二萬六千里冬至南方十三萬五千里日中樹表則無影矣周髀長八尺夏至日晷尺六寸髀股也晷勾也正南千里勾尺五寸正北千里勾尺七寸周髀之書也寸管能測往復之氣。呂氏春秋曰黃帝使伶倫自大夏之西崑崙之陰取竹之嶰谷生其竅厚薄均者斷兩節間而吹之以爲黃鍾之管制十二筩以聽鳳凰之鳴雄鳴六雌鳴六以爲律呂續漢書律歷志曰十二律之變至於六十以律候氣候氣之法爲室三重戶閉塗釁必周密布緹縵以木爲案加律其上以葭莩灰抑其內爲氣所動者其灰散也以此候之何必在大。但問識如何耳。

司馬景王東征。魏書曰司馬師字子元相國宣文侯長子也以道德淸粹重於朝廷爲大將軍錄尚書事毋丘儉反師自征之諡景王取上黨李喜。以爲

從事中郎。因問喜曰。昔先公辟君不就。今孤召君。何以來。喜對曰。先公以禮見待。故得以禮進退。明公以法見繩。喜畏法而至耳。晉諸公贊曰喜字季和上黨銅鞮人也少有高行研精藝學宣帝爲相國辟喜喜固辭疾景帝輔政爲從事中郎累遷光祿大夫特進贈太保

鄧艾口喫。語稱艾艾。魏志曰艾字士載棘陽人少爲農人養犢年十二隨母至潁川讀故太丘長碑文曰言爲世範行爲士則遂名範字士則後宗族有同者故改焉每見高山大澤輒規度指畫軍營處所時人多笑焉後見司馬宣王三辟爲掾累遷征西將軍伐蜀蜀平進位太尉爲衛瓘所害 晉文王戲之曰。卿云艾艾。定是幾艾。對曰。鳳兮鳳兮。故是一鳳。朱鳳晉紀曰文王諱昭字子上宣帝次子也列仙傳曰陸通者楚狂接輿也好養性游諸名山嘗遇孔子而歌曰鳳兮鳳兮何德之衰往者不可諫來者猶可追後入蜀在峨嵋山中也

嵇中散既被誅。向子期舉郡計入洛。文王引進。問曰。聞君有箕山之志。何以在此。對曰。巢許狷介之士。不足多慕。王大咨嗟。向秀別傳曰秀字子期河內人少爲同郡山濤所知又與譙國嵇康東平呂安友善並有拔俗之韻其進止無不同而造事營生業亦不異常與嵇康偶鍛於洛邑與呂安灌園於山陽不慮家之有無外物不足怫其心弱冠著儒道論棄而不錄好事者或存之或云是其族人所作困於不行乃告秀欲假其名秀笑曰可復爾耳後康被誅秀遂失圖乃應歲舉到京師詣大將軍司馬文王文王問曰聞君有箕山之志何能自屈秀曰常謂彼人不達堯意本非所慕也一坐皆說隨次轉至黃門侍郎散騎常侍

晉武帝始登阼。探策得一。晉世譜曰世祖諱炎字安世咸熙二年受魏禪 王者世數。繫此多少。帝既不說。羣臣失色。莫能有言者。侍中裴楷進曰。臣聞天得一以清。地得一以寧。侯王得一以爲天下貞。帝說。羣臣歎服。王弼老子註云一者數之始物之極也各是一物所以爲主也各以其一致此清寧貞

滿奮畏風。在晉武帝坐。北窗作琉璃屏。實密似疏。奮有難色。帝笑之。荀綽冀州記曰奮字武秋高平人魏太尉寵之孫也性清平有識自吏部郎出爲冀州刺史晉諸公贊曰奮體量清雅有曾祖寵之風遷尚書令爲荀顗所害 奮答曰。臣猶吳牛見月而

喘。今之水牛唯生江淮間故謂之吳牛也南土多暑而此牛畏熱見月疑是日所以見月則喘

諸葛靚在吳。於朝堂大會。晉諸公贊曰靚字仲思琅邪人司空誕少子也雅正有才望誕以壽陽叛遣靚入質於吳以靚爲右將軍大司馬 孫皓問卿字仲思。爲何所思。對曰。在家思孝。事君思忠。朋友思信。如斯而已。

蔡洪洪集錄曰洪字叔開吳郡人有才辯初仕吳朝太康中本州從事舉秀才王隱晉書曰洪仕至松滋令 赴洛。洛中人問曰。幕府初開。羣公辟命。求英奇於仄陋。采賢儁於巖穴。君吳楚之士。亡國之餘。有何異才。而應斯舉。蔡答曰。夜光之珠。不必出於孟津之河。舊說云隋侯出行有蛇斬而中斷者侯連而續之蛇遂得生而去後銜明月珠以報其德光明照夜同晝因曰隋珠左思蜀都賦所謂隋侯鄙其夜光也 盈握之璧。不必采於崑崙之山。韓氏曰和氏之璧蓋出於井里之中 大禹生於東夷。文王生於西羌。按孟子曰舜生於諸馮東夷人也文王生於岐周西戎人也則東夷是舜非禹也 聖賢所出。何必常處。昔武王伐紂。遷頑民於洛邑。尚書曰成周既成遷殷頑民作多士孔安國注曰殷大夫心不則德義之經故徙於王都親敎誨也 得無諸君是其苗裔乎。按華令思舉秀才入洛與王武子相酬對皆與此言不異無容二人同有此辭疑世說穿鑿也

諸名士共至洛水戲。竹林七賢論曰王濟諸人嘗至洛水解禊事明日或問濟曰昨游有何語議濟云云 還。樂令廣也問王夷甫曰。今日戲樂乎。虞預晉書曰王衍字夷甫琅邪臨沂人司徒戎從弟父乂平北將軍夷甫蚤知名以清虛通理稱仕至太尉爲石勒所害 王曰。裴僕射善談名理。混混有雅致。晉惠帝起居注曰裴頠字逸民河東聞喜人司空秀之少子也冀州記曰頠弘濟有清識稽古善言名理履行高整自少知名歷侍中尚書左僕射爲趙王倫所害 張茂先論史漢。靡靡可聽。晉陽秋曰華博覽洽聞無不貫綜世祖嘗問漢事及建章千門萬戶華畫地成圖應對如流張安世不能過也 我與王安豐戎也說延陵子房。亦超超玄箸。晉諸公贊曰夷甫好尚談稱爲時人物所宗 王武子晉諸公贊曰王濟字武子太原晉陽人司徒渾第二子也有儁才能清言起家中書郎終太僕 孫子荊文士傳曰孫楚字子荊太原中都人也晉陽秋曰楚驃騎將軍資之孫南陽太守宏之子鄉人王濟豪俊公子爲本州大中正訪問宏爲鄉里品狀濟曰此人非鄉評所能名吾自

狀之日天才英特亮拔不羣仕至馮翊太守各言其土地人物之美。王云。其地坦而平。其水淡而清。其人廉且貞。孫云。其山嶵巍以嵯峨。其水泙渫而揚波。其人磊砢而英多。按三秦記語林載蜀人伊籍稱吳土地人物與此語同

樂令女適大將軍成都王穎。虞預晉書曰樂廣字彥輔南陽人淸夷沖曠加有理識累遷侍中河南尹在朝廷用心虛淡時人重其貞貴代王戎爲尚書令八王故事曰司馬穎字叔度世祖第十九子封成都王大將軍王兄長沙王執權於洛。晉百官名曰司馬乂字士度封長沙王八王故事曰世祖第十七子遂構兵相圖。長沙王親近小人。遠外君子。凡在朝者。人懷危懼。樂令既允朝望。加有婚親。羣小讒於長沙。長沙嘗問樂令。樂令神色自若。徐答曰。豈以五男易一女。晉陽秋曰成都王之起兵長沙王猜廣廣曰寧以一女而易五男乂猶疑之遂以憂卒由是釋然。無復疑慮。

陸機詣王武子。晉陽秋曰機字士衡吳郡人祖遜吳丞相父抗大司馬機與弟雲並有儁才司空張華見而說之曰平吳之利在獲二儁機別傳曰博學善屬文非禮不動入晉仕著作郎至平原內史武子前置數斛羊酪。指以示陸曰。卿江東何以敵此。陸云。有千里蓴羹。但未下鹽豉耳。

中朝有小兒。父病。行乞藥。主人問病。曰。患瘧也。主人曰。尊侯明德君子。何以病瘧。俗傳行瘧鬼小多不病巨人故光武嘗謂景丹曰嘗聞壯士不病瘧大將軍反病瘧耳答曰。來病君子。所以爲瘧耳。

崔正熊詣都郡。都郡將姓陳。問正熊。君去崔杼幾世。答曰。民去崔杼。如明府之去陳恒。晉百官名曰崔豹字正熊燕國人惠帝時官至太傅丞

元帝始過江。朱鳳晉書曰帝諱叡字景文祖伷封琅邪王父恭王覲嗣帝襲爵爲琅邪王少而明惠因亂過江起義遂即皇帝位謚法曰始建國都曰元謂顧驃騎曰。

寄人國土。心常懷慚。榮跪對曰。臣聞王者以天下爲家。是以耿亳無定處。帝王世紀曰殷祖乙徙耿爲河所毀今河東皮氏耿鄉是也盤庚五遷復南居亳今景亳是也 九鼎遷洛邑。春秋傳曰武王克商遷九鼎於洛邑今之偃師是也 願陛下勿以遷都爲念。

庾公造周伯仁。虞預晉書曰周顗字伯仁汝南安城人揚州刺史浚長子也晉陽秋曰顗有風流才氣少知名正體嶷然僑輩不敢媟也汝南賁泰淵通清操之士嘗歎曰汝潁固多賢士自頃陵遲雅道殆衰今復見周伯仁伯仁將袪舊風清我邦族矣擧寒素累遷尚書僕射爲王敦所害 伯仁曰。君何所欣說而忽肥。庾曰。君復何所憂慘而忽瘦。伯仁曰。吾無所憂。直是淸虛日來。滓穢日去耳。

過江諸人。每至美日。輒相邀新亭。藉卉飲宴。丹陽記曰新亭吳舊立先基崩淪隆安中丹陽尹司馬恢之徙創今地 周侯顗也中坐而歎曰。風景不殊。正自有山河之異。皆相視流淚。唯王丞相導也愀然變色曰。當共戮力王室。克復神州。何至作楚囚相對。春秋傳曰楚伐鄭諸侯救之鄭執鄖公鍾儀獻景公觀軍府見而問之曰南冠而縶者爲誰有司對曰楚囚也使稅之問其族對曰伶人也能爲樂乎曰先父之職敢有二事與之琴操南音范文子曰楚囚君子也樂操土風不忘舊也君盍歸之以合晉楚之成

衞洗馬初欲渡江。形神慘顇。語左右云。見此芒芒。不覺百端交集。苟未免有情。亦復誰能遣此。晉諸公贊曰衞玠字叔寶河東安邑人祖父瓘尚書父恒黃門侍郎玠別傳曰玠穎識通達天標令陳郡謝幼輿敬以亞父之禮論者以爲在王眉子平子之右世咸謂諸王三子不如衞家一兒娶樂廣女裴叔道曰妻父有冰淸之姿壻有璧潤之望所謂秦晉之匹也爲太子洗馬永嘉四年南至江夏與兄別於梁里澗語曰在三之義人之所重今日忠臣致身之道可不勉乎行至豫章乃卒

顧司空未知名。詣王丞相。丞相小極。對之疲睡。顧思所以叩會之。顧和別傳曰和字君孝吳郡人祖容吳荊州刺史父相晉臨海太守和總角知名族人顧榮雅相器愛曰此吾家之騏驥也必振衰族累遷尚書令 因謂同坐曰。昔每聞元公顧榮道公

協贊中宗。保全江表。鄧粲晉紀曰導與元帝有布衣之好知中國將亂勸帝渡江求爲安東司馬政皆決之號仲父晉中興之功導實居其首 體小不安。令人喘息。丞相因覺。謂顧曰。此子珪璋特達。機警有鋒。會稽賀生。體識清遠。言行以禮。賀循別見 不徒東南之美。爾雅曰東南之美者有會稽之竹箭焉 實爲海内之秀。

劉琨雖隔閡寇戎。志存本朝。王隱晉書曰琨字越石中山魏昌人祖邁有經國之才父璠光祿大夫琨少稱儁朗累遷司徒長史尚書右丞迎大駕於長安以有殊勳封廣武侯年三十五出爲幷州刺史爲段日磾所害 謂溫嶠曰。班彪識劉氏之復。與馬援知漢光之可輔。漢書敍傳曰彪字叔皮扶風人客於天水隴西隗囂有窺覦之志彪作王命論以諷之東觀漢記曰馬援字文淵茂陵人從公孫述隗囂遊後見光武曰天下反覆盜名字者不可勝數今見陛下寥廓大度同符高祖乃知帝王自有眞也帝甚壯之 今晉阼雖衰。天命未改。吾欲立功於河北。使卿延譽於江南。子其行乎。溫曰。嶠雖不敏。才非昔人。明公以桓文之姿。建匡立之功。豈敢辭命。虞預晉書曰嶠字太眞太原祁人少標儁清徹英穎顯名爲司空劉琨左司馬是時二都傾覆天下大亂琨聞元皇受命中興抗慨幽朔志存本朝使嶠奉使嶠喟然對曰嶠雖乏管張之才而明公有桓文之志敢辭不敏以違高旨以左長史奉使勸進累遷驃騎大將軍

溫嶠初爲劉琨使。來過江。于時江左營建始爾。綱紀未舉。溫新至。深有諸慮。既詣王丞相。陳主上幽越。社稷焚滅。山陵夷毀之酷。有黍離之痛。溫忠慨深烈。言與泗俱。丞相亦與之對泣。敍情既畢。便深自陳結。丞相亦厚相酬納。既出。懽然言曰。江左自有管夷吾。此復何憂。史記曰管仲夷吾者潁上人相齊桓公九合諸侯一匡天下語林曰初溫奉使勸進晉王大集賓客見之溫公始入姿形甚陋合坐盡驚既坐陳說九服分崩皇室弛絕晉王君臣莫不歔欷及言天下不可以無主聞者莫不踴躍植髮穿冠王丞相深相付託溫公既見丞相便遊樂不住曰既見管仲

天下事無復憂

王敦兄含。爲光祿勳。含別傳曰含字處弘琅邪臨沂人累遷徐州刺史光祿勳與弟敦作逆伏誅 敦既逆謀。屯據南州。含委職奔姑孰。鄧粲晉紀曰初王導協贊中興敦有方面之功敦以劉隗爲間己舉兵討之故含南奔武昌朝廷始警備也 王丞相詣闕謝。中興書曰導從兄敦舉兵討劉隗導率子弟二十餘人旦旦到公車泥首謝罪 司徒丞相揚州官僚問訊。倉卒不知何辭。顧司空時爲揚州別駕。援翰曰。王光祿遠避流言。明公蒙塵路次。羣下不寧。不審尊體起居何如。

郗太尉拜司空。語同坐曰。平生意不在多。值世故紛紜。遂至台鼎。朱博翰音。實愧於懷。漢書曰朱博字子元杜陵人爲丞相臨拜延登受策有大聲如鐘鳴上問揚雄李尋對曰洪範所謂鼓妖者也人君不聽空名得進則有無形之聲博後坐事自殺故序傳曰博之翰音鼓妖先作易中孚曰上九翰音登于天貞凶王弼注曰翰高飛也飛者音飛而實不從也

高坐道人不作漢語。或問此意。簡文曰。以簡應對之煩。高坐別傳曰和尚胡名尸黎密西域人傳云國王子以國讓弟遂爲沙門永嘉中始到此土止於太市中和尚天姿高朗風韻遒邁丞相王公一見奇之以爲吾之徒也周僕射領選撫其背而歎曰若選得此賢令人無恨俄而周侯遇害和尚對其靈坐作胡祝數千言音聲高暢既而揮涕收淚其哀樂廢興皆此類性高簡不學晉語諸公與之言皆因傳譯然神領意得頓在言前塔寺記曰尸黎密冢曰高坐在石子岡常行頭陀卒於梅岡卽葬焉晉元帝於冢邊立寺因名高坐

周僕射雍容好儀形。詣王公。初下車。隱數人。王公含笑看之。既坐。傲然嘯詠。王公曰。卿欲希嵇阮邪。答曰。何敢近舍明公。遠希嵇阮。鄧粲晉紀曰伯仁儀容弘偉善於俛仰應答精神足以蔭映數人然自持能致人而未嘗往焉

庾公嘗入佛圖。見臥佛。涅槃經云如來背痛於雙樹間北首而臥故後之圖繪者爲此象 曰。此子疲於津梁。于時以

爲名言。

摯瞻曾作四郡太守、大將軍戶曹參軍。復出作內史。摯氏世本曰：瞻字景游，京兆長安人，太常虞兄子也。父育，涼州刺史。瞻少善屬文，起家著作郎。中朝亂，依王敦爲戶曹參軍，歷安豐、新蔡、西陽太守。見敦以故壞裘賜老病外部都督，瞻諫曰：「尊裘雖故，不宜於小吏。」敦曰：「何爲不可？」瞻時因醉，曰：「若上服皆可用賜，貂蟬亦可賜下乎？」敦曰：「非喻所引，如此不堪二千石。」瞻曰：「瞻視去西陽，如脫屣耳。」敦反，乃左遷隨郡內史。年始二十九。嘗別王敦。敦謂瞻曰。卿年未三十。已爲萬石。亦太蚤。瞻曰。方於將軍。少爲太蚤。比之甘羅。已爲太老。摯氏世本曰：瞻高亮有氣節，故以此答敦。後知敦有異志，建興四年，與第五琦據荆州以距敦，竟爲所害。史記曰：甘羅，秦相茂之孫也。年十二，而秦相呂不韋欲使張唐相燕，唐不肯行，甘羅說而行之。又請車五乘以使趙，還報秦，秦封甘羅爲上卿，賜以甘茂田宅。

梁國楊氏子九歲。甚聰惠。孔君平詣其父。王隱晉書曰：孔坦字君平，會稽山陰人。善春秋，有文辯。歷太子舍人，累遷廷尉卿。父不在。乃呼兒出。爲設果。果有楊梅。孔指以示兒曰。此是君家果。兒應聲答曰。未聞孔雀是夫子家禽。

孔廷尉以裘與從弟沈。孔氏譜曰：沈字德度，會稽山陰人。祖父奕，全椒令。父羣，鴻臚卿。沈至琅邪王文學。沈辭不受。廷尉曰。晏平仲之儉。祠其先人。豚肩不掩豆。猶狐裘數十年。劉向別錄曰：晏平仲名嬰，東萊夷維人。事齊靈公、莊公，以節儉力行重於齊。禮記曰：晏平仲祀其先人，豚肩不掩豆，君子以爲儉也。又曰：晏子一狐裘三十年，晏子焉知禮。注：豚，俎實也。豆徑尺，言併豚之兩肩不能掩豆，喻少也。卿復何辭此。於是受而服之。

佛圖澄與諸石遊。澄別傳曰：道人佛圖澄，不知何許人，出於燉煌。好佛道，出家爲沙門。永嘉中至洛陽，値京師有難，潛遁草澤間。石勒雄異好殺害，因勒大將軍郭默略見勒。以麻油塗掌，占見吉凶。數百里外聽浮圖鈴聲，逆知禍福。勒甚敬信之。虎即位，亦師澄，號大和尙。自知終日，開棺無屍，唯袈裟法服在焉。林公曰。澄以石虎爲海鷗鳥。趙書曰：虎字季龍勒從弟也征伐每斬將搴旗勒死誅勒諸兒襲位莊子曰海上之人好鷗者每旦之海上從鷗游鷗之至者數百而不止其父曰吾聞鷗鳥從汝游取來玩之明日之海上鷗舞而不下

謝仁祖年八歲。謝豫章鯤子別見將送客。爾時語已神悟。自參上流。諸人咸共歎之曰。年少一坐之顏回。仁祖曰。坐無尼父。焉別顏回。晉陽秋曰謝尚字仁祖陳郡人鯤之子也齠齔喪兄哀慟過人乃遭父喪溫嶠唁之尚號叫極哀既而收涕告訴有異常童嶠奇之由是知名仕至鎮西將軍豫州刺史

陶公疾篤。都無獻替之言。朝士以爲憾。陶氏敍曰侃字士衡其先鄱陽人後徙尋陽侃少有遠概綱維宇宙之志察孝廉入洛司空張華見而謂曰後來匡主寧民君其人也劉弘鎮沔南取爲長史謂侃曰昔吾爲羊太傅參佐見語云君後當居身處今相觀亦復然矣果還湘廣荊三州刺史加羽葆鼓吹封長沙郡公大將軍贊拜不名劍履上殿進太尉贈大司馬諡桓公按王隱晉書載侃臨終表曰臣少長孤寒始願有限過蒙先朝歷世異恩臣年垂八十位極人臣啓手啓足當復何恨但以餘寇未誅山陵未復所以憤慨兼懷唯此而已猶冀犬馬之齒尚可少延欲爲陛下北吞石虎西誅李雄勢遂不振良圖永息臨書振腕涕泗橫流伏願遴選代人使必得良才足以奉宣王猷遵成志業則雖死之日猶生之年有表若此非無獻替仁祖聞之曰。時無豎刁。故不貽陶公話言。呂氏春秋曰管仲病桓公問曰子如不諱誰代子相者豎刁何如管仲曰自宮以事君非人情必不可用後果亂齊時賢以爲德音。

竺法深在簡文坐。劉尹問道人何以游朱門。答曰。君自見其朱門。貧道如游蓬戶。高逸沙門傳曰法師居會稽皇帝重其風德遣使迎焉法師暫出應命司徒會稽王天性虛澹與法師結殷勤之歡師雖升履丹墀出入朱邸泯然曠達不異蓬宇也或云卞令。別見

孫盛爲庾公記室參軍。中興書曰盛字安國太原中都人博學強識歷著作郎瀏陽令庾亮爲荊州以爲征西主簿累遷祕書監從獵。將其二兒俱行。庾公不知。忽於獵場見齊莊。時年七八歲。庾謂曰。君亦復來邪。應聲答曰。所謂無小無大。從公于邁。

孫齊由齊莊二人。小時詣庾公。公問齊由何字。答曰。字齊由。公曰。欲何齊

邪。曰。齊許由。（晉百官名曰孫潛字齊由太原人中興書曰潛盛長子也豫章太守殷仲堪下討王國寶潛時在郡逼爲咨議參軍固辭不就遂以憂卒）齊莊何字。答曰。字齊莊。公曰。欲何齊。曰。齊莊周。公曰。何不慕仲尼而慕莊周。對曰。聖人生知。故難企慕。庾公大喜小兒對。（孫放別傳曰放字齊莊監君次子也年八歲太尉庾公召見之放清秀欲觀試乃授紙筆令書放便自疏名字公題後問之曰爲欲慕莊周邪放書答曰意欲慕之公曰何故不慕仲尼而慕莊周放曰仲尼生而知之非希企所及至於莊周是其次者故慕耳公謂賓客曰王輔嗣應答恐不能勝之卒長沙王相）

張玄之顧敷。是顧和中外孫。皆少而聰惠。和並知之。而常謂顧勝。親重偏至。張頗不懕。（敷別見續晉陽秋曰張玄之字祖希吳郡太守澄之孫也少以學顯歷吏部尚書出爲冠軍將軍吳興太守會稽內史謝玄同時之郡論者以爲南北之望玄之名亞謝玄時亦稱南北二玄卒於郡）于時張年九歲。顧年七歲。和與俱至寺中。見佛般泥洹像。弟子有泣者。有不泣者。和以問二孫。玄謂被親故泣。不被親故不泣。敷曰。不然。當由忘情。故不泣。不能忘情。故泣。（大智度論曰佛在陰菴羅雙樹間入般涅槃臥北首大地震動諸三學人僉然不樂郁伊交涕諸無學人但念諸法一切無常）

庾法暢造庾太尉。握麈尾至佳。公曰。此至佳。那得在。法暢曰。廉者不求。貪者不與。故得在耳。（法暢氏族出未詳法所著人物論自敍其美云暢梧銳有神才辭通辯）

庾穉恭爲荊州。（庾翼別傳曰翼字穉恭潁川鄢陵人也少有大度時論以經略許之兄太尉亮薨朝議推才乃以翼都督七州進征南將軍荊州刺史）以毛扇上武帝。武帝疑是故物。（傅咸羽扇賦序曰昔吳人直截鳥翼而搖之風不減方圓二扇而功無加然中國莫有生意者滅吳之後翕然貴之無人不用按庾僤以白羽扇獻武帝帝嫌其非新反之不聞翼也）侍中劉劭曰。（文字志曰劭字彥祖彭城叢亭人祖訥司隸校尉父松成皐令劭博識好學多藝能善草隸初仕領軍參軍太傅出東劭謂京洛必危舉局奔揚州歷侍中豫章太守）栢梁雲構。工匠先居其下。管弦繁奏。鍾夔先聽其音。（鍾鍾期也夔舜樂正）穉恭上扇。以好不以新。庾後聞之。曰。此人宜在帝左右。

何驃騎亡後。何充別見徵褚公入。既至石頭。王長史劉尹同詣褚。褚曰。眞長何以處我。眞長顧王曰。此子能言。褚因視王。王曰。國自有周公。晉陽秋曰充之卒議者謂太后父裒宜秉朝政裒自丹徒入朝吏部尚書劉遐勸裒曰會稽王令德國之周公也足下宜以大政付之裒長史王胡之亦勸歸藩於是固辭歸京

桓公北征。經金城。見前爲琅邪時種柳。皆已十圍。慨然曰。木猶如此。人何以堪。攀枝執條。泫然流淚。桓溫別傳曰溫字元子譙國龍亢人漢五更桓榮後也父彝有識鑒溫少有豪邁風氣爲溫嶠所知累遷琅邪內史進征西大將軍鎭西夏時逆胡未誅餘燼假息溫親勒郡卒建旗致討淸蕩伊洛展敬園陵薨謚宣武侯

簡文作撫軍時。嘗與桓宣武俱入朝。更相讓在前。宣武不得已而先之。因曰。伯也執殳。爲王前驅。衛詩也殳長一丈二尺無刃 簡文曰。所謂無小無大。從公于邁。

顧悅與簡文同年。而髮蚤白。中興書曰悅字君叔晉陵人初爲殷浩揚州別駕浩卒上疏理浩或諫以浩爲太宗所廢必不依許悅固爭之浩果得申物論稱之後至尙書左丞 簡文曰。卿何以先白。對曰。蒲柳之姿。望秋而落。松柏之質。經霜彌茂。顧凱之爲父傳曰君以直道陵遲於世入見王王髮無二毛而君已斑白問君年乃曰卿何偏蚤白君曰松柏之姿經霜猶茂臣蒲柳之質望秋先零受命之異也王稱善久之

桓公入峽。絕壁天懸。騰波迅急。晉陽秋曰溫以永和二年率所領七千餘人伐蜀拜表輒行 迺歎曰。既爲忠臣。不得爲孝子。如何。漢書曰王陽爲益州刺史行部至邛郲九折坂歎曰奉先人遺體奈何數乘此險以病去官後王尊爲刺史至其坂問吏曰非王陽所畏之道邪吏曰是叱其馭曰驅之王陽爲孝子王尊爲忠臣

初。熒惑入太微。尋廢海西。晉陽秋曰泰和六年閏十月熒惑守太微端門十一月大司馬桓溫廢帝爲海西公晉安帝紀曰桓溫於枋頭奔敗知民望之去也乃屠袁眞於壽陽既而謂郗超曰足以雪枋頭之恥乎超曰未厭有識之情也公六十之年敗於大舉不建高世之勳未足以鎭厭民望因說溫以廢立之事時溫夙有此謀深納超言遂廢海西 簡文登阼。復

入太微。帝惡之。徐廣晉紀曰咸安元年十二月熒惑逆行入太微至二年七月猶在焉帝懲海西之事心甚憂之 時郗超爲中書在直。中興書曰超字景興高平人司空愔之子也少而卓犖不羈有曠世之度累遷中書郎司徒左長史 引超入曰。天命脩短。故非所計。政當無復近日事不。超曰。大司馬方將外固封疆。內鎮社稷。必無若此之慮。臣爲陛下以百口保之。帝因誦庾仲初詩。庾闡從征詩也 曰。志士痛朝危。忠臣哀主辱。聲甚悽厲。郗受假還東。帝曰。致意尊公。家國之事。遂至於此。由是身不能以道匡衞。思患預防。愧歎之深。言何能喻。因泣下流襟。續晉陽秋曰帝外壓彊臣憂憤不得志在位二年而崩

簡文在暗室中。坐召宣武。宣武至。問上何在。簡文曰。某在斯。時人以爲能。論語曰師冕見及階子曰階也及席子曰席也皆坐子告之曰某在斯某在斯注歷告坐中人也

簡文入華林園。顧謂左右曰。會心處不必在遠。翳然林水。便自有濠濮閒想也。濠濮二水名也莊子曰莊子與惠子遊濠梁水上莊子曰儵魚出遊從容是魚樂也惠子曰子非魚安知魚之樂耶莊子曰子非我安知我之不知魚之樂也莊周釣在濮水楚王使二大夫造焉曰願以境內累莊子莊子持竿不顧曰吾聞楚有神龜者死已三千年矣巾笥而藏於廟此寧曳尾於塗中寧留骨而貴乎二大夫曰寧曳尾於塗中莊子曰往矣吾亦寧曳尾於塗中 覺鳥獸禽魚自來親人。

謝太傅語王右軍曰。中年傷於哀樂。與親友別。輒作數日惡。王曰。文字志曰王羲之字逸少琅邪臨沂人父曠淮南太守羲之少朗拔爲叔父廙所賞善草隸累遷江州刺史右軍將軍會稽內史 年在桑榆。自然至此。正賴絲竹陶寫。恆恐兒輩覺。損欣樂之趣。

支道林常養數匹馬。或言道人畜馬不韻。支曰。貧道重其神駿。高逸沙門傳曰支遁字道林河

內林慮人或曰陳留人本姓關氏少而任心獨往風期高亮家世奉法嘗於餘杭山沈思道行泠然獨暢年二十五始釋形入道年五十三終於洛陽

劉尹與桓宣武共聽講禮記。桓云。時有入心處。便覺咫尺玄門。劉曰。此未關至極。自是金華殿之語。漢書敘傳曰班伯少受詩於師丹大將軍王鳳薦伯於成帝宜勸學召見宴暱拜爲中常侍時上方向學鄭寬中張禹朝夕入說尚書論語於金華殿詔伯受之

羊秉爲撫軍參軍。少亡。有令譽。夏侯孝若爲之敍。極相讚悼。羊秉敍曰秉字長達大山平陽人漢南陽太守續曾孫大父魏郡府君卽車騎掾元子也府君夫人鄭氏無子乃養秉鄭嵐而佳小心敬愼十歲而鄭夫人薨秉思容盡哀俄而公府掾及夫人並卒秉羣從父率禮相承人不間其親雍雍如也仕參撫軍將軍事將奮千里之足揮沖天之翼惜乎春秋三十有二而卒昔罕虎死子產以爲無與爲善自夫子之歿有子產之歎矣亡後有子男又不育是何行善而禍繁也豈非司馬生之所惑歟羊權爲黃門侍郎。侍簡文坐。帝問曰。夏侯湛別見作羊秉敍。絕可想。是卿何物。有後不。羊氏譜曰權字道輿徐州刺史悅之子也仕至尚書左丞權潸然對曰。亡伯令問夙彰。而無有繼嗣。雖名播天聽。然胤絕聖世。帝嗟慨久之。

王長史與劉眞長別後相見。王長史別傳曰濛字仲祖太原晉陽人其先出自周室經漢魏世爲大族祖父佐北軍中候父訥葉令濛神氣淸韶年十餘歲放邁不羣弱冠檢尚風流雅正外絕榮競內寡私欲辟司徒掾中書郎以后父贈光祿大夫王謂劉曰。卿更長進。答曰。此若天之自高耳。語林曰仲祖語眞長曰卿近大進劉曰卿仰看邪王問何意劉曰不爾何由測天之高也

劉尹云。人想王荊產佳。此想長松下當有清風耳。荊產王微小字也王氏譜曰微字幼仁琅邪人祖父乂平北將軍父澄荊州刺史微歷尚書郎右軍司馬

王仲祖聞蠻語不解。茫然曰。若使介葛盧來朝。故當不昧此語。春秋傳曰介葛盧來朝魯聞牛

嚐曰是生三犧皆用之矣其音云問之而信杜預注曰介東夷國葛盧其君名也

劉眞長爲丹陽尹。許玄度出都就劉宿。續晉陽秋曰許詢字玄度高陽人魏中領軍允玄孫總角秀惠衆稱神童長而風情簡素司徒掾辟不就蚤卒牀帷新麗。飲食豐甘。許曰。若保全此處。殊勝東山。劉曰。卿若知吉凶由人。吾安得不保此。春秋傳曰吉凶無門唯人自召王逸少在坐曰。令巢許遇稷契。當無此言。二人並有愧色。

王右軍與謝太傅共登冶城。揚州記曰冶城吳時鼓鑄之所吳平猶不廢王茂弘所治也謝悠然遠想。有高世之志。王謂謝曰。夏禹勤王。手足胼胝。帝王世紀曰禹治洪水手足胼胝世傳禹病偏枯足不相過今稱禹步是也文王旰食。日不暇給。尚書曰文王自朝至于日昃不遑暇食今四郊多壘。禮記曰四郊多壘卿大夫之辱也宜人人自效。而虛談廢務。浮文妨要。恐非當今所宜。謝答曰。秦任商鞅。二世而亡。戰國策曰衞商鞅諸庶孽子名鞅姓公孫氏少好刑名學爲秦孝公相封於商豈清言致患邪。

謝太傅寒雪日內集。與兒女講論文義。俄而雪驟。公欣然曰。白雪紛紛何所似。兄子胡兒曰。胡兒謝朗小字也續晉陽秋曰朗字長度安次兄據之長子安蚤知之文義艷發名亞於玄仕至東陽大守撒鹽空中差可擬。兄女曰。未若柳絮因風起。公大笑樂。卽公大兄無奕女。左將軍王凝之妻也。王氏譜曰凝之字叔平右將軍羲之第二子也歷江州刺史左將軍會稽內史晉安帝紀曰凝之事五斗米道孫恩之攻會稽凝之謂民吏曰不須備防吾已請大道許遣鬼兵相助賊自破矣既不設備遂爲恩所害婦人集曰謝夫人名道蘊有文才所著詩賦誄頌傳於世

王中郎令伏玄度習鑿齒王中郎傳曰坦之字文度太原晉陽人祖東海太守丞淸淡平遠父述貞貴簡正坦之器度淳粹孝友天至譽輯朝野標的當時累遷侍中中

書令領北中郎將徐兗二州刺史中興書曰伏滔字玄度平昌安邱人少有才學舉秀才大司馬桓溫參軍領大著作掌國史游擊將軍卒習鑿齒字彥威襄陽人少以文稱善尺牘桓溫在荆州辟爲從事歷治中別駕遷滎陽太守論青楚人物。滔集載其論略曰滔以春秋時鮑叔管仲隰朋召忽輪扁甯戚麥邱人逢丑父晏嬰涓子戰國時公羊高孟軻鄒衍田單荀卿鄒奭莒大夫田子方檀子魯連淳于髡盼子田光顏歜黔子於陵仲子王叔即墨大夫前漢時伏徵君終軍東郭先生叔孫通萬石君東方朔安期先生後漢時大司徒伏三老江革逢萌禽慶承幼子徐防薛方鄭康成周孟玉劉祖榮臨孝存侍其元矩孫賓碩劉仲謀劉公山王儀伯郎宗禰正平劉成國魏時管幼安邴根矩華子魚徐偉長任昭先伏高陽此皆青士有才德者也鑿齒以神農生於黔中邵南詠其美化春秋稱其多才漢廣之風不同雞鳴之篇之文叔敖羞與管晏接德者與之歌鳳兮漁父之詠滄浪漢陰丈人之折子貢市南宜僚屠羊說之不爲利回魯仲連不及老萊夫妻田光之於屈原鄧禹卓茂無敵於天下管幼安不勝龐公龐士元不推華子魚何鄧二尙書獨步於魏朝樂令無對於晉世昔伏羲葬南郡少昊葬長沙舜葬零陵比其人則準的如此論其土則羣聖之所葬考其風則詩人之所歌尋其事則未有赤眉黃巾之賊此何如青州邪滔與相往反鑿齒無以對也臨成。以示韓康伯。康伯都無言。王曰。何故不言。韓曰。無可無不可。馬融注論語曰唯義所在劉尹云。清風朗月。輒思玄度。晉中興士人書曰許詢能清言于時士人皆欽慕仰愛之

荀中郎在京口。晉陽秋曰荀羨字令則潁川人光祿大夫崧之子也清和有識裁少以主壻爲駙馬都尉是時殷浩參謀百揆引羨爲援頻蒞義興吳郡超授北中郎將徐州刺史以蕃屏焉中興書曰羨年二十八出爲徐兗二州中興方伯之少未有若羨者也登北固望海云。南徐州記曰城西北有別嶺入江三面臨水高數十丈號曰北固雖未覩三山。便自使人有淩雲意。若秦漢之君。必當褰裳濡足。史記封禪書曰蓬萊方丈瀛洲此三山世傳在海中去人不遠嘗有至者言諸仙人不死藥在焉黃金白銀爲宮闕草物禽獸盡白望之如雲及至反居水下欲到即風引船而去終莫能至秦始皇登會稽並海上冀遇三神山之奇藥漢武帝既封泰山無風雨變至方士更言蓬萊諸藥可得於是上欣然東至海冀獲蓬萊者

謝公云。賢聖去人。其閒亦邇。子姪未之許。公歎曰。若郗超聞此語。必不至河漢。超別傳曰超精於理義沙門支道林以爲一時之俊莊子曰肩吾問於連叔曰吾聞言於接輿大而無當往而不反怪怖其言猶河漢而無極也

支公好鶴。住剡東岇山。支公書曰山去會稽二百里有人遺其雙鶴。少時翅長欲飛。支意惜

之。乃鎩其翮。鶴軒翥不復能飛。乃反顧翅。垂頭視之。如有懊喪意。林曰。既有陵霄之姿。何肯爲人作耳目近玩。養令翮成。置使飛去。

謝中郎經曲阿後湖。問左右此何水。中興書曰。謝萬字萬石。太傅安弟也。才氣高俊。蚤知名。歷吏部郎、西中郎將、豫州刺史、散騎常侍。答曰。曲阿湖。太康地記曰。曲阿本名雲陽。秦始皇以有王氣。鑿北阬山以敗其勢。截其直道。使其阿曲。故曰曲阿也。吳還爲雲陽。今復名曲阿。謝曰。故當淵注渟著。納而不流。

晉武帝每餉山濤。恒少。謝太傅安也以問子弟。車騎玄也答曰。當由欲者不多。而使與者忘少。謝車騎家傳曰。玄字幼度。鎮西奕第三子也。神理明俊。善微言。叔父太傅嘗與子姪燕集。問武帝任山公以三事。任以官人。至於賜予不過斤合。當有旨不。玄答。有辭致也。

謝胡兒語庾道季。道季。庾龢小字。徐廣晉紀曰。龢字道季。太尉亮子也。風情率悟。以文談致稱於時。歷仕至丹陽尹、兼中領軍。諸人莫當就卿談。可堅城壘。庾曰。若文度來。我以偏師待之。康伯來。濟河焚舟。春秋傳曰。秦伯伐晉。濟河焚舟。杜預曰。示必死。

李弘度常歎不被遇。中興書曰。李充字弘度。江夏鄳人也。祖康、父矩。皆有美名。充初辟丞相掾、記室參軍。以貧求剡縣。遷大著作、中書郎。殷揚州殷浩別見知其家貧。問君能屈志百里不。李答曰。北門之歎。久已上聞。衞詩北門。刺仕不得志也。窮猿奔林。豈暇擇木。遂授剡縣。

王司州至吳興印渚中看。王胡之別傳曰。胡之字脩齡。琅邪臨沂人。王廙之子也。歷吳興太守、侍中、丹陽尹、祕書監。並不就。拜使持節、都督司州諸軍事、西中郎將、司州刺史。吳興記曰。於潛縣東七十里有印渚。渚傍有白石山。峻壁四十丈。印渚蓋衆溪之下流也。印渚已上至縣悉石瀨惡道。不可行船。印渚已下水道無險。故行旅集焉。歎曰。非唯使人情開滌。亦覺日月清朗。

謝萬作豫州都督。新拜。當西之都邑。相送累日。謝疲頓。於是高侍中往。中興書曰高崧字茂琰廣陵人父悝光祿大夫崧少好學善史傳累遷吏部郎侍中以公累免官 徑就謝坐。因問卿今仗節方州。當疆理西蕃。何以爲政。謝粗道其意。高便爲謝道形勢。作數百語。謝遂起坐。高去後。謝追曰。阿酃故麤有才具。阿酃崧小字也 謝因此得終坐。

袁彥伯爲謝安南司馬。安南謝奉別見 都下諸人送至瀨鄉。將別。既自淒惘。歎曰。江山遼落。居然有萬里之勢。續晉陽秋曰袁宏字彥伯陳郡人魏郎中令渙六世孫也祖猷侍中父勖臨汝令宏起家建威參軍安南司馬記室太傅謝安賞宏機捷辯速自吏部郎出爲東陽郡乃祖之於冶亭時賢皆集安欲卒迫試之執手將別顧左右取一扇而贈之宏應聲答曰輒當奉揚仁風慰彼黎庶合坐歎其要捷性直亮故位不顯也在郡卒

孫綽賦遂初。築室畎川。自言見止足之分。中興書曰綽字興公太原中都人少以文稱歷太學博士大著作散騎常侍遂初賦敘曰余少慕老莊之道仰其風流久矣卻感於陵賢妻之言悵然悟之乃經始東山建五畝之宅帶長阜倚茂林孰與坐華幕擊鐘鼓者同年而語其樂哉 齋前種一株松。恒自手壅治之。高世遠時亦鄰居。世遠高柔字也別見 語孫曰。松樹子非不楚楚可憐。但永無棟梁用耳。孫曰。楓柳雖合抱。亦何所施。

桓征西治江陵城甚麗。盛弘之荊州記曰荊州城臨漢江臨江王所治王被徵出城北門而車軸折父老泣曰吾王去不還矣從此不開北門 會賓僚出江津望之。云若能目此城者有賞。顧長康時爲客在坐。目曰。遙望層城。丹樓如霞。桓卽賞以二婢。

王子敬語王孝伯曰。羊叔子自復佳耳。然亦何與人事。晉諸公贊曰羊祜字叔子太山平陽人也世長吏二千石至祜九世以淸德稱爲兒時遊汶濱有行父止而觀焉歎息曰處士大好相善爲之未六十當有重功於天下卽富貴無相忘遂去莫知所在累遷都督荊州諸軍事自在南夏與人說服稱曰羊公莫敢名者南州人聞公喪號

哭罷市故不如銅雀臺上妓。魏武遺令曰以吾妾與妓人皆著銅雀臺上施六尺牀繐帳月朝十五日輒使向帳作伎

林公見東陽長山。曰何其坦迤。會稽土地志曰山靡迤而長縣因山得名

顧長康從會稽還。人問山川之美。顧云千巖競秀。萬壑爭流。草木蒙籠其上。若雲興霞蔚。丘淵之文章錄曰顧愷之字長康晉陵人父悅尚書左丞愷之義熙初爲散騎常侍

簡文崩。孝武年十餘歲立。至暝不臨。宋明帝文章志曰孝武皇帝諱昌明簡文第三子也初簡文觀讖書曰晉氏阼盡昌明及帝誕育東方始明故因生時以爲諱而相與忘告簡文問之乃以諱對簡文流涕曰不意我家昌明便出帝聰惠推賢任才年三十五崩左右啓。依常應臨。帝曰。哀至則哭。何常之有。

孝武將講孝經。謝公兄弟與諸人私庭講習。續晉陽秋曰寧康三年九月九日帝講孝經僕射謝安侍坐吏部尚書陸納兼侍中卞耽讀黃門侍郎謝石吏部袁宏兼執經中書郎車胤丹陽尹王混摘句車武子難苦問謝。車胤別見謂袁羊曰。不問則德音有遺。多問則重勞二謝。袁羊喬小字也袁氏家傳曰喬字彥升陳郡人父瓌光祿大夫喬歷尚書郎江夏相從桓溫平蜀封湘西伯益州刺史袁曰。必無此嫌。車曰。何以知爾。袁曰。何嘗見明鏡疲於屢照。清流憚於惠風。

王子敬云。從山陰道上行。會稽土地志曰邑在山陰故以名焉山川自相映發。使人應接不暇。若秋冬之際。尤難爲懷。會稽郡記曰會稽境特多名山水峯崿隆峻吐納雲霧松栝楓柏擢榦竦條潭壑鏡徹清流寫注王子敬見之曰山水之美使人應接不暇

謝太傅問諸子姪。子弟亦何預人事。而正欲使其佳。諸人莫有言者。車騎答曰。謝玄譬如芝蘭玉樹。欲使其生於階庭耳。

道壹道人好整飾音辭。王珣遊嚴陵瀨詩敘曰道壹姓竺氏名德沙門題目曰道壹文鋒富贍孫綽爲之贊曰馳騁遊說言固不虛唯茲壹公綽然有餘譬若春圃載芬載蔚條

柯猗蔚枝榦扶疎從都下還東山。經吳中。已而會雪下。未甚寒。諸道人問在道所經。壹公曰。風霜固所不論。乃先集其慘澹。郊邑正自飄瞥。林岫便已皓然。

張天錫爲涼州刺史。稱制西隅。既爲苻堅所禽。用爲侍中。後於壽陽俱敗至都。張資涼州記曰天錫字公純嘏安定烏氏人張耳後也曾祖軌永嘉中爲涼州刺史值京師大亂遂據涼土天錫篡位自立爲涼州牧苻堅使將姚萇攻沒涼州天錫歸長安堅以爲侍中比部尚書歸義侯從堅至壽陽堅軍敗遂南歸拜散騎常侍西平公中興書曰天錫後以貧拜廬江太守薨贈侍中爲孝武所器。每入言論。無不竟日。頗有嫉己者。於坐問張。北方何物可貴。張曰。桑椹甘香。鴟鴞革響。詩魯頌曰翩彼飛鴞集于泮林食我桑椹懷我好音淳酪養性。人無嫉心。西河舊事曰河西牛羊肥酪過精好但寫酪置革上都不解散也

顧長康拜桓宣武墓。作詩云。山崩溟海竭。魚鳥將何依。宋明帝文章志曰愷之爲桓溫參軍甚被親暱人問之曰。卿憑重桓乃爾。哭之狀其可見乎。顧曰。鼻如廣莫長風。眼如懸河決溜。春秋考異郵曰距不周風四十五日廣莫風至廣莫者精大備也蓋北風也一曰寒風或曰。聲如震雷破山。淚如傾河注海。

毛伯成既負其才氣。常稱寧爲蘭摧玉折。不作蕭敷艾榮。征西寮屬名曰毛玄字伯成潁川人仕至征西行軍參軍

范甯作豫章。中興書曰甯字武子愼陽縣人博學通覽累遷中書郎豫章太守八日請佛有板。衆僧疑。或欲作答。有小沙彌在坐末曰。世尊默然。則爲許可。衆從其義。

司馬太傅齋中夜坐。孝文王傳曰王諱道子簡文皇帝第五子也封會稽王領司徒揚州刺史進太傅爲桓玄所害贈丞相于時天月明淨。都無纖翳。太傅歎以爲佳。謝景重在坐。續晉陽秋曰謝重字景重陳郡人父朗東陽太守重明秀有才會稽驃騎長史答曰。意謂

乃不如微雲點綴。太傅因戲謝曰。卿居心不淨。乃復強欲滓穢太清邪。

王中郎甚愛張天錫。問之曰。卿觀過江諸人。經緯江左。軌轍有何偉異。後來之彥。復何如中原。張曰。研求幽邃。自王何以還。因時修制。荀樂之風。荀顗荀勖修定法制樂則未聞 王曰。卿知見有餘。何故為苻堅所制。張資涼州記曰天錫明鑒穎發英聲少著 答曰。陽消陰息。故天步屯蹇。否剝成象。豈足多譏。

謝景重女適王孝伯兒。二門公甚相愛美。謝女諱月鏡適王恭子愔之 謝為太傅長史。被彈。王即取作長史。帶晉陵郡。太傅已構嫌孝伯。不欲使其得謝。還取作咨議。外示縶維。而實以乖間之。及孝伯敗後。太傅繞東府城行散。丹陽記曰東府城西有簡文為會稽王時第東則孝文王道子府道子領揚州仍住先舍故俗稱東府 僚屬悉在南門。要望候拜。時謂謝曰。王甯異謀。阿甯王恭小字也 云是卿為其計。謝曾無懼色。斂笏對曰。樂彥輔有言。豈以五男易一女。太傅善其對。因舉酒勸之曰。故自佳。故自佳。桓玄義興還後。見司馬太傅。太傅已醉。坐上多客。問人云。桓溫來。欲作賊。如何。晉安帝紀曰溫在姑孰諷朝廷求九錫謝安使吏部郎袁宏具其草以示僕射王彪之彪之作色曰丈夫豈可以此事語人邪安徐問其計彪之曰聞其疾已篤且可緩其事安從之故不行 桓玄伏不得起。謝景重時為長史。舉板答曰。故宣武公黜昏暗。登聖明。功超伊霍。紛紜之議。裁之聖鑒。太傅曰。我知我知。即舉酒云。桓義興。勸卿酒。桓出謝過。檀道鸞論之曰道子可謂易於由言謝重能解紛紜矣

宣武移鎮南州。制街衢平直。人謂王東亭曰。王司徒傳曰王珣字元琳丞相導之孫領軍洽之子也少以清秀稱大司馬桓溫辟為主

籌從討袁眞封交阯望海縣東亭侯累遷尚書左僕射領選進尚書令丞相初營建康。無所因承。而制置紆曲。方此爲劣。晉陽秋曰蘇峻既誅大事克平之後都邑殘荒溫嶠議徙都豫章以卽豐全朝士及三吳豪傑謂可遷都會稽王導獨謂不宜遷都建業往之秣陵古者既有帝王所治之表又孫仲謀劉玄德俱謂是王者之宅今雖凋殘宜修勞來旋定之道鎭靜羣情且百堵皆作何患不克復乎終至康寧導之策也東亭曰。此丞相乃所以爲巧。江左地促。不如中國。若使阡陌條暢。則一覽而盡。故紆餘委曲。若不可測。

桓玄詣殷荆州。殷在妾房晝眠。左右辭不之通。桓後言及此事。殷云。初不眠。縱有此。豈不以賢賢易色也。孔安國注論語曰言以好色之心好賢人則善

桓玄問羊孚。羊氏譜曰孚字子道泰山人祖楷尚書郎父綏中書郎孚歷太學博士州別駕太尉參軍年四十六卒何以共重吳聲。羊曰。當以妖而浮。

謝混問羊孚何以器舉瑚璉。晉安帝紀曰混字叔源陳郡人司空琰少子也文學砥礪立名累遷中書令尚書左僕射坐黨劉毅伏誅論語子貢問曰賜也何如子曰汝器也曰何器也曰瑚璉也鄭玄注曰黍稷器夏曰瑚殷曰璉羊曰。故當以爲接神之器。

桓玄既篡位後。御牀微陷。羣臣失色。侍中殷仲文進曰。續晉陽秋曰仲文字仲文陳郡人祖融太常父康吳興太守仲文聞玄平京邑棄郡投焉玄甚說之引爲咨議參軍時王謐見禮而不親卞範之被親而少禮其寵遇隆重兼於王卞矣及玄篡位以佐命親貴厚自封崇輿馬器服窮極綺麗後房妓妾數十絲竹不絕音性甚貪吝多納賄賂家累千金常若不足玄既敗先投義軍累遷侍中尚書以罪伏誅當由聖德淵重。厚地所以不能載。時人善之。

桓玄既篡位。將改置直館。問左右虎賁中郎省應在何處。有人答曰。無省。當時殊忤旨。問何以知無。答曰。潘岳秋興賦敍曰。余兼虎賁中郎將。寓直散騎之省。岳別見其賦敍曰晉十有四年余年三十二始見二毛以太尉掾兼虎賁中郎將寓直散騎之省高閣連雲陽景罕曜僕野人也猥廁朝列譬猶池魚籠鳥有江湖山藪之思於是染翰操紙

僞然而賦于時秋至故以秋與命篇玄咨嗟稱善。劉謙之晉紀曰玄欲復虎賁中郎將疑應直與不訪之僚佐咸莫能定參軍劉簡之對曰昔潘岳秋興賦敍云余兼虎賁中郎將寓直于散騎之省以此言之是應直也玄懽然從之此語微異又答者未知姓名故詳載之

謝靈運好戴曲柄笠。巨淵之新集錄曰靈運陳郡陽夏人祖玄車騎將軍父渙祕書郎靈運歷祕書監侍中臨川內史以罪伏誅孔隱士謂曰。卿欲希心高遠。何不能遺曲蓋之貌。宋書曰孔淳之字彥深魯國人少以辭榮就約徵聘無所就元嘉初散騎郎徵不到隱上虞山謝答曰。將不畏影者。未能忘懷。莊子云漁父謂孔子曰人有畏影惡跡而去之走者舉足逾數而跡逾多走逾疾而影不離自以尚遲疾走不休絕力而死不知處陰以休影處靜以息跡愚亦甚矣子修心守眞還以物與人則無異矣不修身而求之人不亦外事者乎

世說新語卷二

政事第三

陳仲弓爲太丘長時。吏有詐稱母病求假。事覺。收之。令吏殺焉。主簿請付獄考衆姦。仲弓曰。欺君不忠。病母不孝。不忠不孝。其罪莫大。考求衆姦。豈復過此。 陳寔已別見

陳仲弓爲太丘長。有劫賊殺財主。主者捕之。未至發所。道聞民有在草不起子者。回車往治之。主簿曰。賊大。宜先按討。仲弓曰。盜殺財主。何如骨肉相殘。 按後漢時賈彪有此事不聞寔也

陳元方年十一時。 陳紀已見 候袁公。袁公問曰。賢家君在太丘。遠近稱之。何所履行。元方曰。老父在太丘。彊者綏之以德。弱者撫之以仁。恣其所安。久而益敬。 袁宏漢紀曰寔爲太丘其政不嚴而治百姓敬之 袁公曰。孤往者嘗爲鄴令。正行此事。不知卿家君法孤。孤法卿父。 檢衆漢書袁氏諸公未知誰爲鄴令故闕其文以待識者 元方曰。周公孔子。異世而出。周旋動靜。萬里如一。周公不師孔子。孔子亦不師周公。

賀太傅作吳郡。初不出門。吳中諸強族輕之。乃題府門云。會稽雞。不能啼。 環濟吳紀曰賀邵字興伯會稽山陰人祖齊父景並歷美官邵歷散騎常侍出爲吳郡太守後遷太子太傅 賀聞。故出行。至門反顧。索筆足之曰。

不可啼。殺吳兒。於是至諸屯邸。檢校諸顧陸役使官兵及藏逋亡。悉以事言上。罪者甚衆。陸抗時爲江陵都督。吳錄曰抗字幼節吳郡人丞相遜子孫策外孫也爲江陵都督累遷大司馬荆州牧 故下請孫皓。然後得釋。

山公以器重朝望。年踰七十。猶知管時任。虞預晉書曰山濤字巨源河內懷人祖本郡孝廉父曜宛句令濤蚤孤而貧少有器量宿士猶不慢之年十七宗人謂宣帝曰濤當與景文共綱紀天下者也帝戲曰卿小族那得此快人邪好莊老與嵇康善爲河內從事與石鑒共傳宿濤夜起蹋鑒曰今何等時而眠也知太傅臥何意鑒曰宰相三日不朝與尺一令歸第君何慮焉濤曰咄石生無事馬蹄閒也投傳而去果有曹爽事遂隱身不交世務累遷吏部尚書僕射太子少傅司徒年七十九薨謚康侯 貴勝年少。若和裴王之徒。並共宗詠。有署閣柱曰。閣東有大牛。和嶠鞅。裴楷鞦。王濟剔嬲不得休。王隱晉書曰初濤領吏部潘岳內非之密爲作謠曰閣東有大牛王濟鞅裴楷鞦和嶠刺促不得休竹林七賢論曰濤之處選非望路絕故貽是言 或云潘尼作之。文士傳曰尼字正叔滎陽人祖勗尚書左丞父滿平原太守並以文學稱尼少有清才文詞溫雅初應州辟終太常卿

賈充初定律令。晉諸公贊曰充字公閭襄陵人父逵魏豫州刺史充起家爲尚書遷廷尉聽訟稱平晉受禪封魯郡公充有才識明達治體加善刑法由此與散騎常侍裴楷共定科令蠲除密綱以爲晉律薨贈太宰 與羊祜共咨太傅鄭沖。王隱晉書曰沖字文和滎陽開封人有核練才清虛寡欲喜論經史草衣縕袍不以爲憂累遷司徒太保晉受禪進太傅 沖曰。皋陶嚴明之旨。非僕闇懦所探。羊曰。上意欲令小加弘潤。沖乃粗下意。續晉陽秋曰初文帝命荀勗賈充裴秀等分定禮儀律令皆先咨鄭沖然後施行也

山司徒前後選。殆周遍百官。舉無失才。凡所題目。皆如其言。唯用陸亮。是詔所用。與公意異。爭之不從。亮亦尋爲賄敗。晉諸公贊曰亮字長興河內野王人太常陸乂兄也性高明而率至爲賈充所親待山濤爲左僕射領選濤行業既與充異自以爲世祖所敬選用之事與充咨論充每不得其所欲好事者說充宜授心腹人爲吏部尚書參同選舉若意不齊事不得諧可不召公與選而實得敘所懷充以爲然乃啓亮公忠無私濤

以亮將與己異，又恐其協情不允，累啓亮可爲左丞相，非選官才，世祖不許，濤乃辭疾還家。亮在職果不能允，坐事免官。

嵇康被誅後。山公舉康子紹爲祕書丞。山公啓事曰：「詔選祕書丞。濤薦曰：紹平簡溫敏，有文思，又曉音，當成濟也。猶宜先作祕書郎。詔曰：紹如此，便可爲丞，不足復爲郎也。」晉諸公贊曰：「康遇事後二十年，紹乃爲濤所拔。」王隱晉書日：時以紹父康被法，選官不敢舉。年二十八，山濤啓用之，世祖發詔，以爲祕書丞。紹咨公出處。竹林七賢論曰：「紹懼不自容，將解褐，故咨之於濤。」公曰。爲君思之久矣。天地四時。猶有消息。而況人乎。王隱晉書曰：「紹字延祖，雅有文才，山濤啓武帝云云。」

王安期爲東海郡。名士傳曰：「王承字安期，太原晉陽人。父湛，汝南太守。承沖淡寡欲，無所循尚。累遷東海內史，爲政清靜，吏民懷之。避亂渡江，是時道路寇盜，人懷憂懼，承每遇艱險，處之怡然。元皇爲鎮東，引爲從事中郎。」小吏盜池中魚。綱紀推之。王曰。文王之囿。與衆共之。孟子曰：「齊宣王問：文王之囿方七十里，有諸？若是其大乎？對曰：民猶以爲小也。王曰：寡人之囿方四十里，民猶以爲大，何邪？孟子曰：文王之囿，芻蕘者往焉，與民同之，民以爲小，不亦宜乎？今王之囿，殺麋鹿者如殺人罪，是以四十里爲穽於國中也，民以爲大，不亦宜乎？」池魚復何足惜。

王安期作東海郡。吏錄一犯夜人來。王問何處來。云。從師家受書還。不覺日晚。王曰。鞭撻甯越以立威名。恐非致理之本。呂氏春秋曰：「甯越者，中牟鄙人也。苦耕稼之勞，謂其友曰：何爲可以免此苦也？其友曰：莫如學也。學三十歲則可以達矣。甯越曰：請以十五歲。人將休，吾不敢休；人將臥，吾不敢臥。學十五歲而爲周威公之師也。」使吏送令歸家。

成帝在石頭。晉世譜曰：「帝諱衍，字世根，明帝太子，年二十二崩。」任讓在帝前戮侍中鍾雅。晉陽秋曰：「讓，樂安人，諸任之後，隨蘇峻作亂。」雅別傳曰：「雅字彥胄，潁川長社人，魏太傅鍾繇弟仲常曾孫也。少有才志，累遷至侍中。」右衞將軍劉超。晉陽秋曰：「超字世瑜，琅邪人，漢成陽景王六世孫，封臨沂慈鄉侯，遂家焉。父徵，爲琅邪國上將軍。超爲縣小吏，稍遷記室掾、安東舍人，忠清愼密，爲中宗所拔。自以職在中書，絕不與人交關書疏，閉門不通賓客，家無擔石之儲。討王敦有功，封零陽伯。爲義興太守而受拜，及往還朝，莫有知者，其愼默如此。遷右衞大將軍。」帝泣曰。還我侍中。讓不奉詔。遂斬超雅。雅別傳曰：「蘇峻逼主上幸石頭，雅與劉超並侍帝側，匡衞，與石頭中人密期拔至尊出，事覺被害。」

事平之後。陶公與讓有舊。欲宥之。許柳（許氏譜曰：柳字季祖，高陽人。祖允，魏中領軍。父猛，吏部郎。劉謙之晉紀曰：柳妻，祖逖子渙女。蘇峻招祖約為逆，約遣柳以衆會峻。既克京師，拜丹陽尹。後以罪誅。）兒思妣者至佳。諸公欲全之。（許氏譜曰：永字思妣。）若全思妣。則不得不為陶全讓。於是欲并宥之。事奏。帝曰。讓是殺我侍中者。不可宥。諸公以少主不可違。并斬二人。

王丞相拜揚州。賓客數百人並加霑接。人人有說色。唯有臨海一客姓任（語林曰：任名顒，時官在都，豫三公坐。）及數胡人為未洽。公因便還到過任邊云。君出。臨海便無復人。任大喜說。因過胡人前。彈指云。蘭闍蘭闍。羣胡同笑。四坐並懽。（晉陽秋曰：王導接誘應會，少有牾者。雖疎交常賓，一見多輸寫款誠，自謂為導所遇，同之舊暱。）

陸太尉詣王丞相咨事。過後輒翻異。王公怪其如此。後以問陸。（陸玩別傳曰：玩字士瑤，吳郡吳人。祖瑁，父英，仕郡有譽。玩器量淹雅，累遷侍中、尚書左僕射、尚書令，贈太尉。）陸曰。公長民短。臨時不知所言。既後覺其不可耳。

丞相嘗夏月至石頭看庾公。庾公正料事。丞相云。暑。可小簡之。庾公曰。公之遺事。天下亦未以為允。（殷羨言行曰：王公薨後，庾冰代相，網密刑峻。羨時行，遇收捕者於途，慨然歎曰：「丙吉問牛喘，似不爾。」嘗從容謂冰曰：「卿輩自是網目不失，皆是小道小善耳。至如王公，故能行無理事。」謝安石每歎詠此唱。庾赤玉曾問羨：「王公治何似？詎是所長？」羨曰：「其餘令績不復稱論，然三捉三治，三休三敗。」）

丞相末年。略不復省事。正封籙諾之。自歎曰。人言我憒憒。後人當思此憒憒。（徐廣歷紀曰：導阿衡三世，經綸夷險，政務寬恕，事從簡易，故垂遺愛之譽也。）

陶公性檢厲，勤於事。晉陽秋曰：侃練核庶事，勤務稼穡，雖戎陳武士，皆勸厲之。有奉饋者，皆問其所由，若力役所致，懽喜慰賜；若他所得，則呵辱還之。是以軍民勤於農稼，家給人足。性纖密好問，頗類趙廣漢。嘗課營種柳，都尉夏施盜拔武昌郡西門所種。侃後自出，駐車施門，問：「此是武昌西門柳，何以盜之？」施惶怖首伏。三軍稱其明察。侃勤而整，自強不息。又好督勸於人，常云：「民生在勤。大禹聖人，猶惜寸陰；至於凡俗，當惜分陰。豈可遊逸，生無益於時，死無聞於後，是自棄也。」又：「老莊浮華，非先王之法言而不敢行。君子當正其衣冠，攝以威儀，何有亂頭養望，自謂宏達邪？」中興書曰：侃嘗檢校佐吏，若得樗蒱博弈之具，投之曰：「樗蒱，老子入胡所作，外國戲耳。圍棊，堯舜以教愚子。博弈，紂所造。諸君國器，何以爲此？若王事之暇，患邑邑者，文士何不讀書？武士何不射弓？」談者無以易也。作荊州時，敕船官悉錄鋸木屑，不限多少。咸不解此意。後正會，値積雪始晴，聽事前除雪後猶溼，於是悉用木屑覆之，都無所妨。官用竹，皆令錄厚頭，積之如山。後桓宣武伐蜀，裝船，悉以作釘。又云：嘗發所在竹篙，有一官長連根取之，仍當足。乃超兩階用之。

何驃騎作會稽，晉陽秋曰：何充字次道，廬江人。思韻淹通，有文義才情。累遷會稽內史、侍中、驃騎將軍、揚州刺史，贈司徒。虞存弟謇作郡主簿。孫統存誄敍曰：存字道長，會稽山陰人也。祖陽，散騎常侍。父偉，州西曹。存幼而卓拔，風情高逸。歷衛軍長史、尚書吏部郎。范汪棊品曰：謇字道眞，仕至郡功曹。以何見客勞損，欲白斷常客，使家人節量，擇可通者。作白事成，以見存。存時爲何上佐，正與謇共食，語云：「白事甚好，待我食畢作教。」食竟，取筆題白事後云：「若得門庭長如郭林宗者，當如所白。泰別傳曰：泰字林宗，有人倫鑒識。題品海內之士，或在幼童，或在里肆，後皆成英彥，六十餘人。自著書一卷，論取士之本，未行，遭亂亡失。汝何處得此人？」謇於是止。

王、劉與林公共看何驃騎，驃騎看文書，不顧之。晉陽秋曰：何充與王濛、劉惔好尚不同，由此見譏於當世。王謂何曰：「我今故與林公來相看，望卿擺撥常務，應對玄言，那得方低頭看此邪？」

何曰。我不看此。卿等何以得存。諸人以爲佳。

桓公在荊州。全欲以德被江漢。恥以威刑肅物。温別傳曰温以永和元年自徐州遷荊州刺史在州寬和百姓安之 令史受杖。正從朱衣上過。桓式年少。從外來式桓歆小字也桓氏譜曰歆字叔道温第三子仕至尚書 云。向從閣下過。見令史受杖。上捎雲眼。下拂地足。意譏不著。桓公云。我猶患其重。簡文爲相。事動經年。然後得過。桓公甚患其遲。常加勸勉。太宗曰。一日萬機。那得速。尚書皐陶謨一日萬機孔安國曰幾微也言當戒懼萬事之微

山遐去東陽。王長史就簡文索東陽。云。承藉猛政。故可以和靜致治。東陽記云遐字彥林河內人祖濤司徒父簡儀同三司遐歷武陵王友東陽太守江惇傳曰山遐爲東陽風政嚴苛多任刑殺郡內苦之惇隱東陽以仁恕懷物遐感其德爲微損威猛

殷浩始作揚州。浩別傳曰浩字淵源陳郡長平人祖識濮陽相父羨光祿勳浩少有重名仕至揚州刺史中軍將軍中興書曰建元初庾亮兄弟何充等相尋薨太宗以撫軍輔政徵浩爲揚州從民譽也 劉尹行。日小欲晚。便使左右取襆。人問其故。答曰。刺史嚴。不敢夜行。

謝公時兵廝逋亡。多近竄南塘下諸舫中。或欲求一時搜索。謝公不許。云。若不容置此輩。何以爲京都。續晉陽秋曰自中原喪亂民離本域江左造創豪族并兼或客寓流離名籍不立太元中外禦強氐蒐簡民實三吳頗加澄檢正其里伍其中時有山湖遁逸往來都邑者後將軍安方接客時人有於坐言宜糺舍藏之失者安每以厚德化物去其煩細又以強寇入境不宜加動人情乃答之云卿所憂在於客耳然不爾何以爲京都言者有慚色

王大爲吏部郎。王忱已見 嘗作選草。臨當奏。王僧彌來。聊出示之。僧彌王珉小字也珉別傳曰珉字季琰琅邪人丞相導孫中領軍少子有才藝善行書名出兄珣右累遷侍中中書令贈太常 僧彌得便。以己意改易所選者近半。王大甚以爲佳。更寫即奏。

王東亭與張冠軍善。張玄已見。王既作吳郡。人問小令曰。續晉陽秋曰王獻之爲中書令王珉代之時人曰大小王令東亭作郡。風政何似。答曰。不知。治化何如。唯與張祖希情好日隆耳。

殷仲堪當之荆州。王東亭問曰。德以居全爲稱。仁以不害物爲名。方今宰牧華夏。處殺戮之職。與本操將不乖乎。殷答曰。皐陶造刑辟之制。不爲不賢。古史考曰庭堅號曰皐陶舜謀臣也舜舉之於堯堯令作士主刑 孔丘居司寇之任。未爲不仁。家語曰孔子自魯司空爲大司寇七日而誅亂法大夫少正卯

文學第四

鄭玄在馬融門下。融自敍曰融字季長右扶風茂陵人少而好問學無常師大將軍鄧騭召爲舍人棄遊武都會羌虜起自關以西道斷融以謂古人有言左手據天下之圖而右手刎其喉愚夫不爲何則生貴于天下也豈以曲俗咫尺爲羞滅無限之身哉因往應之爲校書郎出爲南郡太守 三年不得相見。高足弟子傳授而已。嘗算渾天不合。諸弟子莫能解。或言玄能者。融召令算。一轉便決。衆咸駭服。及玄業成辭歸。既而融有禮樂皆東之歎。高士傳曰玄字康成北海高密人八世祖崇漢尚書玄別傳曰玄少好學書數十三誦五經好天文占候風角隱術年十七見大風起詣縣曰某時當有火災至時果然智者異之年二十一博極羣書精歷數圖緯之言兼精算術遂去吏師故兗州刺史第五元先就東郡張恭祖受周禮禮記春秋傳周流博觀每經歷山川及接顏一見皆終身不忘扶風馬季長以英儒著名玄往從之參考同異季長后戚嫚於待士玄不得見在左右自起精廬既因紹介得通時涿郡盧子幹爲門人冠首季長又不解剖裂七事玄思得五子幹得三季長謂子幹曰吾與汝皆弗如也季長臨別執玄手曰大道東矣子勉之後遇黨錮隱居著述凡百餘萬言大將軍何進辟玄乃縫掖相見玄長八尺餘鬚眉美秀姿容甚偉進待以賓禮授以几杖玄多所匡正不用而退袁紹辟玄及去餞之城東欲玄必醉會者三百餘人皆離席奉觴自旦及莫度玄飲三百餘桮而溫克之容終日無怠獻帝在許都徵爲大司農行至元城卒 恐玄擅名而心忌焉。玄亦疑有追。乃坐橋下。在水上據屐。融果轉式逐之。告左右曰。玄在土下水

上而據木。此必死矣。遂罷追。玄竟以得免。馬融海內大儒被服仁義鄭玄名列門人親傳其業何猜忌而行鴆毒乎委巷之言賊夫人之子

鄭玄欲注春秋傳。尚未成。時行與服子慎遇。宿客舍。先未相識。服在外車上。與人說己注傳意。漢南紀曰服虔字子慎河南滎陽人少行清苦爲諸生尤明春秋左氏傳爲作訓解舉孝廉爲尚書郎九江太守 玄聽之良久。多與己同。玄就車與語曰。吾久欲注。尚未了。聽君向言。多與吾同。今當盡以所注與君。遂爲服氏注。

鄭玄家奴婢皆讀書。嘗使一婢。不稱旨。將撻之。方自陳說。玄怒。使人曳箸泥中。須臾復有一婢來。問曰。胡爲乎泥中。衞式微詩也毛公曰泥中衞邑名也 答曰。薄言往愬。逢彼之怒。衞邶柏舟之詩

服虔既善春秋。將爲注。欲參考同異。聞崔烈集門生講傳。摯虞文章志曰烈字威考高陽安平人駰之孫瑗之兄子也靈帝時官至司徒太尉封陽平亭侯 遂匿姓名。爲烈門人賃作食。每當至講時。輒竊聽戶壁閒。既知不能踰己。稍共諸生敘其短長。烈聞。不測何人。然素聞虔名。意疑之。明蚤往。及未寤。便呼子慎子慎。虔不覺驚應。遂相與友善。

鍾會撰四本論始畢。甚欲使嵇公一見。置懷中。既定。畏其難。懷不敢出。於戶外遙擲。便回急走。魏志曰會論才性同異傳於世四本者言才性同才性異才性合才性離也尚書傅嘏論同中書令李豐論異侍郎鍾會論合屯騎校尉王廣論離文多不載

何晏爲吏部尚書。有位望。時談客盈坐。文章敘錄曰晏能清言而當時權勢天下談士多宗尚之魏氏春秋曰晏少有異才善談易老 王

弼未弱冠。往見之。晏聞弼名。弼別傳曰弼字輔嗣山陽高平人少而察惠十餘歲便好莊老通辯能言為傅嘏所知吏部尚書何晏甚奇之題之曰後生可畏若斯人者可與言天人之際矣以弼補臺郎弼事功雅非所長益不留意頗以所長笑人故為時士所嫉又為人淺而不識物情初與王黎荀融善黎奪其黃門郎於是恨黎與融亦不終好正始中以公事免其秋遇癘疾亡時年二十四弼之卒也晉景帝嗟歎之累日曰天喪予其為高識悼惜如此 因條向者勝理語弼曰。此理僕以為極可。得復難不。弼便作難。一坐人便以為屈。於是弼自為客主數番。皆一坐所不及。

何平叔注老子始成。詣王輔嗣。見王注精奇。迺神伏曰。若斯人可與論天人之際矣。因以所注為道德二論。魏氏春秋曰弼論道約美不如晏自然出拔過之

王輔嗣弱冠詣裴徽。永嘉流人名曰徽字文季河東聞喜人太常潛少弟也仕至冀州刺史 徽問曰。夫無者誠萬物之所資。聖人莫肯致言。而老子申之無已。何邪。弼別傳曰弼父為尚書郎裴徽為吏部郎徽見異之故問 弼曰。聖人體無。無又不可以訓。故言必及有。老莊未免於有。恆訓其所不足。

傅嘏善言虛勝。魏志曰嘏字蘭碩北地泥陽人傅介子之後也累遷河南尹尚書嘏嘗論才性同異鍾會集而論之傅子曰嘏既達治好正而有清理識要如論才性原本精微鮮能及之司鍾隸會年甚少嘏以明知交會 荀粲談尚玄遠。粲別傳曰粲字奉倩潁川潁陰人太尉彧少子也粲諸兄儒術論議各知名粲能言玄遠常以子貢稱夫子之言性與天道不可得而聞也然則六籍雖存固聖人之糠秕能言者不能屈 每至共語。有爭而不相喻。裴冀州釋二家之義。通彼我之懷。常使兩情皆得。彼此俱暢。粲別傳曰粲太和初到京邑與傅嘏談善名理而粲尚玄遠宗致雖同倉卒時或格而不相得意裴徽通彼我之懷為二家釋頃之粲與嘏善管輅傳曰裴使君有高才逸度善言玄妙也

何晏注老子未畢。見王弼自說注老子旨。何意多所短。不復得作聲。但應諾諾。遂不復注。因作道德論。文章敘錄曰自儒者論以老子非聖人絕禮棄學晏說與聖人同著論行於世也

中朝時有懷道之流。有詣王夷甫咨疑者。值王昨已語多小極。不復相酬答。乃謂客曰。身今少惡。裴逸民亦近在此。君可往問。晉諸公贊曰裴頠談理與王夷甫不相推下

裴成公作崇有論。時人攻難之。莫能折。唯王夷甫來。如小屈。時人卽以王理難裴。裴理還復申。晉諸公贊曰自魏太常夏侯玄步兵校尉阮籍等皆著道德論于時侍中樂廣吏部郎劉漢亦體道而言約尙書令王夷甫講理而才虛散騎常侍戴奧以學道爲業後進庾敳之徒皆希慕簡曠頠疾世俗尙虛無之理故著崇有二論以折之才博喻廣學者不能究後樂廣與頠淸閑欲說理而頠辭喩豐博廣自以體虛無笑而不復言惠帝起居注曰頠著二論以規虛誕之弊文詞精富爲世名論

諸葛厷年少不肯學問。始與王夷甫談。便已超詣。王歎曰。卿天才卓出。若復小加硏尋。一無所愧。厷後看莊老。更與王語。便足相抗衡。王隱晉書曰厷字茂遠瑯邪人魏雍州刺史緒之子有逸才仕至司空主簿

衞玠總角時。問樂令夢。樂云。是想。衞曰。形神所不接而夢。豈是想邪。樂云。因也。未嘗夢乘車入鼠穴。擣齏噉鐵杵。皆無想無因故也。周禮有六夢一曰正夢謂無所感動平安而夢也二曰噩夢謂驚愕而夢也三曰思夢謂覺時所思念也四曰寤夢謂覺時道之而夢也五曰喜夢謂喜說而夢也六曰懼夢謂恐懼而夢也按樂所言想者蓋思夢也因者蓋正夢也 衞思因經日不得。遂成病。樂聞。故命駕爲剖析之。衞卽小差。樂歎曰。此兒胷中當必無膏肓之疾。春秋傳曰晉景公有疾求醫於秦秦伯使醫緩爲之未至公夢疾爲二豎子曰彼良醫也懼傷我焉其一曰居肓之上膏之下若我何醫至曰疾不可爲也在肓之上膏之下攻之不可達刺之不可及藥不至焉公曰良醫也注肓鬲也心下爲膏

庾子嵩讀莊子。開卷一尺許。便放去。曰。了不異人意。晉陽秋曰庾敳字子嵩潁川人侍中峻第三子恢廓有度量自

謂是老莊之徒曰昔未讀此書意嘗謂至理如此今見之正與人意暗同仕至豫州長史

客問樂令旨不至者。樂亦不復剖析文句。直以麈尾柄确几曰。至不。客曰。至。樂因又舉麈尾曰。若至者。那得去。夫藏舟潛往交臂恒謝一息不留忽焉生滅故飛鳥之影莫見其移馳車之輪曾不掩地是以去不去矣庸有至乎至不至矣庸有去乎然則前至不異後至至名所以生前去不異後去去名所以詭今天下無去矣而去者非假哉既爲假矣而至者豈實哉於是客乃悟服。樂辭約而旨達。皆此類。

初注莊子者數十家。莫能究其旨要。向秀於舊注外爲解義。妙析奇致。大暢玄風。秀別傳曰秀與嵇康呂安爲友趣舍不同嵇康傲世不羈安放逸邁俗而秀雅好讀書二子頗以此嗤之後秀將注莊子先以告康安康安咸曰此書詎復須注徒棄人作樂事耳及成以示二子康曰爾故復勝不安乃驚曰莊周不死矣後注周易大義可觀而與漢世諸儒互有彼此未若隱莊之絕倫也秀本傳或言秀遊託數賢蕭屑卒歲都無注述唯好莊子聊應崔譔所注以備遺忘云竹林七賢論云秀爲此義讀之者無不超然若已出塵埃而窺絕冥始了視聽之表有神德玄哲能遺天下外萬物雖復使動競之人顧觀所徇皆悵然自有振拔之情矣唯秋水至樂二篇未竟。而秀卒。秀子幼。義遂零落。然猶有別本。郭象者。爲人薄行。有儁才。文士傳曰象字子玄河南人少有才理慕道好學託志老莊時人咸以爲王弼之亞辟司空掾太傅主簿見秀義不傳於世。遂竊以爲己注。乃自注秋水至樂二篇。又易馬蹄一篇。其餘衆篇。或定點文句而已。文士傳曰象作莊子注最有清辭遒旨後秀義別本出。故今有向郭二莊。其義一也。

阮宣子有令聞。太尉王夷甫見而問曰。老莊與聖教同異。對曰。將無同。太尉善其言。辟之爲掾。世謂三語掾。衛玠嘲之曰。一言可辟。何假於三。宣子曰。苟是天下人望。亦可無言而辟。復何假一。遂相與爲友。名士傳曰阮脩字宣子陳留尉氏人好老易能言理不喜見俗人時諛相逢卽舍去傲然無營家無儋石之儲晏如也琅邪王處仲爲鴻臚卿謂曰鴻臚丞差有祿卿常無食能作不脩曰爲復可耳遂爲鴻臚丞太子洗馬

裴散騎娶王太尉女。婚後三日。諸壻大會。晉諸公贊曰裴遐字叔道河東人父綽長水校尉遐少有理稱辟司空掾散騎郎永嘉流人名衍字夷甫第四女適遐也當時名士王裴子弟悉集。郭子玄在坐。挑與裴談。子玄才甚豐贍。始數交未快。郭陳張甚盛。裴徐理前語。理致甚微。四坐咨嗟稱快。鄧粲晉紀曰遐以辯論爲業善敍名理辭氣清暢冷然若琴瑟聞其言者知與不知無不歎服王亦以爲奇。謂諸人曰。君輩勿爲爾。將受困寡人女壻。

衞玠始渡江。見王大將軍。敦別傳曰敦字處仲琅邪臨沂人少有名理累遷青州刺史避地江左歷侍中丞相大將軍揚州牧以罪伏誅因夜坐。大將軍命謝幼輿。晉陽秋曰謝鯤字幼輿陳郡人父衡晉碩儒鯤性通簡好老易善音樂以琴書爲業避亂江東爲豫章太守王敦引爲長史鯤別傳曰鯤四十三卒贈太常玠見謝甚說之。都不復顧王。遂達旦微言。王永夕不得豫。玠體素羸。恆爲母所禁。爾夕忽極。於此病篤。遂不起。玠別傳曰玠少有名理善易老自抱羸疾初不於外擅相酬對時友歎曰衞君不言言必入眞武昌見大將軍王敦敦與談論咨嗟不已

舊云王丞相過江左。止道聲無哀樂、嵇康聲無哀樂論略曰夫殊方異俗歌笑不同使錯而用之或聞哭而懽或聽歌而戚然哀樂之情均也今用均同之情發萬殊之聲斯非音聲之無常乎養生、嵇叔夜養生論曰夫蝨著頭而黑麝食柏而香頸處險而癭齒居晉而黃豈惟蒸之使重無使輕芬之使香勿使延哉誠能蒸以靈芝口以醴泉無爲自得體妙心玄庶與羨門比壽王喬爭年何爲不可養生哉言盡意。歐陽堅石言盡意論略曰夫理得於心非言不暢物定於彼非名不辨名逐物而遷言因理而變不得相與爲二矣苟無其二言無不盡矣三理而已。然宛轉關生。無所不入。

殷中軍爲庾公長史。按庾亮僚屬名及中興書浩爲亮司馬非爲長史也下都。王丞相爲之集。桓公王長史

王藍田王述別傳曰述字懷祖太原晉陽人祖湛父承並有高名述蚤孤事親孝謹簞瓢陋於長安永日由是爲有識所知襲爵藍田侯謝鎮西並在。丞相自起解帳。帶麈尾語殷曰。身今日當與君共談析理。既共清言。遂達三更。丞相與殷共相往反。其餘諸賢。略無所關。既彼我相盡。丞相乃歎曰。向來語。乃竟未知理源所歸。至於辭喻不相負。正始之音。正當爾耳。明旦。桓宣武語人曰。昨夜聽殷王清言甚佳。仁祖亦不寂寞。我亦時復造心。顧看兩王掾。王濛王述並爲王導所辟輒翣如生母狗馨。

殷中軍見佛經。云理亦應阿堵上。佛經之行中國尙矣莫詳其始牟子曰漢明帝夜夢神人身有日光明日博問羣臣通人傅毅對曰臣聞天竺有道者號曰佛輕舉能飛身有日光殆將其神也於是遣羽林將軍秦景博士弟子王遵等十二人之大月氏國寫取佛經四十二部在蘭臺石室劉子政列仙傳曰歷觀百家之中以相檢驗得仙者百四十六人其七十四人已在佛經故撰得七十可以多聞博識者遐觀焉如此卽漢成哀之閒已有經矣與牟子傳記便爲不同魏略西戎傳曰天竺城中有臨兒國浮屠經云其國王生浮圖浮圖者太子也父曰屠頭邪母曰莫邪浮屠者身服色黃髮如青絲爪如銅其母夢白象而孕及生從右脅出而有髻墮地能行七步天竺又有神人曰沙律昔漢哀帝元壽元年博士弟子景盧受大月氏王使伊存口傳浮屠經曰復豆者其人也漢武故事曰昆邪王殺休屠王以其衆來降得其金人之神置之甘泉宮金人皆長丈餘其祭不用牛羊唯燒香禮拜上使依其國俗祀之此神全類於佛豈當漢武之時其經未行於中土而但神明事之邪故驗劉向魚豢之說佛至自哀成之世明矣然則牟傳所言四十二者其文今存非妄蓋明帝遣使廣求異聞非是時無經也

謝安年少時。請阮光祿道白馬論。孔叢子曰趙人公孫龍云白馬非馬馬者所以命形白者所以命色夫命色者非命形故曰白馬非馬也爲論以示謝。于時謝不卽解阮語。重相咨盡。阮乃歎曰。非但能言人不可得。正索解人亦不得。中興書曰裕甚精論難

褚季野語孫安國褚裒孫盛並已見云。北人學問。淵綜廣博。孫答曰。南人學問。清通

簡要。支道林聞之曰。聖賢固所忘言。自中人以還。北人看書。如顯處視月。南人學問。如牖中窺日。支所言但譬成孫褚之理也然則學廣則難周難周則識闇故如顯處視月學寡則易覈易覈則智明故如牖中窺日也

劉眞長與殷淵源談。劉理如小屈。殷曰。惡卿不欲作。將善雲梯仰攻。墨子曰公輸般為高雲梯欲以攻宋墨子聞之自魯往裂裳裹足日夜不休十日十夜而至於郢見楚王曰聞大王將攻宋有之乎王曰然墨子曰請令公輸般設攻宋之具臣請試守之於是公輸般設攻宋之計墨子縈帶守之輸九攻之而墨子九卻之不能入遂輟兵

殷中軍云。康伯未得我牙後慧。浩別傳曰浩善老易能淸言康伯浩甥也甚愛之

謝鎭西少時。聞殷浩能清言。故往造之。殷未過有所通。為謝標榜諸義。作數百語。既有佳致。兼辭條豐蔚。甚足以動心駭聽。謝注神傾意。不覺流汗交面。殷徐語左右。取手巾與謝郎拭面。按殷浩大謝尙三歲便是時流或當貴其勝致故為之揮汗

宣武集諸名勝講易。易乾鑿度曰孔子曰易者易也變易也不易也三成德為道包籥者易也其德也光明四通日月星辰布八卦序四時和也變也者天地不變不能成朝夫婦不變不能成家不易者其位也天在上地在下君南面臣北面父坐子伏此其不易也故易者天地人道也鄭玄序易曰易之為名也一言而函三義簡易一也變易二也不易三也繫辭曰乾坤易之蘊也易之門戶也又曰乾確然示人易矣坤隤然示人簡矣易則易知簡則易從此言其簡易法則也又曰其為道也屢遷變動不居周流六虛上下無常剛柔相易不可以為典要唯變所適此則言其從時出入移動也又曰天尊地卑乾坤定矣卑高以陳貴賤位矣動靜有常剛柔斷矣此則言其張設布列不易也據此三義而說易之道廣矣大矣日說一卦。簡文欲聽。聞此便還。曰。義自當有難易。其以一卦為限邪。

有北來道人。好才理。與林公相遇於瓦官寺。講小品。于時竺法深。孫興公悉共聽。此道人語屢設疑難。林公辯答清析。辭氣俱爽。此道人每輒摧屈。

孫問深公。上人當是逆風家。向來何以都不言。庾法暢人物論曰法深學義淵博名聲蚤著弘道法師也深公笑而不答。林公曰。白旃檀非不馥。焉能逆風。成實論曰波利質多天樹其香則逆風而聞深公得此義。夷然不屑。

孫安國往殷中軍許共論。往反精苦。客主無閒。左右進食。冷而復煗者數四。彼我奮擲麈尾。悉脫落。滿餐飯中。賓主遂至莫忘食。殷乃語孫曰。卿莫作強口馬。我當穿卿鼻。孫曰。卿不見決鼻牛。人當穿卿頰。續晉陽秋曰孫盛善理義時中軍將軍殷浩擅名一時能與劇談相抗者唯盛而已

莊子逍遙篇。舊是難處。諸名賢所可鑽味。而不能拔理於郭向之外。支道林在白馬寺中。將馮太常共語。馮氏譜曰馮懷字祖思長樂人歷太常護國將軍因及逍遙。支卓然標新理於二家之表。立異義於衆賢之外。皆是諸名賢尋味之所不得。後遂用支理。向子期郭子玄逍遙義曰夫大鵬之上九萬尺鷃之起楡枋小大雖差各任其性苟當其分逍遙一也然物之芸芸同資有待得其所待然後逍遙耳唯聖人與物冥而循大變爲能無待而常通豈獨自通而已又從有待者不失其所待不失則同於大通矣支氏逍遙論曰夫逍遙者明至人之心也莊生建言大道而寄指鵬鷃鵬以營生之路曠故失適於體外鷃以在近而笑遠有矜伐於心內至人乘天正而高興遊無窮於放浪物物而不物於物則遙然不我得玄感不爲不疾而速則逍然靡不適此所以爲逍遙也若夫有欲當其所足足於所足快然有似天眞猶饑者一飽渴者一盈豈忘烝嘗於糗糧絕觴爵於醪醴哉苟非至足豈所以逍遙乎此向郭之注所未及

殷中軍浩也嘗至劉尹所。清言良久。殷理小屈。遊辭不已。劉亦不復答。殷去後。乃云。田舍兒強學人作爾馨語。劉惔已見

殷中軍雖思慮通長。然於才性偏精。忽言及四本。便苦湯池鐵城。無可攻之勢。神農書曰夫有石城七仞湯池百步帶甲百萬而無粟者不能自固也

支道林造卽色論。支道林集妙觀章云夫色之性也不自有色色不自有雖色而空故曰色卽爲空色復異空論成。示王中郎。王坦之已見中郎都無言。支曰。默而識之乎。論語曰默而識之誨人不倦何有於我哉王曰。旣無文殊。誰能見賞。維摩詰經曰文殊師利問維摩詰云何者是菩薩入不二法門時維摩詰默然無言文殊師利歎曰是眞入不二法門也

王逸少作會稽。初至。支道林在焉。孫興公謂王曰。支道林拔新領異。胷懷所及。乃自佳。卿欲見不。王本自有一往雋氣。殊自輕之。後孫與支共載往王許。王都領域。不與交言。須臾支退。後正值王當行。車已在門。支語王曰。君未可去。貧道與君小語。因論莊子逍遙遊。支作數千言。才藻新奇。花爛映發。王遂披襟解帶。留連不能已。支法師傳曰法師研十地則知頓悟於七住尋莊周則辯聖人之逍遙當時名勝咸味其音旨道賢論以七沙門比竹林七賢遁比向秀雅尙莊老二子異時風尙玄同也

三乘佛家滯義。支道林分判。使三乘炳然。諸人在下坐聽。皆云可通。支下坐自共說。正當得兩。入三便亂。今義弟子雖傳。猶不盡得。法華經曰三乘者一曰聲聞乘二曰緣覺乘三曰菩薩乘聲聞者悟四諦而得道也緣覺者悟因緣而得道也菩薩者行六度而得道也然則羅漢得道全由佛教故以聲聞爲名也辟支佛得道或聞因緣而解或聽環珮而得悟神能獨達故以緣覺爲名也菩薩者大道之人也方便則上行六度眞教則通修萬善功不爲己志存廣濟故以大道爲名也

許掾詢年少時。人以比王苟子。苟子王脩小字也文字志曰脩字敬仁太原晉陽人父濛司徒左長史脩明秀有美稱善隸行書號曰流奕清舉起家著作佐郎瑯

邪王文學轉中軍司馬未拜而卒時年二十四昔王弼之歿與脩同年故脩弟熙乃歎曰無愧於古人而年與之齊也許大不平。時諸人士及於法師。並在會稽西寺講。王亦在焉。許意甚忿。便往西寺與王論理。共決優劣。苦相折挫。王遂大屈。許復執王理。王執許理。更相覆疏。王復屈。許謂支法師曰。弟子向語何似。支從容曰。君語佳則佳矣。何至相苦邪。豈是求理中之談哉。

林道人詣謝公。東陽時始總角。新病起。體未堪勞。與林公講論。遂至相苦。東陽謝朗也已見中興書曰朗博涉有逸才善言玄理母王夫人在壁後聽之。再遣信令還。而太傅留之。王夫人因自出云。新婦少遭家難。一生所寄。唯在此兒。因流涕抱兒以歸。謝公語同坐曰。家嫂辭情忼慨。致可傳述。恨不使朝士見。謝氏譜曰朗父據取太康王韜女名綏

支道林許掾諸人共在會稽王齋頭。簡文支爲法師。許爲都講。高逸沙門傳曰道林時講維摩詰經支通一義。四坐莫不厭心。許送一難。衆人莫不抃舞。但共嗟詠二家之美。不辯其理之所在。

謝車騎在安西艱中。安西謝奕已見林道人往就語。將夕乃退。有人道上見者。問云。公何處來。答云。今日與謝孝劇談一出來。玄別傳曰玄能清言善名理

支道林初從東出。住東安寺中。高逸沙門傳曰遁居會稽晉哀帝欽其風味遣中使至東迎之遁遂辭邱壑高步大邑王長史宿構精理。幷撰其才藻。往與支語。不大當對。王敍致作數百語。自謂是名理奇

藻。支徐徐謂曰。身與君別多年。君義言了不長進。王大慚而退。

殷中軍讀小品。釋氏辨空經有詳者焉有略者焉詳者爲大品略者爲小品 下二百籤。皆是精微。世之幽滯。嘗欲與支道林辯之。竟不得。今小品猶存。高逸沙門傳曰殷浩能言名理自以有所不達欲訪之於遁遂邂逅不遇深以爲恨其爲名識賞重如此之至焉語林曰浩於佛經有所不了故遣人迎林公林乃虛懷欲往王右軍駐之曰淵源思致淵富既未易爲敵且已所不解上人未必能通縱復服從亦名不益高若佻脫不合便喪十年所保可不須往林公亦以爲然遂止

佛經以爲祛練神明。則聖人可致。釋氏經曰一切衆生皆有佛性但能修智慧斷煩惱萬行具足便成佛也 簡文云。不知便可登峯造極不。然陶練之功。尚不可誣。于法開始與支公爭名。後精漸歸支。意甚不分。遂遁跡剡下。遣弟子出都。語使過會稽。于時支公正講小品。開戒弟子。道林講。比汝至。當在某品中。因示語攻難數十番。云。舊此中不可復通。弟子如言詣支公。正值講。因謹述開意。往反多時。林公遂屈。厲聲曰。君何足復受人寄載來。名德沙門題目曰于法開才辯從橫以數術弘教高逸沙門傳曰法開初以義學著名後與支遁有競故遁居剡縣更學醫術

殷中軍問。自然無心於稟受。何以正善人少。惡人多。諸人莫有言者。劉尹答曰。譬如寫水著地。正自縱橫流漫。略無正方圓者。一時絕歎。以爲名通。莊子曰天籟者吹萬不同而使其自已也郭子玄注曰無既無矣則不能生有有之未生又不能爲生然則生生者誰哉塊然而自生耳非我生也我不生物物不生我則自然而已然謂之天然天然非爲也故以天言之所以明其自然故也

康僧淵初過江。未有知者。恆周旋市肆。乞索以自營。忽往殷淵源許。值盛有賓客。殷使坐。麤與寒溫。遂及義理。語言辭旨。曾無愧色。領略麤舉。一往

參詣。由是知之。僧淵氏族所出未詳疑是胡人尚書令沈約撰晉書亦稱其有義學

殷謝諸人共集。殷浩謝安 謝因問殷。眼往屬萬形。萬形來入眼不。成實論曰眼識不待到而知虛塵假空與明故得見色若眼到色到色閒則無空明如眼觸目則不能見彼當知眼識不到而知依如此說則眼不往形不入遙屬而見也謝有問殷無答疑闕文

人有問殷中軍。何以將得位而夢棺器。將得財而夢矢穢。殷曰。官本是臭腐。所以將得而夢棺屍。財本是糞土。所以將得而夢穢汙。時人以爲名通。

殷中軍被廢東陽。浩黜廢事別見 始看佛經。初視維摩詰。僧肇注維摩經曰維摩詰者秦言淨名蓋法身之大士見居此土以弘道也 疑般若波羅蜜太多。後見小品。恨此語少。波羅蜜此言到彼岸也經云到者有六焉一曰檀檀者施也二曰毗黎毗黎者持戒也三曰羼提羼提者忍辱也四曰尸羅尸羅者精進也五曰禪禪者定也六曰般若般若者智慧也然則五者爲舟般若爲導導則俱絕有相之流升無相之彼岸也故曰波羅蜜也淵源未暢其致少而疑其多已而究其宗多而患其少也

支道林殷淵源俱在相王許。簡文 相王謂二人可試一交言。而才性殆是淵源崤函之固。崤謂二陵之地函函谷關也並秦之險塞王者之居左思魏都賦曰崤函帝王之宅 君其慎焉。支初作。改轍遠之。數四交。不覺入其玄中。相王撫肩笑曰。此自是其勝場。安可爭鋒。

謝公因子弟集聚。問毛詩何句最佳。遏稱曰。謝玄小字已見 昔我往矣。楊柳依依。今我來思。雨雪霏霏。公曰。訏謨定命。遠猷辰告。大雅詩也毛萇注曰訏大也謨謀也辰時也鄭玄注曰猷圖也大謀定命謂正月始和布政于邦國都鄙 謂此句偏有雅人深致。

張憑舉孝廉出都。負其才氣。謂必參時彥。欲詣劉尹。鄉里及同舉者共笑

之。張遂詣劉。劉洗濯料事。處之下坐。唯通寒暑。神意不接。張欲自發無端。頃之。長史諸賢來清言。客主有不通處。張乃遙於末坐判之。言約旨遠。足暢彼我之懷。一坐皆驚。眞長延之上坐。清言彌日。因留宿至曉。張退。劉曰。卿且去。正當取卿共詣撫軍。張還船。同侶問何處宿。張笑而不答。須臾。眞長遣傳教覓張孝廉船。同侶惋愕。即同載詣撫軍。至門。劉前進謂撫軍曰。下官今日爲公得一太常博士妙選。既前。撫軍與之話言。咨嗟稱善曰。張憑勃窣爲理窟。即用爲太常博士。宋明帝文章志曰憑字長宗吳郡人有意氣爲鄉閭所稱學尙所得敏而有文太守以才選舉孝廉

汰法師云。六通三明同歸。正異名耳。安法師傳曰竺法汰者體器弘簡道情冥到法師友而善焉一說法汰即安公弟子也經云六通者三乘之功德也一曰天眼通見遠方之色二曰天耳通聞障外之聲三曰身通飛行隱顯四曰宅心通水鏡萬慮五曰宿命通神知已往六曰漏盡通慧解累世三明者解脫在心朗照三世者也然則天眼天耳身通宅心漏盡此五者皆見在心之明也宿命則過去心之明也因天眼發未來之智則未來心之明也同歸異名義在斯矣

支道林。許。謝盛德。共集王家。許詢謝安王濛　謝顧謂諸人。今日可謂彥會。時既不可留。此集固亦難常。當共言詠。以寫其懷。許便問主人有莊子不。正得漁父一篇。莊子曰孔子遊乎緇帷之林休坐乎杏壇之上孔子弦歌鼓琴奏曲未半有漁者下船而來鬚眉交白被髮揄袂行原以上距陸而止左手據膝右手持頤以聽曲終而招子貢子路語曰彼何爲者也曰孔氏曰孔氏何治子貢曰服忠信行仁義飾禮樂選人倫孔氏之所治也曰有土之君歟曰非也漁父曰仁則仁矣恐不免其身孔子聞而求問之遂言八疵四病以誡孔子　謝看題。便各使四坐通。支道林先通。作七百許語。敘致精麗。才藻奇拔。衆咸稱善。於是四坐各言懷畢。謝問曰。卿等盡不。皆曰。今日之言。少不自竭。謝後麤難。因自敘其意。作萬餘語。才峯秀逸。文字志曰安神情秀悟善談玄理

既自難干。加意氣擬託。蕭然自得。四坐莫不厭心。支謂謝曰。君一往奔詣。故復自佳耳。

殷中軍孫安國王謝能言諸賢。悉在會稽王許。殷與孫共論易象。妙於見形。其論略曰聖人知觀氣不足以達變故表圓應於蓍龜圓應不可為典要故寄妙迹於六爻六爻周流唯化所適故雖一畫而吉凶並彰微一則失之矣擬器託象而慶咎交著繫器則失之矣故設八卦者蓋緣化之影迹也天下者寄見之一形也圓影備未備之象一形兼未形之形故盡二儀之道不與乾坤齊妙風雨之變不與巽坎同體矣孫語道合。意氣干雲。一坐咸不安孫理。而辭不能屈。會稽王慨然歎曰。使真長來。故應有以制彼。即迎真長。孫意已不如。真長既至。先令孫自敍本理。孫粗說己語。亦覺殊不及向。劉便作二百許語。辭難簡切。孫理遂屈。一坐同時拊掌而笑。稱美良久。

僧意在瓦官寺中。未詳僧意氏族所出王苟子來。苟子王脩小字與共語。便使其唱理。意謂王曰。聖人有情不。王曰。無。重問曰。聖人如柱邪。王曰。如籌算。雖無情。運之者有情。僧意云。誰運聖人邪。苟子不得答而去。諸本無僧意最後一句意疑其闕慶校衆本皆然唯一書有之故取以成其義然王脩善言理如此論特不近人情猶疑斯文為謬也

司馬太傅問謝車騎。惠子其書五車。何以無一言入玄。謝曰。故當是其妙處不傳。莊子曰惠施多方其書五車其道舛駁其言不中謂卵有毛雞三足馬有卵犬可為羊火不熱而不見龜長於蛇丁子有尾白狗黑連環可解能勝人之口不能服人之心蓋辯者之囿也

殷中軍被廢。徙東陽。大讀佛經。皆精解。唯至事數處不解。事數謂若五陰十二人四諦十二因緣五根五九七覺之聲遇見一道人。問所籤。便釋然。

殷仲堪精覈玄論。人謂莫不研究。殷乃歎曰。使我解四本。談不翅爾。周祗隆安記曰仲堪好學而有理思也

殷荊州曾問遠公。張野遠法師銘曰沙門釋惠遠鴈門樓煩人本姓賈氏世爲冠族年十二隨舅令狐氏遊學許洛年二十一欲南渡就范宣子學道阻不通遇釋道安以爲師抽簪落髮研求法藏釋曇翼每資以燈燭之費誦鑒淹遠人服其賾安常歎曰道流東國其在遠乎襄陽既毀振錫南遊結宇靈嶽自年六十不復出山名被流沙彼國僧衆皆稱漢地有大乘沙門每至焚香禮拜輒東向致敬年八十三而終易以何爲體。答曰。易以感爲體。殷曰。銅山西崩。靈鍾東應。便是易耶。東方朔傳曰孝武皇帝時未央宮前殿鍾無故自鳴三日三夜不止詔問太史待詔王朔朔言恐有兵氣更問東方朔朔曰臣聞銅者山之子山者銅之母以陰陽氣類言之子母相感山恐有崩弛者故鍾先鳴易曰鳴鶴在陰其子和之精之至也其應在後五日內居三日南郡太守上書言山崩延袤二十餘里樊英別傳曰漢順帝時殿下鍾鳴問英對曰蜀岷山崩山於銅爲母母崩子鳴非聖朝災後蜀果上山崩日月相應二說微異故竝載之遠公笑而不答。

羊孚弟娶王永言女。孚弟輔也羊氏譜曰輔字幼仁泰山人祖楷尚書郎父綏中書郎輔仕至衞軍功曹娶瑯邪王訥之女字僧首及王家見壻。孚送弟俱往。時永言父東陽尚在。王氏譜曰訥之字永言瑯邪人祖彪之光祿大夫父臨之東陽太守訥之歷尚書左丞御史中丞殷仲堪是東陽女壻。亦在坐。殷氏譜曰仲堪娶瑯邪王臨之女字英彥孚雅善理義。乃與仲堪道齊物。莊子篇也殷難之。羊云。君四番後。當得見同。殷笑曰。乃可得盡。何必相同。乃至四番後一通。殷咨嗟曰。僕便無以相異。歎爲新拔者久之。

殷仲堪云。三日不讀道德經。便覺舌本閒強。晉安帝紀曰仲堪有思理能清言

提婆初至。爲東亭第講阿毗曇。出經敍曰僧伽提婆罽賓人姓瞿曇氏儁朗有深鑒符堅至長安出諸經後渡江遠法師請譯阿毗曇遠法師阿毗曇敍曰阿毗曇心者三藏之要頌詠歌之微言源流廣大管綜衆經領其宗會故作者以心爲名焉有出家開士字法勝以阿毗曇源流廣大卒難尋究別撰斯部凡二百五十偈以爲要解號之曰心罽賓沙門僧伽提婆少玩斯文因請令譯焉阿毗曇者晉言大法也道標法師曰阿

毗曇者秦言無比法也始發講。坐裁半。僧彌便云都已曉。卽於坐分數四。有意道人更就餘屋自講。提婆講竟。東亭問法岡道人曰。法岡未詳氏族弟子都未解。阿彌那得已解。所得云何。曰。大略全是。故當小未精覈耳。出經敍曰提婆以隆安初遊京師東亭侯王珣迎至舍講阿毗曇提婆宗致既明振發義與王僧彌一聽便自講其明義易啓人心如此未詳年卒

桓南郡與殷荆州共談。每相攻難。年餘後但一兩番。桓自歎才思轉退。殷云。此乃是君轉解。周祗隆安記曰玄善言理棄郡還國常與殷荆州仲堪終日談論不輟

文帝嘗令東阿王七步中作詩。不成者行大法。應聲便爲詩曰。煮豆持作羹。漉菽以爲汁。萁在釜下然。豆在釜中泣。本自同根生。相煎何太急。帝深有慚色。魏志曰陳思王植字子建文帝同母弟也年十餘歲誦詩論及辭賦數萬言善屬文太祖嘗視其文曰汝倩人邪植跪曰出言爲論下筆成章顧當面試奈何倩人時鄴銅雀臺新成太祖悉將諸子登之使各爲賦植援筆立成可觀性簡易不治威儀輿馬服飾不尚華麗每見難問應聲而答太祖寵愛之幾爲太子者數矣文帝卽位封鄄城侯後徙雍丘復封東阿植每求試不得而國亟遷易汲汲無懽年四十一薨

魏朝封晉文王爲公。備禮九錫。文王固讓不受。公卿將校。當詣府敦喻。司空鄭沖。中已見馳遣信就阮籍求文。籍時在袁孝尼家。袁氏世紀曰準字孝尼陳郡陽夏人父渙魏郎中令準忠信居正不恥下問唯恐人不勝己也世事多險故恬退不敢求進著書十萬餘言荀綽兗州記曰準有儁才大始中位給事中宿醉扶起。書札爲之。無所點定。乃寫付使。時人以爲神筆。顧愷之晉文章記曰阮籍勸進落落有宏致至轉說徐而攝之也一本注阮籍勸進文略曰竊聞明公固讓沖等眷眷實懷愚心以爲聖王作制百代同風襃德賞功其來久矣周公藉已成之業據既安之勢光宅曲阜奄有龜蒙明公宜奉聖旨受茲介福也

左太沖作三都賦初成。思別傳曰思字太沖齊國臨淄人父雍起於筆札多所掌練爲殿中御史思蚤喪母雍憐之不甚教其書學及長博覽名文遍閱百家司空張華辟爲祭

酒賢謐舉爲祕書郎謐誅歸鄉里專思著述齊王冏請爲記室參軍不起時爲三都賦未成也後數年疾終其三都賦改定至終乃上初作蜀都賦云金馬電發於高岡碧雞振翼而雲披鬼彈飛丸以礌礉火井騰光以赫曦今無鬼彈故其賦往往不同思爲人無吏幹而有文才又頗以椒房自矜故齊人不重也

時人互有譏訾。思意不愜。後示張公。張華已見張曰。此二京可三。然君文未重於世。宜以經高名之士。思乃詢求於皇甫謐。王隱晉書曰謐字士安安定朝那人漢太尉嵩曾孫也祖叔獻霸陵令父叔侯舉孝廉謐族從皆累世富貴獨守寒素所養叔母歎曰昔孟母以三徙成子曾父以享家存教豈我居不卜鄰何爾魯之甚乎修身篤學自汝得之於我何有因對之流涕謐乃感激年二十餘就鄉里席坦受書遭人之憂少有寧日武帝借其書二車遂博覽太子中庶子議郎徵竝不就終于家謐見之嗟歎。遂爲作敍。於是先相非貳者。莫不斂衽贊述焉。思別傳曰思造張載問岷蜀事交接亦疎皇甫謐西州高士摯仲治宿儒知名非思倫匹劉淵林衛伯輿並蚤終皆不爲思賦序注也凡諸注解皆思自爲欲重其文故假時人名姓也

劉伶著酒德頌。意氣所寄。名士傳曰伶字伯倫沛郡人肆意放蕩以宇宙爲狹常乘鹿車攜一壺酒使人荷鍤隨之云死便掘地以埋土木形骸遨遊一世竹林七賢論曰伶處天地間悠悠蕩蕩無所用心嘗與俗士相忤其人攘袂而起欲必築之伶和其色曰雞肋豈足以當尊拳其人不覺廢然而返未嘗措意文章終其世凡著酒德頌一篇而已其辭曰有大人先生者以天地爲一朝萬期爲須與日月爲扃牖八荒爲庭衢行無轍迹居無室廬幕天席地縱意所如行則操卮執瓢動則挈榼提壺唯酒是務焉知其餘有貴介公子縉紳處士聞吾風聲議其所以乃奮袂攘襟怒目切齒陳說禮法是非鋒起先生於是方捧甖承槽銜杯漱醪奮髯箕踞枕麴藉糟無思無慮其樂陶陶兀然而醉慌爾而醒靜聽不聞雷霆之聲熟視不見大山之形不覺寒暑之切肌利欲之感情俯觀萬物之擾擾如江漢之載浮萍二豪侍側焉如蜾蠃之與螟蛉

樂令善於清言。而不長於手筆。將讓河南尹。請潘岳爲表。晉陽秋曰岳字安仁滎陽人夙以才穎發名善屬文清綺絕世蔡邕未能過也仕至黃門侍郎爲孫秀所害潘云。可作耳。要當得君意。樂爲述已所以爲讓。標位二百許語。潘直取錯綜。便成名筆。時人咸云。若樂不假潘之文。潘不取樂之旨。則無以成斯矣。

夏侯湛作周詩成。文士傳曰湛字孝若譙國人魏征西將軍夏侯淵曾孫也有盛才文章巧思善補雅詞名亞潘岳歷中書侍郎湛集載其敍曰周詩者南陔白華華黍由庚崇邱由儀六

篇有其義而亡其辭潘綴其亡故云周詩也示潘安仁。安仁曰。此非徒溫雅。乃別見孝悌之性。其詩曰既殷斯虔仰說洪恩夕定辰省奉朝侍昏宵中告退雞鳴在門孳孳恭誨夙夜是敦潘因此遂作家風詩。岳家風詩載其宗祖之德及自戒也

孫子荊除婦服。作詩以示王武子。孫楚集云婦胡母氏也其詩曰時邁不停日月電流神爽登遐忽已一周禮制有敘告除靈丘臨祠感痛中心若抽王曰。未知文生於情。情生於文。覽之悽然。增伉儷之重。

太叔廣甚辯給。而摯仲治長於翰墨。俱為列卿。每至公坐。廣談。仲治不能對。退著筆難廣。廣又不能答。王隱晉書曰太叔廣字季思東平人拜成都王為太弟欲使詣洛廣子孫多在洛慮害乃自殺摯虞字仲治京兆長安人祖茂秀才父模太僕卿虞少好學師事皇甫謐善校練文義多所著述歷祕書監太常卿從惠帝至長安遂流離鄠杜閑性好博古而文籍蕩盡永嘉五年洛中大饑遂餓而死虞與廣名位略同廣長口才虞長筆才俱少政事衆坐廣談虞不能對虞退筆難廣廣不能答於是更相嗤笑紛然於世廣無可記虞多所錄於斯為勝也

江左殷太常父子。並能言理。亦有辯訥之異。揚州口談至劇。太常輒云。汝更思吾論。中興書曰殷融字洪遠陳郡人桓彝有人倫鑒見融甚歎美之著象不盡意大賢須易論理義精微談者稱焉兄子浩亦能清言每與浩談有時而屈退而著論融更居長為司徒左西屬飲酒善舞終日嘯詠未嘗以世務自嬰累遷吏部尚書太常卿卒

庾子嵩作意賦成。晉陽秋曰敳永嘉中為石勒所害先是敳見王室多難知終嬰其禍乃作意賦以寄懷從子文康見問曰。若有意邪。非賦之所盡。若無意邪。復何所賦。答曰。正在有意無意之間。

郭景純詩云。林無靜樹。川無停流。王隱晉書曰郭璞字景純河東聞喜人父瑗建平太守璞別傳曰璞奇博多通文藻粲麗才學賞豫足參上流其詩賦誄頌並傳於世而訥於言造次詠語常人無異又不持儀檢形質頹索縱情嫚惰時有醉飽之失友人干令升戒之曰此伐性之斧也璞曰吾所受有分恆恐用之不盡豈酒色之能害王敦取為參軍敦縱兵都輦乃咨以大事璞極言成敗不為回屈敦忌而害之詩璞幽思篇者阮孚云。阮孚別見泓崢蕭瑟。實不可言。每讀此文。輒覺神超形

越。

庾闡始作揚都賦。道溫庾云。溫挺義之標。庾作民之望。方響則金聲。比德則玉亮。庾公聞賦成。求看。兼贈貺之。闡更改望爲儁。以亮爲潤云。中興書曰闡字仲初潁川人太尉亮之族也少孤九歲便能屬文遷散騎侍郎領大著作爲揚都賦遂絕當時五十四卒

孫興公作庾公誄。袁羊曰。見此張緩。于時以爲名賞。袁氏家傳曰喬有文才

庾仲初作揚都賦成。以呈庾亮。亮以親族之懷。大爲其名價云。可三二京。四三都。於此人人競寫。都下紙爲之貴。謝太傅云。不得爾。此是屋下架屋耳。事事擬學。而不免儉狹。王隱論揚雄太玄經曰玄經雖妙非益也是以古人謂其屋下架屋

習鑿齒史才不常。宣武甚器之。未三十。便用爲荆州治中。鑿齒謝牋亦云。不遇明公。荆州老從事耳。後至都見簡文。返命。宣武問見相王何如。答云。一生不曾見此人。從此忤旨。出爲衡陽郡。性理遂錯。於病中猶作漢晉春秋。品評卓逸。續晉陽秋曰鑿齒少而博學才情秀逸溫甚奇之自州從事歲中三轉至治中後以忤旨左遷戶曹參軍衡陽太守在郡著漢晉春秋斥溫覬覦之心也鑿齒集載其論略曰靜漢末累世之交爭廓九域之蒙晦大定千載之盛功者皆司馬氏也若以魏有代王之德則不足有靜亂之功則孫劉鼎立共王秦政猶不見敘於帝王況暫制數州之衆哉且漢有係周之業則晉無所承魏之迹矣春秋之時吳楚稱王若推有德彼必自係於周不推吳楚也況長轡廟堂吳蜀兩定天下之功也

孫興公云。三都二京。五經鼓吹。言此五賦是經典之羽翼

謝太傅問主簿陸退。陸氏譜曰退字黎民吳郡人高祖凱吳丞相祖仰吏部郎父伊州主簿退仕至光祿大夫張憑何以作母誄而不

作父誄。退答曰。故當是丈夫之德。表於事行。婦人之美。非誄不顯。陸氏譜曰退憑壻也

王敬仁年十三。作賢人論。長史送示眞長。眞長答云。見敬仁所作論。便足參微言。修集載其論曰或問易稱賢人黃裳元吉苟未能闇與理會何得不求通求通則有損有損則元吉之稱將虛設乎答曰賢人誠未能闇與理會當居然人從比之理盡猶一豪之領一梁一豪之領一梁雖於理有損不足以撓梁賢有情之至寡豪有形之至小豪不至撓梁於賢人何有損之者哉

孫興公云。潘文爛若披錦。無處不善。續文章志曰岳爲文選言簡章淸綺絕倫陸文若排沙簡金。往往見寶。文章傳曰機善屬文司空張華見其文章篇篇稱善猶譏其作文大治謂曰人之作文患於不才至子爲文乃患太多也

簡文稱許掾云。玄度五言詩。可謂妙絕時人。續晉陽秋曰詢有才藻善屬文自司馬相如王褒揚雄諸賢世尙賦頌皆體則詩騷傍綜百家之言及至建安而詩章大盛逮乎西朝之末潘陸之徒雖時有質文而宗歸不異也正始中王弼何晏好莊老玄勝之談而世遂貴焉至過江佛理尤盛故郭璞五言始會合道家之言而韻之詢及太原孫綽轉相祖尙又加以三世之辭而詩騷之體盡矣詢綽並爲一時文宗自此作者悉體之至義熙中謝混始改

孫興公作天台賦成。以示范榮期。中興書曰范啓字榮期愼陽人父堅護軍啓以才義顯於世仕至黃門郎云。卿試擲地。要作金石聲。范曰。恐子之金石。非宮商中聲。然每至佳句。赤城霞起而建標瀑布飛流而界道此賦之佳處輒云。應是我輩語。

桓公見謝安石作簡文謚議。看竟。擲與坐上諸客曰。此是安石碎金。劉謙之晉紀載安議曰謹按謚法一德不懈曰簡道德博聞曰文易簡而天下之理得觀乎人文化成天下儀之景行猶有彷彿宜尊號曰太宗謚曰簡文

袁虎少貧。虎袁宏小字也嘗爲人傭載運租。謝鎭西經船行。其夜淸風朗月。聞江渚閒估客船上有詠詩聲。甚有情致。所誦五言。又其所未嘗聞。歎美不能已。

卽遣委曲訊問。乃是袁自詠其所作詠史詩。因此相要。大相賞得。續晉陽秋曰虎少有逸才文章絕麗曾爲詠史詩是其風情所寄少孤而貧以運租爲業鎭西謝尙時鎭牛渚乘秋佳風月率爾與左右微服泛江會虎在運租船中諷詠聲旣淸會辭文藻拔非尙所曾聞遂住聽之乃遣問訊答曰是袁臨汝郎誦詩卽其詠史之作也尙佳其率有勝致卽遣要迎談話申旦自此名譽日茂

孫興公云。潘文淺而淨。陸文深而蕪。

裴郎作語林。始出。大爲遠近所傳。時流年少。無不傳寫。各有一通。載王東亭作經王公酒壚下賦。甚有才情。裴氏家傳曰裴榮字榮期河東人父穉豐城令榮期少有風姿才氣好論古今人物撰語林數卷號曰裴子檀道鸞謂裴松之以爲啓作語林榮儻別名啓乎

謝萬作八賢論。與孫興公往反。小有利鈍。中興書曰萬善屬文能談論萬集載其敍四隱四顯爲八賢之論謂漁父屈原季主賈誼楚老龔勝孫登嵇康也其旨以處者爲優出者爲劣孫綽難之以謂體玄識遠者出處同歸文多不載　謝後出以示顧君齊。顧氏譜曰夷字君齊吳郡人祖廞孝廉父霸少府卿夷辟州主簿不就　顧曰。我亦作。知卿當無所名。

桓宣武命袁彥伯作北征賦。續晉陽秋曰宏從溫征鮮卑故作北征賦宏文之高者　旣成。公與時賢共看。咸嗟歎之。時王珣在坐云。恨少一句。得寫字足韻當佳。袁卽於坐攬筆益云。感不絕於余心。泝流風而獨寫。公謂王曰。當今不得不以此事推袁。宏集載其賦云聞所聞於相傳云獲麟於此野誕靈物以瑞德奚授體於虞者悲尼父之慟泣似實慟而非假豈一物之足傷實致傷於天下感不絕於余心遡流風而獨寫晉陽秋曰宏嘗與王珣伏滔同侍溫坐溫令滔讀其賦至致傷於天下於此改韻云此韻所詠慨深千載今於天下之後便移韻於寫送之致如爲未盡滔乃云得益寫一句或當小勝桓公語宏卿試思益之宏應聲而益王伏稱善

孫興公道曹輔佐才如白地明光錦。中興書曰曹毗字輔佐譙國人魏大司馬休曾孫也好文籍能屬詞累遷太學博士尙書郎光祿勳　裁

爲負版絝。論語曰孔子式負版者鄭氏注曰版謂邦國籍也負之者賤隸人也非無文采。酷無裁製。

袁彥伯作名士傳成。宏以夏侯太初何平叔王輔嗣爲正始名士阮嗣宗嵇叔夜山巨源向子期劉伯倫阮仲容王濬沖爲竹林名士裴叔則樂彥輔王夷甫庾子嵩王安期阮千里衞叔寶謝幼輿爲中朝名士見謝公。公笑曰。我嘗與諸人道江北事。特作狡獪耳。彥伯遂以箸書。

王東亭到桓公吏。既伏閣下。桓令人竊取其白事。東亭卽於閣下更作。無復向一字。續晉陽秋曰珣學涉通敏文高當世

桓宣武北征。溫別傳曰溫以太和四年上疏自征鮮卑袁虎時從。被責免官。會須露布文。喚袁倚馬前令作。手不輟筆。俄得七紙。殊可觀。東亭在側。極歎其才。袁虎云。當令齒舌閒得利。

袁宏始作東征賦。都不道陶公。胡奴誘之狹室中。臨以白刃曰。胡奴陶範別見先公勳業如是。君作東征賦。云何相忽略。宏窘蹙無計。便答。我大道公。何以云無。因誦曰。精金百鍊。在割能斷。功則治人。職思靖亂。長沙之勳。爲史所讚。續晉陽秋曰宏爲大司馬記室參軍後爲東征賦悉稱過江諸名望時桓溫在南州宏語衆云我決不及桓宣城時伏滔在溫府與宏善苦諫之宏笑而不答滔密以啓溫溫甚忿以宏一時文宗又聞此賦有聲不欲令人顯問之後遊青山飲酌既歸公命宏同載衆爲危懼行數里問宏曰聞君作東征賦多稱先賢何故不及家君宏答曰尊公稱謂自非下官所敢專故未呈啓不敢顯之耳溫乃云君欲爲何辭宏卽答云風鑒散朗或搜或引身雖可亡道不可隕則宣城之節信爲允也溫泫然而止二說不同故詳載焉

或問顧長康。君箏賦何如嵇康琴賦。顧曰。不賞者作後出相遺。深識者亦

以高奇見貴。中興書曰愷之博學有才氣爲人遲鈍而自矜尚爲時所笑宋明帝文章志曰桓溫云顧長康體中癡黠各半合而論之正平平耳世云有三絕畫絕文絕癡絕續晉陽秋曰愷之矜伐過實諸年少因相稱譽以爲戲弄爲散騎常侍與謝瞻連省夜於月下長詠自云得先賢風制瞻每遙贊之愷之得此彌自力忘倦瞻將眠語搥腳人令代愷之不覺有異遂幾申旦而後止

殷仲文天才宏贍。續晉陽秋曰仲文雅有才藻著文數十篇 而讀書不甚廣博。亮歎曰。亮別見 若使殷仲文讀書半袁豹。邱淵之文章敘曰豹字士蔚陳郡人祖耽歷陽太守父質瑯邪內史豹隆安中著作佐郎累遷太尉長史丹陽尹義熙九年卒 才不減班固。續漢書曰固字孟堅右扶風人幼有儁才學無常師善屬文經傳無不究覽

羊孚作雪贊云。資清以化。乘氣以霏。遇象能鮮。即潔成輝。桓胤遂以書扇。中興書曰胤字茂祖譙國人祖沖太尉父嗣江州刺史胤少有清操以恬退見稱仕至中書令玄敗徙安成郡後見誅

王孝伯在京行散。至其弟王睹戶前。睹王爽小字也中興書曰爽字季明恭第四弟也仕至侍中恭事敗贈太常 問古詩中何句爲最。睹思未答。孝伯詠所遇無故物焉得不速老。此句爲佳。

桓玄嘗登江陵城南樓云。我今欲爲王孝伯作誄。因吟嘯良久。隨而下筆。一坐之閒。誄以之成。晉安帝紀曰玄文翰之美高於一世玄集載其誄敘曰隆安二年九月十七日前將軍青兗二州刺史太原王孝伯薨川岳降神哲人是育既爽其靈不貽其福天道茫昧孰測倚伏犬馬反噬豺狼翹陸嶺摧高梧林殘故竹人之云亡邦國喪牧于以誄之爰旌芳郁文多不盡載

桓玄初并西夏。領荊江二州二府一國。玄別傳曰玄既克殷仲堪後楊佺期遣使諷朝廷朝廷以玄都督八州領江州荊州二刺史 于時始雪。五處俱賀。五版並入。玄在聽事上。版至即答版後。皆粲然成章。不相揉雜。

桓玄下都。羊孚時爲兗州別駕。從京來詣門牋云。自頃世故睽離。心事淪

蘊。明公啓晨光於積晦，澄百流以一源。桓見牋，馳喚前云：子道，子道，來何遲。卽用爲記室參軍。孟昶別見爲劉牢之主簿，續晉陽秋曰：牢之字道堅，彭城人。世以將顯。父遁，征虜將軍。牢之沈毅多計數，爲謝玄參軍。符堅之役，以驍猛成功。及平王恭，轉徐州刺史。桓玄下都，以牢之爲前鋒，行征西將軍。玄至，歸降，用爲會稽內史。欲解其兵，奔而縊死。詣門謝見，云：牢侯，牢侯。百口賴卿。

世說新語卷三

方正第五

陳太丘與友期行。期日中。過中不至。太丘舍去。去後乃至。元方時年七歲。門外戲。陳寔及紀並已見。客問元方。尊君在不。答曰。待君久不至。已去。友人便怒曰。非人哉。與人期行。相委而去。元方曰。君與家君期日中。日中不至。則是無信。對子罵父。則是無禮。友人慚。下車引之。元方入門不顧。

南陽宗世林。魏武同時。而甚薄其爲人。不與之交。及魏武作司空。總朝政。從容問宗曰。可以交未。答曰。松柏之志猶存。世林既以忤旨見疎。位不配德。文帝兄弟每造其門。皆獨拜牀下。其見禮如此。楚國先賢傳曰。宗承字世林。南陽安衆人。父資有美譽。承少而脩德雅正确然不羣徵聘不就聞德而至者如林魏武弱冠屢造其門值賓客猥積不能得言乃伺承起往要之捉手請交承拒而不納帝後爲司空輔漢朝乃謂承曰卿昔不顧吾今可爲交未承曰松柏之志猶存帝不說以其名賢猶敬禮之勑文帝脩子弟禮就家拜漢中太守武帝平冀州從至鄴陳羣等皆爲之拜帝猶以舊情介意薄其位而優其禮就家訪以朝政居賓客之右文帝徵爲直諫大夫明帝欲引以爲相以老固辭

魏文帝受禪。陳羣有慼容。帝問曰。朕應天受命。卿何以不樂。羣曰。臣與華歆服膺先朝。今雖欣聖化。猶義形於色。華嶠譜敘曰。魏受禪朝臣三公以下並受爵位華歆以形色忤時徙爲司空不進爵文帝久不懌以問尚書令陳羣曰我應天受命百辟莫不說喜形於聲色而相國及公獨有不怡者何邪羣起離席長跪曰臣與相國曾事漢朝心雖說喜義形於色亦懼陛下實應見憎帝大說歎息良久遂重異之

郭淮作關中都督。甚得民情。亦屢有戰庸。郭淮字伯濟太原陽曲人建安中除平原府丞黃初元年奉使賀文帝踐阼而稽留不及羣臣

歎會帝正色責之曰昔禹會諸侯於塗山防風氏後至便行大戮今溥天同慶而卿最留遲何也淮曰臣聞五帝先教導民以德夏后政衰始用刑辟今臣遭唐虞之世是以知免防風氏之誅帝說之擢爲雍州刺史遷征西將軍淮在關中三十餘年功績顯著遷儀同三司贈大將軍

淮妻太尉王淩之妹。坐淩事。當幷誅。魏略曰淩字彥雲太原祁人歷司空太尉征東將軍密欲立楚王彪司馬宣王自討之淩自縛歸罪遙謂太傅曰卿直以折簡召我我當不至邪太傅曰以卿非肯逐折簡者也遂使人送至西淩自知罪重試索棺釘以觀太傅意太傅給之淩行至項城夜呼掾屬與訣曰行年八十身名俱滅命邪遂自殺使者徵攝甚急。淮使戒裝。克日當發。州府文武及百姓勸淮舉兵。淮不許。至期遣妻。百姓號泣追呼者數萬人。行數十里。淮乃命左右追夫人還。於是文武奔馳。如徇身首之急。既至。淮與宣帝書曰。五子哀戀思念其母。其母既亡。則無五子。五子若殞。亦復無淮。宣帝乃表特原淮妻。世語曰淮妻當從坐侍御史往收督將及羌胡渠帥數千人叩頭請淮上表留妻淮不從妻上道莫不流涕人人扼腕欲劫留之淮五子叩頭流血請淮淮不忍視乃命追之於是數千騎往追還淮以書白司馬宣王曰五子哀母不惜其身若無其母是無五子五子若亡亦無淮也今輒追還若於法未通當受罪於主者書至宣王乃表原之

諸葛亮之次渭濱。關中震動。蜀志曰亮字孔明琅邪陽都人客于荆州躬耕隴畝好爲梁甫吟長八尺每自比管仲樂毅時人莫之許也唯博陵崔州平潁川徐元直謂爲信然先主屯新野徐庶見先主曰諸葛孔明臥龍也將軍豈願見之乎先主曰君與俱來庶曰此人可就見不可屈致也先主遂詣亮謂關羽張飛曰孤之有孔明猶魚之有水也累遷丞相益州牧率衆北征卒於渭南魏明帝深懼晉宣王戰。乃遣辛毗爲軍司馬。魏志曰毗字佐治潁川陽翟人累遷衞尉宣王既與亮對渭而陳。亮設誘譎萬方。宣王果大忿。將欲應之以重兵。亮遣閒諜覘之。還曰。有一老夫。毅然仗黃鉞。當軍門立。軍不得出。亮曰。此必辛佐治也。晉陽秋曰諸葛亮寇于郿據渭水南原詔使高祖拒之亮善撫御又戎政嚴明且僑軍遠征糧運艱澀利在野戰朝廷每聞其出欲以不戰屈之高祖亦以爲然而擁大軍禦侮於外不宜遠露怯弱之形以虧大勢故秣馬坐甲每見吞幷之威亮雖挑戰或遺高祖巾幗巾幗婦女之飾欲以激怒冀獲曹咎之利朝廷慮高祖不勝忿憤而衞尉辛毗骨鯁之臣帝乃使毗仗節爲高祖軍司馬亮果復挑戰高祖乃奮怒將出應之毗仗節中門而立高祖乃止將士聞見者

益加勇銳識者以人臣雖擁衆千萬而屈於王人大略傑長皆如此之類也

夏侯玄既被桎梏。魏氏春秋曰玄字太初譙國人夏侯尙之子大將軍前妻兄也風格高朗弘辯博暢正始中護軍曹爽誅徵爲太常內知不免不交人事不畜筆研及太傅薨許允謂玄日子無復憂矣玄歎曰士宗卿何不見事乎此人猶能以通家年少遇我子元子上不吾容也後中書令李豐惡大將軍執政遂謀以玄代之大將軍聞其謀誅豐收玄送廷尉干寶晉紀曰初豐之謀也使告玄玄答曰宜詳之爾不以聞之故及於難時鍾毓爲廷尉。鍾會先不與玄相知。因便狎之。玄曰。雖復刑餘之人。未敢聞命。世語曰玄至廷尉不肯下辭廷尉鍾毓自臨履玄玄正色曰吾當何辭爲令史責人邪卿便爲吾作辭毓以玄名士節高不可屈而獄當竟夜爲作辭令與事相附流涕以示玄玄視之曰不當若是邪鍾會年少於玄玄不與交是日於毓坐狎玄玄正色曰鍾君何得如是名士傳曰初玄以鍾毓志趣不同不與之交玄被收時毓爲廷尉執玄手曰太初何至於此玄正色曰雖復刑餘之人不可得交按郭頒西晉人時世相近爲晉魏世語事多詳覈孫盛之徒皆采以著書並云玄距鍾會而袁宏名士傳最後出不依前史以爲鍾毓可謂謬矣考掠初無一言。臨刑東市。顏色不異。魏志曰玄格量弘濟臨斬顏色不異舉止自若

夏侯泰初與廣陵陳本善。本與玄在本母前宴飲。世語曰本字休元臨淮東陽人魏志日本廣陵東陽人父矯司徒本歷郡守廷尉所在操綱領舉大體能使羣下自盡有率御之才不親小事不讀法律而得廷尉之稱遷鎮北將軍本弟騫晉陽秋曰騫字休淵司徒第二子無謇諤風滑稽而多智謀仕至大司馬行還徑入至堂戶。泰初因起曰。可得同。不可得而雜。名士傳曰玄以鄉黨貴齒本不論德位年長者必爲拜與陳本母前飲騫來而出其可得同不可得而雜者也

高貴鄉公薨。內外諠譁。魏志曰高貴鄉公韓髦字彥士文帝孫東海定王霖之子也初封郯縣高貴鄉公好學夙成齊王廢羣臣迎之卽皇帝位漢晉春秋曰自曹芳事後魏人省徹宿衛無復鎧甲諸門戎兵老弱而已曹髦見威權日去不勝其忿召侍中王沈尙書王經散騎常侍王業謂曰司馬昭之心路人所知也吾不能坐受廢辱今日當與卿自出討之王經諫不聽乃出懷中板令投地曰行之決矣正使死何所恨況不必死邪於是入白太后沈業奔走告昭昭爲之備髦遂率僮僕數百鼓譟而出昭弟屯騎校尉伷入遇髦於東止車門左右訶之伷衆奔走中護軍賈充又逆髦戰於南闕下髦自用劍衆欲退太子舍人成濟問充曰事急矣當云何充曰公畜汝等正爲今日今日之事無所問也濟卽前刺髦刃出於背魏氏春秋曰帝將誅大將軍詔有司復進位相國加九錫帝夜自將冗從僕射李昭黃門從官焦伯等下陵雲臺鎧仗授兵

欲因際會遣使自出致討會雨而卻明日遂見王經等出黃素詔於懷曰是可忍也孰不可忍今當決行此事帝遂拔劍升輦率殿中宿衛倉頭官僮擊戰鼓出雲龍門賈充自外而入帝師潰散帝猶稱天子手劍奮擊衆莫敢逼充率厲將士騎督成倅弟濟以矛進帝崩于師時暴雨雷電晦冥

司馬文王問侍中陳泰曰。何以靜之。魏志曰泰字玄伯司空羣之子也泰云。唯殺賈充以謝天下。文王曰。可復下此不。對曰。但見其上。未見其下。干寶晉紀曰高貴鄉公之殺司馬文王召朝臣謀其故太常陳泰不至使其舅荀顗召之告以可不泰曰世之論者以泰方於舅今舅不如泰也子弟內外咸共逼之垂涕而入文王待之曲室謂曰玄伯卿何以處我對曰可誅賈充以謝天下文王曰為吾更思其次泰曰唯有進於此不知其次文王乃止漢晉春秋曰曹髦之薨司馬昭聞之自投於地曰天下謂我何於是召百官議其事昭垂涕問陳泰曰何以居我泰曰公光輔數世功蓋天下謂當並迹古人垂美於後一旦有殺君之事不亦惜乎速斬賈充猶可以自明也昭曰公閭不可得殺也卿更思餘計泰厲聲曰意唯有進於此耳餘無足委者也歸而自殺魏氏春秋曰泰勸大將軍誅賈充大將軍曰卿更思其他泰曰豈可使泰復發後言遂嘔血死

和嶠為武帝所親重。語嶠曰。東宮頃似更成進。卿試往看。還問何如。答云。皇太子聖質如初。晉諸公贊曰嶠字長輿汝南西平人父逌太常知名嶠少以雅量稱深為賈充所知每向世祖稱之歷尚書太子少傅干寶晉紀曰皇太子有臨古之風矣於信受侍中和嶠數言如上曰季世多偽而太子尚信非四海之主憂太子不了陛下家事願追思文武之祚上既重長適又懷齊王朋黨之論弗入也後上謂嶠曰太子近入朝吾謂差進卿可與荀侍中共往言及顗奉詔還對上曰太子明識弘新有如明詔問嶠嶠對曰聖質如初上默然晉陽秋曰世祖疑惠帝不可承繼大業遣和嶠荀勗往觀察之既見勗稱歎曰太子德更進茂不同於故嶠曰皇太子聖質如初此陛下家事非臣所盡天下聞之莫不稱嶠為忠而欲灰滅勗也按荀顗清雅性不阿諛校之二說則孫盛為得也

諸葛靚後入晉。除大司馬。召不起。以與晉室有讎。常背洛水而坐。與武帝有舊。帝欲見之而無由。乃請諸葛妃呼靚。既來。帝就太妃閒相見。禮畢。酒酣。帝曰。卿故復憶竹馬之好不。靚曰。臣不能吞炭漆身。今日復覩聖顏。因涕泗百行。帝於是慚悔而出。晉諸公贊曰吳亡靚入洛以父誕為太祖所殺誓不見世祖世祖叔母琅邪王妃靚之姊也帝後因靚在姊閒往就見焉靚逃於廁中於是以至孝發名時嵇康亦被法而康子紹死蕩陰之役談者咸曰觀紹靚二人然後知忠孝之道區以別矣

武帝語和嶠曰。我欲先痛罵王武子。然後爵之。嶠曰。武子儁爽。恐不可屈。帝遂召武子苦責之。因曰。知愧不。晉諸公贊曰齊王當出藩而王濟諫請無數又累遣常山王與婦長廣公主共入稽顙陳乞留之世祖甚恚謂王戎曰我兄弟至親今出齊王自朕家計而甄德王濟連遣婦入來生哭人邪濟等尚爾況餘者乎濟自此被責左遷國子祭酒 武子曰。尺布斗粟之謠。常爲陛下耻之。漢書曰淮南厲王長高祖少子也有罪文帝徙之於蜀不食而死民作歌曰一尺布尚可縫一斗粟尚可舂兄弟二人不能相容瓚注曰言一尺布帛可縫而共衣一斗米粟可舂而共食況以天下之廣而不相容也 它人能令疏親。臣不能使親疏。以此愧陛下。

杜預之荆州。頓七里橋。朝士悉祖。王隱晉書曰預字元凱京兆人漢御史大夫延年十一世孫祖畿魏太保父恕幽州荆州刺史預智謀淵博明於治亂常稱立德者非所企及立功立言所庶幾也累遷河南尹爲鎮南將軍都督荆州諸軍事鎮襄陽以平吳勳封當陽侯預無伎藝之能身不跨馬射不穿札而每有大事輒在將帥之限贈征南將軍儀同三司 預少賤。好豪俠。不爲物所許。楊濟既名氏雄俊。不堪。不坐而去。八王故事曰濟字文通弘農人楊駿弟也有才識累遷太子太保與駿同誅 須臾和長輿來。問楊右衛何在。客曰。向來。不坐而去。長輿曰。必大夏門下盤馬。往大夏門。果大閱騎。長輿抱內車共載。歸坐如初。

杜預拜鎮南將軍。朝士悉至。皆在連榻坐。語林曰中朝方鎮還不與元凱共坐預征吳還獨榻不與賓客共也 時亦有裴叔則。羊穉舒後至。曰。杜元凱乃復連榻坐客。不坐便去。晉諸公贊曰羊琇字穉舒泰山人通濟有才幹與世祖同年相善謂世祖曰後富貴時見用作領護軍各十年世祖即位累遷左將軍特進 杜請裴追之。羊去數里住馬。既而俱還杜許。

晉武帝時。荀勗爲中書監。虞預晉書曰勗字公會潁川潁陰人漢司空爽曾孫也十餘歲能屬文外祖鍾繇曰此兒當及其曾祖爲安陽令民生爲立祠累遷侍中中書監 和嶠爲令。故事。監令由來共車。嶠性雅正。常疾勗諂諛。王隱晉書曰勗性佞媚譽太子出齊王當時私議損國害民孫劉之匹也後世若有良史當著佞倖傳後公車來。嶠便登正向前坐。不復容勗。勗方更覓車。然後得去。監令各給車自此始。曹嘉之晉紀曰中書監令常同車入朝至和嶠爲令而荀勗爲監嶠意強抗專車而坐乃使監令異車自此始也

山公大兒著短帢車中倚。武帝欲見之。山公不敢辭。問兒。兒不肯行。時論乃云勝山公。晉諸公贊曰山該字伯倫司徒濤長子也雄有器識仕至左衞將軍

向雄爲河內主簿。有公事不及雄。而太守劉淮橫怒。遂與杖遣之。雄後爲黃門郎。劉爲侍中。初不交言。武帝聞之。敕雄復君臣之好。雄不得已。詣劉再拜曰。向受詔而來。而君臣之義絕。何如。於是卽去。武帝聞尙不和。乃怒問雄曰。我令卿復君臣之好。何以猶絕。漢晉春秋曰雄字茂伯河內人世語曰雄有節槩仕至黃門郎護軍將軍按王隱孫盛不與故君相聞識曰昔在晉初河內溫縣領校向雄送御犢牛不充呈郡輒隨比送絡值天大熱郡送牛多暍死臺法甚重太守吳奮召雄與杖雄不受杖曰郡牛者亦死也呈牛者亦死也奮大怒下雄獄將入治之會司隸辟雄都官從事數年爲黃門侍郎奮爲侍中同省相避不相見武帝聞之給雄酒禮使詣奮解雄乃奉詔此則非劉淮也晉諸公贊曰淮字君平沛國杼秋人少以淸正稱累遷河內太守侍中尙書僕射司徒雄曰。古之君子。進人以禮。退人以禮。今之君子。進人若將加諸厀。退人若將墜諸淵。臣於劉河內不爲戎首。亦已幸甚。安復爲君臣之好。武帝從之。禮記曰穆公問於子思曰爲舊君反服古邪子思曰古之君子進人以禮退人以禮故有舊君反服之禮今之君子進人若將加諸厀退人若將墜諸淵無爲戎首不亦善乎又何反服之有鄭玄曰爲兵主來攻伐故曰戎首也

齊王冏爲大司馬輔政。虞預晉書曰冏字景治齊王攸子也少聰惠及長謙約好施趙王倫簒位冏起義兵誅倫拜大司馬加九錫政皆決之而恣用羣小不復朝覲遂爲長沙王所誅嵇紹爲侍中。詣冏咨事。冏設宰會。召葛旟、齊王官屬名曰旟字虛旟齊王從事中郎晉陽秋曰齊王起義轉長史旣克趙王倫與董艾等專執威權冏敗見誅董艾等八王故事曰艾字叔智弘農人祖遇魏侍中父綏祕書監艾少好功名不脩士檢齊王起義艾爲新汲令赴軍用艾領右將軍王敗見誅共論時宜。

旟等白冏嵇侍中善於絲竹。公可令操之。遂送樂器。紹推卻不受。冏曰。今日共爲歡。卿何卻邪。紹曰。公協輔皇室。令作事可法。紹雖官卑。職備常伯。操絲比竹。蓋樂官之事。不可以先王法服。爲伶人之業。今逼高命。不敢苟辭。當釋冠冕。襲私服。此紹之心也。旟等不自得而退。

盧志於衆坐世語曰志字子道范陽人尚書珽少子少知名起家鄴令歷成都王長史衛尉卿尚書郎問陸士衡。陸遜陸抗。是君何物。抗已見吳書曰遜字伯言吳郡人世爲冠族初領海昌令號神君累遷丞相答曰。如卿於盧毓盧珽。魏志曰毓字子家涿人父植有名於世累遷吏部郎尚書選舉先性行而後言才進司空珽咸熙中爲泰山太守字子笈位至尚書士龍失色。雲別見既出戶。謂兄曰。何至如此。彼容不相知也。士衡正色曰。我父祖名播海內。寧有不知。鬼子敢爾。孔氏志怪曰盧充者范陽人家西三十里有崔少府墓充先冬至一日出家西獵見一麞舉弓而射卽中之麞倒而復起充逐之不覺遠忽見一里門如府舍門中一鈴下有唱家前充問此何府也答曰少府府也充曰我衣惡那得見貴人卽有人提襆新衣迎之充著盡可體便進見少府展姓名酒炙數行崔曰近得尊府君書爲君索小女婚故相延耳卽舉書示充充父亡時雖小然已見父手迹便歔欷無辭崔卽敕內令女郎莊嚴使充就東廊充至婦已下車立席頭共拜爲三日畢還見崔崔曰君可歸矣女有娠相生男當以相還生女當留自養敕外嚴車送客崔送至門執手零涕離別之感無異生人復致衣一襲被褥一副充便上車去如電逝須臾至家家人相見悲喜推問知崔是亡人而入其墓追以懊惋居四年三月三日臨水戲忽見一犢車乍浮乍沒既上岸充往開車後戶見崔氏女與三歲男兒共載充見之忻然欲捉其手女舉手指後車曰府君見人卽見少府充往問訊女抱兒還充又與金盌別并贈詩曰煌煌靈芝質光麗何猗猗華豔當時顯嘉異表神奇含英未及秀中夏罹霜萎榮曜長幽滅世路永無施不悟陰陽運哲人忽來儀會淺離別速皆由靈與祇何以贈余親金盌可顧兒愛恩從此別斷絕傷肝脾充取兒盌及詩忽不見二車處將兒還四坐謂是鬼魅僉遙唾之形如故問兒誰是汝父兒逕就充懷衆初怪惡傳省其詩慨然歎死生之玄通也充詣市賣盌高舉其價不欲速售冀有識者欻有一老婢問充得盌之由還報其大家卽女姨也遣視之果是謂充曰我姨姊崔少府女未嫁而亡家親痛之贈一金盌著棺中今視卿盌甚似得盌本末可得聞不充以事對卽詣充家迎兒兒有崔氏狀又似充貌姨曰我舅甥三月末閒產父曰春煖溫也願休強也卽字溫休溫休蓋幽婚也其兆先彰矣兒遂成爲令器歷數郡二千石皆著績其後生植爲漢尚書植子毓爲魏司空冠蓋相承至今也譏者疑二陸優劣。謝公以此定之。

羊忱性甚貞烈。趙王倫爲相國。忱爲太傅長史。乃版以參相國。軍事使者卒至。忱深懼豫禍。不暇被馬。於是帖騎而避。使者追之。忱善射。矢左右發。使者不敢進。遂得免。文字志曰忱字長和一名陶泰山平陽人世爲冠族父繇車騎掾忱歷太傅長史揚州刺史還侍中永嘉五年遭亂被害年五十餘

王太尉不與庾子嵩交。王夷甫庾敳 庾卿之不置。王曰。君不得爲爾。庾曰。卿自君我。我自卿卿。我自用我法。卿自用卿法。

阮宣子伐社樹。阮脩已見春秋傳曰共工氏有子曰勾龍爲后土后土爲社風俗通曰孝經稱社者土也廣博不可備敬故封土以爲社而祀之報功也然則社自祀勾龍非土之祭也 有人止之。宣子曰。社而爲樹。伐樹則社亡。樹而爲社。伐樹則社移矣。

阮宣子論鬼神有無者。或以人死有鬼。宣子獨以爲無。曰。今見鬼者。云箸生時衣服。若人死有鬼。衣服復有鬼耶。論衡曰世謂人死爲鬼非也人死不爲鬼無知不能害人如審鬼者死人精神人見之宜從裸袒之形無爲見衣帶被服也何則衣無精神也由此言之見衣服象人則形體亦象人象人知非死人之精神也凡天地之間有鬼非人死之精神也

元皇帝既登阼。以鄭后之寵。欲舍明帝而立簡文。時議者咸謂舍長立少。既於理非倫。且明帝以聰亮英斷。益宜爲儲副。周王諸公並苦爭懇切。中興書曰鄭太后字阿春滎陽人少孤先嫁田氏夫亡依舅吳氏時中宗敬后虞氏先崩將納吳氏后與吳氏女遊後園有言之於中宗者納爲夫人甚寵生簡文帝即位尊之曰文宣太后 惟刁玄亮獨欲奉少主以阿帝旨。元帝便欲施行。慮諸公不奉詔。於是先喚周侯丞相入。然後欲出詔付刁。刁協 周王既入。始至階頭。帝逆遣傳詔遏使就東廂。周侯未悟。即卻略下階。丞相披撥傳詔。徑至御牀前曰。不審陛下何以見臣。

帝默然無言。乃探懷中黃紙詔裂擲之。由此皇儲始定。周侯方慨然愧歎曰。我常自言勝茂弘。今始知不如也。中興書曰元皇以明帝及琅邪王裒並非敬后所生而謂裒有大成之度勝於明帝因從容問王導曰立子以德不以年今二子孰賢導曰世子宣城俱有爽明之德莫能優劣如此故當以年於是更封裒爲琅邪王而此與世說互異然法盛采摭典故以何爲實且從容諷諫理或可安豈有登階一言會無奇說便爲之改計乎

王丞相初在江左。欲結援吳人。請婚陸太尉。對曰。培塿無松柏。薰蕕不同器。杜預左傳注曰培塿小阜松柏大木也薰香草蕕臭草 玩雖不才。義不爲亂倫之始。玩已見

諸葛恢大女適太尉庾亮兒。恢別傳曰恢字道明琅邪陽都人祖誕司空父親亦知名恢少有令問稱爲明賢避難江左中宗召補主簿累遷尚書令庾氏譜曰庾亮子會娶恢女名文虎庾會別見 次女適徐州刺史羊忱兒。羊氏譜曰羊楷字道茂祖繇車騎掾父忱侍中楷仕至尚書郎娶諸葛恢次女 亮子被蘇峻害。改適江虨。虨別見 恢兒娶鄧攸女。諸葛氏譜曰恢子衡字峻文仕至滎陽太守娶河南鄧攸女 于時謝尚書求其小女婚。恢乃云。羊鄧是世婚。江家我顧伊。庾家伊顧我。不能復與謝裒兒婚。永嘉流人名曰裒字幼儒陳郡人父衡博士裒歷侍中吏部尚書吳國內史 及恢亡。遂婚。謝氏譜曰裒子石娶恢小女名文熊中興書曰石字石奴歷尚書令聚斂無厭取譏當世 於是王右軍往謝家看新婦。猶有恢之遺法。威儀端詳。容服光整。王歎曰。我在遣女裁得爾耳。

周叔治作晉陵太守。周侯仲智往別。叔治以將別。涕泗不止。仲智恚之曰。斯人乃婦女。與人別。唯啼泣。便舍去。鄧粲晉紀曰周謨字叔治顗次弟也仕至中護軍嵩字仲智謨兄也性狡直果俠每以才氣陵物顗被害王敦使人弔焉嵩曰亡兄天下有義人爲天下無義人所殺復何所弔敦甚銜之猶取爲從事中郎因事誅嵩晉陽秋曰嵩事佛臨刑猶誦經 周侯獨留與飲酒言話。臨別流涕。撫其背曰。奴。好自愛。阿奴謨小字

周伯仁爲吏部尚書。在省內。夜疾危急。時刁玄亮爲尚書令。營救備親好之至。良久小損。虞預晉書曰刁協字元亮勃海饒安人少好學雖不研精而多所博涉中興制度皆稟於協累遷尚書令中宗信重之爲王敦所忌舉兵討之奔至江南敗死　明旦報仲智。仲智狼狽來。始入戶。刁下牀對之大泣。說伯仁昨危急之狀。仲智手批之。刁爲辟易於戶側。既前。都不問病。直云君在中朝。與和長輿齊名。那與佞人刁協有情。逕便出。

王含作廬江郡。貪濁狼籍。王敦護其兄。故於衆坐稱家兄在郡定佳。廬江人士咸稱之。時何充爲敦主簿。在坐。正色曰。充卽廬江人。所聞異於此。敦默然。旁人爲之反側。充晏然神意自若。中興書曰王敦以震主之威收羅賢儁辟充爲主簿充知敦有異志遂逃跡外及敦稱含有惠政一坐畏敦擊節而已充獨抗之其時衆人爲之失色由是忤意出爲東海王文學

顧孟著嘗以酒勸周伯仁。伯仁不受。顧因移勸柱而語柱曰。詎可便作棟梁自遇。周得之欣然。遂爲衿契。徐廣晉紀曰顧顯字孟著吳郡人驃騎榮兄子少有重名泰興中爲騎郎蚤卒時爲悼惜之

明帝在西堂。會諸公。飲酒未大醉。帝問今名臣共集。何如堯舜。時周伯仁爲僕射。因厲聲曰。今雖同人主。復那得等於聖治。帝大怒。還內。作手詔滿一黃紙。遂付廷尉令收。因欲殺之。按明帝未卽位顗已爲王敦所殺此說非也　後數日。詔出周。羣臣往省之。周曰。近知當不死。罪不足至此。

王大將軍當下時。咸謂無緣爾。伯仁曰。今主非堯舜。何能無過。且人臣安

得稱兵以向朝廷。處仲狠抗剛愎。王平子何在。顗別傳曰王敦討劉隗時溫大眞爲東宮庶子在承華門外與顗相見曰大將軍此舉有在義無有濫顗曰君年少希更事未有人臣若此而不作亂共相推戴數年而爲此者乎處仲狠抗而强忌平子何出晉陽秋曰王澄爲荊州羣賊並起乃奔豫章而恃其宿名猶陵侮敦敦伏勇士路戎等搤而殺之裴子曰平子從荊州下大將軍因欲殺之而平子左右有二十人甚健皆持鐵楯馬鞭平子恆持玉枕大將軍乃犒荊州文武二十人積飲食皆不能動乃借平子玉枕便持下牀平子手引大將軍帶絕與力士鬭甚苦乃得上屋上久許而死

王敦既下。住船石頭。欲有廢明帝意。賓客盈坐。敦知帝聰明。欲以不孝廢之。每言帝不孝之狀。而皆云。溫太眞所說。溫嘗爲東宮率。後爲吾司馬。甚悉之。須臾溫來。敦便奮其威容。問溫曰。皇太子作人何似。溫曰。小人無以測君子。敦聲色並厲。欲以威力使從己。乃重問溫。太子何以稱佳。溫曰。鉤深致遠。蓋非淺識所測。然以禮侍親。可稱爲孝。劉謙之晉紀曰敦欲廢明帝言於衆曰太子子道有虧溫司馬昔在東宮悉其事嶠既正言敦忿而愧焉

王大將軍既反。至石頭。周伯仁往見之。謂周曰。卿何以相負。對曰。公戎車犯正。下官忝率六軍。而王師不振。以此負公。晉陽秋曰王敦既下六軍敗績顗長史郝嘏及左右文武勸顗避難顗曰吾備位大臣朝廷傾撓豈可閒厝求活投身胡虜耶乃與朝士詣敦敦曰近日戰有餘力不對曰恨力不足豈有餘邪

蘇峻既至石頭。百僚奔散。王隱晉書曰峻字子高長廣掖人少有才學仕郡主簿舉孝廉值中原亂招合流舊三千餘家結壘本縣宣示王化收葬枯骨遠近感其恩義咸共宗焉討王敦有功封公還歷陽太守峻外營將表曰鼓自鳴峻自斫鼓曰我鄉里時有此則空城有頃詔書徵峻峻曰臺下云我反反豈得活耶我寧山頭望廷尉不能廷尉望山頭乃作亂晉陽秋曰峻率衆二萬濟自橫江至於蔣山王師敗績唯侍中鍾雅獨在帝側。或謂鍾曰。見可而進。知難而退。古之道也。

君性亮直。必不容於寇讎。何不用隨時之宜。而坐待其弊邪。鍾曰。國亂不能匡。君危不能濟。而各遜遁以求免。吾懼董狐將執簡而進矣。庾公臨去。顧語鍾後事。深以相委。鍾曰。棟折榱崩。誰之責邪。庾曰。今日之事。不容復言。卿當期克復之效耳。鍾曰。想足下不愧荀林父耳。春秋傳曰楚莊王圍鄭晉使荀林父率師救鄭與楚戰於邲晉師敗績桓子歸請死晉平公將許之士貞子諫而止後林父敗赤狄于曲梁賞桓子狄臣千室亦賞士伯以瓜衍之田曰吾獲狄田子之功也微子吾喪伯氏矣

蘇峻時。孔羣在橫塘。爲匡術所逼。王丞相保存術。會稽後賢記曰羣字敬休會稽山陰人祖竺吳豫章太守父弈全椒令羣有智局仕至御史中丞晉陽秋曰匡術爲阜陵令逃亡無行庾亮徵蘇峻術勸峻誅亮途與峻同反後以宛城降 因衆坐戲語。令術勸羣酒。以釋橫塘之憾。羣答曰。德非孔子。厄同匡人。家語曰孔子之宋匡簡子以甲士圍之子路怒奮戟將戰孔子止之曰夫詩書之不講禮樂之不習是丘之過也若述先王之道而爲咎者非丘罪也命也夫歌予和汝子路彈劍孔子和之曲三終匡人解甲罷 雖陽和布氣。鷹化爲鳩。至於識者。猶憎其眼。禮記月令曰仲春之月鷹化爲鳩鄭玄曰鳩搏穀也夏小正曰鷹則爲鳩鷹也者其殺之時也鳩也者非殺之時也善變而之仁故具之

蘇子高事平。靈鬼志謠徵曰明帝初有謠曰高山崩石自破高山峻也碩峻弟也後諸公誅峻碩猶據石頭潰散而逃追斬之 王庾諸公欲用孔廷尉爲丹陽。孔坦 亂離之後。百姓彫弊。孔慨然曰。昔肅祖臨崩。諸君親升御牀。並蒙眷識。共奉遺詔。孔坦疏賤。不在顧命之列。既有艱難。則以微臣爲先。今猶俎上腐肉。任人膾截耳。於是拂衣而去。諸公亦止。按王隱晉書蘇峻事平陶侃欲將坦上用爲豫章太守坦辭母老不行臺以爲吳郡吳郡多名族而坦年少乃授吳興內史不闋尹京

孔車騎與中丞共行。孔愉別傳曰愉字敬康會稽山陰人初辟中宗參軍討華軼有功封餘不亭侯愉少時嘗得一龜放於餘不溪中龜中路左顧者數過及後鑄印而龜左顧更

歸猶如此印師以聞愉悟取而佩爲累遷尚書左僕射贈車騎將軍中丞孔羣也 在御道逢匡術。賓從甚盛。因往與車騎共語。中丞初不視。直云。鷹化爲鳩。衆鳥猶惡其眼。術大怒。便欲刃之。車騎下車抱術曰。族弟發狂。卿爲我宥之。始得全首領。

梅頤嘗有惠於陶公。後爲豫章太守。有事。王丞相遣收之。侃曰。天子富於春秋。萬機自諸侯出。王公既得錄。陶公何爲不可放。乃遣人於江口奪之。晉諸公贊曰頤字仲眞汝南西平人少好學隱退而求實進止承嘉流人名日頤領軍司馬頤弟陶字叔眞鄧粲晉紀曰初有讖侃於王敦者乃以從弟廙代侃爲荆州左遷侃廣州侃文武距廙而求侃敦聞大怒及侃將莅廣州過敦敦陳兵欲害侃敦咨議參軍梅陶諫敦乃止厚禮而遣之王隱晉書亦同按二書所敍則有惠於陶是梅陶非頤也 頤見陶公。拜。陶公止之。頤曰。梅仲眞厀。明日豈可復屈邪。

王丞相作女伎。施設牀席。蔡公先在坐。不說而去。王亦不留。蔡司徒別傳曰謨字道明濟陽考城人博學有識避地江左歷左光祿錄尚書事揚州刺史薨贈司空

何次道庾季堅二人並爲元輔。晉陽秋曰庾冰字季堅太尉亮之弟也少有檢操兄亮常器之曰吾家晏平仲累遷車騎將軍江州刺史 成帝初崩。于時嗣君未定。何欲立嗣子。庾及朝議以外寇方強。嗣子沖幼。乃立康帝。中興書曰帝諱岳字世同成帝同母弟也成帝崩即位年二十二 康帝登阼會羣臣。謂何曰。朕今所以承大業。爲誰之議。何答曰。陛下龍飛。此是庾冰之功。非臣之力。于時用微臣之議。今不覩盛明之世。晉陽秋曰初顯宗臨崩庾冰議立長君何充謂宜奉皇子爭之不得充不自安求處外任及冰出鎮武昌充自京馳還言於帝曰冰不宜出昔年陛下龍飛使晉德再隆者冰之勳也臣無與焉 帝有慚色。

江僕射年少。王丞相呼與共棊。王手嘗不如兩道許。而欲敵道戲。試以觀之。江不卽下。王曰。君何以不行。江曰。恐不得爾。徐廣晉紀曰江虨字思玄陳留人博學知名兼善弈爲中興之冠累遷尚書左僕射護軍將軍傍有客曰。此年少戲迺不惡。王徐舉首曰。此年少非唯圍棊見勝。范汪棊品曰虨與王恬等棊第一品導第五品

孔君平疾篤。庾司空爲會稽。省之。庾冰相問訊甚至。爲之流涕。庾既下牀。孔慨然曰。大丈夫將終。不問安國寧家之術。迺作兒女子相問。庾聞。回謝之。請其話言。王隱晉書曰坦方直而有雅望

桓大司馬詣劉尹。臥不起。桓彎彈彈劉枕。丸迸碎牀褥閒。劉作色而起曰。使君如馨地。寧可鬭戰求勝。中興書曰溫會爲徐州刺史沛國屬徐州故呼溫使君鬭戰者以溫爲將也桓甚有恨容。劉尹眞長已見

後來年少。多有道深公者。深公謂曰。黃吻年少。勿爲評論宿士。昔嘗與元明二帝。王庾二公周旋。高逸沙門傳曰晉元明二帝游心玄虛託情道味以賓友禮待法師王公庾公傾心側傍好同臭味也

王中郞年少時。坦之已見江虨爲僕射領選。欲擬之爲尚書郞。有語王者。王曰。自過江來。尚書郞正用第二人。何得擬我。江聞而止。按王彪之別傳曰彪之從伯導謂彪之曰選曹舉汝爲尚書郞中可作諸王佐邪此知郞官寒素之品也

王述轉尚書令。事行便拜。文度曰。故應讓杜許。藍田云。汝謂我堪此不。文度曰。何爲不堪。但克讓自是美事。恐不可闕。藍田慨然曰。既云堪。何爲復

讓。人言汝勝我。定不如我。述別傳曰述嘗以爲人之處世當先量己而後動義無虛讓是以應辭便當固執其貞正不踰皆此類

孫與公作庾公誄。文多託寄之辭。綽集載誄文曰咨予與公風流同歸擬量託情視公猶師君子之交相與無私虛中納是吐誠誨非雖實不敏敬佩弦韋永戢話言口誦心悲旣成。示庾道恩。庾見。慨然送還之曰。先君與君。自不至於此。道恩庾羲小字徐廣晉紀曰羲字叔和太尉亮第三字拔尚率到位建威將軍吳國內史

王長史求東陽。撫軍不用。簡文後疾篤。臨終。撫軍哀歎曰。吾將負仲祖。於此命用之。長史曰。人言會稽王癡。眞癡。王濛已見

劉簡作桓宣武別駕。後爲東曹參軍。劉氏譜曰簡字仲約南陽人祖喬豫州刺史父斑潁川太守簡仕至大司馬參軍頗以剛直見疎。嘗聽記。簡都無言。宣武問劉東曹何以不下意。答曰。會不能用。宣武亦無怪色。

劉眞長王仲祖共行。日旰未食。有相識小人貽其餐。肴案甚盛。眞長辭焉。仲祖曰。聊以充虛。何苦辭。眞長曰。小人都不可與作緣。孔子稱唯女子與小人爲難養近之則不遜遠之則怨劉尹之意蓋從此言也

王脩齡嘗在東山。甚貧乏。司州已見陶胡奴爲烏程令。胡奴陶範小字也陶侃別傳曰範字道則侃第十子也侃諸子中最知名歷尚書秘書監何法盛以爲第九子送一船米遺之。卻不肯取。直答語。王脩齡若饑。自當就謝仁祖索食。不須陶胡奴米。

阮光祿阮裕已見赴山陵。至都。不往殷劉許。過事便還。諸人相與追之。旣亦知時

疏必當遂已。乃遄疾而去。至方山不相及。中興書曰裕終日頹然無所錯綜而物自宗之劉尹時爲會稽。乃歎曰。我入當泊安石渚下耳。不敢復近思曠傍。伊便能捉杖打人不易。

王劉與桓公共至覆舟山看。酒酣後。劉牽腳加桓公頸。桓公甚不堪。舉手撥去。既還。王長史語劉曰。伊詎可以形色加人不。溫別傳曰溫有豪邁風氣也

桓公問桓子野。謝安石料萬石必敗。何以不諫。子野桓伊小字也續晉陽秋曰伊字叔夏譙國銍人父景護軍將軍伊少有才藝又善聲律加以標悟省率爲王濛劉惔所知累遷豫州刺史贈右將軍子野答曰。故當出於難犯耳。桓作色曰。萬石撓弱凡才。有何嚴顏難犯。

羅君章曾在人家。主人令與坐上客共語。答曰。相識已多。不煩復爾。羅府君別傳曰含字君章桂陽耒陽人蓋楚熊姓之後啓土羅國遂氏族焉後寓湘境故爲桂陽人含臨海太守彥曾孫滎陽太守綏少子也桓宣武辟爲別駕以官廨諠擾於城西池小洲上立茅茨伐木爲牀織葦爲席布衣蔬食晏若有餘桓公嘗謂衆坐曰此自江左之清秀豈唯荊楚而已累遷散騎常侍廷尉長沙相致仕中散大夫門施行馬舍自在官舍有一白雀棲集堂宇及致仕還家階庭忽蘭菊挺生豈非至行之徵邪

韓康伯病。拄杖前庭消搖。韓伯已見見諸謝皆富貴。轟隱交路。歎曰。此復何異王莽時。漢書曰王莽宗族凡十侯五大司馬

王文度爲桓公長史時。桓爲兒求王女。王許咨藍田。王坦之王述並已見既還。藍田愛念文度。雖長大。猶抱著厀上。文度因言桓求己女婚。藍田大怒。排文度下厀曰。惡見文度已復癡。畏桓溫面兵。那可嫁女與之。文度還報云。下官家中先得婚處。桓公曰。吾知矣。此尊府君不肯耳。後桓女遂嫁文度兒。王氏譜曰坦之

子愷娶桓溫第二女字伯子中興書曰愷字茂仁歷吳國內史丹陽尹贈太常

王子敬數歲時。嘗看諸門生樗蒱。見有勝負。因曰。南風不競。春秋傳曰楚伐鄭師曠曰不害吾驟歌南風南風不競多死聲楚必無功杜預曰歌者吹律以詠八風南風音微故曰不競也 門生輩輕其小兒。迺曰。此郎亦管中窺豹。時見一斑。子敬瞋目曰。遠慚荀奉倩。近愧劉真長。遂拂衣而去。荀劉已見

謝公聞羊綏佳。致意令來。終不肯詣。羊氏譜曰綏字仲彥太山人父楷尚書郎綏仕至中書侍郎 後綏爲太學博士。因事見謝公。公即取以爲主簿。

王右軍與謝公詣阮公。阮思曠也至門語謝。故當共推主人。謝曰。推人正自難。

太極殿始成。徐廣晉紀曰孝武寧康二年尚書令王彪之等啓改作新宮太元三年二月內外軍六千人始營築至七月而成太極殿高八丈長二十七丈廣十丈尚書謝萬監視賜爵關內侯大匠毛安之關中侯 王子敬時爲謝公長史。謝送版使王題之。王有不平色。語信云。可擲箸門外。謝後見王曰。題之上殿何若。昔魏朝韋誕諸人。亦自爲也。王曰。魏阼所以不長。謝以爲名言。宋明帝文章志曰太元中新宮成議者欲屈王獻之題榜以爲萬代寶謝安與王語次因及魏時起陵雲閣忘題榜乃使韋仲將懸梯上題之比下須鬢盡白裁餘氣息還語子弟云宜絕楷法安欲以此風動其意王解其旨正色曰此奇事韋仲將魏朝大臣寧可使其若此有以知魏德之不長安知其心迺不復逼之

王恭欲請江盧奴爲長史。晨往詣江。江猶在帳中。王坐。不敢即言。良久乃得及。江不應。盧奴江敳小字也晉安帝紀曰敳字仲凱濟陽人祖正散騎常侍父虨僕射並以義正器素知名當世敳歷位內外簡退著稱歷黃門侍郎驃騎咨議 直喚人取酒。自飲一盌。又不與王。王且笑且言。那得獨飲。江云。卿亦復須邪。更使酌與王。王飲酒畢。因得自解去。未出戶。江歎曰。人自量固爲難。宋書曰敳即湘州江夷之父也夷字茂遠

孝武問王爽。卿何如卿兄。王答曰。風流秀出。臣不如恭。忠孝亦何可以假人。中興書曰爽忠孝正直烈宗崩王國寶夜開門入爲遺詔爽爲黃門郎拒之曰大行晏駕太子未立敢有先入者斬國寶懼乃止

王爽與司馬太傅飲酒。太傅醉。呼王爲小子。王曰。亡祖長史。與簡文皇帝爲布衣之交。亡姑亡姊。伉儷二宮。何小子之有。中興書曰王濛女諱穆之爲哀帝皇后王蘊女諱法惠爲孝武皇后

張玄與王建武先不相識。張玄已見建武王忱也晉安帝紀曰忱初作荆州刺史後爲建武將軍　後遇於范豫章許。范令二人共語。范甯已見　張因正坐斂衽。王孰視良久不對。張大失望。便去。范苦譬留之。遂不肯住。范是王之舅。王氏譜曰王坦之娶順陽郡范汪女名蓋即甯妹也生忱　乃讓王曰。張玄吳士之秀。亦見遇於時。而使至於此。深不可解。王笑曰。張祖希若欲相識。自應見詣。范馳報張。張便束帶造之。遂舉觴對語。賓主無愧色。

雅量第六

豫章太守顧劭。環濟吳紀曰劭字孝則吳郡人年二十七起家爲豫章太守舉善以敎民風化大行　是雍之子。劭在郡卒。雍盛集僚屬。自圍碁。江表傳曰雍字元歎會就蔡伯喈伯喈賞異之以其名與之吳志曰雍累遷尚書令封陽遂鄉侯拜侯還第家人不知爲人不飲酒寡言語孫權嘗曰顧侯在坐令人不樂位至丞相　外啓信至。而無兒書。雖神氣不變。而心了其故。以爪掐掌。血流沾褥。賓客既散。方歎曰。已無延陵之高。豈可有喪明之責。禮記曰延陵季子適齊及其反也其長子死葬於嬴博之間孔子曰延陵季子吳之習於禮者也往而觀其葬焉其坎深不至於泉其歛以時服既葬而封廣輪掩坎其高可隱也既封左袒右還其封且號者三曰骨肉歸復于土命也若魂氣則無不之也而遂行孔子曰延陵季子之於禮也其合矣乎子

湘州刺史

夏哭其子而喪其明曾子弔之曰朋友喪明則哭之曾子哭子夏亦哭曰天乎予之無罪也曾子怒曰商汝何無罪也吾與汝事夫子於洙泗之間退而老於西河之上使西河之民疑汝於夫子爾罪一也喪爾親使民未有聞焉爾罪二也喪爾子喪爾明爾罪三也子夏投其杖而拜曰吾過矣吾過矣於是豁情散哀。顏色自若。

嵇中散臨刑東市。神氣不變。索琴彈之。奏廣陵散。曲終。曰。袁孝尼嘗請學此散。吾靳固不與。廣陵散於今絕矣。晉陽秋曰初康與東平呂安親善安嫡兄遜淫安妻徐氏安欲告遜遣妻以咨於康康喻而抑之遜內不自安陰告安撾母表求徙邊安當徙訴自理辭引康文士傳曰呂安罹事康詣獄以明之鍾會庭論康曰今皇道開明四海風靡邊鄙無詭隨之民街巷無異口之議而康上不臣天子下不事王侯輕時傲世不爲物用無益於今有敗於俗昔太公誅華士孔子戮少正卯以其負才亂羣惑衆也今不誅康無以清潔王道於是錄康閉獄臨死而兄弟親族咸與共別康顏色不變問其兄曰向以琴來不邪兄曰以來康取調之爲太平引曲成歎曰太平引於今絕也太學生三千人上書。請以爲師。不許。文王亦尋悔焉。王隱晉書曰康之下獄太學生數千人請之于時豪俊皆隨康入獄悉解喻一時散遣康竟與安同誅

夏侯太初嘗倚柱作書。時大雨。霹靂破所倚柱。衣服焦然。神色無變。書亦如故。賓客左右。皆跌蕩不得住。晉顧愷之書贊語林曰太初從魏帝拜陵陪列於松柏下時暴雨霹靂正中所立之樹冠冕焦壞左右覩之皆伏太初顏色不改臧榮緒又以爲諸葛誕也

王戎七歲。嘗與諸小兒遊。看道邊李樹多子折枝。諸兒競走取之。唯戎不動。人問之。答曰。樹在道邊而多子。此必苦李。取之信然。名士傳曰戎由是幼有神童之稱也

魏明帝於宣武場上斷虎爪牙。縱百姓觀之。王戎七歲。亦往看。虎承閒攀欄而吼。其聲震地。觀者無不辟易顛仆。戎湛然不動。了無恐色。竹林七賢論曰明帝自閣上望見使人問戎姓名而異之

王戎爲侍中。南郡太守劉肇遺筒中箋布五端。戎雖不受。厚報其書。晉陽秋曰司隸校尉劉毅奏南郡太守劉肇以布五十疋雜物遺前豫州刺史王戎請檻車徵付廷尉治罪除名終身戎以書未達不坐竹林七賢論曰戎報肇書議者僉以爲譏世祖患之乃發口詔曰以戎之爲士義豈懷私議者乃息戎亦不謝

裴叔則被收。神氣無變。舉止自若。求紙筆作書。書成。救者多。乃得免。後位儀同三司。晉諸公贊曰楷息瓚娶楊駿女駿誅以相婚黨收付廷尉侍中傅祗證楷素意由此得免名士傳曰楚王之難李肇惡楷名重收將害之楷神色不變舉動自若諸人請救得免晉陽秋曰楷與王戎俱加儀同三司

王夷甫嘗屬族人事。經時未行。遇於一處飲燕。因語之曰。近屬尊事。那得不行。族人大怒。便舉樏擲其面。夷甫都無言。盥洗畢。牽王丞相臂。與共載去。在車中照鏡。語丞相曰。汝看我眼光。迺出牛背上。王夷甫蓋自謂風神英俊不至與人校

裴遐在周馥所。馥設主人。鄧粲晉紀曰馥字祖宣汝南人代劉准爲鎮東將軍鎮壽陽移檄四方欲奉迎天子元皇使甘卓攻之馥出奔道卒 遐與人圍棊。馥司馬行酒。遐正戲。不時爲飲。司馬恚。曳遐墜地。遐還坐。舉止如常。顏色不變。復戲如故。王夷甫問遐。當時何得顏色不異。答曰。直是闇當故耳。一作闇故當耳一作眞是鬪將故耳

劉慶孫在太傅府。于時人士多爲所構。唯庾子嵩縱心事外。無迹可間。後以其性儉家富。說太傅令換千萬。冀其有吝。於此可乘。晉陽秋曰劉輿字慶孫中山人有豪俠才筭善交結爲范陽王虓所暱虓薨太傅召之太相委仗用爲長史八王故事曰司馬越字元超高密王泰長子少尚布衣之操爲中外所歸累遷司空太傅 太傅於衆坐中問庾。庾時

頹然已醉。幘墮几上。以頭就穿取。徐答云。下官家故可有兩娑千萬。隨公所取。於是乃服。後有人向庾道此。庾曰。可謂以小人之慮。度君子之心。

王夷甫與裴景聲志好不同。景聲惡欲取之。卒不能回。乃故詣王。肆言極罵。要王答己。欲以分謗。王不爲動色。徐曰。白眼兒遂作。晉諸公贊曰。邈字景聲。河東聞喜人。少有通才。從兄頠器貴之。每與清言。終日達曙。自謂理構多如。輒每謝之。然未能出也。歷太傅從事中郎、左司馬、監東海王軍事。少爲文士。而經事爲將。雖非其才。而以罕重稱也。

王夷甫長裴成公四歲。不與相知。時共集一處。皆當時名士。謂王曰。裴令令望何足計。王便卿裴。裴曰。自可全君雅志。裴頠見已

有往來者云。庾公有東下意。或謂王公。可潛稍嚴。以備不虞。王公曰。我與元規雖俱王臣。本懷布衣之好。若其欲來。吾角巾徑還烏衣。丹陽記曰。烏衣之起。吳時烏衣營處所也。江左初立。琅邪諸王所居。何所稍嚴。中興書曰。於是風塵自消。內外緝穆。

王丞相主簿欲檢校帳下。公語主簿。欲與主簿周旋。無爲知人几案閒事。

祖士少好財。阮遙集好屐。並恒自經營。同是一累。而未判其得失。祖約別傳曰。約字士少。范陽遒人。累遷平西將軍、豫州刺史。鎮壽陽。與蘇峻反。峻敗。約投石勒。勒約本幽州冠族。賓客塡門。勒登高望見車騎大驚。又使占奪鄉里先人田地。地主多恨。勒惡之。遂誅約。晉陽秋曰。阮孚字遙集。陳留人。咸第二子也。少有智調而無儁異。累遷侍中、吏部尚書、廣州刺史。人有詣祖。見料視財物。客至。屏當未盡。餘兩小簏。著背後。傾身障之。意未能平。或有詣阮。見自吹火蠟屐。因歎曰。未知一生當著幾量屐。神色閑暢。於是勝負始分。孚別傳曰。孚風韻疏誕。少有門風。

許侍中顧司空俱作丞相從事。爾時已被遇。遊宴集聚。略無不同。晉百官名曰許璪字思文義興陽羨人許氏譜曰璪祖監字子長丞輿長父裴字季顯烏程令璪仕至吏部侍郎 嘗夜至丞相許戲。二人歡極。丞相便命使入己帳眠。顧至曉回轉。不得快孰。許上牀便咍臺大鼾。丞相顧諸客曰。此中亦難得眠處。顧和字君孝少知名族人顧榮曰此吾家騏驥也必興吾宗仕至尚書令五子治隗淯履之

庾太尉風儀偉長。不輕舉止。時人皆以爲假。亮有大兒數歲。雅重之質。便自如此。人知是天性。溫太真嘗隱幔怛之。此兒神色恬然。乃徐跪曰。君侯何以爲此。論者謂不減亮。蘇峻時遇害。庾氏譜曰會字會宗太尉亮長子年十九咸和六年遇害 或云。見阿恭。知元規非假。阿恭會小字也

褚公於章安令。遷太尉記室參軍。按庾亮僚參佐名裒時直爲參軍不掌記室也 名字已顯而位微。人未多識。公東出。乘估客船。送故吏數人。投錢唐亭住。錢唐縣記曰縣近海爲潮漂沒縣諸豪姓斂錢雇人輦土爲塘因以爲名也 爾時吳興沈充爲縣令。未詳 當送客過浙江。客出。亭吏驅公移牛屋下。潮水至。沈令起彷徨。問牛屋下是何物。人吏云。昨有一傖父來寄亭中。晉陽秋曰吳人以中州人爲傖 有尊貴客。權移之。令有酒色。因遙問。傖父欲食𩟗不。姓何等。可共語。褚因舉手答曰。河南褚季野。遠近久承公名。令於是大遽。不敢移公。便於牛屋下脩刺詣公。更宰殺爲饌具。於公前鞭撻亭吏。欲以謝慙。公與之酌宴。言色無異。狀如不覺。令送公至界。

郗太傅在京口。遣門生與王丞相書求女壻。丞相語郗信。君往東廂。任意選之。門生歸白郗曰。王家諸郎。亦皆可嘉。聞來覓壻。咸自矜持。唯有一郎在東牀上坦腹臥。如不聞。郗公云。正此好。訪之。乃是逸少。因嫁女與焉。王氏譜曰逸少羲之小字羲之妻太傅郗鑒女名璿字子房

過江初。拜官輿飾供饌。羊曼拜丹陽尹。客來蚤者。並得佳設。日晏漸罄。不復及精。隨客早晚。不問貴賤。曼別傳曰曼字延祖泰山南城人父暨陽平太守曼頹縱宏任飲酒誕節與陳留阮放等號兖州八達累遷丹陽尹爲蘇峻所害羊固拜臨海。竟日皆美供。雖晚至。亦獲盛饌。時論以固之豐華。不如曼之眞率。明帝東宮僚屬名曰固字道安太山人文字志曰固父坦車騎長史固善草行著名一時遭亂渡江累遷黃門侍郎褒其清儉贈大鴻臚

周仲智飲酒醉。瞋目還面謂伯仁曰。君才不如弟。而横得重名。須臾舉蠟燭火擲伯仁。伯仁笑曰。阿奴火攻。固出下策耳。孫子兵法曰火攻有五一曰火人二曰火積三曰火車四曰火軍五曰火隊凡軍必知五火之變故以火攻者明也

顧和始爲揚州從事。月旦當朝。未入頃。停車州門外。周侯詣丞相。歷和車邊。語林曰周侯飲酒已醉著白祫憑兩人來詣丞相和覓蝨。夷然不動。周既過。反還指顧心曰。此中何所有。顧搏蝨如故。徐應曰。此中最是難測地。周侯既入。語丞相曰。卿州吏中有一令僕才。中興書曰和有操量弱冠知名

庾太尉與蘇峻戰。敗。率左右十餘人乘小船西奔。晉陽秋曰蘇峻作逆詔亮都督征討戰于建陽門外王師敗績亮於陳攜

二弟奔溫嶠亂兵相剝掠射。誤中柂工。應弦而倒。舉船上咸失色分散。亮不動容。徐曰。此手那可使箸賊。衆迺安。

庾小征西嘗出未還。婦母阮是劉萬安妻。劉氏譜曰劉綏妻陳留阮蕃女字幼娥綏別見與女上安陵城樓上。俄頃翼歸。策良馬。盛輿衞。阮語女。聞庾郎能騎。我何由得見。婦告翼。庾氏譜曰翼娶高平劉綏女字靜女翼便爲於道開鹵簿盤馬。始兩轉。墜馬墮地。意色自若。

宣武桓溫與簡文太宰武陵王晞共載。密令人在輿前後鳴鼓大叫。鹵簿中驚擾。太宰惶怖求下輿。顧看簡文。穆然清恬。宣武語人曰。朝廷間故復有此賢。續晉陽秋曰帝性溫深雅有局鎭嘗與王溫太宰武陵王晞同乘至板橋溫密勑令無因鳴角鼓譟部伍並驚馳溫陽駭異晞大震帝舉止自若音顏無變溫每以此稱其德量故論者謂溫服憚也

王劭王薈共詣宣武。劭薈別傳曰劭字敬倫丞相導第五子清貴簡素研味玄賾大司馬桓溫稱爲鳳雛累遷尚書僕射吳國內史薈字敬文丞相最小子有清譽夷泰無競仕至鎭軍將軍正值收庾希家。中興書曰希字始彥司空冰長子累遷徐兗二州刺史希兄弟貴盛桓溫忌之諷免希官遂奔于暨陽初郭璞筮冰子孫必有大禍唯固三陽可以有後故希求鎭山陽弟友爲東陽希自家暨陽及溫誅希弟柔倩聞希難逃於海陵後還京口聚衆事敗爲溫所誅薈不自安。逡巡欲去。劭堅坐不動。待收信還。得不定迺出。論者以劭爲優。

桓宣武與郗超議芟夷朝臣。條牒既定。其夜同宿。續晉陽秋曰超謂溫雄武當樂推之運遂深自委結溫亦深相器重故潛謀密計莫不預焉明晨起。呼謝安王坦之入。擲疏示之。郗猶在帳內。謝都無言。王直擲還云多。宣武取筆欲除。郗不覺竊從帳中與宣武言。謝含笑曰。郗生可謂入幕賓也。帳一作帷

謝太傅盤桓東山時。與孫興公諸人汎海戲。中興書曰安元居會稽與支道林王羲之許詢共游處出則漁弋山水入則談説屬文未嘗有處世意也 風起浪涌。孫王諸人色並遽。便唱使還。太傅神情方王。吟嘯不言。舟人以公貌閑意説。猶去不止。既風轉急。浪猛。諸人皆諠動不坐。公徐云。如此將無歸。衆人卽承響而回。於是審其量足以鎮安朝野。

桓公伏甲設饌。廣延朝士。因此欲誅謝安王坦之。晉安帝紀曰簡文晏駕遺詔桓溫依諸葛亮王導故事溫大怒以爲黜其權謝安王坦之所建也入赴山陵百官拜于道側在位望者戰慄失色或云自此欲殺王謝 王甚遽。問謝曰。當作何計。謝神意不變。謂文度曰。晉阼存亡。在此一行。相與俱前。王之恐狀。轉見於色。謝之寬容。愈表於貌。望階趨席。方作洛生詠。諷浩浩洪流。桓憚其曠遠。乃趣解兵。按宋明帝文章志曰安能作洛下書生詠而少有鼻疾語音濁後名流多斆其詠弗能及手掩鼻而吟焉桓溫止新亭大陳兵衞呼安及坦之欲於坐害之王入失厝倒執手版汗流霑衣安神姿舉動不異於常舉目偏歷溫左右衞士謂溫曰安聞諸侯有道守在四鄰明公何有壁間著阿堵輩溫笑曰正自不能不爾於是矜莊之心頓盡命部左右促燕行觴笑語移日 王謝舊齊名。於此始判優劣。

謝太傅與王文度共詣郗超。日旰未得前。王便欲去。謝曰。不能爲性命忍俄頃。超得寵桓溫專殺生之威

支道林還東。高逸沙門傳曰遁爲哀帝所迎遊京邑久心在故山乃拂衣王都還就巖穴 時賢並送於征虜亭。丹陽記曰太安中征虜將軍謝安立此亭因以爲名 蔡子叔前至。坐近林公。中興書曰蔡系字子叔濟陽人司徒謨第二子有文理仕至撫軍長史 謝萬石後來。坐小遠。蔡暫起。謝移就其處。蔡還。見謝在焉。因合褥舉謝擲地。自復坐。謝冠幘傾脫。乃徐起振衣就席。神意甚平。不覺瞋沮。坐定。謂蔡曰。卿奇人。殆壞我面。

蔡答曰。我本不爲卿面作計。其後二人俱不介意。郗嘉賓欽崇釋道安德問。安和上傳曰釋道安者常山薄柳人本姓衞年十二作沙門神性聰敏而貌至陋佛圖澄甚重之值石氏亂於陸渾山木食脩學爲慕容晙所逼乃住襄陽以佛法東流經籍錯謬更爲條章標序篇目爲之注解自支道林等皆宗其理無疾卒餉米千斛。脩書累紙。意寄殷勤。道安答直云損米愈覺有待之爲煩。

謝安南免吏部尚書還東。晉百官名曰謝奉字弘道會稽山陰人謝氏譜曰奉祖端散騎常侍父鳳丞相主簿奉歷安南將軍廣州刺史吏部尚書謝太傅赴桓公司馬出西。相遇破岡。既當遠別。遂停三日共語。太傅欲慰其失官。安南輒引以它端。雖信宿中塗。竟不言及此事。太傅深恨在心未盡。謂同舟曰。謝奉故是奇士。

戴公從東出。謝太傅往看之。謝本輕戴。見但與論琴書。戴既無吝色。而談琴書愈妙。謝悠然知其量。晉安帝紀曰戴逵字安道譙國人少有清操恬和通任爲劉眞長所知性甚快暢泰於娛生好鼓琴善屬文尤樂遊燕多與高門風流者遊談者許其通隱屢辭徵命遂著高尚之稱

謝公與人圍棊。俄而謝玄淮上信至。看書竟。默然無言。徐向局。客問淮上利害。答曰。小兒輩大破賊。意色舉止。不異於常。續晉陽秋曰初苻堅南寇京師大震謝安無懼色方命駕出墅與兄子玄圍棊夜還乃處分少日皆辦破賊又無喜容其高量如此謝車騎傳曰氐賊苻堅傾國大出衆號百萬朝廷遣諸軍距之凡八萬堅進屯壽陽玄爲前鋒都督與從弟琰等選精銳決戰射傷堅俘獲數萬計得僞輦及雲母車寶器山積錦罽萬端牛馬驢騾駝十萬頭匹

王子猷子敬曾俱坐一室。上忽發火。子猷遽走避。不惶取屐。晉百官名曰王徽之字子猷中興書曰徽

子敬神色恬然。徐喚左右扶憑而出。不異平常。續晉陽秋曰獻之雖不脩之羲之第五子卓犖不羈欲爲傲達仕至黃門侍郎賞貫而容止不安 世以此定二王神宇。

苻堅遊魂近境。堅別見 謝太傅謂子敬曰。可將當軸。了其此處。

王僧彌謝車騎共王小奴許集。王珉謝玄並已見小奴王薈小字也 僧彌舉酒勸謝云。奉使君一觴。謝曰。可爾。謝玄會爲徐州故云使君 僧彌勃然起作色曰。汝故是吳興溪中釣碣耳。何敢譸張。玄叔父安會爲吳興玄少時從之故珉云然 謝徐撫掌而笑曰。衞軍僧彌殊不肅省。乃侵陵上國也。

王東亭爲桓宣武主簿。既承藉有美譽。公甚欲其人地。爲一府之望。初見謝失儀。而神色自若。坐上賓客。卽相貶笑。公曰。不然。觀其情貌。必自不凡。吾當試之。後因月朝閤下伏。公於內走馬。直出突之。左右皆宕仆。而王不動。名價於是大重。咸云是公輔器也。續晉陽秋曰珣初辟大司馬掾桓溫至重之常稱王掾必爲黑頭公未易才也

太元末。長星見。孝武心甚惡之。徐廣晉紀曰泰元二十年九月有蓬星如粉絮東南行歷須女至哭星按太元末唯有此妖不聞長星也且漢文八年有長星出東方文穎注曰長星有光芒或竟天或長十丈或二三丈無常也此星見多爲兵革事此後十六年文帝乃崩蓋知長星非關天子世說虛也 夜華林園中飲酒。舉桮屬星云。長星勸爾一桮酒。自古何時有萬歲天子。

殷荆州有所識。作賦是束皙慢戲之流。文士傳曰皙字廣微陽平元城人漢太子太傅疎廣後也王莽末廣曾孫孟達自東海避難元城改姓去疎之足以爲束氏皙博學多識問無不對元康中有人自嵩高山下得竹簡一枚上兩行科斗書司空張華以問皙皙曰此明帝顯節陵中策文也檢校果然會爲餅賦諸文文甚俳諧三十九歲卒元城爲之廢市 殷

甚以爲有才。語王恭。適見新文。甚可觀。便於手巾函中出之。王讀。殷笑之不自勝。王看竟。既不笑。亦不言好惡。但以如意帖之而已。殷悵然自失。

羊綏第二子孚。少有儁才。與謝益壽相好。益壽謝混小字也 嘗蚤往謝許。未食。俄而王齊王睹來。王睹已見齊王熙小字也中興書曰熙字叔和恭女弟尙鄱陽公主太子洗馬蚤卒 既先不相識。王向席有不說色。欲使羊去。羊了不眄。唯腳委几上。詠矚自若。謝與王敍寒溫數語畢。還與羊談賞。王方悟其奇。乃合共語。須臾食下。二王都不得餐。唯屬羊不暇。羊不大應對之。而盛進食。食畢便退。遂苦相留。羊義不住。直云向者不得從命。中國尙虛。二王是孝伯兩弟。

識鑒第七

曹公少時見喬玄。玄謂曰。天下方亂。羣雄虎爭。撥而理之。非君乎。然君實是亂世之英雄。治世之姦賊。恨吾老矣。不見君富貴。當以子孫相累。續漢書曰玄字公祖梁國睢陽人少治禮及嚴氏春秋累遷尙書令玄嚴明有才略長於知人初魏武帝爲諸生未知名也玄甚異之魏書曰玄見太祖曰吾見士多矣未有若君者天下將亂非命世之才不能濟也能安之者其在君乎按世語曰玄謂太祖君未有名可交許子將太祖乃造子將子將納焉孫盛雜語曰太祖嘗問許子將我何如人固問然後子將答曰治世之能臣亂世之姦雄太祖大笑世說所言謬矣

曹公問裴潛曰。卿會與劉備共在荊州。卿以備才如何。潛曰。使居中國。能亂人。不能爲治。若乘邊守險。足爲一方之主。魏志曰潛字文行河東人避亂荊州劉表待之賓客禮潛私謂王粲司馬芝曰劉牧非霸王之才而欲以西伯自處其敗無日矣遂南渡適長沙

何晏鄧颺夏侯玄並求傅嘏交。而嘏終不許。魏略曰鄧颺字玄茂南陽宛人鄧禹之後也少得士名明帝時爲中書郎以與李勝等爲浮華被斥正始中遷侍中尚書爲人好貨臧艾以父妾與颺得顯官京師爲之語曰以官易富鄧玄茂何晏選不得人頗由颺以黨曹爽誅　諸人乃因荀粲說合之。謂嘏曰。夏侯太初。一時之傑士。虛心於子。而卿意懷不可。交合則好成。不合則致隙。二賢若穆。則國之休。此藺相如所以下廉頗也。史記曰相如以功大拜上卿位在廉頗右頗怒欲辱之相如每稱疾望見引車避匿其舍人欲去之相如曰夫以秦王之威而吾廷叱之何畏廉將軍哉顧彊趙弱秦以吾二人故不敢加兵於趙今兩虎鬬勢不俱生吾以公家急而後私讎也頗聞謝罪　傅曰。夏侯太初志大心勞。能合虛譽。誠所謂利口覆國之人。何晏鄧颺。有爲而躁。博而寡要。外好利而內無關籥。貴同惡異。多言而妬前。多言多釁。妬前無親。以吾觀之。此三賢者皆敗德之人耳。遠之猶恐罹禍。況可親之邪。後皆如其言。傅子曰是時何晏以才辯顯于貴戚之間鄧颺好交通合徒黨鬻聲名于閭閻夏侯玄以貴臣子少有重名皆求交于嘏嘏不納也嘏友人荀粲有清識遠志然猶勸嘏結交云

晉武帝講武于宣武場。帝欲偃武修文。親自臨幸。悉召羣臣。山公謂不宜爾。因與諸尚書言孫吳用兵本意。遂究論。舉坐無不咨嗟。皆曰。山少傅乃天下名言。史記曰孫武齊人吳起衛人並善兵法竹林七賢論曰咸寧中吳既平上將爲桃林華山之事息役弭兵示天下以大安于是州郡悉去兵大郡置武吏百人小郡五十人時京師猶講武山濤因論孫吳用兵本意濤爲人常簡默蓋以爲國者不可以忘戰故及之名士傳曰濤居魏晉之間無所標明嘗與尚書盧欽言及用兵本意武帝聞之曰山少傅名言也　後諸王驕汰。輕遘禍難。於是寇盜處處蟻合。郡國多以無備。不能制服。遂漸熾盛。皆如公言。時人以謂山濤不學孫吳。而闇與之理會。王夷甫亦歎云。公闇與道合。竹林七賢論曰永寧之後諸王構禍狡虜欻起皆如濤言名士傳曰王夷甫惟嘆濤晻晻爲與道合其深不可測皆此類也

王夷甫父乂爲平北將軍。有公事。使行人論不得。時夷甫在京師。命駕見僕射羊祜。尚書山濤。夷甫時總角。姿才秀異。敍致既快。事加有理。濤甚奇之。既退。看之不輟。乃嘆曰。生兒不當如王夷甫邪。羊祜曰。亂天下者。必此子也。晉陽秋曰夷甫父乂有簡書將免官夷甫年十七見所繼從舅羊祜申陳事狀辭甚俊偉祜不然之夷甫拂衣而起祜顧謂賓客曰此人必將以盛名處當世大位然敗俗傷化者必此人也漢晉春秋曰初羊祜以軍法欲斬王戎夷甫又忿祜言其必敗不相貴重天下爲之語曰二王當朝世人莫敢稱羊公之有德

潘陽仲見王敦小時。謂曰。君蜂目已露。但豺聲未振耳。必能食人。亦當爲人所食。晉陽秋曰潘滔字陽仲滎陽人太常尼從子也有文學才識永嘉末爲河南尹遇害漢晉春秋曰初王夷甫言東海王越轉王敦爲揚州潘滔初爲太傅長史言于太傅曰王處仲蜂目已露豺聲未發今樹之江外肆其豪強之心是賊之也晉陽秋曰敦爲太子舍人與滔同僚故有此言習孫二說便小選異春秋傳曰楚令尹子上謂世子商臣蜂目而豺聲忍人也

石勒不知書。石勒傳曰勒字世龍上黨武鄉人匈奴之苗裔也雄勇好騎射晉元康中流宕山東與平原茌平人師懽家傭耳恆聞鼓角鞞鐸之音勒私異之初勒鄉里原上地中生石日長類鐵騎之象國中生人參葩葉甚盛于時父老相者皆云此胡體貌奇異有不可知勸邑人厚遇之人多哂而不信永嘉初豪傑並起與胡王陽等十八騎詣汲桑爲左前督桑敗共推勒爲主攻下州縣都于襄國後僭正號死謚明皇帝使人讀漢書。聞酈食其勸立六國後。刻印將授之。大驚曰。此法當失。云何得遂有天下。至留侯諫。迺曰。賴有此耳。鄧粲晉紀曰勒手不能書目不識字每於軍中令人誦讀聽之皆解其意漢書曰項羽急圍漢王於滎陽漢王與酈食其謀撓楚權食其勸立六國後王令趣刻印張良入諫以爲不可輟食吐哺罵酈生曰豎儒幾敗乃公事趣令銷印

衛玠年五歲。神衿可愛。祖太保曰。此兒有異。顧吾老。不見其大耳。晉諸公贊曰瓘字伯玉河東安邑人少以明識清允稱傅嘏極貴重之謂之寧武子仕至太保爲楚王瑋所害玠別傳曰玠有虛令之秀清勝之氣在羣伍之中有異人之望祖太保見玠五歲曰此兒神爽聰令與衆大異恐吾年老不及見爾

劉越石云。華彥夏識能不足。彊果有餘。虞預晉書曰華軼字彥夏平原人魏太尉歆曾孫也累遷江州刺史傾心下士甚得士歡心以不從元皇

命見誅漢晉春秋曰劉琨知軌必敗謂其自取之也

張季鷹辟齊王東曹掾。在洛。見秋風起。因思吳中菰菜羹鱸魚膾。曰。人生貴得適意爾。何能羈宦數千里以要名爵。遂命駕便歸。俄而齊王敗。時人皆謂爲見機。文士傳曰張翰字季鷹父儼吳大鴻臚翰有清才美望博學善屬文造次立成辭義清新大司馬齊王冏辟爲東曹掾翰謂同郡顧榮曰天下紛紛未已夫有四海之名者求退良難吾本山林間人無望於時久矣子善以明防前以智慮後榮捉其手愴然曰吾亦與子採南山蕨飲三江水爾翰以疾歸榮以輒去除吏名性至孝遭母艱哀毀過禮自以年宿不營當世以疾終于家

諸葛道明初過江左。自名道明。名亞王庾之下。中興書曰恢避難過江與潁川荀道明陳留蔡道明俱有名譽號曰中興三明時人爲之語曰京都三明各有名蔡氏儒雅荀葛清先爲臨沂令。丞相謂曰。明府當爲黑頭公。語林曰丞相拜司空諸葛道明在公坐指冠冕曰君當復著此

王平子素不知眉子。曰。志大其量。終當死塢壁間。晉諸公贊曰王玄字眉子夷甫子也東海王越辟爲掾後行陳留太守大行威罰爲塢人所害

王大將軍始下。楊朗苦諫不從。遂爲王致力。乘中鳴雲露車逕前曰。聽下官鼓音。一進而捷。王先把其手曰。事克。當相用爲荊州。既而忘之。以爲南郡。晉百官名曰朗字世彥弘農人楊氏譜曰朗祖囂典軍校尉父準冀州刺史王隱晉書曰朗有器識才量善能當世仕至雍州刺史王敗後。明帝收朗。欲殺之。帝尋崩。得免。後兼三公。署數十人爲官屬。此諸人當時並無名。後皆被知遇。于時稱其知人。

周伯仁母。冬至舉酒賜三子曰。吾本謂度江託足無所。爾家有相。爾等並

羅列吾前。復何憂。周嵩起長跪而泣曰。不如阿母言。伯仁爲人。志大而才短。名重而識闇。好乘人之弊。此非自全之道。嵩性狼抗。亦不容於世。唯阿奴碌碌。當在阿母目下耳。鄧粲晉紀曰阿奴嵩之弟周謨也三周竝已見

王大將軍旣亡。王應欲投世儒。世儒爲江州。王含欲投王舒。舒爲荊州。含語應曰。大將軍平素與江州云何。而汝欲歸之。應曰。此乃所以宜往也。晉陽秋曰應字安期含子也敦無子養爲嗣以爲武衞將軍用爲副貳伏誅 江州當人彊盛時。能抗同異。此非常人所行。及覩衰危。必興愍惻。王彬別傳曰彬字世儒琅邪人祖覽父正竝有名德彬爽氣出儕類有雅正之韻與元帝姨兄弟佐佑皇業累遷侍中從兄敦下石頭害周伯仁彬與顗素善往哭其尸甚慟旣而見敦敦怪其有慘容而問之答曰向哭周伯仁情不能已敦曰伯仁自致刑戮汝復何爲者哉彬曰伯仁淸譽之士有何罪因數敦曰抗旌犯上殺戮忠良音辭慷慨與淚俱下敦怒甚丞相在坐代爲之解命彬曰拜謝彬曰有足疾此來見天子尚不能拜何跪之有敦曰腳疾何如頸疾以親故不害之累遷江州刺史左僕射贈衞將軍 荊州守文。豈能作意表行事。含不從。遂共投舒。舒果沈含父子于江。王舒傳曰舒字處明琅邪人祖覽知名父會御史舒器業簡素有文武榦中宗用爲北中郎將荊州刺史尚書僕射出爲會稽太守以父名會累表自陳討蘇峻有功封彭澤侯贈車騎大將軍 彬聞應當來。密具船以待之。竟不得來。深以爲恨。含之投舒舒遣軍逆之含父子赴水死昔酈寄賣友見譏況販兄弟以求安舒非人矣

武昌孟嘉作庾太尉州從事。已知名。褚太傅有知人鑒。罷豫章。還過武昌。問庾曰。聞孟從事佳。今在此不。庾云。卿自求之。褚眄睞良久。指嘉曰。此君小異。得無是乎。庾大笑曰。然。于時旣歎褚之默識。又欣嘉之見賞。嘉別傳曰嘉字萬年江夏鄳人曾祖父宗吳司空祖父揖晉廬陵太守宗葬武昌陽新縣子孫家焉嘉少以淸操知名太尉庾亮領江州辟嘉部廬陵從事下都還亮引問風俗得失對曰行還當問從事吏亮舉麈尾掩口而笑語弟翼曰孟嘉故是盛德

人轉勸學從事太傅褚裒有器識亮正旦大會裒問亮江州有孟嘉何在亮曰在坐卿但自覓裒歷觀久之指嘉曰將無是乎亮欣然而笑喜裒得嘉奇嘉爲裒所得乃益器之後爲征西桓溫參軍九月九日溫遊龍山參寮畢集時佐史並著戎服風吹嘉帽墮落溫戒左右勿言以觀其舉止嘉初不覺良久如廁命取還之令孫盛作文嘲之成著嘉坐嘉還即答四坐嗟歎嘉喜酣暢愈多不亂溫問酒有何好而卿嗜之嘉曰明公未得酒中趣爾又問聽伎絲不如竹竹不如肉何也答曰漸近自然轉從事中郎遷長史年五十三而卒

戴安道年十餘歲。在瓦官寺畫。王長史見之曰。此童非徒能書。續晉陽秋曰逵善圖畫窮巧丹青也亦終當致名。恨吾老。不見其盛時耳。

王仲祖謝仁祖劉眞長俱至丹陽墓所。省殷揚州。殊有確然之志。中興書曰浩棲遲積年累聘不至既反。王謝相謂曰。淵源不起。當如蒼生何。深爲憂嘆。劉曰。卿諸人眞憂淵源不起邪。

小庾臨終。自表以子園客爲代。園客爰之小字也庾氏譜曰爰之字仲眞翼第二子中興書曰爰之有父翼風桓溫徙于豫章年三十六而卒朝廷慮其不從命。未知所遣。乃共議用桓溫。劉尹曰。使伊去必能克定西楚。然恐不可復制。陶侃別傳曰庾翼表其子爰之代爲荊州何充曰陶公重勳也臨終高讓丞相未薨敬豫爲四品將軍于今不改親則道恩優遊散騎未有超卓若此之授乃以徐州刺史桓溫爲安西將軍荊州刺史宋明帝文章志曰翼表其子代任朝廷畏憚之議者欲以授桓溫時簡文輔政然之劉惔曰溫去必能定西楚然恐不能復制願大王自鎭上流惔請爲從軍司馬簡文不許溫後果如惔所筭也

桓公將伐蜀。在事諸賢。咸以李勢在蜀既久。承藉累葉。且形據上流。三峽未易可克。唯劉尹云。伊必能克蜀。觀其蒱博。不必得則不爲。華陽國志曰李勢字子仁洛陽臨渭人本巴西宕渠賨人也其先李特因晉亂據蜀特子雄稱號成都勢祖驤特弟也驤生壽壽篡位自立勢即壽子也晉安西將軍伐蜀勢歸降遷之揚州自起至七六世三十七年溫別傳曰初朝廷以蜀嶮遠而溫衆寡少縣軍深入甚以憂懼而溫直指成都李勢面縛語林曰劉尹見桓公每嬉戲必取勝謂曰卿乃爾好利何不焦頭及伐蜀故有此言

謝公在東山畜妓。簡文曰。安石必出。既與人同樂。亦不得不與人同憂。宋明帝文章志曰安縱心事外疏略常節每畜女妓攜持遊肆也

郗超與謝玄不善。符堅將問晉鼎。既已狼噬梁岐。又虎視淮陰矣。車頻秦書曰符堅字永固武都氐人也本姓蒲祖父洪詐稱讖文改曰符言已當王應符命也堅初生有赤光流其室及誕背赤色隱起若篆文幼有美度石虎司隸徐正名知人堅六歲時嘗戲於路正見而異焉問曰符郎此官街小兒行戲不畏縛邪堅曰吏縛有罪不縛小兒正謂左右曰此兒有王霸相石氏亂伯父健及父雄西入關健夢天神使者朱衣冠拜肩頭有龍驤將軍肩頭堅小字也健即拜為龍驤以應神命後健僭帝號死子生立凶暴羣臣殺之而立堅堅立十五年遣長樂公丕攻沒襄陽十九年大興師伐晉衆號百萬水陸俱進次于項城自項城至長安連旗千里首尾不絕乃遣告晉曰已為晉君於長安城中建廣夏之室今故大舉渡江相迎克日入宅也　于時朝議遣玄北討。人間頗有異同之論。唯超曰。是必濟事。吾昔嘗與共在桓宣武府。見使才皆盡。雖履屐之間。亦得其任。以此推之。容必能立勳。元功既舉。時人咸歎超之先覺。又重其不以愛憎匿善。中興書曰于時氐賊彊盛朝議求文武良將可鎮靖北方者衛大將軍安曰唯兄子玄可任此事中書郎郗超聞而嘆曰安違衆舉親明也玄必不負其舉

韓康伯與謝玄亦無深好。玄出征後。巷議疑其不振。康伯曰。此人好名。必能戰。續晉陽秋曰玄識局貞正有經國之才略　玄聞之甚忿。常於衆中厲色曰。丈夫提千兵入死地。以事君親。故發。不得復云為名。

褚期生少時。謝公甚知之。恆云褚期生若不佳者。僕不復相士。期生褚爽小字也續晉陽秋曰爽字茂弘河南人太傅裒之孫祕書監韶之子太傅謝安見其少時嘆曰若期生不佳我不復論士及長果俊邁有風氣好老莊之言當世榮譽弗之屑也唯與殷仲堪善累遷中書郎義與太守女為恭帝皇后

郗超與傅瑗周旋。瑗見其二子並總髮。超觀之良久。謂瑗曰。小者才名皆

勝。然保卿家。終當在兄。卽傅亮兄弟也。傅氏譜曰瑗字叔玉北地靈州人歷護軍長史安城太守宋書曰迪字長猷瑗長子也位至五兵尚書贈太常邱淵之文章錄曰亮字季友迪弟歷尙書令左光祿大夫元嘉三年以罪伏誅

王恭隨父在會稽。王大自都來拜墓。恭父蘊王忱並已見恭暫往墓下看之。二人素善。遂十餘日方還。父問恭何故多日。對曰。與阿大語。蟬連不得歸。因語之曰。恐阿大非爾之友。終乖愛好。果如其言。忱與恭爲王緒所間終成怨隙別見

車胤父作南平郡功曹。太守王胡之避司馬無忌之難。置郡于酆陰。是時胤十餘歲。胡之每出。嘗於籬中見而異焉。謂胤父曰。此兒當致高名。後遊集。恒命之。胤長。又爲桓宣武所知。清通於多士之世。官至選曹尚書。續晉陽秋曰胤字武子南平人父育爲郡主簿太守王胡之有知人識裁見謂其父曰此兒當成卿門戶宜資令學問胤就業恭勤博覽不倦家貧不常得油夏月則練囊盛數十螢火以繼日焉及長風姿美劭機悟敏率桓溫在荆州取爲從事一歲至治中胤既博學多聞又善於激賞當時每有盛坐胤必同之皆云無車公不樂太傅謝公遊集之日開筵以待之累遷丹陽尹護軍將軍吏部尚書

王忱死。西鎮未定。朝貴人人有望。時殷仲堪在門下。雖居機要。資名輕小。人情未以方嶽相許。晉孝武欲拔親近腹心。遂以殷爲荆州。事定。詔未出。王珣問殷曰。陝西何故未有處分。殷曰。已有人。王歷問公卿。咸云非。王自計才地。必應在己。復問非我邪。殷曰。亦似非。其夜詔出用殷。王語所親曰。豈有黃門郎而受如此任。仲堪此舉。迺是國之亡徵。晉安帝紀曰孝武深爲晏駕後計擢仲堪代王忱爲荆州仲堪雖有美譽議者未以方嶽相許也既受腹心之任居上流之重議者謂其殆矣終爲桓玄所敗

賞譽第八（上）

陳仲舉嘗歎曰。若周子居者。眞治國之器。汝南先賢傳曰周乘字子居汝南安城人天資聰明高峙嶽立非陳仲舉黄叔度之儔則不交也仲舉嘗歎曰周子居者眞治國之器也爲太山太守甚有惠政譬諸寶劍。則世之干將。吳越春秋曰吳王闔閭請干將作劍干將者吳人其妻曰莫邪干將采五山之精六金之英候天地伺陰陽百神臨視而金鐵之精未流夫妻乃剪髮及爪而投之爐中金鐵乃濡遂成二劍陽曰干將而作龜文陰曰莫邪而作漫理干將匿其陽出其陰以獻闔閭闔閭甚寶重之

世目李元禮。謖謖如勁松下風。李氏家傳曰膺嶽峙淵渟峻貌貴重華夏稱曰潁川李府君頵頵如玉山汝南陳仲舉軒軒如千里馬南陽朱公叔飂飂如行松柏之下

謝子微見許子將兄弟。曰。平輿之淵。有二龍焉。見許子政弱冠之時。歎曰。若許子政者。有幹國之器。正色忠謇。則陳仲舉之匹。汝南先賢傳曰謝甄字子微汝南邵陵人明識人倫雖郭林宗不及甄之鑒也見許子將兄弟弱冠時則曰平輿之淵有二龍仕爲豫章從事許虔字子政平輿人體尙高絜雅正寬亮謝子微見虔兄弟歎曰若許子政者幹國之器也虔弟劭聲未發時時人以謂不如虔虔恒撫髀稱劭自以爲不及也釋褐爲郡功曹黜姦發惡一郡肅然年三十五卒海內先賢傳曰許劭字子將虔弟也山峙淵停行應規表劭陵謝子微高才遠識見劭十歲時歎曰此乃希世之偉人也初劭拔樊子昭於市肆出虞承賢於客舍召李叔才於無聞擢郭子瑜於小吏廣陵徐孟本來臨汝南聞劭高名召功曹時袁紹以公族爲濮陽長棄官還副車從騎將入郡界乃歎曰許子將秉持清格豈可以吾輿服見之邪遂單馬而歸辟公府掾敦辟皆不就避地江南卒於豫章也伐惡退不肖。范孟博之風。張璠漢紀曰范滂字孟博汝南伊陽人爲功曹辟公府掾升車攬轡有澄清天下之志百城聞滂高名皆解印綬去爲黨事見誅

公孫度目邴原。所謂雲中白鶴。非燕雀之網所能羅也。魏書曰度字叔濟襄平人累遷冀州刺史遼東太守邴原別傳曰原字根矩東管朱虛人少孤數歲時過書舍而泣師問曰童子何泣也原曰凡得學者有親也一則願其不孤二則羨其得學中心感傷故泣耳師惻然曰苟欲學不須資也於是就業長則博覽洽聞金玉其行知世將亂避地遼東公孫度厚禮之中國既寧欲還鄉里爲度禁絕原密自治嚴謂部落曰移比近郡以觀其意皆曰樂移原舊有捕魚大船請村落皆令熟醉因夜去之數日度乃覺吏欲追之度曰邴君所謂雲中白鶴非鶉鷃之網

所能羅也魏王辟祭酒累遷五官中郎長史

鍾士季目王安豐。阿戎了了解人意。王隱晉書曰戎少清明曉悟謂裴公之談。經日不竭。裴頠已見吏部郎闕。文帝問其人於鍾會。會曰。裴楷清通。王戎簡要。皆其選也。於是用裴。按諸書皆云鍾會薦裴楷王戎於晉文王文王辟以爲掾不聞爲吏部郎

王濬沖裴叔則二人。總角詣鍾士季。須臾去。後客問鍾曰。向二童何如。鍾曰。裴楷清通。王戎簡要。後二十年。此二賢當爲吏部尚書。冀爾時天下無滯才。晉陽秋曰戎爲兒童鍾會異之

諺曰。後來領袖有裴秀。虞預晉書曰秀字季彥河東聞喜人父潛魏太常秀有風操八歲能著文叔父徽有聲名秀年十餘歲有賓客詣徽出則過秀時人爲之語曰後進領袖有裴秀大將軍辟爲掾父終推財與兄年二十五遷黃門侍郎晉受禪封鉅鹿公後累遷左光祿司空四十八薨諡元公配食宗廟

裴令公目夏侯太初。肅肅如入廊廟中。不脩敬而人自敬。禮記曰周豐謂魯哀公曰宗廟社稷之中未施敬而民自敬一曰如入宗廟。琅琅但見禮樂器。見鍾士季如觀武庫。但覩矛戟。見傅蘭碩江廧。靡所不有。見山巨源。如登山臨下。幽然深遠。玄會服膺並已見上

羊公還洛。郭奕爲野王令。晉諸公贊曰奕字泰業太原陽曲人累世舊族亦有才望歷雍州刺史尚書羊至界。遣人要之。郭便自往。既見歎曰。羊叔子何必減郭太業。復往羊許。小悉還。又歎曰。羊叔子去人遠矣。羊既去。郭送之彌日。一舉數百里。遂以出境免官。復歎曰。羊叔子何必減顏子。王戎目山巨源。如璞玉渾金。人皆欽其寶。莫知名其器。

顧愷之之畫贊曰濤無所標明淳深淵默人莫見其際而其器亦入道故見者莫能稱謂而服其偉量

羊長和父繇。與太傅祜同堂相善。仕至車騎掾。蚤卒。長和兄弟五人幼孤。羊氏譜曰繇字堪甫太山人祖續漢太尉不拜父祕京兆太守繇歷車騎掾娶樂國禎女生五子秉洽式亮悅也祜來哭。見長和哀容舉止。宛若成人。迺歎曰。從兄不亡矣。

山公舉阮咸爲吏部郎。目曰。清眞寡欲。萬物不能移也。名士傳曰咸字仲容陳留人籍兄子也任達不拘當世皆怪其所爲及與之處少嗜欲哀樂至到過絕於人然後皆忘其向議爲散騎侍郎山濤舉爲吏部武帝不用太原郭奕見之心醉不覺歎服解音好酒以卒山濤啓事曰吏部郎史曜出處缺當選濤薦咸曰眞素寡欲深識清濁萬物不能移也若在官人之職亦妙絕於時詔用陸亮晉陽秋曰咸行已多違禮度濤舉以爲吏部郎世祖不許竹林七賢論曰山濤之舉阮咸固知上不能用蓋惜曠世之儁莫識其意故耳夫以咸之所犯方外之意稱其清眞寡欲則跡外之意自見耳

王戎目阮文業。清倫有鑒識。漢元以來。未有此人。杜篤新書曰阮武字文業陳留尉氏人父諶侍中武闊達博通淵雅之士陳留志曰武魏末河清太守族子籍年總角未知名武見而偉之以爲勝己知人多此類著書十八篇謂之阮子終于家郭泰友人宋子俊稱泰自漢元以來未有林宗之匹

武元夏目裴王曰。戎尙約。楷清通。虞預晉書曰武陔字元夏沛國竹邑人父周魏光祿大夫陔及二弟韶茂皆總角見稱並有器望鄉人諸父未能覺其多少時同郡劉公榮名知人嘗造周周見其三子公榮曰君三子皆國士元夏器量最優有輔佐之風力仕宦可爲亞公叔夏季夏不減常伯納言也陔至左僕射

庾子嵩目和嶠。森森如千丈松。雖磊砢有節目。施之大廈。有棟梁之用。晉諸公贊曰嶠常慕其舅夏侯玄爲人故於朝士中峨然不羣時類憚其風節

王戎云。太尉神姿高徹。如瑤林瓊樹。自然是風塵外物。名士傳曰夷甫天形奇特明秀若神八王故事曰石勒見夷甫謂長史孔萇曰吾行天下多矣未嘗見如此人當可活不萇曰彼晉三公不爲我用勒曰雖然要不可加以鋒刃也夜使推牆殺之

王汝南既除所生服。遂停墓所。兄子濟每來拜墓。略不過叔。叔亦不候。濟

脫時過。止寒温而已。後聊試問近事。答對甚有音辭。出濟意外。濟極惋愕。仍與語。轉造精微。濟先略無子姪之敬。既聞其言。不覺懍然。心形俱肅。遂留共語。彌日累夜。濟雖儁爽。自視缺然。乃喟然歎曰。家有名士。三十年而不知。濟去。叔送至門。濟從騎有一馬。絕難乘。少能騎者。濟聊問叔。好騎乘不。曰。亦好爾。濟又使騎難乘馬。叔姿形既妙。回策如縈。名騎無以過之。濟益歎其難測。非復一事。鄧粲晉紀曰王湛字處沖太原人隱德人莫之知雖兄弟宗族亦以爲癡唯父昶異焉昶喪居墓次兄子濟往省湛見牀頭有周易謂湛曰叔父用此何爲頗曾看不湛笑曰體中佳時脫復看耳今日當與汝言因共談易剖析入微妙言奇趣濟所未聞歎不能測濟性好馬而所乘馬駿駛意甚愛之湛曰此雖小駛然力薄不堪苦近見督郵馬當勝此但養不至耳濟取督郵馬穀食十數日與湛試之湛未嘗乘馬卒然便馳騁步驟不異於濟而馬不相勝湛曰今直行車路何以別馬勝不唯當就蟻封耳於是就蟻封盤馬果倒踣其儁識天才乃爾 既還。渾問濟。何以暫行累日。濟曰。始得一叔。渾問其故。濟具歎述如此。渾曰。何如我。濟曰。濟以上人。武帝每見濟。輒以湛調之曰。卿家癡叔死未。濟常無以答。既而得叔。後武帝又問如前。濟曰。臣叔不癡。稱其實美。帝曰。誰比。濟曰。山濤以下。魏舒以上。晉陽秋曰濟有人倫鑒識其雅俗是非少所優潤見湛歎服其德宇時人謂湛上方山濤不足下比魏舒有餘湛聞之曰欲以我處季孟之閒乎王隱晉書曰魏舒字陽元任城人幼孤爲外氏甯家所養甯氏起宅相者曰當出貴甥外祖母意以盛氏甥小而惠謂應相也舒曰當爲外氏成此宅相少名遲鈍叔父衡使守水碓每言舒堪八百戶長我願畢矣舒不以介意身長八尺二寸不脩常人近事少工射著韋衣入山澤每獵大獲爲後將軍鍾毓長史毓與參佐射戲舒常爲坐畫籌後値朋人少以舒充數於是發無不中加博措閑雅殆盡其妙毓歎謝之曰吾之不足盡卿如此射矣轉相國參軍晉王每朝罷目送之曰魏舒堂堂人之領袖果遷侍中司徒 於是顯名。年二十八始宦。

裴僕射。時人謂爲言談之林藪。惠帝起居注曰頠理甚淵博贍於論難張華見褚陶。語陸平原曰。君兄弟龍躍雲津。顧彥先鳳鳴朝陽。謂東南之寶已盡。不意復見褚生。陸曰。公未覩不鳴不躍者耳。褚氏家傳曰陶字季雅吳郡錢塘人褚先生後也陶聰惠絕倫年十三作鷗鳥水碓二賦宛陵嚴仲弼見而奇之曰褚先生復出矣弱不好弄清淡閑默以墳典自娛語所親曰聖賢備在黃卷中舍此何求州郡辟不就吳歸命世祖補臺郎建中校尉司空張華與陶書曰二陸龍躍於江漢彥先鳳鳴於朝陽自此以來常恐南金已盡而復得之於吾子故知延州之德不孤淵岱之寶不匱仕至中尉

有問秀才吳舊姓何如。答曰。吳府君聖王之老成。明時之儁乂。朱永長理物之至德。清選之高望。嚴仲弼九皋之鳴鶴。空谷之白駒。顧彥先八音之琴瑟。五色之龍章。張威伯歲寒之茂松。幽夜之逸光。陸士衡士龍鴻鵠之徘徊。懸鼓之待槌。秀才蔡洪也集載洪與刺史周浚書曰一日侍坐言及吳士詢于芻蕘遂見下問造次承顏藏對不舉敕令條列名狀退輒思之今稱疏所知吳展字士季下邳人忠足矯非清足厲俗信可結神才堪幹世仕吳爲廣州刺史吳郡太守吳平還下邳閉門自守不交賓客誠聖王之老成明時之儁乂也朱誕字永長吳郡人體履清和黃中通理吳朝舉賢良累遷議郎今歸在家誠理物之至德清選之高望也嚴隱字仲弼吳郡人稟氣清純思度淵偉吳朝舉賢良宛陵令吳平去職九皋之鳴鶴空谷之白駒也張暢字威伯吳郡人稟性堅明志行清朗居磨涅之中無緇磷之損歲寒之松柏幽夜之逸光也陸雲別傳曰雲字士龍吳大司馬抗之第五子機同母之弟也儒雅有俊才容貌瓌偉口敏能談博聞彊記善著述六歲便能賦詩時人以爲項託揚烏之疇也年十八刺史周浚命爲主簿浚常嘆曰陸士龍當今之顏淵也累遷太子舍人清河內史爲成都王所害凡此諸君。以洪筆爲鉏耒。以紙札爲良田。以玄默爲稼穡。以義理爲豐年。以談論爲英華。以忠恕爲珍寶。著文章爲錦繡。蘊五經爲繒帛。坐謙虛爲席薦。張義讓爲帷幙。行仁義爲室宇。脩道德爲廣宅。按蔡所論士十六人無陸機兄弟又無凡此諸君以下疑益之

人問王夷甫。山巨源義理如何。是誰輩。王曰。此人初不肯以談自居。然不

讀老莊。時聞其詠。往往與其旨合。[顧愷之畫贊曰濤有而不恃皆此類也]

洛中雅雅有三嘏。劉粹字純嘏。宏字終嘏。漠字沖嘏。是親兄弟。王安豐甥。並是王安豐女壻。宏眞長祖也。[晉諸公贊曰粹沛國人歷侍中南中郎將宏歷祕書監光祿大夫晉後略曰漠少以淸識爲名與王夷甫友善並好以人倫爲意故世人許以才智之名自相國右長史出爲襄州刺史以貴館稱按劉氏譜劉邠妻武周女生粹宏漠非王氏甥]

洛中錚錚馮惠卿。名蓀。是播子。[晉後略曰播字友聲長樂人位至大宗正生蓀八王故事曰蓀少以才悟識當世之宜蚤歷淸職仕至侍中爲長沙王所害]蓀與邢喬。俱司徒李胤外孫。及胤子順。並知名。時稱馮才淸。李才明。純粹邢。[晉諸公贊曰喬字曾伯河間人有才學仕至司隸校尉順字曼長仕至太僕卿]

衞伯玉爲尚書令。見樂廣與中朝名士談議。奇之曰。自昔諸人歿已來。常恐微言將絕。今乃復聞斯言於君矣。命子弟造之曰。此人人之水鏡也。見之若披雲霧覩青天。[晉陽秋曰尚書令衞瓘見廣曰昔何平叔諸人歿常謂淸言盡矣今復聞之於君王隱晉書曰衞瓘有名理及與何晏鄧颺等數共談講見廣奇之曰每見此人則瑩然猶廓雲霧而覩青天]

王太尉曰。見裴令公精明朗然。籠蓋人上。非凡識也。若死而可作。當與之同歸。或云王戎語。[禮記曰趙文子與叔譽觀于九原文子曰死者如可作也吾誰與歸鄭玄曰作起也]

王夷甫自嘆。我與樂令談。未嘗不覺我言爲煩。[晉陽秋曰樂廣善以約言厭人心其所不知默如也太尉王夷甫光祿大夫裴叔則能淸言常曰與樂令言覺其簡至吾等皆煩]

郭子玄有儁才。能言老莊。庾敳嘗稱之。每曰。郭子玄何必減庾子嵩。[名士傳曰郭象字子玄自黃門郎爲太傅主簿任事用勢傾動一府敳謂象曰卿自是當世大才我疇昔之意都已盡矣其伏理推心皆此類也]

王平子目太尉。阿兄形似道而神鋒太儁。太尉答曰。誠不如卿落落穆穆。王隱晉書曰澄通朗好人倫情無所繫

太傅府有三才。劉慶孫長才。晉陽秋曰太傅將召劉輿或曰輿猶膩也近將汙人太傅疑而禦之輿乃密視天下兵簿諸屯戍及倉庫處所人穀多少牛馬器械水陸地形皆默識之是時軍國多事每會議事自潘滔以下皆不知所對輿便屈指籌計所發兵仗處所糧廩運轉事無凝滯於是太傅遂委仗之潘陽仲大才。裴景聲清才。八王故事曰劉輿才長綜覈潘滔以博學為名裴邈彊立方正皆為東海王所暱俱顯一府故時人稱曰輿長才滔大才邈清才也

世說新語卷四

賞譽第八（下）

林下諸賢。各有儁才子。籍子渾器量弘曠。世語曰渾字長成清虛寡欲位至太子中庶子康子紹。清遠雅正。巳見濤子簡。疏通高素。虞預晉書曰簡字季倫平雅有父風與嵇紹劉謨等齊名還尚書出爲征南將軍咸子瞻。虛夷有遠志。瞻弟孚。爽朗多所遺。名士傳曰瞻字千里夷任而少嗜欲不脩名行自得於懷讀書不甚研求而識其要仕至太子舍人年三十卒中興書曰孚風韻疏誕少有門風初爲安東參軍蓬髮飲酒不以王務嬰心秀子純。悌。並令淑有清流。竹林七賢論曰純字長悌位至侍中悌字叔遜位至御史中丞晉諸公贊曰洛陽敗純悌出奔爲賊所害戎子萬子。有大成之風。苗而不秀。晉諸公贊曰王綏字萬子辟太尉掾不就年十九卒晉書曰戎子萬有美號而太肥戎令食穅而肥愈甚也唯伶子無聞。凡此諸子。唯瞻爲冠。紹簡亦見重當世。庾子躬有廢疾。甚知名。家在城西。號曰城西公府。虞預晉書曰琮字子躬潁川人太常峻第二子仕至太尉掾

王夷甫語樂令。名士無多人。故當容平子知。王澄別傳曰澄風韻邁達志氣不羣從兄戎兄夷甫名冠當年四海人士一爲澄所題目則二兄不復措意云已經平子其見重如此是以名聞益盛天下知與不知莫不傾注澄後事迹不逮朝野失望及舊遊識見者猶曰當今名士也

王太尉云。郭子玄語議如懸河寫水。注而不竭。名士傳曰子玄有儁才能言莊老

司馬太傅府多名士。一時儁異。庾文康云。見子嵩在其中。常自神王。晉陽秋曰數爲太傅從事中郎

太傅東海王鎮許昌。以王安期爲記室參軍。雅相知重。敕世子毗曰。夫學

之所益者淺。體之所安者深。閑習禮度。不如式瞻儀形。諷味遺言。不如親承音旨。王參軍人倫之表。汝其師之。或曰。王趙鄧三參軍。人倫之表。汝其師之。謂安期鄧伯道趙穆也。趙吳郡行狀曰穆字季子汲郡人眞淑平粹才識清通歷尚書郎太傅參軍太傅越與穆及王承阮瞻鄧攸書曰禮八歲出就外傅十年日幼學明可以漸先王之教也然學之所受者淺體之所安者深是以閑習禮度不如式瞻軌儀諷味遺言不如親承辭旨小兒毗既無令淑之資未聞道德之風欲屈諸君時以閑豫周旋燕誨也穆歷晉明帝師冠軍將軍吳郡太守封南鄉侯袁宏作名士傳直云王參軍。或云趙家先猶有此本。

庾太尉少爲王眉子所知。庾過江。嘆王曰。庇其宇下。使人忘寒暑。晉諸公贊曰玄少希慕簡曠八王故事曰玄爲陳留太守或勸玄過江投瑯邪王玄曰王處仲得志於彼家叔猶不免害豈能容我謂其器宇不容於敦也

謝幼輿曰。友人王眉子清通簡暢。嵇延祖弘雅劭長。董仲道卓犖有致度。王隱晉書曰董養字仲道太始初到洛下干祿求榮永嘉中洛城東北角步廣里中地陷中有二鵝蒼者飛去白者不能飛問之博識者不能知養聞歎曰昔周時所盟會狄泉此地也卒有二鵝蒼者胡象後明當入洛白者不能飛此國諱也謝鯤元化論序曰陳留董仲道於元康中見惠帝廢楊悼后升太學堂嘆曰建此堂也將何爲乎每見國家赦書謀反逆皆赦孫殺王父母子殺父母不赦以爲王法所不容也奈何公卿處議文飾禮典以至此乎天人之理既滅大亂斯起顧謂謝鯤阮孚曰易稱知幾其神乎君等可深藏矣乃與妻荷擔入蜀莫知其所終

王公目太尉。巖巖清峙。壁立千仞。顧愷之夷甫畫贊曰夷甫天形瓌特識者以爲巖巖秀峙壁立千仞

庾太尉在洛下。問訊中郎。庾敳中郎留之云。諸人當來。尋溫元甫晉諸公贊曰溫幾字元甫太原人才性清婉歷司徒右長史湘州刺史卒官劉王喬曹嘉之晉紀曰劉疇字王喬彭城人父訥司隸校尉疇善談名理曾避亂塢壁有胡數百欲害之疇無懼色援笳而吹之爲出塞入塞之聲以動其遊客之思於是羣胡皆泣而去之位至司徒左長史裴叔則俱至。酬酢終日。庾公猶憶劉裴之才儁。元甫之清中。中一作平

蔡司徒在洛。見陸機兄弟住參佐廨中。三間瓦屋。士龍住東頭。士衡住西頭。士龍爲人。文弱可愛。士衡長七尺餘。聲作鍾聲。言多忼慨。文士傳曰雲性弘靜怡怡然爲士友所宗機清厲有風格爲鄉黨所憚

王長史是庾子躬外孫。王氏譜曰濛父訥娶潁川庾宗之女字三壽也丞相目子躬云。入理泓然。我已上人。子躬子嵩兄也

庾太尉目庾中郎。家從談談之許。名士傳曰敳不爲辨析之談而舉其旨要太尉王夷甫雅重之也一作家從談之祖從一作謟許一作詳

庾公目中郎。神氣融散。差如得上。晉陽秋曰敳頹然淵放莫有動其聽者

劉琨稱祖車騎爲朗詣。曰少爲王敦所歎。虞預晉書曰逖字士稚范陽遒人豁蕩不脩儀檢輕財好施晉陽秋曰逖與司空劉琨俱以雄豪著名年二十四與琨同辟司州主簿情好綢繆共被而寢中夜聞雞鳴俱起曰此非惡聲也每語世事則中宵起坐相謂曰若四海鼎沸豪傑共起吾與足下相避中原耳爲汝南太守值京師傾覆率流民數百家南度行達泗口安東板爲徐州刺史逖既有豪才常忼慨以中原爲己任乃說中宗雪復神州之計拜爲豫州刺史使自招募逖遂率部曲百餘家北渡江誓曰祖逖若不清中原而復濟此者有如大江攻城略地招懷義士屢摧石虎虎不敢復闚河南石勒爲逖母墓置守吏劉琨與親舊書曰吾枕戈待旦志梟逆虜常恐祖生先吾著鞭耳會祖逖卒先有妖星見豫州分逖曰此必爲我也未欲滅寇故耳贈車騎將軍

時人目庾中郎。善於託大。長於自藏。名士傳曰庾敳雖居職任未嘗以事自嬰從容博暢寄通而已是時天下多故機事屢起有爲者拔奇吐異而禍福繼之敳常默然故憂喜不至也

王平子邁世有儁才。少所推服。每聞衞玠言。輒歎息絕倒。玠別傳曰玠少有名理善通莊老瑯邪王平子高氣不羣邁世獨傲每聞玠之語議至于理會之間要妙之際輒絕倒於坐前後三聞爲之三倒時人遂曰衞君談道平子三倒

王大將軍與元皇表云。舒風概簡正。允作雅人。自多於邃。王舒已見邃別傳曰邃字處重瑯邪人舒意局

[剛簡以政事稱累遷中領軍尚書左僕射舒邃並敦從弟]最是臣少所知拔。中閒夷甫澄見語。卿知處明茂弘。茂弘已有令名。眞副卿清論。處明親疏無知之者。吾常以卿言爲意。殊未有得。恐已悔之。臣慨然曰。君以此試。頃來始乃有稱之者。言常人正自患知之使過。不知使負實。[使一作便]

周侯於荆州敗績還。未得用。王丞相與人書曰。雅流弘器。何可得遺。[鄧粲晉紀曰顗爲荆州始至而建平民傅密等叛迎蜀賊顗狼狽失據陶侃救之得免顗至武昌投王敦敦更選侃代顗顗還建康未即得用也]

時人欲題目高坐而未能。桓廷尉以問周侯。周侯曰。可謂卓朗。桓公曰。精神淵箸。[高士傳曰庾亮周顗桓彝一代名士一見和尚披衿致契曾爲和尚作目久之未得有云尸利密可稱卓朗於是桓始咨嗟以爲標之極似宣武嘗云少見和尚稱其精神淵箸當年出倫其爲名士所歎如此]

王大將軍稱其兒云。其神候似欲可。[王應也]

卞令目叔向。朗朗如百間屋。[春秋左氏傳曰叔向羊舌肸也晉大夫]

王敦爲大將軍。鎭豫章。衞玠避亂。從洛投敦。相見欣然。談話彌日。于時謝鯤爲長史。敦謂鯤曰。不意永嘉之中。復聞正始之音。阿平若在。當復絕倒。[玠別傳曰玠至武昌見王敦敦與之談論彌日信宿敦顧謂僚屬曰昔王輔嗣吐金聲於中朝此子今復玉振於江表微言之緒絕而復續不悟永嘉之中復聞正始之音阿平若在當復絕倒]

王平子與人書。稱其兒風氣日上。足散人懷。[永嘉流人名曰澄第四子微澄別傳曰微邈上有父風]

胡毋彥國吐佳言如屑。後進領袖。[言談之流靡靡如解木出屑也]

王丞相云。刁玄亮之察察。戴若思之巖巖。虞預晉書曰戴儼字若思廣陵人才義辯濟有風標鋒穎累遷征西將軍爲王敦所害贈左光祿大夫儀同三司卞望之之峯距。卞壼別傳曰壼字望之濟陰冤句人父粹太常卿壼少以貴正見稱累遷御史中丞權門屛迹轉領軍尙書令蘇峻作亂率衆距戰父子二人俱死王難鄧粲晉紀曰初咸和中貴遊子弟能談嘲者慕王平子謝幼輿等爲達壼厲色於朝曰悖禮傷教罪莫斯甚中朝傾覆實由於此欲奏治之王導庾亮不從乃止其後皆折節爲名士語林曰孔坦爲侍中密啓成帝不宜往拜曹夫人丞相聞之曰王茂弘駑痾耳若卞望之之巖巖刁玄亮之察察戴若思之峯距當敢爾不此言殊有由緒故聊載之耳

大將軍語右軍。汝是我佳子弟。按王氏譜羲之是敦從父兄子當不減阮主簿。中興書曰阮裕少有德行王敦聞其名召爲主簿知敦有不臣之心縱酒昏酣不綜其事

世目周侯嶷如斷山。晉陽秋曰顗正情嶷然雖一時儕類皆無敢媟近

王丞相招祖約夜語。至曉不眠。明旦有客。公頭鬢未理。亦小倦。客曰。公昨如是。似失眠。公曰。昨與士少語。遂使人忘疲。

王大將軍與丞相書。稱楊朗曰。世彥識器理致。才隱明斷。旣爲國器。且是楊侯淮之子。世語曰淮字始立弘農華陰人曾祖彪祖脩有名前世父囂典軍校尉淮元康末爲冀州刺史荀綽冀州記曰淮見王綱不振遂縱酒不以官事規意逍遙卒歲而已成都王知淮不治猶以其名士惜而不遣召爲軍咨祭酒府散停家關東諸侯欲以淮補三事以示懷賢尙德之事未施行而卒時年二十有七位望殊爲陵遲。卿亦足與之處。

何次道往丞相許。丞相以麈尾指坐。呼何共坐曰。來來。此是君坐。何充已見

丞相治揚州廨舍。按行而言曰。我正爲次道治此爾。何少爲王公所重。故屢發此歎。晉陽秋曰充導妻姊之子明穆皇后之妹夫也思韻淹濟有文義才情導深器之由是少有美譽遂歷顯位導有副貳已使繼相意故屢顯此指於上下

王丞相拜司徒而歎曰。劉王喬名疇若過江。我不獨拜公。曹嘉之晉紀曰劉王喬有重名永嘉中爲閻鼎所害司徒蔡謨每歎曰若使劉王喬得南渡司徒公之美選也

王藍田爲人晚成。時人乃謂之癡。晉陽秋曰述體道清粹簡貴靜正怡然自足不交非類雖羣英紛紛俊乂交馳述獨蔑然曾不慕羨由是名譽久蘊

王丞相以其東海子。辟爲掾。常集聚。王公每發言。衆人競贊之。述於末坐曰。主非堯舜。何得事事皆是。丞相甚相歎賞。言非聖人不能無過意識讚述之徒

世目楊朗。沈審經斷。蔡司徒云。若使中朝不亂。楊氏作公方未已。謝公云。朗是大才。八王故事曰楊准有六子曰喬髦朗琳俊仲皆得美名論者以謂悉有台輔之望文康庾公每追嘆曰中朝不亂諸楊作公未已也

劉萬安卽道眞從子。庾公琮字子躬所謂灼然玉舉。又云。千人亦見。百人亦見。劉氏譜曰綏字萬安高平人祖奧太祝令父斌著作郎綏歷驃騎長史

庾公爲護軍。屬桓廷尉覓一佳吏。乃經年。桓後遇見徐寧而知之。遂致於庾公曰。人所應有。其不必有。人所應無。已不必無。眞海岱淸士。徐江州本事曰徐寧字安期東海郯人通朗有德素少知名初爲輿縣令譙國桓彝有人倫鑒識嘗去職無事至廣陵尋親舊遇風停浦中累日在船憂邑上岸消搖見一空宇有似廨署彝訪之云輿縣廨也令姓徐名寧彝旣獨行思逢悟賞聊造之寧淸惠博涉相遇怡然遂停宿因留數夕與寧結交而別至都謂庾亮曰吾爲卿得一佳吏部郞亮問所在彝卽敍之累遷吏部郞左將軍江州刺史

桓茂倫云。褚季野皮裏陽秋。謂其裁中也。晉陽秋曰裒簡穆有器識故爲彝所目也

何次道嘗送東人。瞻望見賈寧在後輪中。曰。此人不死。終爲諸侯上客。晉陽秋曰寧字建寧長樂人賈氏孽子也初自結於王應諸葛瑤應敗浮遊吳會與人咸侮辱之聞京師亂馳出投蘇峻峻甚暱之以爲謀主及峻聞義軍起自姑孰屯于石頭是寧之計峻敗先降仕至新安太守

杜弘治墓崩，哀容不稱。庾公顧謂諸客曰：弘治至羸，不可以致哀。晉陽秋曰：杜乂字弘治，京兆人。祖預，父錫，有譽前朝。乂少有令名，仕丹陽丞，蚤卒。成帝納乂女爲后。又曰：弘治哭不可哀。

世稱庾文康爲豐年玉，穉恭爲荒年穀。庾家論云：是文康稱恭爲荒年穀，庾長仁爲豐年玉。謂亮有廊廟之器，翼有匡世之才，各有用也。

世目杜弘治標鮮，季野穆少。江左名士傳曰：乂清標令上也。

有人目杜弘治：標鮮清令，盛德之風，可樂詠也。語林曰：有人目杜弘治：標鮮甚清令，初若熙怡，容無韻，盛德之風，可樂詠也。

庾公云：逸少國舉。故庾倪爲碑文云：拔萃國舉。倪，庾倩小字也。徐廣晉紀曰：倩字少彥，司空冰子，皇后兄也。有才具，仕至太宰長史。桓溫以其宗彊，使下邳王晃誣與謀反，而誅之。

庾穉恭與桓溫書，稱劉道生日夕在事，大小殊快，義懷通樂，既佳且足作友，正實良器，推此與君同濟艱不者也。宋明帝文章志曰：劉恢字道生，沛國人。識局明濟，有文武才。王濛每稱其思理淹通，蕃屏之高選，爲車騎司馬。年三十六卒，贈前將軍。

王藍田拜揚州，主簿請諱。教云：亡祖先君，名播海內，遠近所知；內諱不出於外。禮記曰：婦人之諱不出門。餘無所諱。

蕭中郎，孫丞公婦父。劉尹在撫軍坐，時擬爲太常。劉尹云：蕭祖周不知便可作三公不？自此以還，無所不堪。晉百官名曰：蕭輪字祖周，樂安人。劉謙之晉紀曰：輪有才學，善三禮，歷常侍、國子博士。

謝太傅未冠，始出西，詣王長史，清言良久。去後，苟子問曰：王濛子脩，並已見。向客何如尊。長史曰。向客亹亹。爲來逼人。

王右軍語劉尹。故當共推安石。劉尹曰。若安石東山志立。當與天下共推之。續晉陽秋曰。初安家於會稽上虞縣。優遊山林六七年間。徵召不至。雖彈奏相屬。繼以禁錮。而晏然不屑也。

謝公稱藍田掇皮皆眞。徐廣晉紀曰。述眞審。眞意不顯。

桓溫行經王敦墓邊過。望之云。可兒可兒。孫綽與庾亮牋曰。王敦可人之目。數十年間也。

殷中軍道王右軍云。逸少清貴人。吾於之甚至。一時無所後。文章志曰。羲之高爽有風氣。不類常流也。

王仲祖稱殷淵源。非以長勝人。處長亦勝人。晉陽秋曰。浩善以通和接物也。

王司州與殷中軍語。歎云。己之府奧。蚤已傾寫而見。殷陳勢浩汗。衆源未可得測。徐廣晉紀曰。浩清言妙辯玄致。當時名流皆爲其美譽。

王長史謂林公。眞長可謂金玉滿堂。林公曰。金玉滿堂。復何爲簡選。王曰。非爲簡選。直致言處自寡耳。謂吉人之辭寡。非擇言而出也。

王長史道江道羣。人可應有。乃不必有。人可應無。己必無。中興書曰。江灌字道羣。陳留人。僕射虨從弟也。有才器。與從兄道名相亞。仕尚書中護軍。

會稽孔沈。魏顗。虞球。虞存。謝奉。並是四族之儁。于時之傑。沈存顗奉並別見。虞氏譜曰。球字和琳。會稽餘姚人。祖授。吳廣州刺史。父基。右軍司馬。球仕至黃門侍郎。孫興公目之曰。沈爲孔家金。顗爲魏家玉。虞爲長琳宗。謝爲弘道伏。長琳即存及球字也。弘道謝奉字也。言虞氏宗長琳之才。謝氏伏弘道之美也。

王仲祖劉眞長造殷中軍談。談竟俱載去。劉謂王曰。淵源眞可。王曰。卿故墮其雲霧中。中興書曰浩能言理談論精微長於老易故風流者皆宗歸之

劉尹每稱王長史云。性至通而自然有節。濛別傳曰濛之交物虛己納善恕而後行希見其喜愠之色凡與一面莫不敬而愛之然少孤事諸母甚謹篤義穆族不修小潔以清貧見稱

王右軍道謝萬石。在林澤中爲自遒上。歎林公器朗神儁。支遁別傳曰遁任心獨往風期高亮道祖士少風領毛骨。恐沒世不復見如此人。道劉眞長標雲柯而不扶疎。劉尹別傳曰惔既令望姻婭帝室故屢居達官然性不偶俗心淡榮利雖身登顯列而每挹降閑靜自守而已

簡文目庾赤玉省率治除。謝仁祖云。庾赤玉胸中無宿物。赤玉庾統小字中興書曰統字長仁潁川人衞將軍懌子也少有令名仕至尋陽太守

殷中軍道韓太常曰。康伯少自標置。居然是出羣器。及其發言遣辭。往往有情致。續晉陽秋曰康伯清和有思理幼爲舅殷浩所稱

簡文道王懷祖。才既不長於榮利。又不淡。直以眞率少許。便足對人多多許。晉陽秋曰述少貧約簞瓢陋巷不求聞達由是爲有識所重

林公謂王右軍云。長史作數百語。無非德音。如恨不苦。苦謂窮人以辭王曰。長史自不欲苦物。

殷中軍與人書。道謝萬文理轉遒。成殊不易。中興書曰萬才器儁秀善自衒曜故致有時譽兼善屬文能談論時人稱之

王長史云。江思悛思懷所通。不翅儒域。徐廣晉紀曰江惇字思悛陳留人僕射彪弟也性篤學手不釋書博覽墳典儒道兼綜徵聘無所就年四十九而卒

許玄度送母始出都。人問劉尹。玄度定稱所聞不。劉曰。才情過於所聞。許氏譜曰玄度母華軼女也按詢集詢出都迎姉於路賦詩續晉陽秋亦然而此言送母疑繆矣

阮光祿云。王家有三年少。右軍安期長豫。阮裕王悅安期王應並已見

謝公道豫章。若遇七賢。必自把臂入林。江左名士傳曰鯤通簡有識不脩威儀好迹逸而心整形濁而言清居身若穢動不累高鄰家有女嘗往挑之女方織以梭投折其兩齒既歸傲然長嘯曰猶不廢我嘯歌其不事形骸如此

王長史歎林公尋微之功。不減輔嗣。支遁別傳曰遁神心警悟清識玄遠嘗至京師王仲祖稱其造微之功不異王弼

殷淵源在墓所幾十年。于時朝野以擬管葛。起不起以卜江左興亡。續晉陽秋曰時穆帝幼沖母后臨朝簡文親賢民望任登宰輔桓溫有平蜀洛之勳擅彊西陝帝自料文弱無以抗之陳郡殷浩素有盛名時論比之管葛故徵浩爲揚州溫知意在抗己甚忿焉

殷中軍道右軍。清鑒貴要。晉安帝紀曰羲之風骨清舉也

謝太傅爲桓公司馬。續晉陽秋曰初安優遊山水以敷文析理自娛桓溫在西藩欽其盛名諷朝廷請爲司馬以世道未夷志存匡濟年四十起家應務也　桓詣謝。值謝梳頭。遽取衣幘。桓公云。何煩此。因下共語至暝。既去。謂左右曰。頗曾見如此人不。

謝公作宣武司馬。屬門生數十人於田曹中郎趙悅子。伏滔大司馬寮屬名曰悅字悅子下邳人歷大司馬參軍左衛將軍　悅子以告宣武。宣武云。且爲用半。趙俄而悉用之。曰。昔安石在東山。搢

紳款逼。恐不豫人事。況今自鄉選。反違之邪。

桓宣武表云。謝尚神懷挺率。少致民譽。溫集載其平洛表曰今中州既平宜時綏定鎮西將軍豫州刺史尚神懷挺率少致人譽是以入贊百揆出藩方司宜進據洛陽撫寧黎庶謂可本官都督司州諸軍事

世目謝尚爲令達。阮遙集云。清暢似達。或云。尚自然令上。晉陽秋曰尚率易挺達超悟令上也

桓大司馬病。謝公往省病。從東門入。溫時在姑孰 桓公遙望歎曰。吾門中久不見如此人。

簡文目敬豫爲朗豫。王恬已見文字志曰恬識理明貴爲後進冠冕也

孫興公爲庾公參軍。共遊白石山。衞君長在坐。衞氏譜曰永字君長成陽人位至左軍長史 孫曰。此子神情都不關山水而能作文。庾公曰。衞風韻雖不及卿。諸人傾倒處亦不近。孫遂沐浴此言。

王右軍目陳玄伯。壘塊有正骨。陳泰已見

王長史云。劉尹知我。勝我自知。濛別傳曰濛與沛國劉惔齊名時人以濛比袁曜卿惔比荀奉倩而其交友甚相知賞也

王劉聽林公講。王語劉曰。向高坐者。故是凶物。復東聽。王又曰。自是鉢釪後王何人也。高逸沙門傳曰王濛恒尋遁遇祗洹寺中講正在高坐上每舉麈尾常領數百言而情理俱暢預坐百餘人皆結舌注耳濛云聽講衆僧向高坐者是鉢釪後王何人也

許玄度言。琴賦所謂非至精者。不能與之析理。劉尹其人。非淵靜者。不能與之閑止。簡文其人。嵇叔夜琴賦也劉惔眞長丹陽尹

魏隱兄弟少有學義。魏氏譜曰隱字安時會稽上虞人歷義興太守御史中丞弟逷黃門郎 總角詣謝奉。奉與語。大說之。曰。大宗雖衰。魏氏已復有人。

簡文云。淵源語不超詣簡至。然經綸思尋處。故有局陳。

初。法汰北來未知名。車頻秦書曰釋道安爲慕容晉所掠欲投襄陽行至新野集衆議曰今遭凶年不依國主則法事難舉乃分僧衆使竺法汰詣揚州曰彼多君子上勝可投法汰遂渡江至揚土焉 王領軍供養之。中興書曰王洽字敬和丞相導第三子累遷吳郡內史爲士民所懷徵拜中領軍尋加中書令不拜年二十六而卒 每與周旋。行來往名勝許。輒與俱。不得汰。便停車不行。因此名遂重。名德沙門題目曰法汰高亮開達孫綽爲汰贊曰凄風拂林明泉映壑爽爽法汰校德無怍事外蕭灑神內恢廓實從前起名隨後躍泰元起居注曰法汰以十二卒烈宗詔曰法汰師喪逝哀痛傷懷可贈錢十萬

王長史與大司馬書。道淵源識致安處。足副時談。

謝公云。劉尹語審細。孫綽爲劉惔誄敘曰神猶淵鏡言必珠玉

桓公語嘉賓。阿源有德有言。向使作令僕。足以儀刑百揆。朝廷用違其才耳。嘉賓郗超小字也阿源殷浩也

簡文語嘉賓。劉尹語末後亦小異。回復其言。亦乃無過。

孫興公許玄度共在白樓亭。會稽記曰亭在山陰臨流映壑也 共商略先往名達。林公既非所關。聽訖云。二賢故自有才情。

王右軍道東陽。我家阿林。章清太出。林應爲臨王氏譜曰臨之字仲產瑯邪人僕射彪之子仕至東陽太守

王長史與劉尹書。道淵源觸事長易。

謝中郎云。王脩載樂託之性。出自門風。王氏譜曰耆之字脩載琅邪人荆州刺史廙第三子歷中書郎鄱陽太守給事中

林公云。王敬仁是超悟人。文字志曰脩少有秀令之稱

劉尹先推謝鎮西。謝後雅重劉曰。昔嘗北面。按謝尙年長於惔神穎夙彰而曰北面於劉非可信

謝太傅稱王脩齡曰。司州可與林澤遊。王胡之別傳曰胡之常遺世務以高尙爲情與謝安相善也

諺曰。揚州獨步王文度。後來出人郗嘉賓。續晉陽秋曰超少有才氣越世負俗不循常檢時人爲一代盛譽者語曰大才槃槃謝家安江東獨步王文度盛德日新郗嘉賓其語小異故詳錄焉

人問王長史。江虨兄弟羣從。王答曰。諸江皆復足自生活。虨及弟灌並有德行知名於世

謝太傅道安北。見之乃不使人厭。然出戶去。不復使人思。安北王坦之也續晉陽秋曰謝安初攜幼穉同好養志海濱襟情超暢尤好聲律然抑之以禮在哀能至弟萬之喪不聽竹絲者將十年及輔政而脩室第園館麗車服雖朞功之慘不廢妓樂王坦之因苦諫焉按謝公蓋以王坦之好直言故不思爾

謝公云。司州造勝遍決。宋明帝文章志曰胡之性簡好達玄言也

劉尹云。見何次道飲酒。使人欲傾家釀。充飲酒能溫克

謝太傅語眞長。阿齡於此事故欲太厲。脩齡王胡之小字也 劉曰。亦名士之高操者。胡之別傳曰胡之治身清約以風操自居

王子猷說。世目士少爲朗。我家亦以爲徹朗。晉諸公贊曰祖約少有清稱

謝公云。長史語甚不多。可謂有令音。王濛別傳曰濛性作暢能清言談道貴理中簡而有會商略古賢顯默之際辭旨劭令往往有高致

謝鎮西道敬仁文學鏃鏃。無能不新。語林曰敬仁有異才時賢皆重之王右軍在郡迎敬仁敬仁輒同車常惡其遲後以馬迎敬仁雖復風雨亦不

以車也

劉尹道江道羣不能言而能不言。江灌已見

林公云。見司州警悟交至。使人不得住。亦終日忘疲。王胡之別傳曰胡之少有風尚才器率舉有秀悟之稱

世稱苟子秀出。阿興清和。苟子已見阿興王蘊小字

簡文云。劉尹茗柯有實理。柯一作打又作仃又作打

謝胡兒作著作郎。嘗作王堪傳。晉諸公贊曰堪字世冑東平壽張人少以高亮義正稱爲尚書左丞有準繩操爲石勒所害贈太尉不諳堪是何似人。咨謝公。謝公答曰。世冑亦被遇。堪。烈之子。晉諸公贊曰烈字陽秀蚤知名魏朝爲治書御史阮千里姨兄弟。潘安仁中外。安仁詩所謂子親伊姑。我父唯舅。是許允壻。岳集曰堪爲成都王軍司馬岳送至北邙別作詩曰微微髮膚受之父母峩峩王侯中外之首子親伊姑我父唯舅

謝太傅重鄧僕射。常言天地無知。使伯道無兒。晉陽秋曰鄧攸既棄子遂無復繼嗣爲有識傷惜

謝公與王右軍書曰。敬和棲託好佳。中興書曰洽於公子中最知名與潁州荀羨俱有美稱

吳四姓舊目云。張文朱武。陸忠顧厚。吳錄士林曰吳郡有顧陸朱張爲四姓三國之間四姓盛焉

謝公語王孝伯。君家藍田。舉體無常人事。按述雖簡而性不寬裕投火怒蠅方之未甚若非太傅虛相褒飾則世說謬設斯語也

許掾嘗詣簡文。爾夜風恬月朗。乃共作曲室中語。襟情之詠。偏是許之所長。辭寄清婉。有逾平日。簡文雖契素。此遇尤相咨嗟。不覺造膝。共叉手語。達于將旦。既而曰。玄度才情。故未易多有許。續晉陽秋曰詢能言理會出都迎姊簡文皇帝劉眞長說其情旨及襟懷之詠每造膝賞

對夜以繫日

殷允出西。郗超與袁虎書云。子思求良朋。託好足下。勿以開美求之。中興書曰允字子思陳郡人太常康第大子恭素謙退有儒者之風歷吏部尙書 世目袁爲開美。故子敬詩曰。袁生開美度。

謝車騎問謝公。眞長性至峭。何足乃重。答曰。是不見耳。阿見子敬。尙使人不能已。語林曰羊麟因酒醉撫謝左軍謂太傅曰此家詎復後鎮西太傅曰汝阿見子敬便沐浴爲論兄輩推此言意則安以玄不見眞長故不重耳見子敬尙重之況眞長乎

謝公領中書監。王東亭有事。應同上省。王後至。坐促。王謝雖不通。太傅猶斂膝容之。王謝不通事別見 王神意閑暢。謝公傾目。還謂劉夫人曰。向見阿瓜故自未易有。按王詢小字法護而此言阿瓜未爲可解儻小名有兩耳 雖不相關。正是使人不能已已。

王子敬語謝公。公故蕭灑。謝曰。身不蕭灑。君道身最得。身正自調暢。續晉陽秋曰安弘雅有氣風神調暢也

謝車騎初見王文度曰。見文度雖蕭灑相遇。其復愔愔竟夕。

范豫章謂王荆州。范甯王忱並已見 卿風流儁望。眞後來之秀。王曰。不有此舅。焉有此甥。

子敬與子猷書。道兄伯蕭索寡會。遇酒則酣暢忘反。乃自可矜。

張天錫世雄涼州。以力弱詣京師。雖遠方殊類。亦邊人之桀也。天錫已見 聞皇京多才。欽羡彌至。猶在渚住。司馬著作往詣之。未詳 言容鄙陋。無可觀聽。天錫

心甚悔來。以遐外可以自固。王彌有儁才。美譽。當時聞而造焉。續晉陽秋曰珉風情秀發才辭富贍 既至。天錫見其風神清令。言話如流。陳說古今。無不貫悉。又諳人物。氏族中來。皆有證據。天錫訝服。

王恭始與王建武甚有情。後遇袁悅之閒。遂致疑隙。晉安帝紀曰初忱與族子恭少相善齊聲見稱反並登朝俱爲主相所待內外始有不咸之論恭獨深憂之乃告忱曰悠悠之論頗有異同當由驃騎簡於朝覲故也將無從容切言之邪若主相諧睦吾徒得勠力明時復何憂哉忱以爲然而慮弗見令乃令袁悅具言之悅每欲間恭乃於正坐責讓恭曰卿何妄生同異疑誤朝野其言切厲恭雖惋悵謂忱爲搆已也忱雖心不負恭而無以自亮於是情好大離而怨隙成矣 然每至與會。故有相思時。恭嘗行散至京口射堂。于時清露晨流。新桐初引。恭目之曰。王大故自濯濯。

司馬太傅爲二王目曰。孝伯亭亭直上。阿大羅羅清疏。恭正亮忱烈忱通朗誕放

王恭有清辭簡旨。能敍說而讀書少。頗有重出。中興書曰恭雖才不多而清辯過人 有人道孝伯常有新意。不覺爲煩。

殷仲堪喪後。桓玄問仲文。卿家仲堪定是何似人。仲文曰。雖不能休明一世。足以映徹九泉。續晉陽秋曰仲堪仲文之從兄也少有美譽

品藻第九

汝南陳仲舉。潁川李元禮。二人共論其功德。不能定先後。蔡伯喈續漢書曰蔡伯喈陳留圉人通達有儁才博學善屬文伎藝術數無不精綜仕至左中郎將爲王允所誅 評之曰。陳仲舉彊於犯上。李元禮嚴於攝下。犯上難。攝下易。張璠漢紀曰時人爲之語曰不畏彊禦陳仲舉天下模楷李元禮 仲舉遂在三君之下。謝沈漢書曰三君者一時之所貴也竇武劉叔陳蕃

少有高操海內尊而爵之故得因以爲目元禮居八俊之上。薛瑩漢書曰李膺王暢荀緄朱寓魏朗劉祐杜楷趙典爲八俊英雄記曰先是張儉等相與作衣冠糾彈彈中人相調言我彈中誠有八俊八乂猶古之八元八凱也謝沉書曰俊者卓出之名也姚信士緯曰陳仲舉體氣高烈有王臣之節李元禮忠壯正直有社稷之能海內論之未決蔡伯喈抑一言以變之疑論乃定也

龐士元至吳。吳人並友之。蜀志曰周瑜領南郡士元爲功曹瑜卒士元送喪至吳吳人多聞其名及當還西並會閶門與士元言見陸績文士傳曰績字公紀幼有儁朗才數博學多通龐士元年長於績共爲交友仕至鬱林太守自知亡日年三十二而卒顧劭。全琮環濟吳紀曰琮字子黃吳郡錢塘人有德行義概爲大司馬而爲之目曰。陸子所謂駑馬有逸足之用。顧子所謂駑牛可以負重致遠。或問如所目。陸爲勝邪。曰。駑馬雖精速。能致一人耳。駑牛一日行百里。所致豈一人哉。吳人無以難。全子好聲名。似汝南樊子昭。蔣濟萬機論曰許子將褒貶不平以拔樊子昭而抑許文休劉曄難曰子昭拔自賈竪年至七十退能守靜進不苟競濟答曰子昭誠自幼至長容貌完潔然觀其插齒牙樹頰頦吐脣吻自非文休之敵

顧劭嘗與龐士元宿語。問曰。聞子名知人。吾與足下孰愈。曰。陶冶世俗。與時浮沉。吾不如子。吳志曰劭好樂人倫自州郡庶幾及四方人事往來相見或諷議而去或結友而別風聲流聞遠近稱之論王霸之餘策。覽倚伏之要害。吾似有一日之長。劭亦安其言。吳錄曰劭安其言更親之

諸葛瑾弟亮及從弟誕。吳書曰瑾字子瑜其先葛氏琅邪諸縣人後徙陽都陽都先有姓葛者時人謂諸葛因爲氏瑾少以至孝稱累遷豫州牧六十八卒魏志曰誕字公休爲吏部郎人有所屬託輒顯其言而亟用之後有當不則公議其得失以爲褒貶自是羣寮莫不愼其所舉累遷揚州刺史鎭東將軍司空謀逆伏誅並有盛名。各在一國。于時以爲蜀得其龍。吳得其虎。魏得其狗。誕在魏。與夏侯玄齊名。瑾在吳。吳朝服其弘量。吳書曰瑾避亂渡江大皇帝取爲長史遣使蜀但與弟亮公會相見反無私面而又有容貌思度時人服其弘量

司馬文王問武陔。陳玄伯何如其父司空。陔曰。通雅博暢。能以天下聲教

爲己任者。不如也。明練簡至。立功立事過之。魏志曰陔與泰善故文王問之

正始中人士比論。以五荀方五陳。荀淑方陳寔。荀靖方陳諶。逸士傳曰靖字叔慈潁川人有儁才以孝著名兄弟八人號八龍隱身脩學動正合禮弟爽亦有才學顯名當世或問汝南許章爽與靖孰賢章曰二人皆玉也慈明外朗叔慈內潤太尉辟不就年五十終時人惜之號玄行先生 荀爽方陳紀。荀彧方陳羣。典略曰彧字文若潁川人爲漢侍中守尚書令彧爲人英偉折節待士坐不累席其在臺閣間不以私欲撓意年五十薨謚曰敬侯以其名德高追贈太尉 荀顗方陳泰。晉諸公贊曰顗字景倩彧之子蹈禮立德思義溫雅加深識國體累遷光祿大夫晉受禪封臨淮公典朝儀刊正國式爲一代之制轉太尉爲台輔德望淸重留心禮敎卒謚康公 又以八裴方八王。裴徽方王祥。裴楷方王夷甫。裴康方王綏。晉百官名曰康字仲豫徽之子晉諸公贊曰康有弘量歷太子左率 裴綽方王澄。王朝目錄曰綽字仲舒楷弟也名亞於楷歷中書黃門侍郎 裴瓚方王敦。晉諸公贊曰瓚字國寶楷之子才氣爽儁終中書郎 裴遐方王導。裴頠方王戎。裴邈方王玄。

冀州刺史楊淮二子喬與髦。俱總角爲成器。淮與裴頠樂廣友善。遣見之。頠性弘方。愛喬之有高韻。謂淮曰。喬當及卿。髦小減也。廣性淸淳。愛髦之有神檢。謂淮曰。喬自及卿。然髦尤精出。淮笑曰。我二兒之優劣。乃裴樂之優劣。論者評之。以爲喬雖高韻。而檢不匝。樂言爲得。然並爲後出之儁。荀綽冀州記曰喬字國彥爽朗有遠意髦字士彥淸平有貴識並爲後出之儁爲裴頠樂廣所重晉諸公贊曰喬似淮而疎皆爲二千石髦爲石勒所害

劉令言始入洛。劉氏譜曰納字令言彭城叢亭人祖瑾樂安長父甝魏洛陽令納歷司隸校尉 見諸名士而歎曰。王夷甫太解明。樂彥輔我所敬。張茂先我所不解。周弘武巧於用短。王隱晉書曰周恢字弘武汝南人祖斐永寧少府父隆州從事恢仕至秦相秩中二千石 杜方叔拙於用長。晉諸公贊曰杜育字方叔襄城鄧陵人杜襲孫也育幼便岐嶷號神童及長美風姿有才藻時人號曰杜聖累遷國子祭酒洛陽將沒爲

賊所殺

王夷甫云。閭丘沖荀綽兗州記曰沖字賓卿高平人家世二千石沖清平有鑒識博學有文義累遷太傅長史雖不能立功蓋世然聞義不惑當世莅事務於平允操持文案必引經誥飾以文采未嘗有滯性尤通達不矜不假好音樂侍婢在側不釋弦管出入乘四望車居之甚夷不能虧損恭素之行淡然肆其心志論者不以爲侈不以爲僭至於白首而清名令望不渝於始爲光祿勳京邑未潰乘車出爲賊所害時人皆痛惜之優於滿奮、郝隆。晉諸公贊曰隆字弘始高平人爲人通亮有識爲吏部郎揚州刺史齊王冏起義隆應檄稽留爲參軍王邃所殺此三人並是高才。沖最先達。兗州記曰于時高平人士偶盛滿奮郝隆達在沖前名位已顯而劉寶王夷甫猶以沖之虛貴足先二人

王夷甫以王東海比樂令。江左名士傳曰承言理辯物但明其旨要不爲辭費有識伏其約而能通太尉王夷甫一世龍門見而雅重之以比南陽樂廣故王中郎作碑云。當時標榜。爲樂廣之儷。

庾中郎與王平子鴈行。晉陽秋曰初王澄有通朗稱而輕薄無行兄夷甫有盛名時人許以人倫鑒識常爲天下士目曰阿平第一子嵩第二處仲第三敱以澄敦莫已若也及澄喪敦敗敱世譽如初

王大將軍在西朝時。見周侯輒扇障面不得住。敦性强梁自少及長季倫斬妓會無異色若斯傲狠豈憚於周顗乎其言不然後度江左。不能復爾。王歎曰。不知我進。伯仁退。沈約晉書曰周顗王敦素憚之見輒面熱雖復臘月亦扇面不休其憚如此

會稽虞駿。元皇時與桓宣武同俠。其人有才理勝望。虞光祿傳曰駿字思行會稽餘姚人虞翻曾孫右光祿潭兄子也雖機驗不及潭而至行過之歷吏部郎吳興守徵爲金紫光祿大夫卒王丞相嘗謂駿曰。孔愉有公才而無公望。丁潭有公望而無公才。愉已見會稽後賢記曰潭字世康山陰人吳司徒固曾孫也沈婉有雅望少與孔愉齊名仕至光祿大夫晉陽秋曰孔敬康丁世康張偉康俱著名時謂會稽三康偉康名茂嘗夢得大象以問萬雅雅曰君當爲大郡而不善也象大獸也取其音狩故爲大郡然象以齒喪身後爲吳郡果爲沈充所殺兼之者其在卿乎。駿未達而喪。虞光祿傳曰駿未登台鼎時論稱屈

明帝問周伯仁。卿自謂何如郗鑒。周曰。鑒方臣如有功夫。復問郗。郗曰。周顗比臣。有國士門風。鄧粲晉紀曰伯仁清正嶷然以德望稱之

王大將軍下。庾公問。聞卿有四友。何者是。答曰。君家中郎。我家太尉。阿平。胡毋彥國。八王故事曰胡毋輔之少有雅俗鑒識與王澄庾敳王敦王夷甫爲四友今故答也 阿平故當最劣。庾曰。似未肯劣。庾又問何者居其右。王曰。自有人。又問何者是。王曰。噫其自有公論。左右躡公。公乃止。敦自謂右者在己也

人問丞相。周侯何如和嶠。答曰。長輿嵯櫱。虞預晉書曰嶠厚自封植嶷然不羣

明帝問謝鯤。君自謂何如庾亮。答曰。端委廟堂。使百官準則。臣不如亮。一邱一壑。自謂過之。晉陽秋曰鯤隨王敦下入朝見太子於東宮語及夕太子從容問鯤曰論者以君方庾亮自謂孰愈對曰宗廟之美百官之富臣不如亮縱意邱壑自謂過之鄧粲晉紀曰鯤與王澄之徒慕竹林諸人散首披髮裸袒箕踞謂之八達故鄰家之女折其兩齒世爲謠曰任達不已幼輿折齒鯤有勝情遠槩爲朝廷之望故時以庾亮方焉

王丞相二弟不過江。曰穎。曰敞。時論以穎比鄧伯道。敞比溫忠武。議郎祭酒者也。王氏譜曰穎字茂英位至議郎年二十卒敞字茂平丞相祭酒不就襲爵堂邑公年二十有二而卒

明帝問周侯。論者以卿比郗鑒。云何。周曰。陛下不須牽顗比。按顗死彌年明帝乃即位世說此言妄矣

王丞相云。頃下論以我比安期。千里亦推此二人。唯共推太尉。此君特秀。晉諸公贊曰夷甫性矜峻少爲同志所推

宋禕曾爲王大將軍妾。後屬謝鎮西。鎮西問禕。我何如王。答曰。王比使君。

田舍貴人耳。鎮西妖冶故也。未詳宋禕

明帝問周伯仁。卿自謂何如庾元規。對曰。蕭條方外。亮不如臣。從容廊廟。臣不如亮。按諸書皆以謝鯤比亮不聞周顗

王丞相辟王藍田爲掾。庾公問丞相。藍田何似。王曰。眞獨簡貴。不減父祖。然曠澹處。故當不如爾。王述猶監故也

卞望之云。郗公體中有三反。方於事上。好下佞己。一反。治身清貞。大脩計校。二反。自好讀書。憎人學問。三反。按太尉劉寔論王肅方於事上好下佞己性嗜榮貴不求苟合治身不穢尤惜財物王郗志性儻亦同乎

世論溫太眞是過江第二流之高者。時名輩共說人物。第一將盡之閒。溫常失色。溫氏譜序曰晉大夫郤至封於溫子孫因氏居太原祁縣爲郡著姓

王丞相云。見謝仁祖恒令人得上。與何次道語。唯舉手指地曰。正自爾馨。前篇及諸書皆云王公重何充謂必代己相而此章以手指地意如輕詆或淸言析理何不逮謝故邪

何次道爲宰相。人有譏其信任不得其人。晉陽秋曰充所暱庸雜以此損名阮思曠慨然曰。次道自不至此。但布衣超居宰相之位。可恨唯此一條而已。語林曰阮光祿聞何次道爲宰相嘆曰我當何處生活此則阮未許何爲鼎輔二說便相符也

王右軍少時。丞相云。逸少何緣復減萬安邪。劉綏已見

郗司空家有傖奴。知及文章。事事有意。王右軍向劉尹稱之。劉問何如方

回。郗愔別傳曰愔字方回高平金鄉人太宰鑒長子也淵靖純素無執無競簡私曠翠交遊歷會稽內史侍中司徒王曰。此正小人有意向耳。何得便比方回。劉曰。若不如方回。故是常奴耳。

時人道阮思曠。骨氣不及右軍。簡秀不如眞長。韶潤不如仲祖。思致不如淵源。而兼有諸人之美。中興書曰裕以人不須廣學正應以禮讓爲先故終日頹然無所修綜而物自宗之

簡文云。何平叔巧累於理。嵇叔夜儁傷其道。理本眞率巧則乖其致道唯虛澹儁則違其宗所以二子不免也

時人共論晉武帝出齊王之與立惠帝。其失孰多。晉陽秋曰齊王攸字大猷文帝第二子孝敬忠肅清口平允親賢下士仁惠好施能屬文善尺牘初荀勖馮紞爲武口親幸攸惡勖之佞勖懼攸或嗣立必誅己目攸甚得衆心朝賢景附會帝有疾攸及皇太子入問訊朝士皆屬目於攸而不在太子至是勖從容曰陛下萬年後太子不得立也帝曰何故勖曰百寮內外皆歸國於齊王太子安得立乎陛下試詔齊王歸國必舉朝謂之不可若然則臣言徵矣侍中馮紞又曰陛下必欲建諸侯成五等宜從親始親莫若齊王帝從之於是下詔使攸之國攸聞勖紞閒己憂忿不知所爲入辭出嘔血薨帝哭之慟馮紞侍曰齊王名過其實而天下歸之今自薨殞陛下何哀之甚帝乃止劉毅聞之故終身稱疾焉多謂立惠帝爲重。桓溫曰。不然。使子繼父業。弟承家祀。有何不可。武帝兆禍亂覆神州在斯而已輿隸且知其若此況宣武之弘儁乎此言非也

人問殷淵源。當世王公以卿比裴叔道云何。殷曰。故當以識通暗處。遐與浩並能清言

撫軍問殷浩。卿定何如裴逸民。良久答曰。故當勝耳。

桓公少與殷侯齊名。常有競心。桓問殷。卿何如我。殷云。我與我周旋久。寧作我。

撫軍問孫興公。劉眞長何如。曰。清蔚簡令。王仲祖何如。曰。溫潤恬和。徐廣晉紀曰凡

稱風流者皆舉王劉爲宗焉桓溫何如。曰。高爽邁出。謝仁祖何如。曰。清易令達。阮思曠何如。曰。弘潤通長。袁羊何如。曰。洮洮清便。殷洪遠何如。曰。遠有致思。卿自謂何如。曰。下官才能所經。悉不如諸賢。至於斟酌時宜。籠罩當世。亦多不及。然以不才。時復託懷玄勝。遠詠老莊。蕭條高寄。不與時務經懷。自謂此心無所與讓也。

桓大司馬下都。問眞長曰。聞會稽王語奇進。爾邪。桓溫別傳曰興寧九年以溫克復舊京肅靜華夏進都督中外諸軍事侍中大司馬加黃鉞使入參朝政劉曰。極進。然故是第二流中人耳。桓曰。第一流復是誰。劉曰。正是我輩耳。

殷侯既廢。桓公語諸人曰。少時與淵源共騎竹馬。我棄去。已輒去之。故當出我下。續晉陽秋曰簡文輔政引殷浩爲揚州欲以抗桓桓素輕浩未之憚也

人問撫軍。殷浩談竟何如。答曰。不能勝人。差可獻酬羣心。

簡文云。謝安南清令不如其弟。安南謝奉也已見謝氏譜曰奉弟聘字弘遠歷侍中廷尉卿學義不及孔巖。中興書曰巖字彭祖會稽山陰人父倫黃門侍郎巖有才學歷丹陽尹尚書西陽侯在朝多所匡正爲吳興太守大得民和後卒於家居然自勝。言奉在天眞也

未廢海西公時。王元琳問桓元子。箕子比干。迹異心同。不審明公孰是孰非。曰。仁稱不異。寧爲管仲。論語曰微子去之箕子爲之奴比干諫而死子曰殷有三仁焉子路曰桓公殺公子糾召忽死之管仲不死曰未仁乎子曰桓公九合諸侯一匡天下不以兵車管仲之力如其仁如其仁

劉丹陽王長史在瓦官寺集。桓護軍亦在坐。桓伊已見共商略西廟及江左人物。

或問杜弘治何如衞虎。桓答曰。弘治膚淸。衞虎奕奕神令。王劉善其言。虎衞玠小字玠別傳曰永和中劉眞長謝仁祖共商略中朝人或問杜弘治可方衞洗馬不謝曰安得比其間可容數人江左名士傳曰劉眞長曰吾請評之弘治膚淸叔寶神淸論者謂爲知言

劉尹撫王長史背曰。阿奴比丞相。但有都長。阿奴濛小字也都美也司馬相如傳曰閑雅甚都語林曰劉眞長與丞相不相得每曰阿奴比丞相條達淸長

劉尹王長史同坐。長史酒酣起舞。劉尹曰。阿奴今日不復減向子期。類秀之任率也

桓公問孔西陽。安石何如仲文。西陽間孔嚴也孔思未對。反問公曰。何如。答曰。安石居然不可陵踐其處。故乃勝也。

謝公與時賢共賞說。遏胡兒並在坐。公問李弘度曰。卿家平陽何如樂令。晉諸公贊曰李重字茂重江夏鍾武人少以淸尙見稱歷吏部郎平陽太守晉陽秋曰趙王倫篡位樂廣與滿奮崔隨進璽綬於是李潸然流涕曰。趙王篡逆。樂令親授璽綬。亡伯雅正。恥處亂朝。遂至仰藥。恐難以相比。此自顯於事實。非私親之言。晉諸公贊曰趙王倫爲相國時取李重爲左司馬重以趙王將篡逆因辭疾不就王敦喩之重遂不復自治至於篤甚扶曳受拜後數日卒時人傑惜之贈散騎常侍

謝公語胡兒曰。有識者果不異人意。

王修齡問王長史。我家臨川何如卿家宛陵。長史未答。修齡曰。臨川譽貴。長史曰。宛陵未爲不貴。中興書曰羲之自會稽王友改授臨川太守王述從驃騎功曹出爲宛陵令述之爲宛陵多修爲家之具初有勞苦之聲丞相王導使人謂之曰名父之子屈臨小縣甚不宜爾述答曰足自當止時人未之達也後屢臨州郡無所造作世始歎服之

劉尹至王長史許清言。時苟子年十三。倚牀邊聽。既去。問父曰。劉尹語何如尊。長史曰。韶音令辭不如我。往輒破的勝我。劉惔別傳曰惔有儁才其談詠虛勝理會所歸王濛略同而敍致過之其詞當也

謝萬壽春敗後。簡文問郗超。萬自可敗。那得乃爾失士卒情。超曰。伊以率任之性。欲區別智勇。中興書曰萬之爲豫州氏羌暴掠司豫鮮卑屯結幷冀萬既受方任自率衆入潁以援洛陽萬矜豪傲物失士衆之心比中郎郗曇以疾還彭城萬以爲賊盛致退便向還南衆自潰亂狼狽單歸太宗責之廢爲庶人

劉尹謂謝仁祖曰。自吾有四友。門人加親。謂許玄度曰。自吾有由。惡言不入於耳。二人皆受而不恨。尚書大傳曰孔子曰文王有四友自吾得回也門人加親是非胥附邪自吾得賜也遠方之士至是非奔走邪自吾得師也前有輝後有光是非先後邪自吾得由也惡言不入於耳是非禦侮邪

世目殷中軍。思緯淹通。比羊叔子。羊祜德高一世才經夷險淵源蒸燭之曜豈喻日月之明也

有人問謝安石王坦之優劣於桓公。桓公停欲言。中悔曰。卿喜傳人語。不能復語卿。

王中郎嘗問劉長沙曰。我何如苟子。大司馬官屬名曰劉奭字文時彭城人劉氏譜曰奭祖昶彭城內史父濟臨海令奭歷車騎咨議長沙相散騎常侍劉答曰。卿才乃當不勝苟子。然會名處多。王笑曰。癡。

支道林問孫興公。君何如許掾。孫曰。高情遠致。弟子蚤已服膺。一吟一詠。許將北面。

王右軍問許玄度。卿自言何如安石。許未答。王因曰。安石故相為雄。阿萬當裂眼爭邪。中興書曰萬器量不及安石雖居藩任安在私門之時名稱居萬上也

劉尹云。人言江虨田舍。江乃自田宅屯。謂能多出有也

謝公云。金谷中蘇紹最勝。紹是石崇姊夫。蘇則孫愉子也。石崇金谷詩敍曰余以元康六年從太僕卿出為使持節監青徐諸軍事征虜將軍有別廬在河南縣界金谷澗中或高或下有清泉茂林衆果竹柏藥草之屬莫不畢備又有水碓魚池土窟其為娛目歡心之物備矣時征西大將軍祭酒王詡當還長安余與衆賢共送往澗中晝夜遊宴屢遷其坐或登高臨下或列坐水濱時琴瑟笙筑合載車中道路並作及住令與鼓吹遞奏遂各賦詩以敍中懷或不能者罰酒三斗感性命之不永懼凋落之無期故具列時人官號姓名年紀又寫詩著後後之好事者其覽之哉凡三十人吳王師議郎關中侯始平武功蘇紹字世嗣年五十為首魏書曰蘇則字文師扶風武功人剛直疾惡常慕汲黯之為人仕至侍中河東相晉百官名曰愉字休豫則次子山濤啓事曰愉忠義有智意位至光祿大夫

劉尹目庾中郎。雖言不愔愔似道。突兀差可以擬道。名士傳曰敳頹然淵放莫有動其聽者

孫承公云。謝公清於無奕。中興書曰孫統字承公太原人善屬文時人謂其有祖楚風仕至餘姚令潤於林道。陳逵別傳曰逵字林道潁川許昌人祖淮太尉父畛光祿大夫逵少有幹以清敏立名襲封廣陵公黃門郎西中郎將領梁淮南二郡太守

或問林公。司州何如二謝。林公曰。故當攀安提萬。王胡之別傳曰胡之好諧善屬文辭為當世所重

孫與公許玄度皆一時名流。或重許高情。則鄙孫穢行。或愛孫才藻。而無取於許。宋明帝文章志曰綽博涉經史長於屬文與許詢俱與負俗之談詢卒不降志而綽嬰綸世務焉續晉陽秋曰綽雖有文才而誕縱多穢行時人鄙之

郗嘉賓道謝公。造膝雖不深徹。而纏綿綸至。又曰。右軍詣嘉賓。嘉賓聞之云。不得稱詣。政得謂之朋耳。謝公以嘉賓言為得。凡徹詣者蓋深覈之名也謝不徹王亦不詣謝王於理相與為朋儔也

庾道季云：「思理倫和，吾愧康伯；志力彊正，吾愧文度。自此以還，吾皆百之。」庾龢已見。

王僧恩輕林公。藍田曰：「勿學汝兄，汝兄自不如伊。」僧恩，王禕之小字也。王氏世家曰：「禕之字文劭，述次子。少知名，尚尋陽公主，仕至中書郎，未三十而卒。坦之悼念，與桓溫稱之，贈散騎常侍。」

簡文問孫興公：「袁羊何似？」答曰：「不知者不負其才，知之者無取其體。」言其有才而無德也。

蔡叔子云：「韓康伯雖無骨幹，然亦膚立。」

郗嘉賓問謝太傅曰：「林公談何如嵇公？」謝云：「嵇公勤著腳，裁可得去耳。」支遁傳曰：「遁神悟機發，風期所得，自然超邁也。」又問：「殷何如支？」謝曰：「正爾有超拔，支乃過殷；然亹亹論辯，恐口欲制支。」

庾道季云：「廉頗、藺相如雖千載上死人，懍懍恆如有生氣。史記曰：「廉頗者，趙良將也，以勇氣聞諸侯。藺相如者，趙人也。趙惠文王時，得楚和氏璧，秦昭王請以十五城易之。趙遣相如送璧，秦受之，無還城意。相如請璧，示其瑕，因持璧卻立倚柱，怒髮上衝冠，曰：『王欲急臣，臣頭今與璧俱碎。』秦王謝之。後秦王使趙王鼓瑟，相如請秦王擊缻。趙以相如功大，拜上卿，位在廉頗上。」曹蜍、蜍，曹茂之小字也。曹氏譜曰：「茂之字永世，彭城人也。祖韶，鎮東將軍司馬。父曼，少府卿。茂之仕至尚書郎。」李志，晉百官名曰：「志字溫祖，江夏鍾武人。」李氏譜曰：「志祖重，散騎常侍。父慕，綏陽令。志仕至員外常侍、南康相。」雖見在，厭厭如九泉下人。人皆如此，便可結繩而治。但恐狐狸貒貉噉盡。」言人皆如曹、李，質魯淳慤，則天下無姦民，可結繩致治。然才智無聞，功迹俱滅，身盡於狐狸，無擅世之名也。

衞君長是蕭祖周婦兄，謝公問孫僧奴：僧奴，孫騰小字也。晉百官名曰：「騰字伯海，太原人。」中興書曰：「騰，綽子也。博學，歷中庶子、廷尉。」「君家道儒君長云何。孫曰。云是世業人。謝曰。殊不爾。儒自是理義人。于時以比殷洪遠。

王子敬問謝公。林公何如庾公。謝殊不受。答曰。先輩初無論。庾公自足沒林公。[殷羨言行曰時有人稱庾太尉理者羨曰此公好舉宗本槌人]

謝遏諸人共道竹林優劣。謝公云。先輩初不臧貶七賢。[魏氏春秋曰山濤通簡有德秀咸戎伶朗達有儁才於時之談以阮爲首王戎次之山向之徒皆其倫也若如盛言則非無臧貶此言謬也]

有人以王中郎比車騎。車騎聞之曰。伊窟窟成就。[續晉陽秋曰坦之雅貴有識量風格峻整]

謝太傅謂王孝伯。劉尹亦奇自知。然不言勝長史。

王黃門兄弟三人俱詣謝公。子猷子重多說俗事。[王氏譜曰操之字子重羲之第六子歷祕書監侍中尚書豫章太守]子敬寒溫而已。既出。坐客問謝公。向三賢孰愈。謝公曰。小者最勝。客曰。何以知之。謝公曰。吉人之辭寡。躁人之辭多。推此知之。

謝公問王子敬。君書何如君家尊。答曰。固當不同。公曰。外人論殊不爾。王曰。外人那得知。[宋明帝文章志曰獻之善隸書變右軍法爲今體字畫秀媚妙絕時倫與父俱得名其章草疏弱殊不及父或訊獻之云羲之書勝不莫能判有問羲之云世論卿書不逮獻之答曰殊不爾也它日見獻之問尊君書何如獻之不答又問論者云君固當不如獻之笑而答曰人那得知之也]

王孝伯問謝太傅。林公何如長史。太傅曰。長史韶興。問何如劉尹。謝曰。噫。劉尹秀。王曰。若如公言。並不如此二人邪。謝云。身意正爾也。

人有問太傅。子敬可是先輩誰比。謝曰。阿敬近撮王劉之標。續晉陽秋曰獻之文義並非所長而能撮其勝會故擅名一時爲風流之冠也

謝公語孝伯。君祖比劉尹。故爲得逮。孝伯云。劉尹非不能逮。直不逮。言欝質而悛文也

袁彥伯爲吏部郎。子敬與郗嘉賓書曰。彥伯已入。殊足頓與往之氣。故知捶撻自難爲人。冀小郤當復差耳。

王子猷子敬兄弟共賞高士傳人及贊。子敬賞井丹高潔。子猷云。未若長卿慢世。嵇康高士傳曰丹字大春扶風郿人博學高論京師爲之語曰五經紛綸井大春未嘗書刺謁一人北宮五王更請莫能致新陽侯陰就使人要之不得已而行侯設麥飯葱菜以觀其意丹推卻曰以君侯能供美膳故來相過何謂如此乃出盛饌侯起左右進輦丹笑曰聞桀紂駕人車此所謂人車者邪侯即去輦越騎梁松貴震朝廷請交丹丹不肯見後丹得時疾松自將醫視之病愈久之松失大男磊丹一往弔之時賓客滿廷丹裘褐不完入門坐者皆悚望其顏色丹四向長揖前與松語客主禮畢後長揖徑坐莫得與語不肯爲吏徑出後遂隱遁其贊曰井丹高絜不慕榮貴抗節五王不交非類顯譏輦車左右失氣披褐長揖義陵羣萃司馬相如者蜀郡成都人字長卿初爲郎事景帝梁孝王來朝從遊說士鄒陽等相如說之因病免遊梁後過臨邛富人卓王孫女文君新寡好音相如以琴心挑之文君奔之俱歸成都後居貧至臨邛賣酒舍文君當壚相如著犢鼻褌滌器市中爲人口吃善屬文仕宦不慕高爵常託疾不與公卿大事終于家其贊曰長卿慢世越禮自放犢鼻居市不恥其狀託疾避官蔑此卿相乃賦大人超然莫尚

有人問袁侍中袁氏譜曰恪之字元祖陳郡陽夏人祖王孫司徒從事中郎父綸臨汝令恪之仕黃門侍郎義熙初爲侍中曰。殷仲堪何如韓康伯。答曰。理義所得。優劣乃復未辨。然門庭蕭寂。居然有名士風流。殷不及韓。故殷作誄云。荆門晝掩。閑庭晏然。

王子敬問謝公。嘉賓何如道季。答曰。道季誠復鈔撮清悟。嘉賓故自上。謂超拔也

王珣疾臨困。問王武岡曰。中興書曰謐字稚遠丞相導孫車騎劭子有才器襲爵武岡侯位至司徒 世論以我家領軍比誰。武岡曰。世以比王北中郎。東亭轉臥向壁歎曰。人固不可以無年。領軍王洽珣之父也年二十六卒珣意以其父名德過坦之而無年故致此論

王孝伯道謝公濃至。又曰長史虛。劉尹秀。謝公融。謂脩暢也 王孝伯問謝公。林公何如右軍。謝曰。右軍勝林公。林公在司州前亦貴徹。不言若羲之而言勝胡之

桓玄爲太傅。大會。朝臣畢集。坐裁竟。問王楨之曰。我何如卿第七叔。王氏譜曰楨之字公幹琅邪人徽之之子歷侍中大司馬長史第七叔獻之也 于時賓客爲之咽氣。王徐徐答曰。亡叔是一時之標。公是千載之英。一坐懽然。

桓玄問劉太常曰。我何如謝太傅。劉瑾集敍曰瑾字仲璋南陽人祖宗父暢暢娶王羲之女生瑾瑾有才力歷尙書太常卿相 劉答曰。公高。太傅深。又曰。何如賢舅子敬。答曰。樝梨橘柚。各有其美。莊子曰樝梨橘柚其味相反皆可於口也

舊以桓謙比殷仲文。中興書曰謙字敬祖沖第三子尙書僕射中軍將軍晉安帝紀曰仲文有器貌才思 桓玄時仲文入。桓於庭中望見之。謂同坐曰。我家中軍。那得及此也。

規箴第十

漢武帝乳母嘗於外犯事。帝欲申憲。乳母求救東方朔。漢書曰朔字曼倩平原厭次人朔別傳曰朔南陽步廣里人列仙傳曰朔是楚人武帝時上書說便宜拜郎中宣帝初棄官而去共謂歲星也 朔曰。此非脣舌所爭。爾必望濟者。將去時但當屢顧帝。愼勿言。此或可萬一冀耳。乳母旣至。朔亦侍側。因謂曰。汝癡耳。

帝豈復憶汝乳哺時恩邪。帝雖才雄心忍。亦深有情戀。乃悽然愍之。卽敕免罪。史記滑稽傳曰漢武帝少時東武侯母嘗養帝後號大乳母其子孫從奴橫暴長安中當道奪人衣物有司請徙乳母於邊奏可乳母入辭帝所幸倡郭舍人發言陳辭雖不合大道然令人主和說乳母乃先見爲下泣舍人曰卽入辭勿去數還顧乳母如其言舍人疾言罵之曰出老女子何不疾行陛下已壯矣寧尚須乳母活邪尚何還顧邪於是人主憐之詔止母徙罰譖者

京房與漢元帝共論。因問帝。幽厲之君何以亡。所任何人。荅曰。其任人不忠。房曰。知不忠而任之。何邪。曰。亡國之君。各賢其臣。豈知不忠而任之。房稽首曰。將恐今之視古。亦猶後之視今也。漢書曰京房字君明東郡頓邱人尤好鍾律知音聲以孝廉爲郎是時中書令石顯專權及友人五鹿充宗爲尚書令與房同經論議相是非而此二人用事房嘗宴見問上曰幽厲之君何以亡所任何人上曰君亦不明而臣巧佞房曰知其巧佞而任之邪將以爲賢邪上曰賢之房曰然則今何以知其不賢上曰以其時亂而君危知之房曰是任賢而理任不肖而亂自然之道也幽厲何不覺悟而蚤納賢何爲卒任不肖以至亡於是上曰亂亡之君各賢其臣令皆覺悟安得亂亡之君房曰齊桓二世何不以幽厲疑之而任豎刁趙高政治日亂邪上曰唯有道者能以往知來耳房曰自陛下卽位盜賊不禁刑人滿市云云問上曰今治也亂也上曰然愈於彼房曰前二君皆然臣恐後之視今猶今之視前也上曰今爲亂者誰房曰上所親與圖事帷幄中者房指謂石顯及充宗顯等乃建言宜試房以郡守遂以房爲東郡顯發其私事坐棄市

陳元方遭父喪。哭泣哀慟。軀體骨立。其母愍之。竊以錦被蒙上。郭林宗弔而見之。謂曰。卿海內之儁才。四方是則。如何當喪錦被蒙上。孔子曰。衣夫錦也。食夫稻也。於汝安乎。論語曰宰我問三年之喪朞已久矣子曰食夫稻衣夫錦於汝安乎夫君子居喪食旨不甘聞樂不樂居處不安故不爲也今汝安則爲之吾不取也。奮衣而去。自後賓客絕百所日。所一作許

孫休好射雉。至其時。則晨去夕反。羣臣莫不止諫。此爲小物。何足甚耽。休曰。雖爲小物。耿介過人。朕所以好之。環濟吳紀曰休字子烈吳大帝第六子初封琅邪王夢乘龍上天顧不見尾孫琳廢少主迎休立之銳意典籍

欲畢覽百家之事頗好射雉至春辰出莫反唯此事舍書崩諡景皇帝偁列吳事曰休在位烝烝無有遺事唯射雉可譏

孫皓問丞相陸凱曰。卿一宗在朝有幾人。陸曰。二相五侯。將軍十餘人。皓曰。盛哉。陸曰。君賢臣忠。國之盛也。父慈子孝。家之盛也。今政荒民弊。覆亡是懼。臣何敢言盛。吳錄曰凱字敬風吳人丞相遜族子忠鯁有大節篤志好學初爲建忠校尉雖有軍事手不釋卷累遷左丞相時後主暴虐凱正直彊諫以其宗族彊盛不敢加誅也

何晏。鄧颺。令管輅作卦。云不知位至三公不。卦成。輅稱引古義。深以戒之。颺曰。此老生之常談。輅別傳曰輅字公明平原人也明周易聲發徐州冀州刺史裴徽舉秀才謂曰何鄧二尚書有經國才略於物理無不精也何尚書神明清徹殆破秋豪君當愼之自言不解易中九事必當相問比至洛宜善精其理輅曰若九事皆至義不足勞思若陰陽者精之久矣輅至洛陽果爲何尚書問九事皆明何曰君論陰陽此世無雙也時鄧尚書在曰此君善易而語初不論易中辭義何邪輅答曰夫善易者不論易也何尚書含笑贊之曰可謂要言不煩也因謂輅曰聞君非徒善論易至於分蓍思爻亦爲神妙試爲作一卦知位當至三公不又頃夢青蠅數十來鼻頭上驅之不去有何意故輅曰鴟鴞天下賤鳥也及其在林食桑椹則懷我好音況輅心過草木注情葵藿敢不盡忠唯察之爾昔元凱之相重華宣慈惠和仁義之至也周公之翼成王坐以待旦敬愼之至也故能流光六合萬國咸寧然後據鼎足而登金鉉調陰陽而濟兆民此履道之休應非卜筮之所明也今君侯位重山岳勢若雷霆望雲赴景萬里馳風而懷德者少畏威者衆殆非小心翼翼多福之士又鼻者艮也此天中之山高而不危所以長守貴也今青蠅臭惡之物而集之焉位峻者顚輕豪者亡必至之分也夫變化雖相生極則有害虛滿雖相受盈則有竭聖人見陰陽之性明存亡之理損益以爲衰抑進以爲退是故山在地中曰謙雷在天上曰大壯謙則裒多益寡大壯則非禮不履伏願君侯上尋文王六爻之旨下思尼父彖象之義則三公可決青蠅可驅鄧曰此老生之常談輅曰夫老生者見不生常談者見不談也晏曰。知幾其神乎。古人以爲難。交疏吐誠。今人以爲難。今君一面。盡二難之道。可謂明德惟馨。詩不云乎。中心藏之。何日忘之。名士傳曰是時曹爽輔政識者慮有危機晏有重名與魏姻戚內雖懷憂而無復退也著五言詩以言志曰鴻鵠比翼遊羣飛戲太清常畏大網羅憂禍一旦幷豈若集五湖從流唼浮萍永寧曠中懷何爲怵惕驚蓋因輅言懼而賦詩

晉武帝既不悟太子之愚。必有傳後意。諸名臣亦多獻直言。帝嘗在陵雲

臺上坐。衞瓘在側。欲申其懷。因如醉跪帝前。以手撫牀曰。此坐可惜。帝雖悟。因笑曰。公醉邪。晉陽秋曰初惠帝之爲太子咸謂不能親政事衞瓘每欲陳啓廢之而未敢也後因會醉遂跪牀前曰臣欲有所啓帝曰公所欲言者何邪瓘欲言而復止者三因以手撫牀曰此坐可惜帝意乃悟因謬曰公眞大醉也帝後悉召東宮官屬大會令左右齎尙書處事以示太子令處決太子不知所對賈妃以問外人代太子對多引古詞義給使張弘曰太子不學陛下所知宜以見事斷不宜引書也妃從之弘具草奏令太子書呈帝大說以示瓘於是賈充語妃曰衞瓘老奴幾敗汝家妃由是怨瓘後遂誅之

王夷甫婦。郭泰寧女。晉諸公贊曰郭豫字太寧太原人仕至相國參軍知名早卒才拙而性剛。聚斂無厭。干豫人事。夷甫患之而不能禁。時其鄉人幽州刺史李陽。京都大俠。晉百官名曰陽字景祖高尙人武帝時爲幽州刺史語林曰陽性遊俠盛暑一日詣數百家別賓客與別常塡門遂死于几下故懼之猶漢之樓護。漢書遊俠傳曰護字君卿齊人學經傳甚得名譽母死送葬車三千兩仕至天水太守郭氏憚之。夷甫驟諫之。乃曰。非但我言卿不可。李陽亦謂卿不可。郭氏小爲之損。

王夷甫雅尙玄遠。常嫉其婦貪濁。口未嘗言錢字。晉陽秋曰夷甫善施舍父時有假貸者皆與焚券未嘗謀貨利之事王隱晉書曰夷甫求富貴得富貴資財山積用不能消安須問錢乎而世以不問爲高不亦惑乎婦欲試之。令婢以錢遶牀。不得行。夷甫晨起。見錢閡行。呼婢曰。舉卻阿堵物。

王平子年十四五。見王夷甫妻郭氏貪欲。令婢路上儋糞。平子諫之。並言不可。郭大怒。謂平子曰。昔夫人臨終。以小郎囑新婦。不以新婦囑小郎。永嘉流人名曰澄父乂第三取樂安任氏女生澄急捉衣裾。將與杖。平子饒力。爭得脫。踰窗而走。

元帝過江。猶好酒。王茂弘與帝有舊。常流涕諫。帝許之。命酌酒一酣。從是

遂斷。鄧粲晉紀曰上身服儉約以先時務性素好酒將渡江王導深以諫帝乃令左右進觴飲而覆之自是遂不復飲克己復禮官脩其方而中興之業隆焉

謝鯤爲豫章太守。從大將軍下至石頭。敦謂鯤曰。余不得復爲盛德之事矣。鯤曰。何爲其然。但使自今已後。日亡日去耳。鯤別傳曰鯤之諷切雅正皆此類也 敦又稱疾不朝。鯤諭敦曰。近者明公之舉。雖欲大存社稷。然四海之內。實懷未達。若能朝天子。使羣臣釋然。萬物之心。於是乃服。仗民望以從衆懷。盡沖退以奉主上。如斯則勳侔一匡。名垂千載。時人以爲名言。晉陽秋曰鯤爲豫章太守王敦將肆逆以鯤有時望逼與俱行既克京邑將旋武昌鯤曰不就朝覲鯤懼天下私議也敦曰君能保無變乎對曰鯤近日入覲主上側席遲得見公宮省穆然必無不虞之慮公若入朝鯤請侍從敦曰正復殺君等數百何損於時遂不朝而去

元皇帝時。廷尉張闓 葛洪富民塘頌曰闓字敬緒丹陽人張昭孫也中興書曰闓晉陵內史甚有威德轉至廷尉卿 在小市居。私作都門。蚤閉晚開。羣小患之。詣州府訴不得理。遂至檛登聞鼓。猶不被判。聞賀司空出。至破岡。連名詣賀訴。賀循別傳曰循字彥先會稽山陰人本姓慶高祖純避漢帝諱改爲賀氏父劭吳中書令以忠正見害循少嬰家禍流放荒裔吳平乃還乘節高舉元帝爲安東王循爲吳國內史 賀曰。身被徵作禮官。不關此事。羣小叩頭曰。若府君復不見治。便無所訴。賀未語。令且去。見張廷尉當爲及之。張聞。即毀門。自至方山迎賀。賀出見。辭之曰。此不必見關。但與君門情。相爲惜之。張愧謝曰。小人有如此。始不即知。蚤已毀壞。

郗太尉晚節好談。既雅非所經。而甚矜之。中興書曰鑒少好學博覽雖不及章句而多所通綜 後朝覲。以王丞相末年多可恨。每見必欲苦相規誡。王公知其意。每引作它言。臨還鎮。

故命駕詣丞相。丞相翹須厲色。上坐便言方當乖別。必欲言其所見。意滿口重。辭殊不流。王公攝其次曰。後面未期。亦欲盡所懷。願公勿復談。郗遂大瞋。冰衿而出。不得一言。

王丞相爲揚州。遣八部從事之職。顧和時爲下傳。還同時俱見。諸從事各奏二千石官長得失。至和獨無言。王問顧曰。卿何所聞。答曰。明公作輔。寧使網漏吞舟。何緣采聽風聞。以爲察察之政。丞相咨嗟稱佳。諸從事自視缺然也。

蘇峻東征沈充。晉陽秋曰充字士居吳興人少好兵諂事王敦敦克京邑以充爲車騎將軍領吳國內史明帝伐王敦充率衆就王含謂其妻曰男兒不建豹尾不復歸矣敦死充將吳儒斬首於京都 請吏部郎陸邁與俱。陸碑曰邁字功高吳郡人器識淸敏風檢澄峻累遷振威太守尚書吏部郎 將至吳。密勑左右。令入閶門放火以示威。陸知其意。謂峻曰。吳治平未久。必將有亂。若爲亂階。請從我家始。峻遂止。

陸玩拜司空。玩別傳曰是時王導郗鑒庾亮相繼薨殂朝野憂懼以玩德望乃拜司空玩辭讓不獲乃歎息謂朋友曰以我爲三公是天下無人矣時人以爲知言 有人詣之。索美酒。得便自起。瀉箸梁柱間地。祝曰。當今乏才。以爾爲柱石之用。莫傾人棟梁。玩笑曰。戢卿良箴。

小庾在荊州。公朝大會。問諸僚佐曰。我欲爲漢高魏武何如。翼別見宋明帝文章志曰庾翼名輩豈應狂狷如此哉時若有斯言亦傳聞者之謬矣 一坐莫答。長史江虨曰。願明公爲桓文之事。不願作漢高魏武也。

羅君章爲桓宣武從事。含別傳曰刺史庾亮初命含爲部從事桓溫臨州轉參軍謝鎭西作江夏。往檢校之。中興書曰尚爲建武將軍江夏相羅既至。初不問郡事。徑就謝。數日飲酒而還。桓公問有何事。君章云。不審公謂謝尚何似人。桓公曰。仁祖是勝我許人。君章云。豈有勝公人而行非者。故一無所問。桓公奇其意而不責也。

王右軍與王敬仁許玄度並善。二人亡後。右軍爲論議更克。孔巖誡之曰。明府昔與王許周旋有情。及逝沒之後。無愼終之好。民所不取。右軍甚愧。

謝中郎在壽春敗。臨奔走。猶求玉帖鐙。太傅在軍前後。初無損益之言。爾日猶云。當今豈須煩此。按萬未死之前安猶未仕高臥東山又何肯輕入軍旅邪世說此言迂謬已甚

王大語東亭。卿乃復論成不惡。那得與僧彌戲。續晉陽秋曰珉有儁才與兄珣並有名聲出珣右故時人爲之語曰法護非不佳僧彌難爲兄

殷顗病困。看人政見半面。殷荊州興晉陽之甲。春秋公羊傳曰晉趙鞅取晉陽之甲以逐荀寅士吉射寅吉射者君側之惡人往與顗別。涕零。屬以消息所患。顗答曰。我病自當差。正憂汝患耳。晉安帝紀曰殷仲堪舉兵顗弗與同且以己居小任唯當守局而已晉陽之事非所宜豫也仲堪每邀之顗輒曰吾進不敢同退不敢異遂以憂卒

遠公在廬山中。豫章舊志曰廬俗字君孝本姓匡夏禹苗裔東野王之子秦末百越君長與吳芮助漢定天下野王亡軍中漢八年封俗鄡陽男食邑茲部印曰廬君俗兄弟七人皆好道術遂寓于洞庭之山故世謂廬山孝武元封五年南巡狩浮江親覩神靈乃封俗爲大明公四時秩祭焉遠法師廬山記曰山在江州尋陽郡左挾彭蠡右傍通州有匡俗先生出自殷周之際遁世隱時潛居其下或云匡俗受道

於仙人而共遊其嶺遂託室崖岫卽巖成館故時人謂爲神仙之廬而命焉法師遊山記曰自託此山二十三載再踐石門四遊南嶺東望香鑪峯北眺九江傳聞有石井方湖中有赤鱗踊出野人不能叙直嘆其奇而已矣雖老講論不輟。弟子中或有墮者。遠公曰。桑榆之光。理無遠照。但願朝陽之暉。與時並明耳。執經登坐。諷誦朗暢。詞色甚苦。高足之徒。皆肅然增敬。

桓南郡好獵。每田狩。車騎甚盛。五六十里中。旌旗蔽隰。騁良馬。馳擊若飛。雙甄所指。不避陵壑。或行陳不整。麏兔騰逸。參佐無不被繫束。桓道恭。玄之族也。桓氏譜曰道恭字祖猷彝同堂弟也父赤之太學博士道恭歷淮南太守爲楚江夏相義熙初伏誅時爲賊曹參軍。頗敢直言。常自帶絳綿繩箸腰中。玄問此何爲。答曰。公獵好縛人士。會當被縛。手不能堪芒也。玄自此小差。

王緒王國寶相爲脣齒。並上下權要。王氏譜曰緒字仲業太原人祖延父乂撫軍晉安帝紀曰緒爲會稽王從事中郎以佞邪親幸王珣王恭惡國寶與緒亂政與殷仲堪克期同舉內匡朝廷及恭表至乃斬緒以說諸侯國寶平北將軍坦之第三子太傅謝安國寶婦父也惡而抑之不用安薨相王輔政遷中書令有妾數百從弟緒有寵於王深爲其說國寶權動內外王珣王恭殷仲堪爲孝武所待不爲相王所昵恭抗表討之車胤又爭之會稽王旣不能拒諸侯兵遂委罪國寶付廷尉賜死王大不平其如此。乃謂緒曰。汝爲此欻欻。會不慮獄吏之爲貴乎。史記曰有上書告漢丞相欲反文帝下之廷尉勃旣出歎曰吾嘗將百萬之軍安知獄吏之爲貴也

桓玄欲以謝太傅宅爲營。謝混曰。召伯之仁。猶惠及甘棠。韓詩外傳曰昔周道之隆召伯在朝有司請召民召伯曰以一身勞百姓非吾先君文王之志也乃暴處於棠下而聽訟爲詩人見召伯休息之棠美而歌之曰蔽芾甘棠勿翦勿伐召伯所茇文靖之德。更不保五畝之宅。玄慚而止。

捷悟第十一

楊德祖爲魏武主簿。時作相國門。始搆榱桷。魏武自出看。使人題門作活字。便去。楊見。卽令壞之。既竟。曰。門中活。闊字。王正嫌門大也。文士傳曰。楊脩字德祖。弘農人。太尉彪子。少有才學思幹。魏武爲丞相。辟爲主簿。脩常白事。知必有反覆敎。豫爲答對數紙。以次牒之而行。敕守者曰。向白事必敎出相反覆。若按此次第連答之。已而風吹紙次亂。守者不別而遂錯誤。公怒推問。脩慙懼。然以所白甚有理。終亦是脩。後爲武帝所誅。

人餉魏武一桮酪。魏武噉少許。蓋頭上題合字以示衆。衆莫能解。次至楊脩。脩便噉。曰。公敎人噉一口也。復何疑。

魏武嘗過曹娥碑下。楊脩從。碑背上見題作黃絹幼婦外孫韲臼八字。魏武謂脩曰。解不。答曰。解。魏武曰。卿未可言。待我思之。行三十里。魏武乃曰。吾已得。令脩別記所知。脩曰。黃絹。色絲也。於字爲絕。幼婦。少女也。於字爲妙。外孫。女子也。於字爲好。韲臼。受辛也。於字爲辭。所謂絕妙好辭也。魏武亦記之。與脩同。乃歎曰。我才不及卿。乃覺三十里。會稽典錄曰。孝女曹娥者。上虞人。父旴能撫節按歌。婆娑樂神。漢安二年。迎伍君神。泝濤而上。爲水所淹。不得其尸。娥年十四。號慕思旴。乃投瓜于江。存其父尸曰。父在此瓜當沈。旬有七日。瓜偶沈。遂自投於江而死。縣長度尚悲憐其義。爲之改葬。命其弟子邯鄲子禮爲之作碑。按曹娥碑在會稽中。而魏武楊脩未嘗過江也。異苑曰。陳留蔡邕避難過吳。讀碑文以爲詩人之作。無詭妄也。因刻石旁作八字。魏武見而不能了。以問羣寮。莫有解者。有婦人浣於汾渚。曰。第四車解。既而禰正平也。衡卽以離合義解之。或謂此婦人卽娥靈也。

魏武征袁本初。治裝。餘有數十斛竹片。咸長數寸。衆云並不堪用。正令燒除。太祖思所以用之。謂可爲竹椑楯。而未顯其言。馳使問主簿楊德祖。應聲咨之。與帝心同。衆服其辯悟。

王敦引軍垂至大桁。明帝自出中堂。溫嶠爲丹陽尹。帝令斷大桁。故未斷。帝大怒瞋目。左右莫不悚懼。按晉陽秋鄧紀皆云敦將至嶠燒朱雀橋以阻其兵而云未斷大桁致帝怒大爲譌謬一本云帝自勸嶠入一本作噉飲帝怒此則近也召諸公來。嶠至不謝。但求酒炙。王導須臾至。徒跣下地。謝曰。天威在顏。遂使溫嶠不容得謝。嶠於是下謝。帝迺釋然。諸公共歎王機悟名言。

郗司空在北府。桓宣武惡其居兵權。南徐州記曰徐州人多勁悍號精兵故桓溫常曰京口酒可飲箕可用兵可使郗於事機素暗。遣牋詣桓。方欲共獎王室。脩復園陵。世子嘉賓出行於道上。聞信至。急取牋視。竟寸寸毀裂。便回還更作牋。自陳老病不堪人閒。欲乞閑地自養。宣武得牋大喜。卽詔轉公督五郡會稽太守。晉陽秋曰大司馬將討慕容暐表求申勸平北將軍愔及袁眞等嚴辦愔以羸疾求退詔大司馬領愔所任按中興書愔辭此行溫責其不從轉授會稽世說爲謬

王東亭作宣武主簿。嘗春月與石頭兄弟乘馬出郊。時彥同遊者。連鑣俱進。石頭桓遐小字中興書曰遐字伯道溫長子也仕至豫州刺史唯東亭一人常在前覺數十步。諸人莫之解。石頭等既疲倦。俄而乘輿回。諸人皆似從官。唯東亭奕奕在前。其悟捷如此。

夙惠第十二

賓客詣陳太丘宿。太丘使元方季方炊。客與太丘論議。二人進火。俱委而竊聽。炊忘箸箄。飯落釜中。太丘問炊何不餾。元方季方長跪曰。大人與客

語。乃俱竊聽。炊忘箸箄。飯今成糜。太丘曰。爾頗有所識不。對曰。彷彿志之。二子俱說。更相易奪。言無遺失。太丘曰。如此但糜自可。何必飯也。

何晏七歲。明惠若神。魏武奇愛之。因晏在宮內。欲以爲子。晏乃畫地令方。自處其中。人問其故。答曰。何氏之廬也。魏武知之。卽遣還。魏略曰晏父蚤亡太祖爲司空時納晏母其時秦宜祿阿鰾隨母在宮並寵如子常謂晏爲假子也

晉明帝數歲。坐元帝厀上。有人從長安來。元帝問洛下消息。潸然流涕。明帝問何以致泣。具以東渡意告之。因問明帝。汝意謂長安何如日遠。答曰。日遠。不聞人從日邊來。居然可知。元帝異之。明日。集羣臣宴會。告以此意。更重問之。乃答曰。日近。元帝失色。曰。爾何故異昨日之言邪。答曰。舉目見日。不見長安。

司空顧和與時賢共清言。張玄之顧敷是中外孫。年並七歲。顧愷之家傳曰敷字祖根吳郡吳人滔然有大成之量仕至箸作郎二十三卒　在牀邊戲。於時聞語。神情如不相屬。瞑於燈下。二兒共敘客主之言。都無遺失。顧公越席而提其耳曰。不意衰宗復生此寶。

韓康伯數歲。家酷貧。至大寒。止得襦。母殷夫人自成之。令康伯捉熨斗。謂康伯曰。且箸襦。尋作複褌。兒云。已足。不須複褌也。母問其故。答曰。火在熨斗中而柄熱。今既箸襦。下亦當煖。故不須耳。母甚異之。知爲國器。

晉孝武年十二時。冬天晝日不箸複衣。但箸單練衫五六重。夜則累茵褥。謝公諫曰。聖體宜令有常。陛下晝過冷。夜過熱。恐非攝養之術。帝曰。晝動夜靜。老子曰躁勝寒靜勝熱此言夜靜寒宜重肅也謝公出。嘆曰。上理不減先帝。簡文帝善言理也

桓宣武薨。桓南郡年五歲。服始除。桓車騎與送故文武別。桓沖別傳曰沖字玄叔温弟也累遷車騎將軍都督七州諸軍事因指語南郡。此皆汝家故吏佐。玄應聲慟哭。酸感傍人。車騎每自目己坐曰。靈寶成人。當以此坐還之。靈寶玄小字也鞠愛過於所生。

豪爽第十三

王大將軍年少時。舊有田舍名。語音亦楚。武帝喚時賢共言伎藝事。人皆多有所知。唯王都無所關。意色殊惡。自言知打鼓吹。帝令取鼓與之。於坐振袖而起。揚槌奮擊。音節諧捷。神氣豪上。傍若無人。舉坐歎其雄爽。或曰敦嘗坐武昌釣臺聞行船打鼓嗟稱其能俄而一槌小異敦以扇柄撞几曰可恨應侍側曰不然此是回顙撾使視之云船人入夾口應知鼓又善於敦也

王處仲世許高尚之目。嘗荒恣於色。體爲之敝。左右諫之。處仲曰。吾乃不覺爾。如此者甚易耳。乃開後閤。驅諸婢妾數十人出路。任其所之。時人歎焉。鄧粲晉紀曰敦性簡脫口不言財其存尚如此

王大將軍眉目高朗疏率。學通左氏。晉陽秋曰敦少稱高率通朗有鑒裁

王處仲每酒後。輒詠老驥伏櫪。志在千里。烈士暮年。壯心不已。魏武帝樂府詩以如

意打唾壺。壺口盡缺。

晉明帝欲起池臺。元帝不許。帝時爲太子。好養武士。一夕中作池。比曉便成。今太子西池是也。丹陽記曰西池孫登所創吳史所稱西苑也明帝脩復之耳

王大將軍始欲下都。處分樹置。先遣參軍告朝廷。諷旨時賢。祖車騎尚未鎮壽春。瞋目厲聲語使人曰。卿語阿黑。敦小字也何敢不遜。催攝面去。須臾不爾。我將三千兵槊腳令上。王聞之而止。

庾穉恭既常有中原之志。文康時權重未在己。及季堅作相。忌兵畏禍。與穉恭歷同異者久之。乃果行。傾荆漢之力。窮舟車之勢。師次于襄陽。漢晉春秋曰翼風儀美劭才能豐贍少有經緯大略及繼兄亮居方州之任有匡維內外掃蕩羣凶之志是時杜乂殷浩諸人盛名冠世翼未之貴也常曰此輩宜束之高閣俟天下淸定然後議其所任耳其意氣如此唯與桓溫友善相期以寧濟宇宙之事初翼輒發所部奴及車馬萬數率大軍入沔將謀伐狄遂次于襄陽翼別傳曰翼爲荆州雅有正志每以門地威重兄弟寵授不陳力竭誠何以報國雖蜀阻險塞胡負凶力然皆無道酷虐易可乘滅當此時不能掃除二寇以復王業非丈夫也於是徵役三州悉其帑實成衆五萬兼率荒附治玆大舉直指魏趙軍次襄陽耀威漢北也大會參佐。陳其旌甲。親授弧矢曰。我之此行。若此射矣。遂三起三疊。徒衆屬目。其氣十倍。

桓宣武平蜀。集參僚置酒於李勢殿。巴蜀搢紳莫不來萃。桓既素有雄情爽氣。加爾日音調英發。敘古今成敗由人。存亡繫才。其狀磊落。一坐嘆賞。既散。諸人追味餘言。于時尋陽周馥曰。恨卿輩不見王大將軍。中興書曰馥周撫孫也字湛隱有將略會作敦掾

桓公讀高士傳。至於陵仲子。便擲去曰。誰能作此溪刻自處。皇甫謐高士傳曰陳仲子字子終齊人兄戴相齊食祿萬鍾仲子以兄祿為不義乃適楚居於陵曾乏糧三日匍匐而食井李之實三咽而後能視身自織屨令妻辟纑以易衣食嘗歸省母有饋其兄生鵝者仲子嚬顣曰惡用此鶂鶂為哉後母殺鵝仲子不知而食之兄自外入曰鶂鶂肉邪仲子出門哇而吐之楚王聞其名聘以為相乃夫婦逃去為人灌園

桓石虔。司空豁之長庶也。豁別傳曰豁字朗子溫之弟累遷荊州刺史贈司空 小字鎮惡。年十七八。未被舉。而童隸已呼為鎮惡郎。嘗住宣武齋頭。從征枋頭。車騎沖沒陳。左右莫能先救。宣武謂曰。汝叔落賊。汝知不。石虔聞之。氣甚奮。命朱辟為副。策馬於數萬衆中。莫有抗者。徑致沖還。三軍歎服。河朔後以其名斷瘧。中興書曰石虔有才幹有史學累有戰功仕至豫州刺史贈後軍將軍

陳林道在西岸。晉陽秋曰逵為西中郎將領淮南太守戍歷陽 都下諸人共要至牛渚會。陳理既佳。人欲共言折。陳以如意拄頰。望雞籠山歎曰。孫伯符志業不遂。吳錄曰長沙桓王諱策字伯符吳郡富春人少有雄姿風氣年十九而襲業衆號孫郎平定江東為許貢客射破其面引鏡自照謂左右曰面如此豈可復立功乎乃謂張昭曰中國方亂夫以吳越之衆三江之固足以觀成敗公等善相吾弟呼大皇帝授以印綬曰舉江東之衆決機於兩陳之間卿不如我任賢使能各盡其心我不如卿愼勿北渡語畢而薨年三十有六 於是竟坐不得談。

王司州在謝公坐。詠入不言兮出不辭。乘回風兮載雲旗。楚辭九歌少司命之辭 語人云。當爾時。覺一坐無人。

桓玄西下。入石頭。外白司馬梁王奔叛。續晉陽秋曰梁王珍之字景度中興書曰初桓玄篡位國人有孔璞者奉珍之奔壽陽義旗既興歸朝廷仕至太常卿以罪誅 玄時事形已濟。在平乘上笳鼓並作。直高詠云。簫管有遺音。梁王

安在哉。阮籍詠懷詩也

世說新語卷五

容止第十四

魏武將見匈奴使。自以形陋不足雄遠國。魏氏春秋曰。武王姿貌短小而神明英發。使崔季珪代。帝自捉刀立牀頭。既畢。令間諜問曰。魏王何如。匈奴使答曰。魏王雅望非常。魏志曰。崔琰字季珪。清河東武城人。聲姿高暢。眉目疎朗。鬚長四尺。甚有威重。然牀頭捉刀人。此乃英雄也。魏武聞之。追殺此使。

何平叔美姿儀。面至白。魏明帝疑其傅粉。正夏月。與熱湯餅。既噉。大汗出。以朱衣自拭。色轉皎然。魏略曰。晏性自喜。動靜粉帛不去手。行步顧影。按此言則晏之妖麗本資外飾。且晏養自宮中。與帝相長。豈復疑其形姿。待驗而明也。

魏明帝使后弟毛曾與夏侯玄共坐。時人謂蒹葭倚玉樹。魏志曰。玄爲黃門侍郎。與毛曾竝坐。玄甚恥之。會說形於色。明帝恨之。左遷玄爲羽林監。

時人目夏侯太初。朗朗如日月之入懷。李安國頹唐如玉山之將崩。魏略曰。李豐字安國。衞尉李義子也。識別人物。海內注意。明帝得吳降人。問江東聞中國名士爲誰。以安國對之。是時豐爲黃門郎。改名宣。上問安國所在。左右公卿卽具以豐對。上曰。豐名乃被於吳越邪。仕至中書令。爲晉王所誅。

嵇康身長七尺八寸。風姿特秀。康別傳曰。康長七尺八寸。偉容色。土木形骸。不加飾厲。而龍章鳳姿。天質自然。正爾在羣形之中。便自知非常之器。見者歎曰。蕭蕭肅肅。爽朗清舉。或云。肅肅如松下風。高而徐引。山公曰。嵇叔夜之爲人也。巖巖若孤松之獨立。其醉也。傀俄若玉山之將崩。

裴令公目王安豐。眼爛爛如巖下電。王戎形狀短小。而目甚清炤。視日不眩。

潘岳妙有姿容。好神情。岳別傳曰岳姿容甚美風儀閑暢少時挾彈出洛陽道。婦人遇者。莫不連手共縈之。左太沖絕醜。續文章志曰思貌醜顇不持儀飾亦復效岳遊遨。於是羣嫗齊共亂唾之。委頓而返。語林曰安仁至美每行老嫗以果擲之滿車張孟陽至醜每行小兒以瓦石投之亦滿車二說不同

王夷甫容貌整麗。妙於談玄。恆捉白玉柄麈尾。與手都無分別。潘安仁夏侯湛並有美容。喜同行。時人謂之連璧。八王故事曰岳與湛最契故好同遊

裴令公有儁容姿。一旦有疾至困。惠帝使王夷甫往看。裴方向壁臥。聞王使至。強回視之。王出語人曰。雙眸閃閃若巖下電。精神挺動。體中故小惡。名士傳曰楷病困詔遣黄門郎王夷甫省之楷回眸屬夷甫云竟未相識夷甫還亦歎其神儁

有人語王戎曰。嵇延祖卓卓如野鶴之在雞羣。答曰。君未見其父耳。康已見上

裴令公有儁容儀。脫冠冕。麤服亂頭皆好。時人以爲玉人。見者曰。見裴叔則如玉山上行。光映照人。

劉伶身長六尺。貌甚醜顇。而悠悠忽忽。土木形骸。梁祚魏國統曰劉伶字伯倫形貌醜陋身長六尺然肆意放蕩悠焉獨暢自得一時常以宇宙爲狹

驃騎王武子。是衞玠之舅。儁爽有風姿。見玠輒歎曰。珠玉在側。覺我形穢玠別傳曰驃騎王濟玠之舅也嘗與同遊語人曰昨日吾與外生共坐若明珠之在側朗然來照人

有人詣王太尉。遇安豐大將軍丞相在坐。往別屋。見季胤平子。石崇金谷詩敍曰王詡字季胤

琅邪人王氏譜曰詡夷甫弟也仕至修武令還語人曰。今日之行。觸目見琳琅珠玉。

王丞相見衞洗馬曰。居然有羸形。雖復終日調暢。若不堪羅綺。玠別傳曰玠素抱羸疾西京賦曰始徐進而羸形似不勝乎羅綺

王大將軍稱太尉。處衆人中。似珠玉在瓦石閒。

庾子嵩長不滿七尺。腰帶十圍。頹然自放。

衞玠從豫章至下都。人久聞其名。觀者如堵牆。玠先有羸疾。體不堪勞。遂成病而死。時人謂看殺衞玠。玠別傳曰玠在羣伍之中實有異人之望齠齔時乘白羊車於洛陽市上咸曰誰家璧人於是家門州黨號爲璧人按永嘉流人名曰玠以永嘉六年五月至豫章其年六月二十日卒此則玠之南度豫章四十五日豈暇至下都而亡乎且諸書皆云玠亡在豫章而不云在下都也

周伯仁道桓茂倫。嶔崎歷落可笑人。或云謝幼輿言。

周侯說王長史父。王氏譜曰訥字文開太原人祖默尚書父祐散騎常侍訥始過江仕至新淦令形貌既偉。雅懷有槩。保而用之。可作諸許物也。

祖士少見衞君長云。此人有旄仗下形。

石頭事故。朝廷傾覆。晉陽秋曰蘇峻自姑孰至于石頭逼遷天子峻以倉屋爲宮使人守衞靈鬼志謠徵曰明帝末有謠歌側側力放馬出山側大馬死小馬餓後峻遷帝於石頭御膳不具焉溫忠武與庾文康投陶公求救。陶公云。肅祖顧命不見及。且蘇峻作亂。釁由諸庾。誅其兄弟。不足以謝天下。徐廣晉紀曰肅祖遺詔庾亮王導輔幼主而進大臣官陶侃祖約不在其例侃約疑亮竄遺詔也中興書曰初庾亮欲徵蘇峻卞壼不許溫嶠及三吳欲起兵衞帝室亮不聽下制曰妄起兵者誅故峻得作亂京邑也于時庾在溫船後。聞之。憂怖無計。別

日。溫勸庾見陶。庾猶豫未能往。溫曰。溪狗我所悉。卿但見之。必無憂也。庾風姿神貌。陶一見便改觀。談宴竟日。愛重頓至。

庾太尉在武昌。秋夜氣佳景清。使吏殷浩王胡之之徒登南樓理詠。音調始遒。聞函道中有屐聲甚厲。定是庾公。俄而率左右十許人步來。諸賢欲起避之。公徐云。諸君少住。老子於此處興復不淺。因便據胡牀與諸人詠謔。竟坐甚得任樂。後王逸少下。與丞相言及此事。丞相曰。元規爾時風範。不得不小頹。右軍答曰。唯丘壑獨存。孫綽庾亮碑文曰。公雅好所託。常在塵垢之外。雖柔心應世。蠖屈其跡。而方寸湛然。固以玄對山水。

王敬豫有美形。問訊王公。王公撫其肩曰。阿奴恨才不稱。又云。敬豫事事似王公。語林曰。謝公云。小時在殿廷會見丞相。便覺清風來拂人。

王右軍見杜弘治。歎曰。面如凝脂。眼如點漆。此神仙中人。江左名士傳曰。永和中劉眞長謝仁祖共商略中朝人士。或曰杜弘治清標令上。爲後來之美。又面如凝脂。眼如點漆。粗可得方諸衞玠。

時人有稱王長史形者。蔡公曰。恨諸人不見杜弘治耳。

劉尹道桓公。鬢如反猬皮。眉如紫石稜。自是孫仲謀司馬宣王一流人。宋明帝文章志曰。溫公溫嶠所賞。故名溫。吳志曰。孫權字仲謀。策弟也。漢使者劉琬語人曰。吾觀孫氏兄弟。雖並有才秀明達。皆祿祚不終。唯中弟孝廉。形貌魁偉。骨體不恒。有大貴之表。晉陽秋曰。宣王天姿傑邁。有英雄之略。

王敬倫風姿似父。作侍中。加授桓公公服。從大門入。桓公望之曰。大奴固自有鳳毛。大奴。王劭也。已見。中興書曰。劭美姿容。持儀操也。

林公道王長史。斂衿作一來。何其軒軒韶舉。語林曰王仲祖有好儀形每覽鏡自照曰王文開那生如馨兒時人謂之達也

時人目王右軍。飄如遊雲。矯若驚龍。

王長史嘗病。親疏不通。林公來。守門人遽啓之曰。一異人在門。不敢不啓。王笑曰。此必林公。按語林曰諸人嘗要阮光祿共詣林公阮曰欲聞其言惡見其面此則林公之形信當醜異

或以方謝仁祖不乃重者。桓大司馬曰。諸君莫輕道。仁祖企脚北窗下彈琵琶。故自有天際眞人想。晉陽秋曰尚善音樂裴子云丞相嘗曰堅石挈脚枕琵琶有天際想堅石尚小名

王長史爲中書郎。往敬和許。敬和王洽已見爾時積雪。長史從門外下車步入尚書。著公服。敬和遙望歎曰。此不復似世中人。

簡文作相王時。與謝公共詣桓宣武。王珣先在內。桓語王。卿嘗欲見相王。可住帳裏。二客既去。桓謂王曰。定何如。王曰。相王作輔。自湛若神君。續晉陽秋曰帝美風姿舉止端詳公亦萬夫之望。不然僕射何得自沒。僕射謝安

海西時。諸公每朝。朝堂猶暗。唯會稽王來。軒軒如朝霞舉。

謝車騎道謝公遊肆。復無乃高唱。但恭坐捻鼻顧睞。便自有寢處山澤間儀。

謝公云。見林公雙眼。黯黯明黑。孫興公見林公。稜稜露其爽。

庾長仁與諸弟入吳。欲往亭中宿。諸弟先上。見羣小滿屋。都無相避意。長

亡曰。我試觀之。乃策杖將一小兒始入門。諸客望其神姿。一時退匿。長亡已見一說是庾亮

有人歎王公形茂者。云濯濯如春月柳。

自新第十五

周處年少時。兇彊俠氣。爲鄉里所患。處別傳曰處字子隱吳郡陽羡人父魴吳鄱陽太守處少孤不治細行晉陽秋曰處輕果薄行州郡所棄又義興水中有蛟。山中有邅跡一作白額虎。並皆暴犯百姓。義興人謂爲三橫。而處尤劇。或說處殺虎斬蛟。實冀三橫唯餘其一。處卽刺殺虎。又入水擊蛟。蛟或浮或沒。行數十里。處與之俱。經三日三夜。鄉里皆謂已死。更相慶。竟殺蛟而出。聞里人相慶。始知爲人情所患。有自改意。孔氏志怪曰義興有邪足虎溪渚長橋有蒼蛟並大噉人郭西周時謂郡中三害周卽處也乃自吳尋二陸。平原不在。正見清河。具以情告。并云欲自修改。而年已蹉跎。終無所成。清河曰。古人貴朝聞夕死。況君前途尙可。且人患志之不立。亦何憂令名不彰邪。處遂改勵。終爲忠臣孝子。晉陽秋曰處仕晉爲御史中丞多所彈糾氏人齊萬年反乃令處距萬年伏波孫秀欲表處母老處母曰孝之道何當得兩全乃進戰斬首萬計弦絕矢盡左右勸退處曰此是吾授命之日遂戰而沒

戴淵少時。遊俠。不治行檢。嘗在江淮閒。攻掠商旅。陸機赴假還洛。輜重甚盛。淵使少年掠劫。淵在岸上。據胡牀。指麾左右。皆得其宜。淵旣神姿峯穎。雖處鄙事。神氣猶異。機於船屋上遙謂之曰。卿才如此。亦復作劫邪。淵便

泣涕。投劍歸機。辭厲非常。機彌重之。定交作筆薦焉。虞預晉書曰機薦淵於趙王倫曰蓋聞繁弱登御然後高墉之功顯孤竹在肆然後降神之曲成伏見處士戴淵砥節力行有井渫之潔安窮樂志無風塵之慕誠東南之遺寶朝廷之貴璞也若得寄跡康衢必能結軌驥騄耀質廊廟必能垂光璵璠夫枯岸之民果於輸珠潤山之客烈於貢玉蓋明暗呈形則庸識所甄也倫卽辟淵 過江。仕至征西將軍。

企羨第十六

王丞相拜司空。桓廷尉作兩髻葛帬。策杖路邊窺之。歎曰。人言阿龍超。阿龍故自超。阿龍丞相小字 不覺至臺門。

王丞相過江。自說昔在洛水邊。數與裴成公阮千里諸賢共談道。羊曼曰。人久以此許卿。何須復爾。王曰。亦不言我須此。但欲爾時不可得耳。欲一作歎

王右軍得人以蘭亭集序方金谷詩序。又以己敵石崇。甚有欣色。王羲之臨河敍曰太和九年歲次癸丑暮春之初會于會稽山陰之蘭亭修禊事也羣賢畢至少長咸集此地有崇山峻嶺茂林修竹又有淸流激湍映帶左右引以爲流觴曲水列坐其次是日也天朗氣淸惠風和暢娛目騁懷信可樂也雖無絲竹管絃之盛一觴一詠亦足以暢敍幽情矣故列序時人錄其所述右將軍司馬太原孫丞公等二十六人賦詩如左前餘姚令會稽謝勝等十五人不能賦詩罰酒各三斗

王司州先爲庾公記室參軍。後取殷浩爲長史。始到。庾公欲遣王使下都。王自啓求住。曰。下官希見盛德。淵源始至。猶貪與少日周旋。

郗嘉賓得人以己比苻堅。大喜。

孟昶未達時。家在京口。晉安帝紀曰昶字彥達平昌人父馥中護軍昶矜嚴有志局少爲王恭所知豫義旗之勳還丹陽尹盧循旣下昶慮事不濟仰藥而死 嘗見王恭乘高輿。被鶴氅裘。于時微雪。昶於籬閒窺之。歎曰。此眞神仙中人。

傷逝第十七

王仲宣好驢鳴。魏志曰王粲字仲宣山陽高平人曾祖龔父暢皆爲漢三公粲至長安見蔡邕邕奇之倒屣迎之曰此王公孫有異才吾不及也吾家書籍盡當與之避亂荊州依劉表以粲貌寢通脫不甚重之太祖以從征吳道中卒 既葬。文帝臨其喪。顧與同遊曰。王好驢鳴。可各作一聲以送之。赴客皆一作驢鳴。按戴叔鸞母好驢鳴叔鸞每爲驢鳴以說其母人之所好儻亦同之

王濬沖爲尚書令。著公服。乘軺車。經黃公酒壚下過。韋昭漢書注曰壚酒肆也以土爲墮四邊高似壚也 顧謂後車客。吾昔與嵇叔夜阮嗣宗共酣飲於此壚。竹林之遊。亦預其末。自嵇生夭阮公亡以來。便爲時所羈紲。今日視此雖近。邈若山河。竹林七賢論曰俗傳若此潁川庾爰之嘗以問其伯文康文康曰中朝所不聞江左忽有此論蓋好事者爲之耳

孫子荊以有才。少所推服。唯雅敬王武子。武子喪時。名士無不至者。子荊後來。臨屍慟哭。賓客莫不垂涕。哭畢。向靈牀曰。卿常好我作驢鳴。今我爲卿作。體似眞聲。賓客皆笑。孫舉頭曰。使君輩存。令此人死。語林曰王武子葬孫子荊哭之甚悲賓客莫不垂涕既作驢鳴賓客皆笑孫曰諸君不死而令武子死乎賓客皆怒

王戎喪兒萬子。山簡往省之。王悲不自勝。簡曰。孩抱中物。何至於此。王曰。聖人忘情。最下不及情。情之所鍾。正在我輩。王隱晉書曰戎子綏欲取裴遁女綏既蚤亡戎過傷痛不許人求之遂至老無敢取者 簡服其言。更爲之慟。一說是王夷甫喪子山簡弔之

有人哭和長輿曰。峨峨若千丈松崩。

衞洗馬以永嘉六年喪。謝鯤哭之。感動路人。永嘉流人名曰玠以六年六月廿日亡葬南昌城許徵墓東玠薨謝幼輿發哀於武昌感慟不自勝人問子何卹而致哀如是答曰棟梁折矣何得不哀咸和中。丞相王公教曰。衞洗馬當改葬。此君風流名士。海內所瞻。可修薄祭。以敦舊好。玠別傳曰玠咸和中故還於江寧丞相王公教曰洗馬明當改葬此君風流名士海內民望可修三牲之祭以敦舊好

顧彥先平生好琴。及喪。家人常以琴置靈牀上。張季鷹往哭之。不勝其慟。遂徑上牀。鼓琴。作數曲。竟。撫琴曰。顧彥先頗復賞此不。因又大慟。遂不執孝子手而出。

庾亮兒遭蘇峻難遇害。諸葛道明女爲庾兒婦。既寡。將改適。亮子會會妻父彪並已見上與亮書及之。亮答曰。賢女尚少。故其宜也。感念亡兒。若在初沒。

庾文康亡。何揚州臨葬云。埋玉樹箸土中。使人情何能已已。搜神記曰初庾亮病術士戴洋曰昔蘇峻事公於白石祠中許賽車下牛從來未解爲此鬼所考不可救也明年亮果亡靈鬼志謠徵曰文康初鎮武昌出石頭百姓看者於岸歌曰庾公上武昌翩翩如飛鳥庾公還揚州白馬牽旒旐又曰庾公初上時翩翩如飛鴉庾公還揚州白馬牽旒車後連徵不入尋薨下都葬焉

王長史病篤。寢臥鐙下。轉麈尾視之。歎曰。如此人曾不得四十。及亡。劉尹臨殯。以犀柄麈尾箸柩中。因慟絕。濛別傳曰濛以永和初卒年三十九沛國劉惔與濛至交及卒惔深悼之雖友于之愛不能過也

支道林喪法虔之後。精神霣喪。風味轉墜。支遁傳曰法虔道林同學也儁朗有理義遁甚重之常謂人曰。昔匠石廢斤於郢人。莊子曰郢人堊漫其鼻端若蠅翼使匠石運斤斲之堊盡而鼻不傷郢人立不失容牙生輟弦於鍾子。韓詩外傳曰伯牙鼓琴鍾子期聽之方鼓琴志在太山子期曰善哉乎鼓琴巍巍乎若太山莫景之閒志在流水子期曰善哉乎鼓琴洋洋乎若流水鍾子期死伯牙擗琴絕弦終身不復鼓之以爲在者無足爲之鼓琴也推己外

求。良不虛也。冥契既逝。發言莫賞。中心蘊結。余其亡矣。卻後一年。支遂殞。

郗嘉賓喪。左右白郗公。郎喪。既聞。不悲。因語左右。殯時可道。公往臨殯。一慟幾絕。中興書曰超年四十一先愔卒超所交友皆一時俊乂及死之日貴賤爲誄者四十餘人續晉陽秋曰超黨戴桓氏爲其謀主以父愔忠於王室不令知之將亡出以小書箱付門生云本欲焚此恐官年尊必以傷愍爲斃我亡後若大損眠食則呈此箱愔後果慟悼成疾門生乃如超旨則與桓溫往反密計愔見即大怒曰小子死恨晚後不復哭

戴公見林法師墓。支遁傳曰遁太和元年終于剡之石城山因葬焉曰。德音未遠。而拱木已積。冀神理緜緜。不與氣運俱盡耳。王珣法師墓下詩序曰余以寧康二年命駕之剡石城山即法師之丘也高墳鬱爲荒楚丘隴化爲宿莽遺跡未滅而其人已遠感想平昔觸物悽懷其爲時賢所惜如此

王子敬與羊綏善。綏清淳簡貴。爲中書郎。少亡。綏已見王深相痛悼。語東亭云。是國家可惜人。

王東亭與謝公交惡。中興書曰珣兄弟皆壻謝氏以猜嫌離婚太傅既與珣絕婚又離妻由是二族遂成仇釁王在東聞謝喪。便出都詣子敬道。欲哭謝公。子敬始臥。聞其言。便驚起曰。所望於法護。法護珣小字王於是往哭。督帥刁約不聽前。曰。官平生在時。不見此客。王亦不與語。直前哭。甚慟。不執末婢手而退。末婢謝琰小字琰字瑗度安少子開率有大度爲孫恩所害贈侍中司空

王子猷子敬俱病篤。而子敬先亡。獻之以泰元十二年卒年四十五子猷問左右。何以都不聞消息。此已喪矣。語時了不悲。便索輿來奔喪。都不哭。子敬素好琴。便徑入坐靈牀上。取子敬琴彈。弦既不調。擲地云。子敬子敬。人琴俱亡。因慟絕良

久月餘亦卒。幽明錄曰泰元中有一師從遠來莫知所出云人命應終有生樂代者則死者可生若逼人求代亦復不遺少時人聞此咸怪其虛誕王子猷子敬兄弟特相和睦子敬疾屬纊子猷謂之日吾才不如弟位亦通塞請以餘年代弟師曰夫生代死者以己年限有餘得以足亡者耳今賢弟命既應終君侯算亦當盡復何所代子猷先有背疾子敬疾篤恆禁來往聞亡便撫心悲惋都不得一聲背即潰裂推師之言信而有實

孝武山陵夕。王孝伯入臨。告其諸弟曰。雖榱桷惟新。便自有黍離之哀。中興書曰烈宗喪會稽王道子執政寵幸王國寶委以機任王恭入赴山陵故有此

羊孚年三十一卒。桓玄與羊欣書曰。賢從情所信寄。暴疾而殞。孚已見宋書曰欣字敬元太山南城人少懷靜默秉操無競美姿容善笑言長於草隸羊氏譜曰孚即欣從祖祝予之歎。如何可言。公羊傳曰顏淵死子曰噫天喪予子路死子曰噫天祝予何休曰祝者斷也天將亡夫子耳

桓玄當篡位。語卞鞠云。卞鞠已見昔羊子道恆禁吾此意。今腹心喪羊孚。爪牙失索元。索氏譜曰元字天保燉煌人父緒散騎常侍元歷征虜將軍歷陽太守幽明錄曰元在歷陽疾病西界一年少女子姓某自言爲神所降來與元相聞許爲治護元性剛直以爲妖惑收以付獄戮之於市中女臨死曰卻後十七日當令索元知其罪如期元果亡而恩恩作此詆突。詎允天心。

棲逸第十八

阮步兵嘯。聞數百步。蘇門山中。忽有眞人。樵伐者咸共傳說。阮籍往觀。見其人擁膝巖側。籍登嶺就之。箕踞相對。籍商略終古。上陳黃農玄寂之道。下考三代盛德之美。以問之。仡然不應。復敘有爲之教。棲神導氣之術以觀之。彼猶如前。凝矚不轉。籍因對之長嘯。良久乃笑曰。可更作。籍復嘯。意

盡退還半嶺許。聞上唒然有聲。如數部鼓吹林谷傳響。顧看。迺向人嘯也。

魏氏春秋曰阮籍常率意獨駕不由徑路車跡所窮輒慟哭而反嘗遊蘇門山有隱者莫知姓名有竹實數斛杵臼而已籍聞而從之談太古無爲之道論五帝三王之義蘇門先生翛然曾不眄之籍以嘐然長嘯韻響寥亮蘇門先生乃逌爾而笑籍既降先生喟然高嘯有如鳳音籍素知音乃假蘇門先生之論以寄所懷其歌曰日沒不周西月出丹淵中陽精晦不見陰光代爲雄亭亭在須臾厭厭將復隆富貴俛仰間貧賤何必終竹林七賢論曰籍歸遂著大人先生論所言皆胸懷間本趣大意謂先生與己不異也觀其長嘯相和亦近乎目擊道存矣

嵇康遊於汲郡山中。遇道士孫登。遂與之遊。康臨去。登曰。君才則高矣。保身之道不足。

康集序曰孫登者不知何許人無家於汲郡北山土窟住夏則編草爲裳冬則被髮自覆好讀易鼓一弦琴見者皆親樂之魏氏春秋曰登性無喜怒或沒諸水出而觀之登復大笑時時出入人閒所經家設衣食者一無所辭去皆舍去文士傳曰嘉平中汲縣民共入山中見一人所居懸巖百仞叢林鬱茂而神明甚察自云孫姓登名字公和康聞乃從遊三年問其所圖終不答然神謀所存良妙康每薾然歎息將別謂曰先生竟無言乎登乃曰子識火乎生而有光而不用其光果然在於用光人生有才而不用其才果然在於用才故用光在乎得薪所以保其曜用才在乎識物所以全其年今子才多識寡難乎免於今之世矣子無多求康不能用及遭呂安事在獄爲詩自責云昔慚下惠今愧孫登王隱晉書曰孫登卽阮籍所見者也嵇康執弟子禮而師焉魏晉去就易生嫌疑貴賤並沒故登或默也

山公將去選曹。欲舉嵇康。康與書告絕。

康別傳曰山巨源爲吏部郎遷散騎常侍舉康康辭之并與山絕豈不識山之不以一官遇己情邪亦欲標不屈之節以杜舉者之口耳乃答濤書自說不堪流俗而非薄湯武大將軍聞而惡之

李廞是茂曾第五子。清貞有遠操。而少羸病。不肯婚宦。居在臨海。住兄侍中墓下。既有高名。王丞相欲招禮之。故辟爲府掾。廞得牋命。笑曰。茂弘乃復以一爵假人。

文字志曰廞字宗子江夏鍾武人祖康秦州刺史父重平陽太守世有名望廞好學善草隸與兄式齊名躄疾不能行坐常仰臥彈琴讀誦不輟河閒王辟太尉掾以疾不赴後避難隨兄南渡司徒王導復辟之廞曰茂弘乃復以一爵加人永和中卒廞嘗爲二府辟故號李公府也式字景則廞長兄也思理儒隱有平素之譽渡江累遷臨海太守侍中年五十四而卒

何驃騎弟以高情避世。而驃騎勸之令仕。答曰。予第五之名。何必減驃騎。

中興書曰何準字幼道廬江灊人驃騎將軍充第五弟也雅好高尚徵聘一無所就充位居宰相權傾人主而準散帶衡門不及世事于時名德皆稱之年四十七卒有女爲穆帝皇后贈光祿大夫子恢讓不受

阮光祿在東山。蕭然無事。常內足於懷。阮裕別傳曰裕居會稽剡山志存肥遁 有人以問王右軍。右軍曰。此君近不驚寵辱。老子曰寵辱若驚得之若驚失之若驚 雖古之沈冥。何以過此。揚子曰蜀莊沈冥李軌注曰沈冥猶玄寂泯然無迹之貌

孔車騎少有嘉遁意。年四十餘。始應安東命。未仕宦時。常獨寢。歌吹自箴誨。自稱孔郎。遊散名山。孔愉別傳曰永嘉大亂愉入臨海山中不求聞達中宗命爲參軍 百姓謂有道術。爲生立廟。今猶有孔郎廟。

南陽劉驎之。高率。善史傳。隱於陽岐。於時苻堅臨江。荊州刺史桓沖將盡訏謨之益。徵爲長史。遣人船往迎。贈貺甚厚。驎之聞命。便升舟。悉不受所餉。緣道以乞窮乏。比至上明亦盡。一見沖。因陳無用。翛然而退。居陽岐積年。衣食有無常與村人共。值己匱乏。村人亦如之。甚厚爲鄉閭所安。鄧粲晉紀曰驎之字子驥南陽安衆人少尚質素虛退寡欲好遊山澤閒志存遁逸桓沖嘗至其家驎之方條桑謂沖使君既枉駕光臨宜先詣家君沖遂詣其父父命驎之然後乃還拂短褐與沖言父使驎之自持濁酒葅菜供賓沖勑人代之父辭曰若使官人則非野人之意也沖爲慨然至昏乃退因請爲長史固辭居陽岐去道斥近人士往來必投其家驎之身自供給贈致無所受去家百里有孤嫗疾將死謂人曰唯有劉長史當埋我耳驎之自往候之值終爲治棺殯其仁愛皆如此以壽卒

南陽翟道淵。與汝南周子南少相友。共隱於尋陽。庾太尉說周以當世之務。周遂仕。翟秉志彌固。後周詣翟。翟不與語。晉陽秋曰翟湯字道淵南陽人漢方進之後也篤行任素義讓廉潔饋贈一無所受值亂

多寇聞湯名德皆不敢犯尋陽記曰初庾亮臨江州聞翟湯之風束帶躡屐而詣焉亮禮甚恭湯曰使君直敬其枯木朽株耳亮稱其能言表薦之徵國子博士不赴主簿張玄曰此君臥龍不可動也終於家

孟萬年及弟少孤。居武昌陽新縣。萬年遊宦。有盛名當世。少孤未嘗出。京邑人士思欲見之。乃遣信報少孤云。兄病篤。狼狽至都。時賢見者莫不嗟重。因相謂曰。少孤如此。萬年可死。袁宏孟處士銘曰處士名陋字少孤武昌陽新人吳司空孟宗後也少而希古布衣蔬食棲遲蓬蓽之下絕人間之事親族慕其孝大將軍命會稽王辟之稱疾不至相府歷年虛位而澹然無悶卒不降志時人奇之

康僧淵在豫章。去郭數十里立精舍。旁連嶺。帶長川。芳林列於軒庭。清流激於堂宇。乃閑居研講。希心理味。庾公諸人多往看之。觀其運用吐納。風流轉佳。加已處之怡然。亦有以自得。聲名乃興。後不堪。遂出。僧淵已見

戴安道既厲操東山。續晉陽秋曰逵不樂當世以琴書自娛隱會稽剡山國子博士徵不就而其兄欲建式遏之功。戴氏譜曰逵字安巨譙國人祖碩父綏有名位逵以武勇顯有功封廣陵侯仕至大司農謝太傅曰。卿兄弟志業何其太殊。戴曰。下官不堪其憂。家弟不改其樂。

許玄度隱在永興南幽穴中。每致四方諸侯之遺。或謂許曰。嘗聞箕山人似不爾耳。許曰。筐篚苞苴。故當輕於天下之寶耳。鄭玄禮記注云苞苴裹肉也或以葦或以茅此言許由上致堯帝之讓儀筐篚之遺豈非輕邪

范宣未嘗入公門。韓康伯與同載。遂誘俱入郡。范便於車後趨下。續晉陽秋曰宣少尚隱遁家于豫章以清潔自立

郗超每聞欲高尚隱退者。輒爲辦百萬資。并爲造立居宇。在剡爲戴公起宅。甚精整。戴始往舊居。與所親書曰。近至剡。如官舍。郗爲傅約亦辦百萬資。傅隱事差互。故不果遺。約瓊小字

許掾好遊山水。而體便登陟。時人云。許非徒有勝情。實有濟勝之具。

郗尚書與謝居士善。常稱謝慶緒識見雖不絕人。可以累心處都盡。尚書郗恢也別見檀道鸞續晉陽秋曰謝敷字慶緒會稽人崇信釋氏初入太平山中十餘年以長齋供養爲業招引同事化納不倦以母老還南山若邪中內史郗愔表薦之徵博士不就初月犯少微星一名處士星占云以處士當之時戴逵居剡既美才藝而交遊貴盛先敷著名時人憂之俄而敷死會稽人士以嘲吳人云吳中高士便是求死不得

賢媛第十九

陳嬰者。東陽人。少脩德行。著稱鄉黨。秦末大亂。東陽人欲奉嬰爲主。母曰。不可。自我爲汝家婦。少見貧賤。一旦富貴。不祥。不如以兵屬人。事成少受其利。不成禍自有所歸。史記曰嬰故東陽令史居縣素信爲長者東陽人欲立長乃請嬰嬰母見之乃以兵屬項梁梁以嬰爲上柱國

漢元帝宮人既多。乃令畫工圖之。欲有呼者。輒披圖召之。其中常者。皆行貨賂。王明君姿容甚麗。志不苟求。工遂毀爲其狀。後匈奴來和。求美女於漢帝。帝以明君充行。既召見而惜之。但名字已去。不欲中改。於是遂行。漢書匈奴傳曰竟寧元年呼韓邪單于來朝自言願壻漢氏以自親元帝以後宮良家子王嬙字明君賜之單于懽喜上書願保塞文穎曰昭君本蜀郡秭歸人也琴操曰王昭君者齊國王穰女也年十七儀形絕麗以節聞國中長者求之者王皆不許乃獻漢元帝帝造次不能別房帷昭君恚怒之會單于遣使帝令宮人裝出使者請一女帝乃謂宮中曰欲至單于者起昭君喟然越席而起帝視之大驚悔是時使者並見不得止乃賜單于單于大說獻諸珍

物昭君有子曰世違單于死世違繼立凡爲胡者父死妻母昭君問世違曰汝爲漢也爲胡也世違曰欲爲胡耳昭君乃吞藥自殺石季倫曰昭以觸文帝諱故改爲明

漢成帝幸趙飛燕。飛燕讒班婕妤祝詛。於是考問。辭曰。妾聞死生有命。富貴在天。修善尚不蒙福。爲邪欲以何望。若鬼神有知。不受邪佞之訴。若其無知。訴之何益。故不爲也。

漢書外戚傳曰成帝趙皇后本長安宮人初生父母不舉三日不死乃收養之及壯屬河南主家學歌舞號曰飛燕帝微行過主見而說之召入宮大得幸立爲后班婕妤者鴈門人成帝初選入宮大得幸立爲婕妤帝遊後庭常欲與同輦婕妤辭之趙飛燕譖許皇后及婕妤婕妤對有辭致上憐賜黃金千斤飛燕嬌妬婕妤恐見危中求供養太后於長信宮帝崩婕妤充奉園陵薨葬園中

魏武帝崩。文帝悉取武帝宮人自侍。及帝病困。卞后出看疾。太后入戶。見值侍並是昔日所愛幸者。太后問何時來邪。云正伏魄時過。因不復前而歎曰。狗鼠不食汝餘。死故應爾。至山陵。亦竟不臨。

魏書曰宣武卞皇后琅邪開陽人以漢延熹三年生齊郡白亭有黃氣滿室移日父敬奐怪之以問卜者王越曰此吉祥也年二十太祖納於譙性約儉不尚華麗有母儀德行

趙母嫁女。女臨去。敕之曰。愼勿爲好。女曰。不爲好。可爲惡邪。母曰。好尚不可爲。其況惡乎。

列女傳曰趙姬者桐鄉令虞韙妻潁川趙氏女也才敏多覽韙既沒大皇帝敬其文才召入宮省上欲自征公孫淵姬上疏以諫作列女傳解號趙母注賦數十萬言赤烏大年卒淮南子曰人有嫁其女而教之者曰爾爲善善人疾之對曰然則當爲不善乎曰善尚不可爲而況不善乎景獻羊皇后曰此言雖鄙可以命世人

許允婦是阮衞尉女。德如妹。

魏略曰允字士宗高陽人少與淸河崔贊俱發明於冀州仕至領軍將軍陳留志名曰阮共字伯彥尉氏人淸眞守道動以禮讓仕魏至衞尉卿少子侃字德如有俊才而飭以名理風儀雅潤與嵇康爲友仕至河內太守

奇醜。交禮竟。允無復入理。家人深以爲憂。會允有客至。婦令婢視之。還答曰。是桓郎。桓郎者。桓範也。

魏略曰範字允明沛郡人仕至大司農爲宣王所誅

婦云。無憂。桓必勸入。桓果

語許云。阮家既嫁醜女與卿。故當有意。卿宜察之。許便回入內。既見婦。卽欲出。婦料其此出無復入理。便捉裾停之。許因謂曰。婦有四德。卿有其幾。周禮九嬪掌婦學之法以敎九御婦德婦言婦容婦工鄭注曰德謂貞順言謂辭令容謂婉娩工謂絲枲 婦曰。新婦所乏唯容耳。然士有百行。君有幾。許云。皆備。婦曰。夫百行以德爲首。君好色不好德。何謂皆備。允有慚色。遂相敬重。

許允爲吏部郎。多用其鄉里。魏明帝遣虎賁收之。其婦出。誡允曰。明主可以理奪。難以情求。既至。帝覈問之。允對曰。舉爾所知。臣之鄉人。臣所知也。陛下檢校爲稱職與不。若不稱職。臣受其罪。既檢校。皆官得其人。於是乃釋。允衣服敗壞。詔賜新衣。初允被收。舉家號哭。阮新婦自若。云。勿憂。尋還。作粟粥待。頃之允至。魏氏春秋曰初允爲吏部選遷郡守明帝疑其所用非次將加其罪允妻阮氏跣出謂曰明主可以理奪不可以情求允頷之而入帝怒詰之允對曰某郡太守雖限滿文書先至年限在後日限在前帝前取事視之乃釋然遣出望其衣敗曰淸吏也

許允爲晉景王所誅。門生走入告其婦。婦正在機中。神色不變。曰。蚤知爾耳。魏志曰初領軍與夏侯玄李豐親善有詐作尺一詔書以玄爲大將軍允爲太尉共錄尚書事無何有人天未明乘馬以詔版付允門吏曰有詔因便驅走允投書燒之不以關呈景王魏略曰明年李豐被收允欲往見大將軍已出門允回遑不定中道還取袴大將軍聞而怪之曰我自收李豐士大夫何爲怱怱乎會鎭北將軍劉靜卒以允代靜大將軍與允書曰鎭北雖少事而都典一方念足下震華鼓建朱節歷本州此所謂著繡晝行也會有司奏允前擅以廚錢乞諸俳及其官屬減死徙邊道死魏氏春秋曰允之爲鎭北喜謂其妻曰吾知免矣妻曰禍見於此何免之有晉諸公贊曰允有正情與文帝不平遂幽殺之婦人集載阮氏與允書陳允禍患所起辭意甚酸愴文多不錄 門人欲藏其兒。婦曰。無豫諸兒事。後徙居墓所。景王遣鍾會看之。

若才流及父當收。兒以咨母。母曰。汝等雖佳。才具不多。率胸懷與語。便無所憂。不須極哀。會止便止。又可少問朝事。兒從之。會反。以狀對。卒免。世語曰允二子奇字子太猛字子豹並有治理晉諸公贊曰奇泰始中爲太常丞世祖嘗祠廟奇應行事朝廷以奇受害之門不令接近出爲長史世祖下詔述允宿望又稱奇才擢爲尚書祠部郎猛禮學儒博加有才識爲幽州刺史

王公淵娶諸葛誕女。入室言語始交。王謂婦曰。新婦神色卑下。殊不似公休。婦曰。大丈夫不能仿佛彥雲。而令婦人比蹤英傑。魏氏春秋曰王廣字公淵王淩子也有風量才學名重世與傅嘏等論才性同異行於世魏志曰廣有志尚學行淩誅并死臣謂王廣名士豈以妻父爲戲此言非也

王經少貧苦。仕至二千石。母語之曰。汝本寒家子。仕至二千石。此可以止乎。經不能用。爲尚書。助魏。不忠於晉。被收。涕泣辭母曰。不從母敕。以至今日。母都無感容。語之曰。爲子則孝。爲臣則忠。有孝有忠。何負吾邪。世語曰經字彥偉淸河人高貴鄉公之難王沈王業馳告文王經以正直不出因沈業申意後誅經及其母晉諸公贊曰沈業將出呼經不從曰吾子行矣漢晉春秋曰初曹髦將自討司馬昭經諫曰昔魯昭不忍季氏敗走失國爲天下笑今權在其門久矣朝廷四方皆爲之致死不顧逆順之理非一日也且宿衞空闕寸刃無有陛下何所資用而一旦如此無乃欲除疾而更深之邪髦不聽後殺經并及其母將死垂泣謝母母顏色不變笑而謂曰人誰不死往所以止汝者恐不得其所也以此并命何恨之有干寶晉紀曰經正直不忠於我故誅之按傅暢干寶所記則是經實忠貞於魏而世語既謂其正直復云因沈業申意何其相反乎故二家之言深得之

山公與嵇阮一面。契若金蘭。山妻韓氏覺公與二人異於常交。問公。公曰。我當年可以爲友者。唯此二生耳。妻曰。負羈之妻亦親觀狐趙。意欲窺之。可乎。他日。二人來。妻勸公止之宿。具酒肉。夜穿墉以視之。達旦忘反。公入

曰。二人何如。妻曰。君才致殊不如。正當以識度相友耳。公曰。伊輩亦常以我度爲勝。晉陽秋曰：濤雅素恢達，度量弘遠，心存事外，而與時俛仰。嘗與阮籍、嵇康諸人著忘言之契。至于羣子屯蹇於世，濤獨保浩然之度。王隱晉書曰：韓氏有才識，濤未仕時，戲之曰：忍寒，我當作三公，不知卿堪爲夫人不耳？

王渾妻鍾氏。生女令淑。虞預晉書曰：渾字玄沖，太原晉陽人，魏司徒昶子，仕至司徒。武子爲妹求簡美對而未得。有兵家子有儁才。欲以妹妻之。乃白母。王氏譜曰：鍾夫人名琰之，太傅繇之孫。曰。誠是才者。其地可遺。然要令我見。武子乃令兵兒與羣小雜處。使母帷中察之。既而母謂武子曰。如此衣形者。是汝所擬者非邪。武子曰。是也。母曰。此才足以拔萃。然地寒。不有長年。不得申其才用。觀其形骨。必不壽。不可與婚。武子從之。兵兒數年果亡。

賈充前婦。是李豐女。豐被誅。離婚徙邊。婦人集曰：充妻李氏，名婉，字淑文。豐誅，徙樂浪。後遇赦得還。充先已取郭配女。賈氏譜曰：郭氏名玉璜，配廣宣君也。武帝特聽置左右夫人。李氏別住外。不肯還充舍。晉諸公贊曰：世祖踐阼，李氏赦還，而齊獻王妃欲令充遣郭氏，更納其母。充不許，爲李氏築宅而不往來。充母柳氏將亡，充問所欲言者，柳曰：我教汝迎李新婦尚不肯，安問他事！郭氏語充。欲就省李。充曰。彼剛介有才氣。卿往不如不去。充別傳曰：李氏有淑性令才也。郭氏於是盛威儀。多將侍婢。既至。入戶。李氏起迎。郭不覺腳自屈。因跪再拜。既反。語充。充曰。語卿道何物。按晉諸公贊曰：世祖以李豐得罪晉室，又郭氏是太子妃母，無離絕之理，乃下詔敕斷不得往還。而王隱晉書亦云：充既與李絕婚，更取城陽太守郭配女名槐。李禁錮解，詔充置左右夫人。充母柳亦敕充迎李。槐怒，攘臂責充曰：刊定律令，爲佐命之功，我有其分。李那得與我並？充乃架屋永年里中以安李。槐晚乃知充出，輒使人尋充。詔許充置左右夫人，充答詔以謙讓不敢當盛禮。晉贊既云世祖下詔不遣李還而王隱晉書及充別傳並言詔聽置立左右夫人充憚郭氏不敢迎李三家之說並不同未詳孰是然李氏不還別有餘故而世說云自不肯還謬矣且郭槐彊狠豈能就李而爲之拜乎皆爲虛也

賈充妻李氏作女訓行於世。李氏女。齊獻王妃。郭氏女。惠帝后。充卒。李郭女各欲令其母合葬。經年不決。賈后廢。李氏乃祔葬。遂定。晉諸公贊曰李氏有才德世稱李夫人訓者生女合亦才明即齊王妃婦人集曰李氏至樂復遺二女典式八篇王隱晉書曰賈后字南風爲趙王所誅

王汝南少無婚。自求郝普女。郝氏譜曰普字道匡太原襄陽人仕至洛陽太守司空以其癡。會無婚處。任其意。便許之。魏氏志曰王昶字文舒仕至司空既婚。果有令姿淑德。生東海。遂爲王氏母儀。或問汝南何以知之。曰。嘗見井上取水。舉動容止不失常。未嘗忤觀。以此知之。汝南別傳曰襄城郝仲將門至孤陋非其所偶也君嘗見其女便求聘焉果高朗英邁母儀冠族其鑒識餘裕皆此類

王司徒婦。鍾氏女。太傅曾孫。王氏譜曰夫人黄門侍郎鍾琰女亦有俊才女德。婦人集曰夫人有文才其詩賦頌誄行于世鍾郝爲娣姒。雅相親重。鍾不以貴陵郝。郝亦不以賤下鍾。東海家內。則郝夫人之法。京陵家內。範鍾夫人之禮。

李平陽。秦州子。李重已見承嘉流人名曰康字玄冑江夏人魏秦州刺史中夏名士。于時以比王夷甫。孫秀初欲立威權。咸云。樂令民望不可殺。減李重者又不足殺。晉諸公贊曰孫秀字俊忠琅邪人初趙王倫封琅邪秀給爲近職小吏倫數使秀作書疏文才稱倫意倫封趙秀徙戶爲趙人用爲侍郎信任之晉陽秋曰倫篡位秀爲中書令事皆決於秀爲齊王所誅遂逼重自裁。初重在家。有人走從門入。出髻中疏示重。重看之色動。入內示其女。女直叫絕。了其意。出則自裁。按諸書皆云重知趙王倫作亂有疾不治遂以致卒而此書乃言自裁甚乖謬且倫秀兇虐動加誅夷欲立威權自當顯戮何爲逼令自裁此女甚高明。重

每咨焉。

周浚作安東時。行獵。值暴雨。過汝南李氏。李氏富足。而男子不在。有女名絡秀。聞外有貴人。與一婢於內宰豬羊。作數十人飲食。事事精辦。不聞有人聲。密覘之。獨見一女子。狀貌非常。浚因求爲妾。父兄不許。絡秀曰。門戶殄瘁。何惜一女。若連姻貴族。將來或大益。父兄從之。八王故事曰浚字開林汝南安城人少有才名太康初平吳自御史中丞出爲揚州刺史元康初加安東將軍 遂生伯仁兄弟。絡秀語伯仁等。我所以屈節爲汝家作妾。門戶計耳。按周氏譜浚取同郡李伯宗女此云爲妾妄耳 汝若不與吾家作親親者。吾亦不惜餘年。伯仁等悉從命。由此李氏在世。得方幅齒遇。

陶公少有大志。家酷貧。與母湛氏同居。同郡范逵素知名。舉孝廉。逵未詳 投侃宿。于時冰雪積日。侃室如懸磬。而逵馬僕甚多。侃母湛氏語侃曰。汝但出外留客。吾自爲計。湛頭髮委地。下爲二髲。一作髢 賣得數斛米。斫諸屋柱。悉割半爲薪。剉諸薦以爲馬草。日夕。遂設精食。從者皆無所乏。逵既歎其才辯。又深愧其厚意。明旦去。侃追送不已。且百里許。逵曰。路已遠。君宜還。侃猶不返。逵曰。卿可去矣。至洛陽。當相爲美談。侃迺返。逵及洛。遂稱之於羊晫顧榮諸人。大獲美譽。晉陽秋曰侃父丹娶新淦湛氏女生侃湛虔恭有智算以陶氏貧賤紡績以資給侃使交結勝己侃少爲尋陽吏鄱陽孝廉范逵嘗過侃宿時大雪侃家無草湛徹所臥薦剉給陰截髮賣以供調逵聞之歎息逵去侃追送之逵曰豈欲仕乎侃曰有仕郡意逵曰當相談致過廬江向太守張夔稱之召補吏舉孝廉除郎中時豫章顧榮或責羊晫曰君奈何與小人同輿晫曰此寒俊也

王隱晉書曰侃母既截髮供客聞者歎曰非此母不生此子乃進之於張夔羊晫亦簡之後晫爲十郡中正舉侃爲鄱陽小中正始得上品也

陶公少時。作魚梁吏。嘗以坩鮓餉母。母封鮓付使。反書責侃曰。汝爲吏以官物見餉。非唯不益。乃增吾憂也。侃別傳曰母湛氏賢明有法訓侃在武昌與佐吏從容飲讌常有飲限或勸猶可少進侃悽然良久曰昔年少曾有酒失二親見約故不敢踰限及侃丁母憂在墓下忽有二客來弔不哭而退儀服鮮異知非常人遣隨視之但見雙鶴沖天而去幽明錄曰陶公在尋陽西南一塞取魚自謂其地曰鶴門按吳司徒孟宗爲雷池監以鮓餉母母不受非侃也疑後人因孟假爲此說

桓宣武平蜀。以李勢妹爲妾。甚有寵。常著齋後。主始不知。既聞。與數十婢拔白刃襲之。續晉陽秋曰溫尚明帝女南康長公主正值李梳頭。髮委藉地。膚色玉曜。不爲動容。徐曰。國破家亡。無心至此。今日若能見殺。乃是本懷。主慚而退。妒記曰溫平蜀以李勢女爲妾郡主兇妒不即知之後知乃拔刃往李所因欲斫之見李在窗梳頭姿貌端麗徐徐結髮斂手向主神色閑正辭甚悽惋主於是擲刀前抱之阿子我見汝亦憐何況老奴遂善之

庾玉臺。希之弟也。希誅。將戮玉臺。希已見玉臺庾友小字庾氏譜曰友字惠彥司空冰第三子歷中書郎東陽太守玉臺子婦。宣武弟桓豁女也。庾氏譜曰友字弘之長子宣娶宣武弟桓豁之女字女幼徒跣求進。閽禁不內。女厲聲曰。是何小人。我伯父門。不聽我前。因突入。號泣請曰。庾玉臺常因人腳短三寸。當復能作賊不。宣武笑曰。婿故自急。遂原玉臺一門。中興書曰桓溫殺庾希弟倩希聞難而逃希弟友當伏誅子婦因桓氏請得免

謝公夫人幃諸婢。使在前作伎。使太傅暫見。便下幃。太傅索更開。夫人云。恐傷盛德。劉夫人已見

桓車騎不好箸新衣。浴後。婦故送新衣與。[桓氏譜曰：沖娶瑯邪王恬之女，字女宗。]車騎大怒。催使持去。婦更持還。傳語云。衣不經新。何由而故。桓公大笑箸之。

王右軍郗夫人謂二弟司空中郎曰。[司空愔已見。郗曇別傳曰：曇字重熙，鑒少子。性韻方賢，和正沉簡。累遷丹陽尹、南中郎將、徐兗二州刺史。]王家見二謝。傾筐倒庋。[二謝，安、萬。]見汝輩來。平平爾。汝可無煩復往。

王凝之謝夫人既往王氏。大薄凝之。既還謝家。意大不說。太傅慰釋之曰。王郎。逸少之子。人身亦不惡。汝何以恨乃爾。答曰。一門叔父。則有阿大中郎。羣從兄弟。則有封胡遏末。[封胡謝韶小字，遏末謝淵小字。韶字穆度，萬子，車騎司馬。淵字叔度，奕第二子，義興太守。時人稱其尤彥秀者，或曰封胡遏末，封謂韶，胡謂朗，遏謂玄，末謂韶、朗、玄、淵。一作胡謂淵，遏謂玄，遏謂韶也。]不意天壤之中。乃有王郎。

韓康伯母隱古几。毀壞。卞鞠見几惡。欲易之。[鞠，卞範之母之外孫。]答曰。我若不隱此。汝何以得見古物。

王江州夫人語謝遏曰。汝何以都不復進。[夫人，玄之姊。]為是塵務經心。天分有限。

郗嘉賓喪。婦兄弟欲迎妹還。終不肯歸。[郗氏譜曰：超娶汝南周閔女，女名馬頭。]曰。生縱不得與郗郎同室。死寧不同穴。[毛詩曰：穀則異室，死則同穴。鄭玄注曰：穴，謂壙中墟也。]

謝遏絕重其姊。張玄常稱其妹。欲以敵之。有濟尼者。並遊張謝二家。人問其優劣。答曰。王夫人神情散朗。故有林下風氣。顧家婦清心玉映。自是閨房之秀。

王尙書惠嘗看王右軍夫人。宋書曰惠字令明琅邪人歷吏部尚書贈太常卿問眼耳未覺惡不。婦人集載謝表曰妾年九十孤骸獨存願蒙哀矜賜其鞠養答曰髮白齒落。屬乎形骸。至於眼耳關於神明。那可便與人隔。

韓康伯母殷。隨孫繪之之衡陽。韓氏譜曰繪之字季倫父康伯太常卿繪之仕至衡陽太守於闔廬洲中逢桓南郡。卞鞠是其外孫。時來問訊。謂鞠曰。我不死。見此豎二世作賊。在衡陽數年。繪之遇桓景眞之難也。續晉陽秋曰桓亮字景眞大司馬溫之孫父濟給事中叔父玄篡逆見誅亮聚衆於長沙自號湘州刺史殺太宰甄恭衡陽前太守韓繪之等十餘人爲劉毅軍人郭珍斬之殷撫屍哭曰。汝父昔罷豫章。徵書朝至夕發。汝去郡邑數年。爲物不得動。遂及於難。夫復何言。

術解第二十

荀勗善解音聲。時論謂之闇解。遂調律呂。正雅樂。每至正會。殿庭作樂。自調宮商。無不諧韻。阮咸妙賞。時謂神解。每公會作樂。而心謂之不調。既無一言直勗。意忌之。遂出阮爲始平太守。後有一田父耕於野。得周時玉尺。便是天下正尺。荀試以校己所治鐘鼓金石絲竹。皆覺短一黍。於是伏阮神識。晉後略曰鐘律之器自周之末廢而漢成哀之間諸儒修而治之至後漢末復隳矣魏氏使協律知音者杜夔造之不能考之典禮徒依於時絲管之聲時之尺寸而制之甚乖失禮度於是世祖命中書監荀勗依典制定鐘律既鑄律管募求古器得周時玉律數枚比之不差又諸郡舍倉庫或有漢時故鐘以律命之皆不叩而應聲響韻合又若俱成晉諸公贊曰律成散騎侍郎阮咸謂勗所造聲高高則悲夫亡國之音哀以思其民困然今聲不合雅懼非德政中和之音必是古今尺有長短所致今鐘磬是魏時杜夔所造不與勗律相應音聲舒雅而久不知夔所造時人爲之不足改易勗性自矜乃因事左遷咸爲始平太守而病卒後得地中古銅尺校度勗今尺短四分方明咸畢解音然無能正者干寶晉紀曰荀勗始造正德大象之舞以魏杜夔所制律呂校大樂本音不和後漢至魏尺長於古四分有餘而杜夔據之是以失韻勗乃依周禮積粟以起度量取之以度古器符於本銘遂以爲式用之郊廟

荀勗嘗在晉武帝坐上食筍進飯謂在坐人曰此是勞薪炊也坐者未之信密遣問之實用故車腳

人有相羊祜父墓後應出受命君祜惡其言遂掘斷墓後以壞其勢相者立視之曰猶應出折臂三公俄而祜墜馬折臂位果至公幽明錄曰羊祜工騎乘有一兒五六歲端明可喜掘墓之後兒即亡羊時爲襄陽都督因盤馬落地遂折臂于時士林咸歎其忠誠

王武子善解馬性嘗乘一馬箸連錢障泥前有水終日不肯渡王云此必是惜障泥使人解去便徑渡語林曰武子性愛馬亦甚別之故杜預道王武子有馬癖和長輿有錢癖武子問杜預卿有何癖對曰臣有左傳癖

陳述爲大將軍掾甚見愛重及亡郭璞往哭之甚哀乃呼曰嗣祖焉知非福俄而大將軍作亂如其所言陳氏譜曰述字嗣祖潁川許昌人有美名

晉明帝解占冢宅聞郭璞爲人葬帝微服往看因問主人何以葬龍角此法當滅族主人曰郭云此葬龍耳不出三年當致天子帝問爲是出天子耶答曰非出天子能致天子問耳青烏子相冢書曰葬龍之角暴富貴後當滅門

郭景純過江居於暨陽墓去水不滿百步時人以爲近水景純曰將當爲陸璞別傳曰璞少於經術明解卜筮永嘉中海內將亂璞投策數曰黔黎將同異類矣便結親暱十餘家南渡江居于暨陽 今沙漲去墓數十里皆爲桑田

其詩曰。北阜烈烈。巨海混混。壘壘三墳。唯母與昆。

王丞相令郭璞試作一卦。卦成。郭意色甚惡。云。公有震厄。王問有可消伏理不。郭曰。命駕西出數里。得一柏樹。截斷如公長。置牀上。常寢處。災可消矣。王從其語。數日中。果震柏粉碎。子弟皆稱慶。（王隱晉書曰。璞消災轉福。扶厄擇勝。時人咸言京管不及。）大將軍云。君乃復委罪於樹木。

桓公有主簿善別酒。有酒輒令先嘗。好者謂青州從事。惡者謂平原督郵。青州有齊郡。平原有鬲縣。從事言到臍。督郵言在鬲上住。

郗愔信道甚精勤。常患腹內惡。諸醫不可療。聞于法開有名。往迎之。既來。便脉云。君侯所患。正是精進太過所致耳。合一劑湯與之。一服。即大下。去數段許紙如拳大。剖看。乃先所服符也。（晉書曰。法開善醫術。嘗行莫投主人。妻產而兒積日不墮。法開曰。此易治耳。殺一肥羊。食十餘臠而針之。須臾兒下。羊膋裹而出。其精妙如此。）

殷中軍妙解經脉。中年都廢。有常所給使。忽叩頭流血。浩問其故。云有死事。終不可說。詰問良久。乃云。小人母年垂百歲。抱疾來久。若蒙官一脉。便有活理。訖就屠戮無恨。浩感其至性。遂令舁來。為診脉處方。始服一劑湯。便愈。於是悉焚經方。

巧藝第二十一

彈棊始自魏宮內。用粉奩戲。傅玄彈棊賦敍曰漢成帝好蹴踘劉向以謂勞人體竭人力非至尊所宜御乃因其體作彈棊今觀其道蹴踘道也按玄此言則彈棊之戲其來久矣且梁冀傳云冀善彈棊格五而此云起魏世謬矣文帝於此戲特妙。用手巾角拂之。無不中。有客自云能。帝使爲。客著葛巾角。低頭拂棊。妙踰於帝。典論帝自敍曰戲弄之事少所喜唯彈棊略盡其妙少時嘗爲之賦昔京師少工有二焉合鄉侯東方世安張公子長恨不得與之對也博物志曰帝善彈棊能用手巾角時有一書生又能低頭以所冠葛巾角撇棊也

陵雲臺樓觀精巧。先稱平衆木輕重。然後造構。乃無錙銖相負揭。臺雖高峻。常隨風搖動。而終無傾倒之理。魏明帝登臺。懼其勢危。別以大材扶持之。樓卽頹壞。論者謂輕重力偏故也。洛陽宮殿簿曰陵雲臺上壁方十三丈高九尺樓方四丈高五尺棟去地十三丈五尺七寸五分也

韋仲將能書。魏明帝起殿。欲安榜。使仲將登梯題之。既下。頭鬢皓然。因敕兒孫勿復學書。文章敍錄曰韋誕字仲將京兆杜陵人太僕端子有文學善屬辭以光祿大夫卒衛恒四體書勢曰誕善楷書魏宮觀多誕所題明帝立陵霄觀誤先釘榜乃籠盛誕轆轤長絙引上使就題之去地二十五丈誕甚危懼乃戒子孫絕此楷法著之家令

鍾會是荀濟北從舅。二人情好不協。荀有寶劍。可值百萬。常在母鍾夫人許。孔氏志怪曰勖以寶劍付妻會善書。學荀手跡。作書與母取劍。仍竊去不還。世語曰會善學人書伐蜀之役於劍閣要鄧艾章表皆約其言令詞旨倨傲多自矜伐艾由此被收也荀勖知是鍾。而無由得也。思所以報之。後鍾兄弟以千萬起一宅。始成。甚精麗。未得移住。荀極善畫。乃潛往畫鍾門堂。作太傅形像。衣冠狀貌如平生。二鍾入門。便大感慟。宅遂空廢。孔氏志怪曰于時咸謂勖之報會過於所失數十倍彼此書畫巧妙之極

羊長和博學工書。[文字志曰忱性能草書亦善行隸有稱於一時] 能騎射。善圍棊。諸羊後多知書。而射奕餘藝莫逮。

戴安道就范宣學。[中興書曰逵不遠千里往豫章詣范宣宣見逵異之以兄女妻焉] 視范所爲。范讀書亦讀書。范抄書亦抄書。唯獨好畫。范以爲無用。不宜勞思於此。戴乃畫南都賦圖。范看畢咨嗟。甚以爲有益。始重畫。

謝太傅云。顧長康畫。有蒼生來所無。[續晉陽秋曰愷之尤好丹青妙絕於時曾以一廚畫寄桓玄皆其絕者深所珍惜悉糊題其前桓乃發廚後取之好加理後愷之見封題如初而畫竝不存直云妙畫通靈變化而去如人之登仙矣]

戴安道中年畫行像甚精妙。庾道季看之。語戴云。神明太俗。由卿世情未盡。戴云。唯務光當免卿此語耳。[列仙傳曰務光夏時人也耳長七寸好鼓琴服菖蒲韭根湯將伐桀謀於光光曰非吾事也湯曰伊尹何如務光曰彊力忍詬不知其它湯克天下讓於光光曰吾聞無道之世不踐其土況讓我乎負石自沈於廬水]

顧長康畫裴叔則。頰上益三毛。人問其故。顧曰。裴楷儁朗有識具。正此是其識具。看畫者尋之。定覺益三毛如有神明。殊勝未安時。[愷之歷畫古賢皆爲之贊也]

王中郎以圍棊是坐隱。支公以圍棊爲手談。[博物志曰堯作圍棊以教丹朱語林曰王以圍棊爲手談故其在哀制中祥後客來方幅會戲]

顧長康好寫起人形。[續晉陽秋曰愷之圖寫特妙] 欲圖殷荊州。殷曰。我形惡。不煩耳。顧曰。明府正爲眼爾。[仲堪眇目故也] 但明點童子。飛白拂其上。使如輕雲之蔽日。[日一作月]

顧長康畫謝幼輿在巖石裏。人問其所以。顧曰。謝云。一丘一壑。自謂過之。此子宜置丘壑中。

顧長康畫人。或數年不點目精。人問其故。顧曰。四體妍蚩。本無關於妙處。傳神寫照。正在阿堵中。

顧長康道畫。手揮五弦易。目送歸鴻難。

寵禮第二十二

元帝正會。引王丞相登御牀。王公固辭。中宗引之彌苦。王公曰。使太陽與萬物同輝。臣下何以瞻仰。中興書曰。元帝登尊號。百官陪位。詔王導升御坐。固辭。然後止

桓宣武嘗請參佐入宿。袁宏伏滔相次而至。莅名府中。復有袁參軍。彥伯疑焉。令傳教更質。傳教曰。參軍是袁伏之袁。復何所疑。

王珣郗超並有奇才。爲大司馬所眷拔。珣爲主簿。超爲記室參軍。超爲人多鬚。珣狀短小。于時荊州爲之語曰。髯參軍。短主簿。能令公喜。能令公怒。續晉陽秋曰。超有才能。珣有器望。並爲溫所暱

許玄度停都一月。劉尹無日不往。乃歎曰。卿復少時不去。我成輕薄京尹。語林曰。玄度出。道眞長九日十一詣之。曰。卿尙不去。使我成薄德二千石

孝武在西堂會。伏滔預坐。還。下車呼其兒。兒卽系也。丘淵之文章錄曰。系字敬魯。仕至光祿大夫 語之曰。百人

高會。臨坐未得他語。先問伏滔何在。在此不。此故未易得。爲人作父如此何如。

卞範之爲丹陽尹。羊孚南州暫還。往卞許。云下官疾動不堪坐。卞便開帳拂褥。羊徑上大牀。入被須枕。卞回坐傾睞。移晨達莫。羊去。卞語曰。我以第一理期卿。卿莫負我。（丘淵之文章錄曰範之字敬祖濟陰宛句人祖嘏下邳太守父循尚書郎相玄輔政範之遷丹陽尹玄敗伏誅）

任誕第二十三

陳留阮籍。譙國嵇康。河內山濤。三人年皆相比。康年少亞之。預此契者。沛國劉伶。陳留阮咸。河內向秀。琅邪王戎。七人常集于竹林之下。肆意酣暢。故世謂竹林七賢。（晉陽秋曰于時風譽扇于海內至于今詠之）

阮籍遭母喪。在晉文王坐。進酒肉。司隸何曾亦在坐。（晉諸公贊曰何曾字潁考陳郡陽夏人父夔魏太僕曾以高雅稱加性仁孝累遷司隸校尉用心甚正朝廷憚之仕晉至太宰）曰。明公方以孝治天下。而阮籍以重喪顯於公坐飲酒食肉。宜流之海外。以正風教。文王曰。嗣宗毀頓如此。君不能共憂之。何謂。且有疾而飲酒食肉。固喪禮也。籍飲啖不輟。神色自若。（干寶晉紀曰何曾嘗謂阮籍曰卿恣情任性敗俗之人也今忠賢執政綜核名實若卿之徒何可長也復言之於太祖籍飲啖不輟故魏晉之間有被髮夷傲之事背死忘生之人反謂行禮者籍爲之也魏氏春秋曰籍性至孝居喪雖不率常禮而毀幾滅性然爲文俗之士何曾等深所讐疾大將軍司馬昭愛其通偉而不加害也）

劉伶病酒渴甚。從婦求酒。婦捐酒毀器。涕泣諫曰。君飲太過。非攝生之道。

必宜斷之。伶曰。甚善。我不能自禁。唯當祝鬼神自誓斷之耳。便可具酒肉。婦曰。敬聞命。供酒肉於神前。請伶祝誓。伶跪而祝曰。天生劉伶。以酒爲名。一飲一斛。五斗解酲。毛公注曰酒病曰酲婦人之言。愼不可聽。便引酒進肉。隗然已醉矣。見竹林七賢論

劉公榮與人飲酒。雜穢非類。人或譏之。答曰。勝公榮者。不可不與飲。不如公榮者。亦不可不與飲。是公榮輩者。又不可不與飲。故終日共飲而醉。劉氏譜曰沛國人晉陽秋曰昶爲昶字公榮人通達仕至兗州刺史

步兵校尉缺。廚中有貯酒數百斛。阮籍乃求爲步兵校尉。文士傳曰籍放誕有傲世情不樂仕宦晉文帝親愛籍恆與談戲任其所欲不迫以職事籍常從容曰平生曾遊東平樂其土風願得爲東平太守文帝說從其意籍便騎驢徑到郡皆壞府舍諸壁障使內外相望然後敎令淸寧十餘日便復騎驢去後聞步兵廚中有酒三百石忻然求爲校尉於是入府舍與劉伶酣飲竹林七賢論又云籍與伶共飲步兵廚中並醉而死此好事者爲之言籍景元中卒而劉伶太始中猶在

劉伶恆縱酒放達。或脫衣裸形在屋中。人見譏之。伶曰。我以天地爲棟宇。屋室爲褌衣。諸君何爲入我褌中。鄧粲晉紀曰客有詣伶值裸袒伶笑曰吾以天地爲宅舍以屋中爲褌衣諸君自不當入我褌中又何惡乎其自任若是

阮籍嫂嘗還家。籍見與別。或譏之。曲禮嫂叔不通問故譏之籍曰。禮豈爲我輩設也。

阮公鄰家婦有美色。當壚酤酒。阮與王安豐常從婦飲酒。阮醉。便眠其婦側。夫始殊疑之。伺察。終無他意。王隱晉書曰籍鄰家處子有才色未嫁而卒籍與無親生不相識盡哀而去其達而無檢皆此類也

阮籍當葬母。蒸一肥豚。飲酒二斗。然後臨訣。直言窮矣。都得一號。因吐血。

廢頓良久。鄧粲晉紀曰籍母將死與人圍棋未決對者求止籍不肯留與決賭既而飲酒二斗舉聲一號吐血數升廢頓久之

阮仲容見前步兵居道南。諸阮居道北。北阮富。南阮貧。七月七日。北阮盛曬衣。皆紗羅錦綺。仲容以竿挂大布犢鼻褌於中庭。人或怪之。答曰。未能免俗。聊復爾耳。竹林七賢論曰諸阮前世皆儒學善居室唯咸一家尚道棄事好酒而貧舊俗七月七日法當曬衣諸阮庭中爛然錦綺咸時總角乃豎長竿挂犢鼻褌也

阮步兵喪母。裴令公見前往弔之。阮方醉。散髮坐牀。箕踞不哭。裴至。下席於地。哭。弔唁畢。便去。或問裴曰。凡弔。主人哭。客乃為禮。阮既不哭。君何為哭。裴曰。阮方外之人。故不崇禮制。我輩俗中人。故以儀軌自居。時人歎為兩得其中。名士傳曰阮籍喪親不率常禮裴楷往弔之遇籍方醉散髮箕踞旁若無人楷哭泣盡哀而退了無異色其安同異如此戴逵論之曰若裴公之制弔欲冥外以護內有達意也有弘防也

諸阮皆能飲酒。仲容至宗人閒共集。不復用常桮斟酌。以大甕盛酒。圍坐。相向大酌。時有羣豬來飲。直接去。上便共飲之。

阮渾長成。風氣韻度似父。亦欲作達。步兵曰。仲容已預之。卿不得復爾。竹林七賢論曰籍之抑渾蓋以渾未識己之所以為達也後咸兄子簡亦以曠達自居父喪行遇大雪寒凍遂詣浚儀令令為它賓設黍臛簡食之以致清議廢頓幾三十年是時竹林諸賢之風雖高而禮教尚峻迨元康中遂至放蕩越禮樂廣譏之曰名教中自有樂地何至於此樂令之言有旨哉謂彼非玄心徒利其縱恣而已

裴成公婦。王戎女。王戎晨往裴許。不通。徑前。裴從牀南下。女從北下。相對作賓主。了無異色。裴氏家傳曰頠取戎長女

阮仲容先幸姑家鮮卑婢。及居母喪。姑當遠移。初云當留婢。既發。定將去。

仲容借客驢箸重服自追之。累騎而返。曰。人種不可失。即遙集之母也。竹林七賢論曰咸既追婢於是世議紛然自魏末沉淪閭巷逮晉咸寧中始登王途阮孚別傳曰咸與姑書曰胡婢遂生胡兒姑答書曰魯靈光殿賦曰胡人遙集於上楹可字曰遙集也故孚字遙集

任愷既失權勢。不復自檢括。或謂和嶠曰。卿何以坐視元裒敗而不救。和曰。元裒如北夏門。拉攞自欲壞。非一木所能支。晉諸公贊曰愷字元裒樂安博昌人有雅識國幹萬機大小多綜之與賈充不平充乃啓愷掌吏部又使有司奏愷用御食器坐免官世祖遺錄薄焉

劉道眞少時。常漁草澤。善歌嘯。聞者莫不留連。有一老嫗。識其非常人。甚樂其歌嘯。乃殺豚進之。道眞食豚盡。了不謝。嫗見不飽。又進一豚。食半餘半。迺還之。後爲吏部郎。嫗兒爲小令史。道眞超用之。不知所由。問母。母告之。於是齎牛酒詣道眞。道眞曰。去去。無可復用相報。劉寶已見

阮宣子常步行。以百錢挂杖頭。至酒店。便獨酣暢。雖當世貴盛。不肯詣也。名士傳曰修性簡任

山季倫爲荊州。時出酣暢。人爲之歌曰。山公時一醉。徑造高陽池。日莫倒載歸。茗艼無所知。復能乘駿馬。倒箸白接籬。舉手問葛彊。何如并州兒。高陽池在襄陽。彊是其愛將。并州人也。襄陽記曰漢侍中習郁於峴山南依范蠡養魚法作魚池池邊有高隄種竹及長楸芙蓉菱芡覆水是遊燕名處也山簡每臨此池未嘗不大醉而還曰此是我高陽池也襄陽小兒歌之

張季鷹縱任不拘。時人號爲江東步兵。或謂之曰。卿乃可縱適一時。獨不

爲身後名邪。答曰。使我有身後名。不如即時一桮酒。文士傳曰翰任性自適無求當世時人貴其曠

畢茂世云。一手持蟹螯。一手持酒桮。拍浮酒池中。便足了一生。晉中興書曰畢卓字茂世新蔡人少傲達爲胡毋輔之所知大興末爲吏部郎嘗飲酒廢職比舍郎釀酒熟卓因醉夜至其甕間取飲之主者謂是盜執而縛之知爲吏部也釋之卓遂引主人燕甕側取醉而去溫嶠素知愛卓請爲平南長史卒

賀司空入洛赴命。爲太孫舍人。經吳閶門。在船中彈琴。張季鷹本不相識。先在金閶亭。聞弦甚清。下船就賀。因共語。便大相知。説問賀。卿欲何之。賀曰。入洛赴命。正爾進路。張曰。吾亦有事北京。因路寄載。便與賀同發。初不告家。家追問廼知。

祖車騎過江時。公私儉薄。無好服玩。王庾諸公共就祖。忽見裘袍重疊。珍飾盈列。諸公怪之。祖曰。昨夜復南塘一出。祖于時恒自使健兒鼓行劫鈔。在事之人。亦容而不問。晉陽秋曰逖性通濟不拘小節又賓從多是桀黠勇士逖待之皆如子弟永嘉中流民以萬數揚土大饑賓客攻剽逖輒擁護全衛談者以此少之故久不得調

鴻臚卿孔羣好飲酒。王丞相語云。卿何爲恒飲酒。不見酒家覆瓿布。日月糜爛。羣曰。不爾。不見糟肉乃更堪久。羣嘗書與親舊。今年田得七百斛秫米。不了麴糵事。羣已見上

有人譏周僕射。與親友言戲。穢雜無檢節。鄧粲晉紀曰王導與周顗及朝士詣尚書紀瞻觀伎瞻有愛妾能爲新聲顗於衆中欲通其妾露其醜穢顔無怍色有司奏免顗官詔特原之周曰。吾若萬里長江。何能不千里一曲。

溫太眞位未高時。屢與揚州淮中估客摴蒱。與輒不競。嘗一過大輸物。戲屈。無因得反。與庾亮善。於舫中大喚亮曰。卿可贖我。庾卽送直。然後得還。經此數四。（中興書曰。嶠有儁朗之目而不拘細行）

溫公喜慢語。卞令禮法自居。（卞壼別傳曰。壼正色立朝。百寮嚴憚。貴遊子弟莫不祗肅）至庾公許。大相剖擊。溫發口鄙穢。庾公徐曰。太眞終日無鄙言。（重其達也）

周伯仁風德雅重。深達危亂。過江積年。恒大飲酒。常經三日不醒。時人謂之三日僕射。（晉陽秋曰。初。顗以雅望獲海內盛名。後屢以酒失。庾亮曰。周侯末年。可謂鳳德之衰也。語林曰。伯仁正有姊喪三日醉。姑喪二日醉。大損資望。每醉。諸公常共屯守）

衞君長爲溫公長史。溫公甚善之。每率爾提酒脯就衞。箕踞相對彌日。衞往溫許亦爾。（衞永已見）

蘇峻亂。諸庾逃散。庾冰時爲吳郡。單身奔亡。民吏皆去。唯郡卒獨以小船載冰出錢塘口。籧篨覆之。時峻賞募覓冰。屬所在搜檢甚急。卒捨船市渚。因飲酒醉還。舞棹向船曰。何處覓庾吳郡。此中便是。冰大惶怖。然不敢動。監司見船小裝狹。謂卒狂醉。都不復疑。自送過淛江。寄山陰魏家。得免。（中興書曰。冰爲吳郡。蘇峻作逆。遣軍伐冰。冰棄郡奔會稽）後事平。冰欲報卒。適其所願。卒曰。出自廝下。不願名器。少苦執鞭。恒患不得快飲酒。使其酒足。餘年畢矣。無所復須。冰爲起大舍。市奴婢。使門內有百斛酒。終其身。時謂此卒非唯有智。且亦達生。

殷洪喬作豫章郡。殷氏譜曰：羨字洪喬，陳郡人。父識，鎮東司馬。羨仕至豫章太守。臨去。都下人因附百許函書。既至石頭。悉擲水中。因祝曰。沈者自沈。浮者自浮。殷洪喬不能作致書郵。

王長史謝仁祖同爲王公掾。王濛別傳曰：丞相王導辟名士，時賢協贊中興，旌命所加，必延俊乂，辟濛爲掾。長史云謝掾能作異舞。謝便起舞。神意甚暇。晉陽秋曰：尚性通任，善音樂。語林曰：謝鎮西酒後於槃案間爲洛市肆工鴝鵒舞，甚佳。王公熟視。謂客曰。使人思安豐。戎性通任，尚類之。

王劉共在杭南。酣宴於桓子野家。伊已見。謝鎮西往尚書墓還。葬後三日反哭。諸人欲要之。初遣一信。猶未許。然已停車。重要。便回駕。諸人門外迎之。把臂便下。裁得脫幘。著帽酣宴。半坐。乃覺未脫衰。尚書謝裒，尚叔也，已見。宋明帝文章志曰：尚性輕率，不拘細行，兄葬後往墓還，王濛劉惔共遊新亭，濛欲招尚，先以問惔，曰：謝仁祖正當不爲異同耳。惔曰：仁祖韻中自應來。乃遣要之。尚初辭，然已無歸意，及再請，即回軒焉。其率如此。

桓宣武少家貧。戲大輸。債主敦求甚切。思自振之方。莫知所出。陳郡袁耽俊邁多能。袁氏家傳曰：耽字彥道，陳郡陽夏人。魏中郎令渙曾孫也。魁梧爽朗，高風振邁，少倜儻不羈，有異才，士人多歸之。仕至司徒從事中郎。宣武欲求救於耽。耽時居艱。恐致疑。試以告焉。應聲便許。略無嫌吝。遂變服。懷布帽。隨溫去。與債主戲。耽素有藝名。債主就局曰。汝故當不辦作袁彥道邪。遂共戲。十萬一擲。直上百萬數。投馬絕叫。傍若無人。探布帽擲對人曰。汝竟識袁彥道不。郭子曰：桓公樗蒱，失數百斛米，求救於袁耽。耽在艱也，便云：大快，我必作采，卿但大喚。即脫其衰，共出門去。覺頭上有布帽，擲去，著小帽。既戲，袁形勢平，桓擲必盧雉，二人齊叫，敵家頃刻失數百萬也。

王光祿云。酒正使人人自遠。光祿，王蘊也。續晉陽秋曰：蘊素嗜酒，末年尤甚。及在會稽，略少醒日。

劉尹云。孫承公狂士。每至一處。賞翫累日。或回至半路卻返。中興書曰承公少誕任不羈家於會稽性好山水及來鄞縣遺心細務縱意遊肆名阜勝川靡不歷覽

袁彥道有二妹。一適殷淵源。一適謝仁祖。袁氏譜曰眈大妹名女皇適殷浩小妹名女正適謝尚 語桓宣武云。恨不更有一人配卿。

桓車騎在荊州。張玄爲侍中。使至江陵。路經陽岐村。村臨江去荊州二百里 俄見一人持半小籠生魚。徑來造船。云有魚。欲寄作膾。張乃維舟而納之。問其姓字。稱是劉遺民。中興書曰劉驎之一字遺民已見 張素聞其名。大相忻待。劉既知張銜命。問謝安王文度並佳不。張甚欲話言。劉了無停意。既進膾。便去。云。向得此魚。觀君船上當有膾具。是故來耳。於是便去。張乃追至劉家。爲設酒。殊不清旨。張高其人。不得已而飲之。方共對飲。劉便先起。云。今正伐荻。不宜久廢。張亦無以留之。

王子猷詣郗雍州。中興書曰郗恢字道胤高平人父曇北中郎將恢長八尺美鬚髯風神魁梧烈宗器之以爲藩伯之望自太子左率擢爲雍州刺史 雍州在內。見有㲮㲪。云。阿乞那得此物。阿乞恢小字 令左右送還家。郗出見之。王曰。向有大力者負之而趨。莊子曰夫藏舟於壑藏山於澤謂之固矣然有大力者負之而走昧者不知也 郗無忤色。

謝安始出西戲。失車牛。便杖策步歸。道逢劉尹。語曰。安石將無傷。謝乃同載而歸。

襄陽羅友有大韻。少時多謂之癡。嘗伺人祠。欲乞食。往太蚤。門未開。主人迎神出見。問以非時何得在此。答曰。聞卿祠。欲乞一頓食耳。遂隱門側。至曉得食。便退。了無怍容。爲人有記功。從桓宣武平蜀。按行蜀城闕。觀宇內外。道陌廣狹。植種果竹多少。皆默記之。後宣武溧洲與簡文集。友亦預焉。共道蜀中事。亦有所遺忘。友皆名列。曾無錯漏。宣武驗以蜀城闕簿。皆如其言。坐者歎服。謝公云。羅友詎減魏陽元。後爲廣州刺史。當之鎮。刺史桓豁語令莫來宿。答曰。民已有前期。主人貧。或有酒饌之費。見與甚有舊。請別日奉命。征西密遣人察之。至日。乃往荊州門下書佐家。處之怡然。不異勝達。在益州語兒云。我有五百人食器。家中大驚。其由來清。而忽有此物。定是二百五十沓烏樏。晉陽秋曰友字他仁襄陽人少好學不持節檢性嗜酒當其所遇不擇士庶又好伺人祠往乞餘食雖復營署墟肆不以爲羞桓溫常責之云君太不逮須食何不就身求乃至於此友傲然不屑答曰就公乞食今乃可得明日已復無溫大笑之始仕荊州後在溫府以家貧乞祿溫雖以才學遇之而謂其誕肆非治民才許而不用後同府人有得郡者溫爲席起別友至尤晚問之友答曰民性飲道嗜味昨奉教旨乃是首旦出門於中路逢一鬼大見揶揄云我只見汝送人作郡何以不見人送汝作郡民始怖終慚回還以解不覺成淹緩之罪溫雖笑其滑稽而心頗愧焉後以爲襄陽太守累遷廣益二州刺史在藩舉其宏綱不存小察甚爲吏民所安說薨於益州

桓子野每聞清歌。輒喚奈何。謝公聞之曰。子野可謂一往有深情。

張湛好於齋前種松柏。晉東宮官名曰湛字處度高平人張氏譜曰湛祖嶷正員郎父曠鎮軍司馬湛仕至中書郎　時袁山松出遊。每好令左右作挽歌。山松別見續晉陽秋曰袁山松善音樂北人舊歌有行路難曲辭頗疏質山松好之乃爲文其章句婉其節制每因酒酣從而歌之聽者莫不流涕初羊曇善唱樂桓伊

能挽歌及山松以行路難繼之時人謂之三絕今云挽歌未詳時人謂張屋下陳屍。袁道上行殯。裴啓語林曰張湛好於齋前種松養鴝鵒袁山松出遊好令左右作挽歌時人云云

羅友作荆州從事。桓宣武爲王車騎集別。車騎王洽別見友進坐良久。辭出。宣武曰。卿向欲咨事。何以便去。答曰。友聞白羊肉美。一生未曾得喫。故冒求前耳。無事可咨。今已飽。不復須駐。了無慚色。

張驎酒後挽歌甚悽苦。桓車騎曰。卿非田横門人。何乃頓爾至致。驎張湛小字也譙子法訓云有喪而歌者或曰彼爲樂喪也有不可乎譙子曰書云四海遏密八音何樂喪之有曰今喪有挽歌者何以哉譙子曰周聞之蓋高帝召齊田横至于尸鄉亭自刎奉首從者挽至於宮不敢哭而不勝哀故爲歌以寄哀音彼則一時之爲也鄰有喪舂不相引挽人銜發執樂喪者邪按莊子曰紼謳所生必於斥苦司馬彪注曰紼引柩索也斥疏緩也苦用力也引紼所以有謳歌者爲人有用力不齊故促急之也春秋左氏傳曰魯哀公會吳伐齊其將公孫夏命歌虞殯杜預曰虞殯送葬歌示必死也史記絳侯世家曰周勃以吹簫樂喪然則挽歌之來久矣非始起於田横也然譙氏引禮之文頗有明據非固陋者所能詳聞疑以傳疑以俟通博

王子猷嘗暫寄人空宅住。便令種竹。或問暫住何煩爾。王嘯詠良久。直指竹曰。何可一日無此君。中興書曰徽之卓犖不羈欲爲傲達放肆聲色頗過度時人欽其才穢其行也

王子猷居山陰。夜大雪。眠覺。開室命酌酒。四望皎然。因起彷徨。詠左思招隱詩。中興書曰徽之任性放達棄官東歸居山陰也左詩曰杖策招隱士荒塗横古今巖穴無結構丘中有鳴琴白雪停陰岡丹葩曜陽林忽憶戴安道。時戴在剡。即便夜乘小船就之。經宿方至。造門不前而返。人問其故。王曰。吾本乘興而行。興盡而返。何必見戴。

王衛軍云。酒正自引人著勝地。王薈已見

王子猷出都。尚在渚下。舊聞桓子野善吹笛。續晉陽秋曰左將軍桓伊善音樂孝武飲燕謝安侍坐帝令伊吹笛伊神色無忤既吹一弄乃放笛云臣於箏乃不如笛然自足以韻合歌管臣有一奴善吹笛且相便串請進之帝賞其放率聽召奴奴既至吹笛伊撫箏節歌怨詩因以爲諫也而不相識。遇桓於岸上過。王在船中。客有識之者云。是桓子野。王便令人與相聞云。聞君善吹笛。試爲我一奏。桓時已貴顯。素聞王名。即便回下車。踞胡牀。爲作三調。弄畢。便上車去。客主不交一言。

桓南郡被召作太子洗馬。玄別傳曰玄初拜太子洗馬時朝廷以溫有不臣之迹故抑玄爲素官船泊荻渚。王大服散後已小醉。往看桓。桓爲設酒。不能冷飲。頻語左右令溫酒來。桓乃流涕嗚咽。王便欲去。桓以手巾掩淚。因謂王曰。犯我家諱。何預卿事。晉安帝紀曰玄哀樂過人每歡戚之發未嘗不至嗚咽王歎曰。靈寶故自達。靈寶玄小字也異苑曰玄生而有光照室善占者云此兒生有奇耀宜目爲天人宣武嫌其三文復言爲神靈寶猶復用三既難重前卻減神一字名曰靈寶語林曰玄不立忌日止立忌時其達而不拘皆此類

王孝伯問王大。阮籍何如司馬相如。王大曰。阮籍胸中壘塊。故須酒澆之。言阮皆同相如而飲酒異耳

王佛大歎言。三日不飲酒。覺形神不復相親。晉安帝紀曰忱少慕達好酒在荊州轉甚一飲或至連日不醒遂以此死宋明帝文章志曰忱嗜酒醉輒經日自號上頓世喭以大飲爲上頓起自忱也

王孝伯言。名士不必須奇才。但使常得無事。痛飲酒。熟讀離騷。便可稱名士。

王長史登茅山，大慟哭曰：「琅邪王伯輿，終當爲情死。」王氏譜曰：廞字伯輿，琅邪人。父薈，衞將軍。廞歷司徒長史。周祗隆安記曰：初王恭將陷義，使喻三吳，廞居喪，拔以爲吳國內史。國寶既死，恭罷兵，令廞反喪服。廞大怒，即日據吳都以叛。恭使司馬劉牢之討廞，廞敗，不知所在。

簡傲第二十四

晉文王功德盛大，坐席嚴敬，擬於王者。漢晉春秋曰：文王進爵爲王，司徒何曾與朝臣皆盡禮，於王祥長揖不拜。唯阮籍在坐，箕踞嘯歌，酣放自若。

王戎弱冠詣阮籍，時劉公榮在坐。阮謂王曰：「偶有二斗美酒，當與君共飲。彼公榮者無預焉。」二人交觴酬酢，公榮遂不得一桮。而言語談戲，三人無異。或有問之者，阮答曰：「勝公榮者，不得不與飲酒；不如公榮者，不可不與飲酒；唯公榮，可不與飲酒。」晉陽秋曰：戎年十五，隨父渾在郎舍。阮籍見而說焉，每適渾，俄頃輒在戎室，久之乃謂渾：「濬沖清尚，非卿倫也。」戎嘗詣籍共飲，而劉昶在坐不與焉。昶無恨色。既而戎問籍曰：「彼爲誰也？」曰：「劉公榮也。」濬沖曰：「勝公榮，故與酒；不如公榮，不可不與酒；唯公榮者，可不與酒。」竹林七賢論：初，籍與戎父渾俱爲尚書郎，每造渾，坐未安，輒曰：「與卿語，不如與阿戎語。」就戎，必日夕而返。籍長戎二十歲，相得如時輩。劉公榮通士，性尤好酒，籍與戎酣飲終日，而公榮不蒙一桮，三人各自得也。戎爲物論所先，皆此類。

鍾士季精有才理，先不識嵇康。鍾要于時賢儁之士，俱往尋康。康方大樹下鍛，向子期爲佐鼓排。康揚槌不輟，傍若無人，移時不交一言。鍾起去，康曰：「何所聞而來？何所見而去？」鍾曰：「聞所聞而來，見所見而去。」文士傳曰：康性絕巧，能鍛鐵。家有盛柳樹，乃激水以圜之，夏天甚清涼，恆居其下傲戲，乃身自鍛。家雖貧，有人說鍛者，康不受直。唯親舊以雞酒往，與共飲噉，清言而已。魏氏春秋曰：鍾會爲大將軍兄弟所暱，聞康名而造焉。會名公子，以才能貴幸，乘肥衣輕，賓從如雲。康方箕踞而鍛，會至，不爲之禮。會深銜之，後因呂安事，而遂譖康焉。

嵇康與呂安善。每一相思。千里命駕。（晉陽秋曰安字中悌東平人冀州刺史招之第二子志量開曠有拔俗風氣干寶晉紀曰初安之交康也其相思則率爾命駕）安後來。直康不在。喜出戶延之。不入。（晉百官名曰嵇喜字公穆歷揚州刺史康兄也阮籍遭喪往弔之籍能爲青白眼見凡俗之士以白眼對之及喜往籍不哭見其白眼喜不懌而退康聞之乃齎酒挾琴而造之遂相與善干寶晉紀曰安嘗從康或遇其行康兄喜拭席而待之弗顧獨坐車中康母就設酒食求康兒共語戲良久則去其輕貴如此）題門上作鳳字而去。喜不覺。猶以爲欣。故作鳳字。凡鳥也。（許慎說文曰鳳神鳥也從鳥凡聲）

陸士衡初入洛。咨張公（名華）所宜詣。劉道真是其一。陸既往。劉尚在哀制中。性嗜酒。禮畢。初無他言。唯問東吳有長柄壺盧。卿得種來不。陸兄弟殊失望。乃悔往。

王平子出爲荊州。（晉陽秋曰惠帝時太尉王夷甫言於選者以弟澄爲荊州刺史從弟敦爲荊州刺史澄敦俱詣太尉辭太尉謂曰今王室將卑故使弟等居齊楚之地外可以建霸業內足以匡帝室所望於二弟也）王太尉及時賢送者傾路。時庭中有大樹。上有鵲巢。平子脫衣巾。徑上樹取鵲子。涼衣拘閡樹枝。便復脫去。得鵲子還下弄。神色自若。傍若無人。（鄧粲晉紀曰澄放蕩不拘時謂之達）

高坐道人於丞相坐。恆偃臥其側。見卞令。肅然改容。云彼是禮法人。（高坐傳曰王公曾詣和上和上解帶偃伏悟言神解見尚書令卞望之便斂衿飾容時歎皆得其所）

桓宣武作徐州。時謝奕爲晉陵。（中興書曰奕自吏部郎出爲晉陵太守）先粗經虛懷。而乃無異常。及桓遷荊州。將西之閒。意氣甚篤。奕弗之疑。唯謝虎子婦王悟其旨。（虎子謝據小字奕弟也其婦王氏已見）每曰。桓荊州用意殊異。必與晉陵俱西矣。俄而引奕爲司馬。奕既上。

猶推布衣交。在溫坐。岸幘嘯詠。無異常日。宣武每曰。我方外司馬。遂飲酒。轉無朝夕禮。桓舍入內。奕輒復隨去。後至奕醉。溫往主許避之。主曰。君無、狂司馬。我何由得相見。主乃溫妻公主

謝萬在兄前。欲起索便器。于時萬思曠在坐。曰。新出門戶。篤而無禮。

謝中郎是王藍田女壻。謝氏譜曰萬取太原王述女名荃 嘗箸白綸巾肩輿徑至揚州聽事見王。直言曰。人言君侯癡。君侯性自癡。藍田曰。非無此論。但晚令耳。述別傳曰述少真獨退靜人未嘗知故有晚令之言

王子猷作桓車騎騎兵參軍。桓問曰。卿何署。答曰。不知何署。時見牽馬來。似是馬曹。中興書曰桓沖引徽之爲參軍蓬首散帶不綜知其府事 桓又問官有幾馬。答曰。不問馬。何由知其數。論語曰廐焚孔子退朝曰傷人乎不問馬注貴人賤畜故不問也 又問馬比死多少。答曰。未知生。焉知死。論語曰子路問死孔子曰未知生焉知死馬融注曰死事難明語之無益故不答

謝公嘗與謝萬共出西。過吳郡。阿萬欲相與共萃王恬許。恬已見時爲吳郡太守 太傅云。恐伊不必酬汝。意不足爾。萬猶苦要。太傅堅不回。萬乃獨往。坐少時。王便入門內。謝殊有欣色。以爲厚待己。良久。乃沐頭散髮而出。亦不坐。仍據胡牀。在中庭曬頭。神氣傲邁。了無相酬對意。謝於是乃還。未至船。逆呼太傅。安曰。阿螭不作爾。王恬小字螭虎

王子猷作桓車騎參軍。桓謂王曰。卿在府久。比當相料理。初不答。直高視以手版拄頰云。西山朝來。致有爽氣。

謝萬北征。常以嘯詠自高。未嘗撫慰衆士。謝公甚器愛萬。而審其必敗。乃俱行。從容謂萬曰。汝爲元帥。宜數喚諸將宴會。以說衆心。萬從之。因召集諸將。都無所說。直以如意指四坐云。諸君皆是勁卒。諸將甚忿恨之。謝公欲深著恩信。自隊主將帥以下。無不身造。厚相遜謝。及萬事敗。軍中因欲除之。復云。當爲隱士。故幸而得免。萬敗事已見上

王子敬兄弟見郗公。躡履問訊。甚修外生禮。及嘉賓死。皆著高屐。儀容輕慢。命坐。皆云。有事不暇坐。既去。郗公慨然曰。使嘉賓不死。鼠輩敢爾。愔子超有盛名且獲寵於桓溫故爲超敬愔

王子猷嘗行過吳中。見一士大夫家極有好竹。主已知子猷當往。乃灑埽施設。在聽事坐相待。王肩輿徑造竹下。諷嘯良久。主已失望。猶冀還當通。遂直欲出門。主人大不堪。便令左右閉門不聽出。王更以此賞主人。乃留坐。盡歡而去。

王子敬自會稽經吳。聞顧辟疆顧氏譜曰辟疆吳郡人歷郡功曹平北參軍有名園。先不識主人。徑往其家。值顧方集賓友酣燕。而王遊歷既畢。指麾好惡。傍若無人。顧勃然不

堪。曰。傲主人。非禮也。以貴驕人。非道也。失此二者。不足齒人。傖耳。便驅其左右出門。王獨在輿上回轉顧望。左右移時不至。然後令送箸門外。怡然不屑。

世說新語卷六

排調第二十五

諸葛瑾爲豫州。遣別駕到臺。瑾已見語云。小兒知談。卿可與語。連往詣恪。江表傳曰恪字元遜瑾長子也少有才名發藻岐嶷辯論應機莫與爲對孫權見而奇之謂瑾曰藍田生玉眞不虛也仕吳至太傅爲孫峻所害恪不與相見。後於張輔吳坐中相遇。環濟吳紀曰張昭字子布忠正有才義仕吳爲輔吳將軍別駕喚恪。咄咄郎君。恪因嘲之曰。豫州亂矣。何咄咄之有。答曰。君明臣賢。未聞其亂。恪曰。昔唐堯在上。四凶在下。答曰。非唯四凶。亦有丹朱。於是一坐大笑。

晉文帝與二陳共車。過喚鍾會同載。卽駛車委去。比出已遠。既至。因嘲之曰。與人期行。何以遲遲。望卿遙遙不至。會答曰。矯然懿實。何必同羣。帝復問會。皋繇何如人。答曰。上不及堯舜。下不逮周孔。亦一時之懿士。二陳騫與泰也會父名繇故以遙遙戲之騫父矯宣帝諱懿泰父羣祖父寔故以此酬之

鍾毓爲黃門郎。有機警。在景王坐燕飲。時陳羣子玄伯。武周子元夏同在坐。魏志曰武周字伯南沛國竹邑人仕至光祿大夫共嘲毓。景王曰。皋繇何如人。對曰。古之懿士。顧謂玄伯元夏曰。君子周而不比。羣而不黨。孔安國注論語曰忠信爲周阿黨爲比黨助也君子雖衆不相私助

嵇阮山劉在竹林酣飲。王戎後往。步兵曰。俗物已復來敗人意。魏氏春秋曰時謂王戎未能超

俗也 王笑曰。卿輩意亦復可敗邪。

晉武帝問孫皓。吳錄曰皓字元宗一名彭祖太皇帝孫也景帝崩皓嗣位爲晉所滅封歸命侯 聞南人好作爾汝歌。頗能爲不。皓正飲酒。因舉觴勸帝而言曰。昔與汝爲鄰。今與汝爲臣。上汝一桮酒。令汝壽萬春。帝悔之。

孫子荆年少時。欲隱。語王武子。當枕石漱流。誤曰漱石枕流。王曰。流可枕。石可漱乎。孫曰。所以枕流。欲洗其耳。逸士傳曰許由爲堯所讓其友巢父責之由乃過淸泠水洗耳拭目曰向聞貪言負吾之友 所以漱石。欲礪其齒。

頭責秦子羽云。子羽□□ 子曾不如太原溫顒。潁川荀寓。溫顒已見荀氏譜曰寓字景伯祖式太原父保御史中丞世語曰寓少與裴楷王戎杜默俱有名仕晉至尙書 范陽張華。士卿劉許。晉百官名曰劉許字文生涿鹿郡人父放魏驃騎將軍許惠帝時爲宗正卿按許與張華同范陽人故曰士卿互其辭也宗正卿或曰士卿 義陽鄒湛。河南鄭詡。晉諸公贊曰湛字潤甫新野人以文義達仕至侍中詡字思淵滎陽開封人爲衞尉卿祖泰揚州刺史父褒司空 此數子者。或謇喫無宮商。或尫陋希言語。或淹伊多姿態。或讙譁少智諝。或口如含膠飴。或頭如巾齏杵。文士傳曰華爲人少威儀多姿態推意此語則此六句還以目上六人而口如含膠飴則指鄒湛湛辯麗英博而有此稱未詳 而猶以文采可觀。意思詳序。攀龍附鳳。並登天府。張敏集載頭責子羽文曰余友有秦生者雖有姊夫之尊少而狎焉同時好暱有太原溫長仁顒潁川荀景伯寓范陽張茂先華士卿劉文生許南陽鄒潤甫湛河南鄭思淵詡數年之中繼踵登朝而此賢身處陋巷屢沽而無善價亢志自若終不衰墮爲之慨然又怪諸賢既已在位曾無伐木嚶鳴之聲甚違王貢彈冠之義故因秦生容貌之盛爲頭責之文以戲之幷以嘲六子爲雖似諧謔實有興也其文曰維泰始元年頭責子羽曰吾託子爲頭萬有餘日矣大塊稟我以精造我以形我爲子植髮膚置鼻耳安眉須插牙齒眸子摛光雙顴隆起每至出入之間遨遊市里行者辟易坐者竦蹕或稱軍侯或言將軍揖手傾側佇立踦嶇如此者故我形之足偉也子冠冕不戴金銀不佩紱以當笄帢以代幗旨味弗嘗食粟茹菜隱摧圖閤糞壤汙黑歲莫年過會不自悔子厭我於形容我賤子乎意態若此者乎必子行己之累也子遇我如讐我視子如仇居常不樂兩者俱憂何其鄙哉子欲爲人寶也則當如皐陶后稷巫咸伊陟保乂王家永見封殖子欲爲名高也則當如許由子臧卞隨務光洗耳逃祿千載流芳子欲爲遊說也則當如陳軫蒯通陸生鄧公轉禍爲福令辭從容子欲爲進趣也則當如賈生之求試終軍之請使砥礪鋒穎以幹王事子欲爲恬淡也則當如老聃之守一莊周之自逸廓然離欲志陵雲曰子欲爲隱遁也則當如榮期之帶索漁父之纔濯棲遲神丘垂餌巨壑此一介之所以顯身成名者也今子上不希道德中不效儒墨塊然窮賤守此愚惑察子之情觀子之志退不爲於處士進無望於三事而徒玩日勞形習爲常人之所喜不亦過乎於是子羽愀然深念而對曰凡所教敕謹聞命矣以受性拘係不閑禮義設以天幸爲子所寄今欲使吾爲忠也即當如伍胥屈平欲使吾爲信也則當殺身以成名欲使吾爲介節邪則當赴水火以全貞此四者人之所忌故吾不敢造意頭曰子所謂天刑地網剛德之尤不登山抱木則褰裳赴流吾欲告爾以養性誨爾以優遊而以蟻蝨同情不聽我謀悲哉俱寓人體而獨爲子頭且擬人其倫喩子儕偶子不如太原溫顒潁川荀寓范陽張華士卿劉許南陽鄒湛河南鄭詡此數子者或謇喫無宮商或尪陋希言語或淹伊多姿態或讙譁少智諝或口如含膠飴或頭如巾虀杵而猶文采可觀意思詳序攀龍附鳳並登天府夫舐痔得車沈淵得珠豈若夫子徒令脣舌腐爛手足沾濡哉居有事之世而恥爲權圖譬若鑿池抱甕難以求富嗟乎子羽何異檻中之熊深穽之虎石間饑蟹竇中之鼠事力雖勤見功甚苦宜其拳局翦蹙至老無所希也支離其形猶能不困非命也夫豈與夫子同處也

王渾與婦鍾氏共坐。見武子從庭過。渾欣然謂婦曰。生兒如此。足慰人意。婦笑曰。若使新婦得配參軍。生兒故可不啻如此。王氏家譜曰倫字太沖司空穆侯中子司徒渾弟也醇粹簡遠貴老莊之學用心淡如也爲老子例略周紀年二十餘舉孝廉不行歷大將軍參軍年二十五卒大將軍爲之流涕

荀鳴鶴陸士龍二人未相識。俱會張茂先坐。張令其語。以其並有大才。可勿作常語。陸舉手曰。雲間陸士龍。荀答曰。日下荀鳴鶴。陸曰。既開青雲覩白雉。何不張爾弓。布爾矢。荀答曰。本謂雲龍騤騤。定是山鹿野麋。獸弱弩彊。是以發遲。張乃撫掌大笑。晉百官名曰荀隱字鳴鶴潁川人荀氏家傳曰隱祖昕樂安太守父岳中書郎隱與陸雲在張華坐語互相反覆陸連受屈隱辭皆美麗張公稱善云世有此書尋之未得歷太子舍人廷尉平蚤卒

陸太尉詣王丞相。（陸玩已見）王公食以酪。陸還遂病。明日。與王牋云。昨食酪小過。通夜委頓。民雖吳人。幾爲傖鬼。

元帝皇子生。普賜羣臣。殷洪喬謝曰。（殷羨已見）皇子誕育。普天同慶。臣無勳焉。而猥頒厚賚。中宗笑曰。此事豈可使卿有勳邪。

諸葛令（名恢）王丞相共爭姓族先後。王曰。何不言葛王而云王葛。令曰。譬言驢馬。不言馬驢。驢寧勝馬邪。

劉眞長始見王丞相。時盛暑之月。丞相以腹熨彈棊局曰。何乃渹。（吳人以冷爲渹）劉既出。人問見王公云何。劉曰。未見他異。唯聞作吳語耳。（語林曰。眞長云。丞相何奇。止能作吳語細唾也）

王公與朝士共飲酒。舉琉璃盌謂伯仁曰。此盌腹殊空。謂之寶器何邪。（以戲周之無能）答曰。此盌英英誠爲清徹。所以爲寶耳。

謝幼輿謂周侯曰。卿類社樹。遠望之峨峨拂青天。就而視之。其根則羣狐所託。下聚溷而已。（謂顗好媟瀆故）答曰。枝條拂青天。不以爲高。羣狐亂其下。不以爲濁。聚溷之穢。卿之所保。何足自稱。

王長豫幼便和令。丞相愛恣甚篤。每共圍棊。丞相欲舉行。長豫按指不聽。丞相笑曰。詎得爾。相與似有瓜葛。（蔡邕曰。瓜葛疏親也）

明帝問周伯仁。眞長何如人。答曰。故是千金犗特。王公笑其言。伯仁曰。不

如捲角牸。有盤辟之好。以戲王也

王丞相枕周伯仁厀。指其腹曰。卿此中何所有。答曰。此中空洞無物。然容卿輩數百人。

干寶向劉眞長中興書曰寶字令升新蔡人祖正吳奮武將軍父瑩丹陽丞寶少以博學才器著稱歷散騎常侍 敍其搜神記。孔氏志怪曰寶父有嬖人寶母至妒葬寶父時因推著藏中經十年而母喪開墓其婢伏棺上就視猶煖漸有氣息輿還家終日而蘇說寶父常致飲食與之接寢恩情如生家中吉中輒語之校之悉驗平復數年後方卒寶因作搜神記中云有所感起是也 劉曰。卿可謂鬼之董狐。春秋傳曰趙穿攻晉靈公於桃園趙宣子未出境而復太史書趙盾弑其君宣子曰不然對曰子爲正卿亡不越境反不討賊非子而誰孔子曰董狐古之良史也書法不隱趙盾古之賢大夫也爲法受惡

許文思往顧和許。顧先在帳中眠。許至。便徑就牀角枕共語。許琛已見 既而喚顧共行。顧乃命左右取枕上新衣。易己體上所著。許笑曰。卿乃復有行來衣乎。

康僧淵目深而鼻高。王丞相每調之。僧淵曰。鼻者面之山。管輅別傳曰鼻者天中之山相書曰鼻之所在爲天中鼻有山象故曰山 目者面之淵。山不高則不靈。淵不深則不清。

何次道往瓦官寺禮拜甚勤。充崇釋氏甚加敬也 阮思曠語之曰。卿志大宇宙。尸子曰天地四方曰宇往古來今曰宙 勇邁終古。終古往古也楚辭曰吾不能忍此終古也 何曰。卿今日何故忽見推。阮曰。我圖數千戶郡。尚不能得。卿迺圖作佛。不亦大乎。思曠裕也

庾征西大舉征胡。既成行。止鎭襄陽。晉陽秋曰翼率衆入沔將謀伐狄既至襄陽狄向彊未可決戰會康帝崩兄冰薨留長子方之守襄陽自馳還

夏口

殷豫章與書，送一折角如意以調之。豫章殷羨　庾答書曰：得所致，雖是敗物，猶欲理而用之。

桓大司馬乘雪欲獵，先過王劉諸人許。真長見其裝束單急，問：老賊欲持此何作？桓曰：我若不為此，卿輩亦那得坐談？語林曰：宣武征還，劉尹數十里迎之。桓都不語，直云：垂長衣，談清言，竟是誰功？劉答曰：晉德靈長，功豈在爾？二人說小異，故詳載之。

褚季野問孫盛：卿國史何當成？孫云：久應竟，在公無暇，故至今日。褚曰：古人述而不作，何必在蠶室中。漢書曰：李陵降匈奴，武帝甚怒。太史令司馬遷盛明陵之忠，帝以遷為陵遊說，下遷腐刑。乃述唐虞以來，至于獲麟，為史記。遷與任安書曰：李陵既生降，僕又茸之以蠶室。蘇林注曰：腐刑者作密室，蓄火時如蠶室，舊時平陰有蠶室獄。

謝公在東山，朝命屢降而不動。後出為桓宣武司馬，將發新亭，朝士咸出瞻送。高靈時為中丞，亦往相祖。先時多少飲酒，因倚如醉，戲曰：卿屢違朝旨，高臥東山，諸人每相與言：安石不肯出，將如蒼生何？今亦蒼生將如卿何？謝笑而不答。高靈已見婦人集載。桓玄問王凝之妻謝氏曰：太傅東山二十餘年，遂復不終，其理云何？謝答曰：亡叔太傅先正以無用為心，顯隱為優劣，始末正當動靜之異耳。

初，謝安在東山居，布衣時，兄弟已有富貴者，翕集家門，傾動人物。劉夫人戲謂安曰：大丈夫不當如此乎？謝乃捉鼻曰：但恐不免耳。

支道林因人就深公買印山，深公答曰：未聞巢由買山而隱。逸士傳曰：巢父者，堯時隱人，山居不營勢利，年老以樹為巢而寢其上，故號巢父。高逸沙門傳曰：遁得深公之言，慙恧而已。

王劉每不重蔡公。二人嘗詣蔡語良久。乃問蔡曰。公自言何如夷甫。答曰。身不如夷甫。王劉相目而笑曰。公何處不如。答曰。夷甫無君輩客。

張吳興年八歲虧齒。玄之已見先達知其不常。故戲之曰。君口中何爲開狗竇。張應聲答曰。正使君輩從此中出入。

郝隆七月七日出日中仰臥。人問其故。答曰。我曬書。征西寮屬名曰隆字佐治汲郡人仕吳至征西參軍

謝公始有東山之志。後嚴命屢臻。勢不獲已。始就桓公司馬。于時人有餉桓公藥草中有遠志。公取以問謝。此藥又名小草。何一物而有二稱。本草曰遠志一名棘宛其葉名小草 謝未即答。時郝隆在坐。應聲答曰。此甚易解。處則爲遠志。出則爲小草。謝甚有愧色。桓公目謝而笑曰。郝參軍此過乃不惡。亦極有會。

庾園一作爰客詣孫監值行。見齊莊在外。尚幼而有神意。庾試之曰。孫安國何在。即答曰。庾稺恭家。庾大笑曰。諸孫大盛。有兒如此。又答曰。未若諸庾之翼翼。還語人曰。我故勝。得重喚奴父名。孫放別傳曰放兄弟並秀異與庾翼子園客同爲學生園客少有佳稱因談笑嘲放曰諸孫於今爲盛盛監君諱也放即答曰未若諸庾之翼翼放應機制勝時人仰焉司馬景王陳鍾諸賢相酬無以踰也

范玄平在簡文坐。談欲屈。引王長史曰。卿助我。范汪別傳曰汪字玄平潁陽人左將軍略之孫少有不常之志通敏多識博涉經籍致譽於時歷吏部尚書徐兗二州刺史 王曰。此非拔山力所能助。史記曰項羽爲漢兵所圍夜起歌曰力拔山兮氣蓋世時不利兮騅不逝

郝隆爲桓公南蠻參軍。三月三日會。作詩。不能者。罰酒三升。隆初以不能

受罰。既飲。攬筆便作一句云。娵隅躍清池。桓問娵隅是何物。答曰。蠻名魚爲娵隅。桓公曰。作詩何以作蠻語。隆曰。千里投公。始得蠻府參軍。那得不作蠻語也。

袁羊嘗詣劉惔。惔在內眠未起。袁因作詩調之曰。角枕粲文茵。錦衾爛長筵。唐詩曰晉獻公好攻戰國人多喪其詩曰角枕粲兮錦衾爛兮予美亡此誰與獨旦袁故嘲之 劉尚晉明帝女。晉陽秋曰惔尚廬陵長公主名南弟 主見詩不平曰。袁羊古之遺狂。

殷洪遠答孫興公詩云。聊復放一曲。劉眞長笑其語拙。問曰。君欲云那放。殷曰。榆臘亦放。何必其鎗鈴邪。殷融已見

桓公既廢海西。立簡文。晉陽秋曰海西公諱奕字延齡成帝子也興寧中卽位少同闒人之疾使宮人與左右淫通生子大司馬溫自廣陵還姑孰過京都以皇太后令廢帝爲海西公 侍中謝公見桓公拜。桓驚笑曰。安石。卿何事至爾。謝曰。未有君拜於前。臣立於後。

郗重熙與謝公書。道王敬仁聞一年少懷問鼎。郗曇王脩已見史記曰楚莊王觀兵於周郊周定王使王孫滿迎勞楚王王問鼎大小輕重對曰在德不在鼎莊王曰子無阻九鼎楚國折鉤之喙足以爲九鼎也 不知桓公德衰。爲復後生可畏。春秋傳曰齊桓公伐楚責苞茅之不貢論語曰後生可畏焉知來者之不如今孔安國曰後生少年

張蒼梧是張憑之祖。嘗語憑父曰。我不如汝。憑父未解所以。蒼梧曰。汝有佳兒。張蒼梧碑曰君諱鎭字義遠吳國吳人忠恕寬明簡正貞粹泰安中除蒼梧守守討王含有功封興道縣侯 憑時年數歲。斂手曰。阿翁詎宜

以子戲父。

習鑿齒孫興公未相識。同在桓公坐。桓語孫可與習參軍共語。孫云。蠢爾蠻荆。敢與大邦爲讎。習云。薄伐獫狁。至于太原。小雅詩也。毛詩注曰蠢動也荆蠻荆之蠻也獫狁北夷也習鑿齒襄陽人孫興公太原人故因詩以相戲也

桓豹奴是王丹陽外生。形似其舅。桓甚諱之。豹奴桓嗣小字中興書曰嗣字恭祖車騎將軍中子也少有清譽仕至江州刺史王氏譜曰混字奉正中軍將軍恬子仕至丹陽尹宣武云。不恒相似。時似耳。恒似是形。時似是神。桓逾不說。

王子猷詣謝萬。林公先在坐。瞻矚甚高。王曰。若林公鬚髮並全。神情當復勝此不。謝曰。脣齒相須。不可以偏亡。春秋傳曰脣亡齒寒鬚髮何關於神明。林公意甚惡。曰。七尺之軀。今日委君二賢。

郗司空拜北府。南徐州記曰舊徐州都督以東爲稱晉氏南遷徐州刺史王舒加北中郎將北府之號自此起也王黃門詣郗門拜云。應變將略。非其所長。驟詠之不已。郗倉謂嘉賓曰。公今日拜。子猷言語殊不遜。深不可容。倉郗融小字也郗氏譜曰融字景山愔第二子辟瑯邪王文學不拜而蚤終嘉賓曰。此是陳壽作諸葛評。蜀志陳壽評曰亮連年動衆而無成功蓋應變將略非其所長也王隱晉書曰壽字承祚巴西安漢人好學善著述仕至中庶子初壽父爲馬謖參軍諸葛亮誅謖髡其父頭亮子瞻又輕壽故壽撰蜀志以愛憎爲評也人以汝家比武侯。復何所言。

王子猷詣謝公。謝曰。云何七言詩。東方朔傳曰漢武帝在柏梁臺上使羣臣作七言詩七言詩自此始也子猷承問答曰。昂昂若千里之駒。汎汎若水中之鳧。出離騷

王文度范榮期俱爲簡文所要。范年大而位小。王年小而位大。將前。更相推在前。既移久。王遂在范後。王因謂曰。簸之揚之。糠秕在前。范曰。洮之汰之。砂礫在後。王坦之范啓已見世說是孫綽習鑿齒言

劉遵祖少爲殷中軍所知。稱之於庾公。庾公甚忻然。便取爲佐。既見。坐之獨榻上與語。劉爾日殊不稱。庾失小望。遂名之爲羊公鶴。昔羊叔子有鶴善舞。嘗向客稱之。客試使驅來。氃氋而不肯舞。故稱比之。徐廣晉紀曰。劉爰之字遵祖。沛郡人。少有才學。能言理。歷中書郎。宣城太守

魏長齊雅有體量。而才學非所經。初宦當出。虞存嘲之曰。與卿約法三章。談者死。文筆者刑。商略抵罪。魏怡然而笑。無忤於色。魏氏譜曰。顗字長齊。會稽人。祖胤。處士。父說。大鴻臚卿。顗仕至山陰令。漢書曰。沛公入咸陽。召諸父老曰。天下苦秦苛法久矣。今與父老約。法三章耳。殺人者死。傷人及盜抵罪。應劭注曰。抵。至也。但至於罪

郗嘉賓書與袁虎。道戴安道謝居士云。恒任之風。當有所弘耳。以袁無恒。故以此激之。袁戴謝並已見

范啓與郗嘉賓書曰。子敬舉體無饒。縱掇皮無餘潤。郗答曰。舉體無餘潤。何如舉體非眞者。范性矜假多煩。故嘲之。

二郗奉道。二何奉佛。皆以財賄。謝中郎云。二郗諂於道。二何佞於佛。中興書曰。郗愔及弟曇奉天師道。晉陽秋曰。何充性好佛道。崇脩佛寺。供給沙門以百數。久在揚州。徵役吏民。功賞萬計。是以爲遐邇所譏。充弟準亦精勤。唯讀佛經。營治寺廟而已矣

王文度在西州。與林法師講。韓孫諸人並在坐。林公理每欲小屈。孫興公曰。法師今日如著弊絮在荆棘中。觸地挂閡。

范榮期見郗超俗情不淡。戲之曰。夷齊巢許。一詣垂名。何必勞神苦形。支策據梧邪。郗未答。韓康伯曰。何不使遊刃皆虛。莊子曰昭文之鼓琴師曠之支策惠子之據梧三子之智幾矣皆其盛也故載之末年庖丁爲文惠君解牛三年之後未嘗見全牛也用刀十九年矣所解數千牛而刀刃若新發於硎文惠君問之庖丁曰彼節者有閒而刀刃無厚以無厚入有閒恢恢乎其於遊刃必有餘也

簡文在殿上行。右軍與孫興公在後。右軍指簡文語孫曰。此噉名客。簡文顧曰。天下自有利齒兒。後王光祿作會稽。謝車騎出曲阿祖之。王孝伯王蘊謝玄已見罷祕書丞在坐。謝言及此事。因視孝伯曰。王丞齒似不鈍。王曰。不鈍。頗亦驗。

謝遏夏月嘗仰臥。謝公清晨卒來。不暇著衣。跣出屋外。方躡履問訊。公曰。汝可謂前倨而後恭。戰國策曰蘇秦說惠王而不見用黑貂之裘弊黃金百斤盡大困而歸父母不與言妻不爲下機嫂不爲炊後爲從長行過洛陽車騎輜重甚衆秦之昆弟妻嫂側目不敢視秦笑謂其嫂曰何前倨而後恭嫂謝曰見季子位高而金多秦歎曰一人之身富貴則親戚畏懼貧賤則輕易之而況於他人哉

顧長康作殷荆州佐。請假還東。爾時例不給布颿。顧苦求之。乃得發。至破冢。遭風。大敗。周祗隆安記曰破冢洲名在華容縣作牋與殷云。地名破冢。眞破冢而出。行人安穩。布颿無恙。

符朗初過江。裴景仁秦書曰朗字元達符堅從兄姪宏放神氣爽悟堅常曰吾家千里駒也堅爲慕容沖所圍朗降謝玄用爲員外散騎侍郎吏部郎王忱與兄國寶命駕詣之沙門法汰問朗曰見

王吏部兄弟未朗曰非一狗面人心又一人面狗心者是邪恍醜而才國寶美而狠故也朗常與朝士宴時賢並用唾壺朗欲夸之使小兒跪而張口唾而含出又善識味會稽王道子爲設精饌訖問關中之食孰若於此朗曰皆好唯鹽味小生卽問宰夫如其言或人殺雞以食之朗曰此雞棲恒半露問之亦驗又食鵝炙知白黑之處咸試而記之無毫釐之差著符子數十篇蓋老莊之流也朗矜高忤物不容於世後衆讒而殺之 王咨議大好事，問中國人物及風土所生，終無極已。王氏譜曰肅之字幼恭右將軍羲之第四子歷中書郎驃騎咨議 朗大患之，次復問奴婢貴賤，朗云，謹厚有識中者。乃至十萬。無意爲奴婢問者，止數千耳。

東府客館是版屋。謝景重詣太傅，時賓客滿中，初不交言。直仰視云，王乃復西戎其屋。秦詩敘曰襄公備其兵甲以討西戎婦人閔其君子故作詩曰在其版屋亂我心曲毛公注曰西戎之版屋也

顧長康啖甘蔗，先食尾。人問所以。云漸至佳境。

孝武屬王珣求女壻。曰。王敦桓溫，磊砢之流。既不可復得，且小如意。亦好豫人家事，酷非所須。正如眞長子敬比。最佳。珣舉謝混。後袁山松欲擬謝婚。續晉陽秋曰山松陳郡人祖喬益州刺史父方平義興太守山松歷祕書監吳國內史孫恩作亂見害初帝爲晉陵公主訪壻於王珣珣舉謝混云人才不及眞長不減子敬帝曰如此便已足矣 王曰。卿莫近禁臠。

桓南郡與殷荊州語次，因共作了語。顧愷之曰。火燒平原無遺燎。桓曰。白布纏棺豎旒旐。殷曰。投魚深淵放飛鳥。次復作危語。桓曰。矛頭淅米劍頭炊。殷曰。百歲老翁攀枯枝。顧曰。井上轆轤臥嬰兒。殷有一參軍在坐云。盲人騎瞎馬。夜半臨深池。殷曰。咄咄逼人。仲堪眇目故也。中興書仲堪父嘗疾患經時仲堪衣不解帶數年自分劑

（湯藥誤以藥手拭淚盆眇一目）

桓玄出射。有一劉參軍與周參軍朋賭。垂成。唯少一破。劉謂周曰。卿此起不破。我當撻卿。周曰。何至受卿撻。劉曰。伯禽之貴。尚不免撻。而況於卿。（尚書大傳曰伯禽與康叔見周公三見而三笞康叔有駭色謂伯禽曰有商子者賢人也與子見之乃見商子而問焉商子曰南山之陽有木焉名喬二三子往觀之見喬實高高然而上反以告商子商子曰喬者父道也南山之陰有木焉名曰梓二三子復往觀焉見梓實晉晉然而俯反以告商子商子曰梓者子道也二三子明日見周公入門而趨登堂而跪周公拂其首勞而食之曰爾安見君子乎禮記曰成王有罪周公則撻伯禽亦其義也）周殊無忤色。桓語庾伯鸞曰。（晉東宮百官名曰庾鴻字伯鸞潁川人庾氏譜曰鴻祖義吳國內史父楷左衛將軍鴻仕至輔國內史）劉參軍宜停讀書。周參軍且勤學問。

桓南郡與道曜講老子。王侍中爲主簿。在坐。桓曰。王主簿可顧名思義。王未答。且大笑。桓曰。王思道能作大家兒笑。（道曜未詳思道王禎之小字也老子明道禎之字思道故曰顧名思義）

祖廣行恒縮頭。詣桓南郡。始下車。桓曰。天甚晴朗。祖參軍如從屋漏中來。（祖氏譜曰廣字淵度范陽人父台之仕光祿大夫廣仕至護軍長史）

桓玄素輕桓崖。崖在京下。有好桃。玄連就求之。遂不得佳者。（崖桓脩小字續晉陽秋曰脩少爲玄所侮於言端常蚩鄙之）玄與殷仲文書。以爲嗤笑曰。德之休明。肅愼貢其楛矢。如其不爾。籬壁間物亦不可得也。（國語曰仲尼在陳有隼集陳侯之庭而死楛矢貫之石砮尺有咫問於仲尼對曰隼之來遠矣此肅愼之矢也昔武王克商通道于九夷百蠻使各以方賄貢於是肅愼氏貢楛矢古者分異姓之職使不忘服也故分陳以肅愼之貢若求之故府其可得使求得之金櫝如初）

輕詆第二十六

王太尉問眉子。汝叔名士。何以不相推重。眉子已見叔王澄也眉子曰。何有名士終日妄語。

庾元規語周伯仁。諸人皆以君方樂。周曰。何樂。謂樂毅邪。史記曰樂毅中山人賢而爲燕昭王將軍率諸侯伐齊終於趙庾曰。不爾。樂令耳。周曰。何乃刻畫無鹽。以唐突西子也。列女傳曰鍾離春者齊無鹽之女也其醜無雙黃頭深目長壯大節鼻昂結喉肥項少髮折腰出胸皮膚若漆行年三十無所容入衒嫁不售乃自謁齊宣王乞備後宮因說王以四殆王拜爲正后吳越春秋曰越王句踐得山中採薪女子名曰西施獻之吳王

深公云。人謂庾元規名士。胷中柴棘三斗許。

庾公權重。足傾王公。庾在石頭。王在冶城。坐大風揚塵。王以扇拂塵曰。元規塵汙人。按王公雅量通濟庾亮之在武昌傳其廬下公以識度裁之譏言自息豈或回貳有扇塵之事乎王隱晉書戴洋傳曰丹陽太守王導問洋得病七年洋曰君侯命在申爲土地之主而於申上冶火光昭天此爲金火相爍水火相炒以故相害導呼冶令奕遜使啓鎮東徙今東冶是也丹陽記曰丹陽冶城去宮三里吳時鼓鑄之所吳平猶不廢又云孫權築冶城爲鼓鑄之所既立石頭大塢不容近立此小城當是徙縣冶空城而置冶爾冶城疑是金陵本冶漢高六年令天下縣邑秣陵不應獨無

王右軍少時甚澀訥。在大將軍許。王庾二公後來。右軍便起欲去。大將軍留之曰。爾家司空。王丞相已見元規。復何所難。

王丞相輕蔡公曰。我與安期千里共遊洛水邊。何處聞有蔡充兒。晉諸公贊曰充字子尼陳留雍丘人充別傳曰充祖睦蔡邕孫也充好學有雅尙體貌尊嚴莫有媟慢於其前者高平劉整有儁才而車服奢麗謂人曰紗縠人常服耳常遇蔡子尼在坐終日不自安見憚如此是時陳留爲大郡多人士琅邪王澄嘗經郡入境問此郡多士有誰乎吏曰有紅應元蔡子尼時陳留多居大位者澄問何以但稱此二人吏曰向謂君侯問人不在位也澄笑而止充歷成都王東曹掾故稱東曹妒記曰丞相曹夫人性甚忌禁制丞相不得有侍御乃至左右小人亦被檢簡時有妍妙皆加誚責王公不能久堪乃密營別館衆妾羅列兒女成行後元會日夫人於青疎臺中望見兩三兒騎羊皆端正可念夫人遙見甚憐愛之語婢汝出問是誰家兒給使不達旨乃答云是第

四五等諸郎曹氏聞譽將大恚命車駕將黃門及婢二十人人持食刀自出尋討王公亦遽命駕飛轡出門猶患牛遲乃以左手攀車闌右手捉麈尾以柄助御者打牛狼狽奔馳劣得先至蔡司徒聞而笑之乃故詣王公謂曰朝廷欲加公九錫公知不王謂信然自敍陳志蔡曰不聞餘物唯聞有短轅犢車長柄麈尾王大愧後貶蔡曰吾昔與安期千里共在洛水集處不聞天下有蔡充兒王忿蔡前戲言耳

褚太傅初渡江。嘗入東至金昌亭。吳中豪右燕集亭中。謝歆金昌亭詩敍曰余尋師來入經吳行達昌門忽覩斯亭傍川帶河其榜題曰金昌訪之耆老曰昔朱買臣仕漢還爲會稽內史逢其迎吏遊旅北舍與買臣爭席買臣出其印綬羣吏慚服自裁因事建亭號曰金傷失其字義耳　褚公雖素有重名。于時造次不相識別。敕左右多與茗汁。少箸粽。汁盡輒益。使終不得食。褚公飲訖。徐舉手共語云。褚季野。於是四坐驚散。無不狼狽。

王右軍在南。丞相與書。每歎子姪不令。云。虎豘虎犢。還其所如。虎豘王彭之小字也王氏譜曰彭之字安壽琅邪人祖正尚書郎父彬衞將軍彭之仕至黃門郎虎犢彪之小字也彪之字叔虎彪之第三弟年二十而頭須皓白時人謂之王白須少有局幹之稱累遷至左光祿大夫

褚太傅南下。孫長樂於船中視之。長樂孫綽言次及劉眞長死。孫流涕。因諷詠曰。人之云亡。邦國殄瘁。大雅詩毛公注曰殄盡瘁病也　褚大怒曰。眞長平生何嘗相比數。而卿今日作此面向人。孫回泣向褚曰。卿當念我。時咸笑其才而性鄙。

謝鎭西書與殷揚州。爲眞長求會稽。殷答曰。眞長標同伐異。俠之大者。常謂使君降階爲甚。乃復爲之驅馳邪。

桓公入洛。過淮泗。踐北境。與諸僚屬登平乘樓。眺矚中原。慨然曰。遂使神州陸沈。百年丘墟。王夷甫諸人不得不任其責。八王故事曰夷甫雖居台司不以事物自嬰當世化之羞言名教自臺郎以下皆雅崇拱默以遺事爲高四海尚寧而識者知其將亂晉陽秋曰夷甫將爲石勒所殺謂人曰吾等若不祖尚浮虛不至於此　袁虎率爾對曰。運自有廢興。豈

必諸人之過。桓公懍然作色。顧謂四坐曰。諸君頗聞劉景升不。劉鎮南銘曰表字景升山陽高平人黃中通理博識多聞仕至鎮南將軍荊州刺史有大牛重千斤。噉芻豆十倍於常牛。負重致遠。曾不若一羸牸。魏武入荊州。烹以饗士卒。于時莫不稱快。意以況袁。四坐既駭。袁亦失色。

袁虎伏滔同在桓公府。桓公每遊燕。輒命袁伏。袁甚恥之。桓歎曰。公之厚意。未足以榮國士。與伏滔比肩。亦何辱如之。

高柔在東。甚爲謝仁祖所重。既出。不爲王劉所知。仁祖曰。近見高柔。大自敷奏。然未有所得。眞長云。故不可在偏地居。輕在角䚥奴角反中。爲人作議論。高柔聞之云。我就伊無所求。人有向眞長學此言者。眞長曰。我實亦無可與伊者。然遊燕。猶與諸人書。可要安固。安固者。高柔也。孫統爲柔集敘曰柔字世遠樂安人才理清鮮安行仁義婚泰山胡母氏女年二十既有倍年之覺而姿色清惠近是上流婦人柔家道隆崇既罷司空參軍安固令營宅於伏川馳動之情既薄又愛玩賢妻便有終焉之志尙書令何充取爲冠軍參軍僶俛應命眷戀綢繆不能相舍相贈詩書清婉辛切

劉尹江虨王叔虎孫興公同坐。江王有相輕色。虨以手歙叔虎云。酷吏詞色甚彊。劉尹顧謂此是瞋邪。非特是醜言聲拙視瞻。言江此言非是醜拙似有忿於王也

孫綽作列仙商邱子贊曰。所牧何物。殆非眞豬。儻遇風雲。爲我龍攄。列仙傳曰商邱子胥者商邑人好吹竽牧豕年七十不娶妻而不老問其道要言但食老朮菖蒲根飲水如此便不饑不老耳貴戚富室聞而服之不能終歲輒止謂將有匿術孫綽爲贊曰商邱卓犖執策吹竽渴飲寒泉饑食菖蒲所牧何物

殆非眞豬儻逢風雲爲我龍攄時人多以爲能。王藍田語人云。近見孫家兒作文。道何物眞豬也。

桓公欲遷都。以張拓定之業。孫長樂上表諫此議。甚有理。桓見表心服。而忿其爲異。令人致意孫云。君何不尋遂初賦。而彊知人家國事。孫綽表諫曰中宗龍飛實賴萬里長江畫而守之耳不然胡馬久已踐建康之地江東爲豺狼之場矣綽賦遂初陳止足之道

孫長樂兄弟就謝公宿。言至款雜。劉夫人在壁後聽之。具聞其語。謝公明日還。問昨客何似。劉對曰。亡兄門未有如此賓客。夫人劉惔之妹謝深有愧色。

簡文與許玄度共語。許云。舉君親以爲難。簡文便不復答。許去後而言曰。玄度故可不至於此。按邴原別傳魏五官中郎將嘗與羣賢共論曰今有一丸藥得濟一人疾而君父俱病與君邪與父邪諸人紛葩或父或君原勃然曰父子一本也亦不復難君親相校自古如此未解簡文詰許意

謝萬壽春敗後。還書與王右軍云。慙負宿顧。右軍推書曰。此禹湯之戒。春秋傳曰禹湯罪己其興也勃焉言禹湯以聖德自罪所以能與今萬失律致敗雖復自咎其可濟焉故王嗤萬也

蔡伯喈睹睞笛椽。孫興公聽妓。振且擺折。伏滔長笛賦敍曰余同寮桓子野有故長笛傳之耆老云蔡邕伯喈之所製也初邕避難江南宿於柯亭之館以竹爲椽邕仰眄之曰良竹也取以爲笛音聲獨絕歷代傳之至於今王右軍聞。大嗔曰。三祖壽一作臺樂器。虺瓦一作恬凡弔孫家兒打折。

王中郎與林公絕不相得。王謂林公詭辯。林公道王云。箸膩顏帢。綸布單

衣。挾左傳。逐鄭康成車後。問是何物塵垢囊。中郎坦之帢帽也裴子曰林公云文度箸膩顏挾左傳逐鄭康成自爲高足弟子篤而論之不離塵垢囊也

孫長樂作王長史誄云。余與夫子。交非勢利。心猶澄水。同此玄味。禮記曰君子之交淡若水小人之交甘若醴王孝伯見曰。才士不遜。亡祖何至與此人周旋。

謝太傅謂子姪曰。中郎始是獨有千載。車騎曰。中郎衿抱未虛。復那得獨有。中郎謝萬

庾道季詫謝公曰。裴郎云。謝安謂裴郎乃可不惡。何得爲復飲酒。庾龢裴啓已見裴郎又云。謝安目支道林如九方皐之相馬。略其玄黃。取其儁逸。支遁傳曰遁每標擧會宗而不留心象喩解釋章句或有所偏文字之徒多以爲疑謝安石聞而善之曰此九方皐之相馬也略其玄黃而取其儁逸列子曰伯樂謂秦穆公曰臣所與共儋纆薪菜者有九方皐此其于馬非臣之下也公使行求馬反曰得矣牡而黃使人取之牝而驪公曰毛物牡牝之不知何馬之能知也伯樂曰若皐之觀馬者天機也得其精亡其麤在其內亡其外見其所見不見其所不見視其所視遺其所不視若彼之所相有貴於馬也旣而馬果千里足謝公云。都無此二語。裴自爲此辭耳。庾意甚不以爲好。因陳東亭經酒壚下賦。讀畢。都不下賞裁。直云君乃復作裴氏學。於此語林遂廢。今時有者。皆是先寫。無復謝語。續晉陽秋曰晉隆和中河東裴啓撰漢魏以來迄于今時言語應對之可稱者謂之語林時人多好其事文遂流行後說太傅事不實而有人於謝坐敍其黃公酒壚司徒王珣爲之賦謝公加以與王不平乃云君遂復作裴郎學自是衆咸鄙其事矣安鄉人有罷中宿縣詣安者安問其歸資答曰嶺南凋弊唯有五萬蒲葵扇又以非時爲滯貨安乃取其中者捉之於是京師士庶競慕而服焉價增數倍旬月無賣夫所好生羽毛所惡成瘡痏謝相一言挫成美於千載及其所與崇虛價於百金上之愛憎與奪可不愼哉

王北中郎不爲林公所知。乃箸論沙門不得爲高士論。大略云。高士必在

於縱心調暢。沙門雖云俗外。反更束於教。非情性自得之謂也。

人問顧長康。何以不作洛生詠。答曰。何至作老婢聲。洛下書生詠音重濁故云老婢聲

殷顗庾恒並是謝鎮西外孫。謝氏譜曰尚長女僧要適庾龢次女僧韶適殷歆 殷少而率悟。庾每不推。嘗俱詣謝公。謝公熟視殷曰。阿巢故似鎮西。巢殷顗小字也 於是庾下聲語曰。定何似。謝公續復云。巢頰似鎮西。庾復云。頰似足作健不。庾氏譜曰恒字敬則祖亮父龢恒仕至尚書僕射

舊目韓康伯。將肘無風骨。說林曰范啓云韓康伯似肉鴨

符宏叛來歸國。謝太傅每加接引。宏自以有才。多好上人。坐上無折之者。適王子猷來。太傅使共語。子猷直孰視良久。回語太傅云。亦復竟不異人。宏大慚而退。續晉陽秋曰宏符堅太子也堅爲姚萇所殺宏將母妻來投詔賜田宅桓玄以宏爲將玄敗宼湘中伏誅

支道林入東。見王子猷兄弟。還。人問見諸王何如。答曰。見一羣白頸烏。但聞喚啞啞聲。

王中郎舉許玄度爲吏部郎。郗重熙曰。相王好事。不可使阿訥在坐頭。訥詢小字

王興道謂謝望蔡。霍霍如失鷹師。永嘉記曰王和之字興道琅邪人祖翼平南將軍父胡之司州刺史和之歷永嘉太守正員常侍望蔡謝琰小字也

桓南郡每見人不快。輒嗔云。君得哀家梨。當復不烝食不。舊語秣陵有哀仲家梨甚美大如升入口消釋言愚人不別味得好梨烝食之也

假譎第二十七

魏武少時。嘗與袁紹好爲游俠。觀人新婚。因潛入主人園中。夜叫呼云。有偷兒賊。青廬中人皆出觀。魏武乃入。抽刃劫新婦。與紹還出。失道。墜枳棘中。紹不能得動。復大叫云。偷兒在此。紹遑迫自擲出。遂以俱免。曹瞞傳曰。操小字阿瞞。少好譎詐。遊放無度。孫盛雜語云。武王少好俠。放蕩不脩行業。嘗私入常侍張讓宅中。讓乃手戟於庭。踰垣而出。有絕人力。故莫之能害也。

魏武行役。失汲道。軍皆渴。乃令曰。前有大梅林。饒子。甘酸可以解渴。士卒聞之。口皆出水。乘此得及前源。

魏武嘗言。人欲危己。己輒心動。因語所親小人曰。汝懷刃密來我側。我必說心動。執汝使行刑。汝但勿言其使。無他。當厚相報。執者信焉。不以爲懼。遂斬之。此人至死不知也。左右以爲實。謀逆者挫氣矣。曹瞞傳曰。操在軍。廩穀不足。私語主者曰。何如。主者云。可以小斛足之。操曰。善。後軍中言操欺衆。操題其主者背以徇曰。行小斛盜軍穀。遂斬之。仍云特當借汝死以厭衆心。其變詐皆此類也。

魏武常云。我眠中不可妄近。近便斫人。亦不自覺。左右宜深慎此。後陽眠。所幸一人竊以被覆之。因便斫殺。自爾每眠。左右莫敢近者。

袁紹年少時。曾遣人夜以劍擲魏武。少下不著。魏武揆之。其後來必高。因帖臥牀上。劍至果高。按袁曹後由鼎跱。迹始攜貳。自斯以前。不聞讎隙。有何意故而剚之以劍也。

王大將軍既爲逆。頓軍姑孰。晉明帝以英武之才。猶相猜憚。乃著戎服。騎巴賨馬。齎一金馬鞭。陰察軍形勢。未至十餘里。有一客姥居店賣食。帝過惕之。謂姥曰。王敦舉兵圖逆。猜害忠良。朝廷駭懼。社稷是憂。故劬勞晨夕用相覘察。恐形迹危露。或至狼狽。追迫之日。姥其匿之。便與客姥馬鞭而去。行敦營匝而出。軍士覺曰。此非常人也。敦臥心動曰。此必黃須鮮卑奴來。命騎追之。已覺多許里。追士因問向姥。不見一黃須人騎馬度此邪。姥曰。去已久矣。不可復及。於是騎人息意而反。異苑曰。帝躬往姑孰。敦時晝寢。卓然驚悟曰。營中有黃頭鮮卑奴來。何不縛取。帝所生母荀氏。燕國人。故貌類焉。

王右軍年減十歲時。大將軍甚愛之。恒置帳中眠。大將軍嘗先出。右軍猶未起。須臾錢鳳入。屏人論事。晉陽秋曰。鳳字世儀。吳嘉興人也。姦邪好利。爲敦鎧曹參軍。知敦有不臣心。因進說。後敦敗見誅。都忘右軍在帳中。便言逆節之謀。右軍覺。既聞所論。知無活理。乃剔吐汙頭面被褥。詐孰眠。敦論事造半。方意右軍未起。相與大驚曰。不得不除之。及開帳。乃見吐唾縱橫。信其實孰眠。於是得全。于時稱其有智。按諸書皆云王允之事。而此言羲之。疑謬。

陶公自上流來赴蘇峻之難。令誅庾公。謂必戮庾。可以謝峻。晉陽秋曰。是時成帝在襁褓。太后臨朝。中書令庾亮以元舅輔政。欲以風軌格政。綱御四海。而峻擁兵近甸。爲逋逃藪。亮圖召峻。王導卞壼並不欲。亮曰。蘇峻豺狼。終爲禍亂。鼂錯所謂削亦反。不削亦反。遂下優詔。以大司農徵之。峻怒曰。庾亮欲誘殺我也。遂克京邑。平南溫嶠聞亂。號泣登舟。遣參軍王愆期推征西陶侃爲盟主。俱赴京師。時亮敗績奔嶠。人皆尤而少之。嶠愈相崇重。分兵以配給之。庾欲奔竄。則不可。欲會恐見執。進退無計。溫公勸庾詣陶。曰。卿但遙拜。必無他。我爲卿保之。庾從溫言。詣陶。至便拜。陶自起止之曰。庾元規何緣拜陶士衡。畢。又降就下坐。陶又自要起同坐。坐定。庾乃引咎責躬。深相遜謝。陶不覺釋然。

溫公喪婦。從姑劉氏家值亂離散。唯有一女。甚有姿慧。姑以屬公覓婚。公密有自婚意。答云。佳壻難得。但如嶠比云何。姑云。喪敗之餘。乞粗存活。便足慰吾餘年。何敢希汝比。卻後少日。公報姑云。已覓得婚處。門地粗可。壻身名宦。盡不減嶠。因下玉鏡臺一枚。姑大喜。既婚。交禮。女以手披紗扇。撫掌大笑曰。我固疑是老奴。果如所卜。按溫氏譜嶠初取高平李暅女中取琅邪王詡女後取廬江何邃女都不聞取劉氏便爲虛謬谷口云劉氏政謂其姑爾非指其女姓劉也孝標之注亦未爲得　玉鏡臺是公爲劉越石長史。北征劉聰所得。王隱晉書曰建興二年嶠爲劉琨假守左司馬都督上前鋒諸軍事討劉聰晉陽秋曰聰一名載字玄明屠各人父淵因亂起兵死聰嗣業

諸葛令女。庾氏婦。既寡。誓云。不復重出。此女性甚正彊。無有登車理。即庾亮子會妻父虨已見上　恢既許江思玄婚。乃移家近之。初誑女云。宜徙。於是家人一時去。獨留女在後。比其覺。已不復得出。江郎莫來。女哭詈彌甚。積日漸歇。江虨暝入宿。恆在對牀上。後觀其意轉帖。虨乃詐厭。良久不悟。聲氣轉急。女乃呼婢云。喚江郎覺。江於是躍來就之曰。我自是天下男子。厭何預卿事而見喚耶。既爾相關。不得不與人語。女默然而慚。情義遂篤。葛令之淸英江君之茂識必不肯聖人之正典習蠻夷之穢行康王之言所輕多矣

愍度道人始欲過江。與一傖道人爲侶。謀曰。用舊義往江東。恐不辦得食。

便共立心無義。既而此道人不成渡。愍度果講義積年。名德沙門題目曰支愍度才鑒清出孫綽愍度贊曰支度彬彬好是拔新俱稟昭見而能越人世重秀異咸覲爾珍孤桐嶧陽浮磬泗濱後有傖人來。先道人寄語云。爲我致意愍度。無義那可立。舊義者曰種智有是而能同照然則萬累斯盡謂之空無常住不變謂之妙有而無義者曰種智之體豁如太虛虛而能知無而能應居宗至極其唯無乎治此計權救饑爾。無爲遂負如來也。

王文度弟阿智。惡乃不翅。當年長而無人與婚。孫興公有一女。亦僻錯。又無嫁娶理。因詣文度求見阿智。既見。便陽言此定可。殊不如人所傳。那得至今未有婚處。我有一女。乃不惡。但吾寒士。不宜與卿計。欲令阿智娶之。文度欣然而啓藍田云。興公向來。忽言欲與阿智婚。藍田驚喜。既成婚。女之頑嚚。欲過阿智。方知興公之詐。阿智王處之小字處之字文將辟州別駕不就娶太原孫綽女字阿恒

范玄平爲人。好用智數。而有時以多數失。會嘗失官居東陽。桓大司馬在南州。故往投之。桓時方欲招起屈滯。以傾朝廷。且玄平在京。素亦有譽。桓謂遠來投己。喜躍非常。比入至庭。傾身引望。笑語歡甚。顧謂袁虎曰。范公且可作太常卿。范裁坐。桓便謝其遠來意。范雖實投桓。而恐以趨時損名。乃曰。雖懷朝宗。會有亡兒瘞在此。故來省視。桓悵然失望。向之虛佇。一時都盡。中興書曰初桓溫請范汪爲征西長史復表爲江州並不就還都因求爲東陽太守溫甚恨之汪後爲徐州溫北伐令汪出梁國失期溫挾憾奏汪爲庶人汪居吳後至姑孰見溫溫語其下曰玄平乃來見當以護軍起之汪數日辭歸溫曰卿適來何以便去汪曰數歲小兒喪往年經亂權瘞此境故來迎之事竟去耳溫愈怒之竟不屑意

謝遏年少時。好著紫羅香囊。垂覆手。太傅患之。而不欲傷其意。乃譎與賭得。即燒之。遏謝玄小字

黜免第二十八

諸葛厷在西朝。少有清譽。為王夷甫所重。時論亦以擬王。後為繼母族黨所讒。誣之為狂逆。將遠徙。友人王夷甫之徒。詣檻車與別。厷問朝廷何以徙我。王曰。言卿狂逆。厷曰。逆則應殺。狂何所徙。厷已見

桓公入蜀。至三峽中。部伍中有得猨子者。荊州記曰峽長七百里兩岸連山略無絕處重巖疊嶂隱天蔽日常有高猿長嘯屬引淸遠漁者歌曰巴東三峽巫峽長猿鳴三聲淚沾裳其母緣岸哀號。行百餘里不去。遂跳上船。至便即絕。破視其腹中。腸皆寸寸斷。公聞之。怒命黜其人。

殷中軍被廢。在信安。終日恒書空作字。揚州吏民尋義逐之。竊視。唯作咄咄怪事四字而已。晉陽秋曰初浩以中軍將軍鎮壽陽羌姚襄上書歸命後有罪浩陰圖誅之會關中有變苻健死浩為率軍而行云修復山陵襄前驅恐遂反軍至山桑聞襄將至棄輜重馳保譙襄至據山桑燒其舟實至壽陽略流民而還浩士卒多叛征西溫乃上表黜浩撫軍大將軍奏免浩除名為民浩馳還謝罪既而遷于東陽信安縣

桓公坐有參軍椅烝薤不時解。共食者又不助。而椅終不放。舉坐皆笑。桓公曰。同盤尚不相助。況復危難乎。敕令免官。

殷中軍廢後。恨簡文曰。上人著百尺樓上。儋梯將去。續晉陽秋曰浩雖廢黜夷神委命雅詠不輟雖家人不見其有流放之戚外生韓伯始隨至徙所周年還都浩素愛之送至水側乃詠曹顏遠詩曰富貴它人合貧賤親戚離因泣下其悲見於外者唯此一事而已則書空去梯之言未必皆實也

鄧竟陵免官後。赴山陵。過見大司馬桓公。公問之曰。卿何以更瘦。大司馬寮屬名曰鄧遐字應玄陳郡人平南將軍岳之子勇力絕人氣蓋當世時人方之樊噲爲桓溫參軍數從溫征伐歷竟陵太守枋頭之役溫既懷恥忿且憚遐因免遐官病卒鄧曰。有愧於叔達。不能不恨於破甑。郭林宗別傳曰鉅鹿孟敏字叔達敦朴質直客居太原雖處凡俗未有所名嘗至市買甑荷擔墮地壞之徑去不顧適遇林宗見而異之因問曰壞甑可惜何以不顧客曰甑既已破視之何益林宗賞其介決因以知其德性謂必爲美士勸令讀書遊學十年遂知名三府並辟不就東夏以爲美賢

桓宣武既廢太宰父子。仍上表曰。應割近情。以存遠計。若除太宰父子。可無後憂。簡文手答表曰。所不忍言。況過於言。宣武又重表。辭轉苦切。簡文更答曰。若晉室靈長。明公便宜奉行此詔。如大運去矣。請避賢路。桓公讀詔。手戰流汗。於此乃止。太宰父子遠徙新安。司馬晞傳曰晞字道升元帝第四子初封武陵王拜太宰少不好學尚武凶恣時太宗輔政晞以宗長不得執權常懷憤慨欲因桓溫入朝殺之太宗即位新蔡王晃首辭引與晞及子綜謀逆有司奏晞等斬刑詔原之徙新安晞未敗四五年中喜爲挽歌自搖大鈴使左右習和之又燕會倡妓作新安人歌舞離別之辭其聲甚悲後果徙新安

桓玄敗後。殷仲文還爲大司馬咨議。意似二三。非復往日。大司馬府聽前有一老槐。甚扶疏。殷因月朔。與衆在聽。視槐良久。歎曰。槐樹婆娑。無復生意。晉安帝紀曰桓玄敗殷仲文歸京師高祖以其衛從二后且以大信宜令引爲鎮軍長史自以名輩先達位遇至重而後來謝混之徒皆疇昔之所附也今比肩同列常怏然自失後果徙信安

殷仲文既素有名望。自謂必當阿衡朝政。忽作東陽太守。意甚不平。晉安帝紀曰仲文後爲東陽愈憤怨乃與桓胤謀反遂伏誅仲文嘗照鏡不見頭俄而難及及之郡。至富陽。慨然歎曰。看此山川形勢。當復出一孫伯符。孫策富春人故及此而歎

儉嗇第二十九

和嶠性至儉。家有好李。王武子求之。與不過數十。王武子因其上直。率將少年能食之者。持斧詣園。飽共噉畢。伐之。送一車枝與和公。問曰。何如君李。和既得。唯笑而已。晉諸公贊曰嶠性不錙治家富擬王公而全儉將有犯義之名語林曰嶠諸弟往園中食李而皆計核責錢故嶠婦弟王濟伐之也

王戎儉吝。其從子婚。與一單衣。後更責之。王隱晉書曰戎性至儉不能自奉養財不出外天下人謂爲膏肓之疾

司徒王戎既貴且富。區宅僮牧。膏田水碓之屬。洛下無比。契疏鞅掌。每與夫人燭下散籌算計。晉諸公贊曰戎性簡要不治儀望自遇甚薄而家產近豐論者以爲台輔之望不重王隱晉書曰戎好治生園田周徧天下翁嫗二人常以象牙籌晝夜算計家資晉陽秋曰戎多殖財賄常若不足或謂戎故以此自晦也戴逵論之曰王戎晦默於危亂之際獲免憂禍旣明且哲於是在矣或曰大臣用心豈其然乎逵曰運有險易時有昏明如子之言則蘧瑗季札之徒皆負責矣自古而觀豈一王戎也哉

王戎有好李。賣之恐人得其種。恆鑽其核。

王戎女適裴頠。貸錢數萬。女歸。戎色不說。女遽還錢。乃釋然。

衛江州在尋陽。永嘉流人名曰衛展字道舒河南安邑人祖列彭城護軍父廣平令展光熙初除鷹揚將軍江州刺史 有知舊人投之。都不料理。唯餉王不留行一斤。此人得餉。便命駕。本草曰王不留行生大山治金瘡除風久服之輕身 李弘範聞之曰。家舅刻薄。乃復驅使草木。中興書曰李軌字弘範江夏人仕至尚書郎按軌劉氏之甥此應弘度非弘範也

王丞相儉節。帳下甘果盈溢不散。涉春爛敗。都督白之。公令舍去。曰。慎不可令大郎知。王悅也

蘇峻之亂。庾太尉南奔見陶公。陶公雅相賞重。陶性儉吝。及食噉薤。庾因留白。陶問用此何爲。庾云。故可種。於是大歎庾非唯風流。兼有治實。

郗公大聚斂。有錢數千萬。嘉賓意甚不同。常朝旦問訊。郗家法。子弟不坐。因倚語移時。遂及財貨事。郗公曰。汝正當欲得吾錢耳。廼開庫一日。令任意用。郗公始正謂損數百萬許。嘉賓遂一日乞與親友。周旋略盡。郗公聞之。驚怪不能已已。中興書曰。超少卓犖而不羈。有曠世之度。

汰侈第三十

石崇每要客燕集。常令美人行酒。客飲酒不盡者。使黄門交斬美人。王丞相與大將軍嘗共詣崇。丞相素不能飲。輒自勉彊。至於沈醉。每至大將軍。固不飲。以觀其變。已斬三人。顏色如故。尚不肯飲。丞相讓之。大將軍曰。自殺伊家人。何預卿事。王隱晉書曰。石崇爲荆州刺史。劫奪殺人。以致巨富。王丞相德音記曰。丞相素爲諸父所重。王君夫問王敦。聞君從弟佳人。又解音律。欲一作妓。可與共來。遂往。吹笛人有小忘。君夫聞。使黄門階下打殺之。顏色不變。丞相還曰。恐此君處世。當有如此事。兩說不同。故詳錄。

石崇廁常有十餘婢侍列。皆麗服藻飾。置甲煎粉沈香汁之屬。無不畢備。又與新衣箸令出。客多羞不能如廁。王大將軍往。脫故衣。著新衣。神色傲然。羣婢相謂曰。此客必能作賊。語林曰。劉寔詣石崇。如廁。見有絳紗帳大牀。茵蓐甚麗。兩婢持錦香囊。寔遽反走。卽謂崇曰。向誤入卿室內。崇曰。是廁耳。

武帝嘗降王武子家。武子供饌。並用琉璃器。婢子百餘人。皆綾羅絝襬。以

手擎飲食。烝豘肥美。異於常味。帝怪而問之。答曰。以人乳飲豘。帝甚不平。食未畢便去。王石所未知作。褶一作褶

王君夫以粭糒澳釜。石季倫用蠟燭作炊。君夫作紫絲布步障。碧綾裏四十里。石崇作錦步障五十里以敵之。石以椒為泥。王以赤石脂泥壁。晉諸公贊曰王愷字君夫東海人王肅子也雖無檢行而少以才力見名有在公之稱既自以外戚晉氏政寬又性至豪舊制鴆不得過江為其羽櫟酒中必殺人愷為困軍時得鴆於石崇而養之其大如鵝喙長尺餘純食蛇虺司隸奏按愷崇詔悉原之即燒於都街愷肆其意色無所忌憚為後軍將軍卒謚曰醜

石崇為客作豆粥。咄嗟便辦。恒冬天得韭蓱虀。又牛形狀氣力不勝王愷牛。而與愷出遊。極晚發。爭入洛城。崇牛數十步後。迅若飛禽。愷牛絕走不能及。每以此三事為搤腕。乃密貨崇帳下都督及御車人。問所以。都督曰。豆至難煮。唯豫作熟末。客至。作白粥以投之。韭蓱虀是擣韭根。雜以麥苗爾。復問馭人牛所以駛。馭人云。牛本不遲。由將車人不及制之耳。急時聽偏轅。則駛矣。愷悉從之。遂爭長。石崇後聞。皆殺告者。晉諸公贊曰崇性好俠與王愷競相誇衒也

王君夫有牛。名八百里駮。常瑩其蹄角。王武子語君夫。我射不如卿。今指賭卿牛。以千萬對之。君夫既恃手快。且謂駿物無有殺理。便相然可。令武子先射。武子一起便破的。卻據胡牀。叱左右速探牛心來。須臾炙至。一臠便去。相牛經曰牛經出甯戚傳百里奚漢世河西薛公得其書以相牛千百不失本以負重致遠未服輜軿故文不傳至魏世高堂生又傳以與晉宣帝其後王愷得其書焉臣按其相經云陰虹屬頸千里往曰陰虹

者雙筋白尾骨屬頭窗戚所飯者也愷之牛其亦有陰虹也窗戚經曰棰頭欲得高百體欲得緊大膝疏肋難齡齡龍頭突目好跳又角欲得細身欲促形欲得如卷

王君夫嘗責一人無服餘衵。因直內箸。曲閣重閨裏。不聽人將出。遂饑經日。迷不知何處去。後因緣相爲垂死。迺得出。

石崇與王愷爭豪。並窮綺麗。以飾輿服。續文章志曰崇資產累巨萬金宅室輿馬僭擬王者庖膳必窮水陸之珍後房百數皆曳紈繡珥金翠而絲竹之藝盡一世之選築榭開沼殫極人巧與貴戚羊琇王愷之徒競相高以侈靡而崇爲居最琇等每愧羨以爲不及也武帝。愷之甥也。每助愷。嘗以一珊瑚樹高二尺許賜愷。枝柯扶疏。世罕其比。愷以示崇。崇視訖。以鐵如意擊之。應手而碎。愷既惋惜。又以爲疾己之寶。聲色甚厲。崇曰。不足恨。今還卿。乃命左右悉取珊瑚樹。有三尺四尺。條幹絕世。光彩溢目者六七枚。如愷許比甚衆。愷惘然自失。南州異物志曰珊瑚生大秦國有洲在漲海中距其國七八百里名珊瑚樹洲底有盤石水深二十餘丈珊瑚生於石上初生白軟弱似菌國人乘大船載鐵網先沒在水下一年便生網目中其色尙黃枝柯交錯高三四尺大者圍尺餘三年色赤便以鐵鈔發其根繫鐵網於船絞車舉網還裁鑿恣意所作若過時不鑿便枯索蟲蠹其大者輪之王府細者賣之廣志曰珊瑚大者可爲車軸

王武子被責。移第北邙下。晉諸公贊曰濟與從兄恬不平濟爲河南尹未拜行過王宮吏不時下道濟於車前鞭之有司奏免官論者以濟爲不長者尋轉太僕而王恬已見委任濟遂斥外 於時人多地貴。濟好馬射。買地作埒。編錢匝地。竟埒。時人號曰金溝。溝一作埒

石崇每與王敦入學戲。見顏原象家語曰顏回字子淵魯人少孔子二十九歲而髮白三十二歲蚤死原憲已見而嘆曰。若與同升孔堂。去人何必有間。王曰。不知餘人云何。子貢去卿差近。史記曰端木賜字子貢衞人嘗

相魯家累千金終於齊石正色云。士當令身名俱泰。何至以甕牖語人。原憲以甕為戶牖

彭城王有快牛。至愛惜之。朱鳳晉書曰彭城穆王權字子輿宣帝弟馗子太始元年封王太尉與射賭得之。彭城王曰。君欲自乘則不論。若欲噉者。當以二十肥者代之。既不廢噉。又存所愛。王遂殺噉。

王右軍少時。在周侯末坐。割牛心噉之。於此改觀。俗以牛心為貴故羲之先食之

忿狷第三十一

魏武有一妓。聲最清高。而情性酷惡。欲殺則愛才。欲置則不堪。於是選百人。一時俱教。少時果有一人聲及之。便殺惡性者。

王藍田性急。嘗食雞子。以筯刺之。不得。便大怒。舉以擲地。雞子于地圓轉未止。仍下地以屐齒蹍之。又不得。瞋甚。復於地取內口中。齧破即吐之。王右軍聞而大笑曰。使安期有此性。猶當無一豪可論。況藍田邪。中興書曰述清貴簡正少所推屈惟以性急為累安期述父也有名德已見

王司州嘗乘雪往王螭許。王胡之王恬並已見恬小字螭虎司州言氣少有牾逆於螭。便作色不夷。司州覺惡。便輿牀就之。持其臂曰。汝詎復足與老兄計。按王氏譜胡之是恬從祖也螭撥其手曰。冷如鬼手。馨彊來捉人臂。

桓宣武與袁彥道摴蒱。袁彥道齒不合。遂厲色擲去五木。溫太眞云。見袁

生瞿怒。知顏子爲貴。論語曰哀公問弟子孰爲好學孔子曰有顏回者好學不遷怒不貳過不幸短命死矣

謝無奕性麤彊。以事不相得。自往數王藍田。肆言極罵。王正色面壁不敢動。半日。謝去良久。轉頭問左右小吏曰。去未。答云。已去。然後復坐。時人嘆其性急而能有所容。

王令詣謝公。值習鑿齒已在坐。當與併榻。王徙倚不坐。公引之與對榻。去後。語胡兒曰。子敬實自清立。但人爲爾多矜咳。殊足損其自然。劉謙之晉紀曰王獻之性甚整峻不交非類

王大王恭。嘗俱在何僕射坐。中興書曰何澄字子玄淸正有器望歷尚書左僕射恭時爲丹陽尹。大始拜荆州。靈鬼志謠徵曰初桓石民爲荆州鎭上時民忽歌黃曇曲曰黃曇英揚州大佛來上朋少時石民死王忱爲荆州佛大忱小字也訖將乖之際。大勸恭酒。恭不爲飮。大逼彊之。轉苦。便各以帬帶繞手。恭府近千人。悉呼入齋。大左右雖少。亦命前。意便欲相殺。何僕射無計。因起排坐二人之閒。方得分散。所謂勢利之交。古人羞之。

桓南郡小兒時。與諸從兄弟各養鵝共鬭。南郡鵝每不如。甚以爲忿。迺夜往鵝欄閒。取諸兄弟鵝悉殺之。既曉。家人咸以驚駭。云是變怪。以白車騎。車騎曰。無所致怪。當是南郡戲耳。問果如之。

讒險第三十二

王平子形甚散朗。內實勁俠。鄧粲晉紀云劉琨嘗謂澄曰卿形雖散朗而內勁俠以此處世難得其死澄默然無以答後果為王敦所害劉琨聞之曰自取死耳

袁悅有口才。能短長說。亦有精理。始作謝玄參軍。頗被禮遇。後丁艱。服除還都。惟齎戰國策而已。語人曰。少年時讀論語老子。又看莊易。此皆是病痛事。當何所益邪。天下要物。正有戰國策。既下。說司馬孝文王。大見親待。幾亂機軸。俄而見誅。袁氏譜曰悅字元禮陳郡陽夏人父朗給事中仕至驃騎咨議太元中悅有寵於會稽王每勸專攬朝權王頗納其言王恭聞其說言於孝武乃託以它罪殺悅於市中既而朋黨同異之聲播於朝野矣

孝武甚親敬王國寶王雅。雅別傳曰雅字茂建東海郯人少知名晉安帝紀曰雅之為侍中孝武甚信而重之王珣王恭特以地望見禮至於親幸莫及雅者上每置酒燕集或召雅未至上不先舉觴時議謂珣恭宜傳東宮而雅以寵幸超授太傅尚書左僕射　雅薦王珣於帝。帝欲見之。嘗夜與國寶及雅相對。帝微有酒色。令喚珣。垂至。已聞卒傳聲。國寶自知才出珣下。恐傾奪其寵。因曰。王珣當今名流。陛下不宜有酒色見之。自可別詔召也。帝然其言。心以為忠。遂不見珣。

王緒數讒殷荊州於王國寶。殷甚患之。求術於王東亭。曰。卿但數詣王緒。往輒屏人。因論它事。如此則二王之好離矣。殷從之。國寶見王緒。問曰。比與仲堪屏人何所道。緒云。故是常往來。無它所論。國寶謂緒於己有隱。果情好日疏。讒言以息。按國寶得寵於會稽王由緒獲進同惡相求有如市賈終至誅夷曾不攜貳豈有仲堪微間而成離隙

尤悔第三十三

魏文帝忌弟任城王驍壯。因在卞太后閤共圍棊。並噉棗。文帝以毒置諸棗蔕中。自選可食者而進。王弗悟。遂雜進之。既中毒。太后索水救之。帝預敕左右毀缾罐。太后徒跣趨井。無以汲。須臾遂卒。魏略曰任城威王彰字子文太祖卞太后第二子性剛勇而黃須北討代郡獨與麾下百餘人突虜而走太祖聞曰我黃須兒可用也魏志春秋曰黃初三年彰來朝初彰問璽綬將有異志故來朝不即得見有此忿懼而暴薨復欲害東阿。太后曰。汝已殺我任城。不得復殺我東阿。魏志方伎傳曰文帝問占夢周宣吾夢磨錢文欲滅而愈更明何謂宣悵然不對帝固問之宣曰陛下家事雖欲爾而太后不聽是以欲滅更明耳帝欲治弟植之罪逼於太后但加貶爵

王渾後妻琅邪顏氏女。王時爲徐州刺史。交禮拜訖。王將答拜。觀者咸曰。王侯州將。新婦州民。恐無由答拜。王乃止。武子以其父不答拜不成禮。恐非夫婦。不爲之拜。謂爲顏妾。顏氏恥之。以其門貴。終不敢離。婚姻之禮人道之大豈由一拜而遂爲妾媵者乎世說之言於是乎紕繆

陸平原河橋敗。爲盧志所讒。被誅。王隱晉書成都王穎討長沙王乂使陸爲都督前鋒諸軍事機別傳曰成都王長史盧志與機弟雲趣舍不同又黃門孟玖求爲邯鄲令於穎穎交付雲雲時爲左司馬曰刑餘之人不可以君民玖聞此怨雲與志讒構日至及機於七里澗大敗玖誣機謀反所致穎乃使牽秀斬機先是夕夢黑幔繞車手決不開惡之明旦秀兵奄至機解戎服著衣韬見秀容貌自若遂見害時年四十三軍士莫不流涕是日天地霧合大風折木平地尺雪干寶晉紀曰初陸抗誅步闡百口皆盡有識尤之乃機雲見害三族無遺臨刑歎曰。欲聞華亭鶴唳。可復得乎。八王故事曰華亭吳由拳縣郊外墅也有淸泉茂林吳平後陸機兄弟共遊於此十餘年語林曰機爲河北都督聞警角之聲謂孫丞曰聞此不如華亭鶴唳故臨刑而有此歎

劉琨善能招延。而拙於撫御。一日雖有數千人歸投。其逃散而去亦復如

此所以卒無所建。鄧粲晉紀曰琨爲并州牧糺合齊盟驅率戎旅而內不撫其民遂至散軍失士無成功也徽按琨以永嘉元年爲并州于時晉陽空城寇盜四攻而能收合士衆抗行淵勒十年之中敗而能振不能撫御其得如此乎凶荒之日千里無煙豈一日有數千之若一日數千人去之又安得一

王平子始下。丞相語大將軍。不可復使羌人東行。平子面似羌。按王澄自爲王敦所害丞相名德豈應有斯言也

王大將軍起事。丞相兄弟詣闕謝。周侯深憂諸王。始入甚有憂色。丞相呼周侯曰。百口委卿。周直過不應。既入苦相存救。既釋。周大悅飲酒。及出。諸王故在門。周曰。今年殺諸賊奴。當取金印如斗大繫肘後。大將軍至石頭。問丞相曰。周侯可爲三公不。丞相不答。又問可爲尙書令不。又不應。因云。如此唯當殺之耳。復默然。逮周侯被害。丞相後知周侯救己。歎曰。我不殺周侯。周侯由我而死。幽冥中負此人。虞預晉書曰敦克京邑參軍呂猗說敦曰周顗戴淵皆有名望足以惑衆視近日之言無慙懼之色若不除之役將未歇也敦卽然之遂害淵顗初猗爲臺郎淵既上官素有高氣以猗小器待之故售其說焉

王導溫嶠俱見明帝。帝問溫前世所以得天下之由。溫未答。頃王曰。溫嶠年少未諳。臣爲陛下陳之。王迺具敍宣王創業之始。誅夷名族。寵樹同己。及文王之末高貴鄉公事。宣王創業誅曹爽在蔣濟之流者是也高貴鄉公之事已見上　明帝聞之。覆面著牀曰。若如公言。祚安得長。

王大將軍於衆坐中曰。諸周由來未有作三公者。有人答曰。唯周侯邑五

馬領頭而不克。大將軍曰。我與周洛下相遇。一面頓盡。值世紛紜。遂至於此。因爲流涕。鄧粲晉紀曰王敦參軍有於敦坐樗蒱臨當成都馬頭被殺因謂曰周家奕世令望而位不至三公伯仁垂作而不果有似下官此馬敦慨然流涕曰伯仁總角時與於東宮相遇一面披襟便許之三司何圖不幸王法所裁悽愴之深言何能盡

溫公初受劉司空使勸進。母崔氏固駐之。嶠絕裾而去。溫氏譜曰嶠父憺娶淸河崔參女 迄於崇貴鄉品。猶不過也。每爵皆發詔。虞預晉書曰元帝即位以溫嶠爲散騎侍嶠以母既亡遇賊不得往臨葬固辭詔曰嶠以未葬朝議又頗有異同故不拜其令入坐議吾將折其衷

庾公欲起周子南。子南執辭愈固。庾每詣周。庾從南門入。周從後門出。庾嘗一往奄至。周不及去。相對終日。庾從周索食。周出蔬食。庾亦彊飯極歡。并語世故。約相推引。同佐世之任。既仕。至將軍二千石。尋陽記曰周邵字子南與南陽翟湯隱於尋陽廬山庾亮臨江州聞翟周之風束帶躡履而詣焉聞庾至轉避之亮復密往値邵彈鳥於林因前與語還便云此人可起即拔爲鎭蠻護軍西陽太守其集載與邵書曰西陽一郡戶口差實非履道眞純何以鎭其流遁詢之朝野僉曰足下今具上表請足下臨之無讓 而不稱意。中宵慨然曰。大丈夫乃爲庾元規所賣。一嘆。遂發背而卒。

阮思曠奉大法。敬信甚至。大兒年未弱冠。忽被篤疾。阮氏譜曰牖字彥倫裕長子也仕至州主簿 兒既是偏所愛重。爲之是請三寶。晝夜不懈。謂至誠有感者。必當蒙祐。而兒遂不濟。於是結恨釋氏。宿命都除。以阮公智識必無此弊脫此非謬何其惑歟夫文王期盡聖子不能駐其年釋種誅夷神力無以延其命故業有定限報不可移若請禱而閒其靈匪驗而忽其道固陋之徒耳豈可以言神明之智者哉

桓宣武對簡文帝。不甚得語。廢海西後。宜自申敍。乃豫撰數百語陳廢立之意。既見簡文簡文便泣下數十行。宣武矜愧不得一言。

桓公臥語曰。作此寂寂。將爲文景所笑。既而屈起坐曰。既不能流芳後世。亦不足復遺臭萬載耶。續晉陽秋曰桓溫既以雄武專朝任兼將相其不臣之心形於音迹嘗臥對親僚撫枕而起曰爲爾寂寂爲文景所笑衆莫敢對

謝太傅於東船行。小人引船。或遲或速。或停或待。又放船從橫。撞人觸岸。公初不呵譴。人謂公常無嗔喜。曾送兄征西葬還。征西謝奕日莫雨駛。小人皆醉。不可處分。公乃於車中手取車柱撞馭人。聲色甚厲。夫以水性沈柔。入隘奔激。方之人情。固知迫隘之地。無得保其夷粹。孟子曰湍水決之東則東決之西則西搏而躍之可使過顙激而行之可使在山豈水之性哉人可使爲不善性亦猶是也

簡文見田稻不識。問是何草。左右答是稻。簡文還三日不出。云寧有賴其末而不識其本。文公種菜曾子牧羊縱不識稻何所多悔此言必虛

桓車騎在上明畋獵東信至傳淮上大捷。語左右云羣謝年少大破賊。因發病薨。談者以爲此死賢於讓揚之荆。續晉陽秋曰桓沖本以將相異宜才用不同忖己德量不及謝安故解揚州以讓安自謂少經軍鎮及爲荆州聞苻堅自出淮肥深以根本爲慮遣其隨身精兵三千人赴京師時安已遣諸軍且欲外示閑暇因令沖軍還沖大驚曰謝安乃有廟堂之量不閑將略吾量賊必破襄陽而幷力淮肥今大敵果至方遊談示暇遣諸不經事年少而實寡弱天下誰知吾其左衽矣俄聞大勳克舉慚懼而薨

桓公初報破殷荆州。周祗隆安記曰仲堪以人情注於玄疑朝廷欲以玄代己遣道人竺僧彼賫寶物遺相王寵幸媒尼左右以罪狀玄玄知其謀而擊滅之 曾講論

語。至富與貴是人之所欲。不以其道得之不處。孔安國注曰不以其道得富貴則仁者不處 玄意色甚惡。

紕漏第三十四

王敦初尚主。敦尚武帝女舞陽公主字修禕 如廁。見漆箱盛乾棗。本以塞鼻。王謂廁上亦下果。食遂至盡。既還。婢擎金澡盤盛水。琉璃盌盛澡豆。因倒箸水中而飲之。謂是乾飯。羣婢莫不掩口而笑之。

元皇初見賀司空。言及吳時事。問孫皓燒鋸截一賀頭是誰。司空未得言。元皇自憶曰。是賀劭。劭即循父也皓凶暴驕矜劭上書切諫皓深恨之親近惡劭貞正譖云謗毀國事被詰責後還復職劭中惡風口不能言語皓疑劭託疾收付酒藏考掠千數卒無一言遂殺之 司空流涕曰。臣父遭遇無道。創巨痛深。無以仰答明詔。禮云創巨者其日久痛深者其愈遲 元皇愧慙。三日不出。

蔡司徒渡江。見彭蜞。大喜曰。蟹有八足。加以二螯。令烹之。既食。吐下委頓。方知非蟹。後向謝仁祖說此事。謝曰。卿讀爾雅不熟。幾為勸學死。大戴禮勸學篇曰蟹二螯八足非蛇鱓之穴無所寄託者用心躁也故蔡邕為勸學章取義焉爾雅曰螖蠌小者蟧即彭蜞也似蟹而小今彭蜞小於蟹而大於彭螖即爾雅所謂螖蠌也然此三物皆八足二螯而狀甚相類蔡謨不精其小大食而致斃故謂讀爾雅不熟也

任育長年少時。甚有令名。武帝崩。選百二十挽郎。一時之秀彥。育長亦在其中。王安豐選女壻。從挽郎搜其勝者。且擇取四人。任猶在其中。童少時。

神明可愛時人謂育長影亦好自過江便失志王丞相請先度時賢共至石頭迎之猶作疇日相待一見便覺有異坐席竟下飲便問人云此爲茶爲茗覺有異色乃自申明云向問飲爲熱爲冷耳嘗行從棺邸下度流涕悲哀王丞相聞之曰此是有情癡〔晉百官名曰任瞻字育長樂安人父琨少府卿瞻歷謁者僕射都尉天門太守〕

謝虎子嘗上屋熏鼠〔虎子據小字據字玄道尚書褒第二子年三十三亡〕胡兒既無由知父爲此事聞人道癡人有作此者戲笑之時道此非復一過太傅既了己之不知因其言次語胡兒曰世人以此謗中郎亦言我共作此〔中郎據也章仲反按世有兄弟三人則謂第二者爲中今謝昆弟有六而以據爲中郎未可解當由有三時以中爲稱因仍不改也〕胡兒懊熱一月日閉齋不出太傅虛託引己之過必相開悟可謂德教

殷仲堪父病虛悸聞牀下蟻動謂是牛鬭〔殷氏譜曰殷師字師子祖識父融並有名師至驃騎咨議生仲堪續晉陽秋曰仲堪父會有失心病仲堪腹不解帶彌年病卒〕孝武不知是殷公問仲堪有一殷病如此不仲堪流涕而起曰臣進退唯谷〔大雅詩也毛公注曰谷窮也〕

虞嘯父爲孝武侍中帝從容問曰卿在門下初不聞有所獻替虞家富春近海謂帝望其意氣對曰天時尚煖鱭魚蝦鮓未可致尋當有所上獻帝撫掌大笑〔中興書曰嘯父光祿潭之孫右將軍純之子少歷顯位與王廞同廢爲庶人義旗初爲會稽內史〕

王大喪後朝論或云國寶應作荊州〔晉安帝紀曰王忱死會稽王欲以國寶代之孝武中詔用仲堪乃止〕國寶主簿夜

函白事云。荆州事已行。國寶大喜。而夜開閤。喚綱紀話勢。雖不及作荆州。而意色甚恬。曉遣參問。都無此事。卽喚主簿數之曰。卿何以誤人事邪。

惑溺第三十五

魏甄后惠而有色。先爲袁熙妻。甚獲寵。曹公之屠鄴也。令疾召甄。左右曰。五官中郎已將去。公曰。今年破賊正爲奴。魏略曰建安中袁紹爲中子熙娶甄會女紹死熙出在幽州甄留侍姑及鄴城破五官將從而入紹舍見甄怖以頭伏姑膝上五官將謂紹妻袁夫人扶甄令舉頭見其色非凡稱嘆之太祖聞其意遂爲迎娶擅室數歲世語曰太祖下鄴文帝先入袁尚府見婦人被髮垢面垂涕立紹妻劉後文帝問知是熙妻使令攬髮以袖拭面姿貌絕倫既過劉謂甄曰不復死矣遂納之有子魏氏春秋曰五官將納熙妻也孔融與太祖書曰武王伐紂以妲己賜周公太祖以融博學眞謂書傳所記後見融問之對曰以今度古想其然也

荀奉倩與婦至篤。冬月婦病熱。乃出中庭自取冷。還以身熨之。婦亡。奉倩後少時亦卒。以是獲譏於世。粲別傳曰粲常以婦人才智不足論自宜以色爲主驃騎將軍曹洪女有色粲於是聘焉容服帷帳甚麗專房燕婉歷年後婦病亡未殯傅嘏往唁粲粲不明而神傷嘏問曰婦人才色並茂爲難子之聘也遺才存色非難遇也何哀之甚粲曰佳人難再得顧逝者不能有傾城之異然未可易遇也痛悼不能已已歲餘亦亡亡時年二十九粲簡貴不與常人交接所交者一時俊傑至葬夕赴期者裁十餘人悉同年相知名士也哭之感動路人粲雖褊隘以燕婉自喪然有識猶追惜其能言 奉倩曰。婦人德不足稱。當以色爲主。裴令聞之曰。此乃是興到之事。非盛德言。冀後人未昧此語。何劭論粲曰仲尼稱有德者有言而荀粲滅於是力顧所言有餘而識不足

賈公閭 充別傳曰充父逵晚有子故名曰充字公閭言後必有充閭之異 後妻郭氏酷妒。有男兒名黎民。生載周。充自外還。乳母抱兒在中庭。兒見充喜踴。充就乳母手中嗚之。郭遙望見。謂充愛乳母。卽殺之。兒悲思啼泣。不飲它乳。遂死。郭後終無子。晉諸公贊曰郭氏卽賈后母也爲性高朗

如后無子甚憂愛愍懷每勸厲之臨亡語賈后令盡意於太子言甚切至趙充華及賈謐母並勿令出入宮中又曰此皆亂汝事后不能用終至誅夷臣按傳暢此言則郭氏賢明婦人也向令賈后撫愛愍懷豈當縱其妒悍自斃其子然則物我不同或老莊情異乎

孫秀降晉。晉武帝厚存寵之。太原郭氏錄曰秀字彥之吳郡吳人爲下口督甚有威恩孫皓憚欲除之遣將軍何定遡江而上辭以捕鹿二千口供廚秀疑知謀遂來歸化世祖喜之以爲驃騎將軍交州牧妻以姨妹蒯氏。室家甚篤。妻嘗妒。乃罵秀爲貉子。晉陽秋曰蒯氏襄陽人祖良吏部尚書父鈞南陽太守秀大不平。遂不復入。蒯氏大自悔責。請救於帝。時大赦。羣臣咸見。既出。帝獨留秀。從容謂曰。天下曠蕩。蒯夫人可得從其例不。秀免冠而謝。遂爲夫婦如初。

韓壽美姿容。賈充辟以爲掾。充每聚會。賈女於青璅中看見壽。說之。恆懷存想。發於吟詠。後婢往壽家。具述如此。并言女光麗。壽聞之心動。遂請婢潛脩音問。及期往宿。壽蹻捷絕人。踰牆而入。家中莫知。晉諸公贊曰壽字德眞南陽赭陽人曾祖暨魏司徒有高行壽敦家風性忠厚豈有若斯之事諸書無聞唯見世說自未可信自是充覺女盛自拂拭。說暢有異於常。後會諸吏。聞壽有奇香之氣。是外國所貢。一著人則歷月不歇。十洲記曰漢武帝時西域月氏國王遣使獻香四兩大如雀卵黑如桑椹燒之芳氣經三月不歇蓋此香也充計武帝唯賜己及陳騫。餘家無此香。疑壽與女通。而垣牆重密。門閤急峻。何由得爾。乃託言有盜。令人修牆。使反曰。其餘無異。唯東北角如有人跡。而牆高非人所踰。充乃取女左右婢考問。即以狀對。充祕之。以女妻壽。郭子謂與韓壽通者乃是陳騫女即以妻壽未婚而女亡壽因娶賈氏故世因傳是充女王安豐婦常卿安豐。安豐曰。婦人卿壻。於禮為不敬。後勿復爾。婦曰。親卿愛卿。是以卿卿。我不卿卿。誰當卿卿。遂恒聽之。

王丞相有幸妾姓雷。頗預政事納貨。蔡公謂之雷尚書。語林曰雷有寵生恬洽

仇隙第三十六

孫秀既恨石崇不與綠珠。干寶晉紀曰石崇有妓人綠珠美而工笛孫秀使人求之崇別館北邙下方登涼觀臨清水使者以告崇出其婢妾數十人以示之曰任所以擇使者曰本受命者指綠珠也未識孰是崇勃然曰綠珠吾所愛不可得也使者曰君侯博古通今察遠照邇願加三思崇不然使者已出又反崇竟不許 又憾潘岳昔遇之不以禮。後秀為中書令。岳省內見之。因喚曰。孫令憶疇昔周旋不。秀曰。中心藏之。何日忘之。岳於是始知必不免。王隱晉書曰岳父文德為琅邪太守孫秀為小吏給使岳數蹴蹋秀而不以人遇之也 後收石崇歐陽堅石。同日收岳。晉陽秋曰歐陽建字堅石勃海人有才藻時人為之語曰勃海赫赫歐陽堅石初建為馮翊太守趙王倫為征西將軍孫秀為腹心撓亂關中建每匡正由是有隙王隱晉書曰石崇潘岳與賈謐相友善及謐廢懼終見危與淮南王謀誅倫事泄收崇及親舊以上皆斬之初岳母誡岳以止足之道及收與母別曰負阿母崇家河北收者至日吾不過流徙交廣耳及車載東市始歎曰奴輩利吾家之財收崇人曰知財為害何不蚤散崇不能答 石先送市。亦不相知。潘後至。石謂潘曰。安仁。卿亦復爾邪。潘曰。可謂白首同所歸。語林曰潘石同刑東市石謂潘曰天下殺英雄卿復何為潘曰俊士填溝壑餘波來及人 潘金谷集詩云。投分寄石友。白首同所歸。乃成其讖。

劉璵兄弟。少時為王愷所憎。嘗召二人宿。欲默除之。令作阬。阬畢。垂加害矣。石崇素與璵琨善。聞就愷宿。知當有變。便夜往詣愷。問二劉所在。愷卒迫不得諱。答云。在後齋中眠。石便徑入。自牽出。同車而去。語曰。少年何以

輕就人宿。劉粲晉書曰：瑒與兄璵俱知名，遊權貴之門，當時以爲豪傑。

王大將軍執司馬愍王，夜遣世將載王於車而殺之，當時不盡知也。晉陽秋曰：司馬承字元敬，譙王遜子也。爲中宗湘州刺史。路過武昌，王敦與燕會，酒酣，謂承曰：「大王篤實佳士，非將御之才。」對曰：「爲知鉛刀不能一割乎？」敦將謀逆，召承爲軍司馬。承嘆曰：「吾其死矣！地荒民解，勢孤援絕，赴君難，忠也；死王事，義也。死忠與義，又何求焉？」乃馳檄諸郡。承赴義，敦遣從母弟魏乂攻承，王廙使賊迎之，薨於車。敦既滅，追贈驃騎，謚曰愍王。雖愍王家，亦未之皆悉，而無忌兄弟皆稚。無忌別傳曰：無忌字公壽，承子也。才器兼濟，有文武幹。襲封譙王、衛軍將軍。王胡之與無忌長甚相暱，胡之嘗共遊。無忌入告母，請爲饌。母流涕曰：「王敦昔肆酷汝父，假手世將。司馬氏譜曰：承娶南陽趙氏女。王廙別傳曰：廙字世將，祖覽，父正。廙高朗豪率。王導、庾亮遊于石頭，會廙至，爾日迅風飛颿，廙倚船樓長嘯，神氣甚逸。導謂亮曰：「世將爲復識事。」亮曰：「正足舒其逸耳。」性倨傲，不合己者面拒之，故爲物所疾。加平南將軍，薨。吾所以積年不告汝者，王氏門強，汝兄弟尚幼，不欲使此聲著，蓋以避禍耳。」無忌驚號，抽刃而出。胡之去已遠。

應鎮南作荊州，王隱晉書曰：應詹字思遠，汝南南頓人，璩曾孫也。爲人弘長有淹度，飾之以文才。司徒何充嘆曰：「所謂八寶之士。」累遷江州刺史、鎮南將軍。王修載、譙王子無忌同至新亭與別，坐上賓甚多，不悟二人俱到。有一客道：「譙王丞致禍，非大將軍意，正是平南所爲耳。」無忌因奪直兵參軍刀，便欲斫。修載走投水，舸上人接取得免。中興書：褚裒爲江州，無忌於坐拔刀斫耆之，口裒與桓景共免之。御史奏無忌欲專殺害，詔以贖論。前章既言無忌母告之，而此章復云客發其事。且王廙之害司馬承，遐邇共惜，修齡兄弟豈容不知？法盛之言皆實錄也。

王右軍素輕藍田，藍田晚節論譽轉重，右軍尤不平。藍田於會稽丁艱，停山陰治喪。右軍代爲郡，屢言出弔，連日不果。後詣門自通，主人既哭，不前而去。以陵辱之。於是彼此嫌隙大構。後藍田臨揚州。右軍尚在郡。初得消息。遣一參軍詣朝廷。求分會稽爲越州。使人受意失旨。大爲時賢所笑。藍田密令從事數其郡諸不法。以先有隙。令自爲其宜。右軍遂稱疾去郡。以憤慨致終。中興書曰羲之與述趣尙不同而兩不相協述爲會稽艱居郡境王羲之後爲郡中尉而足迹不蹔詣述深以爲恨喪除徵拜揚州就徵周歷郡境而不歷羲之臨發一別而去羲之初語親友曰王懷祖免喪正可當尙書投老可得爲僕射更望會稽便自邈然述既顯授又檢校會稽郡求其得失主者疲於課對羲之恥慨遂稱疾去郡墓前自誓不復仕朝廷以其誓苦不復徵也

王東亭與孝伯語。後漸異。孝伯謂東亭曰。卿便不可復測。答曰。王陵廷爭。陳平從默。但問克終云何耳。漢書曰呂后欲王諸呂問右相王陵以爲不可問左承相陳平平曰可陵出讓平平曰面折廷爭臣不如君全社稷定劉氏君不如臣晉安帝紀曰初王恭赴山陵欲斬國寶王珣固諫之乃止既而恭謂珣曰此日視君何似胡廣珣曰王陵廷爭陳平從默但問克終如何也

王孝伯死。縣其首於大桁。司馬太傅命駕出至標所。孰視首曰。卿何故趣欲殺我邪。續晉陽秋曰王恭深懼禍難抗表起兵於是遣左將軍謝琰討恭恭敗走曲阿爲湖浦尉所擒初道子與恭會欲載出都面相折數聞西軍之偪乃令於兒塘斬之梟首於東桁也

桓玄將篡。桓脩欲因玄在脩母許襲之。庾夫人云。汝等近過我餘年。我養之不忍見行此事。桓氏譜曰桓沖後娶潁川庾蔑女字姚晉安帝紀曰脩爲玄所侮言論常鄙之脩深憾焉密有圖玄之意脩母曰豎寶視我如母汝等何忍骨肉相圖脩乃止

顏 氏 家 訓

顏之推著

顏氏家訓序

北齊黄門侍郎顏之推，學優才贍，山高海深，常雌黄朝廷，品藻人物，爲書七卷，式範千葉，號曰顏氏家訓。雖非子史同波，抑是王言蓋代。其中破疑遣惑，在廣雅之右；鏡賢燭愚，出世説之左。唯較量佛事一篇，窮理盡性也。余曾於客舍論公製作弘奥，衆或難余曰：「小小者耳，何是爲懷？」余輒請主人紙筆，便録掔（烏煥反）撏（宣）薉（歲）勬（藥）騔（鑠）瘱（於計反）㞘（刿）㞕（移）秠（疋來切）等九字以示之，方始驚駭。余曰：「凡字以詮義，字猶未識，義安能見？」旋云小小，頗亦怱怱。衆乃謝余，令爲解識。余遂作音義以曉之。豈敢法言之論定，即定矣；實愧孫炎之侶行，即行焉云爾。（序中王言義未詳）

目錄

序致第一……………………………………一
教子第二……………………………………一
兄弟第三……………………………………二
後娶第四……………………………………三
治家第五……………………………………四
風操第六……………………………………六
慕賢第七……………………………………一二
勉學第八……………………………………一三
文章第九……………………………………一九
名實第十……………………………………二三
涉務第十一…………………………………二四
省事第十二…………………………………二五
止足第十三…………………………………二七

誡兵第十四……二一七
養生第十五……二一八
歸心第十六……二一九
書證第十七……三二
音辭第十八……四〇
雜藝第十九……四一
終制第二十……四四
攷證一卷……一一四

顏氏家訓

北齊黃門侍郎顏之推撰

序致第一

夫聖賢之書。教人誠孝。愼言。檢迹。立身。揚名。亦已備矣。魏晉已來。所著諸子。理重事複。遞相模斆。猶屋下架屋。牀上施牀爾。吾今(一本無今字)所以復爲此者。非敢軌物範世也。業以整齊門內。提撕子孫。夫同言而信。信其所親。同命而行。行其所服。禁童子之暴謔。則師友之誡。不如傅婢之指揮。止凡人之鬬鬩。則堯舜之道。不如寡妻之誨諭。吾望此書。爲汝曹之所信。猶賢於傅婢寡妻爾。

吾家風教。素爲整密。昔在齠齔。便蒙誨誘。每從兩兄。曉夕溫凊。規行矩步。安辭定色。鏘鏘翼翼。若朝嚴君焉。賜以優言。問所好尚。勵短引長。莫不懇篤。年始九歲。便丁荼蓼。家塗離散。百口索然。慈兄鞠養。苦辛備至。有仁無威。導示不切。雖讀禮傳。微愛屬文。頗爲凡人之所陶染。肆欲輕言。不備邊幅。年十八九。少知砥礪。習若自然。卒難洗盪。二十(一本作三十)已後。大過稀焉。每常心共口敵。性與情競。夜覺曉非。今悔昨失。自憐無教。以至於斯。追思平昔之指。銘肌鏤骨。非徒古書之誡。經目過耳(一本有也字)。故留此二十篇。以爲汝曹後車(一本作範)爾。

教子第二

上智不教而成。下愚雖教無益。中庸之人。不教不知也。古者聖王有胎教之法。懷子三月。出居別宮。目不邪視。耳不妄(一本作傾)聽。音聲滋味。以禮節之。書之玉版。藏諸金匱。子生咳㖷。(說文咳小兒笑也㖷號也一本作孩提)師保固明。孝仁禮義(一本作孝禮仁義)導習之矣。凡庶縱不能爾。當及嬰稚。識人顏色。知人喜怒。便加教誨。使爲則爲。使止則止。比及數歲。可省笞罰。父母威嚴而有慈。則子女畏愼而生孝矣。吾見世間無教而有愛。每不能然。飲食運爲。恣其所欲。宜誡(一本作訓)翻獎。應訶反笑。(一本作嗤)至有識知。謂法當爾。驕(一本作憍)慢已習。方復(一本作乃)制之。捶撻至死而無威。(一本云而無改悔)忿怒日隆而增怨。(一本云增怨懟)

逮于成長。終爲敗德。孔子云。少成若天性。習慣如自然。是也。俗諺曰。教婦初來。教兒嬰孩。誠哉斯語。

凡人不能教子女者。亦非欲陷其罪惡。但重於訶怒。傷其顏色。不忍楚撻。慘其肌膚耳。當以疾病爲諭。安得不用湯藥鍼艾救之哉。又宜思勤督訓者。可願苛虐於骨肉乎。誠不得已也。

王大司馬母魏夫人。性甚嚴正。王在湓城時。爲三千人將。年踰四十。少不如意。猶捶撻之。故能成其勳業。梁元帝時。有一學士。聰敏有才。爲父所寵。失於教義。一言之是。徧於行路。終年譽之。一行之非。揜藏文飾。冀其自改。年登婚宦。暴慢日滋。竟以言語不擇。爲周逖抽腸釁鼓云。

父子之嚴。不可以狎。骨肉之愛。不可以簡。簡則慈孝不接。狎則怠慢生焉。由命士以上。父子異宮。此不狎之道也。抑搔癢痛。懸衾篋枕。此不簡之教也。或問曰。陳亢喜聞君子之遠其子。何謂也。對曰。有是也。蓋君子之不親教其子也。詩有諷刺之詞。禮有嫌疑之誡。書有悖亂之事。春秋有衺僻之譏。易有備物之象。皆非父子之可通言。故不親授耳（其意見白虎通）

齊武成帝子琅琊王。太子母弟也。生而聰慧。帝及后並篤愛之。衣服飲食。與東宮相準。帝每面稱之曰。此黠兒也。當有所成。及太子即位。王居別宮。禮數優僭。不與諸王等。太后猶謂不足。常以爲言。年十許歲。驕恣無節。器服玩好。必擬乘輿。常朝南殿。見典御進新冰。鉤盾獻早李。還索不得。遂大怒。詢曰。至尊已有。我何意無。不知分齊。率皆如此。識者多有叔段州吁之譏。後嫌宰相。遂矯詔斬之。又懼有救。乃勒麾下軍士。防守殿門。既無反心。受勞而罷。後竟坐此幽薨。

人之愛子。罕亦能均。自古及今。此弊多矣。賢俊者自可賞愛。頑魯者亦當矜憐。有偏寵者。雖欲以厚之。更所以禍之。共叔之死。母實爲之。趙王之戮。父實使之。劉表之傾宗覆族。袁紹之地裂兵亡。可謂靈龜明鑒也。

齊朝有一士大夫。嘗謂吾曰。我有一兒。年已十七。頗曉書疏。教其鮮卑語及彈琵琶。稍欲通解。以此伏事公卿。無不寵愛。亦要事也。吾時俛而不答。異哉。此人之教子也。若由（一本作用）此業自致卿相。亦不願汝曹爲之。

兄弟第二

夫有人民而後有夫婦。有夫婦而後有父子。有父子而後有兄弟。一家之親。此三而已矣。自玆以往。至于九族。皆本於三親焉。故於人倫爲重者也。不可不篤。兄弟者、分形連氣之人也。方其幼也。父母左提右挈。前襟後裾。食則同案。衣則傳服。學則連業。遊則共方。雖有悖亂之行。不能不相愛也。及其壯也。各妻其妻。各子其子。雖有篤厚之行。不能不少衰也。娣姒之比兄弟。則疏薄矣。今使疏薄之人。而節量親厚之恩。猶方底而圓蓋、必不合矣。惟友悌深至。不爲傍人之所移者。免夫。

二親既殁。兄弟相顧、當如形之與影。聲之與響。愛先人之遺體。惜己身之分氣。非兄弟何念哉。兄弟之際。異（一本作易字）於他人。望深則易怨。地親則易弭。譬猶居室。一穴則塞之。一隙則塗之。則無頹毁之慮。如雀鼠之不卹。風雨之不防。壁陷楹淪。無可救矣。僕妾之爲雀鼠。妻子之爲風雨。甚哉。

兄弟不睦。則子姪不愛。子姪不愛。則羣從疏薄。羣從疏薄。則僮僕爲讎敵矣。如此、則行路皆踖其面而蹈其心。誰救之哉。人或交天下之士。皆有歡笑。而失敬於兄者。何其能多而不能少也。人或將數萬之師。得其死力。而失恩於弟者。何其能疏而不能親也。

娣姒者。多爭之地也。使骨肉居之。亦不若各歸四海。感霜露而相思。佇日月之相望也。況以行路之人。處多爭之地。能無間者鮮矣。所以然者。以其當公務而執私情。處重責而懷薄義也。若能恕己而行。換子而撫。則此患不生矣。

人之事兄。不可同於事父。何爲愛弟不及愛子乎。是反照而不明也。沛國劉璡。嘗與兄瓛連棟隔壁。瓛呼之數聲不應。良久方答。瓛怪問之。乃云。向來未著衣帽故也。以此事兄。可以免矣。

江陵王元紹。弟孝英子敏。兄弟三人。特相愛友。所得甘旨新異。非共聚食。必不先嘗。孜孜色貌。相見如不足者。及西臺陷沒。元紹以形體魁梧。爲兵所圍。二弟爭共抱持。各求代死。終不得解。遂并命爾。

後娶第四

吉甫賢父也。伯奇孝子也。以賢父御孝子。合得終於天性。而後妻間之。伯奇遂放。曾參婦死。謂其子曰。吾不及吉甫。汝不及伯奇。王駿喪妻。亦謂人曰。我不及曾參。子不如華元。並終身不娶。此等足以爲誡。其後假繼。慘虐孤遺。離閒骨肉。傷心斷腸者。何可勝數。慎之哉。慎之哉。

江左不諱庶孽。喪室之後。多以妾媵終家事。疥癬蚊虻。或不能免。限以大分。故稀鬬鬩之恥。河北鄙於側出。不預人流。是以必須重娶。至於三四。母年有少於子者。後母之弟。與前婦之兄。衣服飲食。爰及婚宦。至於士庶貴賤之隔。俗以爲常。身沒之後。辭訟盈公門。謗辱彰道路。子誣母爲妾。弟黜兄爲傭。播揚先人之辭迹。暴露祖考之長短。以求直己者。往往而有。悲夫。自古姦臣佞妾。以一言陷人者衆矣。況夫婦之義。曉夕移之。婢僕求容。助相說引。積年累月。安有孝子乎。此不可不畏。

凡庸之性。後夫多寵前夫之孤。後妻必虐前妻之子。非唯婦人懷嫉妒之情。丈夫有沈惑之僻。亦事勢使之然也。前夫之孤。不敢與我子爭家。提攜鞠養。積習生愛。故寵之。前妻之子。每居己生之上。宦學婚嫁。莫不爲防焉。故虐之。異性寵則父母被怨。繼親虐則兄弟爲讎。家有此者。皆門戶之禍也。

思魯等從舅殷外臣。博達之士也。有子基諶。皆已成立。而再娶王氏。基每拜見後母。感慕嗚咽。不能自持。家人莫忍仰視。王亦悽愴。不知所容。旬月求退。便以禮遣。此亦悔事也。

後漢書曰。安帝時。汝南薛包孟嘗。好學篤行。喪母。以至孝聞。及父娶後妻。而憎包。分出之。包日夜號泣。不能去。至被毆杖。不得已。廬於舍外。旦入而洒掃。父怒。又逐之。乃廬於里門。昏晨不廢。積歲餘。父母慙而還之。後行六年服喪。過乎哀。既而弟子求分財異居。包不能止。乃中分其財。奴婢取其老者。曰。與我共事久。若不能使也。田廬取其荒頓者。（頓猶廢也）曰。吾少時所理。意所戀也。器物取其朽敗者。曰。我素所服食。身口所安也。弟子數破其產。還復賑給。建光中。公車特徵。至拜侍中。包性恬虛。稱疾不起。以死自乞。有詔賜告歸也。

治家第五

夫風化者。自上而行於下者也。自先而施於後者也。是以父不慈則子不孝。兄不友則弟不恭。夫不義則婦不順矣。父慈而子逆。兄友而弟傲。夫義而婦陵。則天之凶民。乃刑戮之所攝。非訓導之所移也。笞怒廢於家。則豎子之過立見。刑罰不中。則民無所措手足。治家之寬猛。亦猶國焉。孔子曰。奢則不孫。儉則固。與其不孫也。寧固。又云。如有周公之才之美。使驕且吝。其餘不足觀也已。然則可儉而不可吝也。儉者。省約爲禮之謂也。吝者。窮急不卹之謂也。今有奢則施。儉則吝。如能施而不奢。儉而不吝可矣。

生民之本。要當稼穡而食。桑麻以衣。蔬果之蓄。園場之所產。雞豚之善。塒圈之所生。爰及棟宇器械。樵蘇脂燭。莫非種殖之物也。至能守其業者。閉門而爲生之具以足。但家無鹽井耳。今北土風俗。率能躬儉節用。以贍衣食。江南奢侈。多不逮焉。

梁孝元世。有中書舍人。治家失度。而過嚴刻。妻妾遂共貨刺客。伺醉而殺之。

世間名士。但務寬仁。至於飲食饟饋。僮僕減損。施惠然諾。妻子節量。狎侮賓客。侵耗鄉黨。此亦爲家之巨蠹矣。

齊吏部侍郎房文烈。未嘗嗔怒。經霖雨絕糧。遣婢糴米。因爾逃竄。三四許日。方復擒之。房徐曰。舉家無食。汝何處來。竟無捶撻之意。(一本無之意兩字)嘗寄人宅。奴僕徹屋爲薪略盡。聞之顰蹙。卒無一言。

裴子野有疎親故屬。飢寒不能自濟者。皆收養之。家素清貧。時逢水旱。二石米爲薄粥。僅得徧焉。躬自同之。常無厭色。鄴下有一領軍。貪積已甚。家童八百。誓滿千人。朝夕每人(一本無每人兩字)肴膳。以十五錢爲率。遇有客旅。便無以兼。後坐事伏法。籍其家產。麻鞋一屋。弊衣數庫。其餘財寶。不可勝言。南陽有人。爲生奧博。性殊儉吝。冬至後。女壻謁之。乃設一銅甌酒。數臠麞肉。壻恨其單。率一舉盡之。主人愕然。俛仰命益。如此者再。退而責其女曰。某郎好酒。故汝常(一本作嘗字)貧。及其死後。諸子爭財。兄遂殺弟。

婦主中饋。唯事酒食衣服之禮耳。國不可使預政。家不可使幹蠱。如有聰明才智。識達古今。正當輔佐君子。助其不足。必無牝雞晨鳴。以致禍也。

江東婦女。略無交遊。其婚姻之家。或十數年閒。未相識者。唯以信命贈遺。致殷勤焉。鄴下風俗。專以婦持門戶。爭訟曲直。造請逢迎。車乘塡街衢。綺羅盈府寺。代子求官。爲夫訴屈。此乃恆代之遺風乎。南閒貧素。皆事外飾。車乘衣服。必貴齊整。家人妻子。不免飢寒。河北人事。(一本作士字)多由內政。綺羅金翠。不可廢闕。羸馬顇奴。僅充而已。唱和之禮。或爾汝之。

河北婦人。織紝組紃之事。黼黻錦繡羅綺之工。大優於江東也。太公曰。養女太多一費也。陳蕃曰。盜不過五女之門。女之為累。亦以深矣。然天生蒸民。先人遺體。其如之何。世人多不舉女。賊行骨肉。豈當如此。而望福於天乎。吾有疏親。家饒妓媵。誕育將及。便遣閽豎守之。體有不安。窺窻倚戶。若生女者。輒持將去。母隨號泣。莫敢救之。使人不忍聞也。

婦人之性。率寵子壻而虐兒婦。寵壻則兄弟之怨生焉。虐婦則姊妹之讒行焉。然則女之行留。皆得罪於其家者。母實為之。至有諺云。落索阿姑餐。此其相報也。家之常弊。可不誡哉。

婚姻素對。靖侯成規。近世嫁娶。遂有賣女納財。買婦輸絹。比量父祖。計較錙銖。責多還少。市井無異。或猥壻在門。或傲婦擅室。貪榮求利。反招羞恥。可不慎歟。

借人典籍。皆須愛護。先有缺壞。就為補治。此亦士大夫百行之一也。濟陽江祿。讀書未竟。雖有急速。必待卷束整齊。然後得起。故無損敗。人不厭其求假焉。或有狼籍几案。分散部秩。多為童幼婢妾之所點汙。風雨犬（一本作蟲）鼠之所毀傷。實為累德。吾每讀聖人之書。未嘗不肅敬對之。其故紙有五經詞義。及賢達姓名。不敢穢用也。

吾家巫覡禱請。絕於言議。符書章醮。亦無祈焉。並汝曹所見也。勿妖妄之費。

風操第六

吾觀禮經。聖人之教。箕帚匕箸。咳唾唯諾。執燭沃盥。皆有節文。亦為至矣。但既殘缺。非復全書。其有所不載。及世事變改者。學達君子。自為節度。相承行之。故世號士大夫風操。而家門頗有不同。所見互稱長短。然其阡陌。亦自可知。昔在江南。目能視而見之。耳能聽而聞之。蓬生麻中。不勞翰墨。汝曹生於戎馬之閒。視聽之所不曉。故聊記以傳示子孫。

禮云。見似目瞿。聞名心瞿。有所感觸。惻愴心眼。若在從容平常之地。幸須申其情耳。必不可避。亦當忍之。猶如伯叔兄弟。酷類先人。可得終身腸斷。與之絕耶。又臨文不諱。廟中不諱。君所無私諱。蓋知聞名。須有消息。不必期於顛沛而走也。梁世謝舉。甚有聲譽。聞諱必哭。爲世所譏。又臧逢世。臧嚴之子也。篤學修行。不墜門風。孝元經牧江州。遣往建昌督事。郡縣民庶。競修箋書。朝夕輻輳。几案盈積。書有稱嚴寒者。必對之流涕。不省取記。多廢公事。物情怨駭。竟以不辦而還。此並過事也。近在揚都。有一士人諱審。而與沈氏交結周厚。沈與其書。名而不姓。此非人情也。凡避諱者。皆須得其同訓以代換之。桓公名白。博有五皓之稱。厲王名長。琴有脩短之目。不聞謂布帛爲布皓。呼腎腸爲腎脩也。梁武小名阿練。子孫皆呼練爲絹。乃謂銷鍊物爲銷絹物。恐乖其義。或有諱雲者。呼紛紜爲紛煙。有諱桐者。呼梧桐樹爲白鐵樹。便似戲笑耳。周公名子曰禽。孔子名兒曰鯉。止在其身。自可無禁。至若衛侯魏公子楚太子皆名蟣蝨。長卿名犬子。王修名狗子。上有連及。理未爲通。古之所行。今之所笑也。北土多有名兒爲驢駒豚子者。使其自稱及兄弟所名。亦何忍哉。前漢有尹翁歸。後漢有鄭翁歸。梁家亦有孔翁歸。又有顧翁寵。晉代有許思妣孟少孤。如此名字。幸當避之。今人避諱。更急於古。凡名之者。當爲孫地。吾親識中有諱襄諱周諱清諱和諱禹。交疏造次。一座百犯。聞者辛苦。無憀賴焉。昔司馬長卿慕藺相如。故名相如。顧元歎慕蔡邕。故名雍。而後漢有朱張字孫卿。許暹字顏回。梁世有庾晏嬰祖孫登。連古人姓爲名字。亦鄙才也。昔劉文饒不忍罵奴爲畜產。今世愚人遂以相戲。或有指名爲豚犢者。有識傍觀。猶欲掩耳。況當之者乎。近在議曹。共平章百官秩祿。有一顯貴。當世名臣。意嫌所議過厚。齊朝有一兩士族文學之人。謂此貴曰。今日天下大同。須爲百代典式。豈得尙作關中舊意。明公定是陶朱公大兒爾。彼此歡笑。不以爲嫌。

昔侯霸之子孫。稱其祖父曰家公。陳思王稱其父曰家父。母爲家母。潘尼稱其祖曰家祖。古人之所行。今人之所笑也。及南北風俗。言其祖及二親。無云家者。田里猥人。方有此言爾。凡與人言。言己世父。以次第稱之。不云家者。以尊於父。不敢家也。凡言姑姊妹女子子。已嫁則以夫氏稱之。在室則以次第稱之。言禮成他族。不得云家也。子孫不得稱家者。輕略之也。蔡邕書集。呼其姑姊爲家姑家姊。班固書集。亦云家孫。今並不行也。凡與人言。稱彼祖父母世父母父母及長姑。皆加尊字。自叔父母已下。則加賢字。尊卑之差也。王羲之書。稱彼之母與自稱己母同。不云尊字。今所非也。

南人冬至歲首。不詣喪家。若不脩書。則過節束帶以申慰。北人至歲之日。重行弔禮。禮無明文。則吾不取。南人賓至不迎。相見捧手而不揖。送客下席而已。北人迎送。並至門。相見則揖。皆古之道也。吾善其迎揖。

昔者。王侯自稱孤寡不穀。自茲以降。雖孔子聖師。與門人言皆稱名也。後雖有臣僕之稱。行者蓋亦寡焉。江南輕重。各有謂號。具諸書儀。北人多稱名者。乃古之遺風。吾善其稱名焉。

言及先人。理當感慕。古者之所易。今人之所難。江南人事不獲已。乃陳文墨。憶憶無自言者。（一本無此已上十字）須言閥閱。必以文翰。罕有面論者。北人無何。便爾話說。及相訪問。如此之事。不可加於人也。人加諸己。則當避之。名位未高。如為勳貴所逼。隱忍方便。速報取了。勿使（一本作取）煩重。感辱祖父。若沒言須及者。則斂容肅坐。稱大門中。世父叔父。則稱從兄弟門中。兄弟則稱亡者子某門中。各以其尊卑輕重。為容色之節。皆變於常。若與君言。雖變於色。猶云亡祖亡伯亡叔也。吾見名士。亦有呼其亡兄弟為兄子弟子門中者。亦未為安帖也。北土風俗。（一本無風俗字）都不行此。太山羊侃。梁初入南。吾近至鄴。其兄子肅訪侃委曲。吾答之云。卿從門中在梁。如此如此。肅曰。是我親第七亡叔。非從也。祖孝徵在坐。先知江南風俗。乃謂之云。賢從弟門中。何故不解。古人皆呼伯父叔父。而今世多單呼伯叔。從父兄弟姊妹已孤。而對其前。呼其母為伯叔母。此不可避者也。兄弟之子已孤。與他人言。對孤者前。呼為兄子弟子。頗為不忍。北土人多呼為姪。案爾雅喪服經左傳。姪名雖通男女。並是對姑立稱。晉世已來。始呼叔姪。今呼為姪。於理為勝也。

別易會難。古人所重。江南餞送。下泣言離。有王子侯。梁武帝弟。出為東郡。與武帝別。帝曰。我年已老。與汝分張。甚以（一本作心字）惻愴。數行淚下。侯遂密雲。赧然而出。坐此被責。飄颻舟渚。一百許日。卒不得去。北間風俗。不屑此事。岐路言離。歡笑分首。然人性自有少涕淚者。腸雖欲絕。目猶爛然。如此之人。不可強責。

凡親屬名稱。皆須粉墨。不可濫也。無風教者。其父已孤。呼外祖父母與祖父母同。使人為其不喜聞也。雖質於面。皆當加外以別之。父母之世叔父。皆當加其次第以別之。父母之世叔母。皆當加其姓以別之。父母之羣從世叔父母及從祖父母。皆當加其爵位若姓以別之。河北士人。皆呼外祖父母為家公家母。江南田里間亦言之。以家代外。非吾所識。凡宗親世數。有從父。有從祖。有族祖。江南風俗。自茲已往。高秩者通呼為尊。同昭穆者。雖百世猶稱兄弟。若對他人稱之。皆云族人。河北士人。雖三二十世。猶呼為從伯從叔。梁武帝嘗問一中士人曰。卿北人。

何故不知有族。答曰。骨肉易疎。不忍言族。爾當時雖爲敏對。於禮未通。吾嘗問周宏讓曰。父母中外姊妹。何以稱之。周曰。亦呼爲丈人。自古未見丈人之稱施於婦人也。吾親表所行若父屬者。爲某姓姑。母屬者。爲某姓姨。中外丈人之婦。猥俗呼爲丈母。士大夫謂之王母謝母云。而陸機集有與長沙顧母書。乃其從叔母也。今所不行。齊朝士子。皆呼祖僕射爲祖公。全不嫌有所涉也。乃有對面以相(一本作爲字)戲者。

古者名以正體。字以表德。名終則諱之。字乃可以爲孫氏。孔子弟子。記事者皆稱仲尼。呂后微時。嘗字高祖爲季。至漢爰種。字其叔父曰絲。王丹與侯霸子語。字霸爲君房。江南至今不諱字也。河北士人。全不辨之。名亦呼爲字。字固因呼爲字。尚書王元景兄弟。皆號名人。其父名雲。字羅漢。一皆諱之。其餘不足怪也。

禮閒傳云。斬縗之哭。若往而不反。齊縗之哭。若往而反。大功之哭。三哭而偯。小功緦麻。哀容可也。此哀之發於聲音也。孝經云。哭不偯。皆論哭有輕重質文之聲也。禮以哭有言者爲號。然則哭亦有辭也。江南喪哭。時有哀訴之言耳。山東重喪。則唯呼蒼天。朞功以下。則唯呼痛深。便是號而不哭。

江南凡遭重喪。若相知者。同在城邑。三日不弔則絕之。除喪。雖相遇則避之。怨其不已憫也。有故及道遙者。致書可也。無書亦如之。北俗則不爾。江南凡弔者。主人之外。不識者不執手。識輕服而不識主人。則不於會所而弔。他日修名詣其家。

陰陽說云。辰爲水墓。又爲土墓。故不得哭。王充論衡云。辰日不哭。哭則重喪。今無教者。辰日有喪。不問輕重。舉家清謐。不敢發聲。以辭弔客。道書又曰。晦歌朔哭。皆當有罪。天奪之算。喪家朔望。哀感彌深。寧當惜壽。又不哭也。亦不諭。(一本無亦不諭三字)

偏傍之書。死有歸殺。子孫逃竄。莫肯在家。畫瓦書符。作諸厭勝。喪出之日。門前然火。戶外列灰。祓送家鬼。章斷注連。凡如此比。不近有情。乃儒雅之罪人。彈議所當加也。

已孤而履歲。及長至之節。無父拜母。祖父母世叔父母姑兄姊則皆泣。無母拜父。外祖父母舅姨兄姊亦如之。此人情也。

江左朝臣子孫。初釋服。朝見二宮。皆當泣涕。二宮爲之改容。頗有膚色充澤。無哀感者。梁武薄其爲人。多被抑退。裴政出服。問訊武帝。貶瘦枯槁。涕泗滂沱。武帝目送之曰。裴之禮不死也。

二親既殁。所居齋寢。子與婦弗忍入焉。北朝頓丘李(太上御名)母劉氏夫人亡後。所住之堂。終身鏁閉。弗忍開入也。夫人宋廣州刺史纂之孫女。故(太上御名)猶染江南風教。其父獎爲揚州刺史。鎮壽春遇害。(太上御名)嘗與王松年祖孝徵數人同集談讌。孝徵善畫。遇有紙筆。圖寫爲人。頃之因割鹿尾。戲截畫人以示(太上御名)而無他意。(太上御名)愴然動色。便起就馬而去。舉坐驚駭。莫測其情。祖君尋悟。方深反側。當時罕有能感此者。吳郡陸襄。父閑被刑。襄終身布衣蔬飯。雖薑菜有切割。皆不忍食。居家唯以掐摘供廚。江陵姚子篤。母以燒死。終身不忍噉炙。豫章熊康。父以醉而爲奴所殺。終身不復嘗酒。然禮緣人情。恩由義斷。親以噎死。亦當不可絕食也。(一本無當字有也字。一本有當字無也字。)

禮經。父之遺書。母之杯圈。感其手口之澤。不忍讀用。政爲常所講習。讎校繕寫。及偏加服用。有迹可思者爾。若尋常墳典。爲生什物。安可悉廢之乎。既不讀用。無容散逸。唯當緘保。以留後世爾。思魯等第四舅母。親吳郡張建女也。有第五妹。三歲喪母。靈牀上屏風。平生舊物。屋漏沾溼。出暴曬之。女子一見。伏牀流涕。家人怪其不起。乃往抱持。薦席淹漬。精神傷沮。不能飲食。將以問醫。醫診脈云。腸斷矣。因爾便吐血。數日而亡。中外憐之。莫不悲歎。

禮云。忌日不樂。正以感慕罔極。惻愴無聊。故不接外賓。不理衆務爾。必能悲慘自居。何限於深藏也。世人或端坐奧室。不妨言笑。盛營甘美。厚供齋食。迫有急卒。密戚至交。盡無相見之理。蓋不知禮意乎。魏世王修母以社日亡。來歲有(一本作一字一本只云來歲社)社。脩感念哀甚。鄰里聞之。爲之罷社。今二親喪亡。偶值伏臘分至之節。及月小晦後。忌之日(一本作外字)所經此日。猶應感(一本作思)慕。異於餘辰。不預飲讌聞聲樂及行遊也。

劉縚緩綏兄弟並爲名器。其父名昭。一生不爲照字。唯依爾雅火傍作召爾。然凡文與正諱相犯。當自可避。其有同音異字。不可悉然。劉字之下。即有昭音。呂尚之兒。如不爲上。趙壹之子。儻不作一。便是下筆即妨。是書皆觸也。嘗有甲設讌席。請乙爲賓。而旦於公庭見乙之子。問之曰。尊侯早晚顧宅。乙子稱其父已往。時以爲笑。如此比例。觸類慎之。不可陷於輕脫。

江南風俗。兒生一朞。爲製新衣。盥浴裝飾。男則用弓矢紙筆。女則刀尺鍼縷。並加飲食之物。及珍寶服玩。置之兒前。觀其發意所取。以驗貪廉愚智。名之爲試兒。親表聚集。致讌享焉。自茲已後。二親若在。每至此日。常有酒食之事爾。無教之徒。雖已孤露。其日皆爲供頓。酣暢聲樂。不知有所感傷。梁孝元帝（一本無帝字）年少之時。每八月六日載誕之辰。常設齋講。自阮修容薨歿之後。此事亦絶。

人有憂疾。則呼天地父母。自古而然。今世諱避。觸途急切。而江東士庶。痛則稱禰。禰是父之廟號。父在無容稱廟。父歿何容輒呼。蒼頡篇有倄（下交反痛聲也）字。訓詁云。痛而謼也（謼火故反）音羽罪反。今北人痛則呼之。聲類音于耒反。今南人痛或呼之。此二音隨其鄉俗。並可行也。

梁世被繫劾者。子孫弟姪。皆詣闕三日。露跣陳謝。子孫有官。自陳解職。子則草屩麤衣。蓬頭垢面。周章道路。要候執事。叩頭流血。申訴冤枉。若配徒隸。諸子並立草庵於所署門。不敢寧宅。動經旬日。官司驅遣。然後始退。江南諸憲司彈人事。事雖不重。而以教義見辱者。或被輕繫而身死獄戶者。皆爲死（一本作怨字）讎。子孫三世不交通矣。到洽爲御史中丞。初欲彈劉孝綽。其兄溉先與劉善。苦諫不得。乃詣劉涕泣。告別而去。

兵凶戰危。非安全之道。古者天子喪服以臨師。將軍鑿凶門而出。父祖伯叔。若在軍陣。貶損自居。不宜奏樂讌會。及婚冠吉慶事也。若居圍城之中。憔悴容色。除去飾玩。常爲臨深履薄之狀焉。

父母疾篤。醫雖賤雖少。則涕泣而拜之。以求哀也。梁孝元在江州。嘗有不豫。世子方等。親拜中兵參軍李猷焉。（一本無焉字）

四海之人。結爲兄弟。亦何容易。必有志均義敵。令終如始者。方可議之。一爾之後。命子拜伏。呼爲丈人。申父交（一本作友）之敬。身事彼親。亦宜加禮。比見北人。甚輕此節。行路相逢。便定昆季。望年觀貌。不擇是非。至有結父爲兄。託子爲弟者。

昔者周公一沐三握髮。一飯三吐餐。以接白屋之士。一日所見七十餘人。晉文公以沐辭豎頭須。致有圖反之誚。門不停賓。古所貴也。失教之家。閽寺無禮。或以主君寢食嗔怒。拒客未通。江南深以爲恥。黄門侍郎裴之禮。好待賓客。或有此輩。對賓杖之。僮僕引接。折旋俯仰。莫不肅敬。與主無別。（一本裴之禮號善爲士大夫。有如此輩。對賓杖之。其門生僮僕。接於他人。折旋俯仰。辭色應對。莫不肅敬。與主無別也。）

慕賢第七

古人云。千載一聖。猶旦暮也。五百年一賢。猶比髆也。言聖賢之難得。疏闊如此。儻遭不世。明達君子。安可不攀附景仰之乎。吾生於亂世。長於戎馬。流離播越。聞見已多。所值名賢。未嘗不神醉魂迷。向慕之也。人在少年。神情未定。所與款狎。熏漬陶染。言笑舉對。無心於學。潛移暗化。自然似之。何況操履藝能。較明易習者也。是以與善人居。如入芝蘭之室。久而自芳也。與惡人居。如入鮑魚之肆。久而自臭也。墨翟悲於染絲。是之謂矣。君子必慎交遊焉。孔子曰。無友不如己者。顏閔之徒。何可世得。但優於我。便足貴之。世人多蔽。貴耳賤目。重遙輕近。少長周旋。如有賢哲。每相狎侮。不加禮敬。他鄉異縣。微藉風聲。延頸企踵。甚於飢渴。校其長短。覈其精麤。或能彼不能此矣。（一本云。校長短。覈其精麤。或彼不能如此矣。） 所以魯人謂孔子為東家丘。昔虞國宮之奇。少長於君。君狎之。不納其諫。以至亡國。不可不留心也。用其言。弃其身。古人所恥。凡有一言一行。取於人者。皆顯稱之。不可竊人之美。以為己力。雖輕雖賤者。必歸功焉。竊人之財。刑辟之所處。竊人之美。鬼神之所責。梁孝元前在荊州。有丁覘者。洪亭民爾。頗善屬文。殊工草隸。孝元書記。一皆使典（一本無典字）之。軍府輕賤。多未之重。恥令子弟以為楷法。時云（一本無時云字）丁君十紙。不敵王君一字。（一本云王褒數字） 吾雅愛其手迹。常所寶持。孝元嘗遣典籤惠編。送文章示蕭祭酒。祭酒問云。君王比賜書翰。及寫詩筆。殊為佳手。姓名為誰。那得都無聲問。編以實答。子雲歎曰。此人後生無比。遂不為世所稱。亦是奇事。於是聞者少復刮目。稍仕至尚書儀曹郎。末為晉安王侍讀。隨王東下。及西臺陷歿。簡牘湮散。丁亦尋卒於揚州。前所輕者。後思一紙。不可得矣。侯景初入建業。臺門雖閉。公私草擾。各不自全。太子左衞率羊侃坐東掖門。部分經略。一宿皆辦。遂得百餘日抗拒兇逆。於時城內四萬許人。王公朝士。不下一百。便是恃侃一人安之。其相去如此。古人云。巢父許由。讓於天下。市道小人。爭一錢之利。亦已懸矣。齊文宣帝。即位數年。便沈湎縱恣。略無綱紀。尚能委政尚書令楊遵彥。內外清謐。朝野晏如。各得其所。物無異議。終天保之朝。遵彥後為孝昭所戮。刑政於是衰矣。斛律明月。齊朝折衝之臣。無罪被誅。將士解體。周人始有吞齊之志。關中至今譽之。此人用兵。豈止萬夫之望而已也。國之存亡。係其生死。張延雋之為晉州行臺左丞。匡維主將。鎮撫疆場。儲積器用。愛活黎民。隱若敵國矣。羣小不得行志。同力遷之。既代之後。公私擾亂。周師一舉。此鎮先平。齊國之亡。（一本云齊亡之迹。）啓於是矣。

勉學第八

自古明王聖帝。猶須勤學。況凡庶乎。此事徧於經史。吾亦不能鄭重。聊舉近世切要。以啓寤汝耳。士大夫子弟。數歲以上。莫不被教。多者或至禮傳。少者不失詩論。及至冠婚。體性稍定。因此天機。倍須訓誘。有志尚者。遂能磨礪。以就素業。無履立者。自茲墮慢。便爲凡人。人生在世。會當有業。農民則計量耕稼。商賈則討論貨賄。工巧則致精器用。伎藝則沈思法術。武夫則慣習弓馬。文士則講議經書。多見士大夫恥涉農商。羞務工伎。射則不能穿札。筆則纔記姓名。飽食醉酒。忽忽無事。以此銷日。以此終年。或因家世餘緒。得一階半級。便是爲足。全忘脩學。（一本云便謂爲足安能自苦。）及有吉凶大事。議論得失。蒙然張口。如坐雲霧。公私宴集。談古賦詩。塞默低頭。欠伸而已。有識傍觀。代其入地。何惜數年勤學。長受一生愧辱哉。梁朝全盛之時。貴遊子弟。多無學術。至於諺云。上車不落則著作。體中何如則秘書。無不熏衣剃面。傅粉施朱。駕長簷車。跟高齒屐。坐棊子方褥。憑斑絲隱囊。列器玩於左右。從容出入。望若神仙。明經求第。則顧人答策。三九公讌。則假手賦詩。當爾之時。亦快士也。及離亂之後。朝市遷革。銓衡選舉。非復曩者之親。當路秉權。不見昔時之黨。求諸身而無所得。施之世而無所用。被褐而喪珠。失皮而露質。兀若枯木。泊若窮流。鹿獨戎馬之閒。轉死溝壑之際。當爾之時。誠駑材也。有學藝者。觸地而安。自荒亂已來。諸見俘虜。雖百世小人。知讀論語孝經者。尚爲人師。雖千載冠冕。不曉書記者。莫不耕田養馬。以此觀之。安可不自勉耶。若能常保數百卷書。千載終不爲小人也。夫明六經之指。涉百家之書。縱不能增益德行。敦厲風俗。猶爲一藝。得以自資。父兄不可常依。鄉國不可常保。一旦流離。無人庇廕。當自求諸身耳。諺曰。積財千萬。不如薄伎在身。伎之易習而可貴者。無過讀書也。世人不問愚智。皆欲識人之多。見事之廣。而不肯讀書。是猶求飽而嬾營饌。欲暖而惰裁衣也。夫讀書之人。自羲農已來。宇宙之下。凡識幾人。凡見幾事。生民之成敗好惡。固不足論。天地所不能藏。鬼神所不能隱也。有客難主人曰。吾見彊弩長戟。誅罪安民。以取公侯者有矣。文義習吏。匡時富國。

以取卿相者有矣。學備古今。才兼文武。身無祿位。妻子飢寒者。不可勝數。安足貴學乎。主人對曰。夫命之窮達。猶金玉木石也。脩以學藝。猶磨瑩雕刻也。金玉之磨瑩。自美其鑛璞。木石之段塊。自醜其雕刻。安可言木石之雕刻。乃勝金玉之鑛璞哉。不得以有學之貧賤。比於無學之富貴也。且負甲爲兵。咋筆爲吏。身死名滅者如牛毛。角立傑出者如芝草。握素披黃。吟道詠德。苦辛無益者如日蝕。逸樂名利者如秋荼。豈得同年而語矣。且又聞之。生而知之者上。學而知之者次。所以學者。欲其多知明達爾。必有天才。拔羣出類。爲將則闇與孫武吳起同術。執政則懸得管仲子產之教。雖未讀書。吾亦謂之學矣。今子卽不能然。不師古之蹤跡。猶蒙被而臥爾。人見鄰里親戚。有佳快者。使子弟慕而學之。不知使學古人。何其蔽也哉。世人但知跨馬被甲。長矟彊弓。便云我能爲將。不知明乎天道。辨乎地利。比量逆順。鑒達興亡之妙也。但知承上接下。積財聚穀。便云我能爲相。不知敬鬼事神。移風易俗。調節陰陽。薦舉賢聖之至也。但知私財不入。公事夙辦。便云我能治民。不知誠己刑物。執轡如（一本作生字）組。反風滅火。化鴟爲鳳之術也。但知抱令守律。早刑時捨（一本作晚舍）便云我能平獄。不知同轅觀罪。分劍追財。假言而姦露。不問而情得之察也。爰及農商工賈。廝役奴隸。釣魚屠肉。飯牛牧羊。皆有先達。可爲師表。博學求之。無不利於事也。夫所以讀書學問。本欲開心明目。利於行爾。未知養親者。欲其觀古人之先意承顏。怡聲下氣。不憚劬勞。以致甘腝（一本作旨）惕然慙懼。起而行之也。未知事君者。欲其觀古人之守職無侵。見危授命。不忘誠諫。以利社稷。惻然自念。思欲效之也。素驕奢者。欲其觀古人之恭儉節用。卑以自牧。禮爲教本。敬者身基。瞿然自失。斂容抑志也。素鄙吝者。欲其觀古人之貴義輕財。少私寡慾。忌盈惡滿。賙窮卹匱。赧然悔恥。積而能散也。素暴悍者。欲其觀古人之小心黜己。齒弊舌存。含垢藏疾。尊賢容衆。苶然沮喪。若不勝衣也。素怯懦者。欲其觀古人之達生委命。彊毅正直。立言必信。求福不回。勃然奮厲。不可恐懾也。歷茲以往。百行皆然。縱不能淳。去泰去甚。學之所知。施無不達。今（一本無今字）世人讀書者。但能言之。不能行之。忠孝無聞。仁義不足。加以斷一條訟。不必得其理。宰千戶縣。不必理其民。問其造屋。不必知楣橫而梲豎也。問其爲田。不必知稷早而黍穉（一本作遲字）也。吟嘯談謔。諷詠辭賦。事既優閑。材增迂誕。軍國經綸。略無施用。故爲武人俗吏所共嗤詆。良由是乎。夫學者所以求益爾。見人讀數十卷書。便自高大。凌忽長者。輕慢同列。人疾之如讎敵。惡之如鴟梟。如此以學自損。不如無學也。古之學者爲己。以補不足也。今之學者爲人。但能說之也。古之學者爲人。行道以利世也。今之學者爲己。脩身以求進也。夫學者。猶種樹也。春玩其華。秋登其實。講論文章。春華也。脩身利行。秋實也。人生小幼。精神專利。長成已後。思慮散逸。固須早教。勿失機也。吾七歲時。誦靈光殿賦。至於今日。十年一理。猶不遺忘。二十之外。所誦經書。一月（一本有日字）廢置。便至（一本無至字）荒蕪矣。然人有坎壈。失於盛年。猶當晚學。不可自棄。孔子云。五十以學易。可以無大過矣。魏武袁遺。老而彌篤。此皆少學而至老不倦也。曾子七十乃學。名聞天下。荀卿五十。始來遊學。猶爲碩儒。公孫宏四十餘。方讀春秋。以此遂登丞相。朱雲亦四十。始學易論語。皇甫謐二十。始授孝經論語。皆終成大儒。此並早迷而晚寤也。世人婚冠未學。便稱遲暮。因循面牆。亦爲愚爾。幼而學者。如日出之光。老而學者。如秉燭夜行。猶賢乎瞑目而無見者也。學之興廢。隨世輕重。漢時賢俊。皆以一經宏聖人之道。上明天時。下該人事。用此致卿相者多矣。末俗已來不復爾。空守章句。但誦師言。施之世務。殆無一可。故士大夫子弟。皆以博涉爲貴。不肯專於經業（一本作專儒）。梁朝皇孫已下。總丱之年。必先入學。觀其志尚。出身已後。便從文吏。略無卒業者。冠冕爲此者。則有何胤劉瓛明山賓周捨朱异周宏正賀琛賀革蕭子政劉縚等。兼通文史。不徒講說也。洛陽亦聞崔浩張偉劉芳。鄴下又見邢子才。此（一本無此字）四儒者。雖好經術。亦以才博擅名。如此諸賢。故爲上品。以外率多田里閒人。音辭鄙陋。風操蚩拙。相與專固。無所堪能。問一言輒酬數百。責其指歸。或無要會。鄴下諺云。博士買驢。書券三紙。未有驢字。使汝以此爲師。令人氣塞。孔子曰。學也祿在其中矣。今勤無益之事。恐非業也。夫聖人之書。所以設教。但明練經文。粗通注義。常使言行有得。亦足爲人。何必仲尼居。即須兩紙疏義。燕寢講堂。亦復何在。以此得勝。寧有益乎。光陰可惜。譬諸逝水。當博覽機要。以濟功業。必能兼美。吾無間焉。俗間儒士。不涉羣書。經緯之外。義疏而已。吾初入鄴。與博陵崔文彥交遊。嘗說王粲集中難鄭元尙書事。崔轉爲諸儒道之。始將發口。懸見排蹙。云。文集止有詩賦銘誄。豈當論經書事乎。且先儒之中。未聞有王粲也。崔笑而退。竟不以粲集示之。魏收之在議曹。與諸博士議宗廟事。引據漢書。博士笑曰。未聞漢書得證經術。魏便忿怒。都不復言。取韋元成傳。擲之而起。博士一夜共披尋之。達明。乃來謝曰。不謂元成如此學也。

夫老莊之書。蓋全真養性。不肯以物累己也。故藏名柱史。終蹈流沙。匿跡漆園。卒辭楚相。此任縱之徒爾。何晏王弼。祖述元宗。遞相誇尚。景附草靡。皆以農黃之化。在乎己身。周孔之業。弃之度外。而平叔以黨曹爽見誅。觸死權之網也。輔嗣以多笑人被疾。陷好勝之穽也。山巨源以蓄積取譏。背多藏厚亡之文也。夏侯元以才望被戮。無支離擁腫之鑒也。荀奉倩喪妻。神傷而卒。非鼓缶之情也。王夷甫悼子。悲不自勝。異東門之達也。嵇叔夜排俗取禍。豈和光同塵之流也。郭子元以傾動專勢。寧後身外己之風也。阮嗣宗沈酒荒迷。乖畏途相誡之譬也。謝幼輿贓賄黜削。違弃其餘魚之旨也。彼諸人者。並其領袖。元宗所歸。其餘桎梏塵滓之中。顛仆名利之下者。豈可備言乎。直取其清談雅論。辭鋒理窟。剖元析微。妙得入神。賓主往復。娛心悅耳。然而濟世成俗。終非急務。（一本作淸談高論。剖元析微。賓主往復。娛心悅耳。非濟世成俗之要也。） 洎於梁世。茲風復闡。莊老周易。總謂三元。武皇簡文。躬自講論。周宏正奉贊大猷。化行都邑。學徒千餘。實爲盛美。元帝在江荆閒。復所愛習。故置學生。親爲教授。廢寢忘食。以夜繼朝。至乃倦劇愁憤。輒以講自釋。吾時頗預末筵。親承音旨。性既頑魯。亦所不好云。

齊孝昭帝侍婁太后疾。容色顦顇。服膳減損。徐之才爲灸兩穴。帝握拳代痛。爪入掌心。血流滿手。后既痊愈。帝尋疾崩。遺詔恨不見太后山陵之事。其天性至孝如彼。不識忌諱如此。良由無學所爲。若見古人之譏。欲母早死而悲哭之。則不發此言也。孝爲百行之首。猶須學以脩飾之。況餘事乎。

梁元帝嘗爲吾說。昔在會稽。年始十二。便已好學。時又患疥。手不得拳。膝不得屈。閑齋張葛幃。避蠅獨坐。銀甌貯山陰甜酒。時復進之。以自寬痛。（一本作以寬此痛）率意自讀史書。一日二十卷。既未師受。或不識一字。或不解一語。要自重之。不知猒倦。帝子之尊。童稚之逸。尚能如此。況其庶士。冀以自達者哉。古人勤學。有握錐投斧。照雪聚螢。鋤則帶經。牧則編簡。亦云（一本作爲）勤篤。梁世彭城劉綺。交州刺史勃之孫。早孤家貧。常無燈。折荻尺寸。然明讀書。（一本云早孤家貧燈燭難辦常買荻尺寸然明讀書） 孝元初出會稽。精選寮寀。綺以才華。爲國常侍兼記室。殊蒙禮遇。終於金紫光祿大夫。（一本無大夫字） 義陽朱詹。世居江陵。後出揚都。好學。家貧無資。累日不爨。乃時吞紙以實腹。寒無氈被。抱犬而臥。犬亦飢虛。起行盜食。呼之不至。哀聲動鄰。猶不廢業。卒成大學。（一本作卒成學士） 官至鎮南錄事參軍。爲孝元所禮。此乃不可爲之事。亦是勤學之一人。東莞臧逢世。年二十餘。欲讀班固漢書。苦假借不久。乃就姊夫劉緩乞丐客刺。或（一本無或字）書翰紙末。手寫一本。軍府服其志。

僞。卒以漢書聞。齊有主（一本無主字）宦者。內參田鵬鸞。本蠻人也。年十四五。初爲閽寺。便知好學。懷袖握書。曉夕諷誦。所居卑末。使役苦辛。時伺閒隙。周章詢請。每至文林館。氣喘汗流。問書之外。不暇他語。及覩古人節義之事。未嘗不感激。沈吟久之。吾甚憐愛。倍加開獎。後被賞遇。賜名敬宣。位至侍中開府。後（一本作齊）主之奔青州。遣其西出。參伺動靜。爲周軍所獲。問齊王何在。紿云已去。計當出境。疑其不信。毆捶服之。每折一支。辭色愈厲。竟斷四體而卒。蠻夷童丱。猶能以學著忠誠。（一本作以學成忠）齊之將相。比敬宣之奴不若也。

鄴平之後。見徙入關。思魯嘗謂吾曰。朝無祿位。家無積財。當肆筋力。以申供養。每被課篤。勤勞經史。未知爲子。可得安乎。吾命之曰。子當以養爲心。父當以教（一本作學）爲事。（一本作教）使汝棄學徇財。豐吾衣食。食之安得甘。衣之安得煖。若務先王之道。紹家世之業。藜羹縕褐。我自欲之。

書曰。好問則裕。禮云。獨學而無友。則孤陋而寡聞。蓋須切磋相起明也。見有閉門讀書。師心自是。稠人廣坐。謬誤羞（一本有羞失字無羞字）慙者多矣。穀梁傳稱公子友與莒挐相搏。左右呼曰孟勞。孟勞者。魯之寶刀名。亦見廣雅。近在齊時。有姜仲岳謂孟勞者（一本無孟勞者三字）公子左右。姓孟名勞。多力之人。爲國所寶。與吾苦諍。時清河郡守邢峙。當世碩儒。助吾證之。赧然而伏。又三輔決錄云。靈帝殿柱題曰。堂堂乎張。京兆田郎。蓋引論語。偶以四言。目京兆人田鳳也。有一才士。乃言時張京兆及田郎二人。皆堂堂耳。聞吾此說。初大驚駭。其後尋愧悔焉。江南有一權貴。讀誤本蜀都賦注。解蹲鴟芋也。乃爲羊字。人饋羊肉。答書云。損惠蹲鴟。舉朝驚駭。不解事義。久後尋迹。方知如此。元氏之世。在洛京時。有一才學重臣。新得史記音。而頗紕繆。誤反顓頊字。頊當爲許錄反。錯作許緣反。遂謂朝士言。（一本作遂一一謂言。）從來謬音專旭。當音專翾爾。此人先有高名。翕然信行。朞年之後。更有碩儒。苦相究討。方知誤焉。漢書王莽贊云。紫色蠅聲。餘分閏位。謂以僞亂眞爾。昔吾嘗共人談書。言及王莽形狀。有一俊士。自許史學。名價甚高。乃云。王莽非直鴟目虎吻。亦紫色蛙聲。又禮樂志云。給太官挏馬酒。李奇注。以馬乳爲酒也。揰挏乃成二字。並從手。揰（都統反）挏。（達孔反）此謂撞擣挺挏之。今爲酪酒亦然。向學士又以爲種桐。時太官釀馬酒乃熟。其孤陋遂至於此。太山羊肅。亦稱學問。讀潘岳賦。周文弱枝之棗。爲杖策之杖。世本容成造歷。以歷爲碓磨之磨。談說製文。援引古昔。必須眼學。勿信耳受。江南閭里間士大夫。或不學問。羞爲鄙朴。道聽塗說。強事飾辭。呼徵質爲周鄭。謂霍亂爲博陸。上荊州必稱陝西。下揚都言去海郡。言食則餬口。道錢則孔方。問移則楚丘。論婚則宴爾。及王則無不仲宣。語劉則無不公幹。凡有一二百件。傳相祖述。尋問莫知源由。施安時復失所。莊生有乘時鵲起之說。故謝朓詩曰。鵲起登吳臺。吾有一親表。作七夕詩云。今夜吳臺鵲。亦共往塡河。羅浮山記云。望平地樹如薺。故戴暠詩云。長安樹如薺。又鄴下有一人詠樹詩云。遙望長安薺。又嘗見謂矜誕爲夸毗。呼高年爲富有春秋。皆耳學之過也。夫文字者。墳籍根本。世之學徒。多不曉字。讀五經者。是徐邈而非許愼。習賦誦者。信褚詮而忽呂忱。明史記者。專皮鄒而廢篆籀。學漢書者。悅應蘇而略蒼雅。不知書音是其枝葉。小學乃其宗系。至見服虔張揖音義則貴之。得通俗廣雅而不屑。一手之中。向背如此。況異代各人乎。（世人皆以通俗文爲服虔造。未知非服虔而輕之。猶謂是服虔而輕之。故此論從俗也。）

夫學者。貴能博聞也。郡國山川。官位姓族。衣服飲食。器皿制度。皆欲根尋。得其原本。至於文字。忽不經懷。己身姓名。多或乖舛。縱得不誤。亦未知所由。近世有人爲子制名。兄弟皆山傍立字。而有名峙者。兄弟皆手邊立字。而有名機者。兄弟皆水傍立字。而有名凝者。名儒碩學。此例甚多。若有知吾鍾之不調。一何可笑。吾嘗從齊王幸幷州。自井陘關入上艾縣。東數十里。有獵閭村。後百官受馬糧。在晉陽東百餘里亢仇城側。幷不識二所。本是何地。博求古今。皆未能曉。及檢字林韻集。乃知獵閭是舊䲣餘聚。（䲣音獵也。）亢仇舊是鏝釠亭。（上音武安反。下音仇。）悉屬上艾。時太原王劭欲撰鄉邑記注。因此二名聞之。大喜。吾初讀莊子螝二首。韓非子曰。蟲有螝者。一身兩口。爭食相齕。遂相殺也。茫然不識此字何音。逢人輒問。了無解者。案爾雅諸書。蠶蛹名螝。（音潰）又非二首兩口貪害之物。後見古今字詁。此亦古之虺字。積年凝滯。豁然霧解。嘗遊趙州。見柏人城北有一小水。土人亦不知名。後讀城南門徐整碑云。洦流東指。衆皆不識。吾案說文。此字古魄字也。洦。淺水貌。此水漢來本無名矣。直以淺貌目之。或當即以洦爲名乎。世中書翰。多稱勿勿。相承如此。不知所由。或有妄言此忽忽之殘缺耳。案說文。勿者。州里所建之旗也。象其柄及三游之形。所以趣民事。故忩遽者稱爲勿勿。吾在益州。與數人同坐。初晴日晃。見地上小光。問左右此是何物。有一蜀豎就視。答曰。是豆逼耳。相顧愕然。不知所謂。命將取來。乃小豆也。窮訪蜀士。呼粒爲逼。時莫之解。吾云三蒼說文。此字白下爲匕。皆訓粒。通俗文音方力反。衆皆歡悟。愍楚友壻竇如同從河州來。得一青鳥。馴養愛翫。舉俗呼之為鶡。吾曰鶡出上黨。數曾見之。色並黃黑。無駁雜也。故陳思王鶡賦云。揚元黃之勁羽。試檢說文。鳻(音分)雀似鶡而青。出羌中。韻集音分。此疑頓釋。梁世有蔡朗諱純。既不涉學。遂呼蓴為露葵菜。面牆之徒。遞相倣效。承聖中。遣一士大夫聘齊。齊主客郎李恕問梁使曰。江南有露葵否。答曰。露葵是蓴。水鄉所出。卿今食者。綠葵菜爾。李亦學問。但不測彼之深淺。乍聞無以覈究。思魯等姨夫彭城劉靈。嘗與吾坐。諸子侍焉。吾問儒行敏行曰。凡字與諮議名同音者。其數多少。能盡識乎。答曰。未之究也。請導示之。吾曰。凡如此例。不預研檢。忽見不識。誤以問人。反為無賴所欺。不容易也。因為說之。得五十許字。諸劉歎曰。不意乃爾。若遂不知。亦為異事。校定書籍。亦何容易。自揚雄劉向。方稱此職爾。觀天下書未徧。不得妄下雌黃。或彼以為非。此以為是。或本同末異。或兩文皆欠。不可偏信一隅也。

文章第九

夫文章者。原出五經。詔命策檄。生於書者也。序述論議。生於易者也。歌詠賦頌。生於詩者也。祭祀哀誄。生於禮者也。書奏箴銘。生於春秋者也。朝廷憲章。軍旅誓誥。敷顯仁義。發明功德。牧民建國。不可暫無。(一本作施用多途。)至於陶冶性靈。從容諷諫。入其滋味。亦樂事也。行有餘力。則可習之。然而自古文人。多陷輕薄。屈原露才揚己。顯暴君過。宋玉體貌容冶。見遇俳優。東方曼倩。滑稽不雅。司馬長卿。竊貲無操。王褒過章童約。揚雄德敗美新。李陵降辱夷虜。劉歆反覆莽世。傅毅黨附權門。班固盜竊父史。趙元叔抗竦過度。馮敬通浮華擯壓。馬季長佞媚獲誚。蔡伯喈同惡受誅。吳質詆忤鄉里。曹植悖慢犯法。杜篤乞假無猒。路粹隘狹已甚。陳琳實號麤疏。繁欽性無檢格。劉楨屈強輸作。王粲率躁見嫌。孔融禰衡。誕傲致殞。楊脩丁廙。扇動取斃。阮籍無禮敗俗。嵇康凌物凶終。傅元忿鬬免官。孫楚矜誇凌上。陸機犯順履險。潘岳乾沒取危。顏延年負氣摧黜。謝靈運空疏亂紀。王元長凶賊自貽。謝元暉侮慢見及。凡此諸人。皆其翹秀者。不能悉紀。大較如此。至於帝王。亦或未免。自昔天子而有才華者。唯漢武魏太祖文帝明帝宋孝武帝。皆負世議。非懿德之君也。自子游子夏荀況孟軻枚乘賈誼蘇武張衡左思之儔。有盛名而免過患者。時復聞之。但其損敗居多爾。每嘗思之。原其所積。文章之體。標舉興會。發引性靈。使人矜王武帝誄。遂深永蟄之思。潘岳悼亡賦。乃愴手澤之遺。是方父於蟲。譬婦爲考也。蔡邕楊秉碑云。統大麓之重。潘尼贈盧景宣詩云。九五思飛龍。孫楚王驃騎誄云。奄忽登遐。陸機父誄云。億兆宅心。敦敘百揆。姊誄云。俔天之和。今爲此言。則朝廷之罪人也。王粲贈楊德祖詩云。我君餞之。其樂洩洩。不可妄施人子。況儲君乎。

挽歌辭者。或云古者虞殯之歌。或云出自田横之客。皆爲生者悼往告哀之意。陸平原多爲死人自歎之言。詩格既無此例。又乖製作大意。

凡詩人之作。刺箴美頌。各有源流。未嘗混雜。善惡同篇也。陸機爲齊謳篇。前敘山川物產風教之盛。後章忽鄙山川之情。踈失厥體。其爲吳趨行。何不陳子光夫差乎。京洛行。何不述赧王靈帝乎。

自古宏才博學。用事誤者有矣。百家雜說。或有不同。書儻湮滅。後人不見。故未敢輕議之。今指知決紕繆者。略舉一兩端。以爲誡云。詩云。有鷕雉鳴。又曰。雉鳴求其牡。毛傳亦曰。鷕雌雉聲。又云。雉之朝鴝。尚求其雌。鄭元注月令亦云。鴝雄雉鳴。潘岳賦曰。雉鷕鷕以朝鴝。是則混雜其雄雌矣。詩云。孔懷兄弟。孔甚也。懷思也。言甚可思也。陸機與長沙顧母書。述從祖弟士璜死。乃言痛心拔惱。有如孔懷。心既痛矣。即爲甚思。何故方言有如也。觀其此意。當謂親兄弟爲孔懷。詩云。父母孔邇。而呼二親爲孔邇。於義通乎。異物志云。擁劍狀如蟹。但一螯偏大爾。何遜詩云。躍魚如擁劍。是不分魚蟹也。漢書御史府中列柏樹。常有野鳥數千。棲宿其上。晨去暮來。號朝夕鳥。而文士往往誤作烏鳶用之。抱朴子說項曼都。詐稱得仙。自云仙人。以流霞一杯。與我飲之。輒不飢渴。而簡文詩云。霞流抱朴椀。亦猶郭象以惠施之辨。爲莊周言也。後漢書。囚司徒崔烈以銀鐺鏁。（上音狼下音當）銀鐺。大鏁也。世閒多誤作金銀字。武烈太子。亦是數千卷學士。嘗作詩云。銀鏁三公腳。刀撞僕射頭、爲俗所誤。

文章地理。必須愜當。梁簡文雁門太守行。乃云鵞軍攻日逐。鷰騎蕩康居。大宛歸善馬。小月送降書。蕭子暉隴頭水云。天寒隴水急。散漫俱分瀉。北注徂黃龍。東流會白馬。此亦明珠之纇。美玉之瑕。宜慎之。

王籍入若耶溪詩云。蟬噪林逾靜。鳥鳴山更幽。江南以爲文外斷絕。物無異議。簡文吟詠。不能忘之。孝元諷味。以爲不可復得。至懷舊志載於籍傳。范陽盧詢祖鄴下才俊。乃言此不成語。何事於能。魏收亦然。其論詩云。蕭蕭馬鳴。悠悠旆旌。毛傳曰。言不諠譁也。吾每歎此解有情致。籍詩生於此意爾。

蘭陵蕭慤。梁室上黃侯之子。工於篇什。嘗有秋詩云。芙蓉露下落。楊柳月中疏。時人未之賞也。吾愛其蕭散。宛然在目。潁川荀仲舉。琅琊諸葛漢。亦以爲爾。而盧思道之徒。雅所不愜。

何遜詩實爲清巧。多形似之言。揚都論者。恨其每病苦辛。饒貧寒氣。不及劉孝綽之雍容也。雖然。劉甚忌之。平生誦何詩。常云。蘧居響北闕。㦌㦌（呼麥反）不道車。又撰詩苑。止取何兩篇。時人譏其不廣。劉孝綽當時既有重名。無所與讓。唯服謝朓。常以謝詩置几案閒。動靜輒諷味。簡文愛陶淵明文。亦復如此。江南語曰。梁有三何。子朗最多。三何者。遜及思澄子朗也。子朗信饒清巧。思澄遊廬山。每有佳篇。亦爲冠絕。

名實第十

名之與實。猶形之與影也。德藝周厚。則名必善焉。容色姝麗。則影必美焉。今不脩身而求令名於世者。猶貌甚惡而責妍影於鏡也。上士忘名。中士立名。下士竊名。忘名者。體道合德。享鬼神之福祐。非所以求名也。立名者。脩身慎行。懼榮觀之不顯。非所以讓名也。竊名者。厚貌深姦。干浮華之虛稱。非所以得名也。

人足所履。不過數寸。然而咫尺之途。必顛蹶於崖岸。拱把之梁。每沈溺於川谷者。何哉。爲其旁無餘地故也。君子之立己。抑亦如之。至誠之言。人未能信。至潔之行。物或致疑。皆由言行聲名。無餘地也。吾每爲人所毀。常以此自責。若能開方軌之路。廣造舟之航。則仲由之證鼎（一本作言信）重於登壇之盟。趙熹之降城。賢於折衝之將矣。吾見世人。清名登而金貝入。信譽顯而然諾虧。不知後之矛戟。毀前之干櫓也。虙子賤云。誠於此者形於彼。人之虛實眞僞在乎心。無不見乎迹。但察之未熟爾。一爲察之所鑒。巧僞不如拙誠。承之以羞大矣。伯石讓卿。王莽辭政。當於爾時。自以巧密。後人書之。留傳萬代。可爲骨寒毛豎也。近有大貴。以孝著聲。前後居喪。哀毀踰制。亦足以高於人矣。而嘗於苫塊之中。以巴豆塗臉。遂使成瘡。表哭泣之過。左右童豎。不能掩之。益使外人謂其居處飲食。皆爲不信。以一僞喪百誠者。乃貪名不已故也。有一士族。讀書不過二三百卷。天才鈍拙。而家世殷厚。雅自矜持。多以酒犢珍玩。交諸名士。甘其餌者。遞共吹噓。朝廷以爲文華。亦常出境聘。東萊王韓晉明篤好文學。疑彼製作。多非機杼。遂設讌言。面相討試。竟日歡諧。辭人滿席。屬音賦韻。命筆爲詩。彼造次即成。了非向韻。衆客各自沈吟。遂無覺者。韓退歎曰。果如所量。韓又嘗問曰。玉珽杼上終葵首。當作何形。乃答云。珽頭曲圜。勢如葵葉爾。韓既有學。忍笑爲吾說之。

治點子弟文章。以爲聲價。大弊事也。一則不可常繼。終露其情。二則學者有憑。益不精勵。鄴下有一少年。出爲襄國令。頗自勉篤。公事經懷。每加撫卹。以求聲譽。凡遣兵役。握手送離。或齎梨棗餅餌。人人贈別。云上命相煩。情所不忍。道路飢渴。以此見思。民庶稱之。不容於口。及遷爲泗州別駕。此費日廣。不可常周。一有僞情。觸塗難繼。功績遂損敗矣。

或問曰。夫神滅形消。遺聲餘價。亦猶蟬殼蛇皮。獸迒(音航)鳥迹爾。何預於死者。而聖人以爲名教乎。對曰。勸也。勸其立名。則獲其實。且勸一伯夷。而千萬人立清風矣。勸一季札。而千萬人立仁風矣。勸一柳下惠。而千萬人立貞風矣。勸一史魚。而千萬人立直風矣。故聖人欲其魚鱗鳳翼。雜沓參差。不絕於世。豈不弘哉。四海悠悠。皆慕名者。蓋因其情而致其善爾。抑又論之。祖考之嘉名美譽。亦子孫之冕服墻宇也。自古及今。獲其庇廕者亦衆矣。夫修善立名者。亦猶築室樹果。生則獲其利。死則遺其澤。世之汲汲者。不達此意。若其與魂爽俱昇。松柏偕茂者。惑矣哉。

涉務第十一

士君子之處世。貴能有益於物爾。不徒高談虛論。左琴右書。以費人君祿位也。國之用材。大較不過六事。一則朝廷之臣。取其鑒達治體。經綸博雅。二則文史之臣。取其著述憲章。不忘前古。三則軍旅之臣。取其斷決有謀。強幹習事。四則藩屏之臣。取其明練風俗。清白愛民。五則使命之臣。取其識變從宜。不辱君命。六則興造之臣。取其程功節費。開悟有術。此則皆勤學守行者所能辦也。人性有長短。豈責具美於六塗哉。但當皆曉指趣。能守一職。便無媿爾。

吾見世中文學之士。品藻古今。若指諸掌。及有試用。多無所堪。居承平之世。不知有喪亂之禍。處廊廟之下。不知有戰陣之急。保俸祿之資。不知有耕稼之苦。肆吏民之上。不知有勞役之勤。故難可以應世經務也。晉朝南渡。

優借士族。故江南冠帶有才幹者。擢爲令僕已下。尚書郎中書舍人已上。典掌機要。其餘文義之士。多迂誕浮華。不涉世務。纖微過失。又惜行捶楚。所以處於清高。蓋護其短也。至於臺閣令史。主書監帥。諸王籤省。竝曉習吏用。濟辦時須。縱有小人之態。皆可鞭杖肅督。故多見委使。蓋用其長也。人每不自量。舉世怨梁武帝父子愛小人而疏士大夫。此亦眼不能見其睫爾。

梁世士大夫。皆尚褒衣博帶。大冠高履。出則車輿。入則扶侍。郊郭之內。無乘馬者。周弘正爲宣城王所愛。給一果下馬。常服御之。舉朝以爲放達。至乃尚書郎乘馬。則糺劾之。及侯景之亂。膚脆骨柔。不堪行步。體羸氣弱。不耐寒暑。坐死倉猝者。往往而然。建康令王復。性既儒雅。未嘗乘騎。見馬嘶歕陸梁。莫不震懾。乃謂人曰。正是虎。何故名爲馬乎。其風俗至此。（一本無自建康令王復已下一段。）

古人欲知稼穡之艱難。斯蓋貴穀務本之道也。夫食爲民天。民非食不生矣。三日不粒。父子不能相存。耕種之。茠鉏之。刈穫之。載積之。打拂之。簸揚之。凡幾涉手而入倉廩。安可輕農事而貴末業哉。江南朝士。因晉中興南渡江。卒爲羈旅。至今八九世。未有力田。悉資俸祿而食爾。假令有者。皆信僮僕爲之。未嘗目觀起一墢土。耘一株苗。不知幾月當下。幾月當收。安識世閒餘務乎。故治官則不了。營家則不辦。皆優閑之過也。

世有癡人。不識仁義。不知富貴竝由天命。爲子娶婦。恨其生資不足。倚作舅姑之大。蛇虺其性。惡口加誣。不識忌諱。罵辱婦之父母。卻成教婦不孝己身。不顧他恨。但憐己之子女。不愛其婦。如此之人。陰紀其過。鬼奪其算。不得與爲鄰。何況交結乎。避之哉。避之哉。（此段一本見此篇。一本見歸心篇後。）

省事第十二

銘金人云。無多言。多言多敗。無多事。多事多患。至哉斯戒也。能走者奪其翼。善飛者減其指。有角者無上齒。豐後者無前足。蓋天道不使物有兼焉也。古人云。多爲少善。不如執一。鼫鼠五能。不成伎術。近世有兩人。朗悟士也。性多營綜。略無成名。經不足以待問。史不足以討論。文章無可傳於集錄。書跡未堪以留愛翫。卜筮射六得三。醫藥治十差五。音樂在數十人下。弓矢在千百人中。天文畫繪棊博。鮮卑語胡書。煎胡桃油。鍊錫爲銀。如此之類。略得梗槩。皆不通熟。惜乎。以彼神明。若省其異端。當精妙也。

上書陳事。起自戰國。逮於兩漢。風流彌廣。原其體度。攻人主之長短。諫諍之徒也。許羣臣之得失。訟訴之類也。陳國家之利害。對策之伍也。帶私情之與奪。遊說之儔也。總此四塗。賈誠以求位。鬻言以干祿。或無絲毫之益。而有不省之困。幸而感悟人主。爲時所納。初獲不貲之賞。終陷不測之誅。則嚴助朱買臣吾丘壽王主父偃之類甚衆。良史所書。蓋取其狂狷一介。論政得失爾。非士君子守法度者所爲也。今世所睹。懷瑾瑜而握蘭桂者。悉恥爲之。守門詣闕。獻書言計。率多空薄。高自矜夸。無經略之大體。咸秕糠之微事。十條之中。一不足採。縱合時務。已漏先覺。非謂不知。但患知而不行爾。或被發姦私。面相酬證。事途迴穴。翻懼愆尤。人主外護聲教。脫加含養。此乃僥倖之徒。不足與比肩也。

諫諍之徒。以正人君之失爾。必在得言之地。當盡匡贊之規。不容苟免偷安。垂頭塞耳。至於就養有方。思不出位。干非其任。斯則罪人。故表記云。事君遠而諫則諂也。近而不諫則尸利也。論語曰。未信而諫。人以爲謗己也。

君子當守道崇德。蓄價待時。爵祿不登。信由天命。須求趨競。不顧羞慙。比較材能。斟量功伐。厲色揚聲。東怨西怒。或有劫持宰相瑕疵。而獲酬謝。或有諠聒時人視聽。求見發遣。以此得官。謂爲才力。何異盜食致飽。竊衣取溫哉。世見躁競得官者。便爲弗索何獲。不知時運之來。不然亦至也。見靜退未遇者。便爲弗爲胡成。不知風雲不與。徒求無益也。凡不求而自得。求而不得者。焉可勝算乎。

齊之季世。多以財貨託附外家。諠動女謁。拜守宰者。印組光華。車騎輝赫。榮兼九族。取貴一時。而爲執政所患。隨而伺察。既以利得。必以利殆。微染風塵。便乖肅正。坑穽殊深。瘡痏未復。縱得免死。莫不破家。然後噬臍。亦復何及。吾自南及北。未嘗一言與時人論身分也。不能通達。亦無尤焉。

王子晉云。佐饔得嘗。佐鬬得傷。此言爲善則預。爲惡則去。不欲黨人非義之事也。凡損於物。皆無與焉。然而窮鳥入懷。仁人所憫。況死士歸我。當弃之乎。伍員之託漁舟。季布之入廣柳。孔融之藏張儉。孫嵩之匿趙岐。前代之所貴。而吾之所行也。以此得罪。甘心瞑目。至如郭解之代人報讎。灌夫之橫怒求地。遊俠之徒。非君子之所爲也。如有逆亂之行。得罪於君親者。亦不足卹焉。親友之迫危難也。家財己力。當無所吝。若橫生圖計。無理請謁。非吾敎也。墨翟之徒。世謂熱腹。楊朱之侶。世謂冷腸。腸不可冷。腹不可熱。當以仁義爲節文爾。

前在脩文令曹。有山東學士與關中太史競歷。凡十餘人。紛紜累歲。內史牒付議官平之。吾執論曰。大抵諸儒所爭。四分并減分兩家爾。歷象之要。可以晷景測之。今驗其分至薄蝕。則四分疏而減分密。疏者則稱政令有寬猛。運行致盈縮。非算之失也。密者則云日月有遲速。以術求之。預知其度。無災祥也。用疏則藏姦而不信。用密則任數而違經。且議官所知。不能精於訟者。以淺裁深。安有肎服。既非格令所司。幸勿當也。舉曹貴賤。咸以爲然。有一禮官。恥爲此讓。苦欲留連。強加考覈。機杼既薄。無以測量。還復採訪訟人。窺望長短。朝夕聚議。寒暑煩勞。背春涉冬。竟無予奪。怨誚滋生。赧然而退。終爲內史所迫。此好名之辱也。（一本此好名好事之爲也）

止足第十三

禮云。欲不可縱。志不可滿。宇宙可臻其極。情性不知其窮。唯在少欲知足。爲立涯限爾。先祖靖侯。戒子姪曰。汝家書生門戶。世無富貴。自今仕宦不可過二千石。婚姻勿貪勢家。吾終身服膺。以爲名言也。

天地鬼神之道。皆惡滿盈。謙虛沖損。可以免害。人生衣趣以覆寒露。食趣以塞飢乏爾。形骸之內。尚不得奢靡。己身之外。而欲窮驕泰耶。周穆王秦始皇漢武帝。富有四海。貴爲天子。不知紀極。猶自敗累。況士庶乎。常以爲二十家口。奴婢盛多。不可出二十人。良田十頃。堂室纔蔽風雨。車馬僅代杖策。蓄財數萬。以擬吉凶急速。不啻此者。皆以義散之。不至此者。勿非道求之。

仕宦稱泰。不過處在中品。前望五十人。後顧五十人。足以免恥辱。無傾危也。高此者。便當罷謝。偃仰私庭。吾近爲黃門郎。已可收退。當時羇旅。懼罹謗讟。思爲此計。僅未暇爾。自喪亂已來。見因託風雲。徼倖富貴。旦執機權。夜塡坑谷。朔歡卓鄭。晦泣顏原者。非十人五人也。愼之哉。愼之哉。

誡兵第十四

顏氏之先。本乎鄒魯。或分入齊。世以儒雅爲業。徧在書記。仲尼門徒。升堂者七十有二。顏氏居八人焉。秦漢魏晉。下逮齊梁。未有用兵以取達者。春秋之世。顏高顏鳴顏息顏羽之徒。皆一鬭夫爾。齊有顏涿聚。趙有顏冣（或作聚）漢末有顏良。宋有顏延之。竝處將軍之任。竟以顛覆。漢郎顏駟自稱好武。更無事迹。顏忠以黨楚王受誅。顏俊以據武威見殺。得姓已來。無清操者。唯此二人。皆罹禍敗。頃世亂離。衣冠之士。雖無身手。或聚徒衆。違弃素業。徼倖戰功。吾旣羸薄。仰惟前代。故寘心於此。子孫誌之。孔子力翹門關。不以力聞。此聖證也。吾見今世士大夫。纔有氣幹。便倚賴之。不能被甲執兵。以衞社稷。但微行險服。逞弄拳擊。大則陷危亡。小則貽恥辱。遂無免者。國之興亡。兵之勝敗。博學所至。幸討論之。入帷幄之中。參廟堂之上。不能爲主盡規以謀社稷。君子所恥也。然而每見文士。頗讀兵書。微有經略。若居承平之世。睥睨宮閫。幸災樂禍。首爲逆亂。詿誤善良。如在兵革之時。（太上御名）扇反覆。縱橫說誘。不識存亡。强相扶戴。此皆陷身滅族之本也。誡之哉。誡之哉。習五兵。便騎乘。正可稱武夫爾。今世士大夫。但不讀書。卽自稱武夫兒。乃飯囊酒甕也。

養生第十五

神仙之事。未可全誣。但性命在天。或難種植。人生居世。觸途牽縶。幼少之日。旣有供養之勤。成立之年。便增妻孥之累。衣食資須。公私驅役。而望遁跡山林。超然塵滓。千萬不遇一爾。加以金玉之費。鑪器所須。益非貧士所辦。學若牛毛。成如麟角。華山之下。白骨如莽。何有可遂之理。考之內教。縱使得仙。終當有死。不能出世。不願汝曹專精於此。若其愛養神明。調護氣息。慎節起卧。均適暄寒。禁忌食飲。將餌藥物。遂其所稟。不爲夭折者。吾無間然。諸藥餌法。不廢世務也。庾肩吾常服槐實。年七十餘。目看細字。鬚髮猶黑。鄴中朝士。有單服杏仁枸杞黄精朮煎（一本有車前字）者。得益者甚多。不能一一說爾。（一本無此大字）吾嘗患齒。摇動欲落。飲食熱冷。皆苦疼痛。見抱朴子牢齒之法。早朝建齒。三百下爲良。行之數日。卽便平愈。今恒持之。此輩小術。無損於事。亦可脩也。凡諸餌藥。陶隱居太清方中總録甚備。但須精審。不可輕脫。近有王愛州在鄴學服松脂。不得節度。腸塞而死。爲藥所誤者甚多。

夫養生者。先須慮禍。全身保性。有此生然後養之。勿徒養其無生也。單豹養於內而喪外。張毅養於外而喪內。

前賢所戒也。嵇康著養生之論。而以傲物受刑。石崇冀服餌之徵。（一本作延年。）而以貪溺取禍。往世之所迷也。

夫生不可不惜。不可苟惜。涉險畏之途。干禍難之事。貪欲以傷身。讒慝而致死。此君子之所惜哉。行誠孝而見賊。履仁義而得罪。喪身以全家。泯軀而濟國。君子不咎也。自亂離已來。吾見名臣賢士。臨難求生。終爲不救。徒取窘辱。令人憤懣。侯景之亂。王公將相。多被戮辱。妃主姬妾。略無全者。唯吳郡太守張嵊。建義不捷。爲賊所害。辭色不撓。及鄱陽王世子謝夫人。登屋詬怒。見射而斃。夫人謝遌女也。何賢智操行若此之難。婢妾引決若此之易。悲夫。

歸心第十六

三世之事。信而有徵。家世業此。勿輕慢也。其間妙旨。具諸經論。不復於此。少能讚述。但懼汝曹猶未牢固。略動勸誘爾。原夫四塵五廕。剖析形有。六舟三駕。運載羣生。萬行歸空。千門入善。辯才智惠。豈徒七經百氏之博哉。明非堯舜周孔所及也。內外兩教。本爲一體。漸極爲異。深淺不同。內典初門。設五種禁。外典仁義禮智信。皆與之符。仁者。不殺之禁也。義者。不盜之禁也。禮者。不邪之禁也。智者。不淫之禁也。信者。不妄之禁也。至如畋狩軍旅。燕享刑罰。固民之性。不可卒除。就爲之節。使不淫濫爾。歸周孔而背釋宗。何其迷也。俗之謗者。大抵有五。其一以世界外事。及神化無方。爲迂誕也。其二以吉凶禍福。或未報應。爲欺誑也。其三以僧尼行業。多不精純。爲姦慝也。其四以糜費金寶。減耗課役。爲損國也。其五以縱有因緣。如報善惡。安能辛苦今日之甲。利後世之乙乎。爲異人也。今並釋之于下云。

釋一曰。夫遙大之物。寧可度量。今人所知。莫著天地。天爲積氣。地爲積塊。日爲陽精。月爲陰精。星爲萬物之精。儒家所安也。星有墜落。乃爲石矣。精若是石。不得有光。性又質重。何所繫屬。一星之徑。大者百里。一宿首尾。相去數萬。百里之物。數萬相連。闊狹從斜。常不盈縮。又星與日月。形色同爾。但以大小爲其等差。然而日月又當石也。石既牢密。烏兔焉容。石在氣中。豈能獨運。日月星辰。若皆是氣。氣體輕浮。當與天合。往來環轉。不得錯違。其間遲疾。理宜一等。何故日月五星二十八宿。各有度數。移動不均。寧當氣墜。忽變爲石。地既滓濁。法應沈厚。鑿土得泉。乃浮水上。積水之下。復有何物。江河百谷。從何處生。東流到海。何爲不溢。歸塘尾閭。渫何所到。沃焦之石。何氣所然。潮汐去還。誰所節度。天漢懸指。那不散落。水性就下。何故上騰。天地初開。便有星宿。九州未劃。列國未分。翦疆區野。若爲躔次。封建已來。誰所制割。國有增減。星無進退。災祥禍福。就中不差。乾象之大。列星之夥。何爲分野。止繫中國。昴爲旄頭。匈奴之次。西胡東越。彫題交阯。獨弃之乎。以此而求。迄無了者。豈得以人事尋常。抑必宇宙外也。凡人之信。唯耳與目。耳目之外。咸致疑焉。儒家說天。自有數義。或渾或蓋。乍宣乍安。斗極所周。管維所屬。若所親見。不容不同。若所測量。寧足依據。何故信凡人之臆說。迷大聖之妙旨。而欲必無恆沙世界。微塵數劫也。而鄒衍亦有九州之談。山中人不信有魚大如木。海上人不信有木大如魚。漢武不信弦膠。魏文不信火布。胡人見錦。不信有蟲食樹吐絲所成。昔在江南。不信有千人氈帳。及來河北。不信有二萬斛船。皆實驗也。世有祝師及諸幻術。猶能履火蹈刃。種瓜移井。倏忽之閒。十變五化。人力所爲。尚能如此。何況神通感應。不可思量。千里寶幢。百由旬座。化成淨土。踊出妙塔乎。

釋二曰。夫信謗之徵。有如影響。耳聞眼見。其事已多。或乃精誠不深。業緣未感。時儻差闌。終當獲報耳。善惡之行。禍福所歸。九流百氏。皆同此論。豈獨釋典爲虛妄乎。項橐顏回之短折。原憲伯夷之凍餒。盜跖莊蹻之福壽。齊景桓魋之富強。若引之先業。冀以後生。更爲通耳。如以行善而偶鍾禍報。爲惡而儻值福徵。便生怨尤。即爲欺詭。則亦堯舜之云虛。周孔之不實也。又欲安所依信而立身乎。

釋三曰。開闢已來。不善人多而善人少。何由悉責其精絜乎。見有名僧高行。弃而不說。若覩凡僧流俗。便生非毀。且學者之不勤。豈教者之爲過。俗僧之學經律。何異士人之學詩禮。以詩禮之教。格朝廷之人。略無全行者。以經律之禁。格出家之輩。而獨責無犯哉。且闕行之臣。猶求祿位。毀禁之侶。何慚供養乎。其於戒行。自當有犯。一披法服。已墮僧數。歲中所計。齋講誦持。比諸白衣。猶不啻山海也。

釋四曰。內教多途。出家自是其一法耳。若能誠孝在心。仁惠爲本。須達流水。不必剃落鬚髮。豈令罄井田而起塔廟。窮編戶以爲僧尼也。皆由爲政。不能節之。遂使非法之寺。妨民稼穡。無業之僧。失國賦算。非大覺之本旨也。

抑又論之。求道者。身計也。惜費者。國謀也。身計國謀。不可兩遂。誠臣徇主而弃親。孝子安家而忘國。各有行也。儒有不屈王侯。高尚其事。隱有讓王辭相。避世山林。安可計其賦役。以爲罪人。若能偕化黔首。悉入道場。如妙樂之世。穰佉之國。則有自然稻米。無盡寶藏。安求田蠶之利乎。

釋五曰。形體雖死。精神猶存。人生在世。望於後身。似不相屬。及其歿後。則與前身。猶老少朝夕爾。世有魂神。示現夢想。或降僮妾。或感妻孥。求索飲食。徵須福祐。亦爲不少矣。今人貧賤疾苦。莫不怨尤前世不脩功業。以此而論。安可不爲之作地乎。夫有子孫。自是天地間一蒼生爾。何預身事。而乃愛護。遺其基址。況於己之神爽。頓欲弃之哉。凡夫蒙蔽。不見未來。故言彼生與今非一體爾。若有天眼。鑒其念念隨滅。生生不斷。豈可不怖畏耶。又君子處世。貴能克己復禮。濟時益物。治家者欲一家之慶。治國者欲一國之良。僕妾臣民。與身竟何親也。而爲勤苦脩德乎。亦是堯舜周孔虛失愉樂爾。一人脩道。濟度幾許蒼生。免脫幾身罪累。幸熟思之。汝曹若觀俗計。樹立門戶。不弃妻子。未能出家。但當兼脩戒行。留心誦讀。以爲來世津梁。人身難得。勿虛過也。儒家君子。尚離庖廚。見其生不忍其死。聞其聲不食其肉。高柴折像。未知內教。皆能不殺。此乃仁者自然用心。含生之徒。莫不愛命。去殺之事。必勉行之。好殺之人。臨死報驗。子孫殃禍。其數甚多。不能悉錄爾。且示數條於末。梁世有人。常以雞卵白和沐。云使髮光。每沐輒破二三十枚。臨死。髮中但聞啾啾數千雞雛聲。江陵劉氏。以賣鱓羹爲業。後生一兒。頭具是鱓。自頸已下。方爲人爾。王克爲永嘉郡守。有人餉羊。集賓欲讌。而羊繩解。來投一客。先跪兩拜。便入衣中。此客竟不言之。固無救請。須臾宰羊爲炙。先行至客。一臠入口。便下皮內。周行遍體。痛楚號叫。方復說之。遂作羊鳴而死。梁孝元在江州時。有人爲望蔡縣令。經劉敬躬亂。縣廨被焚。寄寺而住。民將牛酒作禮。縣令以牛繫剎柱。屏除形像。鋪設牀坐。於堂上接賓。未殺之頃。牛解。徑來至階而拜。縣令大笑。命左右宰之。飲噉醉飽。便臥簷下。投醒而覺體癢。爬搔隱疹。因爾成癩。十許年死。楊思達爲西陽郡守。值侯景亂。時復旱儉。飢民盜田中麥。思達遣一部曲守視。所得盜者。輒截手腕。凡戮十餘人。部曲後生一男。自然無手。齊有一奉朝請。家甚豪侈。非手殺牛。噉之不美。年三十許。病篤。大見牛來。舉體如被刀刺。叫呼而終。江陵高偉。隨吾入齊。凡數年。向幽州淀中捕魚。後病。每見羣魚囓之而死。

書證第十七

詩云。參差荇菜。爾雅云。荇。接余也。字或爲莕。先儒解釋皆云水草圓葉細莖。隨水淺深。今是水悉有之。黃花似蓴。江南俗亦呼爲猪蓴。或呼爲荇菜。劉芳具有注釋。而河北俗人多不識之。博士皆以參差者是莧菜。呼人莧爲人荇。亦可笑之甚。

詩云。誰謂荼苦。禮云。苦菜秀。爾雅毛詩傳竝以荼。苦菜也。案易統通卦驗元圖曰。苦菜生於寒秋。更冬歷春。得夏乃成。今中原苦菜則如此也。一名遊冬。葉似苦苣而細。摘斷有白汁。花黃似菊。江南別有苦菜。葉似酸漿。其花或紫或白。子大如珠。熟時或赤或黑。此菜可以釋勞。案郭璞注爾雅。此乃蘵黃蒢也。今河北謂之龍葵。梁世講禮者。以此當苦菜。既無宿根。至春子方生耳。亦大誤也。又高誘注呂氏春秋曰。榮而不實曰英。苦菜當言英。益知非龍葵也。

詩云。有杕之杜。江南本竝木傍施大。傳曰。杕。獨貌也。徐仙民音徒計反。說文曰。杕。樹貌也。在木部。韻集音次第之第。而河北本皆爲夷狄之狄。讀亦如字。此大誤也。

詩云。駉駉牡馬。江南書皆作牝牡之牡。河北本悉爲放牧之牧。鄴下博士見難云。駉頌既美僖公牧于駉野之事。何限騲騭乎。余答曰。案毛傳云。駉駉。良馬腹幹肥張也。其下又云。諸侯六閑四種。有良馬。戎馬。田馬。駑馬。若作放牧之意。通於牝牡。則不容限在良馬獨得駉駉之稱。良馬。天子以駕玉輅。諸侯以充朝聘郊祀。必無騲也。周禮圉人職。良馬匹一人。駑馬麗一人。圉人所養。亦非騲也。頌人舉其強駿者言之。於義爲得也。易云。良馬逐逐。左傳云。以其良馬二。亦精駿之稱。非通語也。今以詩傳良馬。通於牧騲。恐失毛生之意。且不見劉芳義證乎。

月令云。荔挺出。鄭元注云。荔挺。馬薤也。說文云。荔。似蒲而小。根可爲刷。廣雅云。馬薤。荔也。通俗文亦云馬藺。易統通卦驗元圖云。荔挺不出。則國多火災。蔡邕月令章句云。荔似挺。高誘注呂氏春秋云。荔草挺出也。然則月令注荔挺爲草名。誤矣。河北平澤率生之。江東頗有此物。人或種於階庭。但呼爲旱蒲。故不識馬薤。講禮者乃以爲馬莧。馬莧堪食。亦名豚耳。俗曰馬齒。江陵嘗有一僧。面形上廣下狹。劉緩幼子民譽。年始數歲。俊晤善體物。見此僧云，面似馬莧。其伯父紹。因呼爲荔挺法師。紹親講禮。名儒尙誤如此。詩云。將其來施施。毛傳云。施施。難進之意。鄭箋云。施施。舒行貌也。韓詩亦重爲施施。河北毛詩皆云施施。江南舊本。悉單爲施。俗遂是之。恐爲少誤。

詩云。有渰萋萋。興雲祁祁。（詩興雨祁祁。注云。興雨如字。本作興雲非。）毛傳云。渰陰雲貌。萋萋雲行貌。祁祁徐貌也。箋云。古者陰陽和。風雨時。其來祁祁然。不暴疾也。案渰已是陰雲。何勞復云興雲祁祁耶。雲當爲雨。俗寫誤爾。班固靈臺詩云。三光宣精。五行布序。習習祥風。祁祁甘雨。此其證也。

禮云。定猶豫。決嫌疑。離騷曰。心猶豫而狐疑。先儒未有釋者。案尸子曰。五尺犬爲猶。說文云。隴西謂犬子爲猶。吾以爲人將犬行。犬好豫在人前。待人不得。又來迎候。如此往還。至於終日。斯乃豫之所以爲未定也。故稱猶豫。或以爾雅曰。猶如麂。善登木。猶獸名也。既聞人聲。乃豫緣木。如此上下。故稱猶豫。狐之爲獸。又多猜疑。故聽河冰無流水聲。然後敢渡。今俗云。狐疑虎卜。則其義也。

左傳曰。齊侯痎遂痁。說文云。痎二日一發之瘧。痁有熱瘧也。案齊侯之病。本是間日一發。漸加重乎。故爲諸侯憂也。今北方猶呼痎瘧。音皆。而世間傳本。多以痎爲疥。杜征南亦無解釋。徐仙民音介。俗儒就爲通云病疥。令人惡寒變而成痁。此臆說也。疥癬小疾。何足可論。寧有患疥轉作瘧乎。

尙書曰。惟景響。周禮云。土圭測景。景朝景夕。孟子曰。圖景失形。莊子云。罔兩問景。如此等字。皆當爲光景之景。凡陰景者。因光而生。故卽爲景。淮南子呼爲景柱。廣雅云。晷柱挂景。並是也。至晉世葛洪字苑。傍始加彡。（音杉）音於景反。而世間輒改治尙書周禮莊孟從葛洪字。甚爲失矣。

太公六韜。有天陳地陳人陳雲鳥之陳。論語曰。衞靈公問陳於孔子。左傳爲魚麗之陳。俗本多作阜傍車乘之車。按諸陳隊。並作陳鄭之陳。夫行陣之義。取於陳列爾。此六書爲假借也。蒼雅及近世字書。皆無別字。唯王羲之小學章。獨阜傍作車。縱復俗行。不宜進改六韜論語左傳也。

詩云。黃鳥于飛。集於灌木。傳云。灌木叢木也。此乃爾雅之文。故李巡注曰。木叢生曰灌。爾雅末章又云。木族生爲灌。族亦叢聚也。所以江南詩古本。皆爲叢聚之叢。而古叢字似冣字。近世儒生。因改爲冣。解云。木之冣高長者。案衆家爾雅及解詩。無言此者。唯周續之毛詩注。音爲徂會反。又音祖會反。劉昌宗詩注。音爲在公反。又狙會反。

皆爲穿鑿。失爾雅訓也。

也是語已及助句之辭。文籍備有之矣。河北經傳。悉略此字。其閒字有不可得無者。至如伯也執殳。於旅也語。回也屢空。風風也。教也。及詩傳云。不戢戢也。不儺儺也。不多多也。如斯之類。儻削此文。頗成廢闕。詩言青青子衿。傳曰。青衿青領也。學子之服。按古者斜領下連於衿。故謂領爲衿。孫炎郭璞注爾雅。曹大家注列女傳。竝云衿。交領也。鄴下詩本。既無也字。羣儒因謬說云。青衿青領。是衣兩處之名。皆以青爲飾。用釋青青二字。其失大矣。又有俗學。聞經傳中時須也字。輒以意加之。每不得所益。誠可笑。

易有蜀才注。江南學士。遂不知是何人。王儉四部目錄。不言姓名。題云王弼後人。謝炅夏侯該。（一本該字下注云。五代和宮傳凝本作諺作詠。未定。）竝讀數千卷書。皆疑是譙周。而李蜀書一名漢之書云。姓范名長生。自稱蜀才。南方以晉家渡江後。北閒傳記。皆名爲僞書。不貴省讀。故不見也。

禮王制云。贏股肱。鄭注云。謂揎衣出其臂脛。今書皆作擐甲之擐。國子博士蕭該云。擐當作揎。音宣。擐是穿著之名。非出臂之義。案字林。蕭讀是。徐爰音患。非也。

漢書。田肎賀上。江南本皆作宵字。沛國劉顯。博覽經籍。偏精班漢。梁代謂之漢聖。顯子臻。不墜家業。讀班史。呼爲田肎。梁元帝嘗問之。答曰。此無義可求。但臣家舊本。以雌黃改宵爲肎。元帝無以難之。吾至江北。見本爲肎。

漢書王莽贊云。紫色蠅聲。餘分閏位。蓋謂非元黃之色。不中律呂之音也。近有學士。名問甚高。遂云王莽非直鳶髆虎視。而復紫色蠅聲。亦爲誤矣。

簡策字竹下施朿。（七賜反）末代隸書。似杞宋之宋。亦有竹下。遂爲夾者。猶如刺史之傍應爲朿。今亦作夾。徐仙民春秋禮音。遂以筴爲正字。以策爲音。殊爲顛倒。史記又作悉字。誤而爲述作。妬字誤而爲姤。裴徐鄒皆以悉字音述。以妬字音姤。既爾。亦可以亥爲豕字音。以帝爲虎字音乎。

張揖云。虙今伏羲氏也。孟康漢書古文注亦云。虙今伏。而皇甫謐云。伏羲或謂之宓羲。按諸經史緯候。遂無宓羲之號。虙字從虍。（音呼）宓字從宀。（音緜）下俱爲必。末世傳寫。遂誤以虙爲宓。而帝王世紀。因誤更立名爾。何以驗之。孔子弟子虙子賤爲單父宰。即虙羲之後。俗字亦爲宓。或復加山。今兗州永昌郡城。舊單父地也。東門有子賤碑。漢世所立。乃云濟南伏生。卽子賤之後。是知虙之與伏。古來通字。誤以爲宓。較可知矣。

太史公記曰。寧爲雞口。無爲牛後。此是删戰國策爾。按延篤戰國策音義曰。尸。雞中之主。從。牛子。然則口當爲尸。後當爲從。俗寫誤也。

應劭風俗通云。太史公記高漸離變名易姓。爲人庸保。匿作於宋子。久之作苦。聞其家堂客有擊筑。伎癢不能無出言。案伎癢者。懷其伎而腹癢也。是以潘岳射雉賦亦云。徒心煩而伎癢。今史記竝作俳佪。或作徬徨。不能出言。是爲俗傳寫誤爾。

太史公論英布曰。禍之興自愛姬。生於妬媚。以至滅國。又漢書外戚傳亦云。成結寵妾妬媚之誅。此二媚竝當作娼。娼亦妬也。義見禮記三蒼。且五宗世家亦云。常山憲王后妬娼。王充論衡云。妬夫娼婦生。則忿怒鬬訟。益知娼是妬之別名。原英布之誅爲意賁（音肥）赫爾。不得言媚。

史記始皇本紀。二十八年。丞相隗林丞相王綰等。議於海上。諸本皆作山林之林。開皇二年五月。長安民掘得秦時鐵稱權。旁有銅塗鐫銘二所。其一所曰。廿六年。皇帝盡幷兼天下諸侯。黔首大安。立號爲皇帝。乃詔丞相狀綰。灋度量則（音則）不壹歉疑者。皆明壹之。凡四十字。其一所曰。元年。制詔丞相斯去疾。灋度量盡始皇帝爲之。皆口刻辭焉。今襲號而刻辭不稱始皇帝。其於久遠也。如後嗣爲之者。不稱成功盛德。刻此詔左。使毋疑。凡五十八字。一字磨滅。見有五十七字。了了分明。其書兼爲古隸。余被敕寫讀之。與內史令李德林對見。此稱權今在官庫。其丞相狀字。乃爲狀貌之狀。爿旁作犬。則知俗作隗林非也。當爲隗狀爾。

漢書云。中外禔福。字當從示。禔。安也。音匙匕之匙。義見蒼雅方言。河北學士皆云如此。而江南書本多誤從手。屬文者對耦。竝爲提挈之意。恐爲誤也。

或問。漢書注。爲元后父名禁。改禁中爲省中。何故以省代禁。荅曰。案周禮宮正。掌王宮之戒令糾禁。鄭注云。糾猶割也。察也。（一本無猶割也三字）李登云。省。察也。張揖云。省。今省督也。然則小井所領二反。竝得訓察。其處旣常有禁衞省察。故以省代禁。督。古察字也。

漢明帝紀。爲四姓小侯立學。按桓帝加元服。又賜四姓及梁鄧小侯帛。是知皆外戚也。明帝時。外戚有樊氏郭氏陰氏馬氏爲四姓。謂之小侯者。或以年小獲封。故須立學爾。或以侍祠猥朝。侯非列侯。故曰小侯。禮云。庶方小侯。則其義也。

後漢書云。鸛雀銜三鱓（音善）魚。多假借爲鱣鮪之鱣。俗之學士。因謂之爲鱣魚。案魏武四時食制。鱣魚大如五斗奩。長一丈。郭璞注爾雅。鱣長二三丈。安有鸛雀能勝一者。況三乎。鱣又純灰色。無文章也。鱓魚長者不過三尺。大者不過三指。黃地黑文。故都講云。蛇鱓。卿大夫服之象也。續漢書及搜神記。亦說此事。皆作鱓字。孫卿云。魚鼈鰌鱣。及韓非說苑。皆曰鱣似蛇。蠶似蠋。並作鱣字。假鱣爲鱓。其來久矣。

後漢書酷吏樊曅爲天水郡守。涼州爲之歌曰。寧見乳虎穴。不入冀城寺。而江南書本。穴皆誤作六。學士因循。迷而不寤。夫虎豹穴居。時之較者。所以班超云。不探虎穴。安得虎子。寧當論其六七耶。

後漢書楊由傳云。風吹削肺。此是削札牘之柹耳。古者書誤則削之。故左傳云。削而投之是也。或即謂札爲削。王褒童約曰。書削代牘。蘇竟書云。昔以摩研編削之才。皆其證也。詩云。伐木滸滸。毛傳云。滸滸。柹貌也。史家假借爲肝肺字。俗本因是悉作脯腊之脯。或爲反哺之哺字。學士因解云。削哺。是屏障之名。既無證據。亦爲妄矣。此是風角占候耳。風角書曰。庶人風者。拂地揚塵。轉削若是。屏障何由可轉也。

三輔決錄云。前隊大夫范仲公。鹽豉蒜果共一筩。果當作魏顆之顆。北土通呼物一由。改爲一顆。蒜顆。是俗間常語耳。故陳思王鷂雀賦曰。頭如果蒜。目似擘椒。又道經云。合口誦經聲璅璅。眼中淚出珠子碟。其字雖異。其音與義頗同。江南但呼爲蒜符。不知謂爲顆。學士相承。讀爲裹結之裹。言鹽與蒜共一苞裹。內筩中耳。正史削繁音義。又音蒜顆爲苦戈反。皆失也。

有人訪吾曰。魏志蔣濟上書云。弊攰之民。是何字也。余應之曰。意爲攰卽。是皴倦之皴耳。（要用字苑云。攰音九僞反。字亦見廣蒼廣雅。及陳思王集。）張揖呂忱並云。支傍作刀劍之刀。亦是剞字。不知蔣氏自造支傍作筋力之力。或借剞字。終當音九僞反。

晉中興書太山羊曼。常頽縱任俠飲酒誕節。兗州號爲䆪伯。此字皆無音訓。梁孝元帝嘗謂吾曰。由來不識。唯張簡憲見教。呼爲嚃羹之嚃。自爾便遵承之。亦不知所出。簡憲是湘州刺史張纘謚也。江南號爲碩學。案法盛世代殊近。當是耆老相傳。俗間又有䵝䵝（音沓）語。蓋無所不見。無所不容之意也。顧野王玉篇誤爲黑傍沓。顧雖博物。猶出簡憲孝元之下。而二人皆云重邊。吾所見數本。竝無作黑者。重沓是多饒積厚之意。從黑更無義旨。

古樂府歌詞。先述三子。次及三婦。婦是對舅姑之稱。其末章云。丈人且安坐。調弦未遽央。古者子婦供事舅姑。旦夕在側。與兒女無異。故有此言。丈人亦長老之目。今世俗猶呼其祖考爲先亡丈人。又疑丈當爲大。北間風俗。婦呼舅爲大人公。丈之與大。易爲誤爾。近代文士。頗作三婦詩。乃爲匹嫡竝耦己之羣妻之意。又加鄭衛之辭。大雅君子。何其謬乎。

古樂府歌百里奚詞曰。百里奚。五羊皮。憶別時。烹伏雌。吹扊扅。今日富貴忘我爲。吹當作炊煑之炊。案蔡邕月令章句曰。鍵。關牡也。牡所以止扉也。或謂之剡移。然則當時貧困。幷以門牡木作薪炊爾。聲類作扊。又或作扂。

通俗文世間題云河南服虔字子愼造。虔既是漢人。其敍乃引蘇林張揖。蘇張皆是魏人。且鄭玄以前。全不解反語。通俗反音。甚會近俗。阮孝緒又云李虔所造。河北此書。家藏一本。遂無作李虔者。晉中經簿及七志。竝無其目。竟不得知誰製。然其文義允愜。實是高才。殷仲堪常用字訓。亦引服虔俗說。今復無此書。未知卽是通俗文。爲當有異。近代或更有服虔乎。不能明也。

或問。山海經。夏禹及益所記。而有長沙零陵桂陽諸暨。如此郡縣不少。以爲何也。答曰。史之闕文。爲日久矣。加復秦人滅學。董卓焚書。典籍錯亂。非止於此。譬猶本草神農所述。而有豫章朱崖趙國常山奉高眞定臨淄馮翊等郡縣名。出諸藥物。爾雅周公所作。而云張仲孝友。仲尼脩春秋。而經書孔丘卒。世本左丘明所書。（此說出皇甫謐帝王世紀）而有燕王喜漢高祖。汲冢瑣語。乃載秦望碑。蒼頡篇李斯所造。而云漢兼天下。海內幷廁。豨黥韓覆。畔討滅殘。（一本咸軼）列仙傳劉向所造。而贊云七十四人出佛經。列女傳亦向所造。其子歆又作頌。終於趙悼后。而傳有更始韓夫人明德馬后及梁夫人嫕。皆由後人所羼。非本文也。

或問曰。東宮舊事。何以呼鴟尾爲祠尾。答曰。張敞者。吳人。不甚稽古。隨宜記注。逐鄉俗訛謬。造作書字爾。吳人呼祠祀爲鴟祀。故以祠代鴟字。呼紺爲禁。故以系旁作禁代紺字。呼盞爲竹簡反。故以木旁作展以代盞字。呼鑊字爲霍字。故以金傍作霍代鑊字。又金傍作患爲鐶字。木傍作鬼爲魁字。火傍作庶爲炙字。旣下作毛爲髻字。金花則金傍作華。窻扇則木傍作扇。諸如此類。專輒不少。

又問東宮舊事。六色罽緌。是何等物。當作何音。答曰。按說文云。莙牛藻也。讀若威音隱。（疑是隈字）塢瑰反。即陸璣所謂聚藻。葉如蓬者也。又郭璞注三蒼亦云。蘊藻之類也。細葉蓬茸生。然今水中有此物。一節長數寸。細茸如絲。圓繞可愛。長者二三十節。猶呼為莙。又寸斷五色絲。橫著線股間。繩之以象莙草。用以飾物。即名為莙。於時當紺大色罽。作此莙以飾緄帶。張敞因造系旁畏爾。宜作限。

柏人城東北有一孤山。古書無載者。唯闞駰十三州志以為舜納于大麓。即謂此山。其上今猶有堯祠焉。世俗或呼為宣務山。或呼為虛無山。莫知所出。趙郡士族有李穆叔季節兄弟李普濟。亦為學問。並不能定鄉邑此山。爾嘗為趙州佐。共太原王邵。讀柏人城西門內碑。碑是漢桓帝時。柏人縣民為縣令徐整所立。銘云。土有巏務。王喬所仙。方知此巏務山也。巏字遂無所出。務字依諸字書。即旄丘之旄也。旄字。字林一音亡付反。今依附俗名。當音權務爾。入鄴。為魏收說之。收大嘉歎。值其為趙州莊嚴寺碑銘。因云權務之精。即用此也。

或問一夜何故五更。更何所訓。答曰。漢魏以來。謂為甲夜乙夜丙夜丁夜戊夜。又云鼓。一鼓二鼓三鼓四鼓五鼓。亦云一更二更三更四更五更。皆以五為節。西都賦亦云。衛以嚴更之署。所以爾者。假令正月建寅。斗柄夕則指寅。曉則指午矣。自寅至午。凡歷五辰。冬夏之月。雖復長短參差。然辰間遼闊。盈不至六。縮不至四。進退常在五者之間。更歷也。經也。故曰五更爾。

爾雅云。朮山薊也。郭璞注云。今朮似薊而生山中。案朮葉其體似薊。近世文士。遂讀薊為筋肉之筋。以耦地骨用之。恐失其義。

或問俗名傀儡子為郭禿。有故實乎。答曰。風俗通云。諸郭皆諱禿。當是前世有姓郭而病禿者。滑稽調戲。故後人為其象。呼為郭禿。猶文康象庾亮爾。或問曰。何故名治獄參軍為長流乎。答曰。帝王世紀云。帝少昊崩。其神降於長流之山。（此事本出山海經旒作留）於祀為秋。（此說本於月令）按周禮秋官。司寇主刑罰長流之職。漢魏捕賊掾爾。晉宋以來。始為參軍。上屬司寇。故取秋帝所居為嘉名焉。

客有難主人曰。今之經典。子皆謂非。說文所明。子皆云是。然則許慎勝孔子乎。主人拊掌大笑。應之曰。今之經典。皆孔子手迹耶。客曰。今之說文。皆許愼手迹乎。答曰。許愼檢以六文。貫以部分。使不得誤。誤則覺之。孔子存其義而不論其文也。先儒尙得改文從意。何況書寫流傳耶。必如左傳止戈爲武。反正爲乏。皿蟲爲蠱。亥有二首六身之類。後人自不得輒改也。安敢以說文校其是非哉。且余亦不專以說文爲是也。其有援引經傳。與今乖者。未之敢從。又相如封禪書曰。導一莖六穗於庖。犧雙觡共抵之獸。此導訓擇。光武詔云。非徒有豫養導擇之勞。是也。而說文云。導是禾名。引封禪書爲證。無妨自當有禾名導。非相如所用也。禾一莖六穗於庖。豈成文乎。縱使相如天才鄙拙。强爲此語。則下句當云麟雙觡共抵之獸。不得云犧也。吾嘗笑許純儒。不達文章之體。如此之流。不足憑信。大抵服其爲書。隱括有條例。剖析窮根源。鄭玄注書。往往引其爲證。若不信其說。則冥冥不知一點一畫。有何意焉。世間小學者。不通古今。必依小篆。是正書記。凡爾雅三蒼說文。豈能悉得蒼頡本指哉。亦是隨代損益。互有同異。西晉已往。字書何可全非。但令體例成就。不爲專輒爾。考校是非。特須消息。至如仲尼居。三字之中。兩字非體。三蒼尼旁益丘。說文居下施几。如此之類。何由可從。古無二字。又多假借。以中爲仲。以說爲悅。以召爲邵。以閒爲閑。如此之徒。亦不勞改。自有訛謬。過成鄙俗。亂旁爲舌。揖下無耳。黿鼉從龜。奮奪從雚。(胡官反)席中加帶。惡上安西。鼓外設皮。鑿頭生毁。離則配禹。壑乃施豁。巫混經旁。皐分澤片。獵化爲獦。(音曷。獸名。出山海經。)竉變成竉。(竉音郎動反。孔也。故從穴。) 業左益土。靈底著器。率字自有律音。强改爲別。單字自有善音。輒析成異。如此之類。不可不治。吾昔初看說文。蚩薄世字。從正則懼人不識。隨俗則意嫌其非。略是不得下筆也。所見漸廣。更知通變。救前之執。將欲半焉。若文章著述。猶擇微相影響者行之。官曹文書。世間尺牘。幸不違俗也。案彌亙字從二閒舟。詩云。亙之秬秠是也。今之隸書。轉舟爲日。而何法盛中興書。乃以舟在二閒爲舟航字。謬也。春秋說以人十四心爲德。詩說以二在天下爲酉。漢書以貨泉爲白水真人。新論以金昆爲銀。國志以天上有口爲吳。晉書以黃頭小人爲恭。宋書以召刀爲劭。參同契以人負告爲造。如此之例。蓋數術謬語。假借依附。雜以戲笑爾。如猶轉貢字爲項。以叱爲匕。安可用此定文字音讀乎。潘陸諸子。離合詩賦。拭卜破字經。及鮑昭謎字。皆取會流俗。不足以形聲論也。

河間邢芳語吾云。賈誼傳云。日中必熭。注。熭暴也。曾見人解云。此是暴疾之意。正言日中不須臾。卒然便昃爾。

此釋爲當乎。吾謂邪曰。此語本出太公六韜。案字書。古者暴曬字。與暴疾字相似。唯下少異。後人專輒加傍日爾。言日中時必須暴曬。不爾者。失其時也。晉灼已有詳釋。芳笑服而退。

音辭第十八

夫九州之人。言語不同。生民已來。固常然矣。自春秋標齊言之傳。離騷目楚詞之經。此蓋其較明之初也。後有揚雄著方言。其言大備。然皆考名物之同異。不顯聲讀之是非。逮鄭元注六經。高誘解呂覽淮南。許愼造說文。劉熹製釋名。始有譬況假借。以證音字爾。而古語與今殊別。其閒輕重清濁。猶未可曉。加以內言外言。急言徐言。讀若之類。益使人疑。孫叔言創爾雅音義。是漢末人。猶知反語。至於魏世。此事大行。高貴鄉公不解反語。以爲怪異。自茲厥後。音韻鋒出。各有土風。遞相非笑。指馬之諭。未知孰是。共以帝王都邑。參校方俗。考覈古今。爲之折衷。搉而量之。獨金陵與洛下爾。南方水土和柔。其音清舉而切詣。失在浮淺。其辭多鄙俗。北方山川深厚。其音沈濁而鈋鈍。得其質直。其辭多古語。然冠冕君子。南方爲優。閭里小人。北方爲愈。易服而與之談。南方士庶。數言可辯。隔垣而聽其語。北方朝野。終日難分。而南染吳越。北雜夷虜。皆有深弊。不可具論。其謬失輕微者。則南人以錢爲涎。以石爲射。以賤爲羨。以是爲舐。北人以庶爲戍。以如爲儒。以紫爲姊。以洽爲狎。如此之例。兩失甚多。至鄴已來。唯見崔子約崔瞻叔姪。李祖仁李蔚兄弟。頗事言詞。少爲切正。李季節著音韻決疑。時有錯失。陽休之造切韻。殊爲疎野。吾家子女。雖在孩稚。便漸督正之。一言訛替。以爲己罪矣。云爲品物。未考書記者。不敢輒名。汝曹所知也。古今言語。時俗不同。著述之人。楚夏各異。蒼頡訓詁。反稗爲逋賣。反娃爲於乖。戰國策音刎爲免。穆天子傳音諫爲閒。說文音戛爲棘。讀皿爲猛。字林音看爲口甘反。音伸爲辛。韻集以成仍宏登。合成兩韻。爲奇益石。分作四章。李登聲類。以系音羿。劉昌宗周官音。讀乘若承。此例甚廣。必須考校。前世反語。又多不切。徐仙民毛詩音。反驟爲在遘。左傳音切椽爲徒緣。不可依信。亦爲衆矣。今之學士。語亦不正。古獨何人。必應隨其訛僻乎。通俗文曰。入室求曰搜。反爲兄侯。然則兄當音所榮反。今北俗通行此音。亦古語之不可用者。璵璠。魯之寶玉。當音餘煩。江南皆音藩屛之藩。岐山當音爲奇。江南皆呼爲神祇之祇。江陵陷沒。此音被於關中。不知二者。何所承案。以吾淺學。未之前聞也。北人之音。多以舉莒爲矩。唯李季節云。齊桓公與管仲於臺上謀伐莒。東郭牙望見桓公口開而不閉。故知所言者莒也。然則莒矩必不同呼。此爲知音矣。夫物體自有精麤。精麤謂之好惡。人心有所去取。去取謂之好惡。（上呼號。下烏故反。）此音見於葛洪徐邈。而河北學士讀尚書云好（呼號反）生惡（於各反）殺。是爲一論物體。一就人情。殊不通矣。甫者男子之美稱。古書多假借爲父字。北人遂無一人呼爲甫者。亦所未喻。唯管仲范增之號。須依字讀耳。（管仲號仲父。范增號亞父。）案諸字書。焉者鳥名。或云語詞。皆音於愆反。自葛洪要用字苑分焉字音訓。若訓何訓安。當音於愆反。於焉逍遙。於焉嘉客。焉用佞。焉得仁之類是也。若送句及助詞。當音矣愆反。故稱龍焉。故稱血焉。有民人焉。有社稷焉。託始焉爾。晉鄭焉依之類是也。江南至今行此分別。昭然易曉。而河北混同一音。雖依古讀。不可行於今也。邪（音耶。）者。未定之詞。左傳曰。不知天之棄魯邪。抑魯君有罪於鬼神邪。莊子云。天邪地邪。漢書云。是邪非邪之類是也。而北人即呼爲也字。亦爲誤矣。難者曰。繫辭云。乾坤易之門戶邪。此又爲未定辭乎。答曰。何爲不爾。上先標問。下方列德以折之耳。江南學士讀左傳口相傳述。自爲凡例。軍自敗曰敗。打破人軍曰敗。（補敗反。）諸記傳未見補敗反。徐仙民讀左傳。唯一處有此音。又不言自敗敗人之別。此爲穿鑿耳。古人云。膏粱難整。以其爲驕奢自足。不能剋勵也。吾見王侯外戚。語多不正。亦由內染賤保傅。外無良師友故耳。梁世有一侯。嘗對元帝飲謔。自陳癡鈍。乃成颸段。元帝答之云。颸異涼風。段非干木。謂郢州爲永州。元帝啓報簡文。簡文云。庚辰吳入。遂成司隸。如此之類。舉口皆然。元帝手教諸子侍讀。以此爲誡。河北切攻字爲古琮。與工公功三字不同。殊爲僻也。比世有人名暹。自稱爲纖。名琨。自稱爲衮。名洸。自稱爲汪。名勬（音藥。）自稱爲獡。（音爍。）非唯音韻舛錯。亦使其兒孫避諱紛紜矣。

雜藝第十九

眞草書迹。微須留意。江南諺云。尺牘書疏。千里面目也。承晉宋餘俗。相與事之。故無頓狼狽者。吾幼承門業。加性愛重。所見法書亦多。而翫習功夫頗至。遂不能佳者。良由無分故也。然而此藝不須過精。夫巧者勞而智者憂。常爲人所役使。更覺爲累。韋仲將遺戒。深有以也。王逸少風流才士。蕭散名人。舉世惟知其書。翻以能自蔽也。蕭予雲每歎曰。吾著齊書。勒成一典。文章宏義。自謂可觀。唯以筆迹得名。亦異事也。王褒地胄清華。才學優敏。後雖入關。亦被禮遇。猶以書工。崎嶇碑碣之閒。辛苦筆硯之役。嘗悔恨曰。假使吾不知書。可不至今日邪。以此觀之。慎勿以書自命。雖然。廝猥之人。以能書拔擢者多矣。故道不同。不相爲謀也。梁武祕閣散逸以來。吾見二王真草多矣。家中嘗得十卷。方知陶隱居阮交州蕭祭酒諸書。莫不得羲之之體。故是書之淵源。蕭晚節所變。乃是右軍年少時法也。晉宋以來。多能書者。故其時俗。遞相染尙。所有部帙。楷正可觀。不無俗字。非爲大損。至梁天監之閒。斯風未變。大同之末。訛替滋生。蕭子雲改易字體。邵陵王頗行僞字。（一本注前上爲草能傍作長之類是也）朝野翕然。以爲楷式。畫虎不成。多所傷敗。至爲一字。唯見數點。或妄斟酌。逐便轉移。爾後墳籍。略不可看。北朝喪亂之餘。書迹鄙陋。加以專輒造字。猥拙甚於江南。乃以百念爲憂。言反爲變。不用爲罷。追來爲歸。更生爲蘇。先人爲老。如此非一。徧滿經傳。唯有姚元標工於草隸。留心小學。後生師之者衆。洎於齊末。祕書繕寫。賢於往日多矣。江南閭里閒有畫書賦。此乃陶隱居弟子杜道士所爲。其人未甚識字。輕爲軌則。託名貴師。世俗傳信。後人頗爲所誤也。

畫繪之工。亦爲妙矣。自古名士。多或能之。吾家嘗有梁元帝手畫蟬雀白團扇及馬圖。亦難及也。武烈太子。偏能寫真。坐上賓客。隨宜點染。即成數人。以問童孺。皆知姓名矣。蕭賁劉孝先劉靈。並文學已外。復佳此法。翫古知今。特可寶愛。若官未通顯。每被公私使令。亦爲猥役。吳郡顧士端出身湘東王國侍郎。後爲鎮南府刑獄參軍。有子曰庭。西朝中書舍人。父子並有琴書之藝。尤妙丹青。常被元帝所使。每懷羞恨。彭城劉岳。橐之子也。仕爲驃騎府管記。平氏縣令。才學快士。而畫絕倫。後隨武陵王入蜀。下牢之敗。遂爲陸護軍畫支江寺壁。與諸工巧雜處。向使三賢都不曉畫。直運素業。豈見此恥乎。

弧矢之利。以威天下。先王所以觀德擇賢。亦濟身之急務也。江南謂世之常射。以爲兵射。冠冕儒生。多不習此。別有博射。弱弓長箭。施於準的。揖讓昇降。以行禮焉。防禦寇難。了無所益。亂離之後。此術遂亡。河北文士。率曉兵射。非直葛洪一箭。已解追兵。三九讌集。常縻榮賜。雖然。要輕禽。截狡獸。不願汝輩爲之。

卜筮者。聖人之業也。但近世無復佳師。多不能中。古者卜以決疑。今人疑生於卜。何者。守道信謀。欲行一事。卜得惡卦。反令怵怵（音敕。惕也）此之謂乎。且十中六七。以爲上手。粗知大意。又不委曲。凡射奇偶。自然半收。此何足賴也。世傳云。解陰陽者。爲鬼所嫉。坎壈貧窮。多不稱泰。吾觀近古以來。尤精妙者。唯京房管輅郭璞耳。皆無官位。多或罹災。此言令人益信。儻值世網嚴密。強負此名。便有詿誤。亦禍源也。及星文風氣。率不勞爲之。吾嘗學六壬式。亦值世閒好匠。聚得龍首金匱玉軨變玉歷（一本作玉燮玉歷）十許種書。討求無驗。尋亦悔罷。凡陰陽之術。與天地俱生。其吉凶德刑。不可不信。但去聖既遠。世傳術書。皆出流俗。言辭鄙淺。驗少妄多。至如反支不行。竟以遇害。歸忌寄宿。不免凶終。拘而多忌。亦無益也。

算術亦是六藝要事。自古儒士論天道。定律歷者。皆學通之。然可以兼明。不可以專業。江南此學殊少。唯范陽祖暅（暅音亘）精之。仕至南康太守。河北多曉此術。

醫方之事。取妙極難。不勸汝曹以自命也。微解藥性。小小和合。居家得以救急。亦爲勝事。皇甫謐殷仲堪。則其人也。

禮曰。君子無故。不徹琴瑟。古來名士。多所愛好。洎於梁初。衣冠子孫。不知琴者。號有所闕。大同以末。斯風頓盡。然而此樂愔愔。雅致有深味哉。今世曲解。雖變於古。猶足以暢神情也。唯不可令有稱譽。見役勳貴。處之下坐。以取殘杯冷炙之辱。戴安道猶遭之。況爾曹乎。

家語曰。君子不博。爲其兼行惡道故也。論語云。不有博弈者乎。爲之猶賢乎已。然則聖人不用博弈爲教。但以學者不可常精。有時疲倦。則儻爲之。猶勝飽食昏睡。兀然端坐耳。至如吳太子以爲無益。命韋昭論之。王肅葛洪陶侃之徒。不許目觀手執。此並勤篤之志也。能爾爲佳。古爲大博則六箸。小博則二焭。今無曉者。比世所行。一焭十二棊。數術淺短。不足可翫。圍棊有手談坐隱之目。頗爲雅戲。但令人耽憒。廢喪實多。不可常也。

投壺之禮。近世愈精。古者實以小豆。爲其矢之躍也。今則唯欲其驍。益多益喜。乃有倚竿帶劍狼壺豹尾龍首之名。其尤妙者。有蓮花驍。汝南周璝。弘正之子。會稽賀徽。賀革之子。並能一箭四十餘驍。賀又嘗爲小障。置壺其外。隔障投之。無所失也。至鄴以來。亦見廣寧蘭陵諸王。有此校具。舉國遂無投得一驍者。彈棊亦近世雅戲。消愁釋憒。時可爲之。

終制第二十

死者。人之常分。不可免也。吾年十九。値梁家喪亂。其閒與白刃爲伍者。亦常數輩。幸承餘福。得至於今。古人云。五十不爲夭。吾已六十餘。故心坦然。不以殘年爲念。先有風氣之疾。常疑奄然。聊書素懷。以爲汝誡。先君先夫人皆未還建鄴舊山。旅葬江陵東郭。承聖末。已啓求揚都。欲營遷厝。蒙詔賜銀百兩。已於揚州小郊北地燒塼。便値本朝淪沒。流離如此。數十年閒。絕於還望。今雖混一。家道罄窮。何由辦此奉營資費。且揚都汙毀。無復孑遺。還被下濕。未爲得計。自咎自責。貫心刻髓。計吾兄弟。不當仕進。但以門衰。骨肉單弱。五服之內。傍無一人。播越他鄉。無復資廕。使汝等沈淪廝役。以爲先世之恥。故靦冒人閒。不敢墜失。兼以北方政教嚴切。全無隱退者故也。今年老疾侵。儻然奄忽。豈求備禮乎。一日放臂。沐浴而已。不勞復魄。殮以常衣。先夫人弃背之時。屬世荒饉。家塗空迫。兄弟幼弱。棺器率薄。藏內無塼。吾當松棺二寸。衣帽已外。一不得自隨。牀上唯施七星板。至如蠟弩牙玉豚錫人之屬。並須停省。糧甖明器。故不得營。碑誌旒旐。彌在言外。載以鼈甲車。襯土而下。平地無墳。若懼拜掃不知兆域。當築一堵低墻。於左右前後。隨爲私記耳。靈筵勿設枕几。朔望祥禫。唯下白粥清水乾棗。不得有酒肉餅果之祭。親友來餟酹者。一皆拒之。汝曹若違吾心。有加先妣。則陷父不孝。在汝安乎。其內典功德。隨力所至。勿刳竭生資。使凍餒也。四時祭祀。周孔所教。欲人勿死其親。不忘孝道也。求諸內典。則無益焉。殺生爲之。翻增罪累。若報罔極之德。霜露之悲。有時齋供。及七月半盂蘭盆。望於汝也。（一本無七月半盂蘭盆六字。卻作及盡忠信。不辱其親。所望於汝也。）孔子之葬親也。云古者墓而不墳。丘東西南北之人也。不可以弗識也。於是封之崇四尺。然則君子應世行道。亦有不守墳墓之時。況爲事際所逼也。吾今羈旅。身若浮雲。竟未知何鄉。是吾葬地。唯當氣絕。便埋之爾。汝曹宜以傳業揚名爲務。不可顧戀朽壞。以取湮沒也。

攷證一卷

風操第六

博有五皓之稱。

博有五白。齊威公名小白。故改爲五皓。一本以博爲傳者非。

顧元歎蔡邕。

三國志。顧雍字元歎。以其爲蔡邕所歎。一本作元凱者非。

案爾雅喪服經。左傳姪名雖通男女。竝是對姑立稱。

爾雅云。女子謂晜弟之子爲姪。左傳云。姪其從姑。喪服經亦一書也。隋書經籍志。喪服經傳及疏義凡十餘家。

一本作喪服絰者非。

劉縚緩綏兄弟。竝爲名器。其父名昭。又云劉字之下。卽有昭音。

南史劉昭本傳。子縚緩附。一本以昭爲照者非。

勉學第八

齊孝昭帝（云云）若見古人之譏。欲母早死而悲哭之。

淮南子說山訓。東家母死。其子哭之不哀。西家子見之。歸謂其母曰。社何愛速死。吾必悲哭社。（江淮謂母爲社）夫欲其母之死者。雖死亦不能悲哭矣。

若有知吾鍾之不調。一何可笑。

淮南子脩務訓。昔晉平公令官爲鍾。鍾成而示師曠。師曠曰。鍾音不調。平公曰。寡人以示工。工皆以爲調。而以爲不調。何也。師曠曰。使後世無知音則已。若有知音者。必知鍾之不調。吾字疑當爲晉字。一本以鍾爲種者尤非。

文章第九

王褒過章僮約。

褒有僮約一篇。自言到寡婦楊惠舍。故言過章僮約。下對揚雄德敗美新。約字頗似劾字。諸本誤以爲過章童劾。

堂上養老送兄賦桓山之悲。

家語。顏回聞哭聲。非但爲死者而已。又有生離別者也。聞桓山之鳥。生四子焉。羽翼既成。將分於四海。其母悲鳴而送之。哀聲有似於此。謂其往而不返也。孔子使人問哭者。果曰。父死家貧。賣子以葬。與之長訣。子曰。回也。善於識音矣。一本作恒山者非。

陸機爲齊謳篇（云云）其爲吳趨行。

樂府陸機齊謳行。備言齊地之美。亦欲使人推分直進。不可妄有所營也。又云。崔豹古今注曰。吳趨行。吳人以歌其地。陸機吳趨行曰。聽我歌吳趨。趨步也。一本作吳越行者非。

名實第十

趙熹之降城。

後漢趙熹傳。舞陰大姓李氏。擁城不下。更始遣柱天將軍李寶降之。不肎。云聞宛之趙氏有孤孫。熹信義著名。願得降之。使詣舞陰。而李氏遂降。諸本誤作趙喜。

玉珽杼上終葵首。當作何形。乃答云。珽頭曲圜。勢如葵葉爾。

禮記玉藻注。終葵首者。於杼上又廣其首。方如椎頭。故以此答爲非。

獸迒爲迹。

迒音航。又音岡。唐韻云。獸迹。諸本不考。以爲音闕。

歸心第十六

高柴折像。
家語。弟子行高柴啓蟄不殺。方長不折。後漢方術傳。折像幼有仁心。不殺昆蟲。不折萌芽。

書證第十七

駉頌既美僖公。牧于坰野之事。何限騲騭乎。
諸本皆作騲駱。獨謝本作騲騭。考之字書騲牝馬也。騭牡馬也。顏氏方辯駉駉牡馬。故博士難以何限於騲騭。後又言必無騲也。亦非騲也。義益明白。騲駱二字。雖見駉頌。施之於此。全無意義。故當從謝本。

孟子曰。圖景失形。
未詳。或恐是外書。

太史公論英布曰。禍之興自愛姬生於妬媢。以至滅國。又漢書外戚傳亦云。成結寵妾。妬媢之誅。此二媢竝當作媢。媢亦妬也（云云）英布之誅。爲意賁赫爾。
說文。媢夫妒婦也。益可明顏氏之說。

秦權。
蜀有秦權二。銘篆文明具。因備載之。以考顏氏之異。
廿六年。皇帝盡并兼天下諸侯。黔首大安。立號爲皇帝。乃詔丞相狀綰。灋度量鼎不壹歉疑者。皆明壹之。
凡四十字。顏氏亦言四十字。而今本有四十一字。蓋誤以廿字爲二十字。
明壹之。顏氏誤作壹明之。義未安。當從篆本。
鼎古則字。謝本音制非。
壹古壹字。

元年制詔丞相斯去疾。灋度量盡始皇帝爲之皆有刻辭焉。今襲號而刻辭。不稱始皇帝。其於久遠也。如後嗣爲之者。不稱成功盛德。刻此詔。故刻左。使毋疑。

凡六十字。顏氏稱五十八字。一字磨滅。見有五十七字。了了分明。

皆有刻辭焉。顏氏無有字。

而刻辭不稱。顏氏誤以而字作所字。

其於久遠也。顏氏誤以也字作世字。說文乜注云。秦刻石也字。權銘正作乜字。

刻此詔。故刻左。顏氏缺故刻二字。而云一字磨滅。

字數不同。恐顏氏所見秦權自有異同。故仍從顏氏。若而字也字。則眞誤矣。故改焉。

陳思王鷂雀賦曰。頭如果蒜。

諸本皆作雀鷂賦。又云蒜果者非。

皆由後人所羼。

說文。羼羊相廁也。一曰。相出前也。初限切。

又問東宮舊事。六色罽䋽。是何等物。當作何音。答曰。按說文云。莙牛藻也。讀若威。音隱。塢瑰反。

說文。莙牛藻也。从艸君聲。讀若威。渠隕切。與顏氏所引不同。未詳。

猶文康象庾亮。

晉書亮本傳。諡文康。

拭卜破字經。

隋書經籍志。有破字要訣一卷。又有式經一卷。拭卜破字經未詳。

跋

顏黃門學殊精博。此書雖辭質義直。然皆本之孝弟。推以事君上。處朋友鄉黨之閒。其歸要不悖六經。而旁貫百氏。至辯析援證。咸有根據。自當啓悟來世。不但可訓思魯。愍楚輩而已。揆家有閩本。嘗苦篇中字譌難讀。顧無善本可讎。比去年春。來守天台郡。得故參知政事謝公家藏舊蜀本。行間朱墨細字。多所竄定。則其子景思手校也。迺與郡丞樓大防取兩家本讀之。大氐閩本尤謬誤、五皓實五白。蓋博名而誤作傳。元歎本顧雍字。而誤作凱。喪服經自一書。而誤作經。馬牝曰騲。牡曰騭。而誤作驒駱。至以吳趨爲吳越。桓山爲恆山。僮約爲童幼。則閩蜀本實同。惟謝氏所校頗精審自題以五代宮傳和凝本參定。而側注旁出。類非取一家書。然不正童幼之誤。又秦權銘文𠟝實古。則字。而謝音制。亦時有此疏舛。讎書之難如此於是稍加刊正。多采謝氏書。定著爲可傳。又別列攷證二十有三條。爲一卷。附於左。若其轉寫甚譌。與音訓辭義所未通者。皆存之。以俟洽聞君子

淳熙七年春二月。嘉與沈揆題。